政治・経済

明治を生きた人々

伝記ガイダンス

日外アソシエーツ

Guide to Biographies
Persons in The Meiji Era

vol.1 Political and Economic Fields

Compiled by

Nichigai Associates, Inc.

©2018 by Nichigai Associates, Inc.

Printed in Japan

本書はディジタルデータでご利用いただくことが
できます。詳細はお問い合わせください。

●編集担当● 城谷 浩／比良 雅治／三浦 拓
装丁：赤田麻衣子

刊行にあたって

　近代日本の幕開けとなった明治元年（1868 年）から、平成 30 年（2018 年）はちょうど 150 年目にあたる。国や自治体では、人物や、建物・施設などの文化遺産を対象とした、顕彰事業・記念行事が数多く実施・計画されている。テレビ・ラジオ・出版などのメディアでも明治時代がとりあげられ、関心が高まっている。

　本書は、明治時代を生きた人物を知るための調査案内ツールである。各人物についての伝記、評伝、自伝、日記、書簡集などの図書、および雑誌の特集号を収録・紹介している。見出し人名には生没年と簡略なプロフィールを掲載しており、人物像を把握できる。さらに、人物に関する記念館、記念文庫・コレクション、記念碑、銅像などの名称と所在地も、可能な限り調査・掲載した。全体は分野別の 2 冊で構成し、「Ⅰ　政治・経済」には 1,360 人に関する文献 8,507 点、「Ⅱ　学術・文化」には 1,383 人に関する文献 10,409 点を収録する。

　収録人物は、西郷隆盛、伊藤博文、渋沢栄一ら明治国家を築いた人々、福沢諭吉、夏目漱石、黒田清輝ら文化・芸術を切り拓いた人々のほか、各地域・分野で新しい時代を生きた幅広い人物にわたる。最近のドラマにとりあげられた実業家の広岡浅子、新島襄夫人の新島八重などの女性も多く収録、またフェノロサ、モースらの来日外国人も含まれている。

　編集にあたっては、誤りのないよう努めたが、人物確認や文献収録になお不十分な点もあるかと思われる。お気づきの点はご教示をいただければ幸いである。本書が、百数十年前の明治という時代、人物を知るためのツールとして、活用いただければ幸いである。

　2018 年 2 月

日外アソシエーツ

凡　例

1．本書の内容

　　本書は、明治時代（1868 年〜 1912 年）に活動した人物を知るための伝記
　文献（伝記、評伝、自伝、日記、書簡集等の図書、および雑誌特集号）を収
　録した文献目録である。

2．収録の対象

　(1)「Ⅰ　政治・経済」には、政治、軍事、経済、産業、技術の各分野の人物
　　　を収録した。
　(2) 伝記文献は、日本国内で 1945 年（昭和 20 年）から 2018 年（平成 30 年）
　　　2 月までに刊行された図書、同期間に発行された雑誌特集号を収録した。
　(3) 収録人数は 1,360 人、伝記文献は 8,507 点である。

3．見出し

　(1) 被伝者の人名を見出しとした。見出し人名は、本名、旧姓名（筆名、雅
　　　号、芸名、通称等）のうち、一般に最も知られているものを採用した。
　(2) 使用漢字は、原則として常用漢字、新字体に統一した。人名のよみは各
　　　種人名事典、人名録などに拠り、現代かなづかいで示した。
　(3) 来日西洋人は「姓，名」形のカタカナ表記を見出しとし、原綴を付した。
　(4) 見出しには、生没年、簡単なプロフィールを示した。また、人物ゆかり
　　　の記念施設として、記念館、記念文庫・コレクション、記念碑、銅像な
　　　どの名称・所在地を、北から南の順に記載した。

4．見出しの排列

　(1) 人名見出しの排列は、姓・名をそれぞれ一単位とし、姓の読み・名の読
　　　みの五十音順に排列した。

（2）排列上、濁音・半濁音は清音、促音・拗音は直音とみなし、長音符は無視した。

5．伝記文献の排列

人名見出しの下に、出版年月の新しい順に排列した。

6．記載事項

見出し人名／よみ
生没年／プロフィール
記念施設の名称／所在地

〈図書〉
◇書名／副書名／巻次／各巻書名／版表示／シリーズ名／出版者／出版年月／ページ数または冊数／大きさ／注記／ISBN（①で表示）／内容

〈雑誌特集号〉
○特集タイトル／雑誌名／発行所／巻号／発行年月

7．書誌事項等の出所

本書に掲載した、人物、記念施設、伝記文献の書誌事項等は、主に次の資料に拠っている。

〈人物・記念施設〉
『新訂増補　人物レファレンス事典　明治・大正・昭和（戦前）編』（日外アソシエーツ、2000）
『新訂増補　人物レファレンス事典　明治・大正・昭和（戦前）編II（2000-2009）』（日外アソシエーツ、2010）
『来日西洋人名事典　増補改訂普及版』（日外アソシエーツ、1995）
データベース「who」日外アソシエーツ
『人物ゆかりの旧跡・文化施設事典』（日外アソシエーツ、2014）
各記念施設の公式ウェブサイト
各都道府県・市区町村の公式ウェブサイト

(5)

〈伝記文献〉

『伝記・評伝全情報（45/89 〜 2010-2014 の各版)』（日外アソシエーツ、1991 〜 2014)

『幕末明治 人物研究文献目録』（日外アソシエーツ、2010)

『人物文献目録（2008-2010 〜 2014-2016 の各版)』（日外アソシエーツ、2011 〜 2017)

データベース「bookplus」日外アソシエーツ

JAPAN/MARC

データベース「magazineplus」日外アソシエーツ

【あ】

▌ **相生 由太郎** あいおい・よしたろう
1867〜1930 実業家。満州・大連で活躍。
◇植民地帝国人物叢書 54（満洲編 15） 満
洲と相生由太郎 相生由太郎 加藤聖文
編 篠崎嘉郎著 ゆまに書房 2012.2
1400p 22cm 〈福昌公司互敬会1932年刊
の複製 年譜あり〉 ①978-4-8433-3670-0

▌ **愛加那** あいがな
1837〜1902 西郷隆盛の奄美大島配流時
代の妻。菊次郎・菊子の2子をもうけた。
◇時代を生きた女たち 植松三十里著
KADOKAWA （新人物文庫） 2014.5
318p 15cm ①978-4-04-600308-9
＊読んで元気になる女性たちの生き方。江
戸後期から平成を生きた三十五人。日
本女性初の五輪メダリスト・人見絹枝、
西郷隆盛を支えた奄美の妻・愛加那、
「鹿鳴館の名花」と讃えられた大山捨松
など、それぞれの時代を力強く生きた
彼女たちの姿は、生まれや育ちが幸せ
な人生に直結しないこと、人生はいつ
でも挽回できることを教えてくれる。
◇愛加那 嶺部宸著 日本図書刊行会
1993.4 126p 19cm ①4-7733-1371-4
◇西郷のアンゴ（島妻）―愛加那 潮田聡,
木原三郎共著 本場大島紬の里 1990.3
236p 19cm ①4-8380-1547-X
＊西郷の島妻、愛加那についてのた゛1冊
の本。天下人西郷の良妻となり菊次郎、
菊草という二人の子を生んだ愛加那は
琉球王家の血をひく女だった。数奇な
運命にもてあそばれ、西郷にも二人の
子にも去られた孤独な傷ましい生涯を
切々と描いた第1部「愛加那無情」。

▌ **相沢 菊太郎** あいざわ・きくたろう
1866〜1962 村長。
◇ある明治人の生活史―相沢菊太郎の七十

八年間の記録 小木新造著 中央公論社
（中公新書） 1983.12 225p 18cm
①4-12-100714-X
◇相沢日記 増補 相沢菊太郎著, 相沢栄久
編 相沢栄久 1977.2 256p 肖像 22cm
◇相沢日記 大正編 相沢菊太郎著, 相沢栄
久編 相沢栄久 1972 701p 図 22cm
◇続々 相沢日記 相沢菊太郎著, 相沢栄久
編 相沢栄久 1967 486p 図版 22cm
◇続 相沢日記 相沢菊太郎著, 相沢栄久編
相沢栄久 1966 261p 図版 22cm
◇相沢日記 相沢菊太郎著, 相沢栄久編
相沢栄久 1965 288p 図版 22cm

▌ **会津小鉄** あいづのこてつ
1845〜1885 俠客。会津小鉄組の基礎を
築いた。
◇幕末ハードボイルド―明治維新を支えた
志士たちとアウトロー 伊藤春奈著 原
書房 2016.12 295p 19cm
①978-4-562-05365-0
＊歴史に描かれなかった幕末・維新の陰
の立役者たち。清水次郎長から黒駒勝
蔵、会津小鉄、そして浪士組、奇兵隊、
新撰組―時代に身を投じ、維新を駆け
た男たちの実像とその生き様。
◇会津小鉄と新選組 原田弘著 歴史春秋
出版 2004.4 261p 20cm 〈「俠客会津
の小鉄」（平成2年刊）の増訂〉
①4-89757-498-6
◇会津の小鉄 上 飯干晃一著 角川書店
（角川文庫） 1986.12 446p 15cm
①4-04-146413-7
◇会津の小鉄 下 飯干晃一著 角川書店
（角川文庫） 1986.12 447p 15cm
①4-04-146414-5
◇やくざの生活 田村栄太郎著 雄山閣
1964

▌ **間の川 又五郎**
あいのかわ・またごろう
1815〜1875 博徒。中野県庁職員。旅籠
屋を営むかたわら目明かし、探索方とし

て活躍。

◇二足わらじ間の川又五郎　山本金太著
ほおずき書籍　1990.6　311p 19cm
①4-7952-1951-6
＊又五郎自叙伝の忠実な訳文と詳細で興
味深い解説に、当時の地図と年譜を加
えた改訂増補版ついに完成。波瀾万丈
の時代を共に生きた国定忠治・清水の
治郎長も登場。そして、やくざとは何
かジックリ考える。

‖ 相原 四郎　あいはら・しろう
1880〜1911　海軍軍人。中将。日本で初
めてグライダーでの滑空に成功した。

◇航空事始―不忍池滑空記　村岡正明著
光人社　（光人社NF文庫）　2003.11
297p　15cm　①4-7698-2401-7
＊日本に『飛行機』という概念のなかった
明治末期、上野不忍池を飛んだ滑空機は
"空飛ぶ行灯"の如き形態で一般庶民の
度肝を抜いた一学者田中館愛橘、軍人相
原四郎、仏人発明家ル・プリウールの三
人の出会いによって花開いた日本初の
滑空飛行のドラマを描く感動の航空史。
平成五年度、第六回日仏文化賞受賞作。

‖ アーウィン, R.W.
Irwin, Robert Walker
1844〜1925　アメリカの貿易商。1866年
来日。三井物産、台湾製糖創立の功労者。
のち日本駐剳ハワイ公使として移民事業
にも尽力。

◇ハワイ官約移民の父 R.W.アーウィン　松
永秀夫著　講談社ビジネスパートナーズ
2011.7　341p　18cm
①978-4-87601-917-5

‖ 青木 牛之助　あおき・うしのすけ
1843〜1923　千町無田開拓の祖。

◇大河を遡（のぼ）る―九重高原開拓史　古
賀幸雄監修, 古賀勝著　西日本新聞社
2000.10　201p　19cm　〈文献あり 年表
あり〉　①4-8167-0507-4

‖ 青木 鎌太郎　あおき・かまたろう
1874〜1952　実業家。愛知時計電機社長。
航空発動機の生産で事業を拡大した。

◇日本財界人物列伝　第2巻　青潮出版株式
会社編　青潮出版　1964　1175p 図版13
枚　27cm

‖ 青木 周蔵　あおき・しゅうぞう
1844〜1914　外交官，政治家。子爵，貴
族院議員。日英通商航海条約を締結。外
相、駐米大使などを歴任。〔記念施設〕
道の駅「明治の森・黒磯」　旧青木家那須
別邸（栃木県那須塩原市），国立国会図書
館憲政資料室 青木周蔵関係文書（東京都
千代田区）

◇人物で読む近代日本外交史―大久保利通
から広田弘毅まで　佐道明広, 小宮一夫,
服部竜二編　吉川弘文館　2009.1　316p
19cm　①978-4-642-07997-6
＊明治維新から昭和戦前期まで、日本外
交を担った伊藤博文、陸奥宗光、幣原喜
重郎ら十九名の外交官・政治家たち。
彼らの個性に光を当て、条約改正、朝鮮
問題、協調外交、日中戦争など、近代日
本外交の栄光と苦悩を描く。

◇青木農場と青木周蔵那須別邸　岡田義治,
磯忍著　随想舎　2001.11　183p 21cm
〈肖像あり 文献あり 年譜あり〉
①4-88748-064-4
＊明治期、広大な那須野ヶ原を舞台に大
農場の開拓建設に情熱を注いだ青木周
蔵の足跡と、国重文に指定された那須
別邸の建築学的意味に迫る。

◇青木周蔵―日本をプロシャにしたかった
男　下巻　水沢周著　中央公論社　（中公
文庫）　1997.7　384p　16cm
①4-12-202897-3

◇青木周蔵―日本をプロシャにしたかった男
中　水沢周著　中央公論社　（中公文庫）
1997.6　459p　15cm　①4-12-202874-4
＊医学生から外交官への転身。プロシャ
貴族の娘エリザベートとの結婚。幕末
の不平等条約改正と憲法制定、そして
若き軍医森林太郎との劇的な出会い―。
自ら「世界男」と自負してはばからな

かった明治の異才官僚、青木周蔵の波瀾万丈の生涯と日本の近代外交創成の日々を活写する。全三巻。

◇青木周蔵―日本をプロシャにしたかった男　上巻　水沢周著　中央公論社　（中公文庫）　1997.5　429p　16cm
①4-12-202856-6

◇近代日本の自伝　佐伯彰一著　中央公論社　（中公文庫）　1990.9　358p　15cm
①4-12-201740-8
＊伊藤博文・尾崎三良・前島密・片山潜…。みずから記した数々の「私語り」のうちに、西欧に直面した近代日本人の自我意識がおのずと浮かび上がる。文学の魅力ある一ジャンルとして自伝の醍醐味を存分に味わいつつみちびかれる、画期的日本人論。

◇青木周蔵―明治外交の創造　壮年篇　水沢周著　日本エディタースクール出版部　1989.5　538p　19cm　①4-88888-151-0
＊条約改正、鹿鳴館、憲法制定、大津事件、日清・日露戦争…。明治は、列強の重圧の中で、国家の存亡をかけた選択の日々であった。異才官僚・青木を通してみる生身の近代史。

◇青木周蔵―明治外交の創造　青年篇　水沢周著　日本エディタースクール出版部　1988.9　490p　19cm　①4-88888-140-5
＊青木は、三国干渉や大津事件、北清事変など、若き日本が体験した大事件や節目には、しばしば主役や準主役として顔を出す。主な業績は、まず徴兵制度や参謀本部制など軍制の確立についてであり、憲法制定や地方自治制度の確立に深く関与し、また明治日本が長い時間と努力を費やした条約改正は、彼の執念の如くであった。森鷗外の名作「舞姫」のモデルのひとりとも推測される。長州の片田舎の一青年が、志を立てプロシャに留学する。木戸孝允に抜擢され、外交官となり、国家の大計に参画、異才と称せられた。明治という舞台での人と歴史。

◇明治外交と青木周蔵　坂根義久著　刀水書房　1985.11　275p　22cm

◇青木周蔵自伝　坂根義久校注　平凡社

（東洋文庫）　1970　363p　18cm　〈年譜：p.358-363〉

▌青木 正太郎　あおき・しょうたろう
1854〜1932　実業家，政治家。
〔記念施設〕顕彰碑〔神奈川県川崎市、川崎大師平間寺〕

◇青木正太郎とその周辺―豪農民権家の生涯パート2　町田市立自由民権資料館編　町田市教育委員会　（民権ブックス）　1992.3　118p　21cm　〈主要文献目録：p18〜20　関連年表：p110〜116〉

▌青木 てる　あおき・てる
1815〜1877　女性。富岡製糸場工女。孫娘を含む30名を集め、明治5年に工女となった。

◇官営富岡製糸場工女取締 青木てる物語―養蚕と蚕糸　新田文子著　新田文子　2014.4　107p　19cm　〈年表・文献あり〉

▌青木 宣純　あおき・のりずみ
1859〜1924　陸軍軍人。中将，清国公使館付。軍人外交官として尽力。日露戦争での日本の勝利に貢献。

◇『坂の上の雲』まるわかり人物烈伝 工作員篇　明治「時代と人物」研究会編著　徳間書店　（徳間文庫）　2010.10　333p　15cm　①978-4-19-893245-9
＊児玉源太郎が陰で操っていた、数々のスパイたち。国家のため、私財を投げ打って情報収集に命をかけた、市井のスパイたち。日露戦争勝利の裏側で、決死の工作員たちが愛国の涙を流していた。明石元二郎、杉山茂丸、中村天風、大谷光瑞一。これまであまり語られてこなかった諜報活動の数々を、貴重な資料から掘り起こす！『坂の上の雲』をもっと楽しみたい人に最適の、裏ガイドブック。

▌明石 元二郎　あかし・もとじろう
1864〜1919　陸軍軍人。大将。韓国駐剳憲兵隊司令官、台湾総督を歴任。

◇工作員・西郷隆盛―謀略の幕末維新史

明石元二郎　　　　　　　　　　　　　　　　　　　Ⅰ　政治・経済

倉山満著　講談社　（講談社＋α新書）
2017.11　219p　18cm
①978-4-06-291509-0

◇寺内正毅宛明石元二郎書翰―付『落花流
水』原稿《『大秘書』》　明石元二郎著，尚
友倶楽部史料調査室，広瀬順晧，日向玲
理，長谷川貴志編集　芙蓉書房出版　（尚
友ブックレット）　2014.4　252p　21cm
〈年譜あり　国立国会図書館憲政資料室所
蔵の翻刻〉　①978-4-8295-0621-9

◇20世紀の軍人列伝　有馬桓次郎，内田弘
樹，佐藤俊之，日野景一，松田孝宏著　イ
カロス出版　（ミリタリー選書）　2014.4
259p　21cm　①978-4-86320-874-2
＊日露戦争や第一次，第二次世界大戦と
いった、20世紀に生起した戦争におい
て、戦史に名を残す軍人たちがいた。
勇猛さを示して部下の闘志を鼓舞した
者、知略を尽くした戦術で偉大な戦果
を挙げた者、水面下の工作活動で人脈
や謀略を駆使した者…。それぞれの戦
場や戦い方は違っても、いずれも摑む
べき勝利のため、また自らの果たすべ
き使命を全うするため、軍務に邁進し
た者たちだった。本書は、彼らの生い
立ちから、歩んだ軍歴、名だたる功績や
人間性を垣間見せるエピソードなどを
紹介する、季刊「ミリタリー・クラシッ
クス」の人気連載「ミリタリー人物列
伝」をまとめたものである。

◇明石元二郎大佐―日露インテリジェンス
戦争を制した天才情報参謀 帝政ロシア破
壊工作報告書を読み解く　前坂俊之著
新人物往来社　2011.1　302p　19cm
〈文献あり〉　①978-4-404-03964-4
＊初の現代訳『落花流水』一挙掲載！
ヨーロッパを股にかけた大謀略「明石
工作」の全容を記した極秘文書―小説
より面白いスパイ報告書。

◇『坂の上の雲』まるわかり人物烈伝 工作
員篇　明治「時代と人物」研究会編著
徳間書店　（徳間文庫）　2010.10　333p
15cm　①978-4-19-893245-9
＊児玉源太郎が陰で操っていた、数々の
スパイたち。国家のため、私財を投げ
打って情報収集に命をかけた、市井の
スパイたち。日露戦争勝利の裏側で、

決死の工作員たちが愛国の涙を流して
いた。明石元二郎、杉山茂丸、中村天
風、大谷光瑞―。これまであまり語ら
れてこなかった諜報活動の数々を、貴
重な資料から掘り起こす！『坂の上の
雲』をもっと楽しみたい人に最適の、裏
ガイドブック。

◇世界の「スパイ」秘密ファイル　グループ
SKIT編著　PHP研究所　（PHP文庫）
2010.7　251p　15cm
①978-4-569-67437-7
＊歴史が変わるとき、そこにはいつもス
パイがいた！ 技術を駆使して情報を盗
み、世界を揺るがした陰の人物たち。
本書はそんなスパイについて、組織編
成から事件の裏側まで、知られざる実
態に迫る。「"アラビアのロレンス"は、
実は工作員だった」「CIAは公式WEB
サイトで人員を募集している」など、驚
きの事実が満載。スリルあふれる諜報
の世界を身近に感じられる一冊。

◇豪快痛快世界の歴史を変えた日本人―明
石元二郎の生涯　清水克之著　桜の花出
版　2009.11　365p　20cm　〈文献・年譜
あり〉　①978-4-434-13943-7
＊明治時代。開国間もないアジアの小国
日本に生まれた堂々たる人物たちが世
界に雄飛し、日本を世界中が注目する
国へと押し上げていった。その中でも、
「あいつは大物なのかクズなのか？」と
言われた九州の怪童が、やがて帝国ロ
シアを震撼させ、世界を動かす人物と
なった。2009年秋NHKスペシャルドラ
マ放送「坂の上の雲」の陰の主役とそれ
を取り囲む人物群像。

◇明石元二郎―日露戦争を勝利に導いた「奇
略の参謀」　野村敏雄著　PHP研究所
（PHP文庫）　2005.6　397p　15cm
①4-569-66403-2
＊もしヨーロッパにおける参謀・明石元二
郎の活躍がなければ、ロシアとの戦争に
日本は敗れていた!?遠き欧州の地でロシ
アの後方を攪乱する密命を帯びた彼は、
最初は小さかった炎を、一人また一人と
同志を増やし煽っていく。それはやが
て、ロシア革命へと燃え広がっていっ
た…。日露戦争の表舞台には現れるこ

4　伝記ガイダンス 明治を生きた人々

I　政治・経済　　　　　　　　　　　　　　　　　　　　　　　　　　　明石元二郎

とのなかった活躍を中心に、明石元二
郎の波瀾に満ちた人生を描く長編力作。

◇明石元二郎―日露戦争を勝利に導いた天
　才情報参謀　江宮隆之著　PHP研究所
　2000.6　327p　20cm　①4-569-61135-4
　＊兵力、物資…すべてにおいて日本を圧
　　倒的に上回るロシアに戦いを挑む日本。
　　日本を勝利に導くため、参謀本部はひと
　　りの情報参謀を送りこんだ。「血の日曜
　　日」事件、セルゲイ公暗殺、戦艦ポチョ
　　ムキンの反乱…。次々と謀略をめぐら
　　し、背後からロシアを攪乱する明石元二
　　郎。のちに参謀次長・長岡外史をして
　　「明石の活躍は戦場における一個師団に
　　匹敵する」と言わしめた。国家の命運
　　を賭けて、全欧州を舞台に暗躍した男
　　の知謀。卓越した語学力と巧みな人心
　　掌握術でレーニン、シリヤクスたちを
　　操り、ロシアを背後から攪乱した鬼才・
　　明石元二郎。全欧州を舞台に水面下で
　　繰り広げられた情報戦の全貌とは。

◇曙光　9　日中文化研究会編　和泉書院
　1998.12　129p　21cm　①4-87088-950-1
　＊明日という未来に曙の光をと願う現代
　　版日中遣唐誌。

◇運命には逆らい方がある―英傑の軌跡
　中薗英助著　青春出版社　1996.11　239p
　19cm　①4-413-03059-1
　＊本書は、歴史の節目に立ち、その意外な
　　運命に翻弄されることなく立ち向かい
　　人生を切り拓いていった7人の英傑たち
　　に光をあて、人間の、一筋縄ではいかな
　　い人生の深奥なるヒダを描いたもので
　　ある。

◇情報将軍明石元二郎―ロシアを倒したス
　パイ大将の生涯　豊田穣著　光人社　（光
　人社NF文庫）　1994.9　420p　15cm
　①4-7698-2059-3
　＊情報社会の中で、いかに情報を収集し、
　　他に先んじるか―レーニンをして「日本
　　の明石大佐には感謝状を出したいほど
　　だ」といわせた“諜報戦の鬼”の生涯を
　　描く異色の人物伝。豪胆にして細心、優
　　れた語学力と豊富な知識、臨機応変の才
　　を発揮して日露戦争を勝利へみちびき、
　　「ロシア革命」に寄与した男のロマン。

◇動乱はわが掌中にあり―情報将校明石元
　二郎の日露戦争　水木楊著　新潮社　（新
　潮文庫）　1994.7　313p　15cm
　①4-10-134902-9
　＊日露戦争のさなか、欧州にあって背後か
　　ら帝政ロシアを崩壊させるべく暗躍した
　　日本人がいた。陸軍大佐明石元二郎は、
　　フィンランドの独立を夢見る革命家コン
　　ニ・シリアクスと共に策動してロシア革
　　命の火付け役となった。諜報活動に於
　　いて常に後れをとってきた日本では希
　　有の、大物スパイの実像に迫る。歴史
　　を動かした男たちが、全欧州を舞台に
　　繰り広げるスリルに満ちた情報工作記。

◇豊田穣文学・戦記全集　第15巻　豊田穣
　著　光人社　1994.4　558p　21cm
　①4-7698-0525-X
　＊将に将たる器と称えられつつ隆盛の影
　　をひき己を顧みず陸海軍興隆に精進す
　　る『西郷従道』。ロシア帝政覆滅の任を
　　帯び、欧州に暗躍する諜報戦の鬼―、
　　『情報将軍明石元二郎』他2篇。

◇動乱はわが掌中にあり―情報将校明石元
　二郎の日露戦争　水木楊著　新潮社
　1991.6　269p　19cm　①4-10-366304-9
　＊明石元二郎とシリアクス―稀代の知将
　　の諜報破壊工作と欧州の闇を疾駆する
　　革命家の軌跡を鮮やかに描く歴史長編。

◇明石元二郎―伝記・明石元二郎　小森徳
　治著　大空社　（伝記叢書）　1988.10　2
　冊　22cm　〈台湾日日新報社昭和3年刊の
　複製　明石元二郎の肖像あり　折り込図2枚〉

◇情報将軍明石元二郎―ロシアを倒したス
　パイ大将の生涯　豊田穣著　光人社
　1987.7　348pp　20cm　〈参考資料：
　p348〉　①4-7698-0352-4

◇明石大佐とロシア革命　小山勝清著　原
　書房　1984.2　324p　20cm
　①4-562-01439-3

◇明石元二郎　小森徳治著　原書房　（明治
　百年史叢書）　1968　2冊　22cm

◇煽動大騒動―明石大佐対露革命工作　小
　山勝清著　原書房　（原書房100冊選書 5）
　1966

◇謀略―現代に生きる明石工作とゾルゲ事

伝記ガイダンス　明治を生きた人々　**5**

件　大橋武夫著　時事通信社　1964

▌ 赤羽 一　あかばね・はじめ
1875〜1912　社会主義者，ジャーナリスト。「農民の福音」の筆禍により入獄。
◇明治社会主義研究　赤羽一の生涯と思想　中村勝範著　世界書院　1966

▌ 赤松 則良　あかまつ・のりよし
1841〜1920　造船技術者，海軍軍人。中将，男爵。オランダで造船学・理学を学び，帰国後は海軍兵学校大教授，横須賀鎮守府司令長官などを歴任。
◇万延元年「咸臨」航米　星亮一著　教育書籍　1991.4　248p 19cm　①4-317-60058-7
　＊勝海舟・福沢諭吉・赤松大三郎・ジョン万次郎。新しい時代の夢を抱いて軍艦咸臨は太平洋に乗り出す。
◇幕末・明治初期数学者群像　上 幕末編　上―幕末編　小松醇郎著　吉岡書店　1990.9　231p 19cm　①4-8427-0228-1
◇赤松則良半生談―幕末オランダ留学の記録　赤松則良述，赤松範一編注　平凡社（東洋文庫）　1977.11　313p 肖像　18cm　〈赤松大三郎則良略年譜：p.273〜277 参考文献：p.308〜313〉

▌ 秋月 韋軒　あきづき・いけん
1824〜1900　会津藩士，教育者。公武合体に尽力。晩年は「敗余の卒」と称して信念教育を施した。
◇英傑の日本史　敗者たちの幕末維新編　井沢元彦著　KADOKAWA　2014.2　230p　20cm　〈年表あり〉　①978-4-04-653294-7
◇秋月悌次郎―老日本の面影　決定版　松本健一著　中央公論新社（中公文庫）　2013.3　317p 16cm　〈増補・新版：辺境社 2008年刊〉　①978-4-12-205771-5
　＊熊本の五高で同僚のラフカディオ・ハーンが，神様のような人と讃えた会津人。昌平黌に学んで学識が高く，戊辰戦時は軍事奉行添役を務めた。降伏を取り仕切ったため，裏切り者に等し

い扱いを受けてきたが，本書はその汚名をそそぐきっかけとなった労作。明治に耐えて生きた秋月は後生に何を伝えようとしたのか。秋月と交流があった奥平謙輔論を併載。
◇秋月韋軒伝―会津藩儒将　徳田武著　勉誠出版　2012.3　215,8p　20cm　〈年譜・索引あり〉　①978-4-585-22030-5
　＊藩主松平容保や朝彦親王に忠節を尽くした漢学者秋月悌次郎，号は韋軒。戊辰戦争では会津藩の理論的指導者として最後まで官軍と戦い，維新後は禁固五年，東京の一高をへて，熊本の五高教授となり，人格者として同僚ラフカディオ・ハーンを感嘆させた。かくも壮絶な生涯から維新の実像が浮かび上がる。「刀史」などの漢詩・漢文資料を縦横に用いた評伝の白眉。
◇秋月悌次郎老 日本の面影　増補・新版　松本健一著　辺境社（松本健一伝説シリーズ）　2008.4　280p　20cm　〈発売：勁草書房　初版の出版者：作品社　肖像あり〉　①978-4-326-95042-3
　＊ラフカディオ・ハーンをして「神様のような人」といわしめた会津藩士・秋月悌次郎。その生涯を描いた本書は，「司馬遼太郎さんとわたしの人生」が「交叉」した地点となった。萩の乱首謀者の心友奥平謙輔を併録。
◇秋月悌次郎詩碑建立記念誌　秋月悌次郎詩碑建立委員会編　秋月悌次郎詩碑建立委員会　1990.10　110p 22cm　〈秋月悌次郎の肖像あり　秋月悌次郎年譜：p98〜103〉
◇秋月悌次郎―老日本の面影　松本健一著　作品社　1987.5　245p 19cm　①4-87893-131-0
　＊動乱の幕末・維新の体験を胸底に深く秘め，開化の時代を静かに生きた，ひとりの日本人をとおして永遠なる常民の姿を求める。萩の乱で敗れた一革命家の詩情を描いた「非命の詩人奥平謙輔」を併録。

▌ 秋月 左都夫　あきづき・さつお
1858〜1945　外交官。パリ講和会議に全

I　政治・経済　　　　　　　　　　　　　　　　　　　　　　　　　　　　　　　秋山真之

権団顧問として出席。

◇志は高く―高鍋の魂の系譜　和田雅実著
鉱脈社　1998.1　243p　19cm

◇秋月左都夫―その生涯と文藻　黒木勇吉
編著　講談社　1972　542p　肖像　22cm

▌秋月　種樹　あきづき・たねたつ

1833～1904　政治家。貴族院議員。将軍
徳川家茂の侍読、維新後は明治天皇の侍
読をつとめた。

◇秋月種茂と秋月種樹　安田尚義，武藤麒
一著　日向文庫刊行会　1954

▌秋山　国三郎

あきやま・くにさぶろう

1828～1903　民権家。

◇明治精神史　上　増補版　色川大吉著
岩波書店　（岩波現代文庫）　2008.9
287p　15cm　①978-4-00-600199-5
＊民衆思想史の草分けとなった著者の記
念碑的代表作。大学紛争が全国的に展
開され、近代の価値が厳しく問われて
いた時代にあって、大きな共感をよん
だ、戦後歴史学、戦後思想史の名著であ
る。テクストは全集に収録されている
「新編」ではなく一九六八年刊行の「増
補版明治精神史」。

◇透谷と秋山国三郎　小沢勝美著　小沢勝
美　1974　124p　図　肖像　19cm　〈附（p.
53-110）：秋山竜子句集『安久多草紙』秋
山国三郎年譜：p.111-120〉

▌秋山　真之　あきやま・さねゆき

1868～1918　海軍軍人。中将。日露戦争
時、参謀として日本海海戦の作戦を立案。

◇正岡子規と明治のベースボール　岡野進著
創文企画　2015.11　222p　20cm　〈年譜
あり　年表あり〉　①978-4-86413-074-5

◇若き日本の肖像――一九〇〇年、欧州への旅
寺島実郎著　新潮社　（新潮文庫）
2014.8　338p　15cm　〈『二十世紀から何
を学ぶか（上）一九〇〇年への旅 欧州と出
会った若き日本』改題書〉
①978-4-10-126141-6

＊20世紀を解読する「知の遠近法」。夏目
漱石、秋山真之、南方熊楠…新世紀の熱
い息吹に触れた若き日本人の精神と足
跡。1900年の欧州で、彼らは何を見
たか―。

◇図説 日本海軍提督コレクション　日本海
軍研究会著　竹書房　2013.12　191p
19cm　①978-4-8124-9803-3
＊「世界三大海軍」と呼ばれた日本海軍最
強提督100。

○特集・秋山兄弟、広瀬武夫、東郷平八郎…
近代日本を背負った明治の雄 『坂の上の
雲』に倣う無私の心　「サライ」（小学
館）　23（12）　2011.12

◇秋山好古と秋山真之―日露戦争を勝利に
導いた兄弟　楠木誠一郎著　PHP研究所
（PHP文庫）　2011.11　352p　15cm
〈文献あり〉　①978-4-569-67736-1
＊「日本騎兵の父」と称えられた兄・好
古。名将・東郷平八郎から「智謀湧くが
如し」と絶賛された弟・真之。この兄弟
を抜きにして日露戦争は語れない。礼
儀作法を重んじ、無欲恬淡、豪放磊落な
兄と、形式にとらわれず、つねに本質を
見極めた天才肌の弟。全く異なる性格
だが、ふたりとも戦場ではつねに作戦
のことしか考えなかったという。人間
的な魅力溢れるこの兄弟の知られざる
素顔に迫る人物評伝。

◇司馬遼太郎 歴史のなかの邂逅　7　正岡子
規～秋山好古・真之　司馬遼太郎著　中
央公論新社　（中公文庫）　2011.3　263p
15cm　①978-4-12-205455-4
＊日本の前途を信じた若者たちの、底ぬ
けの明るさと痛々しさと―。第七巻は、
司馬文学を代表する長篇『坂の上の雲』
に描かれた正岡子規、秋山兄弟を中心
に、徳冨蘆花、夏目漱石、石川啄木、清
沢満之ら、昂揚の時代を生きた人々の
足跡をたどる二十五篇を収録。

◇奇跡の日露戦争 伝説となった男たち―秋
山真之・秋山好古・乃木希典・東郷平八郎
鞍掛伍郎著　イーグルパブリシング
2010.12　190p　19cm
①978-4-86146-198-9
＊明治日本が大国ロシアになぜ勝てたの

か？ 日露戦争を勝利に導いた英雄の、真実を追う。

◇秋山真之の謎を解く　片上雅仁著　アトラス出版　2010.12　421p　20cm　〈文献・年譜あり〉　①978-4-901108-91-1
＊「本日天気晴朗ナレドモ浪高シ」に込められた意味は？ 正岡子規との魂の交流、幻の水雷奇襲戦法、日露戦争後の活躍、これまでの評伝ではほとんど触れられなかった晩年の宗教への傾倒など、秋山真之の全生涯を徹底検証し、その真相に迫る。圧倒的な最新評伝。

◇ドラマチック日露戦争──近代化の立役者13人の物語　河合敦著　ソフトバンククリエイティブ　（ソフトバンク新書）　2010.10　239p　18cm　①978-4-7973-5813-1
＊日露戦争はそれまで世界史が経験したことのない未曾有の大戦であり、日本という新興の小国が、老大国ロシアに挑んだ極めて無茶な戦いでもあった。にもかかわらず運命の日本海海戦で、ロシアが誇るバルチック艦隊を全滅させるという空前絶後の大勝利を収めた日本。その撃滅作戦を編み出した秋山真之を筆頭に、秋山好古、正岡子規、東郷平八郎、与謝野晶子、高橋是清など、日本の近代化に大きな貢献をした立役者たち13人の波乱万丈な物語を追う。

◇軍談 秋山真之の日露戦争回顧録　新人物往来社編　新人物往来社　（新人物文庫）　2010.2　271p　15cm　①978-4-404-03809-8
＊日露戦争で日本の勝利を決定づけた日本海海戦に連合艦隊の作戦参謀として活躍した秋山真之。名文家としても知られた秋山だが、海軍部内の雑誌寄稿文を集めた『軍談』以外、一般向きの著作はない。「戦機は…これを謀るは人にあり、これをなすは天にあり」──“奇跡的”な大勝利となった黄海海戦と日本海海戦を回想しつつ、その戦闘経過と勝因を簡潔、的確に総括している。ほかに昭和十年（一九三五）の日露戦争三十周年企画の大座談会「参戦二十提督日露大海戦を語る」「参戦二十将星日露大戦を語る」から、陸海の戦闘に従事した当時の参謀・将校の貴重な証言を採録。

◇子規と「坂の上の雲」　石原文蔵著　新講社　2010.2　233p　19cm　〈文献あり〉　①978-4-86081-316-1
＊青年はエンピツと手帳をもって、郊外に出た。もう一人は軍艦に乗った。二人の軌跡がふたたび交わるとき文章日本語は一つの成熟に達した。日本人が「リアリズム」を獲得してゆく物語。

○特集 その後の秋山好古・真之（『坂の上の雲』と司馬遼太郎）「文芸春秋」（文芸春秋）　87（14臨増）　2009.12

◇秋山真之──日本海海戦を勝利へ導いた名参謀　歴史街道編集部編　PHP研究所（「歴史街道」select）　2009.12　125p　21cm　①978-4-569-77509-8
＊「皇国の興廃この一戦にあり、各員一層奮励努力せよ」バルチック艦隊に完勝！ 奇跡の作戦を編み出し、日本軍を勝利へ導いた男の真実。

◇天気晴朗ナレドモ波高シ──「提督秋山真之」と「日本海海戦誌」　秋山真之会編　毎日ワンズ　2009.12　263p　19cm　〈「日本海海戦誌」の執筆：秋山真之〉　①978-4-901622-45-5

◇アメリカにおける秋山真之　中　米西戦争を観る　島田謹二著　朝日新聞出版（朝日文庫）　2009.12　441p　15cm　①978-4-02-261648-7
＊スペインに勝利したアメリカは大胆にも次の仮想敵をイギリスと定め、海軍大拡張計画を挙国一致で推進する。カリブ海海戦に立ち会い、この荒々しい息吹を肌で感じとった観戦武官・秋山真之は、来るべきロシアとの決戦を胸に秘め、あるべき日本海軍の戦略に思いを馳せる。

◇アメリカにおける秋山真之　下　日露開戦に備えて　島田謹二著　朝日新聞出版（朝日文庫）　2009.12　407p　15cm　①978-4-02-261649-4
＊連合艦隊作戦参謀・秋山真之はバルチック艦隊を迎え撃ち、日本を勝利に導いた。世界を震撼させたその戦略・戦術を、若き秋山はカリブ海海戦に勝利したアメリカ北大西洋艦隊から学びとる。謎多きアメリカ留学2年の日々を本書が詳述する！ 日本エッセイストク

I 政治・経済　　　　　　　　　　　　　　　　　　　　　　　　秋山真之

ラブ賞受賞。

◇秋山兄弟 好古と真之—明治の人材はいか
にして生まれたか　滝沢中著　朝日新聞出
版　（朝日新書）　2009.11　255p　18cm
〈文献・年表あり〉　①978-4-02-273306-1
＊明治日本という国とその国民の質の高
さが秋山兄弟という軍事的天才を生み
出した。これまで軍事的要素を中心に
語られることが多かった秋山兄弟。彼
らを生み育てた明治日本という背景を
考察することで、人材が生まれる社会、
条件とは何かを探る。

◇秋山兄弟 好古と真之　森悠也著　学研パ
ブリッシング　（学研M文庫）　2009.11
337p　15cm　①978-4-05-901251-1
＊新興国、明治の日本が一等国をめざし、
強国ロシアと戦った日露戦争。その日
露戦争において日本初の騎兵を率い、
黒溝台、奉天で大活躍した秋山好古、日
本海海戦で連合艦隊作戦参謀として勝
利をもたらした真之。泣き虫と腕白
だった少年時代から、「坂の上の雲」を
めざし、明治という時代を駆け抜けた
兄弟の実像を時代背景とともに描く。

◇知将秋山真之—ある先任参謀の生涯　生
出寿著　光人社　（光人社NF文庫）
2009.11　341p　16cm　〈文献あり〉
①978-4-7698-2624-8
＊日本海海戦で連合艦隊を勝利に導いた
作戦参謀はいかなる人物だったのか。
『坂の上の雲』の主人公知謀湧くがごと
き戦術家の生涯。

◇日露戦争を勝利に導いた奇跡の兄弟秋山
好古・真之　小野木圭著　ぶんか社
2009.11　255p　19cm　〈文献あり〉
①978-4-8211-4260-6
＊「坂の上の雲」の主人公、秋山兄弟の人
生がよくわかる一冊。ドラマや小説で
はなかなかわからない二人の人生を、
資料写真や漫画を豊富に使って解説。

◇アメリカにおける秋山真之　上　米国海
軍の内懐（うちふところ）に　島田謹二著
朝日新聞出版　（朝日文庫）　2009.11
418p　15cm　①978-4-02-261647-0
＊著者の島田謹二は、『坂の上の雲』の文
庫解説を執筆し、司馬遼太郎が深く敬愛

した碩学の人である。「外国に学ぶだけ
ではダメだ。エッセンスを使いこなせ
るようにならねば」若き日にアメリカ
留学を命じられた秋山真之は、理想に
燃えて米海軍の機密情報に接するが…。

◇秋山真之のすべて　新人物往来社編　新
人物往来社　（新人物文庫）　2009.10
286p　15cm　〈文献・著作目録あり〉
①978-4-404-03752-7
＊海軍きっての戦術家として日本海海戦
を完勝に導いた秋山真之。「智謀湧くが
ごとし」と形容された男の生涯とその
秘密を探る。

◇秋山好古と秋山真之—日露戦争を勝利に
導いた兄弟　楠木誠一郎著　PHPエディ
ターズ・グループ　2009.9　318p　20cm
〈文献・年表あり〉　①978-4-569-77265-3
＊日露戦争を勝利に導いた兄弟がいた。
世界最強のロシア騎兵を防ぎ、戦史に
名を残す激戦を繰り広げ、「日本騎兵の
父」と称えられた兄・秋山好古、日本海
海戦で無敵と言われたバルチック艦隊
を破る秘策を立て、名将・東郷平八郎か
ら「智謀湧くが如し」と賞賛された弟・
秋山真之。本書では、その二人の人間
的魅力や戦いを余すところなく描く。

◇秋山真之　秋山真之会編　マツノ書店
2009.4　484,p178-186,8p 図版〔15〕枚
22cm　〈秋山真之会昭和8年刊の復刻〉

◇『坂の上の雲』の秋山好古・真之とその時
代—なぜ、この兄弟の生き方が、日本人の
心をとらえるのか　池田清著　ごま書房
新社VM　2008.12　228p　21cm　〈『秋
山兄弟の生き方』（ごま書房1996年刊）の
改題・新装版〉　①978-4-341-13176-0
＊『坂の上の雲』（原作・司馬遼太郎）の主
人公、日露戦争の英雄、秋山好古（日本
陸軍・騎兵の父）秋山真之（日本海軍連
合艦隊・参謀）。なぜ、この兄弟の生き
方が日本人の心をとらえるのか。

◇子規と真之—第一回企画展テーマ展示
松山市総合政策部，坂の上の雲ミュージ
アム編　松山市総合政策部　2007.4　48p
25×26cm　〈会期：平成19年4月28日—平
成20年3月23日　共同刊行：坂の上の雲
ミュージアム　年表あり〉

伝記ガイダンス 明治を生きた人々　9

◇日本海海戦とメディア―秋山真之神話批判　木村勲著　講談社　（講談社選書メチエ）2006.5　252p　19cm　①4-06-258362-3
＊連合艦隊司令長官・東郷平八郎とその参謀・秋山真之。この軍神と天才によって敢行された丁字戦法によって、連合艦隊はロシアのバルチック艦隊を撃破―。日本海海戦の勝利は胸のすく快挙として昭和の軍国主義イデオロギーの核心を形成していく。その伝説の影響は今日にも及ぶといって過言ではない。これまで明らかにされることのなかった史実を、第一級史料『極秘明治三十七八年海戦史』を丹念に読み解き、浮き彫りにするとともに、神話を作りあげていったメディアの側をも批判的に検証する。

◇百年目の波濤―智謀の提督秋山真之の生涯　石丸淳也著　光人社　2006.1　280p　20cm　〈文献あり〉　①4-7698-1279-5
＊日本海海戦で先任参謀として連合艦隊の作戦指揮を執り、日本を勝利に導いた海の男の航跡。明治人の思考、行動を知り、日本の自立を考える歴史人物伝。

◇名将ファイル秋山好古・真之　松村劭監修, 造事務所著　PHP研究所　（PHP文庫）　2005.11　189p　15cm　〈文献あり〉　①4-569-66450-4
＊『坂の上の雲』の主人公としておなじみの秋山好古と秋山真之。日露戦争を勝利に導いた立役者として知られる兄弟である。しかし、中には「好古、真之って誰？」という人もいるだろう。本書は、戦史ファンにとっては軽く楽しめ、二人を知らない人にとっては経歴や活躍がすぐにわかる人物入門書。『坂の上の雲』を読んだ人も読んでいない人もより深く楽しめるようになるガイド本。

◇ロシヤ戦争前夜の秋山真之―明治期日本人の一肖像　上（1900年2月―1902年7月）　島田謹二著　朝日新聞社　2005.9　579p　21cm　〈1990年刊（第4刷）を原本としたオンデマンド版〉　①4-86143-064-X

◇ロシヤ戦争前夜の秋山真之―明治期日本人の一肖像　下（1902年7月―1904年2月）　島田謹二著　朝日新聞社　2005.9　21cm　〈1990年刊（第4刷）を原本としたオンデマ
ンド版〉　①4-86143-065-8

◇秋山真之のすべて　新装版　生出寿他著　新人物往来社　2005.4　217p　20cm　〈肖像・著作目録・文献あり〉　①4-404-03240-4
＊日本海大海戦勝利の名参謀・秋山真之の劇的な生涯。

◇秋山真之　田中宏巳著　吉川弘文館　（人物叢書 新装版）　2004.9　284p　19cm　〈シリーズ責任表示：日本歴史学会/編　肖像あり　年譜あり　文献あり〉　①4-642-05230-5

◇知将秋山真之―個性派先任参謀の生涯　生出寿著　光人社　（光人社名作戦記）　2003.7　272p　19cm　①4-7698-1110-1
＊智謀湧くが如く、権威や形式にとらわれず合理的作戦計画を立案し、陸軍の兄・秋山好古とともに日露の戦いを勝利に導いた、奇想天外な戦術家の満四十九年十一カ月の生涯。感動の海軍人物伝。

◇アメリカにおける秋山真之　上巻　島田謹二著　朝日新聞社　（朝日選書）　2003.6　353p　19cm　〔東京〕デジタルパブリッシングサービス（発売）　1975年刊を原本としたオンデマンド版〉　①4-925219-61-8

◇アメリカにおける秋山真之　下巻　島田謹二著　朝日新聞社　（朝日選書）　2003.6　362p　19cm　〔東京〕デジタルパブリッシングサービス（発売）　1975年刊を原本としたオンデマンド版〉　①4-925219-62-6

◇秋山真之―伝説の名参謀　神川武利著　PHP研究所　（PHP文庫）　2000.2　472p　15cm　①4-569-57343-6
＊バルチック艦隊を日本海軍が破ることができるか―。これが日露戦争の勝敗を決する最も大きな分水嶺であった。国家存亡の危機に立った明治日本が、まさに背水の陣で戦った「日本海海戦」。伝説の如く語り継がれるその勝利に日本を導いたのが、参謀・秋山真之である。この一戦に勝つために生まれて来たかのような、彼の戦略・戦術に賭けた生涯を勇壮に描き上げる、長編歴史小説。

◇秋山真之―日本海海戦の名参謀　中村晃著　PHP研究所　1999.4　336p　20cm

Ⅰ 政治・経済　　　　　　　　　　　　　　　　　　　　　　　　　　秋山真之

①4-569-60514-1
＊秋山の補佐役、飯田少佐は真之のこと
をこう評した。「あの人は確かに頭がよ
い。だから名参謀である。しかし頭が
よくなければ、単なる奇人にすぎない」
連合艦隊の中でひときわ異彩を放った秋
山真之。その才能を生かす土壌が当時
の日本海軍には確かにあった。高橋是
清、小村寿太郎、正岡子規ら明治の一流
人たちと共に生き、日本の名を世界に
知らしめた男の生き方とは。日露戦争
における海上作戦のほとんどを案出し、
みごとにバルチック艦隊を撃滅した天才参
謀・秋山真之。その気骨あふれる生涯。

◇明治に名参謀ありて―近代国家「日本」を
建国した6人　三好徹著　小学館　（小学
館文庫　「時代・歴史」傑作シリーズ）
1999.1　350p　15cm　①4-09-403511-7
＊平成不況と言われるなか、再び注目を
浴びているのが二・二六事件で暗殺さ
れた蔵相高橋是清。財界の守護神と呼
ばれ、昭和恐慌ではモラトリアムを実
施し日本の危機を救った。しかしその
高橋だが、米国留学時代には奴隷とし
て売られたり、芸姑のヒモになってい
たりと決してエリートとは呼べない人
生を歩んできたのだった。このほか、
三井財閥の創始者、益田孝や日露戦争
の作戦立案者、児玉源太郎など明治に
活躍した六人の男たちのエピソードを
作家の三好徹が力強く描く。明治人は
いかに困難を乗り切ったのだろうか。

◇日露戦争の名参謀・秋山兄弟に学ぶリー
ダーの条件　池田清著　ごま書房
（Goma books）　1999.1　244p　18cm
〈「秋山兄弟の生き方」（1996年刊）の改訂〉
①4-341-31014-3
＊日露戦争で日本に勝利をもたらした名
参謀、秋山好古・真之という兄弟のこと
は、当時の日本人の精神を浮き彫りにし
た故司馬遼太郎氏の長編小説『坂の上の
雲』の主人公としてご存じの方も多かろ
う。本書は、自らも海軍経験を持ち、司
馬氏の相談相手でもあった著者が、こ
の兄弟の生き方を通して真のリーダー
とは何かを克明に追った力作である。

◇秋山兄弟の生き方―『坂の上の雲』の主人

公なぜリーダーたちの心をとらえるのか
池田清著　ごま書房　1996.9　228p
20cm　①4-341-17107-0

◇甦る秋山真之、その軍学的経営パラダイム
三浦康之著　ウェッジ　1996.7　366p
22cm　①4-900594-21-0
＊明治史の傑出した人物の一人、もっと
も興味深い海軍名参謀は、かくて、新た
な姿で平成の世に生き生きと甦って来
る。注目すべき労作である。団塊の世
代よ、元気を出せ。新入社員よ、これだ
けは読んでおけ。昭和の企業参謀から
平成の後輩に贈る、『碁、このアジア的
経営パラダイム』の異才・三浦康之が放
つ第二弾。

◇知将秋山真之―ある先任参謀の生涯　生
出寿著　光人社　1996.5　222p　20cm
〈新装版　参考引用文献：p222〉
①4-7698-0286-2
＊史馬遼太郎の名作『坂の上の雲』のヒー
ロー――。智謀湧くがごとき戦術家の生
涯。権威や形式にとらわれず、合理的
作戦計画を立案、日本を勝利に導いた
海の男を描く感動の人物伝。

◇智謀の人秋山真之　土門周平著　総合法
令出版　1995.2　238p　20cm　〈参考文
献：p237〉　①4-89346-429-9
＊日本海海戦を完全勝利に導いた不世出の
参謀の生涯。日本の難局を救った天才参
謀・秋山真之を土門周平が見事に描く。

◇知将 秋山真之　生出寿著　徳間書店
（徳間文庫）　1992.5　381p 15cm
①4-19-597139-X
＊バルチック艦隊を日本海に殲滅した東郷
平八郎麾下に、その人ありと言われた秋
山真之。後世、「智謀湧くがごとき秋山
流軍学」と喧伝されたその天稟の質は、
すでにアメリカ留学時に現われ、全海軍
の注視を浴びた。西洋兵学に秀れた秋山
は、また日本古来の兵術にも通じ、日露
戦「丁字戦法」はまさに村上水軍流でも
あった。知将の生涯と斬新な戦術思想
を壮大なスケールで描く人物評伝力作。

◇ロシヤ戦争前夜の秋山真之―明治期日本
人の一肖像　島田謹二著　朝日新聞社
1990.5　2冊 19cm　①4-02-256142-4

伝記ガイダンス 明治を生きた人々　**11**

＊ロシア海軍に勝利した日本海軍の戦略
戦術は、どのように練り上げられて
いったのか。連合艦隊司令長官・東郷
平八郎の参謀・秋山の足跡をたどりな
がら、彼の編み出した高等戦術と明治
海軍の実体を、第一級の極秘資料を駆
使し徹底的に解き明かす。

◇秋山真之のすべて　生出寿ほか著, 新人
物往来社編　新人物往来社　1987.4
217p 19cm　④4-404-01414-7
＊とつぜん東郷平八郎司令長官の参謀と
なって、日本海海戦を勝利に導いた秋
山真之は、松山の生んだ異才だった。
明治の知将に何を学ぶか。

◇知将秋山真之─ある先任参謀の生涯　生
出寿著　光人社　1987.2　222p 20cm
〈参考引用文献：p222〉　④4-7698-0286-2

◇知将秋山真之─ある先任参謀の生涯　生
出寿著　光人社　1985.12　222p 20cm
〈巻末：参考引用文献〉　①4-7698-0286-2

◇秋山好古・真之将軍　鶴村松一著　松山
郷土史文学研究会　1978.12　78p 19cm
〈秋山好古・真之の肖像あり　参考文献：
p75〉

◇アメリカにおける秋山真之　島田謹二著
朝日新聞社　（朝日選書）　1975　2冊
19cm

◇アメリカにおける秋山真之─明治期日本
人の一肖像　島田謹二著　朝日新聞社
1969　698p 図版　20cm

▍秋山 定輔　あきやま・ていすけ

1868～1950　新聞経営者, 政治家。衆議院
議員。組閣工作等政界の黒子として活躍。

◇言葉の戦士─涙香と定輔 明治新聞人の気
概を知りたい　井川充雄, 南部哲郎, 張宝
芸企画構成, 日本新聞博物館編　日本新
聞博物館　2007.2　96,96p　21×30cm
〈会期：2007年2月17日─4月22日　年譜・
著作目録・年表あり〉

◇秋山定輔伝　第3巻　桜田倶楽部編　桜田
倶楽部　1982.3　675,77p 図版14枚
22cm　〈秋山定輔の肖像あり　参考文献：
p662～670〉

◇秋山定輔伝　第2巻　桜田倶楽部編　桜田
倶楽部　1979.10　750p 図版12枚　22cm
〈秋山定輔の肖像あり 付（別冊 23p）：秋
山定輔と二六新報年譜〉

◇秋山定輔伝　第1巻　桜田倶楽部編　桜田
倶楽部　1977.6　522p 図12枚 肖像
22cm　〈秋山定輔と二六新報年譜：p.499
～520〉

◇ドキュメント日本人　第1　巨人伝説 中
江兆民〔ほか〕　岩崎徂堂　学芸書林
1968　339p　20cm

◇秋山定輔は語る 金・恋・仏　村松梢風著
関書院　1948　260p 図版　19cm

▍秋山 好古　あきやま・よしふる

1859～1930　陸軍軍人。大将。日清戦争
で活躍した後、乗馬学校校長となり騎兵
科の基礎を築く。近衛師団長などを歴任。
〔記念施設〕銅像（愛媛県松山市、外道後公
園）

○特集・秋山兄弟、広瀬武夫、東郷平八郎…
近代日本を背負った明治の雄　『坂の上の
雲』に倣う無私の心　「サライ」　（小学
館）　23（12）　2011.12

◇秋山好古と秋山真之─日露戦争を勝利に
導いた兄弟　楠木誠一郎著　PHP研究所
（PHP文庫）　2011.11　352p　15cm
〈文献あり〉　①978-4-569-67736-1
＊「日本騎兵の父」と称えられた兄・好
古。名将・東郷平八郎から「智謀湧くが
如し」と絶賛された弟・真之。この兄弟
を抜きにして日露戦争は語れまい。礼
儀作法を重んじ、無欲恬淡、豪放磊落な
兄と、形式にとらわれず、つねに本質を
見極めた天才肌の弟。全く異なる性格
だが、ふたりとも戦場ではつねに作戦
のことしか考えなかったという。人間
的な魅力溢れるこの兄弟の知られざる
素顔に迫る人物評伝。

◇秋山好古と新潟の人びと─「坂の上の雲」
とその時代　神田勝郎編著　横越コミュ
ニティ協議会　2011.6　142p　30cm
〈文献あり〉

◇司馬遼太郎 歴史のなかの邂逅　7　正岡子
規～秋山好古・真之　司馬遼太郎著　中

央公論新社 （中公文庫） 2011.3 263p
15cm ①978-4-12-205455-4
＊日本の前途を信じた若者たちの、底ぬ
けの明るさと痛々しさと―。第七巻は、
司馬文学を代表する長篇『坂の上の雲』
に描かれた正岡子規、秋山兄弟を中心
に、徳冨蘆花、夏目漱石、石川啄木、清
沢満之ら、昂揚の時代を生きた人々の
足跡をたどる二十五篇を収録。

◇名将の条件 日露戦争七人の陸将 柘植久
慶著 学研パブリッシング 2010.12
258p 19cm ①978-4-05-404771-6
＊勝算なき戦いを明晰な判断と洞察で勝
利へ導いた七人の傑物。

◇奇跡の日露戦争 伝説となった男たち―秋
山真之・秋山好古・乃木希典・東郷平八郎
鞍掛伍郎著 イーグルパブリシング
2010.12 190p 19cm
①978-4-86146-198-9
＊明治日本が大国ロシアになぜ勝てたの
か？ 日露戦争を勝利に導いた英雄の、
真実を追う。

◇ドラマチック日露戦争―近代化の立役者13
人の物語 河合敦著 ソフトバンククリエ
イティブ （ソフトバンク新書） 2010.10
239p 18cm ①978-4-7973-5813-1
＊日露戦争はそれまで世界史が経験した
ことのない未曾有の大戦であり、日本
という新興の小国が、老大国ロシアに
挑んだ極めて無茶な戦いでもあった。
にもかかわらず運命の日本海海戦で、
ロシアが誇るバルチック艦隊を全滅さ
せるという空前絶後の大勝利を収めた
日本。その撃滅作戦を編み出した秋山
真之を筆頭に、秋山好古、正岡子規、東
郷平八郎、与謝野晶子、高橋是清など、
日本の近代化に大きな貢献をした立役
者たち13人の波乱万丈な物語を追う。

○特集 その後の秋山好古・真之（『坂の上の
雲』と司馬遼太郎）「文芸春秋」 （文芸春
秋） 87（14臨増） 2009.12

◇秋山兄弟 好古と真之―明治の人材はいか
にして生まれたか 滝沢中著 朝日新聞出
版 （朝日新書） 2009.11 255p 18cm
〈文献・年表あり〉 ①978-4-02-273306-1
＊明治日本という国とその国民の質の高

さが秋山兄弟という軍事的天才を生み
出した。これまで軍事的要素を中心に
語られることが多かった秋山兄弟。彼
らを生み育てた明治日本という背景を
考察することで、人材が生まれる社会、
条件とは何かを探る。

◇秋山兄弟 好古と真之 森悠也著 学研パ
ブリッシング （学研M文庫） 2009.11
337p 15cm ①978-4-05-901251-1
＊新興国、明治の日本が一等国をめざし、
強国ロシアと戦った日露戦争。その日
露戦争において日本初の騎兵を率い、
黒溝台、奉天で大活躍した秋山好古、日
本海海戦で連合艦隊作戦参謀として勝
利をもたらした真之。泣き虫と腕白
だった少年時代から、「坂の上の雲」を
めざし、明治という時代を駆け抜けた
兄弟の実像を時代背景とともに描く。

◇日露戦争を勝利に導いた奇跡の兄弟秋山
好古・真之 小野木圭著 ぶんか社
2009.11 255p 19cm 〈文献あり〉
①978-4-8211-4260-6
＊「坂の上の雲」の主人公、秋山兄弟の人
生がよくわかる一冊。ドラマや小説で
はなかなかわからない二人の人生を、
資料写真や漫画を豊富に使って解説。

◇秋山好古と秋山真之―日露戦争を勝利に
導いた兄弟 楠木誠一郎著 PHPエディ
ターズ・グループ 2009.9 318p 20cm
〈文献・年表あり〉 ①978-4-569-77265-3
＊日露戦争を勝利に導いた兄弟がいた。
世界最強のロシア騎兵を防ぎ、戦史に
名を残す激戦を繰り広げ、「日本騎兵の
父」と称えられた兄・秋山好古、日本海
海戦で無敵と言われたバルチック艦隊
を破る秘策を立て、名将・東郷平八郎か
ら「智謀湧くが如し」と賞賛された弟・
秋山真之。本書では、その二人の人間
的魅力や戦いを余すところなく描く。

◇秋山好古 秋山好古大将伝記刊行会編
マツノ書店 2009.4 673,9p 図版〔34〕
枚 22cm 〈秋山好古大将伝記刊行会昭
和11年刊の複製 年譜あり〉

◇秋山好古―第3回企画展テーマ展示 坂の
上の雲ミュージアム編 坂の上の雲
ミュージアム 2009.3 38p 25×26cm

秋山好古

I 政治・経済

〈年譜あり〉

◇『坂の上の雲』の秋山好古・真之とその時代―なぜ、この兄弟の生き方が、日本人の心をとらえるのか　池田清著　ごま書房新社VM　2008.12　228p　21cm　〈『秋山兄弟の生き方』(ごま書房1996年刊)の改題・新装版〉　①978-4-341-13176-0
＊『坂の上の雲』(原作・司馬遼太郎)の主人公、日露戦争の英雄、秋山好古(日本陸軍・騎兵の父)秋山真之(日本海軍連合艦隊・参謀)。なぜ、この兄弟の生き方が日本人の心をとらえるのか。

◇秋より高き―晩年の秋山好古と周辺のひとびと　片上雅仁著　アトラス出版　2008.7　179p　19cm　〈年譜・文献あり〉　①978-4-901108-69-0

◇我輩は軍刀にあらず―愛刀が物語る秋山好古の後半生　高笠原建著　アトラス出版　2006.11　159p　19cm　〈年譜あり〉　①4-901108-56-5

◇名将ファイル秋山好古・真之　松村劭監修，造事務所著　PHP研究所　(PHP文庫)　2005.11　189p　15cm　〈文献あり〉　①4-569-66450-4
＊『坂の上の雲』の主人公としておなじみの秋山好古と秋山真之。日露戦争を勝利に導いた立役者として知られる兄弟である。しかし、中には「好古、真之って誰？」という人もいるだろう。本書は、戦史ファンにとっては軽く楽しめ、二人を知らない人にとっては経歴や活躍がすぐにわかる人物入門書。『坂の上の雲』を読んだ人も読んでいない人もより深く楽しめるようになるガイド本。

◇名将秋山好古―鬼謀の人前線指揮官の生涯　新装版　生出寿著　光人社　(光人社NF文庫)　2004.9　344p　16cm　①4-7698-2010-0

◇秋山好古―明治陸軍屈指の名将　野村敏雄著　PHP研究所　(PHP文庫)　2002.11　429p　15cm　①4-569-57839-X
＊伊予松山藩士の三男に生まれ、創設まもない明治陸軍の軍人となった秋山好古。騎兵科の逸材としてフランス留学を経験、やがて自ら訓練した騎兵隊を率いて日清戦争を戦った彼は、「日本騎兵の

父」と称えられる名将となる。日露戦争では、騎兵第一旅団長としてロシアの大軍を寡兵で防ぎ、勇名を馳せた。豪胆にして細心、人間的魅力にあふれた伝説の将軍の生涯を描いた力作長編。

◇天気晴朗ナレドモ浪高シ―日露戦争の実相を読み解く　三野正洋著　PHP研究所　1999.10　377p　19cm　①4-569-60838-8
＊旅順要塞に向かって吼える28センチ榴弾砲。日本海の怒濤を切り裂いて進む戦艦三笠。凍土を蹴って突進する秋山好古の騎兵旅団。図、表、写真を駆使して、日本と日本人がもっとも輝いていた日露戦争とその時代を描く。

◇日露戦争の名参謀・秋山兄弟に学ぶリーダーの条件　池田清著　ごま書房　(Goma books)　1999.1　244p　18cm　〈「秋山兄弟の生き方」(1996年刊)の改訂〉　①4-341-31014-3
＊日露戦争で日本に勝利をもたらした名参謀、秋山好古・真之という兄弟のことは、当時の日本人の精神を浮き彫りにした故司馬遼太郎氏の長編小説『坂の上の雲』の主人公としてご存じの方も多かろう。本書は、自らも海軍経験を持ち、司馬氏の相談相手でもあった著者が、この兄弟の生き方を通して真のリーダーとは何かを克明に追った力作である。

◇秋山兄弟の生き方―『坂の上の雲』の主人公なぜリーダーたちの心をとらえるのか　池田清著　ごま書房　1996.9　228p　20cm　①4-341-17107-0

◇名将 秋山好古―鬼謀の人 前線指揮官の生涯　生出寿著　光人社　(光人社NF文庫)　1993.5　344p　15cm　①4-7698-2010-0
＊独創的、合理的な戦法をもって戦場に臨み、沈着にして豪胆、たくみに兵を指揮して勝利をもたらした日本陸軍きっての戦術家の生涯を描く感動の明治人物伝。簡単明瞭を尊び、権勢、名利を望まず、人道主義に徹して、豪快に生きた一軍人の真実。陸の兄と、海の弟・秋山真之が心を合わせて戦い、日本を救った物語。

◇名将秋山好古―鬼謀の最前線指揮官の生涯　生出寿著　光人社　1988.7　227p　19cm　①4-7698-0391-5

14　伝記ガイダンス 明治を生きた人々

I 政治・経済　　　　　　　　　　　　　　　　　　　　　　　　浅野総一郎

＊独創的，合理的戦法をもって戦場に臨
み、沈着にして豪胆、巧みに兵を指揮し
て勝利をもたらした日本陸軍きっての
戦術家を描く書き下ろし明治人物伝。
簡単明瞭を尊び、権勢、名利を望まず、
天道、人道主義に徹して日本を救った
男のロマン。

◇秋山好古・真之将軍　鶴村松一著　松山
郷土史文学研究会　1978.12　78p　19cm
〈秋山好古・真之の肖像あり　参考文献：
p75〉

▍浅田 信興　あさだ・のぶおき
1851～1927　陸軍軍人。大将，男爵。日
露戦争での戦功により男爵。教育総監な
どの要職に就任。

◇歴代陸軍大将全覧 大正篇　半藤一利，横
山恵一，秦郁彦，原剛著　中央公論新社
（中公新書ラクレ）　2009.2　357,31p
18cm　①978-4-12-150307-7
＊世界大戦と日独戦争、シベリア出兵、そ
して吹き荒れる軍縮の嵐。激動する大
正期の日本陸軍の姿を、大将41人の事
績とともに詳細に記す。写真、資料も
充実。明治篇に続く陸軍史一大巨編。

▍浅野 サク子　あさの・さくこ
1857～1927　浅野セメント社長浅野総一
郎の妻。関東大震災後の工場復旧に尽力。

◇女の一心―浅野翁夫人正伝伝記・浅野サ
ク子　北林惣吉著　大空社　（伝記叢書）
1995.12　184,6p　22cm　〈千倉書房昭和
6年刊の複製〉　①4-87236-495-3

▍浅野 総一郎　あさの・そういちろう
1848～1930　実業家。浅野財閥創業者。
浅野セメントを中核として一代で浅野財
閥を築く。〔記念施設〕銅像（神奈川県横
浜市、東亜鉄工）

◇名企業家に学ぶ「死んでたまるか」の成功
術―困難に打ち勝つ精神力の養い方　河
野守宏著　ロングセラーズ　2016.10
203p　18cm　①978-4-8454-0992-1
＊ここを乗り切れ、道は拓ける！ 危機に
際会して「死んでたまるか！」と発奮

し、死力をふるった企業家を取りあげ
た。古くは江戸から明治・大正・昭和
へと大車輪の活躍をした異色の人物た
ちである。

◇財閥を築いた男たち　加来耕三著　ポプ
ラ社　（ポプラ新書）　2015.5　266p
18cm　①978-4-591-14522-7
＊近代を支えてきた資本主義そのものが終
焉を迎えたと言われる現在、どこにビジ
ネスの活路を見出せばいいのか。約150
年前、明治維新という未曾有の危機に直
面しながらも、新しい事業を起こし老
舗を再建し、現代の大企業につながる
「財閥」を築いていった男たちがいた。
彼らの足跡にこそ、成功の鍵がある！

◇日本を創った男たち―はじめにまず“志”
ありき　北康利著　致知出版社　2012.3
267p　19cm　①978-4-88474-956-9
＊“論語と算盤”―渋沢栄一、“九転び十起
き”―浅野総一郎、“好況よし、不況なお
よし”―松下幸之助。志高き創業者の生
きざまに学ぶ。

◇浅野総一郎―〈伝記〉浅野総一郎　浅野総
一郎，浅野良三著　大空社　（伝記叢書）
2010.11　1冊 図版42枚　22cm　〈改訂8
版（浅野文庫昭和12年刊）の複製　年譜あ
り〉　①978-4-283-00826-7

◇名創業者に学ぶ人間学 十大財閥篇　加来
耕三著　ポプラ社　2010.9　315p　19cm
①978-4-591-12001-9
＊岩崎弥太郎、野村徳七、安田善次郎…財
閥を築き、世界と戦える大企業の基礎
を創り上げた英傑16人の波乱に満ちた
生涯を紐解きながら、ビジネスを成功
させる法則を探る歴史人間学の決定版。

◇日本のコンクリート技術を支えた100人
笠井芳夫，長滝重義企画・監修　セメント
新聞社　2009.3　1冊　26cm
①978-4-915368-09-7

◇浅野総一郎の度胸人生　新田純子著　毎
日ワンズ　2008.8　268p　19cm
①978-4-901622-31-8

◇ほくりく20世紀列伝　上巻　北国新聞社
論説委員会・編集局編　時鐘舎　（時鐘舎
新書）　2007.12　281p　18cm

伝記ガイダンス 明治を生きた人々　　**15**

◇978-4-8330-1597-4
＊近代日本動かした北陸人のど根性。激動の時代を駆け抜けた偉人たちのドラマ。

◇九転十起の男─日本の近代をつくった浅野総一郎　新田純子著　毎日ワンズ　2007.4　295p　19cm　〈文献・年譜あり〉
①978-4-901622-21-9

◇越中人譚　1　チューリップテレビ　2007.3　223p　21cm
①978-4-9903499-1-2

◇相場ヒーロー伝説─ケインズから怪人伊東ハンニまで　鍋島高明著　五台山書房　2005.12　340p　19cm　①4-309-90654-0

◇その男、はかりしれず─日本の近代をつくった男浅野総一郎伝　新田純子著　サンマーク出版　2000.11　295p　20cm　〈文献あり　発売：サンマーク〉
①4-7631-9346-5
＊懸命だった。不器用だった。日本で初めて「会社組織」をつくる。日本で初めてコールタール事業に成功。日本で初めて「社内預金制度」を導入。日本で初めて「石油タンク」販売を開始。日本で初めて横浜─サンフランシスコ間航路を握る。日本で初めて労働者ストライキを受ける。日本で初めて昼夜兼業の銀行をつくる。日本で初めて東洋一のダムを築く。日本で初めて大規模埋立地を造成。西洋の200年を八十余年で駆け抜けた男の生涯。

◇稼ぐに追いつく貧乏なし─浅野総一郎と浅野財閥　斎藤憲著　東洋経済新報社　1998.11　270p　20cm　〈文献あり〉
①4-492-06106-1
＊本書は、浅野総一郎とその一族の物語である。夜逃げ同然で故郷を離れ、東京へ出、また不況の1920年代、関連会社の業績不振で悩み、生涯に100を越える会社と関連をもった文字通りの事業王、明治時代のベンチャーに関する最初の研究書である。

◇人物に学ぶ明治の企業事始め　森友幸照著　つくばね舎　1995.8　210p　21cm
①4-924836-17-6

◇人われを事業の鬼と呼ぶ─浅野財閥を創った男　若山三郎著　青樹社　1993.7

269p　19cm　①4-7913-0769-0
＊明治中期、廃物をとことん利用するその特異な商法で浅野セメントを興したのを礎に、一代にして大財閥を築き上げた傑物浅野総一郎の堂々たる生涯を活写する。

◇セメント王浅野総一郎　木村徹著　時事通信社　（一業一人伝）　1972　263p　肖像　18cm　〈浅野総一郎年譜：p.251-263〉

◇財界人思想全集　第8　財界人の人生観・成功観　小島直記編・解説　ダイヤモンド社　1969　454p　22cm

◇政商から財閥へ　楫西光速著　筑摩書房　（グリーンベルト・シリーズ）　1964　234p　18cm

◇日本財界人物列伝　第1巻　青潮出版株式会社編　青潮出版　1963　1171p　図版　26cm

◇財界巨人伝　河野重吉著　ダイヤモンド社　1954　156p　19cm

◇明治 大実業家列伝─市民社会建設の人々　林房雄著　創元社　1952　255p　19cm

浅野 長勲　あさの・ながこと
1842〜1937　広島藩主，政治家。貴族院議員，侯爵。幕府に批判的な大名の代表。維新後は元老院議官、駐伊公使などを歴任。

◇殿様は「明治」をどう生きたのか　河合敦著　洋泉社　（歴史新書）　2014.4　222p　18cm　〈文献あり〉　①978-4-8003-0379-0

◇昭和まで生きた最後の大名 浅野長勲　江宮隆之著　グラフ社　2008.12　269p　19cm　①978-4-7662-1198-6
＊長州征伐での調停、大政奉還建白書を提出、小御所会議での活躍、日本初の洋紙製造会社創業、イタリア大使…。幕末、明治、大正、昭和をかけ抜けたお殿様がいた。

浅羽 佐喜太郎　あさば・さきたろう
1867〜1910　人。ベトナム独立運動の指導者潘佩珠の援助者。

◇報恩の碑─義俠の医師浅羽佐喜太郎と潘

I 政治・経済　　　　　　　　　　　　　　　　　　　　アストン

佩珠　柴田静夫著　菁柿堂　2009.10
141p　20cm

◇浅羽佐喜太郎と東遊運動—指導者ファン・
ボイ・チャウと地域が伝える　浅羽佐喜
太郎公記念碑建立八五周年記念事業実行
委員会　2003.11　78p　21cm　〈浅羽左
喜太郎公記念碑健立85周年〉

┃ 浅羽　靖　あさば・やすし
1854〜1914　政治家。衆議院議員。北海
道拓殖事業に尽力。北海中学を経営し育
英に努めた。
◇浅羽靖—北海学園の父　中嶋健一著　北
海学園　1969　266p　図版　19cm　〈浅羽
靖年表：p.257-263〉

┃ 朝吹　英二　あさぶき・えいじ
1849〜1918　実業家。三井系諸会社の重
職を歴任。
◇朝吹英二君伝—伝記・朝吹英二　大西理
平編　大空社　（伝記叢書）　2000.9　1冊
22cm　〈年譜あり　朝吹英二氏伝記編纂
会昭和3年刊の複製　肖像あり　折り込4
枚〉　①4-7568-0896-4
◇朝吹英二君伝　大西理平著　図書出版社
（経済人叢書）　1990.9　357p　19cm
①4-8099-0153X
＊明治を代表する実業家の一人として、ま
た政界の黒幕として活躍するかたわら、
花柳界に盛名を馳せ茶事の世界に遊ん
だ風流人、朝吹英二の生涯とその事績。
◇当世畸人伝　白崎秀雄著　新潮社
1987.1　431p　19cm　①4-10-339905-8
＊いかなるストーリーテラーの想像力も
及ばぬ、この人たちの徹底した生き方。
社会の常識や習俗に抗して生きた七人
の、興趣尽きぬ生涯。
◇福沢山脈　小島直記著　中央公論社　（小
島直記伝記文学全集）　1987.1　577p
19cm　①4-12-402584-X
＊先覚者・福沢諭吉を敬慕し、慶応義塾に
集まった近代日本の俊才英傑たち。そ
の巨大な人間山脈に挑み、一峰一峰の
連なりの機微を活写する長編力作。

◇日本財界人物列伝　第1巻　青潮出版株式
会社編　青潮出版　1963　1171p　図版
26cm
◇続 財界回顧—故人今人　池田成彬著，柳
沢健編　三笠書房　（三笠文庫）　1953
217p　16cm
◇明治 大実業家列伝—市民社会建設の人々
林房雄著　創元社　1952　255p　19cm

┃ 足利　喜三郎　あしかが・きさぶろう
1842〜1930　農民。
◇わが心の妙好人—市井に生きた善人たち
志村有弘編　勉誠出版　2011.7　316p
19cm　①978-4-585-21006-1
＊妙好人とは、浄土真宗の信者で、ひたす
ら念仏の世界に生きる人のことをいう。
彼等は概して無学で貧しい。しかし、
彼等の物語が伝える、世俗の欲を離れ
た美しい人柄は、まさに白蓮華にたと
えられるにふさわしい。
◇因幡の源左—足利喜三郎　柳宗悦著　大
谷出版社　1950

┃ 葦原　将軍　あしわら・しょうぐん
1850〜1937　櫛職。誇大妄想狂で56年間
に渡り入院し続けた名物患者。
◇芦原将軍伝説　頂調橋神時著　角川学芸
出版角川出版企画センター　2010.4
283p　19cm　〈発売：角川グループパブ
リッシング〉　①978-4-04-653702-7

┃ アストン，W.G.
Aston, William George
1841〜1911　イギリスの外交官。1864年
来日。日本文化の研究に従事。著書『日
本口語小文典』(71)、『日本語と朝鮮語の
比較研究』(79)で日本語＝朝鮮語同系説を
提唱。
◇W・G・アストン—日本と朝鮮を結ぶ学者
外交官　楠家重敏著　雄松堂出版　（東西
交流叢書）　2005.10　418,21p　22cm
〈肖像あり〉　①4-8419-0398-4
◇英国と日本—架橋の人びと　ヒュー・
コータッツィ，ゴードン・ダニエルズ編

伝記ガイダンス 明治を生きた人々　**17**

著，横山俊夫解説，大山瑞代訳　思文閣出版　1998.11　503,68p　21cm
①4-7842-0977-8
＊1859年オールコックが開国まもない日本に着任、日英交渉のスタートはきられ、1891年ロンドンで開かれた国際東洋学者会議日本分科会の席上日本協会は誕生した。百年以上にわたる両国の関係は、二つの文化のはざまで生きた人々によって築かれてきた。本書は日本協会百年の歴史と23人のエピソードを通して、日英文化交流史の足跡を辿る。巻末に日本協会創立当初の会員名簿と戦前の紀要に掲載された論文の一覧を付した。

┃ **吾妻 謙**　あづま・けん
1844〜1889　北海道拓殖功労者。当別村初代戸長。北海道への移住開拓を進言し製麻・養蚕・畜産などを奨励、開拓を成功に導いた。
◇北の先覚　高倉新一郎著　北日本社　1947　276p　19cm

┃ **麻生 太吉**　あそう・たきち
1857〜1933　実業家，政治家。九州水力電気社長、衆議院議員。鉄道、銀行、セメント製造などの事業に進出し、麻生商店を全国有数の業者とする。
◇麻生太吉日記　第5巻　麻生太吉著，麻生太吉日記編纂委員会編　九州大学出版会　2016.11　192,247p　22cm　〈布装　文献あり　年譜あり　索引あり〉
①978-4-7985-0171-0
◇麻生太吉日記　第4巻　麻生太吉著，麻生太吉日記編纂委員会編　九州大学出版会　2014.12　445p　22cm　〈布装〉
①978-4-7985-0140-6
◇麻生太吉日記　第2巻　麻生太吉著，麻生太吉日記編纂委員会編　九州大学出版会　2012.11　448p　22cm　〈布装〉
①978-4-7985-0086-7
◇麻生太吉日記　第1巻　麻生太吉著，麻生太吉日記編纂委員会編　九州大学出版会　2011.11　441p　22cm
①978-4-7985-0062-1

◇麻生太吉翁伝—伝記・麻生太吉　麻生太吉翁伝刊行会編　大空社　（伝記叢書）　2000.9　1冊　22cm　〈年譜あり　麻生太吉翁伝刊行会昭和10年刊の複製　肖像あり　折り込1枚〉　①4-7568-0917-0
◇日本財界人物列伝　第1巻　青潮出版株式会社編　青潮出版　1963　1171p　図版26cm

┃ **安宅 弥吉**　あたか・やきち
1873〜1949　実業家。安宅産業社長，貴族院議員。安宅商会創立、大阪商工会議所会頭などを務めた。
◇悟りへの道と悟りの道　長谷弥三男著　講談社出版サービスセンター　2006.7　186p　19cm　①4-87601-752-2
＊会社の中の人生か、人生の中の会社か…悟り、解脱に憧れて三十年。
◇起業家列伝　邦光史郎著　徳間書店　（徳間文庫）　1995.4　282p　15cm　〈『続豪商物語』改題書〉　①4-19-890295-X
＊今日のこの企業時代の現出は旺盛な起業家精神をもつ事業家の輩出抜きには語れない。現代の経営者の中にあって最も創造的でエネルギッシュな事業家精神の持主は、創業者である。本書は松下幸之助、佐治敬三、中内㓛ら経済界の巨人、また人生の達人ともいうべき九人の横顔を通し、その人柄と事業が一体化した企業の足跡を辿る。ビジネスマン必携の書。
◇続　豪商物語　邦光史郎著　博文館新社　1991.2　294p　19cm　①4-89177-930-6
＊激動の昭和を生きぬいた大実業家9人。ゼロからの大事業展開成功の秘密に迫る。
◇日本財界人物列伝　第2巻　青潮出版株式会社編　青潮出版　1964　1175p　図版13枚　27cm

┃ **安達 謙蔵**　あだち・けんぞう
1864〜1948　政党政治家。衆議院議員。浜口内閣内相、若槻内閣逓相を歴任。
◇安達謙蔵自叙伝　安達謙蔵著　新樹社　1960　370p　図版　19cm

I 政治・経済

安達 繁七　あだち・しげしち

1841〜1900　実業家。野州線香業創業者。

◇江戸の未来人列伝—47都道府県 郷土の偉人たち　泉秀樹著　祥伝社　（祥伝社黄金文庫）　2008.9　452p　15cm　①978-4-396-31466-8

＊望遠鏡、鉄砲、印刷、医療、潅漑…生涯を賭けて「不可能」に挑んだ男たちの記録。

安達 清風　あだち・せいふう

1835〜1884　鳥取藩士。尊皇攘夷運動に従事。維新後は日本原開墾に尽力。

◇安達清風日記　日本史籍協会編　東京大学出版会　（日本史籍協会叢書）　1969　668p　22cm　〈覆刻版〉

安達 峰一郎　あだち・みねいちろう

1869〜1934　外交官，国際法学者。常設国際司法裁判所長。国際会議や国際機構で活躍。オランダ国葬で葬られる。

◇安達峰一郎—日本の外交官から世界の裁判官へ　柳原正治，篠原初枝編　東京大学出版会　2017.2　263,16p　22cm　〈年表あり 文献あり 索引あり〉　①978-4-13-036259-7

◇国際法にもとづく平和と正義を求めた安達峰一郎—書簡を中心にして　安達峰一郎博士顕彰会，安達峰一郎書簡集編集委員会編　安達峰一郎博士顕彰会　2011.6　306p　26cm　〈年譜あり〉

◇世界が愛した日本　2　四條たか子著，井沢元彦監修　竹書房　2011.6　245p　19cm　①978-4-8124-4621-8

＊世界が忘れない日本人との交流。日本が世界に愛されるきっかけとなった7つの感動ストーリー。

◇安達峰一郎、人と業績　安達峰一郎記念財団　2009.12　191p　21cm　〈年譜あり〉

◇日本外交史人物叢書　第15巻　吉村道男監修　ゆまに書房　2002.12　60,136,259p　22cm　〈複製 折り込1枚〉　①4-8433-0681-9

◇安達博士回顧30周年展記念アルバム　安達峰一郎記念館編　安達峰一郎記念館　1964

◇故安達所長　エイク・ハマーショルド著　安達峰一郎記念館　1964

油屋 熊八　あぶらや・くまはち

1863〜1935　実業家。九州別府温泉観光開発の先覚者、「九州横断道路」の建設を提唱。

◇明治なりわいの魁—日本に産業革命をおこした男たち　植松三十里著　ウェッジ　2017.2　192p　21cm　〈文献あり 年表あり〉　①978-4-86310-176-0

◇別府華ホテル—観光王と娘の夢　佐和みずえ著　石風社　2006.11　336p　19cm　〈年譜あり〉　①4-88344-141-5

阿部 十郎　あべ・じゅうろう

1837〜1907　壬生浪士組入隊者。維新後は開拓使に出仕。のち果樹園を経営。

◇新選組・高台寺党　市居浩一著　新人物往来社　2004.4　248p　19cm　①4-404-03165-3

阿部 泰蔵　あべ・たいぞう

1849〜1924　実業家。明治生命社長，明治火災保険社長。日本の保険業の発展に貢献。

◇阿部泰蔵伝　本邦生命保険創業者明治生命編　明治生命保険相互会社　1971　522p　肖像　22cm

阿部 房次郎　あべ・ふさじろう

1868〜1937　実業家。東洋紡績社長。東洋紡績社長の他、数社の重役・経済団体の要職を歴任。

◇阿部房次郎伝—〈伝記〉阿部房次郎　熊川千代喜編著　大空社　（伝記叢書）　2010.11　543,11,6p　22cm　〈阿部房次郎伝編纂事務所昭和15年刊の複製 年譜あり〉　①978-4-283-00827-4

◇日本財界人物列伝　第2巻　青潮出版株式会社編　青潮出版　1964　1175p　図版13枚　27cm

阿部 茂兵衛　あべ・もへえ

1827〜1885　商人，開拓事業家。開成社を結成、開墾に尽し、猪苗代湖疎水工事にも貢献。

◇福島人物の歴史　第9巻　阿部茂兵衛　田中正能著　歴史春秋社　1978.7　307p　20cm　〈阿部茂兵衛の肖像あり　阿部茂兵衛年表・参考書目：p287〜307〉

安部井 磐根　あべい・いわね

1832〜1916　陸奥二本松藩士，政治家。廃藩置県後福島県議会議員、衆議院議員、副議長を歴任。

◇安部井磐根先生略伝　磐根会編　磐根会　1951

安部井 政治　あべい・せいじ

1845〜1869　陸奥会津藩士。

◇物語 悲劇の会津人　新人物往来社編　新人物往来社　1990.5　236p　19cm　①4-404-01711-1
＊義を貫き、時の流れに逆らって生きた悲運の会津人たちを描く。

天野 八郎　あまの・はちろう

1831〜1868　佐幕派志士，影義隊士。彰義隊を組織し副頭取となった。

◇幕末維新で散った若き志士たちの実像　四條たか子著　ベストセラーズ　（ワニ文庫）　2010.4　237p　15cm　①978-4-584-39293-5
＊本書は、坂本龍馬。土方歳三、近藤勇、高杉晋作をはじめ、新時代を創るために懸命に生きながら、若くしてその命を落とした幕末の志士42人の躍動感に溢れた「生き様」と「死に様」に迫った本邦初の一冊。龍馬とともに散った土佐の志士、内部粛清や戦いによって早世した新撰組の志士、さらには倒幕派や幕府に殉じた志士など、その立場は違えども、激動の時代を走り抜けた熱き男たちの鮮烈な「美学」とは？―。

◇彰義隊遺聞　森まゆみ著　新潮社　（新潮文庫）　2008.1　418p　15cm　①978-4-10-139023-9

＊彰義隊。朝敵の汚名を着せられた徳川慶喜のために、怒りをもって結成された戦闘集団である。彼らは、東叡山寛永寺に立てこもったものの、わずか一日で西郷隆盛率いる官軍の攻撃に散った―。著者はひそかに語り継がれてきた証言を丹念に発掘し、「烏合の衆」と軽んじられてきた人びとの実像に迫ってゆく。時代の激流にあらがった、有名無名の男たちを鮮烈に描く、記念碑的作品。

◇ラストサムライの群像―幕末維新に生きた誇り高き男たち　星亮一，遠藤由紀子著　光人社　2006.2　283p　19cm　①4-7698-1287-6
＊勝てば官軍―人心が揺れ動き、「大勢」に流されようとするときに敢えて踏み止まり、意地を貫いた男たち。日本の近代化の過程で生じた殺伐たる時代に、最後の光芒を放った魅力あふれる「サムライ」たちの生き様を描く。

◇彰義隊遺聞　森まゆみ著　新潮社　2004.11　287p　19cm　①4-10-410003-X
＊慶応四（1868）年、江戸無血開城と徳川慶喜の処遇に不満を抱く旧幕臣たちによって結成された彰義隊は、武力討伐を狙う大村益次郎の指揮下、官軍による一日足らずの上野総攻撃で壊滅させられた。彼らは、本当に「烏合の衆」だったのか？ 町に残る「伝説」から、4ヶ月で消えた幻の戦闘集団の実像に迫る。

◇明治叛臣蔵　徳永真一郎著　光文社　（光文社時代小説文庫）　1991.7　452p　15cm　①4-334-71366-1
＊明治維新前後の混乱期。官軍となった薩摩・長州藩士の中には、心驕って汚職や不正を働く輩も。このため、一般民衆の生活はあまり向上せず、かえって負担が重くなり、苦しくなった。新政府の不正を暴き、理想の世を築くために、欲も野心もなく、純粋な情熱を傾けて戦った男たち。反逆者の汚名をうけ、空しく命を失った彼らの波乱に満ちた生涯を描く傑作歴史小説。

◇明治叛臣伝　徳永真一郎著　毎日新聞社　1981.1　238p　20cm

天野 政立　あまの・まさたつ

1854〜1917　自由民権家。自由党の大阪事件に参加、入獄中種々の記録を残す。

◇天野政立の自叙伝所世録　天野政立著，自由民権百二十周年建碑実行委員会編　自由民権百二十周年建碑実行委員会　2005.7　40p　21cm　〈自由民権百二十周年記念　年譜あり〉

雨宮 敬次郎
あめのみや・けいじろう

1846〜1911　実業家。甲武鉄道、桂川電力等多数の企業を設立・経営。

◇実録 7人の勝負師―リスクを恐れぬ怪物たち　鍋島高明著　パンローリング　2017.8　367p　19cm　①978-4-7759-9151-0
　＊日本一の相場師研究家（日本証券新聞による）が調べ上げた、700人の相場師から選ばれた7人のサムライ。

◇日本の鉄道をつくった人たち　小池滋，青木栄一，和久田康雄編　悠書館　2010.6　289p　19cm　①978-4-903487-37-3
　＊「日本の鉄道の父」井上勝、「投機界の魔王」雨宮敬次郎、「地下鉄の父」早川徳次など12人の巨人たちの生涯を再現し、彼らがなぜ鉄道に心血を注ぎ、どのような哲学のもとに活動したかを描き出す。

◇鉄道王雨宮敬次郎ど根性一代　小林和生著　東洋出版　2010.3　254p　19cm　〈文献あり〉　①978-4-8096-7619-2
　＊明治日本の国造りに血を吐きながら命を賭けた男の英傑伝。

◇カネが邪魔でしょうがない―明治大正・成金列伝　紀田順一郎著　新潮社　（新潮選書）　2005.7　205p　19cm　①4-10-603553-7
　＊戊辰戦争から第一次大戦の好景気まで、軍需品を売り巨万の富を築いた戦争成金や、株の投機に成功した相場師、生糸やタバコでぼろ儲けした事業家は、豪邸を構え、愛人を囲い、芸妓を総揚げにして権勢を誇示した。常識破りの享楽と浪費の末に、急転直下、破産して哀れな末路をたどった富豪や成金たちの赤裸々な生き様を、豊富な資料と図版で描く人物列伝。

◇中央線誕生―甲武鉄道の開業に賭けた挑戦者たち　中村建治著　本の風景社　2003.8　221p　19cm　①4-925187-31-7

◇過去六十年事蹟―伝記・雨宮敬次郎　雨宮敬次郎述，桜内幸雄編　大空社　（伝記叢書）　1988.6　422,6p　22cm　〈桜内幸雄明治40年刊の複製 折り込図9枚〉

◇幻の人車鉄道―豆相人車の跡を行く　伊佐九三四郎著　森林書房　1986.12　214P　19cm　①4-915194-38-8
　＊国木田独歩、志賀直哉、坪内逍遙らに愛され、その作品にも描かれた「人車」とは…。鉄道史上の異端児「人車」を追跡して写真と資料を集成。その全貌を語る。

◇日本財界人物列伝　第1巻　青潮出版株式会社編　青潮出版　1963　1171p　図版　26cm

鮎瀬 梅村　あゆがせ・ばいそん

1826〜1902　開墾家。明治維新後村治につとめ、那須野原の開墾を進めた。

◇鮎瀬梅村翁の自蹟　栃木県伊王野村青年団文化部著　伊王野村青年団　1951

荒 至重　あら・しじゅう

1826〜1909　和算家。奥州相馬藩北郷代官。算術・天文を学び御仕法係代官助役次席。維新後は平町長を務めた。

◇相馬中村藩と荒至重―郷土をよみがえらせた人物　熊耳敏著　〔熊耳敏〕　199-236p　26cm　〈略年表：p226〜232 参考文献：p234〉

◇相馬藩を蘇生させた二宮仕法と荒至重　熊耳敏編　〔熊耳敏〕　2003.8　192p　26cm　〈年表あり〉

◇報徳の指導者に学ぼう―高慶・高行に続く―荒至重―　相馬報徳会　2000.1　151p　26cm　〈年譜あり〉

◇荒至重と小高疏水―相馬が生んだ和算学者　熊耳敏編　〔熊耳敏〕　1992　81p　26cm　〈付：参考文献〉

荒井 郁之助 あらい・いくのすけ

1835〜1909 幕臣，中央気象台台長。函館に渡り共和政府の海軍奉行。のち内務省測量局長を経て気象台長。

◇箱館戦争銘々伝 下 好川之範，近江幸雄編 新人物往来社 2007.8 351p 19cm ①978-4-404-03472-4
＊戊辰戦争を最後まで戦い銃弾に斃れた戦士たち。土方歳三、三好畔、永井蠖蠖伸斎ほか21人。

◇荒井郁之助 〔新装版〕 原田朗著 吉川弘文館 （人物叢書） 1994.7 265p 19cm ①4-642-05200-3
＊幕臣として軍艦頭取を勤め、幕府瓦解後榎本武揚とともに軍艦を率いて函館に奔り、五稜郭に奮戦したが、陥落投降、赦されて開拓使に出仕し、北海道の測量、農学校の設立、女子教育の促進に尽力した。また内務省地理局に転じ、メートル法の導入、経度の決定、日食観測を行い、初代中央気象台台長となるなど、近代日本の自然科学の基礎を築いた科学者の業績と生涯を描く。

◇荒井氏の歴史 荒井照治著 新人物往来社 1990.9 330p 19cm ①4-404-01765-0
＊同姓「荒井」氏に関心を燃やした著者が古今の文献渉猟はもちろん、各地の「荒井」姓の人への照会・聞書・実地調査により完成した最高・最大の「荒井氏研究」。

◇幕末・明治初期数学者群像 上 幕末編 上－幕末編 小松醇郎著 吉岡書店 1990.9 231p 19cm ①4-8427-0228-1

◇荒井郁之助伝―北海道教育の先駆者 逢坂信悥著 北海タイムス社 1967 157p 22cm

新井 章吾 あらい・しょうご

1856〜1906 政治家。衆議院議員。栃木県民の国会開設請願書捧呈委員。一度下獄の後衆議院議員として活動。

◇新井章吾―栃木県の自由民権家と政治 大町雅美著 下野新聞社 （下野人物シリーズ） 1979.3 306p 19cm 〈新井章吾の肖像あり 参考文献：p303〜306〉

新井 領一郎 あらい・りょういちろう

1855〜1939 在米貿易商。

◇絹の国を創った人々―日本近代化の原点・富岡製糸場 志村和次郎著 上毛新聞社 2014.7 198p 19cm ①978-4-86352-107-0
＊明治期、国を挙げての養蚕、製糸、絹織物の振興策が取られる。富岡製糸場の器械製糸をキーワードに、生糸、蚕種の輸出や養蚕技術の向上策など、日本版産業革命の推進力になった「絹の道への先駆け」ロマンとは！

◇近代群馬の民衆思想―経世済民の系譜 高崎経済大学附属産業研究所編 日本経済評論社 2004.2 319p 21cm ①4-8188-1574-8
＊本書は群馬の近代化の過程においてそれぞれの時代や階層を代表して活動した人や出来事を通して民衆の心の葛藤である思想が構築されていく精神史的状況を探るものである。

◇明治日米貿易事始―直輸の志士・新井領一郎とその時代 阪田安雄著 東京堂出版 （豊明選書） 1996.9 418p 19cm ①4-490-20294-6
＊明治9（一八七六）年3月、日米民間貿易の振興のために、六人の若者が汽船オーシャニック号で横浜を旅立った。佐藤百太郎と彼が引率する五人の商法実習生をオーシャニック・グループと呼ぶ。ニューヨークを拠点として彼らはそれぞれに直輸出の販路開拓に尽力するが、その成果は悲喜こもごもで生糸貿易の新井領一郎と雑貨（のちに陶器）の森村豊の二人のみが成功を勝ちとる。本書は、特に新井領一郎の足跡を主軸に、親友森村豊との協力関係、先駆者佐藤百太郎の足跡にも言及して、知られざる明治日米交流史の一側面を明らかにしていく。

◇絹と武士 ライシャワー，ハル・松方著，広中和歌子訳 文芸春秋 1987.11 418p 19cm ①4-16-341850-4
＊明治の元老松方正義と生糸をアメリカに輸出した新井領一郎。日米にまたがって活躍した二人の祖父をライシャ

I 政治・経済　　　　　　　　　　　　　　　　　　　　　有栖川宮威仁親王

ワー夫人が描く大河伝記。

◇史料編　加藤隆，阪田安雄，秋谷紀男編
近藤出版社　（日米生糸貿易史料）
1987.7　589,13p 21cm

荒尾 精　あらお・せい
1858～1896　軍人，アジア主義者。日清
貿易研究所設立。

◇『坂の上の雲』まるわかり人物烈伝 工作
員篇　明治「時代と人物」研究会編著
徳間書店　（徳間文庫）　2010.10　333p
15cm　①978-4-19-893245-9
＊児玉源太郎が陰で操っていた、数々の
スパイたち。国家のため、私財を投げ
打って情報収集に命をかけた、市井の
スパイたち。日露戦争勝利の裏側で、
決死の工作員たちが愛国の涙を流して
いた。明石元二郎、杉山茂丸、中村天
風、大谷光瑞一。これまであまり語ら
れてこなかった諜報活動の数々を、貴
重な資料から掘り起こす！『坂の上の
雲』をもっと楽しみたい人に最適の、裏
ガイドブック。

◇巨人荒尾精―伝記・荒尾精　井上雅二著
大空社　（伝記叢書）　1997.2　358,5p
22cm　〈左久良書房明治43年刊の複製 ☆
柳原書店〉　①4-7568-0451-9

有坂 成章　ありさか・なりあきら
1852～1915　陸軍軍人。中尉。31年式速
射野砲（有坂砲）を設計。

◇近代日本の礎を築いた七人の男たち―岩国
セブン・ファーザーズ物語　古佐利南著
致知出版社　2016.7　170p　19cm　〈文
献あり 年譜あり〉　①978-4-8009-1119-3

◇有坂銃―日露戦争の本当の勝因　兵頭二
十八著　光人社　（光人社NF文庫）
2009.11　199p　16cm　〈四谷ラウンド平
成10年刊の改訂　文献・年表あり〉
①978-4-7698-2622-4
＊最強のロシア陸軍に対抗する最新式の
歩兵銃と野戦砲。その開発にかけた明
治のテクノクラートの足跡を軍事の奇
才が描く話題作。

有栖川宮 幟仁親王
ありすがわのみや・たかひとしんのう
1812～1886　皇族。父の死により有栖川
宮家を継ぐ。明治天皇の習字師範を努
める。

◇幟仁親王日記　1　オンデマンド版　有栖
川宮幟仁著　東京大学出版会　（続日本史
籍協會叢書）　2016.3　528p 22cm　〈複
製 印刷・製本：デジタルパブリッシン
グサービス〉　①978-4-13-009580-8

◇幟仁親王日記　2　オンデマンド版　有栖
川宮幟仁著　東京大学出版会　（続日本史
籍協會叢書）　2016.3　552p 22cm　〈複
製 印刷・製本：デジタルパブリッシン
グサービス〉　①978-4-13-009581-5

◇幟仁親王日記　3　オンデマンド版　有栖
川宮幟仁著　東京大学出版会　（続日本史
籍協會叢書）　2016.3　338,192p 22cm
〈複製 印刷・製本：デジタルパブリッシ
ングサービス〉　①978-4-13-009582-2

◇幟仁親王日記　4　オンデマンド版　有栖
川宮幟仁著　東京大学出版会　（続日本史
籍協會叢書）　2016.3　1冊 22cm　〈複
製 印刷・製本：デジタルパブリッシン
グサービス　年譜あり〉
①978-4-13-009583-9

◇近世有栖川宮歴代行実集成　7　幟仁親王
行實　岩壁義光監修　ゆまに書房
2012.11　1冊　22cm　〈年譜あり 凸版
印刷株式會社昭和8年刊の複製〉
①978-4-8433-4106-3

◇幟仁親王日記　有栖川宮幟仁著　東京大
学出版会　（続日本史籍協会叢書）
1976.3～4　4冊 22cm　〈高松宮蔵版（昭
和11～12年刊）の複製 叢書の編者：日本
史籍協会　1 明治4年～明治12年6月. 2 明
治12年7月～明治15年6月. 3 明治15年7月
～明治17年4月.補遺 明治5年3月～明治7年
5月. 4 附録 一品宮御隠邸雑記. 解題 藤井
貞文著. 付：幟仁親王略年譜〉

有栖川宮 威仁親王
ありすがわのみや・たけひとしんのう
1862～1913　皇族，海軍軍人。元帥。有
栖川宮幟仁親王の第4子。西南戦争に従

伝記ガイダンス 明治を生きた人々　　**23**

軍。横須賀海兵団団長などを歴任。

◇皇族軍人伝記集成　第6巻　有栖川宮威仁
親王　上　佐藤元英監修・解説　ゆまに
書房　2010.12　1冊　22cm　〈高松宮蔵
版大正15年刊の複製合本　年譜あり〉
①978-4-8433-3558-1

◇皇族軍人伝記集成　第7巻　有栖川宮威仁
親王　下　佐藤元英監修・解説　ゆまに
書房　2010.12　326p　22cm　〈帝国軍人
教育会大正2年刊の複製〉
①978-4-8433-3559-8

▌有栖川宮 熾仁親王

ありすがわのみや・たるひとしんのう
1835〜1895　皇族。参謀総長。有栖川宮
幟仁親王の第一子。尊皇攘夷運動を支持。
戊辰戦争では東征大総督、西南戦争では
征討総督。

◇熾仁親王日記　1　オンデマンド版　有栖
川宮熾仁著　東京大学出版会　（続日本史
籍協會叢書）　2016.3　610,2p　22cm
〈複製　印刷・製本：デジタルパブリッシ
ングサービス〉　①978-4-13-009588-4

◇熾仁親王日記　2　オンデマンド版　有栖
川宮熾仁著　東京大学出版会　（続日本史
籍協會叢書）　2016.3　690p　22cm　〈複
製　印刷・製本：デジタルパブリッシン
グサービス〉　①978-4-13-009589-1

◇熾仁親王日記　3　オンデマンド版　有栖
川宮熾仁著　東京大学出版会　（続日本史
籍協會叢書）　2016.3　534p　22cm　〈複
製　印刷・製本：デジタルパブリッシン
グサービス〉　①978-4-13-009590-7

◇熾仁親王日記　4　オンデマンド版　有栖
川宮熾仁著　東京大学出版会　（続日本史
籍協會叢書）　2016.3　576p　22cm　〈複
製　印刷・製本：デジタルパブリッシン
グサービス〉　①978-4-13-009591-4

◇熾仁親王日記　5　オンデマンド版　有栖
川宮熾仁著　東京大学出版会　（続日本史
籍協會叢書）　2016.3　555p　22cm　〈複
製　印刷・製本：デジタルパブリッシン
グサービス〉　①978-4-13-009592-1

◇熾仁親王日記　6　オンデマンド版　有栖
川宮熾仁著　東京大学出版会　（続日本史

籍協會叢書）　2016.3　1冊　22cm　〈複
製　印刷・製本：デジタルパブリッシン
グサービス　年譜あり〉
①978-4-13-009593-8

◇皇族軍人伝記集成　第1巻　有栖川宮熾仁
親王　上　佐藤元英監修・解説　ゆまに
書房　2010.12　1冊　22cm　〈高松宮蔵
版昭和4年刊の複製　年譜あり〉
①978-4-8433-3553-6

◇皇族軍人伝記集成　第2巻　有栖川宮熾仁
親王　下　佐藤元英監修・解説　ゆまに
書房　2010.12　511,5p　22cm　〈高松宮
蔵版昭和4年刊の複製〉
①978-4-8433-3554-3

◇熾仁親王日記　有栖川宮熾仁著　東京大
学出版会　（続日本史籍協會叢書）
1976.7〜9　6冊　22cm　〈高松宮蔵版（昭
和10〜11年刊）の複製　叢書の編者：日本
史籍協会　1 慶応4年〜明治5年. 2 明治6
年〜明治10年. 3 明治11年〜明治14年. 4
明治15年〜明治20年. 5 明治21年〜明治24
年. 6 明治25年〜明治28年1月.補遺 明治2
年2月〜5月. 解題 藤井貞文著. 付：熾仁
親王略年譜〉

▌有馬 源内　ありま・げんない

1852〜1892　熊本藩士。同志と自由民権
主義の植木中学校を創立。

◇有馬源内と黒田源次―父子二代の100年
増補改訂版　砂川雄一, 砂川淑子著　砂
川雄一　2014.9　374p 図版20枚　21cm
〈著作目録あり　年譜あり〉

◇有馬源内小傳　覆刻版　有馬源内原著,
黒田源次編著　砂川雄一　2014.9　70p
21cm　〈原本：大正5年刊〉

◇源内・源次断章―祖父有馬源内、父黒田源
次のこと　補遺　砂川雄一, 砂川淑子編
砂川雄一　2007.8　141,9p 図版12枚
30cm　〈年譜・著作目録あり〉

◇源内・源次断章―祖父有馬源内、父黒田源
次のこと　砂川雄一, 砂川淑子編　砂川
雄一　2006.12　114p 図版27枚　30cm
〈年譜・文献・著作目録あり〉

I　政治・経済　　　　　　　　　　　　　　　　　　　　　　　　安藤正楽

▌**有馬　藤太**　ありま・とうた
1837～1924　志士。戊辰戦争、西南戦争で
活躍。頭山満のもとで玄洋社運動を画策。

◇司馬遼太郎 歴史のなかの邂逅　6　村田蔵
六─西郷隆盛　司馬遼太郎著　中央公論
新社　（中公文庫）　2011.2　255p　15cm
Ⓘ978-4-12-205438-7
＊日本史上最大のドラマともいうべき明
治維新で、「三傑」と称された大久保利
通、木戸孝允、西郷隆盛をはじめ、岩倉
具視、江藤新平など、立役者となった
人々の足跡─。第六巻には、この国の
将来像を描くためのヒントがちりばめ
られた二十一篇を収録。

◇私の明治維新─有馬藤太聞き書き　有馬藤
太著,上野一郎編　産業能率短期大学出版
部　1976　226p 肖像　19cm　〈資料編：
有馬藤太関連記事　主要登場人物略史〉

▌**有馬　良橘**　ありま・りょうきつ
1861～1944　海軍軍人。大将。明治神宮
宮司。国民精神総動員体制を推進。

◇三田の政官界人列伝　野村英一著　慶応
義塾大学出版会　2006.4　327,18p　19cm
Ⓘ4-7664-1249-4
＊慶応義塾創立百五十周年（二〇〇八年）
を記念し、福沢をはじめ国を動かした
人々を通して、近代の黎明期から昭和
の動乱期までをたどり、「抵抗の精神」
と「独立自尊の気概」をもった政治家・
官僚とはなにかを語る。

◇有馬良橘伝　佐藤栄祐編　有馬良橘伝編
纂会　1974　252p 図 肖像　22cm　〈限
定版　有馬良橘年譜：p.226-236〉

◇有馬良橘伝　有馬良橘伝編纂会編　有馬良
橘伝編纂会　1945　154,24p 肖像　26cm
〈謄写版　有馬良橘年譜：p.17-22〉

▌**有賀　長文**　あるが・ながふみ
1865～1938　財界人。農商務省工務局長
などを歴任したのち、三井同族会理事、三
井合名会社理事。

◇日本財界人物列伝　第2巻　青潮出版株式
会社編　青潮出版　1964　1175p 図版13
枚　27cm

▌**有賀　文八郎**　あるが・ふみはちろう
1868～1946　実業家，宗教家。イスラム
の布教に尽力。

◇近代日本の宗教家101　井上順孝編　新書
館　2007.4　238p　21×14cm
Ⓘ978-4-403-25091-0
＊激動の近代を支えた影の指導者たち。
隠されたもうひとつの日本精神史。

▌**有賀　光豊**　あるが・みつとよ
1873～1949　官僚。農林省米穀局顧問。
税務署長、税関長などを歴任。大正9年朝
鮮殖産銀行頭取就任。同年貴族院議員に
勅選。

◇植民地帝国人物叢書　34（朝鮮編15）　有
賀さんの事蹟と思い出　有賀光豊　永島
広紀編　「有賀さんの事蹟と思い出」編纂
会編　ゆまに書房　2010.9　480p　22cm
〈「有賀さんの事蹟と思い出」編纂会1953
年刊の複製　年譜あり〉
Ⓘ978-4-8433-3398-3

◇有賀さんの事蹟と思い出　有賀さんの事
蹟と思い出編纂会編　有賀さんの事蹟と
思い出編纂会　1953

▌**安藤　正楽**　あんどう・せいがく
1866～1953　政治家，歴史家。

◇安藤正楽研究　明治大学史資料センター編
明治大学　（大学史紀要）　2007.3　334p
21cm　〈年譜・文献あり　駿台学と安藤
正楽（渡辺隆喜著）、論文─生活環境とそ
の生涯：明治前期における愛媛県の経済
（藤田昭造著）、明治前期・青少年の修学
事情（鈴木秀幸著）、正楽の求めたもの（村
松玄太著）、論文─学問と思想：安藤正楽
の反戦思想（山泉進著）、安藤正楽に於け
る戦争と詩歌（神鷹徳治著）、安藤正楽と
考古学・人類学（冨田尚夫著）、資料：安
達峯一郎とパテルノストロの草稿（玉井崇
夫著）、安藤正楽略年表・関係書誌（村松
玄太著）、大学史ノート：岸本辰雄らに対
する貸金催促訴訟（村上一博著）、応援歌
の作詞者畑耕一（飯沢文夫著）、岸本辰雄
と郷土（鈴木秀幸著）、特別寄稿：明治大
学教職課程事務室の軌跡（菅野直行著）〉

伝記ガイダンス 明治を生きた人々　**25**

◇生と死の肖像　田中伸尚著　樹花舎
1999.8　334p　19cm　①4-7952-5048-0
＊「天皇の棲む国」で、己に忠実に、その
生を駆け抜けていった人たちとの語ら
いから、歴史に対する向きあい方を思
索する。一国家の枠を超え、民衆が歴
史を手にする運動にかかわってきた著
者は、「この国」の在りようを通して、
「国民」を見つめ続ける。

◇人間讃歌―非戦論者安藤正楽遺稿　安藤
正楽著，山上次郎編著　古川書房　1983.2
xviii,385p　20cm　〈解説：山上次郎 肖
像・筆跡：安藤正楽〔ほか〕　図版(肖像
筆跡を含む)〉

◇非戦論者安藤正楽の生涯　山上次郎著
古川書房　1978.4　394p　19cm

安藤 信正　あんどう・のぶまさ
1819～1871　大名，華族。

◇殿様は「明治」をどう生きたのか　2　河
合敦著　洋泉社　(歴史新書)　2017.12
223p　18cm　〈文献あり〉
①978-4-8003-1389-8

◇敗者たちの幕末維新―徳川を支えた13人
の戦い　武光誠著　PHP研究所　(PHP
文庫)　2007.9　235p　15cm
①978-4-569-66916-8
＊幕末維新には、数多くの優れた人物が歴
史の表舞台に登場した。なかでも幕府と
徳川家のために奮闘し、敗者となった
人々を見逃すことはできない！ 本書は
老中・阿部正弘、会津藩主・松平容保、
桑名藩主・松平定敬、大奥の天璋院(篤
姫)と和宮(静寛院宮)、幕臣の小栗忠
順、大久保一翁など、ペリー来航から江
戸開城までに活躍した13人の思いと、筋
を通した生き方を感動的に描いた一冊。

◇安藤対馬守信睦公　いわき歴史文化研究
会編著　磐城平藩主安藤家入部二五〇年
記念事業実行委員会　2006.8　131p
21cm　〈肖像・文献・年譜・年表あり〉

◇安藤信正の時代―マンガ「いわきの歴史か
ら」　いわき市編　いわき市　1999.3
259p　21cm　〈原作・監修：いわき地域
学会　画：石山揚子 年譜あり〉

◇閣老安藤対馬守　藤沢衛彦著　白竜会竜
が城美術館　1992.7　603,7, 2p　26cm
〈大正3年平陽社刊の複製 安藤対馬守信正
の肖像あり 折り込み図1枚 限定版〉

◇幕末閣僚伝　徳永真一郎著　PHP研究所
(PHP文庫)　1989.11　413p 15cm
①4-569-56228-0
＊近代日本の幕開けとなった明治維新―
徳川幕府は坂道を転げ落ちるように崩
壊に向かう。倒幕への滔々たる流れの
中で、幕府側の人々は何を考え、どう行
動したか。優れた識見・力量を持ちな
がら、時代の激変によって敗者の側に
立ちされを得なかった幕閣の重臣たち
の苦闘を通じて、明治維新の意味をあ
らためてとらえ直す、異色の力作。

◇続 徳川家臣団―組織を支えたブレーンた
ち　綱淵謙錠著　講談社　(講談社文庫)
1987.3　262p 15cm　①4-06-183947-0
＊徳川300年を支えた幕臣18人の列伝続
編。前編につづき酒井忠清、柳沢吉保、
新井白石、大岡忠相、田沼意次、水野忠
邦、鳥居燿蔵、井伊直弼、松平容保、勝
海舟ら多士済済。これほど多彩な人物
が登場する時代は他にあるまい。18人
それぞれの歩んだ道は、そのまま江戸
時代の通史を成し、現代に及んでいる。

◇考証風流大名列伝　稲垣史生著　作品社
1983.4　205p　20cm　①4-87893-091-8

◇坂下門外の変―閣老安藤対馬守信正の記
録　斎藤伊知郎著　纂修堂出版　1982.6
293p　27cm　〈安藤信正の肖像あり 信
正年譜抄：p278～285 参考史書：p289～
291〉

◇幕末閣僚伝　徳永真一郎著　毎日新聞社
1982.3　227p　20cm

◇安藤対馬守と幕末　増補2版　山本秋広著
山本秋広　(紀山文集)　1971.9　636p 肖
像　19cm　〈付録年表：p.601～616〉

◇江戸幕府その実力者たち 下　北島正元著
人物往来社　1964

◇幕末の大政治家安藤対馬守の生涯　鈴木
光四郎著　鈴木光四郎　1956

I　政治・経済　　　　　　　　　　　　　　　　　　　　　　　　　　飯沼貞吉

▌安東 文吉　あんどう・ぶんきち
1808〜1871　侠客。
◇安東文吉基本史料1　相川春吉著　静岡郷
　土研究会　1958

▌安藤 文沢　あんどう・ぶんたく
1807〜1872　医師，政治家。外務省通商
　局長。鳥取藩において種痘を実施。維新
　後は明治政府でハワイ総領事等を歴任。
◇安藤文沢―種痘の創始者 郷土が生んだ蘭
　方医　毛呂山町文化財保護審議委員会編
　毛呂山町教育委員会　（毛呂山町史料集）
　1992.3　96p　26cm

【い】

▌井伊 直憲　いい・なおのり
1848〜1904　彦根藩主，彦根藩知事，伯
　爵，貴族院議員。彦根藩最後の藩主。
◇殿様は「明治」をどう生きたのか　2　河
　合敦著　洋泉社　（歴史新書）　2017.12
　223p　18cm　〈文献あり〉
　①978-4-8003-1389-8
◇井伊直憲―彦根藩最後の藩主　北村寿四
　郎著，西村忠編　彦根史談会　2001.4
　128p　26cm　〈彦根開府400年記念出版
　肖像あり　年譜あり〉

▌飯島 茂　いいじま・しげる
1868〜1953　陸軍軍医。軍医総長等を経
　て，軍医学校校長。陸軍衛生部を編成。
◇飯島茂　吉田鞆子著　飯島茂遺稿刊行会
　1955

▌飯島 保作　いいじま・ほさく
1863〜1931　実業家，古川柳研究家。第
　十九銀行頭取，諏訪倉庫社長。実業家の
　傍ら古川柳を研究。著書に「花月随筆」
　「川柳真田三代記」など。
◇飯島保作と花月文庫　八十二文化財団編
　八十二文化財団　1995.3　103p　26cm

〈飯島保作の肖像（はり込）あり　年譜・書
　誌：p45〜90〉

▌飯塚 森蔵　いいづか・もりぞう
1854〜1893　自由民権運動家。秩父事件
　で乙大隊長となるが，欠席裁判で重懲役
　に処せられる。
◇伝蔵と森蔵―自由民権とアイヌ連帯の記
　録　小池喜孝著　現代史出版会　1976
　275p　20cm　〈参考文献：p.267-272〉

▌飯田 新七〔1代〕
　いいだ・しんしち
1803〜1874　商人。百貨店高島屋の店祖。
◇江戸商人・成功の法則八十手　羽生道英
　著　PHP研究所　（PHP文庫）　2007.12
　300p　15cm　①978-4-569-66937-3
　＊太平の世であった江戸時代，庶民が富
　　を手に入れられる唯一の方法は，商人
　　として成功することだった。本書では，
　　志を持って商いを始めた人物が，いか
　　にして時代の流れを読み，商売を軌道
　　に乗せ，豪商への道を駆け上がって
　　いったのか，その歩みをさまざまなエ
　　ピソードを交えながら紹介している。
◇関西ゆかりの偉人たち　国語研究会編
　むさし書房　2007.5　192p　18cm
　①978-4-8385-0951-5

▌飯沼 貞吉　いいぬま・さだきち
1854〜1931　白虎隊士，通信技師。
◇白虎隊士飯沼貞吉の回生　第2版　飯沼一
　元著　ブイツーソリューション　2013.3
　462p　22cm　〈星雲社（発売）　文献・年
　表あり〉　①978-4-434-17717-0
　＊白虎隊士はなぜ自刃したのか？ 唯一の
　　生き残り隊士が手記を残していた！ 直系
　　の孫がその真相を明らかにする。
◇白虎隊士飯沼貞吉の回生　飯沼一元著
　ブイツーソリューション　2012.12　459p
　22cm　〈年表・文献あり〉
　①978-4-86476-064-5
◇会津白虎隊のすべて　小檜山六郎編　新
　人物往来社　2002.2　288p　19cm

伝記ガイダンス　明治を生きた人々　**27**

①4-404-02946-2

▌飯野 喜四郎　いいの・きしろう
1868〜1940　政治家。〔記念施設〕胸像
（埼玉県蓮田市、堂山公園）
◇飯野喜四郎日記　2（大正2年—昭和12年）
飯野喜四郎著，蓮田市教育委員会社会教
育課編　蓮田市教育委員会　2004.2
305p　26cm
◇飯野喜四郎伝　埼玉県立浦和図書館編
飯野時子　1970　304p　図版　22cm

▌飯村 丈三郎
いいむら・じょうざぶろう
1853〜1927　政治家，実業家。衆議院議
員。自由民権運動の中心人物。
◇飯村丈三郎伝—生誕百五十年記念　復刻
版　茨城　2003.10　429,5，3p　20cm
〈原本：昭文堂昭和8年刊　肖像あり　年
譜あり〉

▌五十嵐 于拙　いがらし・うせつ
1788〜1868　出羽上山藩士。
◇五十嵐于拙　武田好吉著　武田好吉
1982.6　19cm　〈『上山における異彩ある
人物』（上山市教育委員会昭和33年刊）の抜
刷〉

▌五十嵐 億太郎
いがらし・おくたろう
1873〜1929　漁業家。留萌漁業開発の先
覚者。
◇五十嵐億太郎—郷土留萌建設の先覚者
近藤清徹執筆・編集　留萌日日新聞社
1982.11　158p　図版11枚　19cm　〈五十
嵐億太郎の肖像あり　付：年表〉

▌五十嵐 健治　いがらし・けんじ
1877〜1972　クリーニング業者。白洋舎
創立者。わが国初のドライクリーニング
を開発。　〔記念施設〕五十嵐健治記念洗
濯資料館（東京都大田区）
◇忘れてならぬもの　三浦綾子著　日本キ
リスト教団出版局　2002.2　149p　19cm

①4-8184-0445-4
＊『氷点』入選以後、1995年までの「書籍
未収録エッセイ」21編。新聞・雑誌・機
関誌などの連載や、折々に執筆したエッ
セイの中から21編を厳選。『氷点』『塩狩
峠』『天北原野』などの作品が生まれた
背景や執筆の動機、自身の闘病経験を通
したキリスト教との出会い、感銘を受
けた人々との出会い等、三浦綾子文学
の中心にあるものを余すことなく語る。
◇三浦綾子全集　第13巻　三浦綾子著　主
婦の友社　1992.12　592p　21cm
①4-07-938054-2
＊偉大なキリスト者、五十嵐健治と榎本
保郎の熾烈な信仰と人生を描いた評伝
の傑作「夕あり朝あり」、「ちいろば先生
物語」の二編を収録。
◇夕あり朝あり　三浦綾子著　新潮社　（新
潮文庫）　1990.11　481p　15cm
①4-10-116221-2
＊8カ月で生母と別れ、5歳で養子となった
五十嵐健治は、一攫千金を夢見て16歳で
家を出た。日清戦争の軍夫、北海道のタ
コ部屋暮らし、三越百貨店の宮中係と、
波瀾万丈の道を歩んだ彼は、キリスト
教信仰に目覚め、人の垢を洗うクリー
ニング業に辿り着く。日本初のドライ・
クリーニングの開発、戦時中の宗教弾圧
との闘い。熱烈な信仰に貫かれた、ク
リーニングの「白洋舎」創業者の生涯。
◇夕あり朝あり　三浦綾子著　新潮社
1987.9　304pp　20cm　〈付：参考文献〉
①4-10-320705-1
◇恩寵の木洩れ日　五十嵐健治著，藤尾正
人編　同信社　（同信新書）　1983.9
265p　17cm　〈著者の肖像あり　五十嵐
健治年譜・著（編）書：p257〜265〉
①4-88645-209-4

▌伊木 忠澄　いぎ・ただずみ
1818〜1886　岡山藩士。岡山藩主席家老。
維新後は岡山藩大参事となる。
◇伊木三猿斎を語る　渡辺知水著　渡辺知
水　1954

I 政治・経済 池田成彬

井口 省吾　いぐち・しょうご
1855～1925　陸軍軍人。大将，第15師団長。陸軍大学校教授、校長を歴任。参謀本部と陸大のエリートコースを交互に歩く。
◇井口省吾伝　波多野勝編　現代史料出版　2002.2　245p　20cm　〈〔東京〕東出版（発売）　文献あり〉　①4-87785-098-8
◇日露戦争と井口省吾　井口省吾文書研究会編　原書房　（明治百年史叢書）　1994.10　524p　21cm　①4-562-02622-7

池貝 庄太郎
いけがい・しょうたろう
1869～1934　実業家。池貝鉄工所社長。池貝式標準旋盤の発表、無機噴油ディーゼル機関完成など独自技術を開発。
◇日本財界人物列伝　第1巻　青潮出版株式会社編　青潮出版　1963　1171p　図版　26cm

池田 貫兵衛　いけだ・かんべえ
1842～1907　貿易商。米商人ハリス・モールスの家僕。
◇池田貫兵衛と池貫工場　森岡正雄著　森岡正雄　1987.11　92p　21cm　〈池田貫兵衛の肖像あり　池田貫兵衛年譜：p47～49　伊予陶器・伊予窯業株式会社年譜：p88～90〉

池田 謙三　いけだ・けんぞう
1854～1923　実業家，銀行家。第百国立銀行頭取。近代銀行経営の基盤を創設した代表者の一人。ゴムの樹の苗を日本で初めて移入。
◇池田謙三翁略記　矢野恒太記念会編　矢野恒太記念会　1981.3　190p　19cm　〈池田謙三の肖像あり　池田謙三の年譜：p37～43〉

池田 成彬　いけだ・しげあき
1867～1950　銀行家，政治家。日銀総裁、大蔵相兼商工相。三井銀行に入社、筆頭常務、三井合名常務理事など歴任。
◇名銀行家列伝―社会を支えた "公器" の系譜　新装版　北康利著　金融財政事情研究会　2017.5　207p　19cm　〈『名銀行家列伝―日本経済を支えた "公器" の系譜』新装・改題書〉　①978-4-322-13081-2
＊かつてわが国にはスケールの大きな金融界の巨人がいた。評伝の名手が鮮やかに描き出す、誇り高き彼らの人生。
◇財閥経営と企業家活動　宇田川勝著　森山書店　2013.4　281p　21cm　①978-4-8394-2127-4
◇名銀行家列伝―日本経済を支えた "公器" の系譜　北康利著　中央公論新社　（中公新書ラクレ）　2012.12　221p　18cm　①978-4-12-150438-8
＊マネーという血流が滞れば、企業は死に、国家も死ぬ。間違いなく銀行は "公器" である。かつて、そうした社会的役割に矜持を持ち、日本経済を支えていた銀行家たちがいた。縁の下の力持ちであることをもってよしとした彼らの生きざまに触れ、金融のあるべき姿を再検証してみたい。
◇福沢諭吉と日本人　佐高信著　角川学芸出版　（角川文庫）　2012.8　317p　15cm　〈角川グループパブリッシング（発売）「福沢諭吉伝説」（2008年刊）の改題〉　①978-4-04-400308-1
＊新たな日本を創るため、骨太な民の思想を貫いた福沢諭吉。熱き心で醒めた理知を説いた「平熱の思想家」が遺したものとは何か。そして悪名高き脱亜論の真実とは。福沢暗殺を企てた増田宋太郎、医学者・北里柴三郎、憲政の神様・犬養毅、急進的思想家・中江兆民、電力の鬼・松永安左衛門。福沢の薫陶を受け、近代日本を牽引した傑物たちを検証。福沢の自主独立の精神を見つめ直し、混迷の現代を照らす指針を探る。
◇我、弁明せず。江上剛著　PHP研究所　2008.3　430p　19cm　①978-4-569-69710-9
＊明治・大正・昭和の激動の中、三井財閥トップ、日本銀行総裁、大蔵兼商工大臣として「信念」を貫き通した "サムライ" 池田成彬の波乱・怒涛の人生。
◇郷土が生んだ三人の日銀総裁―池田成彬・

伝記ガイダンス 明治を生きた人々　**29**

結城豊太郎・宇佐美洵　金田祐作著　米
沢信用金庫　（米沢信用金庫叢書）
2006.11　287p　18cm　〈米沢信用金庫創
立80周年記念　年譜・文献・年表あり〉

◇財閥の改革者—結城豊太郎と池田成彬
宇田川勝著　法政大学イノベーション・
マネジメント研究センター　（Working
paper series　日本の企業家活動シリー
ズ）　2006.11　20p　30cm

◇財界回顧　池田成彬著, 柳沢健編　図書
出版社　（経済人叢書）　1990.4　259p
19cm　①4-8099-0147-5
＊明治・大正・昭和の3代にわたる財界の
リーダーが、旧知のジャーナリストを
相手に自らの生涯と事業を回顧。草創
期の三井銀行の活動、金解禁騒ぎとド
ル買い、電力事業の指導・育成、三越デ
パートの改革、戦中・戦後の財閥弾圧、
などについての貴重な証言。

◇池田成彬 富と銃剣　小島直記著　人物往
来社　（近代人物叢書）　1967　278p
19cm

◇人物・日本の歴史　第14　戦争の時代
林茂編　読売新聞社　1966　320p　19cm

◇戦略経営者列伝　大江志乃夫著　三一書
房　（三一新書）　1963　252p　18cm

◇日本財界人物列伝　第1巻　青潮出版株式
会社編　青潮出版　1963　1171p　図版
26cm

◇四人の財界人　河野重吉著　ダイヤモン
ド社　1956　182p　18cm

◇池田成彬伝　西谷弥兵衛著　東洋書館
（日本財界人物全集）　1954　309p　図版
19cm

◇昭和人物秘録　矢次一夫著　新紀元社
1954　388p　19cm

◇日本歴史講座 7　池田成彬　島恭彦著
河出書房　1954

◇続 財界回顧—故人今人　池田成彬著, 柳
沢健編　三笠書房　（三笠文庫）　1953
217p　16cm

◇財界回顧　池田成彬著, 柳沢健編　三笠
書房　（三笠文庫）　1952　274p　16cm

◇私の人生観　池田成彬著　文芸春秋社
1951

◇故人今人　池田成彬著, 柳沢健編　世界
の日本社　1949　275p　図版　22cm

◇財界回顧　池田成彬述, 柳沢健編　世界
の日本社　（顔叢書）　1949　302p　図版
21cm

▌池田 慶徳　いけだ・よしのり

1837～1877　大名。鳥取藩知事。藩政改
革に努め、藩論を勤王に統一、維新後は華
族会館創立に尽力。

◇贈従一位池田慶徳公御伝記　5　鳥取県立
博物館編　鳥取県立博物館　1990.3
851p　22cm

◇贈従一位池田慶徳公御伝記　4　鳥取県立
博物館編　鳥取県立博物館　1989.3
901p　22cm

◇贈従一位池田慶徳公御伝記　3　鳥取県立
博物館編　鳥取県立博物館　1988.12
838p　22cm

◇贈従一位池田慶徳公御伝記　2　鳥取県立
博物館編　鳥取県立博物館　1988.3
791p　22cm

◇贈従一位池田慶徳公御伝記　1　鳥取県立
博物館編　鳥取県立博物館　1987.9
802p　22cm

▌井坂 直幹　いさか・なおもと

1860～1921　実業家。〔記念施設〕井坂
記念館（秋田県能代市）

◇文明の実業人—井坂直幹と近代的経営のエ
トス　石坂巌編　巌書房　1997.1　348p
22cm　〈発売：理想社〉　①4-906421-09-1

◇井坂直幹伝—人とその事業　井坂直幹先
生像再建会　1969　271p　図版　23cm
〈資料・年譜：p.241-268　巻末：参考文献〉

▌伊沢 多喜男　いざわ・たきお

1869～1949　内務官僚, 政治家。枢密顧
問官, 貴族院議員。立憲民政党系の政界の
黒幕で、警視総監、台湾総督などを歴任。

◇植民地帝国人物叢書　8（台湾編 8）　伊沢

I 政治・経済　　　　　　　　　　　　　　　　　　　　　　　　　　石井十次

多喜男　伊沢多喜男　谷ケ城秀吉編　伊
沢多喜男伝記編纂委員会編纂　ゆまに書
房　2009.1　405p 図版12枚　22cm　〈羽
田書店1951年刊の複製　年譜あり〉
①978-4-8433-3077-7

◇伊沢多喜男と近代日本　大西比呂志編
芙蓉書房出版　2003.6　235p　22cm
〈年譜あり〉　④4-8295-0332-7
＊和歌山・愛媛・新潟の県知事・警視総
　監・東京市長・台湾総督・枢密顧問官の
　役職につき、大正後半から昭和戦前期
　の政界に隠然たる力を発揮した官僚政
　治家伊沢多喜男。その活動を分析し、
　近代日本における官僚と政治の関係を
　考察する。

◇伊沢多喜男関係文書　伊沢多喜男文書研
究会編　芙蓉書房出版　2000.11　726p
22cm　〈文献あり　年譜あり　肖像あり〉
①4-8295-0251-7

◇伊沢修二・伊沢多喜男　原平夫著　伊那
毎日新聞社　（上伊那近代人物叢書）
1987.10　171p 21cm　〈伊沢修二・多喜
男の肖像あり　参考文献：p169 付：年譜〉

◇伊沢多喜男　伊沢多喜男伝記編纂委員会編
羽田書店　1951　405p 図版12枚　19cm

▌石井 菊次郎　いしい・きくじろう
1866～1945　外交官。外務大臣、貴族院
議員。全権大使として渡米「石井・ランシ
ング協定」を締結。空襲で行方不明。

◇人物で読む近代日本外交史―大久保利通
から広田弘毅まで　佐道明広，小宮一夫，
服部竜二編　吉川弘文館　2009.1　316p
19cm　①978-4-642-07997-6
＊明治維新から昭和戦前期まで、日本外
　交を担った伊藤博文、陸奥宗光、幣原喜
　重郎ら十九名の外交官・政治家たち。
　彼らの個性に光を当て、条約改正、朝鮮
　問題、協調外交、日中戦争など、近代日
　本外交の栄光と苦悩を描く。

◇日本外交史人物叢書　第6巻　吉村道男監
修　ゆまに書房　2002.1　526p 22cm
〈複製　肖像あり〉　①4-8433-0494-8

◇石井菊次郎遺稿 外交随想　石井菊次郎著，
鹿島平和研究所編　鹿島研究所出版会

1967　366p 図版　22cm

◇世界の外交家―石井菊次郎翁　高吉勤之
助著　長生郡郷賢顕彰会　1953

▌石井 十次　いしい・じゅうじ
1865～1914　キリスト教社会事業家。岡
山孤児院の創立者で、里親村の企画など
生涯孤児教育事業に携わる。
〔記念施設〕石井記念友愛社 石井十次資料
館（宮崎県木城町）

◇岡山孤児院物語―石井十次の足跡　横田
賢一著　山陽新聞社　2012.5　166p，図
版 16p 21cm　〈第6刷改版新装　年譜・
文献あり〉　①978-4-88197-735-4

◇石井十次の残したもの―愛染園セツルメ
ントの100年　100周年記念誌委員会編
石井記念愛染園隣保館　2010.11　610p
22cm　〈年表あり〉

◇石井十次と岡山孤児院―近代日本と慈善
事業　細井勇著　ミネルヴァ書房
（Minerva社会福祉叢書）　2009.7　531,
6p　22cm　〈文献・索引あり〉
①978-4-623-05181-6
＊近代日本を代表する慈善事業家である
　石井十次。ミュラー等英国のキリスト
　教慈善事業に影響を受けたその思想と
　実践は、日本の近代化過程のなかでど
　のように展開されていったのだろうか。
　日誌・書簡を含む関連史資料の考察か
　ら、石井の内面的エートスに注目しつ
　つその独自性をたどるとともに、社会
　的文脈のなかで、また関係者との交流
　史のなかでその思想と実践、その意味
　を捉え直す。

◇人物でよむ近代日本社会福祉のあゆみ
室田保夫編著　ミネルヴァ書房　2006.5
260p　21cm　①4-623-04519-6
＊慈善家、社会事業家、ソーシャルワー
　カー…先駆者たちの生き様に接近し、
　社会福祉の「現在」と「これから」を考
　える。明治から戦後まで30人の軌跡。

◇石井のおとうさんありがとう―石井十次
の生涯　和田登著，和田春奈画　総和社
2004.7　229p 21cm　①4-901337-84-X
＊明治初期、孤児を救うために人生の全

伝記ガイダンス 明治を生きた人々　**31**

石井十次   I 政治・経済

てをなげうったひとりの男がいた…。
「日本の福祉のいちばん星」―石井十次
の波乱の生涯を綴った感動の児童文学。

◇石井十次にめぐりあった人　岸本憲二著
　吉備人出版　2004.1　388p　19cm
　①4-86069-060-5

◇岡山孤児院物語―石井十次の足跡　横田賢
　一著　山陽新聞社　2002.8　238p　19cm
　〈肖像あり　年譜あり〉　①4-88197-703-2
　＊明治・大正期のわが国の社会事業史に
　大きな業績を残した岡山孤児院の創設
　者であり、「児童福祉の父」とも呼ばれ
　る石井十次の生きざまを描く。

◇近代日本の福祉実践と国民統合―留岡幸
　助と石井十次の思想と行動　田中和男著
　法律文化社　2000.4　242,4p　21cm
　①4-589-02430-6
　＊本書は、明治後期の社会問題の深刻化
　に対応する政策（地方改良）や社会改善
　事業（家庭学校や孤児院の創設など）に
　含まれた諸構想を国民統合の観点から
　考察した著者の最初の論文集である。
　社会的困難に陥った民衆の生活改善や
　それへの政策的対応を主題としたある
　種の民衆思想史を希求した。

◇石井十次の研究　同志社大学人文科学研
　究所編、室田保夫，田中真人編著　同朋舎
　（同志社大学人文科学研究所研究叢書）
　1999.3　404,172,12p　22cm　〈東京 角川
　書店（発売）〉　①4-8104-2555-X

◇志は高く―高鍋の魂の系譜　和田雅実著
　鉱脈社　1998.1　243p　19cm

◇宮崎の偉人　上　佐藤一一著　鉱脈社
　1997.1　186p　21cm

◇石井十次と岡山孤児院　第2版　更井良夫
　著　石井十次先生銅像再建委員会
　1995.2　101p　21cm　〈石井十次先生銅
　像再建記念出版 石井十次の肖像あり　石
　井十次年譜：p1～22〉

◇石井十次伝―伝記・石井十次　石井記念
　協会著　大空社　（伝記叢書）　1987.9　1
　冊　22cm　〈石井記念協会昭和9年刊の複
　製 石井十次の肖像あり　付：年譜〉

◇石井十次日誌　〔第26〕　明治45年　石

井記念友愛社　1983.3　300p　22cm

◇石井十次日誌　〔第25〕　明治44年　石
　井記念友愛社　1982.10　327p　22cm
　〈付：岡山孤児院一覧〉

◇石井十次日誌　〔第24〕　明治43年　石
　井記念友愛社　1981.10　292p　22cm
　〈参考資料：p291～292〉

◇石井十次日誌　〔第23〕　明治42年　石
　井記念友愛社　1981.2　243p　22cm
　〈付：岡山孤児院一覧〉

◇石井十次日誌　〔第22〕　明治41年　石
　井記念友愛社　1979.7　223p　22cm
　〈参考資料：p212～213〉

◇石井十次の生涯と思想　柴田善守著　春
　秋社　1978.10　437p　20cm　〈石井十次
　の肖像あり　石井十次年表：p304～327〉

◇石井十次日誌　〔第21〕　明治四十年
　石井記念友愛社　1977.9　292p　22cm
　〈付：岡山孤児院平面図〉

◇石井十次日誌　〔第20〕　明治三十九年
　石井記念友愛社著　石井記念友愛社　1977.1
　215p　図　肖像　22cm

◇石井十次日誌　〔第19〕　明治三十八年
　石井記念友愛社　1976　219p　図　22cm

◇石井十次日誌　〔第17〕　明治三十六年
　石井記念友愛社　1975　178p　図　肖像
　22cm

◇石井十次日誌　〔第18〕　明治三十七年
　石井記念友愛社　1975　204p　図　22cm

◇石井十次日誌　〔第16〕　明治三十五年
　石井記念友愛社　1974　174p　図　22cm

◇石井十次日誌　〔第15〕　明治三十四年
　石井記念友愛社　1973　156p　図　22cm

◇石井十次日誌　明治19年　石井記念友愛
　社　1973　116p　22cm

◇石井十次日誌　明治15・16年　石井記念
　友愛社　1973　143p　22cm

◇石井十次日誌　明治18年　石井記念友愛
　社　1971　293p　図　22cm

◇石井十次日誌　〔第14〕　明治三十三年
　石井記念友愛社　1970　171p　図　22cm

◇石井十次日誌　明治17年　石井記念友愛社　1970　142p　図　22cm

◇石井十次日誌　〔第12〕　明治三十一年　石井記念友愛社　1969　711p　図版　22cm

◇石井十次日誌　〔第13〕　明治三十二年　石井記念友愛社　1969　272p　図版　22cm

◇石井十次日誌　〔第11〕　明治三十年　石井記念友愛社　1968　420p　図版　22cm

◇石井十次日誌　第10　明治二十九年　石井十次著　石井記念友愛社　1967　437p　図版　22cm

◇父石井十次をしのびて　児島友子著　児島友子　1966

◇石井十次の生涯と思想　柴田善守著　春秋社　1964　437p　図版　19cm

◇石井十次日誌　第9　明治二十八年　石井十次著　石井記念友愛社　1964　341p　図版　22cm

◇石井十次日誌　第8　明治二十七年　石井十次著　石井記念友愛社　1963　378p　図版　22cm

◇石井十次日誌　第7　明治二十六年　石井十次著　石井記念友愛社　1962　380p　図版　22cm

◇石井十次　柿原政一郎著　正幸会　1961　167p　図版　19cm

◇石井十次日誌　第5　明治二十四年　石井十次著　石井記念友愛社　1960　446p　図版　22cm

◇石井十次日誌　第6　明治二十五年　石井十次著　石井記念友愛社　1960　342p　図版　22cm

◇石井十次日誌　第1　明治二十年　石井十次著　石井記念友愛社　1956-59　22cm

◇石井十次日誌　第2　明治二十一年　石井十次著　石井記念友愛社　1956-59　22cm

◇石井十次日誌　第3　明治二十二年　石井十次著　石井記念友愛社　1956-59　22cm

◇石井十次日誌　第4　明治二十三年　石井十次著　石井記念友愛社　1956-59　22cm

◇石井十次　柿原政一郎著　日向文庫刊行会　1953

◇孤児の父石井十次　時本堅著　富士出版社　1951

石井 隼太　いしい・はやた
1855〜1929　陸軍軍人。

◇幾世の里桜―石井家十二代隼太所蔵文書集　石井悦子編著　石井悦子　2002.7　209枚　26cm

石川 邦光　いしかわ・くにみつ
1832〜1923　角田領主。北海道への移住を願い出て室蘭郡の支配を許可されるが、入植計画は挫折。

◇南幌を開いた石川邦光公　野嵜昭三編　野嵜昭三　2006.3　89p　21cm

石川 源三郎　いしかわ・げんざぶろう
1866〜1956　実業家。初のバスケットボールゲーム参加者。

◇バスケットボール物語―誕生と発展の系譜　水谷豊著　大修館書店　2011.5　238p　19cm　①978-4-469-26709-9

石川 伍一　いしかわ・ごいち
1866〜1894　軍事探偵。諜報任務につく。日清国交破裂後、単身敵地に残っていたが天津にて発見され銃殺された。

◇湖南博士と伍一大人　高橋克三編　石川伍一大人内藤湖南博士生誕百年記念祭実行委員会　1965　142p　図版　20cm

◇湖南博士と伍一大人　高橋克三編　内藤湖南博士生誕百年記念実行委員会　1965

石川 泰三　いしかわ・たいぞう
1853〜1943　政治家，民権運動家。伊勢崎町長。

◇諸家の観たる石川泰三翁　伊勢崎郷土文化協会　（郷土シリーズ）　1990.3　38p　21cm　〈石川泰三の肖像あり〉

石川 弥八郎　いしかわ・やはちろう

1813～1886　熊川村名主・水田開拓功労者。

◇武蔵野ものがたり　三浦朱門著　集英社（集英社新書）　2000.5　221p　18cm
①4-08-720035-3
＊国木田独歩が『武蔵野』を書いてから100年余、武蔵野は変貌した。畑と雑木林とカヤの原の間の細い道、それに沿って農家があり、小さな流れがあり、その間を街道が走り、商家や鍛冶屋が存在していた。もはや、それはない。青春時代を中央線沿線で過ごした著者が、懐かしい友人たちの話に光を当て、移りゆく武蔵野に思いを馳せる。

石川 理紀之助
いしかわ・りきのすけ

1845～1915　農業指導者，勧農家。農村計画の基礎資料を得る総合実態調査「適産調」を実施、調査書731冊を残す。
〔記念施設〕潟上市郷土文化保存伝習館（秋田県潟上市）

◇石川理紀之助翁ゆかりの碑マップ100―石川理紀之助翁ゆかりの碑を訪ねて100基を収録　石川理紀之助翁顕彰会事務局　2017.10　69p　30cm

◇「改革者」たちの軌跡―チーム「石川理紀之助」が現代に遺したもの　秋田グリーンサム倶楽部　2015.6　200p　30cm〈年譜あり〉

◇天下之老農石川理紀之助―伝記・石川理紀之助　石川老農事蹟調査会編　大空社（伝記叢書）　2000.12　605,5p　22cm〈年譜あり　石川老農事蹟調査会出版部大正5年刊の複製　肖像あり〉
①4-7568-0920-0

◇農聖石川理紀之助の生涯　田中紀子著　批評社　1999.4　173p　20cm
①4-8265-0273-7
＊人間の自由とは何か。欲望とは何か。そして、文化とは何か。人間に与えられた限りある自然界の恵みを享受する農業を身を挺して実践し、明治・大正期の過酷な時代を生き抜いた石川理紀之助の波瀾の生涯。

◇石川理紀之助　伊藤永之介著　無明舎出版　1987.10　220pp　20cm〈石川理紀之助の肖像あり　石川理紀之助略年譜：p213～220〉

◇人物篇　永原慶二，山口啓二，加藤幸三郎，深谷克己編　日本評論社（講座・日本技術の社会史）　1986.12　270p　21cm
①4-535-04810-X
＊明治の近代技術は、伝統技術と外来技術とが互に対抗・反撥・折衷し合って確立した。本書はその技術の担い手に光を当て技術進歩の契機を探った。

◇石川理紀之助翁遺稿・遺著目録　昭和町教育委員会　1978.3　245p　25cm〈編集：川上富三〉

◇秋田の人々　武塙三山著　秋田県広報協会　1964　211p　19cm

◇石川理紀之助　川上富三著　石川翁遺跡保存会　1964　258p　図版　19cm

◇郷土を興した 先人の面影―その思想と業績　小出孝三著　日本自治建設運動本部　1958　259p　図版　19cm

◇人物農業団体史　栗原百寿著　新評論社　1956

◇農村更生の慈父石川理紀之助　伊藤永之介著　ポプラ社　1952

石坂 周造　いしざか・しゅうぞう

1832～1903　志士，実業家。石油掘削事業を興し、長野石炭油会社創立するが失敗。新潟県西山油田で成功。

◇幕末・明治の英傑たち　加来耕三著　土屋書店　2009.12　287p　19cm
①978-4-8069-1114-2
＊坂本竜馬と竜馬を巡る人々。謀略の裏にあった、貴ぶべき先駆者たちの気質。

◇「浪士」石油を掘る―石坂周造をめぐる異色の維新史　真島節朗著　共栄書房　1993.6　243p　19cm　①4-7634-1016-4
＊明治のベンチャービジネス第1号。石油開発に富国の夢を託した幕末浪士の物語。尊王攘夷、戊辰戦争、そして文明開化…。勝海舟、西郷隆盛、山岡鉄舟、近

Ｉ　政治・経済　　　　　　　　　　　　　　　　　　　　　　　　　　　　　　　　　伊地知幸介

藤勇、黒田清隆、大鳥圭介など、多彩な
人物が脇役で登場。自らの生きざまや信
念を一途に貫き通した「一代の怪傑」、
行動派浪士・石坂の軌跡を軸に、維新の
激動と変転を新しい角度から描く。

◇石坂周造研究―志士・石油人としての両
半生　前川周治著　三秀社　1977.1
356p　図　肖像　19cm　〈石坂周造略年譜：
p.353～356〉

▌石坂　荘作　いしざか・しょうさく
1870～1940　実業家。明治29年台湾に渡
り、32年基隆に石坂商店を創業。

◇石坂荘作の教育事業―日本統治期台湾にお
ける地方私学教育の精華　宇治郷毅著　晃
洋書房　2013.2　147,8p　22cm　〈文献・
年譜・索引あり〉　①978-4-7710-2418-2

◇石坂荘作と「基隆夜学校」―日本統治期台
湾における一私立学校の歩み　宇治郷毅
著　宇治郷毅　2005.4　77p　26cm　〈年
譜・文献あり〉

▌石坂　豊一　いしさか・とよかず
1874～1970　政治家。衆議院議員，参議
院議員。

◇議会政治の歩みと石坂豊一展　滑川市立
博物館編　滑川市教育委員会　2001.9
40p　30cm　〈年譜あり　文献あり〉

◇石坂豊一先生を偲んで　「石坂豊一先生
を偲んで」刊行実行委員会　1984.11
216p　26cm　〈編集：土肥政雄　石坂豊一
の肖像あり　年譜：p196～208　参考引用
文献と遺品：p211～212〉

◇石坂豊一・修一追悼集　石坂誠一　1973
360p　肖像　22cm　〈追憶編、親族から見
た祖父・父を語る、遺稿編及び年譜編等を
収録したもの〉

▌石坂　公歴　いしざか・まさつぐ
1868～1944　自由民権運動家。渡米し西
海岸で新聞「新日本」を発行、日本人愛国
有志同盟を結成し日本政府を批判。

◇ドキュメント日本人　第2　悲劇の先駆者
学芸書林　1969　348p　20cm

▌石坂　弥次右衛門
いしざか・やじえもん
1809～1868　八王子千人同心頭。

◇悲愛―千人頭、石坂弥次右衛門義礼の生涯
縄田清著　近代文芸社　1996.7　284p
20cm　〈主要参考文献：p283～284〉
①4-7733-4930-1

▌石塚　左玄　いしづか・さげん
1851～1909　陸軍軍医。虚弱体質の改善
を試み、玄米を主とした独自の食事法を
提唱。著作に「鑑薬精確義」。

◇桜沢如一の遺産　上　陰陽を解明した男
兎龍都著　アートヴィレッジ　2013.10
269p　21cm　①978-4-905247-24-1

◇石塚左玄―伝記・石塚左玄　桜沢如一著
大空社　（伝記叢書）　1994.11　142,5p
22cm　〈食養会昭和14年刊の複製　年譜：
p9～16〉　①4-87236-457-0

◇石塚左玄　桜沢如一著　日本CI　（マクロ
ビオテックの本）　1974　142p　19cm
〈年譜：p.9-16〉

▌石田　英吉　いしだ・えいきち
1839～1901　行政官，政治家。貴族院議
員，男爵。地方官を歴任し治績を上げ、元
老院議官も務める。農商務大臣、農商務
次官を歴任。

◇坂本竜馬・海援隊士列伝　山田一郎ほか
著　新人物往来社　1988.2　252p　19cm
①4-404-01483-X

▌伊地知　幸介　いじち・こうすけ
1854～1917　陸軍軍人。中将、男爵。参
謀本部第1部長、第11師団長を歴任。

◇乃木希典と日露戦争の真実―司馬遼太郎
の誤りを正す　桑原嶽著　PHP研究所
（PHP新書）　2016.6　357p　18cm
〈「名将乃木希典」（中央乃木会　1990年刊）
の改題、再編集　文献あり〉
①978-4-569-83014-8

◇司馬遼太郎　歴史のなかの邂逅　7　正岡子
規～秋山好古・真之　司馬遼太郎著　中
央公論新社　（中公文庫）　2011.3　263p

伝記ガイダンス　明治を生きた人々　　35

15cm　①978-4-12-205455-4

＊日本の前途を信じた若者たちの、底ぬけの明るさと痛々しさと―。第七巻は、司馬文学を代表する長篇『坂の上の雲』に描かれた正岡子規、秋山兄弟を中心に、徳冨蘆花、夏目漱石、石川啄木、清沢満ら、昂揚の時代を生きた人々の足跡をたどる二十五篇を収録。

▌石丸 好助　いしまる・こうすけ

1875〜1941　北洋漁業家。

◇偲ぶ―石丸好助翁　富田印刷　1984.1
47p　25×27cm　〈石丸好助の肖像あり
石丸好助翁略歴：p3〉

▌石丸 安世　いしまる・やすよ

1834〜1902　官吏，電信技術者。元老院議官，造幣局長，海軍大丞司。グラバーの紹介でイギリスに留学。帰国後電信事業の育成指導に尽力。

◇日本電信の祖 石丸安世―慶応元年密航留学した佐賀藩士　多久島澄子著　慧文社
2013.11　491p　19cm
①978-4-86330-061-3

▌石光 真清　いしみつ・まきよ

1868〜1942　陸軍軍人。少佐。日清、日露の両戦争に参加。謀報活動家としても活躍。

◇曠野の花―義和団事件　改版　石光真清著，石光真人編　中央公論新社　（中公文庫 新編・石光真清の手記）　2017.12
469p　16cm　①978-4-12-206500-0

◇新・代表的日本人　勢古浩爾著　洋泉社
（新書y）　2006.12　269p　18cm
①4-86248-096-9

＊有名・無名を問わず世界に誇るべき日本人は必ずいる。いやいなければならぬ。ただ、私たちがその人間を知らないだけだ。それなら読者に代わって、その人物を掲げてみよう。選定基準は日本人のあるべき理念型である。至誠、無私、研鑽、一途、寛容、繊細、情熱、愛情―過去には偏在していたが、現在ではある人にはまだ多くあり、ある人には多少あり、ある人にはまったく失

われたこれらの美質を備えた日本人とは誰か？　目利きが選んだ八名を知ることで日本人であることの誇りと自信がおのずと湧いてくる。

◇石光真清の手記　石光真清著，石光真人編　中央公論社　1988.2　1183p 19cm
①4-12-001632-3

＊対ロシアの謀報活動に身を投じた明治人が自ら綴る波瀾の生涯―明治から昭和に至る日本近代史の底流をみごとにとらえた稀有の自伝4部作の全1巻本。

◇誰のために―石光真清の手記　石光真清著　中央公論社　（中公文庫）　1979.12
362p　15cm

◇望郷の歌―石光真清の手記　石光真清著
中央公論社　（中公文庫）　1979.1　240p
15cm

◇曠野の花―石光真清の手記　石光真清著
中央公論社　（中公文庫）　1978.11
344p　15cm　〈著者の肖像あり〉

◇城下の人―石光真清の手記　石光真清著
中央公論社　（中公文庫）　1978.7　330p
15cm

◇曠野の花　石光真清著　竜星閣　1972
328p 図 肖像　20cm　〈6刷（初版：昭和33年）〉

◇城下の人　石光真清著　竜星閣　1972
318p 図 肖像　20cm　〈7刷（初版：昭和33年）〉

◇誰のために　増補4版　石光真清著　竜星閣　1971　345p 図　20cm

◇望郷の歌　石光真清著　竜星閣　1971
275p 図　20cm　〈6刷（初版：昭和33年）〉

◇現代日本思想大系 4　筑摩書房　1964

◇誰のために　石光真清　竜星閣　1959

◇曠野の花　石光真清著　竜星閣　1958

◇城下の人　石光真清著　竜星閣　1958
318p 図版　20cm

◇望郷の歌　石光真清著　竜星閣　1958

I　政治・経済　　　　　　　　　　　　　　　　　　　　　　　　　　磯野計

伊集院 兼寛
いじゅういん・かねひろ
1838〜1898　海軍軍人。元老院議官を経
て、貴族院議員となる。
◇伊集院兼寛関係文書　尚友倶楽部，山崎
有恒共編　芙蓉書房出版　1996.8　216p
22cm　Ⓘ4-8295-0170-7
　＊伏見寺田屋事件に加わった薩摩藩の代
　　表的志士伊集院兼寛（1838 - 1898）は、
　　維新後は官僚・軍人として藩制改革、台
　　湾出兵、横須賀造船所問題の処理に腕
　　を振るった。後に元老院議官・貴族院
　　議員を務めた伊集院兼寛の関係史料を
　　集大成した史料集。

伊集院 彦吉
いじゅういん・ひこきち
1864〜1924　外交官。第二次山本内閣外
務大臣。パリ講和会議全権委員を務め、
外務省初代情報部長、関東長官を歴任。
◇日本外交史人物叢書　第15巻　吉村道男
監修　ゆまに書房　2002.12　60,136,259p
22cm　〈複製　折り込1枚〉
Ⓘ4-8433-0681-9
◇伊集院彦吉関係文書　第2巻　駐伊大使期
尚友倶楽部，広瀬順晧，桜井良樹編　芙蓉
書房出版　1997.5　563p　21cm
Ⓘ4-8295-0193-6
　＊第一次世界大戦期にイタリア大使・パ
　　リ講和会議全権随員として活動した外
　　交官の日記を翻刻！ シベリア出兵、欧
　　州戦線の休戦問題、パリ講和会議など
　　ヨーロッパ各地から集まる情報を克明
　　に記録した注目の史料。

泉 勘十郎　いずみ・かんじゅうろう
1832〜1905　篤農家。開墾、米麦の改良
など殖産農業に尽力。
◇先人群像　上　前田利常〔ほか〕　石川
郷土史学会編　川良雄　石川県図書館協
会　（郷土シリーズ）　1955-56　18cm

泉 麟太郎　いずみ・りんたろう
1842〜1929　開拓者。北海道夕張郡角田
村を開拓し、その治水事業、牧畜等に尽く

した。　〔記念施設〕栗山町開拓記念館・
泉記念館（北海道栗山町）
◇水土を拓いた人びと―北海道から沖縄ま
でわがふるさとの先達　「水土を拓いた
人びと」編集委員会，農業土木学会編　農
山漁村文化協会　1999.8　448p　26cm
Ⓘ4-540-99112-4
　＊新田開発・干拓に、用水・ため池・温水
　　路・運河の建設に、土地改良・耕地整理
　　に尽した人びとの努力と業績の物語。

磯野 小右衛門　いその・こえもん
1825〜1903　実業家。
◇天才相場師の戦場　鍋島高明著　五台山
書房　2008.6　334p　19cm
Ⓘ978-4-309-90778-9
　＊市場とは、銭を巡る男たちの戦場であ
　　る。米、株、糸、船、土地、通貨…多彩
　　な相場に挑む天才相場師たち。一攫千
　　金、財閥の礎を築く勝者と一擲万金、身
　　代潰す敗者の記録。

磯野 長蔵　いその・ちょうぞう
1874〜1967　実業家。明治屋食品社長。
明治屋社長、麒麟麦酒社長を歴任、ビール
業界の草分け的存在。
◇噫、偉なる哉 磯野長蔵翁　三宅勇三著
春秋社　1967　214p 図版　19cm
◇追悼録 磯野長蔵　麒麟麦酒株式会社編
麒麟麦酒 明治屋　1967　218p 図版
22cm

磯野 計　いその・はかる
1858〜1897　実業家。明治屋創業者。
◇飲料業界のパイオニア・スピリット　生
島淳著　芙蓉書房出版　（シリーズ情熱の
日本経営史）　2009.11　263p　22cm
〈シリーズの監修者:佐々木聡　文献あ
り〉　Ⓘ978-4-8295-0468-0
　＊新しい乳酸飲料カルピスの企業化に成
　　功した三島海雲。食品販売事業の近代
　　的確立に努めた磯野計。本場スコッチ
　　ウィスキーの国産化を達成した鳥井信
　　治郎。―三人の企業家の旺盛なパイオ
　　ニア・スピリットに学ぶ。

伝記ガイダンス 明治を生きた人々　**37**

磯部 四郎　いそべ・しろう

1851～1923　弁護士，政治家。東京弁護士会会長，貴族院議員。大審院検事を経て弁護士を開業。弁護士会の長老として大逆事件の筆頭弁護人となる。

◇磯部四郎研究―日本近代法学の巨擘　平井一雄，村上一博編　信山社出版　2007.3　411,10p　22cm　〈肖像・著作目録・年譜あり〉　①978-4-7972-2460-3

磯村 音介　いそむら・おとすけ

1867～1934　実業家。保土ヶ谷曹達社長。糖業界で活躍し、東洋曹達、保土ヶ谷曹達の設立に参画。

◇日本財界人物列伝　第2巻　青潮出版株式会社編　青潮出版　1964　1175p　図版13枚　27cm

磯村 豊太郎　いそむら・とよたろう

1868～1939　実業家。貴族院議員。三井物産営業部長、ロンドン支店長を歴任。

◇室蘭港のパイオニア　〔第3〕　室蘭図書館　(室蘭港湾資料)　1972　103p　図　肖像　19cm　〈限定版　室蘭と北炭の人びと―堀基　高島嘉右衛門　井上角五郎　磯村豊太郎　年表：p.79-100　付：参考文献〉

◇人使い金使い名人伝　〔正〕続　中村竹二著　実業之日本社　1953　2冊　19cm

板垣 退助　いたがき・たいすけ

1837～1919　民権家。自由党総理。「民選議員設立建白書」を提出し自由民権運動を展開、自由党結成。

◇権力に対峙した男―新・西郷隆盛研究　上巻　米村秀司著　ラグーナ出版　2017.9　295p　19cm　〈文献あり〉　①978-4-904380-65-9

◇板垣退助君伝記　第4巻　宇田友猪著，公文豪校訂　原書房　(明治百年史叢書)　2010.2　542p　22cm　〈解説：安在邦夫　文献・年譜あり〉　①978-4-562-04512-9

◇幕末土佐の12人　武光誠著　PHP研究所　(PHP文庫)　2009.12　265p　15cm　①978-4-569-67359-2

＊土佐を抜きにして、維新回天を語ることはできない！　大政奉還を建白した山内容堂と後藤象二郎をはじめとする重臣たち。討幕運動の中核となる薩長同盟を仲介した坂本竜馬。さらには、土佐の尊王攘夷運動で先駆けとなった武市半平太や、開明的な思想で藩政を指揮した吉田東洋など、動乱の時代に身を置き、自らの志に向かって疾駆した12人を取り上げ、土佐の視点で幕末を描いた一冊。文庫書き下ろし。

◇板垣退助君伝記　第3巻　宇田友猪著，公文豪校訂　原書房　(明治百年史叢書)　2009.11　581p　22cm　〈解説：安在邦夫〉　①978-4-562-04511-2

◇板垣退助君伝記　第2巻　宇田友猪著，公文豪校訂　原書房　(明治百年史叢書)　2009.10　551p　22cm　〈解説：安在邦夫〉　①978-4-562-04510-5

◇板垣退助君伝記　第1巻　宇田友猪著，公文豪校訂　原書房　(明治百年史叢書)　2009.9　546p　22cm　〈解説：安在邦夫〉　①978-4-562-04509-9

◇明治の教訓　日本の気骨―明治維新人物学　渡部昇一，岡崎久彦著　致知出版社　(CHICHI SELECT)　2005.8　216p　18cm　〈『国のつくり方』改題書〉　①4-88474-721-6

◇お札になった偉人　童門冬二著　池田書店　2005.2　191p　21cm　①4-262-14507-7
＊その人がお札の肖像に選ばれた時の政治・社会状況がどんなものであったか。お札になった人がどんな事をしたのか(事績)。そしてその人がお札になった時の政治・社会状況と、お札になった人の事績等を結びつけて、その人物がなぜお札になったかの推測を行う。

◇「第三の開国」は可能か　田中浩著　日本放送出版協会　(NHKライブラリー)　2003.8　253p　16cm　〈「20世紀日本を創った思想家たち」(2002年刊)の改題　文献あり〉　①4-14-084165-6
＊昨今、日本は長引く不況から脱出するための対策に迫られている。国家と社会が停滞した時代に、明治維新と戦後の民主改革という二つの「開国」実現に

I 政治・経済　　　　　　　　　　　　　　　　　　　　　　板垣退助

尽力した近代の思想家たちは、どのような思想の転換を提起したのか。「第三の開国」に向けて、先人たちの抱いた変革の精神と構想に学ぶ。

◇板垣退助―孤雲去りて　上巻　三好徹著　学陽書房　（人物文庫）　1997.6　385p　15cm　①4-313-75027-4

◇板垣退助―孤雲去りて　下巻　三好徹著　学陽書房　（人物文庫）　1997.6　353p　15cm　①4-313-75028-2

◇孤雲去りて　上　上　三好徹著　講談社　（講談社文庫）　1990.8　349p　15cm　①4-06-184737-6
　＊傑出した軍略家でありながら、清廉潔白の人として知られた土佐人・板垣退助。動乱の明治維新前夜、一度も外国の地を踏むことがなかった彼が、次第に自由民権の思想に目覚め、海千山千の勤王・佐幕両派が入り乱れて戦い合う中、一人決然と自己を貫き通した波乱の生涯を雄渾に描く長編史小説、前編。

◇孤雲去りて　下　下　三好徹著　講談社　（講談社文庫）　1990.8　322p　15cm　①4-06-184738-4
　＊維新において最大功績者の一人であった板垣退助は常に民衆のことを思い決して己れの栄誉を求めず、猟官運動の外にいた。そして、元同志・西郷隆盛らの武による征韓派が敗れ去ったとき、弁をもって全国行脚の人となる―。日本史上最大の動乱時を生き抜いた様々な人と事件を、孤高の人退助を軸に鮮やかに浮き彫りにする長編史伝小説、後編。

◇板垣退助　高野澄著　PHP研究所　（歴史人物シリーズ）　1990.1　206p　19cm　①4-569-52668-3
　＊藩閥政府の中に兆した専制政治の気配に反発し、民選議院設立建白書の提出、自由民権運動の推進など、政党政治の幕を開いた板垣―。自由と民権の実現に生きた男の生涯を描き上げる。

◇幕末・維新の群像　第5巻　板垣退助　高野澄著　PHP研究所　（歴史人物シリーズ）　1990.1　206p　20cm　〈参考文献・板垣退助略年表：p199～206〉　①4-569-52668-3

◇幕末維新の志士読本　奈良本辰也著　天山出版　（天山文庫）　1989.9　278p　15cm　①4-8033-1804-2
　＊長州の快男児・高杉晋作、海の男、くもらぬ男・坂本竜馬、無私の英傑・西郷隆盛、また、高杉や久坂玄瑞、伊藤博文らを松下村塾から生み出した吉田松陰。彼ら無私の志士たちの青春と感動的な生きざまを通じて幕末維新の時代変革のすべてを学べる歴史オリジナル文庫。

◇板垣退助―自由民権の夢と敗北　榛葉英治著　新潮社　1988.8　325p　19cm　①4-10-356703-1
　＊精神の文明開化こそ先決と、"四民平均の理"を説き、日本に自由思想をもたらした彼が、なぜ政治家として大成し得なかったか？　その生涯を描く。

◇板垣遭難前後史談―明治民権史話　相原尚褧と小池勇　建部恒二著　建部恒二　1984.10　415p　22cm　〈著者の肖像あり〉

○特集・板垣退助　「土佐史談」　16　1982.12

◇史伝板垣退助　糸屋寿雄著　清水書院　1974　506,12p　図　肖像　22cm　〈板垣退助年譜：p.488-502　主要参考文献：p.503-506〉

◇無形板垣退助　平尾道雄著　高知新聞社　高新企業（制作販売）　1974　285p　19cm　〈板垣退助略年譜：p.278-282〉

◇板垣退助　橋詰延寿著　板垣会　1954

◇日本歴史講座 5 近代篇　板垣退助　小西四郎著　河出書房　1954

◇近代政治家評伝　阿部真之助著　文芸春秋新社　1953　353p　19cm

◇板垣退助　福地重孝著　市川史談会　1951

◇明治の政治家たち―原敬につらなる人々　上，下巻　服部之総著　岩波書店　（岩波新書）　1950-54　2冊　18cm

◇自由を護った人々　大川三郎著　新文社　1947　314p　18cm

伝記ガイダンス　明治を生きた人々　**39**

一井 正典　いちい・まさのり

1862～1929　人吉藩士。無痛麻酔薬導入など初期の日本歯学会に貢献。

◇維新の若きサムライ、一井正典とその時代―郷土の偉人一井正典・生誕150周年　松本晋一著　熊本県歯科医師会　2012.6　56p　21cm　〈年譜・年表あり〉

◇青雲遙かなり―歯科医ジュウグリット先生一井正典伝　渋谷敦著　熊本日日新聞情報文化センター　1996.11　274p　19cm　〈一井正典の肖像あり　関連略年表：p263～269　参考文献：p273～274〉　①4-905884-87-X

市川 三左衛門
いちかわ・さんざえもん

1816～1869　水戸藩士。水戸藩内佐幕派の中心、大政奉還後水戸城外長岡で逆磔刑。

◇忠が不忠になるぞ悲しき―水戸藩諸生党始末　穂積忠著　日新報道　2011.7　295p　19cm　〈文献あり〉　①978-4-8174-0720-7　＊水戸藩執政・市川三左衛門の生き様を描く。

◇市川勢の軌跡　市村真一著　茨城新聞社（いばらきBOOKS）　2008.2　175p　19×12cm　①978-4-87273-226-9　＊幕末期、天狗派と諸生派の二派に分かれて、血みどろの藩内抗争を繰り広げた水戸藩。その悲劇は、一橋慶喜を頼って京都に向った武田耕雲斎以下350名の天狗派が敦賀で処刑されたことに象徴されるが、この「天狗西上」と対をなすように、諸生派にも同様の悲劇があったことは、知るひとが少ない。市川三左衛門率いる諸生派の一部・市川勢の行軍である。王政復古によって天狗派が勝利すると、市川勢500人は水戸を脱走して、会津・新潟と転戦、再び水戸に戻り、さらに南下して、ついに八日市場で壊滅する。この231日間、1000kmに及ぶ悲劇の行軍の跡をたどる本書は、明治以来、ほとんど語り伝えられることなく、歴史の闇に消えつつあった、水戸藩のもう一つの真実に光をあてるものである。

市川 誠次　いちかわ・せいじ

1872～1947　実業家。日本窒素肥料会長。カーバイト製造実験に参加し、日本窒素肥料設立に参画、取締役となる。

◇市川誠次伝　市川保明著　市川保明　1974　197p　肖像　22cm　〈市川誠次年譜：p.184-194〉

市川 文吉　いちかわ・ぶんきち

1847～1927　外務省官吏、ロシア語教師。外務書記官、東京外国語学校教授。榎本武揚公使に従い外務書記官として渡露、黒田清隆の外遊にも同行。

◇十八・十九世紀 日露交流人物史話　杉本つとむ著　東洋書店　2013.11　350,10p　21cm　①978-4-86459-138-6

一木 喜徳郎　いちき・きとくろう

1867～1944　法学者、政治家。東京帝国大学教授、枢密院議長。法制局長官、第二次大隈内閣文相、内相などを歴任。

◇一木喜徳郎伝　堀内良著　〔大日本報恩社〕　2003.8　265p　19cm　〈肖像あり　年譜あり〉

◇一木先生を偲ぶ　一木先生追悼会編　1955　42p　21cm

◇一木先生回顧録　一木喜徳郎著　河井弥八　1954　129p　図版　22cm

◇一木先生回顧録　一木先生追悼会編　一木先生追悼会　1954

市島 謙吉　いちしま・けんきち

1860～1944　政治家、随筆家。読売新聞主筆、日本図書館協会会長。東京専門学校の創立・運営に尽力、随筆に「春城筆語」など。

◇新潟が生んだ七人の思想家たち　小松隆二著　論創社　2016.8　346p　20cm　①978-4-8460-1546-6

◇図録市島春城　市島春城展実行委員会編　市島春城展実行委員会　2006.5　105p　26cm　〈市島春城生家・屋敷一部阿賀野市所有記念　年譜あり〉

I　政治・経済　　　　　　　　　　　　　　　　　　　　　　　　　　　　　　伊藤次郎左衛門

◇春城師友録　市島春城著，山口昌男監修
　国書刊行会　（知の自由人叢書）　2006.4
　434p　21cm　Ⓘ4-336-04717-0
　＊尾崎紅葉、坪内逍遥、内田魯庵、安田善
　　次郎、大隈重信ほか、早稲田大学図書館
　　初代館長の随筆から人物に関するもの
　　を精選。

▌一戸 兵衛　　いちのへ・ひょうえ
　1855～1931　陸軍軍人。大将，教育総監。
　日露戦争で成果をあげ勇名を轟かせる。
　学習院院長、明治神宮宮司を歴任。
◇名将の条件 日露戦争七人の陸将　柏植久
　慶著　学研パブリッシング　2010.12
　258p　19cm　Ⓘ978-4-05-404771-6
　＊勝算なき戦いを明晰な判断と洞察で勝
　　利へ導いた七人の傑物。

◇北の鷹―学習院長一戸兵衛大将の生涯
　佐野正時著　光人社　1992.6　350p 19cm
　Ⓘ4-7698-0614-0
　＊司馬遼太郎氏が魅力的な人物だと惚れこ
　　み、また太宰治が故郷津軽の同じ血を引
　　く偉大な先輩として敬慕し、泉鏡花が
　　「私は軍人は嫌いだが、あの人は別だ」
　　といって目を細めて見送った一戸兵衛の
　　人間像を、激動の明治を舞台に活写した
　　感動の歴史ロマン。話題の書き下ろし。

▌市村 辰之助　　いちむら・たつのすけ
　？ ～1872　新撰組隊士。
◇慶応四年新撰組隊士伝―下総流山に転機
　を迎えた男たち　あさくらゆう著　崙書
　房　（ふるさと文庫）　2009.11　186p
　18cm　Ⓘ978-4-8455-0194-6

▌市村 敏麿　　いちむら・としまろ
　1839～1918　伊予宇和島藩士。
◇市村敏麿翁の面影　徳田三十四編　史蹟
　刊行会　1955

▌井手 毛三　　いで・もうぞう
　1850～1929　政治家。
◇民権運動と郷土の創造に生きた井手毛三
　の事績　井手毛三翁顕彰会編　井手毛三
　翁顕彰会　1996.9　208p　22cm

▌伊藤 梅子　　いとう・うめこ
　1848～1924　伊藤博文の妻。木戸孝允の
　妻松子と並び、良妻賢母の典型と称さ
　れた。
◇ヒロインの日本史―時代を彩った女性100
　人　梓沢要著　ベストセラーズ　（ベスト
　新書）　2006.3　221p　18cm
　Ⓘ4-584-12107-9
　＊夫に裏切られた女神、カリスマ女王、息
　　子と密通した名摂政の母、出産後三七
　　年間ものうつ病にかかった帝の母君、
　　絶世の美女の零落、尼将軍を泣かせた
　　白拍子の舞、夫を出世させる貞淑の妻、
　　花魁の意地と張り、大奥のスキャンダ
　　ル、お江戸でイチバンの美女、攘夷女郎
　　に勤皇芸者、男装の戦士…など一〇〇
　　人。日本の歴史を語る上で欠かすこと
　　のできない、女性一〇〇通りの人生を、
　　本書はひもといてゆく。

▌伊藤 小左衛門〔5代〕
　いとう・こざえもん
　1818～1879　商人。お茶の輸出を計画、
　養蚕・製糸を改良し器械製糸場を設置す
　るなど外国貿易に関心をもつ。
◇万里の糸―伊藤小左衛門の生涯　田中増
　治郎著　〔田中増治郎〕　1997.1　291p
　19cm　〈背の著者表示：たなか・ますじ
　ろう 肖像あり 文献あり〉

◇伊藤小左衛門のすべて―博多謎の豪商
　白水康三著　〔白水康三〕　1987.3
　141p　19cm

◇博多湾人―伊藤小左衛門と万四郎神社
　万四郎神社再建奉賛会　1956

▌伊藤 次郎左衛門〔15代〕
　いとう・じろうざえもん
　1878～1940　実業家。松坂屋社長。米国
　で百貨店事業について研究、業務刷新に
　手腕を振るう。伊藤財閥系企業の役員を
　歴任。
◇日本百貨店業成立史―企業家の革新と経営
　組織の確立　末田智樹著　ミネルヴァ書房
　（MINERVA現代経営学叢書）　2010.4
　534,9p　21cm　Ⓘ978-4-623-05632-3

伝記ガイダンス 明治を生きた人々　**41**

＊明治後期から昭和戦前期の百貨店業の
成立過程を明らかにする、日本におけ
る百貨店の源流―勃興していった日本
百貨店業の全体像を把握。徹底した百
貨店業研究の網羅的文献一覧付き。

◇揚輝荘と祐民―よみがえる松坂屋創業者
の理想郷　揚輝荘の会編著　風媒社　（東
海風の道文庫）　2008.7　221p 図版4p
19cm　〈肖像・年譜・文献あり〉
①978-4-8331-0628-3
＊アジアとの交流の先駆けの場であり、
国内外の著名人との社交場として使用
された揚輝荘。その華麗な近代建築と
庭園の魅力、そして社会事業に力を注
いだ伊藤祐民の生涯を解き明かす。

◇私の履歴書　経済人3　日本経済新聞社編
日本経済新聞社　1980.7　477p　22cm

◇十五代伊藤次郎左衛門祐民追想録　中日
新聞社開発局編　松坂屋　1977.12　234p
21cm　〈伊藤祐民の肖像あり　年譜：
p217〜232〉

◇日本財界人物列伝　第2巻　青潮出版株式
会社編　青潮出版　1964　1175p 図版13
枚　27cm

◇伊藤祐民伝　松坂屋伊藤祐民伝刊行会編
1952　584p 図版　表　27cm

▍伊東 祐亨　いとう・すけゆき
1843〜1914　海軍人。元帥。黄海海戦
で清の北洋水師を破って、威海衛を攻略
し清艦隊を降伏させる。

◇侍たちの海―小説伊東祐亨　中村彰彦著
読売新聞社　1998.12　346p　20cm　〈文
献あり〉　①4-643-98096-6
＊薩英戦争、薩邸焼き打ち事件―薩摩藩
士として幕末の動乱に参加、明治の海
軍を育て、ついには初代連合艦隊司令
長官となって清国海軍を撃破した名将
の波瀾万丈の生涯。

▍伊藤 為吉　いとう・ためきち
1864〜1943　建築家、発明家。伊藤組製
作所を設立、主として独自に開発した耐

震家屋の設計・施工に当たる。

◇やわらかいものへの視点―異端の建築家
伊藤為吉　村松貞次郎著　岩波書店
1994.7　239p 19cm　①4-00-002311-X
＊明治日本の「ルネサンス人」がいた―は
じめて民間「建築師」の看板を掲げた建
築家にして、永久運動機関の夢に憑か
れた発明家、事業家にして、職工養成の
学校を興した社会運動家、そして芸術
家兄弟、道郎、熹朔、千田是也の父…。
終生、野にあって、自らのアイデアの泉
に殉じた足跡は、「官」主導の怒濤のよ
うな近代化のなかで、果たされなかっ
た多くの夢の破片をとどめている。「敗
者」の精神に、時代の陰に埋もれたもう
一つの可能性を探る。

▍伊東 忠太　いとう・ちゅうた
1867〜1954　建築史学者、建築家。東京
帝国大学教授。「法隆寺建築論」で日本建
築史学の礎を築き、中国やインドの古建
築調査で雲崗石窟発見。

◇明治の建築家伊東忠太オスマン帝国をゆ
く　ジラルデッリ青木美由紀著　ウェッ
ジ　2015.12　321,21p　20cm　〈索引
あり〉　①978-4-86310-157-9

◇日本のコンクリート技術を支えた100人
笠井芳夫，長滝重義企画・監修　セメント
新聞社　2009.3　1冊　26cm
①978-4-915368-09-7

◇伊東忠太を知っていますか　鈴木博之編
著　王国社　2003.4　242p　20cm
①4-86073-012-7
＊今、甦える"建築の巨人"の全体像。法隆
寺を「発見」した人。築地本願寺を設計
した人。日本の建築史学を創始した人。
明治期に中国・インドなど3年半に及ぶ
大旅行をした人。妖怪趣味に長じた人。
造家と呼ばれていた分野を建築に改め
た人。忠太撮影の乾板写真等多数収録。

◇日本の建築と思想―伊東忠太小論　丸山
茂著　同文書院　1996.4　147p　22cm
①4-8103-4058-9

◇伊東忠太動物園　藤森照信編・文，増田彰
久写真，伊東忠太絵・文　筑摩書房
1995.3　174p　22cm　①4-480-85689-7

Ⅰ　政治・経済　　　　　　　　　　　　　　　　　　　　　　　　伊藤伝右衛門

◇建築巨人 伊東忠太　読売新聞社編　読売
新聞社　1993.7　206p　21cm
①4-643-93040-3
＊いま、ここに明かされる摩訶不思議な
る建築家の全容。

◇建築学者伊東忠太　岸田日出刀著　乾元
社　1945　272p　図版18枚　19cm　〈年
譜：p.243-272〉

▌伊藤 忠兵衛〔1代〕
いとう・ちゅうべえ
1842〜1903　近江商人。伊藤忠商事と丸
紅の始祖。　〔記念施設〕伊藤忠兵衛記念
館（滋賀県豊郷町）

◇創業者列伝――一流企業に受け継がれる珠
玉の経営手腕!!　歴史群像編集部編　学研
パブリッシング　2011.6　319p　19cm
①978-4-05-404966-6
＊人生で何事かを成し遂げた者には人を
惹きつけてやまない魅力がある。明治・
大正期の財閥から戦後の急成長企業ま
で、大企業の礎を築き上げた男達が、ど
んな苦難に陥り、どのようにそれを乗
り越えたかを描く。

◇関西ゆかりの偉人たち　国語研究会編
むさし書房　2007.5　192p　18cm
①978-4-8385-0951-5

▌伊藤 忠兵衛〔2代〕
いとう・ちゅうべえ
1886〜1973　実業家。伊藤忠商事社長。
明治36年家督を継ぐ。呉服店紅忠を伊藤
忠商事へと発展させ、非繊維部門へも進
出し新製品・新市場を開拓。

◇初代伊藤忠兵衛を追慕する―在りし日の
父、丸紅、そして主人　宇佐美英機編著
清文堂出版　2012.10　236p　19cm
①978-4-7924-0974-6
＊総合商社の伊藤忠商事・丸紅がともに
創業者とする初代伊藤忠兵衛。近江商
人の矜持を保った商人の実像に迫る。

◇創業者列伝――一流企業に受け継がれる珠
玉の経営手腕!!　歴史群像編集部編　学研
パブリッシング　2011.6　319p　19cm
①978-4-05-404966-6

＊人生で何事かを成し遂げた者には人を
惹きつけてやまない魅力がある。明治・
大正期の財閥から戦後の急成長企業ま
で、大企業の礎を築き上げた男達が、ど
んな苦難に陥り、どのようにそれを乗
り越えたかを描く。

◇私の履歴書　経済人1　日本経済新聞社編
日本経済新聞社　1980.6　477p　22cm

◇伊藤忠兵衛翁回想録　伊藤忠兵衛述，伊
藤忠兵衛翁回想録編集事務局編　伊藤忠
商事　1974　518p　27cm　〈伊藤忠兵衛
翁年譜：p.499-515〉

◇日本財界人物列伝　第1巻　青潮出版株式
会社編　青潮出版　1963　1171p　図版
26cm

▌伊藤 伝右衛門　いとう・でんえもん
1860〜1947　実業家，政治家。衆議院議
員，博多株式取引所常務理事。大正鉱業
を設立し社長に就任、第一次大戦景気で
巨利を得、福岡県有数の実業家となる。
〔記念施設〕飯塚市歴史資料館（福岡県飯塚
市），旧伊藤伝右衛門邸（福岡県飯塚市）

◇白蓮と傳右衛門そして龍介　小林弘忠著
ロングセラーズ　2014.8　299p　19cm
〈文献あり〉　①978-4-8454-2330-9

◇筑豊一代炭坑王伊藤伝右衛門　宮田昭著
書肆侃侃房　2008.2　367p　19cm　〈肖
像・文献・年譜あり〉
①978-4-902108-71-2
＊群雄割拠の筑豊炭田。一丁字もなき地
平から功成り、名を遂げ、天下の美女白
蓮を、銅御殿を手中にするも一炊の夢
であったのか。紅葉艶めいて散るごと
く、炭坑の華やぎもやがて色失せ、太平
洋戦争と命運を共にする。その終局を
見届けた最後の炭坑王「伝むね」と呼ば
れた男の波乱に満ちた生涯。

◇伊藤伝右エ門物語　改訂版　深町純亮著
旧伊藤伝右衛門邸の保存を願う会　2007.5
110p　21cm　①978-4-904588-00-0

◇伊藤伝右衛門翁伝　中野紫葉著　伊藤八郎
1982.5　189p　22cm　〈伊藤伝右衛門の
肖像あり　伊藤伝右衛門閲歴：p1〜4〉

伊藤 伝七〔10代〕

いとう・でんしち

1852～1924 実業家。東洋紡績社長。紡機払下げを受け三重県川島村に貿易所を完成、三重紡績、東洋紡績と大企業に育てる。

◇伊藤伝七翁―伝記・伊藤伝七　絹川太一編　大空社　（伝記叢書）　2000.9　376,10.5p　22cm　〈年譜あり　伊藤伝七翁伝記編纂会昭和11年刊の複製　肖像あり〉①4-7568-0897-2

伊藤 直純　いとう・なおずみ

1861～1933 政治家。

◇羽州金沢古柵の人 伊藤直純　加藤慎一郎著　イズミヤ出版　2010.12　123p19cm　〈年譜・文献あり〉①978-4-904374-09-2

伊藤 博文　いとう・ひろぶみ

1841～1909 政治家。公爵、首相。憲法制定に尽力し内閣制度を創設、初代首相となる。韓国統監となり、韓国合併推進中に暗殺された。　〔記念施設〕国立国会図書館憲政資料室 伊藤博文関係文書（東京都千代田区），旧伊藤博文金沢別邸（神奈川県横浜市金沢区），伊藤博文旧宅（山口県萩市），伊藤博文別邸（山口県萩市），伊藤公記念公園（山口県光市），伊藤公資料館（山口県光市）

◇大日本帝国をつくった男―初代内閣総理大臣・伊藤博文の功罪　武田知弘著　ベストセラーズ　2018.1　237p　18cm①978-4-584-13846-5
　＊アジアの中でなぜ日本だけが近代化に成功できたのか？ 貧農出身から“愛されキャラ”で政権トップまで上りつめた伊藤博文。「国会」「憲法」「銀行」「鉄道」「電信」「四民平等」etc.近代日本を建国した人物の軌跡―。

◇伊藤博文―日本最初の内閣総理大臣　季武嘉也監修，岩田やすてるまんが　小学館　（小学館版学習まんが人物館）2017.12　159p　23cm　〈文献あり 年譜あり〉　①978-4-09-270124-3

◇明治天皇 その生涯と功績のすべて　小田部雄次監修　宝島社　2017.7　127p26cm　〈年譜あり〉①978-4-8002-7311-6

◇たのしく読める日本のすごい歴史人物伝　伊藤純郎監修　高橋書店　2016.4　221p21cm　〈文献あり〉①978-4-471-10380-4

◇明治を作った密航者たち　熊田忠雄著　祥伝社　（祥伝社新書）　2016.2　275p18cm　①978-4-396-11455-8
　＊幕末、厳しい監視の目をかいくぐり、他国へ密航を図る者たちが少なからず存在した。発覚すれば死罪とされる中、外国の進んだ知識や技術に直接触れるには、危険な渡海しか途はなかったのだ。本書では、伊藤博文、井上馨などの長州ファイブ、五代友厚らの薩摩スチューデント、同志社設立の新島襄などの、近代日本に功績のある人物をメインに取り上げ、彼らの密航実現までのプロセスをたどり、最大のヤマ場である脱国当日の動きを検証した。国外脱出を企てた者たちの本懐達成に至るまでには、いずれも興味深いドラマが秘められている。

◇NHK歴史秘話ヒストリア―歴史にかくされた知られざる物語 第3章　4　幕末・維新編　NHK「歴史秘話ヒストリア」制作班編　金の星社　2016.2　39p　30cm①978-4-323-06824-4

◇語り継ごう 日本の思想　國武忠彦編・著　明成社　2015.11　414p　19cm①978-4-905410-37-9
　＊聖徳太子、古事記、万葉集、太平記、世阿弥、葉隠、二宮尊徳、吉田松陰、勝海舟、伊藤博文教育勅語、樋口一葉、正岡子規、乃木希典、小林秀雄…古代から現代まで67篇の珠玉の言葉がここに甦る。

◇幕末志士の手紙　木村幸比古著　教育評論社　2015.10　222p　19cm　〈文献あり著作目録あり〉　①978-4-905706-96-0

◇吉田松陰と長州五傑　頭山満，伊藤痴遊，田中光顕著　国書刊行会　2015.7　239p19cm　①978-4-336-05944-4

◇伊藤博文―近代日本を創った男　伊藤之雄著　講談社　（講談社学術文庫）2015.3　669p　15cm　〈文献あり　索引あ

I 政治・経済　　　　　　　　　　　　　　　　　　　　　　　　　　　　　　　　　伊藤博文

り〉　①978-4-06-292286-9

◇原敬―外交と政治の理想　上　伊藤之雄著
　講談社　（講談社選書メチエ）　2014.12
　458p　19cm　①978-4-06-258592-7

◇吉田松陰と文の謎　川口素生著　学研パ
　ブリッシング　（学研M文庫）　2014.11
　327p　15cm　〈文献あり　年譜あり〉
　①978-4-05-900885-9

◇明治天皇という人　松本健一著　新潮社
　（新潮文庫）　2014.9　692p　16cm　〈毎
　日新聞社 2010年刊の再刊　索引あり〉
　①978-4-10-128733-1

◇幕末維新志士たちの名言　齋藤孝著　日
　本経済新聞出版社　（日経文芸文庫）
　2014.2　293p　15cm
　①978-4-532-28027-7
　＊「自分のすることは自分にしかわから
　　ない」と歌った坂本龍馬、「五稜郭を思
　　えば、外務大臣の職などどれほどでも
　　ない」と覚悟を示した榎本武揚、「私は
　　辞表を出すわけにはいかない」と語っ
　　た明治天皇―。数々の名言を紹介しな
　　がら、現代人に失われた「苦境突破の
　　鍵」を探る。

◇明治国家をつくった人びと　瀧井一博著
　講談社　（講談社現代新書）　2013.6
　347p　18cm　①978-4-06-288212-5
　＊伊藤博文、山県有朋、井上毅から幕臣知
　　識人まで“この国のかたち”を築いた骨
　　太な指導者たちの思想と行動。

◇明治裏面史　上巻　伊藤痴遊著　国書刊
　行会　2013.4　201p　21cm
　①978-4-336-05642-9
　＊二十世紀前半に大活躍した風刺家・伊
　　藤痴遊が、黎明期日本政治の裏側を人
　　物中心に物語る。大久保利通、伊藤博
　　文、江藤新平、西郷隆盛、乃木希典等
　　等。志士たちがまだ歴史上の人物では
　　なく、記憶に新しかった時代に書かれ
　　たものならではの迫力が胸を撃つ。

◇マンガでわかる内閣総理大臣伝―歴代の
　宰相から学ぶ真の政治家像　よつや文化,
　原田久仁信画　実業之日本社　（じっぴコ
　ンパクト新書）　2012.7　309p　18cm
　〈『劇画内閣総理大臣伝―日本を動かした

男たち』再編集・改題書〉
　①978-4-408-61276-8
　＊不況、地震、原発事故…若者は夢を持て
　　ず、中高年はリストラにおびえる。そ
　　んな危機的ニッポンを救う真の政治家
　　像がここにある!?必読！　日本を動かし
　　た9人の宰相の人間ドラマ。

◇伊藤博文と明治国家形成―「宮中」の制度
　化と立憲制の導入　坂本一登著　講談社
　（講談社学術文庫）　2012.3　423p　15cm
　〈文献あり〉　①978-4-06-292101-5
　＊内閣制度を創設し、明治憲法の制定に
　　尽力したことで日本近代史にその名を
　　刻む伊藤博文。しかし立憲制の導入の
　　ために伊藤がまずなすべきことは、天
　　皇の権限を明らかにし、「宮中」を制度
　　化することだった。大隈重信・井上毅
　　ら政敵との抗争や、度重なる政治的危
　　機を乗り越えて明治天皇の信頼を得た
　　伊藤の、「真の業績」を論じたサント
　　リー学芸賞受賞作。

◇知性人・伊藤博文 思想家・安重根―日韓
　近代を読み解く方程式　金文学著　南々
　社　2012.3　199p　20cm　〈文献あり〉
　①978-4-931524-95-8
　＊韓民族の側から、初めて伊藤博文を公
　　正に評価した秀作。祖国の英雄・安重
　　根を冷静に分析した本、登場！　日本の
　　リーダー、首相の原点がここにある。

◇伊藤博文をめぐる日韓関係―韓国統治の
　夢と挫折、1905～1921　伊藤之雄著　ミ
　ネルヴァ書房　2011.9　277,3p　20cm
　〈文献あり〉　①978-4-623-06120-4
　＊近代日本を創った男、伊藤博文が晩年に
　　精力を傾けた韓国統治の構想は、いかな
　　るものだったのか。本書では、伊藤の理
　　想と挫折を通じて、その構想とは異なる
　　朝鮮植民地統治が展開したことを示し、
　　それにもかかわらず伊藤や明治天皇の
　　死後も原敬内閣までは伊藤の理想の影
　　響が残っていたことを明らかにする。

◇伊藤博文の青年時代―欧米体験から何を
　学んだか　泉三郎著　祥伝社　（祥伝社新
　書）　2011.6　267p　18cm　〈並列シリー
　ズ名：SHODENSHA SHINSHO　文献・
　年譜あり〉　①978-4-396-11241-7
　＊現代ほど、政治家の資質とは何か、真の

伝記ガイダンス 明治を生きた人々　**45**

政治家とはどうあるべきかが厳しく問われる時代はない。伊藤博文はその意味で、好個の教材である。長州の倒幕運動の業火の中で鍛えられ、若くして三回も英米欧に旅して「文明の諸相」をつぶさに見た。そして幾多の挫折を経験しながら、常に知見を磨き、時勢を見通し、しなやかに強く対応する努力を怠らなかった。戦後の伊藤博文の評価は決して芳しいものでなかったが、近年急速に再評価が進みつつある。本書は、その前半生と洋行体験に焦点をあて、当初の急進的な「暴れ馬」が、いかに現実的でバランスのとれた稀代の大政治家に成長していったかの秘密に迫るものである。

◇司馬遼太郎 歴史のなかの邂逅 7 正岡子規～秋山好古・真之 司馬遼太郎著 中央公論新社 （中公文庫） 2011.3 263p 15cm ①978-4-12-205455-4
＊日本の前途を信じた若者たちの、底ぬけの明るさと痛々しさと―。第七巻は、司馬文学を代表する長篇『坂の上の雲』に描かれた正岡子規、秋山兄弟を中心に、徳冨蘆花、夏目漱石、石川啄木、清沢満之ら、昂揚の時代を生きた人々の足跡をたどる二十五篇を収録。

◇伊藤博文―誕生！ 日本の総理大臣 岩尾光代著 大空出版 （大空ポケット新書 歴史ポケット人物新聞） 2010.11 207p 18cm 〈文献・索引あり〉
①978-4-903175-31-7
＊天保12（1841）年9月2日、周防国熊毛郡束荷村（現在の山口県光市）の貧しい農家に生まれた伊藤博文。明治42（1909）年10月26日、韓国・ハルビン駅で凶弾に倒れるまでの生涯は、日本の幕末・明治史そのものといえる。明治維新をなし遂げ、近代国家の礎を築いた時代を、貴重な写真と新聞風の記事で再現。シリーズ第2弾。

◇日本の華族―その栄光と挫折の一部始終 『歴史読本』編集部編 新人物往来社 （新人物文庫） 2010.10 255p 15cm
①978-4-404-03922-4
＊「皇室の藩屏」として明治二年に誕生し、最大九一三家を数えた華族は、昭和

二十二年の新憲法施行により消滅する。誕生当初は、五位以上の公卿（清涼殿への昇殿が許された家柄）と、幕府の支配下にあった一万石以上の旧大名など、四二七家であった。その後、明治十七年の華族令制定により、「公・侯・伯・子・男」の爵位が与えられ、さらに「国家に勲功ある」勲功華族として、政治家・軍人・官僚・実業家・学者が次々と叙爵していった。華族の義務や生活、閨閥、事件、経済などの実情を通して、華族が近代日本にどのような影響をおよぼしたのかを考察する。

◇伊藤公と山県公 復刻版 小松緑著 マツノ書店 2010.5 472,10p 22cm 〈原本：千倉書房昭和11年刊〉

◇伊藤博文―知の政治家 滝井一博著 中央公論新社 （中公新書） 2010.4 376p 18cm 〈文献・年譜あり〉
①978-4-12-102051-2
＊幕末維新期、若くして英国に留学、西洋文明の洗礼を受けた伊藤博文。明治維新後は、憲法を制定し、議会を開設、初代総理大臣として近代日本の骨格を創り上げた。だがその評価は、哲学なき政略家、思想なき現実主義者、また韓国併合の推進者とされ、極めて低い。しかし事実は違う。本書は、「文明」「立憲国家」「国民政治」の三つの視角から、丹念に生涯を辿り、伊藤の隠された思想・国家構想を明らかにする。

◇伊藤博文直話―暗殺直前まで語り下ろした幕末明治回顧録 新人物往来社編 新人物往来社 （新人物文庫） 2010.4 335p 15cm ①978-4-404-03839-5
＊幕末動乱をくぐりぬけ、初代内閣総理大臣となった伊藤博文。政治家として栄達をきわめた伊藤が、みずから語った唯一の「自伝」本。人物談あり、幕末の実歴談あり、政談あり、憲政論あり、修養談あり―。肉声が伝える激動の時代と人物。

◇文字の大陸 汚穢の都―明治人清国見聞録 草森紳一著 大修館書店 2010.4 439p 19cm ①978-4-469-23260-8
＊近代日本人の中国原体験。尾崎行雄、原敬、岡千仞、榎本武揚、伊藤博文。明

I 政治・経済　　　　　　　　　　　　　　　　　　　　　　　　　　　伊藤博文

治17年前後、中国の地を踏んだ5人の日本人は、何を見て、何を感じたのか。

◇日本統計史群像　島村史郎著　日本統計協会　2009.12　214p　26cm
①978-4-8223-3609-7
＊統計を愛しその発展に献身した、近現代の政治指導者と学者、行政官達の人物像を明らかにする。

◇伊藤博文―近代日本を創った男　伊藤之雄著　講談社　2009.11　606p　20cm
〈文献・索引あり〉　①978-4-06-215909-8
＊倒幕、廃藩置県、岩倉使節団、西南戦争、初代内閣総理大臣、条約改正、日清戦争、日露戦争、初代韓国総監、そして暗殺―「憲法政治」実現に懸けた全生涯。

◇滄浪閣の時代―伊藤博文没後100年記念展　大磯町郷土資料館編　大磯町郷土資料館　2009.10　40p　30cm　〈会期・会場：平成21年10月24日―12月6日　大磯町郷土資料館　年譜あり〉

◇日本の「総理大臣」がよくわかる本　御厨貴監修，レッカ社編著　PHP研究所（PHP文庫）　2009.6　301p　15cm
①978-4-569-67262-5
＊明治から平成の世まで、激動する時代の先頭に立って日本を導いた歴代総理大臣―。本書は、初代・伊藤博文から92代・麻生太郎まで政治の最高権力者たちの個性あふれる人物像、業績、知られざるエピソードを解説する。「『日本列島改造』を叫んだ戦後政治の一大巨頭：田中角栄」「史上空前の『大連立政権』の盟主となる：細川護熙」など、近・現代史の学び直しにも最適の一冊。

◇人物で読む近代日本外交史―大久保利通から広田弘毅まで　佐道明広，小宮一夫，服部竜二編　吉川弘文館　2009.1　316p　19cm　①978-4-642-07997-6
＊明治維新から昭和戦前期まで、日本外交を担った伊藤博文、陸奥宗光、幣原喜重郎ら十九名の外交官・政治家たち。彼らの個性に光を当て、条約改正、朝鮮問題、協調外交、日中戦争など、近代日本外交の栄光と苦悩を描く。

◇ひょうご幕末維新列伝　一坂太郎著　神戸新聞総合出版センター　2008.7　408p

19cm　①978-4-343-00476-5
＊明治維新―日本中で変革の息吹が芽生え、近代化への情熱が沸き立っていた。兵庫県でも、あらゆる人や組織が動いた。伊藤博文、勝海舟、桂小五郎、大久保利通、坂本竜馬、吉田松陰…激動の時代を歩んだ先人たちの生きざまがここによみがえる。

◇宰相たちのデッサン―幻の伝記で読む日本のリーダー　御厨貴編　ゆまに書房　2007.6　280p　21cm
①978-4-8433-2381-6
＊幻の伝記を読み直すなかから生まれたまったく新しい戦前期の総理大臣評伝集。

◇吉田松陰の予言―なぜ、山口県ばかりから総理大臣が生まれるのか？　浜崎惟，本誌編集部著　Book & Books　2007.5　275p　19cm　①978-4-434-10451-0
＊国家を憂えた激情のカリスマ教育者と、夢をつかんだ8人の総理に学ぶ大出世のヒント。

◇世界に誇れる日本人　渡部昇一著　PHP研究所　（PHP文庫）　2007.1　237p　15cm　〈『理想的日本人』改題書〉
①978-4-569-66754-6
＊日本を代表する日本人はズバリこの人たちだ！　本書は事の本質を見抜く慧眼の持ち主・渡部昇一が、「これは！」という日本人12人について独創的視点から論評したものである。世界で初めて二つの宗教を融合させた聖徳太子、世界に通じる「勇気」を備えていた徳川家康など、斬新な人物の見方・考え方が読み手を引きずり込んで離さない。日本人に誇りを与える新感覚人物論。

◇実録 首相列伝―国を担った男達の本懐と蹉跌　学研編集部編　学習研究社　（学研M文庫）　2006.9　381p　15cm
①4-05-901189-4
＊明治18年（1885）の内閣制度創設以来、初代伊藤博文から小泉純一郎まで56人の首相が生まれてきた。明治維新期の藩閥政治から大正デモクラシーを経て軍閥政府による大戦突入、敗戦、占領から復興、そして55年体制の崩壊から連立政権の時代へ―。激動と混迷のなか、日本を

伝記ガイダンス 明治を生きた人々　**47**

伊藤博文

I 政治・経済

リードしてきたそれぞれの時代の首相は、いかにして政権を担い、何をなし、何をなしえなかったのか。歴代首相56人の人物像と業績で読む日本近現代史。

◇ニッポン偉人奇行録 前坂俊之著 ぶんか社 （ぶんか社文庫） 2006.6 255p 15cm ①4-8211-5054-9
＊人間にはいろいろなタイプがあり、人はワンフレーズでさまざまなレッテルを貼りがちだ。天才、巨人、超人、秀才、賢人、名人…。枚挙に暇はないがしょせん大半の人間は「沈香も焚かず、屁もひらず」。つまり平凡な人である。そんな我々は奇人、奇行をする人にどこか魅力を感じがちなところがあるようだ。本書は明治、大正、昭和の日本をつくった偉人たちを36名取り上げ、その栄光たる業績のウラに隠された奇行を白日のもとにさらす、抱腹絶倒の人物記。

◇大江戸曲者列伝―幕末の巻 野口武彦著 新潮社 （新潮新書） 2006.2 220,9P 18cm ①4-10-610156-4
＊ペリーに抱きついたマジメ学者、アメリカ女性にもてた少年通訳、先祖の悪名が気になる大名、殺しを愛した勤王家、机上作戦では必勝の指揮官、銃弾に散った旗本、クリカラモンモンの歩兵差図役…など三十八人。歴史変動は万人が避けられぬ巨大災害だ。切羽詰まった現場のナリフリ構わぬ姿にこそ人の器が出る。いかに土壇場を切り抜けたか、あるいは切り抜け損なったか。目が離せない幕末ドタバタ人物誌。

◇明治の教訓 日本の気骨―明治維新人物学 渡部昇一，岡崎久彦著 致知出版社 （CHICHI SELECT） 2005.8 216p 18cm 〈『国のつくり方』改題書〉 ①4-88474-721-6

◇歴代総理大臣伝記叢書 第1巻 伊藤博文 御厨貴監修 ゆまに書房 2005.7 510,2,9p 22cm 〈複製 肖像あり 折り込1枚〉 ①4-8433-1779-9

◇明治維新三大政治家―大久保・岩倉・伊藤論 改版 池辺三山著，滝田樗陰編 中央公論新社 （中公文庫） 2005.4 275p 16cm ①4-12-204509-6

◇お札になった偉人 童門冬二著 池田書店 2005.2 191p 21cm ①4-262-14507-7
＊その人がお札の肖像に選ばれた時の政治・社会状況がどんなものであったか。お札になった人がどんな事をしたのか（事績）。そしてその人がお札になった時の政治・社会状況と、お札になった人の事績等を結びつけて、その人物がなぜお札になったかの推測を行う。

◇日本宰相列伝 上 三好徹著 学陽書房 （人物文庫） 2005.1 487p 15cm ①4-313-75193-9
＊草莽の志士の中でとびぬけた幸運をつかんだ伊藤博文。薩摩派のボスのように見えながら孤立していた黒田清隆。佐賀出身の大隈重信が "葉隠れ精神" 嫌いだった理由。藩閥政治退治を志した "平民宰相" 原敬の意外な経歴。首相より蔵相として活躍した高橋は清の波乱万丈の人生…。明治・大正の宰相を通して、近代日本を検証する意欲作。

◇NHKにんげん日本史 伊藤博文―明治の国づくりをリードして 酒寄雅志監修，小西聖一著 理論社 2004.12 113p 25×19cm ①4-652-01477-5

◇伊藤博文と韓国併合 海野福寿著 青木書店 2004.6 244,12p 20cm 〈文献あり 年表あり〉 ①4-250-20414-6

◇伊藤博文暗殺事件―闇に葬られた真犯人 大野芳著 新潮社 2003.8 414p 20cm 〈文献あり〉 ①4-10-390405-4
＊明治42年10月、枢密院議長・伊藤博文がハルビンで暗殺された。狙撃犯は安重根―韓国で今でも最も尊敬される歴史上の人物である。だが、"真犯人" は別に存在し、しかも政府はその情報を黙殺していた。背後には、韓国併合に絡む日清韓露の複雑極まる外交戦略があった…。新資料を基に、当時の極東情勢を浮き彫りにする衝撃のノンフィクション。秘匿された日韓外交史の全貌を暴く。

◇「原典」秘書類纂―伊藤博文文書 宮内庁書陵部所蔵 第17巻 日清事件 1 伊藤博文原編，伊藤博文文書研究会編 檜山幸夫編 北泉社 2003.5 458p 22cm 〈肖像あり〉 ①4-89483-016-7

Ⅰ　政治・経済　　　　　　　　　　　　　　　　　　　　　　　　　　　伊藤博文

◇伊藤博文と朝鮮　高大勝著　社会評論社
　2001.10　205p　20cm　〈文献あり〉
　①4-7845-0554-7
　＊ワールドカップ日韓共催を前に、教科
　　書問題などで揺れる日韓関係。その始
　　点に位置する日本の代表的政治家・伊
　　藤博文。幕末の志士・有能な官僚・初
　　代総理大臣・韓国統監・安重根による暗
　　殺に至る生涯を活写し、一コリアンの
　　目からその功罪を問う。

◇暗殺・伊藤博文　上垣外憲一著　筑摩書
　房　（ちくま新書）　2000.10　234p
　18cm　〈文献あり〉　①4-480-05868-0
　＊1909年10月26日伊藤博文はハルビン駅
　　頭で、韓国の独立運動家安重根の銃弾
　　に倒れる。だが、もし安重根以外にも
　　暗殺実行犯がいたとすると、それは誰
　　だったのか。また伊藤はなぜ暗殺され
　　なければならなかったのか。日露戦後
　　の複雑怪奇な国際関係を背景に浮かび
　　上がる伊藤暗殺計画。国際通と自他と
　　もに認めた知謀伊藤博文の眼に映った
　　明治国家日本と韓国のゆくえは？　日韓
　　併合前夜の近代史の謎に迫る。

◇史伝伊藤博文　上　三好徹著　徳間書店
　（徳間文庫）　2000.9　654p　16cm
　①4-19-891378-1
　＊草莽の志士として幕末の動乱期を駆け
　　抜け、維新後は、岩倉使節団に随行。征
　　韓論争の帰結を左右するほどの重要な
　　役割を担い、日本の近代国家としての
　　礎を築くことになった巨魁、伊藤博文。
　　その全生涯を、本人の手記、書簡はもと
　　より、現存する資料や文書を駆使して
　　余すところなく描いた。日本の近代黎
　　明期の政治過程を浮き彫りにする、圧
　　巻の歴史大作！　その維新動乱期から、
　　日清戦争前夜までを収録。

◇史伝伊藤博文　下　三好徹著　徳間書店
　（徳間文庫）　2000.9　651p　16cm
　①4-19-891379-X
　＊明治維新は近代日本における最大の政
　　治的変革だった。幕藩体制という政治
　　のシステムを根本的に変えただけでは
　　なく、日本や日本人をも変えた。最初
　　の十年間の主役は、いわゆる維新の三
　　傑だが、彼らの死後、伊藤は明治の終わ

りかけるころまで一貫して主役であり、
同時代の政治家の中でもっとも影響力
の強かった人物である。初代宰相の全
生涯を描く第一級史伝。日清戦争から
暗殺までを収録。

◇政治史　3　伊藤隆，滝沢誠監修，楢崎観
　一著　ぺりかん社　（明治人による近代朝
　鮮論影印叢書）　1997.10　465p　21cm
　①4-8315-0821-7

◇伊藤公実録　中原邦平著　マツノ書店
　1997.9　670,4p　図版18枚　22cm　〈啓文
　社明治43年刊の複製　肖像あり　限定版　外
　箱入〉

◇孝子伊藤公　末松謙澄著　マツノ書店
　1997.9　510,2，11p　22cm　〈博文館明
　治44年刊の複製　肖像あり　折り込1枚　限定
　版　外箱入　索引あり〉

◇俊輔—若き日の伊藤博文　大和町観光協
　会　1997.9　23p　21cm

◇安重根と伊藤博文　中野泰雄著　恒文社
　1996.10　221p　20cm　①4-7704-0895-1
　＊1909（明治42）年10月下旬、視察のため
　　ハルビン頭に下り立った前韓国統監伊
　　藤博文は、韓国の一市民が放った数発
　　の銃弾を受けて倒れた。伊藤を倒さね
　　ばならなかった安重根は法廷に立つこ
　　とになった。安の裁判から次第に明ら
　　かにされていく事実を、大日本帝国は
　　必死に隠蔽しようとする。東洋の平和
　　はアジア各国の自主独立以外にないと
　　する安の思想は、大日本帝国の主義主
　　張と根本から相入れないものだった。
　　当時の裁判記録を検証しながら、安と
　　伊藤の生い立ちからの人間像を克明に
　　浮き上がらせていく。

◇(小説)伊藤博文—幕末青春児　上　童門
　冬二著　学陽書房　（人物文庫）　1996.5
　369p　15cm　〈『幕末青春児』(1985年刊)
　の改題〉　①4-313-75009-6
　＊一人の男を大きく変身させていったもの
　　はいったいなんだったのか。貧農の子
　　として生まれながら、高杉晋作、桂小五
　　郎、吉田松陰らとの出会いによって運命
　　を切り開き、激動の波に乗って一歩前を
　　歩きつづけた伊藤博文の若き日の心情
　　と行動のすべてを描き切った大河小説。

伝記ガイダンス　明治を生きた人々　　**49**

◇(小説)伊藤博文—幕末青春児　下　童門冬二著　学陽書房　（人物文庫）　1996.5　395p　15cm　〈『幕末青春児』（1985年刊）の改題〉　①4-313-75010-X
＊出会いが人間をつくる。農民から藩士へ、来原良蔵から吉田松陰へ、一介の暗殺者からエゲレス渡航へ、乱に生きた男・高杉晋作から治世の男・桂小五郎へ、そして女から女へ、奔馬のごとく生きた伊藤博文と井上聞多、坂本龍馬ら幕末の青春群像を描いた傑作小説。

◇旋風時代—大隈重信と伊藤博文　南条範夫著　講談社　1995.9　248p　19cm　①4-06-207818-X
＊草創期の明治政府にあって、その豪放大胆な性格を縦横に駆使し、次々に新政策を実現させていった大隈重信と元勲たち。

◇伊藤博文はなぜ殺されたか—暗殺者・安重根から日本へ　鹿嶋海馬著　三一書房（三一新書）　1995.6　218p　18cm　〈参考書：p217〜218〉　①4-380-95015-8
＊歴史に残る暗殺事件。犯人は、凶悪犯かそれとも英雄なのか。戦後50年の今、改めて問いかける。

◇(史伝)伊藤博文　上　三好徹著　徳間書店　1995.5　477p　20cm　①4-19-860290-5
＊近代日本の礎を築いた巨魁その全生涯を詳細に描く決定版大作。

◇(史伝)伊藤博文　下　三好徹著　徳間書店　1995.5　462p　20cm　①4-19-860291-3
＊初代宰相の全貌を膨大な資料を駆使して、余すところなく描く第一級史伝。

◇豊田穣文学・戦記全集　第14巻　豊田穣著　光人社　1993.5　670p　21cm　①4-7698-0524-1
＊維新の志を抱き、日本に春の嵐の如く開明の息吹きをもたらし、幕末、明治を駆けぬけた長州の駿馬一。栄誉栄達の鑑として謳われる政治家伊藤の真実の足跡を辿る長篇人物伝。

◇伊藤博文と安重根　佐木隆三著　文芸春秋　1992.11　252p　19cm　①4-16-313630-4
＊初代韓国統監・公爵伊藤博文は、明治

42年満州ハルビンで暗殺された。狙撃者は韓国独立運動家安重根。暗殺事件に至る2人の運命的な出合いを描く出色の長篇小説。

◇初代総理 伊藤博文　上　豊田穣著　講談社　（講談社文庫）　1992.5　527p　15cm　①4-06-185151-9
＊松下村塾出身で高杉晋作らと尊王攘夷運動にはげんだ若者は、その後英国に留学、世界の近代化を体で感じる。明治11年、先輩大久保利通の死後、内務卿を継ぎ明治政府の中枢に入ったこの伊藤博文は、やがて内閣制度を創り、初代総理となった。日本近代化を精力的に計った政治家の波乱に富む一生。

◇初代総理 伊藤博文　下　豊田穣著　講談社　（講談社文庫）　1992.5　487p　15cm　①4-06-185152-7
＊帝国憲法制定、議会の設置、そして政党結成への運動。近代国家流の政党政治を理想として伊藤博文は旺盛に行動した。その間に日清戦争や台湾・朝鮮への干渉が生じ、ここでも彼は表に立つ。それが結局彼の悲劇的最期を招く要因ともなった。日本の政治家の原型というべき伊藤博文を精密に描く評伝。

◇幸運な志士—若き日の元勲たち　三好徹著　徳間書店　1992.4　283p　19cm　①4-19-124847-2
＊幕末動乱のなか、苛烈な運命を共に生きた先駆者たち。黎明期の覇者の友情、苦悩そして離反の劇的な青春群像を描く。

◇近代日本の自伝　佐伯彰一著　中央公論社　（中公文庫）　1990.9　358p　15cm　①4-12-201740-8
＊伊藤博文・尾崎三良・前島密・片山潜…。みずから記した数々の「私語り」のうちに、西欧に直面した近代日本人の自我意識がおのずと浮かび上がる。文学の魅力ある一ジャンルとして自伝の醍醐味を存分に味わいつつみちびかれる、画期的日本人論。

◇英雄色を好む—小説伊藤博文　南條範夫著　文芸春秋　（文春文庫）　1990.5　522p　15cm　①4-16-728211-9
＊「伊藤、少し慎んではどうか」と明治天

Ⅰ　政治・経済　　　　　　　　　　　　　　　　　　　　　　　　　　　　　伊藤博文

皇にたしなめられたほど伊藤博文の好色は有名だった。戸田伯爵夫人、下田歌子をはじめ、浮名を流した女性は数知れない。吉田松陰、桂小五郎、高杉晋作、井上馨、山県狂介ら長州の生んだ維新群像の中で、ひときわ異彩を放つ若き日の博文（俊輔）を鮮やかに描く長篇。

◇近代日本の政治家　岡義武著　岩波書店（同時代ライブラリー）　1990.3　318p　16cm　Ⓘ4-00-260015-7
＊伊藤博文、大隈重信、原敬、西園寺公望、犬養毅―わが国近代史上に重要な役割を担った5人の政治家たちの性格に焦点を置きつつ、それぞれの生涯に当面した政治状況における行動、役割、運命を跡づけた本書は、政治におけるリーダーシップの研究の草分けとなり、日本の政治の本質を考えるための必読の名著である。

◇一歩先を読む生きかた　堺屋太一ほか著　三笠書房（知的生きかた文庫）　1987.9　244p　15cm　Ⓘ4-8379-0195-6
＊周到さなくして"先見性"はありえない。先見性豊かな10人の生きざまをさぐる。

◇初代総理 伊藤博文　上　豊田穣著　講談社　1987.1　372p　19cm　Ⓘ4-06-203081-0
＊幕末、明治という激動の時代を精力的に生き抜き、ハルピン駅頭で悲劇の最期を遂げた初代総理・伊藤博文。その波乱の生涯を描く書下ろし長編人物評伝1700枚！

◇初代総理 伊藤博文　下　豊田穣著　講談社　1987.1　351p　19cm　Ⓘ4-06-203082-9
＊帝国憲法を創始し、議会を作り、政党政治を目指した初代総理・伊藤博文。その生涯を通して、現代における政治家の条件に迫る書下ろし長編人物評伝1700枚！

◇夏の巻 衆生病む　竹中労著　潮出版社（聞書 庶民烈伝）　1986.5　287p　19cm　Ⓘ4-267-01088-9
＊明治の終焉を告げる大逆事件は「冬の時代」の到来を意味した。不惑の年齢を迎えた牧口常三郎はこの"転向の季節"

に教育者として再出発を期していた。

◇日本宰相列伝　1　伊藤博文　中村菊男著　時事通信社　1985.10　214p　19cm　〈監修：細川隆元 三代宰相列伝（昭和33年刊）の改題新装版 伊藤博文の肖像あり　参考文献・略年譜：p206～214〉　Ⓘ4-7887-8551-X

◇青春児―小説伊藤博文　上巻　童門冬二著　学陽書房　1985.3　279p　20cm　Ⓘ4-313-85036-8

◇青春児―小説伊藤博文　下巻　童門冬二著　学陽書房　1985.3　297p　20cm　Ⓘ4-313-85037-6

◇明治・大正の宰相　第1巻　伊藤博文と維新の元勲たち　戸川猪佐武著　講談社　1983.7　326p　20cm　〈伊藤博文の肖像あり　年表：p308～318〉　Ⓘ4-06-180691-2

◇伊藤博文秘録 続　平塚篤編　原書房（明治百年史叢書）　1982.2　254,9p　22cm　〈監修：伊藤博邦 復刻版解題：吉村道男 春秋社昭和4年刊の複製 伊藤博文の肖像あり〉　Ⓘ4-562-01208-X

◇伊藤博文秘録　平塚篤編　原書房（明治百年史叢書）　1982.1　442,82p　22cm　〈監修：伊藤博邦 春秋社昭和4年刊の複製 伊藤博文の肖像あり〉　Ⓘ4-562-01207-2

◇伊藤博文関係文書　9　伊藤博文関係文書研究会編　塙書房　1981.2　286p　22cm

◇伊藤博文関係文書　8　伊藤博文関係文書研究会編　塙書房　1980.2　448p　22cm

◇伊藤博文関係文書　7　伊藤博文関係文書研究会編　塙書房　1979.2　403p　22cm

◇伊藤博文関係文書　6　伊藤博文関係文書研究会編　塙書房　1978.3　488p　22cm

◇伊藤博文関係文書　5　伊藤博文関係文書研究会編　塙書房　1977.3　457p　22cm

◇伊藤博文関係文書　4　伊藤博文関係文書研究会編　塙書房　1976　478p　22cm

◇伊藤博文関係文書　3　伊藤博文関係文書研究会編　塙書房　1975　394p　22cm

◇伊藤博文関係文書　2　伊藤博文関係文書

伝記ガイダンス 明治を生きた人々　　51

研究会編　塙書房　1974　498p　22cm

◇伊藤博文関係文書　1　伊藤博文関係文書
研究会編　塙書房　1973　493p　22cm

◇伊藤博文暗殺記録―その思想と行動　金
正明編　原書房　（明治百年史叢書）
1972　371p　図　肖像　22cm

◇明治立憲政と伊藤博文　ジョージ・アキタ
著，荒井孝太郎，坂野潤治訳　東京大学出
版会　1971　352,8p　22cm　〈付：文献〉

◇伊藤博文伝　上　春畝公追頌会編　原書房
（明治百年史叢書）　1970　1030p　図版
22cm　〈春畝公追頌会昭和18年刊の複製〉

◇伊藤博文伝　中　春畝公追頌会編　原書
房　（明治百年史叢書）　1970　1059p
22cm　〈春畝公追頌会昭和18年刊の複製〉

◇伊藤博文伝　下　春畝公追頌会編　原書
房　（明治百年史叢書）　1970　1015,17,
7p　図版　22cm　〈春畝公追頌会昭和15年
刊の複製〉

◇伊藤博文　明治官僚の肖像　渡部英三郎著
筑摩書房　（グリーンベルト・シリーズ）
1966　236p　18cm

◇近代日本の政治指導　藩閥支配の変容―
伊藤博文の場合　安井達弥著　東大出版
会　1965

◇権力の思想　伊藤博文　松沢弘陽著　筑
摩書房　1965

◇続　人物再発見　読売新聞社編　人物往来
社　1965　237p　19cm

◇20世紀を動かした人々　第10　近代日本
の政治家　遠山茂樹編　講談社　1964
395p　図版　19cm

◇外国人の見た日本　3　伊藤博文と日英同盟
A・ステッド著，網淵謙錠訳　筑摩書房
1961

◇日本人物史大系　第5巻　近代　第1　小西
四郎編　朝倉書店　1960　340p　22cm

◇日本人物史大系　第6巻　近代　第2　大久
保利謙編　朝倉書店　1960　388p　22cm

◇父逝いて五十年―伊藤博文小伝記　伊藤
真一著　伊藤博文追頌会　1959.10　28p
21cm　〈伊藤博文の肖像あり〉

◇伊藤博文　中村菊男著　時事通信社　（三
代宰相列伝）　1958　214p　図版　18cm

◇伊藤公と私　岩田宙造著　防長倶楽部
1956

◇日本歴史講座6　近代篇　伊藤博文　上杉
重二郎著　河出書房　1954

◇近代政治家評伝　阿部真之助著　文芸春
秋新社　1953　353p　19cm

◇世界偉人伝　第5巻　坪内逍遙　世界偉人
伝刊行会編　柳田泉　池田書店　1952
19cm

◇明治の政治家たち―原敬につらなる人々
上，下巻　服部之総著　岩波書店　（岩波
新書）　1950-54　2冊　18cm

◇東西百傑伝　第5巻　坪内逍遙〔ほか〕
柳田泉　池田書店　1950　19cm

▌伊東 巳代治　いとう・みよじ

1857〜1934　政治家，官僚。伯爵。明治
憲法草案の起草に従事、伊藤博文の懐刀
として活動。

◇「日本叩き」を封殺せよ―情報官僚・伊東
巳代治のメディア戦略 Miyoji Ito 1857-
1934　原田武夫著　講談社　2006.10
271p　20cm　①4-06-213349-0
＊日本にも、こんな豪腕官僚がいた！　ロ
イター通信社に機密費を渡し、外国メ
ディアを思うがままに操縦する―稀代
の英語使いにして情報・宣伝の達人。
外交の裏面に生きた男の秘史。

◇伊東巳代治日記・記録―未刊翠雨荘日記
憲政史編纂会旧蔵　第1巻　伊東巳代治
著，広瀬順晧監修・編集　ゆまに書房
（近代未刊史料叢書）　1999.7　615p
22cm　〈複製〉　①4-89714-752-2

◇伊東巳代治日記・記録―未刊翠雨荘日記
憲政史編纂会旧蔵　第2巻　伊東巳代治
著，広瀬順晧監修・編集　ゆまに書房
（近代未刊史料叢書）　1999.7　557p
22cm　〈複製〉　①4-89714-753-0

◇伊東巳代治日記・記録―未刊翠雨荘日記
憲政史編纂会旧蔵　第3巻　伊東巳代治
著，広瀬順晧監修・編集　ゆまに書房
（近代未刊史料叢書）　1999.7　313p

I 政治・経済

22cm 〈複製〉 ①4-89714-754-9

◇伊東巳代治日記・記録─未刊翠雨荘日記 憲政史編纂会旧蔵 第4巻 伊東巳代治 著，広瀬順晧監修・編集 ゆまに書房 （近代未刊史料叢書） 1999.7 537p 22cm 〈複製〉 ①4-89714-755-7

◇伊東巳代治日記・記録─未刊翠雨荘日記 憲政史編纂会旧蔵 第5巻 伊東巳代治 著，広瀬順晧監修・編集 ゆまに書房 （近代未刊史料叢書） 1999.7 253p 22cm 〈複製〉 ①4-89714-756-5

◇伊東巳代治日記・記録─未刊翠雨荘日記 憲政史編纂会旧蔵 第6巻 伊東巳代治 著，広瀬順晧監修・編集 ゆまに書房 （近代未刊史料叢書） 1999.7 409p 22cm 〈複製〉 ①4-89714-757-3

◇伊東巳代治日記・記録─未刊翠雨荘日記 憲政史編纂会旧蔵 第7巻 伊東巳代治 著，広瀬順晧監修・編集 ゆまに書房 （近代未刊史料叢書） 1999.7 437,7p 22cm 〈複製〉 ①4-89714-758-1

◇翠雨荘日記 臨時外交調査委員会会議筆記 等 小林竜夫編 原書房 （明治百年史叢 書） 1966 932p 図版 22cm

伊藤 祐徳 いとう・ゆうとく
1826～1906 出水郡出水郷の郷士。西南 戦争では薩摩軍として従軍するが、官軍 に投降した。

◇NHK 歴史への招待 第26巻 日本放送協 会編 日本放送出版協会 （新コンパク ト・シリーズ） 1989.12 234p 18cm ①4-14-018068-4
 ＊南国の大藩といわれる薩摩藩。明治維 新で中心的な役割を担い、西郷隆盛、大 久保利通ら数多くの人材を輩出してい る。幕末から明治にかけての激動の時 代とともに生きた藩でもある。薩摩藩 が生んだ巨星西郷をめぐる事件と、薩 摩藩の知られざる歴史を再考してみる。

稲垣 示 いながき・しめす
1849～1902 政治家。衆議院議員。越中 民権運動の中心人物で、国会開設運動を 組織。大阪事件に参画し下獄。

〔記念施設〕銅像（富山県高岡市、高岡市公 園）

◇稲垣示翁─自由民権運動に生涯をかけた 郷土の先賢 後世に語り継ぐ 富山県射水 市棚田自治会稲垣示翁没一一〇年記念事 業実行委員会編 棚田自治会 2013.3 67p 30cm

◇稲垣虎岳先生を追慕して 射水郡先覚顕 彰の会編 射水郡先覚顕彰の会 1953

稲垣 平衛 いながき・ひょうえ
1846～1906 耐火煉瓦製造業者。

◇稲垣平衛翁 谷川要史著 汎岡山社 1962

稲畑 勝太郎 いなはた・かつたろう
1862～1949 実業家。貴族院議員，大阪 商工会議所会頭。黒染、海老茶染、カーキ 染など染色技術を導入し、都繻子など実 用化。

◇パリの日本人 鹿島茂著 新潮社 （新潮 選書） 2009.10 286p 19cm ①978-4-10-603650-7
 ＊明治の元勲・西園寺公望、江戸最後の粋 人・成島柳北、平民宰相・原敬、誤解さ れた画商・林忠正、宮様総理・東久邇宮 稔彦、京都出身の実業家・稲畑勝太郎、 山の手作家・獅子文六、妖婦・宮田（中 平・武林）文子…。パリが最も輝いてい た時代、訪れた日本人はなにを求め、ど んな交流をしていたのか。幕末以降の 留学生がフランスから「持ち帰ったも の」を探る。

◇近代日本とトルコ世界 池井優，坂本勉 編 勁草書房 1999.2 267p 21cm ①4-326-20040-5
 ＊新しい国際的秩序の形成にむけてゆれ 動くトルコ世界。─19世紀末から1930 年代のユーラシア規模での日本との関 係を探り、流動する情勢を読む。

◇リヨンで見た虹─映画をひっさげてきた男 稲畑勝太郎・評伝 岡田清治著 日刊工業 新聞社 （B&Tブックス） 1997.5 266p 20cm 〈参考文献：p245～250 稲畑勝太 郎年表：p254～266〉 ①4-526-04025-8

伝記ガイダンス 明治を生きた人々 **53**

＊映画はいかにして日本へ渡来したか？
仏リヨンと日本を結ぶ知られざる産業
史の一コマ。明治の産業人・稲畑勝太
郎の夢と野望の生涯。

┃ 犬養 毅　いぬかい・つよし
1855〜1932　政治家。内閣総理大臣。護
憲運動、普選運動を推進、立憲政友会総裁
となり組閣。五・一五事件で暗殺。漢詩
を好み、著書に「木堂先生韻語」がある。
〔記念施設〕犬養木堂記念館（岡山県岡山市
北区）

◇普通選挙をめざして—犬養毅・尾崎行雄—
特別展　衆議院憲政記念館編　衆議院憲
政記念館　2016.11　79p　21cm　〈会期：
平成28年11月9日—12月2日　年表あり〉

◇たのしく読める日本のすごい歴史人物伝
伊藤純郎監修　高橋書店　2016.4　221p
21cm　〈文献あり〉　①978-4-471-10380-4

◇犬養木堂伝　上　オンデマンド版　鷲尾
義直編　原書房　（明治百年史叢書）
2013.5　872p　21cm
①978-4-562-10103-0

◇犬養木堂伝　中　オンデマンド版　鷲尾
義直編　原書房　（明治百年史叢書）
2013.5　1010p　21cm
①978-4-562-10104-7

◇犬養木堂伝　下　オンデマンド版　鷲尾
義直編　原書房　（明治百年史叢書）
2013.5　944p　21cm
①978-4-562-10105-4

◇福沢諭吉と日本人　佐高信著　角川学芸
出版　（角川文庫）　2012.8　317p　15cm
〈角川グループパブリッシング（発売）
「福沢諭吉伝説」（2008年刊）の改題〉
①978-4-04-400308-1
＊新たな日本を創るため、骨太な民の思想
を貫いた福沢諭吉。熱き心で醒めた理
知を説いた「平熱の思想家」が遺したも
のとは何か。そして悪名高き脱亜論の
真実とは。福沢暗殺を企てた増田宋太
郎、医学者・北里柴三郎、憲政の神様・
犬養毅、急進的思想家・中江兆民、電力
の鬼・松永安左衛門。福沢の薫陶を受
け、近代日本を牽引した傑物たちを検

証。福沢の自主独立の精神を見つめ直
し、混迷の現代を照らす指針を探る。

◇マンガでわかる内閣総理大臣伝—歴代の
宰相から学ぶ真の政治家像　よつや文作,
原田久仁信画　実業之日本社　（じっぴコ
ンパクト新書）　2012.7　309p　18cm
〈『劇画内閣総理大臣伝—日本を動かした
男たち』再編集・改題書〉
①978-4-408-61276-8
＊不況、地震、原発事故…若者は夢を持て
ず、中高年はリストラにおびえる。そ
んな危機的ニッポンを救う真の政治家
像がここにある!?必読！ 日本を動かし
た9人の宰相の人間ドラマ。

◇妻と家族のみが知る宰相—昭和史の大河
を往く　第9集　保阪正康著　毎日新聞社
2010.5　293p　19cm
①978-4-620-31988-9
＊鈴木貫太郎夫人、吉田茂の娘、犬養毅の
孫娘…家族、とくに女性の証言からみ
た知られざる宰相たちの素顔、歴史を
変えた決断の瞬間。

◇犬養毅（つよし）一党派に殉ぜず、国家に
殉ず　小林惟司著　ミネルヴァ書房　（ミ
ネルヴァ日本評伝選）　2009.7　303,5p
20cm　〈文献・年譜・索引あり〉
①978-4-623-05506-7
＊犬養毅（一八五五〜一九三二）政治家。
国会開設以来連続当選一九回、五〇年以
上にわたり国会で活躍し、「憲政の神様」
といわれた犬養毅。首相となり近隣諸
国との友好を図り、軍部の抵抗を排し
て議会制民主主義を死守した政党政治
家。気骨ある明治人の生涯を活写する。

◇宰相たちのデッサン—幻の伝記で読む日
本のリーダー　御厨貴編　ゆまに書房
2007.6　280p　21cm
①978-4-8433-2381-6
＊幻の伝記を読み直すなかから生まれた
まったく新しい戦前期の総理大臣評
伝集。

◇教科書が教えない歴史有名人の晩年と死
新人物往来社編　新人物往来社　2007.2
293p　19cm　①978-4-404-03444-1
＊あの人は、老境をいかに生き、死を迎え
たか？ 江戸・明治・大正・昭和を生き

Ⅰ　政治・経済　　　　　　　　　　　　　　　　　　　　　　　　　　　　　　　犬養毅

た有名人たちの「老い支度」…。

◇岡山人じゃが　3　信念に生きる　岡山ペンクラブ編　吉備人出版　2007.2　216p　19cm　①978-4-86069-157-8
　＊権力の過酷な弾圧に晒され続けた不受布施派信徒たちの今をはじめ、岡山県の商業教育の基礎を築いた3人の先駆者、新聞創成期に活躍した記者、そして犬養毅のアジアの志士たちとの交流を描く。

◇唯今戦争始め候。明治十年のスクープ合戦　黄民基著　洋泉社　（新書y）　2006.9　222p　18cm　①4-86248-068-3
　＊草創期の新聞は御用新聞と民権派新聞に分かれ、激烈な言論戦を戦わせていた。そのさなかに西南戦争が勃発した。新聞はうろたえた。戦争を報道するという意味と方法がつかめなかったからである。読者の声に突き動かされるままに新聞は戦争の波にのみこまれていく。この報道合戦のなかで二人のヒーロー──ひとりは『東京日々』の福地桜痴、もうひとりは『郵便報知』の犬養毅──を生んだ。二人の抜きつ抜かれつの取材合戦を縦軸に、明治新聞人のもう一方の雄・『朝野新聞』の成島柳北の沈潜ぶりを横軸に三つ巴の新聞人の格闘ぶりを描き出す。戦争報道はどうあるべきか？　客観報道とは何か？　権力との緊張関係はどうあるべきか？　そのとき日本の新聞はジャーナリズムに生まれ変わった。

◇死にざまの昭和史　高木規矩郎著　中央公論新社　2006.8　272p　19cm　①4-12-003750-9
　＊人は生き、人は死ぬ。その死にざまにこそ生涯は集約される。偉人の死があり、無名の死があった。自然死、事故死、病死、戦死、自殺、暗殺…、その度ごとに新聞の死亡記事は、ひとりの人間の死を冷徹に伝えてきた。本書は芥川龍之介から昭和天皇まで、昭和の64年間に斃れていった総勢63人にスポットを当て、その死にまつわるエピソードを証言者へのレポートを通して描き出す。

◇歴代総理大臣伝記叢書　第20巻　犬養毅　御厨貴監修　ゆまに書房　2006.6　533p　22cm　〈複製　肖像・年譜あり〉　①4-8433-1798-5

◇三田の政官界人列伝　野村英一著　慶応義塾大学出版会　2006.4　327,18p　19cm　①4-7664-1249-4
　＊慶応義塾創立百五十周年（二〇〇八年）を記念し、福沢をはじめ国を動かした人々を通して、近代の黎明期から昭和の動乱期までをたどり、「抵抗の精神」と「独立自尊の気概」をもった政治家・官僚とはなにかを語る。

◇日本宰相列伝　下　三好徹著　学陽書房　（人物文庫）　2005.1　530p　15cm　①4-313-75194-7
　＊議会の壇上で倒れて、帰らぬ人となった加藤高明。反骨の陸軍軍人から、総理大臣になった田中義一。国民の期待を担って登場した近衛文麿の“運命”とは。「生きて虜囚」となった開戦時の首相・東条英機。敗軍の将となることで日本を救った鈴木貫太郎…。十一人の宰相を通して、激動の昭和史を検証する名作。

◇犬養毅─その魅力と実像　時任英人著　山陽新聞社　2002.5　239p　20cm　①4-88197-702-4
　＊犬養には「影の男」がいた。義理・人情で動いた政治家である。武士に憧れ、武士として死にたかった…没後70年記念出版。なぜ犬養は、あそこまで見事に晩年を過ごせたのか／「憲政の神」と並び称された尾崎行雄との、本当の関係は／多彩な趣味から見える犬養の世界は…気鋭の研究者が、新たな視点から、その素顔に迫る。

◇人間の運命　小島直記著　致知出版社　1999.6　271p　19cm　①4-88474-567-1
　＊人は運命の力の前に何をなしうるか。幸田露伴、高橋是清、安田善次郎…。当代随一の伝記作家が語る、人それぞれの運命との相克。

◇運命の児─日本宰相伝　2　三好徹著　徳間書店　（徳間文庫）　1997.8　334p　15cm　①4-19-890742-0
　＊明治、大正、昭和前期三時代の潮流から逃れられぬ運命を背負った七人の宰相たちがたどった“頂点”までの紆余曲折の道のりを追い、その人間像を余すところなく描き出す。戦乱と動乱の渦中に屹立した彼らの栄光と蹉跌、そして

伝記ガイダンス　明治を生きた人々　　**55**

死と隣り合わせの権勢とは。

◇明治期の犬養毅（つよし）　時任英人著
芙蓉書房出版　1996.8　319p　20cm
①4-8295-0168-5

◇犬養木堂書簡集　鷲尾義直編　岡山県郷
土文化財団　1992.5　602p　22cm　〈人
文閣昭和15年刊の複製　著者の肖像あり〉

◇犬養毅—リベラリズムとナショナリズム
の相剋　時任英人著　論創社　1991.10
270p　19cm
＊立憲政治を高唱し、「憲政の神」とまで
呼ばれた犬養の晩年に訪れた国家主義
への「変節」は何を意味するのか。波瀾
の生涯を生きた信念の人の思想と行動
を分析する。

◇犬養先生のおもいで—上田丹崖、柚木玉邨
画伯などとの交遊　豊田穣著　新風書房
1991.7　82p　19cm　〈発売：新聞印刷出
版事業部〉

◇木堂先生から少年への書簡　国友弘行著,
岡山県郷土文化財団編　岡山県郷土文化
財団　1990.12　148p　21cm　〈犬養毅の
肖像あり〉

◇近代日本の政治家　岡義武著　岩波書店
（同時代ライブラリー）　1990.3　318p
16cm　①4-00-260015-7
＊伊藤博文、大隈重信、原敬、西園寺公
望、犬養毅—わが国近代史上に重要な
役割を担った5人の政治家たちの性格に
焦点を置きつつ、それぞれの生涯に当
面した政治状況における行動、役割、運
命を跡づけた本書は、政治における
リーダーシップの研究の草分けとなり、
日本の政治の本質を考えるための必読
の名著である。

◇福沢山脈　小島直記著　中央公論社　（小
島直記伝記文学全集）　1987.1　577p
19cm　①4-12-402584-X
＊先覚者・福沢諭吉を敬慕し、慶応義塾に
集まった近代日本の俊才英傑たち。そ
の巨大な人間山脈に挑み、一峰一峰の
連なりの機微を活写する長編力作。

◇日本宰相列伝　13　犬養毅　岩淵辰雄著
時事通信社　1986.2　216p　19cm　〈監
修：細川隆元　三代宰相列伝（昭和33年刊）

の改題新装版　犬養毅の肖像あり　略年
譜：p209〜216）　①4-7887-8563-3

◇話せばわかる—犬養毅とその時代　山陽
新聞社編　山陽新聞社出版局
1982.9〜10　2冊　20cm

◇犬養公之碑　岡山県郷土文化財団　1982.4
47p　30cm　〈犬養毅年譜：p43〜44〉

◇悲劇の大政治家犬養木堂と私—平和友好
を政治理念とした真の愛国者人間木堂
上山親一著　犬養木堂会　1982.3　329p
19cm　〈監修：国友弘行　参考文献：
p319〜324　私の履歴：p327〜329〉

◇昭和の宰相　第1巻　犬養毅と青年将校
戸川猪佐武著　講談社　1982.2　342p
20cm　〈犬養毅の肖像あり　年表：p329
〜333〉　①4-06-142771-7

◇木堂遺墨考注　佐藤威夫著　木堂遺墨考
注刊行会　1981.3　271p　22cm　〈犬養
木堂の肖像あり　限定版〉

◇木堂先生写真伝　木堂先生写真伝復刻刊
行会　1975.3　1冊　25×35cm　〈発行
所：交研社　木堂雑誌社出版部昭和7年刊の
複製　付（1枚）：刊行にあたって　箱入
付：略年譜〉

◇犬養毅　平沼赳夫著　山陽図書出版
1975　255p　肖像　22cm　〈犬養毅年譜：
p.247-255〉

◇木堂先生写真伝—復刻版　鷲尾義直著
木堂先生写真伝復刻刊行会,　交研社
1975　1冊　図　25×35cm　〈木堂雑誌社
出版部昭和7年刊の複製　箱入　付4p：木堂
先生写真伝復刻版刊行にあたって〉

◇犬養毅　血の日曜日　吉岡達夫著　人物往
来社　（近代人物叢書）　1968　317p
19cm

◇犬養木堂伝　上巻　木堂先生伝記刊行会
編　原書房　（明治百年史叢書）　1968
872p　図版　22cm

◇明治百年　文化功労者記念講演集　第1輯
福沢諭吉を語る〔ほか〕　高橋誠一郎　尾
崎行雄記念財団　1968　324p　19cm

◇犬養木堂伝　中巻　木堂先生伝記刊行会
編　原書房　（明治百年史叢書）　1968

I 政治・経済　　　　　　　　　　　　　　　　　　　　　　　　　　　　　　　　　　　井上馨

1010p 図版　22cm

◇犬養木堂伝　下巻　木堂先生伝記刊行会
　編　原書房　（明治百年史叢書）　1968
　944p 図版　22cm

◇近代日本の政治指導　政党政治家の思考
　様式―犬養毅の場合　小山博也著　東大
　出版会　1965

◇20世紀を動かした人々　第10　近代日本
　の政治家　遠山茂樹編　講談社　1964
　395p 図版　19cm

◇犬養毅　岩淵辰雄著　時事通信社　（三代
　宰相列伝）　1958　216p 図版　18cm

◇近代政治家評伝　阿部真之助著　文芸春
　秋新社　1953　353p　19cm

◇自由を護った人々　大川三郎著　新文社
　1947　314p　18cm

‖　犬塚 信太郎　いぬづか・のぶたろう
1874〜1919　実業家。満州鉄道理事。立
山水力電気、大湊興業、ジョホール護謨等
各会社の重役として活躍。

◇父と娘の満州―満鉄理事犬塚信太郎の生
　涯　小川薫著，小川忠彦編　新風舎
　2006.9　182p　19cm　①4-289-00295-1
　＊日露戦争が終わった翌年の1906年、南
　　満州鉄道株式会社（通称満鉄）が設立さ
　　れた。32歳の犬塚信太郎は、初代総裁
　　後藤新平に見込まれて満鉄の理事とな
　　り、以後8年間満州の地で活躍する。そ
　　して、太平洋戦争末期の昭和20年の夏、
　　信太郎の娘・薫は、幼子二人を連れて満
　　州にいた。ソ連軍の侵攻に始まる苦難の
　　日々が待ち構えていた。理想と正義に
　　生きた父、激動の満州を生き抜いた娘。

‖　井上 馨　いのうえ・かおる
1835〜1915　志士，政治家。もと長州
（萩）藩士。のち外務卿、外務大臣。
〔記念施設〕国立国会図書館憲政資料室　井
上馨関係文書（東京都千代田区），東京大
学経済学図書館・経済学部資料室　井上馨
関係文書（東京都文京区）

◇井上馨と明治国家建設―「大大蔵省」の成
　立と展開　小幡圭祐著　吉川弘文館

2018.2　320,17p　21cm
①978-4-642-03871-3
　＊明治四年の廃藩置県後、井上馨は財政
　　官庁の大蔵省に地方行政などの民政権
　　を掌握していた民部省を併合。強大か
　　つ広範な権限を持つ「大大蔵省」が誕生
　　し、明治六年の内務省の成立まで、国家
　　建設に多大な役割を果たした。井上の
　　思想や「大大蔵省」の制度・政策の考察
　　を通じて、近代日本の出発点である明
　　治初年の国家建設の苦悩に新たな視座
　　を提起する。

◇幕末ハードボイルド―明治維新を支えた
　志士たちとアウトロー　伊藤春奈著　原
　書房　2016.12　295p　19cm
①978-4-562-05365-0
　＊歴史に描かれなかった幕末・維新の陰
　　の立役者たち。清水次郎長から黒駒勝
　　蔵、会津小鉄、そして浪士組、奇兵隊、
　　新撰組―時代に身を投じ、維新を駆け
　　た男たちの実像とその生き様。

◇井上馨侯爵を顕彰する　堀芳廣執筆・著
　Zizo会　2016.7　138p　30cm　〈没後100
　年記念　表紙のタイトル：井上馨侯を顕
　彰する　「よこすな別邸長者荘から「井上
　馨侯爵を顕彰する」」（2014年刊）の続編
　共同刊行：いほさき街道案内人　発行所：
　郷土の偉人「井上馨侯爵を顕彰する会」
　Brain-Office　年譜あり　年表あり〉

◇明治を作った密航者たち　熊田忠雄著
　祥伝社　（祥伝社新書）　2016.2　275p
　18cm　①978-4-396-11455-8
　＊幕末、厳しい監視の目をかいくぐり、他
　　国へ密航を図る者たちが少なからず存在
　　した。発覚すれば死罪とされる中、外国
　　の進んだ知識や技術に直接触れるには、
　　危険な渡海しか途はなかったのだ。本書
　　では、伊藤博文、井上馨などの長州ファ
　　イブ、五代友厚の薩摩スチューデン
　　ト、同志社設立の新島襄などの、近代日
　　本に功績のある人物をメインに取り上
　　げ、彼らの密航実現までのプロセスをた
　　どり、最大のヤマ場である脱国当日の
　　動きを検証した。国外脱出を企てた者
　　たちの本懐達成に至るまでには、いず
　　れも興味深いドラマが秘められている。

◇NHK歴史秘話ヒストリア―歴史にかくさ

伝記ガイダンス 明治を生きた人々　**57**

れた知られざる物語 第3章 4 幕末・維
新編 NHK「歴史秘話ヒストリア」制作
班編 金の星社 2016.2 39p 30cm
①978-4-323-06824-4

◇吉田松陰と長州五傑 頭山満，伊藤痴遊，
田中光顕著 国書刊行会 2015.7 239p
19cm ①978-4-336-05944-4

◇一に人二に人三に人―近代日本と「後藤新
平山脈」100人 後藤新平研究会編 藤原
書店 2015.7 285p 21cm 〈文献あり
年譜あり 索引あり〉
①978-4-86578-036-9

◇首相になれなかった男たち―井上馨・床
次竹二郎・河野一郎 村瀬信一著 吉川
弘文館 2014.9 394p 20cm 〈文献あ
り〉 ①978-4-642-03836-2

◇世外井上馨―近代数寄者の魁 百回忌記念
出版 鈴木皓詞著 宮帯出版社 (宮帯茶
人ブックレット) 2014.9 199p 19cm
①978-4-8016-0006-5

◇世外井上公伝 第1巻 復刻版 井上馨侯
伝記編纂会編 マツノ書店 2013.7 64,
572p，図版〔23〕枚 22cm 〈年譜あり
原本：内外書籍昭和8年刊〉

◇世外井上公伝 第2巻 復刻 井上馨侯伝
記編纂会編 マツノ書店 2013.7 760p,
図版〔20〕枚 22cm 〈原本：内外書籍
昭和8年刊〉

◇世外井上公伝 第3巻 復刻 井上馨侯伝
記編纂会編 マツノ書店 2013.7 944p,
図版〔22〕枚 22cm 〈原本：内外書籍
昭和9年刊〉

◇世外井上公伝 第4巻 復刻 井上馨侯伝
記編纂会編 マツノ書店 2013.7 796p,
図版〔16〕枚 22cm 〈原本：内外書籍
昭和9年刊〉

◇世外井上公伝 第5巻 復刻 井上馨侯伝
記編纂会編 マツノ書店 2013.7 1冊
22cm 〈附同勝之助君略傳 年譜あり
原本：内外書籍昭和9年刊〉

◇井上馨―開明的ナショナリズム 堀雅昭
著 弦書房 2013.5 310p 21cm 〈年
譜・文献あり〉 ①978-4-86329-088-4
＊傑物か，世外の人か，三井の番頭か。長

州ファイブのリーダー・井上馨（1835 -
1915）が描いた近代化＝欧化政策の本質
はどこにあったのか。膨大な資料と縁
者からの取材をもとに虚像と実像のは
ざまを埋める戦後初の本格評伝。

◇明治裏面史 上巻 伊藤痴遊著 国書刊
行会 2013.4 201p 21cm
①978-4-336-05642-9
＊二十世紀前半に大活躍した風刺家・伊
藤痴遊が，黎明期日本政治の裏側を人
物中心に物語る。大久保利通，伊藤博
文，江藤新平，西郷隆盛，乃木希典等
等。志士たちがまだ歴史上の人物では
なく，記憶に新しかった時代に書かれ
たものならではの迫力が胸を撃つ。

◇人物で読む近代日本外交史―大久保利通
から広田弘毅まで 佐道明広，小宮一夫，
服部竜二編 吉川弘文館 2009.1 316p
19cm ①978-4-642-07997-6
＊明治維新から昭和戦前期まで，日本外
交を担った伊藤博文，陸奥宗光，幣原喜
重郎ら十九名の外交官・政治家たち。
彼らの個性に光を当て，条約改正，朝鮮
問題，協調外交，日中戦争など，近代日
本外交の栄光と苦悩を描く。

◇悪人列伝 近代篇 新装版 海音寺潮五郎
著 文藝春秋 (文春文庫) 2007.2
301p 15cm ①978-4-16-713551-5
＊歴史というものが持っている無限の滋味
を教え，日本歴史の面白さに開眼させ
るという役割を，この史伝は担ってい
る。本巻では，大槻伝蔵，天一坊，田沼
意次，鳥居耀蔵，高橋お伝，井上馨の六
人をとりあげ，あるいは悪人の仮面を
剥ぎ，あるいは悪い人の悪人たるゆえ
んを，精確にしかも暖かく描いている。

◇明治の教訓 日本の気骨―明治維新人物学
渡部昇一，岡崎久彦著 致知出版社
(CHICHI SELECT) 2005.8 216p
18cm 〈『国のつくり方』改題書〉
①4-88474-721-6

◇教科書が教えない歴史有名人の晩年 新
人物往来社編 新人物往来社 2005.5
286p 19cm ①4-404-03250-1
＊あの人は，どのように〔老い〕を迎えた
か？ 意外に知らない日本史有名人の晩

I 政治・経済　　　　　　　　　　　　　　　　　　　　　　　井上源三郎

年と死に方とは…。

◇MONTA 聞多　麻田公輔著　文芸社
2001.9　405p　19cm　①4-8355-2334-2
＊ダイナミックに幕末を駆けぬけた井上
聞多（馨）の青春を圧倒的なリアリズム
で描写。

◇井上伯伝　中原邦平著　マツノ書店
1994.1　3冊　22cm　〈中原邦平明治40年
刊の複製 限定版〉

◇波瀾万丈―井上馨伝　邦光史郎著　大陸
書房　（大陸文庫）　1989.1　301p　16cm
①4-8033-1869-7

◇波瀾万丈―井上馨伝　邦光史郎著　光風
社出版　1984.6　240p　20cm
①4-87519-126-X

◇世外侯事歴維新財政談　沢田章編　原書
房　（明治百年史叢書）　1978.2　468,14p
22cm　〈解題：大久保利謙 大正10年刊の
複製 井上馨の肖像あり　巻末：維新財政
談事歴年表〉

◇世外井上公伝　第1巻　井上馨侯伝記編纂
会編　原書房　（明治百年史叢書）　1968
572p　図版13枚　22cm

◇世外井上公伝　第2-3巻　井上馨侯伝記編
纂会編　原書房　（明治百年史叢書）
1968　2冊　22cm

◇世外井上公伝　第4-5巻　井上馨侯伝記編
纂会編　原書房　（明治百年史叢書）
1968　2冊　22cm

◇井上馨小伝　内田伸著　井上馨公50年祭
実行委員会　1965

◇悪人列伝 4　海音寺潮五郎著　文芸春秋新
社　1962　269p　20cm

◇若き血の肖像 若人のための井上馨抄伝
氏原大作著　実業之日本社　1956　205p
18cm

▌井上 角五郎　いのうえ・かくごろう
1860～1938　政治家，実業家。衆議院議
員，日本製鉄所会長。後藤象二郎系の大
同団結運動に参加，衆議院議員当選14回。

◇まんがでよくわかる日本人の歴史日本人
だけが知らない世界から絶賛される日本

人 献身のこころ・篇　黄文雄原作，大
和正樹，はらだかずや，徳光康之，野澤裕
二，高樹はいど，玉置一平漫画　徳間書店
2017.11　159p　19cm　〈文献あり〉
①978-4-19-864511-3

◇韓国と日本の交流の記憶―日韓の未来を
共に築くために　李修京編著　白帝社
2006.11　187p　26cm　①4-89174-851-6

◇井上角五郎は諭吉の弟子にて候　井上園
子著　文芸社　2005.9　513p　20cm
①4-8355-9333-2
＊蟹甲将軍と呼ばれた男…明治を不器用
に、まっすぐに、生き抜いた井の角の生
涯を孫が辿った…それは父から与えら
れた宿題でもあった。

◇井上角五郎先生伝―伝記・井上角五郎
近藤吉雄編　大空社　（伝記叢書）
1988.6　556,14,5p　22cm　〈井上角五郎
先生伝記編纂会昭和18年刊の複製 井上角
五郎の肖像あり　付：井上角五郎年譜〉

◇室蘭港のパイオニア　〔第3〕　室蘭図書
館　（室蘭港湾資料）　1972　103p　図 肖
像　19cm　〈限定版　室蘭と北炭の人び
と―堀基　高島嘉右衛門　井上角五郎
磯村豊太郎 年表：p.79-100 付：参考文献〉

▌井上 源三郎
いのうえ・げんざぶろう
1829～1868　幕臣。

◇土方歳三と新選組10人の組長　菊地明，
伊東成郎，結喜しはや著　新人物往来社
（新人物文庫）　2012.8　319p　15cm
①978-4-404-04227-9
＊最新研究から明らかになる歳三の生涯
と10人の組長列伝。

◇多摩・新選組紀聞　平野勝著　東京新聞
出版局　2005.2　220p　19cm
①4-8083-0821-5
＊近藤勇、土方歳三、沖田総司の陰に隠
れ、顧みられることの少ない井上源三
郎こそ、新選組を支えた、最強の剣士
だった。多摩の古老たちによって語り
継がれた「新選組伝説」。

伝記ガイダンス 明治を生きた人々　**59**

井上 毅　いのうえ・こわし

1843〜1895　官僚，政治家。子爵，文相。政府の憲法綱領作成、明治憲法の起草に従事など憲法制定に尽力、教育勅語草案を作成。〔記念施設〕國學院大学図書館梧陰文庫（東京都渋谷区）

◇明治国家をつくった人びと　瀧井一博著　講談社　（講談社現代新書）　2013.6　347p　18cm　①978-4-06-288212-5
　＊伊藤博文、山県有朋、井上毅から幕臣知識人まで "この国のかたち" を築いた骨太な指導者たちの思想と行動。

◇井上毅とヘルマン・ロェスラー——近代日本の国家建設への貢献　長井利浩著　文芸社　2012.10　166p　19cm　〈年表あり〉　①978-4-286-12685-2
　＊本書は、明治維新後の新生日本の近代化に立ち向かった日本およびドイツの先人の勇猛果敢なエネルギーを、一会社経営者が解き明かした渾身の希望の書である。明治の官僚、井上毅と外務省の法律顧問、ドイツ人のヘルマン・ロェスラーが「緊密な連携と共同作業」により、近代日本の礎ともいうべき明治憲法並びに教育勅語の起草という一大事業を成し遂げた、その経緯を明らかにする。

◇教育勅語への道——教育の政治史　増補版　森川輝紀著　三元社　2011.7　345p　19cm　①978-4-88303-295-2
　＊教育政策に大きな足跡を残した、田中不二麿、元田永孚、森有礼、井上毅。明治国家形成期、ゆれ動く時代のなかで、近代教育制度の確立に向けて、彼らは、国家と教育の関係をどのようにとらえ、教育に何を求めたのか。そして、なぜ教育勅語へと至ったのか。

◇井上毅伝　史料篇　補遺　第2　国学院大学日本文化研究所編　国学院大学　2008.3　372p　22cm　〈発売：東京大学出版会〉　①978-4-13-097982-5

◇井上毅と福沢諭吉　渡辺俊一著　日本図書センター　（学術叢書）　2004.9　335p　22cm　〈肖像あり〉　①4-8205-8894-X

◇井上毅のドイツ化構想　森川潤著　雄松堂出版　（広島修道大学学術選書）　2003.1　196,20p　22cm　①4-8419-0312-7
　＊本書は、旧幕時代の諸制度を廃棄しながら、新しい制度を構築しようという過渡的な時代に、井上毅が岩倉具視、大久保利通、伊藤博文といった明治新政府首脳の信任をえて自由民権運動や国会期成同盟との対決のなかで、プロイセン欽定憲法の理論にもとづく憲法構想を先鋭化し、明治十四年の政変にむけて直往邁進する過程をあとづけようとするものである。

◇井上毅とその周辺　梧陰文庫研究会編　木鐸社　2000.3　574p　22cm　①4-8332-2292-2

◇古城貞吉稿井上毅先生伝　梧陰文庫研究会編　木鐸社　1996.4　493p　22cm　〈古城貞吉の肖像あり〉　①4-8332-2219-1

◇井上毅研究　木野主計著　続群書類従完成会　（木野主計著作集）　1995.3　500,8p　22cm　〈井上毅の肖像あり　年譜：p445〜496〉　①4-7971-0656-5

◇明治国家形成と井上毅　梧陰文庫研究会編　木鐸社　1992.6　752p　22cm　①4-8332-2168-3

◇怒濤の人—幕末・維新の英傑たち　南条範夫著　PHP研究所　（PHP文庫）　1990.2　269p　15cm　①4-569-56246-9
　＊時代の激動期には、驚くべき異能・異才が輩出する。例えば、明治憲法や新教勅語の草案を作った井上毅。己の天分が理論の構成と官僚的策謀とにあることを熟知していた彼は、天性の政治家伊藤博文を操って、明治国家の骨格を思いのままに作り上げた。一井上をはじめ、幕末から明治にかけて、独特の個性がわが国の政治・文化に大きな影響を与えた6人の男たちを描く、異色の人物評伝。

◇評伝 井上毅　辻義教著　弘生書林　（阪南大学叢書）　1988.3　335,5p　19cm　①4-7952-4732-3

◇井上毅と明治国家　坂井雄吉著　東京大学出版会　1983.9　307p　22cm

◇井上毅伝　史料篇　第6　井上毅伝記編纂委員会編　国学院大学図書館　1977.3　483p　図　22cm

I 政治・経済 井上準之助

◇井上毅伝　史料篇 第5　井上毅伝記編纂
委員会編　国学院大学図書館　1975
765p 図　22cm

◇井上毅伝　史料篇 第4　井上毅伝記編纂
委員会編　国学院大学図書館　1971
709p 図　22cm

◇井上毅伝　史料篇 第3　井上毅伝記編纂
委員会編　国学院大学図書館　1969
735p　22cm

◇井上毅伝 史料篇　第2　井上毅伝記編纂
委員会編　国学院大学図書館　1968
704p 図版　22cm

◇井上毅と近代日本の形成　ヨゼフ・ピタ
ウ著　時事通信社　（時事新書）　1967
112p 図版　18cm

◇井上毅伝 史料篇　第1　井上毅伝記編篇
委員会編　国学院大学図書館　1966
626p 図版　22cm

◇日本の思想家　第1　朝日新聞社朝日
ジャーナル編集部編　朝日新聞社　1962
333p　19cm

◇日本人物史大系　第5巻　近代 第1　小西
四郎編　朝倉書店　1960　340p　22cm

井上 準之助

いのうえ・じゅんのすけ

1869～1932　財政家，政治家。日本銀行
総裁，大蔵大臣。関東大震災後の混乱の
中モラトリアムを断行，震災手形割引損
失補償令施行。

◇歴代日本銀行総裁論―日本金融政策史の
研究　吉野俊彦著，鈴木淑夫補遺　講談
社　（講談社学術文庫）　2014.12　509p
15cm　①978-4-06-292272-2
＊明治十五年（一八八二）、近代的幣制を
確立すべく創設された日本銀行。その
歴史は波瀾に満ちている。昭和の恐慌
と戦争、復興から高度成長、ニクソン・
ショックと石油危機、バブル、平成のデ
フレ…。「通貨価値の安定」のため、歴
代総裁はいかに困難に立ち向かったの
か。三十一代二十九人の栄光と挫折を
通して描く日本経済の鏡像。

◇高橋是清と井上準之助―インフレか、デフ

レか　鈴木隆著　文藝春秋　（文春新書）
2012.3　255p　18cm
①978-4-16-660858-4
＊いまの日本に必要なのは、国債バラマ
キか、それとも財政緊縮か。昭和のは
じめ、同じ問題に直面していた。イン
フレ政策の高橋是清と、デフレ政策の
井上準之助。だが、ともに劇薬の扱い
を誤り、この国を悲劇へと導いた―渾
身の歴史経済ノンフィクション。

◇高橋是清と井上準之助　高橋義夫著　学
陽書房　（人物文庫）　2005.9　347p
15cm　①4-313-75203-X
＊経済危機を救うのは緊縮財政か？ 積極
財政か？ 昭和二年の金融恐慌に際し、
蔵相として卓越した指導力を発揮して、
迅速に危機を収束させた高橋是清。不
況克服のためにリストラを断行した蔵
相・井上準之助。平成不況にも似た経
済危機に、果断に対処した二人の財政
家の信念と決断を練達の直木賞作家が
描く迫真の歴史ドキュメント。

◇凛の人 井上準之助　秋田博著　講談社
1993.5　477p 19cm　①4-06-204132-4
＊命を賭して昭和軍閥に抗した国際派群
像。「外を救い、内を共に救う唯一の
途」を求めて、浜口首相の両輪となった
「幣原外交」と「井上財政」―。昭和動
乱の夜明けを彩った悲劇と栄光がここ
に甦る。

◇いま学ぶべき井上準之助の景況観―第9・
第11代日本銀行総裁 井上準之助の講演記
録より　日本信用調査　1993.5　98p
21cm　①4-930909-27-9

◇井上準之助　5　伝記　井上準之助論叢編
纂会編　青木得三著　原書房　（明治百年
史叢書）　1983.3　904,18p　22cm　〈『井
上準之助伝』(井上準之助論叢編纂会昭和
10年刊）の改題複製 井上準之助の肖像あ
り　井上準之助君年譜：p887～900〉
①4-562-01299-4

◇井上準之助　4　論叢　4　井上準之助論
叢編纂会編　井上準之助著　原書房　（明
治百年史叢書）　1982.12　560p　22cm
〈『井上準之助論叢』(井上準之助論叢編纂
会昭和10年刊）の改題複製〉

伝記ガイダンス 明治を生きた人々　**61**

①4-562-01298-6

◇井上準之助　3　論叢　井上準之助著，井上準之助論叢編纂会編　原書房　（明治百年史叢書）　1982.11　591p　22cm　〈復刻版　原版：1935（昭和10）3.論叢3〉　①4-562-01297-8

◇井上準之助　2　論叢　2　井上準之助著，井上準之助論叢編纂会編　原書房　（明治百年史叢書）　1982.10　591p　22cm　〈復刻版　原版：1935（昭和10）2.論叢2〉　①4-562-01296-X

◇井上準之助　1　論叢　1　井上準之助著，井上準之助論叢編纂会編　原書房　（明治百年史叢書）　1982.9　12,653p　22cm　〈復刻版　原版：1935（昭和10）1.論叢1　肖像：著者　図版（肖像　筆跡）〉　①4-562-01295-1

◇日本財界人物列伝　第1巻　青潮出版株式会社編　青潮出版　1963　1171p　図版　26cm

◇続　財界回顧―故人今人　池田成彬著，柳沢健編　三笠書房　（三笠文庫）　1953　217p　16cm

‖　**井上　省三**　いのうえ・しょうぞう
1845～1886　農商務省官吏，技術者。千住製絨所初代所長。ベルリン留学で兵学から工業へ転向，毛織技術を修得。

◇井上省三と千住製絨所―消失した記念碑および胸像の探索と旧地再建の記録　稿本　小林茂多編　小林茂多　2013.12　290p，図版〔29〕枚　22×30cm　〈年表・文献あり〉

◇文化財復元―井上省三の功績と記念物の探索　小林茂多著　小林茂多　1998.3　209p　19cm

◇井上省三とその妻子―ルードルフ・ケーニッヒの手記から　三木克彦編　三木克彦　1986.6　277p　21cm　〈井上省三の肖像あり　井上省三とその妻子関係略年譜：p273～277〉

‖　**井上　高格**　いのうえ・たかのり
1831～1893　徳島藩士，自由民権家。徳

島市市長，衆議院議員。自助社を起こし板垣退助の立志社と共に民権運動を主導。

◇阿波の歴史地理1　福井好行著　福井好行　1964

‖　**井上　竹次郎**　いのうえ・たけじろう
1849～1909　実業家。株式の投機売買を試み，また歌舞伎座を継承し，劇界に名声を博した。

◇八王子だるまの作者　井上竹次郎伝　本木達也著　鳥影社　2013.10　486p　22cm　①978-4-86265-423-6
＊縁起物・郷土玩具だるまの歴史と人。

‖　**井上　伝蔵**　いのうえ・でんぞう
1854～1918　自由民権運動家。秩父困民党組織の中心人物で武装蜂起に関与、解体後死刑判決をうけ後逃亡生活を送る。

◇野付牛における井上伝蔵―中間報告　田丸誠著　北見市史編さん事務室　2004.5　66p　30cm

◇井上伝蔵とその時代　中嶋幸三著　埼玉新聞社　2004.4　355p　20cm　〈年譜あり〉　①4-87889-254-4

◇井上伝蔵―秩父事件と俳句　中嶋幸三著　邑書林　2000.9　294p　20cm　〈年譜あり　取扱い：地方・小出版流通センター〉　①4-89709-343-0

◇秩父困民軍会計長井上伝蔵　新井佐次郎著　新人物往来社　1981.8　247p　20cm　〈井上伝蔵の肖像あり　井上伝蔵略年譜：p238～244〉

◇伝蔵と森蔵―自由民権とアイヌ連帯の記録　小池喜孝著　現代史出版会　1976　275p　20cm　〈参考文献：p.267-272〉

◇秩父颪―秩父事件と井上伝蔵　小池喜孝著　現代史出版会　1974　295p　20cm　〈参考文献：p.288-293〉

‖　**井上　篤太郎**　いのうえ・とくたろう
1859～1948　実業家，政治家。玉川電気鉄道取締役、王子電気軌道取締役、京王電気軌道社長などを歴任。

◇日本財界人物列伝　第1巻　青潮出版株式

I 政治・経済　　　　　　　　　　　　　　　　　　　　　　　　伊庭貞剛

会社編　青潮出版　1963　1171p　図版
26cm

◇井上篤太郎翁　井上篤太郎翁伝記刊行会
編　井上篤太郎翁伝記刊行会　1953.7
272p　図版21枚　22cm　〈井上篤太郎の肖
像あり　井上篤太郎翁年譜：p257～266〉

‖ 井上 八郎　いのうえ・はちろう
1816～1897　地方功労者。第二十八国立
銀行頭取を務める。

◇概説・武芸者　小佐野淳著　新紀元社
2006.2　282p　21cm　①4-7753-0448-8
＊柳生宗矩、伊東一刀斎、近藤勇など名の
ある剣豪よりも強いとされる男たちがい
た。しかし、その男たちは日の目を見
ずに暮らし、その事績は歴史の狭間に
埋もれてしまった。語られなかった最
強の男たち。その事績を紐解いていく。

‖ 井上 勝　いのうえ・まさる
1843～1910　鉄道創設家。鉄道庁長官，
汽車製造合資社長。工部省で品川・横浜
間の鉄道敷設を指揮。京都・神戸、京都・
大津間を開通させる。

◇井上勝―職掌は唯クロカネの遺作に候
老川慶喜著　ミネルヴァ書房　（ミネル
ヴァ日本評伝選）　2013.10　322,16p
20cm　〈文献・年譜・索引あり〉
①978-4-623-06697-1
＊井上勝（一八四三～一九一〇）明治期の
鉄道専門官僚。幕末の一八六三（文久
三）年、英国ロンドンに密航留学し「採
長補短」の精神で西欧の近代技術を学
び、明治維新直後に帰国、鉄道専門官僚
となって近代日本の鉄道システムをつ
くり上げた井上勝。本書では、その生
涯を鉄道の発展と重ね合わせながら実
証的にたどる。

◇日本の鉄道をつくった人たち　小池滋,
青木栄一, 和久田康雄編　悠書館　2010.6
289p　19cm　①978-4-903487-37-3
＊「日本の鉄道の父」井上勝、「投機界の魔
王」雨宮敬次郎、「地下鉄の父」早川徳
次など12人の巨人たちの生涯を再現し、
彼らがなぜ鉄道に心血を注ぎ、どのよう
な哲学のもとに活動したかを描き出す。

◇東海道線誕生―鉄道の父・井上勝の生涯
中村建治著　イカロス出版　2009.4
255p　20cm　〈文献・年表あり〉
①978-4-86320-175-0
＊全線開通から120年を迎えた東海道線。
建設のリーダーは鉄道の父と敬愛され
た井上勝。彼の生涯と開業に至るまで
のナゾとフシギに満ちたエピソードの
数々…。ニッポンの大動脈完成・開通
までの壮大なドラマがここに繰り広げ
られる。

◇鉄道事始め―井上勝伝　上田広著　井上
勝伝復刻委員会　1993.8　252p　19cm
〈『井上勝伝』（井上勝銅像を再建する会昭
和34年刊）の複製　井上勝の肖像あり　井
上勝年譜：p228～234　上田広年譜：p241
～243〉

◇建設業を興した人びと―いま創業の時代
に学ぶ　菊岡倶也著　彰国社　1993.1
452p　21cm　①4-395-00353-2
＊本書は、創業者とその周辺の人びとを
通じてわが国建設の近代の発展を描
いたものである。

◇井上勝伝　上田広著　井上勝銅像を再建
する会　1959

◇井上勝伝　上田広著　交通日本社　1956
199p　図版　18cm

‖ 伊庭 貞剛　いば・さだたけ
1847～1926　実業家，政治家。衆議院議
員，大阪商業学校校長。住友家の総理事
となり、住友の経営諸制度の整備・近代化
に貢献。

◇財閥を築いた男たち　加来耕三著　ポプ
ラ社　（ポプラ新書）　2015.5　266p
18cm　①978-4-591-14522-7
＊近代を支えてきた資本主義そのものが終
焉を迎えたと言われる現在、どこにビジ
ネスの活路を見出せばいいのか。約150
年前、明治維新という未曾有の危機に直
面しながらも、新しい事業を起こし老
舗を再建し、現代の大企業につながる
「財閥」を築いていった男たちがいた。
彼らの足跡にこそ、成功の鍵がある！

◇CSRの先駆者 伊庭貞剛に学ぶ　末岡照啓

伝記ガイダンス 明治を生きた人々　　63

述，信州大学イノベーション研究・支援センター編　信州大学イノベーション研究・支援センター　（信州ブックレット・シリーズ）　2011.3　43p　21cm　〈会期：平成22年8月25日　共同刊行：信州大学経営大学院〉　①978-4-9905365-2-7

◇幽翁—〈伝記〉伊庭貞剛　西川正治郎編　大空社　（伝記叢書）　2010.11　396,14,6p　22cm　〈文政社昭和8年刊の複製　年譜あり〉　①978-4-283-00828-1

◇名創業者に学ぶ人間学 十大財閥篇　加来耕三著　ポプラ社　2010.9　315p　19cm　①978-4-591-12001-9
　＊岩崎弥太郎、野村徳七、安田善次郎…財閥を築き、世界と戦える大企業の基礎を創り上げた英傑16人の波乱に満ちた生涯を紐解きながら、ビジネスを成功させる法則を探る歴史人間学の決定版。

◇男の晩節　小島英記著　日本経済新聞出版社　（日経ビジネス人文庫）　2009.9　365p　15cm　①978-4-532-19510-6
　＊強く生き、爽やかに去る―明治維新以降の日本で、珠玉の人生を全うした男たち。松永安左エ門、土光敏夫、新渡戸稲造など、エネルギッシュに生き、日本を変えた英傑たちのドラマを凛々しい筆致で描く。

◇日本の経営者　日本経済新聞社編　日本経済新聞出版社　（日経文庫）　2009.8　214p　18cm　①978-4-532-11208-0
　＊明治・大正・昭和の日本を創った経営者14人の行動力、アイデア、経営倫理と成功の秘訣。豊かな発想のもと、新たな事業戦略を練り上げ、ライバルと切磋琢磨してきた彼らの姿から、現代や未来の企業家への示唆、教訓を浮き彫りにした。単なる事業意欲やお金への執着心だけではなく、高い倫理観や公共精神こそ企業家の原動力になっていたことを明らかにしている。

◇本物に学ぶ生き方　小野晋也著　致知出版社　2009.5　270p　19cm　①978-4-88474-850-0
　＊9人の先達が教える人間力養成の道。

◇男の晩節　小島英記著　日本経済新聞社　2006.7　332p　19cm　①4-532-16560-1

　＊潔く会社を離れ、福祉に総てを捧げた「宅急便生みの親」。「葬儀も勲章も要らぬ」と言い遺した「電力の鬼」…。珠玉の人生を全うした、男20人のドラマがここにある。強く生き、爽やかに去る。

◇経営に大義あり―日本を創った企業家たち　日本経済新聞社編　日本経済新聞社　2006.5　247p　19cm　①4-532-35209-6
　＊類い希なる事業力と人間的魅力をもつ「経営の巨人」たちの素顔に、当代きっての作家・歴史家・研究者たちが迫る、こだわりの人物伝。

◇住友の大番頭 伊庭貞剛　渡辺一雄著　広済堂出版　2002.5　263p　19cm　①4-331-05883-2
　＊明治期、二代目総理事に就いて住友の近代化を着実に推し進め、大阪商船、東洋紡の創業、大阪市大の創立に加わった伊庭貞剛。決して「私利」に走らず、「公」のために一身を捧げた傑物の生涯。

◇伊庭貞剛物語―別子銅山中興の祖　木本正次著　愛媛新聞社　（愛媛新聞ブックス）　1999.10　335p　19cm　〈朝日ソノラマ昭和61年刊の再編集〉　①4-900248-67-3

◇新・代表的日本人　佐高信編著　小学館　（小学館文庫）　1999.6　314p　15cm　①4-09-403301-7
　＊世紀の結節点にあって、大揺れの我が日本。リストラは、企業の問題を超えて、すでに家庭・教育・国家のあり様や、日本人の生き方そのものまで問い直す大テーマだ。かつて内村鑑三は『代表的日本人』を英文で著し、日本人が拠って立つ人倫の深みを世界に紹介した。いまふたたび新しい国おこし・人づくりの知恵を先達に学び、自らを鼓舞してみるのもよい。「日本にも人物がいないわけではない。ただ、その人たちにきちっと光が当てられていないだけなのである。私は自信をもってこの十人を推す」（編者・佐高信）。

◇死中に活路を拓く―宏量大気魄の人・「幽翁」伊庭貞剛の雄渾なる生涯　感性文化研究所編　黙出版　（感動四季報）　1998.2　126p　26cm　①4-900682-33-0

◇哲学を始める年齢　小島直記著　実業之

Ⅰ 政治・経済　　　　　　　　　　　　　　　　　　　　　　　　　　伊庭八郎

日本社　1995.12　215p　21cm
①4-408-41086-1
＊自分自身について、自分をとりまく世
界について、深く思いを致すとき、哲学
の世界が開ける。高橋是清、石橋湛山
ら13人の人生の達人たちの「哲学開眼」
を活写した渾身の力作。

◇広瀬宰平・伊庭貞剛を偲びて―我が郷土
出生の大人物　八夫郷土の歴史を考える
会著　八夫郷土の歴史を考える会
1993.1　51p　26cm　〈題箋の書名：八夫
出生の先覚者 広瀬宰平および伊庭貞剛の
肖像あり 限定版〉

◇幽翁　西川正治郎著　図書出版社　（経済
人叢書）　1990.6　277p 19cm
①4-8099-0150-5
＊事業家を超えた事業家ともいうべき、
幽翁・伊庭貞剛の高潔な生涯を忠実に
綴った、幻の名著の復刊。

◇伊庭貞剛（いばていごう）物語―住友近代
化の柱　木本正次著　朝日ソノラマ
1986.5　340p 19cm　①4-257-03212-X
＊住友二代目総理事の伊庭貞剛は、住友
各社の生みの親ともいうべき偉大な人
物だが、その割りには、知られていな
い。それは彼が「足跡を残さないのが
人生最高の生き方」といった人生観を
持ち、実践したからだ。本書はそんな
彼の稀なる記録を掘り起こし、公私両
面を活写したものである。

◇財界人思想全集　第8　財界人の人生観・
成功観　小島直記編・解説　ダイヤモン
ド社　1969　454p　22cm

◇根性の実業家―住友を築いた実力者たち
神山誠著　南北社　1965

◇伊庭貞剛　神山誠著　日月社　1960

❙ 伊庭 八郎　いば・はちろう
1843～1869　幕臣・剣客。彰義隊に参加
の後、五稜郭で戦死。

◇幕末・明治名将言行録　詳注版　近世名
将言行録刊行会編　原書房　2015.3
437p　20cm　〈初版のタイトル等：近世
名将言行録 第1巻(吉川弘文館 昭和9年
刊)〉　①978-4-562-05135-9

◇ある幕臣の戊辰戦争―剣士伊庭八郎の生
涯　中村彰彦著　中央公論新社　（中公新
書）　2014.2　238p　18cm　〈文献あり〉
①978-4-12-102256-1
＊名門・伊庭道場の嫡男に生まれた八郎
は、卓越した剣の腕を買われ、将軍家茂
の親衛隊に加わる。だが戦乱は間近に
迫っていた。八郎は新設された遊撃隊
に属し、鳥羽・伏見の戦いを皮切りに各
地を転戦。東下する新政府軍を迎え
撃った箱根の戦闘では左手首を失う不
運に見舞われる。のち蝦夷地で旧幕府
軍に合流し、死の間際まで抗戦を続け
た。天才剣士を戦いへ駆り立てた思い
とは何だったのか。二十六年の短くも
鮮烈な生涯を描く。

◇幕末剣豪秘伝　津本陽監修　ベストセ
ラーズ　（ワニ文庫）　2008.8　255p
15cm　①978-4-584-39256-0
＊日本中が混乱した動乱の時代、幕末。
ひたすらに剣技を磨き、一刀をもって
時代を変えようとした男たち。江戸の
三大道場とうたわれた玄武館の千葉周
作、練兵館の斎藤弥九郎、士学館の桃井
春蔵をはじめ、剣聖男谷精一郎、無刀流
の山岡鉄舟、兜割りの榊原鍵吉、最後の
剣客伊庭八郎、壬生狼近藤勇、天下の素
浪人坂本竜馬、そして長竹刀の大石進
など…。今なお語り継がれる伝説のサ
ムライたちを一挙に紹介。剣に生きた
人々の様々なエピソードや、剣豪とし
て生き抜く術、諸流派の華麗な技の
数々を豊富なイラストで解説する。

◇箱館戦争銘々伝　下　好川之範, 近江幸
雄編　新人物往来社　2007.8　351p
19cm　①978-4-404-03472-4
＊戊辰戦争を最後まで戦い銃弾に斃れた
戦士たち。土方歳三、三好畔、永井蠖螺
伸斎ほか21人。

◇伊庭八郎―遊撃隊隊長 戊辰戦争に散った
伝説の剣士　野村敏雄著　PHP研究所
（PHP文庫）　2004.6　378p　15cm
①4-569-66206-4
＊下谷御徒町「心形刀流伊庭道場」の養嗣
子・八郎は、「伊庭の小天狗」の異名を
とる白皙長身の天才剣士。その才により
21歳の若さで奥詰衆（将軍の親衛隊）に

伝記ガイダンス 明治を生きた人々　**65**

抜擢される。政情不安のなか、奥詰衆は「幕府遊撃隊」として再編され、八郎は隊を率いて鳥羽伏見に出陣。胸部に被弾するが奇跡的に助かり、箱根の戦いでは左手を失う。だが持ち前の闘志は衰えず最後の砦・箱館に向かうのであった。

◇新人物日本史・光芒の生涯　下　畑山博著　学陽書房　（人物文庫）　1999.10　364p　15cm　①4-313-75091-6
＊織田信長、明智光秀、羽柴秀吉、黒田如水、大谷刑部、真田幸村、徳川家康、安藤昌益、良寛、坂本龍馬、伊庭八郎…、天下統一から関ヶ原、江戸、幕末に至るまで二十四人の知者、覇者、思想家、宗教家、回天の人など、まばゆいばかりに光りを放つその信念の生涯を綴る。

◇日本剣豪列伝　新版　直木三十五著　大東出版社　1999.9　286p　19cm　①4-500-00655-9
＊宮本武蔵、柳生宗矩等、日本剣法の諸豪の名勝負と生涯を物語風に描く。古武道の真の精神をあますところなく語る異色の剣豪列伝。直木賞に名を冠された直木三十五の傑作名著を復刻。

◇伊庭八郎のすべて　新人物往来社編　新人物往来社　1998.6　289p　20cm　〈伊庭八郎年譜・参考文献一覧：p269〜284〉　①4-404-02603-X
＊池波正太郎氏が「眉目秀麗な男」と評した幕末遊撃隊・伊底八郎の劇的な生涯を描く。

◇歴史の影の男たち　池田理代子著　小学館　1996.7　190p　21cm　①4-09-386006-8
＊夢を追い、運命に立ち向かい、時代を生きぬいた24人の愛すべき男たち。24人の人間ドラマ。

◇幕末遊撃隊　伊庭八郎　長谷川つとむ著　新人物往来社　1993.5　267p　19cm　①4-404-02020-1
＊一本の火の箭となって幕末を駆けぬけた伊庭八郎・箱館に死す。片腕の美剣士幕末の青春。

◇日本剣豪列伝　下　伊藤桂一ほか著　旺文社　（旺文社文庫）　1987.6　577p　15cm　〈『日本の剣豪』改題書〉　①4-01-061682-2

＊剣聖とうたわれた男たち、剣鬼と恐れられた男たち―。さまざまなドラマが秘められた剣客の生涯。本巻収録は、柳生連也斎　辻無外　堀部安兵衛　松山主水　平山行蔵　千葉周作　斎藤弥九郎　桃井春蔵　白井亨　男谷精一郎　島田虎之助　山岡鉄舟　榊原鍵吉　伊庭八郎　佐々木唯三郎　大石進　近藤勇の17編。

○特集幕末の剣士―心形刀流・伊庭八郎の転戦　「歴史と人物」　10(9)　1980.9

‖ **伊原木 藻平**　いばらぎ・もへい
1866〜1945　実業家。
◇瀬戸内の経済人―人と企業の歴史に学ぶ24話　赤井克己著　吉備人出版　2007.9　244p　21cm　①978-4-86069-178-3
＊本書は企業とともに歩み、その運命と懸命に格闘した瀬戸内の経済人の歴史であり、物語である。明治の黎明期から平成の現代まで20人余のドラマティックな人生にスポットを当てた。

‖ **今井 伊太郎**　いまい・いたろう
1864〜1941　タマネギ栽培業者。
◇玉葱王―今井伊太郎とその父among平　今井伊太良監修, 畑中加代子著　毎日新聞社大阪本社総合事務局（製作）　2002.3　168p　27cm　〈肖像あり　折り込1枚〉

‖ **今井 信郎**　いまい・のぶお
1841〜1918　武士。
◇実録龍馬討殺―京都見廻組今井信郎士魂録　長谷川創一著　静岡新聞社　（静新新書）　2010.12　302p　18cm　〈文献あり〉　①978-4-7838-0363-8
＊坂本龍馬を斬った京都見廻組今井信郎。末裔の著者が、残された資料から龍馬事件の真相を読み解く。維新後、洗礼、牧之原開墾、榛原郡農会長、初倉村長…と波乱の人生を送った静岡ゆかりの幕臣伝。

◇坂本竜馬を斬った男―幕臣今井信郎の証言　今井幸彦著　新人物往来社　（新人物文庫）　2009.12　303p　15cm　〈昭和58年刊再構成〉　①978-4-404-03780-0

◇箱館戦争銘々伝　上　好川之範，近江幸雄編　新人物往来社　2007.8　328p　19cm　①978-4-404-03471-7
＊戊辰最後の死闘、雪の箱館に散っていった戦士たちの肖像。榎本武揚、甲賀源吾、中島三郎助ほか21人。

◇サムライたちの幕末維新　近江七実著　スキージャーナル　（剣道日本コレクション）　2005.5　207p　19cm　①4-7899-0058-4
＊剣術が隆盛をみた幕末、その剣の技量をもって頭角を現わした男たち。維新をくぐり抜けた後、ある者は生涯を剣人として生き、ある者は剣を封印して国を動かす立場へと身を置く。幕末から維新への激動の時代に彼らは何を考え、どう生きたか。剣の技と精神をどう活かしたのか。そして廃刀令によって剣術が無用のものとなった新しい時代にどう処していったのか。日本の近代の出発点である幕末維新を生きたサムライたちの精神が、さまざまな難しい問題に直面する現代の日本人に、生きるためのヒントを与えてくれる。

◇明治叛臣伝　徳永真一郎著　光文社　（光文社時代小説文庫）　1991.7　452p　15cm　①4-334-71366-1
＊明治維新前後の混乱期。官軍となった薩摩・長州藩士の中には、心騒って汚職や不正を働く輩も。このため、一般民衆の生活はあまり向上せず、かえって負担が重くなり、苦しくなった。新政府の不正を暴き、理想の世を築くために、欲も野心もなく、純粋な情熱を傾けて戦った男たち。反逆者の汚名をうけ、空しく命を失った彼らの波乱に満ちた生涯を描く傑作歴史小説。

◇龍馬暗殺の謎を解く　新人物往来社編　新人物往来社　1991.7　253p　19cm　①4-404-01836-3
＊幕末史、最大の謎。龍馬暗殺の犯人を追いつめる。

◇坂本竜馬を斬った男—幕臣今井信郎の生涯　今井幸彦著　新人物往来社　1983.8　251p　20cm

◇明治叛臣伝　徳永真一郎著　毎日新聞社　1981.1　238p　20cm

◇坂本竜馬を斬った男　今井幸彦著　新人物往来社　1971　251p　図　肖像　20cm

▌今泉　嘉一郎
いまいずみ・かいちろう
1867～1941　鉄鋼技術者，実業家。衆議院議員。八幡製鉄所の建設に従事、日本鋼管の創立に参加するなど、民間鉄鋼業発展に尽力。
◇日本財界人物列伝　第1巻　青潮出版株式会社編　青潮出版　1963　1171p　図版　26cm

▌今村　清之助　いまむら・せいのすけ
1849～1902　鉄道家，株式仲買人。両毛鉄道社長代理。東京株式取引所設立発起人の一人。株式仲買人出身の鉄道家という異色の人物。
◇明治期鉄道史資料　第2集　第6巻　地方鉄道史　鉄道家伝　2　今村清之助君事歴　野田正穂ほか編集　日本経済評論社　1980.12　1冊　27cm　〈明治39年刊の複製　今村清之助の肖像あり〉

▌今村　力三郎
いまむら・りきさぶろう
1866～1954　弁護士。専修大学総長。足尾鉱毒、日比谷騒擾、大逆などの事件で著名、専修大理事を務め、母校の復興に貢献。
◇大逆事件と今村力三郎—訴訟記録・大逆事件ダイジェスト版　専修大学今村法律研究室編　専修大学出版局　2012.3　336p　21cm　①978-4-88125-267-3

◇今村力三郎「法廷五十年」　今村力三郎著，専修大学今村法律研究室編　専修大学出版局　1993.3　391p　21cm　①4-88125-060-4

▌伊牟田　尚平　いむた・しょうへい
1832～1868　尊攘派の志士、薩摩藩士。京都の治安悪化の責任をとり自刃。
◇大江戸曲者列伝—幕末の巻　野口武彦著　新潮社　（新潮新書）　2006.2　220,9P

18cm ①4-10-610156-4

＊ペリーに抱きついたマジメ学者、アメリカ女性にもてた少年通訳、先祖の悪名が気になる大名、殺しを愛した勤王家、机上作戦では必勝の指揮官、銃弾に散った旗本、クリカラモンモンの歩兵差図役…など三十八人。歴史変動は万人が避けられぬ巨大災害だ。切羽詰まった現場のナリフリ構わぬ姿にこそ人の器が出る。いかに土壇場を切り抜けたか、あるいは切り抜け損なったか。目が離せない幕末ドタバタ人物誌。

岩井 勝次郎　いわい・かつじろう

1863〜1935　実業家。直貿易を展開し商社体制を整備し、産業の育成、多角的な事業展開で財閥化を促進。

◇創業者岩井勝次郎　関西ペイント株式会社著　関西ペイント　1995.5　316p　20cm　〈岩井勝次郎の肖像あり〉

◇日本財界人物列伝　第2巻　青潮出版株式会社編　青潮出版　1964　1175p 図版13枚　27cm

岩倉 具視　いわくら・ともみ

1825〜1883　政治家。右大臣。討幕運動の指導者、王政復古を実現。特命全権大使として条約改正交渉と欧米視察。〔記念施設〕国立国会図書館憲政資料室 岩倉具視関係文書（東京都千代田区）、岩倉具視幽棲旧宅 対岳文庫（京都府京都市左京区）

◇明治大帝　飛鳥井雅道著　文藝春秋　（文春学藝ライブラリー　歴史）　2017.12　348p　16cm　〈講談社学術文庫 2002年刊の再刊　年譜あり〉　①978-4-16-813072-4

◇覚えておきたい幕末・維新の100人＋1―勤王から佐幕までの人物伝　本間康司絵と文　清水書院　2017.7　149p　26cm　〈文献あり 索引あり〉　①978-4-389-50054-2

◇明治天皇 その生涯と功績のすべて　小田部雄次監修　宝島社　2017.7　127p　26cm　〈年譜あり〉　①978-4-8002-7311-6

◇明治裏面史　上巻　伊藤痴遊著　国書刊行会　2013.4　201p　21cm

①978-4-336-05642-9

＊二十世紀前半に大活躍した風刺家・伊藤痴遊が、黎明期日本政治の裏側を人物中心に物語る。大久保利通、伊藤博文、江藤新平、西郷隆盛、乃木希典等等。志士たちがまだ歴史上の人物ではなく、記憶に新しかった時代に書かれたものならではの迫力が胸を撃つ。

◇岩倉具視―言葉の皮を剝きながら　永井路子著　文藝春秋　（文春文庫）　2011.2　271p　16cm　〈文献あり〉　①978-4-16-720048-0

＊明治維新の立役者の一人、岩倉具視。下級公家に生まれ、クーデターの画策などで何度も追放されながら、いかに権力の中枢にのし上がったのか。長年構想を温めてきた著者が、卓越した分析力と溢れる好奇心で史料と対峙。「尊王攘夷」「佐幕」といった言葉を剝きながら、新たな岩倉像を立ち上げた永井文学の集大成。第50回毎日芸術賞受賞。

◇司馬遼太郎 歴史のなかの邂逅　6　村田蔵六〜西郷隆盛　司馬遼太郎著　中央公論新社　（中公文庫）　2011.2　255p　15cm　①978-4-12-205438-7

＊日本史上最大のドラマともいうべき明治維新で、「三傑」と称された大久保利通、木戸孝允、西郷隆盛をはじめ、岩倉具視、江藤新平など、立役者となった人々の足跡―。第六巻には、この国の将来像を描くためのヒントがちりばめられた二十一篇を収録。

◇明治維新の再発見　復刊　毛利敏彦著　吉川弘文館　（歴史文化セレクション）　2010.5　233p　19cm　①978-4-642-06362-3

＊いまも多くの人々をひきつける明治維新。ダイナミックな変革の時代を西郷・大久保などの人物伝も織りなし、アジアの視点を踏まえ縦横に論じた「毛利維新学」のエッセンス。明治維新の現代的意義の再発見へ誘う名著。

◇幕末・明治の英傑たち　加来耕三著　土屋書店　2009.12　287p　19cm　①978-4-8069-1114-2

＊坂本竜馬と竜馬を巡る人々。謀略の裏にあった、貴ぶべき先駆者たちの気質。

Ⅰ　政治・経済　　　　　　　　　　　　　　　　　　　　　　　　　岩倉具視

◇幕末維新人物新論—時代をよみとく16の
　まなざし　笹部昌利編　昭和堂　2009.12
　321p　21cm　①978-4-8122-0958-5
　＊想い、考える、竜馬たちの時代。

◇岩倉具視—言葉の皮を剝きながら　永井
　路子著　文藝春秋　2008.3　251p　20cm
　〈文献あり〉　①978-4-16-326530-8
　＊下級公家がいかに権力の中枢にのし上
　　がっていったのか—構想四十余年。歴
　　史の"虚"を剝ぎながら、卓越した分析
　　力と溢れる好奇心で、真摯に史料と対
　　峙し続けた評伝の最高峰。

◇師弟—ここに志あり　童門冬二著　潮出
　版社　2006.6　269p　19cm
　①4-267-01741-7
　＊一期一会の出会い。17組の運命的出会
　　いが歴史を作った。

◇大江戸曲者列伝—幕末の巻　野口武彦著
　新潮社　（新潮新書）　2006.2　220,9P
　18cm　①4-10-610156-4
　＊ペリーに抱きついたマジメ学者、アメ
　　リカ女性にもてた少年通訳、先祖の悪
　　名が気になる大名、殺しを愛した勤王
　　家、机上作戦では必勝の指揮官、銃弾に
　　散った旗本、クリカラモンモンの歩兵
　　差図役…など三十八人。歴史変動は万
　　人が避けられぬ巨大災害だ。切羽詰
　　まった現場のナリフリ構わぬ姿にこそ
　　人の器が出る。いかに土壇場を切り抜
　　けたか、あるいは切り抜け損なったか。
　　目が離せない幕末ドタバタ人物誌。

◇岩倉具視　佐々木克著　吉川弘文館　（幕
　末維新の個性）　2006.2　204p　20cm
　〈文献あり〉　①4-642-06285-8
　＊いまだ「策謀政治家」のイメージが根強
　　い岩倉具視。理想の新国家樹立に奔走
　　したその実像とは？　大久保利通らと王
　　政復古を実現、立憲政体を目指す途上
　　に斃れたその生涯を描く。虚像を覆し、
　　人間岩倉の豊かな個性に迫る。

◇幕末維新人物列伝　奈良本辰也著　たち
　ばな出版　2005.12　293p　19cm
　①4-8133-1909-2
　＊時代が大きく変わろうとするとき、
　　人々の心は、最も昂揚する。三百年余
　　の徳川幕府を覆した幕末維新の志士た

　　ちの荒ぶる魂を活写する。大義に生き
　　る志士たちの情熱と行動。

◇明治維新三大政治家—大久保・岩倉・伊藤
　論　改版　池辺三山著．滝田樗陰編　中
　央公論新社　（中公文庫）　2005.4　275p
　16cm　①4-12-204509-6

◇お札になった偉人　童門冬二著　池田書店
　2005.2　191p　21cm　①4-262-14507-7
　＊その人がお札の肖像に選ばれた時の政
　　治・社会状況がどんなものであったか。
　　お札になった人がどんな事をしたのか
　　（事績）。そしてその人がお札になった
　　時の政治・社会状況と、お札になった人
　　の事績等を結びつけて、その人物がな
　　ぜお札になったかの推測を行う。

◇明治国家と岩倉具視　大塚桂著　信山社
　（SBC学術文庫）　2004.6　254p　22cm
　〈［東京］　信山社販売（発売）〉
　①4-86075-068-3

◇失敗は失敗にして失敗にあらず—近現代史
　の虚と実 歴史の教科書に書かれなかった
　サムライたち　中薗英助著　青春出版社
　1997.8　239p　19cm　①4-413-03078-8
　＊歴史の廻り舞台に陰の主役あり！　国に
　　屈せず義を貫いた杉原千畝、悲運を超
　　え不屈の志で新生の大地を生き抜いた
　　土方歳三、五年の幽閉にも負けず大願
　　を成し得た岩倉具視…光をあてた執念
　　の歴史ノンフィクション。

◇謎の参議暗殺—明治暗殺秘史　三好徹著
　実業之日本社　1996.8　276p　19cm
　①4-408-53289-4
　＊明治草創期に吹き荒れたテロルの嵐‼政
　　府要人たちはなぜ狙われたのか—歴史
　　の裏側をえぐる傑作ロマン。

◇岩倉公実記　多田好問編　書肆沢井
　1995.9　2冊　27cm　〈明治39年刊の複
　製〉

◇「米欧回覧」百二十年の旅—岩倉使節団の
　足跡を追って　米英編　泉三郎著　図書
　出版社　1993.3　317p 19cm
　①4-8099-0175-0
　＊明治4年、岩倉具視を団長に新生日本の
　　リーダーたちは世界一周の旅に出た。
　　著者は今日においてこの旅をたどり直

伝記ガイダンス 明治を生きた人々　**69**

すこととと、久米邦武『欧米回覧実記』の解読とを通じて、新たな国際化の試練に遭遇している日本の運命を考える。

◇アメリカの岩倉使節団　宮永孝著　筑摩書房　（ちくまライブラリー）　1992.3　262p 19cm　①4-480-05170-8
＊近代文明の構築のために明治新政府の権力中枢によって企てられた200余日間の大陸横断旅行。

◇岩倉具視　増補版　大久保利謙著　中央公論社　（中公新書）　1990.8　257p　18cm　①4-12-190335-8
＊明治維新の成就は薩長両藩の力に負うところが大きかったが、朝廷の呼応なくしては実現しなかった。ことに下級公家ながら、混迷の朝廷に異才をもって頭角を現わし、姦物と称され、のちに鉄の意志の人と評価された岩倉具視の存在は絶対不可欠であった。「王政復古」を視座に据え、明治政府樹立後も朝廷の権威確立と維持につとめ、近代日本の方向決定に重大な役割を果たした巨人の行動の軌跡をたどり、その歴史的意義を検証する。

◇怒濤の人―幕末・維新の英傑たち　南条範夫著　PHP研究所　（PHP文庫）　1990.2　269p 15cm　①4-569-56246-9
＊時代の激動期には、驚くべき異能・異才が輩出する。例えば、明治憲法や新教勅語の草案を作った井上毅。己の天分が理論の構成と官僚の策謀とにあることを熟知していた彼は、天性の政治家伊藤博文を操って、明治国家の骨格を思いのままに作り上げた。―井上をはじめ、幕末から明治にかけて、独特の個性がわが国の政治・文化に大きな影響を与えた6人の男たちを描く、異色の人物評伝。

◇岩倉具視　毛利敏彦著　PHP研究所　（歴史人物シリーズ）　1989.12　227p　19cm　①4-569-52657-8
＊失意の中から王政復古を画策、成就させた野望の人生。公家の傍流から頭角を表し、討幕派と〔天皇の権威〕との連結の役割をにない、明治憲法体制の礎石を固めた岩倉―。その政治的野望の人生を、動乱の幕末・維新史とともに描

いた力作評伝！

◇逃げない男たち―志に生きる歴史群像　下林左馬衛，中薗英助，今川徳三，古川薫，杉浦明平，栗原隆一，邦光史郎著　旺文社　1987.3　325p 19cm　①4-01-071283-X
＊これは歴史の足跡をたどる本ではない。逆境の時を生き抜いた男たちの人間性に、一歩、踏み込んだ人物像である。危機管理の時代に贈る一冊。

◇「脱亜」の明治維新―岩倉使節団を追う旅から　田中彰著　日本放送出版協会　（NHKブックス）　1984.3　232p 19cm　〈巻末：岩倉使節団米欧回覧・帰航年表〉　①4-14-001452-0

◇岩倉具視関係文書　8　日本史籍協会編　東京大学出版会　（日本史籍協会叢書）　1983.6　545p 22cm　〈覆刻版 原版：1935（昭和10）付録：岩倉家系図　岩倉公幽居旧蹟図2枚（折込み）解題：森谷秀亮〉

◇岩倉具視関係文書　6　日本史籍協会編　東京大学出版会　（日本史籍協会叢書）　1983.5　30,474p 22cm　〈覆刻版 原版：1931（昭和6）〉

◇岩倉具視関係文書　7　日本史籍協会編　東京大学出版会　（日本史籍協会叢書）　1983.5　12,553p 22cm　〈覆刻版 原版：1934（昭和9）〉

◇岩倉具視関係文書　4　日本史籍協会編　東京大学出版会　（日本史籍協会叢書）　1983.4　492p 22cm　〈覆刻版 原版：1930（昭和5）〉

◇岩倉具視関係文書　5　日本史籍協会編　東京大学出版会　（日本史籍協会叢書）　1983.4　514p 22cm　〈覆刻版 原版：1931（昭和6）〉

◇岩倉具視関係文書　2　日本史籍協会編　東京大学出版会　（日本史籍協会叢書）　1983.3　509p 22cm　〈覆刻版 原版：1929（昭和4）〉

◇岩倉具視関係文書　3　日本史籍協会編　東京大学出版会　（日本史籍協会叢書）　1983.3　22,537p 22cm　〈覆刻版 原版：1930（昭和5）〉

◇岩倉具視関係文書　1　日本史籍協会編

I　政治・経済　　　　　　　　　　　　　　　　　　　　　　　　　　岩崎小弥太

東京大学出版会　（日本史籍協会叢書）
1983.2　490p　22cm　〈覆刻版　原版：
1927（昭和2）〉

◇岩倉使節の研究　大久保利謙編　宗高書
房　1976.12　368p　22cm　〈特命全
権大使米欧回覧実記年譜：p.327〜361　岩
倉使節関係研究文献目録：p.366〜368〉

◇岩倉具視　大久保利謙著　中央公論社
（中公新書）　1973　235p　18cm　〈維新
前夜の群像　第7　参考文献・岩倉具視関係
年譜：p.224-235〉

◇岩倉具視関係文書　第5　日本史籍協会編
東京大学出版会　（日本史籍協会叢書）
1969　514p　22cm　〈覆刻版〉

◇岩倉具視関係文書　第6　日本史籍協会編
東京大学出版会　（日本史籍協会叢書）
1969　474p　22cm　〈覆刻版〉

◇岩倉具視関係文書　第7　日本史籍協会編
東京大学出版会　（日本史籍協会叢書）
1969　553p　22cm　〈覆刻版〉

◇岩倉具視関係文書　第8　日本史籍協会編
東京大学出版会　（日本史籍協会叢書）
1969　545p　22cm　〈覆刻版〉

◇岩倉具視関係文書　第1　岩倉具視日記
類，国事意見書　覆刻版　日本史籍協会
編　東京大学出版会　（日本史籍協会叢
書）　1968　490p　22cm

◇岩倉具視関係文書　第2　岩倉具視日記
類，岩倉具視詠草，国事意見書，岩倉具視
書翰集，隣雲軒所蒐尺牘，隣雲軒蒐集記録
覆刻版　日本史籍協会編　東京大学出版
会　（日本史籍協会叢書）　1968　509p
22cm

▌岩崎　小弥太　いわさき・こやた

1879〜1945　実業家。三菱合資会社長。三
菱財閥を指導、重化学工業部門を大きく
発展させ、教育文化事業にも尽力。

◇時代を超えた経営者たち　井奥成彦編著
日本経済評論社　2017.3　336p　21cm
①978-4-8188-2462-1
＊進取に富み革新的な経営を行った人物
や、これまであまり紹介されることが
なかった古くからの家業を継承、発展

させていった経営者を取り上げ、それ
ぞれの特徴を平易に描く。

◇財閥経営と企業家活動　宇田川勝著　森
山書店　2013.4　281p　21cm
①978-4-8394-2127-4

◇岩崎彌太郎物語―「三菱」を築いたサムラ
イたち　成田誠一著　毎日ワンズ
2010.3　265p　19cm　〈文献あり〉
①978-4-901622-47-9
＊希代の経済人・岩崎彌太郎と「世界の三
菱」を築き上げた不屈のサムライたち、
その生涯を余すことなく描く、活力の
一冊。

◇岩崎弥太郎と三菱四代　河合敦著　幻冬
舎　（幻冬舎新書）　2010.1　213p　18cm
〈文献あり〉　①978-4-344-98156-0
＊三大財閥中、三百年以上の歴史を持つ
旧家の三井・住友に対し、三菱は明治の
動乱に乗じて短期間で巨万の富を築い
た特異な会社である。坂本龍馬の遺志
を継いで海運業を起こし、権謀術数を
駆使してわずか五年で頂点を極めた政
商・岩崎弥太郎。日本初のビジネス街・
丸の内を建設した二代目・弥之助。戦
争景気で業績を伸ばし、昭和の大不況
を勝ち残った三代目・久弥と四代目・小
弥太。時代に即した巧みな経営術と、
現在も続く財界随一のグループ結束力
で成り上がった一族、岩崎家四代のビ
ジネス立志伝。

◇外圧に抗した男―岩崎小弥太の懺悔拒否
永野芳宣著　角川書店　2001.4　217p
20cm　④4-04-873291-9
＊戦後の財閥解体に命がけで反対し、最
後まで「ノー」と言った三菱のトップ経
営者、岩崎小弥太。彼は漢学者の諸橋
轍次博士との要談を経て、占領軍が要
求する財閥の「自発解体」には応じえな
いという結論に達する。終戦にかけて
の激動期を生きた偉大なリーダーの生
きざまを通して、日本人が世界を相手
に生き抜く術を学ぶ。

◇岩崎小弥太―三菱を育てた経営理念　宮
川隆泰著　中央公論社　（中公新書）
1996.8　292p　18cm　①4-12-101317-4
＊三菱コンツェルンのオーナー経営者と

伝記ガイダンス　明治を生きた人々　　**71**

して、二十世紀前半の激動期を乗り切ったのは、三菱の始祖岩崎彌太郎の甥、岩崎小彌太である。西欧的自由主義と明治の国家意識を身につけ、国家社会への奉仕とフェアな経営を理念に掲げ、投機を排し、大局観と現実感覚をもって日本産業の骨格をつくりあげた。豊かな識見と広い包容力で部下にしたわれた大経営者の実像を、三菱本社の公式記録と、ケンブリッジはじめ内外の資料を駆使して描く。

◇岩崎小弥太伝　岩崎家伝記刊行会編　東京大学出版会　（岩崎家伝記）　1979.9　433,186p 図版14枚　22cm　〈昭和32年刊の複製 岩崎小弥太の肖像あり　巻末：年譜〉

◇日本財界人物列伝　第1巻　青潮出版株式会社編　青潮出版　1963　1171p 図版　26cm

◇岩崎小弥太伝　岩崎小弥太伝編纂委員会編　岩崎小弥太伝編纂委員会　1957　433,189p 図版14枚　23cm

岩崎 清七　いわさき・せいしち

1865～1946　実業家。東京瓦斯社長。磐城セメントを創設。

◇日本の興亡と岩崎清七翁　小川桑兵衛著, 岩崎清七史編纂委員会編纂　メタ・ブレーン　2013.12　155p 19cm　〈紅龍書房昭和24年刊.の復刻版〉

◇不撓不屈―岩崎清七の生きざまが今に伝えること　岩崎清七史編纂委員会編　岩崎清七商店　2010.8　201p 24cm　〈岩崎清七商店創業120周年記念出版　年表あり〉

◇日本の興亡と岩崎清七翁　小川桑兵衛著　紅竜書房　1949　185p 図版　19cm

岩崎 久弥　いわさき・ひさや

1865～1955　実業家。三菱合資社長。三菱財閥3代目当主で三菱合資を設立、三菱の全事業統括、造船と鉱業の拡大に尽力。〔記念施設〕東洋文庫（東京都文京区）、旧岩崎邸庭園（東京都台東区）

◇実業家とブラジル移住　渋沢栄一記念財団研究部編　不二出版　2012.8　277p

21cm　①978-4-8350-7087-2

◇岩崎彌太郎物語―「三菱」を築いたサムライたち　成田誠一著　毎日ワンズ　2010.3　265p 19cm　〈文献あり〉　①978-4-901622-47-9
＊希代の経済人・岩崎彌太郎と「世界の三菱」を築き上げた不屈のサムライたち、その生涯を余すことなく描く、活力の一冊。

◇岩崎弥太郎と三菱四代　河合敦著　幻冬舎　（幻冬舎新書）　2010.1　213p 18cm　〈文献あり〉　①978-4-344-98156-0
＊三大財閥中、三百年以上の歴史を持つ旧家の三井・住友に対し、三菱は明治の動乱に乗じて短期間で巨万の富を築いた特異な会社である。坂本龍馬の遺志を継いで海運業を起こし、権謀術数を駆使してわずか五年で頂点を極めた政商・岩崎弥太郎。日本初のビジネス街・丸の内を建設した二代目・弥之助。戦争景気で業績を伸ばし、昭和の大不況を勝ち残った三代目・久弥と四代目・小弥太。時代に即した巧みな経営術と、現在も続く財界随一のグループ結束力で成り上がった一族、岩崎家四代のビジネス立志伝。

◇岩崎久弥伝　岩崎家伝記刊行会編　東京大学出版会　（岩崎家伝記）　1979.10　645p 図版36枚　22cm　〈昭和36年刊の複製 岩崎久弥の肖像あり　岩崎弥太郎略年譜・岩崎久弥年譜：p623～644〉

◇岩崎久弥伝　岩崎久弥伝編纂委員会編　岩崎久弥伝編纂委員会　1961　645p 図版　23cm

岩崎 弥太郎　いわさき・やたろう

1834～1885　実業家。三菱商会社長。三菱財閥の創始者で、郵便汽船三菱会社を設立、日本最大の独占的海運会社とする。〔記念施設〕三菱経済研究所 三菱史料館（東京都文京区）、岩崎弥太郎生家（高知県安芸市）

◇イノベーターたちの日本史―近代日本の創造的対応　米倉誠一郎著　東洋経済新報社　2017.5　313p 19cm　①978-4-492-37120-6

＊高島秋帆、大隈重信、笠井順八、三野村利左衛門、益田孝、岩崎弥太郎、高峰譲吉、大河内正敏…アヘン戦争から新興財閥の成立まで。彼らはどのように未来を切り拓いていったのか？ 従来の史実では描かれてこなかった躍動感あふれるストーリー。構想40年、歴史家・米倉誠一郎の集大成。

◇後藤象二郎と岩崎弥太郎─幕末維新を駆け抜けた土佐の両雄　志岐隆重著　長崎文献社　2016.11　194p　19cm　①978-4-88851-269-5

◇名企業家に学ぶ「死んでたまるか」の成功術─困難に打ち勝つ精神力の養い方　河野守宏著　ロングセラーズ　2016.10　203p　18cm　①978-4-8454-0992-1
＊ここを乗り切れ、道は拓ける！ 危機に際会して「死んでたまるか！」と発奮し、死力をふるった企業家を取りあげた。古くは江戸から明治・大正・昭和へと大車輪の活躍をした異色の人物たちである。

◇近代化遺産と「すごい」日本人　「ニッポン再発見」倶楽部著　三笠書房　（知的生きかた文庫）　2015.8　221p　15cm　①978-4-8379-8357-6
＊この国の「骨格」は、こうして創られた！「日本の産業革命」を担った、先覚者たちの「情熱の遺産」！

◇財閥を築いた男たち　加来耕三著　ポプラ社　（ポプラ新書）　2015.5　266p　18cm　①978-4-591-14522-7
＊近代を支えてきた資本主義そのものが終焉を迎えたと言われる現在、どこにビジネスの活路を見出せばいいのか。約150年前、明治維新という未曾有の危機に直面しながらも、新しい事業を起こし老舗を再建し、現代の大企業につながる「財閥」を築いていった男たちがいた。彼らの足跡にこそ、成功の鍵がある！

◇評伝 岩崎彌太郎─日本の経営史上、最もエネルギッシュだった男　成田誠一著　毎日ワンズ　2014.6　257p　19cm　①978-4-901622-78-3
＊岩崎彌太郎の原動力は時代の波である。まさにエネルギッシュな男であった。

しかもその行動力は疾風怒濤の威力を秘めていた…

◇物語 財閥の歴史　中野明著　祥伝社　（祥伝社新書）　2014.2　267,9p　18cm　①978-4-396-11357-5
＊三井、三菱、住友に代表される「財閥」。古くは江戸時代の豪商に始まるものもあり、幕末から明治にかけて強大な地位を固めた。太平洋戦争後、GHQによる財閥解体でその形を変えたものの、それらの名は今も巨大な企業グループとして残る。財閥のルーツはどこに求められるのか？ 財閥を作れた企業家とそうでない者の差は？ 戦後の企業グループと財閥に、違いはあるのか？ 財閥を通して見えてくる、日本の近現代史の秘密に迫る！

◇財閥経営と企業家活動　宇田川勝著　森山書店　2013.4　281p　21cm　①978-4-8394-2127-4

◇日本を再興した起業家物語─知られざる創業者精神の源流　加来耕三著　日本経済新聞出版社　2012.3　325p　19cm　①978-4-532-31785-0
＊こんなリーダーが日本にもいた。親しみやすい語り口で大人気の歴史家が、社会起業家から経営の神様まで、その生き様と夢を描く。あらすじと「名言」で読む51人の破天荒な一代記。

◇日本を創った男たち─はじめにまず "志" ありき　北康利著　致知出版社　2012.3　267p　19cm　①978-4-88474-956-9
＊ "論語と算盤"─渋沢栄一、"九転び十起き"─浅野総一郎、"好況よし、不況なおよし"─松下幸之助。志高き創業者の生きざまに学ぶ。

◇評伝 岩崎弥太郎─日本海運界の暴れん坊　山口幸彦著　長崎新聞社　2011.12　238p　19cm　〈文献あり〉　①978-4-904561-42-3
＊三菱の創始者、岩崎弥太郎。日本経済の礎を築いた半世紀の生涯を辿り、斬新な切り口で弥太郎の新しい人物像を描く。失敗も成功も、幸運も不運も、閉塞感ただよう現代に風穴をあける痛快評伝。

◇明治の巨人 岩崎弥太郎　砂川幸雄著　日本経済新聞出版社　2011.8　258p　20cm

岩崎弥太郎　　　　　　　　　　　　　　　　　　　　Ⅰ　政治・経済

①978-4-532-16803-2

＊三菱の創業者・岩崎弥太郎。36歳で独
立して「三菱」を起こし、50歳で病没す
るまでの13年半で、海運界を独占し、
造船、炭坑、銅山、商業学校、保険業へ
進出するなど「大三菱」の基礎を築い
た。企業経営の近代化をリードした
「明治の巨人」の生涯に迫る。

◇創業者列伝——一流企業に受け継がれる珠
玉の経営手腕!! 歴史群像編集部編　学研
パブリッシング　2011.6　319p　19cm

①978-4-05-404966-6

＊人生で何事かを成し遂げた者には人を
惹きつけてやまない魅力がある。明治・
大正期の財閥から戦後の急成長企業ま
で、大企業の礎を築き上げた男達が、ど
んな苦難に陥り、どのようにそれを乗
り越えたかを描く。

◇岩崎弥太郎——日本海運の建設者〈伝記〉岩
崎弥太郎　白柳秀湖著　大空社　（伝記叢
書）　2011.6　318p　22cm　〈潮文閣昭和
17年刊の複製　文献・著作目録あり〉

①978-4-283-00833-5

◇岩崎弥太郎——商会之実ハ一家之事業ナリ
武田晴人著　ミネルヴァ書房　（ミネル
ヴァ日本評伝選）　2011.3　224,7p
20cm　〈文献・年譜・索引あり〉

①978-4-623-06020-7

＊岩崎弥太郎（一八三五～八五）実業家。
入獄、藩職を辞すなど腰の据わらない青
年時代を過ごすが、長崎に出向いたこ
とから、藩の貿易業務に従事する。維
新後、三菱商会を発足させ、「政商の時
代」を築いた。この豪快な物語は虚実
ないまぜに語られてきたが、本書では
資料と時代背景から、三菱発展の真相
と人間岩崎弥太郎の等身大の姿に迫る。

◇岩崎弥太郎——治世の能吏、乱世の姦雄
小林正彬著　吉川弘文館　2011.3　210p
20cm　〈文献・年譜あり〉

①978-4-642-08050-7

＊幕末から明治へ、わずか20年で「三菱」
を築き上げた岩崎弥太郎。自らを「治
世の能吏、乱世の姦雄」と評した波乱の
生涯とその時代を、坂本龍馬・グラバー
らとの関係もふまえ、最新史料を交え
て精確に描き出した決定版。

◇岩崎彌太郎——三菱の誕生と岩崎家ゆかり
のコレクション 長崎歴史文化博物館開館5
周年記念・NIB長崎国際テレビ開局20周
年記念特別展　長崎歴史文化博物館編
長崎歴史文化博物館　2010.11　111p
30cm　〈会期・会場：2010年11月19日—
2011年1月10日 長崎歴史文化博物館3階企
画展示室　年表あり〉

◇岩崎弥太郎——海坊主と恐れられた男　鍋
島高明著　河出書房新社　2010.9　342p
20cm　〈文献・年譜あり〉

①978-4-309-90881-6

＊岩崎弥太郎の生涯は戦いの連続であっ
た。終生のライバル井上馨・渋沢栄一
を向こうに回し押しまくった。「地球横
絶」の夢を追い続け志半ばで病魔に倒れ
たスーパーヒーローに人々は「海上王」
の称号を贈った。弥太郎「テレビドラ
マの弥太郎はどこの弥太郎なら？」。中
国古典手放さない八字髭の政商の実像。

◇名創業者に学ぶ人間学 十大財閥篇　加来
耕三著　ポプラ社　2010.9　315p　19cm

①978-4-591-12001-9

＊岩崎弥太郎、野村徳七、安田善次郎…財
閥を築き、世界と戦える大企業の基礎
を創り上げた英傑16人の波乱に満ちた
生涯を紐解きながら、ビジネスを成功
させる法則を探る歴史人間学の決定版。

◇岩崎弥太郎伝——土佐の悪太郎と明治維新
太田尚樹著　角川学芸出版　2010.8
253p　19cm　〈発売：角川グループパブ
リッシング　文献あり〉

①978-4-04-653208-4

＊「三菱商会」発足から二年半後の明治八
年十月、岩崎弥太郎は東洋一の海運王
となる。なぜこれほどの短期間で巨万
の富を手にし、いかにして三菱は今な
お続く巨大財閥となりえたのか。江戸
や長崎での修業と挫折、航路をめぐる
覇権闘争、そして二代目総帥弥之助以
降も受け継がれる御用商人としての光
と影。国家の混乱に乗じて肥大化し、
地下浪人から成り上がった三菱創始者
の生涯に迫る。

◇語り継がれる名相場師たち——明治・大正・
昭和を駆け抜けた「勝ち組」53人　鍋島
高明著　日本経済新聞出版社　（日経ビジ

ネス人文庫） 2010.8 356p 15cm
①978-4-532-19555-7
＊厳しい相場の世界を生き抜き、巨富を築いた相場師たちは、いったい何が優れていたのか。岩崎弥太郎、笹川良一、山本条太郎など、大成功を収めた巨人たちの辣腕ぶりを生き生きと描き、その投資手法と勝利の秘訣を明らかにする。

◇岩崎弥太郎―龍馬の夢をつかんだ男 小西聖一著，打道宗廣絵 理論社 （新・ものがたり日本歴史の事件簿） 2010.7 141p 22cm 〈文献あり〉 ①978-4-652-01653-4
＊歴史の大きな曲がり角にさしかかっていた幕末の日本。そこには、新しい世を生み出そうとする痛みともいえる大混乱が起きていた。だが混乱こそ絶好のチャンスととらえ、積極果敢に行動した人も少なくなかった。失敗を恐れず、自分を信じて進み、幸運にめぐまれた者だけが、夢を手にした。その行動のなかで、坂本龍馬をはじめ多くの命が失われた。龍馬の最後の1年を長崎でともに過ごし、杯を傾けながら語り合った龍馬と弥太郎。海をめざす夢を断たれた龍馬と、その夢にたどり着いた岩崎弥太郎―。大河ドラマで注目、弥太郎の生涯と時代をわかりやすく伝える。

◇弥太郎の長崎日記 赤瀬浩著 長崎文献社 2010.7 225p 15cm 〈文献あり〉
①978-4-88851-155-1

◇慶應の人脈力 國貞文隆著 朝日新聞出版 （朝日新書） 2010.6 237p 18cm
①978-4-02-273339-9
＊慶應閥が強い会社・業界とはどこか？日本初のビジネススクールとして慶應義塾を読み解き、現代に至るビジネス人材供給源としての戦略と秘密に迫る。慶應出身者もそうでない人も、知っておきたい一冊。

◇岩崎弥太郎―「会社」の創造 伊井直行著 講談社 （講談社現代新書） 2010.5 348p 18cm 〈文献あり〉
①978-4-06-288051-0

◇岩崎弥太郎「三菱」の企業論―ニッポン株式会社の原点 中野明著 朝日新聞出版 2010.3 319p 19cm 〈文献・年表・索

引あり〉 ①978-4-02-330497-0
＊日本経済誕生の裏には、弥太郎と渋沢栄一の激闘があった。「小栗忠順の先見」、「龍馬の志」―会社を創り、日本経済を育てた男たちの壮大な物語。幕末に始まる、もう一つの"立国"ドラマ。

◇岩崎彌太郎物語―「三菱」を築いたサムライたち 成田誠一著 毎日ワンズ 2010.3 265p 19cm 〈文献あり〉
①978-4-901622-47-9
＊希代の経済人・岩崎彌太郎と「世界の三菱」を築き上げた不屈のサムライたち、その生涯を余すことなく描く、活力の一冊。

○特集 歴史の転回点を創り出した坂本龍馬の夢の一部を実現させた岩崎弥太郎の実像 「産業新潮」 （産業新潮社） 59（2） 2010.2

◇龍馬の夢を叶えた男 岩崎弥太郎 原口泉著 ベストセラーズ 2010.2 215p 19cm 〈文献・年表あり〉
①978-4-584-13215-9
＊龍馬が想い描き果たせなかった夢。それは海を渡って世界を相手に貿易することだった。日本初の総合商社の誕生、その夢は大三菱を築いた岩崎弥太郎へと引き継がれた。

◇龍馬の魂を継ぐ男 岩崎弥太郎 山村竜也著 グラフ社 2010.2 205p 19cm 〈文献・年譜あり〉 ①978-4-7662-1317-1
＊龍馬に憧れ、龍馬を憎み、そして龍馬を愛した、時代の風雲児・岩崎弥太郎。幕末屈指の経済人にして、三菱王国を築いた政商の波瀾万丈の生涯。

◇龍馬「海援隊」と岩崎弥太郎「三菱商会」 童門冬二著 朝日新聞出版 2010.1 224p 19cm ①978-4-02-330476-5
＊「坂本さんよ、おまえさんは死んでしまったが、おれは生き残った」坂本龍馬の「海援隊の思想」に影響され、三菱商会を創業した岩崎弥太郎。海援隊と三菱商会はなにが違ったのか？ 巨大財閥の地盤はどうつくられたのか？ 弥太郎の経営・組織論に迫る。

◇岩崎弥太郎と三菱四代 河合敦著 幻冬舎 （幻冬舎新書） 2010.1 213p 18cm

〈文献あり〉　①978-4-344-98156-0
＊三大財閥中、三百年以上の歴史を持つ
旧家の三井・住友に対し、三菱は明治の
動乱に乗じて短期間で巨万の富を築い
た特異な会社である。坂本龍馬の遺志
を継いで海運業を起こし、権謀術数を
駆使してわずか五年で頂点を極めた政
商・岩崎弥太郎。日本初のビジネス街・
丸の内を建設した二代目・弥之助。戦
争景気で業績を伸ばし、昭和の大不況
を勝ち残った三代目・久弥と四代目・小
弥太。時代に即した巧みな経営術と、
現在も続く財界随一のグループ結束力
で成り上がった一族、岩崎家四代のビ
ジネス立志伝。

◇海援隊秘記─1867年長崎。龍馬と弥太郎
が歴史を変える　織田毅著　戎光祥出版
2010.1　239p　19cm　〈文献・年表あり〉
①978-4-86403-006-9
＊龍馬の長崎時代を丹念に調査してきた
著者が掘り起こす、激動の日本を動か
した二人の若者の真実。

◇龍馬と弥太郎長崎風雲録　長崎新聞社編
著　長崎新聞社　2010.1　189p　22cm
〈年表・文献あり〉　①978-4-904561-10-2
＊時代の寵児・龍馬と弥太郎、彼らが出会
い、ともに夢を語り合った長崎の街。
長崎での龍馬の足跡と弥太郎の人物像
に迫る。

◇竜馬を継いだ男岩崎弥太郎　安藤優一郎
著　アスキー・メディアワークス　（アス
キー新書）　2009.12　205p　18cm　〈文
献・年表あり〉　①978-4-04-868305-0
＊大政奉還後、夢半ばに横死した竜馬の
遺志を受け継ぎ、世界の三菱をつくっ
た岩崎弥太郎。そのイメージから明治
の経済人として語られることが多いが、
それ以前より土佐藩の経済官僚として商
才を発揮し、竜馬率いる海援隊の活動
を支えていた。竜馬と同時代をともに
生き、維新回天を支えた一人の土佐藩
士を通じてひもとく、幕末維新の裏表。

◇幕末土佐の12人　武光誠著　PHP研究所
（PHP文庫）　2009.12　265p　15cm
①978-4-569-67359-2
＊土佐を抜きにして、維新回天を語るこ
とはできない！　大政奉還を建白した山

内容堂と後藤象二郎をはじめとする重
臣たち。討幕運動の中核となる薩長同
盟を仲介した坂本竜馬。さらには、土
佐の尊王攘夷運動で先駆けとなった武
市半平太や、開明的な思想で藩政を指
揮した吉田東洋など、動乱の時代に身
を置き、自らの志に向かって疾駆した
12人を取り上げ、土佐の視点で幕末を
描いた一冊。文庫書き下ろし。

◇岩崎弥太郎 不屈の生き方─「三菱」の創
業者　武田鏡村著　PHP研究所　2009.12
245p　20cm　〈文献あり〉
①978-4-569-77368-1
＊先が読めない時代こそ、豪胆に逞しく
己を貫け。

◇竜馬と弥太郎　童門冬二著　日本放送出
版協会　2009.11　253p　19cm
①978-4-14-081397-3
＊理念と生き方の異なるふたりが"経済"
という一点で共鳴する。NHK大河ドラ
マ「龍馬伝」の主人公・坂本竜馬の生涯
と、稀代の経済人・岩崎弥太郎誕生の核
心に迫る。

◇岩崎弥太郎─国家の有事に際して、私利を
顧みず　立石優著　PHP研究所　（PHP
文庫　〔大きな字〕）　2009.11　305p
15cm　〈文献・年表あり〉
①978-4-569-67357-8
＊天保五年、土佐国に、わが国の海運の礎
を築いた男児が生を享けた。後の岩崎弥
太郎である。幼少時は非凡な文才を発
揮したが、経済の表舞台に登場したの
は慶応三年、土佐商会主任、長崎留守居
役に抜擢された時である。その後、海
援隊の経理を担当。本書は、出生から、
坂本竜馬ら幕末維新の英傑たちとの交
流、そして三菱を大財閥に育て上げる
までの波瀾の一生を描いた評伝である。

◇日本の経営者　日本経済新聞社編　日本
経済新聞出版社　（日経文庫）　2009.8
214p　18cm　①978-4-532-11208-0
＊明治・大正・昭和の日本を創った経営者
14人の行動力、アイデア、経営倫理と
成功の秘訣。豊かな発想のもと、新た
な事業戦略を練り上げ、ライバルと切
磋琢磨してきた彼らの姿から、現代や
未来の企業家への示唆、教訓を浮き彫

りにした。単なる事業意欲やお金への執着心だけではなく、高い倫理観や公共精神こそ企業家の原動力になっていたことを明らかにしている。

◇財閥の形成　2　岩崎弥太郎・弥之助（三菱）　黒羽雅子述　法政大学イノベーション・マネジメント研究センター（Working paper series　日本の企業家史戦前編—企業家活動の「古典」に学ぶ）2009.3　28p　30cm　〈会期・会場：2007年11月17日 法政大学市ヶ谷キャンパスボアソナードタワー25階イノベーション・マネジメント研究センターセミナー室〉

◇日本「創業者」列伝　別冊宝島編集部編　宝島社　（宝島SUGOI文庫）　2008.8　188p　15cm　①978-4-7966-6530-8
＊近代日本の幕開けとともに、新しい国づくりに力を貸した男たちがいた。三菱の岩崎弥太郎、日本に資本主義経済を根付かせた渋沢栄一などがその代表である。太平洋戦争の後には、二輪オートバイの本田宗一郎、総合家電の松下幸之助などが世界に翔び立った。そして現代、多くの熱き男たちが出番を待っている。そんな今日の日本経済を支える大企業の創業者たちの成功までのストーリー。

◇経営に大義あり—日本を創った企業家たち　日本経済新聞社編　日本経済新聞社　2006.5　247p　19cm　①4-532-35209-6
＊類い希なる事業力と人間的魅力をもつ「経営の巨人」たちの素顔に、当代きっての作家・歴史家・研究者たちが迫る、こだわりの人物伝。

◇日本の復興者たち　童門冬二著　講談社（講談社文庫）　2006.1　355p　15cm　①4-06-275298-0
＊三菱の創業者・岩崎弥太郎、早稲田の建学者・大隈重信、不世出の蔵相・高橋是清。三人は自らの信念、理想を掲げて難局に立ち向かい、資本主義と財政の確立、国際的地位の向上に生命を賭けた。彼らの独立不羈の姿を描き、近代日本にあって現代に欠けている"勃興の精神"と"男の力量"について考察する。

◇美福院手記纂要　岩崎美和著，奥宮正治編纂，三菱経済研究所編　三菱経済研究

所　2005.11　862p　22cm　〈複製　肖像あり〉　①4-943852-12-2

◇岩崎弥太郎　上　村上元三著　学陽書房（人物文庫）　2001.6　414p　15cm　①4-313-75136-X

◇岩崎弥太郎　下　村上元三著　学陽書房（人物文庫）　2001.6　394p　15cm　①4-313-75137-8

◇岩崎弥太郎—伝記・岩崎弥太郎　山路愛山著　大空社　（近代日本企業家伝叢書）1998.11　262,12p　22cm　〈東亜堂書房　大正3年刊の複製〉　①4-7568-0933-2

◇日本人の生き方　童門冬二著　学陽書房（陽セレクション）　1996.6　295p　19cm　①4-313-47001-8
＊かつての日本人がもっていた—やさしさ、美しさ、つよさ、心のよりどころ。行動の核となっていたものをさぐり、現代人の生き方を問う。

◇政商伝　三好徹著　講談社　（講談社文庫）　1996.3　287p　15cm　①4-06-263201-2
＊政治家と結託して利権をあさった六人の政商たち。覆面の政商・三野村利左衛門、薩摩の鉅商・五代友厚、王国の鍵・岩崎弥太郎、冒険商人・大倉喜八郎、ちょんまげ政商・古河市兵衛、走狗の怒り・中野梧一。激動の幕末・明治を生き抜いて財を成した政商たちの生涯を、著者独自の視点から徹底研究した評伝集。

◇風雲に吼ゆ岩崎弥太郎　中村晃著　叢文社　1995.10　258p　20cm　〈参考文献：p258〉　①4-7947-0226-4
＊英雄項羽にあこがれ竜馬の識見に接して成長した弥太郎を待っていた日本の夜明け…台湾征討軍の輸送船の提供を郵便蒸気船会社から拒否された大久保と大隈は「私あって国家なし」と激怒。ピンチヒッターとして弥太郎に救援を求める。ソロバンだけの低次元商人と聞いていたが現れたのは信念に燃える野武士のツラ魂だった—。米英巨大海運会社との死闘と勝利。死中に活の荷為替金融創始。西南戦争の決断…海運の発展なくして日本の活路なしと猛進する弥太郎の前に三井と結んだ藩閥政

岩崎弥太郎　　　　　　　　　　　　　Ⅰ　政治・経済

府の魔手。大久保が暗殺され大隈が失
脚すると仮面をかなぐり捨て三菱崩壊
をはるかるが、共同運輸との泥沼の戦
いにもくたばらない弥太郎に業をにや
して国賊呼ばわりする政府高官。「遠州
灘ですべての持ち船を焼き払い、残っ
た全財産を自由党に寄付して藩閥政府
と刺しちがい」を決意する弥太郎―。
天運を背負って近代日本と三菱王国の
礎を拓いた風雲児の真髄。

◇人物に学ぶ明治の企業事始め　森友幸照
　著　つくばね舎　1995.8　210p　21cm
　①4-924836-17-6

◇政商伝　三好徹著　講談社　1993.1
　251p 19cm　①4-06-206220-8
　＊政治家と結託して利権をあさった6人の
　　男たち。激動の幕末・明治を生き抜い
　　たそれぞれの人生。

◇岩崎弥太郎　榛葉英治著　PHP研究所
　（歴史人物シリーズ）　1990.4　218p
　19cm　①4-569-52747-7
　＊維新後、日本における海運業の重要性
　　を見抜き、土佐藩船の払い下げを受け
　　て三菱を創業、日本の船で世界の海に
　　繰り出した男、岩崎弥太郎―。武士の
　　気風と商人の心に支えられた「士魂商
　　才」の生涯を描く。

◇財界人物我観　福沢桃介著　図書出版社
　（経済人叢書）　1990.3　177p 19cm
　＊自由奔放に生きた鬼才・福沢桃介が明
　　治財界の巨頭たちを俎上に載せ毒舌を
　　ふるう。

◇暁の群像―豪商岩崎弥太郎の生涯　南条
　範夫著　富士見書房　（時代小説文庫）
　1989.9　2冊　15cm　①4-8291-1181-X

◇坂本竜馬と海援隊―日本を変えた男のビ
　ジネス魂　坂本藤良著　講談社　（講談社
　文庫）　1988.11　391p 15cm
　①4-06-184328-1
　＊竜馬は日本人の"あこがれ"である。そ
　　の見事なまでにユニークな感性、底知れ
　　ぬ明るさ、たくましい行動力、たしかな
　　先見性、深い洞察力は私たちの心をとら
　　えてはなさない。そして、竜馬はまた
　　すぐれた経済人でもあった。日本資本
　　主義形成の歴史の中における竜馬の偉

大な足跡を、その天才的な発想と合理
性に焦点をあてて実証的に描いた力作。

◇明治・青春の夢―革新的行動者たちの日
　記　嶋岡晨著　朝日新聞社　（朝日選書）
　1988.7　224p 19cm　①4-02-259458-6

◇福沢山脈　小島直記著　中央公論社　（小
　島直記伝記文学全集）　1987.1　577p
　19cm　①4-12-402584-X
　＊先覚者・福沢諭吉を敬慕し、慶応義塾に
　　集まった近代日本の俊才英傑たち。そ
　　の巨大な人間山脈に挑み、一峰一峰の
　　連なりの機微を活写する長編力作。

◇岩崎弥太郎の独創経営―三菱を起こした
　カリスマ　坂本藤良著　講談社　1986.10
　248p 19cm　①4-06-202809-3
　＊強烈なカリスマ性で人を魅きつけた岩
　　崎弥太郎は、いかにして三菱財閥の基
　　礎を築いたか。現代にも通じる独創的
　　な経営ノウハウに学ぶ。

◇岩崎弥太郎―物語と史蹟をたずねて　川
　村晃著　成美堂出版　1980.9　318p
　19cm　〈岩崎弥太郎の肖像あり〉

◇岩崎弥太郎伝　岩崎家伝記刊行会編　東
　京大学出版会　（岩崎家伝記）　1980.5～7
　2冊　22cm　〈昭和42年刊の複製　岩崎弥
　太郎の肖像あり〉

◇岩崎弥太郎日記　岩崎弥太郎岩崎弥之助
　伝記編纂会　1975　672p 図　肖像　22cm

◇岩崎弥太郎伝　岩崎弥太郎・岩崎弥之助
　伝記編纂会編　岩崎弥太郎・岩崎弥之助
　伝記編纂会　1967　2冊　22cm

◇日本財界人物列伝　第1巻　青潮出版株式
　会社編　青潮出版　1963　1171p 図版
　26cm

◇20世紀を動かした人々　第9　世界の富の
　支配者〔ほか〕　岡倉古志郎編　講談社
　1962　412p 図版　19cm

◇岩崎弥太郎　入交好脩著　吉川弘文館
　（人物叢書）　1960　235p 図版　19cm

◇岩崎弥太郎伝　田中惣五郎著　東洋書館
　（日本財界人物伝全集）　1955　332p 図
　版　19cm

◇志保路の誉　久保寺山之輔著　輝く日本

Ⅰ　政治・経済　　　　　　　　　　　　　　　　　岩崎弥之助

社　1955　204p　図版　19cm

◇日本財界人物伝全集 2　岩崎弥太郎伝　田中悦五郎著　東洋書館　1955

◇日本歴史講座 5 近代篇　岩崎弥太郎　下山三郎著　河出書房　1954

◇日本の死の商人　「海坊主」の岩崎弥太郎　岡倉古志郎著　要書房　1952

◇明治 大実業家列伝―市民社会建設の人々　林房雄著　創元社　1952　255p　19cm

‖ 岩崎 弥之助　いわさき・やのすけ

1851〜1908　実業家。男爵，三菱商会社長。事業分野を転換、三菱社、三菱合資設立。日銀総裁就任、金本位制実施を指導。

◇歴代日本銀行総裁論―日本金融政策史の研究　吉野俊彦著，鈴木淑夫補論　講談社　（講談社学術文庫）　2014.12　509p　15cm　①978-4-06-292272-2
＊明治十五年（一八八二）、近代的幣制を確立すべく創設された日本銀行。その歴史は波瀾に満ちている。昭和の恐慌と戦争、復興から高度成長、ニクソン・ショックと石油危機、バブル、平成のデフレ…。「通貨価値の安定」のため、歴代総裁はいかに困難に立ち向かったのか。三十一代二十九人の栄光と挫折を通して描く日本経済の鏡像。

◇もう一人の「三菱」創業者、岩崎弥之助―企業の真価は二代目で決まる！　河合敦著　ソフトバンククリエイティブ　（ソフトバンク新書）　2012.6　183p　18cm　〈文献あり〉　①978-4-7973-6713-3
＊三菱の創業者として初代社長の岩崎弥太郎は有名だが、その後を継いだ二代目・弥之助の業績はほとんど世に知られていない。しかし、実は三菱財閥・三菱グループの基礎を築いたのは、この弥之助だったのだ。初代社長ほどのカリスマ性はないが、頭脳明晰・冷静沈着な政之助は、三菱の危機を救い、さらに発展させることに成功する。本書では、岩崎弥之助の生き方や経営手腕を、余すところなく伝える。

◇名創業者に学ぶ人間学 十大財閥篇　加来耕三著　ポプラ社　2010.9　315p　19cm

①978-4-591-12001-9
＊岩崎弥太郎、野村徳七、安田善次郎…財閥を築き、世界と戦える大企業の基礎を創り上げた英傑16人の波乱に満ちた生涯を紐解きながら、ビジネスを成功させる法則を探る歴史人間学の決定版。

◇岩崎彌太郎物語―「三菱」を築いたサムライたち　成田誠一著　毎日ワンズ　2010.3　265p　19cm　〈文献あり〉　①978-4-901622-47-9
＊希代の経済人・岩崎彌太郎と「世界の三菱」を築き上げた不屈のサムライたち、その生涯を余すことなく描く、活力の一冊。

◇岩崎弥太郎と三菱四代　河合敦著　幻冬舎　（幻冬舎新書）　2010.1　213p　18cm　〈文献あり〉　①978-4-344-98156-0
＊三大財閥中、三百年以上の歴史を持つ旧家の三井・住友に対し、三菱は明治の動乱に乗じて短期間で巨万の富を築いた特異な会社である。坂本龍馬の遺志を継いで海運業を起こし、権謀術数を駆使してわずか五年で頂点を極めた政商・岩崎弥太郎。日本初のビジネス街・丸の内を建設した二代目・弥之助。戦争景気で業績を伸ばし、昭和の大不況を勝ち残った三代目・久弥と四代目・小弥太。時代に即した巧みな経営術と、現在も続く財界随一のグループ結束力で成り上がった一族、岩崎家四代のビジネス立志伝。

◇財閥の形成 2　岩崎弥太郎・弥之助（三菱）　黒羽雅子述　法政大学イノベーション・マネジメント研究センター　（Working paper series　日本の企業家史戦前編―企業家活動の「古典」に学ぶ）　2009.3　28p　30cm　〈会期・会場：2007年11月17日 法政大学市ヶ谷キャンパスボアソナードタワー25階イノベーション・マネジメント研究センターセミナー室〉

◇岩崎弥之助書翰集　岩崎弥之助著，静嘉堂文庫編　静嘉堂文庫　2007.3　249p　31cm　〈複製および翻刻　肖像・年譜あり〉

◇まちづくり人国記―パイオニアたちは未来にどう挑んだのか　「地域開発ニュー

伝記ガイダンス 明治を生きた人々　　**79**

ス」編集部編　水曜社　（文化とまちづくり叢書）　2005.4　253p　21cm　①4-88065-138-9

＊歴史に見る、地域活性化のヒント―現代日本の礎を築いた人々の軌跡。豊臣秀次、玉川兄弟、河村瑞賢、長谷川（鬼平）平蔵、伊能忠敬、堀田正睦、江川坦庵、岩崎弥之助、大原孫三郎、後藤新平―自らを活かし、人を活かして地域創成に成功した34組の先達を歴史の中から掘り起こし、今の世にこそ求められる地域の“人間力”について問う。歴史ファンからまちづくり関係者まで必読の一冊。

◇日本再建者列伝―こうすれば組織は甦る　加来耕三著　学陽書房　（人物文庫）　2003.4　453p　15cm　①4-313-75162-9

＊貴方の組織は激動の時代を生き残れるだろうか？　破綻寸前の藩財政を救った細川重賢の人材登用術。危機にあった三菱を財閥に育て上げた二代目・岩崎弥之助。“ミスター合理化”土光敏夫にみる再建の奥義…。疲弊した組織の再建に取り組んだ先人達の苦闘の軌跡とその成否の分岐点を探る渾身の力作。文庫オリジナル版。

◇岩崎弥之助伝　岩崎家伝記刊行会編　東京大学出版会　（岩崎家伝記）　1980.5　2冊　22cm　〈昭和46年刊の複製　岩崎弥之助の肖像あり〉

◇岩崎弥之助伝　岩崎弥太郎岩崎弥之助伝記編纂会　1971　2冊　22cm

◇日本財界人物列伝　第1巻　青潮出版株式会社編　青潮出版　1963　1171p　図版　26cm

▌岩下　清周　いわした・きよちか
1857～1928　銀行家，政治家。北浜銀行頭取。

◇小林一三―都市型第三次産業の先駆的創造者　老川慶喜著　PHP研究所　（PHP経営叢書　日本の企業家）　2017.3　333p　20cm　〈年譜あり〉　①978-4-569-83425-2

◇企業勃興を牽引した冒険的銀行家―松本重太郎と岩下清周　黒羽雅子著　法政大学イノベーション・マネジメント研究セ

ンター　（Working paper series　日本の企業家活動シリーズ）　2007.6　22p　30cm　〈年譜あり〉

◇岩下清周伝―伝記・岩下清周　故岩下清周君伝記編纂会編　大空社　（伝記叢書）　2000.9　1冊　22cm　〈近藤乙吉昭和6年刊の複製　肖像あり　折り込1枚〉　①4-7568-0916-2

◇世評正しからず―銀行家・岩下清周の闘い　海原卓著　東洋経済新報社　1997.7　216p　20cm　〈主要参考・引用文献：p215～216〉　①4-492-06098-7

＊理想を追い求めた銀行家の波瀾の生涯を描く。

◇日本策士伝―資本主義をつくった男たち　小島直記著　中央公論社　（中公文庫）　1994.5　449p　15cm　①4-12-202094-8

＊原敬、松永安左エ門、三宅雪嶺、岩下清周ら、近代日本の黎明期を生きた男たちの志と覇気。大きなはかりごとを巧みにし、縦横に活躍した策士ぶりが興味深いエピソードとともに語られる。人物評伝の達人が自在の筆致で織りなす日本資本主義発展秘史。

◇日本財界人物列伝　第1巻　青潮出版株式会社編　青潮出版　1963　1171p　図版　26cm

▌岩瀬　弥助　いわせ・やすけ
1867～1930　実業家。

◇岩瀬弥助と岩瀬文庫　西尾市立図書館　1991.2　114p　19cm　〈岩瀬弥助の肖像あり　岩瀬弥助の略年譜：p108～114〉

▌岩垂　邦彦　いわだれ・くにひこ
1857～1941　電気技術者，日本電気創業者。

◇ケースブック日本の企業家―近代産業発展の立役者たち　宇田川勝編　有斐閣　2013.3　265p　21cm　①978-4-641-16405-5

＊戦前期日本の革新的な企業家活動について、時代背景とともに多様な実像に迫って明快に描き出すケース集。現代社会において比重が増している非製造

I 政治・経済 岩谷松平

業分野にも光を当て、いかにして新産
業を創出し、経営革新を断行して、産業
発展の礎を築いたのかを解明する。

◇電気通信機ビジネスの発展と企業家活動—
沖牙太郎と岩垂邦彦　四宮正親著　法政大
学イノベーション・マネジメント研究セン
ター　（Working paper series　日本の企
業家活動シリーズ）　2012.1　19p　30cm

◇岩垂家・喜田村家文書—明治日本の工学
維新を担った兄弟の足跡　高橋雄造監修,
吉岡道子編集・解説　創栄出版　2004.5
202p　19×27cm　〈文献あり〉
①4-7559-0158-8

◇岩垂邦彦　岡本終吉編　岩垂好徳　1965
323p　図版　21×21cm

|| 岩橋 万蔵　いわはし・まんぞう
？ 〜1883　材木商。日本郵便汽船会社を
設立し頭取。

◇海商岩橋万造の生涯　津本陽著　中央公
論社　（中公文庫）　1987.1　382p　16cm
〈解説：高嶋雅明〉　①4-12-201387-9

◇海商岩橋万造の生涯　津本陽著　中央公
論社　1984.9　371p　20cm
①4-12-001326-X

|| 岩村 高俊　いわむら・たかとし
1845〜1906　土佐藩士, 官僚。男爵, 貴
族院議員。佐賀県権令となり佐賀の乱を
鎮圧、その後福岡、広島の県令や知事を
歴任。

◇戻橋堂主人自伝—岩村高俊自伝　復刻
岩村高俊著, 平井金三郎編　戻橋堂子孫
有志　1997.3　151p　21cm　〈原本：平
井金三郎昭和29年刊　肖像あり　折り込1枚
年譜あり〉

|| 岩村 通俊　いわむら・みちとし
1840〜1915　高知藩士, 官僚。男爵, 農
商務相。函館府権判事、開拓判官を経て
開拓大判官就任、北海道開拓に尽力、初代
北海道庁長官。

◇明治内乱鎮撫記—岩村通俊の生涯と断獄
史上の諸群像　重松一義著　プレス東京

1973　272p　図　19cm

◇北の先覚　高倉新一郎著　北日本社
1947　276p　19cm

|| 岩本 千綱　いわもと・ちづな
1858〜1920　南洋進出者。大正博覧会そ
の他に南洋館を特設して物産を陳列する
など日暹貿易に功があった。

◇紀田順一郎著作集　第6巻　知の職人た
ち・生涯を賭けた一冊　紀田順一郎著
三一書房　1997.5　408p　21cm
①4-380-97551-7
＊粒よりの書物の輝き、それを生み出した
人生の光芒。一冊の名著にこめられた鮮
やかな人生の流れ—近代を駆け抜けた知
的巨人たちの業績に迫る、増補決定版。
名著誕生のドラマがいまよみがえる。

◇名著の伝記　紀田順一郎著　東京堂出版
1988.7　475p　19cm　①4-490-20139-7
＊人には必ず伝記があるように、すぐれた
書物の誕生にもさまざまなエピソード
があって、あたかも感銘深い伝記のよ
うに…。第1部では9冊の名辞典・叢書
類を、第2部では7冊の個性的な名著を
収載。名著誕生までのいきさつを克明
にルポし、著者たちの知られざる生涯
を跡づけた “書物のノンフィクション”。

|| 岩谷 松平　いわや・まつへい
1849〜1920　実業家。日本家畜市場社長,
衆議院議員。煙草販売業「天狗屋」を設
立、国産主義による国益を主張し村井兄
弟商会に対抗。

◇横浜開港時代の人々　紀田順一郎著　神
奈川新聞社　2009.4　270p　21cm
①978-4-87645-438-9
＊開港期の横浜で明るい炎をあげながら
生き抜いた人々を、横浜に生まれ育っ
た著者が、豊かな知識と資料の掘り起
こしによって、親しみをこめた筆致で
描く傑物伝。

◇広告の親玉赤天狗参上！—明治のたばこ王
岩谷松平　たばこと塩の博物館編　岩田
書院　（岩田書院ブックレット）　2008.8
124p　21cm　①978-4-87294-501-0

伝記ガイダンス 明治を生きた人々　**81**

＊本書は、たばこと塩の博物館特別展「広告の親玉赤天狗参上！」(2006.1.28-3.12)における展示関連講演会の記録である。日露戦争の最中の1904年に煙草が専売となる以前、明治のたばこ王といわれ、国産紙巻きたばこ「天狗煙草」の製造販売をし、奇抜な宣伝広告で世間の注目をあつめた岩谷松平(いわや・まつへい：1849-1920)。特別展では、岩谷の生涯と明治のたばこ史を振り返ることを主眼としたが、講演会では、彼が生きた「明治という時代」とは、いったいどのような時代であったのか、また彼が、その時代にどのような影響を与えたのか、という視点から行った。明治の起業家の理念・熱意、明治国家が産業振興のために開催した博覧会、そして明治期を彩った広告とそれを支えた印刷技術。そのどの場面にも岩谷松平は登場する。

◇広告の親玉赤天狗参上―明治のたばこ王岩谷松平 特別展 たばこと塩の博物館編 たばこと塩の博物館 2006.1 122p 30cm 〈会期・会場：2006年1月28日―3月12日 たばこと塩の博物館 年譜あり〉① 4-924989-28-2

◇カネが邪魔でしょうがない―明治大正・成金列伝 紀田順一郎著 新潮社 （新潮選書） 2005.7 205p 19cm ① 4-10-603553-7
＊戊辰戦争から第一次大戦の好景気まで、軍需品を売り巨万の富を築いた戦争成金や、株の投機に成功した相場師、生糸やタバコでぼろ儲けした事業家は、豪邸を構え、愛人を囲い、芸妓を総揚げにして権勢を誇示した。常識破りの享楽と浪費の末に、急転直下、破産して哀れな末路をたどった富豪や成金たちの赤裸々な生き様を、豊富な資料と図版で描く人物列伝。

◇楓内侍―明治の歌人税所敦子 平井秋子著 創英社 2001.4 364p 19cm ① 4-88142-451-3
＊明治開花、大正ロマン、動乱の昭和を生き抜き、縁者・知人に著名人を多く持つ母からの聞き書き。著者ならでは知り得ぬ貴重な個人史の数々、さりげない筆致が却って迫真性を増す練達の平井

秋子の世界…。
◇ドキュメント日本人 第9 虚人列伝 学芸書林 1969 356p 20cm

┃ 印南 丈作 いんなみ・じょうさく
1831〜1888 開拓功労者。那須開墾社初代社長。那須野ヶ原開拓に尽力。明治三大疎水の一つ那須疎水の開削に成功。
◇印南丈作・矢板武―那須野が原開拓先駆者の生涯 西那須野町 1981.3 269p 22cm 〈編集・執筆：西那須野開拓百年記念事業推進委員会第一専門部会「印南丈作・矢板武」発刊専門委員 印南丈作矢板武の肖像あり 印南丈作・矢板武年譜 参考文献：p253〜269〉

【う】

┃ ウィル, J.B. Will, John Baxter
1840〜1920 イギリスの航海士。1860年来日。函館ブラキストン・マー商会船長。
◇ウイル船長回想録 ジョン・バクスター・ウイル著，杉野目康子訳 北海道新聞社 （道新選書） 1989.9 249p 19cm ① 4-89363-934-X
＊幕末から明治へ―近代日本の夜明けの時代を帆船の船長として生き抜いた男が赤裸々に綴った歴史の目撃証言。箱館海戦、樺太移民の実相等が今、明るみに。待望の完訳。
◇ジョン・ウィルの回想記―1860〜1899 ジョン・ウィル著，当作守夫訳 図書裡会 1978.3 198,4p 22cm 〈著者の肖像あり 巻末：参考文献一覧(4p)〉

┃ 上塚 周平 うえづか・しゅうへい
1876〜1935 ブラジル移民の指導者。移民功労者として在ブラジル日本人のために尽くす。〔記念施設〕銅像（熊本県城南町、火の君総合文化センター）
◇海を跳んだキナセン―伝録―上塚周平 江頭隆生著 上塚周平済々黌顕彰会

I　政治・経済

2008.4　145p　20cm　〈年譜あり〉

▎**上杉 斉憲**　うえすぎ・なりのり
1820〜1889　大名，華族。

◇サムライたちの幕末・明治　歴史REAL
編集部編　洋泉社　（歴史新書）　2016.8
189p　18cm　〈文献あり〉
①978-4-8003-1018-7

◇明治維新に於ける上杉曦山公の御功績　色
部長門顕彰会編　色部長門顕彰会　1959

▎**上杉 茂憲**　うえすぎ・もちのり
1844〜1919　政治家。元老院議官、貴族
院議員。米沢藩知事、沖縄県令を歴任、著
書に「上杉県令巡回日誌」など。

◇沖縄の殿様—最後の米沢藩主・上杉茂憲
の県令奮闘記　高橋義夫著　中央公論新
社　（中公新書）　2015.5　251p　18cm
①978-4-12-102320-9

◇殿様は「明治」をどう生きたのか　河合敦
著　洋泉社　（歴史新書）　2014.4　222p
18cm　〈文献あり〉　①978-4-8003-0379-0

◇上杉茂憲—沖縄県令になった最後の米沢
藩主　童門冬二著　祥伝社　（祥伝社新
書）　2011.9　224p　18cm　〈並列シリー
ズ名：SHODENSHA SHINSHO　文献あ
り〉　①978-4-396-11248-6
　＊戊辰戦争で奥羽越列藩同盟の盟主として
　名を馳せた米沢藩の最後の藩主・上杉
　茂憲は、僻遠の地・沖縄の県令を命じら
　れる。日清両属だった沖縄は琉球王国
　時代の古い制度・慣習がそのまま残り、
　人々は貧窮の底に喘いでいた。茂憲は
　持てる力のすべてを投じて全県をくま
　なく回り、実態を調査。何度も窮状を
　訴える上申書を政府に提出する。また、
　優秀な青年を留学生として本土に送り、
　沖縄に近代化の種を蒔いた。今日、沖
　縄で敬愛される数少ない本土人の一人、
　上杉茂憲の知られざる生涯に迫る。

◇沖縄県令上杉茂憲　寺崎房子著，斉藤公
夫編　寺崎房子　2006.1　196p　21cm
〈肖像あり〉

▎**上田 仙太郎**　うえだ・せんたろう
1868〜1940　外交官。ロシア在勤18年の
対ソ専門家。

◇上田仙太郎伝—ロシア通の仙骨外交官
坂口敏之著　葦書房　1985.9　242p
22cm　〈上田仙太郎の肖像あり　上田仙
太郎関係年表・履歴書：p220〜233　参考・
引用文献：p240〜242〉

▎**上野 理一**　うえの・りいち
1848〜1919　新聞経営者。朝日新聞社社
長。朝日新聞の基礎をきずいた。

◇上野理一伝　朝日新聞社史編修室編　朝日
新聞社　1959　827,123,98p 図版2　22cm

▎**上原 勇作**　うえはら・ゆうさく
1856〜1933　陸軍軍人。子爵，元帥。西
園寺内閣陸相就任、二個師団増設を強硬
に主張し単独辞任、大正政変の因となる。
〔記念施設〕国立国会図書館憲政資料室　上
原勇作関係文書（東京都千代田区），首都
大学東京図書館本館　上原勇作関係文書
（東京都八王子市），都城市立図書館　上原
文庫（宮崎県都城市）

◇上原勇作日記　上原勇作著，尚友倶楽部
編　尚友倶楽部　（尚友叢書）　2011.12
503p　22cm

◇上原勇作日記　上原勇作著，尚友倶楽部
編　芙蓉書房出版　2011.12　503p
22cm　①978-4-8295-0546-5
　＊明治22年〜昭和6年前半まで書き綴った
　37冊の日記のうち連続的に残っている
　大正6年〜昭和6年分を翻刻。二個師団
　増設問題で陸軍大臣を辞任し、第二次
　西園寺内閣崩壊のきっかけを作った
　「陸軍強硬派」という上原像を見直し、
　実像を探る史料。

◇近代未満の軍人たち—兵頭二十八軍学塾
兵頭二十八著　光人社　2009.11　217p
19cm　①978-4-7698-1450-4
　＊奇襲開戦計画主義の顚末。近代国家の
　軍隊はどうあるべきだったのか。また
　その軍人たちは、いつ、どのようにして
　「自律」を失ったのか。23人の軍人に見
　る日本の興亡。日本近代軍事史の底流

を見据えながら、短く濃密に、娯楽的にして探学究的な側面も併せ持つ軍人伝。当事者の重要証言や公式ペーパーが発掘される可能性がほとんどない問題にも敢えて斬り込んだ冷厳、大胆な視座からの歴史読物。現代人が近代日本人の「国防の倫理」を知り自問するためのテキスト。

◇近代日本内閣史論　藤井貞文著　吉川弘文館　1988.7　364p 21cm
①4-642-03616-4

◇上原勇作関係文書　上原勇作関係文書研究会編　東京大学出版会　1976　686p 図22cm

▌上山 英一郎
うえやま・えいいちろう
1862〜1943　実業家。世界で初めて蚊取線香の開発に成功。

◇企業家の人生に学ぶ　4　大日本除虫菊株式会社創業者 上山英一郎　大阪商工会議所大阪企業家ミュージアム　2010.10
25p　21cm

◇にっぽん企業家烈伝　村橋勝子著　日本経済新聞出版社　（日経ビジネス人文庫）2007.10　283p　15cm
①978-4-532-19417-8
＊不屈の闘志で西洋菓子を日本に広めた森永太一郎（森永製菓）、「金鳥」蚊取線香を生んだ上山英一郎（大日本除虫菊）、倒産寸前から「世界のトヨタ」を築いた石田退三―。明治から昭和に至る有名企業の創業者・中興の祖ら18人を社史研究の第一人者が丹念に描いた企業家列伝。創業以来のものづくり、サービスを提供し続ける企業の原点となった人物の生涯とは。

▌ヴォーリズ, W.M.
Vories, William Merrell
1880〜1964　アメリカの宣教師，建築家。1905年来日。日本に帰化。1910年吉田悦蔵らと近江ミッション創立。20年アメリカの家庭薬メンソレータム東洋専売権を得る。〔記念施設〕ヴォーリズ記念館（滋賀県近江八幡市）

◇ヴォーリズの建築―ミッション・ユートピアと都市の華　山形政昭著　創元社1989.11　340p　20cm　〈ヴォーリズの肖像あり　参考文献・論文：p317〜321 W.M.ヴォーリズ年譜：p325〉
①4-422-50123-2

◇W.メレル・ヴォーリズ（一柳米来留）―近江に「神の国」を　奥村直彦著　近江兄弟社湖声社　1986.4　58p　18cm　〈W.メレル・ヴォーリズの肖像あり　主な参考文献・一柳米来留（William Merrell Vories）年譜・主要著書：p43〜47〉

▌宇垣 一成　うがき・かずしげ
1868〜1956　陸軍軍人，政治家。大将，参議院議員。ワシントン会議後宇垣軍縮を断行，加藤，若槻，浜口内閣陸相として宇垣時代を築く。

◇命がけの夢に生きた日本人―世界の国々に刻まれた歴史の真実　黄文雄著　青春出版社　2006.4　366p　19cm
①4-413-03579-8
＊お金のためでなく、大いなる理想を持って海を渡った人たちがこの国にいた！ 生涯を台湾医学教育に捧げた堀内次雄、未発達な上下水道整備をした浜野弥四郎、19世紀の食糧不足を救った磯永吉と末永仁、朝鮮の個々の農家を啓発していった宇垣一成、蒙古女子教育に尽力した河原操子、漢和辞典編纂の先駆となった井上翠、ビルマ独立を支援した鈴木敬司、マレーシア解放に命をかけた山下奉文、インドネシア義勇軍編成の父である柳川宗成…今、われわれがより良く生きるための指針を取り戻す必須の書。

◇36人の日本人 韓国・朝鮮へのまなざし　舘野晳編著　明石書店　2005.2　231p　19cm　①4-7503-2053-6

◇幻の宰相宇垣一成―陸軍をめぐる奇縁石原莞爾と陸軍教授内田百間　小川晃一著　新風舎　2004.11　79p　19cm　〈年譜あり〉　①4-7974-4704-4

◇宇垣一成とその時代―大正・昭和前期の軍部・政党・官僚　堀真清編著　新評論

I 政治・経済　　　　　　　　　　　　　　　　　　　　　宇垣一成

1999.3　440p　22cm　①4-7948-0435-0
＊陸軍大臣、朝鮮総督、近衛内閣の外相を歴任し、「政界の惑星」と称された宇垣一成の思想と行動を多面的に究明！「宇垣軍縮」の実態、未遂のクーデタ、三月事件と宇垣、朝鮮総督としての治績、幻の宇垣内閣など、その全貌に迫る。

◇宇垣一成関係文書　宇垣一成文書研究会編　芙蓉書房出版　1995.6　753p　22cm　①4-8295-0151-0
＊昭和戦前期、もっとも注目される軍人政治家宇垣一成。大正～昭和の来翰・発翰約1000通を翻刻した画期的史料集。

◇宇垣一成―政軍関係の確執　渡辺行男著　中央公論社　（中公新書）　1993.5　246p　18cm　①4-12-101133-3
＊2.26事件以降、政治の主眼は陸軍を抑えること、あるいは協調におかれた。そして「宇垣なら」という待望論が絶えることはなかった。宇垣一成とは何者であったのか。力量・識見あふれる実力者だったのか。3月事件の影の主役である野心家であったのか。昭和12年、組閣の大命を受けながら陸軍中堅幹部の排斥工作によって遂に大命拝辞に追いこまれた真の理由は何か。新史料を駆使して波瀾の生涯を辿り、昭和史の謎に肉薄する。

◇宇垣一成宰相であれば第二次世界大戦は起こらなかった。―宇垣一成将軍と蒋介石将軍　池見猛著　池見学園出版部　1992.12　205p　19cm　〈限定版〉

◇宇垣内閣流産に関する一考察　李正竜著，富士ゼロックス・小林節太郎記念基金編　富士ゼロックス・小林節太郎記念基金　1991.2　54p　26cm　〈富士ゼロックス・小林節太郎記念基金1989年度研究助成論文〉

◇政治と軍事―明治・大正・昭和初期の日本　角田順著　光風社出版　1987.12　435p　21cm　①4-87519-009-3
＊本書は、日露戦争前後から以降40年間の、日本の歩みに対する透徹した再検討と反省とを示唆すると共に、20世紀前半の極東国際政治から、第2次大戦前後の英・独・ソ・米関係に及ぶ、著者の

学風の結晶30数篇を納めたものである。

◇陸軍に裏切られた陸軍大将―宇垣一成伝　額田坦著　芙蓉書房　1986.11　386p　19cm
＊組閣の大命を受けながら、石原莞爾ら子飼いの陸軍幕僚の激しい抵抗のため、首相を断念した悲運の軍人政治家宇垣一成―。問題となった「宇垣軍縮」や「三月事件」の真相など、昭和史を変えたかもしれない男の生涯を最後の陸軍省人事局長が浮き彫りにする。

◇宇垣一成―悲運の将軍　棟田博著　光人社　1979.8　225p　20cm

◇宇垣一成　井上清著　朝日新聞社　（朝日評伝選）　1975　281p　20cm　〈巻末：宇垣一成年譜〉

◇秘録宇垣一成　額田坦著　芙蓉書房　1973　386p　20cm　〈巻末：宇垣一成年譜〉

◇宇垣一成日記　3　昭和14年3月-昭和24年7月　角田順校訂　みすず書房　1971　1315-1823,11p　図　22cm

◇宇垣一成日記　2　昭和6年6月-昭和14年2月　角田順校訂　みすず書房　1970　1311p　図版　22cm

◇宇垣一成日記　第1　明治35年9月-昭和6年6月　宇垣一成著，角田順校訂　みすず書房　1968　796p　図版　22cm

◇近代日本の政治指導　大陸外交の危機と3月事件―宇垣一成とその背景　関寛治著　東大出版会　1965

◇宇垣日記　宇垣一成著　朝日新聞社　1954　413p　図版　22cm

◇続 財界回顧―故人今人　池田成彬著，柳沢健編　三笠書房　（三笠文庫）　1953　217p　16cm

◇松籟清談　宇垣一成述，鎌田沢一郎著　文芸春秋新社　1951　346p　図版　19cm

◇宇垣一成の歩んだ道　渡辺茂雄著　新大陽社　1948　294p　19cm

伝記ガイダンス 明治を生きた人々　　85

浮田 佐平　うきだ・さへい
1867〜1939　実業家。

◇続・瀬戸内の経済人一人と企業の歴史に学ぶ23話　赤井克己著　吉備人出版　2009.12　243p　21cm　①978-4-86069-247-6
＊過酷な運命に立ち向かい苦闘する経済人の熱いドラマ！　明治の女傑・三好野本店・若林加之から国産ジーンズの先駆者ビッグ・ジョン創業者の尾崎小太郎ら、瀬戸内経済人の素顔に迫る一冊。

宇佐美 勝夫　うさみ・かつお
1869〜1942　内政官僚。

◇植民地帝国人物叢書　28（朝鮮編 9）　宇佐美勝夫氏之追憶録　宇佐美勝夫　永島広紀編　故宇佐美勝夫氏記念会著　ゆまに書房　2010.5　333p　22cm　〈故宇佐美勝夫氏記念会1943年刊の複製　年譜あり〉　①978-4-8433-3392-1

鵜沢 総明　うざわ・ふさあき
1872〜1955　弁護士，政治家。明治大学総長、衆議院議員。日比谷焼討ち事件、大逆事件等の弁護を担当、東京裁判日本側弁護団長を務める。

◇鵜沢総明―その生涯とたたかい　伝記・鵜沢総明　石川正俊著　大空社　（伝記叢書）　1997.9　32,462,5p　22cm　〈技報堂昭和31年刊の複製　☆柳原書店〉　①4-7568-0481-0
◇鵜沢総明―その生涯とたたかい　石川正俊著　技報堂　1956　462p　図版33p　22cm

氏家 清吉〔1代〕
うじいえ・せいきち
1867〜1910　初代清吉，実業家，政治家。

◇氏家清吉氏の生涯　庄司昭著　「氏家清吉氏の生涯」刊行会　1957　197p　図版　19cm

潮 恒太郎　うしお・つねたろう
1865〜1919　司法官。大審院検事。シーメンス事件を担当して功績があった。旭

日小綬章受章。

◇評伝 潮兄弟の絆　伊藤義照著　「潮兄弟の絆」顕彰会・事務局　2012.11　159,123,180p　22cm

潮田 千勢子　うしおだ・ちせこ
1844〜1903　婦人運動家。矯風会会頭。禁酒・廃娼運動を展開し、慈愛館を設立。

◇社会事業に生きた女性たち―その生涯としごと　続　五味百合子編著　ドメス出版　1980.6　258p　21cm　〈池上雪枝 右田紀久恵 井上和子著. 奥村五百子 石黒チイ著. 潮田千勢子 一番ケ瀬康子著. 岩永マキ 出口方子著. 守屋東 林千代著. パウラス姉妹 潮谷義子著. 黒川フジ 郷地二三子著. 平田ノブ 田辺敦子著. 奥むめお 中村紀伊著. キュックリッヒ 窪田暁子著. 山高しげり 五味百合子著. 山室民子 池末美穂子著. 島マス 安里和子著. 秋田美子 大友昌子著. 対談 学生とともに歩んだ三〇年 五味百合子　吉田久一著. 続社会事業に生きた女性たち略年表 星島志保子編：p245〜258〉

牛島 謹爾　うしじま・きんじ
1864〜1926　アメリカ移民。在米日本人会初代会長。荒地を開拓して、良質ジャガイモの大量生産に成功、ポテト王と呼ばれた。

◇マンガポテトキングと呼ばれた男牛島謹爾　久留米大学文学部情報社会学科「活字メディア実習演習」編，宮下二三マンガ　梓書院　2017.12　35p　21cm　〈文献あり〉　①978-4-87035-618-4

◇志を貫いた先人たち　モラロジー研究所出版部編　モラロジー研究所　（「歴史に学ぼう、先人に学ぼう」）　2009.5　255p　19cm　①978-4-89639-170-1
＊先人たちの並々ならぬ努力に日本人の底力を見た。歴史に学ぶ道徳教材。

◇花は一色にあらず―アメリカで「ポテトキング」と呼ばれ日本人の心を伝えた牛島謹爾　山田義雄著　西日本新聞社　2008.10　343p　19cm　①978-4-8167-0762-9
＊明治前期に渡米、「アメリカンドリーム」を実現した久留米出身の農場開拓起業

I 政治・経済　　　　　　　　　　　　　　　　　　　　　　　　　　　　　　　　　　　内田良平

家、苦境に立つ日本人移民に自信と誇
りを持たせた牛島謹爾の熱烈人生。

◇先人の面影 久留米人物伝記　久留米市編
1961　526,30p 図版　22cm

‖ 薄井 竜之　うすい・たつゆき
1832〜1916　志士。秋田地方裁判所所長。
水戸天狗党に加わった勤王家で、岩倉具
視と知遇、維新後は各地の司法官を歴任。

◇信州飯田幕末勤皇の志士薄井竜之　長瀬
宰治編著　〔長瀬宰治〕　2009.2　42p
26cm

‖ 内田 嘉吉　うちだ・かきち
1866〜1933　官僚，政治家。台湾総督，
貴族院議員。台湾総督府民政長官となり、
南洋協会を創立、日本無線電信会社社長
などを歴任。

◇サポーターズクラブとジャングル探検隊―
千代田図書館蔵内田嘉吉文庫を探る　上
野允子 編　千代田図書館サポーターズク
ラブ　2009.2　55p 30cm　〈年譜あり〉

‖ 内田 瀞　うちだ・きよし
1858〜1933　北海道開拓、北海道農業基
礎確立の功労者。

◇クラークの手紙―札幌農学校生徒との往
復書簡　佐藤昌彦，大西直樹，関秀志編・
訳　北海道出版企画センター　1986.6
320p 19cm　①4-8328-8603-7

‖ 内田 康哉　うちだ・こうさい
1865〜1936　政治家，外交官。外務大臣、
満鉄総裁。斎藤内閣の外相として満州国承
認等強硬策を唱え、焦土外交と称される。

◇内田康哉関係資料集成　第1巻　資料編
1　小林道彦，高橋勝浩，奈良岡聰智，西
田敏宏，森靖夫編集　柏書房　2012.12
706p　22cm　〈文献・年譜・索引あり
翻刻〉　①978-4-7601-4173-9

◇内田康哉関係資料集成　第3巻　伝記編
小林道彦，高橋勝浩，奈良岡聰智，西田敏
宏，森靖夫編集　柏書房　2012.12 368p
22cm　〈「内田康哉―近代日本の内田外

交」(鹿島研究所出版会 1969年刊)の翻
刻〉　①978-4-7601-4175-3

◇人物で読む近代日本外交史―大久保利通
から広田弘毅まで　佐道明広，小宮一夫，
服部竜二編　吉川弘文館　2009.1　316p
19cm　①978-4-642-07997-6
＊明治維新から昭和戦前期まで、日本外
交を担った伊藤博文、陸奥宗光、幣原喜
重郎ら十九名の外交官・政治家たち。
彼らの個性に光を当て、条約改正、朝鮮
問題、協調外交、日中戦争など、近代日
本外交の栄光と苦悩を描く。

◇内田康哉　内田康哉伝記編纂委員会，鹿
島平和研究所編　鹿島研究所出版会
1969　410p 図版　22cm　〈附録(397-
410p)：内田康哉年譜〉

‖ 内田 三郎　うちだ・さぶろう
1854〜1910　政治家。群馬県議会議員。

◇創業―なぜ消えた!?キャノンの創業者　荒
川竜彦著　朝日ソノラマ　1986.6　231p
20cm　①4-257-03214-6

‖ 内田 良平　うちだ・りょうへい
1874〜1937　右翼運動指導者。大日本共
産党総裁。黒竜会主幹で日露開戦を主張、
韓国一進会と共に日韓合邦運動を展開。

◇続・日露異色の群像30―文化・相互理解に
尽くした人々　長塚英雄責任編集，ロシ
アン・アーツ企画　生活ジャーナル　(ド
ラマチック・ロシアin japan)　2017.12
531p　21cm　①978-4-88259-166-5

◇玄洋社怪人伝―頭山満とその一派　頭山
満，的野半介，杉山茂丸，内田良平，夢野
久作著　書肆心水　2013.10　313p
21cm　①978-4-906917-17-4

◇『坂の上の雲』まるわかり人物烈伝 工作
員篇　明治「時代と人物」研究会編著
徳間書店　(徳間文庫)　2010.10　333p
15cm　①978-4-19-893245-9
＊児玉源太郎が陰で操っていた、数々の
スパイたち。国家のため、私財を投げ
打って情報収集に命をかけた、市井の
スパイたち。日露戦争勝利の裏側で、
決死の工作員たちが愛国の涙を流して

伝記ガイダンス 明治を生きた人々　**87**

いた。明石元二郎、杉山茂丸、中村天風、大谷光瑞―。これまであまり語られてこなかった諜報活動の数々を、貴重な資料から掘り起こす！『坂の上の雲』をもっと楽しみたい人に最適の、裏ガイドブック。

◇日本の右翼　猪野健治著　筑摩書房　（ちくま文庫）　2005.4　377p　15cm　Ⓘ4-480-42050-9
＊右翼とは何か？ 危険なイメージのみが先行し、その実態や主張は報道されることが少ない。明治期から現在にいたる右翼運動の変遷をわかりやすく解説するとともに、頭山満、宮崎滔天、内田良平、北一輝から、赤尾敏、児玉誉士夫、野村秋介まで16人の思想家・運動家について紹介する。グローバリズムとナショナリズム、テロ、自衛隊、憲法…。激動のいまこそ読むべき一冊。

◇国士内田良平―その思想と行動　中村武彦ほか監修，内田良平研究会編著　展転社　2003.1　421p　20cm　〈肖像あり　年譜あり　文献あり〉　Ⓘ4-88656-225-6
＊君は内田良平を知っているか？ 内に国家改造、外に大アジア主義。明治大正昭和の動乱を疾走した国家戦略家のすべて。

◇内田良平関係文書　第1巻　内田良平文書研究会編　芙蓉書房出版　1994.6　356p　31cm　Ⓘ4-8295-0131-6

◇内田良平関係文書　第2巻　内田良平文書研究会編　芙蓉書房出版　1994.6　296p　31cm　Ⓘ4-8295-0132-4

◇内田良平関係文書　第3巻　内田良平文書研究会編　芙蓉書房出版　1994.6　308p　31cm　Ⓘ4-8295-0133-2

◇内田良平関係文書　第4巻　内田良平文書研究会編　芙蓉書房出版　1994.6　305p　31cm　Ⓘ4-8295-0134-0

◇内田良平関係文書　第5巻　内田良平文書研究会編　芙蓉書房出版　1994.6　296p　31cm　Ⓘ4-8295-0135-9

◇内田良平関係文書　第6巻　内田良平文書研究会編　芙蓉書房出版　1994.6　250p　31cm　Ⓘ4-8295-0136-7

◇内田良平翁五十年祭追慕録　田中健之編　日本興亜協会皇極社出版部　1987.7　235p　21cm　〈内田良平の肖像あり　内田良平及黒竜会関係年譜・主要著作刊行目録：p206～230〉

◇アジアの叛逆―内田良平 慟哭の生涯　喜安幸夫著　全貌社　1987.7　399p 19cm　Ⓘ4-7938-0116-1
＊明治期、黒竜会は当時の国際情勢を背景に、維新の理想を組織的に継承・実践しようとして結成されたものである。ここに、黒竜会が欧米諸国よりブラック・ドラゴンとの異名を取り、東京裁判において無気味な組織とされ、かつ、恐れられた原点があった。黒竜会を結成し、その陣頭指揮に立ってきたのが、本書の主人公である "内田良平" その人である。本書では、ともすれば歴史上の人物を乾燥機にかけ剥製化しがちな "評論" の轍は回避し、あくまでも "生体" としての内田良平を甦らせるように心がけた。

◇大陸浪人　渡辺竜策著　徳間書店　（徳間文庫）　1986.8　349p 15cm　Ⓘ4-19-598124-7
＊明治以降、高揚した日本のナショナリズムは多種多様な "壮士" を海外に "雄飛" させた。孫文に終生援助を惜しまなかった宮崎滔天，大アジア主義を唱えた内田良平、蒙古独立を図った川島浪速、馬賊・天鬼将軍こと薄益三から、果ては金に釣られた一旗組に中国侵略の手先となった大陸ゴロまで、"満蒙" の大地に野望を馳せた群像に照明を当て、彼らを歴史の落し子として認知せんとする日中裏面史の野心作。

◇日本人の自伝　11　宮崎滔天.内田良平.西田税.大川周明　平凡社　1982.1　522p　20cm　〈宮崎滔天ほかの肖像あり　三十三年の夢 宮崎滔天著．硬石五拾年譜 上巻 内田良平著．戦雲を麾く―西田税自伝 西田税著．安楽の門 大川周明著．解説 橋川文三著．宮崎滔天ほか略年譜：p519～522〉

◇明治・大正・昭和にわたる本流ナショナリズムの証言―内田良平と大日本生産党五十年の軌跡　大日本生産党編　原書房　1981.11　478p　22cm　〈奥付・背の書

I 政治・経済　　　　　　　　　　　　　　　　　　　　　　宇都宮太郎

名：本流ナショナリズムの証言　監修：鴨
田徳一　内田良平の肖像あり　大日本生産
党五十年史年表：p453〜476〉
①4-562-01177-7

◇日本のファシズム　栄沢幸二著　教育社
（教育社歴史新書＜日本史＞）　1981.10
225p　18cm　〈巻末：参考文献　教育社
出版サービス　図版〉

◇伝統的右翼内田良平の研究　初瀬竜平著
九州大学出版会　（北九州大学法政叢書）
1980.9　397,12p　22cm　〈叢書の編者：
北九州大学法学会法政叢書刊行委員会
内田良平年譜・参考文献：p375〜393〉

◇硬石五拾年譜—内田良平自伝　内田良平
著，西尾陽太郎解説　葦書房　1978.10
246p　22cm　〈著者の肖像あり〉

◇評伝内田良平　滝沢誠著　大和書房
1976　353p　20cm

◇国士内田良平伝　黒竜倶楽部編　原書房
1967　784p　図版　22cm

▌内山 愚童　うちやま・ぐどう
1874〜1911　曹洞宗僧侶，無政府主義者。
箱根林泉寺住職。「無政府共産」を秘密出
版し逮捕され、大逆事件に連座し、刑死
する。

◇内山愚童　森長英三郎著　論創社　1984.1
282p　20cm　〈内山愚童の肖像あり〉

◇大逆事件と内山愚童　柏木隆法著　JCA
出版　1979.1　262p　22cm

◇燎火の流れ—わが草わけの社会主義者たち
木原実著　オリジン出版センター　1977.6
283p　19cm　〈木原実エッセイ集〉

◇菊とクロハタ—幸徳事件の人々　渡辺順
三編，江口渙解説　新興出版社　1960
212p　図版　18cm

◇十二人の死刑囚—大逆事件の人々　渡辺
順三著　新興出版社　1956　169p　18cm

▌宇都宮 三郎　うつのみや・さぶろう
1834〜1902　蘭学者，化学技術者。セメ
ント製造所を建設、工部大技師長となり

石油試験取調局委員長などを歴任。

◇日本の化学の開拓者たち　芝哲夫著　裳
華房　（ポピュラー・サイエンス）
2006.10　147p　19cm　①4-7853-8779-3

◇舎密から化学技術へ—近代技術を拓いた
男・宇都宮三郎　豊田市郷土資料館特別展
豊田市郷土資料館編　豊田市教育委員会
2001.11　131p　30cm　〈会期：平成13年
11月3日—12月2日　肖像あり　文献あり
年譜あり〉

▌宇都宮 仙太郎
うつのみや・せんたろう
1866〜1940　酪農家。北海道酪農の父。
バターの製造販売（雪印乳業のルーツ）を
はじめる。

◇宇都宮仙太郎　黒沢西蔵著　酪農学園出
版部　1957

▌宇都宮 太郎　うつのみや・たろう
1861〜1922　陸軍軍人。大将，軍事参議
官。陸軍内の反長州閥で薩摩閥の上原勇
作陸軍大臣擁立運動や2個師団増設問題な
どで活躍。

◇歴代陸軍大将全覧　大正篇　半藤一利，横
山恵一，秦郁彦，原剛著　中央公論新社
（中公新書ラクレ）　2009.2　357,31p
18cm　①978-4-12-150307-7
　＊世界大戦と日独戦争、シベリア出兵、そ
　　して吹き荒れる軍縮の嵐。激動する大
　　正期の日本陸軍の姿を、大将41人の事
　　績とともに詳細に記す。写真、資料も
　　充実。明治篇に続く陸軍史一大巨編。

◇日本陸軍とアジア政策—陸軍大将宇都宮
太郎日記　3　宇都宮太郎著，宇都宮太郎
関係資料研究会編　岩波書店　2007.12
528,73p　22cm　〈肖像・年譜あり〉
①978-4-00-024247-9
　＊朝鮮軍司令官として3・1独立運動を鎮
　　圧。統治の改善を図るべく、豊富な朝
　　鮮人脈を使い、「文化政治」を先取りし
　　た提言・施策。帰国後、参謀総長就任の
　　夢を果たせず死去。

◇日本陸軍とアジア政策—陸軍大将宇都宮
太郎日記　2　宇都宮太郎著，宇都宮太郎

関係資料研究会編　岩波書店　2007.7
661p　22cm　〈肖像あり〉
①978-4-00-024246-2

◇日本陸軍とアジア政策—陸軍大将宇都宮
太郎日記　1　宇都宮太郎著，宇都宮太郎
関係資料研究会編　岩波書店　2007.4
512p　22cm　①978-4-00-024245-5

‖ **宇都宮 黙霖**　うつのみや・もくりん
1824〜1897　勤王僧。勤王の志士と交わ
り安政の大獄に連座、僧籍のため釈放さ
る。維新後は湊川神社・男山八幡宮の
神官。

◇ひょうご幕末維新列伝　一坂太郎著　神
戸新聞総合出版センター　2008.7　408p
19cm　①978-4-343-00476-5
＊明治維新—日本中で変革の息吹が芽生
え、近代化への情熱が沸き立っていた。
兵庫県でも、あらゆる人や組織が動い
た。伊藤博文、勝海舟、桂小五郎、大久
保利通、坂本竜馬、吉田松陰…激動の時
代を歩んだ先人たちの生きざまがここ
によみがえる。

◇黙霖物語—きさらぎの花は開いて　大尾
博敏著　宇都宮黙霖研究会　1997.9
171p　21cm　〈発売：K.M.S.　取扱い：
地方・小出版流通センター　宇都宮黙霖
の主な歩み（略年譜）：p158〜167 この本
の執筆のため参考にした文献：p170〉
①4-9900643-5-6

◇宇都宮黙霖—伝記・宇都宮黙霖　知切光
歳著　大空社　（伝記叢書）　1993.9
393,6p　22cm　〈日本電報通信社出版部
昭和17年刊の複製　黙霖年譜：p353〜
386〉　①4-87236-430-9

◇宇都宮黙霖・吉田松陰往復書翰　川上喜
蔵編著　錦正社　（国学研究叢書）
1982.2　247p　19cm　〈第2刷（第1刷：昭
和46年）宇都宮黙霖　吉田松陰の肖像あ
り　宇都宮黙霖略年譜：p242〜247〉

◇宇都宮黙霖・吉田松陰往復書翰　川上喜
蔵編著　錦正社　（国学研究叢書）　1972
256p　19cm　〈宇都宮黙霖略年譜：p.
252-256〉

‖ **内海 忠勝**　うつみ・ただかつ
1843〜1905　政治家，長州藩士。貴族院
議員，内相。尊攘を唱えて宣徳隊を結成、
騎兵隊に入隊、後脱藩して幽閉される。

◇内海忠勝　高橋文雄著　内海忠勝顕彰会
1966　410p　図版　22cm

‖ **宇野 円三郎**　うの・えんざぶろう
1834〜1911　農業経営者。治山治水事業
の先駆者。著者に「治水植林本源論」など。

◇宇野円三郎先生　小林久磨雄著　真野菁
芳園　1955

‖ **宇野沢 辰雄**　うのざわ・たつお
1867〜1911　実業家。ウノサワ創業者。
ドイツに留学しステンドグラスとエッチ
ングを学ぶ。帰国後、日本初のステンド
グラス工房を設立。機械への転業を図り、
宇野沢組鉄工所を創業。

◇日本のステンドグラス 宇野澤辰雄の世界
宇野澤辰雄作，増田彰久写真，田辺千代文
白揚社　2010.9　222p　22cm　〈年譜・
文献あり〉　①978-4-8269-0159-8
＊ステンドグラスは近代建築のもう一つ
の顔。"和製ステンドグラスの祖"の作品
に西洋化の中の日本を見る。

‖ **海内 果**　うみうち・はたす
1850〜1881　自由民権運動家。地租改正
などに対して論陣を張る。

◇海内果先生を偲ぶ　射水郡先覚顕彰の会，
新聞週間富山県実行委員会共編　射水郡
先覚顕彰の会　1953

‖ **梅沢 道治**　うめざわ・みちはる
1853〜1924　陸軍軍人。中将，第六師団
長。日清戦争に歩兵第二十三連隊大隊長
として日露戦争では近衛後備混成旅団長
として出征。

◇戦場の人間学—旅団長に見る失敗と成功
の研究　篠原昌人著　光人社　2006.10
258p　19cm　①4-7698-1313-9
＊全陸軍の期待を一身に浴びて戦場に赴
いた陸大首席の東条英教、二番の山口

Ⅰ　政治・経済

圭蔵は、なぜ一敗地にまみれたのか。評価の低かった梅沢道治、無名の岡崎生三は、なぜ赫々たる戦果をあげられたのか。参謀を持たず、自ら作戦の意味を理解し、判断して動かなければならない三人の旅団長の采配に学ぶ。

▍**梅村 速水**　うめむら・はやみ
1842～1870　政治家。高山県（現岐阜県）初代知事。山方米廃止、人別米不渡、商法局設置などで県民の反感を買い、農民一揆を誘発。
◇水戸藩士・梅村速水伝―初代高山県知事の生涯　大津光, 小林義忠共編著　梅村速水顕彰会　1990.2　242p　21cm　〈梅村速水没後百二十年記念出版 梅村速水の肖像あり　関係略年表：p234～237 参考文献：p240～241〉

▍**梅屋 庄吉**　うめや・しょうきち
1868～1934　映画企業家。映画会社Mパテー商会を設立、映画興行や制作に乗り出す。日本活動写真の創立に成功。
◇まんがでよくわかる日本人の歴史日本人だけが知らない世界から絶賛される日本人 献身のこころ・篇　黄文雄原作, 大和正樹, はらだかずや, 徳光康之, 野澤裕二, 高樹はいど, 玉置一平漫画　徳間書店　2017.11　159p　19cm　〈文献あり〉　①978-4-19-864511-3
◇孫文の辛亥革命を成功させた日本人梅屋庄吉・伝　木内是壽著　木内書房　2017.8　147p　21cm
◇梅屋庄吉の生涯―長崎・上海で、孫文と庄吉の足跡を探す：ナガサキ人　小坂文乃著　長崎文献社　2012.11　151p　21cm　①978-4-88851-187-2
　＊孫文を支援した長崎の快男児。異文化の町長崎から羽ばたいた男には夢があった。香港、上海、シンガポールなどを舞台に夢に挑戦。未公開写真を多数掲載した画期的な梅屋庄吉の伝記。
◇孫文・梅屋庄吉と長崎―受け継がれる交流の架け橋　長崎県（文化観光物産局文化振興課）　2011.10　126p　30cm　〈会

期・会場：2011年10月1日（土）～2012年3月25日（日）長崎歴史文化博物館　共同刊行：長崎市（文化観光部文化財課）　長崎歴史文化博物館　年譜あり〉　①978-4-904561-37-9
　＊革命家・中国建国の父・孫文、活動屋・日活創立者梅屋の夢とダンディズム。長崎歴史文化博物館・特別企画展オフィシャルブック。
◇孫文と梅屋庄吉―100年前の中国と日本　特別展　東京国立博物館、毎日新聞社編　東京国立博物館　2011　190p　31cm　〈会期・会場：2011年7月26日―9月4日 東京国立博物館本館特別5室　共同刊行：毎日新聞社　年譜あり〉
◇革命をプロデュースした日本人　小坂文乃著　講談社　2009.11　276p　20cm　〈文献あり〉　①978-4-06-215883-1
　＊孫文と辛亥革命を最後まで支えた梅屋庄吉。遺言により封印されてきた驚愕の史実が甦る。
◇盟約ニテ成セル梅屋庄吉と孫文　読売新聞西部本社編　海鳥社　2002.10　113p　26cm　④87415-405-0
　＊日本映画界の風雲児、日活創設者の1人・梅屋庄吉―。彼は孫文との盟約に生きた中国革命の志士でもあった。犬養毅、大隈重信、頭山満、宮崎滔天など多彩な人脈をもち、孫文の革命への決起を身命を賭して支援した彼の足跡を辿り、知られざる日中交流の側面を照射する。
◇君ヨ革命ノ兵ヲ挙ゲヨ―日中友好秘録 革命の父・孫文に生涯した一日本人　車田譲治著　六興出版　（ロッコウブックス）　1979.4　436p　19cm　〈新装版〉
◇国父孫文と梅屋庄吉―中国に捧げたある日本人の生涯　車田譲治著　六興出版　1975　436p　19cm　〈述：国方千勢子等〉

▍**海野 孝三郎**　うんの・こうざぶろう
1852～1927　実業家。〔記念施設〕頌功碑（静岡県静岡市、日本平山頂）
◇世界に静岡茶 売った男―清水港から初の直輸出 海野孝三郎伝　森竹敬浩著　静岡新聞社　1993.10　231p 19cm

①4-7838-1225-X
＊19世紀末から20世紀初めにかけ世界を
回り情報を収集、静岡茶の直輸出で横
浜に負けない清水港の繁栄を夢見た男
の物語。

【 え 】

▌ 江木 千之　えぎ・かずゆき
1853～1932　官僚，政治家。貴族院議員，
文相。教育問題に取り組み、清浦内閣文
相、枢密顧問官を歴任。
◇江木千之翁経歴談―伝記・江木千之　江
木千之翁経歴談刊行会著　大空社　（伝記
叢書）　1987.9　2冊　22cm　〈江木千之
翁経歴談刊行会昭和8年刊の複製　江木千之
の肖像あり〉
◇近代日本の教育を育てた人びと　上　教
育者としての福沢諭吉〔ほか〕　東洋館出
版社編集部編　源了円　東洋館出版社
（教育の時代叢書）　1965　19cm

▌ 江木 衷　えぎ・ちゅう
1858～1925　法律家。東京弁護士会会長。
英吉利法律学校を創設、著書に「刑法
汎論」。
◇法思想の世界　矢崎光圀著　塙書房　（塙
新書）　1996.9　193p　18cm
①4-8273-4073-0
＊「世紀末」が独特の意味合いで使われだ
し、明治維新を迎えたわが国にとって
も重要な19世紀末―そんな危機的状況
の時期に生きた先人たち、現実を直視
し、コミュニケートし、打開を志し、あ
るいは途半ばでたおれた先人たちの生
きざまに、法思想の側から光をあてる。

▌ 江沢 金五郎　えざわ・きんごろう
1852～1896　実業家。
◇夢を売った男―近代商業のパイオニア天
賞堂・江沢金五郎　市原允著　崙書房出
版　（ふるさと文庫）　1990.10　173p

18cm　〈江沢金五郎の肖像あり　参考資
料：p172～173〉

▌ エッシャー, G.A.
Escher, George Arnold
1843～1939　オランダの土木技師。1873
年来日。淀川、九頭竜川の改修・治水工事
を指導。
◇ジパング江戸科学史散歩　金子務著　河
出書房新社　2002.2　310p　19cm
①4-309-25155-2
＊江戸のダ・ヴィンチ、ガリレイを訪ね
て、さあ、旅に出よう！戦国時代から幕
末まで揺籃期の日本の科学技術の先駆者
46人を再発見する、日本列島歴史散歩。
◇開化異国助っ人奮戦記　荒俣宏著，安井
仁撮影　小学館　1991.2　349p　19cm
①4-09-389311-X
＊「日本」はいったい何者か。近代日本は
「外国」をどう受容し、どう排斥してき
たのか。その「モザイク状の西洋化」に
こそ、「異質の国」といわれる深層構造
がある。博物学の第一人者が、文明開
化期に〈辺境の島〉に渡ってきた28人の
お雇い外国人を通して描く異色日本論。
◇蘭人工師エッセル日本回想録　十朗寿夫，
伊藤安男訳，竜翔館（三国町郷土資料館）
編　三国町　1990.7　254p　27cm　〈総
合監修：伊藤安男　著者の肖像あり　エッ
セルの略歴：p11　参考文献：p239～241〉

▌ 江藤 新平　えとう・しんぺい
1834～1874　佐賀藩士，政治家。司法卿。
民法典編纂、司法権独立に尽力、征韓論が
入れられず佐賀で挙兵、政府軍に敗れ処
刑。〔記念施設〕佐賀県立図書館　江藤家
資料（佐賀県佐賀市），佐賀大学附属図書
館　江藤新平関係文書（佐賀県佐賀市）
◇明治裏面史　上巻　伊藤痴遊著　国書刊
行会　2013.4　201p　21cm
①978-4-336-05642-9
＊二十世紀前半に大活躍した風刺家・伊
藤痴遊が、黎明期日本政治の裏側を人
物中心に物語る。大久保利通、伊藤博
文、江藤新平、西郷隆盛、乃木希典等
等。志士たちがまだ歴史上の人物では

Ⅰ 政治・経済　　　　　　　　　　　　　　　　　　　　　　　　　江藤新平

なく、記憶に新しかった時代に書かれたものならではの迫力が胸を撃つ。

◇明治裏面史　下巻　伊藤痴遊著　国書刊行会　2013.4　243p　21cm　①978-4-336-05643-6　＊昔日のベストセラー作家・伊藤痴遊が伝える幕末明治激震の姿。司法の父・江藤新平の悲痛な最期と大久保利通の冷酷さ。工作、謀略、手練手管…。志士たちの乱暴で荒々しい、剥き出しで命がけのかけひきの数々には、ただ驚くほかはない。

◇江藤新平—1834-1874　星原大輔著　佐賀県立佐賀城本丸歴史館　（佐賀偉人伝）　2012.9　110p　21cm　〈年譜あり〉　①978-4-905172-06-2

◇司馬遼太郎 歴史のなかの邂逅　6　村田蔵六～西郷隆盛　司馬遼太郎著　中央公論新社　（中公文庫）　2011.2　255p　15cm　①978-4-12-205438-7　＊日本史上最大のドラマともいうべき明治維新で、「三傑」と称された大久保利通、木戸孝允、西郷隆盛をはじめ、岩倉具視、江藤新平など、立役者となった人々の足跡—。第六巻には、この国の将来像を描くためのヒントがちりばめられた二十一篇を収録。

◇明治大学を創った三人の男　加来耕三著　時事通信出版局　2010.9　273p　20cm　〈発売：時事通信社　文献あり〉　①978-4-7887-1072-6　＊岸本辰雄（鳥取藩）、宮城浩蔵（天童藩）、矢代操（鯖江藩）の手によって創設された明治法律学校。幕末維新の動乱と変革の中で、三人の男たちが追い求めた理想とは何だったのか？「権利自由」「独立自治」を基本理念とする明治大学の原点を追う。

◇明治維新の再発見　復刊　毛利敏彦著　吉川弘文館　（歴史文化セレクション）　2010.5　233p　19cm　①978-4-642-06362-3　＊いまも多くの人々をひきつける明治維新。ダイナミックな変革の時代を西郷・大久保などの人物伝も織りなし、アジアの視点を踏まえ縦横に論じた「毛利

維新学」のエッセンス。明治維新の現代的意義の再発見へ誘う名著。

◇幕末維新人物新論—時代をよみとく16のまなざし　笹部昌利編　昭和堂　2009.12　321p　21cm　①978-4-8122-0958-5　＊想い、考える、竜馬たちの時代。

◇江藤南白　上巻　復刻　的野半助著　マツノ書店　2006.1　32,708p　22cm　〈奥付のタイトル：江藤南白伝　原本：民友社大正3年刊　肖像・年譜あり〉

◇江藤南白　下巻　復刻　的野半助著　マツノ書店　2006.1　1冊　22cm　〈奥付のタイトル：江藤南白伝　原本：民友社大正3年刊　折り込3枚〉

◇江藤新平伝—奇跡の国家プランナーの栄光と悲劇　星川栄一著　新風舎　2003.10　301p　19cm　①4-7974-2929-1　＊教科書ですら、「征韓論を主張して下野し、不平士族を率いて佐賀の乱を起こし処刊された」と通説で伝えられている江藤新平。その歴史的記述・解釈の大いなる誤りを糺し、従来の江藤像を一新する衝撃の書。「近代日本を作った国家プランナーであり、史上最強のテクノクラート官僚」としての知られざる実像を明らかにする。

◇司法卿江藤新平　佐木隆三著　文芸春秋　（文春文庫）　1998.4　300p　16cm　①4-16-721514-4　＊明治7年、初代司法卿の江藤新平は「佐賀の乱」の首謀者として、佐賀裁判所で死刑判決を受け、即日、斬首された。彼はなぜ栄光の座を捨てて下野したのか。司法権の独立に辣腕をふるって、法の正義を貫いた江藤新平は、薩長勢力と対立して悲劇的な最期を迎える。司法と行政の権限争いの視点から描く裁判小説。

◇江藤新平—近代日本のかたちをデザインした人　中島優著，自由主義史観研究会編　明治図書出版　（教科書が教えない歴史人物の生き方）　1997.11　108p　19cm　①4-18-461207-5　＊欧米諸国の力がアジアにおしよせた、あの幕末・明治の時代に、日本の独立を守り、新しい国づくりを支えたリーダーたちがいました。その生き方をた

伝記ガイダンス　明治を生きた人々　　**93**

ずね、その活躍に心おどらせ、しばし苦楽をともにしてみませんか。本書は、ベストセラー『教科書が教えない歴史』を書いた自由主義史観研究会のメンバーが若い世代のために書き下ろした、歴史人物物語です。

◇司法卿江藤新平　佐木隆三著　文藝春秋　1995.4　253p　20cm　〈参考文献：p249～250〉　①4-16-315470-1
＊初代法務大臣の栄光と悲惨。佐賀の乱の首謀者として斬首された初代法務代臣江藤新平。なぜ彼は栄光の座を捨てて下野したのか。その真相を新たな視点から描いた長篇小説。

◇民権の獅子―兆民をめぐる男たちの生と死　日下藤吾著　叢文社　（現代を拓く歴史名作シリーズ）　1991.12　423p　19cm　①4-7947-0193-4
＊民権の拡大を目ざして「無償の戦い」に生命を燃やした「表街道」と「裏街道」の獅子たちの凄絶。

◇民権の火柱江藤新平　日下藤吾著　叢文社　（現代を拓く歴史名作シリーズ）　1990.11　373p　19cm　①4-7947-0180-2
＊「新しい日本国は俺の頭脳から生まれる」。佐賀鍋島藩のどん底武士の家に生まれた新平は、八面六臂、彗星のように維新政府の司法卿に躍り出ると強烈な自信と学才を駆使して僅か一年で法治国家の礎をつくったが―。官僚制国家を目ざす大久保と、自由民権国家を理想として燃える新平の間の亀裂―「維新の志を忘れ腐敗の限りを尽くす巨悪」にただ一人で挑戦した新平は、佐賀の乱の鎮静のために西下、大久保によって首魁にされ、太政官法廷での大論陣の計画も空しく、暗黒裁判で梟首刑に―。現代の病根の源流に肉迫。

◇江藤新平と明治維新　鈴木鶴子著　朝日新聞社　1989.6　342p　21cm　①4-02-256027-4
＊大久保利通の策略のまえに、江藤新平はあまりにも真正直すぎた―。血縁者の立場から、聞き書きをもとに、佐賀の乱の首謀者として処刑された大伯父新平のゆえなき汚名をすすぎ、開明的政治家としての実像を、明治維新史のな

かに克明に刻みこんだ労作。

◇叛乱の系譜―江藤新平とその周辺　柴田射和著　東京文芸社　1988.8　302p　20cm　①4-8088-3215-1

◇江藤新平　鈴木鶴子著　鈴木鶴子　1987.12　342p　22cm　〈編集・製作：朝日新聞東京本社朝日出版サービス　江藤新平の肖像あり〉

◇江藤新平―急進的改革者の悲劇　毛利敏彦著　中央公論社　（中公新書）　1987.5　218p　18cm　①4-12-100840-5
＊佐賀藩に生れ育ち、時代を先取りする感覚と実行力とともに佐賀藩政改革の実績を背景に、国政の基本方針、教育・司法制度など明治国家の法体制構築に献身した江藤は、明治6年政変で下野し、故郷に帰って佐賀の乱にまきこまれる。自ら作りあげた刑法によって処刑された悲劇と同時に、本書では、明治国家を人間解放と人権定立の方向に牽引した中心人物のすぐれた人権意識、法治主義思想に照明をあて、従来の江藤像を一新する。

◇江藤新平　〔新装版〕　杉谷昭著　吉川弘文館　（人物叢書）　1986.3　261p　19cm　①4-642-05032-9
＊明治維新の潮流に乗りそこねたものは多い。西郷とともに、江藤もまた時早く命を絶たれた。功臣が一転して逆賊となる時勢の激しさに、江藤も押流されたのである。その波瀾多き生涯は幕末維新史のめまぐるしさに似ているが、本書はよく新史料を消化し、政治法制史的な視点から佐賀藩及び江藤個人を分析し追及した力作である。

◇江藤新平と佐賀の乱　園田日吉著　新人物往来社　1974　230p　20cm

◇郷土史に輝く人びと　企画・編集：郷土史に輝く人々企画・編集委員会　佐賀県青少年育成県民会議　1973　396p　図　22cm　〈全5集を合冊刊行したもの　伊道玄朴（河村健太郎）佐野常民（河村健太郎）副島種臣（滝口康彦）大木喬任（田中艸太郎）江藤新平（河村健太郎）大隈重信（滝口康彦）辰野金吾（常安弘通）岡田三郎助（田中艸太郎）下村湖人（田中艸太

I　政治・経済

郎）田沢義鋪（田中艸太郎）付：年譜〉

◇郷土史に輝く人びと　第5集　佐賀県青少年育成県民会議　1972　127p　肖像　19cm　〈江藤新平（河村健太郎）岡田三郎助（田中艸太郎）付：年譜〉

◇江藤新平伝　園田日吉著　大光堂　1968　349p　図版　22cm

◇江藤南白　上　的野半介編　原書房　（明治百年史叢書）　1968　708p　図　22cm　〈南白顕彰会大正3年刊の複製〉

◇江藤南白　下　的野半介編　原書房　（明治百年史叢書）　1968　672,154p　地図　22cm

◇江藤新平　杉谷昭著　吉川弘文館　（人物叢書）　1962　261p　図版　18cm

▌榎本　武揚　えのもと・たけあき

1836〜1908　政治家。子爵，外相。樺太・千島交換条約締結、天津条約締結に尽力し、第一次伊藤内閣逓信相、文相を歴任。

◇榎本武揚と明治維新―旧幕臣の描いた近代化　黒瀧秀久著　岩波書店　（岩波ジュニア新書）　2017.12　173,10p　18cm　〈文献あり　年譜あり〉　①978-4-00-500864-3

◇サムライたちの幕末・明治　歴史REAL編集部編　洋泉社　（歴史新書）　2016.8　189p　18cm　〈文献あり〉　①978-4-8003-1018-7

◇士魂―福澤諭吉の真実　渡辺利夫著　海竜社　2016.7　319p　20cm　①978-4-7593-1406-9

◇古文書にみる榎本武揚―思想と生涯　合田一道著　藤原書店　2014.9　329p　20cm　〈文献あり　年譜あり　索引あり〉　①978-4-89434-989-6

◇日露異色の群像30―文化・相互理解に尽くした人々　長塚英雄責任編集　東洋書店　（ドラマチック・ロシアin JAPAN）　2014.4　503p　21cm　①978-4-86459-171-3

◇幕末維新志士たちの名言　齋藤孝著　日本経済新聞出版社　（日経文芸文庫）　2014.2　293p　15cm

①978-4-532-28027-7
＊「自分のすることは自分にしかわからない」と歌った坂本龍馬、「五稜郭を思えば、外務大臣の職などどれほどでもない」と覚悟を示した榎本武揚、「私は辞表を出すわけにはいかない」と語った明治天皇―。数々の名言を紹介しながら、現代人に失われた「苦境突破の鍵」を探る。

◇敗軍の将、輝く―榎本武揚 "生きざま" の検証　望田武司著　中西出版　2013.10　346p　19cm　〈文献・年譜あり〉　①978-4-89115-285-7

◇敗者の日本史　17　箱館戦争と榎本武揚　関幸彦，山本博文企画編集委員　樋口雄彦著　吉川弘文館　2012.11　261,9p　20cm　〈文献・年表あり〉　①978-4-642-06463-7
＊戊辰戦争最後の激戦となった箱館戦争。新政府軍と戦い敗れた榎本武揚ら旧幕臣たちは、維新後の「明治」をどのように生き抜いたのか。国家の将来に心を砕き、日本の近代化に多大な役割を果たした「敗者」たちの後日譚。

◇「朝敵」たちの幕末維新―義をつらぬいたわが郷土の英雄たち　新人物往来社編　新人物往来社　2012.9　319p　19cm　①978-4-404-04248-4
＊幕末維新史は、勝者である薩長サイドの史観で語られてきた。「朝敵」の汚名を着せられた地域は長らく不遇な立場に置かれ、「官軍」と戦った佐幕派の物語も陽の目を見ることはなかった。本書はそうした佐幕派の生き様を伝えるエピソードを集め、ゆかりの地域ごとに紹介していく。それぞれの郷土の先人たちが、果たして「逆賊」であったのか、それとも義をつらぬいた信念の人だったのか、「敗者」の歴史を掘り起こすことで明らかにしていきたい。

◇明治を支えた「賊軍」の男たち　星亮一著　講談社　（講談社プラスアルファ新書）　2010.12　186p　18cm　①978-4-06-272692-4
＊逆賊として差別される旧幕府陣営。幕末から明治へ、不屈の魂がつくりあげた近代日本。

◇文字の大陸 汚穢の都—明治人清国見聞録
草森紳一著 大修館書店 2010.4 439p
19cm ①978-4-469-23260-8
＊近代日本人の中国原体験。尾崎行雄、
原敬、岡千仞、榎本武揚、伊藤博文。明
治17年前後、中国の地を踏んだ5人の日
本人は、何を見て、何を感じたのか。

◇榎本武揚と横井時敬 東京農大二人の学祖
東京農大榎本・横井研究会編 東京農業
大学出版会 2008.6 359p 20cm 〈肖
像・年表・著作目録あり〉
①978-4-88694-201-2
＊維新の激動を経た明治日本で、高潔な
政治家と気鋭の農学者が出会った。二
人の業績をたどり、明治史を問い直す。

◇近代日本の万能人・榎本武揚—1836-1908
榎本隆充, 高成田享編 藤原書店 2008.4
338p 21cm 〈年譜・文献あり〉
①978-4-89434-623-9
＊最先端の科学知識と広大な世界観を兼ね
備え、世界に通用する稀有な官僚として
外交・内政の最前線で日本近代化に貢
献しながら、幕末維新史において軽視
されてきた男。近代日本随一の国際人。

◇箱館戦争銘々伝 上 好川之範, 近江幸
雄編 新人物往来社 2007.3 328p
19cm ①978-4-404-03471-7
＊戊辰最後の死闘、雪の箱館に散って
いった戦士たちの肖像。榎本武揚、甲
賀源吾、中島三郎助ほか21人。

◇日本史人物「第二の人生」発見読本 楠木
誠一郎著 彩流社 2007.3 222p 19cm
①978-4-7791-1009-2
＊転機を好機に変える知恵。二十八人の
人生からいろいろな「第二の人生」を
見る。

◇幕臣たちと技術立国—江川英竜・中島三
郎助・榎本武揚が追った夢 佐々木譲著
集英社 （集英社新書） 2006.5 222p
18cm 〈年譜あり〉 ①4-08-720342-5
＊明治維新こそが近代の「夜明け」である
という認識が、一般の日本人にとって、
ごくあたりまえの通念である。本書は、
激動の時代を駆け抜けた三人の幕臣た
ちの生涯を取り上げながら、そうした
歴史通念に異を唱えた一冊である。反

射炉やお台場築造に関わった先駆的な
行政官・江川太郎左衛門英竜、ペリー艦
隊と最初に接触した人物にして、日本
初の西洋式帆船の建造者である中島三
郎助永胤、そして、船舶技術や国際法の
知識を総動員して、近代日本建設のい
くつものプロジェクトのリーダーと
なった榎本釜次郎武揚。日本の近代は、
幕末期の技術系官僚たちによって準備
され、すでに始まっていたのである―。

◇歴史人物・意外な「その後」—あの有名人
の「第二の人生」「晩年」はこうだった
泉秀樹著 PHP研究所 （PHP文庫）
2006.3 279p 15cm ①4-569-66606-X
＊晩年はアウトドアを満喫した伊達政宗、
体調不良と闘いながら大御所政治を行
なった徳川吉宗、晩年に三回若い妻を
迎えた小林一茶、新選組隊士から伝道
師になった結城無二三…。人生の桧舞
台を終えた後、ユニークな「後半生」を
過ごした人物を取り上げ、その終焉ま
でを追いかけた歴史読み物。歴史の意
外な知識に出会いたい人にも、人生後
半について考えたい人にもおすすめ。

◇榎本武揚から世界史が見える 臼井隆一
郎著 PHP研究所 （PHP新書） 2005.3
293p 18cm 〈年譜・文献あり〉
①4-569-63851-1
＊長崎海軍伝習所を経て、オランダに留
学。最新鋭軍艦・開陽丸に乗って帰国
し、旧幕府艦隊を率いて五稜郭に立て
こもった蝦夷島総裁。榎本武揚の真骨
頂は、しかし、知られざる後半生にあ
る。ロシア、清、朝鮮、メキシコ…榎本
が動いた先は、必ず明治日本の転換点
となる。そして、奇妙な糸で結ばれた
謎の外国人と任侠の志士たち。遅れて
きた帝国主義国家ドイツと日本の命運
は。黒船襲来から日露戦争まで、グ
ローバリゼーションの波に挑んだ最後
の侍にして、最初の外交官。歴史をふ
りかえれば榎本武揚がそこにいる。

◇人生を二度生きる—小説榎本武揚 童門
冬二著 祥伝社 （祥伝社文庫） 2000.1
481p 16cm ①4-396-32732-3
＊五稜郭の落城後、黒田清隆らは幕臣榎
本武揚の助命に奔走した。榎本の学識・

人格こそが新政府を作る土台になると確信したからである。死に場所を奪われて悩む榎本。そんな彼に決意の日が訪れた。残された命を新政府に捧げることが、恨みを呑んで殺された無数の幕臣に報いる道だと悟ったのだ。裏切り者と罵倒されながらも明治政府を支え続けた男の活躍を描く。

◇(小説)榎本武揚(たけあき)―二君に仕えた奇跡の人材長編歴史小説　童門冬二著　祥伝社　1997.9　402p　20cm　〈付：榎本武揚年譜〉　⑭4-396-63116-2

＊徳川幕府では軍艦奉行として活躍、一転、明治新政府下では閣僚を歴任し爵位まで得た奇跡の男―榎本武揚。「忠臣は二君に仕えず」の武士道精神が生きていた時代、「裏切者」の罵声を浴びながらも、不倶戴天の両政府間を生き抜きた彼にとって、組織とは、国家とは何だったのか。そして、なぜ、彼はかくも重用されたのか―。維新後、政府に弓を引いた箱館時代に敗れた榎本は、当然、刑死を覚悟した。しかしその時、強力な助命嘆願者が現われ、復活の道が拓けた。だが榎本はなおも揺れた。「徳川」に殉ずるか、「明治」に仕えるか…。斯界の第一人者が、榎本の稀有な人生を通して、激変の時代の組織と人材を問う歴史評伝小説の傑作。

◇榎本武揚―幕末・明治、二度輝いた男　満坂太郎著　PHP研究所　（PHP文庫）　1997.8　359p　15cm　⑭4-569-57048-8

＊「わが艦隊は東洋一の無敵艦隊だ。この北の地で、その力のほどを見せてくれる！」提督・榎本武揚はそう檄をとばすと、針路を一路箱館へと向けた。―倒幕軍の江戸入城に際し、幕府艦隊を率いて脱走、箱館五稜郭で徹底抗戦した榎本武揚。敗戦で投獄されながらも、その才と智を買われ、新政府では外交官としての重責を果たす。幕末から明治にかけ、ひときわ異彩を放った英雄の生涯。

◇時代を疾走した国際人榎本武揚―ラテンアメリカ移住の道を拓く　山本厚子著　信山社出版　1997.8　285p　19cm　〈背の書名：榎本武揚　東京　大学図書　主要参考文献：p277〜282〉　⑭4-7972-1541-0

◇日本人の志―最後の幕臣たちの生と死　片岡紀明著　光人社　1996.12　257p　19cm　⑭4-7698-0797-X

＊最後の徳川家臣団総数33400余人、苦難の時代に遭遇した幕臣たちは、幕府が潰え去ったあと、何を思い、どう生きようとしたのか。ある者は徳川に殉じ、ある者は新政府の役人になり、ある者は商人になり、またある者は農業にたずさわり、ある者は新聞をおこした。成功した者もいれば失意の淵に沈んだ者もいた。しかし、彼らは、「士の心」を失うことはなかった。「日本人の心」を持ちつづけた男たちのロマン。

◇運命には逆らい方がある―英傑の軌跡　中薗英助著　青春出版社　1996.11　239p　19cm　⑭4-413-03059-1

＊本書は、歴史の節目に立ち、その意外な運命に翻弄されることなく立ち向かい人生を切り拓いていった7人の英傑たちに光をあて、人間の、一筋縄ではいかない人生の深奥なるヒダを描いたものである。

◇メキシコ榎本殖民―榎本武揚の理想と現実　上野久著　中央公論社　（中公新書）　1994.4　168p　18cm　⑭4-12-101180-5

＊榎本武揚は増加する日本の人口問題解決策として「殖民協会」を設立し、明治30年、メキシコに36人を送りこんだ。通称これを「榎本殖民」という。だが長い異国への旅路の果てに入植しながら、未来永劫存続するはずだった理想郷建設は、わずか3ヵ月で瓦解する。しかし、取り残された人々の中で日墨協働会社が設立され、日本人のメキシコにおける様々な事業が展開された。未知の国で苦難を克服して生きぬいた明治人の足跡を辿る。

◇苦悩するリーダーたち　日本テレビ放送網　（知ってるつもり?!）　1993.6　247p　19cm　⑭4-8203-9305-7

＊人は、誰でも懸命に生きている。そのあたりまえの生き方のなかに人をハットさせる〈輝き〉をもっているのだ。知っているつもりになっているだけではわからない、生き方のふしぎにせまる。

◇志の人たち　童門冬二著　読売新聞社

伝記ガイダンス　明治を生きた人々　**97**

1991.10　282p 19cm　①4-643-91105-0
＊「失敗者こそ復興者になる」「この世で一番大切なもの」「筆ひとすじ、自然体で」「海舟に海の夢を託した海の商人」など、河西大介から榎本武揚までの19人のライフ・ストーリー。

◇榎本武揚〔改版〕　安部公房著　中央公論社（中公文庫）　1990.2　355p 15cm　①4-12-201684-3
＊伝説によれば、脱走した三百人の囚人たちははてしない雪原をどこまでも越えて行き、阿寒の山麓あたりに彼等だけの共和国をつくり上げたと言われる。しかし、その後の消息は杳として知れない…。百年をへだてて彼等とその背後にあった榎本武揚を執拗に追う元憲兵、昨日の忠誠と今日の転向のにがい苦しみの中で唯一の救いである榎本は、はたして時代を先どりした先駆者なのか、裏切者なのか。

◇怒濤の人―幕末・維新の英傑たち　南条範夫著　PHP研究所（PHP文庫）1990.2　269p 15cm　①4-569-56246-9
＊時代の激動期には、驚くべき異能・異才が輩出する。例えば、明治憲法や新教勅語の草案を作った井上毅。己の天分が理論の構成と官僚的策謀とにあることを熟知していた彼は、天性の政治家伊藤博文を操って、明治国家の骨格を思いのままに作り上げた。―井上をはじめ、幕末から明治にかけて、独特の個性がわが国の政治・文化に大きな影響を与えた6人の男たちを描く、異色の人物評伝。

◇悲劇の戊辰戦争　小学館（幕末・維新の群像）　1989.1　302p 15cm　①4-09-401009-2
＊幕藩体制は事実上崩壊し、死に体の幕府に対し、とどめを打つべく新政府は鳥羽・伏見の戦いから東上を開始。新政府軍の前に旧幕府の意地を見せ、最後まで壮絶に戦いはかなく散った会津藩の哀れ、旧幕府艦隊と幕臣を率いて、北海道五稜郭を拠点に徹底抗戦した鬼才武揚の苦悩など、戊辰戦争の悲劇を描く。

◇五稜郭　杉山義法著　日本テレビ放送網　1988.12　274p 19cm　①4-8203-8841-X
＊北斗星輝く蝦夷の天地に男達の夢（ロマ

ン）が燃えた！　幕臣きっての逸材榎本武揚と箱館戦争の悲劇を描いて近代日本黎明の謎に迫る衝撃の大作。

◇榎本武揚　加茂儀一著　中央公論社（中公文庫）　1988.4　623p 15cm　①4-12-201509-X
＊オランダ留学、箱館戦争、明治新政府官僚への転身、シベリア旅行、外務大臣…。出生から晩年までを貴重な資料で探求する終生苦悩を秘めた開明的政治家、武揚の決定版伝記。

◇友達　棒になった男　安部公房著　新潮社（新潮文庫）　1987.8　296p 15cm　①4-10-112119-2
＊平凡な男の部屋に闖入して来た9人の家族。善意に満ちた笑顔で隣人愛を唱え続ける彼らの真意とは？　どす黒い笑いの中から他者との関係を暴き出す傑作『友達』〈改訂版〉。日常に潜む底知れぬ裂け目を三つの奇妙なエピソードで構成した『棒になった男』。激動の幕末を生きた人物の歴史的評価に新たな光を当てた『榎本武揚』。斬新な感性で"現代"を鋭く照射する、著者の代表的戯曲3編を収録。

◇榎本武揚とメキシコ殖民移住　角山幸洋著　同文舘出版　1986.12　243p 22×14cm　①4-495-41951-X
＊武揚、男の意地をメキシコで。明治30年3月24日午後5時、横浜の港からメキシコの榎本殖民地に向けて、総勢34名を乗せた汽船ゲーリック号が出航した。テレビで放映された、榎本殖民団全記録。

◇航―榎本武揚と軍艦開陽丸の生涯　綱淵謙錠著　新潮社　1986.4　321p 20cm　①4-10-344804-0

◇榎本武揚―物語と史蹟をたずねて　赤木駿介著　成美堂出版　1980.12　240p 19cm　〈榎本武揚の肖像あり　榎本武揚年表：p226〜233〉

◇榎本武揚　井黒弥太郎著　新人物往来社　1975　264p 20cm　〈榎本武揚年譜・参考文献：p.260-263〉

◇人物日本の歴史　19　維新の群像　小学館　1974　273,3p　22cm　〈編集：日本

I　政治・経済　　　　　　　　　　　　　　　江原素六

アート・センター〉

◇榎本武揚―資料　加茂儀一編集・解説
新人物往来社　1969　418p　20cm　〈日
記編　渡蘭日記　北海道巡廻日記　シベリ
ア日記　書翰編　慶応3年10月25日-明治28年
4月30日.　付録:流星刀記事　榎本武揚小伝
(加茂儀一)　関係史料　榎本武揚年譜〉

◇榎本武揚伝　井黒弥太郎著　みやま書房
1968　418p　図版　22cm　〈巻末:榎本武
揚年譜　主要参考文献〉

◇続　人物再発見　読売新聞社編　人物往来
社　1965　237p　19cm

◇世界ノンフィクション全集　第14　アメ
リカ彦蔵回想記〔ほか〕　中野好夫,吉川
幸次郎,桑原武夫編　ジョゼフ・ヒコ著,
中川努訳　筑摩書房　1961　512p　図版
19cm

◇榎本武揚　明治日本の隠れたる礎石　加茂
儀一著　中央公論社　1960　299p　図版
22cm

▌**榎本　多津**　えのもと・たつ
1852〜1893　榎本武揚の妻。絵草紙「明
治烈婦伝」にあげられている。

◇近世女流文人伝　会田範治,原田春乃共
編　明治書院　1960　280,90p　22cm

▌**江原　素六**　えばら・そろく
1842〜1922　政治家,教育家。衆議院議
員,東洋英和学校幹事。麻布中学創立者,
校長として中等教育に尽力。社会教育者
としての講演活動は著名。〔記念施設〕
沼津市明治史料館　江原素六記念館(静岡
県沼津市),銅像(静岡県沼津市,江原素
六先生記念公園)

◇司馬遼太郎　歴史のなかの邂逅　4　勝海舟
〜新選組　司馬遼太郎著　中央公論新社
(中公文庫)　2010.12　293p　15cm
①978-4-12-205412-7
＊情熱、この悲劇的で、しかも最も喜劇的
なもの―。歴史上の人物の魅力を発掘
したエッセイを、古代から明治まで、時
代別に集大成。第四巻は新選組や河井
継之助、勝海舟らを中心に、動乱の幕末
に向けて加速する歴史のなかの群像を

描いた二十六篇を収録。

◇麻布中学と江原素六　川又一英著　新潮
社　(新潮新書)　2003.9　185p　18cm
〈肖像あり〉　①4-10-610032-0
＊明治の古武士・江原素六。貧しい幕臣
の子に生まれた男の情熱と人格が私立
中学の雄を創った―。名門校にはかな
らず独自の校風がある。麻布中学も例
外ではない。独立自尊。青年即未来。
この初代校長の精神が「自由の校風」を
生み、それは百年後の今日も脈々とし
て受け継がれている。常に "私立" たる
誇りを失わず、日本の近代中等教育の
礎を築いた男の魅力ある生涯。

◇江原素六の生涯　加藤史朗著　麻布中学
校　(麻布文庫)　2003.4　198p　18cm
〈共同刊行:麻布高等学校　肖像あり〉

◇「遺聞」市川・船橋戊辰戦争―若き日の江
原素六―江戸・船橋・沼津　内田宜人著
崙書房出版　1999.9　254p　19cm　〈取
扱い:地方・小出版流通センター　文献
あり〉　①4-8455-1062-6
＊幕臣最下級の家から身を起こし、幕末動
乱のなかをひたぶるに駆けつづけ、市
川・船橋戦争の戦場にあらわれ、沼津兵
学校の設立にかかわった青年、鋳三郎。
麻布学園を創始し、国会議員をつとめ、
明治の教育界、政界に名を残した江原素
六の前半生を通して激動の時代を追う。

◇江原素六先生伝―伝記・江原素六　江原
先生伝記編纂委員編　大空社　(伝記叢
書)　1996.7　1冊　22cm　〈奥付の著者
表示(誤植):江原先生伝記纂委員会　三圭
社大正12年刊の複製　取扱い:柳原書店
巻末:江原先生年譜〉　①4-87236-511-9

◇江原素六生誕百五十年記念誌　沼津市明
治史料館編　沼津市明治史料館　1992.7
107p　27cm　〈企画:江原素六生誕150年
記念事業実行委員会　江原素六の肖像あり
江原素六年譜:p103〜105〉

◇江原素六　辻真澄著　英文堂書店　(駿河
新書)　1985.1　175p　18cm　〈麻布学園
創立90周年記念版　江原素六の肖像あり
参考文献資料:p173〜175〉

海老名 季昌　えびな・としまさ

1843〜1914　陸奥会津藩士。

◇海老名季昌・リンの日記　玉川芳男編著
歴史春秋出版　2000.2　212p　31cm
〈文献あり〉　①4-89757-403-X

エンデ, H.　Ende, Hermann

1829〜1907　ドイツの建築家。1887年来
日。議事堂、司法省、裁判所等の建築設計
に従事し、日本の現代建築に大きな影響
を与えた。

◇明治のお雇い建築家 エンデ&ベックマン
堀内正昭著　井上書院　1989.4　325p
19cm　①4-7530-2270-6
＊本書は、ドイツに資料を求め、エンデと
ベックマンの生い立ち、経歴を明らか
にし、建築作品を分析していくことを
目的としており、そのうえで、彼らの日
本業績を総合的に評価することを意図
して書かれたものである。

遠藤 允信　えんどう・さねのぶ

1836〜1899　仙台藩士，宮司。仙台藩大
参事，塩釜神社宮司。幕政弾劾、尊皇攘夷
を主張、幕内勤王派のために尽力。上洛
して版籍奉還に参画。

◇遠藤速雄とその時代―明治に生きた仙台
の日本画家　嶋本裕子著　市田印刷出版
2012.11　84p　26cm
①978-4-904205-31-0

【 お 】

おうの

1843〜1909　高杉晋作の愛人。明治17年
に伊藤博文らが建立した東行庵に入り、
高杉の菩提を弔った。

◇幕末の志士を支えた「五人」の女―坂本竜
馬の「おりょう」から近藤勇の「おつね」
まで　由良弥生著　講談社　（講談社プラ
スアルファ文庫）　2009.11　268p　15cm
①978-4-06-281329-7

＊幕末日本のキーパーソン、坂本竜馬、武
市半平太、桂小五郎、高杉晋作、近藤勇
の妻らの生きざまを描いた半生記！ 江
戸末期のキーワードとして知られる薩
長連合、尊王攘夷、新撰組など、一時代
を築いた、そして、国を動かした志士た
ちの偽らざる私生活の実態が見える！
彼らを愛し、愛された五人の女性にス
ポットライトをあてた、教科書やドラ
マでは決して知り得ない、激動の時代
を彩った女たちの心根、そして愛を
綴った感動秘話。

◇女人絵巻―歴史を彩った女の肖像　沢田
ふじ子著　徳間書店　1993.10　337p
19cm　①4-19-860004-X
＊つよく、はかなく、いさぎよく、激し
く、哀しく、狂おしく…。時代に消され
る女。磨かれる女、25人の群像。

◇幕末のおんな　新人物往来社編　新人物
往来社　1974　242p　20cm

大井 憲太郎　おおい・けんたろう

1843〜1922　政治家，社会運動家。代言
人。東洋自由党を結成。著書に「時事要
論」など。

◇自由民権運動の研究―急進的自由民権運
動家の軌跡　寺崎修著　慶応義塾大学法
学研究会　（慶応義塾大学法学研究会叢
書）　2008.3　264,13p　21cm
①978-4-7664-1474-5
＊いかなる思いを胸に秘め、彼らは過激化
していったのか。加波山事件、飯田事
件など各地で勃発した自由民権運動史
上における激化事件を丹念に追い、急
進派の実像と政治思想を明らかにする。

◇36人の日本人 韓国・朝鮮へのまなざし
舘野晳編著　明石書店　2005.2　231p
19cm　①4-7503-2053-6

◇大井憲太郎　〔新装版〕　平野義太郎著
吉川弘文館　（人物叢書）　1988.5　352p
19cm　①4-642-05117-1
＊明治期の自由民権運動の急先鋒、自由
党最左翼の驍将大井憲太郎の全生涯を
描く。板垣退助や土佐の立志社などの
自由党中央派は著名であるが、自由党
を乗り越えて進んだ平民的革命派の苦

I　政治・経済　　　　　　　　　　　　　　　　　　　　　　　　　　　　　大浦慶

闘を知る人は少ない。本書は大井を中心として、普選運動と労働者農民運動に、生命を賭して闘った歴史の推進力の全貌を明らかにする。

◇賀来飛霞　辻英武筆　大分県教育委員会（郷土の先覚者シリーズ）　1978.2　144p　22cm　〈（郷土の先覚者 15〜16）賀来飛霞と大井憲太郎の肖像あり　主要参考文献：p143〉

◇馬城 大井憲太郎伝　平野義太郎著　風媒社　1968　2冊　22cm

◇大井憲太郎　平野義太郎著　吉川弘文館（人物叢書）　1965　352p 図版　18cm

◇日本の思想家　第2　大井憲太郎　朝日新聞社朝日ジャーナル編集部編　朝日新聞社　1963　400p　19cm

◇日本人物史大系　第5巻　近代 第1　小西四郎編　朝倉書店　1960　340p　22cm

┃　**大石 斎治**　おおいし・さいじ
1875〜1952　農政家。

◇見よわが汗のうるはしさ―富山県氷見郡長大澤章と氷見農学校長大石斉治小伝　廣瀬久雄編著　大澤・大石伝記研究会　2010.12　265p　27cm　〈著作目録あり〉

◇大石斎治先生伝記　農同会編　文化堂書店　1953

┃　**大石 正巳**　おおいし・まさみ
1855〜1935　政治家。衆議院議員。大隈内閣農商務大臣。立憲国民党を創立、のちに立憲同志会に参加。

◇大石正巳日記　大石正著　〔大石正〕　1993.8　503p　22cm

┃　**大内 暢三**　おおうち・ちょうぞう
1874〜1944　政治家。

◇白城にかかる虹―大内暢三伝　吹春茂著　吹春茂　2000.5　165p　22cm　〈年譜あり　肖像あり〉

┃　**大浦 兼武**　おおうら・かねたけ
1850〜1918　政治家，官僚。熊本県知事，警視総監，子爵。貴族院議員。第12回総選挙で大選挙干渉を行った。

◇新薩摩学 雑誌『改造』とその周辺　鹿児島純心女子大学国際文化研究センター編　南方新社　（新薩摩学シリーズ）　2007.10　225p　19cm　①978-4-86124-122-2
＊大正末から昭和にかけて出版界に覇を唱えていた総合雑誌『改造』。知識階級だけでなく、労働者階級にまで絶大な影響を与えた。改造社の社長・山本実彦は、アインシュタインの日本招聘、円本の刊行と、出版界に革命を起こした人物である。本書は、膨大な関係資料の研究から生まれた。

┃　**大浦 慶**　おおうら・けい
1828〜1884　貿易商。製茶輸出のパイオニア。政府より茶業振興功労褒賞を受賞。

◇明治を作った密航者たち　熊田忠雄著　祥伝社　（祥伝社新書）　2016.2　275p　18cm　①978-4-396-11455-8
＊幕末、厳しい監視の目をかいくぐり、他国へ密航を図る者たちが少なからず存在した。発覚すれば死罪とされる中、外国の進んだ知識や技術に直接触れるには、危険な渡海しか途はなかったのだ。本書では、伊藤博文、井上馨などの長州ファイブ、五代友厚らの薩摩スチューデント、同志社設立の新島襄などの、近代日本に功績のある人物をメインに取り上げ、彼らの密航実現までのプロセスをたどり、最大のヤマ場である脱国当日の動きを検証した。国外脱出を企てた者たちの本懐達成に至るまでには、いずれも興味深いドラマが秘められている。

◇女丈夫大浦慶伝―慶と横浜、慶と軍艦高雄丸　田川永吉著　文芸社　2010.12　222p　19cm　〈文献あり〉　①978-4-286-09513-4

◇龍馬が惚れた女たち―加尾、佐那、お龍、そして第四の女お慶とは？　原口泉著　幻冬舎　2010.4　251p　18cm　〈文献あり〉　①978-4-344-01817-4
＊新史料発見。龍馬の夢を先取りした「まぶしい女」とは？―。

伝記ガイダンス 明治を生きた人々　101

◇賭けた儲けた生きた―紅花大尽からアラ
　ビア太郎まで　鍋島高明著　五台山書房
　2005.4　340p　19cm　①4-309-90626-5

◇長崎商人伝 大浦お慶の生涯　小川内清孝
　著　商業界　2002.10　183p　19cm
　①4-7855-0217-7
　＊お慶は20代で上海に密航し、当時の日
　　本人の誰もが考えつかなかった製茶輸
　　出事業を思いつく。苦労の末、日本茶
　　を初めて海外に輸出。これが幕末から
　　明治初期にかけて起こった日本茶輸出
　　ブームの先駆けとなり、九州の製茶産
　　業を育成し、貿易商として巨万の富を
　　手に入れた。"豪商"と呼ばれるように
　　なったお慶は、豊富な財力を生かして、
　　坂本竜馬はじめ大隈重信、松方正義ら
　　幕末の志士達を陰ながら援助し、維新
　　の夜明けを演出したと伝えられる。幕
　　末維新という時代の激浪を見事に乗り
　　越えた彼女の生涯を、時代背景と周囲
　　を取り巻いた人物像を織りまぜながら、
　　お慶自身が商人として生涯追い求めた
　　「商法の道」に迫る。

◇江戸人物伝　白石一郎著　文芸春秋　（文
　春文庫）　1996.3　248p　15cm
　①4-16-737015-8
　＊巌流島の決闘の宮本武蔵、佐々木小次
　　郎、天一坊事件を裁いた大岡越前守、赤
　　穂浪士の盟主大石内蔵助、黒田騒動の
　　主役栗山大膳、茶の輸出で名を馳せた
　　女貿易商大浦お慶をはじめ、井伊直弼、
　　横井小楠、西郷隆盛、島津斉彬、桐野利
　　秋など、激動の時代を生き抜いた傑物
　　たちを卓絶した史眼で取りあげた歴史
　　エッセイ15篇。

◇江戸人物伝　白石一郎著　文芸春秋
　1993.1　206p　19cm　①4-16-347130-8
　＊宮本武蔵、佐々木小次郎、大岡越前守、
　　大石内蔵助、井伊直弼、西郷隆盛など、
　　激動の時代を生き抜いた傑物たちを卓絶
　　した史眼で取りあげた歴史エッセイ集。

◇大浦慶女伝ノート　本馬恭子著　本馬恭
　子　1990.11　241p　19cm　〈大浦慶の肖
　像あり　参考文献・遠山事件の経過・大
　浦慶（大浦家）年譜：p230～241〉

▌大江 卓　おおえ・たく
1847～1921　政治家，社会事業家。衆議
院議員。民部大輔に「穢多非人廃止建白
書」を提出。東京株式取引所会頭。融和
事業に尽力。

◇大江卓―叛骨の人　三好徹著　学陽書房
　（人物文庫）　1998.10　321p　15cm
　〈『叛骨の人』（新潮社1980年刊）の改題、
　加筆訂正〉①4-313-75059-2
　＊明治五年のマリア・ルス号事件では自
　　ら特別裁判を開いて中国人奴隷を解放
　　し、また賤称廃止、娼妓解放に尽力する
　　など、大江卓は政治家・社会事業家とし
　　て独自の足跡を残した。誰もが出世栄
　　達を望み、派閥争いに汲々としていた
　　時代に大勢順応の生き方を嫌い、頑と
　　して己れの信念を貫き通した彼の人間
　　としての魅力に迫る。

◇大江天也伝記―伝記・大江天也　雑賀博
　愛著　大空社　（伝記叢書）　1987.9
　862,5p　22cm　〈大江太大正15年刊の複
　製 大江天也の肖像あり〉

▌大川 平三郎
おおかわ・へいざぶろう
1860～1936　実業家。九州製紙、樺太工
業などを設立し、大川財閥を形成した。
〔記念施設〕頌徳碑（旧樺太・須取町、ウゴ
レゴルスク市）

◇郷土の人 大川平三郎　第2版　坂戸市立
　図書館編著　坂戸市立図書館　2010.11
　202p　26cm　〈年譜あり〉

◇志を貫いた先人たち　モラロジー研究所
　出版部編　モラロジー研究所　（「歴史に
　学ぼう、先人に学ぼう」）　2009.5　255p
　19cm　①978-4-89639-170-1
　＊先人たちの並々ならぬ努力に日本人の
　　底力を見た。歴史に学ぶ道徳教材。

◇大川平三郎君伝　竹越三叉著　図書出版
　社　（経済人叢書）　1990.8　223p　19cm
　①4-8099-0152-1
　＊日本資本主義の黎明期における技術革
　　新の先駆者であり、80有余の企業の設
　　立・運営に関与し「事業の化身」と称さ
　　れた大川平三郎の生涯を活写。

I　政治・経済　　　　　　　　　　　　　　　　　　　　　　　大久保一翁

◇巨星渋沢栄一・その高弟大川平三郎　竹内
良夫著　教育企画出版　（郷土歴史選書）
1988.3　97p　21cm　〈渋沢栄一　大川平
三郎の肖像あり　渋沢栄一・大川平三郎
関連年表：p88～96〉　①4-906280-21-8

◇日本財界人物列伝　第1巻　青潮出版株式
会社編　青潮出版　1963　1171p　図版
26cm

◇産業史の人々　楫西光速著　東大出版会
1954

■ **大木 喬任**　おおき・たかとう
1832～1899　政治家。東京府知事。元老
院議長、枢密院議長などを歴任。伯爵。

◇大木喬任―1832-1899　重松優著　佐賀県
立佐賀城本丸歴史館　（佐賀偉人伝）
2012.2　110p　21cm　〈年譜あり〉
①978-4-905172-05-5
＊初代文部卿として近代教育の確立に尽力
し、国家体制や法制度の構築に携わっ
た。元老院と枢密院の双方の議長をつ
とめたのは、大木ただひとりである。

◇大木喬任―年譜考　島内嘉市著　アピア
ランス工房　2002.7　574p　22cm　〈肖
像あり〉　①4-901284-10-X

◇郷土史に輝く人びと　企画・編集：郷土史
に輝く人々企画・編集委員会　佐賀県青
少年育成県民会議　1973　396p　図
22cm　〈全5集を合冊刊行したもの　伊道
玄朴（河村健太郎）佐野常民（河村健太
郎）副島種臣（滝口康彦）大木喬任（田中
艸太郎）江藤新平（河村健太郎）大隈重信
（滝口康彦）辰野金吾（常安弘通）岡田三
郎助（田中艸太郎）下村湖人（田中艸太
郎）田沢義鋪（田中艸太郎）付：年譜〉

◇郷土史に輝く人びと　〔第4集〕　佐賀県
青少年育成県民会議　1971　138p　肖像
19cm　〈大木喬任（田中艸太郎）辰野金吾
（常安弘通）付：年譜〉

■ **正親町三条 実愛**
おおぎまちさんじょう・さねなる
1820～1909　公家。議定・内国事務総監。
大納言。

◇三条実美―孤独の宰相とその一族　刑部芳

則著　吉川弘文館　2016.6　262p　21cm
〈文献あり〉　①978-4-642-08294-5

◇嵯峨実愛日記　3　日本史籍協会編　東京
大学出版会　（日本史籍協会叢書）
1988.11　543p　22cm　〈日本史籍協会昭
和6年刊の複製再刊〉　①4-13-097714-8

◇嵯峨実愛日記　2　日本史籍協会編　東京
大学出版会　（日本史籍協会叢書）
1988.10　414p　22cm　〈日本史籍協会昭
和5年刊の複製再刊〉　①4-13-097713-X

◇嵯峨実愛日記　1　日本史籍協会編　東京
大学出版会　（日本史籍協会叢書）
1988.9　588p　22cm　〈日本史籍協会昭
和4年刊の複製再刊〉　①4-13-097712-1

◇嵯峨実愛日記　日本史籍協会編　東京大
学出版会　（日本史籍協会叢書）　1972
3冊　22cm　〈原題：続愚林記　日本史籍
協会昭和4-6年刊の複製〉

■ **大口 喜六**　おおぐち・きろく
1870～1957　政治家。衆議院議員。田中
義一内閣大蔵政務次官。財政・経済通。

◇心月記　大口喜六著　翁山著書刊行会
1952

■ **大久保 一翁**　おおくぼ・いちおう
1817～1888　政治家。京都町奉行，東京
府知事，子爵。松平慶永を通じて大政奉
還を建言。

◇勝海舟を動かした男大久保一翁―徳川幕
府最大の頭脳　古川愛哲著　グラフ社
2008.11　296p　19cm　〈年表・文献あ
り〉　①978-4-7662-1189-4
＊「大政奉還」を最初に唱えた男。江戸城
無血開城の真の立役者。落日の徳川幕府
と、運命を共にした最後の忠臣の生涯。

◇敗者たちの幕末維新―徳川を支えた13人
の戦い　武光誠著　PHP研究所　（PHP
文庫）　2007.9　235p　15cm
①978-4-569-66916-8
＊幕末維新には、数多くの優れた人物が歴
史の表舞台に登場した。なかでも幕府と
徳川家のために奮闘し、敗者となった
人々を見逃すことはできない！　本書は
老中・阿部正弘、会津藩主・松平容保、

伝記ガイダンス　明治を生きた人々　　**103**

桑名藩主・松平定敬、大奥の天璋院（篤姫）と和宮（静寛院宮）、幕臣の小栗忠順、大久保一翁など、ペリー来航から江戸開城までに活躍した13人の思いと、筋を通した生き方を感動的に描いた一冊。

◇最後の幕臣―小説大久保一翁　野村敏雄著　PHP研究所　1998.6　328p　20cm
Ⓘ4-569-60145-6
＊解体の危機に瀕した徳川幕府―。激しく動揺する旗本たちのなかで独り、騒がず、慌てず、冷静に政局を見据えた男がいる。明治維新が安寧のままに迎えられたのは、その男、大久保一翁の功績に他ならない。その偉業は、勝や西郷の陰に隠れていたが、いまこそ、彼の武士（もののふ）の魂が問い直されるときである…。この男が、江戸の町と日本の危機を救った！　明治維新、最大の陰の功労者の数奇な半生。

◇幕末閣僚伝　徳永真一郎著　PHP研究所（PHP文庫）　1989.11　413p　15cm
Ⓘ4-569-56228-0
＊近代日本の幕開けとなった明治維新―徳川幕府は坂道を転げ落ちるように崩壊に向かう。倒幕への滔々たる流れの中で、幕府側の人々は何を考え、どう行動したか。優れた識見・力量を持ちながら、時代の激変によって敗者の側に立ちされを得なかった幕閣の重臣たちの苦闘を通じて、明治維新の意味をあらためてとらえ直す、異色の力作。

◇幕末閣僚伝　徳永真一郎著　毎日新聞社　1982.3　227p　20cm

大久保 謹之丞
おおくぼ・じんのじょう
1849～1891　公共事業家。北海道開拓、新四国街道の開削など公共事業に尽力。専門は道路。香川県出身。

◇明日に架ける橋　大久保直明著　ファミマ・ドット・コム　2014.12　175p　21cm〈文献あり〉　Ⓘ978-4-907292-44-7

◇双陽の道―大久保謹之丞と大久保彦三郎　馬見州一著　言視舎　2013.1　319p　20cm　〈文献・年譜あり〉
Ⓘ978-4-905369-50-9

＊我が身を顧みず地域社会のために尽くした大久保兄弟の事蹟を詳細にたどる。

◇道神大久保謹之丞命　渡辺磯吉著　大久保謹之丞顕彰会　1966

大久保 利通　おおくぼ・としみち
1830～1878　政治家。大蔵卿、内務卿。鹿児島藩士。東京奠都、版籍奉還、廃藩置県などを行う。〔記念施設〕国立国会図書館憲政資料室　大久保利通関係文書（東京都千代田区）、維新ふるさと館（鹿児島県鹿児島市）、哀惜碑（東京都千代田区、清水谷公園）

◇大久保利通　水谷俊樹原作，加来耕三企画・構成・監修，早川大介作画　ポプラ社（コミック版日本の歴史　幕末・維新人物伝）　2017.12　126p　22cm　〈文献あり年譜あり〉　Ⓘ978-4-591-15650-6

◇薩摩精忠組―幕末・維新を駆け抜けた男たち　早瀬利之著　潮書房光人新社　2017.12　227p　19cm
Ⓘ978-4-7698-1654-6
＊西郷隆盛、大久保利通、長沼嘉兵衛、海江田信義、税所篤、吉井友実、伊地知正治らが中心となって結成された「精忠組」―日本の将来を憂い、わが国の未来のために力を尽くした若者たちの物語。激動の時代に翻弄されながらも、命懸けで己の信念を貫き通し、逞しく戦い抜いた志士たちの生きざまを描いた感動作。

◇歴史人物伝西郷隆盛―明治維新の志士たち　楠木誠一郎著　講談社　（日能研クエスト マルいアタマをもっとマルく！）　2017.11　205p　21cm
Ⓘ978-4-06-220866-6

◇工作員・西郷隆盛―謀略の幕末維新史　倉山満著　講談社　（講談社＋α新書）　2017.11　219p　18cm
Ⓘ978-4-06-291509-0

◇西郷隆盛―維新の功臣明治の逆賊　相川司著　中央公論新社　（中公文庫）　2017.10　373p　16cm　〈文献あり〉
Ⓘ978-4-12-206468-3

◇西郷隆盛その生涯　不破俊輔著　明日香出版社　2017.10　289p　19cm　〈文献あ

Ⅰ　政治・経済　　　　　　　　　　　　　　　　　　　　　　　大久保利通

り　年譜あり〉　Ⓘ978-4-7569-1932-8

◇権力に対峙した男―新・西郷隆盛研究
　上巻　米村秀司著　ラグーナ出版
　2017.9　295p　19cm　〈文献あり〉
　Ⓘ978-4-904380-65-9

◇イッキ読み！　日本の天才偉人伝―日本を
　かえた天才たち　齋藤孝編　講談社　（日
　能研クエスト　マルいアタマをもっとマル
　く！）　2017.7　286p　21cm　〈企画・編
　集協力：日能研〉　Ⓘ978-4-06-220671-6

◇覚えておきたい幕末・維新の100人＋1―勤
　王から佐幕までの人物伝　本間康司絵と文
　清水書院　2017.7　149p　26cm　〈文献
　あり　索引あり〉　Ⓘ978-4-389-50054-2

◇明治天皇　その生涯と功績のすべて　小田
　部雄次監修　宝島社　2017.7　127p
　26cm　〈年譜あり〉　Ⓘ978-4-8002-7311-6

◇西郷隆盛　人を魅きつける力　童門冬二著
　PHP研究所　（PHP文庫）　2017.5　293p
　15cm　〈「西郷隆盛の人生訓」新装版
　（2008年刊）の改題、加筆・修正　年表あ
　り〉　Ⓘ978-4-569-76718-5

◇西郷隆盛の明治　安藤優一郎著　洋泉社
　（歴史新書）　2017.3　190p　18cm　〈文
　献あり　年譜あり〉　Ⓘ978-4-8003-1180-1

◇大久保利通とその時代―企画展示　人間
　文化研究機構国立歴史民俗博物館編　人
　間文化研究機構国立歴史民俗博物館
　2015.10　147p　30cm　〈会期：2015年10
　月6日―12月6日　年譜あり〉

◇東京青山霊園物語―「維新の元勲」から
　「女工哀史」まで人と時代が紡ぐ三十組の
　物語　立元幸治著　明石書店　2015.10
　318p　20cm　〈文献あり〉
　Ⓘ978-4-7503-4258-0

◇大久保利通―国権の道は経済から　オン
　デマンド版　落合功著　日本経済評論社
　（評伝日本の経済思想）　2015.5　242p
　19cm　〈印刷・製本：デジタルパブリッ
　シングサービス　文献あり　年譜あり　索引
　あり〉　Ⓘ978-4-8188-1681-7

◇大政事家大久保利通―近代日本の設計者
　勝田政治著　KADOKAWA　（〔角川ソ
　フィア文庫〕）　2015.3　281p　15cm　〈「

〈政事家〉大久保利通」（講談社　2003年刊）
の改題　文献あり　年譜あり　索引あり〉
Ⓘ978-4-04-409219-1

◇明治天皇という人　松本健一著　新潮社
　（新潮文庫）　2014.9　692p　16cm　〈毎
　日新聞社　2010年刊の再刊　索引あり〉
　Ⓘ978-4-10-128733-1

◇大久保利通日記　1　オンデマンド版　大
　久保利通著　東京大学出版会　（日本史籍
　協会叢書）　2014.7　496p　22cm　〈印
　刷・製本：デジタルパブリッシングサービ
　ス　覆刻再刊　昭和58年刊〉
　Ⓘ978-4-13-009326-2

◇大久保利通日記　2　オンデマンド版　大
　久保利通著　東京大学出版会　（日本史籍
　協会叢書）　2014.7　605p　22cm　〈印
　刷・製本：デジタルパブリッシングサービ
　ス　覆刻再刊　昭和58年刊〉
　Ⓘ978-4-13-009327-9

◇明治裏面史　上巻　伊藤痴遊著　国書刊
　行会　2013.4　201p　21cm
　Ⓘ978-4-336-05642-9
　＊二十世紀前半に大活躍した風刺家・伊
　　藤痴遊が、黎明期日本政治の裏側を人
　　物中心に物語る。大久保利通、伊藤博
　　文、江藤新平、西郷隆盛、乃木希典等
　　等。志士たちがまだ歴史上の人物では
　　なく、記憶に新しかった時代に書かれ
　　たものならではの迫力が胸を撃つ。

◇明治裏面史　下巻　伊藤痴遊著　国書刊
　行会　2013.4　243p　21cm
　Ⓘ978-4-336-05643-6
　＊昔日のベストセラー作家・伊藤痴遊が
　　伝える幕末明治激震の姿。司法の父・
　　江藤新平の悲痛な最期と大久保利通の
　　冷酷さ。工作、謀略、手練手管…。志士
　　たちの乱暴で荒々しい、剥き出しで命が
　　けのかけひきの数々には、ただ驚くほ
　　かはない。

◇真実の近現代史―田原総一朗の仰天歴史
　塾　田原総一朗著、テレビ東京報道局編
　幻冬舎　2013.1　259p　18cm
　Ⓘ978-4-344-02326-0
　＊領土問題の真実、政治経済の弱体化な
　　ど、すべての根源は戦前戦後の歴史観
　　の欠乏にあった！　なぜ日本人は本当の

伝記ガイダンス　明治を生きた人々　　**105**

◇さまよう国へ——一蔵と吉之助の闘い　山里石峰著　湘南社　2012.11　349p　19cm　①978-4-434-17135-2
＊明治6年 "征韓論争" という偽装喧伝で大久保一蔵が西郷吉之助を葬り、国の根幹を捨て去った。ここを起点に、日本は官吏独裁、脱亜入欧、そして富国強兵でアジア侵攻へと雪崩をうち、あてどない国へと没入していった。

◇大久保利通の肖像——その生と死をめぐって　横山庄一郎著　朔北社　2012.9　293p　20cm　〈文献あり〉　①978-4-86085-101-9
＊襲撃されたとき乗っていた馬車を詳細に調査し、大久保最期の場面を再現して、通説を正す。断固たる決断力が冷酷とも評されてきた政治家の生と死を、緻密な取材と史料の丹念な読込みにより鮮やかに蘇らせる。

◇人を動かす力——歴史人物に学ぶリーダーの条件　渡部昇一著　PHP研究所　（PHPビジネス新書）　2011.3　193p　18cm　①978-4-569-79561-4
＊人を動かす力とは何か。なぜ人は苦難をものともせず、偉大な指導者に付き従うのか。豊臣秀吉、乃木希典、モルトケ、渋沢栄一、松下幸之助など、歴史に名を残す偉人たちは、何を考え、どのように行動していたのか。彼らの生涯を振り返り、リーダーに必要な情報力、統率力、知力について、どう磨けばよいのかを説き明かす。

◇司馬遼太郎 歴史のなかの邂逅　6　村田蔵六〜西郷隆盛　司馬遼太郎著　中央公論新社　（中公文庫）　2011.2　255p　15cm　①978-4-12-205438-7
＊日本史上最大のドラマともいうべき明治維新で、「三傑」と称された大久保利通、木戸孝允、西郷隆盛をはじめ、岩倉具視、江藤新平など、立役者となった人々の足跡——。第六巻には、この国の将来像を描くためのヒントがちりばめられた二十一篇を収録。

◇西郷と大久保と明治国家——日本生態史観・日本史の中の帝国と共和国　冨川光雄編　冨川光雄　2010.10　295p　21cm　〈「卑弥呼の国」姉弟編〉

◇文藝春秋にみる坂本龍馬と幕末維新　文藝春秋編　文藝春秋　2010.2　372p　19cm　①978-4-16-372220-7
＊龍馬、新選組、西郷、大久保、勝——文藝春秋に掲載された手記、エッセイで読むこの国の運命を決めた男たちの真実。

◇大久保利通——明治維新と志の政治家　佐々木克著　山川出版社　（日本史リブレット）　2009.12　91p　21cm　〈文献・年表あり〉　①978-4-634-54872-5

◇幕末維新人物新論——時代をよみとく16のまなざし　笹部昌利編　昭和堂　2009.12　321p　21cm　①978-4-8122-0958-5
＊想い、考える、竜馬たちの時代。

◇「アラサー」が変えた幕末——時代を動かした若き志士たち　渡辺大門著　毎日コミュニケーションズ　（マイコミ新書）　2009.11　199p　18cm　①978-4-8399-3287-9
＊時は幕末。日本を変えようと立ち上がった志士たちがいた。坂本竜馬、勝海舟、大久保利通…。歴史的偉業を成し遂げた彼らではあるが、二〇代、三〇代の頃は試行錯誤の連続だった。しかし、その経験こそが時代の閉塞感を突き破る力を育んだのである。先行きの明るさが見えない混沌とした現代において、チャンスをつかむにはどんな力が必要なのか。本書では、幕末の若き志士たちの生き方から読み解いていく。

◇日本史有名人の苦節時代　新人物往来社編　新人物往来社　（新人物文庫）　2009.9　351p　15cm　①978-4-404-03743-5
＊長く遠く、あてのない道をひたすら歩みつづけるのが人生ならば、その旅路の先に待ちうけているのは…。功なり名とげ、歴史にその名を刻んだ人びとにも、鳴かず飛ばずの逆境時代があった。艫も舵もない小舟で蘭学の海へ——杉田玄白。家の縁側や柱を薪にして米飯を炊いた日々——勝海舟。長い不遇にもめげず信念を貫いたへそ曲がり——吉田茂。中間子理論が「ふと」訪れるまでの長い苦闘——湯川秀樹。痛烈な批判を浴びた、大人の歌を唄う天才少女——美

I　政治・経済　　　　　　　　　　　　　　　　　　　　　　　　　大久保利通

空ひばり。江戸〜昭和を生きた88人の
有名人が、人知れず流した涙の数々…。

◇私の好きな日本人　石原慎太郎著　幻冬
舎　（幻冬舎新書ゴールド）　2009.6
294p　18×11cm　①978-4-344-98129-4
＊「『歴史』の原理を踏まえ、それぞれの
感性に応じて眺めれば、過去の歴史を
形作ってきた先人たちの中に数多くの
自分自身の分身を見つけることが出来
る」（「人生の原典」より）。混迷の時代
を生き抜く知恵は、わが民族の歴史や
日本人らしさを再認識することにこそ
隠されている。初めて明かされるエピ
ソード、心沸き立つストーリー展開、独
創的な歴史解釈を駆使して自身が影響
を受けた人物を大胆に説き明かす全十
章。画期的な人物論。

◇人物で読む近代日本外交史―大久保利通
から広田弘毅まで　佐道明広，小宮一夫，
服部竜二編　吉川弘文館　2009.1　316p
19cm　①978-4-642-07997-6
＊明治維新から昭和戦前期まで、日本外
交を担った伊藤博文、陸奥宗光、幣原喜
重郎ら十九名の外交官・政治家たち。
彼らの個性に光を当て、条約改正、朝鮮
問題、協調外交、日中戦争など、近代日
本外交の栄光と苦悩を描く。

◇私の好きな日本人　石原慎太郎著　幻冬
舎　2008.11　320p　19cm
①978-4-344-01583-8
＊今の日本人、今の私たちを形作った原
理とは一体何なのか？「希望」と「自
信」が沸き立つ人生の教科書、鮮烈の全
十章。

◇ひょうご幕末維新列伝　一坂太郎著　神
戸新聞総合出版センター　2008.7　408p
19cm　①978-4-343-00476-5
＊明治維新―日本中で変革の息吹が芽生
え、近代化への情熱が沸き立っていた。
兵庫県でも、あらゆる人や組織が動い
た。伊藤博文、勝海舟、桂小五郎、大久
保利通、坂本竜馬、吉田松陰…激動の時
代を歩んだ先人たちの生きざまがここ
によみがえる。

◇大久保利通―国権の道は経済から　落合
功著　日本経済評論社　（評伝・日本の経

済思想）　2008.7　242p　20cm　〈肖像・
年譜・文献あり〉　①978-4-8188-2011-1
＊討幕運動へと突き進んだ大久保が、財
政が疲弊し、士族の不満が吹き荒れる
中、なぜ最後は殖産興業を人生（＝国
家）の課題と考え、どのような独自の経
済政策を推進したのか。

◇大久保利通日記　上巻　復刻版　大久保
利通著　マツノ書店　2007.11　496p
22cm　〈原本：日本史籍協会昭和2年刊
肖像あり〉

◇大久保利通日記　下巻　復刻版　大久保
利通著　マツノ書店　2007.11　598,18p
22cm　〈原本：日本史籍協会昭和2年刊〉

◇薩摩のキセキ―日本の礎を築いた英傑た
ちの真実！　西郷吉太郎，西郷隆文，大
久保利泰，島津修久著，薩摩総合研究所
「チェスト」編著　総合法令出版　2007.10
447p　19cm　①978-4-86280-014-5
＊西郷隆盛、大久保利通、島津斉彬―。類
まれなるリーダーシップを発揮したこ
れら薩摩の英傑たちは、いかにして生
まれ、育まれたのか？　日本はこのまま
でよいのか？　日本の未来は危うくない
か？　リーダーとはどうあるべきか？　す
べての日本人に送る熱きメッセージ。

◇世界に誇れる日本人　渡部昇一著　PHP
研究所　（PHP文庫）　2007.1　237p
15cm　〈『理想的日本人』改題書〉
①978-4-569-66754-6
＊日本を代表する日本人はズバリこの人
たちだ！　本書は事の本質を見抜く慧眼
の持ち主・渡部昇一が、「これは！」と
いう日本人12人について独創的視点か
ら論評したものである。世界で初めて
二つの宗教を融合させた聖徳太子、世
界に通じる「勇気」を備えていた徳川家
康など、斬新な人物の見方・考え方が読
み手を引きずり込んで離さない。日本
人に誇りを与える新感覚人物論。

◇指導者の精神構造―時代を動かすリー
ダーたちの内面をさぐる　小田晋著　生
産性出版　2006.10　226p　19cm
①4-8201-1846-3

◇日本を創った12人　堺屋太一著　PHP研
究所　（PHP文庫）　2006.2　413p

伝記ガイダンス　明治を生きた人々　**107**

大久保利通　　　　　　　　　　　　　　Ⅰ　政治・経済

15cm　①4-569-66560-8
＊「日本の独自性」とはいったい何か。そ
　れは、いつ、誰によって、いかにして創
　り上げられたものなのか。本書では、
　聖徳太子から近現代まで、いまなお今
　日の日本に強い影響力を残している、
　歴史上の象徴的な「人物」12人をとお
　して、長い日本の歴史を見直し、大変革
　期を迎えている現在の日本の舵取りの
　ヒントを求めた歴史評論である。新書
　版の前編・後編を合本した「堺屋日本
　史」、待望の文庫化。

◇明治の教訓 日本の気骨―明治維新人物学
　渡部昇一，岡崎久彦著　致知出版社
　（CHICHI SELECT）　2005.8　216p
　18cm　〈『国のつくり方』改題書〉
　①4-88474-721-6

◇内務卿大久保利通評伝―遭難までの五年
　間、その業績と生きざま　安島良著　東
　京書籍　2005.6　330p　20cm

◇大久保利通　笠原英彦著　吉川弘文館
　（幕末維新の個性）　2005.5　238p　20cm
　〈文献あり〉　①4-642-06283-1
　＊薩摩藩下級武士の家に生まれながら、
　　のちに藩の重役となって討幕に邁進し、
　　維新後は参議・内務卿として明治政府
　　を率いた大久保利通。柔軟なリアリズ
　　ムで政治を指導し、近代日本を創出し
　　ようとした激動の生涯を描く。

◇明治維新三大政治家―大久保・岩倉・伊藤
　論　改版　池辺三山著，滝田樗陰編　中
　央公論新社　（中公文庫）　2005.4　275p
　16cm　①4-12-204509-6

◇大久保利通　佐々木克監修　講談社　（講
　談社学術文庫）　2004.11　334p　15cm
　〈年譜あり〉　①4-06-159683-7

◇甲東逸話　復刻版　勝田孫弥著　マツノ書
　店　2004.7　281,41,5p　22cm　〈原本：
　冨山房昭和3年刊　肖像あり　年譜あり〉

◇大久保利通伝　上巻　勝田孫弥著　マツ
　ノ書店　2004.7　691p　22cm　〈限定版
　同文館明治43年刊の復刻版　肖像あり
　折り込1枚〉

◇大久保利通伝　中巻　勝田孫弥著　マツ
　ノ書店　2004.7　876p　22cm　〈限定版

同文館明治43年刊の復刻版〉

◇大久保利通伝　下巻　勝田孫弥著　マツ
　ノ書店　2004.7　827,7p　図版10枚　22cm
　〈限定版　同文館明治44年刊の復刻版〉

◇大久保利通と安積開拓―開拓者の群像
　立岩寧著　青史出版　2004.5　410,12p
　22cm　〈文献あり〉　①4-921145-23-7

◇図説・西郷隆盛と大久保利通　新装版
　芳即正，毛利敏彦編著　河出書房新社
　（ふくろうの本）　2004.2　126p　22cm
　〈肖像あり　年譜あり〉　①4-309-76041-4

◇大久保利通　復刻版　松原致遠編　マツ
　ノ書店　2003.8　256,69p　22cm　〈限定
　版　原本：「大久保利通」（新潮社明治45年
　刊）と「大久保利通 補遺編」（文化印刷昭
　和55年刊）の合本　肖像あり　外箱入　年
　譜あり〉

◇〈政事家〉大久保利通―近代日本の設計者
　勝田政治著　講談社　（講談社選書メチ
　エ）　2003.7　238p　19cm　〈文献あり
　年譜あり〉　①4-06-258273-2
　＊「此れから先の事はとても駄目じゃ」。
　　英国の富に衝撃を受け、欧米流国際政
　　治の現実に直面した大久保利通。彼は、
　　日本近代の針路をどこに定めたのか。
　　ドイツか、それともイギリスか―。明
　　治政府最高の政事家が体を張って描い
　　た国家構想を捉え直す。

◇大久保利通関係資料目録　国立歴史民俗
　博物館　（国立歴史民俗博物館資料目録）
　2003.3　154p　30cm　〈肖像あり〉

◇西郷と大久保と明治国家―「日本生態史
　観」日本史の中の帝国と共和国　1　冨川
　光雄著　〔冨川光雄〕　2003　21cm

◇大久保利通と明治維新　佐々木克著　吉
　川弘文館　（歴史文化ライブラリー）
　1998.8　220p　19cm　①4-642-05445-6
　＊使命感と決断力で徳川幕府を倒し、明
　　治新政府を率いた大久保利通。冷徹非
　　情な策謀家というイメージを払拭し、
　　新国家の建設にむかって疾走した誠実
　　な志の政治家の姿をえがきながら、明
　　治維新に新たな光をあてる。

◇大久保利通―近代日本を創り上げた叡知

中村晃著　PHP研究所　（PHP文庫）
1997.10　380p　15cm　Ⓘ4-569-57074-7
＊西郷隆盛は常々こう言っていたという。「おいは家を建てることはできる。しかしその家に人が住めるようにするのは、一蔵（大久保利通）さぁだ」—幼なじみの西郷隆盛と組んで倒幕を成功させ、ついに維新の偉業を成し遂げた大久保利通。時には冷徹とも見えるその行動の裏には、理想国家へのあくなき情熱があった。確かな先見力と実行力で近代日本の基礎を築いた男の清冽なる一生。

◇大久保利通日記　1　大久保利通著，日本史籍協会編　北泉社　1997.7　496p
22cm　〈肖像あり　複製〉
Ⓘ4-938424-75-4

◇大久保利通日記　2　大久保利通著，日本史籍協会編　北泉社　1997.7　605p
22cm　〈複製　☆地方・小出版流通センター〉　Ⓘ4-938424-76-2

○特集　大久保利通の謎　「歴史研究」　（人物往来社歴史研究会）　426　1996.11

◇日本を創った10人の名参謀—歴史を動かした頭脳と人間力　邦光史郎著　広済堂出版　（広済堂ブックス）　1996.10
308p　18cm　Ⓘ4-331-00749-9
＊激変期を乗り切った名参謀たちの発想と戦略が現代に甦る。

◇大久保利通—物語と史蹟をたずねて　松永義弘著　成美堂出版　（成美文庫）
1996.10　312p　15cm　Ⓘ4-415-06451-5
＊新しく発足した明治新政府が、内外に深刻な問題を抱え、分裂・抗争の危機をはらんでいた激動の時代に、西郷の郷土愛、木戸の理想主義に対し、大久保は現実社会の本質を見極め、そのときそのときの最善と信ずる策をとり、それを断乎として実行した。近年、日本史上偉大な政治家の一人として見直され評価の高い政治家の事蹟を調べその実像を描く。

◇謎の参議暗殺—明治暗殺秘史　三好徹著　実業之日本社　1996.8　276p　19cm
Ⓘ4-408-53289-4
＊明治草創期に吹き荒れたテロルの嵐!!政府要人たちはなぜ狙われたのか—歴史の裏側をえぐる傑作ロマン。

◇不敗の宰相大久保利通　加来耕三著　講談社　（講談社＋捜文庫）　1994.10
429p　16cm　Ⓘ4-06-256064-X

◇外政家としての大久保利通　清沢洌著　中央公論社　（中公文庫）　1993.3　382p
15cm　Ⓘ4-12-201985-0
＊明治7年、台湾出兵に続く北京談判は、近代日本の地固めとなった外交事件である。自ら困難な全権の役を引受けた大久保利通は、冷徹な現実認識、驚異的な粘り、強い責任感と信念、そして奇策と威嚇、おのれの政治的資質のすべてをかけて交渉にのぞむ—。愛国的自由主義者が太平洋戦争中、現実政治に対する鋭い弾刻を秘めて執筆した、責任政治家の理想像。

◇人物列伝幕末維新史　綱淵謙錠著　講談社　（講談社文庫）　1992.11　276p　15cm
Ⓘ4-06-185278-7
＊激動の時代幕末維新を生き、近代日本の曙をかけぬけた六人の英傑たち、水野忠邦、栗本鋤雲、勝海舟、大久保利通、坂本龍馬、福沢諭吉。歴史が大きな転換期を経験した〈天保〉から〈明治〉にいたる約30年の時の流れを、六人の波瀾に富んだ、鮮烈な生涯を描いて、陰翳ある歴史として把握する傑作歴史読物。

◇長崎幕末浪人伝　深潟久著　西日本新聞社
1990.10　346p　19cm　Ⓘ4-8167-0290-3
＊坂本龍馬、後藤象二郎、高杉晋作、木戸孝允、西郷隆盛、大久保利通…ら土佐、長州、薩摩の浪人たちが土佐藩大目付・佐々木高行を中心に離合集散、新時代の誕生に生命を燃焼させた。彼らが長崎に残した熱い足跡を追う。幕末の長崎を彩った人と事件を余すところなく伝える力作。

◇ピクトリアル西郷隆盛/大久保利通　1　幕末維新の風雲　学習研究社　1990.5
127p　26cm　〈監修：小西四郎ほか　参考文献：p4　西郷隆盛・大久保利通年表：p126～127〉　Ⓘ4-05-103839-4

◇大久保利通　宮野澄著　PHP研究所　（歴史人物シリーズ）　1990.2　221p
19cm　Ⓘ4-569-52706-X
＊「近代国家日本」を築いたリアリストの

大久保利通　　　　　　　　　　　　　　　　　　　　　Ⅰ　政治・経済

凛冽たる生涯。維新後日本の方向を欧
米文明に見、殖産興業による近代化を
強力に推進した大久保利通─。自国の
現実を、つねに国際的視野から冷静に
見つめ変革した大実行家の実像を描く。

◇大将と賢将─西郷の志と大久保の辣腕
　新野哲也著　光風社出版　1990.2　254p
　19cm　①4-87519-750-0
　＊近代日本の礎となるべく、激動の幕末・
　　明治初期を怒濤のごとく駆抜けた、大
　　将＝西郷隆盛と賢将＝大久保利通。こ
　　の2人の英傑の才の異質さがかえって恵
　　みとなり、明治維新という大改革をな
　　しとげたと考える本書では、その2人の
　　資質を現代という時代のエネルギーの
　　前にひき出し、今、現代人が必要と考え
　　る“リーダー像”を探ろうとしている。

◇図説 西郷隆盛と大久保利通　芳即正，毛
　利敏彦編著　河出書房新社　1990.1
　126p 22×17cm　①4-309-72474-4
　＊疾風怒濤の黎明期日本を領導したふた
　　りの巨人の友情と悲劇。西郷は征韓論
　　者ではなかった。透徹した史観で描く
　　NHK大河ドラマの主人公たちの実録。
　　永久保存版。

◇幕末維新の風雲　学習研究社　（ピクトリ
　アル西郷隆盛・大久保利通）　1989.12
　127p 26×22cm　①4-05-103839-4

◇西郷隆盛と大久保利通─幕末・維新もの
　しり百科　幕末・維新史研究会編　リク
　ルート出版　1989.12　315p 21cm
　①4-88991-164-2
　＊島津700年の輝かしい業績。西郷・大久
　　保を中心にさまざまなドラマが展開し
　　ていく。

◇大久保利通─幕末を切り裂いたリアリス
　トの智謀　石原慎太郎，藤原弘達，渡部昇
　一ほか著　プレジデント社　1989.11
　335p 19cm　①4-8334-1351-5
　＊大久保は、常に明快な目的を持って生
　　きた男であった。その目的は、時代に
　　よって何回か変わったが、目的達成の
　　ためにすべてを傾注する姿勢は終生維
　　持し続けた。公の世界に私情を持ち込
　　むことは絶対にせず、たとえ永年の盟
　　友西郷隆盛でも、自己の目的実現のた

めには容赦なく切り捨てた。文字通り
「果断の人」であり、大久保の魅力もそ
こにある。

◇大久保利通─物語と史蹟をたずねて　松
　永義弘著　成美堂出版　1989.10　223p
　19cm　①4-415-06571-6
　＊西郷隆盛、木戸孝允とともに、近代日本
　　国家の基礎を築いた大久保利通は、後
　　世、「維新の三傑」の一人として称えら
　　れた。だが、西郷、木戸と比して大久保
　　は、およそ面白味のない“冷徹な官僚政
　　治家”として大衆的人気は低い。しか
　　し、新しく発足した新政府が、内外に深
　　刻な問題を抱え、たえず分裂・抗争の危
　　機をはらんでいた激動の時代に、西郷
　　の異常なまでの郷土愛、木戸の理想主
　　義に対し、大久保は現実社会の本質を
　　見極め、そのときそのときの最善と信
　　ずる策をとり、それを断乎として実行
　　した。断乎すぎて、現実実義者で冷酷
　　と憎まれた所以である。本書は、近年、
　　日本史上偉大な政治家の一人として見
　　直され評価の高い政治家の事蹟を調べ
　　その実像を描く。

◇西郷隆盛と大久保利通─男の進退と決断
　邦光史郎著　勁文社　（ケイブンシャブッ
　クス）　1989.9　234p 18cm
　①4-7669-1035-4
　＊明治維新という時代転換の歯車を廻す
　　役割を果たしたのは、かつて関ケ原の
　　合戦で徳川家康に敗れて以来、ずっと
　　雌伏を続けてきた薩長、つまり薩摩と
　　長州だった。この薩摩の代表選手と
　　なった西郷隆盛と大久保利通は、少年
　　時代からの仲間だったが、肥満体の西
　　郷と痩身の大久保という外観のちがい
　　が示すように、その性格も陽と陰、そし
　　て軍事に秀でた西郷と官僚タイプの大
　　久保と、まことに対照的である。この
　　相反する性格がやがて両者の対立を生
　　み、悲劇を招いたけれど、二人の英傑は
　　保身や利益のためでなく、あくまで男
　　らしく己れの信ずる道をまっすぐ歩い
　　て斃れていった。

◇薩摩の盟友 西郷と大久保の生涯　栗原隆
　一著，斉藤政秋撮影　大陸書房　1989.9
　190p 21cm　①4-8033-2355-0

110　伝記ガイダンス 明治を生きた人々

Ⅰ 政治・経済　　　　　　　　　　　　　　　　　　　　　　　　大久保利通

＊激動の幕末維新を"翔ぶがごとく"駆け抜けた薩摩の竜と虎。その"友情・対立"のドラマを写真＋地図＋文で立体構成。

◇友情は消えず―西郷隆盛と大久保利通
　土橋治重著　経済界　（リュウブックス）
　1989.7　246p 18cm　Ⓘ4-7667-0153-4
＊新しい日本の国家づくりに奔走した2人の盟友―。「情」の西郷と「知」の大久保の生涯をダイナミックに描く。

◇日本の青春　童門冬二著　三笠書房　（知的生きかた文庫）　1989.7　300p 15cm
　Ⓘ4-8379-0327-4
＊幕末から維新回天、そして日本最後の内乱・西南戦争へ―日本の夜明けを信じ、激動の時代を文字通りからだを張って生き抜いたふたりの巨人・西郷隆盛と大久保利通。それぞれの生きざま、友情と訣別を鮮烈に描く。

◇日本の青春―西郷隆盛と大久保利通の生涯 明治維新を創った男たちの栄光と死
　童門冬二著　三笠書房　1989.6　300p
　19cm　Ⓘ4-8379-1396-2
＊幕末から維新回天、そして日本最後の内乱・西南戦争へ―日本の夜明けを信じ、文字通り体を張って生きぬいた二人の巨人・西郷と大久保の友情、訣別までを鮮烈に描く。

◇西郷と大久保　小学館　（幕末・維新の群像）　1989.1　286p 15cm
　Ⓘ4-09-401010-6
＊薩長連合を成立させた薩摩の西郷・大久保、長州の木戸は明治新政府樹立の立役者となり、政府の首脳におさまる。近代国家建設に燃える維新の三傑もやがて異なる路線を歩みはじめる。宿命の糸で結ばれた西郷と大久保の夢と野望を通し、新政府の苦悩を描く。

◇人物列伝幕末維新史―明治戊辰への道
　綱淵謙錠著　講談社　1988.2　247p 19cm
　Ⓘ4-06-203768-8
＊1988年は戊辰（つちのえたつ）の歳、明治元年から120年、二度目の戊辰にあたる。近代日本の曙をかけぬけた6人の波瀾の生涯！

◇田原坂―日本テレビ大型時代劇　杉山義法著　日本テレビ放送網　1987.12　292p

19cm　Ⓘ4-8203-8760-X
＊我国最後の内戦、西南戦争はなぜ起こったのか。明治維新最大の功労者西郷隆盛は、なぜ賊軍の道を敢えて選んだのか。西郷隆盛とは、果たしてどのような人物であったのか。宿命のライバル西郷隆盛と大久保利通の葛藤を縦糸に、近代国家形成の激流の中で、幻日を追った地方士族の壮烈な終焉、西郷一族の明治維新を描く。鮮烈無比！ 西南戦争を空前のスケールで描く放送脚本の傑作。

◇大久保利通・木戸孝允・伊藤博文特別展示目録―立憲政治への道　憲政記念館編
　憲政記念館　1987.2　61p 21cm　〈会期：昭和62年2月26日～3月17日　年譜：p49～61〉

◇大久保利通と官僚機構　加来耕三著　講談社　1987.2　269p 19cm
　Ⓘ4-06-203253-8
＊実務型リーダーこそ逆境に強い！ 人をどう動かすか、人をどう組織してゆくか、それはいつの世にも求められる指導者の要諦である。世間に今日まで伝わる「大久保利通」は果して冷徹、犀利な人物だけでしかなかったのか。―彼の人間性、洞察力、先見力に今こそ学ぶべきなのだ。

◇利通暗殺―紀尾井町事件の基礎的研究
　遠矢浩規著　行人社　1986.6　246,8p
　20cm　〈大久保利通の肖像あり　史料・文献解題　本書関連年表：p237～246〉
　Ⓘ4-905978-23-8

◇前島密にあてた大久保利通書簡集　郵政省通信博物館　（郵政省通信博物館資料図録）　1986.2　89p　19×26cm

◇大久保利通―その生涯　東郷実晴著
　〔東郷実晴〕　1984.8　169p 21cm　〈大久保利通の肖像あり　付：参考文献〉

◇大久保利通文書　10　大久保利通著，日本史籍協会編　東京大学出版会　（日本史籍協会叢書）　1983.12　486,84p 22cm
　〈復刻版 原版：1929(昭和4)　解題：遠山茂樹　肖像：大久保利通　図版(肖像)〉
　Ⓘ4-13-097637-0

◇大久保利通文書　8　大久保利通著，日本

史籍協会編　東京大学出版会　（日本史籍
協会叢書）　1983.11　28,522p　22cm
〈復刻版 原版：1929（昭和4）肖像：大久
保利通〔ほか〕　図版（肖像）〉
①4-13-097635-4

◇大久保利通文書　9　大久保利通著，日本
史籍協会編　東京大学出版会　（日本史籍
協会叢書）　1983.11　24,488p　22cm
〈復刻版 原版：1929（昭和4）肖像：大久
保利通　図版（肖像）〉　①4-13-097636-2

◇大久保利通文書　6　大久保利通著，日本
史籍協会編　東京大学出版会　（日本史籍
協会叢書）　1983.10　22,552p　22cm
〈復刻版 原版：1928（昭和3）筆跡：大久
保利通　図版（筆跡）〉　①4-13-097633-8

◇大久保利通文書　7　大久保利通著，日本
史籍協会編　東京大学出版会　（日本史籍
協会叢書）　1983.10　32,576p　22cm
〈復刻版 原版：1928（昭和3）筆跡：大久
保利通　図版（筆跡）〉　①4-13-097634-6

◇大久保利通文書　4　大久保利通著，日本
史籍協会編　東京大学出版会　（日本史籍
協会叢書）　1983.9　24,529p　22cm
〈復刻版 原版：1928（昭和3）筆跡：大久
保利通　図版（筆跡）〉

◇大久保利通文書　5　大久保利通著，日本
史籍協会編　東京大学出版会　（日本史籍
協会叢書）　1983.9　30,566p　22cm
〈復刻版 原版：1928（昭和3）〉

◇大久保利通文書　2　大久保利通著，日本
史籍協会編　東京大学出版会　（日本史籍
協会叢書）　1983.8　17,502p　22cm
〈復刻版 原版：1927（昭和2）〉

◇大久保利通文書　3　大久保利通著，日本
史籍協会編　東京大学出版会　（日本史籍
協会叢書）　1983.8　22,558p　22cm
〈復刻版 原版：1928（昭和3）筆跡：大久
保利通　図版（筆跡）〉

◇大久保利通日記　1　大久保利通著，日本
史籍協会編　東京大学出版会　（日本史籍
協会叢書）　1983.6　496p　22cm　〈覆刻
版 原版：1927（昭和2）肖像・筆跡：大久
保利通　図版（肖像　筆跡）〉

◇大久保利通　松原致遠編　〔大久保甲東
顕彰会〕　1980.12　2冊　20cm　〈「本

編」「補遺編」に分冊刊行　「本編」は新潮
社明治45年刊の複製〉

○特集・大久保利通の研究—果断なるリー
ダーとは　「プレジデント」（プレジデ
ント社）　18（5）　1980.4

◇大久保一翁—最後の幕臣　松岡英夫著
中央公論社　（中公新書）　1979.4　248p
18cm　〈大久保一翁略年譜・参考文献：
p241〜248〉

◇大久保利通関係文献目録—鹿児島県立図
書館所蔵　鹿児島県立図書館　1978.5
39p　22cm　〈昭和53年5月14日現在〉

◇西南戦争の原因としての福沢諭吉と大久
保利通の対立　坂元盛秋著　表現社
1971　126,99p 図　22cm　〈付：英訳西
郷隆盛の漢詩と遺訓集〉

◇大久保利通伝　勝田孫弥著　臨川書店
1970　3冊　22cm　〈同文館明治43-44年
刊の複製〉

◇大久保利通関係文書　第4　立教大学文学
部史学科日本史研究室編　吉川弘文館
1970　269p　22cm

◇大久保利通　毛利敏彦著　中央公論社
（中公新書）　1969　198p　18cm　〈維新
前夜の群像 第5　付：参考文献〉

◇大久保利通日記　日本史籍協会編　東京
大学出版会　（日本史籍協会叢書）　1969
2冊　22cm　〈日本史籍協会昭和2年刊の
複製〉

◇大久保利通関係文書　第3　立教大学文学
部史学科日本史研究室編　吉川弘文館
1968　400p　22cm

◇大久保利通　小島直記著　至誠堂　（至誠
堂新書）　1965　238p　18cm

◇大久保利通関係文書 1　立教大学日本史研
究室編　吉川弘文館　1965

◇20世紀を動かした人々　第10　近代日本
の政治家　遠山茂樹編　講談社　1964
395p 図版　19cm

◇近代政治家評伝　阿部真之助著　文芸春
秋新社　1953　353p　19cm

◇日本歴史講座 5　大久保利通　原口清著

I　政治・経済　　　　　　　　　　　　　　　　　　　　　　大隈重信

河出書房　1952

▌ **大隈 栄一**　おおくま・えいいち
1870～1950　実業家。大熊鉄工所社長。
大熊麺機紹介を設立。旭兵器製造を設立。

◇大隈栄一翁伝　中谷秀著　大隈興業
1950

▌ **大隈 熊子**　おおくま・くまこ
1863～1933　大隈重信の長女。当意即妙
の諧謔でしばしば人を笑わせた。

◇大隈熊子夫人言行録—伝記・大隈熊子
堀部久太郎編　大空社　（伝記叢書）
1995.12　303,6p　22cm　〈賢婦伝刊行会
昭和8年刊の複製　巻末：参考文献〉
①4-87236-498-8

▌ **大隈 重信**　おおくま・しげのぶ
1838～1922　政治家，教育者。内閣総理
大臣，早稲田大学総長，侯爵。大蔵省事務
総裁、外務大臣などを歴任。日本最初の
政党内閣を組織。著書に「大熊伯昔日譚」
「開国五十年史」。〔記念施設〕早稲田大
学　大隈記念室（東京都新宿区），早稲田大
学中央図書館　大隈文書（東京都新宿区），
九州大学附属図書館　大隈文書（福岡県福
岡市東区），佐賀市大隈記念館（佐賀県佐
賀市）

◇早稲田大学を創立した大隈重信の授爵に
ついて　藤間亮穂著　青山ライフ出版
2017.8　79p　18cm　〈文献あり〉
①978-4-86450-277-1

◇覚えておきたい幕末・維新の100人＋1—勤
王から佐幕までの人物伝　本間康司絵と文
清水書院　2017.7　149p　26cm　〈文献
あり　索引あり〉　①978-4-389-50054-2

◇イノベーターたちの日本史—近代日本の
創造的対応　米倉誠一郎著　東洋経済新
報社　2017.5　313p　19cm
①978-4-492-37120-6
＊高島秋帆、大隈重信、笠井順八、三野村
利左衛門、益田孝、岩崎弥太郎、高峰譲
吉、大河内正敏…アヘン戦争から新興
財閥の成立まで。彼らはどのように未
来を切り拓いていったのか？　従来の史

実では描かれてこなかった躍動感あふ
れるストーリー。構想40年、歴史家・
米倉誠一郎の集大成。

◇大隈重信—民意と統治の相克　真辺将之
著　中央公論新社　（中公叢書）　2017.2
495p　20cm　〈年譜あり〉
①978-4-12-004939-2

◇図録大隈重信の軌跡　早稲田大学大学史資
料センター編　早稲田大学大学史資料セン
ター　2015.9　72p　30cm　〈年譜あり〉

◇大隈重信関係文書　11　よこーわら　補遺
他　早稲田大学大学史資料センター編
みすず書房　2015.3　480,5p　22cm
①978-4-622-08211-8

◇原敬—外交と政治の理想　下　伊藤之雄
著　講談社　（講談社選書メチエ）
2014.12　494p　19cm　〈文献あり　索引
あり〉　①978-4-06-258593-4

◇大隈重信関係文書　1　オンデマンド版
東京大学出版会　（日本史籍協会叢書）
2014.7　538p　22cm　〈覆刻再刊　昭和58
年刊　印刷・製本：デジタルパブリッシ
ングサービス〉　①978-4-13-009338-5

◇大隈重信関係文書　2　オンデマンド版
東京大学出版会　（日本史籍協会叢書）
2014.7　470p　22cm　〈覆刻再刊　昭和59
年刊　印刷・製本：デジタルパブリッシ
ングサービス〉　①978-4-13-009339-2

◇大隈重信関係文書　3　オンデマンド版
東京大学出版会　（日本史籍協会叢書）
2014.7　484p　22cm　〈覆刻再刊　昭和59
年刊　印刷・製本：デジタルパブリッシ
ングサービス〉　①978-4-13-009340-8

◇大隈重信関係文書　4　オンデマンド版
東京大学出版会　（日本史籍協会叢書）
2014.7　482p　22cm　〈覆刻再刊　昭和59
年刊　印刷・製本：デジタルパブリッシ
ングサービス〉　①978-4-13-009341-5

◇大隈重信関係文書　5　オンデマンド版
東京大学出版会　（日本史籍協会叢書）
2014.7　480p　22cm　〈覆刻再刊　昭和59
年刊　印刷・製本：デジタルパブリッシ
ングサービス〉　①978-4-13-009342-2

◇大隈重信関係文書　6　オンデマンド版

伝記ガイダンス　明治を生きた人々　**113**

東京大学出版会　（日本史籍協会叢書）
2014.7　561p　22cm　〈覆刻再刊　昭和59
年刊　印刷・製本：デジタルパブリッシ
ングサービス〉　Ⓘ978-4-13-009343-9

◇大隈重信関係文書　10（まつ─よこ）　早
稲田大学大学史資料センター編　みすず
書房　2014.3　455p　22cm
Ⓘ978-4-622-08210-1

◇歴史を創った人たち─佐賀ものがたり
吉村久夫著　佐賀新聞社　2013.10　233p
18cm　〈文献あり〉　Ⓘ978-4-88298-193-0

◇大隈重信関係文書　9（はと─まつ）　早稲
田大学大学史資料センター編　みすず書
房　2013.3　432p　22cm
Ⓘ978-4-622-08209-5
　＊「全集」未収録のものも含む福沢諭吉の
　　書簡22通はじめ、福地源一郎、穂積陳
　　重、前島密74通、牧野伸顕、益田孝、さ
　　らに松方正義が大隈に宛てた99通におよ
　　ぶ書翰など、198名・808通を収録する。

◇真実の近現代史─田原総一朗の仰天歴史
塾　田原総一朗著、テレビ東京報道局編
幻冬舎　2013.1　259p　18cm
Ⓘ978-4-344-02326-0
　＊領土問題の真実、政治経済の弱体化な
　　ど、すべての根源は戦前戦後の歴史観
　　の欠乏にあった！　なぜ日本人は本当の
　　ことを知らないのか。

◇マンガでわかる内閣総理大臣伝─歴代の
宰相から学ぶ真の政治家像　よつや文作，
原田久仁信画　実業之日本社　（じっぴコ
ンパクト新書）　2012.7　309p　18cm
〈『劇画内閣総理大臣伝─日本を動かした
男たち』再編集・改題書〉
Ⓘ978-4-408-61276-8
　＊不況、地震、原発事故…若者は夢を持て
　　ず、中高年はリストラにおびえる。そ
　　んな危機的ニッポンを救う真の政治家
　　像がここにある!?必読！　日本を動かし
　　た9人の宰相の人間ドラマ。

◇福澤諭吉と大隈重信─洋学書生の幕末維
新　池田勇太著　山川出版社　（日本史リ
ブレット人）　2012.5　93p　21cm　〈文
献・年譜あり〉　Ⓘ978-4-634-54876-3
　＊「一身にして二生を経るが如し」─地続
　　きでありながら、明治から見た江戸は

遠い世界のようだった。福澤諭吉と大
隈重信。近代日本をリードしたこの二
人の巨人は、幕末の若き日、かたや洋学
者として、かたや尊王の志士として、自
らの属する世界と格闘し、新しい時代
を切り拓いていった。本書は、このタ
イプの全く異なる二人の洋学書生がい
かなる行路を経て明治の舞台に上った
のかをたどる、短い物語である。

◇大樹　大隈重信　片桐武男著　佐賀新聞社
2012.4　235p　19cm　〈文献あり〉
Ⓘ978-4-88298-184-8

◇大隈重信関係文書　8（とく─はつ）　早稲
田大学大学史資料センター編　みすず書
房　2012.3　459p　22cm
Ⓘ978-4-622-08208-8
　＊徳富蘇峰が主に海外から大隈に宛てた
　　74通を筆頭に、はじめて公刊される中江
　　兆民の書翰、鳥居龍蔵のモンゴルにつ
　　いての報告、新島襄、新渡戸稲造、膨大
　　な量の鍋島直彬書翰まで177名・824通。

◇大隈重信と江副廉蔵─忘れられた明治た
ばこ輸入王　改訂増補　末岡暁美著　洋
学堂書店　2011.6　263p　19cm　〈年
表・文献あり〉　Ⓘ978-4-9904418-1-4

◇徳富蘇峰が観た三人の校祖─福沢諭吉・
大隈重信・新島襄　志村和次郎著　大学
教育出版　2011.3　237p　20cm　〈文
献・年譜あり〉　Ⓘ978-4-86429-032-6

◇司馬遼太郎　歴史のなかの邂逅　6　村田蔵
六～西郷隆盛　司馬遼太郎著　中央公論
新社　（中公文庫）　2011.2　255p　15cm
Ⓘ978-4-12-205438-7
　＊日本史上最大のドラマともいうべき明
　　治維新で、「三傑」と称された大久保利
　　通、木戸孝允、西郷隆盛をはじめ、岩倉
　　具視、江藤新平など、立役者となった
　　人々の足跡─。第六巻には、この国の
　　将来像を描くためのヒントがちりばめ
　　られた二十一篇を収録。

◇大隈重信関係文書　7（せい─とく）　早稲
田大学大学史資料センター編　みすず書
房　2011.2　425p　22cm
Ⓘ978-4-622-08207-1
　＊田中正造が大隈に宛てた29通、高田早
　　苗の28通をはじめ、副島種臣、高峰譲

Ⅰ　政治・経済　　　　　　　　　　　　　　　　　　　　　　　　　　　　　　　大隈重信

吉、田口卯吉、辰野金吾、田中義一、谷
干城、津田梅子、坪内逍遥、寺内正毅、
東郷平八郎など175名・725通を収録。

◇大隈重信―1838-1922　島善高著　佐賀県
立佐賀城本丸歴史館　（佐賀偉人伝）
2011.1　110p　21cm　〈シリーズの編者：
杉谷昭　青木歳幸　大園隆二郎　尾形善
次郎　島善高　福岡博　吉田洋一　文献・
年譜あり〉　①978-4-905172-01-7

◇大隈重信関係文書　6（さの―すわ）　早稲
田大学大学史資料センター編　みすず書
房　2010.1　384p　22cm
①978-4-622-08206-4

◇日本統計史群像　島村史郎著　日本統計
協会　2009.12　214p　26cm
①978-4-8223-3609-7
＊統計を愛しその発展に献身した、近現
代の政治指導者と学者、行政官達の人
物像を明らかにする。

◇国民リーダー大隈重信　片岡寛光著　冨
山房インターナショナル　2009.7　456p
20cm　〈表紙のタイトル：大隈重信　文
献・著作目録・索引あり〉
①978-4-902385-76-2
＊リーダー群像の一人として明治国家の
建設に大隈重信が果たした役割を照射
し、その人間像を、世界観、歴史展望、
人生観、宗教観、若者への期待などを交
えて描く。国民リーダーとなる契機と
なった明治14年の政変については、未
発掘の資料により新解釈を試みる。

◇大隈重信と江副廉蔵―忘れられた明治た
ばこ輸入王　末岡暁美著　洋学堂書店
2008.12　184p　20cm　〈年表・文献あ
り〉　①978-4-9904418-0-7

◇早稲田と慶応―名門私大の栄光と影　橘
木俊詔著　講談社　（講談社現代新書）
2008.9　237p　18cm
①978-4-06-287958-3
＊なぜ早慶の両校がこれほどまでに地位
を高めたのか、というのが本書の関心
であり、そのことを幅広い視点から論
じている。戦前にあってはこの両校は
東大・京大などの帝国大学の後塵を拝
していた。戦後のある時期から早慶両
大学は国立の名門大学に急迫をかけ、

現在、すでに追い越している分野もあ
る。例えば、政界、マスメディア、文壇
における早稲田、経済界、政界における
慶応である。なぜ早慶はこのような成
功を収めているのであろうか。

◇宰相たちのデッサン―幻の伝記で読む日
本のリーダー　御厨貴編　ゆまに書房
2007.6　280p　21cm
①978-4-8433-2381-6
＊幻の伝記を読み直すなかから生まれた
まったく新しい戦前期の総理大臣評
伝集。

◇円を創った男―小説・大隈重信　渡辺房
男著　文藝春秋　2006.2　291p　19cm
①4-16-324660-6
＊旧幕時代の複雑な貨幣制度を廃し、統
一通貨を「円」と命名する―。若き日の
大隈重信の苦闘を通して、近代国家誕
生のドラマを描く歴史小説。

◇日本の復興者たち　童門冬二著　講談社
（講談社文庫）　2006.1　355p　15cm
①4-06-275298-0
＊三菱の創業者・岩崎弥太郎、早稲田の建
学者・大隈重信、不世出の蔵相・高橋是
清。三人は自らの信念、理想を掲げて
難局に立ち向かい、資本主義と財政の
確立、国際的地位の向上に生命を賭け
た。彼らの独立不羈の姿を描き、近代
日本にあって現代に欠けている“勃興の
精神”と“男の力量”について考察する。

◇志立の明治人　上巻　佐藤能丸著　芙蓉
書房出版　2005.10　164p　19cm　〈年
譜・著作目録あり〉　①4-8295-0364-5
＊新しい時代を切り拓いた明治人の志か
ら何を学ぶか？　知られざるエピソード
が満載。柔らかい語り口の講演記録。

◇歴代総理大臣伝記叢書　第5巻　大隈重信
御厨貴監修　ゆまに書房　2005.7　418p
22cm　〈肖像・年譜あり〉
①4-8433-1783-7

◇大隈重信　大園隆二郎著　西日本新聞社
（西日本人物誌）　2005.4　246p　19cm
〈シリーズ責任表示：岡田武彦監修　西
日本人物誌編集委員会編　肖像・年譜・
文献あり〉　①4-8167-0628-3

伝記ガイダンス　明治を生きた人々　　115

大隈重信　　　　　　　　　　　　　　　　　　　Ⅰ　政治・経済

◇日本宰相列伝　上　三好徹著　学陽書房
　（人物文庫）　2005.1　487p　15cm
　①4-313-75193-9
　＊草莽の志士の中でとびぬけた幸運をつ
　　かんだ伊藤博文。薩摩派のボスのよう
　　に見えながら孤立していた黒田清隆。
　　佐賀出身の大隈重信が"葉隠れ精神"嫌
　　いだった理由。藩閥政治退治を志した
　　"平民宰相"原敬の意外な経歴。首相よ
　　り蔵相として活躍した高橋是清の波乱
　　万丈の人生…。明治・大正の宰相を通
　　して、近代日本を検証する意欲作。

◇大隈重信関係文書　1(あーいの)　早稲田
　大学大学史資料センター編　みすず書房
　2004.10　317p　22cm　〈肖像あり〉
　①4-622-08201-2

◇大隈重信と政党政治─複数政党制の起源
　明治十四年─大正三年　五百旗頭薫著
　東京大学出版会　2003.3　319,7p　22cm
　①4-13-036215-1

◇教科書が教えない歴史人物～福沢諭吉・
　大隈重信～　藤岡信勝監修，久保田庸四
　郎、長谷川公一著　扶桑社　（扶桑社文
　庫）　2001.6　335p　16cm　〈文献あり
　年表あり〉　①4-594-03095-5
　＊新しい歴史教育のことがさかんに話題
　　になっています。本書はその原点とも
　　いえる人気シリーズ『教科書が教えな
　　い歴史』の続編で、人物に焦点をあてて
　　いきます。最初は早稲田大学、慶応義
　　塾大学の創始者、大隈重信と福沢諭吉。
　　二人が活躍したのは、欧米諸国が世界
　　を植民地化した時代です。二人は、列
　　強の間で木の葉のように揺らめいてい
　　たアジアの一小国日本を立ちゆかせる
　　ために、多大なる貢献をしました。二
　　人の、生き方、業績、愛国心、世界観、
　　建学精神…等を考えながら、21世紀の
　　日本の姿と自分自身の生き様を重ね合
　　わせてみましょう。早稲田・慶応の両
　　校比較も掲載。

◇知られざる大隈重信　木村時夫著　集英
　社　（集英社新書）　2000.12　253p
　18cm　①4-08-720069-8
　＊大隈重信は佐賀藩士の家に生まれ、漢
　　学・蘭学・英学を学んで世界的な視野を
　　開き、明治から大正期にかけて政治家

として財政・外交に優れた手腕を発揮
した。また近代日本の設計者として、
広く明治文明を推進した功績は大きい。
一九一五年の二十一カ条要求によって、
日本を軍国主義、中国侵略へと導いた
とする説もあるが、本書では特にこの点
で「大隈功罪論」を再考する。大隈の政
治・外交の真意はどこにあったのか？
孫文とも袁世凱とも親交のあった大隈
はどのような態度をとったのか？　また、
山県有朋との確執や福沢諭吉との深い
友情、素顔を語るエピソードなどを紹
介して、大隈の人間的魅力を活写する。

◇歴史を動かした男たち─近世・近現代篇
　高橋千劒破著　中央公論社　（中公文庫）
　1997.12　429p　15cm　①4-12-203013-7
　＊徳川家康・大石内蔵助・徳川慶喜・西郷
　　隆盛・大隈重信・山本五十六・昭和天皇
　　等々。江戸から現代まで、日本の歴
　　史を創った人物を史実に沿って平易に
　　記述し、更に逸話等を挿入し人物のイ
　　メージを理解しやすいよう努めた便利な
　　人物伝。「古代・中近世篇」とあわせて、
　　人物で辿る日本の歴史ともなっている。

◇わが早稲田─大隈重信とその建学精神
　木村時夫著　恒文社　1997.12　227p
　20cm　〈付：本書関連略年表・参考文献
　一覧〉　①4-7704-0959-1
　＊早慶両校はとかくライバル視されるが、
　　創設者大隈重信と福沢諭吉は、明治初
　　期から肝胆相照らす仲だった。本書は、
　　大学創設に至る歴史と建学の精神を説
　　く第一部、第二部、時あたかも太平洋戦
　　争下に学んだ著者自身の経験を中心に
　　昭和十年代の学苑生活を描く第三部の
　　三部構成。

◇食客風雲録─日本篇　草森紳一著　青土社
　1997.11　456p　19cm　①4-7917-5589-8
　＊大隈重信の屋敷に集って明治政府を陰
　　で操った居候たち。芸者の金で南洋の
　　島に渡り「占領」してしまった？　後藤
　　象二郎のドラ息子…。他人の家で食わ
　　せてもらいながら「主人を食う」気概に
　　満ちた食客の面々。「維新」直後の激動
　　期、主人と客の虚々実々、波瀾万丈を通
　　して歴史と人間の真髄にふれる。

116　伝記ガイダンス　明治を生きた人々

Ⅰ　政治・経済　　　　　　　　　　　　　　　　　　　　　　　大隈重信

◇謎の参議暗殺―明治暗殺秘史　三好徹著
　実業之日本社　1996.8　276p　19cm
　①4-408-53289-4
　＊明治草創期に吹き荒れたテロルの嵐‼政
　　府要人たちはなぜ狙われたのか―歴史
　　の裏側をえぐる傑作ロマン。

◇旋風時代―大隈重信と伊藤博文　南条範
　夫著　講談社　1995.9　248p　19cm
　①4-06-207818-X
　＊草創期の明治政府にあって、その豪放
　　大胆な性格を縦横に駆使し、次々に新
　　政策を実現させていった大隈重信と元
　　勲たち。

◇大隈重信の余業　針ケ谷鐘吉著　東京農
　業大学出版会　1995.8　200p　19cm
　〈肖像あり〉

◇幸運な志士―若き日の元勲たち　三好徹
　著　徳間書店　1992.4　283p　19cm
　①4-19-124847-2
　＊幕末動乱のなか、苛烈な運命を共に生き
　　た先駆者たち。黎明期の覇者の友情、苦
　　悩そして離反の劇的な青春群像を描く。

◇近代日本の政治家　岡義武著　岩波書店
　（同時代ライブラリー）　1990.3　318p
　16cm　①4-00-260015-7
　＊伊藤博文、大隈重信、原敬、西園寺公
　　望、犬養毅―わが国近代史上に重要な
　　役割を担った5人の政治家たちの性格に
　　焦点を置きつつ、それぞれの生涯に当
　　面した政治状況における行動、役割、運
　　命を跡づけた本書は、政治における
　　リーダーシップの研究の草分けとなり、
　　日本の政治の本質を考えるための必読
　　の名著である。

◇大隈重信　榛葉英治著　PHP研究所
　（歴史人物シリーズ）　1989.12　206p
　19cm　①4-569-52659-4
　＊藩閥政府が最も恐れた男。明治6年の政
　　変における征韓論反対、開拓使官有物
　　払い下げ時の政府との対立…など、藩
　　閥政府の権力に自由民権の理想を掲げ
　　て立ち向かった生涯を、直木賞作家が
　　鮮やかに描き上げる。

◇大隈重信とその時代―議会・文明を中心
　として　早稲田大学大学史編集所編　早
　稲田大学出版部　1989.10　326p　21cm

　①4-657-89029-8

◇エピソード大隈重信125話　エピソード大
　隈重信編集委員会編　早稲田大学出版部
　1989.7　204p　19cm　〈監修：奥島孝康
　中村尚美　大隈研究のてびき：p203〉
　①4-657-89721-7

◇図録 大隈重信―近代日本の設計者　早稲
　田大学編　早稲田大学出版部　1988.10
　202p　28×22cm　①4-657-88034-9
　＊明治維新の功労者であり、偉大なる民
　　衆政治家であり、早稲田大学の創立者
　　であり、なによりも近代日本の設計者
　　であった大隈重信が生れて、今年が150
　　年目にあたります。本大学では、これ
　　を記念して、政治・外交・行政はもとよ
　　り、文化・教育におよび大隈の事績を多
　　角的にたどって、近代日本の形成期に
　　果した彼の役割を各種の資料にもとづ
　　いて再現する展覧会を開催することに
　　なりました。

◇(劇画)大隈重信　貴志真典著　けいせい
　出版　1988.10　204p　22cm　〈付：参考
　文献〉　①4-87444-388-5

◇福沢山脈　小島直記著　中央公論社　（小
　島直記伝記文学全集）　1987.1　577p
　19cm　①4-12-402584-X
　＊先覚者・福沢諭吉を敬慕し、慶応義塾に
　　集まった近代日本の俊才英傑たち。そ
　　の巨大な人間山脈に挑み、一峰一峰の
　　連なりの機微を活写する長編力作。

◇大隈重信　中村尚美著　吉川弘文館　（人
　物叢書 新装版）　1986.1　325p　19cm
　〈新装版 大隈重信の肖像あり 叢書の編
　者：日本歴史学会　大隈重信略年譜・主要
　参考文献：p313〜325〉　①4-642-05026-4

◇日本宰相列伝　3　大隈重信　渡辺幾治郎
　著　時事通信社　1985.10　250p　19cm
　〈監修：細川隆元 三代宰相列伝(昭和33年
　刊)の改題新装版 大隈重信の肖像あり
　略年譜：p246〜250〉　①4-7887-8553-6

◇大隈重信―進取の精神、学の独立　榛葉
　英治著　新潮社　1985.3　2冊　20cm
　①4-10-356701-5

◇大隈重信関係文書　6　日本史籍協会編
　東京大学出版会　（日本史籍協会叢書）

伝記ガイダンス 明治を生きた人々　　**117**

1984.3　561p　22cm　〈昭和10年刊の複製再刊〉　①4-13-097643-5

◇大隈重信関係文書　4　日本史籍協会編　東京大学出版会　（日本史籍協会叢書）　1984.2　16,482p　22cm　〈復刻版　原版：1934（昭和9）〉　①4-13-097641-9

◇大隈重信関係文書　5　日本史籍協会編　東京大学出版会　（日本史籍協会叢書）　1984.2　18,480p　22cm　〈復刻版　原版：1934（昭和9）〉　①4-13-097642-7

◇大隈重信関係文書　2　日本史籍協会編　東京大学出版会　（日本史籍協会叢書）　1984.1　22,470p　22cm　〈復刻版　原版：1933（昭和8）〉　①4-13-097639-7

◇大隈重信関係文書　3　日本史籍協会編　東京大学出版会　（日本史籍協会叢書）　1984.1　22,484p　22cm　〈復刻版　原版：1933（昭和8）〉　①4-13-097640-0

◇明治・大正の宰相　第6巻　大隈重信と第一次世界大戦　豊田穣著　講談社　1984.1　310p　20cm　〈大隈重信の肖像あり　年表：p300～304〉　①4-06-180696-3

◇大隈重信関係文書　1　日本史籍協会編　東京大学出版会　（日本史籍協会叢書）　1983.12　26,538p　22cm　〈復刻版　原版：1934（昭和9）〉　①4-13-097638-9

◇大隈重信―その生涯と人間像　J.C.リブラ著，正田健一郎訳　早稲田大学出版部　1980.1　227,13p　22cm　〈巻末：参考文献〉

◇郷土史に輝く人びと　企画・編集：郷土史に輝く人々企画・編集委員会　佐賀県青少年育成県民会議　1973　396p　図　22cm　〈全5集を合冊刊行したもの　伊道玄朴（河村健太郎）佐野常民（河村健太郎）副島種臣（滝口康彦）大木喬任（田中艸太郎）江藤新平（河村健太郎）大隈重信（滝口康彦）辰野金吾（常安弘通）岡田三郎助（田中艸太郎）下村湖人（田中艸太郎）田沢義鋪（田中艸太郎）付：年譜〉

◇大隈重信関係文書　日本史籍協会編　東京大学出版会　（日本史籍協会叢書）　1970　6冊　22cm　〈日本史籍協会昭和8-10年刊の複製〉

◇大隈侯八十五年史　第1巻　大隈侯八十五年史会編　原書房　（明治百年史叢書）　1970　872p　図版　22cm　〈大隈侯八十五年史編纂会大正15年刊の複製〉

◇大隈侯八十五年史　第2巻　大隈侯八十五年史会編　原書房　（明治百年史叢書）　1970　730p　図版　22cm　〈大隈侯八十五年史編纂会大正15年刊の複製〉

◇大隈侯八十五年史　第3巻　大隈侯八十五年史編纂会編　原書房　（明治百年史叢書）　1970　892p　図版　22cm　〈大隈侯八十五年史編纂会大正十五年刊の複製　大隈侯八十五年史年表：p.779-891〉

◇郷土史に輝く人びと　〔第1集〕　佐賀県青少年育成県民会議　1968　145p　19cm

◇明治百年　文化功労者記念講演集　第1輯　福沢諭吉を語る〔ほか〕　高橋誠一郎　尾崎行雄記念財団　1968　324p　19cm

◇近代日本の教育を育てた人びと　上　教育者としての福沢諭吉〔ほか〕　東洋館出版社編集部編　源了円　東洋館出版社　（教育の時代叢書）　1965　19cm

◇大隈重信生誕百十五年記念展観　早稲田大学図書館編　早稲田大学　1963　64p　図版　22cm

◇巨人の面影　大隈重信生誕百二十五年記念　丹尾磯之助編　校倉書房　1963　179p　図版　19cm

◇明治文明史における大隈重信　柳田泉著　早稲田大学出版部　1962　498p　図版　22cm

◇大隈重信　中村尚美著　吉川弘文館　（人物叢書）　1961　325p　図版　18cm

◇大隈重信　渡辺幾治郎著　時事通信社　（三代宰相列伝）　1958　250p　図版　18cm

◇大隈文書　5冊　早稲田大学社会科学研究所編　早稲田大学社会科学研究所　1958-1962

◇明治文化の先達　大隈重信　沢田謙著　偕成社　（偉人物語文庫）　1954　341p　図版　19cm

◇近代政治家評伝　阿部真之助著　文芸春

I 政治・経済　　　　　　　　　　　　　　　　大倉喜八郎

秋新社　1953　353p　19cm

◇大隈重信　渡辺幾治郎著　大隈重信刊行
会　1952　430p　図版　22cm

◇明治の政治家たち―原敬につらなる人々
上，下巻　服部之総著　岩波書店　（岩波
新書）　1950-54　2冊　18cm

◇自由を護った人々　大川三郎著　新文社
1947　314p　18cm

‖ 大倉 和親　　おおくら・かずちか
1875～1955　実業家。ノリタケ・チャイ
ナ社長。陶磁器大量生産のパイオニア。
日本陶器を設立。

◇製陶王国をきずいた父と子―大倉孫兵衛
と大倉和親　砂川幸雄著　晶文社
2000.7　292p　20cm　①4-7949-6445-5
＊日本経済の地盤沈下がいわれるなか、
注目を浴びている経営者がいる。衛生
陶器のTOTO。タイルのINAX。碍子
の日本ガイシ。プラグの日本特殊陶業。
洋食器のノリタケ。高級磁器の大倉陶
園。これらの企業を創立し、世界の
トップブランドに育てあげた、大倉孫
兵衛とその長男大倉和親である。明治・
大正・昭和の三代を生きた、実業家父子
の気骨ある生涯を描く出色の評伝。

◇大倉和親翁　大倉和親翁伝編集委員会編
1959　323p　図版　22cm

‖ 大倉 喜八郎　　おおくら・きはちろう
1837～1928　実業家。大倉商会。大倉財
閥の創設者。中国や朝鮮に多数の事業を
興す。男爵。

◇努力　大倉喜八郎述，東京経済大学史料
委員会編　東京経済大学　2016.3　261p
22cm　〈年譜あり〉

◇財閥を築いた男たち　加来耕三著　ポプ
ラ社　（ポプラ新書）　2015.5　266p
18cm　①978-4-591-14522-7
＊近代を支えてきた資本主義そのものが終
焉を迎えたと言われる現在、どこにビジ
ネスの活路を見出せばいいのか。約150
年前、明治維新という未曾有の危機に直
面しながらも、新しい事業を起こし老

舗を再建し、現代の大企業につながる
「財閥」を築いていった男たちがいた。
彼らの足跡にこそ、成功の鍵がある！

◇豪商列伝―なぜ彼らは一代で成り上がれ
たのか　河合敦著　PHPエディターズ・
グループ　2014.11　287p　19cm
①978-4-569-82109-2
＊いかにして商売を大きくしたのか。ど
のようにヒット商品を編み出したのか。
どうすれば安定経営ができるのか。大
商人の苦闘の生涯からビジネスの秘訣、
生き方を考える一冊。

◇大倉喜八郎かく語りき―進一層、責任と信
用の大切さを　大倉喜八郎述，東京経済
大学史料委員会編　東京経済大学
2014.10　264p　18cm　〈年譜あり〉

◇シリーズ日本の近代 企業家たちの挑戦
宮本又郎著　中央公論新社　（中公文庫）
2013.1　503p　15cm
①978-4-12-205753-1
＊三井、三菱、住友など財閥が勃興し、古
河市兵衛や大倉喜八郎ら政商が活躍し
た明治を経て、大正昭和の大衆化の時
代に消費者本位のビジネスを展開した
小林一三、松下幸之助、本田宗一郎ま
で、大変動の時代をビジネス・チャンス
と捉え時代を先どりした経営者たち。
彼らの手腕と発想はどう培われたのか。

◇大倉喜八郎の豪快なる生涯　砂川幸雄著
草思社　（草思社文庫）　2012.10　312p
16cm　〈文献あり〉　①978-4-7942-1905-3
＊明治大正の実業界の雄として名を轟か
せ、戦争屋の悪徳商人とも揶揄された
大倉喜八郎の真実の生涯に迫る。その
史実からは企業家の枠を超えて、広く
社会公共分野にまで及ぶ活動が明かさ
れ、スケールの大きい人間的な魅力に
あふれる類稀な実業家の姿が浮かびあ
がってきた。近代日本の基礎づくりに
貢献し、「木に例えれば四千年の大樹」
（幸田露伴）たる人物の、思想と行動の
軌跡をたどる。

◇建設業を興した人びと―いま創業の時代
に学ぶ　新装版　菊岡倶也著　彰国社
2012.6　453p　19cm
①978-4-395-02982-2

大倉喜八郎　　　　　　　　　　　　　　Ⅰ　政治・経済

◇日本を再興した起業家物語―知られざる
　創業者精神の源流　加来耕三著　日本経
　済新聞出版社　2012.3　325p　19cm
　Ⓘ978-4-532-31785-0
　＊こんなリーダーが日本にもいた。親し
　　みやすい語り口で大人気の歴史家が、
　　社会起業家から経営の神様まで、その
　　生き様と夢を描く。あらすじと「名言」
　　で読む51人の破天荒な一代記。

◇日本を創った男たち―はじめにまず“志”
　ありき　北康利著　致知出版社　2012.3
　267p　19cm　Ⓘ978-4-88474-956-9
　＊“論語と算盤”―渋沢栄一、“九転び十起
　　き”―浅野総一郎、“好況よし、不況なお
　　よし”―松下幸之助。志高き創業者の生
　　きざまに学ぶ。

◇名創業者に学ぶ人間学　十大財閥篇　加来
　耕三著　ポプラ社　2010.9　315p　19cm
　Ⓘ978-4-591-12001-9
　＊岩崎弥太郎、野村徳七、安田善次郎…財
　　閥を築き、世界と戦える大企業の基礎
　　を創り上げた英傑16人の波乱に満ちた
　　生涯を紐解きながら、ビジネスを成功
　　させる法則を探る歴史人間学の決定版。

◇博物館学人物史　上　青木豊，矢島國雄
　編　雄山閣　2010.7　314p　21cm
　Ⓘ978-4-639-02119-3
　＊日本の博物館学史を彩った先人たちの
　　生涯・博物館との関わり・研究の軌跡な
　　どから、明治・大正・昭和の博物館学思
　　想をたどる。

◇日本「創業者」列伝　別冊宝島編集部編
　宝島社　（宝島SUGOI文庫）　2008.8
　188p　15cm　Ⓘ978-4-7966-6530-8
　＊近代日本の幕開けとともに、新しい国づ
　　くりに力を貸した男たちがいた。三菱の
　　岩崎弥太郎、日本に資本主義経済を根付
　　かせた渋沢栄一などがその代表である。
　　太平洋戦争の後には、二輪オートバイ
　　の本田宗一郎、総合家電の松下幸之助
　　などが世界に翔け立った。そして現代、
　　多くの熱き男たちが出番を待っている。
　　そんな今日の日本経済を支える大企業
　　の創業者たちの成功までのストーリー。

◇わが母なる学窓―大倉喜八郎が生み安場
　禎次郎が育てた、日本実業教育界のパイ

オニア　関西大倉学園　2007.10　123p
21cm　〈年譜あり〉

◇カネが邪魔でしょうがない―明治大正・
　成金列伝　紀田順一郎著　新潮社　（新潮
　選書）　2005.7　205p　19cm
　Ⓘ4-10-603553-7
　＊戊辰戦争から第一次大戦の好景気まで、
　　軍需品を売り巨万の富を築いた戦争成
　　金や、株の投機に成功した相場師、生糸
　　やタバコでぼろ儲けした事業家は、豪
　　邸を構え、愛人を囲い、芸妓を総揚げに
　　して権勢を誇示した。常識破りの享楽
　　と浪費の末に、急転直下、破産して哀れ
　　な末路をたどった富豪や成金たちの赤
　　裸々な生き様を、豊富な資料と図版で
　　描く人物列伝。

◇政商―大倉財閥を創った男　若山三郎著
　学習研究社　（学研M文庫）　2002.5
　470p　15cm　Ⓘ4-05-900140-6
　＊越後の新発田に生まれた大倉喜八郎は、
　　江戸の鰹節屋の丁稚から身を起こし、
　　維新の風雲の中で鉄砲商売に目をつけ
　　た。命賭けの商売は時代の波をも味方
　　につけ、喜八郎に大きな財をもたらす。
　　さらに貿易事業へと乗り出した彼は、
　　大久保利通、伊藤博文、山県有朋らと親
　　交を深め、一代にして大倉財閥を築き
　　上げた。進取の気性と冒険心にあふれ
　　た喜八郎の波乱に富んだ生涯。

◇大倉鶴彦翁―伝記・大倉喜八郎　鶴友会
　編　大空社　（近代日本企業家伝叢書）
　1998.11　1冊　22cm　〈大正13年刊の複
　製〉　Ⓘ4-7568-0937-5

◇大倉喜八郎の豪快なる生涯　砂川幸雄著
　草思社　1996.6　286p　20cm　〈大倉喜
　八郎の肖像あり　参考文献・引用資料：
　p284〜286〉　Ⓘ4-7942-0701-8
　＊四千年の大樹（幸田露伴）か、金口を吸
　　うグロテスクな鯰（高村光太郎）か。世
　　にもまれな商傑か、戦争屋の悪徳商人
　　か。資料をふみわけ、評価が真っ二つ
　　に分かれる大倉喜八郎の真の姿に迫る。

◇政商伝　三好徹著　講談社　（講談社文
　庫）　1996.3　287p　15cm
　Ⓘ4-06-263201-2
　＊政治家と結託して利権をあさった六人の

I 政治・経済　　　　　　　　　　　　　　　　　　　　　　　　大倉孫兵衛

政商たち。覆面の政商・三野村利左衛門、薩摩の鉅商・五代友厚、王国の鍵・岩崎弥太郎、冒険商人・大倉喜八郎、ちょんまげ政商・古河市兵衛、走狗の怒り・中野梧一。激動の幕末・明治を生き抜いて財を成した政商たちの生涯を、著者独自の視点から徹底研究した評伝集。

◇哲学を始める年齢　小島直記著　実業之日本社　1995.12　215p　21cm
①4-408-41086-1
＊自分自身について、自分をとりまく世界について、深く思いを致すとき、哲学の世界が開ける。高橋是清、石橋湛山ら13人の人生の達人たちの「哲学開眼」を活写した渾身の力作。

◇人物に学ぶ明治の企業事始め　森友幸照著　つくばね舎　1995.8　210p　21cm
①4-924836-17-6

◇モノ・財・空間を創出した人々　朝日新聞社　（二十世紀の千人）　1995.3　438p　19cm　①4-02-258592-7
＊本書の主役たちは貧からの離陸を図り、快適さを売り込み、生活環境を一変させる知性と情熱と企みを競う。

◇鯰大倉喜八郎 "元祖 "成り金"の混沌たる一生　大倉雄二著　文藝春秋　（文春文庫）　1995.3　333p　16cm　《『鯰』（1990年刊）の改題〉　①4-16-747403-4
＊鰹節店の丁稚から身を興し、幕末のどさくさに鉄砲商で巨万の富を蓄え、維新後は政治家たちに密着しながら手当たり次第に事業を拡大、勃興期の日本帝国主義と資本主義を具現しつつ一大財閥を築き上げた八方破れの "怪物"大倉喜八郎の矛盾に満ちた一生を、喜八郎82歳の時の妾腹の子が綴った成り上がり一代記。

◇政商伝　三好徹著　講談社　1993.1　251p　19cm　①4-06-206220-8
＊政治家と結託して利権をあさった6人の男たち。激動の幕末・明治を生き抜いたそれぞれの人生。

◇致富の鍵　大倉喜八郎著　大和出版　（創業者を読む）　1992.6　250p　19cm
①4-8047-5023-1
＊いち早く "世界"に眼を向け、時代を先

見した事業を展開する一方、文化・教育面にも多く力を尽した「財界の巨頭」の発言から、今、何を学ぶか。

◇政商―大倉財閥を創った男　若山三郎著　青樹社　1991.11　309p　19cm
①4-7913-0675-9
＊大倉商事、大成建設、ホテル・オークラなど、今も数多く残る旧大倉財閥系の企業。―その大財閥を築き上げた稀代の政商の八方破れの人生を活写する。混迷の現代、ここに学ぶべき "商売"の原点がある。

◇鯰―元祖 "成り金"大倉喜八郎の混沌たる一生　大倉雄二著　文芸春秋　1990.7　285p　19cm　①4-16-344540-4
＊日本の帝国主義と資本主義を具現した八方破れの "超怪物"大倉喜八郎の成り上り一代記。

◇大倉喜八郎・石黒忠悳関係雑集　予備版　東京経済大学編纂　東京経済大学　（東京経済大学沿革史料）　1986.3　229p　26cm

◇逆光家族―父・大倉喜八郎と私　大倉雄二著　文芸春秋　1985.4　252p　20cm
〈大倉喜八郎の肖像あり　参考文献：p251～252〉

◇財界人思想全集　第8　財界人の人生観・成功観　小島直記編・解説　ダイヤモンド社　1969　454p　22cm

◇日本財界人物列伝　第2巻　青潮出版株式会社編　青潮出版　1964　1175p　図版13枚　27cm

◇日本の死の商人　モルガンと大倉喜八郎　岡倉古志郎著　要書房　1952

◇明治 大実業家列伝―市民社会建設の人々　林房雄著　創元社　1952　255p　19cm

▎ **大倉 孫兵衛**　おおくら・まごべえ
1843～1921　実業家。日本で最初の洋食器であるコーヒー茶碗の製作に成功。
○特集 大倉孫兵衛の事跡と思想の研究「大倉山論集」　（大倉精神文化研究所）54　2008.3
○特集 大倉孫兵衛の事跡と思想の研究

伝記ガイダンス 明治を生きた人々　**121**

「大倉山論集」（大倉精神文化研究所）
54　2008.3
◇製陶王国をきずいた父と子―大倉孫兵衛
と大倉和親　砂川幸雄著　晶文社
2000.7　292p　20cm　①4-7949-6445-5
＊日本経済の地盤沈下がいわれるなか、
注目を浴びている経営者がいる。衛生
陶器のTOTO。タイルのINAX。碍子
の日本ガイシ。プラグの日本特殊陶業。
洋食器のノリタケ。高級磁器の大倉陶
園。…これらの企業を創立し、世界の
トップブランドに育てあげた、大倉孫
兵衛とその長男大倉和親である。明治・
大正・昭和の三代を生きた、実業家父子
の気骨ある生涯を描く出色の評伝。

大沢 界雄　おおさわ・かいゆう
1859〜1929　陸軍軍人。中将。運輸通信
長官、野戦鉄道提理、参謀本部第三部長兼
陸軍大学校兵学教官等を歴任。
◇立志の人大沢界雄　大沢界雄ほか著, 大
沢宗雄ほか編　清涼山大覚寺　1991.8
466p　22cm　〈著者の肖像あり 折り込表
1枚　大沢界雄関係年譜・参考文献：p79
〜83〉

大沢 善助　おおさわ・ぜんすけ
1854〜1934　実業家。京都電灯社長。大
沢商会を設立。琵琶湖疎水工事を起こし
電気事業に着目。
◇回顧七十五年―伝記・大沢善助　大沢善
助述　大空社　（伝記叢書）　2000.9　1冊
22cm　〈昭和4年刊の複製　肖像あり〉
①4-7568-0898-0
◇回顧70年　大沢善助著　京都日出新聞社
1949

大沢 徳太郎　おおさわ・とくたろう
1876〜1942　実業家。
◇大沢徳太郎　大槻喬編　大沢商会　1953

大島 高任　おおしま・たかとう
1826〜1901　鋳造家, 冶金学者。工部省
出仕。阿仁・小坂・佐渡各鉱山局長歴任。

日本鉱業初代会長。
◇明治なりわいの魁―日本に産業革命をお
こした男たち　植松三十里著　ウェッジ
2017.2　192p　21cm　〈文献あり 年表あ
り〉　①978-4-86310-176-0
◇近代へのとびら―大島高任の挑戦　岩手県
立博物館特別展　岩手県立博物館編　岩手
県文化振興事業団　2016.3　56p　30cm
〈会期：平成28年3月26日―5月15日〉
◇大島高任―日本産業の礎を築いた「近代製
鉄の父」　半澤周三著　PHP研究所
2011.12　511p　19cm
①978-4-569-80160-5
＊安政4年（1857）、日本の近代製鉄は岩
手・釜石で産声をあげた。幕末、日本の
近代化を推進するのは鉄だとはっきり
と見定め、その出銑にすべてを懸けた
男。決断力と行動力あふれる産業人の
姿を克明に活写した力作評伝小説。
◇幕末・明治の英傑たち　加来耕三著　土
屋書店　2009.12　287p　19cm
①978-4-8069-1114-2
＊坂本竜馬と竜馬を巡る人々。謀略の裏
にあった、貴ぶべき先駆者たちの気質。
◇「鉄都」釜石の物語　小野崎敏著　新樹社
2007.11　287p　19cm
①978-4-7875-8575-2
＊安政4年12月1日、「日本の近代化」の扉
が開かれた！ 南部人・大島高任と東北
のテクノポリスをめぐる人々の物語。
◇まちづくり人国記―パイオニアたちは未
来にどう挑んだのか　「地域開発ニュー
ス」編集部編　水曜社　（文化とまちづく
り叢書）　2005.4　253p　21cm
①4-88065-138-9
＊歴史に見る、地域活性化のヒント―現代
日本の礎を築いた人々の軌跡。豊臣秀
次、玉川兄弟、河村瑞賢、長谷川（鬼平）
平蔵、伊能忠敬、堀田正睦、江川坦庵、
岩崎弥之助、大原孫三郎、後藤新平―自
らを活かし、人を活かして地域創成に成
功した34組の先達を歴史の中から掘り
起こし、今の世にこそ求められる地域
の“人間力”について問う。歴史ファン
からまちづくり関係者まで必読の一冊。
◇日本製鉄事始―大島高任の生涯　半沢周

三著　新人物往来社　1974　303p　肖像
20cm　〈参考文献：p.299〉

◇近代産業の父大島高任の生涯　堀内正名編
岩手東海新聞社　1960　59p　図版　19cm

◇洋学年代記　貴司山治著　弘文社　1946

‖ **大島 久直**　おおしま・ひさなお
1848〜1928　陸軍軍人。大将、教育総監。
陸軍大学校校長を務め、用兵高等化に尽
力。第3師第9師団長、近衛師団長を歴任。

◇歴代陸軍大将全覧 明治篇　半藤一利，横
山恵一，秦郁彦，原剛著　中央公論新社
（中公新書ラクレ）　2009.1　273,25p　18
×11cm　①978-4-12-150303-9
　＊陸軍大将全員の人物像と事績を4人の歴
　史家が洩らさず紹介した、リーダブル
　な陸軍史の決定版。本書は西郷・山県・
　児玉・乃木など、明治期の大将31人を
　扱い、その実像を伝える。

‖ **大島 要三**　おおしま・ようぞう
1859〜1932　実業家、政治家。衆議院議
員。土木請負業大島組として諸種の鉄道
工事に従事。東北地方実業界の重鎮。
〔記念施設〕銅像（福島県、信夫山）

◇大島要三翁の足跡　高野孤鹿編　故大島要
三翁遺徳顕彰会　1966　98p　図版　27cm

‖ **大島 義昌**　おおしま・よしまさ
1850〜1926　陸軍軍人。大将、軍事参議
官。成歓の戦いで勝利を収め、平壌陸戦
でも活躍。第3師団長、関東総督を歴任。

◇歴代陸軍大将全覧 明治篇　半藤一利，横
山恵一，秦郁彦，原剛著　中央公論新社
（中公新書ラクレ）　2009.1　273,25p　18
×11cm　①978-4-12-150303-9
　＊陸軍大将全員の人物像と事績を4人の歴
　史家が洩らさず紹介した、リーダブル
　な陸軍史の決定版。本書は西郷・山県・
　児玉・乃木など、明治期の大将31人を
　扱い、その実像を伝える。

‖ **太田 三次郎**　おおた・さんじろう
1865〜1917　軍人。海軍収賄問題で海軍

粛正を叫び山本内閣を弾劾した。これに
より海軍大佐を罷免。

◇海軍の「坊つちやん」太田三次郎　秦達之
著　論創社　2005.7　381p　20cm　〈年
譜あり〉　①4-8460-0391-4
　＊日露戦争後の1910年代に、海軍高官へ
　の贈賄事件へと発展した「シーメンス
　事件」の告発や軍備縮小、対米戦の回避
　など、海軍の「廓清」を唱えた太田の思
　想と行動の全貌を紹介する。

‖ **太田 朝敷**　おおた・ちょうふ
1865〜1938　新聞記者，政治家。琉球新
報社社長、首里市長。「琉球新報」を社
会の公器に育てるために尽力。

◇沖縄の言論人大田朝敷―その愛郷主義と
ナショナリズム　石田正治著　彩流社
2001.12　256p　22cm　〈索引あり〉
①4-88202-726-7
　＊沖縄はいかにして植民地的待遇を脱す
　るか？ 糖業組合を軸とした沖縄的近代
　化の達成を模索した知識人の生涯。沖
　縄と日本のあるべき関係を模索した大
　田朝敷の精神は、今なお今日的課題を
　問いつづけてやまない。現在に通底す
　るその思想像が初めて解き明かされ、
　ここに提示された。

‖ **太田 半六**　おおた・はんろく
1874〜1960　実業家。東京瓦斯社長。内
外紡績、帝国火薬工業、東京海運を設立。

◇日本財界人物列伝　第2巻　青潮出版株式
会社編　青潮出版　1964　1175p　図版13
枚　27cm

‖ **太田黒 伴雄**　おおたぐろ・ともお
1835〜1876　志士。復古的尊攘主義者。
敬神党を組織した。

◇明治叛臣伝　徳永真一郎著　光文社　（光
文社時代小説文庫）　1991.7　452p　15cm
①4-334-71366-1
　＊明治維新前後の混乱期。官軍となった
　薩摩・長州藩士の中には、心驕って汚職
　や不正を働く輩も。このため、一般民
　衆の生活はあまり向上せず、かえって
　負担が重くなり、苦しくなった。新政

府の不正を暴き、理想の世を築くために、欲も野心もなく、純粋な情熱を傾けて戦った男たち。反逆者の汚名をうけ、空しく命を失った彼らの波乱に満ちた生涯を描く傑作歴史小説。

◇明治叛臣伝　徳永真一郎著　毎日新聞社
1981.1　238p　20cm

大竹 貫一　おおたけ・かんいち

1860〜1944　政党政治家。進歩党、衆議院議員。貴族院議員。国民同盟に参加。〔記念施設〕大竹邸記念館（新潟県長岡市）

◇大竹貫一先生小伝　笹岡平祐著　大竹貫一翁遺徳顕彰会　1953

大谷 嘉兵衛　おおたに・かひょうえ

1844〜1933　実業家。製茶業組合を組織。米国の製茶関税撤廃に尽力。貴族院議員。

◇横浜を創った人々　冨川洋著　講談社エディトリアル　2016.9　278p　19cm
①978-4-907514-59-4

◇大谷嘉兵衛翁伝―〈伝記〉大谷嘉兵衛　茂出木源太郎編　大空社　（伝記叢書）2010.11　1冊　22cm　〈大谷嘉兵衛翁頌徳会昭和6年刊の複製　年譜あり〉①978-4-283-00829-8

◇横浜商人とその時代　横浜開港資料館編　有隣堂　（有隣新書）　1994.7　228p　18cm　①4-89660-122-X
＊幕末から明治半ばまでの横浜は、まさに貿易商人の活躍する舞台であり、なかでも、激しい盛衰を生き抜いた少数の生糸売込商は、短期間に莫大な富を築いた。また、彼らは生糸、茶、海産物などの営業品目ごとにグループを構成し、不平等条約のもとで居留外国商人と取引した。本書は、生糸売込商の原善三郎や茂木惣兵衛をはじめ、製茶売込商の大谷嘉兵衛ら七人の商人を取り上げ、明治・大正期の横浜の政治や文化に大きな役割を果たした彼らの生涯を、さまざまな角度から描き出し、"横浜商人"とその基盤となった港都横浜の具体像をも追求した意欲的な評伝集である。

大谷 幸蔵　おおたに・こうぞう

1825〜1887　貿易商、蚕種商。蚕種の輸出に貢献。松代騒動で焼き打ちにあう。商才にたけていたが、晩年は不遇。

◇維新の信州人　信濃毎日新聞社編　信濃毎日新聞社　1974　315p　18cm

◇蚕界偉人大谷幸蔵　尾崎隈川著　大谷幸蔵翁偉業顕彰会　1951

大谷 竹次郎　おおたに・たけじろう

1877〜1969　実業家，演劇興行主。松竹社長。松竹の創立者の一人。歌舞伎座座主。殆どの歌舞伎新派俳優を傘下に収める。

◇歌舞伎座五代―木挽町風雲録　石山俊彦著　岩波書店　2013.10　229p　19cm
①978-4-00-025924-8
＊歌舞伎座一二五年の歩みを、キーパーソンである興行師に焦点を当てて、歌舞伎取材歴二十年余の著者が丹念に綴る。福地桜痴、守田勘彌、田村成義、大谷竹次郎など個性的でしたたかな興行師と役者が織りなす人間模様―明治・大正・昭和の世相を背景に、芝居に賭けた男たちの生きざまを、鮮やかに描き出す。

◇にっぽん企業家烈伝　村橋勝子著　日本経済新聞出版社　（日経ビジネス人文庫）2007.10　283p　15cm
①978-4-532-19417-8
＊不屈の闘志で西洋菓子を日本に広めた森永太一郎（森永製菓）、「金鳥」蚊取線香を生んだ上山英一郎（大日本除虫菊）、倒産寸前から「世界のトヨタ」を築いた石田退三一。明治から昭和に至る有名企業の創業者・中興の祖ら18人を社史研究の第一人者が丹念に描いた企業家列伝。創業以来のものづくり、サービスを提供し続ける企業の原点となった人物の生涯とは。

◇大谷竹次郎　新版　田中純一郎著　時事通信社　1995.10　225p　20cm　〈大谷竹次郎年譜：p215〜224〉　①4-7887-9524-8
＊松竹創業者の苦闘の足跡を辿る。

◇私の履歴書　経済人1　日本経済新聞社編　日本経済新聞社　1980.6　477p　22cm

I 政治・経済　　　　　　　　　　　　　　　　　　　　　大鳥圭介

◇大谷竹次郎—百人が語る巨人像　「百人が語る巨人像・大谷竹次郎」刊行会　1971　343p　図　肖像　31cm　〈大谷竹次郎年譜（松竹小史）：p.338-343〉

◇京おとこ大谷竹次郎物語　渡辺喜恵子著　アルプス　1963

◇大谷竹次郎　田中純一郎著　時事通信社　（一業一人伝）　1961　234p　図版　18cm

◇大谷竹次郎演劇60年　脇屋光伸著，城戸四郎編　講談社　1951

◇大谷竹次郎 演劇六十年　脇屋光伸著，城戸四郎編　大日本雄弁会講談社　1951　342p　図版　19cm

▌ **大塚 惟明**　おおつか・これあき
1864〜1928　実業家。
◇熱き男たちの鉄道物語—関西の鉄道草創期にみる栄光と挫折　大阪府立大学観光産業戦略研究所，関西大学大阪都市遺産研究センター，大阪府，新なにわ塾叢書企画委員会編著　ブレーンセンター　（新なにわ塾叢書）　2012.4　460p　18cm
①978-4-8339-0704-0
＊かつて鉄道の草創期にあまた登場したパワフルで独創的な熱き男たち。逆境をものともせず夢叶えた者。また努力むなしく夢破れた者。時代を輝かせたそんな "つわものどもが夢の跡" を本書はひとつひとつ追いかけてゆきます。苦難の時代を生き抜く私たちに彼らは大切ななにかを語りかけています。

▌ **大友 亀太郎**　おおとも・かめたろう
1834〜1897　北海道開拓者，政治家。神奈川県県議会議員。石狩地方の経営を任され御手作場を開く。用水路大友堀はのちの札幌建設の基となる。
◇報徳の人大友亀太郎　小野洋一郎編著　北辰堂　1986.11　164p　17cm

▌ **大鳥 圭介**　おおとり・けいすけ
1833〜1911　外交家。学習院長。駐清国特命全権公司、枢密顧問官。著書に「南柯紀行」「獄中記」。〔記念施設〕国立国

会図書館憲政資料室　大鳥圭介関係文書（東京都千代田区），いきいき交流ふるさと館（兵庫県上郡町）

◇世界が認めた大鳥圭介—明治日本の産業革命遺産—製鉄、製鋼・造船・石炭産業—ユネスコ世界文化遺産登録記念 平成28年度上郡町郷土資料館特別展　上郡町郷土資料館編　上郡町郷土資料館　2016.10　65p　30cm　〈会期・会場：平成28年10月15日—12月4日 上郡町郷土資料館〉

◇サムライたちの幕末・明治　歴史REAL編集部編　洋泉社　（歴史新書）　2016.8　189p　18cm　〈文献あり〉
①978-4-8003-1018-7

◇大鳥圭介一代記—川柳で詠む全篇　吉田百穂選　大鳥圭介公生誕地保存会　2011.5　43p　21cm

◇大鳥圭介—幕府歩兵奉行、連戦連敗の勝者　星亮一著　中央公論新社　（中公新書）　2011.4　239p　18cm　〈文献あり〉
①978-4-12-102108-3
＊大鳥圭介は稀有な幕臣である。播磨に生まれ、蘭学を学び、幕府歩兵奉行として陸軍の指揮を任されるに至る。戊辰戦争では連戦連敗するが、「またも負けたか」と笑い飛ばし、五稜郭まで戦い抜いた。二年にわたって牢に繋がれたのちは工部大学校校長、清国公使などを歴任、富国強兵策を実行した。「最初からよい地位に恵まれることなどない」「屈するは後に大いに伸びる基」と言い、不撓の精神で逆境を乗り越えた人物の生涯。

◇大鳥圭介伝　復刻版　山崎有信著　マツノ書店　2010.1　628,8，4p　22cm　〈原本：北文館大正4年刊〉

◇評伝大鳥圭介—威ありて、猛からず　Keisuke Ootori 1832-1911　高崎哲郎著　鹿島出版会　2008.4　296p　20cm
①978-4-306-09389-8
＊「敗軍の将」旧幕臣・大鳥圭介は、近代日本の「工業教育の父」「高級外交官」として不死鳥のようによみがえった。これまで重視されなかった大鳥のテクノクラート（高級技術官僚）の側面にも光をあてた初の力作評伝。

◇箱館戦争銘々伝　下　好川之範，近江幸

伝記ガイダンス 明治を生きた人々　**125**

雄編　新人物往来社　2007.8　351p
19cm　①978-4-404-03472-4
＊戊辰戦争を最後まで戦い銃弾に斃れた
　戦士たち。土方歳三、三好畔、永井蠖蠷
　伸斎ほか21人。

◇われ徒死せず―明治を生きた大鳥圭介
　福本竜著　国書刊行会　2004.7　342p
　22cm　〈文献あり　年譜あり〉
　①4-336-04642-5

◇大鳥圭介伝―伝記・大鳥圭介　山崎有信
　著　大空社　（伝記叢書）　1995.6　628,
　8,6p　22cm　〈北文館大正4年刊の複製
　☆柳原書店〉　①4-87236-472-4

◇大鳥圭介―土方歳三との出会いと別れ　古
　賀志郎著　彩流社　1993.5　232p　19cm
　①4-88202-256-7
＊近代的視野と感覚を持った知識人だが
　故に、徳川陸軍歩奉行に登用された圭
　介。剣に生き、士道に殉じて官軍に挑
　む武闘派土方歳三。二人の出会いと別れ
　に象徴される動乱の時代を背景に描く
　"和魂と洋才"の人物像。

◇「適塾」の研究―なぜ逸材が輩出したのか
　百瀬明治著　PHP研究所　（PHP文庫）
　1989.11　255p　15cm　①4-569-56232-9
＊大村益次郎、橋本左内、福沢諭吉、大鳥
　圭介…、幕末、緒方洪庵が大坂に開いた
　「適塾」は、吉田松陰の松下村塾をしの
　ぐほどの数多くの逸材を輩出した。俗に
　「適塾山脈」とも呼ばれるそれらの人材
　は、実に多彩であり、それぞれが多方面
　で、近代日本の確立に大きな役割を果
　している。彼らは、「適塾」で、いった
　い何を、どのように学んだのか、そして
　「適塾」は彼らをどのように育てたのか。
　「適塾」の人材開発の秘密と、若き塾生
　たちの情熱と苦闘を描いた注目の書。

▌大野　春彦　おおの・はるひこ
　1823～1897　酒造家。郡上藩庁で財政を
　担当。
◇春彦翁を偲ぶ筆のあと―郷土の偉人　大野
　春彦翁歿後百年記念　大野春彦筆、松田
　正編著　〔松田正〕　1997.8　67p　30cm

▌大庭　恭平　おおば・きょうへい
　1830～1902　武士。会津藩士。維新後は
　維新後は函館県などに務めた。
◇大江戸曲者列伝―幕末の巻　野口武彦著
　新潮社　（新潮新書）　2006.2　220,9P
　18cm　①4-10-610156-4
＊ペリーに抱きついたマジメ学者、アメ
　リカ女性にもてた少年通訳、先祖の悪
　名が気になる大名、殺しを愛した勤王
　家、机上作戦では必勝の指揮官、銃弾に
　散った旗本、クリカラモンモンの歩兵
　差図役…など三十八人。歴史変動は万
　人が避けられぬ巨大災害だ。切羽詰
　まった現場のナリフリ構わぬ姿にこそ
　人の器が出る。いかに土壇場を切り抜
　けたか、あるいは切り抜け損なったか。
　目が離せない幕末ドタバタ人物誌。

◇会津異端の系譜　北篤著　新人物往来社
　1991.9　236p　19cm　①4-404-01848-7
＊会津本郷焼の陶工佐藤伊兵衛の波瀾の
　生涯と、異端の会津藩士大庭恭平にみ
　る二つの正義…他。

▌大庭　二郎　おおば・じろう
　1864～1935　陸軍軍人。大将。日露戦争、
　第一次世界大戦に参加。朝鮮軍司令官も
　務める。
◇日露戦争第三軍関係史料集―大庭二郎日
　記・井上幾太郎日記でみる旅順・奉天戦
　長南政義編　国書刊行会　2014.6　757p
　21cm　①978-4-336-05638-2
＊新史料が明らかにする日露戦争第三軍
　の真実。毀誉褒貶相半ばする乃木希典
　司令官率いる第三軍。乃木司令官は名
　将であったのか、愚将であったのか？
　作戦は的確であったのか否か？　軍の意
　思決定はどのように行われたのか？　大
　庭二郎参謀副長、井上幾太郎参謀、白井
　二郎作戦主任参謀の、これまでほとん
　ど紹介されて来なかった日記と回想録
　で、その真実に迫る。

▌大場　美佐　おおば・みさ
　1833～1905　女性。世田谷の代官の妻。
　40年以上にわたる詳細な生活記録を日記

I 政治・経済　　　　　　　　　　　　　　　　　　　　　　大橋新太郎

に残した。

◇大場美佐の日記　2　東京都世田谷区教育
　委員会編　東京都世田谷区教育委員会
　1990.3　313p　22cm　〈著者の肖像あり〉

◇大場美佐の日記　1　東京都世田谷区教育
　委員会編　東京都世田谷区教育委員会
　1988.3　298p　22cm

▌大橋 光吉　おおはし・こうきち
1875～1946　印刷事業家。共同印刷社主。
精美堂印刷学校を設立。

◇日本財界人物列伝　第2巻　青潮出版株式
　会社編　青潮出版　1964　1175p　図版13
　枚　27cm

◇大橋光吉翁伝　浜田徳太郎著　大橋芳雄
　1958　317,16,70p　図版51　22cm

▌大橋 佐平　おおはし・さへい
1835～1901　実業家。出版業者。博文館
の経営で出版界の雄となる。内外通信社、
日本初の私立図書館となる大橋図書館を
設立。

◇火の盃―図書館建設をめぐる青春群像
　熊崎華著　新風舎　2005.10　134p
　19cm　①4-7974-6450-X
　＊明治26年、大手出版社・博文館の創設
　者、大橋佐平は、欧米視察の旅から戻
　り、博文館の成功で得た莫大な利益を
　社会に還元するために図書館の建設に
　着手する…。これは、日本で最初の私
　立図書館を設立した大橋佐平とその長
　男の新太郎をめぐる人間模様である。

◇「敗者」の精神史　上　山口昌男著　岩
　波書店　（岩波現代文庫）　2005.6　459p
　15cm　①4-00-600144-4
　＊明治維新以後の薩長中心の階層秩序か
　ら離れ、「もう一つの日本」をつくりあ
　げて来た人々がいる。上巻では日比翁
　助の三越改革、淡島椿岳・寒月父子の知
　的バサラ術、大槻如電・高橋太華・山本
　覚馬ら東北諸藩出身者の生涯、大橋佐
　平・新太郎父子の博文館経営などのエ
　ピソードを通して、彼らの知的ダン
　ディズムと開かれた精神を描く。

◇竜の如く―出版王大橋佐平の生涯　稲川

明雄著　博文館新社　2005.3　406,5p
22cm　〈年譜あり〉　①4-86115-153-8
　＊町の米百俵。それは、よりよい商工人
　を育てあげることにあった。米百俵の
　小林虎三郎と対比される長岡商人大橋
　佐平は、町の教育にめざめた人物だっ
　た。長岡商工会議所の淵源をただせば、
　大橋佐平の見識に行きつく。今、長岡
　商工会議所は創立100年となったが、町
　の発展・発達は、温故知新をテーマに掲
　げた商人大橋佐平の理念に基づいたも
　のだった。52歳で峠を越え、日本最大
　の出版社「博文館」を創立し、出版界を
　一変させた風雲児。地方からの改革魂
　は、幕末の河井継之助に似ている。

◇大橋佐平翁伝　坪谷善四郎著　栗田出版
　会　1974　217p　図　19cm　〈栗田出版販
　売株式会社新社屋落成記念出版　博文館昭
　和7年刊の複製　大橋佐平翁年譜：p.129-
　139　附録：博文館小史〉

▌大橋 新太郎　おおはし・しんたろう
1863～1944　実業家，出版人。博文館社
長。貴族院議員、日本工業倶楽部理事長
などを歴任。

◇火の盃―図書館建設をめぐる青春群像
　熊崎華著　新風舎　2005.10　134p
　19cm　①4-7974-6450-X
　＊明治26年、大手出版社・博文館の創設
　者、大橋佐平は、欧米視察の旅から戻
　り、博文館の成功で得た莫大な利益を
　社会に還元するために図書館の建設に
　着手する…。これは、日本で最初の私
　立図書館を設立した大橋佐平とその長
　男の新太郎をめぐる人間模様である。

◇「敗者」の精神史　上　山口昌男著　岩
　波書店　（岩波現代文庫）　2005.6　459p
　15cm　①4-00-600144-4
　＊明治維新以後の薩長中心の階層秩序か
　ら離れ、「もう一つの日本」をつくりあ
　げて来た人々がいる。上巻では日比翁
　助の三越改革、淡島椿岳・寒月父子の知
　的バサラ術、大槻如電・高橋太華・山本
　覚馬ら東北諸藩出身者の生涯、大橋佐
　平・新太郎父子の博文館経営などのエ
　ピソードを通して、彼らの知的ダン
　ディズムと開かれた精神を描く。

伝記ガイダンス　明治を生きた人々　**127**

大橋房太郎　　　　　　　　　　　　　　　Ⅰ　政治・経済

◇大橋新太郎伝　坪谷善四郎著　博文館新社
　1985.8　352p　19cm　〈大橋新太郎の肖
　像あり　大橋新太郎年譜：p323〜346〉
◇日本財界人物列伝　第2巻　青潮出版株式
　会社編　青潮出版　1964　1175p　図版13
　枚　27cm

▌**大橋 房太郎**　おおはし・ふさたろう
1860〜1935　村長，府議会議員。淀川治
水功労者。地方自治に尽力した功により
藍綬褒章受章。
◇淀川の治水翁―大橋房太郎伝　小川清著
　東方出版　2010.9　186p　19cm　〈文
　献・年譜あり〉　①978-4-86249-165-7
◇放出の太閤　松村道三郎著　淀川治水翁
　大橋房太郎君紀功碑移建後援会　1957
　196p　図版　19cm

▌**大林 芳五郎**
おおばやし・よしごろう
1864〜1916　実業家。土木建築業大林組
の創立者。
◇関東大震災で飛躍した企業―今こそ学
　べ！ 成功の発想力　たみやじゅん著　上
　毛新聞社　2013.1　195p　18cm
　①978-4-86352-076-9
　＊大正12（1923）年9月1日。マグニチュー
　　ド7.9の大地震が関東を襲った。がれき
　　の中から、事業家たちはいかにして「商
　　売の種」を見いだしたのか。野間清治、
　　山崎種二、梁瀬長太郎―。震災をビジ
　　ネスチャンスに変え、企業を発展させ
　　た24人を紹介する。
◇建設業を興した人びと―いま創業の時代
　に学ぶ　新装版　菊岡倶也著　彰国社
　2012.6　453p　19cm
　①978-4-395-02982-2
◇大林芳五郎伝―〈伝記〉大林芳五郎　白田
　喜八郎編著　大空社　（伝記叢書）
　2011.6　1冊　22cm　〈大林芳五郎伝編纂
　会昭和15年刊の複製　文献・年譜あり〉
　①978-4-283-00837-3
◇日本財界人物列伝　第2巻　青潮出版株式
　会社編　青潮出版　1964　1175p　図版13

枚　27cm

▌**大宮 季貞**　おおみや・すえさだ
1866〜1944　牧師，良寛研究者。
◇良寛とキリスト―大宮季貞の生涯をた
　どって　竹中正夫著　考古堂　1996.2
　214p　19cm　〈取扱い：地方・小出版流
　通センター　大宮季貞略年譜・参考文献：
　p200〜208〉　①4-87499-532-2
　＊良寛を敬慕したキリスト者。キリスト
　　教界に貴重な足跡をしるした牧師・大
　　宮季貞は、良寛を敬慕しつづけ、良寛研
　　究史に不朽の業績を残した。埋もれた
　　逸材の発掘。

▌**大三輪 長兵衛**
おおみわ・ちょうべえ
1835〜1908　実業家。北海道商社社長心
得。各種問屋業を営み巨額を得る。わが
国最初の手形交換所を設立。
◇大三輪長兵衛の生涯―維新の精神に夢か
　けて　大三輪長兵衛百年祭実行委員会編，
　葦津泰国著　葦津事務所　2008.8　239p
　21cm　〈肖像・文献・年譜あり〉
　①978-4-901577-10-6

▌**大村 益次郎**　おおむら・ますじろう
1824〜1869　兵学者，長州藩士。軍制改
革のリーダー。戊辰戦争で天才的な軍事
的手腕を発揮した。靖国神社を創建。
〔記念施設〕山口市歴史民俗資料館別館鋳
銭司郷土館（山口県山口市）
◇マグマという名の煩悩　鎌田浩毅著　春
　秋社　2011.5　218p　19cm
　①978-4-393-36122-1
◇司馬遼太郎 歴史のなかの邂逅　6　村田蔵
　六〜西郷隆盛　司馬遼太郎著　中央公論
　新社　（中公文庫）　2011.2　255p　15cm
　①978-4-12-205438-7
　＊日本史上最大のドラマともいうべき明
　　治維新で、「三傑」と称された大久保利
　　通、木戸孝允、西郷隆盛をはじめ、岩倉
　　具視、江藤新平など、立役者となった
　　人々の足跡を―。第六巻には、この国の
　　将来像を描くためのヒントがちりばめ

◇大村益次郎伝　木村紀八郎著　鳥影社
　2010.6　355p　20cm
　①978-4-86265-243-0
　＊短期間に近代的長州軍を創りあげて長州
　　征伐の幕府軍を撃破。幕府打倒の口火を
　　きり、さらに戊辰戦争の早期終結を導い
　　た。また西南戦争を予言し、明治の軍
　　制改革に着手するも、暗殺される。幕
　　末・維新に活躍した天才軍略家の生涯。

◇幕末維新人物新論―時代をよみとく16の
　まなざし　笹部昌利編　昭和堂　2009.12
　321p　21cm　①978-4-8122-0958-5
　＊想い、考える、竜馬たちの時代。

◇歴代陸軍大将全覧　明治篇　半藤一利，横
　山恵一，秦郁彦，原剛著　中央公論新社
　（中公新書ラクレ）　2009.1　273,25p　18
　×11cm　①978-4-12-150303-9
　＊陸軍大将全員の人物像と事績を4人の歴
　　史家が洩らさず紹介した、リーダブル
　　な陸軍史の決定版。本書は西郷・山県・
　　児玉・乃木など、明治期の大将31人を
　　扱い、その実像を伝える。

◇師弟―ここに志あり　童門冬二著　潮出
　版社　2006.6　269p　19cm
　①4-267-01741-7
　＊一期一会の出会い。17組の運命的出会
　　いが歴史を作った。

◇異能の勝者―歴史に見る「非常の才」　中
　村彰彦著　集英社　2006.4　286p　19cm
　①4-08-781342-8
　＊戦国を生き抜く叡智、泰平の世を守る才
　　覚、近代を開くリーダーシップ。三十二
　　人の非才者たちの生きざまを読み解く。

◇大村益次郎先生事蹟　復刻版　村田峰次
　郎著　マツノ書店　2001.11　305p
　22cm　〈原本:大正8年刊　肖像あり〉

◇大村益次郎史料　内田伸編　マツノ書店
　2000.3　442p　22cm　〈年譜あり　肖像
　あり　限定版〉

◇大村益次郎文書　復刻版　内田伸編　マ
　ツノ書店　2000.3　226p　22cm　〈年譜
　あり　文献あり　原本:昭和52年刊　限
　定版〉

◇幕末期長州藩洋学史の研究　小川亜弥子

著　思文閣出版　1998.2　256,22p　21cm
　①4-7842-0967-0

◇大村益次郎―軍事の天才といわれた男
　稲葉稔著　PHP研究所　（PHP文庫）
　1998.1　375p　15cm　〈年譜　文献あり〉
　①4-569-57102-6

◇日本を創った10人の名参謀―歴史を動か
　した頭脳と人間力　邦光史郎著　広済堂
　出版　（広済堂ブックス）　1996.10
　308p　18cm　①4-331-00749-9
　＊激変期を乗り切った名参謀たちの発想
　　と戦略が現代に甦る。

◇謎の参議暗殺―明治暗殺秘史　三好徹著
　実業之日本社　1996.8　276p　19cm
　①4-408-53289-4
　＊明治草創期に吹き荒れたテロルの嵐!!政
　　府要人たちはなぜ狙われたのか―歴史
　　の裏側をえぐる傑作ロマン。

◇落花の人―日本史の人物たち　多岐川恭
　著　光風社出版　1991.11　354p　19cm
　①4-87519-751-9
　＊歴史の激流に抗し懸命に生きながらも
　　その渦に飲み込まれていった人物を、
　　冷徹な眼と愛惜の情を以って描く。

◇幕末・明治初期数学者群像　上　幕末編
　上―幕末編　小松醇郎著　吉岡書店
　1990.9　231p　19cm　①4-8427-0228-1

◇大村益次郎の知的統率力―蘭学の力で徳
　川を倒した男　村石利夫著　徳間書店
　（トクマブックス）　1990.6　236p　18cm
　①4-19-504270-4
　＊周防国の片田舎で村医になるべくして
　　生まれ維新政府の押しも押されもしな
　　い最高幹部のひとりとなった軍事的天
　　才の軌跡。学問こそ社会を回天させる。

◇「適塾」の研究―なぜ逸材が輩出したのか
　百瀬明治著　PHP研究所　（PHP文庫）
　1989.1　255p　15cm　①4-569-56232-9
　＊大村益次郎、橋本左内、福沢諭吉、大鳥
　　圭介…、幕末、緒方洪庵が大坂に開いた
　　「適塾」は、吉田松陰の松下村塾をしの
　　ぐほどの数多くの逸材を輩出した。俗に
　　「適塾山脈」とも呼ばれるそれらの人材
　　は、実に多彩であり、それぞれが多方面
　　で、近代日本の確立に大きな役割を果

している。彼らは、「適塾」で、いった
い何を、どのように学んだのか、そして
「適塾」は彼らをどのように育てたのか。
「適塾」の人材開発の秘密と、若き塾生
たちの情熱と苦闘を描いた注目の書。

◇幕末維新の志士読本　奈良本辰也著　天
山出版　（天山文庫）　1989.9　278p
15cm　①4-8033-1804-2
＊長州の快男児・高杉晋作、海の男、くも
らぬ男・坂本竜馬、無私の英傑・西郷隆
盛、また、高杉や久坂玄瑞、伊藤博文ら
を松下村塾から生み出した吉田松陰。
彼ら無私の志士たちの青春と感動的な
生きざまを通じて幕末維新の時代変革
のすべてを学べる歴史オリジナル文庫。

◇大村先生逸事談話　村田峰次郎編　マツ
ノ書店　1977.3　139p　図　肖像　21cm
〈大村益次郎先生事蹟（大正8年刊）の後半
部の複製〉

◇大村益次郎文書　内田伸編　マツノ書店
1977.3　226,6p　図　22cm　〈大村益次郎
年譜・大村益次郎参考文献一覧：p.223～
226〉

◇11月5日大村益次郎暗殺さる　川野京輔著
ビッグフォー出版　（証言＝明治維新）
1977.1　286p　図　肖像　22cm　〈益次郎年
表：p.209～224　参考文献：p.270～271〉

◇花神―NHK大河ドラマ・ストーリー　編
集：日本放送出版協会　日本放送出版協
会　1977　159p　図　30cm

◇大村益次郎―物語と史蹟をたずねて　土
橋治重著　成美堂出版　1976　221p　肖像
19cm　〈大村益次郎年表：p.206-214〉

◇大村益次郎の生涯―維新の群像　木本至
著　日本文華社　（文華新書）　1976
301p　19cm　〈参考文献：p.300-301〉

◇大村益次郎―幕末維新の兵制改革　糸屋
寿雄著　中央公論社　（中公新書）　1971
178p　18cm　〈付：参考文献　年表〉

◇宇和島郷土叢書5　村田蔵六と宇和島藩
兵頭賢一著　宇和島市立図書館　1960

◇大村益次郎文書　第1編　内田伸著　鋳銭
司村公民館　1956

▌ **大矢 正夫**　おおや・まさお
1863～1928　自由民権家，志士。自由党・
立憲政友会壮士として活動。

◇大矢正夫自徐伝　色川大吉編　大和書房
1979.3　312p　20cm

◇大矢正夫小伝―郷土民権家の生涯と思想
大畑哲著　青芝俳句会　1974　52p
22cm　〈参考文献及び史料：p.51-52〉

◇日本人物史大系　第5巻　近代 第1　小西
四郎編　朝倉書店　1960　340p　22cm

▌ **大山 巌**　おおやま・いわお
1842～1916　陸軍軍人，元帥。公爵。日
本陸軍の創設事業に携わった。日露戦争
で満州軍総司令官として出征。

◇元帥公爵大山巌　大山元帥伝刊行会著
マツノ書店　2012.11　931,22p，図版
〔27〕枚　22cm　〈大山元帥傳刊行會昭和
10年刊の複製〉

◇司馬遼太郎 歴史のなかの邂逅　7　正岡子
規～秋山好古・真之　司馬遼太郎著　中
央公論新社　（中公文庫）　2011.3　263p
15cm　①978-4-12-205455-4
＊日本の前途を信じた若者たちの、底ぬ
けの明るさと痛々しさと一。第七巻は、
司馬文学を代表する長篇『坂の上の雲』
に描かれた正岡子規、秋山兄弟を中心
に、徳冨蘆花、夏目漱石、石川啄木、清
沢満ら、昂揚の時代を生きた人々の
足跡をたどる二十五篇を収録。

◇名将の条件 日露戦争七人の陸将　柘植久
慶著　学研パブリッシング　2010.12
258p　19cm　①978-4-05-404771-6
＊勝算なき戦いを明晰な判断と洞察で勝
利へ導いた七人の傑物。

◇日本陸軍将官総覧　太平洋戦争研究会編
著　PHP研究所　2010.5　426p　19cm
①978-4-569-77552-4
＊大日本帝国の興亡を演出した陸軍の将
帥たち。栄光と挫折のプロフィール！
コンパクトで便利な使える一冊。

◇大山巌―剛腹にして果断の将軍　三戸岡
道夫著　PHP研究所　（PHP文庫）
2000.6　450p　15cm　①4-569-57414-9

I 政治・経済　　　　　　　　　　　　　　　　　　　　　　　　大山捨松

＊迫り来る欧米列強の帝国主義から身を
守るため、強豪ロシアを敵にまわさね
ばならなくなった、生まれて間もない
明治日本。その陸戦の総司令官として、
最前線に立った男が、本書の主人公・大
山巌である。きわだって広い度量で軍の
猛者たちを指揮するとともに、外見から
はうかがいえない緻密な戦略眼で、苦戦
を辛くも勝ち切った、日本陸軍史上最
高の将軍の生涯を描く、長編歴史小説。

◇大山巌　3　日清戦争　1　児島襄著　文
芸春秋　（文春文庫）　1985.7　387p
16cm　①4-16-714121-3

◇大山巌　4　日清戦争　2　児島襄著　文
芸春秋　（文春文庫）　1985.7　386p
16cm　①4-16-714122-1

◇大山巌　1　戊辰戦争　児島襄著　文芸春
秋　（文春文庫）　1985.6　402p　16cm
①4-16-714119-1

◇大山巌　2　西南戦争　児島襄著　文芸春
秋　（文春文庫）　1985.6　390p　16cm
①4-16-714120-5

◇大山巌　第4巻　日清戦争　2　児島襄著
文芸春秋　1978.2　364p　20cm　〈大山
巌の肖像あり〉

◇大山巌　第3巻　日清戦争　1　児島襄著
文芸春秋　1977.12　368p　肖像　20cm

◇大山巌　第2巻　西南戦争　児島襄著　文
芸春秋　1977.11　370p　図　20cm

◇大山巌　第1巻　幕末・維新　児島襄著
文芸春秋　1977.10　381p　肖像　20cm

◇大山巌　清水幸義著　新人物往来社
1975　222p　肖像　20cm

▎**大山　捨松**　おおやま・すてまつ
1860～1919　社会奉仕家。最初の女子留
学生。赤十字社篤志看護婦会、愛国婦人
会などで活躍。

◇欧米留学の原風景―福沢諭吉から鶴見俊
輔へ　安酸敏眞著　知泉書館　2016.5
481,29p　19cm　①978-4-86285-233-5
＊1860年の咸臨丸による福沢諭吉のアメ
リカ渡航から、1942年の「日米交換船」
による武田清子、鶴見俊輔の帰国に至

る82年間28名の欧米留学を集合体験と
して見るときそこに現れてくる風景は
どのようなものか。近代日本の学問形
成や発展に果たした海外留学の役割と
歴史的意義を解明する。本書はドッペ
ル・ポートレートという二人一組の人
物描写で叙述しており、これら留学生
群像は著者がその生き方や思想に深く
共感したか、異質感をもちながらも敬
意を表する人物を厳選した。

◇少女たちの明治維新―ふたつの文化を生
きた30年　ジャニス・P・ニムラ著，志村
昌子，藪本多恵子訳　原書房　2016.4
387p　20cm　〈文献あり〉
①978-4-562-05303-2

◇NHK歴史秘話ヒストリア―歴史にかくさ
れた知られざる物語　第3章　5　明治時代
～昭和編　NHK「歴史秘話ヒストリア」
制作班編　金の星社　2016.3　39p　30×
22cm　①978-4-323-06825-1

◇感動する！　日本史―日本人は逆境をどう
生きたか　白駒妃登美著　KADOKAWA
（中経の文庫）　2015.7　268p　15cm
〈中経出版　2013年刊の加筆、再編集　文
献あり〉　①978-4-04-601304-0

◇時代を生きた女たち　植松三十里著
KADOKAWA　（新人物文庫）　2014.5
318p　15cm　①978-4-04-600308-9
＊読んで元気になる女性たちの生き方。江
戸後期から平成を生きた三十五人。日
本女性初の五輪メダリスト・人見絹枝、
西郷隆盛を支えた奄美の妻・愛加那、
「鹿鳴館の名花」と讃えられた大山捨松
など、それぞれの時代を力強く生きた
彼女たちの姿は、生まれや育ちが幸せ
な人生に直結しないこと、人生はいつ
でも挽回できることを教えてくれる。

◇襄のライフは私のライフ　本井康博著
思文閣出版　（新島襄を語る）　2014.5
314,15p　20cm　〈索引あり〉
①978-4-7842-1757-1

◇幕末から明治に生きた会津女性の物語
大石邦子，小桧山六郎，笹川壽夫，鶴賀イ
チ，間島勲著　歴史春秋社出版　2014.3
206p　19cm　①978-4-89757-823-1

◇英傑の日本史　敗者たちの幕末維新編
井沢元彦著　KADOKAWA　2014.2
230p　20cm　〈年表あり〉
①978-4-04-653294-7

◇八重と会津の女たち　山村竜也著　洋泉
社　（歴史新書）　2013.5　190p　18cm
①978-4-8003-0107-9
＊自ら銃を手に新政府軍と戦った山本八
重。男勝りの彼女を育んだ会津藩は忠
義と節義を重んじる藩だった。幕末・
明治にかけての激動のなか会津女性は
何と戦ったのか。「八重の桜」時代考証
担当者が明かす会津女性の実像。

◇明治の女子留学生―最初に海を渡った五
人の少女　寺沢竜著　平凡社　（平凡社新
書）　2009.1　283p　17×11cm
①978-4-582-85449-7
＊明治四年、日本最初の女子留学生とし
て渡米した五人の少女たちがいた。六
歳の津田梅子をはじめ、山川捨松、永井
繁子らが体験した十年余のアメリカ生
活とはどのようなものだったのか。そ
して日本語も忘れて帰国した後、近代
化の荒波の中で、彼女たちはどう生き
抜いたのか。初の帰国子女としての波
瀾万丈の生涯と、女性として果たした
偉業を明らかにする。

◇夢のかたち―「自分」を生きた13人の女た
ち　鈴木由紀子著　ベネッセコーポレー
ション　1996.2　268p　19cm
①4-8288-1759-X
＊自分を愛し、男を愛し、夢を愛した女た
ちがいた…明治から昭和、時代ととも
に「自分さがし」に生きた女たちの13
の物語。

◇華族女学校教師の見た 明治日本の内側
アリス・ベーコン著，久野明子訳　中央公
論社　1994.9　216p　19cm
①4-12-002359-1
＊初めての女子留学生大山捨松、津田梅
子の親友である若きアメリカ女性が
綴った、天皇・皇后から町の人びとにい
たる明治21、22年の日本の素顔。

◇鹿鳴館の貴婦人大山捨松―日本初の女子
留学生　久野明子著　中央公論社　（中公
文庫）　1993.5　368p　16cm　〈大山捨松

の肖像あり　大山捨松年譜・参考文献：
p337～352〉　①4-12-201999-0

◇「不如帰」の女たち　阿井景子著　文芸春
秋　1991.7　267p　19cm
①4-16-312620-1
＊日本初の女子留学生。そして明治の元
勲大山巌の妻。栄華に包まれた捨松
だったが、小説「不如帰」に登場する娘
いじめの継母モデルと騒がれて…。

◇明治を彩った妻たち　阿井景子著　新人
物往来社　1990.8　194p　19cm
①4-404-01742-1
＊西南戦争で熊本城を死守した谷干城の
妻・玖満。他に、西郷いと、税所敦子、
坂本乙女、岡上菊栄等の波瀾の人生を
描く。

◇会津のキリスト教―明治期の先覚者列伝
内海健寿著　キリスト新聞社　（地方の宣
教叢書）　1989.5　257p　19cm
①4-87395-200-X
＊時代と戦うべき新しい信仰をいだくす
ぐれた青年たちは、会津落城の悲運を
体験した佐幕派会津人の中から出現し
たのである。「精神的革命は多くは時代
の陰影より出づ」本書にとりあげた同
志社の山本覚馬、明治学院の井深梶之
助、津田英学塾を援助した山川捨松、
フェリス女学校の若松賤子、東北学院
の梶原長八郎、関東学院の坂田祐はそ
れである。兼子重光は、自由民権運動
の闘士から牧師に転向したヒューマニ
ストである。デフォレストは、会津伝
道に忘れてはならない宣教師である。

◇鹿鳴館の貴婦人 大山捨松―日本初の女子
留学生　久野明子著　中央公論社
1988.11　309p　19cm　①4-12-001750-8
＊会津藩に生まれ、明治四年渡米、のちに
陸軍卿大山巌と結婚、「鹿鳴館の花」と
謳われ、女子英学塾の設立に尽した女
性の初の伝記。曽孫である著者が百年
ぶりにアメリカで発見した親友アリス
への手紙。海を越えた友情と女子教育
への情熱に生きた捨松の生涯。

▎**岡 兵一**　おか・ひょういち
1842～1891　官吏。朝鮮大院君の乱の際、

I　政治・経済　　　　　　　　　　　　　　　　　　　　　　　　　　　　　小笠原長生

巡査として花房公使に随行。

◇岡兵一の手記　岡竜雄著　〔岡竜雄〕
　1983.8　59p　25cm

岡 鹿門　おか・ろくもん
1833～1914　漢学者。東京府学教授。著
書に「尊攘紀事」「観光紀游」など。

◇文字の大陸 汚穢の都―明治人清国見聞録
　草森紳一著　大修館書店　2010.4　439p
　19cm　①978-4-469-23260-8
　＊近代日本人の中国原体験。尾崎行雄、
　　原敬、岡千仞、榎本武揚、伊藤博文。明
　　治17年前後、中国の地を踏んだ5人の日
　　本人は、何を見て、何を感じたのか。

◇随筆百花苑　第2巻　伝記日記篇　2　森
　銑三ほか編　森銑三責任編集　中央公論
　社　1980.9　364p　20cm

◇随筆百花苑　第1巻　伝記日記篇　1　森
　銑三ほか編　森銑三責任編集　中央公論
　社　1980.7　388p　20cm

◇鹿門岡千仞の生涯　宇野量介著　岡広
　1975　474p 図 肖像　25cm　〈岡千仞年
　譜：p.449-471〉

岡崎 邦輔　おかざき・くにすけ
1854～1936　政治家。衆議院議員。憲政
党を結成。加藤高明内閣の成立に尽力。

◇写説『坂の上の雲』　谷沢永一, 太平洋戦
　争研究会著　ビジネス社　2004.6　165p
　22×17cm　①4-8284-1124-0
　＊日露戦争勃発から100年。近代日本を駆
　　け抜けた正岡子規、秋山好古、真之兄
　　弟、そして若者たち。写真で見る。あら
　　すじでわかる。今、あらためて知るべき
　　「坂の上の雲」という時代を読み解く。

◇勇気凛々こんな人生　谷沢永一著　講談
　社　2003.5　278p　20cm　〈文献あり〉
　①4-06-211862-9
　＊一生を自分の生きたいように生きる。
　　人生に大輪の華を咲かせた才覚ある人
　　たちに学ぶ。威風堂々、あっぱれな人
　　生を送るための、谷沢流「理想の人生の
　　かたち」。

◇岡崎邦輔関係文書・解説と小伝　伊藤隆,

酒田正敏著　自由民主党和歌山県支部連
合会　1985.8　224p　22cm　〈故岡崎邦
輔先生五十回忌法要記念 岡崎邦輔の肖像
あり〉

岡崎 生三　おかざき・しょうぞう
1851～1910　陸軍軍人。中将、男爵。日
清・日露戦争に従軍して功績を挙げた。

◇戦場の人間学―旅団長に見る失敗と成功
　の研究　篠原昌人著　光人社　2006.10
　258p　19cm　①4-7698-1313-9
　＊全陸軍の期待を一身に浴びて戦場に赴
　　いた陸大首席の東条英教、二番の山口
　　圭蔵は、なぜ一敗地にまみれたのか。
　　評価の低かった梅沢道治、無名の岡崎
　　生三は、なぜ赫々たる戦果をあげられ
　　たのか。参謀を持たず、自ら作戦の意
　　味を理解し、判断して動かなければな
　　らない三人の旅団長の采配に学ぶ。

岡沢 精　おかざわ・くわし
1844～1908　陸軍軍人。大将、子爵。天
皇の信任が厚く初代侍従武官長に就任。
大本営軍事内局長兼侍従武官を歴任。

◇歴代陸軍大将全覧 明治篇　半藤一利, 横
　山恵一, 秦郁彦, 原剛著　中央公論新社
　（中公新書ラクレ）　2009.1　273,25p　18
　×11cm　①978-4-12-150303-9
　＊陸軍大将全員の人物像と事績を4人の歴
　　史家が洩らさず紹介した、リーダブル
　　な陸軍史の決定版。本書は西郷・山県・
　　児玉・乃木など、明治期の大将31人を
　　扱い、その実像を伝える。

◇明治天皇の初代侍従武官長―事君十余年、
　脛骨為に曲がる　岡沢祐吉著　新人物往
　来社　1999.10　207p　20cm　〈文献あ
　り〉　①4-404-02831-8

小笠原 長生　おがさわら・ながなり
1867～1958　海軍軍人。中将。宮中顧問
官、学習院御用掛となる。子爵。著書に
「東郷元帥詳伝」など。

◇小笠原長生と其随筆　小笠原長生著, 原
　清編　小笠原長生公九十歳祝賀記念刊行
　会　1956.10　394p 図版18枚　22cm

伝記ガイダンス 明治を生きた人々　**133**

〈製作：創造社 小笠原長生の肖像あり〉

▌岡田 菊次郎　おかだ・きくじろう
1867〜1962　政治家。愛知県議会議員。

◇ひとすじの流れ　3　評伝・山崎延吉・岡田菊次郎　狐牛会編　安城文化協会　1998.1　206p　19cm

◇日本・農村建設物語—岡田菊次郎の生涯　吉地昌一著　岡田菊次郎頌徳会　1956

◇岡田菊次郎伝　吉地昌一著　安城市　1954

▌岡田 啓介　おかだ・けいすけ
1868〜1952　海軍軍人，政治家。海軍次官，首相。二・二六事件で襲撃される。

◇岡田啓介回顧録　改版　岡田啓介著，岡田貞寛編　中央公論新社　（中公文庫）　2015.2　440p　16cm　〈初版：中央公論社 1987年刊　年譜あり〉　①978-4-12-206074-6

◇日本海軍指揮官列伝　別冊宝島編集部編　宝島社　（宝島SUGOI文庫）　2012.5　221p　15cm　①978-4-7966-9882-5
　＊大日本帝国海軍が誇る壮烈なる指揮官たちの物語。終戦のため影ながら奮闘した岡田啓介首相。「東條首相の副官」とあだ名された嶋田繁太郎海相。ミッドウェー海戦で敵と相討った山口多聞提督。沖縄県民の行く末を思い散った太田實司令。終戦後も徹底抗戦を叫んだ小園安名司令。「紫電改のタカ」のモデル、菅野直「新選組」隊長。総勢60名の指揮官たちの戦歴と壮絶な人生が、最新の戦史研究と空想でよみがえる。

◇海軍良識派の研究—日本海軍のリーダーたち　工藤美知尋著　光人社　（光人社NF文庫）　2011.11　340p　15cm　①978-4-7698-2710-8
　＊「良識派」軍人の系譜を辿り、日本海軍の歴史と誤謬を明らかにする！「条約派」と「艦隊派」対立の根源を探り、平易・詳細に解説した人物伝。

◇宰相たちのデッサン—幻の伝記で読む日本のリーダー　御厨貴編　ゆまに書房　2007.6　280p　21cm

①978-4-8433-2381-6
　＊幻の伝記を読み直すなかから生まれたまったく新しい戦前期の総理大臣評伝集。

◇歴代総理大臣伝記叢書　第22巻　岡田啓介　御厨貴監修　ゆまに書房　2006.6　508p　22cm　〈複製　肖像・年譜あり〉　①4-8433-1800-0

◇日本宰相列伝　下　三好徹著　学陽書房　（人物文庫）　2005.1　530p　15cm　①4-313-75194-7
　＊議会の壇上で倒れて、帰らぬ人となった加藤高明。反骨の陸軍軍人から、総理大臣になった田中義一。国民の期待を担って登場した近衛文麿の〝運命〟とは。「生きて虜囚」となった開戦時の首相・東条英機。敗軍の将となることで日本を救った鈴木貫太郎…。十一人の宰相を通して、激動の昭和史を検証する名作。

◇宰相岡田啓介の生涯—2・26事件から終戦工作　上坂紀夫著　東京新聞出版局　2001.2　365p　20cm　〈文献あり 年表あり〉　①4-8083-0730-8
　＊日本を終戦へ導き、平和の礎をつくった軍人宰相の生きざま。今、求められるリーダーシップ。息詰まる「東条との対決」。

◇父と私の二・二六事件—昭和史最大のクーデターの真相　岡田貞寛著　光人社　（光人社NF文庫）　1998.2　361p　15cm　①4-7698-2186-7
　＊時の首相・岡田啓介の子息が目撃した奇蹟の脱出。

◇巨木は揺れた—岡田啓介の生涯　仙石進著　近代文芸社　1994.9　306p　19cm　①4-7733-3255-7
　＊激動の明治、大正、昭和の三代に生き、軍人でありながら軍人らしからぬ政治家として、捨て身で初心を貫いた男の生涯を描く。

◇最後の重臣岡田啓介—終戦和平に尽瘁した影の仕掛人の生涯　豊田穣著　光人社　1994.5　413p　19cm　①4-7698-0674-4
　＊東条内閣の幕を引き、和平の扉を押し開く。軍縮の父・加藤友三郎の薫陶をうけ軍政家として手腕を揮い。時局の

I　政治・経済　　　　　　　　　　　　　　　　　　　　　　　岡野喜太郎

収拾に優れ、天皇の信任厚き海軍大将。
首相の任につき二・二六事件の惨劇を
乗り越え忠誠一途、軍縮と和平に徹し
た明治の男の気慨を綴る九百枚。

◇岡田啓介回顧録　岡田啓介著，岡田貞寛
編　中央公論社　（中公文庫）　1987.4
385p 15cm　①4-12-201414-X
＊同じ昭和にこんな時代があった─。二・
二六事件で奇蹟的に生き残り、重臣の
一人として東条内閣の退陣に尽力した
元首相が、忌憚なく語る昭和政治秘史。

◇岡田啓介回顧録　岡田啓介著，岡田貞寛
編　毎日新聞社　1977.12　278p　20cm
〈付：ロンドン軍縮問題日記　著者の肖像
あり　岡田啓介年譜：p.268〜272〉

◇岡田啓介　岡田大将記録編纂会編　1956
508p 図版　22cm

◇岡田啓介回顧録　岡田啓介述　毎日新聞
社　1950　298p 図版　19cm

▎緒方　惟準　おがた・これよし
1843〜1909　医師。陸軍軍医。緒方病院
院長。緒方洪庵の子。
◇緒方惟準伝─緒方家の人々とその周辺
中山沃著　思文閣出版　2012.3　947,60p
22cm　〈文献・年譜・索引あり〉
①978-4-7842-1563-8

◇医の系譜─緒方家五代〜洪庵・惟準・銈次
郎・準一・惟之　緒方惟之著，坂本照久監
修　燃焼社　2007.8　210p　20cm　〈肖
像あり〉　①978-4-88978-078-9
＊我国医学史のなかに燦然と輝く医の系
譜、洪庵五代目子孫が、身内ならばこそ
知り得るエピソードをまじえ、緒方家
のすべてをつづる。

▎岡田　孤鹿　おかだ・ころく
1834〜1906　民権運動家。〔記念施設〕
歌碑（北海道厚真町）
◇荒野の郷─民権家・岡田孤鹿と二人妻
森崎和江著　朝日新聞社　1992.5　259p
19cm　①4-02-256359-1
＊明治時代中期、九州柳川河藩出身のひ
とりの民権家が、開拓地・北海道に渡っ

た。中央政治の表舞台を棄て、農場経
営を志すまでの軌跡を追った書下ろし
ノンフィクション。

▎岡田　佐平治　おかだ・さへいじ
1812〜1878　農政家。牛岡組報徳社を
作った。遠江報徳本社を設立。
◇日本人物史大系　第5巻　近代 第1　小西
四郎編　朝倉書店　1960　340p　22cm

▎岡田　泰蔵　おかだ・たいぞう
1868〜1953　弁護士。
◇両丹記　岡田圭一著　中央大学出版部
1985.12　281p　20cm

▎岡田　温　おかだ・ゆたか
1870〜1949　農民・農政指導者。帝国農
会幹事。農業経営と農村改善のための基
本調査などを指導、また論文を発表。
◇農ひとすじ 岡田温─愛媛県農会時代　川
東靖弘著　愛媛新聞サービスセンター生
活情報出版部　（松山大学研究叢書）
2010.2　373p　22cm　〈年譜あり〉
①978-4-86087-084-3

▎岡田　良一郎
おかだ・りょういちろう
1839〜1915　農政家。参議院議員、報徳
社社長。報徳仕法の普及に尽力。著書に
「大日本信用組合報徳結社論」など。
◇冀北の人・岡田良一郎　三戸岡道夫著
栄光出版社　1999.3　288p　20cm
①4-7541-0024-7

◇日本人物史大系　第5巻　近代 第1　小西
四郎編　朝倉書店　1960　340p　22cm

◇地域社会の先人岡田淡山先生伝　戸塚一
郎著　郷土教育資料　1951

▎岡野　喜太郎　おかの・きたろう
1864〜1965　銀行家。貯蓄組合共同社創
立。駿河銀行創始者。
◇感動する！ 日本史─日本人は逆境をどう
生きたか　白駒妃登美著　KADOKAWA

伝記ガイダンス 明治を生きた人々　　**135**

（中経の文庫）　2015.7　268p　15cm
〈中経出版 2013年刊の加筆、再編集　文献あり〉　①978-4-04-601304-0

◇追想岡野喜太郎　駿河銀行　1989.4
225p　22cm　〈岡野喜太郎生誕125年記念出版 岡野喜太郎の肖像あり〉

◇創業者列伝　小島直記著　中央公論社
（小島直記伝記文学全集）　1987.11
533p 19cm　①4-12-402591-2
＊創業の初志を貫いて、時代を見抜き決断し、いかに人材を育てたか。一巨大な足跡を遺した創業者6人の苦悩と熱き魂を鮮烈に刻む白眉の一巻。

◇私の履歴書　経済人 2　日本経済新聞社編
日本経済新聞社　1980.6　477p　22cm

◇財界人思想全集　第8　財界人の人生観・成功観　小島直記編・解説　ダイヤモンド社　1969　454p　22cm

◇岡野喜太郎伝　小島直記著　フジ出版社
1967　257p 図版　19cm

◇岡野喜太郎の追想　岡野喜太郎追想録編纂委員会編　駿河銀行　1967　303p 図版
43枚　22cm

◇岡野喜太郎伝　芹沢光治良著　駿河銀行
1965　127p 図版　22cm

◇百一歳の経営者―岡野喜太郎翁の人と事業　田中明光著　近代セールス社　1964
274p 図版　18cm

◇富士に生きる―岡野喜太郎伝　岡戸武平著　中部経済新聞社　（中経新書）　1964
303p 図版　18cm

◇私の履歴書　〔第1集〕，2-6　日本経済新聞社編　1957-58　6冊　19cm

◇岡野喜太郎伝―人とその事業　橋本求著，大日本雄弁会講談社編　岡野喜太郎翁寿像建設会　1952　410p 図版43枚 地図
22cm

▌ **岡谷 繁実**　おかのや・しげざね
1835～1920　志士。館林藩士。著書に「名将言行録」「館林藩史料」。

◇サムライの書斎―江戸武家文人列伝　井上泰至著　ぺりかん社　2007.12　226p

19cm　①978-4-8315-1181-2
＊「軍記」のなかで危機管理を説き、祖先の武勲にアイデンティティを見出し、近代国家のイデオロギーとして「武士道」はよみがえる。江戸文学の新たな魅力と、思想・歴史など近接領域との関係をさぐる。

▌ **岡部 長職**　おかべ・ながもと
1854～1925　官僚。岸和田藩知事，外務次官。貴族院議員、東京府知事、枢密顧問官などを歴任。子爵。

◇殿様は「明治」をどう生きたのか　河合敦著　洋泉社　（歴史新書）　2014.4　222p
18cm　〈文献あり〉　①978-4-8003-0379-0

◇評伝岡部長職―明治を生きた最後の藩主
小川原正道著　慶応義塾大学出版会
2006.7　358,7p　20cm　〈肖像・文献・年譜あり〉　①4-7664-1291-5
＊変わらないのは、だんじり祭とこの海の眺めばかり―。弱冠16歳で、和泉岸和田藩最後の座を去り、やがて新時代のエリートとして再生した岡部長職。最後の殿様の波瀾に富んだ生涯と激動の時代を描いた本格的評伝。

▌ **岡村 貢**　おかむら・みつぎ
1836～1922　郡長，政治家。南魚沼郡長，衆議院議員。上越鉄道の開通に尽力した。

◇上越鉄道敷設に賭けた岡村貢の生涯　細矢菊治著　細矢菊治　1987.8　135p
22cm　〈略年譜・参考文献：p129～131〉

▌ **岡本 黄石**　おかもと・こうせき
1811～1898　近江彦根藩士。藩の勤王転向を宣伝。麹坊吟社を創生。

◇漢詩人岡本黄石の生涯　第3章　三百篇の遺意を得る者　世田谷区立郷土資料館編
世田谷区立郷土資料館　2008.10　173p
30cm　〈平成二十年度特別展　会期：平成20年11月1日―30日〉

◇漢詩人岡本黄石の生涯　第2章（その詩業と交友）　世田谷区立郷土資料館編　世田谷区立郷土資料館　2005.10　174p
30cm　〈平成17年度特別展　会期・会場：

I　政治・経済　　　　　　　　　　　　　　　　　　　　小河滋次郎

平成17年11月1日—27日　世田谷区立郷土
資料館〉
◇漢詩人岡本黄石の生涯　世田谷区立郷土
資料館編　世田谷区立郷土文化協会
2001.10　143p　30cm　〈平成13年度特別
展　会期：平成13年11月1日—30日　年譜
あり　文献あり〉

▌岡本 兵松　おかもと・ひょうまつ
1821〜1898　商人，治水家。明治用水を
開削。
◇ひとすじの流れ—評伝岡本兵松・伊予田
与八郎　狐牛会編　安城文化協会
1983.8　251p　19cm　〈岡本兵松の肖像
あり　年譜：p241〜247〉
◇明治用水開鑿功労者—岡本兵松翁　明治
用水開鑿功労者贈位記念事業委員会編
明治用水開鑿功労者贈位記念事業委員会
1961

▌岡本 柳之助
おかもと・りゅうのすけ
1852〜1912　陸軍軍人。少佐。閔妃暗殺
を指揮。大陸浪人として活動。
◇風雲回顧録　改版　岡本柳之助著，平井
晩村編　中央公論新社　（中公文庫）
2006.1　260p　16cm　〈肖像あり〉
Ⓘ4-12-204640-8
◇民権の獅子—兆民をめぐる男たちの生と
死　日下藤吾著　叢文社　（現代を拓く歴
史名作シリーズ）　1991.12　423p　19cm
Ⓘ4-7947-0193-4
＊民権の拡大を目ざして「無償の戦い」に
生命を燃やした「表街道」と「裏街道」
の獅子たちの凄絶。
◇風雲回顧録　岡本柳之助著，平井晩村編
中央公論社　（中公文庫）　1990.3　257p
15cm　Ⓘ4-12-201691-6
＊幕末維新の時、16歳で藩の歩兵隊長を
つとめた“紀州藩の神童”—岡本柳之助。
明治新政府の軍人となった彼は、天賦
の軍才を縦横に発揮するも、西南戦争
後の竹橋事件に座し、無位無官の身と
なり、やがて大陸浪人として東洋の舞
台へ雄飛する…。新政府を震撼させた

竹橋事件、閔妃事件など、明治史の暗部
に深く関わった著者が、長年の沈黙を
破り、初めて数奇な生涯を語る。
◇風雲回顧録—伝記・岡本柳之助　岡本柳
之助述，平井駒次郎編　大空社　（伝記叢
書）　1988.6　300,5p　22cm　〈武侠世界
社大正元年刊の複製　著者の肖像あり〉
◇右翼浪人登場—岡本柳之助の光と影　名草
杜夫著　草風社　1980.11　382p　19cm
◇岡本柳之助論附小伝　井田易軒著　風月
書院　1956

▌岡山 兼吉　おかやま・けんきち
1854〜1894　法律家。東京代言人新組合
会長。英吉利法律学校創設に尽力。のち
代議士となった。
◇梧堂言行録抄　岡山同窓会編　〔岡山は
るみ〕　〔2015〕　325p　22cm
◇梧堂言行録—伝記・岡山兼吉　岡山同窓
会編　大空社　（伝記叢書）　1997.11
566,7p　22cm　〈鈴木湊明治28年刊の複
製　☆柳原書店〉　Ⓘ4-7568-0483-7

▌小河 一敏　おがわ・かずとし
1813〜1886　豊後岡藩士。堺県知事。宮
内大丞、宮内省御用掛等を歴任。
◇小河一敏写真・資料集—小河家蔵　1　辞
令編　小河国麿，小河織衣編　小河織衣
1986.8　54p　26cm　〈小河一敏百年祭記
念　発売：駿河台出版社〉

▌小河 滋次郎　おがわ・しげじろう
1863〜1925　監獄学者，社会事業家。東
京帝国大学法化監獄学授業嘱託。大阪府
に方面委員制度を創立。
◇ホームヘルプ事業草創期を支えた人びと
—思想・実践・哲学・生涯　中嶌洋著　久
美　2014.2　154p　21cm
Ⓘ978-4-86189-222-6
◇監獄行政官僚と明治日本—小河滋次郎研
究　小野修三著　慶応義塾大学出版会
2012.2　222,3p　22cm　〈文献・年譜・索
引あり〉　Ⓘ978-4-7664-1914-6
＊一人の行政官僚が歩んだ道のりを、国

家による統治と社会における自治との
せめぎ合いの中に描き出す伝記的研究。
近代的監獄制度の紹介と改良にかかわ
る旺盛な執筆活動と、死刑廃止をめぐ
る論争などの歴史的事実を詳細に明ら
かにし、常に人と社会とに向き合う努
力を続けた彼の思想と行動の現代的意
義を論じる。

◇人物でよむ近代日本社会福祉のあゆみ
室田保夫編著　ミネルヴァ書房　2006.5
260p　21cm　①4-623-04519-6
＊慈善家、社会事業家、ソーシャルワー
カー…先駆者たちの生き様に接近し、
社会福祉の「現在」と「これから」を考
える。明治から戦後まで30人の軌跡。

◇小河滋次郎の生涯　柴田善守著　日本生
命済生会　1964

▎ 小川 椙太　おがわ・すぎた
1837〜1895　武士。彰義隊士。維新後は
私財を投じて上野公園に隊士の墓塔を
建立。

◇彰義隊遺聞　森まゆみ著　新潮社　（新潮
文庫）　2008.1　418p　15cm
①978-4-10-139023-9
＊彰義隊。朝敵の汚名を着せられた徳川慶
喜のために、怒りをもって結成された戦
闘集団である。彼らは、東叡山寛永寺
に立てこもったものの、わずか一日で
西郷隆盛率いる官軍の攻撃に散った一。
著者はひそかに語り継がれてきた証言
を丹念に発掘し、「烏合の衆」と軽んじ
られてきた人びとの実像に迫ってゆく。
時代の激流にあらがった、有名無名の
男たちを鮮烈に描く、記念碑的作品。

◇彰義隊遺聞　森まゆみ著　新潮社
2004.11　287p　19cm　①4-10-410003-X
＊慶応四（1868）年、江戸無血開城と徳川
慶喜の処遇に不満を抱く旧幕臣たちに
よって結成された彰義隊は、武力討伐を
狙う大村益次郎の指揮下、官軍による
一日足らずの上野総攻撃で壊滅させら
れた。彼らは、本当に「烏合の衆」だっ
たのか？ 町に残る「伝説」から、4ヶ月
で消えた幻の戦闘集団の実像に迫る。

▎ 小川 平吉　おがわ・へいきち
1869〜1942　弁護士，政治家。衆議院議
員，司法大臣。東亜同文会に参加。対露
強硬論を主張。東京弁護士会会長。

◇父の中国と私の中国―書が語る日中の百
年　小川平四郎著　サイマル出版会
1990.11　203p　19cm　①4-377-40869-0
＊孫文らの革命家たちと交わりながら日中
近代史に活躍した父・小川射山と、著者
に贈られた書をめぐる歴史メモワール。

◇小川平吉関係文書　小川平吉文書研究会
編　みすず書房　1973　2冊　22cm　〈編
者代表：岡義武〉

▎ 小川 又次　おがわ・またじ
1848〜1909　陸軍軍人。大将，子爵。神
風連の乱鎮圧、熊本籠城戦で勇名を馳せ
る。参謀本部局長、第4師団長を歴任。

◇陸軍戦略の先駆者小川又次　篠原昌人著
芙蓉書房出版　2000.7　198p　20cm
〈文献あり〉　①4-8295-0259-2
＊旧幕府軍兵士から明治の陸軍草創期に
陸軍大将に上り詰めた男。陸軍大学校
では戦略・戦術の教師メッケルに堂々
と論争を挑み、西南戦争、日清戦争、日
露戦争で活躍。華やかさは人に譲り
黙々と戦った天才戦略家の半生。激し
い時代を駆け抜けた明治の男の情熱と
ロマンあふれるノンフィクション。

▎ 沖 牙太郎　おき・きばたろう
1848〜1906　実業家。電機材料の国産化
をはかる。沖商会の創立者。

◇ケースブック日本の企業家―近代産業発
展の立役者たち　宇田川勝編　有斐閣
2013.3　265p　21cm
①978-4-641-16405-5
＊戦前期日本の革新的な企業家活動につ
いて、時代背景とともに多様な実像に
迫って明快に描き出すケース集。現代
社会において比重が増している非製造
業分野にも光を当て、いかにして新産
業を創出し、経営革新を断行して、産業
発展の礎を築いたのかを解明する。

◇電気通信機ビジネスの発展と企業家活動―

I　政治・経済　　　　　　　　　　　　　　　　　　　　　　　　　　沖田総司

沖牙太郎と岩垂邦彦　四宮正親著　法政大学イノベーション・マネジメント研究センター　（Working paper series　日本の企業家活動シリーズ）　2012.1　19p　30cm

▌沖 禎介　おき・ていすけ
1874〜1904　志士。文明学社を創立。
◇是天なり命なり　小梁川洋著　三月書房　2003.5　220p　19cm　①4-7826-0186-7
＊ここに紛れもなく明治を生きた情熱的な日本人がいる。横川省三と沖禎介の物語。

▌沖田 総司　おきた・そうじ
1844〜1868　剣士。新撰組の一番隊隊長。
◇新選組一番組長沖田総司の生涯　菊地明著　新人物往来社　（新人物文庫）　2013.1　319p　15cm　〈文献あり　「沖田総司伝私記」（2007年刊）の改題、再編集〉　①978-4-404-04288-0
＊病に力尽きた若き天才剣士―沖田総司。幼少時代から死の瞬間までその短い生涯が膨大な史料からよみがえる。

◇土方歳三と新選組10人の組長　菊地明, 伊東成郎, 結喜しはや著　新人物往来社　（新人物文庫）　2012.8　319p　15cm　①978-4-404-04227-9
＊最新研究から明らかになる歳三の生涯と10人の組長列伝。

◇NHK歴史秘話ヒストリア―江戸 - 幕末ヒーロー伝　NHK制作班編　ワニブックス　2010.4　204p　19cm　①978-4-8470-1901-2
＊龍馬がビジネスの先に夢見た世界とは!?NHKの人気番組で解き明かされた時代の寵児たちの知られざる物語。

◇幕末“志士”列伝　別冊宝島編集部編　宝島社　（宝島SUGOI文庫）　2008.11　223p　15cm　①978-4-7966-6682-4
＊260年の長きにわたって鎖国と称して「引きこもつて」いた日本。しかし、世界情勢はそれを許さず、日本国内からも「このままではいけない」と立ち上がる者たちが現れた。桂小五郎、高杉晋作, 坂本竜馬、中岡慎太郎、西郷隆

盛…。それに近藤勇、土方歳三、沖田総司。新しい時代を築こうとする者、旧きものを守ろうとする者。国の行く末を案じ、燃える様に散った志士たちの生き様をこの一冊に。

◇新選組 二千二百四十五日　伊東成郎著　新潮社　（新潮文庫）　2007.6　396p　15cm　《『新選組決定録』改題書》　①978-4-10-131871-4
＊近藤勇、土方歳三、沖田総司。おのれの志を貫き通した最後の侍たち。新選組は争闘の巷と化した京都の治安を守るために結成され、分裂を越え、最強の武装集団となる。だが、時代の波は彼らを北へと追いつめてゆく―。気鋭の研究家が、埋もれていた史料から、有名無名の人々の肉声を聞きとり、その実像を活き活きと甦らせる。文庫版には特別対談も収録。

◇沖田総司伝私記　菊地明著　新人物往来社　2007.4　221p　22cm　①978-4-404-03462-5
＊現存史料を再検証した、沖田総司「伝記」の最終決定版。謎多き新選組最強剣士をめぐる「謎」のすべてを解明。

◇ラストサムライの群像―幕末維新に生きた誇り高き男たち　星亮一, 遠藤由紀子著　光人社　2006.2　283p　19cm　①4-7698-1287-6
＊勝てば官軍―人心が揺れ動き、「大勢」に流されようとするときに敢えて踏み止まり、意地を貫いた男たち。日本の近代化の過程で生じた殺伐たる時代に、最後の光芒を放った魅力あふれる「サムライ」たちの生き様を描く。

◇多摩・新選組紀聞　平野勝著　東京新聞出版局　2005.2　220p　19cm　①4-8083-0821-5
＊近藤勇、土方歳三、沖田総司の陰に隠れ、顧みられることの少ない井上源三郎こそ、新選組を支えた、最強の剣士だった。多摩の古老たちによって語り継がれた「新選組伝説」。

◇沖田総司―誠一筋の天才剣士　学習研究社　（歴史群像シリーズ　歴史群像フィギュアシリーズ）　2004.4　63p　22cm

伝記ガイダンス 明治を生きた人々　**139**

沖田総司　　　　　　　　　　　　　　　　　　　　　　　　　Ⅰ　政治・経済

〈付属資料：フィギュア1体　肖像あり
年譜あり〉　Ⓣ4-05-603326-9

◇新選組一番隊・沖田総司　結喜しはや著
新人物往来社　2004.3　280p　20cm
〈文献あり〉　Ⓣ4-404-03178-5

◇図解雑学沖田総司と新選組隊士　河合敦
著　ナツメ社　2004.1　206p　19cm
〈奥付のタイトル：沖田総司と新選組隊士
文献あり〉　Ⓣ4-8163-3628-1

◇沖田総司─物語と史蹟をたずねて　改訂
童門冬二著　成美堂出版　（成美文庫）
2003.11　326p　16cm　Ⓣ4-415-07047-7

◇新選組と沖田総司─「誠」とは剣を極める
ことなり　木村幸比古著　PHP研究所
（PHP新書）　2002.12　244p　18cm
Ⓣ4-569-62573-8
＊幕末、将軍警固と京の都の治安維持のた
めに結成された新選組。近藤勇、土方歳
三が率いたその組織には、捨て身で戦
い、国を護るという天然理心流の「剣の
訓え」が息づいていた。本書は、病に冒
されながらも、その訓えに最も忠実に
生きようとした、天才剣士・沖田総司を
中心に、隊士たちの生き様を活写する。
「天狗隊の隊長」・芹沢鴨の粛清、四名で
突入した池田屋事件、御所で起こった
禁門の変、賊軍となった鳥羽伏見の戦
い…。史料をもとに、「誠」の精神を貫
いた新選組の姿を浮き彫りにする。

◇沖田総司（そうし）恋唄　広瀬仁紀著　小
学館　（小学館文庫　時代・歴史傑作シ
リーズ）　1999.12　290p　15cm
Ⓣ4-09-404111-7
＊騒乱の幕末、京で熱き夢とロマンを賭
け、闘った男達─新選組！　その中に
あって、天才剣士の名を欲しいままに
した美貌の沖田総司は、労咳を病み、二
十五才という若さで逝った。組長近藤
勇、土方歳三、医師松本良順らとの交
流、新選組の凄絶な闘いを描きつつ、沖
田総司の鮮烈な生涯とかなわぬ恋を
唄った著者、会心の傑作。

◇沖田総司哀歌　新装版　森満喜子著　新
人物往来社　1999.7　256p　20cm
Ⓣ4-404-02819-9

◇沖田総司　新装版　大内美予子著　新人
物往来社　1999.5　250p　20cm
Ⓣ4-404-02813-X
＊新選組が鳥羽伏見の戦に敗れ、大坂を
去る日、ただたんにくたくたに疲れ、望
郷の念にかられた者もいただろう。自
分の未来に絶望した者もいただろう。
だが、彼らはまちがいなく激しい剣の
日々を闘った英雄の群れだった。なか
でも若き剣士・沖田総司は心やさしき
詩的な行動者であった。芹沢鴨を斬り、
松田重助、宮部鼎蔵、吉田稔麿を斬り、
隊員山南敬助切腹の介錯をした沖田総
司─その二十五年の光芒の生涯は歴史
であり、伝説である。

◇沖田総司・おもかげ抄　新装版　森満喜
子著　新人物往来社　1999.4　216p
20cm　Ⓣ4-404-02807-5
＊遠くまで行ってしまったボクらの好き
な人、沖田総司。司馬遼太郎「新選組血
風録」に実名で登場する、森満喜子さん
の沖田総司研究35年の結晶。

◇新選組血風録 総司燃え尽きる　笹沢左保
著　双葉社　（双葉ノベルズ）　1998.8
269p　18cm　Ⓣ4-575-00635-1
＊遠くへ来たものだ、と総司はつくづく
思う。九歳から試衛館道場に内弟子と
して住みついた。そこで近藤勇を知っ
て以来、肉親に対する以上の情を抱き、
だからこそ京都まで来たのだ。だが新
選組にいた五年近い歳月は、振り返り
たくなるような青春時代ではなかった。
それは血塗られた歴史と呼ぶに相応し
い凄絶なものだった。

◇新選組剣客伝　山村竜也著　PHP研究所
1998.7　212p　19cm　Ⓣ4-569-60176-6
＊本書は、新選組の8人の剣客たちの群像
を列伝形式で綴ったものである。

◇沖田総司─六月は真紅の薔薇　上巻　三
好徹著　学陽書房　（人物文庫）　1997.3
393p　15cm　Ⓣ4-313-75023-1

◇沖田総司─六月は真紅の薔薇　下巻　三
好徹著　学陽書房　（人物文庫）　1997.3
390p　15cm　Ⓣ4-313-75024-X

◇新選組三部作 新選組遺聞　改版　子母沢
寛著　中央公論社　（中公文庫）　1997.1

140　伝記ガイダンス　明治を生きた人々

Ⅰ　政治・経済　　　　　　　　　　　　　　　　　　　　　　　　　沖田総司

330p　15cm　Ⓝ4-12-202782-9
＊『新選組始末記』につづく三部作の第二
作。永倉新八・八木為三郎・近藤勇五
郎など、新選組ゆかりの古老たちの
生々しい見聞や日記手記等で綴った、
興趣尽きない、新選組逸聞集。

◇新選組血風録　改版　司馬遼太郎著　中
央公論社　（中公文庫）　1996.4　635p
15cm　Ⓝ4-12-202576-1
＊悲恋に涙する沖田総司、隊士の心を妖
しくときめかす前髪の美剣士、薩摩の
間者富山弥兵衛、真贋の判じがたい虎
徹に執する近藤勇…幕末の大動乱期、
剣に生き剣に死んでいった新選組隊士
一人一人の哀歓、生死のかたちを冴え
冴えと浮彫りにする。

◇沖田総司—物語と史蹟をたずねて　童門
冬二著　成美堂出版　（成美文庫）
1996.2　326p　16cm　〈1977年刊の増
訂〉　Ⓝ4-415-06434-5

◇土方歳三、沖田総司全書簡集　土方歳三
著，沖田総司著，菊地明編　新人物往来社
1995.12　183p　22cm　Ⓝ4-404-02306-5
＊幕末の青春を駆けぬけた二人。みずみ
ずしい感性で書かれた全書簡集。新発
見史料収載。

◇新選組日誌　上　菊地明，伊東成郎，山村
竜也著　新人物往来社　1995.8　377p
21cm　Ⓝ4-404-02232-8
＊天保5年（1834）から慶応元年（1865）。
失なわれた新選組日誌を、ぼう大な史
料で復元。近藤勇、土方歳三、沖田総司
らの日々の行動が明らかとなった。

◇誠を生きた男達—歳三と総司　河原総著
新人物往来社　1994.12　286p　19cm
＊幼いころからいつも一緒であった土方
と沖田。共に幕末を駆け抜けた、そん
な二人の生きざまを描く。

◇総司還らず　えとう乱星著　中央公論社
1994.3　237p　20cm　Ⓝ4-12-002302-8

◇夕映え剣士—小説・沖田総司　菅野国春
著　春陽堂書店　（春陽文庫）　1993.10
281p　15cm　Ⓝ4-394-17101-6
＊万延元年春のころ、沖田総司は甲州街
道を新宿目指して歩いていた。総司が

剣を学ぶ小石川小日向柳町の天然理心
流近藤道場（試衛館）では多摩にある道
場を廻って門弟たちに稽古をつけてい
た、総司も多摩に出かけることが多
かったが、その折り総司がよく立ち寄
る茶店娘の多代は破談となったかつて
の許嫁とねと瓜二つであった。やが
て京で新選組が誕生。遅れてきた剣客
沖田総司の大活躍が始まるのだが…。
一瞬の光茫を放って惜しくも散って
いった、この天才剣士沖田総司の短
かった生涯の物語を、新しい手法で描
く新鋭時代小説作家菅野国春の意欲あ
ふれる野心的長編作。

◇花あかり・沖田総司慕情　三輪佳子著
新人物往来社　1992.10　194p　19cm
Ⓝ4-404-01953-X
＊闇に舞う一枚の花びら…。沖田総司、
その青春と愛と。天才剣士の青春。

◇沖田総司　笹沢左保著　広済堂出版
1992.8　303p　19cm　Ⓝ4-331-05529-9
＊新選組の名のもとで、喀血し呻吟しな
がら剣をとる総司。その生命を賭して
求めたものは—。傑作時代小説。

◇隠された幕末日本史—動乱の時代のヒー
ロー群像　早乙女貢著　広済堂出版　（広
済堂文庫）　1992.2　247p　15cm
Ⓝ4-331-65126-6
＊幕末から維新へと向かう動乱と革命の
時代、「義」のために戦った志士たちの
熱情が激しい火花を散らす。幕末哀史・
会津藩の悲劇、誠の心と純粋さの青春・
新選組、薩長連合の立役者・坂本竜馬、
江戸城無血開城の大立者・勝海舟、挫折
した五稜郭戦・榎本武揚など、大政奉還
の舞台回しに隠された謎の数々に鋭く
迫る傑作歴史推理。

◇幕末志士伝　早乙女貢著　新人物往来社
1991.7　275p　19cm　Ⓝ4-404-01833-9
＊坂本龍馬、佐々木只三郎、高杉晋作、川
上彦斎、中山忠光、沖田総司、平田金十
郎、中野竹子、土方歳三、西郷隆盛らを
廻る血の維新史。早乙女史観が志士の
本質を鋭くえぐる傑作歴史小説集。

◇英雄の時代　1　新選組　萩尾農，山村竜
也編　教育書籍　1991.6　192p　22×

伝記ガイダンス　明治を生きた人々　　**141**

沖田総司　　　　　　　　　　　　　　　　　　　　　Ⅰ　政治・経済

17cm　①4-317-60057-9

◇新選組余話　小島政孝著　小島資料館
1990.12　172p 21cm　①4-906062-04-0

◇沖田総司読本　新人物往来社編　新人物
往来社　1990.10　243p 19cm
①4-404-01760-X

◇新選組 沖田総司　星亮一編　教育書籍
1990.6　292p 19cm　①4-317-60043-9
＊夭折した天才検士、沖田総司の青春を
描いた短編集。

◇異聞沖田総司　中田耕治著　大陸書房
（大陸文庫）　1990.6　357p 15cm
①4-8033-2921-4
＊緊迫した時代の流れのなかに、“誠”の一
字を染めぬいて殺戮と阿鼻叫喚の巷を
行った新選組。そのなかにあってあく
まで純真無垢に生きた天才剣士・沖田
総司。その見事な生きざまを華麗に描
いた傑作。奇想天外時代小説。

◇総司はひとり　戸部新十郎著　徳間書店
（徳間文庫）　1990.5　346p 15cm
①4-19-599079-3
＊沖田総司は、その瞬間、なぜ刃を揮った
のか、自分にもわからなかった。神保
仙左衛門に斬りかかって躱された武士
が、そのまま駆け抜けてきて、総司の眼
前に迫った、そのせつな、総司は抜き
打っていたのだ。文久二年、春のこと
だった。総司は初めて人を斬ったの
だった。死ぬ時の断末魔の様相をいや
というほど見る運命が自分を待ってい
るとは、神ならぬ身の知る由もなかっ
た…。天才剣士の生涯を描く傑作。

◇NHK歴史への招待　第21巻　日本放送協
会編　日本放送出版協会　（新コンパク
ト・シリーズ）　1990.2　210p 18cm
①4-14-018074-9
＊新選組―それは我が国の近代化に色を添
えた特異な集団である。今なお知られざ
る部分の多いこの集団にスポットをあて
てみる。個性に満ちた数多くの青年たち
は何を考え、その青春を燃焼させたの
か。彼らの日常生活はじめ、「池田屋騒
動」の再現などを通して考察してみる。
そこに見え隠れするのは純粋なまでに
昇華された彼らなりの国を思う一念で

ある。その代表として新選組のスター
沖田総司の悲愴な短い一生を紹介する。

◇沖田総司を歩く　大路和子著　新人物往
来社　1989.6　258p 19cm
①4-404-01621-2
＊風のごとく疾駆する、幕末の天才剣士・
沖田総司。25歳で逝った薄倖の生涯を
訪ねて歩く、詩的ルポルタージュ。

◇幕末を駆け抜けた男たち―新選組誠忠記
今川徳三著　教育書籍　1988.6　254p
19cm　〈『考証・沖田総司』加筆訂正・改
題書〉　①4-317-60017-X
＊昭和戊辰からの熱い視線。戊辰戦争120
年。近藤勇・土方歳三・沖田総司ら新選
組の実像を追った歴史読み物の決定版。

◇完全複製 沖田総司・土方歳三・坂本竜馬
の手紙　新人物往来社編　新人物往来社
1988.5　47p 21cm　①4-404-01506-2
＊どこまでも強かった男の手紙。限りなく
やさしかった男の手紙。青春を生きた3
人の手紙（実物大）を和紙で完全複製。

◇十五代将軍―沖田総司外伝　南条範夫著
旺文社　（旺文社文庫）　1987.2　2冊
16cm　①4-01-061654-7

◇沖田総司と新撰組の旅　尾崎秀樹著　旺
文社　（旺文社人物グラフィティ）
1984.2　144p 26cm　〈新撰組年譜：
p141～142〉　①4-01-070733-X

◇剣士燃え尽きて死す―人間・沖田総司
笹沢左保著　新潮社　（新潮文庫）
1984.1　329p 15cm　〈参考文献：
p322〉　①4-10-132901-X

◇沖田総司の手記　釣洋一著　新人物往来
社　1980.9　246p 20cm

◇総司と歳三　新人物往来社編　新人物往
来社　1978.8　241p 20cm

◇沖田総司の謎　菊地明著　新人物往来社
1978.4　233p 20cm

◇沖田総司アルバム　新人物往来社編　新
人物往来社　1977.12　204p 22cm

◇沖田総司―物語と史蹟をたずねて　童門冬
二著　成美堂出版　1977.9　222p 19cm
〈新撰組・沖田総司年表：p.209～214〉

◇わが青春の沖田総司　島田順司著　新人物往来社　1977.4　238p　20cm

◇沖田総司・土方歳三の手紙―完全複製　新人物往来社編　新人物往来社　1977.3　5枚　19cm　〈付（別冊48p）：沖田総司・土方歳三の手紙 解説とエッセー 箱入〉

◇映像の沖田総司　山根貞男著　新人物往来社　1975　238p　図　20cm

◇知られざる沖田総司　林栄太郎著　新人物往来社　1975　208p　20cm

◇定本沖田総司―おもかげ抄　森満喜子著　新人物往来社　1975　216p　20cm

◇沖田総司を紀行する　平石純子著　新人物往来社　1974　216p　21cm

◇沖田総司に捧げるバラード　新人物往来社編　新人物往来社　1974　262p　20cm

◇沖田総司の世界　新人物往来社編　新人物往来社　1974　249p　図　20cm　〈執筆：山根貞男等〉

◇考証・沖田総司　今川徳三著　新人物往来社　1974　237p　20cm

◇沖田総司のすべて　新人物往来社編　新人物往来社　1973　250p　図　20cm

◇日本剣客伝　朝日新聞社　1968-1969　2冊　19cm

▌**大給 恒**　おぎゅう・ゆずる
1839～1910　竜岡藩知事，伯爵。元老院議官，賞勲局総裁などを歴任。

◇赤十字のふるさと―ジュネーブ条約をめぐって　北野進著　雄山閣　2003.7　237p　21cm　①4-639-01818-5
＊ジュネーブ条約（赤十字条約）に日本が調印したのは明治19年（1886）6月5日のことであった。一世紀以上前の日本の近代化のためにアレキサンダー・シーボルト、橋本綱常、井上馨、蜂須賀茂韶、フレデリック・マーシャル、石黒忠悳、森鷗外などが尽力していた。真相を探究した21世紀のための日赤の歴史書。

◇もう一つの五稜郭―信州竜岡城　新版　中村勝実著　櫟（千曲川文庫）　1997.7　192p　19cm　〈年表あり〉　①4-900408-72-7

◇近代佐久を開いた人たち　中村勝実著　櫟　1994.2　350p　19cm　①4-900408-52-2
＊明治からすでに約百三十年、同じ佐久の風土で育った人の中から、なんらかの形で社会的に貢献のあった、特色のある生き方をした人などをできるだけ事実を正確に、そして読みやすくその生涯を追った。

◇大給恒と赤十字　北野進著　銀河書房（銀河グラフィック選書）　1991.1　129p　22cm　〈大給恒の肖像あり　大給恒年譜・主要参考文献：p124～128〉

◇もう一つの五稜郭　中村勝実著　櫟　1982.6　275p　22cm　〈参考文献：p274～275〉

▌**奥田 正香**　おくだ・まさか
1847～1921　実業家。名古屋商業会議所会頭。名古屋瓦斯設立。名古屋株式取引所理事長などを歴任。

◇日本財界人物列伝　第1巻　青潮出版株式会社編　青潮出版　1963　1171p　図版　26cm

▌**奥田 義人**　おくだ・よしと
1860～1917　政治家，法学者。衆議院議員，中央大学学長。英吉利法律学校創立に参与。

◇中央大学70周年記念論文集 法学部　奥田義人博士とその身分法観　沼正也著　中央大学　1955

▌**奥平 謙輔**　おくだいら・けんすけ
1841～1876　萩藩士。著書に「弘毅斎遺稿」。

◇秋月悌次郎―老日本の面影　松本健一著　作品社　1987.5　245p　19cm　①4-87893-131-0
＊動乱の幕末・維新の体験を胸底に深く秘め、開化の時代を静かに生きた、ひとりの日本人をとおして永遠なる常民の姿を求める。萩の乱で敗れた一革命家の詩情を描いた「非命の詩人奥平謙輔」

を併録。

奥宮 健之　おくのみや・けんし

1857〜1911　社会運動家。自由民権運動の闘士。

◇革命伝説大逆事件　2　密造された爆裂弾　神崎清著,「大逆事件の真実をあきらかにする会」監修　子どもの未来社　2010.7　283p　19cm　①978-4-86412-004-3
＊幸徳秋水と管野スガの性愛、革命僧・内山愚童の秘密出版、宮下太吉の爆裂弾実験。―でっち上げ事件のクライマックスが近づく。

◇奥宮健之全集　阿部恒久編　弘隆社　1988.5　2冊　22cm　〈著者の肖像あり　上 著書・論稿.書翰. 解説 青年期・奥宮健之の政治思想 富田信男著. 解題 阿部恒久著. 下 翻訳・関係文書. 解説 奥宮健之の後半生と「大逆事件」塩田庄兵衛著. 解題 阿部恒久著. 付：奥宮健之年譜 阿部恒久　福井淳編〉①4-906287-07-7

○特集 奥宮健之　「彷書月刊」　2 (2)　1986.1

◇自由民権の先駆者―奥宮健之の数奇な生涯　糸屋寿雄著　大月書店　1981.10　233p　20cm　〈史料と参考文献・奥宮健之略年譜：p223〜229〉

◇燎火の流れ―わが草わけの社会主義者たち　木原実著　オリジン出版センター　1977.6　283p　19cm　〈木原実エッセイ集〉

◇奥宮健之―自由民権から社会主義へ　糸屋寿雄著　紀伊国屋書店　（紀伊国屋新書）　1972　201p　18cm　〈参考文献：p.191-193 年譜：p.195-201〉

◇菊とクロハタ―幸徳事件の人々　渡辺順三編, 江口渙解説　新興出版社　1960　212p　図版　18cm

◇十二人の死刑囚―大逆事件の人々　渡辺順三著　新興出版社　1956　169p　18cm

◇冤鬼は訴える―奥宮健之とはスパイであったか　中島及著　高知広報社・県民クラブ　1955

◇名古屋事件と奥宮健之氏　田岡嶺雲著

青木書店　（青木文庫）　1953

奥宮 衛　おくのみや・まもる

1860〜1933　軍人。

◇横須賀軍人市長奥宮衛とその時代　田川五郎著　中央公論事業出版（制作）　2012.11　197p　20cm　〈年譜・文献あり〉

奥村 五百子　おくむら・いおこ

1845〜1907　社会運動家。尊王攘夷運動に奔走した。愛国婦人会の創立者。「愛国婦人」を創刊。

◇奥村五百子―明治の女と「お国のため」　守田佳子著　太陽書房　2002.3　173p　21cm　①4-901351-19-2

◇奥村五百子詳伝―伝記・奥村五百子　大久保高明著　大空社　（伝記叢書）　1990.4　1冊　22cm　〈愛国婦人会明治41年刊の複製　付：年譜〉①4-87236-376-0

◇社会事業に生きた女性たち―その生涯としごと　続　五味百合子編著　ドメス出版　1980.6　258p　21cm　〈池上雪枝 右田紀久恵 井上和子著. 奥村五百子 石黒チイ著. 潮田千勢子 一番ケ瀬康子著. 岩永マキ 出口方子著. 守屋東 林千代著. パウラス姉妹 潮谷義子著. 黒川フジ 郷地二三子著. 平田ノブ 田辺敦子著. 奥むめお 中村紀伊著. キュックリッヒ 窪田暁子著. 山高しげり 五味百合子著. 山室民子 池末美穂子著. 島マス 安里和子著. 秋田美子 大友昌子著. 対談 学生とともに歩んだ三〇年 五味百合子 吉田久一著. 続社会事業に生きた女性たち略年表 星島志保子編：p245〜258〉

◇郷土史に輝く人びと　第7集　佐賀県青少年育成県民会議　1975　154p　肖像　18cm　〈島義勇（園田日吉）奥村五百子（松村初恵）付：年譜〉

◇日本人物史大系　第6巻　近代 第2　大久保利謙編　朝倉書店　1960　388p　22cm

小倉 武之助　おぐら・たけのすけ

1870〜1964　実業家。鮮南銀行頭取。大興電気、順天電気、朝鮮電力など社長を

I　政治・経済　　　　　　　　　　　　　　　　　　　　　　　　　　　　　　　　　　　　　　　小栗忠順

歴任。

◇36人の日本人　韓国・朝鮮へのまなざし
　舘野晳編著　明石書店　2005.2　231p
　19cm　Ⓘ4-7503-2053-6

▌小倉　常吉　おぐら・つねきち
1865〜1934　企業家。小倉石油社長。日
本で初めて輸入原油精製方式の導入に
成功。

◇小倉常吉伝　奥田英雄著　小倉常吉伝刊
　行会　1976　519p 図 肖像　22cm　〈小
　倉常吉年譜：p.507〜514〉

▌小倉　正恒　おぐら・まさつね
1875〜1961　実業家，政治家。住友財閥
の最高指導者，第3次近衛内閣の大蔵大
臣。住友財閥のリーダー。国家と財界の
調整者として活躍した。

◇住友の哲学―晩年の小倉正恒翁の思想と
　行動　菊地三郎著　風間出版　1973
　302p 図 肖像　19cm

◇小倉正恒　小倉正恒伝記編纂会編　小倉
　正恒伝記編纂会　1965　998p 図版22枚
　22cm

◇根性の実業家―住友を築いた実力者たち
　神山誠著　南北社　1965

◇日本財界人物列伝　第2巻　青潮出版株式
　会社編　青潮出版　1964　1175p 図版13
　枚　27cm

◇小倉正恒　神山誠著　日月社　1962
　469p 図 肖像　22cm　〈小倉正恒年譜：p.
　453-465〉

◇小倉正恒談叢　小倉正恒著　好古庵
　1955

◇小倉正恒伝 古田俊之助伝　栂井義雄著
　東洋書館　（日本財界人物伝全集）　1954
　318p 図版　19cm

▌小栗　忠順　おぐり・ただまさ
1827〜1868　幕臣。1860年遣米使節随員
としてアメリカに渡る。外国、勘定、軍艦
の各奉行を歴任。戊辰戦争で捕らえられ

刑死。

◇サムライたちの幕末・明治　歴史REAL
　編集部編　洋泉社　（歴史新書）　2016.8
　189p　18cm　〈文献あり〉
　Ⓘ978-4-8003-1018-7

◇近代科学の先駆者たち―「技術立国日本」
　復興に必要な"見識"とは　金子和夫著
　ごま書房新社　2016.1　177p　19cm
　Ⓘ978-4-341-08633-6
＊日本が明治、昭和との奇跡の経済発展
　を遂げた原動力。それは松代藩真田家
　の天賦の才・佐久間象山をはじめとし
　た幕末・明治の先人たちの"志"と"和
　魂"だった！

◇日本史ほんとうの偉人列伝　岳真也著
　みやび出版　2014.12　317p　19cm
　Ⓘ978-4-434-19896-0

◇小栗上野介忠順年譜　改版　大塚秀郎著
　〔大塚秀郎〕　2014.8　214p　26cm

◇維新前後の政争と小栗上野　蜷川新著
　マツノ書店　2014.1　247,397,6p　22cm
　〈正続合本復刻版　折り込 1枚〉

◇小栗上野介正伝―海軍の先駆者　復刻版
　阿部道山著　マツノ書店　2013.7　1冊
　22cm　〈文献あり　原本：海軍有終會昭
　和16年刊〉

◇小栗上野介忠順と幕末維新―『小栗日記』
　を読む　高橋敏著　岩波書店　2013.3
　268,9p　20cm　〈文献・年譜あり〉
　Ⓘ978-4-00-025888-3
＊外国奉行や勘定奉行などの要職を歴任
　し、幕政の中枢を担った小栗上野介忠
　順。開国の信念のもとに断行された改
　革はいかにして頓挫したのか。幕閣を
　罷免された後、官軍によって処刑され
　るに至ったのはなぜか。その生涯の最
　期に綴られた四七四日間の日記を精緻
　に読み解くことで、激動の時代におけ
　る新たな小栗像を描き出す。

◇世界から愛され続ける国「日本」　笠倉出
　版社　（サクラ新書＋カルチャー）
　2012.7　190p　18cm
　Ⓘ978-4-7730-8617-1

◇小栗上野介―忘れられた悲劇の幕臣　村
　上泰賢著　平凡社　（平凡社新書）

伝記ガイダンス 明治を生きた人々　**145**

2010.12 231p 18cm 〈文献あり〉
①978-4-582-85561-6
＊安政七（一八六〇）年一月、この時三十四歳だった小栗は、遣米使節の目付として、日米修好通商条約批准のため渡米。世界を一周し九ヶ月後に帰国。その後、混乱のさなかにあった幕末期に、勘定奉行や外国奉行などの要職を歴任し、日本の構造改革に奔走した。しかし、幕府解散で上州権田村に移り住んでからわずか二ヶ月後、西軍により罪なくして斬られ、歴史の闇に葬られてしまった。司馬遼太郎が「明治の父」と評した最後の幕臣の苛烈な生涯。

◇幕末・明治の英傑たち　加来耕三著　土屋書店　2009.12　287p　19cm
①978-4-8069-1114-2
＊坂本竜馬と竜馬を巡る人々。謀略の裏にあった、貴ぶべき先駆者たちの気質。

◇最後の幕臣小栗上野介　星亮一著　筑摩書房　（ちくま文庫）　2008.8　239p　15cm
〈年譜・文献あり〉　①978-4-480-42459-4
＊江戸幕府の勘定奉行・外国奉行を歴任した小栗上野介。鎖国論が依然として根強いなか、一貫して海外との交流を主張するなど小栗には先見の明があった。幕末の数年間、命脈をつなぐ軍資金を調達できたのはひとえに小栗の力だった。しかし、この力ある主戦論者を不安に思う倒幕軍は、小栗追討令を出す―。江戸末期の幕府を支えた孤独な男の悲劇を描く力作。

◇小栗忠順のすべて　村上泰賢編　新人物往来社　2008.4　285p　20cm　〈年譜・文献あり〉　①978-4-404-03533-2
＊「武士の一分」を貫いた男の劇的な生涯。

◇敗者たちの幕末維新―徳川を支えた13人の戦い　武光誠著　PHP研究所　（PHP文庫）　2007.9　235p　15cm
①978-4-569-66916-8
＊幕末維新には、数多くの優れた人物が歴史の表舞台に登場した。なかでも幕府と徳川家のために奮闘し、敗者となった人々を見逃すことはできない！本書は老中・阿部正弘、会津藩主・松平容保、桑名藩主・松平定敬、大奥の天璋院（篤姫）と和宮（静寛院宮）、幕臣の小栗忠

順、大久保一翁など、ペリー来航から江戸開城までに活躍した13人の思いと、筋を通した生き方を感動的に描いた一冊。

◇覚悟の人―小栗上野介忠順伝　佐藤雅美著　岩波書店　2007.3　409p　19cm
①978-4-00-022477-2
＊鎖国から開国、尊皇攘夷から倒幕へといたる激動の時代、優柔不断、卑怯未練な総大将・徳川慶喜のもとにあって、最期まで自らの信念に殉じ、その使命を全うするために孤軍奮闘した第一級の幕臣の姿が、変転する幕末史に浮かび上がる。

◇ラストサムライの群像―幕末維新に生きた誇り高き男たち　星亮一，遠藤由紀子著　光人社　2006.2　283p　19cm
①4-7698-1287-6
＊勝てば官軍―人心が揺れ動き、「大勢」に流されようとするときに敢えて踏み止まり、意地を貫いた男たち。日本の近代化の過程で生じた殺伐たる時代に、最後の光芒を放った魅力あふれる「サムライ」たちの生き様を描く。

◇ジパングの艦（ふね）―小栗上野介・国家百年の計　上巻　吉岡道夫著　光人社　2001.10　300p　20cm　①4-7698-1022-9
＊本物の新国家建設の設計者―未来を凝視し、己の命を賭して日本を救った幕臣、波乱の生涯。

◇ジパングの艦（ふね）―小栗上野介・国家百年の計　下巻　吉岡道夫著　光人社　2001.10　324p　20cm　〈文献あり〉
①4-7698-1023-7
＊日米修好通商条約批准において、国益を守るために一歩も譲らず国造りに命を懸けた若き英傑の生涯。

◇小栗忠順　第2部　非命に死す　岳真也著　作品社　2001.8　283p　20cm　〈文献あり〉　①4-87893-428-X

◇小栗忠順　第1部　修羅を生きる　岳真也著　作品社　2001.7　269p　20cm
①4-87893-399-2
＊硬直した制度に無能な将軍を戴き崩壊寸前の徳川幕府。山積する内外の難題を一身に背負い、自らの使命に殉じつつも日本国の将来の礎石を築いた幕臣随一の英傑の清冽な生涯。

I　政治・経済　　　　　　　　　　　　　　　　　　　　　　　　　　　　　　　　　小栗忠順

◇君はトミー・ポルカを聴いたか―小栗上
　野介と立石斧次郎の「幕末」　赤塚行雄著
　風媒社　1999.10　255,4p　20cm　〈文献
　あり〉　①4-8331-0518-7
＊小栗上野介と少年トミー。ふたりが夢を
　馳せた"もうひとつの幕末"。万延元年
　の遣米使節団に加わった一人の少年の
　活躍と波瀾に満ちた生涯。歴史の激流
　に埋もれた名も無き人物を掘り起こし、
　新世紀への希望とヒントを与える試み。

◇小栗上野介一族の悲劇―勝海舟のライバル
　小栗騒動及び小栗夫人等脱出潜行、会津へ
　の道、踏査実録　小板橋良平著　あさを
　社　1999.5　272p　26cm　〈取扱い：地
　方・小出版流通センター　著作目録あり〉

◇小栗上野介―物語と史蹟をたずねて　星
　亮一著　成美堂出版　（成美文庫）
　1999.1　511p　16cm　①4-415-06828-6
＊日米修好通商条約批准書交換のため渡米
　した小栗上野介は、帰国後、外国奉行、
　勘定奉行、陸軍奉行を歴任し、外交・財
　政・軍事と各方面に幕閣中で出色の手
　腕を発揮した。彼の建設した横須賀造
　船所は日本海軍の礎となり、明治維新
　政府へと引きつがれた。時流を読み、
　新国家建設を模索しながらも、薩長の
　指導達に恐れられ非業の最期を遂げる。

◇秘艶 枕草子　八剣浩太郎著　青樹社
　（青樹社文庫）　1999.1　268p　15cm
　①4-7913-1131-0
＊容姿端麗にして才気煥発、さらに床上手
　ときては、まさに非の打ちどころのな
　い世界最初の女流エッセイスト・清少
　納言。そんな彼女の華麗なる男性遍歴
　を軽妙な筆で描いた表題作他、封建社
　会の枠の中でもがき苦しむ人々を、独
　自の歴史観で浮き彫りにする傑作三編。

◇真説 上野彰義隊　加来耕三著　中央公論
　社　（中公文庫）　1998.12　396p　15cm
　①4-12-203309-8
＊上野に蟠踞した彰義隊は、東征軍との一
　戦に徳川家の浮沈を賭けていた。当時、
　北関東に旧幕陸軍の精鋭があり、品川
　沖に国内最強の旧幕艦隊があった。こ
　の二大勢力が彰義隊と連携すれば、東
　征軍を撃破することも可能で、まさに
　上野戦争は戊辰戦争の天王山であった。

　子孫からの聞書や有名・無名戦士の発
　掘など、新資料を取り入れ、彰義隊結成
　から崩壊までの緊迫の日々を活写する。
　戦後初めて成った彰義隊史の決定版。

◇罪なくして斬らる―小栗上野介　大島昌
　宏著　学陽書房　（人物文庫）　1998.9
　414p　15cm　〈文献あり〉
　①4-313-75057-6
＊激動の幕末期。列国の外圧、台頭する
　西南雄藩、反幕府的な勝海舟らと対峙
　し、財政、外交、軍事に傑出した手腕を
　発揮した幕閣・小栗上野介忠順。横須
　賀造船所を建設し、日本海軍の礎を築
　いた先見と決断の人が何故斬首されね
　ばならなかったのか…。第三回中山義
　秀文学賞受賞の傑作長編小説。

◇徳川幕府の埋蔵金―小栗上野介忠順の生
　涯　生駒忠一郎著　KTC中央出版
　1998.5　238p　20cm　①4-87758-100-6

◇獏―悲惨なり小栗上野介　菅蒼一郎著
　日本図書刊行会　1998.3　270p　20cm
　〈東京 近代文芸社（発売）〉
　①4-89039-916-X
＊直参の名流とし幕府再建に全てを賭け
　たが、徳川慶喜より「お直の罷免」を受
　けた、悲劇の幕臣を描く。

◇普門院―大宮　柳田敏司監修，早川智明
　著　さきたま出版会　（さきたま文庫）
　1997.5　37p　17×13cm
　①4-87891-251-0

◇小栗上野介　星亮一著　成美堂出版
　1996.9　406p　20cm　〈付：主要参考文
　献〉　①4-415-06704-2
＊時流を読み、日本変革を摸索した男!!我
　国の将来を考えた旧幕中第一の実力能
　吏は、薩長の指導者たちに最も恐れら
　れ斬首される、非業の運命を甘受し
　た…。黒船来航の衝撃による尊王攘夷
　の嵐の中、我国の安全保障を考えアメ
　リカを訪れ、開国促進による幕府優位
　の新国家成立を摸索し苦悩した能吏・
　小栗上野介の非業の生涯は、現代の外
　交を考える指針となろう。

◇上州権田村の驟雨―小栗上野介の生涯
　星亮一著　教育書籍　1995.6　285p
　20cm　〈小栗上野介略年譜・関係文献：

伝記ガイダンス 明治を生きた人々　　147

p275～285〉 Ⓣ4-317-60085-4
＊内政混乱と外圧の江戸末期、近代化の
ための数々の施策を断行した、孤高の
政治家の生涯。

◇罪なくして斬らる―小栗上野介　大島昌
宏著　新潮社　（新潮書下ろし時代小説）
1994.10　317p　20cm　〈付：参考資料一
覧〉　Ⓣ4-10-400301-8

◇日本を創った先覚者たち―井伊直弼・小
栗忠順・河井継之助　新井喜美夫著　総
合法令　（HOREI BOOKS）　1994.3
210p　18cm　Ⓣ4-89346-316-0

◇小栗上野介忠順―その謎の人物の生と死
時価200兆円といわれる徳川幕府の埋蔵
金！　その真実を知るただ一人の人物 レ
ポート　矢島ひろ明著　群馬出版セン
ター　1992.10　295p　21cm　〈参考文
献：p293～294〉

◇明治叛臣伝　徳永真一郎著　光文社　（光
文社時代小説文庫）　1991.7　452p 15cm
Ⓣ4-334-71366-1
＊明治維新前後の混乱期。官軍となった
薩摩・長州藩士の中には、心驕って汚職
や不正を働く輩も。このため、一般民
衆の生活はあまり向上せず、かえって
負担が重くなり、苦しくなった。新政
府の不正を暴き、理想の世を築くため
に、欲も野心もなく、純粋な情熱を傾け
て戦った男たち。反逆者の汚名をうけ、
空しく命を失った彼らの波乱に満ちた
生涯を描く傑作歴史小説。

◇幕末政治家　福地源一郎著　平凡社　（東
洋文庫）　1989.5　297p 18cm
Ⓣ4-582-80501-9
＊福地桜痴の傑作人物伝。〈徳川幕府末路
といえども、その執政・有司中あえて国
く人材なきには非ざりき〉阿部正弘・徳
川斉昭・堀田正睦・井伊直弼・松平春
岳・岩瀬忠震・小栗忠順ら当時重要の局
面に当った個人を描いて、幕末の真情
を明らかにする名著。

◇坂本竜馬と海援隊―日本を変えた男のビ
ジネス魂　坂本藤良著　講談社　（講談社
文庫）　1988.11　391p 15cm
Ⓣ4-06-184328-1
＊竜馬は日本人の "あこがれ" である。そ

の見事なまでにユニークな感性、底知れ
ぬ明るさ、たくましい行動力、たしかな
先見性、深い洞察力は私たちの心をとら
えてはなさない。そして、竜馬はまた
すぐれた経済人でもあった。日本資本
主義形成の歴史の中における竜馬の偉
大な足跡を、その天才的な発想と合理
性に焦点をあてて実証的に描いた力作。

◇小栗上野介の生涯―「兵庫商社」を創った
最後の幕臣　坂本藤良著　講談社
1987.9　482p 19cm　Ⓣ4-06-203234-1
＊坂本竜馬、勝海舟と並び称された男の
報われない悲劇。国のために生命を賭
し、日本ではじめての株式会社「兵庫商
社」を興した幕末の経済人小栗上野介
を描く。

◇明治叛臣伝　徳永真一郎著　毎日新聞社
1981.1　238p　20cm

◇小栗上野介　大坪指方，穂積驚共著　小
栗上野介を偲ぶ会　1975　365p 図 肖像
22cm　〈限定版〉

◇群馬県史料集　第7巻　小栗日記　群馬県
文化事業振興会　1972　326,10p 図
22cm

◇江戸幕府その実力者たち 下　北島正元著
人物往来社　1964

◇日本人物史大系　第5巻　近代 第1　小西
四郎編　朝倉書店　1960　340p 22cm

◇小栗上野介研究史料 落穂ひろい　大坪元
治著　小栗公顕彰会　1957　48p 図版
22cm

◇権田における小栗さん―仁義併存碑ものが
たり　大坪元治著　小栗公顕彰会　1956

◇開国の先覚者 小栗上野介　蜷川新著　千
代田書院　1953　257p 図版　19cm

▌ 尾崎 琴洞　おざき・きんどう
1837～1905　公益家。戸長・県会議員等
を務め、地域開発のために尽力した。

◇尾崎琴洞伝　斉藤秀助著　尾崎弥右衛門
1966　296p 肖像 図　22cm　〈附録(p.
285-296)：尾崎弥右衛門 (琴洞) 年表〉

Ⅰ　政治・経済　　　　　　　　　　　　　　　　　　　　　　　　　　　　　　　　　尾崎行雄

尾崎 三良　　おざき・さぶろう

1842〜1918　官吏。太政官，泉炭鉱社長。男爵，貴族院議員。文部省維新史料編纂会委員に就任。

◇尾崎三良日記　下巻　尾崎三良著，伊藤隆，尾崎春盛編　中央公論社　1992.2　615p 19cm　Ⓣ4-12-002087-8
＊貴族院議員として活動を続ける尾崎は，明治28年，宮中顧問官に就任、29年，男爵に叙せられ、鉄道・炭鉱等，実業界に進出する。特に京釜鉄道設立に奮闘するが，日露戦争前の政府による改組を機に公的活動を退く。年譜・系図・人名索引付。

◇尾崎三良日記　中巻　中巻　伊藤隆，尾崎春盛編　中央公論社　1991.10　628p　19cm　Ⓣ4-12-002053-3
＊明治18年，内閣制度成立、22年，憲法発布、23年，議会開設と近代政治制度が次々と発足するなかで，民法・商法・皇室典範などの立案に深く関わる一方，活発に政治活動を続ける。薩長への反発を秘め，法制局長官をもって退官するまで。「駆け足の近代化」を第一線になった法制官僚の克明な記録。

◇尾崎三良日記　上巻　上巻　尾崎三良著，伊藤隆，尾崎春盛編　中央公論社　1991.8　620p 19cm　Ⓣ4-12-002037-1
＊大政奉還の後，ロンドン留学を果たした尾崎は，帰朝後，明治政府の法制官僚として法の近代化に取組む一方，旧主三条実美の補佐役として活躍する。帝政末期ロシアと九州・沖縄の巡察記録を含む慶応4，明治8〜18年の日記を完全収録。

◇近代日本の自伝　佐伯彰一著　中央公論社　（中公文庫）　1990.9　358p 15cm　Ⓣ4-12-201740-8
＊伊藤博文・尾崎三良・前島密・片山潜…。みずから記した数々の「私語り」のうちに，西欧に直面した近代日本人の自我意識がおのずと浮かび上がる。文学の魅力ある一ジャンルとして自伝の醍醐味を存分に味わいつつみちびかれる、画期的日本人論。

◇尾崎三良自叙略伝　下巻　中央公論社　（中公文庫）　1980.3　337p 15cm

◇尾崎三良自叙略伝　中巻　中央公論社　（中公文庫）　1980.2　342p 15cm

◇尾崎三良自叙略伝　上巻　中央公論社　（中公文庫）　1980.1　360p 15cm

◇尾崎三良自叙略伝　下巻　中央公論社　1977.5　322p 肖像　20cm

◇尾崎三良自叙略伝　中巻　中央公論社　1977.2　340p 肖像　20cm

◇尾崎三良自叙略伝　上巻　中央公論社　1976　358p 肖像　20cm

尾崎 忠征　　おざき・ただゆき

1810〜1890　武士。維新後は名古屋藩少参事。

◇尾崎忠征日記　1　オンデマンド版　尾崎忠征著，日本史籍協會編　東京大学出版会　（日本史籍協会叢書）　2014.7　532p　22cm　〈印刷・製本：デジタルパブリッシングサービス　覆刻再刊昭和59年刊〉　Ⓣ978-4-13-009346-0

◇尾崎忠征日記　2　オンデマンド版　尾崎忠征著，日本史籍協會編　東京大学出版会　（日本史籍協会叢書）　2014.7　499p　22cm　〈印刷・製本：デジタルパブリッシングサービス　覆刻再刊 昭和59年刊〉　Ⓣ978-4-13-009347-7

◇尾崎忠征日記　2　日本史籍協会編　東京大学出版会　（日本史籍協会叢書）　1984.5　499p　22cm　〈昭和7年刊の複製再刊〉　Ⓣ4-13-097647-8

◇尾崎忠征日記　日本史籍協会編　東京大学出版会　（日本史籍協会叢書）　1970　2冊　22cm　〈日本史籍協会昭和7年刊の複製〉

尾崎 行雄　　おざき・ゆきお

1858〜1954　政治家。東京市市長，文相。閥族を攻撃し，憲政の神様と言われた。戦後名誉議員の称号を贈られる。
〔記念施設〕憲政記念館 尾崎メモリアルホール（東京都千代田区），尾崎咢堂記念館（神奈川県相模原市），尾崎咢堂記念館（三重県伊勢市）

◇普通選挙をめざして―犬養毅・尾崎行雄―

伝記ガイダンス 明治を生きた人々　　**149**

特別展　衆議院憲政記念館編　衆議院憲政記念館　2016.11　79p　21cm　〈会期：平成28年11月9日―12月2日　年表あり〉

◇民権闘争七十年―咢堂回想録　尾崎行雄著　講談社　（講談社学術文庫）　2016.7　381p　15cm　〈読売新聞社 1952年の再編集〉　①978-4-06-292377-4

◇咢堂言行録―尾崎行雄の理念と言葉　尾崎行雄著, 石田尊昭, 谷本晴樹著　世論時報社　2010.11　229p　20cm　①978-4-915340-76-5
　＊議会の父・尾崎行雄（咢堂）が目指した政治、教育、平和に関する貴重な言葉を平成の人々に贈る。

◇文字の大陸 汚穢の都―明治人清国見聞録　草森紳一著　大修館書店　2010.4　439p　19cm　①978-4-469-23260-8
　＊近代日本人の中国原体験。尾崎行雄、原敬、岡千仞、榎本武揚、伊藤博文。明治17年前後、中国の地を踏んだ5人の日本人は、何を見て、何を感じたのか。

◇咢堂・尾崎行雄の生涯　西川圭三著　論創社　2009.3　459p　22cm　〈年譜あり〉　①978-4-8460-0830-7
　＊自由民権運動、藩閥軍閥の打破、国際協調主義の旗印を高く掲げ、明治・大正・昭和を生きた孤高の政治家の生涯とその想いを、残された短歌と漢詩、「咢堂自伝」を縦横に駆使して綴る異色の評伝。

○特集 尾崎行雄の理念と生き方　「世界と議会」（尾崎行雄記念財団）　531　2009.1

◇大政翼賛会に抗した40人―自民党源流の代議士たち　楠精一郎著　朝日新聞社（朝日選書）　2006.7　253,4p　19cm　①4-02-259901-4
　＊戦時下にあっても、議会政治を命がけで守ろうとした政治家たちがいた。尾崎行雄、鳩山一郎、芦田均、片山哲、大野伴睦…。それまであった政党を政治家みずからが解散し、翼賛会になだれ込んでいく状況の中で、院内交渉団体「同交会」を中心とした彼らは、厳しい世論の批判や落選の不安、さらにはテロによる生命の危機にすら晒されながら、大政翼賛会や軍部に立ち向かい、憲法に基づく議会政治を死守しようとし

た。彼らは戦後、混乱期の政治にも大きな足跡を残す。総理大臣と衆議院議長を3人ずつ輩出、鳩山が中心になって結成した日本自由党は自民党の前身でもある。今、当たり前のように受け入れている議院内閣制と政党政治は、彼らが築きあげたといえよう。昭和を見つめ直し、政治家とは何かを考える。

◇三田の政官界人列伝　野村英一著　慶応義塾大学出版会　2006.4　327,18p　19cm　①4-7664-1249-4
　＊慶応義塾創立百五十周年（二〇〇八年）を記念し、福沢をはじめ国を動かした人々を通して、近代の黎明期から昭和の動乱期までをたどり、「抵抗の精神」と「独立自尊の気概」をもった政治家・官僚とはなにかを語る。

◇教科書が教えない歴史有名人の晩年　新人物往来社編　新人物往来社　2005.5　286p　19cm　①4-404-03250-1
　＊あの人は、どのように〔老い〕を迎えたか？ 意外に知らない日本史有名人の晩年と死に方とは…。

◇尾崎行雄と議会政治特別展―没後五〇年　衆議院憲政記念館編　衆議院憲政記念館　2004.5　83p　21cm　〈会期：平成16年5月20日―6月11日　肖像あり　年譜あり　文献あり〉

◇咢堂尾崎行雄ものがたり　大塚喜一著　つくい書房　2002.12　278p　20cm　〈年譜あり〉　①4-9901398-0-1

◇咢堂尾崎行雄　相馬雪香, 富田信男, 青木一能編著　慶応義塾大学出版会　（Keio UP選書）　2000.8　322p　19cm　〈年譜あり〉　①4-7664-0794-6
　＊咢堂（がくどう）と号し、明治10年代の青年時代から昭和29年の晩年まで、議会制民主主義の確立に努力した尾崎行雄。「憲政の神様」と称され、東京市長を10年務め、ワシントンD.C.に桜の木を贈った尾崎行雄。人権尊重、国際平和の実現のために、藩閥政治、官僚政治、軍閥政治と果敢に戦った尾崎行雄。欧米、とりわけアメリカで高く評価される尾崎行雄の思想と理念を明らかにし、近親者によるさまざまなエピソー

Ⅰ 政治・経済　　　　　　　　　　　　　　　　　尾崎行雄

ドから家庭人としての魅力的な人物像
をも描き出す。

◇人間の運命　小島直記著　致知出版社
　1999.6　271p　19cm　①4-88474-567-1
　＊人は運命の力の前に何をなしうるか。
　幸田露伴、高橋是清、安田善次郎…。当
　代随一の伝記作家が語る、人それぞれ
　の運命との相克。

◇尾崎行雄―「議会の父」と与謝野晶子　上
　田博著　三一書房　1998.3　304p　20cm
　〈肖像あり　年譜　文献あり〉
　①4-380-98217-3
　＊「憲政の神様」歌の青春。63年の政治
　活動を支えたものは何か。「憲政の神
　様」と呼ばれた尾崎行雄と、歌人たちの
　交流を探る。生誕140周年。

◇憲政の人・尾崎行雄　竹田友三著　同時
　代社　1998.1　239p　20cm
　①4-88683-388-8
　＊犬養毅とともに護憲運動をにない、そ
　の鋭い舌鋒で桂太郎内閣を打倒し、戦
　時下の東条内閣とたった一人で対決し、
　敗戦後のアメリカ占領軍政に「世界連
　邦」を対置した、その波乱に満ちた生涯
　を描ききった感動の評伝。

◇尾崎行雄　村瀬信一述　皇学館大学出版
　部　（皇学館大学講演叢書）　1995.7
　64p　19cm　〈年譜あり〉

◇尾崎行雄の政治理念と世界思想の研究
　総合研究開発機構　（NIRA研究報告書）
　1992.8　267p　26cm　〈発売：全国官報
　販売協同組合〉

◇尾崎行雄　〔新装版〕　伊佐秀雄著　吉川
　弘文館　（人物叢書）　1987.7　260p
　19cm　①4-642-05087-6
　＊明治・大正・昭和の三代にわたり、常に
　自由主義者として閥族の専制政治に反
　対しつづけた政治家。1890年以来、連
　続して衆議院に当選、東京市長・文相な
　どを歴任、人称して“憲政の神様”とい
　う。著者は尾崎の後半生に親しくその
　謦咳に接しながら、その恩顧に溺れる
　ことなく、よくその性格と政界に苦闘
　する過程をたどる。

◇福沢山脈　小島直記著　中央公論社　（小

島直記伝記文学全集）　1987.1　577p
19cm　①4-12-402584-X
　＊先覚者・福沢諭吉を敬慕し、慶応義塾に
　集まった近代日本の俊才英傑たち。そ
　の巨大な人間山脈に挑み、一峰一峰の
　連なりの機微を活写する長編力作。

◇尾崎行雄のしおり―憲政の理想に燃えて
　尾崎行雄記念財団　1979.7　1冊　19cm

◇明治百年 文化功労者記念講演集　第1輯
　福沢諭吉を語る〔ほか〕　高橋誠一郎　尾
　崎行雄記念財団　1968　324p　19cm

◇尾崎行雄伝　尾崎行雄記念財団編　（尾崎
　財団シリーズ）　1964　55p　18cm

◇尾崎行雄伝　沢田謙著　尾崎行雄記念財
　団　1961　2冊　19cm

◇尾崎行雄　伊佐秀雄著　吉川弘文館　（人
　物叢書）　1960　260p　図版　18cm

◇新版明治文化全集月報6　咢堂と東京曙新
　聞　西田長寿著　日本評論新社　1955

◇名誉都民小伝　東京都編　1955　78p　図
　版　21cm

◇尾崎咢堂全集　第11巻 双堂自伝　尾崎
　行雄著, 尾崎咢堂全集編纂委員会編　公
　論社　1955-56　22cm

◇尾崎咢堂全集　第12巻 補遺, 詩歌, 消
　息, 余映, 追憶　尾崎行雄著, 尾崎咢堂全
　集編纂委員会編　公論社　1955-56　22cm

◇咢堂言行録　石田秀人著　時局社　1953
　200p　図版　19cm

◇人物尾崎行雄　高野清八郎著　新使命社
　1953

◇民権闘争70年　尾崎行雄著　読売新聞社
　1952

◇尾崎行雄伝　伊佐秀雄著　尾崎行雄伝刊
　行会　1951　1392p　図版　22cm

◇民主の父尾崎行雄物語　真下五一著　目
　黒書店　1951

◇わが遺言　尾崎行雄著　国民図書刊行会
　1951

◇咢堂回顧録　上, 下巻　尾崎行雄著　雄
　鶏社　1951　2冊　19cm

伝記ガイダンス 明治を生きた人々　**151**

◇客と語る　尾崎行雄著　太平社　1948
264p　図版　19cm　〈附録：大戦前の内外
の形勢（長井実編）〉

◇咢堂叢書　第1巻　人生を語る　尾崎行雄
著　研文書院　1948　62p　19cm

◇咢堂自伝　訂再版　尾崎行雄著　大阪時事
新報社出版局　1948　466p　図版　19cm

◇偉人尾崎行雄　伊佐秀雄著　文宣堂
1947　184p　図版　19cm

◇尾崎行雄　伊佐秀雄著　文苑社　1947
263p　図版　19cm

◇回顧漫録　尾崎行雄著　岩波書店　1947
272p　19cm

◇咢堂自伝　尾崎行雄著　大阪新聞社出版
局　1947　480p　B6

◇自由を護った人々　大川三郎著　新文社
1947　314p　18cm

◇尾崎行雄伝　上巻　伊佐秀雄著　一洋社
1947　469p　図版　19cm

◇尾崎行雄の行き方　伊佐秀雄著　文苑社
（自由叢書）　1946　47p　18cm

◇回顧漫録　尾崎行雄著　岩波書店　1946
276p　B6

◇随想録　尾崎行雄著　紀元社　1946
245p　19cm

◇尾崎行雄—その人と思想　伊佐秀雄著
朋文堂　1945

▌ **小沢 一仙**　おざわ・いっせん
1830～1868　志士。新政府軍鎮撫隊が勅
命のないまま甲府に入った偽勅使事件に
より処刑された。

◇偽勅使事件　藤野順著　青弓社　1983.5
169p　20cm　〈付：参考資料〉

▌ **小沢 武雄**　おざわ・たけお
1844～1926　陸軍軍人。男爵，貴族院議
員。陸軍中将，参謀本部長，日赤副社長な
どを歴任。本会議で国防の不備を暴露し，
軍職を依願免官。

◇男爵小沢武雄自叙伝　小沢正雄編　小沢

正雄　2009.5　175p　図版8p　22cm

▌ **押川 方義**　おしかわ・まさよし
1849～1928　キリスト教伝道者，政治家。
東北学院院長，衆議院議員。仙台神学校
を創設，初代院長。

◇新島襄と明治のキリスト者たち—横浜・
築地・熊本・札幌バンドとの交流　本井
康博著　教文館　2016.3　389,7p　22cm
〈索引あり〉　①978-4-7642-9969-6

◇押川方義とその時代　河西晃祐監修　東
北学院　2013.3　176p　30cm　〈年譜・
文献あり〉　①978-4-902700-22-0

◇押川方義管見—武士のなったキリスト者
大正・昭和編　川合道雄著　りん書房
2002.4　240p　20cm　〈東京　星雲社（発
売）〉　①4-7952-7398-7

◇聖雄押川方義—伝記・押川方義　大塚栄
三著　大空社　（伝記叢書）　1996.7
235,14p　22cm　〈押川先生文書刊行会昭
和7年刊の複製　取扱い：柳原書店〉
①4-87236-515-1

◇押川方義—そのナショナリズムを背景と
して　藤一也著　燦葉出版社　1991.10
329p　20cm　〈押川方義の肖像あり　押
川方義略年譜：p318～328〉
①4-87925-002-3

◇武士のなったキリスト者 押川方義 管見
明治編　川合道雄著　近代文芸社
1991.2　361p　19cm　①4-7733-1023-5
＊名実共に日本キリスト教界の元老であり
ながら，誤解と偏見の下に放置されてい
た押川方義—自主，独立を悲願に敢然
と生きたこの武士的キリスト者の半生
を詳細な資料で跡づけた画期的な労作。

▌ **小平 浪平**　おだいら・なみへい
1874～1951　実業家。日立製作所社長。
日立製作所を独立させ，総合電機メー
カーに育成した。

◇財閥経営と企業家活動　宇田川勝著　森
山書店　2013.4　281p　21cm
①978-4-8394-2127-4

◇日立の挑戦—創業者小平浪平と現代の頭

脳　加藤勝美原作，大画としゆき画　ビジネス社　（ビジネスコミック・チャレンジ21）　1996.7　158p　20cm　〈脚色：山田智子　コミック版・日立の挑戦関連年表：p156〜158〉　①4-8284-0689-1

◇技術王国日立をつくった男─創業者・小平浪平伝　加藤勝美著　PHP研究所　1985.11　240p　20cm　〈小平浪平の肖像あり　付：小平浪平年譜〉　①4-569-21654-4

◇日立一号への執念　小平浪平の事業と人　井沢久嵯著　創造社　1967　366p　図版　19cm

◇日本財界人物列伝　第2巻　青潮出版株式会社編　青潮出版　1964　1175p　図版13枚　27cm

◇日本の電機工業を築いた人　小平浪平翁の生涯　藤田勉著　国政社　1962　344p　図版　19cm

◇晃南日記　小平浪平遺稿　小平浪平著，小平浪平翁記念会編　小平浪平翁記念会　1954　568p　図版　23cm

◇小平さんの思い出　小平浪平翁記念会編　小平浪平翁記念会　1952

▌尾高　惇忠　おだか・あつただ
1830〜1901　養蚕製糸業者。近代製糸業の先駆者。富岡製糸場の建設、経営に尽力。著書に『蚕桑長策』など。

◇明治なりわいの魁─日本に産業革命をおこした男たち　植松三十里著　ウェッジ　2017.2　192p　21cm　〈文献あり　年表あり〉　①978-4-86310-176-0

◇近代科学の先駆者たち─「技術立国日本」復興に必要な"見識"とは　金子和夫著　ごま書房新社　2016.1　177p　19cm　①978-4-341-08633-6
＊日本が明治、昭和との奇跡の経済発展を遂げた原動力。それは松代藩真田家の天賦の才・佐久間象山をはじめとした幕末・明治の先人たちの"志"と"和魂"だった！

◇近代遺産と「すごい」日本人　「ニッポン再発見」倶楽部著　三笠書房　（知的生きかた文庫）　2015.8　221p　15cm　①978-4-8379-8357-6
＊この国の「骨格」は、こうして創られた！「日本の産業革命」を担った、先覚者たちの「情熱の遺産」！

◇尾高惇忠─富岡製糸場の初代場長　荻野勝正著　さきたま出版会　（もっと知りたい埼玉のひと）　2015.6　94p　21cm　〈文献あり　著作目録あり　年譜あり〉　①978-4-87891-451-5

◇絹の国を創った人々─日本近代化の原点・富岡製糸場　志村和次郎著　上毛新聞社　2014.7　198p　19cm　①978-4-86352-107-0
＊明治期、国を挙げての養蚕、製糸、絹織物の振興策が取られる。富岡製糸場の器械製糸をキーワードに、生糸、蚕種の輸出や養蚕技術の向上策など、日本版産業革命の推進力になった「絹の道への先駆け」ロマンとは！

◇絹先人考　上毛新聞社編　上毛新聞社　（シルクカントリー双書）　2009.2　313p　19cm　①978-4-86352-005-9
＊群馬のシルク産業にかかわった多くの人たちは、時代の先導者でもあった。絹の国の先人たちは何を考え、どう生きたのか。現代に引き継がれている先人たちの業績や特質、その背景や先進性などに迫った。

◇郷土の先人尾高惇忠　荻野勝正著　博字堂　（深谷ふるさと文庫）　1995.12　84p　19cm　〈肖像あり　年譜あり〉

◇尾高惇忠　荻野勝正著　さきたま出版会　1984.10　343,5p　19cm　〈尾高惇忠の肖像あり　尾高惇忠の著書：p336〜337　参考文献：p340〜343　巻末：尾高惇忠略年譜〉

▌落合　謙太郎　おちあい・けんたろう
1870〜1926　外交官。駐伊大使。ポーツマス会議の首席書記官、近東平和会議に全権委員として出席。

◇落合謙太郎小伝─湖国が生んだ外交官　身内史　落合謙次著，落合秀雄編　シンセイ印刷　1993.10　267p　22cm　〈落合謙太郎の肖像あり　履歴表：p263〜267〉

落合 豊三郎　おちあい・とよさぶろう

1861〜1934　陸軍軍人。中将，東京湾要塞司令官。貴重な工兵畑の参謀で要塞にも精通。参謀本部第5部長、第2軍参謀長を歴任。

◇司馬遼太郎　歴史のなかの邂逅　7　正岡子規〜秋山好古・真之　司馬遼太郎著　中央公論新社　（中公文庫）　2011.3　263p　15cm　①978-4-12-205455-4
＊日本の前途を信じた若者たちの、底ぬけの明るさと痛々しさと―。第七巻は、司馬文学を代表する長篇『坂の上の雲』に描かれた正岡子規、秋山兄弟を中心に、徳冨蘆花、夏目漱石、石川啄木、清沢満之ら、昂揚の時代を生きた人々の足跡をたどる二十五篇を収録。

落合 寅市　おちあい・とらいち

1850〜1936　自由民権運動家。負債農民の組織化に奔走し、蜂起では副大隊長。

◇死にざまの昭和史　高木規矩郎著　中央公論新社　2006.8　272p　19cm　①4-12-003750-9
＊人は生き、人は死ぬ。その死にざまにこそ生涯は集約される。偉人の死があり、無名の死があった。自然死、事故死、病死、戦死、自殺、暗殺…、その度ごとに新聞の死亡記事は、ひとりの人間の死を冷徹に伝えてきた。本書は芥川龍之介から昭和天皇まで、昭和の64年間に甦れていった総勢63人にスポットを当て、その死にまつわるエピソードを証言者へのレポートを通して描き出す。

落合 直言　おちあい・なおこと

1847〜1877　志士。赤報隊士慰霊のため建碑発起人の一人で慰霊祭を挙行。保田窪の激戦で戦死。

◇多摩の近世・近代史　松尾正人編著　中央大学出版部　2012.9　293p　21cm　①978-4-8057-4150-4

小野 梓　おの・あずさ

1852〜1886　政治家，法学者。太政官少書記官。共存同衆を設立、立憲改進党を結成。著書に「国憲汎論」など。

◇小野梓―未完のプロジェクト　大日方純夫著　冨山房インターナショナル　2016.3　345p　22cm　〈文献あり　年譜あり〉　①978-4-86600-007-7

◇土佐の歴史と文化　早稲田大学日本地域文化研究所編　行人社　（日本地域文化ライブラリー）　2011.9　339p　19cm　①978-4-905978-84-8

◇小野梓と自由民権　勝田政治著　有志舎　2010.6　283p　20cm　〈文献・年譜あり〉　①978-4-903426-34-1

◇小野梓生誕150周年記念事業記録集　早稲田大学編　早稲田大学　2003.2　51p　30cm　〈表紙のタイトル：小野梓生誕一五〇周年事業記録集〉

◇小野梓―独立自主の精神　吉井蒼生夫編　早稲田大学　2003.1　167p　20cm　〈発行所：冨山房　肖像あり　年譜あり　文献あり〉

◇図録小野梓―立憲政治の先駆・大学創立の功労者　早稲田大学編　早稲田大学　2002.3　111p　28cm　〈付属資料：2枚　大学創立125周年記念　生誕150周年記念〉

◇法思想の世界　矢崎光圀著　塙書房　（塙新書）　1996.9　193p　18cm　①4-8273-4073-0
＊「世紀末」が独特の意味合いで使われだし、明治維新を迎えたわが国にとっても重要な19世紀末―そんな危機的状況の時期に生きた先人たち、現実を直視し、コミュニケートし、打開を志し、あるいは途半ばでたおれた先人たちの生きざまに、法思想の側から光をあてる。

◇天賦人権論と功利主義―小野梓の政治思想　荻原隆著　新評論　（名古屋学院大学産業科学研究所研究叢書）　1996.1　248p　22cm　①4-7948-0279-X

◇小野梓の政治思想の研究　沢大洋著　天洋社　1995.10　400p　31cm

◇小野梓伝―伝記・小野梓　西村真次著　大空社　（伝記叢書）　1993.6　365,47,6p　22cm　〈富山房昭和10年刊の複製〉

ⓘ4-87236-421-X

◇小野梓 中村尚美著 早稲田大学出版部（早稲田人物叢書） 1989.6 284.5p 20cm 〈小野梓の肖像あり 小野梓略年譜・主要参考文献：p271～279〉 ⓘ4-657-89516-8

◇小野梓の研究 早稲田大学大学史編集所編 早稲田大学出版部 1986.10 501,29p 22cm 〈小野梓没後百年記念 国民像・国家像の創出 小野梓における近代化と伝統 阿部恒久著. 小野梓と東京専門学校 佐藤能丸著. 小野梓のアジア論 中村尚美著. 小野梓の経済論―経済的自立のための方策 間宮国夫著. 国家機構・法制度の構想 小野梓の国家機構形成論 吉井蒼生夫著. 小野梓の家族観 福島正夫著. 小野梓の「家庭の制」をめぐって 中村吉三郎著. 小野梓のパンデクテン法学批判―『民法之骨』上篇を手がかりとして 佐藤篤士著. 啓蒙・政治活動の展開 共存同衆と小野梓 勝田政治著. 小野梓と立憲改進党 大日方純夫著. 小野梓の地方遊説 安在邦夫著. 小野梓年譜・著作目録：p403～476 巻末：小野梓関係資料・研究文献目録〉 ⓘ4-657-86028-3

‖ **小野 金六** おの・きんろく

1852～1923 実業家。第十国立銀行東京支店長。東京割引銀行を創設、頭取。以後富士製紙、京釜鉄道など多数の会社を設立・経営。

◇日本財界人物列伝 第2巻 青潮出版株式会社編 青潮出版 1964 1175p 図版13枚 27cm

‖ **小野 広胖** おの・こうはん

1817～1898 数学者、実業家。軍艦操練所教授方。新橋・横浜鉄道建設のため測量。のち製塩業に従事。

◇江戸の天才数学者―世界を驚かせた和算家たち 鳴海風著 新潮社 （新潮選書） 2012.7 189p 19cm ⓘ978-4-10-603712-2
　＊あの渋川春海はじつは策略家？ 捏造された関孝和伝説とは？ 8人の天才和算家の"実像"を描く歴史ノンフィクション。

◇怒濤逆巻くも―幕末の数学者小野友五郎

上 鳴海風著 新人物往来社 2003.6 355p 19cm ⓘ4-404-03128-9
　＊二両一人扶持という微禄の笠間藩士の四男に生まれた小野友五郎。数学の才能を認められ、幕府の天文方、そして長崎海軍伝習所一期生として西洋数学と航海術を習得。航海長として咸臨丸に乗り組み、アメリカへ。幕末の傑出したテクノクラートを描く渾身の書き下ろし歴史長篇。

◇怒濤逆巻くも―幕末の数学者小野友五郎 下 鳴海風著 新人物往来社 2003.6 383p 19cm ⓘ4-404-03129-7
　＊尊王攘夷の嵐が吹き荒ぶなか、アメリカより帰国した小野友五郎は小栗忠順の下で日本海軍の創設、蒸気軍艦の国産化に取り組み、横須賀製鉄所建設に心血を注ぐが…。日本の近代化の礎を築いた男の波瀾の軌跡を描く雄渾の書き下ろし歴史長篇。

◇幕末・明治初期数学者群像 上 幕末編 上―幕末編 小松醇郎著 吉岡書店 1990.9 231p 19cm ⓘ4-8427-0228-1

◇咸臨丸航海長小野友五郎の生涯―幕末明治のテクノクラート 藤井哲博著 中央公論社 （中公新書） 1985.10 206p 18cm 〈小野友五郎の肖像あり 略年表・主なる参照文献：p198～206〉 ⓘ4-12-100782-4

‖ **小野 善助** おの・ぜんすけ

？ ～1888 実業家。新政府の為替方。生糸販売と両替商を営んだ。

◇維新の豪商小野組始末 小野善太郎著, 宮本又次解説 青蛙房 1966

‖ **小野 太三郎** おの・たさぶろう

1840～1912 慈善事業家。救済施設「小野慈善院」の創始者。生涯を慈善事業に捧げ、生活は質素を極める。

◇ほくりく20世紀列伝 上巻 北国新聞社論説委員会・編集局編 時鐘舎 （時鐘舎新書） 2007.12 281p 18cm ⓘ978-4-8330-1597-4
　＊近代日本動かした北陸人のど根性。激動の時代を駆け抜けた偉人たちのドラマ。

◆小野太三郎伝―金沢が生んだ福祉の祖　小坂与繁著　北国新聞社　1991.5　131p　21cm　〈小野太三郎及び陽風園年表・参考文献・資料：p127～131〉　①4-8330-0729-0

‖ **小野 光景**　おの・みつかげ

1845～1919　実業家。横浜正金銀行頭取。横浜商法会議所、横浜商法学校の設立者。

◆横浜商人とその時代　横浜開港資料館編　有隣堂　（有隣新書）　1994.7　228p　18cm　①4-89660-122-X

＊幕末から明治半ばまでの横浜は、まさに貿易商人の活躍する舞台であり、なかでも、激しい盛衰を生き抜いた少数の生糸売込商は、短期間に莫大な富を築いた。また、彼らは生糸、茶、海産物などの営業品目ごとにグループを構成し、不平等条約のもとで居留外国商人と取引した。本書は、生糸売込商の原善三郎や茂木惣兵衛をはじめ、製茶売込商の大谷嘉兵衛ら七人の商人を取り上げ、明治・大正期の横浜の政治や文化に大きな役割を果たした彼らの生涯を、さまざまな角度から描き出し、"横浜商人"とその基盤となった港都横浜の具体像をも追求した意欲的な評伝集である。

‖ **小野田 元凞**　おのだ・もとひろ

1848～1919　政治家、実業家。貴族院議員、上毛モスリン会社社長、東武鉄道監査役。茨城・山梨・静岡・宮城・香川県知事を歴任。

◆小野田元凞　小野田元一著　小野田元一　1969　191p　図版17枚　地図1枚　19cm　〈監修者：川島維知　小野田元凞五十年祭記念出版〉

◆群馬の人々　第2　近代　みやま文庫編　（みやま文庫）　1963　288p　19cm

‖ **小畑 源之助**　おばた・げんのすけ

1875～1959　実業家。日本ペイント社長。但馬織物、小畑織布、関西倉庫を設立して社長。大阪工業会会長などを歴任。

◆日本財界人物列伝　第2巻　青潮出版株式会社編　青潮出版　1964　1175p　図版13枚　27cm

‖ **小花 作助**　おばな・さくすけ

1829～1901　官吏。内務省権少丞。小笠原諸島の開発に従事、尽力。

◆旧小笠原島内務省出張所長小花作助関係資料調査報告　東京都教育庁生涯学習部文化課編　東京都教育庁生涯学習部文化課　1992.3　87p　26cm　〈付：参考文献〉

‖ **小原 鉄心**　おはら・てっしん

1817～1872　美濃大垣藩士。大垣藩大参事。著書に「錬卒訓語」など。

◆小原鉄心と大垣維新史　徳田武著　勉誠出版　2013.5　362,11p　22cm　〈索引あり〉　①978-4-585-22053-4

＊幕末維新史の流れの中で、美濃大垣藩は佐幕から勤王に転ずる。その決断の背景には、藩代・小原鉄心の政治力が大きく働いていた。藩主・戸田氏正とともに、西洋文明の導入や大砲の鋳造など大垣藩の藩政改革に努め、梁川星巌、佐久間象山らとも交流のあった小原鉄心と、詩人菱川海鷗、野村藤陰らの生涯と詩文から、維新史の知られざる側面に光を当てる。

‖ **折田 要蔵**　おりた・ようぞう

1825～1897　武士。

◆折田年秀日記　第3　折田年秀著，湊川神社編　湊川神社　2007.5　710p　22cm　①978-4-8406-2028-4

◆折田年秀日記　第2　折田年秀著　湊川神社　2002.12　532p　22cm

＊本書は、湊川神社初代宮司・折田年秀の「日誌」を翻刻したものである。明治六年三月から明治三十年九月に至る間の日誌と、折田自身の諸願、並びに書簡の下書きを集録するものであるが、本冊はその第二冊として、明治十三年五月から十八年五月までの日録を収めた。

◆折田年秀日記　第1　折田年秀著　湊川神社　1997.11　547p　22cm　〈東京　続群書類従完成会（発売）〉　①4-7971-1509-2

I　政治・経済　　　　　　　　　　　　　　　　　　　　　　　　海江田信義

【か】

甲斐 有雄　かい・ありお
1829〜1909　社会福祉事業家。

◇広野の灯─甲斐有雄翁伝　富高則夫著
〔富高則夫〕　1995.2　312p　22cm　〈甲
斐有雄の肖像あり〉

貝島 太助　かいじま・たすけ
1844〜1916　実業家，炭鉱事業家。貝島
礦業合名社長。大之浦炭鉱を経営。貝島
礦業合名を設立。

◇ケースブック日本の企業家─近代産業発
展の立役者たち　宇田川勝編　有斐閣
2013.3　265p　21cm
①978-4-641-16405-5
＊戦前期日本の革新的な企業家活動につ
いて、時代背景とともに多様な実像に
迫って明快に描き出すケース集。現代
社会において比重が増している非製造
業分野にも光を当て、いかにして新産
業を創出し、経営革新を断行して、産業
発展の礎を築いたのかを解明する。

◇日本財界人物列伝　第1巻　青潮出版株式
会社編　青潮出版　1963　1171p　図版
26cm

海部 壮平　かいふ・そうへい
1847〜1895　愛知県養鶏業の先駆者。
コーチン種改良に成功。

◇名古屋コーチン作出物語─「養鶏も武士道
なり」-海部兄弟の大いなる挑戦　入谷
哲夫著　ブックショップ「マイタウン」
2000.2　224p　21cm　①4-938341-97-2
＊この物語は、メンデルの遺伝学も現代
のハイテクも持たなかった明治の失禄
サムライが、御家流砲術の秘伝を活か
して、日本実用鶏種第一号名古屋コー
チンを作出するまでのまれに見る経緯
を述べたものである。

海保 忠典　かいほ・ただのり
1835〜1895　奥殿藩士。維新後は学校教
育にあたった。

◇永井玄蕃 付・海保忠典　城殿輝雄著
〔城殿輝雄〕　1982.1　226p　22cm　〈永
井尚志年譜：p167〜171 海保忠典年譜：
p213〜215 参考文献：p221〜225〉

ガウランド，W.
Gowland, William
1842〜1922　イギリスの工芸技師。1872
年来日。大阪造幣局技師を務めた。古墳
の研究を行い「日本考古学の父」と呼ば
れる。

◇ガウランド日本考古学の父　ヴィクター・
ハリス，後藤和雄責任編集　朝日新聞社
2003.8　199p　31cm　〈英文併記　執
筆：ヴィクター・ハリスほか　共同刊行：
大英博物館出版部　肖像あり〉
①4-02-257835-1

海江田 信義　かえだ・のぶよし
1832〜1906　子爵、貴族院議員。薩摩藩
士，奈良県知事。元老院議官、枢密顧問官
などを歴任。

◇薩摩精忠組─幕末・維新を駆け抜けた男
たち　早瀬利之著　潮書房光人新社
2017.12　227p　19cm
①978-4-7698-1654-6
＊西郷隆盛、大久保利通、長沼嘉兵衛、海
江田信義、税所篤、吉井友実、伊地知正
治らが中心となって結成された「精忠
組」─日本の将来を憂い、わが国の未来
のために力を尽くした若者たちの物語。
激動の時代に翻弄されながらも、命懸け
で己の信念を貫き通し、逞しく戦い抜い
た志士たちの生きざまを描いた感動作。

◇東京青山霊園物語─「維新の元勲」から
「女工哀史」まで人と時代が紡ぐ三十組の
物語　立元幸治著　明石書店　2015.10
318p　20cm　〈文献あり〉
①978-4-7503-4258-0

◇海江田信義の幕末維新　東郷尚武著　文
芸春秋　（文春新書）　1999.12　246p
18cm　〈文献あり 年譜あり〉

伝記ガイダンス 明治を生きた人々　**157**

①4-16-660079-6

＊維新史の主役として、薩摩出身の海江田信義（有村俊斎）の名が語られることは少いかもしれない。しかし水戸の藤田東湖と西郷隆盛を引きあわせたのも、西郷とともに僧月照を鹿児島に送ったのも海江田である。志を同じくする弟二人は、桜田門外の挙に参加、自刃している。寺田屋事件では鎮撫役を命じられ、生麦事件では負傷した英国人の止めをさしている。薩英戦争、戊辰の役を闘い、江戸城受け取りの責任者となる。まさに「海江田の事歴というのは、幕末風雲史そのものであった」（司馬遼太郎『花神』）。明治三十九年に天寿を完うするまでの「維新を駆け抜けた男」の生涯を描く。

◇還らざる者たち―余滴の日本史　中村彰彦著　角川書店　1999.1　263p　19cm
①4-04-883562-9

＊時代の転換期に影を落としながらも、静かに表舞台から消えていった男と女。それぞれの人生に暖かい眼差しを注ぐ。…消え去りゆく者、志ある者たちへの哀惜の念に充ちた、達意の歴史エッセイ。

┃ 嘉悦 氏房　かえつ・うじふさ

1833〜1908　政治家。衆議院議員、憲政党東北支部長。緑川製糸所などを設立し、地域の産業、教育に尽力。九州改進党を設立。

◇横井小楠の弟子たち―熊本実学派の人々　花立三郎著　藤原書店　2013.6　505p　22cm　〈索引あり〉　①978-4-89434-921-6

＊幕末・維新期に「公共」思想を基軸として、来たるべき世界像を唱導した実学思想家・横井小楠（1809 - 69）。その理想と世界観に多大な影響を受け、近代日本に雄飛した、牛嶋五一郎、荘村助右衛門、徳富一敬、内藤泰吉、河瀬典次、山田武甫、嘉悦氏房、安場保和ら門弟8名の人物像と業績を初めて掘り起こし、「横井小楠山脈」の全貌に迫った、著者の永年の業績を集大成。

┃ 各務 鎌吉　かがみ・けんきち

1868〜1939　実業家、財界人。東京海上火災保険会社社長。日本郵船社長、三菱系諸会社重役など、財界の重鎮として幅広く活躍。

◇企業家活動でたどる日本の金融事業史―わが国金融ビジネスの先駆者に学ぶ　法政大学イノベーション・マネジメント研究センター監修，宇田川勝監修・編著，長谷川直哉編著　白桃書房　（法政大学イノベーション・マネジメント研究センター叢書）　2013.3　204p　21cm
①978-4-561-76199-0

＊「企業家活動でたどる日本の産業（事業）史」シリーズ第2弾。今回は金融ビジネスを取り上げる。起業精神に富み、革新的なビジネス・モデルを駆使して産業開拓活動に果敢に挑戦し、その国産化を次つぎに達成していった企業家たちの活動を考察。

◇男の晩節　小島英記著　日本経済新聞出版社　（日経ビジネス人文庫）　2009.9　365p　15cm　①978-4-532-19510-6

＊強く生き、爽やかに去る―明治維新以降の日本で、珠玉の人生を全うした男たち。松永安左エ門、土光敏夫、新渡戸稲造など、エネルギッシュに生き、日本を変えた英傑たちのドラマを凛々しい筆致で描く。

◇わが国保険事業の確立者―各務鎌吉と矢野恒太　長谷川直哉著　法政大学イノベーション・マネジメント研究センター　（Working paper series　日本の企業家活動シリーズ）　2007.1　22p　30cm　〈年譜あり〉

◇男の晩節　小島英記著　日本経済新聞社　2006.7　332p　19cm　①4-532-16560-1

＊潔く会社を離れ、福祉に総てを捧げた「宅急便生みの親」。「葬儀も勲章も要らぬ」と言い遺した「電力の鬼」…。珠玉の人生を全うした、男20人のドラマがここにある。強く生き、爽やかに去る。

◇財界人物我観　福沢桃介著　図書出版社　（経済人叢書）　1990.3　177p　19cm

＊自由奔放に生きた鬼才・福沢桃介が明治財界の巨頭たちを俎上に載せ毒舌をふるう。

◇東京海上ロンドン支店　小島直記著　中

央公論社 （小島直記伝記文学全集）
1987.5 638p 19cm ⑪4-12-402588-2
＊東京海上の危機を救い今日の基礎を固
めた各務鎌吉と平生釟三郎。2人の苦闘
と友情、そして離反していく姿を追い
つつ《企業は人なり》を考える。

◇日本財界人物列伝 第1巻 青潮出版株式
会社編 青潮出版 1963 1171p 図版
26cm

◇各務鎌吉伝 加藤武男伝 岩井良太郎著
東洋書館株式会社 （日本財界人物伝全
集） 1955 283p 図版 19cm

◇続 財界回顧—故人今人 池田成彬著，柳
沢健編 三笠書房 （三笠文庫） 1953
217p 16cm

◇「各務氏の手記」と「滞英中の報告及び意
見書」 各務鎌吉述，稲垣末三郎編 東京
海上火災保険 1951 393p 肖像 22cm

◇各務鎌吉君を偲ぶ 各務記念財団
1949.5 279p 22cm 〈編者：鈴木祥枝
各務鎌吉の肖像あり〉

▌ 香川 敬三 かがわ・けいぞう
1839～1915 勤王志士，宮内大官。皇太
后宮大夫。伯爵。

◇香川敬三履歴史料 皇学館大学史料編纂
所編 皇学館大学史料編纂所 1992.3
68p 26cm 〈監修：香川拡一〉

▌ 鍵田 忠次郎 かぎた・ちゅうじろう
1865～1946 政治家。

◇鍵田忠次郎翁伝 鍵田忠三郎編 鍵田忠
三郎 1956 158,10,4p 図 肖像 24cm

▌ 賀来 惟熊 かく・これくま
1796～1880 殖産家，鋳砲家。

◇幕末の賀来一族飛霞と惟熊—本草学の神
様と大砲を造った大実業家 大分県宇佐
市編，瀬井恵介マンガ 梓書院 （宇佐学
マンガシリーズ） 2013.1 165p 19cm
〈文献・年譜あり〉 ⑪978-4-87035-478-4
＊いかに生きて、いかに人の役に立つか。
日本を支えた本草学者と民間で初めて
鉄の大砲を造った大実業家。

▌ 笠井 真三 かさい・しんぞう
1873～1942 実業家。小野田セメント社
長。小野田セメント相談役。

◇笠井真三 小野田セメント株式会社笠井
真三伝編纂委員会編 1954 247p 図版28
枚 22cm

▌ 河西 豊太郎 かさい・とよたろう
1874～1959 政治家，実業家。

◇河西豊太郎翁頌徳碑建設記念誌 河西豊
太郎翁頌徳碑建設記念誌委員会編 河西
豊太郎翁頌徳碑建設記念誌委員会 1961

◇河西豊太郎 村松志孝，山岸活洲編著
河西俊夫 1960.6 720p 図版30枚
22cm 〈河西豊太郎の肖像あり 河西豊
太郎翁年譜：p623～651〉

▌ 鹿島 岩吉 かじま・いわきち
1818～1885 建築業経営者。

◇建設業を興した人びと—いま創業の時代
に学ぶ 新装版 菊岡倶也著 彰国社
2012.6 453p 19cm
⑪978-4-395-02982-2

◇建設業を興した人びと—いま創業の時代
に学ぶ 菊岡倶也著 彰国社 1993.1
452p 21cm ⑭4-395-00353-2
＊本書は、創業者とその周辺の人びとを
通じてわが国建設業の近代の発展を描
いたものである。

▌ 鹿島 岩蔵 かしま・いわぞう
1844～1912 建設業者。近代建設業のパ
イオニア。

◇建設業を興した人びと—いま創業の時代
に学ぶ 新装版 菊岡倶也著 彰国社
2012.6 453p 19cm
⑪978-4-395-02982-2

◇鹿島岩蔵小傳—没後百年記念 鹿島建設株
式会社総務部本社資料センター編 鹿島
建設 2011.2 65p 26cm 〈年譜あり〉

◇建設業を興した人びと—いま創業の時代
に学ぶ 菊岡倶也著 彰国社 1993.1
452p 21cm ⑪4-395-00353-2

＊本書は、創業者とその周辺の人びとを通じてわが国建設業の近代の発展を描いたものである。

◇鹿島岩蔵小伝　小野一成著　鹿島建設　1961

鹿島 房次郎　かしま・ふさじろう
1868〜1932　実業家。神戸市長，川崎造船所社長。山手高女を創立。川崎総本店総務理事。神戸商工会議所会頭など。

◇夢を抱き歩んだ男たち―川崎重工業の変貌と挑戦　福島武夫著　丸ノ内出版　1987.3　282p 18cm　①4-89514-089-X

鹿島 万平　かしま・まんぺい
1822〜1891　実業家。東京商社頭取代理。生糸荷為替組合を設立。鹿島紡績所建設に着手、開業。わが国初の洋式紡機を製作。

◇日本財界人物列伝　第1巻　青潮出版株式会社編　青潮出版　1963　1171p 図版　26cm

柏原 長繁　かしわばら・ながしげ
1852〜1900　軍人。

◇北の水路誌―千島列島と柏原長繁　外崎克久著　清水弘文堂　1990.9　379,14p　19cm　①4-87950-935-3
＊北方領土問題の原点・千島の開拓。今こそ知れ、明治人の熱いメッセージを！　柏原艦長の勇気を！　100年前、国民は皆、絶北の島を目指す冒険家の行動に興奮した。

◇北の水路誌―千島海域に挑んだ艦長柏原長繁の生涯　外崎克久著　御茶の水書房　（民俗誌シリーズ）　1982.10　378,14p　20cm　〈柏原長繁の肖像あり 折り込み地図1枚　参考文献：p373〜374〉

梶原 平馬　かじわら・へいま
1842〜1889　陸奥会津藩家老。維新後は北海道に渡った。

◇英傑の日本史　敗者たちの幕末維新編　井沢元彦著　KADOKAWA　2014.2　230p　20cm　〈年表あり〉

①978-4-04-653294-7

◇会津藩最後の首席家老　長谷川つとむ著　中央公論新社　（中公文庫）　1999.5　277p　15cm　①4-12-203422-1
＊若くして会津藩最後の首席家老に抜擢された梶原平馬は、戊辰の役では新鋭武器の購入や奥羽越列藩同盟結成に尽力し、政務総督として会津戦争を指揮した。また在京中、町屋の娘水野テイと恋仲になり山川二葉と離婚。維新後、刑を終えた平馬は、愛妻テイと共に北海道に渡り、その地で果てた。会津武士の数奇な生涯を曾孫が辿る。

◇会津藩 最後の首席家老―梶原平馬・その愛と死　長谷川つとむ著　新人物往来社　1992.2　223p 19cm　①4-404-01890-8
＊首席家老・梶原平馬は妻を離別し、京から追って来た恋人とともに、北海道に果て、雪の根室に消えた。会津人の激しい生きざまを描く傑作。

粕谷 義三　かすや・ぎぞう
1866〜1930　政治家。衆議院議員。政友会幹部として活動した。衆議院議長に就任。

◇粕谷義三　埼玉県立文化会館編　埼玉県立文化会館　1961

片岡 健吉　かたおか・けんきち
1843〜1903　政治家。土佐藩士。衆議院議員。国会開設運動を指導し、自由党の中心人物となる。

◇明治の政治家と信仰―クリスチャン民権家の肖像　小川原正道著　吉川弘文館　（歴史文化ライブラリー）　2013.3　194p　19cm　①978-4-642-05763-9
＊政治家にとって信仰とは何か。片岡健吉・島田三郎ら五人のクリスチャン政治家は、内政・外交の現実に対してどう行動したのか。葛藤し、迷い、生きる道を模索した姿から、キリスト教と政治思想との関わりを考える。

◇片岡健吉先生の生涯―伝記・片岡健吉　片岡健吉先生銅像再建期成会編　大空社　（伝記叢書）　1996.10　329,25,5p　22cm

I 政治・経済　　　　　　　　　　　　　　　　　　　　　　　　　　片平信明

〈片岡健吉先生銅像再建期成会昭和38年刊
の複製 取扱い：柳原書店　片岡健吉先生
年譜：p311〜329〉　①4-87236-533-X

◇明治・青春の夢―革新的行動者たちの日
記　嶋岡晨著　朝日新聞社　（朝日選書）
1988.7　224p 19cm　①4-02-259458-6

◇片岡健吉先生伝　川田瑞穂著　湖北社
1978.1　907,28p 23cm　〈昭和14年刊の
複製 片岡健吉の肖像あり　巻末：片岡健
吉先生年譜〉

◇片岡健吉日記　立志社創立百年記念出版
委員会編纂　高知市民図書館　1974
318p 図 肖像 22cm　〈立志社創立百年
記念出版〉

◇片岡健吉先生の生涯　片岡健吉先生銅像
再建期成会（高知県議会事務局内）　1963
329,25p 図 肖像 19cm　〈片岡健吉先生
年譜：p.311-328〉

◇片岡健吉　青山一浪著　創元社　（信仰偉
人伝双書）　1954

▌片岡 直輝　かたおか・なおてる
1856〜1927　実業家。大阪瓦斯社長。堺
瓦斯、阪堺電気軌道、南海鉄道などの要職
を歴任。

◇片岡直輝翁記念誌―〈伝記〉片岡直輝　石
川辰一郎編　大空社　（伝記叢書）
2011.6　1冊 22cm　〈石川辰一郎昭和3
年刊の複製　文献あり〉
　①978-4-283-00835-9

◇財界人物我観　福沢桃介著　図書出版社
（経済人叢書）　1990.3　177p 19cm
　＊自由奔放に生きた鬼才・福沢桃介が明
　治財界の巨頭たちを俎上に載せ毒舌を
　ふるう。

◇日本財界人物列伝　第2巻　青潮出版株式
会社編　青潮出版　1964　1175p 図版13
枚　27cm

▌片岡 直温　かたおか・なおはる
1859〜1934　実業家，政治家。日本生命
社長，衆議院議員。日本生命の創立に参
画。金融恐慌の発火点になる発言をした。

◇日本財界人物列伝　第1巻　青潮出版株式

会社編　青潮出版　1963　1171p 図版
26cm

▌片倉 兼太郎〔1代〕
かたくら・かねたろう
1849〜1917　実業家。製糸業片倉組の創
立者。総釜数688の業界第1位の企業に
成長。

◇初代片倉兼太郎　嶋崎昭典著　初代片倉
兼太郎翁銅像を復元する会　2003.7
189p 31cm　〈年譜あり〉

◇信州人物風土記・近代を拓く　第22巻
片倉兼太郎　製糸王国の巨人たち　宮坂
勝彦編　銀河書房　（銀河グラフティ）
1989.5　105p 22cm　〈片倉兼太郎の肖
像あり　付：片倉兼太郎年譜・参考文献〉

◇日本財界人物列伝　第1巻　青潮出版株式
会社編　青潮出版　1963　1171p 図版
26cm

◇産業史の人々　楫西光速著　東大出版会
1954

▌片倉 兼太郎〔2代〕
かたくら・かねたろう
1862〜1934　実業家。片倉組組長。片倉
製糸紡績を設立し社長に就任。

◇二代片倉兼太郎翁　二代片倉兼太郎翁
伝記刊行会編　1951　256p 図版 22cm

▌片野 万右衛門　かたの・まんえもん
1809〜1885　治水家。木曾・長良・揖斐
の3河川の改修に尽力。

◇郷土にかがやくひとびと　下巻　岐阜県
1970　285p 19cm　〈表紙および背の書
名：風雪百年郷土にかがやくひとびと〉

▌片平 信明　かたひら・のぶあき
1830〜1898　農政家。農村教育のパイオ
ニア。杉山報徳社を創立。

◇郷土を興した 先人の面影―その思想と業
績　小出孝三著　日本自治建設運動本部
1958　259p 図版 19cm

伝記ガイダンス 明治を生きた人々　**161**

片山　潜　かたやま・せん

1859～1933　社会主義者，社会運動家。
万国社会党大会日本代表。コミンテルン執
行委員会幹部。「我社会主義」などを著す。

◇日本社会民主主義の形成―片山潜とその
　時代　大田英昭著　日本評論社　2013.2
　664p　22cm　〈文献・著作目録・年譜・
　索引あり〉　①978-4-535-58635-2
　＊大正デモクラシー、戦後民主主義、さら
　　には今日の市民・社会・労働運動へと連
　　なる、明治期社会民主主義の理想。日
　　本近代思想史の巨大な水脈が、いま掘
　　りおこされる。

◇わたしの歩んだ道―父片山潜の思い出と
　ともに　片山やす他著，エリザヴェータ・
　ジワニードワ編，小山内道子編訳　成文
　社　2009.11　126p　20cm
　①978-4-915730-76-4
　＊片山潜の娘やすが、父とともに住んだ
　　モスクワで、父と自身について書いた
　　回想録。日本、アメリカ、ソ連で生活し
　　た波乱の日々を生き生きとつづる。夫
　　と友人、教え子の思い出も含め、その人
　　生を浮かび上がらせる。片山潜生誕150
　　年、やす生誕110年を記念して出版―。

◇片山潜　新装版　隅谷三喜男著　東京大
　学出版会　（近代日本の思想家）　2007.9
　266p　20cm　〈年譜・著作目録・文献あ
　り〉　①978-4-13-014153-6

◇片山潜―歩いてきた道　片山潜著　日本
　図書センター　（人間の記録）　2000.12
　198p　20cm　〈年譜あり　肖像あり〉
　①4-8205-5961-3

◇へんくつ一代　三好徹著　講談社　（講談
　社文庫）　1993.12　304p　15cm
　①4-06-185559-X
　＊節を屈せず、茨の道を歩んだ主人公た
　　ちのそれぞれの生涯―。悲業の死を遂
　　げた生粋のアナキスト大杉栄、女性の
　　尊厳を貫いた柳原白蓮、足尾銅山の悲
　　惨を訴え続けた田中正造ら六人の生き
　　様に深く共鳴する著者が、時の権力や
　　権威におもねることなく、不屈の信念
　　で生きた彼らの人生の光芒を描く迫真
　　の人物列伝。

◇近代日本の自伝　佐伯彰一著　中央公論
　社　（中公文庫）　1990.9　358p　15cm
　①4-12-201740-8
　＊伊藤博文・尾崎三良・前島密・片山
　　潜…。みずから記した数々の「私語り」
　　のうちに、西欧に直面した近代日本人
　　の自我意識がおのずと浮かび上がる。
　　文学の魅力ある一ジャンルとして自伝
　　の醍醐味を存分に味わいつつみちびか
　　れる、画期的日本人論。

◇日本人の自伝　8　片山潜.大杉栄.古田大
　次郎　平凡社　1981.9　558p　20cm
　〈片山潜ほかの肖像あり　自伝　片山潜著.
　自叙伝　大杉栄著. 死刑囚の思い出　古田大
　次郎著. 解説　秋山清著. 略年譜：p556～
　558〉

◇燎火の流れ―わが草わけの社会主義者たち
　木原実著　オリジン出版センター　1977.6
　283p　19cm　〈木原実エッセイ集〉

◇片山潜　隅谷三喜男著　東京大学出版会
　（UP選書）　1977.6　266p　肖像　19cm
　〈片山潜年譜・片山潜主要著作目録・参考
　文献：p.213～262〉

◇片山潜　河村望著　汐文社　（民主主義の
　思想家）　1974　272p　19cm

◇アジアの革命家片山潜　ハイマン・カブ
　リン著，辻野功，高井寿美子，鈴木則子訳
　合同出版　1973　402p　肖像　20cm　〈参
　考文献目録：p.367-385〉

◇幸徳秋水と片山潜―明治の社会主義　大
　河内一男著　講談社　（講談社現代新書）
　1972　256p　18cm

◇わが回想　上　片山潜著　徳間書店
　1967　354p　図版　20cm

◇わが回想　下　片山潜著　徳間書店
　1967　338p　図版　20cm

◇現代日本思想大系 15　筑摩書房　1963

◇社会主義 復刻版 3　米国だより　片山潜
　著　明治文献資料刊行会　1963

◇片山潜　隅谷三喜男著　東京大学出版会
　（近代日本の思想家）　1960　265p　図版
　19cm

◇片山潜　第2部　世界労働運動と片山潜

I　政治・経済　　　　　　　　　　　　　　　　　　　　　　　　　勝海舟

岸本英太郎，渡辺春男，小山弘健著　未来
社　1960　416p　図版　19cm

◇日本人物史大系　第6巻　近代　第2　大久
保利謙編　朝倉書店　1960　388p　22cm

◇近代日本の良心　荒正人編　光書房
1959　244p　20cm

◇片山潜　第1部　明治労働運動と片山潜
岸本英太郎，渡辺春男，小山弘健著　未来
社　1959　350p　図版　19cm

◇社会主義講座7　片山潜　小山弘健著
河出書房　1956

◇光を掲げた人々―民主主義者の思想と生
涯　新興出版社編集部編　新興出版社
1956　223p　18cm

◇片山潜と共に　渡辺春男著　和光社
1955

◇近代日本の思想家　向坂逸郎編　和光社
1954　284p　19cm

◇自伝　片山潜著　岩波書店　1954　377p
図版　18cm

◇日本歴史講座6　近代篇　片山潜　長谷川
博著　河出書房　1952

◇社会科学講座6　片山潜　石堂清倫著
弘文堂　1951

◇片山潜自伝　片山潜著　真理社　1949
200p　19cm

◇片山潜自伝　7冊　日本共産党史資料委員
会監修　真理社　1949

◇都市社会主義・我社会主義　黎明期労働
運動に於ける片山潜の社会思想　岸本英
太郎著　実業之日本社　1949

◇片山潜選集　第1巻　伝記篇　片山潜著
真理社　1949　301p　図版　21cm

◇搾取なき社会への熱情　片山潜著　国際
出版　1948

◇闘うヒューマニスト―近代日本の革命的
人間像　学生書房編集部編　学生書房
1948　215p　18cm

◇片山潜評伝　社会経済労働問題研究所
1947

◇自由を護った人々　大川三郎著　新文社

1947　314p　18cm

◇闘うヒューマニスト―近代日本の革命的
人間像　野坂参三，風早八十二，鈴木東民
他著　学生書房　1947　220p　B6

◇明治大正昭和/自由人の展望　上　松本仁
著　大阪新聞社　1946　274p　19cm

▌**勝 海 舟**　かつ・かいしゅう

1823〜1899　蘭学者，政治家。日本海軍
創設者。咸臨丸艦長として初の太平洋横
断に成功。枢密顧問官。　〔記念施設〕国
立国会図書館憲政資料室　勝海舟関係文書
（東京都千代田区），墨田区役所　勝海舟
コーナー（東京都墨田区），大田区立洗足
池図書館　勝海舟コーナー（東京都大田区）

◇西郷どん。壊さない！「破壊の英雄」　武
山憲明著　音羽出版　2018.2　270p
19cm　①978-4-901007-66-5
＊幕末、明治を駆け抜けた英雄の激動の
生涯と逸話、そして全国ゆかりの地を
紹介。

◇西郷隆盛と聖書―「敬天愛人」の真実　守
部喜雅著　いのちのことば社フォレスト
ブックス　（聖書を読んだサムライたち）
2018.1　159p　19cm
①978-4-264-03878-8
＊「西郷さんは聖書を読んでいた」多くの
資料や証言で西郷隆盛の人物像に迫る。

◇歴史人物伝西郷隆盛―明治維新の志士た
ち　楠木誠一郎著　講談社　（日能研クエ
スト　マルいアタマをもっとマルく！）
2017.11　205p　21cm
①978-4-06-220866-6

◇西郷隆盛と勝海舟　安藤優一郎著　洋泉
社　（歴史新書）　2017.11　191p　18cm
〈文献あり　年表あり〉
①978-4-8003-1355-3

◇命もいらず名もいらず―西郷隆盛　北康
利著　ワック　（WAC BUNKO）
2017.11　390p　18cm　〈「西郷隆盛」
（2013年刊）の改題、改訂した新版　文献
あり〉　①978-4-89831-765-5

◇西郷隆盛―維新の功臣明治の逆賊　相川
司著　中央公論新社　（中公文庫）
2017.10　373p　16cm　〈文献あり〉

伝記ガイダンス　明治を生きた人々　**163**

勝海舟　　　　　　　　　　　　　　　　　　　　　　Ⅰ　政治・経済

①978-4-12-206468-3

◇西郷隆盛―天が愛した男　童門冬二著
成美堂出版　（成美文庫）　2017.10
319p　16cm　〈年譜あり〉
①978-4-415-40257-4

◇西郷隆盛その生涯　不破俊輔著　明日香
出版社　2017.10　289p　19cm　〈文献あ
り　年譜あり〉　①978-4-7569-1932-8

◇西郷隆盛―日本の精神を代表する英雄
岡田幹彦著　明成社　（まほろばシリー
ズ）　2017.8　47p　21cm　〈企画：まほ
ろば教育事業団〉　①978-4-905410-43-0

◇イッキ読み！日本の天才偉人伝―日本を
かえた天才たち　齋藤孝編　講談社　（日
能研クエスト　マルいアタマをもっとマル
く！）　2017.7　286p　21cm　〈企画・編
集協力：日能研〉　①978-4-06-220671-6

◇首丘の人　大西郷　新装版　平泉澄著　錦
正社　2016.11　368,9p　20cm　〈初版：
原書房 1986年刊　索引あり〉
①978-4-7646-0129-1

◇勝海舟の明治　安藤優一郎著　洋泉社
（歴史新書）　2016.11　191p　18cm
〈文献あり　年表あり〉
①978-4-8003-1083-5

◇サムライたちの幕末・明治　歴史REAL
編集部編　洋泉社　（歴史新書）　2016.8
189p　18cm　〈文献あり〉
①978-4-8003-1018-7

◇士魂―福澤諭吉の真実　渡辺利夫著　海
竜社　2016.7　319p　20cm
①978-4-7593-1406-9

◇勝海舟の蘭学と海軍伝習　片桐一男著
勉誠出版　2016.6　227p　22cm　〈文献
あり〉　①978-4-585-22147-0

◇ポケット勝海舟修養訓　石川真理子著
致知出版社　（活学新書）　2016.3　231p
18cm　〈奥付のタイトル：勝海舟修養訓〉
①978-4-8009-1107-0

◇英明と人望―勝海舟と西郷隆盛　山本盛
敬著　ブイツーソリューション　2015.11
279p　15cm　①978-4-434-21242-0
＊『西郷隆盛―四民平等な世の中を作ろ
うとした男』に続く、西郷隆盛研究に生

涯を捧げる著者が、新たな西郷像を世
に問う第二弾。今回は勝海舟と西郷の
二人がどう影響、協力し合い、世を明治
へと導いたのかを追究した。そして、
西郷召還と島津斉彬の死の関係、西郷
と島津久光の関係の真実、西郷が西南
戦争に込めた秘策とは何か。

◇語り継ごう　日本の思想　國武忠彦編・著
明成社　2015.11　414p　19cm
①978-4-905410-37-9
＊聖徳太子、古事記、万葉集、太平記、世
阿弥、葉隠、二宮尊徳、吉田松陰、勝海
舟、伊藤博文教育勅語、樋口一葉、正岡
子規、乃木希典、小林秀雄…古代から現
代まで67篇の珠玉の言葉がここに甦る。

◇幕末ヒーローズ!!―坂本龍馬・西郷隆
盛……日本の夜明けをささえた8人！
奥山景布子著，佐嶋真実絵　集英社　（集
英社みらい文庫　伝記シリーズ）　2015.7
235p　18cm　〈文献あり　年譜あり　年表
あり〉　①978-4-08-321273-4

◇一に人二に人三に人―近代日本と「後藤新
平山脈」100人　後藤新平研究会編　藤原
書店　2015.7　285p　21cm　〈文献あり
年譜あり　索引あり〉
①978-4-86578-036-9

◇幕末・明治名将言行録　詳注版　近世名
将言行録刊行会編　原書房　2015.3
437p　20cm　〈初版のタイトル等：近世
名将言行録 第1巻(吉川弘文館 昭和9年
刊)〉　①978-4-562-05135-9

◇勝海舟と幕末外交―イギリス・ロシアの脅
威に抗して　上垣外憲一著　中央公論新
社　（中公新書）　2014.12　268p　18cm
〈文献あり〉　①978-4-12-102297-4

◇歴史に隠れた大商人清水卯三郎　今井博
昭著　幻冬舎メディアコンサルティング
（幻冬舎ルネッサンス新書）　2014.12
222p　19cm　〈文献あり　年譜あり〉
①978-4-344-97123-3

◇日本史ほんとうの偉人列伝　岳真也著
みやび出版　2014.12　317p　19cm
①978-4-434-19896-0

◇海舟の論語的生き方―東京をつくった男
広瀬幸吉著　学校図書　2014.9　207p

21cm 〈文献あり 年譜あり〉
①978-4-7625-0174-6

◇清水義範のイッキによめる! 日本史人物伝 戦国時代〜幕末激動編 織田信長・徳川家康・徳川吉宗 井伊直弼・吉田松陰・勝海舟 坂本龍馬・西郷隆盛 清水義範著,西原理恵子絵 講談社 2014.7 220p 21cm 〈年表あり〉 ①978-4-06-219062-6

◇幕末維新志士たちの名言 齋藤孝著 日本経済新聞出版社 (日経文芸文庫) 2014.2 293p 15cm
①978-4-532-28027-7
＊「自分のすることは自分にしかわからない」と歌った坂本龍馬、「五稜郭を思えば、外務大臣の職などどれほどでもない」と覚悟を示した榎本武揚、「私は辞表を出すわけにはいかない」と語った明治天皇。数々の名言を紹介しながら、現代人に失われた「苦境突破の鍵」を探る。

◇勝海舟と江戸東京 樋口雄彦著 吉川弘文館 (人をあるく) 2014.1 147p 21cm 〈文献・年譜あり〉 ①978-4-642-06777-5
＊戊辰戦争で両軍から厚い信頼を集め、江戸城無血開城を果たした勝海舟。咸臨丸で渡米した幕臣時代より、在野の巨人として影響力を及ぼした明治以降にいたる生涯を活写。海舟ゆかりの江戸東京の史跡を訪ね、実像に迫る。

◇勝小吉と勝海舟—「父子鷹」の明治維新 大口勇次郎著 山川出版社 (日本史リブレット人) 2013.4 94p 21cm 〈文献・年譜あり〉 ①978-4-634-54866-4
＊勝小吉と勝海舟は、ともに閉塞した幕末江戸の下級旗本の世界に生まれた。小吉は脱出できなかったが、その代わり自叙伝のなかでその生活ぶりを描写してくれた。海舟は、黒船来航を機に、みずから閉塞社会に風穴を開けて飛びだすことに成功し、幕末の陸軍総裁、明治国家の伯爵にまでのぼりつめた。一八〇二年に生まれた親の小吉と、一八九九年に没した子の海舟が、二人して明治維新をはさむ十九世紀をフルに生きたストーリーである。

◇勝海舟 加来耕三企画・構成・監修, 水谷

俊樹原作, 中島健志作画 ポプラ社 (コミック版日本の歴史 幕末・維新人物伝) 2013.1 126p 22cm 〈文献・年譜あり〉
①978-4-591-13200-5

◇氷川清話／夢酔独言 勝海舟, 勝小吉著,川崎宏編 中央公論新社 (中公クラシックス) 2012.8 24,377p 18cm 〈年譜あり 「日本の名著 32」(1998年刊)より2話を採録、編集〉 ①978-4-12-160135-3
＊大局観と人間関係を重んじた子・海舟。奔放不羈、無頼三昧の父・小吉。二代の江戸っ子回顧譚。

◇河合敦のぶらり大江戸時代劇散歩 河合敦著 学研パブリッシング 2012.7 247p 19cm ①978-4-05-405247-5
＊時代劇でおなじみ6人の大江戸ヒーローの生涯をたどる、史跡を巡る。

◇勝海舟と西郷隆盛 松浦玲著 岩波書店 (岩波新書) 2011.12 221,5p 18cm 〈文献・年譜・索引あり〉
①978-4-00-431345-8
＊勝海舟と西郷隆盛といえば、明治維新の江戸城無血開城の立役者として有名である。しかし、二人の関係はそれ以降も終生続いた。さらに海舟は西郷が西南戦争で斃れた後、その名誉回復に尽力し、遺児の面倒をみた。敵対関係にあった両雄がなぜ交友を続けたのか。出会いから海舟の西郷追悼行動までを丹念にたどり、その秘密にせまる。

◇それからの海舟 上 半藤一利著 埼玉福祉会 (大活字本シリーズ) 2011.12 367p 21cm 〈底本：ちくま文庫「それからの海舟」〉 ①978-4-88419-752-0

◇それからの海舟 下 半藤一利著 埼玉福祉会 (大活字本シリーズ) 2011.12 296p 21cm 〈底本：ちくま文庫「それからの海舟」 文献あり〉
①978-4-88419-753-7

◇勝海舟と明治維新の舞台裏 星亮一著 静山社 (静山社文庫) 2011.9 248p 15cm 〈文献あり〉 ①978-4-86389-134-0
＊幕臣でありながら西郷隆盛との江戸無血開城で幕府を崩壊させ、薩長政権誕生のキーマンとなった勝海舟。幕府と薩長の両方を渡り歩き、戊辰戦争に敗れた

勝海舟

I 政治・経済

旧幕臣や会津藩の人々からは裏切り者と呼ばれた。常に時代を先読みしつつ、己の思うがままに行動し、動乱の時代を巧妙に生き延びた稀有な人物だったが、その裏では様々な画策があった。明治維新の裏舞台の主役・勝海舟の真実。

◇勝海舟 最期の告白―聖書を読んだサムライたち 守部喜雅著 いのちのことば社 フォレストブックス 2011.7 113p 19cm 〈文献あり〉 ①978-4-264-02758-4

◇勝海舟の真実―剣、誠、書 草森紳一著 河出書房新社 2011.6 296p 20cm ①978-4-309-22549-4
＊維新回天最大の立役者の書とは。剛毅、胆略、遠望のひとの、等身大の実像に迫る―。日清戦争が終結したある日、福島県からひとりの教師が、勝に揮毫を求めて屋敷を訪ねてきた。応接した勝は…。剣に学び、禅に学び、父小吉に学んだ誠のひと。その桧舞台・江戸無血開城の舞台裏を、山岡鉄舟のふるまいをあわせうかがいながら徹底追求する、勝海舟実体論。

◇勝海舟と福沢諭吉―維新を生きた二人の幕臣 安藤優一郎著 日本経済新聞出版社 2011.4 259p 20cm 〈文献・年表あり〉 ①978-4-532-16784-4
＊幕府の軍艦・咸臨丸でともに渡米して四十年。在野で文明開化の旗手となった諭吉は晩年、なぜ武士道を賛美し海舟を厳しく批判したのか。近世から近代へ。日本の何が変わり、何が変わらなかったのか。

◇勝海舟関係資料 海舟日記 5 勝海舟著,東京都江戸東京博物館都市歴史研究室編 東京都 （江戸東京博物館史料叢書） 2011.3 148p 26cm 〈共同刊行：東京都歴史文化財団ほか 文献あり〉 ①978-4-924965-75-1

◇司馬遼太郎 歴史のなかの邂逅 5 坂本龍馬～吉田松陰 司馬遼太郎著 中央公論新社 （中公文庫） 2011.1 305p 15cm ①978-4-12-205429-5
＊「維新史の奇蹟」と評される坂本龍馬を中心に、武市半平太、吉田松陰、高杉晋作、桂小五郎ら、怒涛の時代を生きた

人々のさまざまな運命―。『竜馬がゆく』『世に棲む日日』など数々の傑作が生まれた背景を伝える二十二篇を収録。

◇司馬遼太郎 歴史のなかの邂逅 4 勝海舟～新選組 司馬遼太郎著 中央公論新社 （中公文庫） 2010.12 293p 15cm ①978-4-12-205412-7
＊情熱、この悲劇的で、しかも最も喜劇的なもの―。歴史上の人物の魅力を発掘したエッセイを、古代から明治まで、時代別に集大成。第四巻は新選組や河井継之助、勝海舟らを中心に、動乱の幕末に向けて加速する歴史のなかの群像を描いた二十六篇を収録。

◇勝海舟とキリスト教 下田ひとみ著 作品社 2010.10 75p 20cm 〈文献あり〉 ①978-4-86182-309-1
＊義弟象山の横死、病弱の長男、嫁の病死など重なる試練に耐えながら窮状にある異邦の友人家族に優しく援助の手を差し伸べる…、三男梅太郎の妻クララの視点から描く晩年の海舟の素顔。

◇勝海舟―幕末の荒波をこえて 国松俊英著, 十々夜画 岩崎書店 （フォア文庫） 2010.7 158p 18cm 〈並列シリーズ名：Four Bunko 文献・年表あり〉 ①978-4-265-06416-8
＊動乱の日本を平和へとみちびいた海舟の生涯を描く。

◇NHK歴史秘話ヒストリア―江戸 - 幕末ヒーロー伝 NHK制作班編 ワニブックス 2010.4 204p 19cm ①978-4-8470-1901-2
＊龍馬がビジネスの先に夢見た世界とは!?NHKの人気番組で解き明かされた時代の寵児たちの知られざる物語。

◇交渉人 勝海舟―対話と圧力、駆け引きの名手 鈴村進著 ダイヤモンド社 2010.3 317p 19cm 〈『勝海舟敵に味方あり味方に敵あり』(1997年大和出版)の改題 文献あり〉 ①978-4-478-01196-6
＊交渉は、男児世に処する道。けちな了見で何ができるものか―坂本龍馬と西郷隆盛が当代随一と驚愕した勝海舟の外交手腕。

◇文藝春秋にみる坂本龍馬と幕末維新 文

166 伝記ガイダンス 明治を生きた人々

藝春秋編　文藝春秋　2010.2　372p
19cm　①978-4-16-372220-7
　＊龍馬、新選組、西郷、大久保、勝―文藝
　春秋に掲載された手記、エッセイで読
　むこの国の運命を決めた男たちの真実。

◇勝海舟　松浦玲著　筑摩書房　2010.2
914,11p　20cm　〈文献・年表・索引あ
り〉　①978-4-480-88527-2
　＊徳川幕府の「幕末」と明治薩長藩閥政治
　の終わり「閥末」。自らの大きな役割を
　果たしつつ、二つの激動期を生き抜い
　た勝海舟。膨大な資料精査と長年の勝
　海舟研究の成果を基に、その全生涯を
　描ききった書下ろし千八百枚、畢生の
　決定版評伝。

◇勝海舟―戦わなかった英雄　鵜沢義行,
東都よみうり編集部著　ごま書房新社
2010.1　214p　19cm　〈文献・年表・索
引あり〉　①978-4-341-08430-1
　＊龍馬を創ったもう一人の英雄の真実に
　せまる大河ドラマ『龍馬伝』がより楽し
　める1冊。

◇幕末維新人物新論―時代をよみとく16の
まなざし　笹部昌利編　昭和堂　2009.12
321p　21cm　①978-4-8122-0958-5
　＊想い、考える、竜馬たちの時代。

◇新編 氷川清話―勝海舟の政治観と幕末維
新の裏面史　高野澄編著　PHP研究所
2009.11　255p　18cm
①978-4-569-77412-1
　＊幕末の動乱期に卓越した政治手腕を発
　揮した勝海舟が自在に語る！ 歯に衣着
　せず語った、辛辣な人物評および痛烈
　な時局批評。

◇「アラサー」が変えた幕末―時代を動かし
た若き志士たち　渡辺大門著　毎日コ
ミュニケーションズ　（マイコミ新書）
2009.11　199p　18cm
①978-4-8399-3287-9
　＊時は幕末。日本を変えようと立ち上
　がった志士たちがいた。坂本竜馬、勝
　海舟、大久保利通…。歴史的偉業を成
　し遂げた彼らではあるが、二〇代、三〇
　代の頃は試行錯誤の連続だった。しか
　し、その経験こそが時代の閉塞感を突
　き破る力を育んだのである。先行きの

明るさが見えない混沌とした現代にお
いて、チャンスをつかむにはどんな力
が必要なのか。本書では、幕末の若き
志士たちの生き方から読み解いていく。

◇勝海舟　上　新装版　勝部真長著　PHP
研究所　2009.10　374p　19cm
①978-4-569-77186-1
　＊哲人政治家・勝海舟はいかにして生ま
　れたのか？ 曽祖父・米山検校と父・小
　吉の烈々たる生涯―。少年・麟太郎を
　取り巻く人々とその生い立ちから、「海
　舟精神」の源流を探る。

◇勝海舟　中　新装版　勝部真長著　PHP
研究所　2009.10　493p　19cm
①978-4-569-77187-8
　＊海舟が33歳で幕府に見出されたのは、
　「幕末動乱」という時代の要請でもあっ
　た。海軍の育成に情熱を傾けながら、
　倒幕のうねりに期した、海舟の心底を
　描く。

◇勝海舟　下　新装版　勝部真長著　PHP
研究所　2009.10　466p　19cm　〈文献・
年譜あり〉　①978-4-569-77188-5
　＊維新後の世に、是が非でも守ろうとし
　たもの―。徳川家と旧幕臣の保護・結
　束を目指して、死の直前まで奮闘した
　三十年の月日。哲人政治家・海舟の真
　価を見据える。

◇日本史有名人の苦節時代　新人物往来社編
新人物往来社　（新人物文庫）　2009.9
351p　15cm　①978-4-404-03743-5
　＊長く遠く、あてのない道をひたすら歩
　みつづけるのが人生ならば、その旅路
　の先に待ちうけているのは…。功なり
　名とげ、歴史にその名を刻んだ人びと
　にも、鳴かず飛ばずの逆境時代があっ
　た。艪も舵もない小舟で蘭学の海へ―
　杉田玄白。家の縁側や柱を薪にして米
　飯を炊いた日々―勝海舟。長い不遇に
　もめげず信念を貫いたへそ曲がり―吉
　田茂。中間子理論が「ふと」訪れるまで
　の長い苦闘―湯川秀樹。痛烈な批判を
　浴びた、大人の歌を唄う天才少女―美
　空ひばり。江戸～昭和を生きた88人の
　有名人が、人知れず流した涙の数々…。

◇ひょうご幕末維新列伝　一坂太郎著　神

戸新聞総合出版センター　2008.7　408p
19cm　①978-4-343-00476-5
＊明治維新—日本中で変革の息吹が芽生
え、近代化への情熱が沸き立っていた。
兵庫県でも、あらゆる人や組織が動い
た。伊藤博文、勝海舟、桂小五郎、大久
保利通、坂本竜馬、吉田松陰…激動の時
代を歩んだ先人たちの生きざまがここ
によみがえる。

◇義塾の原点　上　童門冬二著、関戸勇写
真　リブロアルテ　2008.7　251p　19cm
①978-4-9904022-1-1
＊維新前夜、革命の志士たちを育てたの
は全国にあった私塾だった。幕末の混
乱期に日本の方向性を定めた若者たち
はどのように育てられたのか？　荒廃し
た現代にこそ必要な、教育者必読の書。

◇それからの海舟　半藤一利著　筑摩書房
（ちくま文庫）　2008.6　375p　15cm
〈文献あり〉　①978-4-480-42443-3
＊幕末の動乱期の中、幕臣の中心として
江戸城無血開城という大仕事を成し遂
げた後の人生を勝海舟はどう生きたの
か。新旧相撃つ中で旧幕臣たちの生計
をたてる道を探り、福沢諭吉らの批判
を受けながらも明治政府の内部に入り、
旧幕府勢力の代弁者としての発言力を
確保して徳川慶喜と明治天皇の会見を
実現。また一方では逆賊とされた盟友
西郷隆盛の名誉回復に尽力した海舟の
後半生に光を当てた名評伝。

◇勝海舟 強い生き方　窪島一系著　中経出
版　（中経の文庫）　2008.1　255p　15cm
①978-4-8061-2925-7
＊私心を捨ててこそ大事は成る！　本書
は、海舟が自ら語り、あるいは記した言
葉を中心に、その真髄と思われるとこ
ろを抽出して、生きるうえでの糧とな
るように解説をほどこしたものである。
今よりもはるかに難しい状況下を生き
抜いた"人生の達人"である海舟の言行
は、私たちの心を奮いたたせ、確かな指
針を与えてくれる。

◇勝海舟と幕末長崎—日蘭修好一五〇周年
記念事業 開館二周年記念特別展　長崎歴
史文化博物館編　長崎歴史文化博物館
2007.11　113p　30cm　〈会期・会場：平

成19年11月3日—12月9日 長崎歴史文化博
物館3階企画展示室　年表あり〉

◇幕末三舟伝　頭山満述　国書刊行会
2007.11　340p　19cm
①978-4-336-04984-1
＊江戸無血開城の立役者・海舟の智、泥舟
の意、鉄舟の情。武道と禅の修養が江
戸百万の市民を救う。明治元年春、百
万の江戸市民を戦火の危機から救い出
した三人の幕臣、勝海舟・高橋泥舟・山
岡鉄舟（三舟）の、維新前夜の死を賭し
た活躍を生き生きと活写。

◇勝者と敗者の近現代史　河上民雄著　か
まくら春秋社　2007.10　189p　19cm
①978-4-7740-0374-0
＊勝海舟、石橋湛山…をかえりみる。日
本はどんな選択肢をとってきたか。日
本の近現代史を歴史上の勝者の歩んだ
道をたどるだけでなく、その勝者に
よって打倒されたり無視された敗者の
実現しなかった構想と比較し、勝者と
敗者の絡みぐあいを確かめる。

◇敗者たちの幕末維新—徳川を支えた13人
の戦い　武光誠著　PHP研究所　（PHP
文庫）　2007.9　235p　15cm
①978-4-569-66916-8
＊幕末維新には、数多くの優れた人物が歴
史の表舞台に登場した。なかでも幕府と
徳川家のために奮闘し、敗者となった
人々を見逃すことはできない！　本書は
老中・阿部正弘、会津藩主・松平容保、
桑名藩主・松平定敬、大奥の天璋院（篤
姫）と和宮（静寛院宮）、幕臣の小栗忠
順、大久保一翁など、ペリー来航から江
戸開城までに活躍した13人の思いと、筋
を通した生き方を感動的に描いた一冊。

◇教科書が教えない歴史有名人の晩年と死
新人物往来社編　新人物往来社　2007.2
293p　19cm　①978-4-404-03444-1
＊あの人は、老境をいかに生き、死を迎え
たか？　江戸・明治・大正・昭和を生き
た有名人たちの「老い支度」…。

◇勝海舟と明治維新　板倉聖宣著　仮説社
2006.12　290p　20cm　〈年表あり〉
①4-7735-0197-9

◇師弟—ここに志あり　童門冬二著　潮出

I 政治・経済 　　　　　　　　　　　　　　　　　　　　　　　　　勝海舟

版社　2006.6　269p　19cm
①4-267-01741-7
＊一期一会の出会い。17組の運命的出会いが歴史を作った。

◇還暦以後　松浦玲著　筑摩書房　（ちくま文庫）　2006.6　339p　15cm
①4-480-42236-6
＊古稀を過ぎて法難の旅に出た法然、明治政府に意見を言い続けた勝海舟、七十一歳で名作『鍵』を書いた谷崎潤一郎…彼らは「老年」の人生をいかに生き抜いたのか。自ら古稀を迎えた歴史家が見つめた二十七人の還暦後。時に「性」を語り、時に「記憶」を分析する。興趣つきぬ歴史エッセイ。

◇ラストサムライの群像—幕末維新に生きた誇り高き男たち　星亮一，遠藤由紀子著　光人社　2006.2　283p　19cm
①4-7698-1287-6
＊勝てば官軍—人心が揺れ動き、「大勢」に流されようとするときに敢えて踏み止まり、意地を貫いた男たち。日本の近代化の過程で生じた殺伐たる時代に、最後の光芒を放った魅力あふれる「サムライ」たちの生き様を描く。

◇勝海舟関係資料海舟日記　4　勝海舟著，東京都江戸東京博物館都市歴史研究室編　東京都　（江戸東京博物館史料叢書）　2006.2　153p　26cm　〈共同刊行：東京都歴史文化財団ほか　文献あり〉
①4-924965-54-5

◇明治の教訓　日本の気骨—明治維新人物学　渡部昇一，岡崎久彦著　致知出版社　（CHICHI SELECT）　2005.8　216p　18cm　〈『国のつくり方』改題書〉
①4-88474-721-6

◇教養のすすめ—明治の知の巨人に学ぶ　岡崎久彦著　青春出版社　2005.7　223p　19cm　①4-413-03535-6
＊百年前、歴史を変えた本物の教養があった！　どんな危機にも動じない、器の大きい人物の魅力とは。

◇勝海舟関係資料海舟日記　3　勝海舟著，東京都江戸東京博物館都市歴史研究室編　東京都　（江戸東京博物館史料叢書）　2005.2　224p　26cm　〈共同刊行：東京

都歴史文化財団ほか〉　①4-924965-50-2

◇勝海舟関係資料　文書の部　東京都江戸東京博物館都市歴史研究室編　東京都歴史文化財団　（江戸東京博物館史料叢書）　2001.3　187p　26cm　〈共同刊行：東京都江戸東京博物館〉　①4-924965-30-8

◇勝海舟と坂本竜馬　加来耕三著　学習研究社　（学研M文庫）　2001.1　531p　15cm　〈文献あり〉　①4-05-901026-X
＊竜馬の「剣客伝説」を書きかえる決定的史料発見！　竜馬は本当に剣客だったのか？　海舟40歳と竜馬28歳の出会いから竜馬の死までは5年しかなかった。「攘夷決行」の共同幻想が破れたとき、維新回天のリーダーとして二人はかたや徳川の軍艦を率い、かたや海援隊を率いて、武力による内戦に突入した。変革期における「明治維新」という短期プロジェクトの推進に賭けた、二人の「信用と信頼」関係が切々と伝わってくる。

◇二十一世紀の日本と田中正造・勝海舟　下町人間総合研究所　2000.5　86p　21cm

◇最後の幕臣勝海舟　童門冬二著　成美堂出版　（成美文庫）　1999.12　262p　16cm　〈『史伝勝海舟』（大陸書房刊）の加筆訂正〉　①4-415-06863-4
＊江戸無血開城によって百万の江戸市民の命は救われたが、徳川を売った男として旧幕臣からは恨みを買う。ペリー来航以来の外圧の中で海軍創設の必要を説き、幕臣でありながら幕藩体制の矛盾を批判し、雄藩連合による共和政治を唱えた勝海舟の国家観、人生観の本質に迫り、巨視的な時代認識で明治維新政府への橋わたしを最後の幕臣の姿を描く。

◇幕末三舟伝　改訂新版　頭山満著　島津書房　1999.11　368p　20cm
①4-88218-079-0
＊江戸を救った男たち。勝海舟、高橋泥舟、山岡鉄舟の幕末三舟を立雲頭山満翁がその独特な舌端をもって剖検した近代の快著。

◇山岡鉄舟の武士道　勝部真長編　角川書店　（角川ソフィア文庫）　1999.9　282p　15cm　〈『武士道—文武両道の思想』改題書〉　①4-04-348501-8

伝記ガイダンス　明治を生きた人々　**169**

勝海舟

I 政治・経済

＊慶応4年、駿府の官軍本営に乗り込んで、徳川慶喜の恭順の意を伝え、江戸城無血開城への道を開いた志誠の人山岡鉄舟、その命がけの忠義の姿に西郷隆盛は「稀有の勇士」と讃えたという。幕末から明治という激動の時代を駆け抜けた鉄舟の武士道とは何か。禅によって剣の道を極め、剣によって禅を深める―晩年の鉄舟が、剣禅一致の境地に至って吐露した独特の武士道論に、盟友勝海舟の軽妙洒脱な評論を加えた本書は、歴史的名著であると同時に、日本人の生き方の原点を示唆している。

◇咸臨丸 海を渡る　土居良三著　中央公論社　（中公文庫）　1998.12　602p　15cm　①4-12-203312-8
　＊軍艦奉行・木村摂津守の従者として咸臨丸に搭乗、太平洋を渡った長尾幸作の航海日誌『鴻目魁耳』―。本書は、著者の曾祖父が遺したこの一次史料を手がかりに、福沢諭吉ら同乗者たちとの友情、勝海舟の辛苦など、渡航のドラマを克明にたどる。第六回和辻哲郎文化賞受賞の画期的労作。

○特集 勝海舟の謎　「歴史研究」（人物往来社歴史研究会）　445　1998.6

◇勝海舟行蔵は我にあり　加来耕三著　日本実業出版社　1998.6　256,5p　20cm　〈巻末：勝海舟略年譜〉　①4-534-02800-8
　＊波乱に富んだ人生の中から生まれた数々の名言。幾度の困難にも臆することなく立ち向かい、常に自己の信じるところを行った勝海舟。坂本龍馬、西郷隆盛、徳川慶喜…多くの人物に影響を与え、激動の幕末から明治という新しい時代を築く原動力となった勇気、行動力、先見性に富んだ生き方に迫る。

◇勝海舟　復刻版　山路愛山著　日本図書センター　（山路愛山伝記選集）　1998.1　244,14p　22cm　〈原本：東亜書房明治44年刊 肖像あり〉　①4-8205-8246-1

◇勝海舟敵に味方あり味方に敵あり―「ここ一番」に強い男の処世訓　鈴村進著　大和出版　1997.12　283p　19cm　〈参考文献：p282～283〉　①4-8047-1468-5
　＊「ここ一番」に強い男の処世訓。

◇徳川慶喜と勝海舟　立石優著　学陽書房　1997.11　298p　20cm　①4-313-85076-7
　＊"日本国を守るに徳川も薩長もございますまい！"海舟は慶喜に言い放つ。―維新史に輝く二つの強烈な個性の物語。

◇勝海舟　童門冬二著　歴思書院　1997.7　267p　20cm　〈東京 かんき出版〉　①4-7612-5654-0

◇とっておきのもの とっておきの話　第1巻　YANASE LIFE編集室編　芸神出版社　（芸神集団Amuse）　1997.5　213p　21cm　①4-906613-16-0
　＊時代を築いた人たちの魂を受け継ぐ品々を通し、ゆかりの人々が、先人の知られざる素顔を書き下ろす。「ヤナセライフ」誌15年間の連載集大成、第1弾。

◇(小説)海舟独言　童門冬二著　講談社　（講談社文庫）　1997.2　314p　15cm　①4-06-263455-4

◇勝海舟 この人物の大きさを見よ！　風巻絃一著　三笠書房　（知的生きかた文庫）　1997.1　265p　15cm　①4-8379-0854-3
　＊徳川家の重臣でありながら、その"底知れぬ魅力"で、討幕の志士たちを惹きつけた男・勝海舟。この「人物の大きさ」ははたしてどこから生まれたのか。敵も味方も惚れぬいた、その「胆力」と「眼力」に迫る。

◇日本人の志―最後の幕臣たちの生と死　片岡紀明著　光人社　1996.12　257p　19cm　①4-7698-0797-X
　＊最後の徳川家臣団総数33400余人、苦難の時代に遭遇した幕臣たちは、幕府が潰え去ったあと、何を思い、どう生きようとしたのか。ある者は徳川に殉じ、ある者は新政府の役人になり、ある者は商人になり、またある者は農業にたずさわり、ある者は新聞をおこした。成功した者もいれば失意の淵に沈んだ者もいた。しかし、彼らは、「士の心」を失うことはなかった。「日本人の心」を持ちつづけた男たちのロマン。

◇海舟余録―「掌記」・「詠草」を読む　勝部真長編　PHP研究所　1996.11　315p　19cm　①4-569-55324-9
　＊海舟の遺した文書のうち未発表のものを

I　政治・経済　　　　　　　　　　　　　　　　　　　　　　　　勝海舟

集めて、ここに一冊にまとめたのが本
書である。『掌記』は壮年期の学習ノー
トで、和歌や漢詩を写しとった控えで
ある。『海舟詠草』は、晩年の海舟自作
の和歌や漢詩や感想を述べた集である。

◇幕末の三舟─海舟・鉄舟・泥舟の生きかた
松本健一著　講談社　（講談社選書メチ
エ）　1996.10　222p　19cm
　①4-06-258089-6
　＊幕末から明治近代へ─新時代の「機」を
　読み切り、独創的な才覚を発揮した海
　舟。公への「誠」を通し、変わらず忠勤
　に励んだ鉄舟。主家への「忠」を貫き、
　隠棲の淵に身を投じた泥舟。時流の荒
　波にそれぞれの航跡を描いた、三舟の
　「生きかた」を考える。

◇日本を創った10人の名参謀─歴史を動か
した頭脳と人間力　邦光史郎著　広済堂
出版　（広済堂ブックス）　1996.10
308p　18cm　①4-331-00749-9
　＊激変期を乗り切った名参謀たちの発想
　と戦略が現代に甦る。

◇勝海舟と坂本龍馬　加来耕三著　PHP研
究所　（PHP文庫）　1996.8　416p
15cm　①4-569-56912-9
　＊28歳の龍馬が、ときの幕府軍艦奉行並・
　勝海舟を訪ね、弟子になったといわれ
　るのは文久2年、海舟40歳のときであっ
　た。その後わずか5年間に、この“上司”
　と“部下”は手を携え、「明治維新」とい
　う大プロジェクトをみごと成功へと導い
　た。幾多の人材が輩出した幕末期、なぜ
　このコンビだけに大きな仕事がなし得
　たのか？　新事実を紹介しながら、その
　成功の原則を探った著者渾身の野心作。

◇名君 保科正之─歴史の群像　中村彰彦著
文芸春秋　（文春文庫）　1996.7　346p
15cm　①4-16-756702-4
　＊会津藩主保科正之の清らかにして驕ら
　ぬ無私の精神が、いま指導者に求めら
　れるものとして見直されている。“知足”
　を旨とした暮し方、武士の信念と潔さ
　を検証し、それを受けつぐ会津の末裔
　たちを、気鋭の作家が愛惜をこめて記
　す。また、激動の時代を逞しく生きた
　「豊臣秀吉、徳川家康をめぐる人々」「幕
　末、明治の群像」を収める。

◇勝海舟の嫁 クララの明治日記　上　クラ
ラ・ホイットニー著，一又民子，高野フ
ミ，岩原明子，小林ひろみ訳　中央公論社
（中公文庫）　1996.5　598p　15cm
　①4-12-202600-8
　＊明治八年、商法講習所の教師として招
　かれた父親にしたがい、十四歳のクラ
　ラは一家とともに来日する。のち勝海
　舟の三男・梅太郎と国際結婚、一男五女
　をもうけ、明治三十三年にアメリカへ
　帰国するまで、大小のノート十七冊に
　及ぶ日記を遺した。上巻では来日より
　明治十一年七月十八日までの日記を収
　録、純粋な少女の目に映った当時の日
　本の風俗、勝海舟ら明治の礎を築いた
　人々の日常を生き生きと描写する。

◇江戸っ子武士道─海舟と南洲　城昌幸著
春陽堂書店　（春陽文庫）　1995.5　245p
16cm　①4-394-10808-X

◇幕臣勝麟太郎　土居良三著　文芸春秋
1995.3　382p　20cm　①4-16-350000-6
　＊厳しい身分制の中、日本の国家として
　の近代化の必要を痛感していた青年が、
　周囲の理解と支援をえて、その思想を
　いかに開花したか。勝海舟、その複雑
　な人物像に迫る。

◇海舟座談　〔新訂〕　巌本善治編，勝部真
長校注　岩波書店　（ワイド版 岩波文庫）
1995.2　376p　19cm　①4-00-007161-0
　＊卓越した政治手腕をもって崩壊直前の
　徳川幕府に重きをなし、維新後は海軍
　卿、枢密顧問官として明治新政府に参
　与した勝海舟が、その五十年に及ぶ政
　治生活をふりかえって語る幕末明治の
　体験談。歴史的証言として貴重なこと
　はもちろん、筆録者巌本の筆は海舟の
　語り口を巧みにうつし、魅力あふれる
　人柄をいきいきと伝える。

◇世界の伝記　7　勝海舟　滑川道夫著
ぎょうせい　1995.2　258p　20cm　〈新
装版　勝海舟年譜：p243〜249 参考文献：
p258〉　①4-324-04384-1

◇勝海舟─物語と史蹟をたずねて　船戸安
之著　成美堂出版　（成美文庫）　1994.6
315p　16cm　〈1973年刊の増訂 勝海舟の
肖像あり〉　①4-415-06404-3

伝記ガイダンス 明治を生きた人々　　**171**

◇勝海舟全集　別巻　来簡と資料　講談社
　1994.4　1111p　20cm　〈著者の肖像あり
　年譜・文書・著述・文献一覧：p989〜
　1111〉　Ⓘ4-06-126323-4

◇幕末三傑・乱世の行動学　尾崎秀樹著
　時事通信社　1994.2　184p 19cm
　Ⓘ4-7887-9405-5
　＊動乱の時代に生き、近代国家への道を
　　開いた坂本龍馬、西郷隆盛、勝海舟。そ
　　の思想と行動を鮮やかに描き出す。

◇安吾史譚―七つの人生について　坂口安
　吾著　PHP研究所　（PHP文庫）　1993.9
　204p 15cm　Ⓘ4-569-56577-8
　＊「無頼派」「新戯作派」といわれた坂口
　　安吾が、その流儀そのままに語りつく
　　した日本史上異色の七人の評伝。透徹
　　した独自の史観と大胆な語り口が、寓
　　話的で不思議な世界を醸しだしている。
　　文豪晩年の爽快な作品集。

◇勝海舟をめぐる群像　早乙女貢著　青人
　社　（幕末・維新百人一話）　1993.3
　203p 21cm　Ⓘ4-88296-107-5
　＊人脈活用と政治的手腕で時代を先取り
　　した、勝海舟とともに生きた群像。

◇幕末・維新百人一話　1　勝海舟をめぐる
　群像　早乙女貢ほか著　青人社　1993.3
　203p　21cm　〈幕末・維新勝海舟略年
　表：p196〜201〉　Ⓘ4-88296-107-5

◇人物列伝幕末維新史　綱淵謙錠著　講談
　社　（講談社文庫）　1992.11　276p 15cm
　Ⓘ4-06-185278-7
　＊激動の時代幕末維新を生き、近代日本
　　の曙をかけぬけた六人の英傑たち、水
　　野忠邦、栗本鋤雲、勝海舟、大久保利
　　通、坂本龍馬、福沢諭吉。歴史が大きな
　　転換期を経験した〈天保〉から〈明治〉に
　　いたる約30年の時の流れを、六人の波
　　瀾に富んだ、鮮烈な生涯を描いて、陰翳
　　ある歴史として把握する傑作歴史読物。

◇勝海舟　上巻　勝部真長著　PHP研究所
　1992.6　567p 19cm　Ⓘ4-569-53617-4
　＊曽祖父・米山検校、父・勝小吉の烈々た
　　る生涯。その血を引き継ぐ海舟が咸臨
　　丸で海外に雄飛するまでを活写する。

◇勝海舟　下巻　勝部真長著　PHP研究所

1992.6　570,6p 19cm　Ⓘ4-569-53618-2
　＊幕府瓦解、江戸開城、維新、そして明治
　　の世へ。徳川慶喜との関係を主軸に、
　　人間・海舟の真価を見据える。

○特集 勝海舟と神戸　「神戸史談」　269
　1991.8

◇勝海舟　下　下　村上元三著　徳間書店
　（徳間文庫）　1991.2　312p 15cm
　Ⓘ4-19-599269-9
　＊長崎を基地に海軍演習に明け暮れる勝
　　麟太郎に、遣米の下命があった。そし
　　て米国軍艦に随従して咸臨丸で渡った
　　異国の地は、ひたすら驚異の連続だっ
　　た。麟太郎の胸底で、幕府という殻が
　　決定的に崩れ去ったのは、この時で
　　あっただろうか。やがて帰国した麟太
　　郎を待っていたのは桜田門外の変であ
　　り、新時代へとなだれこむ維新のうね
　　りだった。歴史長篇完結篇。

◇勝海舟―物語と史蹟をたずねて　船戸安
　之著　成美堂出版　1991.1　222p 19cm
　〈第28刷（第1刷：73.4.1）〉
　Ⓘ4-415-06526-0
　＊幕臣でありながら幕藩体制を超越し、
　　誠心、日本国を思いながら、世界に目を
　　向けていた好漢・勝海舟の生涯を描く。

◇勝海舟　杉山義法著　日本テレビ放送網
　1991.1　278p　20cm　〈参考資料：p276
　〜277〉　Ⓘ4-8203-9047-3

◇勝海舟　上　上　村上元三著　徳間書店
　（徳間文庫）　1991.1　309p 15cm
　Ⓘ4-19-599254-0
　＊御家人の勝家は、世に容れられない当
　　主・小吉の放蕩のゆえに貧の極みにあっ
　　たが、長子・麟太郎は直心影流剣客・島
　　田虎之助の内弟子として剣の道に打ち
　　こみ、激変する世情のなか、やがて蘭学
　　を志していた。他人の厚情にも助けら
　　れながら学問に没頭する麟太郎の姿は、
　　いつか幕閣の目にもとまり、蕃所翻訳方
　　に抜擢、そして講武所砲術師範、海軍伝
　　習生師範と昇進していった。歴史長篇。

◇幕末三舟伝　頭山満著　島津書房　1990.8
　368p 21×16cm　Ⓘ4-88218-028-6
　＊勝海舟、高橋泥舟、山岡鉄舟の幕末三舟
　　を立雲頭山満翁がその独特な舌端を

I　政治・経済　　　　　　　　　　　　　　　　　　　　　　　　　　　勝海舟

もって剖検した近代の快著。

◇勝海舟と坂本竜馬　加来耕三著　講談社
1989.9　267p　20cm　〈主要参考文献：
p267〉　①4-06-204057-3

◇竜馬と志士たち　小学館　（幕末・維新の
群像）　1989.1　270p　15cm
①4-09-401008-4
＊長州藩の下級武士にあって、藩を掌握
し、やがて維新回天の指導者となつた
一代の天才高杉、土佐藩にあって世界
的視野から日本を見据えた一代の風雲
児竜馬、幕府の要職にありながら、時代
の流れの必然を悟り、江戸城無血開城
に尽くした海舟など若き行動家の夢と
エネルギーを描く。

◇坂本竜馬と海援隊―日本を変えた男のビ
ジネス魂　坂本藤良著　講談社　（講談社
文庫）　1988.11　391p　15cm
①4-06-184328-1
＊竜馬は日本人の"あこがれ"である。そ
の見事なまでにユニークな感性、底知れ
ぬ明るさ、たくましい行動力、たしかな
先見性、深い洞察力は私たちの心をとら
えてはなさない。そして、竜馬はまた
すぐれた経済人でもあった。日本資本
主義形成の歴史の中における竜馬の偉
大な足跡を、その天才的な発想と合理
性に焦点をあてて実証的に描いた力作。

○特集・勝海舟と坂本龍馬　「プレジデント」
（プレジデント社）　26（10）　1988.10

◇蘇峰とその時代―よせられた書簡から
高野静子著　中央公論社　1988.8　378p
19cm　①4-12-001712-5
＊論壇の巨人・徳富蘇峰が擁した厖大な交
友網、政界から文壇にいたる、明治100
年をいろどった主役19名の書簡が語る、
その素顔と背景。生きた日本近代史。

◇人物列伝幕末維新史―明治戊辰への道
綱淵謙錠著　講談社　1988.2　247p　19cm
①4-06-203768-8
＊1988年は戊辰（つちのえたつ）の歳、明
治元年から120年、二度目の戊辰にあた
る。近代日本の曙をかけぬけた6人の波
瀾の生涯！

◇明治の海舟とアジア　松浦玲著　岩波書店

1987.4　250,11p　19cm　①4-00-002249-0
＊「西郷隆盛は征韓論に非ず」「日清戦争
は不義の戦争なり」―明治の海舟の発言
はしばしば反時代的な姿をとった。そこ
にこめられていた思想的主張は何だった
のか？　近代日本の進路を誤りと断じ、
はやばやとアジアの同盟を構想したこ
の特異な「思想家」の全貌が、ここに最
もふさわしい著者を得て明らかになる。

◇続　徳川家臣団―組織を支えたブレーンた
ち　綱淵謙錠著　講談社　（講談社文庫）
1987.3　262p　15cm　①4-06-183947-0
＊徳川300年を支えた幕臣18人の列伝続
編。前編につづき酒井忠清、柳沢吉保、
新井白石、大岡忠相、田沼意次、水野忠
邦、鳥居燿蔵、井伊直弼、松平容保、勝
海舟ら多士済済。これほど多彩な人物
が登場する時代は他にあるまい。18人
それぞれの歩んだ道は、そのまま江戸
時代の通史を成し、現代に及んでいる。

◇勝海舟　〔新装版〕　石井孝著　吉川弘文
館　（人物叢書）　1986.12　284p　19cm
①4-642-05062-0
＊安政期幕政改革の最良の息子。機略縦
横、横井小楠の「公共の政」理論にみち
びかれ、幕府・諸藩の障壁を撤し、改革
勢力の全国的連合に全精力をもやしつ
づける海舟。しかもついにその夢を実
現できなかった彼はけだし不遇の政治
家というべきだろう。このような視角
から、幕末・維新期におけるもろもろの
政治コースのなかで海舟の演じた役割
を探る。

◇勝海舟のすべて　小西四郎編　新人物往
来社　1985.10　283p　20cm　〈勝海舟年
譜：p251～261　勝海舟文書・海舟関係文
献：p263～279〉　①4-404-01291-8

◇日本の名著　32　勝海舟　江藤淳責任編
集　中央公論社　（中公バックス）
1984.6　510p　18cm　〈勝海舟の肖像あ
り　海舟論：江藤淳　川崎宏著．氷川清話.
海舟余波.解難録.断腸の記．夢酔独言　勝小
吉著．海舟年譜．勝小吉年譜：p465～469〉
①4-12-400422-2

◇勝海舟全集　22　秘録と随想　講談社
1983.9　866p　20cm　①4-06-126322-6

伝記ガイダンス　明治を生きた人々　　**173**

勝海舟

I 政治・経済

◇勝海舟 旺文社 （現代視点 戦国・幕末の群像） 1983.5 192p 26cm 〈巻末：勝海舟年譜 江戸・東京海舟地図 執筆：綱淵謙錠〔ほか8名〕 肖像：勝海舟 図版（肖像を含む）〉 ①4-01-070555-8

◇海舟座談 新訂〔版〕 巌本善治編, 勝部真長校注 岩波書店 （岩波文庫） 1983.2 373p 15cm 〈底本：岩波文庫旧版『増補海舟座談』(1937年9月刊) 巻末：『海舟座談』関連年表 解説：勝部真長〉

◇勝海舟全集 別巻1 海舟書簡・海舟宛書簡 勝部真長ほか編 勁草書房 1982.4 378p 20cm

◇勝海舟全集 別巻2 海舟宛書簡・海舟別記ほか 勝部真長ほか編 勁草書房 1982.4 20cm 〈著者の肖像あり〉

◇勝海舟全集 2 書簡と建言 講談社 1982.2 690p 20cm ①4-06-126302-1

◇世界の伝記 7 勝海舟 滑川道夫著 ぎょうせい 1982.1 258p 20cm 〈7.勝海舟 滑川道夫著 巻末：勝海舟年譜 参考文献 図版（肖像）〉

◇勝海舟 村上元三著 学習研究社 1981.11 380p 20cm 〈解説：村上元三 尾崎秀樹 新装版〉

◇海舟とホイットニー——ある外国人宣教師の記録 渋沢輝二郎著 ティビーエス・ブリタニカ 1981.4 197p 20cm 〈関連年表・主要参考文献：p174〜180〉

○特集・ライバル明治の獅子たち——新時代の幕臣と幕史（勝海舟VS福沢諭吉）「歴史読本」 25(2) 1980.2

◇知られざる海舟 勝部真長著 東京書籍 （東書選書） 1977.6 242p 19cm

◇勝海舟全集 1 幕末日記 講談社 1976 444p 図 20cm

◇勝海舟全集 11 勝部真長, 松本三之介, 大口勇次郎編 勁草書房 1975 538p 図 20cm

◇海舟覚え書 勝部真長著 エルム 1974 242p 20cm

◇海舟語録 勝安芳著, 江藤淳編著 講談社 1974 232p 18cm 〈巌本善治の海

舟談話筆記録を編集したもの〉

◇海舟余波——わが読史余滴 江藤淳著 文芸春秋 1974 331p 20cm

◇勝海舟 田中惣五郎著 新人物往来社 1974 245p 肖像 20cm

◇勝海舟 石井孝著 吉川弘文館 （人物叢書 日本歴史学会編） 1974 284p 図 肖像 18cm 〈勝家系図・男谷家系図・略年譜・主要参考文献：p.257-284〉

◇勝海舟——写真秘録 尾崎秀樹, 小沢健志著 講談社 1974 195p 22cm 〈勝海舟年譜（大衆文学研究会編）：p.190-195〉

◇勝海舟言行録 秦作三編 新人物往来社 1974 242p 20cm

◇勝海舟伝——国民的英雄 野原巨峰編 文憲堂七星社 1974 334p 肖像 19cm 〈海舟年譜・参考文献：p.323-334〉

◇勝海舟と島田虎之助 松前治作著 東京文芸社 （Tokyo books） 1974 184p 18cm

◇勝海舟と明治維新 学習研究社 1974 202p 30cm 〈監修：小西四郎 吉田常吉 文：船戸安之等 海舟年表：p.186-190〉

◇勝海舟の原点——直心の剣の悟り 並木靖著 平安書店 1974 244p 19cm

◇勝海舟文言抄 高野澄編訳 徳間書店 1974 238p 20cm

◇勝海舟物語 花村奨著 新人物往来社 1974 254p 20cm

◇史料からみた勝海舟 田村栄太郎著 雄山閣 （雄山閣歴史選書） 1974 266p 図 肖像 22cm 〈勝海舟年譜：p.261-266〉

◇人間勝海舟——孤高の開明 和歌森太郎著 集英社 1974 227p 20cm

◇氷川清話 勝海舟述, 江藤淳編著 講談社 1974 376p 18cm 〈編集：北洋社『勝海舟全集』(講談社刊)第21巻「氷川清話」の普及版〉

◇人物日本の歴史 19 維新の群像 小学館 1974 273,3p 22cm 〈編集：日本アート・センター〉

174 伝記ガイダンス 明治を生きた人々

I 政治・経済 　　　　　　　　　　　　　　　　　　　　　　　　　　　　　　　　　　勝沼精之允

◇勝海舟—史伝　童門冬二著　大陸書房
　1973　286p　19cm

◇勝海舟と維新の志士　推理史話会編　波
　書房　1973　258p　19cm　〈勝海舟を必
　要とした時代（川野京輔）咸臨丸渡米（麦
　野広志）暗殺の時代（麦野広志）海舟門下
　の人々（深川和夫）長州再征（大野哲郎）
　江戸城開城（大野哲郎）氷川の賢者（川野
　京輔）附：海舟をめぐる維新の群像（熊田
　三夫）〉

◇勝海舟と幕末明治　松浦玲著　講談社
　1973　218p　20cm

◇勝海舟の生涯　木本至著　日本文華社
　（文華新書）　1973　249p　19cm　〈参考
　文献：p.247-249〉

◇咸臨丸出航—物語と史蹟をたずねて　土
　橋治重著　成道堂出版　1973　222p
　19cm　〈勝麟太郎年表：p206-212〉

◇勝海舟全集　19　海舟日記　2　勝部真
　長，松本三之介，大口勇次郎編　勁草書房
　1973　542p　図　20cm　〈解説（勝部真
　長）〉

◇勝海舟全集　20　海舟日記　3　勝部真
　長，松本三之介，大口勇次郎編　勁草書房
　1973　490p　図　20cm　〈解説（勝部真
　長）〉

◇勝海舟全集　21　海舟日記　4　勝部真
　長，松本三之介，大口勇次郎編　勁草書房
　1973　730p　図　20cm　〈解説（勝部真
　長）〉

◇勝海舟の言葉　勝安芳著，幕末維新研究
　会編　大陸書房　1972　253p　19cm
　〈勝海舟年譜：p.244-253〉

◇勝海舟全集　18　海舟日記　1　勝部真
　長，松本三之介，大口勇次郎編　勁草書房
　1972　474p　図　20cm　〈解説（勝部真
　長）〉

◇勝海舟全集　20　海舟語録・海舟詩歌集
　講談社　1972　432p　肖像　20cm　〈勝海
　舟・その人と時代（対談）（司馬遼太郎
　江藤淳）〉

◇勝海舟自伝—氷川清話　勝海舟述，勝部
　真長編　広池学園事業部　1971　305p　図

肖像　19cm

◇維新風雲録 竜馬と海舟—幕末に殴り込め
　佐野美津男著　大和書房　（ペンギン・
　ブックス）　1968　209p　18cm

◇勝海舟　松浦玲著　中央公論社　（中公新
　書）　1968　194p　18cm

◇亡友帖・清祖と逸話　勝海舟著　原書房
　（明治百年史叢書）　1968　544p　22cm

◇維新風雲録 勝海舟—負けるが勝ちさ　佐
　野美津男著　大和書房　（ペンギン・ブッ
　クス）　1967　204p　表　18cm

◇勝海舟自伝—氷川清話　勝安芳述，吉本
　襄撰，勝部真長編　広池学園出版部
　1967　332p　図版　19cm

◇勝麟太郎　田村栄太郎著　雄山閣出版
　（人物史叢書）　1967　266p　22cm

▌香月 恕経　かつき・ゆきつね
　1842〜1894　地方名士。衆議院議員を二
　期つとめ、条約改正反対の論陣をはる。

◇香月恕経翁小伝　田中正志編　香月恕経
　翁顕彰会　1981.11　42p　19cm　〈香月
　恕経の肖像あり　年譜：p39〜42〉

▌勝田 銀次郎　かつた・ぎんじろう
　1873〜1952　実業家。

◇評伝勝田銀次郎　松田重夫著，青山学院
　資料センター編　青山学院　1980.4
　116p　19cm　〈勝田銀次郎の肖像あり
　参考文献・勝田銀次郎略歴：p112〜116〉

◇得山翁小偲録　得山会編　得山会　1955

▌勝沼 精之允
　かつぬま・せいのじょう
　？ 〜1868　上野館林藩士。戊辰戦争では
　幕府側に立つことを主張したが、容れら
　れず自刃した。

◇乱世三代の夢　三輪和雄著　講談社
　1991.8　537p　19cm　①4-06-204767-5
　＊激動を駆け抜けた勝沼家の奇しき運命。
　戊辰戦争で自刃した祖父・精之允。御
　用船の船長として国家のために遭難し

伝記ガイダンス 明治を生きた人々　　175

た父・五郎。そして元老西園寺公望の主治医としてその生涯を支え、名古屋大学総長に登り詰めた子・精蔵。誇り高き三代の男たちの「繋がれた夢」。

桂 太郎　かつら・たろう

1847～1913　政治家。陸軍大将。軍制改革を推進。公爵。〔記念施設〕国立国会図書館憲政資料室 桂太郎関係文書（東京都千代田区），桂太郎旧宅（山口県萩市）

◇宰相桂太郎―日露戦争を勝利に導いた首相の生涯　渡部由輝著　潮書房光人社（光人社NF文庫）　2015.7　281p　16cm　①978-4-7698-2897-6

◇原敬―外交と政治の理想　下　伊藤之雄著　講談社　（講談社選書メチエ）2014.12　494p　19cm　〈文献あり 索引あり〉　①978-4-06-258593-4

○特集 桂太郎没後一〇〇年　「海外事情」（拓殖大学海外事情研究所）　61（10）2013.10

◇桂太郎―外に帝国主義、内に立憲主義　千葉功著　中央公論新社　（中公新書）2012.5　246p　18cm　〈文献・年譜あり〉①978-4-12-102162-5
＊日本最長の八年に及ぶ首相在任期間を誇る桂太郎。三度の政権下、日露戦争、韓国併合と、外には帝国主義政策を断行、内には伊藤博文らの次世代として、最後には政党結成に動く。山県有朋の"傀儡"と、低く評価されてきた桂だが、軍人出身ながら、軍の予算を抑制、国家全体の利益を最優先し、緊縮財政を追求し続ける。時代の制約の中、「ニコポン」と呼ばれた調整型政治家が求めたものは何か―。その全貌を描く。

◇桂太郎と森鷗外―ドイツ留学生のその後の軌跡　荒木康彦著　山川出版社　（日本史リブレット人）　2012.5　93p　21cm　〈文献・年譜あり〉　①978-4-634-54891-6
＊幕末・明治期に欧米に留学した日本人が果たした歴史的役割を考察することなしに、日本の近代化は語ることができない。とくに、十九世紀の後半から二十世紀初めの日本とドイツの関係性から、ドイツ留学経験者のその後の軌跡は注目に値する。十九世紀後半にドイツに長期留学した桂太郎と森鷗外の動きを可能な限り一次史料で追い、それを通じ日本がドイツの国制・軍制・学術などを吸収して近代国家を構築していく過程の一端も明示する。

◇紅陵に命燃ゆ　皿木喜久著　産経新聞出版　2011.4　201p　19cm　①978-4-86306-083-8
＊拓殖大学は、明治の賢哲、桂太郎によって設立された台湾協会学校が始まりである。本書は、拓殖大学の創立110周年に当たり、戦前戦後にわたり紅陵を巣立って海外に雄飛した若者や、彼らを教育した大学関係者らの壮大な人間ドラマを追求した。

◇司馬遼太郎 歴史のなかの邂逅　7　正岡子規～秋山好古・真之　司馬遼太郎著　中央公論新社　（中公文庫）　2011.3　263p　15cm　①978-4-12-205455-4
＊日本の前途を信じた若者たちの、底ぬけの明るさと痛々しさと―。第七巻は、司馬文学を代表する長篇『坂の上の雲』に描かれた正岡子規、秋山兄弟を中心に、徳冨蘆花、夏目漱石、石川啄木、清沢満之ら、昂揚の時代を生きた人々の足跡をたどる二十五篇を収録。

◇桂太郎発書翰集　桂太郎著，千葉功編　東京大学出版会　2011.1　489p　22cm　①978-4-13-026226-2

◇宰相たちのデッサン―幻の伝記で読む日本のリーダー　御厨貴編　ゆまに書房　2007.6　280p　21cm　①978-4-8433-2381-6
＊幻の伝記を読み直すなかから生まれたまったく新しい戦前期の総理大臣評伝集。

◇吉田松陰の予言―なぜ、山口県ばかりから総理大臣が生まれるのか？　浜崎惟，本誌編集部著　Book & Books　2007.5　275p　19cm　①978-4-434-10451-0
＊国家を憂えた激情のカリスマ教育者と、夢をつかんだ8人の総理に学ぶ大出世のヒント。

◇桂太郎―予が生命は政治である　小林道彦著　ミネルヴァ書房　（ミネルヴァ日本

I 政治・経済　　　　　　　　　　　　　　　　　　　　　　　　　　桂太郎

評伝選）　2006.12　354,10p　20cm　〈肖
像・文献・年譜あり〉　①4-623-04766-0
＊歴代最長の首相在任期間を誇る桂太郎。
日英同盟、日露戦争、韓国併合を主導
し、ついには明治国家の元勲となる。
桂といえば、「保守反動」という評価が
一般的であるが、本書はその生涯を辿
る中で、桂が政党政治に目覚めていく
過程を明らかにしていく。

◇桂太郎　宇野俊一著　吉川弘文館　（人物
叢書 新装版）　2006.3　300p　19cm
〈シリーズ責任表示：日本歴史学会編　肖
像・年譜・文献あり〉　①4-642-05234-8
＊明治時代の軍人政治家。長州藩士を率
い、戊辰戦争で転戦。維新後、ドイツで
軍事学を修め、陸軍の草創に貢献する。
元老山県有朋の後継者として三度にわ
たり内閣を組織し、桂園時代を築く。
日露戦争や条約改正など対外問題を処
理する一方、大逆事件の対応などに苦
慮した。やがて閥族政治の限界を悟り、
その脱却を試みつつも挫折した波瀾の
生涯に迫る。

◇歴代総理大臣伝記叢書　第6巻　桂太郎
御厨貴監修　ゆまに書房　2005.7　688p
22cm　〈複製　肖像あり　折り込1枚〉
①4-8433-1784-5

◇日本宰相列伝　上　三好徹著　学陽書房
（人物文庫）　2005.1　487p　15cm
①4-313-75193-9
＊草莽の志士の中でとびぬけた幸運をつ
かんだ伊藤博文。薩摩派のボスのよう
に見えながら孤立していた黒田清隆。
佐賀出身の大隈重信が“葉隠れ精神”嫌
いだった理由。藩閥政治退治を志した
“平民宰相”原敬の意外な経歴。首相よ
り蔵相として活躍した高橋是清の波乱
万丈の人生…。明治・大正の宰相を通
して、近代日本を検証する意欲作。

◇山河ありき―明治の武人宰相・桂太郎の
人生　古川薫著　文芸春秋　（文春文庫）
2002.12　359p　15cm　①4-16-735715-1
＊軍人としては陸軍大将、政治家として
は実に三度も首相の座についた桂太郎。
激動の明治時代を生きたこの武人宰相は
妥協と忍従の姿勢の陰で、癌研究会、日
本赤十字社、そして拓殖大学の創立に

尽力、「新生日本」のための布石を次々
に打っていた―。「ニコポン首相」と呼
ばれた男の知られざる豪胆さを描く。

◇山河ありき―明治の武人宰相桂太郎の人
生　古川薫著　文芸春秋　1999.10　283p
20cm　〈文献あり〉　①4-16-318710-3
＊日露戦争時の首相で、三度の首相に就
いた桂太郎は拓殖大学の創立者でも
あった。―激動の時代と共に生き、20
世紀に目を向けた軍人政治家の生涯を
描いた書き下ろし長篇歴史小説。

◇運命の児―日本宰相伝　2　三好徹著　徳
間書店　（徳間文庫）　1997.8　334p
15cm　①4-19-890742-0
＊明治、大正、昭和前期三時代の潮流から
逃れられぬ運命を背負った七人の宰相
たちがたどった“頂点”までの紆余曲折
の道のりを追い、その人間像を余すと
ころなく描き出す。戦乱と動乱の渦中
に屹立した彼らの栄光と蹉跌、そして
死と隣り合わせの権勢とは。

◇日本の大陸政策 1895 - 1914―桂太郎と後
藤新平　小林道彦著　南窓社　1996.10
318p　21cm　①4-8165-0194-0

◇桂太郎自伝　桂太郎著，宇野俊一校注
平凡社　（東洋文庫）　1993.4　362p
18cm　①4-582-80563-9
＊長州閥の嫡流、とりわけ元老山県有朋
の直系として軍・政界を生き、日英同
盟・日露戦争・日韓併合また大逆事件の
弾圧をも主導した桂。藩閥・政党対抗
の中、帝国主義国家へと向かう明治の
政治を、裏面史・人物評・自己顕彰をと
りまぜて語る。ニコポン宰相半生記の
待望の翻刻。

◇近代日本内閣史論　藤井貞文著　吉川弘
文館　1988.7　364p 21cm
①4-642-03616-4

◇日本宰相列伝　4　桂太郎　川原次吉郎著
時事通信社　1985.11　182p　19cm　〈監
修：細川隆元 新装版 4.桂太郎 川原次吉郎
著 巻末：略年譜 初版：1959(昭和34) 肖
像・筆跡：桂太郎〔ほか〕　図版(肖像
筆跡)〉　①4-7887-8554-4

◇公爵桂太郎伝　乾巻　徳富蘇峰編著　原

伝記ガイダンス 明治を生きた人々　**177**

書房　（明治百年史叢書）　1967　1131p
図版　22cm

◇公爵桂太郎伝　坤巻　徳富蘇峰編著　原
書房　（明治百年史叢書）　1967　1051,
61p 図版　22cm

◇桂太郎　川原次吉郎著　時事通信社　（三
代宰相列伝）　1959　182p 図版　13cm

◇近代政治家評伝　阿部真之助著　文芸春
秋新社　1953　353p 19cm

◇明治の政治家たち─原敬につらなる人々
上，下巻　服部之総著　岩波書店　（岩波
新書）　1950-54　2冊　18cm

▌ 桂 久武　かつら・ひさたけ

1830〜1877　鹿児島藩士。都城県参事。
西南戦争では西郷軍に参加、後方任務で
活躍。

◇鹿児島県史料集　26　桂久武日記　鹿児
島県立図書館　1986.2　151p 26cm
〈桂久武の肖像あり〉

▌ 桂 弥一　かつら・やいち

1849〜1939　地方功労者。殖林事業、青
年薫陶に尽力。明治維新の志士たちの事
跡を後生に伝えるため、尊攘堂（のち下関
市立長府博物館）を建設。

◇桂翁の横顔　内田要助編　長府博物館
1963.10　319p 図14枚 肖像　18cm　〈年
譜：p310〜316〉

◇桂翁の横顔　内田要助著　長府博物館
1958

▌ 加藤 仡夫　かとう・いさお

1878〜1911　志士，陸軍軍人。広東講務
学堂教官。中国の亡命客、孫文らと交わ
り、中国革命の援助を志す。

◇加藤仡夫─清国辛亥革命に散華した館林
人とその時代　岡本武著　秋元会・館林
秋元藩史研究会　2010.11　51p 22cm
〈年譜あり〉

▌ 加藤 高明　かとう・たかあき

1860〜1926　政治家，外交官。内閣総理

大臣。立憲同志会総裁。伯爵。

◇加藤高明─主義主張を枉ぐるな　櫻井良樹
著　ミネルヴァ書房　（ミネルヴァ日本評
伝選）　2013.12　350,9p 20cm　〈文献・
年譜・索引あり〉　①978-4-623-06607-0
＊加藤高明（一八六〇〜一九二六）外交
官・政治家。東大卒業後三菱に入社、英
国留学後、官僚に転じて、英国公使・外
相となる。憲政会総裁として首相をつ
とめ、普通選挙法を成立させ二大政党
時代を切り開いた。日英接近を図る
いっぽうで、対華二一カ条要求を行っ
たが、首相時代には協調外交を展開さ
せた。その内政と外交の足跡に迫る。

◇加藤高明　上　オンデマンド版　加藤高
明伯伝記編纂会編　原書房　（明治百年
叢書）　2013.5　816p 21cm
①978-4-562-10106-1

◇加藤高明　下　オンデマンド版　加藤高
明伯伝記編纂会編　原書房　（明治百年史
叢書）　2013.5　786,16,13p 21cm
①978-4-562-10107-8

◇人物で読む近代日本外交史─大久保利通
から広田弘毅まで　佐道明広，小宮一夫，
服部竜二編　吉川弘文館　2009.1　316p
19cm　①978-4-642-07997-6
＊明治維新から昭和戦前期まで、日本外
交を担った伊藤博文、陸奥宗光、幣原喜
重郎ら十九名の外交官・政治家たち。
彼らの個性に光を当て、条約改正、朝鮮
問題、協調外交、日中戦争など、近代日
本外交の栄光と苦悩を描く。

◇宰相たちのデッサン─幻の伝記で読む日
本のリーダー　御厨貴編　ゆまに書房
2007.6　280p 21cm
①978-4-8433-2381-6
＊幻の伝記を読み直すなかから生まれた
まったく新しい戦前期の総理大臣評
伝集。

◇加藤高明と政党政治─二大政党制への道
奈良岡聡智著　山川出版社　2006.8　447,
15p 22cm　〈文献あり〉
①4-634-52011-7
＊本書は、加藤高明（一八六〇〜一九二六
年）の政治指導を分析し、戦前期におけ
る二大政党制（一九二四〜一九三二年）

の形成過程を明らかにするものである。

◇加藤高明　御厨貴監修　ゆまに書房　（歴代総理大臣伝記叢書）　2006.2　1冊　21cm　Ⓘ4-8433-1793-4

◇歴代総理大臣伝記叢書　第15巻　加藤高明　御厨貴監修　ゆまに書房　2006.2　33,659,68p　図版64枚　22cm　〈複製　肖像あり〉　Ⓘ4-8433-1793-4

◇日本宰相列伝　下　三好徹著　学陽書房　（人物文庫）　2005.1　530p　15cm　Ⓘ4-313-75194-7
＊議会の壇上で倒れて、帰らぬ人となった加藤高明。反骨の陸軍軍人から、総理大臣になった田中義一。国民の期待を担って登場した近衛文麿の"運命"とは。「生きて虜囚」となった開戦時の首相・東条英機。敗軍の将となることで日本を救った鈴木貫太郎を…。十一人の宰相を通して、激動の昭和史を検証する名作。

◇加藤高明—伝記・加藤高明　上巻　伊藤正徳編　大空社　（伝記叢書）　1995.6　816,6p　22cm　〈加藤伯伝記編纂委員会昭和4年刊の複製　☆柳原書店〉　Ⓘ4-87236-474-0

◇加藤高明—伝記・加藤高明　下巻　伊藤正徳編　大空社　（伝記叢書）　1995.6　786,16,13p　22cm　〈加藤伯伝記編纂委員会昭和4年刊の複製　☆柳原書店　付：加藤伯年譜〉　Ⓘ4-87236-475-9

◇凛冽の宰相　加藤高明　寺林峻著　講談社　1994.4　330p　19cm　Ⓘ4-06-207010-3
＊宰相・加藤高明は大正デモクラシーが乱舞するなか、連立政権を率い、政治に体当たりしていった。骨太で剛直、凛冽一途の政治家が没後七十年、現代に届けるメッセージ。

◇日本宰相列伝　10　加藤高明　近藤操著　時事通信社　1986.1　278p　19cm　〈監修：細川隆元　三代宰相列伝（昭和34年刊）の改題新装版　加藤高明の肖像あり　略年譜：p272～278〉　Ⓘ4-7887-8560-9

◇加藤高明と大正デモクラシー　豊田穣著　講談社　（明治・大正の宰相）　1984.3　316p　20cm　〈巻末：年表〉　Ⓘ4-06-180698-X

◇加藤高明　上巻　加藤高明伯伝編纂委員会編　原書房　（明治百年史叢書）　1970　816p　図版　22cm　〈加藤高明伝刊行会昭和4年刊の複製〉

◇加藤高明　下巻　加藤高明伯伝編纂委員会編　原書房　（明治百年史叢書）　1970　786,16,13p　図版　22cm　〈加藤高明伝刊行会昭和4年刊の複製　付：加藤伯年譜〉

◇人物・日本の歴史 13　小西四郎編　読売新聞社　1966

◇加藤高明　近藤操著　時事通信社　（三代宰相列伝）　1959　278p　図版　18cm

◇日本歴史講座 7 現代篇　加藤高明　大森とく子著　河出書房　1954

◇近代政治家評伝　阿部真之助著　文芸春秋新社　1953　353p　19cm

▌加藤　恒忠　かとう・つねただ
1859～1923　外交官，政治家。松山市長，衆議院議員。大阪新報社長、シベリア派遣臨時大使を歴任。

◇伊藤博文を激怒させた硬骨の外交官加藤拓川—帝国主義の時代を生き抜いた外交官とその知友たちの物語　成澤榮壽著　高文研　2012.11　327p　20cm　〈文献・年譜あり〉　Ⓘ978-4-87498-495-6
＊帝国主義を「盗賊主義」と批判し、晩年には「軍備撤廃論」「反軍国主義」を主唱した外交官がいた！　思想家中江兆民に学び、「坂の上の雲」の主人公秋山好古や「平民宰相」原敬の親友・叔父として正岡子規のめんどうをみた拓川・加藤恒忠の本格評伝。

◇加藤拓川　畠中淳編著　「杜鵑花」発行所編集部　（杜鵑花叢書）　2012　312p　19cm　〈年譜・文献あり〉　Ⓘ978-4-905375-05-0

◇戦後教育の原点を守れるのは誰か—大人になれない大人がつくった「学習指導要領」の破産と虚妄　新装版　重見法樹著　東京図書出版会　2007.1　240p　19cm　Ⓘ978-4-86223-156-7

◇戦後教育の原点を守れるのは誰か—大人になれない大人がつくった「学習指導要

加藤友三郎

領」の破産と虚妄　重見法樹著　東京図書出版会　2004.10　219p　19cm
①4-434-03669-6

◇拓川と羯南—たくせんとかつなん　松山市立子規記念博物館編　松山市立子規記念博物館　1987.10　92p　26cm　〈第16回特別企画展図録　加藤拓川・陸羯南の肖像あり　会期：昭和62年10月27日〜11月23日　加藤拓川・陸羯南年譜：p80〜83〉

◇加藤拓川　畠中淳編著　松山子規会　（松山子規会叢書）　1982.2　312p　19cm　〈加藤拓川の肖像あり　年譜：p293〜303主な参考文献：p311〜312〉

◇愛媛の先覚者　第4　愛媛県教育委員会　1966　240p　図版　21cm

▎加藤　友三郎　かとう・ともさぶろう
1861〜1923　子爵，海軍軍人，元帥。総理大臣。ワシントン会議全権委員として条約を締結。

◇蒼茫の海—提督加藤友三郎の生涯　豊田穣著　潮書房光人社　（光人社NF文庫）2016.6　436p　15cm
①978-4-7698-2951-5
＊海軍大将加藤友三郎とは何者であったか—八八艦隊建造の推進派でありながら、ワシントン会議において強力な統制力をもって軍縮の推進役に転じたその先見性とは。進むことを知り、かつ退くことも受け入れる柔軟性に富んだ「日本の誠意」と謳われた男の足跡を辿る感動の人物伝。近代の象徴といえる提督の気概を描く。

◇図説　日本海軍提督コレクション　日本海軍研究会著　竹書房　2013.12　191p　19cm　①978-4-8124-9803-3
＊「世界三大海軍」と呼ばれた日本海軍最強提督100。

◇海軍良識派の研究—日本海軍のリーダーたち　工藤美知尋著　光人社　（光人社NF文庫）　2011.11　340p　15cm
①978-4-7698-2710-6
＊「良識派」軍人の系譜を辿り、日本海軍の歴史と誤謬を明らかにする！「条約派」と「艦隊派」対立の根源を探り、平易・詳細に解説した人物伝。

◇海軍大将加藤友三郎と軍縮時代—米国を敵とした日露戦争後の日本海軍　工藤美知尋著　光人社　（光人社NF文庫）2011.3　272p　16cm　〈文献あり〉
①978-4-7698-2677-4
＊なぜ日本は日露戦争の勝利という頂点に立ちながら、転落の道を歩まねばならなかったのか—日本という国家の脆弱さと列強の思惑をよく知り、米英との協調のなかに日本の進むべき道を見出そうとした海軍の至宝、加藤友三郎。日本海海戦で連合艦隊参謀長として奮戦し、また偉大な政治家でもあったその足跡を辿る。

◇日本海軍将官総覧　太平洋戦争研究会編著　PHP研究所　2010.5　378p　19cm
①978-4-569-77551-7
＊栄光の明治から昭和の敗戦まで、海の戦いを指揮した男たちのプロフィール！　コンパクトで便利な使える一冊。

◇宰相たちのデッサン—幻の伝記で読む日本のリーダー　御厨貴編　ゆまに書房　2007.6　280p　21cm
①978-4-8433-2381-6
＊幻の伝記を読み直すなかから生まれたまったく新しい戦前期の総理大臣評伝集。

◇加藤友三郎　御厨貴監修　ゆまに書房　（歴代総理大臣伝記叢書）　2006.2　287p　21cm　①4-8433-1791-8

◇歴代総理大臣伝記叢書　第13巻　加藤友三郎　御厨貴監修　ゆまに書房　2006.2　16,287p　図版35枚　22cm　〈複製　折り込み1枚　肖像・年譜あり〉
①4-8433-1791-8

◇蒼茫の海—海軍提督/加藤友三郎の生涯　豊田穣著　集英社　（集英社文庫）1989.7　423p　16cm　①4-08-749477-2

◇日本宰相列伝　9　加藤友三郎　新井達夫著　時事通信社　1985.12　xii,207p　19cm　〈監修：細川隆元　新装版 9.加藤友三郎　新井達夫著　巻末：略年譜　初版：1958（昭和33）　肖像：加藤友三郎〔ほか〕図版（肖像）〉　①4-7887-8559-5

180　伝記ガイダンス　明治を生きた人々

I　政治・経済　　　　　　　　　　　　　　　　　　　　　　　　　　　　　　　　楫取素彦

◇蒼茫の海—軍縮の父 提督加藤友三郎の生涯　豊田穣著　プレジデント社　1983.1　246p　20cm

◇加藤友三郎　新井達夫著　時事通信社（三代宰相列伝）　1958　207p 図版　18cm

▍加藤　平五郎　かとう・へいごろう
1860〜1925　開拓者。

◇改編石狩の三河男児—加藤平五郎伝　加藤良平編　〔加藤良平〕　1989.7　53p　22cm　〈付：参考文献〉

▍門野　重九郎　かどの・じゅうくろう
1867〜1958　門野重九郎（かどのちょうきゅうろう）とも。実業家。大倉組副頭取。日本商工会議所及び東京商工会議所の会頭、経済使節団のメンバーとして欧米との交流に尽力。

◇平々凡々九十年　門野重九郎著　実業之日本社　1956

▍楫取　美和　かとり・みわ
1843〜1921　吉田松陰の末妹。久坂玄端の妻。死別後に楫取素彦と再婚。

◇吉田松陰 杉・村田家の系譜　熊井清雄著　東洋出版　2016.8　278p 図版10p　19cm　〈文献あり〉　①978-4-8096-7838-7

◇吉田松陰の妹・文（美和）　山本栄一郎著　萩ものがたり　（萩ものがたり）　2015.5　65p　21cm

◇花燃ゆ—2015年NHK大河ドラマ特別展　NHK,NHKプロモーション編　NHK　2015.4　251p　26cm　〈会期・会場：2015年4月18日—5月24日 山口県立萩美術館・浦上記念館ほか　共同刊行：NHKプロモーション　年表あり〉

◇松陰の妹　新井恵美子著　北辰堂出版　2015.1　223p　19cm　〈文献あり 年譜あり〉　①978-4-86427-182-0

◇楫取素彦と吉田松陰の妹・文　一坂太郎著　KADOKAWA　（新人物文庫）　2014.12　287p　15cm　①978-4-04-600937-1

◇吉田松陰の妹—三人の志士に愛された女　原口泉著　幻冬舎　2014.12　215p　18cm　〈文献あり〉　①978-4-344-02696-4

◇「花燃ゆ」が100倍楽しくなる杉文と楫取素彦の生涯　大野富次著　宝島社　2014.12　221p　19cm　〈文献あり 年譜あり〉　①978-4-8002-3592-3

◇吉田松陰と文の謎　川口素生著　学研パブリッシング　（学研M文庫）　2014.11　327p　15cm　〈文献あり 年譜あり〉　①978-4-05-900885-9

◇吉田松陰の妹・文のことがマンガで3時間でわかる本—へぇ〜そうなのか！　津田太愚著，つだゆみマンガ　明日香出版社　2014.10　218p　21cm　〈文献あり 年表あり〉　①978-4-7569-1730-0

◇至誠に生きて　冨成博著　右文書院　2014.10　227p　20cm　〈文献あり〉　①978-4-8421-0772-1

◇文、花の生涯—幕末長州のある家族の肖像　楠戸義昭著　河出書房新社　（河出文庫）　2014.9　228p　15cm　〈文献あり〉　①978-4-309-41316-7

◇吉田松陰とその妹文の生涯—松下村塾はいかに歴史を変えたか！　不破俊輔著　明日香出版社　2014.9　283p　19cm　〈文献あり 年表あり〉　①978-4-7569-1725-6

▍楫取　素彦　かとり・もとひこ
1829〜1912　官吏。足柄県知事。廃娼令のさきがけ。元老院議員、貴族院議員を歴任。

◇吉田松陰 杉・村田家の系譜　熊井清雄著　東洋出版　2016.8　278p 図版10p　19cm　〈文献あり〉　①978-4-8096-7838-7

◇楫取素彦と功徳碑　手島仁著　上毛新聞社事業局出版部　（前橋学ブックレット）　2016.7　72p　21cm　〈企画：前橋市文化スポーツ観光部文化国際課歴史文化遺産活用室　文献あり〉　①978-4-86352-156-8

◇至誠の人楫取素彦　吉村洋輔執筆，楫取素彦顕彰会編　毛利報公会　2015.3　139p　21cm

◇松陰の妹を妻にした男の明治維新　富澤

伝記ガイダンス 明治を生きた人々　**181**

秀機著　徳間書店　2015.3　301p　20cm
〈文献あり〉　①978-4-19-863919-8

◇至誠の人　楫取素彦　畑野孝雄著　上毛新
聞社事業局出版部　2015.3　321p　22cm
〈文献あり〉　①978-4-86352-122-3

◇松陰と楫取　石川和朋著　マルニ
2014.12　135p　21cm

◇楫取素彦と吉田松陰の妹・文　一坂太郎著
KADOKAWA　（新人物文庫）　2014.12
287p　15cm　①978-4-04-600937-1

◇吉田松陰の妹―三人の志士に愛された女
原口泉著　幻冬舎　2014.12　215p
18cm　〈文献あり〉　①978-4-344-02696-4

◇松陰の妹二人を愛した名県令・楫取素彦
―松下村塾を支え富岡製糸場を救った群
馬の恩人　大野富次著　日刊工業新聞社
2014.12　241p　19cm　〈文献あり　年譜
あり〉　①978-4-526-07341-0

◇「花燃ゆ」が100倍楽しくなる杉文と楫取
素彦の生涯　大野富次著　宝島社
2014.12　221p　19cm　〈文献あり　年譜
あり〉　①978-4-8002-3592-3

◇楫取素彦―「至誠」を体現した松陰の盟友
道迫真吾著　萩ものがたり　（萩ものがた
り）　2014.11　64p　21cm　〈年譜あり〉

◇吉田松陰と文の謎　川口素生著　学研パ
ブリッシング　（学研M文庫）　2014.11
327p　15cm　〈文献あり　年譜あり〉
①978-4-05-900885-9

◇楫取素彦―吉田松陰が夢をたくした男
中村紀雄著　書肆侃侃房　2014.11　207p
19cm　〈文献あり　年譜あり〉
①978-4-86385-164-1

◇上野三碑と楫取素彦―幕末近代のアーカ
イブ　平成26年度多胡碑記念館第38回企画
展　多胡碑記念館編　多胡碑記念館
2014.10　48p　30cm　〈多胡碑研究史シ
リーズ第2弾　会期：平成26年10月7日―
12月7日　年表あり〉

◇楫取家文書　1　オンデマンド版　東京大
学出版会　（日本史籍協会叢書）　2014.9
500p　22cm　〈印刷・製本：デジタルパ
ブリッシングサービス　覆刻再刊　昭和59
年刊〉　①978-4-13-009355-2

◇楫取家文書　2　オンデマンド版　東京大
学出版会　（日本史籍協会叢書）　2014.9
521p　22cm　〈印刷・製本：デジタルパ
ブリッシングサービス　覆刻再刊　昭和59
年刊〉　①978-4-13-009356-9

◇絹の国を創った人々―日本近代化の原点・
富岡製糸場　志村和次郎著　上毛新聞社
2014.7　198p　19cm
①978-4-86352-107-0
＊明治期、国を挙げての養蚕、製糸、絹織
物の振興策が取られる。富岡製糸場の
器械製糸をキーワードに、生糸、蚕種の
輸出や養蚕技術の向上策など、日本版
産業革命の推進力になった「絹の道へ
の先駆け」ロマンとは！

◇楫取素彦伝―耕堂楫取男爵伝記　村田峰
次郎著　山口県萩市　2014.3　395p
19cm　〈共同刊行：群馬県前橋市　発行
所：群馬県文化事業振興会　年譜あり〉

◇楫取素彦と幕末・明治の群像―没後一〇
〇年記念特別展　萩博物館編　萩博物館
2012.9　87p　30cm　〈会期：平成24年9
月22日―10月21日　年譜・文献あり〉

◇楫取素彦読本―吉田松陰との絆を活かし
て、新しい群馬の扉を開いた人　楫取素
彦顕彰会編　楫取素彦顕彰賛助会
2012.8　4,99p　21cm

◇男爵楫取素彦の生涯―吉田松陰投獄後の松
下村塾を託されていた　楫取素彦没後百
年顕彰会編　毛利報公会　2012.8　380p
21cm　〈没後百年記念　年譜あり〉

◇絹先人考　上毛新聞社編　上毛新聞社
（シルクカントリー双書）　2009.2　313p
19cm　①978-4-86352-005-9
＊群馬のシルク産業にかかわった多くの
人たちは、時代の先導者でもあった。
絹の国の先人たちは何を考え、どう生
きたのか。現代に引き継がれている先
人たちの業績や特質、その背景や先進
性などに迫った。

◇関東を拓く二人の賢者―楫取素彦と小野
島行薫　韮塚一三郎著　さきたま出版会
1987.2　230〔正しくは229〕p　20cm
〈楫取素彦および小野島行薫の肖像あり
付：楫取素彦・小野島行薫略年譜　参考

文献〉

◇楫取家文書　日本史籍協会編　東京大学
出版会　（日本史籍協会叢書）　1984.9　2
冊　22cm　〈昭和6年刊の複製再刊〉
①4-13-097655-9

◇楫取家文書　日本史籍協会編　東京大学出
版会　（日本史籍協会叢書）　1970　2冊
22cm　〈日本史籍協会昭和6年刊の複製〉

金岡　又左衛門
かなおか・またざえもん
1864～1929　実業家，政治家。

◇偲春荘　金岡又左衛門著　金岡又左衛門
（4世）　1958

金輪　五郎　かなわ・ごろう
1833～1870　武士。赤報隊に参加。大村
益次郎暗殺容疑で捕えられ刑死。

◇金輪五郎─草莽・その生と死　吉田昭治
著　秋田文化出版社　1973　2冊　19cm
〈参考文献：下巻p.252-253〉

蟹江　一太郎　かにえ・いちたろう
1875～1971　実業家。カゴメ社長。トマ
トケチャップの製造，カゴメ創業者・会長。
〔記念施設〕カゴメ記念館（愛知県東海市）

◇創業者列伝 熱き魂の軌跡─日本を代表す
る9人の企業家たち　若山三郎著　グラフ
社　2009.10　223p　19cm
①978-4-7662-1281-5
＊昔の社長は，こんなに魅力あふれる人
たちだったのか！ 日本人になじみ深い
企業の創業者9人が，苦難を乗り越えて
創業し，会社を大きく育てていった道
程。そこには，今こそあらためて学び
たいリーダーの資質が顕れている。

◇名創業者列伝─挫折と成功の軌跡　山本
健治著　経林書房　2005.2　231p　19cm
①4-7673-1123-3
＊中小企業災害補償共済福祉財団の広報
誌に連載した創業者列伝から11人をま
とめ，どのようにしてチャンスをつか
んだか，どう失敗から立ち直ったか，そ
の生きざまを紹介する。

◇食を創造した男たち─日本人の食生活を
変えた五つの食品と五人の創業者　島野
盛郎著　ダイヤモンド社　1995.10　210p
19cm　①4-478-38022-8
＊ケチャップ，マヨネーズ，カレー粉，乳
酸菌飲料，ウイスキー。いまや日本人
の食生活に完全に根づいたこれらの国
産食品は，誰によって開発され，どのよ
うに定着してきたのか。食生活近代化
の黎明期に，未踏の分野に果敢に挑戦
し，事業化に成功した五人の創業者の
五つのの食品開発物語。

◇トマト王蟹江一太郎　上野町教育委員会
1955.7　207p　19cm　〈蟹江一太郎の肖
像あり　蟹江一太郎年譜：p191～204〉

金子　喜一　かねこ・きいち
1875～1909　社会運動家，編集者。米国
社会民主党。日本社会主義運動の先駆者。
著書に「海外より見たる社会問題」。

◇金子喜一とジョセフィン・コンガー─社会
主義フェミニズムの先駆的試み　大橋秀
子著　岩波書店　2011.3　256,13p　22cm
〈年譜・索引あり〉　①978-4-00-025800-5
＊二〇世紀初頭のアメリカで，「フェミニ
ズムの足音」が聞こえると謳い，女性が
男性に従属することのない新しい社会
の到来を予感した稀有な社会主義者，
金子喜一と，ラディカルなフェミニス
ト，ジョセフィン・コンガー。「人間の
平等」という同じ理想をめざす社会主
義の影響を受けながらも，フェミニズ
ムが独自の深まりを見せていく過程を，
二人の生涯を通じて描く。

◇金子喜一とその時代　北村巖著　柏艪舎
（柏艪舎エルクシリーズ）　2007.12
313p　20cm　〈年譜・文献あり〉
①978-4-434-11331-4
＊本書は，夢に生き，途上にて若くして
散った明治の一青年，金子喜一の生涯
をまとめたものである。

金子　堅太郎　かねこ・けんたろう
1853～1942　伯爵，官僚，政治家。首相
秘書官。貴族院書記官。枢密顧問官，維

新史料編纂会総裁などを歴任。

◇金子堅太郎—槍を立てて登城する人物になる　松村正義著　ミネルヴァ書房　（ミネルヴァ日本評伝選）　2014.1　284,4p　20cm　〈文献・年譜・索引あり〉①978-4-623-06962-0
＊金子堅太郎（一八五三〜一九四二）。官僚、政治家。明治・大正・昭和を通じて、官僚、政治家として国際的な活躍を見せた金子堅太郎。その本領は一体何だったのか。法律家、経済政策通、遊説家、国際交流人、歴史家など様々な功績を振り返りながら、近代日本の発展を世界に広報し続けた「国際人」としての姿を描き出す。

◇日本保守思想のアポリア　礫川全次著　批評社　（PP選書）　2013.6　195p　19cm　①978-4-8265-0582-6
＊「尊皇攘夷」を錦の御旗に、倒幕・権力奪取した明治維新政府は、近代化・欧化政策を推し進め、日本古来の伝承文化を解体する一方、欽定の帝国憲法を制定するなど、新たな「保守主義」を創造し、アジア支配を目指す覇権国家として再出発した。「王政復古」という名の「断絶」と「継承」を支えたのは、「國體」という虚構のイデオロギーであった。「國體」というキーワードをとおして、近代日本の保守思想を解剖する。

◇日露戦争　もう一つの戦い—アメリカ世論を動かした五人の英語名人　塩崎智著　祥伝社　（祥伝社新書）　2006.7　211p　18×11cm　①4-396-11041-3
＊日本が国家存亡を賭して戦った日露戦争。戦費もままならない日本にとって、国際世論の行方、わけても新興の経済大国であるアメリカは外債募集先としても、休戦調停役としても重要な存在だった。そんな中アメリカに渡り、アメリカ世論を親日に導き続けた五人の日本人がいた。東洋美術の使徒、岡倉天心。社交界で活躍した男爵・金子堅太郎。社会人教育に邁進した法学者、家永豊吉。英文詩人として名を馳せたヨネ・ノグチこと野口米次郎。不偏不党の歴史学者、朝河貫一。彼ら「明治の英語名人」は、「ペン（論文）と舌（講演）」

でアメリカ世論を日本の味方にした。—英語で戦われた日露戦争。この本は、もう一つの『坂の上の雲』である。

◇金子堅太郎自叙伝　第2集　金子堅太郎著，高瀬暢彦編　日本大学精神文化研究所　（日本大学精神文化研究所研究叢書）　2004.3　308p　22cm　〈年譜あり〉

◇金子堅太郎研究　第2集　高瀬暢彦著　日本大学精神文化研究所　（日本大学精神文化研究所研究叢書）　2002.3　342p　22cm

◇日露戦争期の米国における広報活動—岡倉天心と金子堅太郎　山崎新コウ著　山崎書林　2001.4　72p　26cm　〈文献あり〉①4-946465-01-4

◇金子堅太郎研究　第1集　高瀬暢彦編著　日本大学精神文化研究所　（日本大学精神文化研究所研究叢書）　2001.3　278p　22cm

◇金子堅太郎『政治論略』研究　高瀬暢彦編著　日本大学精神文化研究所　（日本大学精神文化研究所研究叢書）　2000.3　266p　22cm

◇明治に名参謀ありて—近代国家「日本」を建国した6人　三好徹著　小学館　（小学館文庫　「時代・歴史」傑作シリーズ）　1999.1　350p　15cm　①4-09-403511-7
＊平成不況と言われるなか、再び注目を浴びているのが二・二六事件で暗殺された蔵相高橋是清。財界の守護神と呼ばれ、昭和恐慌ではモラトリアムを実施し日本の危機を救った。しかしその高橋だが、米国留学時代には奴隷として売られたり、芸姑のヒモとなっていたりと決してエリートとは呼べない人生を歩んできたのだった。このほか、三井財閥の創始者、益田孝や日露戦争の作戦立案者、児玉源太郎など明治に活躍した六人の男たちのエピソードを作家の三好徹が力強く描く。明治人はいかに困難を乗り切ったのだろうか。

◇日露戦争と金子堅太郎—広報外交の研究　増補改訂版　松村正義著　新有堂　1987.10　572,8p　21cm　①4-88033-010-8

I　政治・経済　　　　　　　　　　　　　　　　　　　　　　　　　　金子直吉

金子 直吉　かねこ・なおきち

1866〜1944　実業家。鈴木商店番頭。日米船鉄交換契約に尽力。経営戦略を展開し、総合商社へと発展。

◇大番頭金子直吉　鍋島高明著　高知新聞社　2013.9　302p　20cm　〈高知新聞総合印刷（発売）　年譜・文献あり〉
①978-4-906910-15-1

◇財閥経営と企業家活動　宇田川勝著　森山書店　2013.4　281p　21cm
①978-4-8394-2127-4

◇企業家に学ぶ日本経営史—テーマとケースでとらえよう　宇田川勝, 生島淳編　有斐閣　（有斐閣ブックス）　2011.12　348p　21cm　①978-4-641-18400-8
＊主要なテーマを解説したうえで、代表的な企業家を取り上げ、具体的なケースと豊富な資料にもとづいて解説。経営史の醍醐味を実感しながら学べる新しいテキスト。

◇企業家活動の破綻—金子直吉　長谷川直哉述　法政大学イノベーション・マネジメント研究センター　（Working paper series　日本の企業家史戦前編—企業家活動の「古典」に学ぶ）　2010.1　48p　30cm　〈会期：2008年3月15日〉

◇日本の経営者　日本経済新聞社編　日本経済新聞出版社　（日経文庫）　2009.8　214p　18cm　①978-4-532-11208-0
＊明治・大正・昭和の日本を創った経営者14人の行動力、アイデア、経営倫理と成功の秘訣。豊かな発想のもと、新たな事業戦略を練り上げ、ライバルと切磋琢磨してきた彼らの姿から、現代や未来の企業家への示唆、教訓を浮き彫りにした。単なる事業意欲やお金への執着心だけではなく、高い倫理観や公共精神こそ企業家の原動力になっていたことを明らかにしている。

◇日本「創業者」列伝　別冊宝島編集部編　宝島社　（宝島SUGOI文庫）　2008.8　188p　15cm　①978-4-7966-6530-8
＊近代日本の幕開けとともに、新しい国づくりに力を貸した男たちがいた。三菱の岩崎弥太郎、日本に資本主義経済を根付

かせた渋沢栄一などがその代表である。太平洋戦争の後には、二輪オートバイの本田宗一郎、総合家電の松下幸之助などが世界に翔び立った。そして現代、多くの熱き男たちが出番を待っている。そんな今日の日本経済を支える大企業の創業者たちの成功までのストーリー。

◇経営に大義あり—日本を創った企業家たち　日本経済新聞社編　日本経済新聞社　2006.5　247p　19cm　①4-532-35209-6
＊類い希なる事業力と人間的魅力をもつ「経営の巨人」たちの素顔に、当代きっての作家・歴史家・研究者たちが迫る、こだわりの人物伝。

◇行（い）け！　まっしぐらじゃ—評伝・金子直吉　辻本嘉明著　郁朋社　1999.2　239p　19cm　〈文献あり〉
①4-87302-018-2
＊世界の経済界が未曾有の大混乱に陥った大正初期。そんな先行き不透明な時代に、慧眼をもって「前進」と叫んだ金子直吉。鈴木商店を率いて不安定な世情をよそに商機を逃さず、ひとり気炎を吐いた商人の半生を綴った評伝小説。

◇金子直吉伝　白石友治編　ゆまに書房　（人物で読む日本経済史）　1998.12　468p　22cm　〈金子柳田両翁頌徳会昭和25年刊の複製〉　①4-89714-601-1

◇人物で読む日本経済史　第8巻　金子直吉伝　白石友治編輯　ゆまに書房　1998.12　468p　22cm　〈監修：由井常彦　金子柳田両翁頌徳会昭和25年刊の複製　年譜あり〉
①4-89714-601-1

◇財界人物我観　福沢桃介著　図書出版社　（経済人叢書）　1990.3　177p　19cm
＊自由奔放に生きた鬼才・福沢桃介が明治財界の巨頭たちを俎上に載せ毒舌をふるう。

◇史上最大の仕事師—鈴木商店の大番頭・金子直吉のすべて　沢野雄之著　PHP研究所　（PHP business library）　1983.10　222p　18cm　①4-569-21168-2

◇金子直吉遺芳集　辰巳会本部　1972　403p　27cm　〈限定版〉

◇日本財界人物列伝　第1巻　青潮出版株式

会社編 青潮出版 1963 1171p 図版 26cm

◇松方・金子物語 藤本光城著 兵庫新聞社 1960 344p 図版 22cm

◇財界巨人伝 河野重吉著 ダイヤモンド社 1954 156p 19cm

◇金子直吉伝 編纂：白石友治 金子柳田両翁頌徳会 1950 468p 図 肖像 22cm 〈金子直吉年譜：p.11-24〉

‖ **兼松 房治郎** かねまつ・ふさじろう
1845～1913 実業家。大阪商戦の創立に参画。兼松商店を開設し、日豪貿易の発展に尽力。

◇戦前日豪貿易史の研究―兼松商店と三井物産を中心にして 天野雅敏著 勁草書房 （神戸大学経済学叢書） 2010.4 166p 21cm ①978-4-326-50220-2

◇兼松六十年の歩み 兼松編 兼松 1955

◇兼松回顧六十年 兼松編 兼松 1950

‖ **加納 宗七** かのう・そうしち
1827～1887 勤王家。天満屋騒動に関与。〔記念施設〕像（兵庫県神戸市、東遊園地）

◇草莽の湊神戸に名を刻んだ加納宗七伝 松田裕之著 朱鳥社 2014.10 309p 19cm 〈文献あり 年表あり 索引あり〉 ①978-4-434-19867-0

◇時代のパイオニアたち―人物紀行 ビジュアルブックス編集委員会編 神戸新聞総合出版センター （ビジュアル・ブックス） 2003.7 141p 19cm ①4-343-00222-5

‖ **加納 久宜** かのう・ひさよし
1848～1919 子爵，殖産家。一宮知事。鹿児島県知事、貴族院議員。産業組合会・帝国農会などの会長を歴任。

◇殿様は「明治」をどう生きたのか 2 河合敦著 洋泉社 （歴史新書） 2017.12 223p 18cm 〈文献あり〉 ①978-4-8003-1389-8

◇国際人（コスモポリタン）・加納久朗の生涯 高崎哲郎著 鹿島出版会 2014.4

253p 20cm 〈文献あり 年譜あり〉 ①978-4-306-09434-5

◇加納久宜集 〔復刻〕 加納久宜著，松尾れい子編 冨山房インターナショナル 2012.12 801p 22cm 〈年譜あり 「加納久宜全集」（子爵加納久宜遺稿刊行会大正14年刊）の複製 「加納知事小傳」（鹿児島県加納知事顕彰会昭和17年刊）の複製〉 ①978-4-905194-48-4

＊忘れられた明治の巨人加納久宜の事績を網羅。男女の教育普及など明治初期の教育に大貢献。鹿児島県知事として私財を投げ打ち疲弊していた県を模範県に。東京府入新井村で難村を模範村に。全国的にも広い範囲で活躍。理想を追求し千葉県一宮町を全国の模範村へ。

◇加納久宜―鹿児島を蘇らせた男 大囿純也著 高城書房 （鹿児島人物叢書） 2004.10 210p 19cm ①4-88777-060-X

◇人物農業団体史 栗原百寿著 新評論社 1956

‖ **樺山 愛輔** かばやま・あいすけ
1865～1953 実業家，政治家。東京・京都間の自転車走破。枢密顧問官。伯爵。

◇吉田茂 独立心なくして国家なし 北康利著 扶桑社 （扶桑社新書） 2016.8 327p 18cm 〈「吉田茂の見た夢独立心なくして国家なし」（2010年刊）の改題、改訂 文献あり 年譜あり〉 ①978-4-594-07518-7

◇樺山愛輔翁 国際文化会館，グルー基金，バンクロフト奨学基金等編 1955 350p 図版12枚 22cm

‖ **樺山 資紀** かばやま・すけのり
1837～1922 海軍軍人。大将。初代台湾総督として島内を鎮圧。枢密顧問官、伯爵。

◇台湾史研究叢書 第1巻 台湾史と樺山大将 檜山幸夫編・解説 藤崎済之助著 クレス出版 2011.12 960,9p, 図版14枚 22cm 〈国史刊行会昭和元年刊の複製〉 ①978-4-87733-623-3

◇台湾史研究叢書 第2巻 西郷都督と樺山

I　政治・経済

総督　檜山幸夫編・解説　西郷都督樺山總督記念事業出版委員會，落合泰蔵著　クレス出版　2011.12　1冊　22cm　〈西郷都督樺山総督記念事業出版委員会昭和11年刊と落合泰蔵大正9年刊の複製合本〉①978-4-87733-624-0

◇戴國煇著作選　2　台湾史の探索　戴國煇著，春山明哲，松永正義，胎中千鶴，丸川哲史編　みやび出版　2011.4　503p　21cm　①978-4-903507-11-8
＊台湾・客家出身。1955年来日、以来41年にわたり台湾近現代史、華僑史、近代日中関係に多彩な研究・言論活動を続けた後、李登輝政権下、民主化渦中の台湾に帰国。日本とアジア諸民族の対等な関係を築くため尽力した知日派・戴國煇。その足跡を辿る第2集。

◇植民地帝国人物叢書　1　台湾編1　台湾全誌　樺山資紀　谷ヶ城秀吉編　藤崎済之助著　ゆまに書房　2008.6　960p　図版10枚　22cm　〈中文館書店1928年刊の複製　肖像あり　折り込2枚〉①978-4-8433-2941-2

◇心に残る人々　白洲正子著　講談社　（講談社文芸文庫　現代日本のエッセイ）1996.4　233p　A6　①4-06-196366-X
＊小説家から政治家まで各界著名人を訪ねて、「人生の達人たち」の生き方の真髄を伝える随想訪問記。小林秀雄、青山二郎、自分の祖父の明治の軍人樺山資紀ら、先達への深い敬愛の情、はじらい、時に俗的な一面への反発をも隠さず、それが著者自身の告白となり、さらには白洲正子の心の世界をなす。その他、梅原龍三郎、正宗白鳥、室生犀星、田村秋子、渋沢栄一、吉田茂等収載。

◇父、樺山資紀―伝記・樺山資紀　樺山愛輔著　大空社　（伝記叢書）1988.6　444，5p　22cm　〈昭和29年刊の複製　樺山資紀および著者の肖像あり〉

◇父樺山資紀　樺山愛輔著　樺山丑二　1954

┃　加太　邦憲　　かぶと・くにのり
1849〜1929　裁判官，政治家。貴族院議員，大阪控訴院長。東京仏語学校校長を経て、判事に転じ京都地方裁判所長等を歴任。

◇加太邦憲自歴譜　オンデマンド版　加太邦憲編輯　東京大学出版会　（続日本史籍協會叢書）2016.3　1冊　22cm　〈複製印刷・製本：デジタルパブリッシングサービス〉①978-4-13-009565-5

◇加太邦憲自歴譜　東京大学出版会　（続日本史籍協会叢書）1982.9　1冊　22cm　〈昭和6年刊の複製　著者の肖像あり〉

◇自歴譜　加太邦憲著　岩波書店　（岩波文庫）1982.8　383p　15cm　〈『加太邦憲自歴譜』（昭和6年刊）の改題増補　著者の肖像あり〉

┃　加部　琴堂　　かべ・きんどう
1829〜1894　豪商、俳人。

◇群馬の人々　第2　近代　みやま文庫編　（みやま文庫）1963　288p　19cm

┃　鎌田　勝太郎　　かまた・かつたろう
1864〜1942　実業家，政治家。衆議院議員。塩業の振興に努め、大日本塩業協会設立に参画。坂出塩業の父。

◇淡翁鎌田勝太郎伝　近藤末義編　鎌田勝太郎翁顕彰会　1974　423p　図　肖像　22cm　〈略年譜：p.417-423〉

┃　鎌田　三之助　　かまだ・さんのすけ
1863〜1950　公共事業家，政治家。
〔記念施設〕鎌田三之助展示室（鎌田記念ホール）（宮城県大崎市）

◇鎌田三之助翁傳―口語文復刻版　鎌田三之助翁生誕百五十年記念事業実行委員会　2013.1　230p　31cm　〈共同刊行：宮城県大崎市教育委員会鹿島台支所　年譜あり〉

◇鎌田三之助翁　小出孝三著　日本自治建設運動本部　（自治叢書）1961　61p　図版　19cm

◇鎌田三之助翁伝　故鎌田三之助頌徳会編　故鎌田三之助頌徳会　1953

上村 彦之丞

かみむら・ひこのじょう

1849～1916　軍人。海軍大将。第一艦隊長官。軍事参議官などを歴任。男爵。

◇日本海軍の興亡―戦いに生きた男たちのドラマ　半藤一利著　PHP研究所　2008.12　199p　19cm　〈『日本海軍の興亡』再編集・改題書〉　①978-4-569-70328-2

＊名将・名参謀は、その時。

神谷 源蔵　かみや・げんぞう

1841～1914　官吏。

◇神谷源蔵―明治初期の村政と旧斗南藩士　西村嘉著，三浦忠司編　石岡寛治　1993.7　158p　22cm　〈略年表：p134～140〉

神谷 伝兵衛　かみや・でんべえ

1856～1922　ワイン製造業者。国産ワイン製造のパイオニア。洋式酒場「神谷バー」創業者。

◇神谷伝兵衛―牛久シャトーの創設者　鈴木光夫著　筑波書林　（ふるさと文庫）　1986.1　97p　18cm　〈発売：茨城図書　神谷伝兵衛の肖像あり　神谷伝兵衛年譜・参考文献：p85～97〉

亀井 茲監　かめい・これみ

1825～1885　伯爵，久留米藩主，津和野藩知事。人事改革を断行し、羊毛生産を試み、軍制を洋式に改革。

◇殿様は「明治」をどう生きたのか　河合敦著　洋泉社　（歴史新書）　2014.4　222p　18cm　〈文献あり〉　①978-4-8003-0379-0

◇於杼呂我中―亀井茲監伝　加部巌夫編　マツノ書店　1982.2　1094,34p　22cm　〈『於杼呂我中亀井勤斉伝』（明治38年刊）の改題複製　亀井茲監の肖像あり　限定版〉

亀岡 末吉　かめおか・すえきち

1865～1922　建築家。社寺建築の調査・保存事業に活躍。「亀岡式」で有名。代表作に「仁和寺勅使門」など。

◇岩崎平太郎の仕事―武田五一・亀岡末吉とともに：近代奈良の建築家　川島智生

著　淡交社　2011.12　160p　26cm　〈年表あり〉　①978-4-473-03761-9

＊未公開の豊富な図面・資料と現存の建築作品を比較し検証。寺社建築・数寄屋建築・民家・アールヌーボー・セセッション…、東西の意匠の粋を胸らす建築美。関西に開花した近代和風建築の世界。

萱野 権兵衛　かやの・ごんべえ

1830～1869　会津藩士。会津戦争で戸ノ口原と越後口を死守。

◇英傑の日本史　敗者たちの幕末維新編　井沢元彦著　KADOKAWA　2014.2　230p　20cm　〈年表あり〉　①978-4-04-653294-7

◇異能の勝者―歴史に見る「非常の才」　中村彰彦著　集英社　2006.4　286p　19cm　①4-08-781342-8

＊戦国を生き抜く叡智、泰平の世を守る才覚、近代を開くリーダーシップ。三十二人の非才者たちの生きざまを読み解く。

◇萱野氏と天寧寺　相田泰三著　会津士魂会　1962

萱野 長知　かやの・ながとも

1873～1947　大陸浪人。中国革命を支援。日中戦争期和平工作を行うが失敗。

◇孫文・辛亥革命と日本人　久保田文次著　汲古書院　（汲古叢書）　2011.12　735,23p　22cm　〈索引あり〉　①978-4-7629-2596-2

◇萱野長知・孫文関係史料集　久保田文次編　高知市民図書館　2001.3　672,44p　22cm

ガワー, E.H.M.

Gower, Erasmus H.M.

1830～1903　イギリスの鉱山技師。1859年来日。日本政府に雇われて炭鉱の近代化計画に参画。

◇「お雇い」鉱山技師エラスマス・ガワーとその兄弟　山本有造著　中部大学　（中部大学ブックシリーズアクタ）　2012.9　109p　21cm　〈風媒社（発売）　文献・索引あり〉　①978-4-8331-4101-7

I 政治・経済 河井継之助

◇エラスマス・H・M・ガワーとその係累 志保井利夫著 志保井利夫 1979.5 267p 20cm 〈製作：文化総合出版 エラスマス H.M.ガワーの年譜：p261～265〉

▌ 河井 継之助 かわい・つぐのすけ
1827～1868 越後長岡藩家老。藩政改革に尽力。戊辰戦争で敗死。

◇陽明学のすすめ 4 人間学講話河井継之助 深澤賢治著 明徳出版社 2012.12 191p 20cm 〈文献・年譜あり〉 ①978-4-89619-991-8

◇決定版 河井継之助 稲川明雄著 東洋経済新報社 2012.8 349p 20cm 〈文献・年譜あり〉 ①978-4-492-04383-7
＊越後長岡藩家老・河井継之助の生涯を綿密に分析。歴史事実を丹念に拾い上げ、「賊軍」の汚名を受けた河井と長岡藩の真実の姿を描き出す。

◇司馬遼太郎 歴史のなかの邂逅 6 村田蔵六～西郷隆盛 司馬遼太郎著 中央公論新社 （中公文庫） 2011.2 255p 15cm ①978-4-12-205438-7
＊日本史上最大のドラマともいうべき明治維新で、「三傑」と称された大久保利通、木戸孝允、西郷隆盛をはじめ、岩倉具視、江藤新平など、立役者となった人々の足跡―。第六巻には、この国の将来像を描くためのヒントがちりばめられた二十一篇を収録。

◇風と雲の武士―河井継之助の士魂商才 稲川明雄著 恒文社 2010.12 325p 19cm 〈文献・年譜あり〉 ①978-4-7704-1149-5
＊北斗の大地に風を呼び、雲となって、幕末を疾駆した蒼き龍の宿志を問う。西の坂本龍馬、東には河井継之助あり。

◇河井継之助のことば 稲川明雄著 新潟日報事業社 2010.12 129p 21cm ①978-4-86132-426-0
＊幕末、彗星のごとく現れた風雲児・河井継之助に運命を委ねた長岡藩は、継之助とともに風塵の霧と消え果た。しかし、継之助の箴言を心の糧に志を立てた多くの若者が排出し、荒廃した長岡はよみがえるのである。激動の時代を

制した継之助の精神性を象徴する多くのことばは、現代の私たちの胸にも迫ってくるのである。

◇司馬遼太郎 歴史のなかの邂逅 4 勝海舟～新選組 司馬遼太郎著 中央公論新社 （中公文庫） 2010.12 293p 15cm ①978-4-12-205412-7
＊情熱、この悲劇的で、しかも最も喜劇的なもの―。歴史上の人物の魅力を発掘したエッセイを、古代から明治まで、時代別に集大成。第四巻は新選組や河井継之助、勝海舟らを中心に、動乱の幕末に向けて加速する歴史のなかの群像を描いた二十六篇を収録。

◇山田方谷ゆかりの群像 野島透，片山純一著 明徳出版社 2010.4 214p 19cm 〈索引あり〉 ①978-4-89619-724-2
＊方谷山脈に連なる人々。幕末から近代、藩政・教育等、様々な分野で活躍した方谷の知友・弟子達の人物と事績を活写した列伝十章。三島中洲・山田済斎・阪谷朗盧・坂田警軒・関藤藤陰・団藤善平・原田一道・川田甕江・留岡幸助・河井継之助。

◇幕末・明治の英傑たち 加来耕三著 土屋書店 2009.12 287p 19cm ①978-4-8069-1114-2
＊坂本竜馬と竜馬を巡る人々。謀略の裏にあった、貴ぶべき先駆者たちの気質。

◇「アラサー」が変えた幕末―時代を動かした若き志士たち 渡辺大門著 毎日コミュニケーションズ （マイコミ新書） 2009.11 199p 18cm ①978-4-8399-3287-9
＊時は幕末。日本を変えようと立ち上がった志士たちがいた。坂本竜馬、勝海舟、大久保利通…。歴史的偉業を成し遂げた彼らではあるが、二〇代、三〇代の頃は試行錯誤の連続だった。しかし、その経験こそが時代の閉塞感を突き破る力を育んだのである。先行きの明るさが見えない混沌とした現代において、チャンスをつかむにはどんな力が必要なのか。本書では、幕末の若き志士たちの生き方から読み解いていく。

◇子孫が語る河井継之助 根岸千代子著

伝記ガイダンス 明治を生きた人々 **189**

河井継之助　　　　　　　　　　　　　Ｉ　政治・経済

新人物往来社　2008.12　168p　20cm
〈文献・年譜あり〉　①978-4-404-03493-9
＊司馬遼太郎「峠」の主人公・河井継之助
　の曽孫が描く真の武士道。

◇ひょうご幕末維新列伝　一坂太郎著　神
戸新聞総合出版センター　2008.7　408p
19cm　①978-4-343-00476-5
＊明治維新―日本中で変革の息吹が芽生
　え、近代化への情熱が沸き立っていた。
　兵庫県でも、あらゆる人や組織が動い
　た。伊藤博文、勝海舟、桂小五郎、大久
　保利通、坂本竜馬、吉田松陰…激動の時
　代を歩んだ先人たちの生きざまがここ
　によみがえる。

◇河井継之助―新潟県人物小伝　稲川明雄著
新潟日報事業社　2008.7　117p　21cm
〈年譜あり〉　①978-4-86132-284-6

◇師弟―ここに志あり　童門冬二著　潮出
版社　2006.6　269p　19cm
①4-267-01741-7
＊一期一会の出会い。17組の運命的出会
　いが歴史を作った。

◇異能の勝者―歴史に見る「非常の才」　中
村彰彦著　集英社　2006.4　286p　19cm
①4-08-781342-8
＊戦国を生き抜く叡智、泰平の世を守る才
　覚、近代を開くリーダーシップ。三十二
　人の非才者たちの生きざまを読み解く。

◇長岡藩軍事総督河井継之助―武士道に生
きた最後のサムライ　星亮一著　ベスト
セラーズ　（ベスト新書）　2005.1　244p
18cm　〈文献あり〉　①4-584-12073-0
＊時代の流れに溶け込んで行けば、無難に
　生きながらえたかも知れないが、時流に
　流されることに納得出来ず、戦いを挑ん
　だ最後のサムライが、幕末から維新にか
　けて、何人いたか。会津の侍たちは、文
　字通り、ラストサムライの軍団だった。
　どう生きるか、選択の幅があったにも
　かかわらず、あえて武士の道を貫いた
　人物もいた。長岡藩の河井継之助であ
　る。美意識としての武士道に生きた越
　後の英雄、河井継之助の生涯を追う。

◇竜虎会談―戊辰、長岡戦争の反省を語る
山崎宗弥著　山崎宗弥　2004.10　193p
19cm

◇北越の竜河井継之助　岳真也著　学習研
究社　（学研Ｍ文庫）　2000.11　380p
15cm　〈文献あり〉　①4-05-900009-4
＊戊辰の動乱のさなか、領民たちの生活
　を憂い、戦いを拒みつづけた長岡藩家
　老・河井継之助。しかし、大きな時代の
　うねりは長岡藩と継之助を北越戦争へ
　と追い詰めていく。薩摩・長州をはじ
　めとする官軍の熾烈な攻撃に対し、果
　敢に立ち向かい、清冽に散っていった
　"蒼き竜"河井継之助を描く。

◇河井継之助―吏に生きた男　安藤哲也著
新潟日報事業社　2000.7　271p　19cm
〈文献あり〉　①4-88862-817-3
＊新潟県庁マンの著者が多彩な行政経験
　をもとに描く新感覚の評伝。幕末・越
　後長岡藩改革の旗手河井継之助の激烈
　な「吏」の生涯。

◇河井継之助―立身は孝の終りと申し候
稲川明雄著　恒文社　1999.8　301p
20cm　〈肖像あり〉　①4-7704-1004-2
＊身を棺槨の中に投じ、地下千尺の底に
　埋了したる以後の心にあらずんば、と
　もに天下の経綸を語るべからず。道義、
　道徳もそれからだ。

◇会津士魂　11　北越戦争　早乙女貢著
集英社　（集英社文庫）　1999.5　295p
15cm　①4-08-748826-8
＊北越の要衝長岡城が、西軍に攻略され
　た。それは長岡藩総督河井継之助に
　とって、最大の恥辱であり、家名を汚す
　ものであった。継之助は城奪還を目指
　し、用意周到な奪回作戦を練り上げた。
　七月二十四日、長岡軍の決死の夜襲が
　成功して長岡は一時、西軍から解放さ
　れる。しかし、それも束の間、西軍の反
　攻が始まり継之助に不運にも流れ弾が
　あたる。吉川英次文学賞受賞作品。

◇河井継之助―信念を貫いた幕末の俊英
芝豪著　ＰＨＰ研究所　（ＰＨＰ文庫）
1999.4　515p　15cm　①4-569-57263-4
＊「わが長岡藩は義のため、敢えて官軍と
　干戈を交える」…官軍の手に落ちた長
　岡城を奇襲によって奪還した継之助に、
　怒濤の反攻が襲いかかった。一類い希
　なる先見性と実行力で、小藩越後長岡
　藩を雄藩へと導き、官軍・旧幕軍からの

I　政治・経済　　　　　　　　　　　　　　　　　　　　　　　　　　河井継之助

軍事中立を目指した河井継之助。幕末という激動の中、愛する郷土のために戦い続け、義と信念に殉じて散った凄烈な生涯を描く、渾身の長編歴史小説。

◇会津士魂　10　越後の戦火　早乙女貢著　集英社　（集英社文庫）　1999.4　335p　15cm　①4-08-748825-X
　＊三国峠の戦いで勝利した西軍は越後路へ雪崩れ込み、会津藩の飛地小千谷を占領した。越後口の要衝である長岡藩の家老河井継之助は、藩の命運を賭けて、懸命に西軍の軍監岩村精一郎らに会見を申し入れる。しかし、錦旗を振りかざす岩村は、これをにべも無く一蹴。河井は、ついに西賊撃攘を叫び、長岡藩兵を率いて行動を起こす。吉川英治文学賞受賞作品。

◇歴史現場からわかる河井継之助の真実─完全探査　外川淳著　東洋経済新報社　1998.10　293p　19cm　①4-492-04116-8
　＊歴史の「残り香」の向こうに、壮烈な戦闘がよみがえる。陣地・塹壕跡を発見し、"前"近代戦を再現。史跡と史料の徹底検証により、"司馬史観"を超えた継之助の実像をえぐりだす。

◇河井継之助のすべて　新装版　安藤英男編　新人物往来社　1997.11　247p　20cm　〈河井継之助関係文献：p219〜226　河井継之助年譜：p231〜238〉　①4-404-02547-5

◇河井継之助　星亮一著　成美堂出版　1997.7　355p　20cm　〈主要参考文献：p350〉　①4-415-06708-5
　＊小藩といえども意地がある、抗戦して薩長と対等の立場になってこそ越後長岡の明日が開けるのだ…。果敢にも西国雄藩に挑んだ奥羽越列藩同盟と戊辰戦争の意味を問い、悲運のうちに壮絶に散った革命児・河井継之助の生涯を描いた歴史伝記長編。

◇われに万古の心あり─幕末藩士小林虎三郎　松本健一著　筑摩書房　（ちくま学芸文庫）　1997.7　365p　15cm　①4-480-08355-3
　＊戊辰の戦いに敗れた長岡藩に、その窮状をみかねた支藩三根山藩から百俵の米が届いた。河井継之助亡きあと文武

総督となった小林虎三郎は、その米を金に換え国漢学校を建てることで、「敗戦国」の復興を企てる。「みんなが食えないというから、おれは学校を立てようと思うのだ。」幕末には、佐久間象山門下で吉田松陰（寅次郎）とともに「両虎」と謳われ、長岡藩にあっては河井継之助のライバルとして戊辰戦争非戦論を展開、維新後もその「遠望するまなざし」「万古の心」でナショナルなものを思考し続けた小林虎三郎の生涯を、歴史の闇のなかから救出する力作評伝。

◇北越蒼竜伝─河井継之助の生涯　菅谷一郎著　日本図書刊行会　1997.3　267p　20cm　〈東京　近代文芸社〉　①4-89039-397-8
　＊変革期の漢の生きざま。武装中立を標榜し激動の時代に逆らい遂に戊辰戦役に突入した漢の壮烈な苦悩の生涯。

◇（小説）河井継之助（つぎのすけ）　童門冬二著　学陽書房　（人物文庫）　1996.11　363p　15cm　①4-313-75016-9

◇河井継之助伝　今泉鐸次郎著　象山社　1996.5　762p　図版10枚　22cm　〈解題：小西四郎　2刷（1刷：昭和55年）増補改版（目黒書店昭和6年刊）の複製　河井継之助の肖像あり　限定版〉①4-87978-012-X
　＊長岡藩の命運を一身に担って、戊辰の北越に鮮烈な光芒を放った非運の英傑継之助の全記録。北越の戊辰戦史のみならず、幕末維新史の研究にも新たな証言を提する貴重資料で、久しく復刊を待たれていた名著です。

◇北越の竜河井継之助　岳真也著　角川書店　1995.11　324p　20cm　〈付：主要参考・引用文献〉　①4-04-872900-4
　＊戊辰戦争下、民衆の苦衷を憂い、最後まで戦いを拒みつづけた河井継之助。しかし、時代の流れは継之助の意志に反し、長岡藩を戦さへと追い詰めていく。熾烈をきわめた北越戦争を軸に、志なかばにして倒れた継之助の凄絶な半生を追う。

◇河井継之助を支えた男─長岡藩勘定頭　村松忠治右衛門　立石優著　恒文社　1994.12　379p　19cm
　＊幕末の越後─。河井継之助の卓抜した

河井継之助

I　政治・経済

戦略。忠治右衛門の財政の才覚。二人の邂逅と、長岡藩改革。そして、北越戊辰戦争。

◇（小説）河井継之助―武装中立の夢は永遠に　童門冬二著　東洋経済新報社　1994.8　310p　20cm　Ⓝ4-492-06068-5

◇日本を創った先覚者たち―井伊直弼・小栗忠順・河井継之助　新井喜美夫著　総合法令　（HOREI BOOKS）　1994.3　210p　18cm　Ⓝ4-89346-316-0

◇良知の人 河井継之助―義に生き義に死なん　石原和昌著　日本経済評論社　1993.7　289p　19cm　Ⓝ4-8188-0680-3
　＊忠誠か反逆か。激動の幕末にあって自らの良知（先天的な道徳知）を貫いた男がいた。西の東行（高杉晋作）に対し、東の蒼龍と呼ばれた長岡藩家老河井継之助である。戊辰北越戦争に散った陽明学徒の精神と行動の全貌。

◇峠　司馬遼太郎著　新潮社　1993.6　711p　21cm　Ⓝ4-10-309738-8
　＊幕末。陽明学を学んで激烈な行動力を身につけ、近代西欧思想にもいち早く通じ、越後長岡藩を近代的中立国家に仕立てようと企図した破天荒な男一。実力故に一介の武士から長岡藩の筆頭家老に抜擢。藩の命運を担って、維新史上最も壮絶な “北越戦争” を展開し、無念の夢を残して散った男一。最後の武士河井継之助の生涯。

◇長岡城燃ゆ　稲川明雄著　恒文社　1991.8　318p　19cm　Ⓝ4-7704-0739-4
　＊北越戊辰戦争は無謀な錯覚だったのか？河井継之助の采配の実相を日録で再現。

◇河井継之助の生涯　安藤英男著　新人物往来社　1987.6　402p　21cm　Ⓝ4-404-01368-X
　＊志なかばで北越戊辰戦争で斃れた第一級の人物。河井継之助、悲劇の生涯を描く労作。

◇河井継之助写真集　安藤英男著，横村克宏写真　新人物往来社　1986.5　214p　26cm　Ⓝ4-404-01324-8
　＊戊辰・北越戦争にあって、長岡一藩を戦火に焼いて戦った家老河井継之助42年

の生涯こそ、悲の結晶であった。440枚の写真と50枚の地図で克明に描く永久保存版アルバム。

◇愛憎 河井継之助　中島欣也著　恒文社　1986.5　391p　19cm　Ⓝ4-7704-0641-X
　＊「河井継之助」伝記の決定版ノンフィクション・ロマン！ 日本の新しい夜明けに向かって、愚直に自分の真実を貫きながら非業の死をとげた、越後長岡藩家老河井継之助。本書は、その劇的な生涯を美化された英雄伝とせず、愛と憎しみ、複雑な思いのこもる “地元人の目” で、かつてない人間像に迫る！

◇河井継之助余聞　緑川玄三著　野島出版　1984.12　392p　19cm　Ⓝ4-8221-0105-3

◇河井継之助のすべて　安藤英男編　新人物往来社　1981.5　247p　20cm　〈河井継之助関係文献：p219～226 河井継之助年譜：p231～238〉

◇河井継之助伝　今泉鐸次郎著　象山社　1980.3　762p 図版10枚　22cm　〈解題：小西四郎 増補改版（目黒書店昭和6年刊）の複製 河井継之助の肖像あり 限定版〉

◇塵壷―河井継之助日記　河井継之助著，渡辺秀英校注　新潟日報事業社　1977.8　2冊　8×18cm　〈手稿の複製 別冊：翻刻 箱入（21×24cm）限定版〉

◇定本河井継之助　安藤英男著　白川書院　1977.1　332p 図 肖像　21cm　〈河井継之助略年譜：p.327～332〉

◇長岡城物語　梁取三義著　国書刊行会　1975　240p 図 肖像　19cm

◇塵壺―河井継之助日記　河井継之助著，安藤英男校注　平凡社　（東洋文庫）　1974　335p 地図　18cm

◇河井継之助　安藤英男著　新人物往来社　1973　253p　20cm　〈河井継之助略年譜 主要参考文献：p.240-248〉

◇不惜身命　奈良本辰也著　講談社　1973　296p　19cm

◇英雄と学問 河井継之助とその学風　安岡正篤著　明徳出版社　（師友選書）　1957　150p　19cm

I　政治・経済　　　　　　　　　　　　　　　　　　　　　川上操六

河合 徳三郎　かわい・とくさぶろう

1871〜1937　実業家。大都映画社長。

◇幻のB級！ 大都映画がゆく　本庄慧一郎
著　集英社　（集英社新書）　2009.1
219p　18cm　〈文献あり〉
①978-4-08-720478-0
＊土建業界の雄、河合徳三郎によって昭和
二年に設立された河合商会が、伝説の
「大都映画」の始まりだった。徳三郎の
陣頭指揮のもと、徹底した大衆娯楽路
線で、庶民の人気を摑んだ大都映画は、
爆発的な製作本数とともに驀進してい
く。しかし、迫りくる戦争の影からは、
映画業界も無縁ではいられなかった―。
フィルムが散逸し、現在では一部の作
品しかみられない幻の映画の運命と
は？ 戦前・戦中に庶民を熱狂させた、
大都映画の歴史ドラマを活写する。

◇巣鴨撮影所物語―天活・国活・河合・大都
を駆け抜けた映画人たち　渡辺武男著
西田書店　2009.1　301p　19cm
①978-4-88866-503-2

河上 彦斎　かわかみ・げんさい

1834〜1871　熊本藩士。人斬り彦斎と異
名をとる。政府転覆を計画したが失敗。

◇大江戸剣豪列伝―切先越しにみるサムラ
イの260年　田澤拓也著　小学館　（小学
館新書）　2014.2　222p　18cm
①978-4-09-825199-5
＊江戸時代初期、諸国遍歴と武者修行に
励んだ宮本武蔵らの背景には、関ヶ原
の戦い後の浪人たちの就職事情があっ
た。江戸中期、武士が戦いを忘れて
いった時代だからこそ、庶民は赤穂浪
士の討ち入りに拍手喝采した。そして
幕末、その庶民が千葉周作の玄武館な
ど町道場に通い、近藤勇ら草莽の志士
たちが動乱の時代を駆け抜けた背景に
は、武士による政治と経済の破たんが
もたらした身分制の崩壊があった。江
戸時代260年間を彩る剣豪たちの太刀筋
から、武士像の変遷を解き明かす。

◇維新の陰に生きた男たち 河上彦斎　上田
守久著　ブイツーソリューション　2013.4
236p　21cm　①978-4-434-17648-7

◇特集評伝 「人斬り」と呼ばれた男たち―
中村半次郎/岡田以蔵/河上彦斎/田中新兵
衛（知っておきたい 幕末史の新・視点）
「歴史読本」（新人物往来社）　55（7）
2010.7

◇人斬り彦斎　五味康祐著　徳間書店　（徳
間文庫）　1993.2　317p　16cm　〈『斬る
な彦斎』（サンケイ新聞社1970年刊）の改
題〉　①4-19-567471-9

◇幕末志士伝　早乙女貢著　新人物往来社
1991.7　275p　19cm　①4-404-01833-9
＊坂本龍馬、佐々木只三郎、高杉晋作、河
上彦斎、中山忠光、沖田総司、平田金十
郎、中野竹子、土方歳三、西郷隆盛らを
廻る血の維新史。早乙女史観が志士の
本質を鋭くえぐる傑作歴史小説集。

◇定本河上彦斎　荒木精之　新人物往来
社　1974　268p 図 肖像　20cm　〈参考
文献：p.266-267〉

◇河上彦斎とその歌集　荒木精之著　日本
談義社　1961　134p　20cm

◇維新刺客伝　中沢堅夫著　利根書房　（利
根文庫 史伝文学新書）　1960　298p
16cm

川上 操六　かわかみ・そうろく

1848〜1899　陸軍軍人。参謀次官，大将。
日本陸軍の兵制をドイツ式に改革。参謀
総長。子爵。

◇世界史を変えた「明治の奇跡」―インテリ
ジェンスの父・川上操六のスパイ大作戦
前坂俊之著　海竜社　2017.8　319p
19cm　〈文献あり〉　①978-4-7593-1555-4

◇明石元二郎大佐―日露インテリジェンス
戦争を制した天才情報参謀 帝政ロシア破
壊工作報告書を読み解く　前坂俊之著
新人物往来社　2011.1　302p　19cm
〈文献あり〉　①978-4-404-03964-4
＊初の現代訳『落花流水』一挙掲載！
ヨーロッパを股にかけた大謀略「明石
工作」の全容を記した極秘文書―小説
より面白いスパイ報告書。

◇『坂の上の雲』まるわかり人物烈伝 工作
員篇　明治「時代と人物」研究会編著
徳間書店　（徳間文庫）　2010.10　333p

伝記ガイダンス 明治を生きた人々　　**193**

15cm ①978-4-19-893245-9

＊児玉源太郎が陰で操っていた、数々のスパイたち。国家のため、私財を投げ打って情報収集に命をかけた、市井のスパイたち。日露戦争勝利の裏側で、決死の工作員たちが愛国の涙を流していた。明石元二郎、杉山茂丸、中村天風、大谷光瑞一。これまであまり語られてこなかった諜報活動の数々を、貴重な資料から掘り起こす！『坂の上の雲』をもっと楽しみたい人に最適の、裏ガイドブック。

◇日本陸軍将官総覧　太平洋戦争研究会編著　PHP研究所　2010.5　426p　19cm
①978-4-569-77552-4
＊大日本帝国の興亡を演出した陸軍の将帥たち。栄光と挫折のプロフィール！コンパクトで便利な使える一冊。

◇陸軍大将川上操六一伝記・川上操六　徳富猪一郎編著　大空社　（伝記叢書）1988.10　256,5p　22cm　〈第一公論社昭和17年刊の複製　川上操六の肖像あり〉

▌川上 俊彦　かわかみ・としつね
1861〜1935　外交官，実業家。北樺太鉱業社長。モスクワ領事。ウラジオストク駐在貿易事務官時、居留民引き上げなどに従事。
◇日本外交史人物叢書　第9巻　吉村道男監修　ゆまに書房　2002.1　1冊　22cm　〈複製〉　①4-8433-0502-2

▌河北 俊弼　かわきた・としすけ
1844〜1891　外交官，陸軍軍人。少佐，弁理公使。広島衛戍司令官、京城公使館代理公使などを歴任。
◇河北義次郎伝　河北珍彦著　河北珍彦　1970　52p　肖像　22cm

▌川崎 尚斎　かわさき・しょうさい
1837〜1875　蘭学者。
◇裏のライフは私のライフ　本井康博著　思文閣出版　（新島襄を語る）　2014.5　314,15p　20cm　〈索引あり〉①978-4-7842-1757-1

◇新島八重一波瀾万丈　幕末のジャンヌ・ダルク　中江克己著　学研パブリッシング（学研M文庫）　2012.12　292p　15cm
①978-4-05-405537-7
＊慶応四年、新政府軍に包囲された会津若松城に七連発のスペンサー銃を手に篭城、敵を狙撃する男装の女傑がいた。会津藩砲術指南役の娘、八重である。“幕末のジャンヌ・ダルク”八重は、敗戦後、兄を頼って京都に出るが、そこには同志社の創立者・新島襄、西洋文化との思いもかけぬ出会いが…。会津魂を胸に激動の世を生き抜いた八重の熱き生涯。

◇川崎尚之助と八重——一途に生きた男の生涯　あさくらゆう著　知道出版　2012.12　251p　19cm　〈文献・年譜あり〉
①978-4-88664-245-5
＊会津藩と八重のために激しく、一途に生きた男がいた。2013年NHK大河ドラマ「八重の桜」で初めて明らかになる川崎尚之助の生涯。

◇新島八重を歩く一激動の幕末〜昭和を生きた会津女性の足跡　星亮一，戊辰戦争研究会編　潮書房光人社　2012.10　298p　21cm　①978-4-7698-1530-3
＊会津篭城戦でライフルを手に奮戦、維新後は教育者として、また篤志看護婦として力を尽くしたハンサムウーマン。故郷・会津の史跡、夫・新島襄と過ごした京都、最初の夫・川崎尚之助の知られざる晩年の足跡など、全国各地に埋もれた史実を掘り起こして紹介する歴史ガイドブック。

▌川崎 正蔵　かわさき・しょうぞう
1837〜1912　実業家，造船業者。郵便蒸気船頭取。川崎造船所を創業。「神戸新聞」創刊。
◇幻の五大美術館と明治の実業家たち　中野明著　祥伝社　（祥伝社新書）　2015.3　301,6p　18cm　①978-4-396-11407-7
＊大倉集古館、大原美術館、根津美術館など、実業家の蒐集品を展示する人気美術館は多い。その一方で、設立の夢を果たせなかった美術館があったことをご存知だろうか。本書はそれを、「幻の美術館」と呼ぶ。紹介する五館は、質量

Ｉ　政治・経済　　　　　　　　　　　　　　　　　　　　　　川路聖謨

ともに十分なコレクションを所蔵。蒐集した実業家たちも公開をめざしていた。頓挫した背景にはいかなる事情があったのか？　夢が叶っていたら、どんな美術館になっていたのか？　わずかに残されていた貴重な資料をたどり、その全貌を明らかにする。美術・歴史愛好家、垂涎の一冊！

◇「創造と変化」に挑んだ6人の創業者　志村和次郎著　日刊工業新聞社　2005.2　179p　21cm　①4-526-05417-8
　＊近代産業の礎を築いた6人に、今、企業経営に必要なイノベーション手法を学ぶ。

◇神戸を翔ける―川崎正蔵と松方幸次郎　辻本嘉明著　神戸新聞総合出版センター　2001.1　198p　20cm　〈文献あり〉　①4-343-00115-6
　＊川崎造船所と三菱造船所が覇を争い、鈴木商店が世界を相手にビジネスを繰り広げる、活気とエキゾティシズムに満ちていた明治～大正時代の神戸。このまちで、正蔵、幸次郎の“川崎二代”が、川崎造船所はじめ神戸の発展の基となった企業群を創り、大きく育て、そして昭和恐慌に直面するまでの、激動の70年を鮮やかに描く。

◇川崎正蔵　山本実彦著　ゆまに書房　（人物で読む日本経済史）　1998.12　347p　22cm　〈吉松定志大正7年刊の複製〉　①4-89714-604-6

◇造船王川崎正蔵の生涯　三島康雄著　同文館出版　1993.7　428p　23cm　〈参考文献：p407～413〉　①4-495-85871-8

◇夢を抱き歩んだ男たち―川崎重工業の変貌と挑戦　福島武夫著　丸ノ内出版　1987.3　282p　18cm　①4-89514-089-X

◇政商から財閥へ　楫西光速著　筑摩書房　（グリーンベルト・シリーズ）　1964　234p　18cm

◇日本財界人物列伝　第1巻　青潮出版株式会社編　青潮出版　1963　1171p　図版　26cm

川路 聖謨　かわじ・としあきら
1801～1868　幕府官僚、勘定奉行。江戸総攻撃が予定された日にピストル自殺。

◇川路聖謨とプチャーチン―今蘇える幕末の日露外交史　匂坂ゆり著　桜美林大学北東アジア総合研究所　（北東アジア新書　人と歴史）　2016.9　156p　18cm　〈年表あり　文献あり〉　①978-4-904794-77-7

◇勘定奉行・川路聖謨関係史料　大口勇次郎監修、吉川紗里矢解題　ゆまに書房　2015.12　6冊（セット）　21cm　①978-4-8433-4625-9

◇勘定奉行・川路聖謨関係史料　第1巻　画入川路聖謨一代明細書 江州道中記事録 江州庄村地境出入　大口勇次郎監修　ゆまに書房　2015.12　524p　22cm　〈解題：吉川紗里矢　布装　宮内庁書陵部所蔵の複製　国立国会図書館所蔵の複製〉　①978-4-8433-4625-9

◇勘定奉行・川路聖謨関係史料　第2巻　御勘定所要録 1　大口勇次郎監修　ゆまに書房　2015.12　560p　22cm　〈解題：吉川紗里矢　布装　東京大学史料編纂所所蔵の複製〉　①978-4-8433-4625-9

◇勘定奉行・川路聖謨関係史料　第3巻　御勘定所要録 2　大口勇次郎監修　ゆまに書房　2015.12　402p　22cm　〈解題：吉川紗里矢　布装　東京大学史料編纂所所蔵の複製〉　①978-4-8433-4625-9

◇勘定奉行・川路聖謨関係史料　第4巻　御勘定所要録 3 御勘定所勤方並御代官諸入用拝借等　大口勇次郎監修　ゆまに書房　2015.12　422p　22cm　〈解題：吉川紗里矢　布装　東京大学史料編纂所所蔵の複製　宮内庁書陵部所蔵の複製〉　①978-4-8433-4625-9

◇勘定奉行・川路聖謨関係史料　第5巻　御勘定所条例 1　大口勇次郎監修　ゆまに書房　2015.12　470p　22cm　〈解題：吉川紗里矢　布装　東京都公文書館所蔵の複製〉　①978-4-8433-4625-9

◇勘定奉行・川路聖謨関係史料　第6巻　御勘定所条例 2 贈従四位川路聖謨遺書目録　大口勇次郎監修　ゆまに書房　2015.12　441p　22cm　〈解題：吉川紗里矢　布装

伝記ガイダンス　明治を生きた人々　**195**

東京都公文書館所蔵の複製　宮内庁宮内公文書館所蔵の複製〉①978-4-8433-4625-9

◇川路聖謨文書　1　オンデマンド版　川路聖謨著　東京大学出版会　（日本史籍協会叢書）　2014.9　552p　22cm　〈印刷・製本：デジタルパブリッシングサービス　覆刻再刊　昭和59年刊〉①978-4-13-009358-3

◇川路聖謨文書　2　オンデマンド版　川路聖謨著　東京大学出版会　（日本史籍協会叢書）　2014.9　447p　22cm　〈印刷・製本：デジタルパブリッシングサービス〉①978-4-13-009359-0

◇川路聖謨文書　3　オンデマンド版　川路聖謨著　東京大学出版会　（日本史籍協会叢書）　2014.9　489p　22cm　〈印刷・製本：デジタルパブリッシングサービス　覆刻再刊　昭和59年刊〉①978-4-13-009360-6

◇川路聖謨文書　4　オンデマンド版　川路聖謨著　東京大学出版会　（日本史籍協会叢書）　2014.9　504p　22cm　〈印刷・製本：デジタルパブリッシングサービス　覆刻再刊　昭和59年刊〉①978-4-13-009361-3

◇川路聖謨文書　5　オンデマンド版　川路聖謨著　東京大学出版会　（日本史籍協会叢書）　2014.9　509p　22cm　〈印刷・製本：デジタルパブリッシングサービス　覆刻再刊　昭和59年刊〉①978-4-13-009362-0

◇川路聖謨文書　6　オンデマンド版　川路聖謨著　東京大学出版会　（日本史籍協会叢書）　2014.9　440p　22cm　〈印刷・製本：デジタルパブリッシングサービス　覆刻再刊　昭和60年刊〉①978-4-13-009363-7

◇川路聖謨文書　7　オンデマンド版　川路聖謨著　東京大学出版会　（日本史籍協会叢書）　2014.9　530p　22cm　〈印刷・製本：デジタルパブリッシングサービス　覆刻再刊　昭和60年刊〉①978-4-13-009364-4

◇川路聖謨文書　8　オンデマンド版　川路聖謨著　東京大学出版会　（日本史籍協会叢書）　2014.9　525p　22cm　〈印刷・製本：デジタルパブリッシングサービス〉①978-4-13-009365-1

◇川路聖謨之生涯　川路寛堂編述　マツノ書店　2014.6　1冊　22cm　〈吉川弘文館明治36年刊の復刻版〉

◇川路聖謨の佐渡赴任日記　鹿野島孝二著　彩流社　2013.9　201p　19cm　〈文献あり〉①978-4-7791-1918-7
＊単身赴任の佐渡の暮らしを私的な日記に活写しては江戸に送り、生母の無聊を慰め、孝を尽くした。九州の日田の武士の子が、艱難辛苦の努力の末、登りつめたる佐渡奉行。駕篭から覗く赴任の列は、諸大名にも劣らない。引き立てくださる徳川様に、忠義つくさずなんとする。のちに日露和親条約締結交渉の任に当たった川路聖謨の出張人生の原点。

◇日本史有名人の苦節時代　新人物往来社編　新人物往来社　（新人物文庫）　2009.9　351p　15cm　①978-4-404-03743-5
＊長く遠く、あてのない道をひたすら歩みつづけるのが人生ならば、その旅路の先に待ちうけているのは…。功なり名とげ、歴史にその名を刻んだ人びとにも、鳴かず飛ばずの逆境時代があった。艪も舵もない小舟で蘭学の海へ―杉田玄白。家の縁側や柱を薪にして米飯を炊いた日々―勝海舟。長い不遇にもめげず信念を貫いたへそ曲がり―吉田茂。中間子理論が「ふと」訪れるまでの長い苦闘―湯川秀樹。痛烈な批判を浴びた、大人の歌を唄う天才少女―美空ひばり。江戸～昭和を生きた88人の有名人が、人知れず流した涙の数々…。

◇江戸の名奉行―人物・事績・仕置きのすべて　丹野顕著　新人物往来社　2008.10　352p　19cm　①978-4-404-03571-4
＊町奉行、寺社奉行から牢屋奉行、火付盗賊改まで名奉行たちの真実を豊富な史料から明らかにする。

◇敗者たちの幕末維新―徳川を支えた13人の戦い　武光誠著　PHP研究所　（PHP文庫）　2007.9　235p　15cm　①978-4-569-66916-8
＊幕末維新には、数多くの優れた人物が歴

Ⅰ　政治・経済　　　　　　　　　　　　　　　　　　　　　　川路聖謨

史の表舞台に登場した。なかでも幕府と徳川家のために奮闘し、敗者となった人々を見逃すことはできない！　本書は老中・阿部正弘、会津藩主・松平容保、桑名藩主・松平定敬、大奥の天璋院（篤姫）と和宮（静寛院宮）、幕臣の小栗忠順、大久保一翁など、ペリー来航から江戸開城までに活躍した13人の思いと、筋を通した生き方を感動的に描いた一冊。

◇幕臣川路聖謨の日記　川越裕子著　新風舎　2007.6　233p　20cm　〈肖像・文献あり〉　Ⓘ978-4-289-02081-2
　＊川路聖謨は開明派の能史として幕末に活躍した幕臣である。幕末史・日露関係史を彼抜きに語ることはできない。プチャーチン・ゴンチャロフにも高く評価をされた、その人となりの魅力にせまる。

◇続 歴史の「いのち」─公に生きた日本人の面影　占部賢志著　モラロジー研究所　2006.2　334p　19cm　Ⓘ4-89639-115-2
　＊「魂をゆさぶる日本人の物語」第二弾。みずからの「こころざし」に生きた先人の軌跡は"日本人の魂"を呼び起こす。

◇教科書が教えない歴史有名人の晩年　新人物往来社編　新人物往来社　2005.5　286p　19cm　Ⓘ4-404-03250-1
　＊あの人は、どのように〔老い〕を迎えたか？　意外に知らない日本史有名人の晩年と死に方とは…。

◇官ара川路聖謨の生涯　佐藤雅美著　文芸春秋　（文春文庫）　2000.12　488p　16cm　〈文献あり〉　『立身出世』（平成9年刊）の改題〉　Ⓘ4-16-762702-7
　＊頼むは己の才智のみ─。徒士の子として生まれながら、底辺から這い上がり、昇りうる最高の地位まで立身を果たした幕末官僚・川路聖謨。激動の時代を才能を必要とし、それに厳しく自己を律することで応えた彼は、まさに江戸期を通じて最高の官僚だった。幕末外交史上に燦然とその名を残した男の波瀾の人生を描いた歴史長編。

◇落日の宴─勘定奉行川路聖謨　吉村昭著　講談社　（講談社文庫）　1999.4　539p　15cm　Ⓘ4-06-264563-7

＊開国を迫るロシア使節プチャーチンに一歩もひるむことなく幕末の日本を守った男がいた。軽輩の身から勘定奉行にまで登りつめ、自らを厳しく律して日露和親条約を締結する。軍事・経済・外交のいずれも劣るわが国を聡明さと誠実さで激動の時代から救った誇り高き幕史の豊かな人間性を鮮やかに描く歴史長編。

◇立身出世─官僚川路聖謨の生涯　佐藤雅美著　文芸春秋　1997.12　395p　19cm　Ⓘ4-16-317400-1
　＊男は如何に底辺から這いあがり昇りうる最高の地位まで栄達を果たしたのか。

◇川路聖謨　川田貞夫著　吉川弘文館　（人物叢書 新装版）　1997.10　380p　19cm　〈叢書の編者：日本歴史学会　略年譜・参考文献：p364〜376〉　Ⓘ4-642-05207-0
　＊川路聖謨。対外関係の緊迫した幕末、ロシアの国境画定要求を巧みに処理し、寸土を譲ることなく日露和親条約の締結を成し遂げた幕府吏僚の俊秀。軽輩の家から立身して勘定奉行に栄進し、海防事務に参与したが、安政の大獄に坐して隠居、江戸開城の決定を知りピストルで自尽するに至る。その才腕を示す業績の全般と幕臣としての信念に生きた生涯を克明に描く。

◇日本の開国と三人の幕臣　桑原三二著　桑原三二　1996.12　217p　19cm　〈年表あり〉

◇日本人の志─最後の幕臣たちの生と死　片岡紀明著　光人社　1996.12　257p　19cm　Ⓘ4-7698-0797-X
　＊最後の徳川家臣団総数33400余人、苦難の時代に遭遇した幕臣たちは、幕府が潰え去ったあと、何を思い、どう生きようとしたのか。ある者は徳川に殉じ、ある者は新政府の役人になり、ある者は商人になり、またある者は農業にたずさわり、ある者は新聞をおこした。成功した者もいれば失意の淵に沈んだ者もいた。しかし、彼らは、「士の心」を失うことはなかった。「日本人の心」を持ちつづけた男たちのロマン。

◇名君 保科正之─歴史の群像　中村彰彦著

伝記ガイダンス 明治を生きた人々　**197**

文芸春秋　（文春文庫）　1996.7　346p
15cm　①4-16-756702-4
＊会津藩主保科正之の清らかにして驕ら
　ぬ無私の精神が、いま指導者に求めら
　れるものとして見直されている。"知足"
　を旨とした暮し方、武士の信念と潔さ
　を検証し、それを受けつぐ会津の末裔
　たちを、気鋭の作家が愛惜をこめて記
　す。また、激動の時代を逞しく生きた
　「豊臣秀吉、徳川家康をめぐる人々」「幕
　末、明治の群像」を収める。

◇落日の宴—勘定奉行川路聖謨　吉村昭著
　講談社　1996.4　449p　20cm　〈付：参
　考文献〉　①4-06-207926-7
＊嘉永六年（1853年）、時の勘定奉行川路
　聖謨は、開国を迫るロシアのプチャー
　チンと対峙。—激動の幕末、日本を大
　国間の荒波から守った幕臣を描き、日
　本人の誇り高き精神を問う。

◇伝記文学の面白さ　中野好夫著　岩波書
　店　（同時代ライブラリー）　1995.2
　215p　16cm　①4-00-260216-8

◇幕末閣僚伝　徳永真一郎著　PHP研究所
　（PHP文庫）　1989.11　413p　15cm
　①4-569-56228-0
＊近代日本の幕開けとなった明治維新—
　徳川幕府は坂道を転げ落ちるように崩
　壊に向かう。倒幕への滔々たる流れの
　中で、幕府側の人々は何を考え、どう行
　動したか。優れた識見・力量を持ちな
　がら、時代の激変によって敗者の側に
　立ちざれを得なかった幕閣の重臣たち
　の苦闘を通じて、明治維新の意味をあ
　らためてとらえ直す、異色の力作。

◇川路聖謨　江上照彦著　教育社　1987.4
　212p　19cm　①4-315-50579-X
＊幕末の外交家・川路聖謨。微賤の出な
　がら破格の出世をし、対露北方領土交
　渉をまとめあげ、自らの信念によって
　徳川幕府崩壊に殉ず。感銘ほとばしる
　"男"の生涯。

◇開国—箕作阮甫と川路聖謨　玉木存著
　創林社　1983.9　215p　20cm　〈巻末：
　引用ならびに参考とした文献　肖像：箕作
　阮甫　川路聖謨　図版（肖像）〉

◇幕末閣僚伝　徳永真一郎著　毎日新聞社

1982.3　227p　20cm

◇東洋金鴻—英国留学生への通信　川路聖
　謨著，川田貞夫校注　平凡社　（東洋文
　庫）　1978.11　258p　23cm　〈参考文
　献：p258〉

◇NHK歴史と人間　3　日本放送協会編
　日本放送出版協会　1978.6　171p　19cm
　〈聞き手：三国一朗〉

◇不惜身命　奈良本辰也著　講談社　1973
　296p　19cm

◇川路聖謨之生涯　川路寛堂編述　世界文
　庫　（近代文芸・資料複刻叢書）　1970
　703,15,5p　図版　23cm　〈吉川弘文館明治
　36年刊の複製〉

◇川路聖謨文書　第6　浪花日記，房総海岸
　巡見日記，長崎日記，下田日記，京都日
　記，京日記　日本史籍協会編　東京大学出
　版会　（日本史籍協会叢書）　1968　22cm

◇川路聖謨文書　7　日本史籍協会編　東京
　大学出版会　（日本史籍協会叢書）　1968
　530p　22cm　〈日本史籍協会昭和9年刊の
　複製〉

◇川路聖謨文書　8　日本史籍協会編　東京
　大学出版会　（日本史籍協会叢書）　1968
　525p　図　22cm　〈日本史籍協会昭和9年
　刊の複製　東洋金鴻〔続〕　川路聖謨遺書
　文久3年上書留記　神武御陵考　よしの行
　記　川路家蔵書翰集. 附録：ね覚のすさび
　解題（藤井貞文）〉

◇川路聖謨文書　第1　濃役紀行，岐岨路の
　日記，島根のすさみ　日本史籍協会編
　東京大学出版会　（日本史籍協会叢書）
　1967　552p　22cm

◇川路聖謨文書　第2　玉川日記，寧府紀事
　日本史籍協会編　東京大学出版会　（日本
　史籍協会叢書）　1967　447p　図版　22cm

◇人物再発見　読売新聞社編　人物往来社
　1965　235p　19cm

◇日本人物史大系　第5巻　近代　第1　小西
　四郎編　朝倉書店　1960　340p　22cm

▍ 川路 利良　かわじ・としよし
　1834～1879　内務省官吏。大警視。警察

行政確立の功労者。〔記念施設〕銅像（鹿児島市、鹿児島県警本部前）

◇覚えておきたい幕末・維新の100人＋1—勤王から佐幕までの人物伝　本間康司絵と文　清水書院　2017.7　149p　26cm　〈文献あり　索引あり〉　①978-4-389-50054-2

◇川路大警視—附・大警視川路利良君傳　合本復刻版　中村徳五郎、鈴木蘆堂著　マツノ書店　2017.4　1冊　22cm　〈年譜あり〉

◇大警視川路利良の魅力—『翔ぶがごとく』の司馬遼太郎から警察官へのメッセージ　久野猛著　教育実務センター　2005.6　172p　20cm　〈肖像あり〉　①4-902773-08-2

◇日本警察の父川路大警視—幕末・明治を駆け抜けた巨人　加来耕三著　講談社　（講談社＋α文庫）　2004.2　429p　16cm　〈「大警視川路利良」（出版芸術社1999年刊）の増補　文献あり〉　①4-06-256824-1

◇大警視・川路利良—日本の警察を創った男　神川武利著　PHP研究所　2003.2　365p　20cm　〈年譜あり〉　①4-569-62591-6
＊大義の前に、私情を振り切った。近代警察の形と魂を創るために、人生をすべて捧げた男の生涯。"警察官の論語"といわれる『警察手眼』を全文掲載。

◇脈々と—大警視川路利良銅像建立記念誌　鹿児島県警察本部監修　鹿児島県警察協会　2000　66p　31cm

◇大警視川路利良—幕末・明治を駆け抜けた巨人　加来耕三著　出版芸術社　1999.12　445p　20cm　〈文献あり　年譜あり〉　①4-88293-180-X
＊鳥羽伏見の戦・彰義隊攻略・戊辰戦役と幕末の砲煙をくぐり抜け明治維新の理想国家建設に参加した薩摩の木強漢・川路利良は、当時世界最高と言われたフランス警察の優秀さに感動、初代の警察長官として近代的警察機構の構築こそが日本の急務と痛感する。今日の日本警察は、まさに心底から警察を愛しぬいた川路の申し子とさえ言われる。本書は彼を生んだ幕末・明治の風雲を活写する雄編である。巻末に川路の心

魂こめた訓示集 "警察手眼" 現代語訳を全文収録。

◇大警視川路利良随想　肥後精一著　〔肥後精一〕　1990.9　301p　21cm

◇注解警察手眼　笠野孝著　立花書房　1989.5　224p　19cm　①4-8037-0107-5

◇明治のプランナー—大警視川路利良　肥後精一著　南郷出版　1983.12　181p　22cm　〈川路利良の肖像あり　文献一覧：p171～181〉

◇警察手眼全訳　荒木征逸著　警察時報社　1970.5　161p　肖像　19cm　〈付：川路利良略伝　川路大警視時代の事跡：p.156～161〉

▌河島 醇　かわしま・あつし
1847～1911　外務省官吏，滋賀・福岡県知事。日本勧業銀行総裁。貴族院議員。

◇河島醇伝—日本勧業銀行初代総裁　河野弘善著　河島醇伝刊行会　1981.11　492p　22cm　〈河島醇の肖像あり　河島醇年譜：p343～355〉

▌川島 甚兵衛　かわしま・じんべえ
1819～1879　呉服・貿易商。

◇川島甚兵衛覚書　筆内幸子著　国書刊行会　1996.1　225p　20cm　①4-336-03795-7

▌川島 浪速　かわしま・なにわ
1865～1949　大陸浪人。台湾総督府官吏。清で警務学堂を設立。

◇『坂の上の雲』まるわかり人物烈伝 工作員篇　明治「時代と人物」研究会編著　徳間書店　（徳間文庫）　2010.10　333p　15cm　①978-4-19-893245-9
＊児玉源太郎が陰で操っていた、数々のスパイたち。国家のため、私財を投げ打って情報収集に命をかけた、市井のスパイたち。日露戦争勝利の裏側で、決死の工作員たちが愛国の涙を流していた。明石元二郎、杉山茂丸、中村天風、大谷光瑞—。これまであまり語られてこなかった諜報活動の数々を、貴重な資料から掘り起こす！『坂の上の

雲』をもっと楽しみたい人に最適の、裏ガイドブック。

◇川島浪速翁―伝記・川島浪速　会田勉著　大空社　（伝記叢書）　1997.5　524,6，6p　22cm　〈奥付の著者表示（誤植）：合田勉　文粋閣昭和11年刊の複製　☆柳原書店〉　①4-7568-0468-3

◇大陸浪人　渡辺竜策著　徳間書店　（徳間文庫）　1986.8　349p　15cm　①4-19-598124-7
＊明治以降、高揚した日本のナショナリズムは多種多様な"壮士"を海外に"雄飛"させた。孫文に終生援助を惜しまなかった宮崎滔天，大アジア主義を唱えた内田良平、蒙古独立を図った川島浪速、馬賊・天鬼将軍こと薄益三から、果ては金に釣られた一旗組に中国侵略の手先となった大陸ゴロまで、"満蒙"の大地に野望を馳せた群像に照明を当て、彼らを歴史の落し子として認知せんとする日中裏面史の野心作。

川澄　徳次　かわすみ・とくじ
1859〜1911　自由民権運動家。

◇明治叛臣伝　田岡嶺雲著，西田勝解説　青木書店　（青木文庫）　1953　170p　15cm

河瀬　秀治　かわせ・ひではる
1841〜1907　官吏，実業家。武蔵知事，横浜同神社長。内国勧業博の事務担当。「中外物価新報」創刊。竜池会設立に助力。

◇河瀬秀治先生伝―伝記・河瀬秀治　斎藤一暁著　大空社　（伝記叢書）　1994.5　254,3p　22cm　〈上宮教会昭和16年刊の複製　河瀬秀治翁年譜：p209〜234〉　①4-87236-451-1

川田　小一郎　かわだ・こいちろう
1836〜1896　実業家。日銀総裁。三菱汽船管事。三菱の鉱山・炭鉱事業を統括。貴族院議員、男爵。

◇歴代日本銀行総裁論―日本金融政策史の研究　吉野俊彦著，鈴木淑夫補論　講談社　（講談社学術文庫）　2014.12　509p

15cm　①978-4-06-292272-2
＊明治十五年（一八八二）、近代的幣制を確立すべく創設された日本銀行。その歴史は波瀾に満ちている。昭和の恐慌と戦争、復興から高度成長、ニクソン・ショックと石油危機、バブル、平成のデフレ…。「通貨価値の安定」のため、歴代総裁はいかに困難に立ち向かったのか。三十一代二十九人の栄光と挫折を通して描く日本経済の鏡像。

◇ニッポンの創業者―大変革期に求められるリーダーの生き方　童門冬二著　ダイヤモンド社　2004.10　319p　20×15cm　①4-478-32112-4
＊日本の産業社会の出発点となった幕末・維新期は、日本の青春時代だった。多くの日本人が「政界・官界」をめざす中、実業の世界を拓いた男たちがいた。かれらは"経済人"になることをめざしたのである。日本の基礎を創りあげた先人の夢・志・気概とは―。

◇財界人物我観　福沢桃介著　図書出版社　（経済人叢書）　1990.3　177p　19cm
＊自由奔放に生きた鬼才・福沢桃介が明治財界の巨頭たちを俎上に載せ毒舌をふるう。

◇日本財界人物列伝　第1巻　青潮出版株式会社編　青潮出版　1963　1171p　図版　26cm

川田　竜吉　かわだ・りょうきち
1856〜1951　男爵，実業家，新種馬鈴薯普及家。函館ドック専務。アメリカから導入した馬鈴薯が男爵イモの名で広まる。〔記念施設〕男爵資料館（北海道北斗市）

◇男爵薯の父　川田竜吉伝　新版　館和夫著　北海道新聞社　（道新選書）　2008.9　281p　19cm　〈年譜・文献あり〉　①978-4-89453-475-9
＊男爵イモを世に送り出した日本農業界の先駆者・川田男爵の生涯。国連の国際ポテト年にあたる2008年、ジャガイモが世界の基幹食糧として改めてスポットを浴び始めている中、激動の明治期に北海道で男爵イモの栽培と普及に力を注ぎ、北の大地にポテト王国の基礎を築

いた川田男爵の素顔に、いま再び迫る。

◇人間登場—北の歴史を彩る NHKほっからんど212 第1巻 合田一道, 日本放送協会番組取材班著 北海道出版企画センター 2003.3 253p 19cm 〈文献あり〉 ①4-8328-0303-4

◇男爵薯の父 川田龍吉伝 館和夫著 北海道新聞社 （道新選書） 1991.12 254p 19cm ①4-89363-941-2
＊英国からイモの種子を輸入・栽培し、遂に「男爵薯」を編み出したわが国農業界の、そして造船工業界の先駆者といわれる川田龍吉男爵の自由奔放な生涯を鮮やかに描く衝撃の人間ドラマ。

◇男爵薯の父川田竜吉 館和夫著 男爵資料館 1986.2 279p 18cm 〈川田竜吉の肖像あり 川田竜吉年譜・参考文献：p263〜275〉

川端 半兵衛　かわばた・はんべえ
？〜1912　商人。適塾に学ぶ。坂本龍馬など志士を保護した。

◇大阪商人 宮本又次著 講談社 （講談社学術文庫） 2010.6 367p 15cm ①978-4-06-291999-9
＊密貿易を組織した毛剃九右衛門（けづり八右衛門）、独占的地位で巨利をあげた糸割符商人。江戸城出入りの特権商人尼崎屋は新田開発をし、寒天輸出を一手に担う。廻船により各地物産は、荷受問屋を通して、流通する。秘伝南蛮吹の精銅技術をもとに鉱山開発までした住友家。「天下の町人」となった呉服商。江戸の経済を牛耳っていた商都大阪の活況を描く。

河原 徳立　かわはら・のりたつ
1844〜1914　実業家。装飾品を製出、絵画趣味で評判を博し、「東京絵附」の源泉となった。

◇叢書・近代日本のデザイン 1 森仁史監修 ゆまに書房 2007.11 379p 図版42枚 27cm 〈複製 肖像あり 折り込1枚〉 ①978-4-8433-2670-1

川村 矯一郎
かわむら・きょういちろう
1852〜1891　静岡監獄署典獄。
〔記念施設〕顕彰碑（安全寺、大分県中津市下正路）

◇マンガ 更生保護の創始者 川村矯一郎 大分県中津市監修, 太神秀一朗漫画 梓書院 2016.10 163p 19cm ①978-4-87035-588-0

◇マンガ更生保護の創始者 川村矯一郎 大分県中津市監修, 太神秀一朗漫画 梓書院 2009.3 163p 19cm ①978-4-87035-342-8

河村 善益　かわむら・よします
1858〜1924　司法官。貴族院議員、東京控訴院検事長。函館控訴院院長、大審院検事などを歴任。勲一等に叙せられた。

◇河村善益先生 河村善益先生追想録刊行会編 河村善益先生追想録刊行会 1968 268p 図版 22cm 〈製作：中央公論事業出版〉

閑院宮 載仁親王
かんいんのみや・ことひとしんのう
1865〜1945　皇族、陸軍軍人。参謀総長。フランス留学後、参謀本部に入り騎兵旅団長。第一近衛師団長、大将、元帥などを歴任。

◇皇族軍人伝記集成 第9巻 閑院宮載仁親王・閑院宮春仁王 上 佐藤元英監修・解説 ゆまに書房 2012.2 666p 22cm 〈人物往来社昭和41年刊の複製 年譜あり〉 ①978-4-8433-3561-1

◇皇族軍人伝記集成 第10巻 閑院宮載仁親王・閑院宮春仁王 下 佐藤元英監修・解説 ゆまに書房 2012.2 622p 22cm 〈日本民主協会昭和42年刊の複製〉 ①978-4-8433-3562-8

◇歴代陸軍大将全覧 大正篇 半藤一利, 横山恵一, 秦郁彦, 原剛著 中央公論新社 （中公新書ラクレ） 2009.2 357,31p 18cm ①978-4-12-150307-7
＊世界大戦と日独戦争、シベリア出兵、そして吹き荒れる軍縮の嵐。激動する大

正期の日本陸軍の姿を、大将41人の事績とともに詳細に記す。写真、資料も充実。明治篇に続く陸軍史一大巨編。

▌神田 孝平　かんだ・たかひら

1830〜1898　啓蒙的官僚，学者。兵庫県令。西洋経済学を最初に移入・紹介した。貴族院議員。著書に「経世余論」。

◇低き声にて語れ—元老院議官神田孝平　尾崎護著　新潮社　1998.4　291p　20cm〈主要参考資料：p289〜291〉①4-10-422901-6
＊幕末から明治へ、"無血革命"が成立した底流には、開国の現実をふまえた数多の啓蒙的人材と、彼ら元幕吏を採用した明治新政府の力量があった—。その一人、維新の前年に我が国初の西洋経済学テキストの翻訳を果たした神田孝平。新政府の開明派官僚としての彼の足跡を辿り、新視点から近代日本の大改革を検証する。維新明治の開明派官僚の生涯。

◇幕末・明治初期数学者群像　上　幕末編　上—幕末編　小松醇郎著　吉岡書店　1990.9　231p　19cm　①4-8427-0228-1

◇神田孝平—研究と史料　本庄栄治郎編著　経済史研究会　（経済史研究会叢刊）1973.11　186p　22cm〈発売：清文堂出版〉

◇日本人物史大系　第5巻　近代 第1　小西四郎編　朝倉書店　1960　340p　22cm

▌神田 鎰蔵　かんだ・らいぞう

1872〜1934　実業家。神田銀行創設者。

◇風雲六十三年神田鎰蔵翁　紅葉会編　紅葉会　1953

▌金成 太郎　かんなり・たろう

1868〜1897　アイヌ民族運動家。

◇伏流—金成太郎伝　富樫利一著　彩流社　2004.4　398p　19cm　①4-88202-867-0
＊金成太郎（一八六七（慶応三年）—一八九七（明治三十年））は、アイヌで初めて室蘭の小学校に学び、のちに札幌の教員養成学校を卒業して教員免許を取

得した。太郎は、のちにアイヌ文化の存続に尽力することになる知里幸恵、知里真志保の親族である。アイヌの将来のため、アイヌだけの学校をつくろうと政府に働きかけたが実現にはいたらず、その後、英国人宣教師ジョン・バチェラーとともに幌別に相愛学校を設立。アイヌ語のローマ字教育などを試みるが、志なかばにして夭折した。アイヌ文化を長年研究してきた著者が、異民族と異文化の奔流に巻き込まれたアイヌの苦境と希望の象徴である太郎の一生を精緻に描く。

◇エノン（いずこへ）—アイヌの赤い星　富樫利一著　彩流社　1992.12　242p　20cm　〈金成太郎年譜：p230〜234 参考文献：p240〉　①4-88202-239-7

▌管野 すが　かんの・すが

1881〜1911　社会主義革命家，記者。大阪矯風会に入会。大逆事件で死刑となる。

◇管野スガ再考—婦人矯風会から大逆事件へ　関口すみ子著　白澤社　2014.4　253p　19cm　①978-4-7684-7953-7
＊明治期の思想大弾圧、「大逆事件」で処刑された唯一の女性、管野スガ。処刑から100年を経た今、スガに関するこれまでの表象を検証し、処刑前に書かれた日誌などからその真の姿を浮き彫りにする。

◇管野スガ獄中からの「針文字書簡」について—辻原登氏講演会：講演記録集　辻原登述，新宮市立佐藤春夫記念館，佐藤春夫記念会編　新宮市立佐藤春夫記念館　（むささびブックス）　2012.3　65p　21cm〈会期・会場：2011年11月19日 新宮市福祉センター　熊野文化発信事業　共同刊行：佐藤春夫記念会〉

◇管野須賀子の生涯—記者・クリスチャン・革命家　清水卯之助著　和泉書院　（和泉選書）　2002.6　316p　20cm　〈肖像あり〉　①4-7576-0161-1
＊須賀子を明治社会主義の先駆者として再評価。『管野須賀子全集』の編者としてよく知られ、人生の最後を管野須賀子に捧げつくした著者が、徹底した「現

I 政治・経済　　　　　　　　　　　　　　　　　　　　　　　　　木内重四郎

場主義」「実証主義」の方法により、その文業と生涯、特に知られざる青春期を明らかにする。

◇女のくせに―草分けの女性新聞記者たち　江刺昭子著　インパクト出版会　1997.1　327p　19cm　①4-7554-0061-9
＊生きた、恋した、書いた…14人の女性ジャーナリスト列伝。

◇愛ひびきあう―近代日本を奔った女たち　永畑道子著　筑摩書房　1996.11　219p　19cm　①4-480-81408-6
＊明治・大正・昭和と近代化が進む一方、根強く残る社会の古い慣習を断ち切って、新時代に向かって激しく生きぬいた女と男たち。その愛と葛藤の姿を生き生きと伝える。

◇短歌に出会った女たち　内野光子著　三一書房　1996.10　208p　19cm　①4-380-96279-2
＊時代に挑んだ女性たち。その短歌に託したメッセージを読み解く。

◇日本史・激情に燃えた炎の女たち―奔放に生き抜いた女たちの色と欲　村松駿吉著　日本文芸社　（にちぶん文庫）　1993.9　235p　15cm　〈『日本史を揺がした女』改題書〉　①4-537-06233-9
＊卑弥呼、藤原薬子、巴御前、北条政子、日野富子、淀君、春日局…などなど、自らの愛欲と野心を貫くため、時に日本史を揺るがし、燃えさかる炎のように生き抜いた女たちの赤裸々な姿を描く。

◇歴史をひらく愛と結婚　福岡女性学研究会編　ドメス出版　1991.12　236p　19cm　①4-8107-0330-7
＊明治・大正・昭和を通じて、女性の覚醒や人間的平等を主張し、かつ実践した人びと十数人を選び、調査研究し、共同討議による検討・修正を重ねた末、出来上がったのが本書である。

◇美と知に目覚めた女性たち　円地文子ほか著　天山出版　（天山文庫）　1990.9　268p　15cm　①4-8033-2797-1
＊本書には、知と美に生きた7人の女性たちの姿が収められており、先人としての彼女たちの人間としての生き方、また、女性としての闘いぶりに現代でも

なお学ぶことが多い。阿国歌舞伎の創始者・出雲阿国、京島原の吉野太夫、生涯を女子教育につくした下田歌子、津田英学塾の津田梅子、官能の美と情熱を謳った与謝野晶子、大逆事件で犠牲となった管野須賀子、歌人および社会事業家でもあった九条武子らを、一流女性執筆陣が描く好著。

◇瀬戸内寂聴伝記小説集成　第3巻　遠い声・余白の春　瀬戸内寂聴　文芸春秋　1990.2　741p　21cm　①4-16-363880-6
＊二つの大逆事件のそれぞれの主人公。烈しく短い生を終えたふたりの女。管野須賀子を描いた「遠い声」、金子文子を描く「余白の春」ほかに連作評伝「美女伝」他収録。

◇反逆の女のロマン―人物近代女性史　瀬戸内晴美編　講談社　（講談社文庫）　1989.8　255p　15cm　①4-06-184481-4

◇女性解放の思想家たち　山田洸著　青木書店　1987.9　216p　19cm　①4-250-87034-0
＊時代に先駆した女性たちの生涯と思想の核心に迫る。近代日本思想史・女性史研究の最新の成果！

◇管野須賀子の手紙　清水卯之助編・校注　みちのく芸術社　（みちのく芸術双書）　1980.1　26p　21cm　〈管野須賀子の肖像あり〉

◇管野すが―平民社の婦人革命家像　糸屋寿雄著　岩波書店　（岩波新書）　1970　226p　18cm

◇紀州経済史研究叢書　第9輯　和歌山県における初期社会主義―牟婁新報時代の菅野すが子　関山直太郎著　和歌山大学　1959

【き】

▌**木内 重四郎**　きうち・じゅうしろう
1865～1925　官僚，政治家。統監府農商工部長官，貴族院議員。京都府知事となり汚職の嫌疑「豚箱事件」で収監される

が、無罪。

◇桜井静と木内重四郎―芝山の人物展：平成23年度芝山町史企画展「図録」　芝山町芝山古墳・はにわ博物館編　芝山町芝山古墳・はにわ博物館　2011.11　64p　30cm　〈会期・会場：平成23年11月12日―平成24年2月5日　芝山町立芝山古墳・はにわ博物館　年譜あり〉

◇植民地帝国人物叢書　23（朝鮮編4）　木内重四郎伝　木内重四郎　永島広紀編　馬場恒吾著　ゆまに書房　2010.5　394p　22cm　〈ヘラルド社1937年刊の複製　年譜あり〉　①978-4-8433-3387-7

▌気賀 林　きが・りん
1810〜1883　豪商。特産の畳表を販売。
◇気賀三富翁伝　川島幸雄著　〔川島幸雄〕　1996.10　128,22p　21cm　〈折り込2枚〉

▌菊池 貫平　きくち・かんぺい
1847〜1914　社会運動家。困民党指導者。秩父事件にかかわる。
◇秩父コミューン伝説―山影に消えた困民党　松本健一著　河出書房新社　1986.9　187p　19cm　①4-309-00443-1
　＊“事件”は秩父の農民一人一人にとって一体なんであったのか。明治の国家を震撼させた武装革命。民衆の深層心理を捉えつつ解いた秩父事件の全貌！

▌菊池 恭三　きくち・きょうぞう
1859〜1942　実業家。大日本紡績社長。綿糸紡績業の技術者。三十四銀行頭取、大日本紡績連合会委員長などを歴任。貴族院議員。
◇ケースブック日本の企業家―近代産業発展の立役者たち　宇田川勝編　有斐閣　2013.3　265p　21cm　①978-4-641-16405-5
　＊戦前期日本の革新的な企業家活動について、時代背景とともに多様な実像に迫って明快に描き出すケース集。現代社会において比重が増している非製造業分野にも光を当て、いかにして新産業を創出し、経営革新を断行して、産業

発展の礎を築いたのかを解明する。

◇紡績業の発展を支えた技術企業家―山辺丈夫と菊池恭三　山崎泰央著　法政大学イノベーション・マネジメント研究センター（Working paper series　日本の企業家活動シリーズ）　2012.10　19p　30cm　〈年譜あり〉

◇菊池恭三伝―近代紡績業の先駆者　藤本鉄雄著　愛媛新聞社（愛媛新聞ブックス）　2001.10　264p　19cm　〈文献あり〉　①4-900248-84-3

◇菊池恭三翁伝　新田直蔵編著　ゆまに書房（人物で読む日本経済史）　1998.12　678p　22cm　〈菊池恭三翁伝記編纂事務所昭和23年刊の複製〉　①4-89714-600-3

◇人物で読む日本経済史　第7巻　菊池恭三翁伝　新田直蔵編著　ゆまに書房　1998.12　678p　22cm　〈監修：由井常彦　菊池恭三翁伝記編纂事務所昭和23年刊の複製　年譜あり〉　①4-89714-600-3

◇英国と日本―架橋の人びと　ヒュー・コータッツィ，ゴードン・ダニエルズ編著，横山俊夫解説，大山瑞代訳　思文閣出版　1998.11　503,68p　21cm　①4-7842-0977-8
　＊1859年オールコックが開国まもない日本に着任、日英交渉のスタートはきられ、1891年ロンドンで開かれた国際東洋学者会議日本分科会の席上日本協会は誕生した。百年以上にわたる両国の関係は、二つの文化のはざまで生きた人々によって築かれてきた。本書は日本協会百年の歴史と23人のエピソードを通して、日英文化交流史の足跡を辿る。巻末に日本協会創立当初の会員名簿と戦前の紀要に掲載された論文の一覧を付した。

◇日本財界人物列伝　第2巻　青潮出版株式会社編　青潮出版　1964　1175p　図版13枚　27cm

◇菊池恭三翁伝　菊池恭三翁伝記編纂委員会編　菊池恭三翁伝記編纂事務所　1948　678p　図版　22cm

▌菊池 謙二郎　きくち・けんじろう
1867〜1945　政治家，教育家。衆議院議

Ⅰ　政治・経済　　　　　　　　　　　　　　　　　　　　　　　　　　　岸田吟香

員。第二高等学校長、茨城県立水戸中学
校長などを歴任。

◇菊池謙二郎　森田美比著　耕人社　1976
224p　肖像　20cm

木口 小平　きぐち・こへい
1872〜1894　軍人。ラッパ手。国定修身
教科書に忠勇美談の主として載る。
◇ラッパ手の最後—戦争のなかの民衆　西
川宏著　青木書店　1984.12　228p
20cm　〈参考文献：p221〜225〉
①4-250-84053-0

菊池 慎之助　きくち・しんのすけ
1866〜1927　陸軍軍人。大将、教育総監。
参謀本部次長、朝鮮軍司令官を歴任。
◇歴代陸軍大将全覧 大正篇　半藤一利，横
山恵一，秦郁彦，原剛著　中央公論新社
（中公新書ラクレ）　2009.2　357,31p
18cm　①978-4-12-150307-7
＊世界大戦と日独戦争、シベリア出兵、そ
して吹き荒れる軍縮の嵐。激動する大
正期の日本陸軍の姿を、大将41人の事
績とともに詳細に記す。写真、資料も
充実。明治篇に続く陸軍史一大巨編。

木子 清敬　きこ・きよよし
1845〜1907　建築家。東京帝国大学の建
築教育に和風建築を導入する。伝統技術
の普及・啓蒙に努めた。
◇ある工匠家の記録　木子清忠著　〔木子清
忠〕　1988.5　202p　23cm　〈製作：岩
波ブックサービスセンター 木子清敬　木
子幸三郎の肖像あり　各章末：参考文献〉

木越 安綱　きごし・やすつな
1854〜1932　陸軍軍人，政治家。陸軍大
臣，男爵。軍務局長、第5師団長を歴任。
軍部大臣現役武官制の改正を容認し、陸
軍大臣を辞任。
◇陸軍大臣 木越安綱　舩木繁著　河出書房
新社　1993.8　374p　19cm
①4-309-22248-X
＊大正政変後の激動のさなか陸軍大臣と
なり、憲政確立のため一身を省りみず

「軍部大臣現役制」の改正を決行し、陸
軍の総意に背いたとしてその地位を逐
われた木越安綱。明治陸軍の栄光に生
き、帝国日本の命運を暗示した木越中
将の全生涯を発掘する労作。

岸田 吟香　きしだ・ぎんこう
1833〜1905　実業家，文化人。
〔記念施設〕美咲町旭文化会館 岸田吟香記
念館（岡山県美咲町）
◇幕末明治 新聞ことはじめ—ジャーナリズ
ムをつくった人びと　奥武則著　朝日新
聞出版　（朝日選書）　2016.12　278p
19cm　①978-4-02-263052-0
＊幕末の激動の中から明治日本が生まれ
る過程で、長崎、横浜、東京などで次々
に新聞が生まれた。読者はかぞえるほ
ど、活字も販路も取材網もなく、手書き
のものもあった。草創期の新聞の苦闘
とそこに見られたジャーナリズム精神
の萌芽を、9人の新聞人の生涯を通じて
描く。出自、個性、文章、めざしたもの
もさまざまだったが、各人の挑戦、苦
労、挫折の全体が、近代国家に不可欠
な、報道と言論の舞台としての新聞と
いうニューメディアを育てていった。
ジャーナリズムを育てた新聞という媒
体には、誕生時から、政府の干渉、党派
的報道、販売競争など今日に通じる問
題も見られる。今、新聞・テレビの時代
を経てネット時代を迎え、ジャーナリ
ズムが変貌をとげようとしている。そ
の針路を考えるうえで先人たちの歴史
は示唆に富んでいる。

◇岸田吟香・劉生・麗子—知られざる精神の
系譜　岸田吟香，劉生，麗子作，世田谷美
術館，岡山県立美術館，毎日新聞社編　毎
日新聞社　2014　359,11p　27cm　〈会
期・会場：2014年2月8日—4月6日 世田谷
美術館ほか　年表・年譜・文献あり〉

◇明治の偉人 岸田吟香—日本で初めてが
いっぱい！ 目薬・新聞・和英辞書 平成二
十四年度豊田市郷土資料館特別展　豊田
市郷土資料館編　豊田市教育委員会
2013.1　195p　30cm　〈会期：平成25年2
月2日—3月10日　付属資料：4p：ままよ
新聞　年譜あり〉

伝記ガイダンス 明治を生きた人々　**205**

◇上海に生きた日本人—幕末から敗戦まで　近代上海的日本居留民　陳祖恩著，大里浩秋監訳　大修館書店　2010.7　363p　21cm　①978-4-469-23261-5
＊戦前の上海には、日本人の一大コミュニティがあった。彼らはいかにこの地に進出し、どのような日々を送っていたのか。上海を代表する中国人歴史学者が、日中双方の資料を駆使し、商業、工業、教育、建築、文化活動、日中間の交流などから、往時を立体的に浮かび上がらせていく。上海に滞在した人、滞在中の人、これから上海を訪れる人のためのエピソードが満載。当時を偲ばせる貴重な写真250点。略年表、新旧対照略地図付。

◇横浜開港時代の人々　紀田順一郎著　神奈川新聞社　2009.4　270p　21cm　①978-4-87645-438-9
＊開港期の横浜で明るい炎をあげながら生き抜いた人々を、横浜に生まれ育った著者が、豊かな知識と資料の掘り起こしによって、親しみをこめた筆致で描く傑物伝。

◇岡山人じゃが　3　信念に生きる　岡山ペンクラブ編　吉備人出版　2007.2　216p　19cm　①978-4-86069-157-8
＊権力の過酷な弾圧に晒され続けた不受布施派信徒たちの今をはじめ、岡山県の商業教育の基礎を築いた3人の先駆者、新聞創成期に活躍した記者、そして犬養毅のアジアの志士たちとの交流を描く。

◇衛藤瀋吉著作集　第7巻　日本人と中国　衛藤瀋吉著，衛藤瀋吉著作集編集委員会編　東方書店　2003.11　266p　21cm　①4-497-20309-3
＊専制に反対する自由民権論者は弱の側に立って専制と対決すべきである、…専制を覆すために他国に干渉して何が悪い、…このような括弧つきの「正義」と明治日本人が持っている思春期ナショナリズムとが結合したとき、それはたいへんな国民的エネルギーとなって、朝鮮のみならず中国に対しても爆発した。このエネルギーの赴くところ、当初は隣国に対する解放ないし独立の役割を果たしながら、たちまち日本のナショナリズムの大波に乗じて、あらたなる専制者植民地権力として隣邦の民に臨むのである。およそすべての歴史には光と影がある。日本の近代史もまた光と影に満ち充ちており、その影の部分が、まさに、強者として隣邦に臨んだ傲然たる近代日本の軌跡となったのである。

◇浮世はままよ—岸田吟香ものがたり　小林弘忠著　東洋経済新報社　2000.9　280p　20cm　①4-492-06119-3
＊起業家にして、名ジャーナリスト、型破りな男の生涯。和英辞典編纂、新聞発行、汽船業、製氷業、盲学校設立…「日本初」の事業を起こした男がくりひろげる波瀾万丈の生涯をいきいきと描く。

◇岸田吟香—資料から見たその一生　杉浦正著　汲古書院　（汲古選書）　1996.7　412,22p　20cm　〈年譜：p377〜407〉　①4-7629-5019-X

◇先駆者岸田吟香—伝記・岸田吟香　杉山栄著　大空社　（伝記叢書）　1993.6　250,5p　22cm　〈岸田吟香顕彰刊行会昭和27年刊の複製　岸田吟香年譜：p243〜250〉　①4-87236-414-7

◇新聞記者の誕生—日本のメディアをつくった人びと　山本武利著　新曜社　1990.12　357p　19cm　①4-7885-0382-4
＊新聞は都市のメディアである。新聞記者は都市の成立とともにどのように誕生したか。草創期の記者たちの若々しい理想は、権力・読者との力関係のなかでどのように変質・変貌したか。現代の「特性のない」記者像の源流を明治期にさぐり、豊富な資料と独自の視点で跡づける。

◇日本反骨者列伝　夏堀正元著　徳間書店　（徳間文庫）　1987.11　414p　15cm　〈『反骨』改題書〉　①4-19-598396-7
＊日本の近・現代を、時流に阿ることなく反権力を貫いた男たち—獄中18年の後、日本共産党を再建する徳田球一。揺籃の新聞界を痛烈な諷刺精神に生きた宮武外骨。東条英機と対立、自刃した中野正剛。軍部の弾圧下、神道・天皇制に対抗し布教を続けた出口王仁三郎。権力犯罪を執拗に告発する正木ひろし。

日本初の新聞を発刊した岸田吟香—凄絶ともいえる6人の男の生涯を、社会派の旗手が活写する力作評伝。

◇近代ジャーナリスト列伝—天馬の如く　上　三好徹著　中央公論社　（中公文庫）　1986.11　391p 15cm　①4-12-201371-2
＊最初の社会部記者岸田吟香をはじめ、成島柳北、末広鉄腸、中江兆民、池辺三山ら、時の権力に昂然と対峙し、時代の真の旗手として日本の近代化を担った明治言論人たちの気骨の生涯を描く力作。

◇三代言論人集　第1巻　柳河春三〔ほか〕　小野秀雄　時事通信社　1962　355p 図版　18cm

◇吟香素描　土師清二著　東峰書院　1959　122p 図　20cm　〈岸田吟香略年譜：p.112-119〉

◇岸田吟香—マス・コミュニケーションの一資料とした学校法人苫津学園　杉山栄著　三和書店　1952

◇先駆者岸田吟香　杉山栄著　岸田吟香顕彰刊行会　1952　250p 図版　19cm

◇岸田吟香略伝　杉山栄著　岸田吟香顕彰会　1951

▌ **喜多 欽一郎**　きた・きんいちろう
1866〜1927　政治家。埼玉県議会議員，実業家。

◇喜多欽一郎の生涯　山田勝利著　山田勝利　1977.8　55p 図 肖像　22cm　〈喜多欽一郎の年譜：p.51〜53〉

▌ **北垣 国道**　きたがき・くにみち
1836〜1916　官僚。京都府知事——琵琶湖疎水事業を完成。北海道長官、貴族院議員、枢密顧問官を歴任。男爵。▽専門は土木行政。兵庫県出身。

◇北垣国道の生涯と龍馬の影—戊辰戦争・北海道開拓・京都復興に足跡　北国諒星著　北海道出版企画センター　2014.6　226p 19cm　〈文献あり 年譜あり〉　①978-4-8328-1404-2

◇北垣国道日記「塵海」　北垣国道著、塵海研究会編　思文閣出版　2010.2　610,29p

22cm　〈文献・年譜・索引あり〉　①978-4-7842-1499-0

◇嗚呼欅の木さん国道さん　高階一一著　養父町教育委員会　（養父町文化財シリーズ）　1986.3　164p 21cm　〈北垣国道の肖像あり　参考図書：p163〉

▌ **北風 正造**　きたかぜ・しょうぞう
1834〜1895　商人。米商会社、第七十三国立銀行設立など実業界の発展に尽力。〔記念施設〕顕彰碑（兵庫県神戸市、能福寺）

◇風果てぬ—北風正造外伝　須田京介著　神戸新聞総合出版センター　2008.3　267p 15cm　①978-4-343-00455-0
＊瀬戸内海屈指の貿易港・兵庫津にあって「兵庫津の北風か、北風の兵庫津か」と謳われた豪商・北風家。激動の幕末、六十六代北風荘右衛門を継いだ貞知（のちの正造）は、家祖代々の富のすべてを勤皇に捧げながらも、報われず失意のうちに世を去った。九条関白家の家臣から市井の商人に転じ、維新の大業を蔭で支えた稀代の風雲児・北風正造の波瀾の生涯を描く。

▌ **北島 秀朝**　きたじま・ひでとも
1842〜1877　官僚。長崎県令、東京府判事などを歴任。わが国初の缶詰試験場の設立に尽力。

◇県令北島秀朝関係書簡集　県令北島秀朝関係書簡集編集委員会編　馬頭町　1991.10　140p 27cm　〈北島秀朝年譜：p136〜140〉

▌ **北白川宮 能久親王**
きたしらかわのみや・よしひさしんのう
1847〜1895　皇族、陸軍軍人。中将。伏見宮邦家親王第9王子、北白川宮の第1代。近衛師団長として台湾征討軍を指揮。

◇日本の貴人151家の運命　中山良昭著　朝日新聞出版　（朝日新書）　2010.12　259p　18cm　〈並列シリーズ名：Asahi Shinsho　文献あり〉　①978-4-02-273373-3

＊知っているようで知らない旧公家・宮家の成り立ちから現代までの人間ドラマ。時代に翻弄され、数奇な運命をたどった貴人たち。江戸無血開城の「第三の主役」、映画界の名花、戦時下の国策の悲劇。数々のエピソードから波瀾に満ちた日本の近現代史が見えてくる。

◇皇族軍人伝記集成 第3巻 北白川宮能久親王 佐藤元英監修・解説 ゆまに書房 2010.12 43,395,100p 22cm 〈台湾教育会昭和12年刊と吉野利喜馬大正12年刊の複製合本 年譜あり〉 Ⓘ978-4-8433-3555-0

◇歴代陸軍大将全覧 明治篇 半藤一利, 横山恵一, 秦郁彦, 原剛著 中央公論新社 （中公新書ラクレ） 2009.1 273,25p 18×11cm Ⓘ978-4-12-150303-9
＊陸軍大将全員の人物像と事績を4人の歴史家が洩らさず紹介した、リーダブルな陸軍史の決定版。本書は西郷・山県・児玉・乃木など、明治期の大将31人を扱い、その実像を伝える。

◇戊辰秘策―小説・輪王寺宮公現 長尾宇迦著 新人物往来社 1998.9 324p 20cm 〈文献あり〉 Ⓘ4-404-02662-5
＊新政府軍、迫る！ 奥羽越列藩同盟は、輪王寺宮公現法親王を盟主に迎え、東北の独立を策するが…幕末維新の動乱の時代を生きた輪王寺宮の数奇な生涯を描く渾身の書き下ろし長篇力作。

◇皇族 広岡裕児著 読売新聞社 1998.8 382p 19cm Ⓘ4-643-98074-5
＊花の都パリに咲いた！ 散った！ フランス・キタ、北白川宮とヒガシ、東久邇宮の数奇な人生。そして近代日本の激流に翻弄された皇族たち。

◇鷗外全集―著作篇 第11巻 史伝 森鷗外著 岩波書店 1951-55 19cm

▌木谷 吉次郎 きだに・きちじろう
1858〜1949 実業家。

◇木谷吉次郎翁―その生涯と史的背景 清水隆久著 故木谷吉次郎翁顕彰会 1970 343,15,15p 図 22cm 〈巻末：木谷吉次郎翁略年譜〉

▌北村 益 きたむら・ます
1869〜1951 教育者, 政治家。

◇北村益―郷土の先達 八戸市立図書館 （郷土の先人を語る） 1975 197p 図 肖像 19cm 〈年譜：p.191-195〉

▌吉川 重吉 きっかわ・ちょうきち
1860〜1915 外交官。男爵, 貴族院議員。アメリカに留学する。

◇吉川重吉自叙伝 吉川重吉著, 尚友倶楽部史料調査室, 内山一幸編集 芙蓉書房出版 （尚友ブックレット） 2013.8 233p 21cm 〈年譜あり 「故男爵吉川重吉卿自叙伝」（本多康張氏所蔵）の翻刻「家憲」（吉川家所蔵）の翻刻ほか〉 Ⓘ978-4-8295-0596-0

▌木戸 孝允 きど・たかよし
1833〜1877 長州藩士。地方長官会議議長。薩長連合の密約を西郷隆盛と結ぶ。廃藩置県、憲法制定を提唱。
〔記念施設〕木戸孝允旧宅（山口県萩市）

◇木戸孝允と高杉晋作―維新を切り開いた長州のヒーロー 梅屋敷ミタまんが, 三上修平シナリオ, 河合敦監修・解説 集英社 （集英社版・学習まんが 世界の伝記NEXT） 2017.12 127p 23cm 〈文献あり 年譜あり〉 Ⓘ978-4-08-240076-7

◇歴史人物伝西郷隆盛―明治維新の志士たち 楠木誠一郎著 講談社 （日能研クエスト マルいアタマをもっとマルく！） 2017.11 205p 21cm Ⓘ978-4-06-220866-6

◇明治天皇 その生涯と功績のすべて 小田部雄次監修 宝島社 2017.7 127p 26cm 〈年譜あり〉 Ⓘ978-4-8002-7311-6

◇木戸孝允遺文集 オンデマンド版 妻木忠太著 東京大学出版会 （続日本史籍協會叢書） 2016.3 286,6p 図版5枚 22cm 〈複製 印刷・製本：デジタルパブリッシングサービス 年譜あり〉 Ⓘ978-4-13-009564-8

◇木戸松菊公逸事―史実考証 妻木忠太著 マツノ書店 2015.11 50,538,4p 22cm

I　政治・経済　　　　　　　　　　　　　　　　　　　　　　　　木戸孝允

〈年譜あり　有朋堂書店昭和7年刊の複製〉

◇木戸松菊公逸話―史実参照　妻木忠太著
マツノ書店　2015.11　50,568,4p　22cm
〈年譜あり　有朋堂書店　昭和10年刊の複
製〉

◇幕末ヒーローズ!!―坂本龍馬・西郷隆
盛……日本の夜明けをささえた8人！
奥山景布子著，佐嶋真実絵　集英社　（集
英社みらい文庫　伝記シリーズ）　2015.7
235p　18cm　〈文献あり 年譜あり 年表
あり〉　①978-4-08-321273-4

◇吉田松陰と長州五傑　頭山満，伊藤痴遊，
田中光顕著　国書刊行会　2015.7　239p
19cm　①978-4-336-05944-4

◇木戸孝允日記　第1巻　新装普及版　木戸
孝允著，日本史籍協会編　マツノ書店
2015.7　464p　21cm　〈東京大学出版会
昭和60年刊の複製〉

◇木戸孝允日記　第2巻　新装普及版　木戸
孝允著，日本史籍協会編　マツノ書店
2015.7　504p　21cm　〈東京大学出版会
昭和60年刊の複製〉

◇木戸孝允日記　第3巻　新装普及版　木戸
孝允著，日本史籍協会編　マツノ書店
2015.7　591,4p　21cm　〈東京大学出版
会昭和60年刊の複製〉

◇木戸孝允日記　1　オンデマンド版　木戸
孝允著　東京大学出版会　（日本史籍協会
叢書）　2014.9　464p　22cm　〈印刷・製
本：デジタルパブリッシングサービス
覆刻再刊 昭和60年刊〉
①978-4-13-009374-3

◇木戸孝允日記　2　オンデマンド版　木戸
孝允著　東京大学出版会　（日本史籍協会
叢書）　2014.9　504p　22cm　〈印刷・製
本：デジタルパブリッシングサービス〉
①978-4-13-009375-0

◇木戸孝允日記　3　オンデマンド版　木戸
孝允著　東京大学出版会　（日本史籍協会
叢書）　2014.9　591p　22cm　〈印刷・製
本：デジタルパブリッシングサービス〉
①978-4-13-009376-7

◇明治裏面史　下巻　伊藤痴遊著　国書刊
行会　2013.4　243p　21cm

①978-4-336-05643-6
＊昔日のベストセラー作家・伊藤痴遊が
伝える幕末明治激震の姿。司法の父・
江藤新平の悲痛な最期と大久保利通の
冷酷さ。工作、謀略、手練手管…。志士
たちの乱暴で荒々しい、剥き出しで命が
けのかけひきの数々には、ただ驚くほ
かはない。

◇司馬遼太郎 歴史のなかの邂逅　6　村田蔵
六～西郷隆盛　司馬遼太郎著　中央公論
新社　（中公文庫）　2011.2　255p　15cm
①978-4-12-205438-7
＊日本史上最大のドラマともいうべき明
治維新で、「三傑」と称された大久保利
通、木戸孝允、西郷隆盛をはじめ、岩倉
具視、江藤新平など、立役者となった
人々の足跡―。第六巻には、この国の
将来像を描くためのヒントがちりばめ
られた二十一篇を収録。

◇司馬遼太郎 歴史のなかの邂逅　5　坂本龍
馬～吉田松陰　司馬遼太郎著　中央公論
新社　（中公文庫）　2011.1　305p　15cm
①978-4-12-205429-5
＊「維新史の奇蹟」と評される坂本龍馬を
中心に、武市半平太、吉田松陰、高杉晋
作、桂小五郎ら、怒涛の時代を生きた
人々のさまざまな運命―。『竜馬がゆ
く』『世に棲む日日』など数々の傑作が
生まれた背景を伝える二十二篇を収録。

◇長州維新の道―攘夷戦争と長州藩の足跡
上巻　赤間関街道 中道筋　図書出版のぶ
工房　（九州長州文化図録撰書）　2010.11
127p　30cm　①978-4-901346-08-5
＊高杉、奇兵隊、諸隊の戦いの足跡、赤間
関街道中道筋を辿る。破壊力の違いから
得たこと。攘夷戦争、馬関戦争と二度
の敗戦の結果、破約攘夷の困難を知る。

◇木戸孝允―「勤王の志士」の本音と建前
一坂太郎著　山川出版社　（日本史リブ
レット）　2010.7　87p　21cm　〈文献・
年表あり〉　①978-4-634-54870-1
＊開国問題を機に、それまで政治の蚊帳
の外におかれていた天皇の権威が急速
に高まった幕末。長州藩の若手リー
ダーとなった桂小五郎（木戸孝允）は、
いかにして動乱の時代に向きあい、新
時代への道を模索していったのか。あ

伝記ガイダンス 明治を生きた人々　**209**

る時は「勅」を利用し、またある時は「勅」により追いつめられる日々。朝敵の烙印を押された長州藩を復権させ、維新の栄光を背負わせた「勤王の志士」の生涯とは。

◇幕末維新人物新論—時代をよみとく16のまなざし　笹部昌利編　昭和堂　2009.12　321p　21cm　①978-4-8122-0958-5
＊想い、考える、竜馬たちの時代。

◇幕末"志士"列伝　別冊宝島編集部編　宝島社　（宝島SUGOI文庫）　2008.11　223p　15cm　①978-4-7966-6682-4
＊260年の長きにわたって鎖国と称して「引きこもつて」いた日本。しかし、世界情勢はそれを許さず、日本国内からも「このままではいけない」と立ち上がる者たちが現れた。桂小五郎、高杉晋作，坂本竜馬、中岡慎太郎、西郷隆盛…。それに近藤勇、土方歳三、沖田総司。新しい時代を築こうとする者、旧きものを守ろうとする者。国の行く末を案じ、燃える様に散った志士たちの生き様をこの一冊に。

◇ひょうご幕末維新列伝　一坂太郎著　神戸新聞総合出版センター　2008.7　408p　19cm　①978-4-343-00476-5
＊明治維新—日本中で変革の息吹が芽生え、近代化への情熱が沸き立っていた。兵庫県でも、あらゆる人や組織が動いた。伊藤博文、勝海舟、桂小五郎、大久保利通、坂本竜馬、吉田松陰…激動の時代を歩んだ先人たちの生きざまがここによみがえる。

◇日本史人物「第二の人生」発見読本　楠木誠一郎著　彩流社　2007.3　222p　19cm　①978-4-7791-1009-2
＊転機を好機に変える知恵。二十八人の人生からいろいろな「第二の人生」を見る。

◇木戸孝允　松尾正人著　吉川弘文館　（幕末維新の個性）　2007.2　248p　20cm　〈文献あり〉　①978-4-642-06288-6
＊幕末の桂小五郎と明治の木戸孝允の一身二生。倒幕の志士から新時代の政治家へ変貌していく姿を生き生きと描く。版籍奉還、廃藩置県、立憲制導入など、

明治国家の建設に奔走した、木戸の後半生に焦点を絞り、その個性に迫る。

◇サムライたちの幕末維新　近江七実著　スキージャーナル　（剣道日本コレクション）　2005.5　207p　19cm　①4-7899-0058-4
＊剣術が隆盛をみた幕末、その剣の技量をもって頭角を現わした男たち。維新をくぐり抜けた後、ある者は生涯を剣人として生き、ある者は剣を封印して国を動かす立場へと身を置く。幕末から維新への激動の時代に彼らは何を考え、どう生きたか。剣の技と精神をどう活かしたのか。そして廃刀令によって剣術が無用のものとなった新しい時代にどう処していったのか。日本の近代の出発点である幕末維新を生きたサムライたちの精神が、さまざまな難しい問題に直面する現代の日本人に、生きるためのヒントを与えてくれる。

◇文明開化と木戸孝允　桑原三二著　桑原三二　1996.4　168p　19cm　〈木戸孝允の肖像あり　限定版　略年譜：p163～166〉

◇松菊木戸公伝　木戸公伝記編纂所編　マツノ書店　1996.2　2冊　23cm　〈明治書院昭和2年刊の複製　木戸孝允の肖像あり〉

◇木戸孝允日記　1　日本史籍協会編　マツノ書店　1996.2　464p　22cm　〈東京大学出版会昭和60年刊の複製　限定版〉

◇木戸孝允日記　2　日本史籍協会編　マツノ書店　1996.2　504p　22cm　〈東京大学出版会昭和60年刊の複製　限定版〉

◇木戸孝允日記　3　日本史籍協会編　マツノ書店　1996.2　591p　22cm　〈東京大学出版会昭和60年刊の複製　限定版〉

◇木戸孝允をめぐるドイツ・コネクションの形成　森川潤著　広島修道大学総合研究所　（広島修道大学研究叢書）　1995.4　126p　21cm

◇醒めた炎—木戸孝允　4　村松剛著　中央公論社　（中公文庫）　1991.10　486p　15cm　①4-12-201849-8
＊西南の役のさなか、睡眠中に木戸は突然「西郷も大抵にせんか」と大声で叫んだという。役の結果を知らぬまま、新

生日本の行く末を案じつつ45歳で没したその生涯は、苦難に満ちた明治政府の形成過程そのものだったのである。巻末に詳細な出典一覧・人名索引を付す。昭和62年度菊池寛賞受賞の大作。

◇士魂の音色　森村誠一著　新潮社
1991.7　270p 19cm　①4-10-321709-X
＊命じられるままに暗殺を重ねたものの最後の土壇場で自己主張した岡田以蔵。世の中のことを誰よりも見通すことのできる乞食と桂小五郎との不思議な出会い。日本における西洋菓子の原型を造り上げた紅屋留吉に、意外な影響を与えた永倉新八。虚実を巧みにないまぜにして、幕末史の裏面にひそむ九つの秘話を描く短篇時代小説集。

◇長崎幕末浪人伝　深潟久著　西日本新聞社
1990.10　346p 19cm　①4-8167-0290-3
＊坂本龍馬、後藤象二郎、高杉晋作、木戸孝允、西郷隆盛、大久保利通…ら土佐、長州、薩摩の浪人たちが土佐藩大目付・佐々木高行を中心に離合集散、新時代の誕生に生命を燃焼させた。彼らが長崎に残した熱い足跡を追う。幕末の長崎を彩った人と事件を余すところなく伝える力作。

◇醒めた炎―木戸孝允　3　村松剛著　中央公論社　（中公文庫）　1990.10　516p
15cm　①4-12-201752-1
＊狂瀾が、日本を覆う。徳川慶喜推戴を夢みていた坂本龍馬は幕吏の兇刃に斃れ、慶喜自身はロッシュにすすめられて官軍を静岡で迎撃しようと企て、賀陽宮は維新政府転覆のクー・デタを画策する。木戸孝允は開明派をひきいて版籍奉還、廃藩置県へと政府を踏切らせるが、大久保利通はその木戸の追落しを、明治2年に図るのである。豊富な未公開史料を駆使してえがく、国民国家日本の誕生の劇。昭和62年度菊池寛賞受賞の大作。出典一覧・人名索引を、新たに最終巻に収録。

◇近代日本の自伝　佐伯彰一著　中央公論社　（中公文庫）　1990.9　358p 15cm
①4-12-201740-8
＊伊藤博文・尾崎三良・前島密・片山

潜…。みずから記した数々の「私語り」のうちに、西欧に直面した近代日本人の自我意識がおのずと浮かび上がる。文学の魅力ある一ジャンルとして自伝の醍醐味を存分に味わいつつみちびかれる、画期的日本人論。

◇醒めた炎　2　村松剛著　中央公論社
（中公文庫）　1990.9　626p 15cm
①4-12-201745-9
＊新選組の白刃の下をくぐって桂小五郎（木戸孝允）は政治工作に奔走し、蛤御門の戦いでは天皇遷座の秘密部隊の指揮をとった。出石に脱れてからの彼は荒物屋の主人となり、美貌の「京猫」幾松を思いつづける。フランス公使ロッシュの手紙をはじめ数々の未公開史料を用いて本書は従来の定説に修正を加え、池田屋の変から大政奉還にいたる歴史の巨大な劇を、詳細かつ躍動的にえがき出す。昭和62年度菊池寛賞受賞の大作。

◇醒めた炎―木戸孝允　1　村松剛著　中央公論社　（中公文庫）　1990.8　547p
15cm　①4-12-201738-6
＊ペリーが浦賀に来たとき、桂小五郎（木戸孝允）は江戸で剣の修業中だった。黒船の日本来航は「黄金の国」日本の幻影と、パルマーという人物の熱心な運動とに、アメリカの議会が動かされたためである。欧米の未発表史料や幕府隠密の報告までも駆使して、本書は、小五郎を中心に幕末、維新の歴史を活写する。昭和62年度菊池寛賞受賞の大作。

◇怒濤の人―幕末・維新の英傑たち　南条範夫著　PHP研究所　（PHP文庫）
1990.2　269p 15cm　①4-569-56246-9
＊時代の激動期には、驚くべき異能・異才が輩出する。例えば、明治憲法や新教勅語の草案を作った井上毅。己の天分が理論の構成と官僚的策謀とにあることを熟知していた彼は、天性の政治家伊藤博文を操って、明治国家の骨格を思いのままに作り上げた。一井上をはじめ、幕末から明治にかけて、独特の個性がわが国の政治・文化に大きな影響を与えた6人の男たちを描く、異色の人物評伝。

◇幕末維新の志士読本　奈良本辰也著　天山出版　（天山文庫）　1989.9　278p

15cm ①4-8033-1804-2
＊長州の快男児・高杉晋作、海の男、くもらぬ男・坂本竜馬、無私の英傑・西郷隆盛、また、高杉や久坂玄瑞、伊藤博文らを松下村塾から生み出した吉田松陰。彼ら無私の志士たちの青春と感動的な生きざまを通じて幕末維新の時代変革のすべてを学べる歴史オリジナル文庫。

◇西郷と大久保　小学館　（幕末・維新の群像）　1989.1　286p 15cm
①4-09-401010-6
＊薩長連合を成立させた薩摩の西郷・大久保、長州の木戸は明治新政府樹立の立役者となり、政府の首脳におさまる。近代国家建設に燃える維新の三傑もやがて異なる路線を歩みはじめる。宿命の糸で結ばれた西郷と大久保の夢と野望を通し、新政府の苦悩を描く。

◇醒めた炎—木戸孝允　下巻　村松剛著　中央公論社　1987.8　811pp 20cm　〈外国語参考文献：p809～811〉
①4-12-001598-X

◇醒めた炎—木戸孝允　上巻　村松剛著　中央公論社　1987.7　712pp 20cm
①4-12-001597-1

◇木戸孝允文書　6　〔覆刻再刊〕　日本史籍協会編　東京大学出版会　（日本史籍協会叢書）　1986.3　438p 21cm
①4-13-097682-6
＊自明治8年1月至同9年5月

◇木戸孝允日記　3　日本史籍協会編　東京大学出版会　（日本史籍協会叢書）　1985.9　591p 22cm　〈昭和8年刊の複製再刊〉　①4-13-097676-1

◇木戸松菊略伝　妻木忠太著　村田書店　1985.8　1冊　22cm　〈妻木忠太大正15年刊の複製　木戸孝允の肖像あり　付：木戸松菊略年譜〉

◇木戸孝允日記　2　日本史籍協会編　東京大学出版会　（日本史籍協会叢書）　1985.8　504p 22cm　〈昭和8年刊の複製再刊〉　①4-13-097675-3

◇木戸孝允日記　1　日本史籍協会編　東京大学出版会　（日本史籍協会叢書）　1985.7　464p 22cm　〈昭和7年刊の複製

再刊〉　①4-13-097674-5

◇史実考証木戸松菊公逸事　妻木忠太著　村田書店　1984.3　50,19,538p 20cm　〈有朋堂書店昭和7年刊の複製　木戸孝允の肖像あり　付：木戸松菊略年譜〉

◇木戸孝允遺文集　妻木忠太編　東京大学出版会　（続日本史籍協会叢書）　1982.7　46,286,6p 22cm　〈泰山房昭和17年刊の複製　著者の肖像あり　付：木戸孝允公略年譜〉

◇木戸孝允　富成博著　三一書房　1972　261p 20cm　〈木戸孝允年譜：p.226-257〉

◇木戸孝允文書　1　日本史籍協会編　東京大学出版会　（日本史籍協会叢書）　1971　438p 22cm　〈日本史籍協会昭和4年刊の複製〉

◇木戸孝允文書　2　日本史籍協会編　東京大学出版会　（日本史籍協会叢書）　1971　368p 22cm　〈日本史籍協会昭和5年刊の複製〉

◇木戸孝允文書　3　日本史籍協会編　東京大学出版会　（日本史籍協会叢書）　1971　482p 22cm　〈日本史籍協会昭和5年刊の複製〉

◇木戸孝允文書　4　日本史籍協会編　東京大学出版会　（日本史籍協会叢書）　1971　432p 22cm　〈日本史籍協会昭和5年刊の複製〉

◇木戸孝允文書　5　日本史籍協会編　東京大学出版会　（日本史籍協会叢書）　1971　480p 22cm　〈日本史籍協会昭和5年刊の複製〉

◇木戸孝允文書　6　日本史籍協会編　東京大学出版会　（日本史籍協会叢書）　1971　438p 22cm　〈日本史籍協会昭和5年刊の複製〉

◇木戸孝允文書　7　日本史籍協会編　東京大学出版会　（日本史籍協会叢書）　1971　442p 22cm　〈日本史籍協会昭和6年刊の複製〉

◇木戸孝允文書　8　日本史籍協会編　東京大学出版会　（日本史籍協会叢書）　1971　431p 22cm　〈日本史籍協会昭和6年刊の

I　政治・経済　　　　　　　　　　　　　　　　　　　　　　　　　　　　　　　鬼頭良之助

複製〉

◇松菊木戸公伝　木戸公伝記編纂所編　臨川書店　1970　2冊　22cm　〈明治書院昭和2年刊の複製〉

◇木戸孝允　大江志乃夫著　中央公論社（中公新書）　1968　194p　18cm

◇木戸孝允日記　第1　自明治元年4月1日至同4年2月30日　日本史籍協会編　東京大学出版会　（日本史籍協会叢書）　1967　464p　22cm

◇木戸孝允日記　第2　自明治4年3月朔日至同7年2月晦日　日本史籍協会編　東京大学出版会　（日本史籍協会叢書）　1967　504p　22cm

◇木戸孝允日記　第3　自明治7年至明治10年　日本史籍協会編　東京大学出版会　（日本史籍協会叢書）　1967　591p　22cm

◇日本人物史大系　第5巻　近代　第1　小西四郎編　朝倉書店　1960　340p　22cm

木戸　松子　きど・まつこ

1843～1886　女性。木戸孝允の妻。小浜藩士の娘。祇園の芸妓・幾松となり、桂小五郎（のちの木戸孝允）を支えた。木戸の死後は出家。

◇バトル式歴史偉人伝　ペリー荻野著　新潮社　2015.7　223p　19cm　①978-4-10-339421-1

◇幕末の志士を支えた「五人」の女—坂本竜馬の「おりょう」から近藤勇の「おつね」まで　由良弥生著　講談社　（講談社プラスアルファ文庫）　2009.11　268p　15cm　①978-4-06-281329-7
　＊幕末日本のキーパーソン、坂本竜馬、武市半平太、桂小五郎、高杉晋作、近藤勇の妻らの生きざまを描いた半生記！　江戸末期のキーワードとして知られる薩長連合、尊王攘夷、新撰組など、一時代を築いた、国を動かした志士たちの偽らざる私生活の実態が見える！　彼らを愛し、愛された五人の女性にスポットライトをあてた、教科書やドラマでは決して知り得ない、激動の時代を彩った女たちの心根、そして愛を

綴った感動秘話。

◇幾松という女　南条範夫著　新潮社　（新潮文庫）　1993.8　259p　15cm　①4-10-130611-7
　＊「この人と一緒にいたい」京都随一の美妓・幾松が見初めたのは維新の志士・桂小五郎の颯爽たる姿だった。幕末の嵐を共に乗り越え、桂は新政府の参議・木戸孝允となり、幾松はその妻・松子となるが、結婚を境に二人の愛は姿を変える。国事に忙殺され次第に消耗する木戸。苛立ちと愛の渇きを、若い役者との「遊び」で紛らわす松子。動乱期の女性の生きざまと愛の軌跡を綴る傑作時代小説。

◇明治を彩った妻たち　阿井景子著　新人物往来社　1990.8　194p　19cm　①4-404-01742-1
　＊西南戦争で熊本城を死守した谷干城の妻・玖満。他に、西郷いと、税所敦子、坂本乙女、岡上菊栄等の波瀾の人生を描く。

◇幾松という女　南条範夫著　新潮社　（新潮書下ろし時代小説）　1990.7　238p　19cm　①4-10-376801-0
　＊維新の嵐を共にくぐり抜け、たどり着いた結婚生活は果たして幸せだったのか。桂小五郎＝木戸孝允の妻となった芸者・幾松の生涯を掘り起こし、人の心の不思議と、恋愛の果ての悲劇を描く、異色の時代小説。

鬼頭　良之助　きとう・りょうのすけ

1873～1940　侠客。

◇昭和の侠客—鬼頭良之助と山口組二代目　正延哲士著　筑摩書房　（ちくま文庫）　2002.5　319p　15cm　〈『昭和名侠伝　鬼魂』改題書〉　①4-480-03719-5
　＊『鬼竜院花子の生涯』のモデルといわれる土佐の侠客・鬼頭良之助。その鬼頭を渡世上の叔父と敬慕しつづけた山口組二代目・山口登。"人は一代名は末代"といわれる通り、その名は広く知られながらも、語られることの少なかった二人の侠客の姿が関係者の証言などにより明らかになる。激動の人生を駆けぬけた男たちの群像をいきいきと描き出す。

伝記ガイダンス　明治を生きた人々　　**213**

◇昭和名俠伝鬼魄—鬼頭良之助と山口登
正延哲士著　三一書房　1994.6　281p
19cm　Ⓘ4-380-94248-1

▌**木下 淑夫**　きのした・よしお
1874〜1923　鉄道官僚。鉄道経営の近代
化に多大なる貢献。
◇日本の鉄道をつくった人たち　小池滋，
青木栄一，和久田康雄編　悠書館　2010.6
289p　19cm　Ⓘ978-4-903487-37-3
　＊「日本の鉄道の父」井上勝、「投機界の魔
　王」雨宮敬次郎、「地下鉄の父」早川徳
　次など12人の巨人たちの生涯を再現し、
　彼らがなぜ鉄道に心血を注ぎ、どのよう
　な哲学のもとに活動したかを描き出す。

▌**木原 適処**　きはら・てきしょ
1826〜1901　志士。勝海舟に洋学を学ぶ。
戊辰戦争で活躍する神機隊の設立に尽力。
◇木原適処と神機隊の人びと　武田正視著
月刊ペン社　1986.5　387p　22cm　〈木
原適処の肖像あり　木原適処年譜：p377
〜384〉

▌**木村 芥舟**　きむら・かいしゅう
1830〜1901　幕臣。咸臨丸提督として太
平洋横断。幕府海軍創設の功労者。維新
後は官職につかず、福沢諭吉と交遊、文人
として後半生を送った。
◇サムライたちの幕末・明治　歴史REAL
編集部編　洋泉社　（歴史新書）　2016.8
189p　18cm　〈文献あり〉
Ⓘ978-4-8003-1018-7
◇咸臨丸の絆—軍艦奉行木村摂津守と福沢
諭吉　宗像善樹著　海文堂出版　2014.8
253p　20cm　〈文献あり〉
Ⓘ978-4-303-63431-5
◇軍艦奉行木村摂津守伝　木村紀八郎著
鳥影社　2011.11　312p　20cm　〈文献あ
り〉　Ⓘ978-4-86265-325-3
　＊咸臨丸を率いてアメリカに渡った男。
　大きな功績を残しながら維新後は若く
　して名利をもとめず隠居。福沢諭吉が
　終生敬愛したというサムライの生涯を
　掘りおこす。

◇司馬遼太郎 歴史のなかの邂逅　4　勝海舟
〜新選組　司馬遼太郎著　中央公論新社
（中公文庫）　2010.12　293p　15cm
Ⓘ978-4-12-205412-7
　＊情熱、この悲劇的で、しかも最も喜劇的
　なもの—。歴史上の人物の魅力を発掘
　したエッセイを、古代から明治まで、時
　代別に集大成。第四巻は新選組や河井
　継之助、勝海舟らを中心に、動乱の幕末
　に向けて加速する歴史のなかの群像を
　描いた二十六篇を収録。
◇日本海軍の興亡—戦いに生きた男たちのド
ラマ　半藤一利著　PHP研究所　2008.12
199p　19cm　〈『日本海軍の興亡』再編
集・改題書〉　Ⓘ978-4-569-70328-2
　＊名将・名参謀は、その時。
◇ラストサムライの群像—幕末維新に生き
た誇り高き男たち　星亮一，遠藤由紀子
著　光人社　2006.2　283p　19cm
Ⓘ4-7698-1287-6
　＊勝てば官軍—人心が揺れ動き、「大勢」
　に流されようとするときに敢えて踏み
　止まり、意地を貫いた男たち。日本の
　近代化の過程で生じた殺伐たる時代に、
　最後の光芒を放った魅力あふれる「サ
　ムライ」たちの生き様を描く。
◇軍艦奉行木村摂津守—近代海軍誕生の陰
の立役者　土居良三著　中央公論社　（中
公新書）　1994.2　297p　18cm
Ⓘ4-12-101174-0
　＊浜御殿で生まれ育ち、若くして幾多の
　要職を勤めた木村喜毅は、長崎表取締
　並海軍伝習取扱になったことが契機と
　なって軍艦奉行となり、その後も幕府
　の海軍建設に貢献した。咸臨丸のアメ
　リカ航海では司令官として、また遣米
　使節副使として優れた外交能力を発揮
　した。明治政府になっても、その人格・
　経歴に対する評価は高く、在野から日
　本の近代海軍建設に力を尽くした。本
　書は、木村の行動の軌跡をたどりなが
　ら、幕末日本の諸相を描く。
◇木村芥舟とその資料—旧幕臣の記録　横
浜開港資料館編　横浜開港資料普及協会
1988.3　114p　26cm　〈木村芥舟の肖像
あり　木村芥舟略年譜：p88〜91〉

I　政治・経済　　　　　　　　　　　　　　　　　　　　　　　　　　　　キヨソーネ

木村 久寿弥太　きむら・くすやた

1865～1935　実業家。三菱合資総理事。
三菱鉱業、三菱製鉄会長などを兼任。

◇日本財界人物列伝　第2巻　青潮出版株式
会社編　青潮出版　1964　1175p　図版13
枚　27cm

木村 清四郎　きむら・せいしろう

1861～1934　実業家。日本銀行副総裁。
商況社の経営に当たる。日銀に入行、理
事を経て副総裁。

◇昭和前期通貨史断章　田中生夫著　有斐閣
1989.1　276,6p　19cm　①4-641-06471-7
＊本書は、昭和前期における3人の銀行家
の事績と思想の研究を通じて通貨史の
深層を研究する試みであって、同一の
趣旨によって明治末期から大正期を取
り上げた旧拙著『戦前戦後日本銀行金
融政策史』(有斐閣、昭和55年)の第1編
の続編にあたるものである。

木村 荘平　きむら・そうへい

1841～1906　実業家。牛鍋チェーン店の
創業者。

◇悲願千人斬の女　小沢信男著　筑摩書房
2004.8　205p　19cm　①4-480-81824-3
＊芸者と歌人という二つの顔をもって江
戸から明治の時代を生きた女傑・松の
門三艸子。大名や元勲、志士から文人
墨客まで、二十年間に「千人斬」を果し
たと言われる彼女の数奇な生涯を描く
標題作。そのほか、妾の数だけ支店を
つくった牛鍋屋「いろは大王」など、破
天荒な人物が次々登場。

◇ドキュメント日本人　第9　虚人列伝　学
芸書林　1969　356p　20cm

ギメ、E.E.　Guimet, Emile Etienne

1836～1918　フランスの実業家，蒐集家。
1876年来日。諸国で集めた蒐集品を基にし
てギメ博物館を設け国家に献じた(1884)。
特に日本・中国・近東方面の蒐集で有名。

◇オリエンタリストの憂鬱─植民地主義時
代のフランス東洋学者とアンコール遺跡

の考古学　藤原貞朗著　めこん　2008.11
582p　19cm　①978-4-8396-0218-5
＊ルイ・ドラポルト、エミール・ギメ、ル
イ・フィノ、ポール・ペリオ、アンリ・
パルマンティエ、ジョルジュ・グロリ
エ、アンリ・マルシャル、ジョゼフ・
アッカン、アルフレッド・フーシェ、ル
ネ・グルセ、フィリップ・ステルヌ、
ジョルジュ・セデス、ヴィクトル・ゴル
ベフ、アンドレ・マルロー…彼らはアジ
アから何を持ち去ったのか。植民地主
義時代のフランス東洋学者とアンコー
ル遺跡の考古学。

清浦 奎吾　きようら・けいご

1850～1942　官僚，政治家。貴族院議員，
伯爵。第1次桂内閣の法相、枢密顧問官、
枢密院議長などを歴任。　〔記念施設〕清
浦記念館(熊本県山鹿市)

◇宰相たちのデッサン─幻の伝記で読む日
本のリーダー　御厨貴編　ゆまに書房
2007.6　280p　21cm
①978-4-8433-2381-6
＊幻の伝記を読み直すなかから生まれた
まったく新しい戦前期の総理大臣評
伝集。

◇清浦奎吾　御厨貴著　ゆまに書房　(歴代
総理大臣伝記叢書)　2006.2　1冊　21cm
①4-8433-1792-6

◇歴代総理大臣伝記叢書　第14巻　清浦奎
吾　御厨貴監修　ゆまに書房　2006.2
330,314p　22cm　〈複製　肖像あり〉
①4-8433-1792-6

◇清浦奎吾小伝　清浦奎吾顕彰会常任理事
編　清浦奎吾顕彰会　1986.10　44p
21cm　〈清浦奎吾の肖像あり　清浦奎吾
年譜：p42～43〉

キヨソーネ、E.

Chiossone, Edoardo
1832～1898　イタリアの銅版彫刻家。
1875年来日。紙幣や切手のデザインや制
作、銅版彫刻の技術指導に従事。

◇お雇い外国人キヨッソーネ研究　明治美
術学会，印刷局朝陽会編　中央公論美術

伝記ガイダンス　明治を生きた人々　**215**

出版　1999.6　305,104　図版14枚　22cm
〈並列タイトル：Edoardo Chiossone　文
献あり　年譜あり〉　⑭4-8055-0373-4
＊紙幣・切手・公債証書などの原版を彫
刻、わが国の近代印刷の基礎を築き上
げたエドアルド・キヨッソーネ。彼は
また、日本美術の一大コレクションを
もつくりあげた。そうした彼について
の論考を集めた一書。

◇開化異風国助っ人奮戦記　荒俣宏著，安井
仁撮影　小学館　1991.2　349p 19cm
⑭4-09-389311-X
＊「日本」はいったい何者か。近代日本は
「外国」をどう受容し、どう排斥してき
たのか。その「モザイク状の西洋化」に
こそ、「異質の国」といわれる深層構造
がある。博物学の第一人者が、文明開
化期に〈辺境の島〉に渡ってきた28人の
お雇い外国人を通して描く異色日本論。

◇秘宝 浮世絵—ジェノヴァ市立東洋美術館
所蔵 E.キヨソーネ・コレクション　福田
和彦編著　ベストセラーズ　1988.3
198p 30cm　⑭4-584-17030-4
＊90年の時を経て、いま甦る幻の秘宝。
北斎・広重・写楽をはじめ、日本未公開
の浮世絵200点を厳選。春画の醍醐味と
不滅の官能美を集大成した待望の1巻！

清原 無暦　きよはら・むれき
1830〜1904　勤皇家。豊後法盛寺主。維
新後は官吏や宮司を歴任。

◇清原無暦略伝　改訂版　加藤一英編　加
藤一英　1995.11　10p 26cm　〈清原無
暦の肖像あり〉

◇清原無暦略伝　加藤一英編　加藤一英
1987.5　7p 図版2枚　26cm　〈清原無暦
の肖像あり　清原宣道(無暦)年譜：p4〜
6〉

桐野 利秋　きりの・としあき
1838〜1877　鹿児島藩士，陸軍軍人。剣
道示現流の達人で人斬り半次郎の名で知
られる。西南戦争で鹿児島軍の総指揮長。

◇大江戸剣豪列伝—切先越しにみるサムラ
イの260年　田澤拓也著　小学館　(小学

館新書)　2014.2　222p　18cm
⑦978-4-09-825199-5
＊江戸時代初期、諸国遍歴と武者修行に
励んだ宮本武蔵らの背景には、関ヶ原
の戦い後の浪人たちの就職事情があっ
た。江戸中期、武士が戦いを忘れて
いった時代だからこそ、庶民は赤穂浪
士の討ち入りに拍手喝采した。そして
幕末、その庶民が千葉周作の玄武館な
ど町道場に通い、近藤勇ら草莽の志士
たちが動乱の時代を駆け抜けた背景に
は、武士による政治と経済の破たんが
もたらした身分制の崩壊があった。江
戸時代260年間を彩る剣豪たちの太刀筋
から、武士像の変遷を解き明かす。

○特集評伝 「人斬り」と呼ばれた男たち—
中村半次郎/岡田以蔵/河上彦斎/田中新兵
衛(知っておきたい 幕末史の新・視点)
「歴史読本」 (新人物往来社)　55(7)
2010.7

◇サムライたちの幕末維新　近江七実著
スキージャーナル　(剣道日本コレクショ
ン)　2005.5　207p　19cm
⑭4-7899-0058-4
＊剣術が隆盛をみた幕末、その剣の技量
をもって頭角を現わした男たち。維新
をくぐり抜けた後、ある者は生涯を剣
人として生き、ある者は剣を封印して
国を動かす立場へと身を置く。幕末か
ら維新への激動の時代に彼らは何を考
え、どう生きたか。剣の技と精神をど
う活かしたのか。そして廃刀令によっ
て剣術が無用のものとなった新しい時
代にどう処していったのか。日本の近
代の出発点である幕末維新を生きたサ
ムライたちの精神が、さまざまな難し
い問題に直面する現代の日本人に、生
きるためのヒントを与えてくれる。

◇桐野利秋日記　桐野利秋著，栗原智久編
著・訳　PHP研究所　2004.11　227p
20cm　〈肖像あり　年譜あり〉
⑭4-569-63862-7

◇史伝桐野利秋　栗原智久著　学習研究社
(学研M文庫)　2002.9　268p　15cm
⑭4-05-901145-2
＊薩摩藩士中村半次郎、維新後の桐野利
秋は逸話のかたまりのような存在であ

Ⅰ 政治・経済　　　　　　　　　　　　　　　　　　　　　　　　桐野利秋

る。軒先から落ちる雨だれが地面に達
するまでに、刀を三度抜き三度鞘に収
められた、など。今日ひとり歩きする
異名に、人斬り半次郎がある。しかし、
これは後世つくられたにすぎない。幕
末維新期その経歴はかがやきを放って
いた。本書はできるかぎり史料に忠実
に、その栄光と敗退の軌跡をあらわし、
西郷隆盛と行動を共にしたこの人物か
らみて、幕末維新史全体をもあらわそ
うとするものである。

◇人斬り半次郎 幕末編　池波正太郎著　新
潮社　(新潮文庫)　1999.8　610p　15cm
①4-10-115678-6
＊「今に見ちょれ」。薩摩藩中でも「唐芋
侍」と蔑まれる貧乏郷士の家に生れた
中村半次郎は、だがその逆境に腐るこ
となく、いつの日かを期していた。秀
抜な美男子で気がやさしい。示現流の
剣は豪傑肌に強い。恵まれた資質のま
まに精力的に日を送っていた二十五歳
のある日、半次郎は西郷吉之助と出遇
う。時は幕末、惚れ込んだ男＝西郷に
つき、半次郎は水を得た。京の町に「人
斬り半次郎」の名が轟く。

◇人斬り半次郎 賊将編　池波正太郎著　新
潮社　(新潮文庫)　1999.8　548p　15cm
①4-10-115679-4
＊維新は成った。中村半次郎改め桐野利
秋は、西郷の腹心として存分に働き、日
本初代の陸軍少将となる。ザンギリ頭
にフランス香水をつけ、得意絶頂の桐
野だった。が、西郷は新政府のやり口
に苦りきっていた。そしてついに、進
退をかけての征韓論争に敗れ、西郷は
帰郷。桐野ら薩摩隼人の心酔者たちは
放っておくことができない―城山での
壮烈な最期まで、激動の時代を駆けた
一快男児の半生。

◇桐野利秋―青雲を行く　上　三好徹著
学陽書房　(人物文庫)　1998.7　358p
15cm　〈『青雲を行く』(三一書房1990年
刊)の改題〉　①4-313-75052-5
＊「俺はこの人のためとあれば命を棄て
ても惜しくなかぞ。」―西郷隆盛の人柄
に惹かれた中村半次郎―のちの桐野利
秋は、得意の示現流の腕に冴えを見せ、

「人斬り半次郎」の異名をとるように
なった…。維新に賭ける志に生きた薩
摩武士の若き日の情熱と颯爽たる生き
方を描く。

◇桐野利秋―青雲を行く　下　三好徹著
学陽書房　(人物文庫)　1998.7　381p
15cm　〈『青雲を行く』(三一書房1990年
刊)の改題〉　①4-313-75053-3
＊西郷隆盛の下野とともに陸軍少将を辞
して、故郷薩摩で私学校幹部になる一
方、農地の開墾にあたっていた桐野
だったが、時代の奔流は彼を西南戦争
という舞台へ押し出していった…。新
事実と解釈によって、青雲の志に生き
た全く新しい桐野像を描く意欲作。

◇江戸人物伝　白石一郎著　文芸春秋　(文
春文庫)　1996.3　248p　15cm
①4-16-737015-8
＊巌流島の決闘の宮本武蔵、佐々木小次
郎、天一坊事件を裁いた大岡越前守、赤
穂浪士の盟主大石内蔵助、黒田騒動の
主役栗山大膳、茶の輸出で名を馳せた
女貿易商大浦お慶をはじめ、井伊直弼、
横井小楠、西郷隆盛、島津斉彬、桐野利
秋など、激動の時代を生き抜いた傑物
たちを卓絶した史眼で取りあげた歴史
エッセイ15篇。

◇桐野利秋のすべて　新人物往来社
1996.3　263p　19cm　①4-404-02333-2

◇人斬り半次郎　池波正太郎著　立風書房
1994.12　597p　20cm　①4-651-66062-2

◇人斬り半次郎　全　池波正太郎著　立風
書房　1994.12　597p　19cm
＊薩摩の唐芋侍から無双の剣によって身
を起こし、はては賊将として西郷隆盛
に殉じたわが国最初の陸軍少将、中村
半次郎こと桐野利秋の生涯。

◇青雲を行く　上　三好徹著　集英社　(集
英社文庫)　1993.12　330p　16cm
①4-08-748115-8

◇青雲を行く　下　三好徹著　集英社　(集
英社文庫)　1993.12　356p　16cm
①4-08-748116-6

◇江戸人物伝　白石一郎著　文芸春秋
1993.1　206p　19cm　①4-16-347130-8

＊宮本武蔵、佐々木小次郎、大岡越前守、大石内蔵助、井伊直弼、西郷隆盛など、激動の時代を生き抜いた傑物たちを卓絶した史眼で取りあげた歴史エッセイ集。

◇賊将　池波正太郎著　新潮社　（新潮文庫）　1992.12　413p 15cm
Ⓘ4-10-115665-4
＊幕末には「人斬り半次郎」と恐れられ、維新後はわが国最初の陸軍少将となり、最後は西郷隆盛をかついで西南戦争に散った快男児・桐野利秋を描いた表題作。10年に及ぶ戦乱に何らの力も発揮出来ない将軍・足利義政の苦悩を刻んだ直木賞候補作の中編『応仁の乱』。表と裏の顔を兼ね備えた人間という生き物のおかしみを捉えた『秘図』など6編。直木賞受賞直前の力作を集めた短編集。

◇青雲を行く　上　上　三好徹著　三一書房　1990.10　284p 19cm
Ⓘ4-380-90245-5
＊慶応二年、坂本竜馬のあっせんで薩長間に討幕のための軍事同盟が結ばれた。その頃、中村半次郎と称していた桐野利秋は、さかんにテロを行ない。人斬り半次郎とさえいわれた。当時、西郷は武力討幕論、土佐の後藤象二郎は無血革命を唱えて幕府に大政奉還をせまり、互いに対立していた。翌三年、徳川慶喜は大政を奉還し、江戸に帰った。官軍は江戸攻撃のため、東海道・中仙道から江戸へ向っていた…。

◇青雲を行く　下　下　三好徹著　三一書房　1990.10　299p 19cm
Ⓘ4-380-90246-3
＊慶応四年、薩長土を中心とした明治新政府が誕生した。桐野利秋は陸軍少将となり、やがて陸軍裁判長に任命される。山県有朋は陸軍卿となり、明治五年に徴兵令が公布された。征韓論で西郷と大久保は対立する。西郷は政府高官の汚職や征韓論争の決裂で、厭気がさして鹿児島に帰り桐野も下野した。同七年、私学校が設立され、やがて政府と対立するようになる。私学校校徒の火薬庫襲撃を機に、西南戦争が起こった‥。

◇薩南の鷹―人斬り半次郎異伝　広瀬仁紀著　講談社　（講談社文庫）　1987.3

349p 15cm 〈解説：清原康正〉
Ⓘ4-06-183950-0

◇桐野利秋　長野英世著　新人物往来社　1972　254p 肖像　20cm

◇桐野利秋　尾崎士郎著　新潮社　1961

▍桐原 捨三　きりはら・すてぞう
1855～1926　毎日新聞社の営業主任。

◇桐原捨三翁追懐録―伝記・桐原捨三　福良虎雄編　大空社　（伝記叢書）　1993.6　1冊　22cm　〈福良虎雄昭和5年刊の複製　付：桐原捨三翁略年譜並に其時代〉
Ⓘ4-87236-418-X

▍宜湾 朝保　ぎわん・ちょうほ
1823～1876　琉球の政治家。三司官となり維新慶賀の副使。桂園派の歌人、歌集「松風集」。

◇沖縄史の五人　伊波普猷，真境名安興著　琉球新報社　1974　233,7p 19cm 〈『琉球の五偉人』（小沢書店大正5年刊）の現代語訳〉

▍金原 明善　きんばら・めいぜん
1832～1923　実業家。天竜川の治水、治山に貢献。金原銀行、金原治山治水財団を設立。〔記念施設〕金原明善記念館（静岡県浜松市）

◇ケースブック日本の企業家―近代産業発展の立役者たち　宇田川勝編　有斐閣　2013.3　265p 21cm
Ⓘ978-4-641-16405-5
＊戦前期日本の革新的な企業家活動について、時代背景とともに多様な実像に迫って明快に描き出すケース集。現代社会において比重が増している非製造業分野にも光を当て、いかにして新産業を創出し、経営革新を断行して、産業発展の礎を築いたのかを解明する。

◇企業の社会的責任―日本型CSRの源流―大原孫三郎と金原明善　長谷川直哉著　法政大学イノベーション・マネジメント研究センター　（Working paper series 日本の企業家活動シリーズ）　2012.6　27p 30cm　〈年譜・文献あり〉

I　政治・経済

◇金原明善の一生　三戸岡道夫著　栄光出版社　2007.9　384p　19cm
①978-4-7541-0102-2
＊地球環境保護に全財産を投入し、全生涯を捧げて実践した人物、静岡県の植林王金原明善。全国に治水治山の必要性を説き、植林事業を推進した偉大で崇高な生涯は、現代人の心を三倍感動させる超人的な力を秘めている。

◇国土を培うもの—金原明善一代記　3版　小野田竜彦著　金原明善を顕彰する会　2006.4　341,4p　19cm　〈再版の出版者：平凡社　発行所：珠玉社　肖像・年譜あり〉

◇近代静岡の先駆者—時代を拓き夢に生きた19人の群像　静岡県近代史研究会編　静岡新聞社　1999.10　390p　19cm
①4-7838-1068-0

◇金原明善翁余話　鈴木要太郎著　浜松史蹟調査顕彰会　1981.3　273p　19cm
〈金原明善の肖像あり　金原明善慈恵略年譜：p266〜269〉

◇金原明善—その足跡と郷土　鈴木要太郎著　浜松史跡調査顕彰会　1979.2　169p　22cm　〈金原明善の肖像あり〉

◇明治百年林業先覚者群像　昭和43年　大日本山林会編　大日本山林会　1970　118p　肖像　22cm

◇金原明善　金原治山治水財団編　丸ノ内出版 中央公論事業出版（製作）　1968　871p　図版　23cm　〈監修者：土屋喬雄　付：金原明善年表　金原明善伝記関係文献目録〉

◇金原明善　資料　金原治山治水財団編　金原治山治水財団 東京 中央公論事業出版（制作）　1968　2冊　23cm　〈監修者：土屋喬雄〉

◇金原明善—更生保護事業の先覚者　中山順智著　静岡県更生保護協会　1966

◇金原明善　和田伝著　日本書房　（現代伝記全集）　1959　318p　20cm

◇郷土を興した 先人の面影—その思想と業績　小出孝三著　日本自治建設運動本部　1958　259p　図版　19cm

◇金原明善の事歴と指導精神　土屋喬雄著

金原治山治水財団　1958

◇治水と植林の父金原明善　和田伝著　ポプラ社　（偉人伝文庫）　1952

◇水を治むるもの—明善と神樹　太田正孝著　板垣書店　1948　114p　19cm

【く】

▌日柳 燕石　くさなぎ・えんせき
1817〜1868　勤皇博徒。会津戦争に加わった後に病死。

◇幕末ハードボイルド—明治維新を支えた志士たちとアウトロー　伊藤春奈著　原書房　2016.12　295p　19cm
①978-4-562-05365-0
＊歴史に描かれなかった幕末・維新の陰の立役者たち。清水次郎長から黒駒勝蔵、会津小鉄、そして浪士組、奇兵隊、新撰組—時代に身を投じ、維新を駆けた男たちの実像とその生き様。

◇絵本・燕石さん—明治維新の奇傑 日柳燕石伝　池原昭治絵, 鈴木浩文, こんぴら賢人記念館監修　美巧社　2013.8　63p　21cm　〈年譜あり〉　①978-4-86387-037-6

◇天下太平の礎—藤川三渓と日柳燕石　井下香泉著　讃岐先賢顕彰会　2007.11　217p　19cm

◇歴史の仕掛人—日本黒幕列伝　童門冬二著　読売新聞社　1990.9　296p 19cm
①4-643-90073-3
＊時代を変えた凄いやつら。「長屋王の変」の妖女、「ばさら」大名、家康を育てた怪憎など、黒幕23人の痛快人物伝。

◇日柳燕石研究　其の5　相原言三郎著　相原言三郎　1969.8　120p　21cm　〈私家版〉

◇日柳燕石研究　其の4　相原言三郎著　相原言三郎　1968.8　174p　21cm　〈私家版〉

◇日柳燕石研究　其の3　相原言三郎著　相原言三郎　1968.3　118p　21cm　〈私家

版〉

◇日柳燕石研究　其の2　相原言三郎著　相原言三郎　1967.10　151p　21cm　〈私家版〉

◇日柳燕石研究　其の1　相原言三郎著　中岡宏夫　1967.6　120p　21cm　〈私家版〉

◇やくざの生活　田村栄太郎著　雄山閣　1964

◇燕石史蹟呑象楼略記　清水秀之助著　燕石会　1954

▌楠瀬 喜多　くすのせ・きた
1836〜1920　女性民権家。板垣退助の立志社を支援。民権婆さんと慕われる。

◇「民権ばあさん」楠瀬喜多小論―公文豪自由民権史論集　公文豪著　高知市立自由民権記念館友の会　（高知市立自由民権記念館友の会ブックレット）　2006.7　90p　21cm

◇土佐の婦人たち　関みな子著　高知新聞社　（高新シリーズ）　1962　199p　18cm

◇自由民権女性先駆者―楠瀬喜多子・岸田俊子・景山英子　住谷悦治著　文星堂　1948

▌楠美 冬次郎　くすみ・とうじろう
1863〜1934　りんご栽培家。西洋りんご栽培のパイオニアの一人。著書に「苹果要覧」。

◇ここに人ありき　第1-3巻　船水清著　陸奥新報社　1970　3冊　図版　19cm　〈昭和43年5月16日から45年3月10日まで『陸奥新報』に連載されたもの〉

▌クーデンホーフ 光子
くーでんほーふ・みつこ
1874〜1941　伯爵夫人。骨董商青山喜八の三女で、オーストリア代理公使の妻。

◇クーデンホーフ光子の手記　クーデンホーフ光子著，シュミット村木真寿美編訳　河出書房新社　（河出文庫）　2010.8　289p　15cm　〈並列シリーズ名：kawade bunko〉　①978-4-309-41032-6
＊明治二十五年、東京牛込の町娘光子は

オーストリアの伯爵ハインリッヒ・クーデンホーフに見初められ結婚、欧州に渡る。夫の急死により三十二歳で寡婦になった光子は、女手ひとつで七人の子を育て上げ、"黒い瞳の伯爵夫人"と称せられる。本書は死の直前まで綴った手記で、編者により初めて日の目を見た貴重な記録である。

◇国際社会で活躍した日本人―明治〜昭和13人のコスモポリタン　植木武編　弘文堂　2009.4　260p　19cm　①978-4-335-55127-7
＊先駆者の気概と知恵を学ぼう。国際社会で信念のあるユニークな人生を歩んだ13人のパイオニアのライフヒストリー。

◇ミツコと七人の子供たち　シュミット村木真寿美著　河出書房新社　（河出文庫）　2009.3　316p　15cm　〈文献あり〉　①978-4-309-40952-8
＊黒い瞳の伯爵夫人と呼ばれた日本人女性、クーデンホーフ光子の生涯を克明に追い、東京の町娘が伯爵家に嫁いだ事情、落日のハプスブルク家でジャポニスムの象徴となったその人となり、両次大戦の荒波に翻弄されながらも「パン・ヨーロッパの母」と称えられた数奇な生涯を豊富な写真とともに追う。

◇二十世紀から何を学ぶか　上　一九〇〇年への旅 欧州と出会った若き日本　寺島実郎著　新潮社　（新潮選書）　2007.5　241,7p　19cm　〈『一九〇〇年への旅―あるいは、道に迷わば年輪を見よ』加筆・修正・改題書〉　①978-4-10-603581-4
＊二十世紀の到来を、若き日本人たちは欧州各都市でどう見たのか。パリ万博を訪れた『坂の上の雲』の主人公・秋山真之、留学途上の夏目漱石。ロンドンには南方熊楠、ウィーンには青山光子―。欧州の新しい息吹を熱い思いで受け止めた彼らの精神を、「二十一世紀への眼」という遠近法で凝視し、現代を問うた渾身の書『一九〇〇年への旅』、選書版で再登場。

◇ミツコと七人の子供たち―Mitsuko Coudenhove　シュミット村木真寿美著　講談社　2001.7　333p　20cm　〈文献あり　肖像あり〉　①4-06-210767-8

I 政治・経済　　　　　　　　　　　　　　　　　　　久邇宮朝彦親王

＊かつて日本人初の伯爵夫人、ウィーン社交界の華ともてはやされ、そして今また、ヨーロッパ統一運動の生みの親リヒャルトの母として注目をあびる光子。その素顔と、七人の子供たちがたどった波乱の生涯を追う！　クーデンホーフ光子の真実。

‖ **工藤 卓爾**　くどう・たくじ
1860～1925　政治家。〔記念施設〕顕彰碑（青森市，合浦公園）
◇工藤卓爾伝　肴倉弥八執筆　工藤正　1985.7　174p　27cm　〈工藤卓爾の肖像あり　年譜：p160～164〉

‖ **工藤 轍郎**　くどう・てつろう
1849～1927　開墾功労者。私費を以て荒屋平の開墾、公共事業に尽力。藍綬褒章と銀杯を賜る。
◇工藤農場開拓とその解放　盛田農民文化研究所著　盛田達三　1957

‖ **工藤 行幹**　くどう・ゆきもと
1842～1904　政治家。衆議院議員。東北地方屈指の有力政治家。国民同盟会、対露同志会などの対外硬運動にも関係。
◇郷土の先人を語る　第5　弘前市立弘前図書館，弘前図書館後援会　1969　167p　18cm

‖ **国沢 新兵衛**　くにさわ・しんべえ
1864～1953　実業家，政治家。日本通運初代社長，衆議院議員。逓信省鉄道技師を経て満鉄創立と共に理事就任。のち副総裁。
◇日本財界人物列伝　第2巻　青潮出版株式会社編　青潮出版　1964　1175p　図版13枚　27cm

‖ **久邇宮 朝彦親王**
くにのみや・あさひこしんのう
1824～1891　皇族。伏見宮邦家親王の子。公武合体に努め、政変を推進。維新後は

伊勢神宮祭主などを務めた。

◇闘う皇族―ある宮家の三代　浅見雅男著　角川書店　（角川文庫）　2013.8　347p　15cm　〈KADOKAWA（発売）　文献あり〉　①978-4-04-100845-4
＊大正時代、「宮中某重大事件」と呼ばれるスキャンダルが発生した。皇太子裕仁親王（後の昭和天皇）の妃に内定していた良子女王（後の香淳皇后）に遺伝的問題が指摘されたのだ。婚約は変更するべきか否か。元老を巻き込んだ政治問題に進展する中、実家の久邇宮家では、当主である父の邦彦王が不穏な動きを見せる。新資料をもとに、初めてその真相に迫るノンフィクション。久邇宮家3人の当主から、戦前の皇族の実態を浮き彫りにする。

◇南北朝こそ日本の機密―現皇室は南朝の末裔だ　落合莞爾著　成甲書房　（落合秘史）　2013.4　284p　20cm　①978-4-88086-300-9

◇朝彦親王伝―維新史を動かした皇魁　徳田武著　勉誠出版　2011.12　319,11p　22cm　〈索引あり〉　①978-4-585-22025-1
＊「八月十八日の政変」で宮廷を動かし、池田屋事件では命を狙われた朝彦親王は、幕末期において、孝明天皇、徳川慶喜を陰で支えるなど大きな影響力を持ちながら、「史実」に記されることが少ない人物である。『朝彦親王日記』『孝明天皇紀』など、幕末維新の重要史料を仔細に読み解き、その知られざる生涯を描きだす。悲劇の英傑から描かれる、もうひとつの幕末・維新史。

◇朝彦親王景仰録　増補/皇學館史編纂室/覆刻増補　皇學館　2011.10　364p　22cm　〈原本：久邇宮朝彦親王五十年祭記念會昭和17年刊　年譜あり〉

◇天皇と宮家―消えた十一宮家と孤立する天皇家　小田部雄次著　新人物往来社　2010.12　302p　19cm　①978-4-404-03952-1
＊天皇家を支える血族・階級として、近代を生きてきた「十一宮家」は、終戦後、なぜ皇籍を離脱しなければならなかったのか。朝香宮家、賀陽宮家、閑院宮

伝記ガイダンス 明治を生きた人々　**221**

家、北白川宮家、久邇宮家、竹田宮家、梨本宮家、東久邇宮家、東伏見宮家、伏見宮家、山階宮家の歴史と人々。

◇皇族　広岡裕児著　読売新聞社　1998.8　382p　19cm　①4-643-98074-5
　＊花の都パリに咲いた！　散った！　フランス・キタ、北白川宮とヒガシ、東久邇宮の数奇な人生。そして近代日本の激流に翻弄された皇族たち。

◇朝彦親王日記　久邇宮朝彦著，日本史籍協会編　東京大学出版会　（日本史籍協会叢書）　1969　2冊　22cm　〈日本史籍協会昭和4年刊の複製〉

久邇宮　邦彦王
くにのみや・くによしおう
1873～1929　皇族，陸軍軍人。元帥，大将。兄賀陽宮邦憲王が病弱のため久邇宮家を継承。昭和天皇皇后良子の父。久邇宮朝彦の3男。

◇闘う皇族―ある宮家の三代　浅見雅男著　角川書店　（角川文庫）　2013.8　347p　15cm　〈KADOKAWA（発売）　文献あり〉　①978-4-04-100845-4
　＊大正時代、「宮中某重大事件」と呼ばれるスキャンダルが発生した。皇太子裕仁親王（後の昭和天皇）の妃に内定していた良子女王（後の香淳皇后）に遺伝的問題が指摘されたのだ。婚約は変更するべきか否か。元老を巻き込んだ政治問題に進展する中、実家の久邇宮家では、当主である父の邦彦王が不穏な動きを見せる。新資料をもとに、初めてその真相に迫るノンフィクション。久邇宮3人の当主から、戦前の皇族の実態を浮き彫りにする。

◇皇族軍人伝記集成　第5巻　久邇宮邦彦王　佐藤元英監修・解説　ゆまに書房　2010.12　495p　22cm　〈久邇宮蔵版昭和14年刊の複製　年譜あり〉　①978-4-8433-3557-4

◇歴代陸軍大将全覧　大正篇　半藤一利，横山恵一，秦郁彦，原剛著　中央公論新社　（中公新書ラクレ）　2009.2　357,31p　18cm　①978-4-12-150307-7
　＊世界大戦と日独戦争、シベリア出兵、そ

して吹き荒れる軍縮の嵐。激動する大正期の日本陸軍の姿を、大将41人の事績とともに詳細に記す。写真、資料も充実。明治篇に続く陸軍史一大巨編。

久原　房之助　くはら・ふさのすけ
1869～1965　実業家，政治家。立憲政友会総裁。久原鉱業を設立、海運、造船、商事などに進出して久原財閥を形成。

◇名創業者に学ぶ人間学　十大財閥篇　加来耕三著　ポプラ社　2010.9　315p　19cm　①978-4-591-12001-9
　＊岩崎弥太郎、野村徳七、安田善次郎…財閥を築き、世界と戦える大企業の基礎を創り上げた英傑16人の波乱に満ちた生涯を紐解きながら、ビジネスを成功させる法則を探る歴史人間学の決定版。

◇夢はるかなる―近代日本の巨人・久原房之介　古川薫著　PHP研究所　（PHP文庫）　2009.3　453p　15cm　〈『惑星が行く』（日経BP社2004年刊）の改題、加筆・修正　文献・年譜あり〉　①978-4-569-67240-3
　＊日立製作所、日産自動車、ジャパンエナジーの基礎となった久原財閥の総帥であり、「鉄鋼王」の異名を馳せた久原房之助。一代で巨万の富を築きながらも、第一次大戦後の恐慌を機に政界へ進出。逓信大臣、立憲政友会総裁を歴任し、「政界の黒幕」として近代日本の政治・経済に多大な影響を及ぼした。激動の明治、大正、昭和を痛快に闊歩した巨人の生涯を描く力作長編小説。

◇日本「創業者」列伝　別冊宝島編集部編　宝島社　（宝島SUGOI文庫）　2008.8　188p　15cm　①978-4-7966-6530-8
　＊近代日本の幕開けとともに、新しい国づくりに力を貸した男たちがいた。三菱の岩崎弥太郎、日本に資本主義経済を根付かせた渋沢栄一などがその代表である。太平洋戦争の後には、二輪オートバイの本田宗一郎、総合家電の松下幸之助などが世界に翔び立った。そして現代、多くの熱き男たちが出番を待っている。そんな今日の日本経済を支える大企業の創業者たちの成功までのストーリー。

◇天馬空を行く―久原房之助物語　マンガ

I 政治・経済　　　　　　　　　　　　　　　　　　　　　　　久保田譲

田中誠画，吉成茂文，『久原房之助物語』
編集委員会編　日立市民文化事業団
2007.10　241p　21cm　〈肖像・年譜あ
り〉

◇惑星が行く―久原房之助伝　古川薫著
日経BP社　2004.8　397p　20cm　〈東京
日経BP出版センター（発売）　年譜あり〉
①4-8222-4417-2

◇異彩天才伝―東西奇人尽し　荒俣宏著，日
本ペンクラブ編　福武書店　（福武文庫）
1991.12　359p　15cm　①4-8288-3230-0
＊博覧強記の奇才・荒俣宏が、自身の持つ
評伝コレクションの中から選び出す、奇
人たちを描いた綺譚、逸話の数々。南
方熊楠、宮武外骨、大谷光瑞、左卜全、
三田平凡寺、リチャード・ナッシュ…。
規範や体制にとらわれることなく自由
に時代を闊歩した面々の生きざまを紹
介し、現代に繋がるその精神性を垣間
見る、稀代の畸人・奇人・伝奇集。

◇久原房之助翁を語る―伝記　米本二郎著
リーブル　1991.12　1174p　22cm　〈久
原房之助の肖像あり　折り込み1枚　付（別冊1
冊21cm）　年表　久原翁の著述、論文、
講演、日記の目録：p1077～1155〉
①4-947581-01-8

◇久原房之助　久原房之助伝記編纂会編
日本鉱業　1970　597p　図　肖像　22cm
〈付：ありし日の久原翁―森繁久弥氏との
対談（レコード）1枚16cm33rpm〉

◇昭和怪傑伝　大宅壮一著　角川書店
1957　290p　19cm

◇続 財界回顧―故人今人　池田成彬著，柳
沢健編　三笠書房　（三笠文庫）　1953
217p　16cm

◇大久原随行記・群星点描　野村春畝著
青雲社　1952.5　133p　22cm　〈久原房
之助の肖像あり〉

▌久保 断三　くぼ・だんぞう
　1832～1878　長州（萩）藩士。
◇久保松太郎日記　復刻　久保松太郎著，
一坂太郎，蔵本朋依編　マツノ書店
2004.2　893p　22cm　〈限定版〉

▌窪田 畔夫　くぼた・くろお
　1838～1921　政治家。
◇北アルプス夜話　復刻版　長沢武著　長
崎出版　2008.1　286p　19cm
①978-4-86095-242-6
＊登山家、写真家、植物学者など、山を愛
する全ての人が興味を持ち、憧れる話
を収録。アルプスの裏の世界も満載。

◇窪田畔夫の人と作品　山極ひさ編　〔山極
ひさ〕　2003.6　109p　21cm　〈附・犀
川神社の碑　信濃の漢詩　山極勝三郎譜〉

◇窪田畔夫の人と作品　山極ひさ編　〔山
極ひさ〕　1997　43p　22cm　〈附・信濃
人の漢詩〉

▌久保田 権四郎　くぼた・ごんしろう
　1870～1959　実業家。久保田鉄工所社長。
　機械鋳物類の製造、販売を開始。満州に
　も進出し満州久保田鋳鉄管を設立。
◇久保田権四郎―国産化の夢に挑んだ関西
発の職人魂　沢井実著　PHP研究所
（PHP経営叢書　日本の企業家）　2017.2
270p　20cm　〈年譜あり〉
①978-4-569-83424-5

◇企業家の人生に学ぶ　6　株式会社クボタ
創業者 久保田権四郎　大阪商工会議所大
阪企業家ミュージアム　2012.3　25p
21cm

◇クボタのはなし　クボタ『クボタのはな
し』編集会編　クボタ『クボタのはなし』
編集会　1992.3　217p　21cm　〈久保田
権四郎の肖像あり〉

◇事業はこうして生れた 創業者を語る　実
業之日本社編　1954　264p　19cm

▌久保田 譲　くぼた・ゆずる
　1847～1936　教育行政家。男爵、枢密顧
　問官。官僚派の教育家。文部次官、文部
　大臣などを歴任。
◇三田の政官界人列伝　野村英一著　慶応
義塾大学出版会　2006.4　327,18p　19cm
①4-7664-1249-4
＊慶応義塾創立百五十周年（二〇〇八年）
を記念し、福沢をはじめ国を動かした

伝記ガイダンス 明治を生きた人々　　223

人々を通して、近代の黎明期から昭和の動乱期までをたどり、「抵抗の精神」と「独立自尊の気概」をもった政治家・官僚とはなにかを語る。

▎熊谷 三太郎　くまがい・さんたろう
1871〜1951　実業家。

◇建設業を興した人びと―いま創業の時代に学ぶ　新装版　菊岡倶也著　彰国社　2012.6　453p　19cm　①978-4-395-02982-2

◇建設業を興した人びと―いま創業の時代に学ぶ　菊岡倶也著　彰国社　1993.1　452p　21cm　①4-395-00353-2　＊本書は、創業者とその周辺の人びとを通じてわが国建設業の近代の発展を描いたものである。

◇熊谷三太郎　熊谷三太郎伝記編纂室編　熊谷三太郎伝記編纂室　1957　653p　図版16枚　26cm

▎熊沢 友雄　くまざわ・ともお
1831〜1896　地方政治家。堺県議会議員、大阪府議会議員、岸和田郡長を歴任。

◇熊沢友雄日記　7　明治26年―明治28年　熊沢友雄著，岸和田市教育委員会編　岸和田市教育委員会　（岸和田市史料）2016.3　241p　26cm

◇熊沢友雄日記　6　明治23年―明治25年　熊沢友雄著，岸和田市教育委員会編　岸和田市教育委員会　（岸和田市史料）2014.3　266p　26cm

◇熊沢友雄日記　5　明治19年―明治22年　熊沢友雄著，岸和田市教育委員会編　岸和田市教育委員会　（岸和田市史料）2013.3　256p　26cm

◇熊沢友雄日記　4　明治15年―明治18年　熊沢友雄著，岸和田市教育委員会編　岸和田市教育委員会　（岸和田市史料）2011.12　229p　26cm

◇熊沢友雄日記　3（明治11年―明治14年）熊沢友雄著，岸和田市教育委員会編　岸和田市教育委員会　（岸和田市史料）2010.12　217p　26cm

◇熊沢友雄日記　2（明治5年―明治10年）熊沢友雄著，岸和田市教育委員会編　岸和田市教育委員会　（岸和田市史料）2009.12　251p　26cm

◇熊沢友雄日記　1（嘉永5年―明治4年）熊沢友雄著，岸和田市教育委員会編　岸和田市教育委員会　（岸和田市史料）2008.12　271p　26cm　〈付・熊沢友雄自叙伝〉

▎熊田 恰　くまだ・あたか
1825〜1868　松山藩士。鳥羽・伏見の戦いに敗れ備中玉島で自刃。

◇玉島旧柚木家ゆかりの人々　倉敷ぶんか倶楽部編　日本文教出版　（岡山文庫）2014.2　156p　15cm　〈文献あり〉①978-4-8212-5287-9

◇ああ熊田大夫　古城真一編　熊田神社奉賛会　1986.4　10p　22cm　〈熊田神社百二十年祭記念　発行所：羽黒神社〉

◇熊田恰　玉島文化クラブ編　玉島文化クラブ　1965

▎熊田 晩香　くまだ・ばんこう
1818〜1901　志士。淡路生まれ。維新後は家塾を開いた。

◇熊田晩香　永岡菊人編　〔永岡菊人〕1993.1　52p　21cm　〈熊田晩香の肖像あり　参考文献：p49〜50〉

▎雲井 竜雄　くもい・たつお
1844〜1870　米沢藩士。戊辰戦争敗残者の収容を名目に政府転覆を企てたが発覚し、小塚原で斬罪。

◇明治裏面史　上巻　伊藤痴遊著　国書刊行会　2013.4　201p　21cm　①978-4-336-05642-9　＊二十世紀前半に大活躍した風刺家・伊藤痴遊が、黎明期日本政治の裏側を人物中心に物語る。大久保利通、伊藤博文、江藤新平、西郷隆盛、乃木希典等等。志士たちがまだ歴史上の人物ではなく、記憶に新しかった時代に書かれたものならではの迫力が胸を撃つ。

◇「朝敵」たちの幕末維新―義をつらぬいた
わが郷土の英雄たち　新人物往来社編
新人物往来社　2012.9　319p　19cm
①978-4-404-04248-4
＊幕末維新史は、勝者である薩長サイド
の史観で語られてきた。「朝敵」の汚名
を着せられた地域は長らく不遇な立場
に置かれ、「官軍」と戦った佐幕派の物
語も陽の目を見ることはなかった。本
書はそうした佐幕派の生き様を伝える
エピソードを集め、ゆかりの地域ごと
に紹介していく。それぞれの郷土の先
人たちが、果たして「逆賊」であったの
か、それとも義をつらぬいた信念の人
だったのか、「敗者」の歴史を掘り起こ
すことで明らかにしていきたい。

◇雲井竜雄庄内藩探索紀行　高島真著　無
明舎出版　2005.2　162p　19cm　〈年譜
あり〉　①4-89544-386-8
＊薩長の横暴に抗い、奥羽越列藩同盟の正
義を主張した米沢藩士・雲井竜雄。そ
の庄内藩探索をめぐる謎を、丹念な資
料（原本）調査と先行研究の再検討で検
証するスリリングな歴史ドキュメント。

◇雲井竜雄―謀殺された志士　また蒼昊に訴
えず　高島真著　歴史春秋出版　2003.3
322p　20cm　〈肖像あり〉
①4-89757-471-4
＊戊辰戦争後、維新の世に変わった明治3
年、米沢藩士雲井竜雄は処刑された。
その罪状は謀反犯とされたが、それは
雲井を陥れる策謀であった…。本書は
世に残る史料をもとにその真実に迫る。

◇詩歌と歴史と生死　第1巻　無常の命　福
田昭昌著　教育開発研究所　1995.4
262p　19cm　①4-87380-251-2
＊名作を通して、歴史の治乱興亡に人間
の「生き方」「死に方」を読む。一数々
の古典、名詩・秀歌、様々な動乱と生死
の中には、今を生きる人生哲学がある。

◇雲井竜雄―米沢に咲いた滅びの美学　田
宮友亀雄著　不忘出版　1991.10　236p
19cm　〈監修：安藤英男　発売：遠藤書店
雲井竜雄の肖像あり　年表：p227〜233〉

◇明治叛臣伝　徳永真一郎著　光文社　（光
文社時代小説文庫）　1991.7　452p　15cm

①4-334-71366-1
＊明治維新前後の混乱期。官軍となった
薩摩・長州藩士の中には、心驕って汚職
や不正を働く輩も。このため、一般民
衆の生活はあまり向上せず、かえって
負担が重くなり、苦しくなった。新政
府の不正を暴き、理想の世を築くため
に、欲も野心もなく、純粋な情熱を傾け
て戦った男たち。反逆者の汚名をうけ、
空しく命を失った彼らの波乱に満ちた
生涯を描く傑作歴史小説。

◇幕末残照―雲井竜雄との対話　須藤澄夫
著　新人物往来社　1987.9　198pp
20cm　①4-404-01449-X

◇雲奔る―小説・雲井竜雄　藤沢周平著
文芸春秋　（文春文庫）　1982.11　293p
16cm　〈巻末：参考書目〉
①4-16-719204-7

◇新稿雲井竜雄全伝　安藤英男著　光風社
出版　1981.10　2冊　23cm　〈雲井竜雄
の肖像あり　付属資料（フィルムレコード1
枚）限定版〉　①4-87519-703-9

◇明治叛臣伝　徳永真一郎　毎日新聞社
1981.1　238p　20cm

◇雲井竜雄―志士・詩人　尾崎周道著　中
央書院　1973　248p　19cm　〈雲井竜雄
年譜：p.240-245〉

◇雲井竜雄研究　伝記篇　安藤英男著　明
治書院　1972　281p　図　肖像　22cm
〈参考文献：p.274-276〉

◇ふるさとの歴史と人物を語る―上杉謙信
直江兼続　雲井竜雄　木村武雄述　土屋書
店　1968　304p　図版　19cm

◇ドキュメント日本人　第3　反逆者　学芸
書林　1968　367p　20cm

◇雲井竜雄詩伝　安藤英男著　明治書院
1967　527p　図版12枚　地図　22cm

◇片品の民俗―群馬県民俗調査報告書　第1集
片品村と雲井竜雄　角田恵重著　群馬県
教育委員会　1960

鞍懸 寅二郎　くらかけ・とらじろう
1834〜1871　武士，官吏。播磨赤穂藩足

軽。維新後は民部省に出仕。

◇勤王の志士 鞍懸寅二郎　江原万里著，片
山伯仙編註　鞍懸吉寅先生遺蹟顕彰会
1961　124p 図版　19cm

▌倉田 雲平　くらた・うんぺい

1851～1917　実業家。つちや足袋の発明
者。製法の機械化のため各種の特許を
得た。

◇先人の面影 久留米人物伝記　久留米市編
1961　526,30p 図版　22cm

▌倉富 勇三郎
くらとみ・ゆうざぶろう

1853～1948　官僚，政治家。貴族院議員。
民刑局長，法制局長，枢密顧問官などを
歴任。

◇倉富勇三郎日記　第3巻　大正一二年（一
九二三）大正一三年（一九二四）　倉富勇
三郎著，倉富勇三郎日記研究会編　国書
刊行会　2015.2　1446,40p　22cm　〈索
引あり〉　①978-4-336-05303-9

◇倉富勇三郎日記　第2巻　大正一〇年（一
九二一）大正一一年（一九二二）　倉富勇
三郎著，倉富勇三郎日記研究会編　国書
刊行会　2012.6　1238,36p　22cm　〈索
引あり〉　①978-4-336-05302-2
＊宮中某重大事件，摂政設置問題をはじ
め，近現代史の舞台裏を明らかにする
第一級史料。大正末から昭和初期にか
けて枢密院議長をつとめた倉富勇三郎
が，通常ではうかがい知ることのでき
ない宮中や皇族・華族の動向を，圧倒的
分量で詳細かつ克明に記した日記。

◇倉富勇三郎日記　第1巻　大正八年（一九
一九）大正九年（一九二〇）　倉富勇三郎
著，倉富勇三郎日記研究会編　国書刊行
会　2010.11　903,27p　22cm　〈年譜・
索引あり〉　①978-4-336-05301-5
＊大正末から昭和初期にかけて枢密院議
長をつとめた倉富勇三郎が書き残した，
圧倒的分量と詳細きわまる記述，そし
て文字読解の難解さで名高い日記がつ
いに通読可能に。他では決して知るこ
とのできない近現代史の舞台裏の数々

が本書によって初めて明らかになる。

◇日本の朝鮮・台湾支配と植民地官僚　松
田利彦，やまだあつし編　思文閣出版
2009.3　731,16p　21cm
①978-4-7842-1451-8
＊近代日本の朝鮮・台湾支配を，現地にお
けるその担い手だった「植民地官僚」に
着目して考察する。

▌倉場 富三郎　くらば・とみさぶろう

1870～1945　実業家。日本トロール水産
組合初代組合長。汽船トロール漁業の創始
者。「日本西部及南部魚類図譜」を作成。

◇トーマス・グラバーと倉場富三郎―グラ
バー父子の栄光と悲劇　志岐隆重著　長
崎新聞社　2012.10　184p　19cm　〈文献
あり〉　①978-4-904561-59-1

◇グラバー家の人々　改訂新版　ブライア
ン・バークガフニ著，平幸雪訳　長崎文献
社　2011.9　169p　21cm　〈初版（平成
15年刊）のタイトル：花と霜　文献あり〉
①978-4-88851-172-8
＊維新，近代化の足音が聞こえるグラ
バー父子の克明な伝記。

◇長崎グラバー邸父子二代　山口由美著
集英社　（集英社新書）　2010.9　205p
18cm　〈文献あり〉　①978-4-08-720559-6
＊観光名所として訪れる人が絶えない日
本最古の木造西洋風建築，長崎の旧グ
ラバー住宅（グラバー邸）。かつてそこ
には，維新の重要人物トーマス・ブレー
ク・グラバーと，息子の倉場富三郎が住
んでいた。武器商人として，維新の陰
の立役者として，激動の時代を駆け抜
けた父と，後世に残る魚譜（グラバー魚
譜）を残しながら原爆投下からまもなく
自殺した息子―。二人の生涯は，近代
日本の成り立ちを象徴するかのようで
ある。幕末・維新から第二次大戦終結
まで，日本の栄枯盛衰と重なり合う父
子二代の歴史ドラマを活写する。

◇ピンカートンの息子たち―昭和不良伝
斎藤憐著　岩波書店　2001.2　294p
20cm　①4-00-001925-2
＊「富国強兵」から「被爆」まで―。激動
する時代のはざまを駆け抜けたふたりの

Ⅰ　政治・経済　　グラバー

日英混血児、倉場富三郎と藤原義江の生きざまとかれらが生きた近代日本の青春と破局。好評「昭和不良伝」第二弾。

◇出島─長崎─日本─世界憧憬の旅─サダキチ・ハルトマン（1867-1944）と倉場富三郎（1871-1945）　ケネス・リチャード述，国際日本文化研究センター編　国際日本文化研究センター（日文研フォーラム）2000.12　37p　21cm　〈文献あり　会期・会場：平成12年6月13日　国際交流基金京都支部〉

◇グラバー家の最期─日英のはざまで　多田茂治著　葦書房　1991.12　220p　19cm　＊長崎被爆後半月、自から命を断ったグラバー家最後の当主倉場富三郎と父トーマス・グラバーその光と影、栄光と悲惨とに隔てられた生涯。

◇花と霜─グラバー家の人々　ブライアン・バークガフニ著，平幸雪訳　長崎文献社　1989.9　154p　21cm　〈参考文献：p153〉　①4-88851-051-2

◇倉場富三郎翁略伝　喜多岡伸雄編　長崎内外倶楽部　1962

グラバー，T.B.
Glover, Thomas Blake
1838～1911　イギリス商人。1859年来日。1859年長崎に渡来。大浦にグラバー商会を設立し、海産物や武器を扱った。

◇トーマス・グラバーと倉場富三郎─グラバー父子の栄光と悲劇　志岐隆重著　長崎新聞社　2012.10　184p　19cm　〈文献あり〉　①978-4-904561-59-1

◇トマス・グラバーの生涯─大英帝国の周縁にて　マイケル・ガーデナ著，村里好俊，杉浦裕子訳　岩波書店　2012.6　298,12p　20cm　〈文献あり〉　①978-4-00-025848-7　＊長崎のグラバー邸に名を残すスコットランド人トマス・グラバー（1838～1911）は、幕末から明治にわたり、貿易商として、実業家として、また晩年は日英同盟推進の陰の立役者として活躍した。帝国主義と近代化の波がおしよせる極東の小島日本において、グラバーの活動はいかなる意味を持ったのか。曲折に

みちた生涯を跡づけながら、グローバルな歴史の文脈から、その多面的な相貌を捉え直す。スコットランド出身の気鋭の比較文化論者による斬新な評伝。

◇グラバー家の人々　改訂新版　ブライアン・バークガフニ著，平幸雪訳　長崎文献社　2011.9　169p　21cm　〈初版（平成15年刊）のタイトル：花と霜　文献あり〉　①978-4-88851-172-8　＊維新、近代化の足音が聞こえるグラバー父子の克明な伝記。

◇長崎グラバー邸父子二代　山口由美著　集英社　（集英社新書）　2010.9　205p　18cm　〈文献あり〉　①978-4-08-720559-6　＊観光名所として訪れる人が絶えない日本最古の木造西洋風建築、長崎の旧グラバー住宅（グラバー邸）。かつてそこには、維新の重要人物トーマス・ブレーク・グラバーと、息子の倉場富三郎が住んでいた。武器商人として、維新の陰の立役者として、激動の時代を駆け抜けた父と、後世に残る魚譜（グラバー魚譜）を残しながら原爆投下からまもなく自殺した息子─。二人の生涯は、近代日本の成り立ちを象徴するかのようである。幕末・維新から第二次大戦終結まで、日本の栄枯盛衰と重なり合う父子二代の歴史ドラマを活写する。

◇日本を愛した外国人たち　内藤誠，内藤研共著　講談社インターナショナル　（講談社バイリンガル・ブックス）　2009.6　255p　20cm　〈本文：日英両文〉　①978-4-7700-4110-4　＊「少年よ。大志をいだけ」の言葉を残して去っていった札幌農学校のクラーク博士。帰化して小泉八雲と名乗り、日本の心を見事な文章で欧米に伝えたラフカディオ・ハーン。こうした日本を愛した外国人の存在がなかったとしたら、現代の日本の姿はかなり異なっていたことでしょう。日本に溶け込み、日本文化の特質を世界に発信し、日本文化を豊かにする大きな役割を果してくれた、たくさんの外国人の中から20人を選び出しました。

◇花と霜─グラバー家の人々　ブライアン・バークガフニ著，平幸雪訳　長崎文献社

2003.12　163p　21cm　〈文献あり　平成
元年刊の改訂　文献あり〉
①4-88851-081-4

◇異人館　上　白石一郎著　朝日新聞社
（朝日文庫）　1999.11　381p　15cm
①4-02-264215-7

◇異人館　下　白石一郎著　朝日新聞社
（朝日文庫）　1999.11　309p　15cm
①4-02-264216-5

◇もうひとりの蝶々夫人―長崎グラバー邸
の女主人ツル　楠戸義昭著　毎日新聞社
1997.7　257p　20cm　〈付：年表・参考
文献〉　①4-620-31184-7
＊『蝶々夫人』の誕生から100年。今、解
き明かされるモデルの謎！ グラバー夫
人ツルの未公開資料をもとに長年のモ
デル論争に終止符を打つ。

◇異人館　白石一郎著　朝日新聞社
1997.2　582p　20cm　①4-02-257054-7

◇トーマス・グラバー伝　アレキサンダー・
マッケイ著，平岡緑訳　中央公論社
1997.1　277p　20cm　〈トーマス・グラ
バーの肖像あり〉　①4-12-002652-3
＊日本の近代化を推進した大貿易商の劇
的生涯。幕末・維新の激動期、長崎を拠
点に艦船や武器を輸入販売し、倒幕運
動に密接に関わった「スコットランド
生まれの侍」グラバーの魅力を、日本・
イギリス・アメリカの資料を駆使して
描く異色の伝記。

◇グラバー夫人―歴史のヒダに光る真実
改訂新版　野田和子改訂　野田平之助著
野田和子　1996.3　91p　図版12枚　19cm
〈グラバー夫人ツルおよび著者の肖像あり
参考文献：p91〉

◇隠れ間のあるじ―トーマス・ブレイク・グ
ラバー　山崎識子著　栄光出版社
1994.4　297p　19cm　①4-7541-9311-3
＊徳川幕府末期、国家改革をめざして奔
走する若き革命家たちがいた。その中
にあって、ただ一人異国人として、幕府
打倒に向かったトーマス・ブレイク・グ
ラバー。彼の波乱に富んだ生涯を、明
治維新という激動と共に綴る感動の大
河小説。

◇明治維新とイギリス商人―トーマス・グラ
バーの生涯　杉山伸也著　岩波書店　（岩
波新書）　1993.7　221,3p　18cm
①4-00-430290-0
＊長崎・グラバー邸で名高いトーマス・グラ
バー。その生涯は、薩長の黒幕、死の商
人という神話に覆われている。スコット
ランドをあとに幕末日本を訪れ転換期に
活躍した商人の実像や、炭鉱開発を進
める企業家の姿などの多面的な相貌を
初めて明らかにし、激動の時代を生き
ぬく一商人の姿と、幕末維新期の日本
に果たした役割とを重層的にとらえる。

◇グラバー家の最期―日英のはざまで　多
田茂治著　葦書房　1991.12　220p　19cm
＊長崎被爆後半月、自から命を断ったグ
ラバー家最後の当主倉場富三郎と父
トーマス・グラバーその光と影、栄光と
悲惨とに隔てられた生涯。

◇歴史の仕掛人―日本黒幕列伝　童門冬二
著　読売新聞社　1990.9　296p　19cm
①4-643-90073-3
＊時代を変えた凄いやつら。「長屋王の
変」の妖女、「ばさら」大名、家康を育
てた怪僧など、黒幕23人の痛快人物伝。

◇花と霜―グラバー家の人々　ブライアン・
バークガフニ著，平幸雪訳　長崎文献社
1989.9　154p　21cm　〈参考文献：
p153〉　①4-88851-051-2

◇グラバー園物語　かむらくにお著　長崎
文献社　1988.6　233p　19cm　〈参考資
料：p232～233〉

◇グラバー邸物語　長崎市　1969.5　223p
19cm　〈執筆：嘉村国男〉

▍栗野　慎一郎　くりの・しんいちろう
1851～1937　外交官。子爵，枢密顧問官。
駐米公使となり条約改正交渉にあたる。

◇日本外交史人物叢書　第3巻　吉村道男監
修　ゆまに書房　2002.1　445,2p　図版9枚
22cm　〈複製　折り込1枚〉
①4-8433-0491-3

▍栗林　五朔　くりばやし・ごさく
1866～1927　実業家。衆議院議員。北海

Ⅰ 政治・経済

道に移住し、農牧海運の業に従事、家運を興隆する。道政に尽力。

◇室蘭港のパイオニア 〔第1〕 本多新, 栗林五朔, 楢崎平太郎 室蘭図書館 （室蘭港湾資料） 1970 123p 図 19cm 〈年表：p.95-123〉

▌栗原 イネ　くりはら・いね
1852〜1922 実業家。栗原稲工場を設立、染色や織物に創意工夫をし斬新な織物を作って事業を拡張。

◇栗原母子伝―伝記・栗原イネ 渡利亭一編 大空社 （伝記叢書） 1995.12 316, 14,5p 22cm 〈渡利亭一昭和7年刊の複製 巻末：参考文献〉 ①4-87236-497-X

▌栗本 鋤雲　くりもと・じょうん
1822〜1897 幕臣, 新聞人。外国奉行兼函館奉行。パリ万国博などで親善外交に努めた。

◇博物館学人物史 下 青木豊, 矢島國雄編 雄山閣 2012.5 314p 21cm ①978-4-639-02195-7
＊日本の博物館形成に深く関わった先人たちの生涯や研究の軌跡をもとに、明治・大正・昭和・平成にわたって発展した博物館学思想をたどる。

◇栗本鋤雲―大節を堅持した亡国の遺臣 小野寺龍太著 ミネルヴァ書房 （ミネルヴァ日本評伝選） 2010.4 279,7p 20cm 〈文献・年譜・索引あり〉 ①978-4-623-05765-8
＊幕末の忠臣、蝦夷へ、フランスへ。希代の賢人の生涯を追う。

◇栗本鋤雲 桑原三二著 桑原三二 1997.8 180p 19cm

◇日本の開国と三人の幕臣 桑原三二著 桑原三二 1996.12 217p 19cm 〈年表あり〉

◇人物列伝幕末維新史 綱淵謙錠著 講談社 （講談社文庫） 1992.11 276p 15cm ①4-06-185278-7
＊激動の時代幕末維新を生き、近代日本の曙をかけぬけた六人の英傑たち、水野忠邦、栗本鋤雲、勝海舟、大久保利

通、坂本龍馬、福沢諭吉。歴史が大きな転換期を経験した〈天保〉から〈明治〉にいたる約30年の時の流れを、六人の波瀾に富んだ、鮮烈な生涯を描いて、陰翳ある歴史として把握する傑作歴史読物。

◇人物列伝幕末維新史―明治戊辰への道 綱淵謙錠著 講談社 1988.2 247p 19cm ①4-06-203768-8
＊1988年は戊辰（つちのえたつ）の歳、明治元年から120年、二度目の戊辰にあたる。近代日本の曙をかけぬけた6人の波瀾の生涯！

◇日本における自由のための闘い 吉野源三郎編 評論社 （復初文庫） 1969 339p 19cm 《『世界』座談会集 第2 栗本鋤雲―埋もれた先覚者（司会：吉野源三郎） 中江兆民（司会：林茂） 田中正造―足尾鉱毒事件をめぐって（司会：吉野源三郎） 児島惟謙―大津事件と司法権の独立について（司会：吉野源三郎） 木下尚江（司会：吉野源三郎） 堺枯川（司会：吉野源三郎） 吉野作造（司会：吉野源三郎） 「青鞜社」のころ―明治・大正初期の婦人運動（司会：林茂） 自由民権運動と新聞―讒謗律前後（伊藤整他2名） 時代と新聞―大阪朝日筆禍事件回顧（司会：吉野源三郎）》

◇三人の先覚者―民族の独立 亀井勝一郎著 要書房 （要選書） 1950 195p 19cm

▌来島 恒喜　くるしま・つねき
1859〜1889 国粋主義者。条約改正案に反対し、大隈重信外相に爆弾を投じ、自刃した。

◇玄洋社怪人伝―頭山満とその一派 頭山満, 的野半介, 杉山茂丸, 内田良平, 夢野久作著 書肆心水 2013.10 313p 21cm ①978-4-906917-17-4

◇テロルの系譜―日本暗殺史 かわぐちかいじ著 筑摩書房 （ちくま文庫） 2002.7 331p 15cm ①4-480-03754-3
＊時代とは、革命とは、愛国心とは。テロルを生み、実行へと駆り立てる動機とは。来島恒喜、朝日平吾、難波大助、小沼正…。彼らは、一体どんな人物だったのか。その時、なにを思ったのか。明治から大正、昭和にかけて登場した

伝記ガイダンス 明治を生きた人々　**229**

テロリストたちの実像に迫る、かわぐ
ちかいじの原点ともいうべき傑作劇画。

◇来島恒喜　重遠社・出版部　（重遠社叢
　書）　1980.4　278,20p　19cm　〈編集：
　重遠社・編集部　岡保三郎大正2年刊の複製
　来島恒喜の肖像あり〉

▌黒木 為楨　くろき・ためもと

1844～1923　陸軍軍人。伯爵。鹿児島藩
軍に加わり、戊辰戦争出陣。日露戦争で
は第1軍司令官。

◇日露戦争における黒木為楨大将　来原慶
　助著, 芹沢武光編　南方新社　2012.1
　207p　21cm　〈文献・年譜あり〉
　①978-4-86124-236-6
　＊戦史研究に必須の一冊、待望の復刊。
　　満州軍第一軍の軌跡を詳細に振り返る
　　と、寡黙な薩摩人黒木為楨が、乃木、東郷
　　に比肩する恐るべき人物であったこと
　　が分かる。

◇思ひ出の日露戦争　イアン・ハミルトン
　著, 前澤哲也解題　雄山閣　（日露戦争戦
　記文学シリーズ）　2011.11　349p　19cm
　①978-4-639-02171-1
　＊観戦武官ハミルトン英国中将の日露戦
　　争「回想録」は戦闘の冷静な分析ととも
　　に、大山巌・児玉源太郎・黒木為楨など
　　将軍たちの素顔が記された貴重な記録
　　である。

◇名将の条件 日露戦争七人の陸将　柘植久
　慶著　学研パブリッシング　2010.12
　258p　19cm　①978-4-05-404771-6
　＊勝算なき戦いを明晰な判断と洞察で勝
　　利へ導いた七人の傑物。

▌黒駒勝蔵　くろこまのかつぞう

1832～1871　俠客。

◇幕末ハードボイルド―明治維新を支えた
　志士たちとアウトロー　伊藤春奈著　原
　書房　2016.12　295p　19cm
　①978-4-562-05365-0
　＊歴史に描かれなかった幕末・維新の陰
　　の立役者たち。清水次郎長から黒駒勝
　　蔵、会津小鉄、そして浪士組、奇兵隊、
　　新撰組―時代に身を投じ、維新を駆け

た男たちの実像とその生き様。

◇アウトロー―近世遊俠列伝　高橋敏編
　敬文舎　2016.9　255p　19cm
　①978-4-906822-73-7
　＊歴史学に博徒たちが殴り込み！ 政情不
　　安な幕末を駆け抜けたアウトローたち。
　　彼らはヒーローなのか、それとも単な
　　る御法度破りか。新史料をもとに彼ら
　　の生涯を描く！

◇黒駒勝蔵　加川英一著　新人物往来社
　2007.9　336p　20cm
　①978-4-404-03489-2
　＊甲州上黒駒村生まれの黒駒勝蔵は博徒
　　となり、代官所に追われ赤報隊に入隊、
　　のち四条隆謌の親衛隊長となり、戊辰
　　戦争では東北に出兵。明治になって博
　　徒時代の殺人の罪により斬首。その突
　　然の死に秘められた謎を大胆推理する。

◇博徒の幕末維新　高橋敏著　筑摩書房
　（ちくま新書）　2004.2　249p　18cm
　①4-480-06154-1
　＊嘉永六年（一八五三）六月八日深夜、伊
　　豆七島の流刑の島新島から、七人の流
　　人が島の名主を殺し、漁船を盗み、島抜
　　けを敢行した。そのリーダーが、清水
　　次郎長の敵方として知られる甲州博徒
　　の巨魁、竹居安五郎である。奇しくも
　　ペリー提督率いる黒船が伊豆近海にあ
　　らわれた直後であり、韮山代官江川英
　　竜も島抜けを見逃すしかなかった。こ
　　の黒船来航をきっかけに、歴史の表に
　　躍り出た博徒俠客たち。錦絵や講談・
　　浪曲、大衆小説等でおなじみの竹居安
　　五郎、勢力富五郎、武州石原村幸次郎、
　　国定忠治、黒駒勝蔵、水野弥三郎らのア
　　ウトロー群像を、歴史学の手法にのっ
　　とって幕末維新史に位置付け直す、記
　　念碑的労作。

▌黒沢 貞次郎　くろさわ・ていじろう

1875～1953　実業家。

◇黒澤村と貞次郎の記録―株式会社クロサワ
　（旧黒澤商店）創立110年記念誌　大田観光
　協会　2010.10　87p　20cm　〈年譜あり〉

I　政治・経済　　　　　　　　　　　　　　　　　　　　　黒田清隆

黒田 清隆　くろだ・きよたか

1840〜1900　政治家。総理大臣。討幕運
動、薩長連合に尽力。特命全権弁理大使と
して日朝修好条規を締結。明治21年首相。

◇覚えておきたい幕末・維新の100人＋1―勤
王から佐幕までの人物伝　本間康司絵と文
清水書院　2017.7　149p　26cm　〈文献
あり　索引あり〉　①978-4-389-50054-2

◇人物で読む近代日本外交史―大久保利通
から広田弘毅まで　佐道明広，小宮一夫，
服部竜二編　吉川弘文館　2009.1　316p
19cm　①978-4-642-07997-6
＊明治維新から昭和戦前期まで、日本外
交を担った伊藤博文、陸奥宗光、幣原喜
重郎ら十九名の外交官・政治家たち。
彼らの個性に光を当て、条約改正、朝鮮
問題、協調外交、日中戦争など、近代日
本外交の栄光と苦悩を描く。

◇青雲の果て―武人黒田清隆の戦い　奥田
静夫著　北海道出版企画センター
2007.10　207p　19cm　〈肖像・年譜・文
献あり〉　①978-4-8328-0715-0

◇宰相たちのデッサン―幻の伝記で読む日
本のリーダー　御厨貴編　ゆまに書房
2007.6　280p　21cm
①978-4-8433-2381-6
＊幻の伝記を読み直すなかから生まれた
まったく新しい戦前期の総理大臣評
伝集。

◇実録 首相列伝―国を担った男達の本懐と
蹉跌　学研編集部編　学習研究社　（学研
M文庫）　2006.9　381p　15cm
①4-05-901189-4
＊明治18年（1885）の内閣制度創設以来、
初代伊藤博文から小泉純一郎まで56人
の首相が生まれてきた。明治維新期の藩
閥政治から大正デモクラシーを経て軍閥
政府による大戦突入、敗戦、占領から復
興、そして55年体制の崩壊から連立政権
の時代へ―。激動と混迷のなか、日本を
リードしてきたそれぞれの時代の首相
は、いかにして政権を担い、何をなし、
何をなしえなかったのか。歴代首相56
人の人物像と業績で読む日本近現代史。

◇歴代総理大臣伝記叢書　第2巻　黒田清隆

御厨貴監修　ゆまに書房　2005.7　22cm
〈複製〉　①4-8433-1780-2

◇日本宰相列伝　上　三好徹著　学陽書房
（人物文庫）　2005.1　487p　15cm
①4-313-75193-9
＊草莽の志士の中でとびぬけた幸運をつ
かんだ伊藤博文。薩摩藩のボスのよう
に見えながら孤立していた黒田清隆。
佐賀出身の大隈重信が "葉隠れ精神" 嫌
いだった理由。藩閥政治退治を志した
"平民宰相" 原敬の意外な経歴。首相よ
り蔵相として活躍した高橋是清の波乱
万丈の人生…。明治・大正の宰相を通
して、近代日本を検証する意欲作。

◇幸運な志士―若き日の元勲たち　三好徹
著　徳間書店　1992.4　283p　19cm
①4-19-124847-2
＊幕末動乱のなか、苛烈な運命を共に生き
た先駆者たち。黎明期の覇者の友情、苦
悩そして離反の劇的な青春群像を描く。

◇黒田清隆　〔新装版〕　井黒弥太郎著　吉
川弘文館　（人物叢書）　1987.11　291p
19cm　①4-642-05099-X
＊埋もれたる明治の礎石。開拓使長官と
して北海道開拓に尽力し，のち第二代
総理となったが、条約改正に失敗して
辞任。その後、強烈な個性がわざわい
して、伊藤博文主導の明治政界で冷遇
される。『開拓使簿書』『黒田榎本文書』
等に溯り、『明治天皇紀』や巷間の伝説
等をも吟味して、従来の伝記では記述
しえなかった明治史の盲点を突く、初
めての実伝成る。

◇追跡 黒田清隆夫人の死　井黒弥太郎著
北海道新聞社　1986.4　319p　19cm
①4-89363-461-5
＊夫「暴殺」の通説を崩す。北海道開拓長
官黒田清隆の夫人・清（せい）の死は、
夫による酔余の "斬殺" ―というのが歴
史上の説である。しかし、確証は何も
ない。果たして真実はどうだったのか。
―郷土史家がか細い糸をたぐり、その
核心に迫る。

◇黒田清隆　井黒弥太郎著　吉川弘文館
（人物叢書）　1977.10　291p　図 肖像
18cm　〈叢書の編者：日本歴史学会　略

伝記ガイダンス 明治を生きた人々　**231**

年譜・主要参考文献：p.281～291〉

◇黒田清隆―埋れたる明治の礎石　井黒弥
太郎著　みやま書房　1965　213p 図版
21cm

◇北海道郷土研究資料　第11　黒田清隆履
歴書案　井黒弥太郎編　北海道郷土資料
研究会　1963-64　25cm

◇黒田清隆とホーレス・ケプロン―北海道
開拓の二大恩人-その生涯とその事蹟　限
定版　逢坂信忢著　北海タイムス社
1962　747p 地図　22cm

◇北の先覚　高倉新一郎著　北日本社
1947　276p　19cm

▎**黒田　清綱**　くろだ・きよつな
1830～1917　官僚，歌人。子爵。貴族院
議員，枢密顧問官などを歴任。歌集「滝園
歌集」など。

◇黒田清綱伝　黒田家　1989.4　71p
22cm　〈鹿児島県立図書館蔵の複製 黒田
清綱の肖像あり　参考文献：p71〉

▎**黒田　長溥**　くろだ・ながひろ
1811～1887　大名，華族。

◇悲運の藩主 黒田長溥　柳猛直著　海鳥社
1989.12　226p 19cm
＊種痘の採用、精錬所の設置、軍制の近代
化など、開明藩主・長溥の改革はことご
とく譜代重臣たちと対立する…。幕末、
尊王と佐幕の渦のなかで苦悩する福岡
藩とその藩主を描く。

▎**黒谷　了太郎**
くろだに・りょうたろう
1874～1945　政治家。鶴岡市長。

◇山林都市―黒谷了太郎の思想とその展開
堀田典裕著　彰国社　2012.12　173p
26cm　〈著作目録・年譜あり〉
①978-4-395-01037-0
＊職住一体で経済的に自立し、エネル
ギーを地産地消する都市。家屋の3倍の
面積を標準とする宅地が並び、電気自
動車が走るその都市は、大きな家庭で
なければならない…。大正10年に「山

林都市」を著した黒谷了太郎は、その現
実を見ることなく一生を閉じた。一方
で、第二次世界大戦後の建築家が手掛
けた計画の中には、「山林都市」「森林都
市」「林間都市」「山岳都市」という言葉
を見出すことができる。敗戦から高度
経済成長を経てバブル経済が破綻する
道程において、黒谷の「山林都市」は、
現れては消えていく「詠み人知らずの
ユートピア」となっていた。

▎**郡司　成忠**　ぐんじ・なりただ
1860～1924　海軍軍人，開拓者。千島拓
殖と北方警備を志し，報効義会を結成。

◇開拓者郡司大尉―伝記・郡司成忠　寺島
柾史著　大空社　（伝記叢書）　1997.2
315,5p　22cm　〈鶴書房昭和17年刊の複
製 ☆柳原書店〉　①4-7568-0459-4

◇北洋の開拓者―郡司成忠大尉の挑戦　豊
田穣著　講談社　1994.3　361p 19cm
①4-06-206887-7
＊明治26年、郡司大尉は報効義会員と共
に千島開拓に勇躍旅立った。死屍累々
の犠牲の上に数多くの日本人が移住し、
北方領土が開拓されていく様を描く。

◇凡人の半生　幸田成友著　共立書房
1948　289p 図版　19cm

◇郡司成忠大尉　高木卓著　生活社　（日本
叢書）　1945　31p　19cm

【け】

▎**けい**
1853～1871　女性移民第1号。初期移民哀
史のシンボル的存在。「おけいの墓」で
有名。

◇幕末から明治に生きた会津女性の物語
大石邦子，小檜山六郎，笹川壽夫，鶴賀イ
チ，間島勲著　歴史春秋社出版　2014.3
206p　19cm　①978-4-89757-823-1

◇幻のカリフォルニア若松領―初移民おけ
いの物語　五明洋著　プラザ　1997.10

Ⅰ 政治・経済　　　　　　　　　　　　　　　　　　　　　　　ケープロン

198p　19cm　〈大阪　青心社　参考文献：
p194〜196〉　①4-87892-132-3

◇物語 悲劇の会津人　新人物往来社編　新
人物往来社　1990.5　236p 19cm
①4-404-01711-1
＊義を貫き、時の流れに逆らって生きた
悲運の会津人たちを描く。

◇海外に活躍した明治の女性　木村毅著
至文堂　（日本歴史新書）　1963　251p
19cm

慶松　勝左衛門
けいまつ・かつざえもん
1876〜1954　薬学者。日本薬剤師協会会
長，参議院議員。大豆製油試験工場を建
設。溶媒製油工業、液体燃料工業を開拓。

◇慶松勝左衛門伝　根本曽代子編　広川書
店　1974　337p 肖像　22cm　〈略年譜：
p.305-309〉

ケープロン, H.　Capron, Horace
1804〜1885　アメリカの農政家。1871年
来日。北海道開拓使顧問。

◇北海道はじめて物語―北の大地の発祥と
起源なんだわ!!　千石涼太郎著　廣済堂出
版　2012.11　191p　18cm
①978-4-331-51674-4
＊北の大地の通になろう！　さすが雪国！
スキー発祥の地があっちこっちに!?木彫
りのクマはスイス生まれ!?ワインもビー
ルもチーズも開拓史？　北海道遺産の道
産子ソウルフード、成吉思汗！「はじめ
て」を生んだ人、レルヒ、ケプロン、ザ
レンスキーって誰。

◇博物館学人物史　上　青木豊，矢島國雄
編　雄山閣　2010.7　314p　21cm
①978-4-639-02119-3
＊日本の博物館学史を彩った先人たちの
生涯・博物館との関わり・研究の軌跡な
どから、明治・大正・昭和の博物館学思
想をたどる。

◇ケプロンの教えと現術生徒―北海道農業
の近代化をめざして　富士田金輔著　北
海道出版企画センター　2006.4　306p
21cm　①4-8328-0605-X

＊開拓使による欧米農業技術の導入、そ
の歴史的場面を克明に描く異彩のド
キュメンタリー。それまで我が国にお
いては経験したことのない、未開の北
方寒冷地における農業技術の成立を目
指して開拓使（明治政府）が試みた洋式
農業導入の実態を、膨大な開拓使文書
を丹念に調査することによって明らか
にした労作である。特に、農業現術生
制度と試験場（官園、育種場）に関する
研究は学術的にも貴重である。北海道
開拓史、北海道農業発達史は言うまで
もなく、欧米技術文化の移植による我
が国の近代化の過程を知る上からも極
めて興味深い著書と言える。

◇ほっかいどう百年物語―北海道の歴史を
刻んだ人々　STVラジオ編　中西出版
2002.2　343p　19cm　①4-89115-107-2
＊本書は、北海道にゆかりのある人物に
スポットライトをあて、その人生ドラ
マを約6千字の放送原稿にして、朗読の
スタイルで30分間の番組として放送す
るSTVラジオ「ほっかいどう百年物語」
をまとめたものである。

◇北海道を開拓したアメリカ人　藤田文子
著　新潮社　（新潮選書）　1993.7　209p
19cm　①4-10-600442-9
＊北海道開拓のために招聘されたお雇い
アメリカ人が書き残した日本レポート。
120年前の異文化体験。

◇日本の近代化をになった外国人―フォン
タネージ・クラークとケプロン・スコット
国立教育会館編　ぎょうせい　（教養講座
シリーズ）　1992.5　115p 19cm
①4-324-03211-4
＊日本歴史の上で、特に影響を与えた
人々を選び、年代を追ってとりあげる
ことにしました。

◇開化異国助っ人奮戦記　荒俣宏著，安井
仁撮影　小学館　1991.2　349p 19cm
①4-09-389311-X
＊「日本」はいったい何者か。近代日本は
「外国」をどう受容し、どう排斥してき
たのか。その「モザイク状の西洋化」に
こそ、「異質の国」といわれる深層構造
がある。博物学の第一人者が、文明開
化期に〈辺境の島〉に渡ってきた28人の

伝記ガイダンス 明治を生きた人々　　**233**

お雇い外国人を通して描く異色日本論。

◇ホーレス・ケプロン将軍—北海道開拓の父の人間像　メリット・スター著，西島照男訳　北海道出版企画センター　1986.11　238p　19cm　〈ホーレス・ケプロンの肖像あり〉　①4-8328-8617-7

◇蝦夷と江戸—ケプロン日誌　ホーレス・ケプロン著，西島照男訳　北海道新聞社　1985.2　405p　20cm　〈原書名：Journal of Horace Capron expedition to Japan 1871 - 1875　1884 肖像・筆跡：著者〔ほか〕　図版（肖像　筆跡を含む）〉

◇黒田清隆とホーレス・ケプロン—北海道開拓の二大恩人-その生涯とその事蹟　限定版　逢坂信忢著　北海タイムス社　1962　747p　地図　22cm

◇北門開拓とアメリカ文化—ケプロンとクラークの功績　山本紘照著　文化書院　1946　134p　19cm

【こ】

呉　錦堂　ご・きんどう
1855〜1926　実業家。支那商工会議所会頭（神戸）。長崎に渡来、呉錦堂合資を組織、中国向けにマッチの輸出拡張。

◇時代のパイオニアたち—人物紀行　ビジュアルブックス編集委員会編　神戸新聞総合出版センター　（ビジュアル・ブックス）　2003.7　141p　19cm　①4-343-00222-5

◇移情閣遺聞—孫文と呉錦堂　中村哲夫著　阿吽社　1990.3　212p　20cm

小畔　四郎　こあぜ・しろう
1875〜1951　実業家，変形菌研究家。

◇南方熊楠・小畔四郎往復書簡　4　大正十三年　南方熊楠，小畔四郎著，南方熊楠顕彰会学術部編　南方熊楠顕彰館　（南方熊楠資料叢書）　2011.11　196p　21cm

◇南方熊楠・小畔四郎往復書簡　3　大正十一年〜大正十二年　南方熊楠，小畔四郎

著，南方熊楠顕彰会学術部編　南方熊楠顕彰館　（南方熊楠資料叢書）　2010.10　182p　21cm

◇南方熊楠・小畔四郎往復書簡　2　大正7年—大正10年　南方熊楠，小畔四郎著，南方熊楠顕彰会学術部編　南方熊楠顕彰館　（南方熊楠資料叢書）　2009.4　114p　21cm

◇南方熊楠・小畔四郎往復書簡　1　明治35年—大正5年　南方熊楠，小畔四郎著，南方熊楠顕彰会学術部編　南方熊楠顕彰館　（南方熊楠資料叢書）　2008.6　92p　21cm

小池　勇　こいけ・いさむ
1854〜1940　自由民権運動家。

◇板垣遭難前後史談—明治民権史話　相原尚褧と小池勇　建部恒二著　建部恒二　1984.10　415p　22cm　〈著者の肖像あり〉

◇自由党激化事件と小池勇　村上貢編著　風媒社　1976.8　216p　20cm　〈参考文献：p.214〜216〉

◇天民自由民権運動の先覚小池勇　岐阜県高等学校社会科教育研究会多治見支部郷土史部会編　岐阜県高等学校社会科教育研究会多治見支部郷土史部会　1956

小池　国三　こいけ・くにぞう
1866〜1925　実業家。東京兜町に小池国三商店を開く。国有化関係鉄道株などで急成長。山一合資、小池銀行設立。

◇企業家活動でたどる日本の金融事業史—わが国金融ビジネスの先駆者に学ぶ　法政大学イノベーション・マネジメント研究センター監修，宇田川勝監修・編著，長谷川直哉編著　白桃書房　（法政大学イノベーション・マネジメント研究センター叢書）　2013.3　204p　21cm　①978-4-561-76199-0
＊「企業家活動でたどる日本の産業（事業）史」シリーズ第2弾。今回は金融ビジネスを取り上げる。起業精神に富み、革新的なビジネス・モデルを駆使して産業開拓活動に果敢に挑戦し、その国

I　政治・経済　　　　　　　　　　　　　　　　　　　　　　　　　　小泉又次郎

産化を次つぎに達成していった企業家
たちの活動を考察。

◇日本財界人物列伝　第1巻　青潮出版株式
会社編　青潮出版　1963　1171p　図版
26cm

◇事業はこうして生れた　創業者を語る　実
業之日本社編　1954　264p　19cm

▎**小池 池旭**　こいけ・ちきょく
1824〜1878　画家。会津藩の娘子隊に参
加し、薙刀を振るって戦った。

◇花籌―小説日本女流画人伝　沢田ふじ子
著　中央公論社　（中公文庫）　1989.5
415p　15cm　①4-12-201611-8

◇花籌―小説日本女流画人伝　沢田ふじ子
著　実業之日本社　1985.10　368p
20cm　①4-408-53057-3

▎**小池 正直**　こいけ・まさなお
1854〜1913　陸軍軍医。男爵。軍医総監、
陸軍軍医学校長などを歴任。著書に「衛
生新編」など。

◇明治二十一年六月三日―鷗外「ベルリン写
真」の謎を解く　山崎光夫著　講談社
2012.7　323p　20cm　〈文献あり〉
①978-4-06-217719-1
＊ベルリンに集った留学生たちを撮影し
た一枚の記念写真。彼らのその後は、
そのまま近代日本医学の歩みとも重な
る。森鷗外と同時期に学んだ群像の波
乱に富んだ軌跡を追う。

▎**肥塚 竜**　こいづか・りゅう
1848〜1920　政治家。衆議院議員。横浜
毎日新聞で社説を担当。立憲改進党に入
党、東京市議、東京府知事など。

◇肥塚氏とその事績　高木幹雄編　高木幹
雄　1966

▎**小泉 策太郎**　こいずみ・さくたろう
1872〜1937　新聞人，政治家。経済新聞
社社長，衆議院議員。立憲政友会の中心人
物として活躍。幸徳秋水との交流は著名。

◇幕末明治人物誌　橋川文三著　中央公論

新社　（中公文庫）　2017.9　308p　16cm
①978-4-12-206457-7

◇幸徳秋水と小泉三申―叛骨の友情譜　鍋
島高明著　高知新聞社　2007.9　285p
20cm　〈肖像・年譜・文献あり〉
①978-4-87503-382-0

◇近代静岡の先駆者―時代を拓き夢に生き
た19人の群像　静岡県近代史研究会編
静岡新聞社　1999.10　390p　19cm
①4-7838-1068-0

◇小泉三申―評論・逸話・年譜　木宮栄彦著
常葉学園　1978.9　343p　19cm　〈小泉
三申の肖像あり　「小泉三申研究」のため
の参考文献・年譜：p269〜331〉

◇評伝小泉三申―知性と運命の相剋者　長
谷川義記著　島津書房　1977.3　270p　図
肖像　20cm　〈発売：仮面社（東京）　参
考文献：p.267〜270〉

◇小泉三申―政友会策士の生涯　小島直記
著　中央公論社　（中公新書）　1976
226p　18cm　〈参考文献：p.224-226〉

◇文学的回想　林房雄著　新潮社　1955
211p　20cm

▎**小泉 信吉**　こいずみ・のぶきち
1853〜1894　銀行家。慶応義塾塾長。横
浜正金銀行副頭取・取締役、日本銀行取調
役など歴任。

◇福沢山脈　小島直記著　中央公論社　（小
島直記伝記文学全集）　1987.1　577p
19cm　①4-12-402584-X
＊先覚者・福沢諭吉を敬慕し、慶応義塾に
集まった近代日本の俊才英傑たち。そ
の巨大な人間山脈に挑み、一峰一峰の
連なりの機微を活写する長編力作。

◇海軍主計大尉小泉信吉　小泉信三著　文
芸春秋　1966　274p　図版　20cm

▎**小泉 又次郎**　こいずみ・またじろう
1865〜1951　政治家。衆議院議員。立憲
同志会、憲政会、立憲民政党に所属。普通
選挙運動に活動。

◇変革者―小泉家の3人の男たち　梅田功著
角川書店　2001.9　221p　20cm　〈年表

伝記ガイダンス　明治を生きた人々　　**235**

あり〉 ①4-04-883703-6
＊誰が「小泉人気」をつくったのか！ 祖
父・又次郎、父・純也が体験した同じ
"うねり"が今、首相小泉を直撃する！
「変革者」小泉家三代を軸に問う、新た
な日本人論。

小出 八郎右衛門 こいで・はちろうえもん
1840～1910 銀行家。
◇金融財界の偉人小出八郎右衛門翁 吉池
辰三郎著 吉池辰三郎 1961

郷 誠之助 ごう・せいのすけ
1865～1942 実業家。日本運輸社長，日
本商工会議所会頭。入山採炭の再建に尽
力。東洋汽船と日本郵船の合併斡旋、官
民製鉄所合同の推進などに尽力。
◇男爵郷誠之助君伝―伝記・郷誠之助 郷
男爵記念会編 大空社 （伝記叢書）
1988.10 840,15,6p 22cm 〈郷男爵記念
会昭和18年刊の複製 巻末：男爵の年譜〉
◇極道 上 小島直記著 中央公論社 （中
公文庫） 1982.3 392p 16cm
◇日本財界人物列伝 第2巻 青潮出版株式
会社編 青潮出版 1964 1175p 図版13
枚 27cm
◇郷誠之助 池田成彬，柳沢健著 三笠書
房 1953
◇人使い金使い名人伝 〔正〕続 中村竹二
著 実業之日本社 1953 2冊 19cm

甲賀 源吾 こうが・げんご
1839～1869 幕臣。軍艦繰練方手伝出役、
軍艦組出役、軍艦頭並などを歴任。官軍
の甲鉄艦奪取作戦を展開。
◇「朝敵」と呼ばれようとも―維新に抗した
殉国の志士 星亮一編 現代書館
2014.11 222p 20cm
①978-4-7684-5745-0
◇回天艦長甲賀源吾伝 復刻版 石橋絢彦
著 マツノ書店 2011.5 348,16,4p, 図
版〔21〕枚 22cm 〈附・函館戦記 原
本：甲賀源吾傳刊行會昭和8年刊（改訂3

版） 年表・年譜あり〉
◇箱館戦争銘々伝 上 好川之範，近江幸
雄編 新人物往来社 2007.8 328p
19cm ①978-4-404-03471-7
＊戊辰最後の死闘、雪の箱館に散って
いった戦士たちの肖像。榎本武揚、甲
賀源吾、中島三郎助ほか21人。
◇幕末・明治初期数学者群像 上 幕末編
上―幕末編 小松醇郎著 吉岡書店
1990.9 231p 19cm ①4-8427-0228-1

神津 藤平 こうづ・とうへい
1871～1960 実業家。
◇近代佐久を開いた人たち 中村勝実著 櫟
1994.2 350p 19cm ①4-900408-52-2
＊明治からすでに約百三十年、同じ佐久
の風土で育った人の中から、なんらか
の形で社会的に貢献のあった、特色の
ある生き方をした人などをできるだけ
事実を正確に、そして読みやすくその
生涯を追った。
◇信州人物風土記・近代を拓く 第12巻
神津藤平 観光信州・信念の先覚者 宮
坂勝彦編 銀河書房 （銀河グラフティ）
1989.5 104p 22cm 〈神津藤平の肖像
あり 付：神津藤平年譜・参考文献〉
◇神津藤平の横顔 宮沢憲衛著 長野電鉄
1961

幸徳 秋水 こうとく・しゅうすい
1871～1911 社会主義者。筆禍事件で入
獄し、無政府主義に傾く。官憲から大逆
事件の首魁と目され刑死。
◇管野須賀子と大逆事件―自由・平等・平和
を求めた人びと 管野須賀子研究会編 せ
せらぎ出版 2016.6 342p 19cm 〈年
譜あり 索引あり〉 ①978-4-88416-250-4
◇兆民と秋水―自由と平等を求めて 崎村
裕著 かりばね書房 2015.11 207p
19cm 〈文献あり〉 ①978-4-904390-12-2
◇幸徳秋水 新装版 絲屋壽雄著 清水書
院 （Century Books 人と思想）
2015.9 232p 19cm 〈文献あり 年譜あ
り〉 ①978-4-389-42051-2

I　政治・経済　　　　　　　　　　　　　　　　　　　　　　　　　幸徳秋水

◇講座 東アジアの知識人—日清戦争 - 韓国併合・辛亥革命　2　近代国家の形成　趙景達，原田敬一，村田雄二郎，安田常雄編　有志舎　2013.11　364p　21cm　Ⓣ978-4-903426-77-8
　＊19世紀末から20世紀初頭、東アジアは大きな転換期を迎えた。東アジア東隅の一国でしかなかった日本が、日清・日露戦争により植民地を獲得して、欧米にならった帝国となり、その日本の膨張に抵抗し続けた朝鮮はついに「併合」されてしまう。一方、アヘン戦争以来、半植民地の状態に置かれていた清国は辛亥革命により新しい国を創り出していった。アジアが、近代国家を形成する地域と植民地になっていく地域とに引き裂かれていく時代のなかで、互いに連鎖していく知識人たちの様々な思想を明らかにする。

◇秘史廻廊—疎外された史実を追う　山地悠一郎著　創樹社美術出版　2011.1　210p　19cm　Ⓣ978-4-7876-0070-7
　＊石原アリ、東郷アリ、山本アリ、幸徳アリそして南朝秘蔵の三種神器現る。明治維新・日清・日露・大逆事件・満州事変・昭和軍閥動乱・大東亜戦争…何やら南朝の影が透けて見える。

◇幸徳秋水—その人と思想　木戸啓介著　デジプロ　2010.12　127p　22cm　Ⓣ978-4-434-15291-7

◇ドラマチック日露戦争—近代化の立役者13人の物語　河合敦著　ソフトバンククリエイティブ　（ソフトバンク新書）　2010.10　239p　18cm　Ⓣ978-4-7973-5813-1
　＊日露戦争はそれまで世界史が経験したことのない未曾有の大戦であり、日本という新興の小国が、老大国ロシアに挑んだ極めて無茶な戦いでもあった。にもかかわらず運命の日本海海戦で、ロシアが誇るバルチック艦隊を全滅させるという空前絶後の大勝利を収めた日本。その撃滅作戦を編み出した秋山真之を筆頭に、秋山好古、正岡子規、東郷平八郎、与謝野晶子、高橋是清など、日本の近代化に大きな貢献をした立役者たち13人の波乱万丈な物語を追う。

◇革命伝説大逆事件　2　密造された爆裂弾　神崎清著，「大逆事件の真実をあきらかにする会」監修　子どもの未来社　2010.7　283p　19cm　Ⓣ978-4-86412-004-3
　＊幸徳秋水と管野スガの性愛、革命僧・内山愚童の秘密出版、宮下太吉の爆裂弾実験。—でっち上げ事件のクライマックスが近づく。

◇革命伝説大逆事件　1　黒い謀略の渦　新版　神崎清著，「大逆事件の真実をあきらかにする会」監修　子どもの未来社　2010.6　288p　19cm　Ⓣ978-4-86412-003-6
　＊大逆事件の謎を解いた名著。明治の一大事件史を新版で復刊。

◇反骨のジャーナリスト中島及と幸徳秋水　鍋島高明著　高知新聞社　（高知新聞ブックレット）　2010.1　93p　21cm　〈発売：高知新聞企業（高知）　年譜・文献あり〉　Ⓣ978-4-87503-419-3

◇幸徳秋水と小泉三申—叛骨の友情譜　鍋島高明著　高知新聞社　2007.9　285p　20cm　〈肖像・年譜・文献あり〉　Ⓣ978-4-87503-382-0

◇近代国家を構想した思想家たち　鹿野政直著　岩波書店　（岩波ジュニア新書）　2005.6　181p　18cm　Ⓣ4-00-500508-X
　＊坂本竜馬、福沢諭吉、内村鑑三、市川房枝、大杉栄、山川菊栄…。幕末にはじまる黎明期に、アジア・世界のなかで、人びとはどのような日本をつくろうと考えたのか。激動する社会を背景に、時代と格闘した25人の足跡と思考をたどります。人物をとおして学ぶもうひとつの日本近代史。

◇反逆者たちの挽歌—日本の夜明けはいつ来るのか　松風爽著　鳥影社　2005.1　334p　19cm　Ⓣ4-88629-885-0
　＊抹殺された"先見の明"。歴史上反逆者のレッテルを貼られた悲劇のヒーローたち。抹殺された彼らの"先見の明"にこそ、今必要とされるものがある。

◇新・代表的日本人　佐高信編著　小学館　（小学館文庫）　1999.6　314p　15cm　Ⓣ4-09-403301-7
　＊世紀の結節点にあって、大揺れの我が

伝記ガイダンス 明治を生きた人々　　**237**

日本。リストラは、企業の問題を超えて、すでに家庭・教育・国家のあり様や、日本人の生き方そのものまで問い直す大テーマだ。かつて内村鑑三は『代表的日本人』を英文で著し、日本人が拠って立つ人倫の深みを世界に紹介した。いまふたたび新しい国おこし・人づくりの知恵を先達に学び、自らを鼓舞してみるのもよい。「日本にも人物がいないわけではない。ただ、その人たちにきちっと光が当てられていないだけなのである。私は自信をもってこの十人を推す」（編者・佐高信）。

○特集 幸徳秋水 「初期社会主義研究」
（弘隆社） 12 1999

◇謀叛論─他六篇・日記 徳冨健次郎著，中野好夫編 岩波書店 （岩波文庫）
1998.10 130p 15cm ①4-00-310157-X
＊明治44年1月、大逆事件被告幸徳秋水ら12名が処刑された。その1週間後、蘆花は招かれて一高の演壇にたち、死刑に処した政府当局を弾劾、精神の「自立自信、自化自発」を高らかに鼓吹する。その講演のほかに、これと密接に関連する「死刑廃すべし」等6篇、また兄蘇峰との確執が窺れる日記を併収。

◇虚構の死刑台─小説幸徳秋水 夏堀正元著 新人物往来社 1998.6 268p 20cm
①4-404-02623-4
＊明治43年、天皇暗殺計画の容疑によって逮捕され、死刑となった幸徳秋水─。世にいう「大逆事件」の真実と人間幸徳秋水を描く渾身の長篇力作。

◇食客風雲録─日本篇 草森紳一著 青土社
1997.11 456p 19cm ①4-7917-5589-8
＊大隈重信の屋敷に集って明治政府を陰で操った居候たち。芸者の金で南洋の島に渡り「占領」してしまった？ 後藤象二郎のドラ息子…。他人の家で食わせてもらいながら「主人を食う」気概に満ちた食客の面々。「維新」直後の激動期、主人と客の虚々実々、波瀾万丈を通して歴史と人間の真髄にふれる。

◇運命には逆らい方がある─英傑の軌跡
中薗英助著 青春出版社 1996.11 239p
19cm ①4-413-03059-1

＊本書は、歴史の節目に立ち、その意外な運命に翻弄されることなく立ち向かい人生を切り拓いていった7人の英傑たちに光をあて、人間の、一筋縄ではいかない人生の深奥なるヒダを描いたものである。

◇幸徳秋水 塩田庄兵衛著 新日本出版社
（新日本新書） 1993.6 204p 18cm
①4-406-02192-2
＊「日本人民と天皇制との最初の正面衝突」＝「大逆事件」によって "国賊" として抹殺された幸徳秋水。自由民権運動を継承し、わが国の社会主義運動の先駆者として疾走した生涯に新たな光をあてる。

◇幸徳秋水等の大逆事件 武安将光著 勁草書房 1993.3 145p 19cm
①4-326-93280-5
＊この事件は明治政府の「でっち上げ」で、大部分は事実無根であったとする説が広く流布されているが、本書は、最高裁判所保管の事件記録等の資料を精密に調査した結果に基づいて、事件の真相を説明する。

◇平民社の人びと─秋水・枯川・尚江・栄
林尚男著 朝日新聞社 1990.9 398p
19cm ①4-02-256205-6

◇幸徳秋水の日記と書簡 増補決定版 塩田庄兵衛編 未来社 1990.4 587p 21cm
①4-624-11125-7

◇秋水の華は散ってゆく─大逆事件 斎藤成雄著 近代文芸社 1989.4 268p 19cm
①4-89607-984-1
＊「大逆事件」とは─科学が進歩し人間の暮らしも豊かになった現代に問いかける衝撃的人間ドキュメント。

◇歴史劇 藤川健夫著 青雲書房 （藤川健夫戯曲集） 1988.9 436p 19cm
①4-88079-064-8
＊「自由平等」を求めて維新変革のため大活躍し兇刃に斃れた革命児「坂本竜馬」（2部作）、幕末における日本とロシアの戦争の危機を命を賭けて見事に解決した「平和の使者─高田屋嘉兵衛」、近代天皇制と天皇の、隠された本質と罪悪を歴史的にドラマティックにあばき出

Ⅰ　政治・経済　　　　　　　　　　　　　　　　　　　　　　　　　幸徳秋水

した、明治末期の「幸徳と須賀子—大逆
事件」と日中戦争前夜の「二・二六事件
の真相」の5篇を収録。

◇明治・青春の夢—革新的行動者たちの日
記　嶋岡晨著　朝日新聞社　（朝日選書）
1988.7　224p　19cm　Ⓘ4-02-259458-6

◇幸徳秋水研究　増訂版　糸屋寿雄著　日
本図書センター　（近代作家研究叢書）
1987.10　1冊　22cm　〈解説：森山重雄
青木書店昭和42年刊の複製・増補　幸徳秋
水の肖像あり　幸徳秋水年譜：p341〜
357〉　Ⓘ4-8205-0682-X

◇幸徳秋水　〔新装版〕　西尾陽太郎著　吉
川弘文館　（人物叢書）　1987.5　327p
19cm　Ⓘ4-642-05077-9
＊中江兆民に私淑し、社会主義から無政
府主義へ。日露戦争中には非戦論を絶
叫し、弾圧に屈せずやがて直接行動論
を唱え、遂に大逆事件の首謀者として
死刑に処された典型的革命家。その人
物は？　思想は？　行動は？　果して彼は
大逆を企てたのか。今やその伝記は改
めて必読を要する。日本社会主義運動
の源流を解明する好伝記。

◇近代ジャーナリスト列伝—天馬の如く
下　三好徹著　中央公論社　（中公文庫）
1986.11　421p　15cm　Ⓘ4-12-201372-0
＊論説の後退と報道の重視という大きな流
れ、そして強まる軍部の圧力。幸徳秋
水、杉村楚人冠、徳富蘇峰、緒方竹虎、
桐生悠々ら、動乱の時代に模索し苦闘
する大正・昭和の新聞人の苛烈な生涯。

◇体制に反逆する　粕谷一希編　講談社
（言論は日本を動かす）　1986.2　330p
19cm　Ⓘ4-06-188946-X
＊近代日本を動かした100人を、気鋭100
人が書下ろす、新シリーズ全10巻。本
巻には、体制に反逆し新しい流れを
創った人物を収録。

◇幸徳秋水・明治社会主義の一等星　坂本
武人著　清水書院　（清水新書）　1984.10
230p　18cm　〈『幸徳秋水』（昭和47年刊）
の改題　幸徳秋水の肖像あり　幸徳秋水年
譜・参考文献：p220〜230〉
Ⓘ4-389-44031-4

◇幸徳秋水　〔保存版〕　大野みち代編　日
外アソシエーツ　（人物書誌大系）
1982.6　90p　21cm　Ⓘ4-8169-0142-6
＊本大系は個人に関する年譜、著作、参考
文献を収録。個人書誌編纂者の成果を
公にし、その集大成をめざす初の試み。
本書の収容内容は、年譜・著作1,559点、
参考文献193点。収録期間は明治27年〜
昭和57年5月である。

◇幸徳秋水　大野みちよ編　日外アソシ
エーツ　（人物書誌大系）　1982.6　78p
21cm　〈年譜‐p3〜11　著作目録‐p15〜
62　巻末：参考文献目録　軽装版　肖像：幸
徳秋水〔ほか〕　紀伊国屋書店　図版（肖
像　筆跡を含む）〉　Ⓘ4-8169-0143-4

◇幸徳秋水—日本の急進主義者の肖像　F.
G.ノートヘルファー著，竹山護夫訳　福
村出版　1980.2　379,19p　20cm　〈幸徳
秋水の肖像あり　巻末：参考文献〉

◇燎火の流れ—わが草わけの社会主義者たち
木原実著　オリジン出版センター　1977.6
283p　19cm　〈木原実エッセイ集〉

◇幸徳秋水の思想と大逆事件　大原慧著
青木書店　1977.6　326p　22cm

◇近代日本思想大系　13　幸徳秋水集　編
集解説：飛鳥井雅道　筑摩書房　1975
420p　肖像　20cm　〈兆民先生　廿世紀之
怪物帝国主義　長広舌　社会主義神髄　社
会主義論説集　獄中手記　補注．堺君と幸
徳秋水を語る（三申小泉策太郎）　解説（飛
鳥井雅道）　年譜・参考文献：p.413-420〉

◇幸徳秋水　糸屋寿雄著　清水書院
（Century books）　1973　232p　肖像
19cm　〈参考文献：p.207-208〉

◇幸徳秋水—明治社会主義のシンボル　坂
本武人著　清水書院　（センチュリーブッ
クス）　1972　231p　図　肖像　19cm
〈付：幸徳秋水年譜・参考文献〉

◇幸徳秋水と片山潜—明治の社会主義　大
河内一男著　講談社　（講談社現代新書）
1972　256p　18cm

◇幸徳・大杉・石川—日本アナキストの原像
秋山清，大沢正道著　北日本出版社
1971　260p　19cm

伝記ガイダンス　明治を生きた人々　　239

幸徳秋水

I 政治・経済

◇幸徳秋水——革命家の思想と生涯　田中惣五郎著　三一書房　（人物評伝三部作）1971　468p 肖像　20cm

◇実録幸徳秋水　神崎清著　読売新聞社　1971　515p 図 肖像　20cm

◇幸徳秋水—直接行動論の源流　飛鳥井雅道著　中央公論社　（中公新書）　1969　182p 18cm　〈参考文献・幸徳秋水年譜：172-182p〉

◇幸徳秋水研究　糸屋寿雄著　青木書店　1967　357p 図版　22cm

◇幸徳秋水の日記と書簡　増補版　幸徳秋水著，塩田庄兵衛編　未来社　1965　548p 図版　19cm

◇現代日本思想大系 15・16　筑摩書房　1963

◇日本の思想家　第2　大井憲太郎　朝日新聞社朝日ジャーナル編集部編　朝日新聞社　1963　400p 19cm

◇三代言論人集　第8巻　幸徳秋水〔ほか〕荒畑寒村　時事通信社　1963　363p 図版　18cm

◇20世紀を動かした人々　第13　反逆者の肖像〔ほか〕　松田道雄　講談社　1963　414p 図版　19cm

◇菊とクロハタ—幸徳事件の人々　渡辺順三編，江口渙解説　新興出版社　1960　212p 図版　18cm

◇日本の反逆思想　直接行動論と幸徳秋水　秋山清著　現代思潮社　1960

◇麺麭の略取 岩波文庫　「パンの略取」とそのころの思い出　山川均著　岩波書店　1960

◇近代日本の良心　荒正人編　光書房　1959　244p 20cm

◇幸徳秋水　西尾陽太郎著　吉川弘文館　（人物叢書）　1959　327p 図版　18cm

◇日本の思想家　山本健吉編　光書房　1959　224p 20cm

◇近代日本の思想家たち—中江兆民・幸徳秋水・吉野作造　林茂著　岩波書店　（岩波新書）　1958

◇十二人の死刑囚—大逆事件の人々　渡辺順三著　新興出版社　1956　169p 18cm

◇大逆事件のリーダー——新村と幸徳と私　茂木一次著　金園社　1956

◇光を掲げた人々—民主主義者の思想と生涯　新興出版社編集部編　新興出版社　1956　223p 18cm

◇幸徳秋水 一革命家の思想と生涯　田中惣五郎著　理論社　1955　500p 図版　19cm

◇基督抹殺論 岩波文庫　獄中消息　幸徳秋水著　岩波書店　1954

◇近代日本の思想家　向坂逸郎編　和光社　1954　284p 19cm

◇幸徳秋水の日記と書簡　幸徳秋水著，塩田庄兵衛編　未来社　1954　476p 図版　19cm

◇日本の思想家　奈良本辰也編　毎日新聞社　1954

◇社会科学講座 6　幸徳秋水　塩田庄兵衛著　弘文堂　1951

◇幸徳秋水伝　糸屋寿雄著　三一書房　1950　303p 図版　19cm

◇幸徳秋水の日記と書簡　塩田庄兵衛編　未来社　1949

◇評論と随想　幸徳秋水，河野広通共編　自由評論社　1949　241p 19cm

◇幸徳事件の全貌　渡辺順三著　社会書房　1948

◇幸徳秋水評伝　再版　社会経済労働研究所編　伊藤書店　（社会経済労働叢書）　1948　181p 図版　22cm

◇闘うヒューマニスト—近代日本の革命的人間像　学生書房編集部編　学生書房　1948　215p 18cm

◇風々雨々—幸徳秋水と周囲の人々　師岡千代子著　隆文堂　1947　190p B6

◇幸徳秋水評伝　社会経済労働研究所編　伊藤書店　（社会経済労働叢書）　1947　181p 図版　22cm　〈附録：幸徳秋水年譜　幸徳秋水文献〉

I 政治・経済　　　　　　　　　　　　　　　　　　　　　　古賀廉造

◇自由を護った人々　大川三郎著　新文社
　1947　314p　18cm

◇闘うヒューマニスト―近代日本の革命的
　人間像　野坂参三，風早八十二，鈴木東民
　他著　学生書房　1947　220p　B6

◇夫・幸徳秋水の思ひ出　師岡千代子著
　東洋堂　1946　87p　19cm

◇幸徳秋水一派大逆事件顛末　宮武外骨編
　竜吟社　1946

◇明治大正昭和/自由人の展望　上　松本仁
　著　大阪新聞社　1946　274p　19cm

▌**河野 広中**　こうの・ひろなか
1849～1923　政治家。衆議院議員，農商
務大臣。尊攘派のち自由党結成に参加。
福島県議会議長となり、福島事件で下獄。
大赦で出獄、憲政本党入党。

◇河野広中　長井純市著　吉川弘文館　（人
　物叢書 新装版）　2009.5　279p　19cm
　〈シリーズの編者：日本歴史学会　文献・
　年譜あり〉　①978-4-642-05251-1
　＊明治・大正期の民衆政治家。幕末、東北
　戦争で板垣退助と出会い、尊王論を奉
　じる郷士から、維新後は自由民権運動
　の闘士へと転じる。県令三島通庸と対
　立し投獄された福島事件で名を馳せ、
　国会開設後は代議士となる。民党の闘
　士として活躍後、衆議院議長、農商務大
　臣を務め、晩年は普選運動の先頭に立
　つ。立憲政治の完成を追い求め続けた
　生涯に迫る。

◇福島人物の歴史　第12巻　河野広中　下
　高橋哲夫著　歴史春秋社　1977.4　235p
　図 肖像　20cm　〈河野広中年譜：p.227～
　235〉

◇明治叛臣伝　田岡嶺雲著，西田勝解説
　青木書店　（青木文庫）　1953　170p
　15cm

▌**河野 広体**　こうの・ひろみ
1864～1941　自由民権家。加波山事件で
無期徒刑。特赦で出獄。進歩党入党。

◇明治叛臣伝　田岡嶺雲著，西田勝解説
　青木書店　（青木文庫）　1953　170p
　15cm

▌**神鞭 知常**　こうむち・ともつね
1848～1905　官僚，政治家。衆議院議員。
大蔵省に入り、主税局長などを務める。
憲政党に属す。対外硬派で国民同盟会、
対露同志会を結成。

◇謝海言行録―伝記・神鞭知常　橋本五雄
　編　大空社　（伝記叢書）　1988.6　414,
　6p　22cm　〈橋本五雄明治42年刊の複製
　神鞭知常の肖像あり 折り込図1枚〉

▌**郡 長正**　こおり・ながまさ
1856～1871　会津藩国老長脩の次男。育
徳館留学中、母への手紙が生徒間で問題
となり藩の名誉のため切腹。

◇会津少年郡長正、自刃の真相　宇都宮泰
　長編著　鵬和出版　（歴史の検証シリー
　ズ）　2003.8　204p　21cm　〈肖像あり〉
　①4-89282-062-8
　＊小笠原藩主に謝りたい。会津藩家老萱
　野権兵衛に続く次男の自刃。次男郡長
　正は会津降人七百五十余人を東京へ護
　送した小倉藩の秘事を知り、粛然自刃
　を決意した。通説を覆す衝撃の証言会
　津降人名簿を全収録し初公開する。

▌**古賀 辰四郎**　こが・たつしろう
1856～1918　寄留商人。古賀商店を開設。
夜光貝の殻や羽毛などの輸出を試みる。
沖縄の殖産興業に貢献。

◇国境の島を発見した日本人の物語―教科
　書が教えない領土問題　藤岡信勝編著
　祥伝社　2012.8　266p　19cm
　①978-4-396-61428-7

▌**古賀 廉造**　こが・れんぞう
1858～1942　官僚，政治家。貴族院議員。
大審院検事、大審院判事、内務省警保局長
などを歴任。

◇私の祖父 古賀廉造の生涯―葬られた大正
　の重鎮の素顔　奥津成子著　慧文社
　2011.10　252p　20cm　〈文献・年表あ
　り〉　①978-4-86330-054-5
　＊明治・大正期に、刑法学の第一人者とし

て、また「平民宰相」原敬の腹心として、法律と政治の世界で活躍した古賀廉造（1858 - 1942）。原内閣の拓殖局長官として政治中枢にいたさなか、政権を揺るがした「大連アヘン事件」の責任を負い失脚、その業績は歴史の闇に葬られた。本書は、古賀廉造の実孫に当たる著者が、祖父の面影を振り返りつつ波乱の生涯と事件の真相を追求し、知られざる重鎮・古賀廉造の業績と生身の人物像を浮き彫りにした快著。

‖ **小金井 小次郎** こがねい・こじろう
1818～1881　侠客。新門辰五郎の弟分。三宅島に流された後、明治1年に小金井に戻る。

◇アウトロー──近世遊侠列伝　高橋敏編　敬文舎　2016.9　255p　19cm　①978-4-906822-73-7
　＊歴史学に博徒たちが殴り込み！政情不安な幕末を駆け抜けたアウトローたち。彼らはヒーローなのか、それとも単なる御法度破りか。新史料をもとに彼らの生涯を描く！

◇三宅島流人小金井小次郎　下村昇著　勉誠出版　2000.5　254p　20cm　〈文献あり　年表あり〉　①4-585-09024-X
　＊小次郎は若くして親に勘当され、侠客として頭角をあらわした、したたかな博徒であった。国定忠治とも互角に対決し、獄中で新門辰五郎と義兄弟の契りを結ぶ。流人でありながら、なぜ島の人々から敬愛されるようになったのか？島の人々のつらい暮らしぶりと、小次郎の生き方を知っていただいて、強い心を持ったこどもを育てるよすがとしていただきたい。―漢字教育の権威・下村昇先生が語るやさしい小次郎伝。

◇小金井小次郎伝　皆木繁宏著　小金井新聞社　1975　421p　図　肖像　22cm

‖ **国分 象太郎** こくぶ・しょうたろう
1863～1922　李王職事務官。李王職次官。日朝融和のために貢献。李王家と梨本宮家の婚儀成立活動の中心人物。

◇36人の日本人 韓国・朝鮮へのまなざし　舘野晢編著　明石書店　2005.2　231p　19cm　①4-7503-2053-6

‖ **越 寿三郎** こし・じゅさぶろう
1864～1932　実業家。

◇郷土の偉人製糸王越寿三郎の生涯―製糸事業と電気事業の沿革　田子昭治著〔田子昭治〕　1997.5　45p　26cm　〈奥付のタイトル：製糸王越寿三郎の生涯〉

‖ **児島 惟謙** こじま・いけん
1837～1908　裁判官。衆議院議員。名古屋裁判所所長、大審院判事、大阪控訴院長などを歴任。大津事件で司法権の独立を守る。

◇先人の勇気と誇り―「歴史に学ぼう、先人に学ぼう」　第2集　モラロジー研究所出版部編　モラロジー研究所　2006.1　249p　19cm　①4-89639-114-4

◇児島惟謙の航跡　続　児島惟謙研究班著関西大学法学研究所　（関西大学法学研究所研究叢書）　1998.3　325p　21cm　〈執筆：市川訓敏ほか〉　①4-906555-11-X

◇児島惟謙と其時代―護法の巨人伝記・児島惟謙　原田光三郎著　大空社　（伝記叢書）　1997.11　355,19,5p　22cm　〈文光堂書店昭和15年刊の複製　☆柳原書店　巻末：年譜〉　①4-7568-0490-X

◇児島惟謙（これかた）―大津事件と明治ナショナリズム　楠精一郎著　中央公論社（中公新書）　1997.4　237p　18cm　①4-12-101358-1
　＊訪日したロシア皇太子を警護の日本人巡査が切りつけ負傷させた事件に日本は朝野ともに震撼し、政府は「皇室に対する罪」を適用して犯人を極刑にしようとしたが、大審院長児島惟謙は毅然として反対し、司法権の独立を護った―これが大津事件と「護法の神」児島の伝説である。しかし、仔細に経緯を辿れば疑問は多い。児島にとって司法権独立とは何のためのものであったのか。明治国家形成期の時代精神の中で児島の全体像を検討する。

◇児島惟謙の航跡　児島惟謙研究班編　関

I　政治・経済　　　　　　　　　　　　　　　　　　古島一雄

西大学法学研究所　（関西大学法学研究所
研究叢書）　1996.3　283p　21cm
①4-906555-06-3

◇児島惟謙　〔新装版〕　田畑忍著　吉川弘
文館　（人物叢書）　1987.10　214p 19cm
①4-642-05096-5
＊"大津事件"に際し驚愕なすところを知
らない政府の、ロシア帝国への恐怖症
的な圧迫に対して、大審院長として毅
然これを一蹴し、司法権独立の憲法原
則を実践した明治法曹界巨人の伝。本
書は彼の剛骨の性格と、その民権的法
思想の両面から考察を進めるとともに
諸家の惟謙観・裁判観を検討しその生
涯を鮮やかに浮彫りにした。

◇日本における自由のための闘い　吉野源三
郎編　評論社　（復初文庫）　1969　339p
19cm　〈『世界』座談会集第2　栗本鋤雲
―埋もれた先覚者（司会：吉野源三郎）中
江兆民（司会：林茂）田中正造―足尾鉱毒
事件をめぐって（司会：吉野源三郎）児島
惟謙―大津事件と司法権の独立について
（司会：吉野源三郎）木下尚江（司会：吉
野源三郎）堺枯川（司会：吉野源三郎）吉
野作造（司会：吉野源三郎）「青鞜社」の
ころ―明治・大正初期の婦人運動（司会：
林茂）自由民権運動と新聞―讒謗律前後
（伊藤整他2名）時代と新聞―大阪朝日筆
禍事件回顧（司会：吉野源三郎）〉

◇児島惟謙　新編　吉田繁著　関西大学出
版部　1965　191p　図版　19cm

◇児島惟謙　田畑忍著　吉川弘文館　（人物
叢書）　1963　214p　図版　18cm

◇児島惟謙伝　全訂決定版　原田光三郎著
松菊堂書房　1961　184,19p　図版　19cm

◇児島惟謙伝　原田光三郎著　松菊堂
1955

▌**古島 一雄**　こじま・かずお
1865～1952　新聞人，政治家。衆議院議
員，貴族院議員。宝林義塾に学び「日本及
び日本人」「万朝報」などの記者となる。
立憲国民党に所属。吉田茂の指南役。

◇男の晩節　小島英記著　日本経済新聞出
版社　（日経ビジネス人文庫）　2009.9

365p　15cm　①978-4-532-19510-6
＊強く生き、爽やかに去る―明治維新以
降の日本で、珠玉の人生を全うした男
たち。松永安左エ門、土光敏夫、新渡戸
稲造など、エネルギッシュに生き、日本
を変えた英傑たちのドラマを凛々しい
筆致で描く。

◇男の晩節　小島英記著　日本経済新聞社
2006.7　332p　19cm　①4-532-16560-1
＊潔く会社を離れ、福祉に総てを捧げた
「宅急便生みの親」。「葬儀も勲章も要ら
ぬ」と言い遺した「電力の鬼」…。珠玉
の人生を全うした、男20人のドラマが
ここにある。強く生き、爽やかに去る。

◇犬養毅―その魅力と実像　時任英人著
山陽新聞社　2002.5　239p　19cm
①4-88197-702-4
＊犬養には「影の男」がいた。義理・人情
で動いた政治家である。武士に憧れ、
武士として死にたかった…没後70年記
念出版。なぜ犬養は、あそこまで見事
に晩年を過ごせたのか/「憲政の神」と
並び称された尾崎行雄との、本当の関
係は/多彩な趣味から見える犬養の世界
は…気鋭の研究者が、新たな視点から、
その素顔に迫る。

◇斬人斬馬剣―古島一雄の青春　小島直記
著　中央公論社　（中公文庫）　1993.8
282p　15cm　①4-12-202026-3
＊傲骨の一政客として激動の明治・大正・
昭和を生きた快男児、古島一雄。「人触
れれば人を斬り馬触れれば馬を斬る」
必殺の筆剣で、権勢を誇る強者たちを
次つぎと血祭りにあげた若き新聞記者
時代を、陸羯南、正岡子規、杉浦重剛ら
との交友を織りまぜ潑剌と描く。

◇斬人斬馬剣―古島一雄の青春　小島直記
著　中央公論社　1988.4　263p　20cm
①4-12-001662-5

◇一老政治家の回想　2版　古島一雄著　中
央公論社　1969　293p　図版　20cm

◇三代言論人集　第7巻　古島一雄〔ほか〕
伊藤金次郎　時事通信社　1962　363p　図
版　18cm

◇古島一雄清談　古島一雄著，毎日新聞社

伝記ガイダンス　明治を生きた人々　　**243**

編　毎日新聞社　1951　314p　19cm

◇政界五十年　古島一雄回顧録　古島一雄著，鷲尾義直編　三元社　1951　314p　19cm

◇古島一雄　鷲尾義直著　日本経済研究会　1949　1013p　図版　22cm

小杉 雅之進　こすぎ・まさのしん

1843〜1909　船舶技術者。

◇小杉雅之進が描いた箱館戦争　合田一道編著，寺井敏写真，小杉伸一監修　北海道出版企画センター　2005.10　194p　22cm　〈年譜あり〉　①4-8328-0505-3

◇咸臨丸還る―蒸気方小杉雅之進の軌跡　橋本進著　中央公論新社　2001.2　373,6p　20cm　〈文献あり〉　①4-12-003107-1
　＊「咸臨丸」の誇るべきは復路航海だった。「日本丸」の船長を務め、帆船航海術を知悉した著者が、「咸臨丸」蒸気方・小杉雅之進の日誌をもとに日本人のみによる初めての太平洋横断という「咸臨丸」の偉業を検証する。

小菅 丹治〔1代〕　こすげ・たんじ

1859〜1916　伊勢丹創業者。

◇帯の伊勢丹模様の伊勢丹―ファッションの伊勢丹創業者・初代小菅丹治　飛田健彦著　国書刊行会　2016.12　298p　19cm　〈文献あり〉　①978-4-336-06106-5

◇創業者小菅丹治　土屋喬雄著　伊勢丹　中央公論事業出版（制作）　1966　174p　図肖像　20cm

ゴスケビチ, I.A.

Goskevich, Iosif Antonovich
1814〜1875　ロシアの外交官。1853年来日。初代ロシア函館領事。

◇白ロシヤのオデッセイ―初代駐日領事・ゴシケヴィチの生涯　グザーノフ著，神崎昇訳　ゴシケヴィチを顕彰する会　1985.7　271p　21cm　〈ゴシケヴィチの肖像あり　限定版　参考文献・日露交渉年代表：p260〜263〉

五代 友厚　ごだい・ともあつ

1835〜1885　実業家。関西貿易、大阪製銅など多くの事業に関与。大阪商法会議所などの設立に尽力。大阪の恩人と呼ばれる。

◇覚えておきたい幕末・維新の100人＋1―勤王から佐幕までの人物伝　本間康司絵と文　清水書院　2017.7　149p　26cm　〈文献あり　索引あり〉　①978-4-389-50054-2

◇五代友厚―明治産業維新を始めた志士　桑畑正樹著　髙城書房　（鹿児島人物叢書）　2016.4　237p　19cm　〈文献あり　年譜あり〉　①978-4-88777-160-4

◇明治を作った密航者たち　熊田忠雄著　祥伝社　（祥伝社新書）　2016.2　275p　18cm　①978-4-396-11455-8
　＊幕末、厳しい監視の目をかいくぐり、他国へ密航を図る者たちが少なからず存在した。発覚すれば死罪とされる中、外国の進んだ知識や技術に直接触れるには、危険な渡海しか途はなかったのだ。本書では、伊藤博文、井上馨などの長州ファイブ、五代友厚らの薩摩スチューデント、同志社設立の新島襄などの、近代日本に功績のある人物をメインに取り上げ、彼らの密航実現までのプロセスをたどり、最大のヤマ場である脱国当日の動きを検証した。国外脱出を企てた者たちの本懐達成に至るまでには、いずれも興味深いドラマが秘められている。

◇商都大阪をつくった男　五代友厚　宮本又郎著　NHK出版　2015.12　221p　19cm　〈文献あり　年譜あり〉　①978-4-14-081690-5

◇維新経済のヒロイン広岡浅子の「九転十起」―大阪財界を築き上げた男五代友厚との数奇な運命　原口泉著　海聲社　2015.9　223p　19cm　〈文献あり　年表あり〉　①978-4-7593-1452-6

◇明治維新の再発見　復刊　毛利敏彦著　吉川弘文館　（歴史文化セレクション）　2010.5　233p　19cm　①978-4-642-06362-3
　＊いまも多くの人々をひきつける明治維新。ダイナミックな変革の時代を西郷・

I　政治・経済　　　　　　　　　　　　　　　　　　　　　　　　　　　　五代友厚

大久保などの人物伝も織りなし、アジ
アの視点を踏まえ縦横に論じた「毛利
維新学」のエッセンス。明治維新の現
代的意義の再発見へ誘う名著。

◇教科書が教えない歴史有名人の晩年と死
新人物往来社編　新人物往来社　2007.2
293p　19cm　①978-4-404-03444-1
＊あの人は、老境をいかに生き、死を迎え
たか？江戸・明治・大正・昭和を生き
た有名人たちの「老い支度」…。

◇ニッポンの創業者—大変革期に求められ
るリーダーの生き方　童門冬二著　ダイ
ヤモンド社　2004.10　319p　20×15cm
①4-478-32112-4
＊日本の産業社会の出発点となった幕末・
維新期は、日本の青春時代だった。多
くの日本人が「政界・官界」をめざす
中、実業の世界を拓いた男たちがいた。
かれらは"経済人"になることをめざし
たのである。日本の基礎を創りあげた
先人の夢・志・気概とは一。

◇五代友厚伝—伝記・五代友厚　五代竜作
編　大空社　（近代日本企業家伝叢書）
1998.11　13,605p 図版12枚　22cm　〈昭
和11年刊の複製〉　①4-7568-0934-0

◇大阪をつくった男—五代友厚の生涯　阿
部牧郎著　文芸春秋　1998.1　440p
20cm　①4-16-317450-8
＊日本資本主義の指導者。幕末、薩摩の
倒幕戦を支えた後実業界に身を投じて、
大阪株式取引所や商法会議所を創立、
大阪の近代化に力を尽くした五代友厚
の波瀾の人生。

◇政商伝　三好徹著　講談社　（講談社文
庫）　1996.3　287p　15cm
①4-06-263201-2
＊政治家と結託して利権をあさった六人の
政商たち。覆面の政商・三野村利左衛
門、薩摩の鉅商・五代友厚、王国の鍵・
岩崎弥太郎、冒険商人・大倉喜八郎、
ちょんまげ政商・古河市兵衛、走狗の怒
り・中野梧一。激動の幕末・明治を生き
抜いて財を成した政商たちの生涯を、著
者独自の視点から徹底研究した評伝集。

◇人物に学ぶ明治の企業事始め　森友幸照
著　つくばね舎　1995.8　210p　21cm

①4-924836-17-6

◇政商伝　三好徹著　講談社　1993.1
251p　19cm　①4-06-206220-8
＊政治家と結託して利権をあさった6人の
男たち。激動の幕末・明治を生き抜い
たそれぞれの人生。

◇功名を欲せず—起業家・五代友厚の生涯
渡部修著　毎日コミュニケーションズ
1991.4　306p 19cm　①4-89563-150-8
＊あの西郷隆盛も惚れた福沢諭吉、渋沢
栄一に並ぶ明治の傑物。地球の観点で
〈近代〉を立ち上げた男の夢と情熱は第3
の開国期を迎えた現在に甦る。

◇起業家 五代友厚　小寺正三著　社会思想
社　（現代教養文庫）　1988.12　349p
15cm　〈『五代友厚』改題書〉
①4-390-11279-1
＊東の渋沢栄一、西の五代友厚と並び称
せられ草創期の日本資本主義を生き抜
いた冒険と野心に満ちた波瀾の生涯。
明治財界を築いた男の物語。

◇五代友厚　真木洋三著　文芸春秋
1986.8　253p 19cm　①4-16-340760-X
＊開国への道を驀進し、"企業家魂"に燃え
尽きた男。五代は、アイデアマンで、し
たたかな経営者でもあり、今日、日本が
国際的に飛躍する原点に立つ人物、す
なわち、さまざまな"企業"の創始者と
いえよう。

◇五代友厚伝　宮本又次著　有斐閣
1981.1　568,23p　22cm　〈五代友厚の肖
像あり　五代友厚伝関係文献目録：p565
〜568 巻末：五代友厚年譜〉

◇五代友厚伝記資料　第4巻　政治・外交・
雑纂・年譜　日本経営史研究所編　東洋経
済新報社　1974　256,18p 図 肖像　22cm
〈巻末：五代友厚伝記関係主要文献目録〉

◇五代友厚関係文書目録　大阪商工会議所
1973　385p 肖像　21cm　〈付：五代友厚
略年譜〉

◇五代友厚伝記資料　第2巻　貨幣・取引
所・貿易・大阪商法会議所・その他　日本
経営史研究所編　東洋経済新報社　1972
545p　22cm

◇五代友厚伝記資料　第3巻　鉱山・工業・

伝記ガイダンス 明治を生きた人々　　**245**

商社・交通　日本経営史研究所編　東洋経済新報社　1972　524p　22cm

◇五代友厚伝記資料　第1巻　伝記・書翰　日本経営史研究所編　東洋経済新報社　1971　578,25p　肖像　22cm

◇五代友厚小伝　大阪商工会議所　1968　63p　図版40p　21cm　〈執筆者：西村重太郎〉

◇日本財界人物列伝　第1巻　青潮出版株式会社編　青潮出版　1963　1171p　図版　26cm

◇大阪人物誌―大阪を築いた人　宮本又次著　弘文堂　（アテネ新書）　1960　230p　19cm

◇五代友厚秘史　五代友厚七十五周年追悼記念刊行会編　1960　395p　図版　表　22cm

◇五代友厚　長谷川幸延著　文芸春秋新社　1960

小平　甚右衛門
こだいら・じんえもん
1843〜1871　義民。松代騒動の頭取として活躍。鳥打峠の処刑場で処罪になる。

◇維新の信州人　信濃毎日新聞社編　信濃毎日新聞社　1974　315p　18cm

児玉　謙次　こだま・けんじ
1871〜1954　銀行家。貴族院議員。横浜正金銀行入行、頭取となる。輸出組合中央会会長、日本貿易振興会会長などを歴任。

◇中国回想録　児玉謙次著　日本週報社　1952　215p　図版　19cm

児玉　源太郎　こだま・げんたろう
1852〜1906　陸軍軍人。第4次伊藤内閣の陸相、第1次桂内閣の内相・文相などを歴任。日露戦争時には満州軍総参謀長。

◇史論児玉源太郎―明治日本を背負った男　中村謙司著　潮書房光人社　（光人社NF文庫）　2017.1　238p　16cm　〈光人社2009年刊の再刊　文献あり　年譜あり〉　①978-4-7698-2987-4

◇児玉源太郎関係文書　尚友倶楽部児玉源太郎関係文書編集委員会編　同成社　2015.1　475p　22cm　〈年譜あり〉　①978-4-88621-690-8

◇児玉源太郎―明治陸軍のリーダーシップ　大澤博明著　山川出版社　（日本史リブレット人）　2014.9　95p　21cm　〈文献あり　年譜あり〉　①978-4-634-54889-3

◇偉人伝/児玉源太郎―現代人が今一番目指すべき姿　前篇　木立順一著　メディアポート　2014.4　249p　22cm　①978-4-86558-011-2

◇児玉源太郎―そこから旅順港は見えるか　小林道彦著　ミネルヴァ書房　（ミネルヴァ日本評伝選）　2012.2　340,5p　20cm　〈文献・年譜・索引あり〉　①978-4-623-06283-6
　＊児玉源太郎（一八五二〜一九〇六）陸軍大将・台湾総督。佐賀の乱、西南戦争での熊本城篭城、日露戦争における旅順要塞攻防戦…。大日本帝国の興隆とともに、数多の戦場を駆け抜けた児玉源太郎。「天才的戦術家」などの既存のイメージを超え、立憲主義的軍人としての真の姿を実証的に描き出す。

◇思ひ出の日露戦争　イアン・ハミルトン著，前澤哲也解題　雄山閣　（日露戦争戦記文学シリーズ）　2011.11　349p　19cm　①978-4-639-02171-1
　＊観戦武官ハミルトン英国中将の日露戦争「回想録」は戦闘の冷静な分析とともに、大山巌・児玉源太郎・黒木為楨など将軍たちの素顔が記された貴重な記録である。

◇児玉将軍十三回忌寄稿録　吉武源五郎編　マツノ書店　2010.12　1冊　22cm　〈「児玉園将軍」（柘植新報社1918年刊）と「児玉園将軍逸事」（1914ん円刊）の合本復刻版　年譜あり〉

◇名将の条件 日露戦争七人の陸将　柘植久慶著　学研パブリッシング　2010.12　258p　19cm　①978-4-05-404771-6
　＊勝算なき戦いを明晰な判断と洞察で勝利へ導いた七人の傑物。

◇『坂の上の雲』まるわかり人物烈伝 工作員篇　明治「時代と人物」研究会編著

徳間書店　（徳間文庫）　2010.10　333p
15cm　①978-4-19-893245-9
＊児玉源太郎が陰で操っていた、数々の
スパイたち。国家のため、私財を投げ
打って情報収集に命をかけた、市井の
スパイたち。日露戦争勝利の裏側で、
決死の工作員たちが愛国の涙を流して
いた。明石元二郎、杉山茂丸、中村天
風、大谷光瑞―。これまであまり語ら
れてこなかった諜報活動の数々を、貴
重な資料から掘り起こす！『坂の上の
雲』をもっと楽しみたい人に最適の、裏
ガイドブック。

◇日本陸軍将官総覧　太平洋戦争研究会編
著　PHP研究所　2010.5　426p　19cm
①978-4-569-77552-4
＊大日本帝国の興亡を演出した陸軍の将
帥たち。栄光と挫折のプロフィール！
コンパクトで便利な使える一冊。

◇軍談　秋山真之の日露戦争回顧録　新人物
往来社編　新人物往来　（新人物文庫）
2010.2　271p　15cm
①978-4-404-03809-8
＊日露戦争で日本の勝利を決定づけた日
本海海戦に連合艦隊の作戦参謀として
活躍した秋山真之。名文家としても知
られた秋山だが、海軍部内の雑誌寄稿
文を集めた『軍談』以外、一般向きの著
作はない。「戦機は…これを謀るは人に
あり、これをなすは天にあり」―"奇跡
的"な大勝利となった黄海海戦と日本海
海戦を回想しつつ、その戦闘経過と勝
因を簡潔、的確に総括している。ほか
に昭和十年（一九三五）の日露戦争三十
周年企画の大座談会「参戦二十提督日
露大海戦を語る」「参戦二十将星日露大
戦を語る」から、陸海の戦闘に従事した
当時の参謀・将校の貴重な証言を採録。

◇史論児玉源太郎―明治日本を背負った男
新装版　中村謙司著　光人社　2009.12
213p　19cm　〈文献・年譜あり〉
①978-4-7698-1454-2
＊鮮やかな作戦指揮で日露戦争を勝利に導
きながら、その翌年、志なかばで病に斃
れた知将・児玉源太郎。しかし彼の真
価は、軍事的戦術のみに発揮されたの
ではなかった！　グローバルな視野と傑

出したリーダーシップを備えた戦略家・
政治家として、その後の日本の運命を変
えたかもしれない男の再評価を試みる。

◇近代未満の軍人たち―兵頭二十八軍学塾
兵頭二十八著　光人社　2009.11　217p
19cm　①978-4-7698-1450-4
＊奇襲開戦計画主義の顛末。近代国家の
軍隊はどうあるべきだったのか。また
その軍人たちは、いつ、どのようにして
「自律」を失ったのか。23人の軍人に見
る日本の興亡。日本近代軍事史の底流
を見据えながら、短く濃密に、娯楽的に
して探学究的な側面も併せ持つ軍人伝。
当事者の重要証言や公式ペーパーが発
掘される可能性がほとんどない問題に
も敢えて斬り込んだ冷厳、大胆な視座
からの歴史読物。現代人が近代日本人
の「国防の倫理」を知り自問するための
テキスト。

◇謀将児玉源太郎―ある名補佐役の生涯
生出寿著　光人社　（光人社NF文庫）
2009.11　397p　16cm　〈『知将児玉源太
郎』（昭和61年刊）の改題　文献あり〉
①978-4-7698-2625-5
＊絶妙の作戦指導によって二〇三高地を
奪取させた清冽なる戦術家の手腕。『坂
の上の雲』を彩った神算鬼謀、偉大な軍
師の生涯。

◇歴代陸軍大将全覧　明治篇　半藤一利，横
山恵一，秦郁彦，原剛著　中央公論新社
（中公新書ラクレ）　2009.1　273,25p　18
×11cm　①978-4-12-150303-9
＊陸軍大将全員の人物像と事績を4人の歴
史家が洩らさず紹介した、リーダブル
な陸軍史の決定版。本書は西郷・山県・
児玉・乃木など、明治期の大将31人を
扱い、その実像を伝える。

◇周南風土記　小川宣著　文芸社　2006.8
252p　19cm　①4-286-01631-5
＊周防国の南部を意味する周南。この地
に陶氏、杉氏、徳山毛利氏らの盛衰があ
り、日露戦争の英雄・児玉源太郎は育っ
た。そして英語教育の先駆者・浅田栄次
は海を越えて旅立っていった。徳山地方
ゆかりの人物たちの事跡を後世に繋ぐ。

◇史論児玉源太郎―明治日本を背負った男

児玉源太郎　　　　　　　　　　Ｉ　政治・経済

中村謙司著　光人社　2006.8　213p
20cm　〈年譜あり〉　①4-7698-1314-7
＊鮮やかな作戦指揮で日露戦争を勝利に
導きながら、その翌年（1906年）、志な
かばで急逝した知将・児玉源太郎。し
かし彼の真価は、軍事的戦術のみに発
揮されたのではなかった！グローバル
な視野と傑出したリーダーシップを備
えた戦略家・政治家として、その後の日
本の運命を変えたかもしれない男の再
評価を試みる。

◇児玉陸軍大将　博文館編　マツノ書店
2005.7　1冊　26cm　〈「写真画報 臨時増
刊第1巻第13編」（博文館明治39年刊）の復
刻版　肖像・年譜あり〉

◇児玉源太郎　長田昇著　「児玉源太郎」出
版記念委員会　2003.11　419p　22cm
〈付属資料：1枚　肖像あり〉

◇日本人の生き方―児玉源太郎と歴史に学
ぶ「生き残る道は必ずある！」　濤川栄太
著　文芸社　2000.5　293p　20cm　〈文
献あり　肖像あり〉　①4-8355-0332-5
＊ベストセラー『今、親は子に何を語るべ
きか』『戦後教科書から消された人々』
の著者が全身全霊をかたむけて書き下
ろした、21世紀の日本人の生きるべき
道。多くの人々が日本人としてのアイ
デンティティを見失っている現代に
あって、今、この国は、そして私たちは
どう生きればいいのか―。「蒼天・忠
恕」の人・児玉源太郎を中心に、日本の
歴史と精神を築いてきた人物たちにス
ポットを当て、その戦略的生き方から
私たちが今学ぶべきものを問う、司馬
遼太郎が描ききれなかった世界。

◇児玉源太郎―神謀と奇略の大軍師　中村晃
著　PHP研究所　（PHP文庫）　1999.10
313p　15cm　〈『大軍師児玉源太郎』（叢文
社1993年刊）の加筆、再編集、改題　文献
あり　年表あり〉　①4-569-57322-3
＊新興国家・明治日本が、存亡を賭けて
戦った「日露戦争」。国力において、あ
らゆる面で優るロシアとの戦いは、"敗
れて当然、勝つのは奇跡"とまで言わ
れ、日本にとってはまさに、乾坤一擲の
大勝負であった。その陸戦における参
謀本部の頭脳として、"奇跡実現の演出"

を行なった男、児玉源太郎の天啓とも
言うべき智謀の生涯を鮮烈に描き上げ
る、長編歴史小説。

◇明治に名参謀ありて―近代国家「日本」を
建国した6人　三好徹著　小学館　（小学
館文庫　「時代・歴史」傑作シリーズ）
1999.1　350p　15cm　①4-09-403511-7
＊平成不況と言われるなか、再び注目を
浴びているのが二・二六事件で暗殺さ
れた蔵相高橋是清。財界の守護神と呼
ばれ、昭和恐慌ではモラトリアムを実
施し日本の危機を救った。しかしその
高橋だが、米国留学時代には奴隷とし
て売られたり、芸妓のヒモとなってい
たりと決してエリートとは呼べない人
生を歩んできたのだった。このほか、
三井財閥の創始者、益田孝や日露戦争
の作戦立案者、児玉源太郎など明治に
活躍した六人の男たちのエピソードを
作家の三好徹が力強く描く。明治人は
いかに困難を乗り切ったのだろうか。

◇天辺の椅子―日露戦争と児玉源太郎　古
川薫著　文芸春秋　（文春文庫）　1996.5
469p　19cm　①4-16-735711-9
＊ドイツの戦術家メッケルから"日本最高
の戦術家"と称された児玉源太郎。日露
戦争の激戦地203高地攻略では立役者と
なったが、彼の地位はつねに"ナンバー
2"にとどまった。宰相の座を目前にし
ながら、"天辺の椅子"に坐ることなく、
急死した、気骨ある明治の軍人の生涯
を描いた長篇歴史小説。

◇知将児玉源太郎―ある名補佐役の生涯
生出寿著　光人社　1996.5　254p　20cm
〈新装版〉　①4-7698-0317-6

◇児玉源太郎　宿利重一著　マツノ書店
1993.7　802,6p　22cm　〈訂正3版（国際
日本協会昭和18年刊）の複製　限定版〉

◇大軍師児玉源太郎　中村晃著　叢文社
1993.7　257p　19cm　①4-7947-0208-6
＊敗れて当然。勝てたら奇蹟。敗れたら
日本は植民地の運命。地上最強のロシ
ア陸軍と対決した貧乏日本の陸軍は
「命知らずの将兵の勇」と「神謀奇略の
児玉源太郎」に賭ける。生きた空もな
い明治政府。ロシア軍司令官を手玉に

248　伝記ガイダンス　明治を生きた人々

取る源太郎─。神謀は「神の心」に宿
り、奇略は「異端の心」に宿る。

◇謀将児玉源太郎　生出寿著　徳間書店
（徳間文庫）　1992.12　414p　16cm
〈『知将児玉源太郎』（光人社1986年刊）の
改題　参考引用文献：p408〉
Ⓘ4-19-577389-X

◇天辺の椅子　古川薫著　毎日新聞社
1992.11　377p　19cm　Ⓘ4-620-10464-7
＊宰相という天辺の椅子を目前に、歴史
から消えていった、明治の俊才児玉源
太郎その、起伏に富んだ生涯を、直木賞
作家の眼で鋭く描いた長篇小説。

◇児玉大将伝　杉山茂丸著　中央公論社
（中公文庫）　1989.8　428p　15cm
Ⓘ4-12-201639-8
＊義兄の暗殺、神風連の変、西南の役、台
湾総督時代など、日露戦争を勝利に導
き、海軍の東郷と並び称された満州軍
総参謀長の55年の生涯を、政界の黒幕
といわれた親友が思いこめて記す。

◇知将児玉源太郎─ある名補佐役の生涯
生出寿著　光人社　1986.7　254p　19cm
Ⓘ4-7698-0317-6
＊ベストセラー『知将秋山真之』姉妹篇。
国家の安危に心塊を傾けつくし、つい
に日本を救った熱血、清冽なる男のロ
マンを描く感動の書き下ろし。つねに
知恵と体力と気力を集中して絶妙の作
戦指導を見せ、世界的戦略戦術家メッ
ケル将軍をして「コダマいる限り日本
陸軍は勝つ」といわしめた神算鬼謀の
人─偉大なる軍師の生涯！

◇児玉源太郎にみる大胆な人の使い方・仕
え方─動かされながら人を動かす知恵
加登川幸太郎著　日新報道　1985.6
219p　19cm

◇名将児玉源太郎　加登川幸太郎著　日本
工業新聞社　（大手町ブックス）　1982.11
xxiii,310p　19cm　〈巻末：児玉源太郎年
譜　参照文献　肖像：児玉源太郎　図版
（肖像を含む）〉　Ⓘ4-8191-0544-2

▌篭手田 安定　こてだ・やすさだ
1840～1899　官吏。男爵、貴族院議員。

殖産興業を奨励し、教育事業に尽力。新
潟・島根・滋賀県知事などを歴任。

◇史料県令籠手田安定　鉅鹿敏子編　鉅鹿
敏子　1985.6　2冊　26cm　〈制作：中央
公論事業出版（東京）　発売：丸ノ内出版
（東京）　籠手田安定の肖像あり〉

◇県令籠手田安定　鉅鹿敏子著　鉅鹿敏子
中央公論事業出版（製作）　1976　384p　肖
像　23cm　〈籠手田安定年譜：p.373-380〉

▌後藤 純平　ごとう・じゅんぺい
1850～1877　代言人。

◇草莽の志士後藤純平─大分県の幕末維新
騒乱　清原芳治著　大分合同新聞社
2006.3　207p　20cm

▌後藤 象二郎　ごとう・しょうじろう
1838～1897　高知藩士，政治家。蘭学、
英学を修め藩政の中心となる。維新後、
新政府の参与、参議などを歴任。自由党
を結成。

◇幕末明治人物誌　橋川文三著　中央公論
新社　（中公文庫）　2017.9　308p　16cm
Ⓘ978-4-12-206457-7

◇大政奉還を「象」った男後藤象二郎─平成
29年度幕末維新博関連企画展　高知県立
歴史民俗資料館編　高知県立歴史民俗資
料館　2017.7　93p　30cm　〈会期・会
場：平成29年7月15日─9月18日　高知県立
歴史民俗資料館　年譜あり〉

◇後藤象二郎と岩崎弥太郎─幕末維新を駆
け抜けた土佐の両雄　志岐隆重著　長崎
文献社　2016.11　194p　19cm
Ⓘ978-4-88851-269-5

◇跡を濁さず─一家老列伝　中村彰彦著　文
藝春秋　2011.8　277p　19cm
Ⓘ978-4-16-380730-0
＊所領没収の際に城の明けわたし方の見
事さを賞された福島丹波など、六人の
家老たちの主君への仕え方を描く傑作
歴史評伝。

◇幕末土佐の12人　武光誠著　PHP研究所
（PHP文庫）　2009.12　265p　15cm
Ⓘ978-4-569-67359-2

後藤新平 　　　　　　　　　　　　　　　　　Ⅰ　政治・経済

＊土佐を抜きにして、維新回天を語ることはできない！　大政奉還を建白した山内容堂と後藤象二郎をはじめとする重臣たち。討幕運動の中核となる薩長同盟を仲介した坂本竜馬。さらには、土佐の尊王攘夷運動で先駆けとなった武市半平太や、開明的な思想で藩政を指揮した吉田東洋など、動乱の時代に身を置き、自らの志に向かって疾駆した12人を取り上げ、土佐の視点で幕末を描いた一冊。文庫書き下ろし。

◇幕末維新　陰の参謀　童門冬二著　東京書籍　2000.12　246p　19cm
　①4-487-79643-1
　＊真の改革とは？　崩壊に向かう幕府を中央・地方で必死に支えようとした二人の男と明治を演出した二人の男。彼らを動かした命題は何か。幕末に活躍した四人の人物から激動期の生き方を探る。

◇伯爵後藤象二郎―伝記・後藤象二郎　大町桂月著　大空社　（伝記叢書）　1995.6　793,16,5p　22cm　〈富山房大正3年刊の複製　☆柳原書店　付：後藤伯年譜〉
　①4-87236-470-8

◇後藤象二郎と近代日本　大橋昭夫著　三一書房　1993.6　318p 19cm
　①4-380-93232-X
　＊坂本龍馬と協力して大政奉還を成功させ、盟友板垣退助とともに、自由党の結成に参画した土佐藩の生んだ傑物政治家、維新の元勲後藤象二郎の浮沈の激しい生涯を豊富な史料で迫った本格的な評伝。

◇長崎幕末浪人伝　深潟久著　西日本新聞社　1990.10　346p 19cm　①4-8167-0290-3
　＊坂本龍馬、後藤象二郎、高杉晋作、木戸孝允、西郷隆盛、大久保利通…ら土佐、長州、薩摩の浪人たちが土佐藩大目付・佐々木高行を中心に離合集散、新時代の誕生に生命を燃焼させた。彼らが長崎に残した熱い足跡を追う。幕末の長崎を彩った人と事件を余すところなく伝える力作。

▌後藤　新平　ごとう・しんぺい
1857～1929　政治家。貴族院議員。満鉄

の初代総裁。第2次・3次桂内閣逓信相、寺内内閣外相などを歴任。〔記念施設〕奥州市武家住宅資料館　後藤新平旧宅（岩手県奥州市），後藤新平記念館（岩手県奥州市），後藤・安田記念東京都市研究所市政専門図書館　後藤新平文書（東京都千代田区）

◇一に人二に人三に人―近代日本と「後藤新平山脈」100人　後藤新平研究会編　藤原書店　2015.7　285p　21cm　〈文献あり　年譜あり　索引あり〉
　①978-4-86578-036-9

◇後藤新平の発想力　補訂版　渡辺利夫，奥田進一編著　成文堂　（パースペクティヴズ）　2015.3　102p　22cm　〈文献あり〉　①978-4-7923-9247-5

◇後藤新平追想録　改訂版　奥州市立後藤新平記念館編　奥州市教育委員会　2015.2　137p　21cm　〈年譜あり〉

◇後藤新平日本の羅針盤となった男　山岡淳一郎著　草思社　（草思社文庫）　2014.12　492p　16cm　〈文献あり〉　①978-4-7942-2092-9

◇時代が求める後藤新平―1857-1929 自治/公共/世界認識　藤原書店編集部編　藤原書店　2014.6　430p　21cm
　①978-4-89434-977-3
　＊現代に生きるわれわれは、百年先を見通し、近代日本のあるべき道を指し示した後藤新平に何を思い、何を託すのか。100人を超える各界識者が描く多面的後藤新平像。『機』誌の大好評連載と『環』誌寄稿の単行本化。

◇日露異色の群像30―文化・相互理解に尽くした人々　長塚英雄責任編集　東洋書店　（ドラマチック・ロシアin JAPAN）　2014.4　503p　21cm
　①978-4-86459-171-3

◇北里柴三郎と後藤新平―世界の細菌学者と近代行政の先覚者との絆　野村節三著　東海新報社（印刷）　2014.3　343,17p　22cm　〈年譜・文献あり〉
　①978-4-905336-11-2

◇自治三訣の訓―後藤新平顕彰会創立一〇周年記念誌　後藤新平顕彰会編　〔後藤

250　伝記ガイダンス　明治を生きた人々

新平顕彰会〕 2014.2 164p 30cm
〈年譜あり〉

◇不屈の春雷―十河信二とその時代 上
牧久著 ウェッジ 2013.9 365p 20cm
〈年譜あり〉 ①978-4-86310-115-9
＊鉄道院初代総裁・後藤新平との出会い、
関東大震災の復興に携わるなか、贈収
賄の嫌疑をかけられる。無罪を勝ち
取ったが鉄道省を去り、満鉄の理事と
なって動乱の中国へ。一代の風雲児、
波乱の前半生―。「新幹線の父」十河信
二の生涯、青雲篇！

◇野枝さんをさがして―定本伊藤野枝全集
補遺・資料・解説 堀切利高編著 學藝
書林 2013.5 172p 19cm
①978-4-87517-094-5
＊全集刊行後に発掘した5編の著作・書簡
に加え、資料として、辻潤、西原和治の
文章ほか、大杉栄と堀保子の結婚を祝
う葉書、日蔭茶屋事件後の3人の女性に
よる「自由恋愛の犠牲者」、幻の雑誌
『あざみ』(堀保子編集)総目次を収録。

◇日本人、台湾を拓く。―許文龍氏と胸像の
物語 まどか出版編 まどか出版 2013.1
322p 19cm ①978-4-944235-63-6

◇後藤新平―大震災と帝都復興 越澤明著
筑摩書房 (ちくま新書) 2011.11
302p 18cm 〈文献あり〉
①978-4-480-06639-8
＊東日本大震災を機に、関東大震災後の
帝都復興に稀代のリーダーシップを発
揮した後藤新平が再び注目され始めた。
なぜ後藤のような卓越した政治家が出
現し、多彩な人材を総動員して迅速に
復旧・復興に対処できたのか。壮大で
先見性の高い帝都復興計画は縮小され
たにもかかわらず、なぜ区画整理を断
行できたのか。都市計画の第一人者が
「日本の都市計画の父」後藤新平の生涯
をたどり、その功績を明らかにすると
ともに、後藤の帝都復興への苦闘が現
代に投げかける問題を考える。

◇震災復興後藤新平の120日―都市は市民が
つくるもの 後藤新平研究会編著 藤原
書店 (後藤新平の全仕事) 2011.7
250p 21cm 〈索引あり〉

①978-4-89434-811-0
＊いま、なぜ「平成の後藤新平」が求めら
れているのか？ 大地震翌日、山本権兵
衛内閣の内務大臣を引き受けた後藤は、
その2日後「帝都復興の議」を立案する。
その構想は、政争の中で削減されてゆ
くが、基本構想は残った。わずか120日
という短期間で、現在の首都・東京や横
浜の原型をどうして作り上げることが
出きたか？ 豊富な史料を読み解き、「復
興」への道筋を跡づけた決定版ドキュ
メント。

◇世紀の復興計画―後藤新平かく語りき
後藤新平著 毎日ワンズ 2011.6 272p
19cm 〈文献あり〉 ①978-4-901622-55-4

◇赤い男爵 後藤新平 田中重光著 叢文社
2011.5 589p 19cm
①978-4-7947-0663-8
＊関東大震災から東京を復興させた決断
の男。明治という肇国の時代が生んだ
巨人。

◇紅陵に命燃ゆ 皿木喜久著 産経新聞出
版 2011.4 201p 19cm
①978-4-86306-083-8
＊拓殖大学は、明治の賢哲、桂太郎によっ
て設立された台湾協会学校が始まりで
ある。本書は、拓殖大学の創立110周年
に当たり、戦前戦後にわたり紅陵を巣
立って海外に雄飛した若者や、彼らを
教育した大学関係者らの壮大な人間ド
ラマを追求した。

◇戴國煇著作選 2 台湾史の探索 戴國煇
著, 春山明哲, 松永正義, 胎中千鶴, 丸川
哲史編 みやび出版 2011.4 503p
21cm ①978-4-903507-11-8
＊台湾・客家出身。1955年来日、以来41
年にわたり台湾近現代史、華僑史、近代
日中関係に多彩な研究・言論活動を続
けた後、李登輝政権下、民主化渦中の台
湾に帰国。日本とアジア諸民族の対等
な関係を築くため尽力した知日派・戴
國煇。その足跡を辿る第2集。

◇明治を支えた「賊軍」の男たち 星亮一著
講談社 (講談社プラスアルファ新書)
2010.12 186p 18cm
①978-4-06-272692-4

＊逆賊として差別される旧幕府陣営。幕末から明治へ、不屈の魂がつくりあげた近代日本。

◇君、國を捨つるなかれ—『坂の上の雲』の時代に学ぶ　渡辺利夫著　海竜社　2010.10　270p　19cm　①978-4-7593-1154-9
＊維新を経て、近代国家へと踏み出した明治期日本。私的にではなく公的に、利己的にではなく利他的に生きることの中にこそ人間の幸福がある。

◇海水浴と日本人　畔柳昭雄著　中央公論新社　2010.7　208p　20×14cm　①978-4-12-004135-8
＊多くの人にとって、家族、友人、恋人との思い出なつかしい夏の浜辺。しかし、この夏の風物詩の歴史は意外に浅い。西洋文明の移入に伴って奨励されて以来、戦前期までの海水浴の紆余曲折をたどる。

◇日本の鉄道をつくった人たち　小池滋,青木栄一,和久田康雄編　悠書館　2010.6　289p　19cm　①978-4-903487-37-3
＊「日本の鉄道の父」井上勝、「投機界の魔王」雨宮敬次郎、「地下鉄の父」早川徳次など12人の巨人たちの生涯を再現し、彼らがなぜ鉄道に心血を注ぎ、どのような哲学のもとに活動したかを描き出す。

◇下学上達の先人—後藤新平・齋藤實生誕一五〇年記念事業記録集　後藤新平・齋藤實生誕一五〇年記念事業実行委員会編〔後藤新平・齋藤實生誕一五〇年記念事業実行委員会〕　2010.3　132p　30cm〈年表あり〉

◇日本統計史群像　島村史郎著　日本統計協会　2009.12　214p　26cm　①978-4-8223-3609-7
＊統計を愛しその発展に献身した、近現代の政治指導者と学者、行政官達の人物像を明らかにする。

◇岩手三賢人の功績—嘉矩、稲造、新平と台湾近代化　国久よしお著　角川学芸出版　角川出版企画センター　2009.10　197p　20cm　〈年表・文献あり〉　①978-4-04-621677-9

◇男の晩節　小島英記著　日本経済新聞出版社　（日経ビジネス人文庫）　2009.9　365p　15cm　①978-4-532-19510-6
＊強く生き、爽やかに去る—明治維新以降の日本で、珠玉の人生を全うした男たち。松永安左エ門、土光敏夫、新渡戸稲造など、エネルギッシュに生き、日本を変えた英傑たちのドラマを凛々しい筆致で描く。

◇為政者の器—現代の日本に求められる政治家像　丹羽文生著　春日出版　2009.8　127p　19cm　①978-4-86321-193-3
＊時代の牽引役として、激動の歴史を生き抜いた魅力溢れる二〇人のリーダーから、現代の政治家そして国民が学ぶべきこと。

◇後藤新平と日露関係史—ロシア側新資料に基づく新見解　ワシーリー・モロジャコフ著，木村汎訳　藤原書店　2009.5　285p　20cm　〈文献・索引あり〉　①978-4-89434-684-0
＊"地政学的隣人"としてのロシア／ソ連と、日本はいかなる関係を築くべきか？　満鉄総裁として、またシベリア出兵、ヨッフェ招聘、漁業交渉、スターリン会談などを通じて、一貫してロシア／ソ連との関係を重視し、日英同盟のオルタナティブを模索し続けた後藤新平の、日露関係に果たした役割を初めて明かす、俊英による注目作。

◇人物で読む近代日本外交史—大久保利通から広田弘毅まで　佐道明広, 小宮一夫,服部竜二編　吉川弘文館　2009.1　316p　19cm　①978-4-642-07997-6
＊明治維新から昭和戦前期まで、日本外交を担った伊藤博文、陸奥宗光、幣原喜重郎ら十九名の外交官・政治家たち。彼らの個性に光を当て、条約改正、朝鮮問題、協調外交、日中戦争など、近代日本外交の栄光と苦悩を描く。

◇後藤新平—夢を追い求めた科学的政治家の生涯　八田晃夫著，磯貝正雄編著　文芸社　2008.3　293p　19cm　〈「後藤新平略史」の増訂〉　①978-4-286-04370-8
＊台湾統治の基礎を築き、その後も、満鉄総裁・通信大臣・東京市長など要職を歴

I 政治・経済 後藤新平

任し、手腕をふるった後藤新平─稀代の政治家をとおして人間の理想像を追求した人物評伝。本文理解の一助となるよう、巻末に詳細な「人名・地名・事件などの索引および解説」を掲載した画期的な内容。

◇経世家・後藤新平─その生涯と業績を語る　東京市政調査会　（「都市問題」公開講座ブックレット）　2007.11　118p　21cm　〈会期・会場：2007年9月1日　江戸東京博物館1階ホール　年譜あり〉　①978-4-924542-34-1

◇日本の近代をデザインした先駆者─生誕150周年記念後藤新平展図録　東京市政調査会編　東京市政調査会　2007.7　165p　25cm　〈英語併記　会期・会場：2007年7月24日─9月9日　東京都江戸東京博物館　肖像・年譜あり〉　①978-4-924542-32-7

◇正伝・後藤新平─決定版　別巻　後藤新平大全　御厨貴編　藤原書店　（後藤新平の全仕事）　2007.6　283p　22cm　〈年譜・著作目録・文献あり〉　①978-4-89434-575-1
＊複合的かつ複層的な"後藤新平の世界"を明らかにする攻略本。『正伝後藤新平』を読み進める上でのガイドラインであると同時に、『後藤新平・解体新書』の役割を果たし、"後藤新平的世界"の要素分解の機能を示す。

◇後藤新平の「仕事」　藤原書店編集部編　藤原書店　（後藤新平の全仕事）　2007.5　204p　21cm　〈年譜あり〉　①978-4-89434-572-0
＊公衆衛生、鉄道、郵便、放送、都市計画などの内政から、国境を越える発想に基づく外交政策まで「自治」と「公共」に裏付けられたその業績を明快に示す！　後藤を知るための必携書。

◇後藤新平 日本の羅針盤となった男　山岡淳一郎著　草思社　2007.3　383p　図版8p　20cm　〈肖像・文献あり〉　①978-4-7942-1568-0
＊時代を超えた壮大な構想力で近代国家としての針路を示したこれほどの傑人が、日本にいた。内務省官僚、台湾民政長官、満鉄総裁、東京市長を歴任し、壮

大な帝都復興計画を立案した不世出の政治家の軌跡に、近代から現代へと続く日本の可能性と限界とを読み取る。

◇男の晩節　小島英記著　日本経済新聞社　2006.7　332p　19cm　①4-532-16560-1
＊潔く会社を離れ、福祉に総てを捧げた「宅急便生みの親」。「葬儀も勲章も要らぬ」と言い遺した「電力の鬼」…。珠玉の人生を全うした、男20人のドラマがここにある。強く生き、爽やかに去る。

◇正伝・後藤新平─決定版　8　「政治の倫理化」時代　1923〜29年　鶴見祐輔著，一海知義校訂　藤原書店　（後藤新平の全仕事）　2006.7　689p　20cm　〈肖像あり〉　①4-89434-525-0

◇後藤新平─大風呂敷の巨人　高橋通泰著〔高橋通泰〕　2006.4　108p　21cm

◇正伝・後藤新平─決定版　7　東京市長時代　1919〜23年　鶴見祐輔著，一海知義校訂　藤原書店　（後藤新平の全仕事）　2006.3　765p　20cm　〈年譜あり〉　①4-89434-507-2

◇往復書簡後藤新平─徳富蘇峰─1895-1929　後藤新平，徳富蘇峰著，高野静子編著　藤原書店　（後藤新平の全仕事）　2005.12　209p　24cm　〈肖像・年譜あり〉　①4-89434-488-2
＊幕末から昭和を生きた、稀代の政治家とジャーナリズムの巨頭とが交わした七十余通の往復書簡。時には相手を批判し、時には弱みを見せ合う二巨人の親交を初めて明かし、二人を軸に広がる豊かな人脈から近代日本の語られざる一面に光を当てる。

◇正伝・後藤新平─決定版　6　寺内内閣時代　1916〜18年　鶴見祐輔著，一海知義校訂　藤原書店　（後藤新平の全仕事）　2005.11　613p　20cm　〈肖像・年譜あり〉　①4-89434-481-5
＊第一次大戦、ロシア革命…極東に暗雲迫る中、外相・後藤新平の外交政策とは。

◇正伝・後藤新平─決定版　5　第二次桂内閣時代　1908〜16年　鶴見祐輔著，一海知義校訂　藤原書店　（後藤新平の全仕事）　2005.7　885p　20cm　〈肖像・年譜

伝記ガイダンス 明治を生きた人々　**253**

あり〉　①4-89434-464-5

◇後藤新平伝—未来を見つめて生きた明治人
　星亮一著　平凡社　2005.6　376p　20cm
　〈年譜・文献あり〉　①4-582-83268-7

◇まちづくり人国記—パイオニアたちは未
　来にどう挑んだのか　「地域開発ニュー
　ス」編集部編　水曜社　（文化とまちづく
　り叢書）　2005.4　253p　21cm
　①4-88065-138-9
　＊歴史に見る、地域活性化のヒント—現代
　　日本の礎を築いた人々の軌跡。豊臣秀
　　次、玉川兄弟、河村瑞賢、長谷川（鬼平）
　　平蔵、伊能忠敬、堀田正睦、江川坦庵、
　　岩崎弥之助、大原孫三郎、後藤新平—自
　　らを活かし、人を活かして地域創成に成
　　功した34組の先達を歴史の中から掘り
　　起こし、今の世にこそ求められる地域
　　の“人間力”について問う。歴史ファン
　　からまちづくり関係者まで必読の一冊。

◇正伝・後藤新平—決定版　4　満鉄時代
　1906〜08年　鶴見祐輔著，一海知義校訂
　藤原書店　（後藤新平の全仕事）　2005.4
　665p　20cm　〈肖像・年譜あり〉
　①4-89434-445-9
　＊広軌鉄道、ホテル建築、都市計画、満鉄
　　調査部の設置…初代満鉄総裁が振るっ
　　た辣腕。

◇正伝・後藤新平—決定版　3　台湾時代
　1898〜1906年　鶴見祐輔著，一海知義校
　訂　藤原書店　（後藤新平の全仕事）
　2005.2　853p　20cm　〈肖像・年譜あり〉
　①4-89434-435-1

◇正伝・後藤新平—決定版　2　衛星局長時
　代　1892〜98年　鶴見祐輔著，一海知義
　校訂　藤原書店　（後藤新平の全仕事）
　2004.12　667p　20cm　〈肖像あり〉
　①4-89434-421-1

◇正伝・後藤新平—決定版　1　医者時代
　前史〜1893年　鶴見祐輔著，一海知義校
　訂　藤原書店　（後藤新平の全仕事）
　2004.11　699p　20cm　〈肖像あり〉
　①4-89434-420-3

◇時代の先覚者・後藤新平—1857-1929　御
　厨貴編　藤原書店　2004.10　301p
　21cm　〈肖像あり　年譜あり〉

①4-89434-407-6

◇大風呂敷—後藤新平の生涯　上　杉森久
　英著　毎日新聞社　1999.11　365p
　20cm　①4-620-51045-9
　＊高野長英の類縁の家に生れ青雲の志を
　　抱き貧書生として出発、35歳にして内
　　務省衛生局長。得意の絶頂にある時、
　　相馬事件にまきこまれ入獄—波乱の前
　　半生を描く。

◇大風呂敷—後藤新平の生涯　下　杉森久
　英著　毎日新聞社　1999.11　325p
　20cm　①4-620-51046-7
　＊台湾民政長官・満鉄総裁として巨大な
　　スケールの都市計画を推進。関東大震
　　災にそれを生かそうとしたが…「大風
　　呂敷」と呼ばれる男にとって、日本と日
　　本人は小さすぎたのか。

◇小説後藤新平—行革と都市政策の先駆者
　郷仙太郎著　学陽書房　（人物文庫）
　1999.8　320p　15cm　①4-313-75088-6
　＊これからの日本、こんな指導者がほし
　　い！東北の没落平民から身を起こし、
　　医師、行政マンを経て台湾・満鉄の経
　　営、東京市の大改革、関東大震災からの
　　復興—。大胆な先見性をもとに新しい
　　政策を次々に打ち立て、行革を断行し
　　た後藤新平。無私と実行力に貫かれた
　　生涯をいきいきと描く。

◇コレクション鶴見和子曼荼羅—わが生き
　相　7　華の巻　鶴見和子著，岡部伊都子
　解説　藤原書店　1998.11　522p　19cm
　①4-89434-114-X
　＊軽やかに飛翔する鶴見和子の思想世
　　界！「学問」の原動力としての「道楽」。

◇（小説）後藤新平　郷仙太郎著　学陽書房
　1997.7　289p　20cm　①4-313-85075-9
　＊東北の没落平民から身を起こし、医師、
　　行政マンを経て台湾・満鉄の経営、東京
　　市の大改革、関東大震災からの復興と、
　　大胆な先見性をもとに新しい政策を
　　次々に打ち立て、行革を断行した後藤
　　新平の無私と実行力に貫かれた生涯を
　　いきいきと描く。

◇後藤新平略史　八田晃夫著　〔八田晃夫〕
　1995　114p　21cm　〈後藤新平の肖像あ
　り〉

I　政治・経済　　　　　　　　　　　　　　　　　　　　　　　　　　　近衛篤麿

◇後藤新平—外交とヴィジョン　北岡伸一
　著　中央公論社　（中公新書）　1988.6
　252p 18cm　①4-12-100881-2
　＊後藤新平が、台湾総督府民政長官や満
　　鉄総裁として植民地経営に辣腕を振い、
　　鉄道院総裁として国鉄の発展の基礎を
　　築き、都市計画に雄大なヴィジョンを
　　示したことは今日なお評価されるが、
　　外交指導者としては、ほとんど忘れら
　　れている。しかし、当時にあっては矛
　　盾と飛躍に満ちた言動ながら後藤の人
　　気は高く、「唯一の国民外交家」とまで
　　評されるほどであった。本書は、外交
　　指導者の条件を問いつつ、後藤新平の
　　足跡を辿る評伝である。

◇一歩先を読む生きかた　堺屋太一ほか著
　三笠書房　（知的生きかた文庫）　1987.9
　244p 15cm　①4-8379-0195-6
　＊周到さなくして“先見性”はありえない。
　　先見性豊かな10人の生きざまをさぐる。

◇大風呂敷　杉森久英著　毎日新聞社
　1970　391p　22cm

◇後藤新平　第4巻　国民指導者時代　鶴見
　祐輔著　勁草書房　1967　934,74,67p 図
　版　22cm

◇後藤新平　第3巻　国務大臣時代　鶴見祐
　輔著　勁草書房　1966　965p 図版
　22cm

◇権力の思想　後藤新平　前田康博著　筑
　摩書房　1965

◇後藤新平　第1巻　魯家時代　鶴見祐輔著
　勁草書房　1965　919p 図版　22cm

◇後藤新平　第2巻　植民行政家時代　鶴見
　祐輔著　勁草書房　1965　1060p 図版
　22cm

◇現代日本思想大系 26　筑摩書房　1964

◇人使い金使い名人伝　〔正〕続　中村竹二
　著　実業之日本社　1953　2冊　19cm

◇後藤新平伝　鶴見祐輔著　太平洋出版社
　1946　362p　B6

▌小西 六右衛門　こにし・ろくえもん
　1847～1921　実業家。写真材料商。桜社

を創立。小西写真専門学校を創立、小西
六写真工業の創立者。

◇関東大震災で飛躍した企業—今こそ学
　べ！ 成功の発想力　たみやじゅん著　上
　毛新聞社　2013.1　195p　18cm
　①978-4-86352-076-9
　＊大正12（1923）年9月1日。マグニチュー
　　ド7.9の大地震が関東を襲った。がれき
　　の中から、事業家たちはいかにして「商
　　売の種」を見いだしたのか。野間清治、
　　山崎種二、梁瀬長太郎—。震災をビジ
　　ネスチャンスに変え、企業を発展させ
　　た24人を紹介する。

▌近衛 篤麿　このえ・あつまろ
　1863～1904　政治家。貴族院議員、公爵。
　アジア主義の立場から東亜同文会を結成。
　対露強硬論、主戦論を推進。

◇近衛篤麿と清末要人—近衛篤麿宛来簡集
　成　衛藤瀋吉監修，李廷江編著　原書房
　（明治百年史叢書）　2004.3　525p　22cm
　〈複製を含む〉　①4-562-03737-7

◇近衛篤麿—その明治国家観とアジア観
　山本茂樹著　ミネルヴァ書房　（Minerva
　日本史ライブラリー）　2001.4　310,7p
　22cm　〈年譜あり〉　①4-623-03347-3
　＊徹底した資料踏査により明らかにされる
　　政治思想の論理、対外観、教育・宗教観。

◇近衛篤麿公—伝記・近衛篤麿　工藤武重
　著　大空社　（伝記叢書）　1997.5　395,
　5p　22cm　〈大日社昭和13年刊の複製 ☆
　柳原書店〉　①4-7568-0469-1

◇東亜同文書院大学と愛知大学　第4集　愛
　知大学東亜同文書院大学記念センター編
　六甲出版　1996.11　94p　21cm
　①4-947600-77-2
　＊東亜同文書院は1901年に創立された。
　　日好友好提携の人材養成を目的とし、ア
　　ジアの国際都市上海に置かれた東亜同文
　　書院（のちに大学）は、学問の自由を尊
　　ぶ学風のもと、中国・アジア重視の国際
　　人を養成した。大陸に憧れ中国の人々
　　との友誼を願う学徒たちが、日本全国
　　からこの学園に集い学び、日中関係に
　　貢献する多くの人材が巣立っていった。
　　しかし、日中戦争という苦難の時代に

伝記ガイダンス 明治を生きた人々　　255

巻き込まれ、敗戦とともに、東亜同文書院は半世紀の歴史に幕を閉じた。「幻の名門校」と言われて久しく、愛知大学の生みの親でもあった東亜同文書院大学、その足跡を学徒出陣世代のOBが語る。

◇近衛篤麿日記　第5巻　近衛篤麿日記刊行会編　鹿島研究所出版会　1969　309, 100p　22cm　〈限定版〉

◇近衛篤麿日記　別巻　近衛篤麿日記刊行会編　鹿島研究所出版会　1969　706p　22cm　〈近衛篤麿日記付属文書を収録したもの　限定版〉

◇近衛篤麿日記　第1巻　近衛篤麿著, 近衛篤麿日記刊行会編　鹿島研究所出版会　1968　353p　図版　22cm

◇近衛篤麿日記　第2巻　近衛篤麿著, 近衛篤麿日記刊行会編　鹿島研究所出版会　1968　537p　22cm

◇近衛篤麿日記　第3巻　近衛篤麿著, 近衛篤麿日記刊行会編　鹿島研究所出版会　1968　424p　22cm

◇近衛篤麿日記　第4巻　近衛篤麿著, 近衛篤麿日記刊行会編　鹿島研究所出版会　1968　358p　22cm

◇近衛霞山公50年祭記念論集―アジア・過去と現在　近衛霞山をめぐる日中交渉史料　波多野太郎著　霞山倶楽部　1955

◇私の欽仰する近代人　山田孝雄著　宝文館　1954　173p　19cm

▌ ゴーハム, W.R.
Gorham, William R.
1888〜1949　アメリカの工業技師。1901年来日。

◇ダットサンの忘れえぬ七人―設立と発展に関わった男たち　下風憲治著, 片山豊監修　アイサイト　2010.3　247p　19cm　①978-4-89522-545-8

◇工作機械産業の職場史 1889・1945―「職人わざ」に挑んだ技術者たち　新装版　山下充著　早稲田大学出版部　2004.5　251p　21cm　①4-657-04409-5
＊職場の日常的な相互関係に注目し、豊

かなインタビュー取材によって戦前期日本の生産現場の実態を鮮やかに描きだす。第25回労働関係図書優秀賞受賞、第16回日本産業技術史学会学会賞受賞。

◇工作機械産業の職場史1889・1945―「職人わざ」に挑んだ技術者たち　山下充著　早稲田大学出版部　2002.2　251p　21cm　①4-657-02003-X
＊新しいエンジニア像を提示する。職場の日常的な相互関係に注目し豊富なインタビュー取材によって戦前期日本の生産現場の実態を鮮やかに描きだす。

◇日本人になったアメリカ人技師―ウィリアム・ゴーハム伝　桂木洋二著　グランプリ出版　1993.2　176p　21cm　①4-87687-131-0

◇ウィリアム・R.ゴーハム伝　ウィリアム・アール・ゴーハム氏記念事業委員会編　日立精機　1982.8　360p　18cm　〈ウィリアム・アール・ゴーハム氏記念事業委員会昭和26年刊の複製　ウィリアム・R.ゴーハムの肖像あり　年譜：p351〜360〉

▌ 小林 一三　こばやし・いちぞう
1873〜1957　小林逸翁（こばやしいつおう）とも。実業家, 政治家。東宝社長, 戦災復興院総裁。住宅地・レジャー・娯楽施設・百貨店を兼営。多角的鉄道経営のパイオニア。〔記念施設〕逸翁美術館（大阪府池田市）, 小林一三記念館（大阪府池田市）, 池田文庫（大阪府池田市）

◇小林一三―天才実業家と言われた男　小堺昭三著　ロングセラーズ　（〔ロング新書〕）　2017.11　268p　18cm　〈「小林一三・価千金の言葉」（2015年刊）の改題改訂〉　①978-4-8454-5040-4

◇小林一三―都市型第三次産業の先駆的創造者　老川慶喜著　PHP研究所　（PHP経営叢書　日本の企業家）　2017.3　333p　20cm　〈年譜あり〉　①978-4-569-83425-2

◇逸翁自叙伝―阪急創業者・小林一三の回想　小林一三著　講談社　（講談社学術文庫）　2016.4　315p　15cm　〈図書出版社1990年刊の再刊〉　①978-4-06-292361-3

◇小林一三・価千金の言葉―天才実業家

I 政治・経済

小林一三

小堺昭三著　ロングセラーズ　2015.10
239p　19cm　〈1988年刊の再刊〉
①978-4-8454-2364-4

◇小林一三の贈り物―レール＆ステージ　阪
急文化財団　2015.9　59p　21cm　〈年譜
あり〉

◇青春と老春―人生を健康で豊かに生きる
ために　中谷彪，永瀬佳孝，桝井靖之，安
田実著，森ノ宮医療大学共通教育部門編
森ノ宮医療大学共通教育部門　2015.7
65p　26cm　〈文献あり　年譜あり　著作
目録あり〉

◇小林一三の知的冒険―宝塚歌劇を生み出し
た男　伊井春樹著　本阿弥書店　2015.6
241p　20cm　①978-4-7768-1180-0

○特集　美の人：小林一三の心　「淡交」
（淡交社）　68（12）通号850　2014.12

◇DREAMER―阪急・宝塚を創り、日本に
夢の花を咲かせた男　宮徹著　WAVE出
版　2014.7　378p　20cm　〈「小林一三夢
なき経済に明日はない」（1995年刊）の改
題、加筆、再編集　文献あり〉
①978-4-87290-703-2

◇小林一三―時代の十歩先が見えた男　北
康利著　PHP研究所　2014.6　269p
19cm　①978-4-569-81889-4
　＊宝塚歌劇団をつくり上げた男の人生を
通じて知る、夢を現実にできる、人間の
無限の可能性。無から有を生み出した
稀代の事業家の生涯。

◇カリスマ社長の大失敗　國貞文隆著　メ
ディアファクトリー　（メディアファクト
リー新書）　2013.6　216p　18cm
①978-4-8401-5174-0
　＊人より劣っている、環境に恵まれない、
運が悪い。実は、そんな人ほど成功者
になれると本書は説いている。不足な
ところを乗り越えようとし、楽観的に
自分を信じ、繰り返す「失敗」を糧に挑
戦することが大切なのだ。阪急グルー
プ創始者から現代のカリスマ社長たち
まで誰もが知る経営者30人の人間臭い
失敗と復活からビジネスの知恵と働く
ことへの勇気をもらえる一冊。

◇シリーズ日本の近代　企業家たちの挑戦

宮本又郎著　中央公論新社　（中公文庫）
2013.1　503p　15cm
①978-4-12-205753-1
　＊三井、三菱、住友など財閥が勃興し、古
河市兵衛や大倉喜八郎ら政商が活躍し
た明治を経て、大正昭和の大衆化の時
代に消費者本位のビジネスを展開した
小林一三、松下幸之助、本田宗一郎ま
で、大変動の時代をビジネス・チャンス
と捉え時代を先どりした経営者たち。
彼らの手腕と発想はどう培われたのか。

◇30代の「飛躍力」―成功者たちは逆境でど
う行動したか　竹内一正著　PHP研究所
（PHPビジネス新書）　2012.11　226p
18cm　①978-4-569-80059-2
　＊各界の成功者たちの30代にスポットラ
イトを当ててみると、面白いことがわ
かる。スティーブ・ジョブズが自分の
会社をクビになり、本田宗一郎は「人間
休業宣言」をして休養。盛田昭夫は会
社の反対を押し切って大口受注を断り、
松下幸之助は恐慌のなか大リストラを
迫られた。これらの苦難はみな、彼ら
が30代のときのエピソードだ。立ちは
だかる壁を前に、あの成功者はどう行
動したのか？　生きた「逆境の乗り越え
方」を学べる一冊。

◇鬼才縦横―小林一三の生涯　上　小島直
記著　日本経済新聞出版社　（日経ビジネ
ス人文庫）　2012.11　393p　15cm
①978-4-532-19659-2
　＊文学者志望で遊び好きの青年小林一三
は、縁あって入った三井銀行で、早々に
「ダメ行員」の烙印を押されてしまう。
34歳で思い切って退職し、大阪で証券
会社の支配人となるはずだったが…。
阪急東宝グループの創設者、挫折と雌
伏の前半生。

◇鬼才縦横―小林一三の生涯　下　小島直
記著　日本経済新聞出版社　（日経ビジネ
ス人文庫）　2012.11　402p　15cm
①978-4-532-19660-8
　＊阪急電鉄の前身、箕面有馬電軌の創設
で再起を果たした小林一三は、独創的
なアイデアで宝塚少女歌劇団、阪急百
貨店、東宝映画と次々に事業を展開す
る一方、東京電燈を再建し商工大臣に

伝記ガイダンス　明治を生きた人々　**257**

も就任したが…。希代の経営者、挑戦と雄飛の後半生。

◇日本を創った男たち―はじめにまず"志"ありき　北康利著　致知出版社　2012.3　267p　19cm　①978-4-88474-956-9
＊"論語と算盤"―渋沢栄一、"九転び十起き"―浅野総一郎、"好況よし、不況なおよし"―松下幸之助。志高き創業者の生きざまに学ぶ。

◇企業家に学ぶ日本経営史―テーマとケースでとらえよう　宇田川勝，生島淳編　有斐閣　（有斐閣ブックス）　2011.12　348p　21cm　①978-4-641-18400-8
＊主要なテーマを解説したうえで、代表的な企業家を取り上げ、具体的なケースと豊富な資料にもとづいて解説。経営史の醍醐味を実感しながら学べる新しいテキスト。

◇大失敗にも大不況にも負けなかった社長たちの物語　柴崎伴之著　彩図社　2011.9　221p　19cm　①978-4-88392-810-1
＊古今東西を見渡せば、大失敗にも大不況にも負けず、むしろそれをバネにして成長した経営者たちがいる。彼ら・彼女らは絶体絶命のピンチに追い込まれたからこそ、がむしゃらに努力し、新しい価値観を世に送り出すことに成功している。本書では、そんな社長たちについて、生い立ちから、どのような青春時代を過ごし、成功者としての階段を上っていったのかを記した。彼らの生き様を知れば、大きな失敗をしてどん底に陥っても、人生はどんなふうにでも切り拓けることを実感することができるだろう。明日の日本の復興に向けて、10人のエネルギーあふれる経営者列伝をたっぷりと味わっていただきたい。

◇創業者列伝―一流企業に受け継がれる珠玉の経営手腕!!　歴史群像編集部編　学研パブリッシング　2011.6　319p　19cm　①978-4-05-404966-6
＊人生で何事かを成し遂げた者には人を惹きつけてやまない魅力がある。明治・大正期の財閥から戦後の急成長企業まで、大企業の礎を築き上げた男達が、どんな苦難に陥り、どのようにそれを乗

り越えたかを描く。

◇日本の鉄道をつくった人たち　小池滋，青木栄一，和久田康雄編　悠書館　2010.6　289p　19cm　①978-4-903487-37-3
＊「日本の鉄道の父」井上勝、「投機界の魔王」雨宮敬次郎、「地下鉄の父」早川徳次など12人の巨人たちの生涯を再現し、彼らがなぜ鉄道に心血を注ぎ、どのような哲学のもとに活動したかを描き出す。

◇日本百貨店業成立史―企業家の革新と経営組織の確立　末田智樹著　ミネルヴァ書房　（MINERVA現代経営学叢書）　2010.4　534,9p　21cm　①978-4-623-05632-3
＊明治後期から昭和戦前期の百貨店業の成立過程を明らかにする、日本における百貨店の源流―勃興していった日本百貨店業の全体像を把握。徹底した百貨店業研究の網羅的文献一覧付き。

◇茶の湯文化と小林一三　逸翁美術館編，岡田彰子監修　逸翁美術館　2009.9　147p　30cm　〈会期：平成21年10月4日（日）～11月29日（日）　年譜あり〉①978-4-7842-1485-3
＊逸翁美術館の新装オープンを記念して開催された特別展「茶人 逸翁―茶の湯文化と小林一三」の展覧会図録。小林一三（逸翁）の世界を「茶道との出会い」「逸翁の茶懐石」「逸翁と茶友」「逸翁の茶道観」「逸翁の愛した茶道具」の5つのテーマにそってオールカラーで紹介する。

◇日本の経営者　日本経済新聞社編　日本経済新聞出版社　（日経文庫）　2009.8　214p　18cm　①978-4-532-11208-0
＊明治・大正・昭和の日本を創った経営者14人の行動力、アイデア、経営倫理と成功の秘訣。豊かな発想のもと、新たな事業戦略を練り上げ、ライバルと切磋琢磨してきた彼らの姿から、現代や未来の企業家への示唆、教訓を浮き彫りにした。単なる事業意欲やお金への執着心だけではなく、高い倫理観や公共精神こそ企業家の原動力になっていたことを明らかにしている。

◇起業家の本質―ピンチをチャンスに変える5つの能力！　堀紘一，松下幸之助，盛田昭夫，村田昭治，稲盛和夫ほか著　プレ

ジデント社 （プレジデント・クラシックス） 2009.2 259p 19cm ①978-4-8334-1902-4
＊松下幸之助の「先見力」、本田宗一郎の「技術開発力」、盛田昭夫の「ブランド構築力」、小林一三の「顧客創造力」、稲盛和夫の「ビジョン実現力」―事業を成功させる必須の能力を解説。

◇日本「創業者」列伝　別冊宝島編集部編　宝島社　（宝島SUGOI文庫）　2008.8　188p　15cm　①978-4-7966-6530-8
＊近代日本の幕開けとともに、新しい国づくりに力を貸した男たちがいた。三菱の岩崎弥太郎、日本に資本主義経済を根付かせた渋沢栄一などがその代表である。太平洋戦争の後には、二輪オートバイの本田宗一郎、総合家電の松下幸之助などが世界に翔び立った。そして現代、多くの熱き男たちが出番を待っている。そんな今日の日本経済を支える大企業の創業者たちの成功までのストーリー。

◇小林一三―発想力で勝負するプロの教え　永久保存版　小林一三研究室編　アスペクト　（ビジネスの巨人シリーズ）　2008.2　127p　21cm　〈著作目録・年譜あり〉　①978-4-7572-1445-3
＊「アイデア」と「粘り強さ」を武器に、逆転の発想で時代を切り拓いた、天才起業家の生涯と実践を知る入門書。

◇経営に大義あり―日本を創った企業家たち　日本経済新聞社編　日本経済新聞社　2006.5　247p　19cm　①4-532-35209-6
＊類い希なる事業力と人間的魅力をもつ「経営の巨人」たちの素顔に、当代きっての作家・歴史家・研究者たちが迫る、こだわりの人物伝。

◇教養として知っておきたい「昭和」の名経営者―ビジネスの糧になる知恵、才覚、器量　松崎隆司著　三笠書房　（知的生きかた文庫）　2005.12　362p　15cm　①4-8379-7528-3
＊松下幸之助、本田宗一郎、井深大…昭和の時代を振り返ってみると、そこには「経営の神様」「発明の天才」とまで謳われた経営者が、綺羅星のごとく連なっていることに驚かされる。彼らの実績は

単なる "歴史" ではない。その際立った「知恵」「才覚」「器量」を知ることは、現代のビジネスマンの「教養」となるばかりか、「生きた糧」ともなるはずだ。

◇逸翁自叙伝―青春そして阪急を語る　小林一三著　阪急電鉄　2000.8　319p　20cm　〈年譜あり　1979年刊の改訂、再発刊〉　①4-89485-032-X

○特集・小林一三―「顧客を知る経営者」の原型を見よ　「プレジデント」　（プレジデント社）　38（3）　2000.3

◇宝塚歌劇の変容と日本近代　渡辺裕著　新書館　1999.11　198p　21cm　①4-403-12009-1
＊ここで描き出される初期の宝塚の様子は、今日のそれとは非常に違っている。本書が明らかにしようとするのは、この変化がどのようなプロセスをたどって、どのような力学の中で展開してきたか、ということである。

◇小林一三知恵は真剣勝負が生む―不滅の商才に今、学ぶべきこと　永川幸樹著　ベストセラーズ　1999.9　247p　20cm　〈文献あり　年譜あり〉　①4-584-18513-1
＊溢れ出るビジネスヒント、涸れることなきアイディア、事業成功の秘訣が見えてきた！

◇オリジナリティを訪ねて　2　輝いた日本人たち　富士通編　富士通経営研修所　1999.6　238p　19cm　①4-89459-045-X
＊ご存じですか？　こんな人　今よみがえる、夢創りの先駆者たち！　夢、熱中、挑戦、信念、反骨、挫折、流転、出会い、運命…。珠玉の20編で綴る「日本人のオリジナリティ」。

◇劇場が演じた劇　大笹吉雄著　教育出版　（江戸東京ライブラリー）　1999.2　175p　19cm　①4-316-35780-8
＊劇場が演劇に影響を与え、演劇人たちの思いや葛藤・交流が劇場を変えてきたという、劇場をめぐって展開された数々の劇を物語風に描く。

◇小林一三―逸翁自叙伝　小林一三著　日本図書センター　（人間の記録）　1997.6　280p　20cm　①4-8205-4266-4

◇福沢諭吉の着眼塾小林一三の行動塾—いまビジネスの現場に一番必要な武器だ　永川幸樹著　青春出版社　(プレイブックス)　1996.12　220p　18cm　Ⓘ4-413-01679-3
＊不況脱出まであと一歩のいま、日本企業には何が必要なのか—。そのカギは、実業の神様・福沢諭吉の商才と、その遺志を継いだ関西商人の祖・小林一三の実行力にあった。偉大なるビジネスの達人が秘めていた「ヒューマン・サービスの極意」を、ここに初めて明かす。

◇小林一三夢なき経済に明日はない—阪急・東宝グループ創始者　宮徹著　Wave出版　1995.9　345p　20cm　〈付：主要参考資料〉　Ⓘ4-900528-56-0
＊1940年、日本経済再編を巡って…岸信介と激突。官僚と闘い、生活者の視点を貫いたニュービジネスの神様、一三。独創の事業家、小林一三の生涯を描き切った労作。

◇日日これ夢—小説　小林一三　邦光史郎著　集英社　(集英社文庫)　1993.5　438p　15cm　Ⓘ4-08-748029-1
＊小林一三は特異な存在だった。経営者として彼ほどのアイディアマンは、まずそう多くはいるまい。彼の一生を貫いている旺盛な創造力、これまでにないものをつくり上げたいという創意工夫が、彼を普通の財界人とは一味も二味もちがう独創的経営者に仕立てあげた。そんな小林一三の肖像を模写しようと試みたのが本書である。阪急、宝塚、東宝…、大阪急王国を実現した小林一三の魅力の全てを鮮やかに描く。

◇ぜいたく列伝　戸板康二著　文芸春秋　1992.9　293p　19cm　Ⓘ4-16-346790-4
＊一流の人物、一級の人生、康二一等の人物論名品23。

◇私の行き方　小林一三著　大和出版　(創業者を読む)　1992.7　263p　19cm　Ⓘ4-8047-5024-X
＊徹底した自由・合理主義の精神から、権威・特権・因習に挑み、強大な「阪急王国」を築きあげた「比類なきアイデアマン」の経営論・人生論。

◇小林一三日記　阪急電鉄　1991.6　3冊　22cm　〈製作：文芸春秋(東京)著者の肖像あり〉

◇宝塚戦略—小林一三の生活文化論　津金沢聡広著　講談社　(講談社現代新書)　1991.4　221p　18cm　Ⓘ4-06-149050-8
＊朗らかに、清く正しく美しく…。歌劇を中心とする小林一三の企業戦略は、たんなる経営の視点をこえた文化運動でもあった。共存共栄の理念による「宝塚戦略」をいま一度ふり返り、現代に生かした力作。

◇わが小林一三—清く正しく美しく　阪田寛夫著　河出書房新社　(河出文庫)　1991.2　453p　15cm　Ⓘ4-309-40299-2
＊小林一三、明治6年山梨県生まれ。慶応義塾卒。阪急電鉄を創設し、宝塚歌劇団をおこし、梅田のターミナルビルでデパートを経営し、興行界に進出して東宝をつくるなど、多角的経営戦略を展開して阪急グループを築く。本書は、この独創性に富んだ魅力あふれる経営者の生涯を、厖大な資料の渉猟と綿密な取材の積み重ねによって能うかぎり詳細に描ききった評伝小説の傑作。毎日出版文化賞受賞。

◇逸翁自叙伝　小林一三著　図書出版社　1990.1　267p　19cm
＊阪急電鉄の経営に手腕を揮い、宝塚少女歌劇団を設立、大衆娯楽産業の草分けとして活躍した小林一三が、みずからの事業家としたの生涯を洒脱に語った自叙伝。

◇人物昭和史　利根川裕ほか著　筑摩書房　(ちくま文庫)　1989.1　488p　15cm　Ⓘ4-480-02290-2
＊無謬・無私なる虚構によって昭和史を動かし続けた"権力"、天才的な企画力で日本的経営の典型を築いた"巨人"、大衆の喜びと悲しみを生涯かけて演出した"重役作家"…。激動の半世紀を生きぬいて、今日の日本を育てあげた各界の代表的人物12人に、現在最前線で活躍中の作家・ジャーナリスト達が挑戦し、描いた意欲的な評伝群。「昭和時代」を総決算しつつ明日の日本を考える。

◇天才実業家小林一三・価千金の言葉　小

Ⅰ　政治・経済　　　小林一三

堺昭三著　ロングセラーズ　1988.12
244p　19cm　Ⓘ4-8454-1049-4

◇いまの人は商売を知らない──「阪急」の創
始者・小林一三の発想　三神良三著　経
済界　（RYU SELECTION）　1988.11
211p 19cm　Ⓘ4-7667-8058-2
＊ニュービジネス時代に見つめ直す、商
売の原点。溢れる発想、湧き上がる閃
きを次々に独創的事業へと結実させた
"商人中の商人"の全軌跡。

◇（小説）小林一三　上　咲村観著　講談社
（講談社文庫）　1988.10　317p　15cm
Ⓘ4-06-184311-7

◇（小説）小林一三　下　咲村観著　講談社
（講談社文庫）　1988.10　350p　15cm
〈参考文献：p319〉　Ⓘ4-06-184312-5

◇一歩先を読む生きかた　堺屋太一ほか著
三笠書房　（知的生きかた文庫）　1987.9
244p 15cm　Ⓘ4-8379-0195-6
＊周到さなくして"先見性"はありえない。
先見性豊かな10人の生きざまをさぐる。

◇小林一三の昭和演劇史　大原由紀夫著
演劇出版社　1987.2　231p　22cm　〈限
定版〉

◇日々これ夢──小説小林一三　邦光史郎著
淡交社　1986.7　317p　19cm
Ⓘ4-473-00964-5

◇鬼才縦横──小林一三の生涯　下巻　小島
直記著　PHP研究所　（PHP文庫）
1986.2　261p　15cm　〈解説：佐高信〉
Ⓘ4-569-26067-5

◇鬼才縦横──小林一三の生涯　中巻　小島
直記著　PHP研究所　（PHP文庫）
1986.1　264p　15cm　Ⓘ4-569-26063-2

◇鬼才縦横──小林一三の生涯　上巻　小島
直記著　PHP研究所　（PHP文庫）
1985.12　255p　15cm　Ⓘ4-569-26061-6

◇言論は日本を動かす　第10巻　風俗を変
革する　内田健三ほか編　丸谷才一編
講談社　1985.10　318p　20cm　〈解説
丸谷才一著. 森林太郎 加賀乙彦著. 美濃部
達吉 佐藤幸治著. 平塚らいてう 近藤富枝
著. 竹久夢二 高階秀爾著. 菊池寛 粕谷一
希著. 山本有三 安田武著. 小林一三 山崎

正和著. 清水幾太郎 袴田茂樹著. 花森安治
野原一夫著. 植草甚一 常盤新平著. 参考文
献：p310〜315〉　Ⓘ4-06-188950-8

◇小林一三経営語録　中内功編　ダイヤモン
ンド社　1984.7　212p　20cm　〈小林一
三の肖像あり　小林一三年譜・著作年表：
p205〜212〉

◇小林一三　上　明治のサラリーマン　咲村
観著　読売新聞社　1984.3　217p　20cm
〈書名は標題紙・奥付による　背の書名：小
説小林一三　上.明治のサラリーマン〉

◇鬼才縦横──評伝・小林一三　下巻　小島
直記著　PHP研究所　1983.12　249p
20cm　Ⓘ4-569-21121-6

◇わが小林一三──清く正しく美しく　阪田
寛夫著　河出書房新社　1983.10　397p
20cm

◇鬼才縦横──評伝・小林一三　中巻　小島
直記著　PHP研究所　1983.9　257p
20cm　Ⓘ4-569-21120-8

◇鬼才縦横──評伝・小林一三　上巻　小島
直記著　PHP研究所　1983.7　250p
20cm　Ⓘ4-569-21107-0

◇小林一三・独創の経営──常識を打ち破っ
た男の全研究　三神良三著　PHP研究所
（PHP business library）　1983.5　209p
18cm　〈小林一三の肖像あり　付：小林
一三年譜〉　Ⓘ4-569-21031-7

◇日本で最もユニークな経営者小林一三伝
邱永漢著　日本経済新聞社　（Q books）
1983.3　206p　19cm　Ⓘ4-532-09281-7

◇小林一三と松下幸之助──薄運の"事業家"
その経営哲学　片山又一郎著　評言社
1979.12　215p　19cm　〈二人の年譜・主
要参考文献：p210〜215〉

◇偉才小林一三の商法──その大衆志向のレ
ジャー経営手法　岩堀安三著　評言社
1972　335p　19cm

◇財界の鉱脈　小林一三と大屋晋三　邱永漢
著　南北社　1964　277p 図版　19cm

◇日本財界人物列伝　第1巻　青潮出版株式
会社編　青潮出版　1963　1171p 図版
26cm

伝記ガイダンス　明治を生きた人々　　261

小林重正

I 政治・経済

◇20世紀を動かした人々　第16　アイディアに生きる〔ほか〕　大宅壮一編　講談社　1962　402p 図版　19cm

◇小林一三翁の追想　小林一三翁の追想編纂委員会編　小林一三翁の追想編纂委員会　1961

◇小林一三　三宅晴輝著　日本書房　（現代伝記全集）　1959　330p 図版　20cm

◇小林一三翁に教えられるもの　清水雅著　梅田書房　1957　2版202p 図版　19cm

◇小林一三伝　三宅晴輝著　東洋書館　（日本財界人物伝全集）　1954　309p 図版　19cm

◇財界巨人伝　河野重吉著　ダイヤモンド社　1954　156p　19cm

◇逸翁自叙伝　小林一三著　産業経済新聞社　1953　254p 図版　19cm

◇続 財界回顧—故人今人　池田成彬著，柳沢健編　三笠書房　（三笠文庫）　1953　217p　16cm

◇逸翁らく書　小林一三著　梅田書房　1949

▌小林 重正　こばやし・しげまさ
1856〜1935　水力発電計画に尽力。
◇小林重正の業績（水力電気下呂温泉）と略歴　編者代表：小林健三　小林健三　1969　28p 肖像　22cm

▌小林 重吉　こばやし・じゅうきち
1825〜1902　漁業家。函館の町年寄。漁場を数カ所，昆布製造所などを有し，同地の貿易に尽力。函館地方の発展に貢献。
◇北の先覚　高倉新一郎著　北日本社　1947　276p　19cm

▌小林 富次郎〔1代〕
こばやし・とみじろう
1852〜1910　実業家。歯磨製造のパイオニア、ライオン歯磨創立者。
◇新潟が生んだ七人の思想家たち　小松隆二著　論創社　2016.8　346p　20cm

①978-4-8460-1546-6
◇日本財界人物列伝　第1巻　青潮出版株式会社編　青潮出版　1963　1171p 図版　26cm

▌小林 富次郎〔2代〕
こばやし・とみじろう
1872〜1958　実業家。ライオン歯磨社長。石鹸原料商の小林商店に入社。歯磨製造に着手。ライオン歯磨の基礎を築く。
◇日本財界人物列伝　第1巻　青潮出版株式会社編　青潮出版　1963　1171p 図版　26cm

◇二代 小林富次郎翁　小林富次郎著　ライオン歯磨　1959　303p 図版　22cm

▌小林 虎三郎
こばやし・とらさぶろう
1828〜1877　越後長岡藩士。長岡藩大参事。戊辰戦争で非戦論を唱える。長岡藩復興、教育振興に尽力。「米百俵」で知られる。〔記念施設〕伝統館米百俵（新潟県長岡市、阪之上小学校内）
◇学校で学びたい日本の偉人　貝塚茂樹，柳沼良太編　育鵬社　2014.12　286p　21cm　①978-4-594-07161-5
　＊偉人から学び、偉人の生き方を教えよう！ カリスマ教師たちによる白熱授業を実況中継！

◇名家老たちの危機の戦略戦術—戦い・内紛・財政破綻の秘策　加来耕三著　さくら舎　2014.8　286p　19cm　〈文献あり〉　①978-4-906732-84-5

◇米百俵の主人公小林虎三郎—日本近代化と佐久間象山門人の軌跡　坂本保富著　学文社　2011.10　420p　22cm　〈年表あり〉　①978-4-7620-2216-6
　＊美談「米百俵」と史実「米百俵」の狭間に潜む問題とは。恩師・象山から継承した教育立国の思想 - 国家の礎は人民の教育にあり - の実践躬行と、幕末維新期に展開された日本近代化の問題とは。虎三郎の全生涯と全業績に関わる膨大な史料を徹底して渉猟精査し、学究人・虎三郎の思想的全貌を初めて解

I　政治・経済　　　　　　　　　　　　　　　　　　　　　　　　　　　　　　小林虎三郎

明した迫真の歴史研究。四十年以上に
亘って「米百俵」の真実 - 「東洋道徳・
西洋芸術」の教育的思想世界 - を探究
してきた著者畢生の大作、遂に成る。

◇小林虎三郎　稲川明雄著　新潟日報事業社
（新潟県人物小伝）　2010.4　111p　21cm
〈年譜あり〉　①978-4-86132-360-7

◇米百俵　山本有三著　新潮社　（新潮文
庫）　2008.12　181p　15cm
①978-4-10-106011-8
＊戊辰戦争で焦土と化した城下町・長岡。
その窮状を見かねた支藩より見舞いの米
百俵が届けられた。だが、配分を心待ち
にする藩士が手にしたのは「米を売り
学校を立てる」との通達。いきり立つ
藩士を前に、大参事小林虎三郎は「百俵
の米も、食えばたちまちなくなるが、教
育にあてれば明日の一万、百万俵とな
る」と論す。「米百俵の精神」を広く知
らしめた傑作戯曲。著書の講演も収録。

◇竜虎会談―戊辰、長岡戦争の反省を語る
山崎宗弥著　山崎宗弥　2004.10　193p
19cm

◇国を興すは教育にあり―小林虎三郎と「米
百俵」　松本健一著　麗沢大学出版会
2002.10　245p　20cm　〈柏 広池学園事
業部（発売）　肖像あり〉
①4-89205-454-2
＊「米百俵」の小林虎三郎と師佐久間象
山、ライバル河井継之助との思想的ドラ
マを激動の幕末維新を背景に生き生き
と描く。『興学私議』の現代語訳、小金
井きみ子『戊辰のむかしがたり』収載。

◇小林虎三郎「米百俵」の思想　松本健一著
学習研究社　（学研M文庫）　2001.10
397p　15cm　〈『われに万古の心あり』（筑
摩書房1997年刊）の改題〉
①4-05-901089-8
＊戊辰戦争に敗れた長岡藩に、支藩・三根
山藩がその窮状を見かねて百俵の米を届
けた。軍事総督・河井継之助亡きあと文
武総督となった小林虎三郎は、その米を
金に換えて学校を建てることで、「敗戦
国」の復興を始めようとする。幕末に、
佐久間象山門下にあって、吉田松陰と
ともに「両虎」と謳われ、長岡藩では、

河井のライバルとして非戦論を主張。
維新後も教育による人材育成に専念し
た小林虎三郎の生涯を照らす力作評伝。

◇米百俵と小林虎三郎　童門冬二，稲川明
雄著　東洋経済新報社　2001.8　187p
20cm　〈年譜あり〉　①4-492-06128-2
＊小泉首相が賞揚した感動秘話の決定版。
初めての本格的評伝で、その真実に
迫る。

◇われに万古の心あり―幕末藩士小林虎三
郎　松本健一著　筑摩書房　（ちくま学芸
文庫）　1997.7　365p　15cm
①4-480-08355-3
＊戊辰の戦いに敗れた長岡藩に、その窮
状をみかねた支藩三根山藩から百俵の
米が届いた。河井継之助亡きあと文武
総督となった小林虎三郎は、その米を
金に換え国漢学校を建てることで、「敗
戦国」の復興を企てる。「みんなが食え
ないというから、おれは学校を立てよ
うと思うのだ。」幕末には、佐久間象山
門下で吉田松陰（寅次郎）とともに「両
虎」と謳われ、長岡藩にあっては河井継
之助のライバルとして戊辰戦争非戦論
を展開、維新後もその「遠望するまなざ
し」「万古の心」でナショナルなものを
思考し続けた小林虎三郎の生涯を、歴
史の闇のなかから救出する力作評伝。

◇米百俵―小林虎三郎の天命　島宏著　ダ
イヤモンド社　1993.11　205p 19cm
①4-478-94097-5
＊長岡藩士、小林虎三郎が提起した「米百
俵」問題は―。現代への問題提起。

◇われに万古の心あり―幕末藩士 小林虎三
郎　松本健一著　新潮社　1992.5　303p
19cm　①4-10-368404-6
＊吉田松陰とならぶ象山門下の「両虎」と
呼ばれ、河井継之助の最大のライバル
だった偉才の生涯を、今の時代に読み
解く。初の本格評伝。

◇英雄伝説が彩る夢の跡地　清水春一，横
浜雄幸，山上笙介，永岡慶之助，足利健
亮，鶴田文史，半藤一利　ぎょうせい
（ふるさと歴史舞台）　1991.10　231p
19cm　①4-324-02513-4
＊人気No.1は果たして誰か？　日本の歴史

伝記ガイダンス 明治を生きた人々　　**263**

と人物を47都道府県を題材に全国規模で展開する。

小林 信近　こばやし・のぶちか

1842～1918　政治家，実業家。第五十二国立銀行初代頭取，衆議院議員。士族授産業として製織・製靴を営む。伊予鉄道会社を設立。

◇熱き男たちの鉄道物語―関西の鉄道草創期にみる栄光と挫折　大阪府立大学観光産業戦略研究所，関西大学大阪都市遺産研究センター，大阪府，新なにわ塾叢書企画委員会編著　ブレーンセンター　（新なにわ塾叢書）　2012.4　460p　18cm　①978-4-8339-0704-0
＊かつて鉄道の草創期にあまた登場したパワフルで独創的な熱き男たち。逆境をものともせず夢叶えた者。また努力むなしく夢破れた者。時代を輝かせたそんな"つわものどもが夢の跡"を本書はひとつひとつ追いかけてゆきます。苦難の時代を生き抜く私たちに彼らは大切ななにかを語りかけています。

◇小林信近　北川淳一郎著　1958　197,14p　図版　19cm

小林 久敬　こばやし・ひさやす

1821～1892　福島県安積疏水功労者。猪苗代湖から用水を引くために測量。政府に建白書提出。

◇疏水と共に―安積疏水開拓秘史 小林久敬伝　武藤昌義著　虚次元社　1975　85p　20cm

コープランド，W.　Copeland, William

1832～1902　アメリカの醸造技師。1870？　年来日。横浜でビール（天沼ビアザケ）を製造。

◇横浜開港時代の人々　紀田順一郎著　神奈川新聞社　2009.4　270p　21cm　①978-4-87645-438-9
＊開港期の横浜で明るい炎をあげながら生き抜いた人々を、横浜に生まれ育った著者が、豊かな知識と資料の掘り起

こしによって、親しみをこめた筆致で描く傑物伝。

ゴーブル，J.　Goble, Jonathan

1827～1896　アメリカのバプテスト派宣教師。1860年来日。ペリー提督の随員。

◇ジョナサン・ゴーブル研究　川島第二郎著　新教出版社　（日本キリスト教史双書）　1988.7　368p　19cm　〈ゴーブル年表：p331～361〉　①4-400-21283-1

駒杵 勤治　こまぎね・きんじ

1877～1919　建築家。茨城県立図書館、土浦中学校本館など本格的洋風建築を手がけた。

◇佐世保近代化建築の源流を訪ねて―させぼ外史：駒杵勤治が開いた佐世保の建築文化　鶴田清人著　鶴田清人　2011.3　167p,図版16p　27cm　〈私家版　文献あり〉

小松 帯刀　こまつ・たてわき

1835～1870　鹿児島藩士。禁門の変の処理にあたり、薩長連合に調印した。のち、総務局顧問、外国官副知事。

◇覚えておきたい幕末・維新の100人＋1―勤王から佐幕までの人物伝　本間康司絵と文　清水書院　2017.7　149p　26cm　〈文献あり　索引あり〉　①978-4-389-50054-2

◇小松帯刀　高村直助著　吉川弘文館　（人物叢書 新装版）　2012.6　299p　19cm　〈文献・年譜あり〉　①978-4-642-05262-7
＊幕末の薩摩藩家老。「国父」島津久光の絶大な信頼のもと、海軍増強など強藩づくりを推進し、中央政局においては、大政奉還から王政復古を導き出した演出者であった。維新後も外交の矢面に立ったが、その余りに早い死は歴史的評価を著しく低くした。幕末維新史を大胆に見直しながら、東奔西走し大変革を成し遂げた奮闘の生涯を描く初の本格評伝。

◇龍馬を超えた男 小松帯刀　原口泉著　PHP研究所　（PHP文庫）　2010.9　259p　15cm　〈グラフ社2008年刊の加筆・修正　文献・年表あり〉　①978-4-569-67536-7
＊この男がいなければ、薩長同盟も大政

奉還も実現しなかった、といわれる人物がいた。薩摩藩家老・小松帯刀である。龍馬を支援する一方で、朝廷や将軍・慶喜からの信頼も厚かった名宰相。その知られざる生涯を、数々の逸話と史料で明らかにした話題作。「尊皇」「佐幕」という壁を超えた生き方は、現代人に何を訴えるのか。

◇維新の系譜―家に、国に、命を尽くした薩摩藩・三人の功臣たち　原口泉著　グラフ社　2008.12　231p　19cm　①978-4-7662-1199-3
＊幕末の大転換は、なぜ薩摩から始まったのか？　時を超え、幕末維新期に結実した薩摩藩家老・不屈不朽の哲学。

◇幻の宰相小松帯刀伝　改訂復刻版　瀬野冨吉著，原口泉監修　宮帯出版社　2008.10　430p　21cm　〈肖像・年譜あり〉　①978-4-86350-286-4

◇竜馬を超えた男小松帯刀　原口泉著　グラフ社　2008.4　254p　19cm　〈年譜・文献あり〉　①978-4-7662-1137-5
＊篤姫と同時代を生きた"幻の名宰相"。西郷隆盛、大久保利通、坂本竜馬、徳川慶喜。尊皇・佐幕の壁を超えて「小松なくば何もできぬ」と言わしめた幕末最大の英傑、小松帯刀の知られざる生涯。

◇東京行幸と小松帯刀　小松帯刀研究会　（小松帯刀研究会叢書）　2001.4　56p　26cm

◇薩摩藩最後の城代家老小松帯刀と堺事件　小松帯刀研究会　（小松帯刀研究会叢書）　1998.4　49p　26cm

◇明治新政府に残した小松帯刀の足跡・略年譜　小松帯刀研究会　（小松帯刀研究会叢書）　1997.11　18p　26cm

◇幻の宰相―小松帯刀伝　瀬野富吉編著　小松帯刀顕彰会　1985.10〜1986　2冊　21cm　〈監修：原口泉〉

◇鹿児島県史料集　22　小松帯刀日記　鹿児島県立図書館　1981.10　122p　26cm

┃ 小松 秀夫　こまつ・ひでお
1876〜1905　軍人。

◇軍事探偵小松秀夫　深浦宗寿著　深浦宗寿　1960

┃ 小松原 英太郎
こまつばら・えいたろう
1852〜1919　新聞人，政治家。文部大臣，枢密顧問官。「評論新聞」「山陽新報」などの記者。外務省に出仕、埼玉県知事、司法次官などを歴任。

◇新聞記者の誕生―日本のメディアをつくった人びと　山本武利著　新曜社　1990.12　357p　19cm　①4-7885-0382-4
＊新聞は都市のメディアである。新聞記者は都市の成立とともにどのように誕生したか。草創期の記者たちの若々しい理想は、権力・読者との力関係のなかでどのように変質・変貌したか。現代の「特性のない」記者像の源流を明治期にさぐり、豊富な資料と独自の視点で跡づける。

◇小松原英太郎君事略―伝記・小松原英太郎　小松原英太郎君伝記編纂実行委員会編　大空社　（伝記叢書）　1988.10　294, 5，5p　図版24枚　22cm　〈東京印刷大正13年刊の複製　折り込6枚　小笠原英太郎の肖像あり〉

┃ 小宮 保次郎　こみや・やすじろう
1838〜1900　自由民権運動家。

◇神奈川の自由民権―小宮保次郎日誌　小宮保次郎著，大畑哲編　勁草書房　1984.11　344p　22cm　〈著者の肖像あり〉

┃ 小村 寿太郎　こむら・じゅたろう
1855〜1911　外交官。外務大臣，公爵。日英同盟を締結し日露開戦外交・小村外交を展開。ポーツマス条約に調印。
〔記念施設〕国際交流センター小村記念館（宮崎県日南市），小村寿太郎生家（宮崎県日南市）

◇小村寿太郎―若き日の肖像　小村寿太郎侯伝記本編集委員会執筆・編集　小村寿

太郎侯奉賛会　2013.11　197p　21cm
〈発行所：鉱脈社〉　①978-4-86061-519-2

◇真実の近現代史—田原総一朗の仰天歴史
　塾　田原総一朗著，テレビ東京報道局編
　幻冬舎　2013.1　259p　18cm
　①978-4-344-02326-0
　＊領土問題の真実、政治経済の弱体化な
　　ど、すべての根源は戦前戦後の歴史観
　　の欠乏にあった！　なぜ日本人は本当の
　　ことを知らないのか。

◇韓国併合—小村寿太郎の外交信念　木村
　勝美著　イースト・プレス　（文庫ぎんが
　堂）　2012.12　362p　15cm　〈文献あり〉
　「人間小村寿太郎」（光人社　1995年刊）の改
　題）　①978-4-7816-7079-9
　＊領土問題の再燃によって注目を浴びる
　　日本の外交。かつて開国間もない近代
　　日本は欧米列強に対して物怖じしない
　　姿勢を貫いていた。外交官・小村寿太
　　郎は、日露講和条約、日米不平等条約の
　　解消など、数々の外交実績をもち、そし
　　て、いま直面する日韓問題の源流と
　　なった「韓国併合」を推し進めた当時の
　　外務大臣でもある。彼の半生を追いな
　　がら、外交とは、国防とは何か、そし
　　て、いかにして韓国併合の道へ至った
　　かを読み解く。歴史ノンフィクション。

◇小村寿太郎—近代日本外交の体現者　片
　山慶隆著　中央公論新社　（中公新書）
　2011.12　254p　18cm　〈文献・年譜あ
　り〉　①978-4-12-102141-0
　＊幕末に結んだ欧米列強との不平等条約
　　の改正を目指し、一九〇〇年代に日英
　　同盟、日露戦争、韓国併合を推進した外
　　相・小村寿太郎。日向国飫肥藩の下級
　　藩士に生まれた小村は、病弱で一五〇
　　センチに満たない身長、非藩閥出身と
　　恵まれない出自ながら、第一回文部省
　　留学生としてハーバード大学に留学。
　　抜群の語学力と高い交渉能力を身につ
　　け、日本を「一等国」に引き上げた。帝
　　国主義と国際協調の間を巧みに動いた
　　外政家の真実。

◇ドラマチック日露戦争—近代化の立役者13
　人の物語　河合敦著　ソフトバンククリエ
　イティブ　（ソフトバンク新書）　2010.10
　239p　18cm　①978-4-7973-5813-1

　＊日露戦争はそれまで世界史が経験した
　　ことのない未曾有の大戦であり、日本
　　という新興の小国が、老大国ロシアに
　　挑んだ極めて無茶な戦いでもあった。
　　にもかかわらず運命の日本海海戦で、
　　ロシアが誇るバルチック艦隊を全滅さ
　　せるという空前絶後の大勝利を収めた
　　日本。その撃滅作戦を編み出した秋山
　　真之を筆頭に、秋山好古、正岡子規、東
　　郷平八郎、与謝野晶子、高橋是清など、
　　日本の近代化に大きな貢献をした立役
　　者たち13人の波乱万丈な物語を追う。

◇小村寿太郎とその時代　新装版　岡崎久
　彦著　PHP研究所　2010.1　395p　18cm
　〈文献・年表あり〉　①978-4-569-77589-0
　＊世界の一等国を目指し、西欧列強に挑
　　んだ明治日本の気概。乃木希典、東郷
　　平八郎、秋山真之…。男たちが戦い抜
　　いた日本の興隆期を、日露戦争を乗り
　　切った愛国の外交官の生涯を通して描
　　き出す不朽の名作。

◇人物で読む近代日本外交史—大久保利通
　から広田弘毅まで　佐道明広，小宮一夫，
　服部竜二編　吉川弘文館　2009.1　316p
　19cm　①978-4-642-07997-6
　＊明治維新から昭和戦前期まで、日本外
　　交を担った伊藤博文、陸奥宗光、幣原喜
　　重郎ら十九名の外交官・政治家たち。
　　彼らの個性に光を当て、条約改正、朝鮮
　　問題、協調外交、日中戦争など、近代日
　　本外交の栄光と苦悩を描く。

◇骨肉　小村寿太郎侯奉賛会企画編集，小
　村捷治著　鉱脈社　2005.9　454p　22cm
　〈小村寿太郎侯生誕150年・ポーツマス講
　話条約締結100周年記念事業　肖像・年譜
　あり〉　①4-86061-151-9

◇明治の教訓　日本の気骨—明治維新人物学
　渡部昇一，岡崎久彦著　致知出版社
　（CHICHI SELECT）　2005.8　216p
　18cm　〈『国のつくり方』改題書〉
　①4-88474-721-6

◇小村寿太郎—近代随一の外交家その剛毅
　なる魂　岡田幹彦著　展転社　2005.2
　273p　19cm　〈年譜・文献あり〉
　①4-88656-257-4
　＊凄い外務大臣がいた。日露戦争前後7年

I 政治・経済　　　　　　　　　　　　　　　　　　　　　　　　　　　　　　小山健三

あまり外相として日本の政治外交を取り仕切り、近代日本を強国に躍進せしめた小村寿太郎。その軌跡をたどり、今日の日本外交を問う。

◇小村寿太郎とその時代　岡崎久彦著　PHP研究所　（PHP文庫）　2003.5　416,16p　15cm　〈文献あり　年表あり〉①4-569-57954-X
＊明治維新から日清・日露戦争を経て、世界の頂点に躍り出た日本。陸奥宗光に見出され、桂太郎内閣では外相として、その外交を一手に担った小村寿太郎は、英米の力を背景にロシアに対抗し、その後日本独自の大陸発展を目指したが…。本書は、興隆期日本の命運を背負った小村寿太郎の生涯とともに、日本近代化の歴史を描く力作評伝である。好評シリーズ「外交官とその時代」の文庫化第二弾。

◇小村寿太郎とその時代　岡崎久彦著　PHP研究所　1998.12　329p　20cm　〈文献あり　年表あり　索引あり〉①4-569-60362-9

◇宮崎の偉人　上　佐藤一一著　鉱脈社　1997.1　186p　21cm

◇人間小村寿太郎―国を愛し国家に尽くした外務大臣の生涯　木村勝美著　光人社　1995.10　291p　20cm　〈主要参考資料：p291〉①4-7698-0734-1

◇自然の人小村寿太郎―伝記・小村寿太郎　桝本卯平著　大空社　（伝記叢書）1995.6　739,6p　22cm　〈洛陽堂大正3年刊の複製　☆柳原書店〉①4-87236-471-6

◇外交六十年　芳沢謙吉著　中央公論社　（中公文庫）　1990.12　261p　15cm　①4-12-201767-X
＊日露国交の回復、宣統帝の庇護、犬養内閣外相、蘭印交渉、初代の中華民国大使等々…。明治・大正・昭和と、日本の近代から現代まで、六十余年にわたって激動の歴史に自ら深く関わってきた、一外交官が綴る、生きた日本外交史。また、小村寿太郎、張作霖、蒋介石など、政府要人の的確な人物評も興味深い。

◇小村寿太郎とポーツマス―ロシアに「外

交」で勝った男　金山宣夫著　PHP研究所　1984.12　295p　19cm　〈付：主要引用参考文献〉①4-569-21441-X

◇小村寿太郎　黒木勇吉著　講談社　1968　1067p　図版　22cm

◇頭山満と陸奥・小村　杉森久英著　毎日新聞社　1967　354p　20cm

◇小村外交史　2巻2冊　外務省著　原書房　1966

◇続　人物再発見　読売新聞社編　人物往来社　1965　237p　19cm

◇小村外交史　2巻2冊　外務省著　新聞月鑑社　1953

▌小室　信介　こむろ・しんすけ
1852～1885　政治家。外務省准奏任御用掛。「大阪日報」に入り、のち社長。近畿自由党、大阪立憲政党の創立に関わる。

◇案外堂小室信介の文学　和田繁二郎著　和泉書院　（和泉選書）　1985.6　168p　19cm　〈小室信介の肖像あり　小室信介年譜：p159～166〉①4-87088-155-1

▌子安　峻　こやす・たかし
1836～1898　実業家。活版印刷所・日就社を設立、「読売新聞」を創刊。貿易会社扶桑商会を設立。

◇読売新聞の創始者子安峻―建学の精神の原点を求めて　竹内繁著　日本生産性本部　1992.4　164p　19cm　〈子安峻の肖像あり　子安峻年表・参考文献：p151～160〉①4-8201-1495-6

▌小山　健三　こやま・けんぞう
1858～1923　官僚，実業家。三十四銀行頭取，貴族院議員。高商校長などを経て文部次官。大阪銀行集会所委員長を兼任。

◇財界人物我観　福沢桃介著　図書出版社　（経済人叢書）　1990.3　177p　19cm
＊自由奔放に生きた鬼才・福沢桃介が明治財界の巨頭たちを俎上に載せ毒舌をふるう。

◇日本財界人物列伝　第2巻　青潮出版株式

会社編　青潮出版　1964　1175p　図版13
枚　27cm

小山 松寿　こやま・しょうじゅ

1876〜1959　政治家。衆議院議長。名古
屋新聞社を設立、社長となる。立憲民政
党幹事長。

◇名古屋新聞・小山松寿関係資料集　第7巻
山田公平編　龍溪書舎　2015.11　761p
27cm　〈布装　年譜あり〉
①978-4-8447-3343-0

◇名古屋新聞・小山松寿関係資料集　第6巻
山田公平編　竜渓書舎　2006.7　743p　図
版8p　27cm　①4-8447-5509-9

◇名古屋新聞・小山松寿関係資料集　第3巻
山田公平編　竜渓書舎　1993.1　730p
26cm　①4-8447-3332-X

◇小山松寿伝　森芳博執筆，小山千鶴子編
小山竜三記念基金　1986.12　613p
25cm　〈小山松寿の肖像あり　限定版　小
山松寿略年譜：p551〜569　参考文献：
p610〜611〉

小山 六郎　こやま・ろくろう

1835〜1871　志士。但馬国の農家の生ま
れ。新政府を批判する上表文を著し自決
した。

◇小山六郎喜昌　小山敬一郎　東京　求竜堂
（制作）　1970　165p　図16枚　22cm
〈編者：木村丑郎〉

昆田 文治郎　こんだ・ぶんじろう

1862〜1927　実業家。古河鉱業取締役副
社長。古河家総事業の統帥に当たり、古
河家今日の地位を確保した。

◇昆田文次郎君の生涯―伝記・昆田文次郎
薄田貞敬編　大空社　（伝記叢書）
1997.9　1冊　21cm　①4-7568-0475-6

◇人使い金使い名人伝　〔正〕続　中村竹二
著　実業之日本社　1953　2冊　19cm

渾大防 益三郎　こんだいぼう・ますさぶろう

1842〜1914　実業家。

◇瀬戸内の経済人―人と企業の歴史に学ぶ
24話　赤井克己著　吉備人出版　2007.9
244p　21cm　①978-4-86069-178-3
＊本書は企業とともに歩み、その運命と
懸命に格闘した瀬戸内の経済人の歴史
であり、物語である。明治の黎明期か
ら平成の現代まで20人余のドラマ
ティックな人生にスポットを当てた。

近藤 勇　こんどう・いさみ

1834〜1868　新撰組局長。京都守護職
傘下。

◇幕末ヒーローズ!!―坂本龍馬・西郷隆
盛……日本の夜明けをささえた8人！
奥山景布子著，佐嶋真実絵　集英社　（集
英社みらい文庫　伝記シリーズ）　2015.7
235p　18cm　〈文献あり　年譜あり　年表
あり〉　①978-4-08-321273-4

◇大江戸剣豪列伝―切先越しにみるサムラ
イの260年　田澤拓也著　小学館　（小学
館新書）　2014.2　222p　18cm
①978-4-09-825199-5
＊江戸時代初期、諸国遍歴と武者修行に
励んだ宮本武蔵らの背景には、関ヶ原
の戦い後の浪人たちの就職事情があっ
た。江戸中期、武士が戦いを忘れて
いった時代だからこそ、庶民は赤穂浪
士の討ち入りに拍手喝采した。そして
幕末、その庶民が千葉周作の玄武館な
ど町道場に通い、近藤勇ら草莽の志士
たちが動乱の時代を駆け抜けた背景に
は、武士による政治と経済の破たんが
もたらした身分制の崩壊があった。江
戸時代260年間を彩る剣豪たちの太刀筋
から、武士像の変遷を解き明かす。

◇新選組を探る―幹部たちの隠された真実
を追う　あさくらゆう著　潮書房光人社
2014.1　341p　19cm
①978-4-7698-1560-0
＊芹澤鴨、近藤勇、斎藤一、そして幻の幹
部・新見錦と谷右京―あまりにも著名
であるが故にイメージが固定している
かに見える幹部たち。丹念に現存史料

I 政治・経済　　　　　　　　　　　　　　　　　　　　　　　　近藤勇

を読み込み、さらに全国各地で新史料
を発掘、従来の根拠不明の浮説を廃し、
新選組研究に新たな地平を拓くファン
必読の書！

◇新選組奮戦記　永倉新八著，菊地明注
PHPエディターズ・グループ　2013.11
221p　19cm　①978-4-569-81562-6
＊近藤勇・土方歳三らとの親交、池田屋事
件、鉄の掟など、永倉新八の実体験に裏
打ちされた臨場感あふれる新選組ス
トーリーがここにある。小樽新聞連載
「永倉新八」が新編集でよみがえる！ ま
るで歴史小説を読むような面白さと興
奮の連続！

◇浪士文久報国記事—新選組戦場日記　永
倉新八著　中経出版　（新人物文庫）
2013.9　494p　15cm
①978-4-8061-4882-1
＊『浪士文久報国記事』は、新選組二番組
頭として常に戦闘の第一戦で活躍した永
倉新八が、戊辰戦争の硝煙が消えやら
ぬ、明治八年頃に書き記した三冊の回顧
録である。後年、無数に輩出される新
選組本の基本文献となった第一級の史
料であることが認められながら、実物
は明治期に人手に渡り行方不明となり、
以後、幻の記録として語り継がれた。
浪士隊の結成、芹沢鴨の暗殺、池田屋事
件、甲陽鎮撫隊の敗戦から新選組の瓦解
までの実戦史を、写真原版から解読し
た原文、詳細な解説を付した読み下し
文、平易な現代語訳の三部構成で再現。

◇新選組始末記　子母澤寛著　中経出版
（新人物文庫）　2013.7　621p　15cm
①978-4-8061-4809-8
＊『新選組始末記』は、大正から昭和にか
けて、元隊士をはじめ壬生周辺の古老
や子孫に取材を重ねた子母澤寛が、収
集した史料や聞き書きをもとにし、全
身全霊をこめて最初に書き上げた歴史
ノン・フィクションである。新選組が
結成されて百五十年。新選組と隊士た
ちを研究するうえで必携の基本文献と
して読みつがれてきた古典が、初版本
の総ルビを再現し、小説のように読み
易くなってよみがえる。各タイトルご
とに最新研究をもとに史実に関する解

説を付し、巻末付録に西村兼文の『新撰
組始末記』を収録した決定版！

◇土方歳三と新選組10人の組長　菊地明,
伊東成郎, 結喜しはや著　新人物往来社
（新人物文庫）　2012.8　319p　15cm
①978-4-404-04227-9
＊最新研究から明らかになる歳三の生涯
と10人の組長列伝。

◇新選組を旅する　一個人編集部編　ベス
トセラーズ　2012.3　127p　21cm
①978-4-584-16628-4
＊結成から終焉までの軌跡、全国のゆか
りの地までを徹底紹介。動乱の幕末を
駆け抜けた「新選組」のすべてが1冊に。

◇いっきにわかる新選組　山村竜也著
PHPエディターズ・グループ　2011.5
219p　19cm　〈『早わかり新選組』再編
集・加筆修正・改題書〉
①978-4-569-79657-4
＊2時間で新選組通になれる！ NHK BS
時代劇「新選組血風録」の時代考証者が
新選組の真実を語る。

◇司馬遼太郎 歴史のなかの邂逅　6　村田蔵
六～西郷隆盛　司馬遼太郎著　中央公論
新社　（中公文庫）　2011.2　255p　15cm
①978-4-12-205438-7
＊日本史上最大のドラマともいうべき明
治維新で、「三傑」と称された大久保利
通、木戸孝允、西郷隆盛をはじめ、岩倉
具視、江藤新平など、立役者となった
人々の足跡—。第六巻には、この国の
将来像を描くためのヒントがちりばめ
られた二十一篇を収録。

◇幕末維新で散った若き志士たちの実像
四條たか子著　ベストセラーズ　（ワニ文
庫）　2010.4　237p　15cm
①978-4-584-39293-5
＊本書は、坂本龍馬、土方歳三、近藤勇、
高杉晋作をはじめ、新時代を創るため
に懸命に生きながら、若くしてその命
を落とした幕末の志士42人の躍動感に
溢れた「生き様」と「死に様」に迫った
本邦初の一冊。龍馬とともに散った土
佐の志士、内部粛清や戦いによって早
世した新撰組の志士、さらには倒幕派
や幕府に殉じた志士など、その立場は

伝記ガイダンス 明治を生きた人々　　269

近藤勇　　　　　　　　　　　　　　　Ⅰ　政治・経済

違えども、激動の時代を走り抜けた熱き男たちの鮮烈な「美学」とは？―。

◇NHK歴史秘話ヒストリア―江戸‐幕末ヒーロー伝　NHK制作班編　ワニブックス　2010.4　204p　19cm　①978-4-8470-1901-2
＊龍馬がビジネスの先に夢見た世界とは!?NHKの人気番組で解き明かされた時代の寵児たちの知られざる物語。

◇幕末維新人物新論―時代をよみとく16のまなざし　笹部昌利編　昭和堂　2009.12　321p　21cm　①978-4-8122-0958-5
＊想い、考える、竜馬たちの時代。

◇幕末“志士”列伝　別冊宝島編集部編　宝島社　（宝島SUGOI文庫）　2008.11　223p　15cm　①978-4-7966-6682-4
＊260年の長きにわたって鎖国と称して「引きこもって」いた日本。しかし、世界情勢はそれを許さず、日本国内からも「このままではいけない」と立ち上がる者たちが現れた。桂小五郎、高杉晋作，坂本竜馬、中岡慎太郎、西郷隆盛…。それに近藤勇、土方歳三、沖田総司。新しい時代を築こうとする者、旧きものを守ろうとする者。国の行く末を案じ、燃える様に散った志士たちの生き様をこの一冊に。

◇幕末剣豪秘伝　津本陽監修　ベストセラーズ　（ワニ文庫）　2008.8　255p　15cm　①978-4-584-39256-0
＊日本中が混乱した動乱の時代、幕末。ひたすらに剣技を磨き、一刀をもって時代を変えようとした男たち。江戸の三大道場とうたわれた玄武館の千葉周作、練兵館の斎藤弥九郎、士学館の桃井春蔵をはじめ、剣聖男谷精一郎、無刀流の山岡鉄舟、兜割りの榊原鍵吉、最後の剣客伊庭八郎、壬生狼近藤勇、天下の素浪人坂本竜馬、そして長竹刀の大石進など…。今なお語り継がれる伝説のサムライたちを一挙に紹介。剣に生きた人々の様々なエピソードや、剣豪として生き抜く術、諸流派の華麗な技の数々を豊富なイラストで解説する。

◇再現・新選組―見直される青春譜　新装版　鈴木亨著　三修社　2008.1　251p

19cm　①978-4-384-04143-9
＊この本では、幕末維新史のなかで一瞬ともいえる光芒を放って消滅した新選組の盛衰を丹念に辿ってみた。

◇新選組 二千二百四十五日　伊東成郎著　新潮社　（新潮文庫）　2007.6　396p　15cm　〈『新選組決定録』改題書〉　①978-4-10-131871-4
＊近藤勇、土方歳三、沖田総司。おのれの志を貫き通した最後の侍たち。新選組は争闘の巷と化した京都の治安を守るために結成され、分裂を越え、最強の武装集団となる。だが、時代の波は彼らを北へと追いつめてゆく―。気鋭の研究家が、埋もれていた史料から、有名無名の人々の肉声を聞きとり、その実像を活き活きと甦らせる。文庫版には特別対談も収録。

◇新選組残日録　伊東成郎著　新人物往来社　2007.6　269p　19cm　①978-4-404-03465-6
＊昭和2年4月30日、板橋の新選組近藤勇の墓参りをしたのち縊死した老人（85歳）がいた。

◇未完の「多摩共和国」―新選組と民権の郷　佐藤文明著　凱風社　2005.9　355p　19cm　①4-7736-3001-9
＊新選組を生んだ多摩とはどういう地だったのか。幕末維新期、多摩人は共和政体の実現を夢見たのでは？　自治・自由を求めた人びとがはなつ輝きをすくい上げた歴史ノンフィクション。

◇多摩・新選組紀聞　平野勝著　東京新聞出版局　2005.2　220p　19cm　①4-8083-0821-5
＊近藤勇、土方歳三、沖田総司の陰に隠れ、顧みられることの少ない井上源三郎こそ、新選組を支えた、最強の剣士だった。多摩の古老たちによって語り継がれた「新選組伝説」。

◇近藤勇―士道を貫く誠の魂　学習研究社　（歴史群像シリーズ　歴史群像フィギュアシリーズ）　2004.1　71p　22cm　〈付属資料：フィギュア1体　肖像あり　年譜あり〉　①4-05-603324-2

◇俳遊の人・土方歳三―句と詩歌が語る新

270　伝記ガイダンス　明治を生きた人々

I　政治・経済　　　　　　　　　　　　　　　　　　　　　　　近藤勇

選組　菅宗次著　PHP研究所　（PHP新書）　2004.1　235p　18cm　〈文献あり〉①4-569-63346-3

◇新選組裏話　万代修著　新人物往来社　1999.4　279p　19cm　①4-404-02801-6
　＊新発見史料でみる近藤勇・土方歳三・原田左之助・永倉新八らの知られざる足跡。

◇還らざる者たち―余滴の日本史　中村彰彦著　角川書店　1999.1　263p　19cm①4-04-883562-9
　＊時代の転換期に影を落としながらも、静かに表舞台から消えていった男と女。それぞれの人生に暖かい眼差しを注ぐ。…消え去りゆく者、志ある者たちへの哀惜の念に充ちた、達意の歴史エッセイ。

◇新撰組顛末記　新装版　永倉新八著　新人物往来社　1998.11　275p　19cm①4-404-02670-6
　＊新選組幹部13人のうち、唯一の生き残り永倉新八が死の直前に語り残した新選組体験談。

◇新選組追究録　万代修著　新人物往来社　1998.10　268p　19cm　①4-404-02656-0
　＊近藤勇、武田観柳斎、松原忠司、河合耆三郎、山崎烝、谷昌武の驚くべき新事実!!新発見史料。

◇新選組血風録　総司燃え尽きる　笹沢左保著　双葉社　（双葉ノベルズ）　1998.8　269p　18cm　①4-575-00635-1
　＊遠くへ来たものだ、と総司はつくづく思う。九歳から試衛館道場に内弟子として住みついた。そこで近藤勇を知って以来、肉親に対する以上の情を抱き、だからこそ京都まで来たのだ。だが新選組にいた五年近い歳月は、振り返りたくなるような青春時代ではなかった。それは血塗られた歴史と呼ぶに相応しい凄絶なものだった。

◇新選組剣客伝　山村竜也著　PHP研究所　1998.7　212p　19cm　①4-569-60176-6
　＊本書は、新選組の8人の剣客たちの群像を列伝形式で綴ったものである。

◇新選組誠史　釣洋一著　新人物往来社　1998.3　443p　19cm　①4-404-02570-X

　＊幻の書『新選組再掘記』を含む著者の新選組研究集大成。

◇新選組三部作　新選組遺聞　改版　子母沢寛著　中央公論社　（中公文庫）　1997.1　330p　15cm　①4-12-202782-9
　＊『新選組始末記』につづく三部作の第二作。永倉新八・八木為三郎・近藤勇五郎など、新選組ゆかりの古老たちの生々しい見聞や日記手記等で綴った、興趣尽きない、新選組逸聞集。

◇新選組血風録　改版　司馬遼太郎著　中央公論社　（中公文庫）　1996.4　635p　15cm　①4-12-202576-1
　＊悲恋に涙する沖田総司、隊士の心を妖しくときめかす前髪の美剣士、薩摩の間者富山弥兵衛、真贋の判じがたい虎徹に執する近藤勇…幕末の大動乱期、剣に生き剣に死んでいった新選組隊士一人一人の哀歓、生死のかたちを冴え冴えと浮彫りにする。

◇近藤勇・流山慕情　小松茂朗著　泰流社　1996.3　229p　20cm　①4-8121-0135-2

◇新選組日誌　上　菊地明，伊東成郎，山村竜也編　新人物往来社　1995.8　377p　21cm　①4-404-02232-8
　＊天保5年（1834）から慶応元年（1865）。失なわれた新選組日誌を、ぼう大な史料で復元。近藤勇、土方歳三、沖田総司らの日々の行動が明らかとなった。

◇のるかそるか　津本陽著　文芸春秋　（文春文庫）　1994.4　294p　15cm①4-16-731430-4
　＊信長、秀吉、家康ら、時流に乗った十八人の男たちの“ここ一番”を読む。いずれも時の流れに乗り、運を開いた男ばかり。現代にも通じる処世とその決断。

◇爆笑新選組　シブサワコウ編　光栄　（歴史人物笑史）　1993.7　169p　19cm①4-87719-019-8

◇近藤勇のすべて　新人物往来社編　新人物往来社　1993.4　285p　19cm①4-404-02010-4

◇英雄の時代　1　新選組　萩尾農，山村竜也編　教育書籍　1991.6　192p　22×17cm　①4-317-60057-9

伝記ガイダンス　明治を生きた人々　　**271**

近藤徳太郎　　　　　　　　　　Ⅰ　政治・経済

◇新選組余話　小島政孝著　小島資料館
　1990.12　172p 21cm　①4-906062-04-0

◇近藤勇　井上友一郎著　鱒書房　（歴史ノ
　ベルズ）　1990.9　407p 19cm
　①4-89598-006-5
　＊幕末、京都治安パトロール隊として名
　　をはせた新選組。近藤勇の孤独人とし
　　ての生涯を追求した香気みなぎる名編。

◇新選組事件帖　佐木隆三著　文芸春秋
　（文春文庫）　1990.7　382p 15cm
　①4-16-721512-8
　＊一介の "さむらい百姓" から新選組局長
　　として幕末動乱期の檜舞台を歩んだ近
　　藤勇を、犯罪小説の第一人者が丹念な
　　取材で初めて描いた長篇時代小説。

◇近藤勇と新選組─続幕末を駆け抜けた男
　たち　今川徳三著　教育書籍　1989.9
　293p 19cm　①4-317-60037-4
　＊新選組局長近藤勇の生涯に新たな光を
　　当てる画期的労作。

◇幕末維新の志士読本　奈良本辰也著　天
　山出版　（天山文庫）　1989.9　278p
　15cm　①4-8033-1804-2
　＊長州の快男児・高杉晋作、海の男、くも
　　らぬ男・坂本竜馬、無私の英傑・西郷隆
　　盛、また、高杉や久坂玄瑞、伊藤博文ら
　　を松下村塾から生み出した吉田松陰。
　　彼ら無私の志士たちの青春と感動的な
　　生きざまを通じて幕末維新の時代変革
　　のすべてを学べる歴史オリジナル文庫。

◇開国と攘夷　小学館　（幕末・維新の群
　像）　1989.1　286p 15cm
　①4-09-401007-6
　＊たび重なる外国船来航に開国か攘夷か
　　で揺れ動く幕末の日本。混迷をきわめ
　　る幕府の建て直しに登場し、想い半ば
　　で横死する大老井伊、尊王攘夷運動指
　　導者に大きな影響を与えた思想家松陰，
　　討幕に燃え、散った天誅組志士、尊攘派
　　志士の取締りに一命を賭した新選組局
　　長近藤など、それぞれの生きざまを騒
　　然とした幕末の世とともに描く。

◇秘録近藤勇と初代軍医総監松本良順　浅沼
　政直著　明るい社会をつくる板橋区民の会
　1988.9　53p　26cm　〈近藤勇百二十一周
　年記念出版 限定版　本誌の文献：p52〉

◇日本剣豪列伝　下　伊藤桂一ほか著　旺
　文社　（旺文社文庫）　1987.6　577p
　15cm　〈『日本の剣豪』改題書〉
　①4-01-061682-2
　＊剣聖とうたわれた男たち、剣鬼と恐れ
　　られた男たち─。さまざまなドラマが
　　秘められた剣客の生涯。本巻収録は、
　　柳生連也斎　辻無外　堀部安兵衛　松山主
　　水　平山行蔵　千葉周作　斎藤弥九郎　桃井
　　春蔵　白井亨　男谷精一郎　島田虎之助　山
　　岡鉄舟　榊原鍵吉　伊庭八郎　佐々木唯三
　　郎　大石進　近藤勇の17編。

○特集 徹底調査近藤勇　「歴史と旅」　11
　（10）　1984.8

◇新選組実戦史　鹿島淑男著　新人物往来
　社　1975　195p　20cm

◇人物日本の歴史　19　維新の群像　小学
　館　1974　273,3p　22cm　〈編集：日本
　アート・センター〉

◇近藤勇　今川徳三著　新人物往来社
　1973　237p　20cm

▌近藤 徳太郎　こんどう・とくたろう
　1856～1920　官吏。フランスに留学、織
　物研究の先駆けとなる。

◇近藤徳太郎─織物教育の先覚者　前沢輝
　政著　相馬省二　2005.11　500p 22cm
　〈中央公論事業出版（製作・発売）　肖像・
　年譜あり〉　①4-89514-255-8
　＊明治初期、フランス留学で得た近代織物
　　の学理と技術を日本に伝え、京都西陣、
　　足利工業学校など、産業・教育の育成に
　　尽力した近藤徳太郎─日本の近代工業・
　　教育において、決して忘れることのでき
　　ない業績を残した彼の、激動の時代と
　　共に歩んだ実り多き足跡を、本人の「日
　　記」など、豊富な一次史料を基に描く。

◇京都、リヨン、そして足利─近代絹織物と
　近藤徳太郎　日下部高明著　随想舎
　2001.5　145p　19cm　〈年譜あり　取扱
　い：地方・小出版流通センター〉
　①4-88748-057-1

▌近藤 廉平　こんどう・れんぺい
　1848～1921　実業家。日本郵船社長，貴

Ⅰ　政治・経済　　　　　　　　　　　　　　　　　　　　　　　コンドル

族院議員。三川商会（のち三菱商会）入社、横浜支店支配人など。パリ講和会議に海軍顧問として出席。

◇近藤廉平―社長の肖像―日本郵船創業130周年記念企画展　日本郵船歴史博物館　2015.10　203p　30cm　〈会期：平成27年10月24日―平成28年1月24日　編集・執筆：吉井大門　年譜あり〉

◇男爵近藤廉平伝　末広一雄著　ゆまに書房　（人物で読む日本経済史）　1998.12　350,245p　22cm　〈末広一雄大正15年刊の複製〉　①4-89714-605-4

◇日本財界人物列伝　第1巻　青潮出版株式会社編　青潮出版　1963　1171p　図版　26cm

┃　**コンドル, J.**　Conder, Josiah
1852～1920　イギリスの建築家。1877年来日。日本の近代建築の発展に多大の貢献をなした。作品に『旧帝室博物館』、『鹿鳴館』など。

◇日本と世界を結んだ偉人―ビジュアル伝記　明治編　河合敦監修　PHP研究所　2012.10　79p　26cm　〈文献・年表・索引あり〉　①978-4-569-78267-6
＊歴史上、日本と世界を結びつけ、かけ橋となった人物を写真やイラストを用いて紹介しています。

◇ジョサイア・コンドルの綱町三井倶楽部　石田繁之介著　南風舎　2012.8　193,8p,図版10p　22cm　〈相模書房（発売）　文献・年譜・索引あり〉　①978-4-7824-1209-1
＊明治政府がイギリスから招いた初めての本格的建築家、ジョサイア・コンドルが総力を結集して設計した最高傑作「綱町三井倶楽部」。そこにはコンドルの日本に対する深い愛情と隠された秘密があった。

◇物語ジョサイア・コンドル―丸の内赤レンガ街をつくった男　永野芳宣著　中央公論新社　2006.10　277p　20cm　①4-12-003775-4
＊モダンなオフィスタウンはいかにして出来たのか。明治日本に西洋建造物を。イギリスから来た建築家の苦悩と努力

の生涯を綴る。

◇綱町三井倶楽部―J.コンドルの建築をめぐって　石田繁之介著　中央公論美術出版　2001.6　219,9p　22cm　〈索引あり〉　①4-8055-0400-5

◇英国と日本―架橋の人びと　ヒュー・コータッツィ，ゴードン・ダニエルズ編著，横山俊夫解説，大山瑞代訳　思文閣出版　1998.11　503,68p　21cm　①4-7842-0977-8
＊1859年オールコックが開国まもない日本に着任、日英交渉のスタートはきられ、1891年ロンドンで開かれた国際東洋学者会議日本分科会の席上日本協会は誕生した。百年以上にわたる両国の関係は、二つの文化のはざまで生きた人々によって築かれてきた。本書は日本協会百年の歴史と23人のエピソードを通して、日英文化交流史の足跡を辿る。巻末に日本協会創立当初の会員名簿と戦前の紀要に掲載された論文の一覧を付した。

◇鹿鳴館を創った男―お雇い建築家ジョサイア・コンドルの生涯　畠山けんじ著　河出書房新社　1998.2　246p　20cm　〈文献あり〉　①4-309-22323-0
＊近代日本建築の父はなぜ忘れられたのか。夜明けの国にやってきた若き建築家は何を見て、何を残したのか。世界初のコンドル伝。

◇鹿鳴館の夢―建築家コンドルと絵師暁英　INAX　（INAX booklet）　1991.2　76p　21×21cm　〈監修：鈴木博之　藤森照信　ジョサイア・コンドルの肖像あり　付（図1枚）　年譜：p70～72　付：文献目録〉

◇開化異国助っ人奮戦記　荒俣宏著，安井仁撮影　小学館　1991.2　349p　19cm　①4-09-389311-X
＊「日本」はいったい何者か。近代日本は「外国」をどう受容し、どう排斥してきたのか。その「モザイク状の西洋化」にこそ、「異質の国」といわれる深層構造がある。博物学の第一人者が、文明開化期に〈辺境の島〉に渡ってきた28人のお雇い外国人を通して描く異色日本論。

伝記ガイダンス　明治を生きた人々　　**273**

【さ】

西園寺 公望　さいおんじ・きんもち
1849〜1940　政治家。公爵，内閣総理大臣。立憲政友会創立委員，枢密院議長などを歴任し，政友会総裁。パリ講和会議の首席全権。〔記念施設〕国立国会図書館憲政資料室　西園寺公望関係文書（橋本実梁旧蔵）（東京都千代田区），博物館明治村　西園寺公望別邸「坐漁荘」（愛知県犬山市），立命館大学図書館　西園寺文庫（京都府京都市北区），京都大学　清風荘（京都府京都市左京区），京都大学附属図書館　陶庵文庫（京都府京都市左京区）

◇パリの日本人　鹿島茂著　新潮社　（新潮選書）　2009.10　286p　19cm
①978-4-10-603650-7
＊明治の元勲・西園寺公望、江戸最後の粋人・成島柳北、平民宰相・原敬、誤解された画商・林忠正、宮様総理・東久邇宮稔彦、京都出身の実業家・稲畑勝太郎、山の手作家・獅子文六、妖婦・宮田（中平・武林）文子…。パリが最も輝いていた時代、訪れた日本人はなにを求め、どんな交流をしていたのか。幕末以降の留学生がフランスから「持ち帰ったもの」を探る。

◇元老西園寺公望―古希からの挑戦　伊藤之雄著　文藝春秋　（文春新書）　2007.12
358p　18cm　〈文献あり〉
①978-4-16-660609-2
＊若き日の昭和天皇に政治を指南して、首相を二度つとめ、日本の将来を真摯に憂えた巨人政治家。その一方で文学と食を愛し、三人の若い「妻」をもったエピキュリアンの人生。

◇宰相たちのデッサン―幻の伝記で読む日本のリーダー　御厨貴編　ゆまに書房
2007.6　280p　21cm
①978-4-8433-2381-6
＊幻の伝記を読み直すなかから生まれたまったく新しい戦前期の総理大臣評伝集。

◇歴代総理大臣伝記叢書　第7巻　西園寺公望　御厨貴監修　ゆまに書房　2005.7
240p　22cm　〈複製　肖像・年譜あり〉
①4-8433-1785-3

◇教科書が教えない歴史有名人の晩年　新人物往来社編　新人物往来社　2005.5
286p　19cm　①4-404-03250-1
＊あの人は、どのように〔老い〕を迎えたか？　意外に知らない日本史有名人の晩年と死に方とは…。

◇日本宰相列伝　上　三好徹著　学陽書房（人物文庫）　2005.1　487p　15cm
①4-313-75193-9
＊草莽の志士の中でとびぬけた幸運をつかんだ伊藤博文。薩摩派のボスのように見えながら孤立していた黒田清隆。佐賀出身の大隈重信が“葉隠れ精神”嫌いだった理由。藩閥政治退治を志した“平民宰相”原敬の意外な経歴。首相より蔵相として活躍した高橋是清の波乱万丈の人生…。明治・大正の宰相を通して、近代日本を検証する意欲作。

◇陶庵随筆　改版　西園寺公望著，国木田独歩編　中央公論新社　（中公文庫）
2004.4　130p　16cm　①4-12-204347-6

◇青年君主昭和天皇と元老西園寺　永井和著　京都大学学術出版会　2003.7　536p
22cm　〈肖像あり〉　①4-87698-614-2
＊政治的青年君主を元老はいかに補佐したか。摂政時代の久邇久訓戒から張作霖爆殺事件＝田中首相辞職まで、青年大権君主の「立憲政治」を演出した元老・宮中グループの行動を新資料を駆使して克明に描く。

◇西園寺公望―最後の元老　岩井忠熊著　岩波書店　（岩波新書）　2003.3　232p
18cm　〈年譜あり〉　①4-00-430829-1
＊フランス留学で培われた広い国際的視野と自由主義をもって、軍閥支配に抵抗しながら、明治から昭和まで長期にわたって権力の中枢にいた政治家の評伝。時代が一つの方向に流されていく時、それに歯止めをかけられるバランス感覚をもった稀有の政治家として、また和漢洋の学問や詩文に造詣が深い文化人としても興味ぶかい。

I 政治・経済　　　　　　　　　　　　　　　　　　　　　　　西園寺公望

◇西園寺公望と明治の文人たち　高橋正著
不二出版　2002.1　247,8p　20cm
①4-8350-3120-2
＊本書は、筆者が「雨声会の経緯と大町桂
月」と題して、同人誌『日本文学研究』
二一号（'83・12）、二二号（'84・12）、
二三号（'85・12）に連載したもの、およ
び「中江兆民と西園寺公望」と題して
『兆民研究』一五号（'00・2）、『日本文
学研究』三七号（'00・3）に分載したも
のを再編集したものである。

◇「西園寺公望と興津」展図録─特別企画
岩井忠熊監修，フェルケール博物館編
フェルケール博物館　2001　44p　30cm
〈年譜あり　会期：2001年2月24日─4月1
日　肖像あり〉

◇西園寺公望伝　別巻2　立命館大学西園寺
公望伝編纂委員会編　岩波書店　1997.10
394,4p　22cm　〈西園寺公望年譜：p331
〜355〉　①4-00-008796-7

◇西園寺公望伝　別巻1　立命館大学西園寺
公望伝編纂委員会編　岩波書店　1996.11
348,19p　22cm　①4-00-008795-9

◇西園寺公望伝　第4巻　立命館大学西園寺
公望伝編纂委員会編　岩波書店　1996.3
446p　22cm　〈西園寺公望の肖像あり〉
①4-00-008794-0

◇自由は人の天性なり─「東洋自由新聞」と
明治民権の士たち　吉野孝雄著　日本経
済新聞社　1993.6　323p　19cm
①4-532-16104-5
＊社長は若き日の華族・西園寺公望。主
筆は「東洋のルソー」中江兆民。明治民
権運動の黎明期、"自由"の二字を初めて
その名に冠した「東洋自由新聞」が起っ
た。しかし名門西園寺が反政府的言論界
の急先鋒となるのを恐れた当局は、天皇
勅命を盾に同紙を廃刊へと追い込んでゆ
く。激動の波に呑み込まれた小新聞の運
命を活写した迫真のノンフィクション。

◇西園寺公望伝　第3巻　立命館大学西園寺
公望伝編纂委員会編　岩波書店　1993.1
384p　21cm　①4-00-008793-2

◇ぜいたく列伝　戸板康二著　文芸春秋
1992.9　293p　19cm　①4-16-346790-4

＊一流の人物、一級の人生、康二一等の人
物論名品23。

◇幸運な志士─若き日の元勲たち　三好徹
著　徳間書店　1992.4　283p　19cm
①4-19-124847-2
＊幕末動乱のなか、苛烈な運命を共に生き
た先駆者たち。黎明期の覇者の友情、苦
悩そして離反の劇的な青春群像を描く。

◇西園寺公望伝　第2巻　立命館大学西園寺
公望伝編集委員会編　岩波書店　1991.9
384p　21cm　①4-00-008792-4

◇西園寺公望伝　第1巻　立命館大学西園寺
公望伝編集委員会編　岩波書店　1990.10
458p　21cm　①4-00-008791-6
＊永い歴史を背負った門地と倒幕派公卿
としての活動、長期の在欧経験など、近
代政治家として登場するまでの閲歴を
無視して、公望は語り得ない。本巻は
西園寺家の歴史をふり返り、維新後の
経歴についてはさまざまの新しい史実
と解釈を提出しつつ、1880（明治13）年
帰国後の活動・再渡欧までを描く。

◇陶庵随筆　西園寺公望著，国木田独歩編
中央公論社　（中公文庫）　1990.4　138p
15cm　①4-12-201702-5
＊洋服での参内を論争した「大原三位と
切腹を賭す」、ビスマルクとの雑談の思
い出を綴った「微公の伯林会議談」な
ど、国木田独歩が「一の立派なる文学上
の産物」と激賞した表題作の他、小御所
会議や戊辰戦争など幕末維新を回顧し
た「懐旧談」を収載。鷗外・荷風ら当代
知名の文士がつどった。"雨声会"を主宰
した、文人元老の珠宝の自伝エセー。

◇近代日本の政治家　岡義武著　岩波書店
（同時代ライブラリー）　1990.3　318p
16cm　①4-00-260015-7
＊伊藤博文、大隈重信、原敬、西園寺公
望、犬養毅─わが国近代史上に重要な
役割を担った5人の政治家たちの性格に
焦点を置きつつ、それぞれの生涯に当
面した政治状況における行動、役割、運
命を跡づけた本書は、政治における
リーダーシップの研究の草分けとなり、
日本の政治の本質を考えるための必読
の名著である。

◇近代日本内閣史論　藤井貞文著　吉川弘文館　1988.7　364p 21cm　①4-642-03616-4

◇近代日本の政局と西園寺公望　中川小十郎著，後藤靖，鈴木良校訂　吉川弘文館　1987.1　530,6p 22cm　〈著者略歴：p527〜528〉　①4-642-03588-5

◇百年の日本人　その3　川口松太郎，杉本苑子，鈴木史楼ほか著　読売新聞社　1986.6　253p 19cm　①4-643-54730-8
＊近代のワクを越えた燦然たる個性。この人たちの生き方には熱情と慈愛に満ちた高雅さがある。読売新聞夕刊で好評の人物小伝。

◇最後の元老西園寺公望　豊田穣著　新潮社　（新潮文庫）　1985.11　2冊 15cm　①4-10-132103-5

◇日本宰相列伝　5　西園寺公望　木村毅著　時事通信社　1985.11　254p 19cm　〈監修：細川隆元　『三代宰相列伝』（昭和33年刊）の改題新装版　西園寺公望の肖像あり　略年譜：p250〜254〉　①4-7887-8555-2

◇明治・大正の宰相　第5巻　西園寺公望と明治大帝崩御　豊田穣著　講談社　1983.12　338p 20cm　〈西園寺公望の肖像あり　年表：p325〜332〉　①4-06-180695-5

◇最後の元老西園寺公望　豊田穣著　新潮社　1982.4　2冊 20cm

◇坐漁荘秘録　増田壮平著　静岡新聞社　1976　270p 図 肖像 20cm

◇人物再発見　読売新聞社編　人物往来社　1965　235p 19cm

◇西園寺公望　木村毅著　時事通信社　（三代宰相列伝）　1958　254p 図版 18cm

◇近代政治家評伝　阿部真之助著　文芸春秋新社　1953　353p 19cm

◇続 財界回顧―故人今人　池田成彬著，柳沢健編　三笠書房　（三笠文庫）　1953　217p　16cm

◇西園寺公と政局 8巻別1巻9冊　原田熊雄著　岩波書店　1950-1956

◇明治の政治家たち―原敬につらなる人々

上，下巻　服部之総著　岩波書店　（岩波新書）　1950-54　2冊　18cm

◇西園寺公望自伝　西園寺公望述，小泉策太郎筆記，木村毅編　大日本雄弁会講談社　1949　240p 図版 19cm

◇西園寺公望　木村毅著　沙羅書房　1948　376p 図版　19cm

◇歴史を創る人々　西園寺公の薨去　嘉治隆一著　大八洲出版　1948

◇西園寺公　竹越与三郎著　鳳文書林　1947　366p 19cm　〈巻末：西園寺公年譜〉

◇西園寺公望―史劇/自由民権の使徒　木村毅著　東京講演会　1946　148p 18cm

▌才賀 藤吉　さいが・とうきち
1870〜1915　実業家。

◇熱き男たちの鉄道物語―関西の鉄道草創期にみる栄光と挫折　大阪府立大学観光産業戦略研究所，関西大学大阪都市遺産研究センター，大阪府，新なにわ塾叢書企画委員会編著　ブレーンセンター　（新なにわ塾叢書）　2012.4　460p 18cm　①978-4-8339-0704-0
＊かつて鉄道の草創期にあまた登場したパワフルで独創的な熱き男たち。逆境をものともせず夢叶えた者。また努力むなしく夢破れた者。時代を輝かせたそんな "つわものどもが夢の跡" を本書はひとつひとつ追いかけてゆきます。苦難の時代を生き抜く私たちに彼らは大切ななにかを語りかけています。

▌西郷 菊次郎　さいごう・きくじろう
1861〜1928　政治家。京都市長。西郷隆盛の子。西南戦争に従い、台湾総督宜蘭支庁長など。公共事業を推進。

◇西郷菊次郎と台湾―父西郷隆盛の「敬天愛人」を活かした生涯　佐野幸夫著　文芸社　2012.9　301p，図版8枚　15cm　〈文献・年譜あり　南日本新聞開発センター（2002年刊）の再刊〉　①978-4-286-12498-8

◇西郷菊次郎と台湾―父西郷隆盛の「敬天愛人」を活かした生涯　佐野幸夫著　南日

Ⅰ　政治・経済　　　　　　　　　　　　　　　　　　　　　　　　　西郷隆盛

本新聞開発センター（製作・発売）
2007.5　263p　19cm　〈第4刷　年譜あ
り〉　①978-4-86074-104-4

◇西郷菊次郎と台湾―父西郷隆盛の「敬天愛
人」を活かした生涯　佐野幸夫著　南日
本新聞開発センター（製作・発売）
2002.11　224p　19cm　〈年譜あり〉
①4-86074-004-1

■ **西郷　隆盛**　さいごう・たかもり
1827～1877　鹿児島藩士，政治家。陸軍
元帥。薩長同盟を締結。東征軍参謀とな
り、江戸無血開城を実現する。
〔記念施設〕荘内南洲会（山形県酒田市），
西郷隆盛像（東京都台東区、上野公園），
松田屋ホテル　西郷・木戸・大久保会見所
（山口県山口市），西郷隆盛宿陣跡資料館
（宮崎県延岡市），維新ふるさと館（鹿児
島県鹿児島市），西郷隆盛蘇生の家（鹿児
島県鹿児島市），南洲公園　西郷南洲顕彰
館（鹿児島県鹿児島市）

◇村田新八―西郷と大久保二人に愛された
男　桐野作人，則村一，卯月かいな著
洋泉社　（歴史新書）　2018.2　239p
18cm　①978-4-8003-1417-8
＊西郷や大久保と幼少期から一緒にいた
のか？　幕末期にどんな活動をしていた
のか？　なぜ西郷に従って鹿児島へ帰っ
たのか？　なぜ司馬遼太郎は、村田新八
に惹かれたのか？　ほんとうにアコー
ディオンを弾いていたのか？　西郷の死
の瞬間まで寄り添った最側近の知られ
ざる足跡と人物像に迫る！　日付までわ
かる詳細年譜付き。

◇西郷どん。壊さない！「破壊の英雄」　武
山憲明著　音羽出版　2018.2　270p
19cm　①978-4-901007-66-5
＊幕末、明治を駆け抜けた英雄の激動の
生涯と逸話、そして全国ゆかりの地を
紹介。

◇西郷隆盛はどう語られてきたか　原口泉
著　新潮社　（新潮文庫）　2018.1　316p
16cm　①978-4-10-121096-4

◇西郷隆盛と聖書―「敬天愛人」の真実　守
部喜雅著　いのちのことば社フォレスト
ブックス　（聖書を読んだサムライたち）

2018.1　159p　19cm
①978-4-264-03878-8
＊「西郷さんは聖書を読んでいた」多くの
資料や証言で西郷隆盛の人物像に迫る。

◇西郷隆盛事典　志村有弘編　勉誠出版
2018.1　282,9p　21cm
①978-4-585-20059-8
＊維新史の巨人、日本人が愛する英雄の
生涯を知る。島津斉彬、勝海舟、岩倉具
視、乃木希典、大久保利通ら138名の関
連人物を網羅。薩長同盟、鳥羽伏見の
戦い、江戸無血開城、西南戦争まで、50
を超える事件・地名を紹介。南洲翁遺
訓の現代語訳、主要研究文献目録、年譜
などの付録も充実させた。

◇Saigo Takamori―西郷隆盛　西海コエン
著　IBCパブリッシング　（ラダーシリー
ズ）　2018.1　117p　18cm　〈本文：英
文〉　①978-4-7946-0520-7
＊斉藤一、天璋院、愛加那、大久保利通、
勝海舟、伊藤博文、立見尚文、西郷糸
子。幕末の当事者たちが語る、西郷隆
盛の物語。巻末辞書、登場人物相関図、
関連地図付き。

◇徳川家が見た西郷隆盛の真実　徳川宗英
著　KADOKAWA　（角川新書）
2017.12　244p　18cm　〈文献あり　年譜
あり〉　①978-4-04-082138-2

◇西郷家の人びと　原口泉著
KADOKAWA　2017.12　249p　19cm
〈文献あり　年譜あり〉
①978-4-04-400249-7

◇西郷隆盛―新たな時代をきりひらいた維新
の巨星　大石学監修、卯月まんが、南房秀
久原作　学研プラス　（学研まんがNEW
日本の伝記SERIES）　2017.12　128p
23cm　〈年譜あり〉　①978-4-05-204743-5

◇西郷隆盛―幕末維新の英傑　漫画でよめ
る！　講談社編、瀬畑純漫画　講談社
2017.12　174p　21cm　〈年譜あり〉
①978-4-06-220915-1

◇西郷隆盛―敗者のために戦った英雄　時
海結以著、落合弘樹監修、五浦マリイラス
ト　小学館　（小学館ジュニア文庫）
2017.12　186p　18cm　〈文献あり　年譜
あり〉　①978-4-09-231199-2

伝記ガイダンス　明治を生きた人々　**277**

西郷隆盛　　　　　　　　　　　　　　　Ⅰ　政治・経済

◇未完の西郷隆盛─日本人はなぜ論じ続けるのか　先崎彰容著　新潮社　（新潮選書）　2017.12　268p　20cm　〈文献あり〉　①978-4-10-603820-4

◇知識ゼロからの西郷隆盛入門　木村幸比古監修　幻冬舎　2017.12　175p　21cm　〈文献あり〉　①978-4-344-90328-9

◇義の人西郷隆盛 誠の人山田方谷　みのごさく著　幻冬舎メディアコンサルティング　2017.12　211p　19cm　①978-4-344-91494-0
　＊ワシントンの民主政治を理想としながら、正義と天命に生きた隆盛。貧しい人々の格差は正すため、至誠を貫いた方谷。同じ師・佐藤一斎の教えを受けた、対照的な二人の生きざま。西郷らの生きざま、死にざまを探る。

◇西郷隆盛─手紙で読むその実像　川道麟太郎著　筑摩書房　（ちくま新書）　2017.12　515,10p　18cm　①978-4-480-07112-5
　＊西郷が親友や家族に送った私信に注目しつつ系統的に読み解いて、歴史上の人物・西郷（隆盛）ではなく、現実に生きた生身の人間・西郷（吉之助）の実像を明らかにしていく。併せて、西郷のいくぶん謎めいた心奥にも迫る。

◇幕末青春伝西郷隆盛─時代をかけぬけた男　澤村修治著　理論社　2017.12　239p　19cm　〈文献あり 年譜あり〉　①978-4-652-20241-8

◇薩摩精忠組─幕末・維新を駆け抜けた男たち　早瀬利之著　潮書房光人新社　2017.12　227p　19cm　①978-4-7698-1654-6
　＊西郷隆盛、大久保利通、長沼嘉兵衛、海江田信義、税所篤、吉井友実、伊地知正治らが中心となって結成された「精忠組」─日本の将来を憂い、わが国の未来のために力を尽くした若者たちの物語。激動の時代に翻弄されながらも、命懸けで己の信念を貫き通し、逞しく戦い抜いた志士たちの生きざまを描いた感動作。

◇西郷隆盛はなぜ犬を連れているのか─西郷どん愛犬史　仁科邦男著　草思社　2017.12　287p　19cm　〈年譜あり〉　①978-4-7942-2312-8

◇西郷隆盛に学ぶ最強の組織を作る100のルール　沢辺有司著　彩図社　2017.12　219p　19cm　〈文献あり〉　①978-4-8013-0267-9

◇無私、利他─西郷隆盛の教え　稲盛和夫監修，プレジデント書籍編集部編　プレジデント社　2017.12　206p　20cm　〈文献あり〉　①978-4-8334-2257-4

◇威ありて猛からず学知の人西郷隆盛　立元幸治著　新講社　2017.12　228p　19cm　〈「器量と人望」（PHP研究所 2010年刊）の加筆　文献あり〉　①978-4-86081-564-6

◇仕末に困る人西郷吉之助─ひとりの人間の強さと大きさがある 時代を超える巨人西郷隆盛の英気を現代に!!　早川幹夫著　道義主義の会　2017.12　269p　19cm　〈文献あり〉　①978-4-88338-632-1

◇一箇の大丈夫西郷吉之助─人間の強さと大きさと高さを求めた明治維新の英雄西郷隆盛の大いなる安心を！　早川幹夫著　道義主義の会　2017.12　273p　19cm　〈文献あり〉　①978-4-88338-633-8

◇道義国家を目指した西郷吉之助─人類の未来と人間の進化のために西郷の思想と哲学を!!　早川幹夫著　道義主義の会　2017.12　275p　19cm　〈文献あり〉　①978-4-88338-634-5

◇西郷隆盛と徳之島─徳のある島…徳のある人との出会い…　新装版　益田宗児著　浪速社　2017.12　208p　21cm　〈文献あり〉　①978-4-88854-507-5

◇西郷隆盛という生き方─「波瀾」に捧げた生涯が語るもの　桐野作人，調所一郎編著　里文出版　2017.12　279p　19cm　〈執筆：徳永和喜ほか　年譜あり〉　①978-4-89806-459-7

◇西郷どん！ まるごと絵本　東川隆太郎，さめしまことえ著　燦燦舎　2017.12　61p　27cm　〈文献あり 年譜あり〉　①978-4-907597-05-4

◇超訳西郷隆盛語録─大きな心で生きろ　齋藤孝著　キノブックス　2017.12　221p　20cm　〈文献あり 年譜あり〉　①978-4-908059-86-5

Ⅰ 政治・経済　　　　　　　　　　　　　　　　　　　　　　　　　　　　　　　西郷隆盛

◇西郷隆盛　山本博文監修，すずき孔まんが作画　KADOKAWA　（角川まんが学習シリーズ　まんが人物伝）　2017.11　159p　19cm　〈文献あり　年譜あり〉　①978-4-04-104823-8

◇街歩き　西郷どん！　林真理子監修　KADOKAWA　2017.11　127p　21cm　①978-4-04-105676-9
＊明治維新の立役者・西郷隆盛の生涯をたどる。あの歴史の舞台を、林真理子さんと歩いて楽しむ！

◇西郷どん！―西郷隆盛の物語　角川つばさ文庫版　林真理子原作，吉橋通夫文，勇沢椰木絵　KADOKAWA　（角川つばさ文庫）　2017.11　222p　18cm　〈年譜あり〉　①978-4-04-631757-5

◇西郷隆盛―最後の武士　楠木誠一郎文，佐竹美保絵　講談社　（講談社火の鳥伝記文庫）　2017.11　221p　18cm　〈年譜あり〉　①978-4-06-149924-9

◇歴史人物伝西郷隆盛―明治維新の志士たち　楠木誠一郎著　講談社　（日能研クエスト　マルいアタマをもっとマルく！）　2017.11　205p　21cm　①978-4-06-220866-6

◇西郷隆盛―歴史人物ドラマ　小沢章友作，山田一喜絵　講談社　（講談社青い鳥文庫）　2017.11　237p　18cm　〈年譜あり〉　①978-4-06-285666-9

▽工作員・西郷隆盛―謀略の幕末維新史　倉山満著　講談社　（講談社＋α新書）　2017.11　219p　18cm　①978-4-06-291509-0

◇西郷隆盛―信念をつらぬいた明治維新のリーダー　海野そら太まんが，三上修平シナリオ，河合敦監修・解説　集英社　（集英社版・学習まんが　世界の伝記NEXT）　2017.11　127p　23cm　〈文献あり　年譜あり〉　①978-4-08-240074-3

◇西郷隆盛―信念をつらぬいた維新のヒーロー　奥山景布子著，RICCA絵　集英社　（集英社みらい文庫　伝記シリーズ）　2017.11　187p　18cm　〈文献あり　年譜あり〉　①978-4-08-321409-7

◇西郷隆盛維新150年目の真実　家近良樹著

NHK出版　（NHK出版新書）　2017.11　233p　18cm　〈文献あり〉　①978-4-14-088536-9

◇西郷隆盛―明治維新をなしとげた薩摩隼人　泉田もと作，十々夜画　岩崎書店　（フォア文庫）　2017.11　166p　18cm　〈文献あり　年譜あり〉　①978-4-265-06495-3

◇西郷隆盛100の言葉　加来耕三著　潮出版社　（潮新書）　2017.11　221p　18cm　〈文献あり〉　①978-4-267-02114-5

◇『南洲翁遺訓』に訊く―西郷隆盛のことば　加来耕三著　河出書房新社　2017.11　241p　18cm　〈文献あり〉　①978-4-309-22714-6

◇西郷どんと篤姫―知られざる幕末維新の舞台裏　中江克己著　青春出版社　（青春文庫）　2017.11　201p　15cm　〈年譜あり〉　①978-4-413-09682-9

◇〈漢詩から読み解く〉西郷隆盛のこころ　諏訪原研著　大修館書店　2017.11　263p　19cm　〈文献あり　年表あり〉　①978-4-469-21366-9

◇西郷隆盛―幕末維新の巨人　藤咲あゆな著，森川侑絵　ポプラ社　（ポプラポケット文庫）　2017.11　261p　18cm　〈文献あり　年譜あり〉　①978-4-591-15627-8

◇維新を創った男西郷隆盛の実像―明治維新150年に問う　粒山樹著　扶桑社　2017.11　351p　19cm　①978-4-594-07850-8

◇西郷隆盛のことがマンガで3時間でわかる本―へぇ～そうなんだ！　津田太愚著，つだゆみマンガ　明日香出版社　2017.11　227p　21cm　〈文献あり　年譜あり〉　①978-4-7569-1937-3

◇西郷隆盛53の謎―知っているようで知らない「せごどん」の真実　原口泉著　海竜社　2017.11　237p　19cm　〈文献あり〉　①978-4-7593-1544-8

◇大西郷兄弟物語―西郷隆盛と西郷従道の生涯　豊田穣著　潮書房光人社　（光人社NF文庫）　2017.11　445p　15cm　〈『西郷従道』改題書〉　①978-4-7698-3040-5
＊波瀾激動の時代を雄々しくリードしな

西郷隆盛　　　　　　　　　　　　　　　Ⅰ　政治・経済

がら、朝敵として斃れた隆盛。維新
早々に欧米を視察して、外国の文明や
制度に触れ、兄の知らない新しい世界
を見てきた従道—偉大な英雄を兄とし
たがゆえの悲しき宿命を背負いつつ、
時代の潮流を見すえて、新生日本の舵
取り役となった大人物の内面を照射し
た感動の人物伝。

◇島津久光の明治維新—西郷隆盛の”敵”であ
り続けた男の真実　安藤優一郎著　イース
ト・プレス　2017.11　335p　19cm　〈文
献あり　年表あり〉　①978-4-7816-1613-1

◇超訳「言志四録」—西郷隆盛を支えた101
の言葉　濱田浩一郎著　すばる舎
2017.11　229p　19cm　〈文献あり〉
①978-4-7991-0667-9

◇真説西郷隆盛の生涯—2度の絶望から這い
上がった「信念」と「実行力」　「幕末・
維新」歴史研究会著　宝島社　2017.11
111p　30cm　〈文献あり　年譜あり〉
①978-4-8002-7602-5

◇西郷隆盛と勝海舟　安藤優一郎著　洋泉
社　（歴史新書）　2017.11　191p　18cm
〈文献あり　年表あり〉
①978-4-8003-1355-3

◇龍馬を殺した男西郷隆盛　大野富次著
宮帯出版社　2017.11　214p　19cm　〈文
献あり　年表あり〉　①978-4-8016-0129-1

◇西郷隆盛「人を惹きつける」言葉　楠戸義
昭著　三笠書房　（知的生きかた文庫）
2017.11　261p　15cm　〈文献あり〉
①978-4-8379-8498-6

◇考証西郷隆盛の正体　城島明彦著　カン
ゼン　2017.11　253p　19cm　〈文献あり
年譜あり〉　①978-4-86255-423-9

◇西郷どん大百科—多くの人々に愛される
西郷どんのすべてを知る一冊！　ライブ
編著　カンゼン　2017.11　191p　21cm
〈文献あり　年譜あり〉
①978-4-86255-430-7

◇西郷どんと薩摩藩物語　産業編集セン
ター　（大人の学び旅）　2017.11　127p
21cm　〈文献あり　年譜あり〉
①978-4-86311-170-7

◇命もいらず名もいらず—西郷隆盛　北康
利著　ワック　（WAC BUNKO）
2017.11　390p　18cm　〈「西郷隆盛」
（2013年刊）の改題、改訂した新版　文献
あり〉　①978-4-89831-765-5

◇私の西郷どん　井手窪剛著　方丈社
2017.11　286p　19cm　〈文献あり〉
①978-4-908925-23-8

◇西郷（せご）どん！　上製版 前編　林真
理子著　KADOKAWA　2017.11　234p
19cm　①978-4-04-103993-9
＊林真理子にして初めてなし得た、英雄
物語！　激動の青春編！

◇西郷（せご）どん！　上製版 後編　林真
理子著　KADOKAWA　2017.11　262p
19cm　①978-4-04-105936-4
＊西郷のすべてがわかる、傑作小説！　新
しき時代、維新編！

◇西郷隆盛伝説　改版　佐高信著
KADOKAWA　（〔角川ソフィア文庫〕）
2017.10　398p　15cm　〈初版：角川文庫
2010年刊　年譜あり〉
①978-4-04-400244-2

◇大西郷遺訓　西郷隆盛著，林房雄訳　中
央公論新社　（中公クラシックス）
2017.10　166p　18cm　〈新人物文庫
2010年刊の再刊〉　①978-4-12-160177-3

◇西郷隆盛—維新の功臣明治の逆賊　相川
司著　中央公論新社　（中公文庫）
2017.10　373p　16cm　〈文献あり〉
①978-4-12-206468-3

◇西郷隆盛101の謎　幕末維新を愛する会著
文藝春秋　（文春文庫）　2017.10　255p
16cm　〈文献あり　年譜あり〉
①978-4-16-790951-2

◇西郷隆盛—天が愛した男　童門冬二著
成美堂出版　（成美文庫）　2017.10
319p　16cm　〈年譜あり〉
①978-4-415-40257-4

◇人生を切り開く！　西郷隆盛の言葉100
高橋伸幸著　扶桑社　2017.10　303p
19cm　〈文献あり〉　①978-4-594-07831-7

◇西郷隆盛その生涯　不破俊輔著　明日香
出版社　2017.10　289p　19cm　〈文献あ

Ⅰ　政治・経済　　　　　　　　　　　　　　　　　　　西郷隆盛

り　年譜あり〉　①978-4-7569-1932-8

◇誰も書かなかった西郷隆盛の謎　徳永和
　喜監修　KADOKAWA　（中経の文庫）
　2017.9　222p　15cm　〈文献あり　年譜あ
　り〉　①978-4-04-602088-8

◇幕末明治人物誌　橋川文三著　中央公論
　新社　（中公文庫）　2017.9　308p　16cm
　①978-4-12-206457-7

◇西郷隆盛—滅びの美学　澤村修治著　幻冬
　舎　（幻冬舎新書）　2017.9　281p　18cm
　〈文献あり〉　①978-4-344-98467-7

◇西郷どんの真実　安藤優一郎著　日本経
　済新聞出版社　（日経ビジネス人文庫）
　2017.9　282p　15cm　〈『西郷隆盛伝説の
　虚実』（2014年刊）の改題、加筆修正　文献
　あり　年表あり〉　①978-4-532-19833-6

◇西郷どん評判記　北影雄幸著　勉誠出版
　2017.9　255p　19cm
　①978-4-585-21534-9

◇西郷どん式リーダーの流儀　吉田幸弘著
　扶桑社　2017.9　239p　19cm　〈文献あ
　り　年譜あり〉　①978-4-594-07793-8

◇西郷隆盛—日本人はなぜこの英雄が好き
　なのか　宮崎正弘著　海竜社　2017.9
　247p　19cm　〈文献あり〉
　①978-4-7593-1563-9

◇西郷隆盛「神」行動力の磨き方　本郷陽二
　編著　実務教育出版　2017.9　230p
　19cm　〈文献あり　年譜あり〉
　①978-4-7889-1448-3

◇西郷どんの言葉—「やり抜く力」が磨かれ
　る！　齋藤孝著　ビジネス社　2017.9
　199p　19cm　①978-4-8284-1975-6

◇西郷隆盛十の「訓え」　西郷隆文著　三笠
　書房　2017.9　238p　19cm
　①978-4-8379-2700-6

◇権力に対峙した男—新・西郷隆盛研究
　上巻　米村秀司著　ラグーナ出版
　2017.9　295p　19cm　〈文献あり〉
　①978-4-904380-65-9

◇西郷どんとよばれた男　原口泉著　NHK
　出版　2017.8　219p　19cm　〈文献あり
　年譜あり〉　①978-4-14-081722-3

◇西郷どん入門　北影雄幸著　勉誠出版
　2017.8　223p　19cm　〈年譜あり〉
　①978-4-585-21533-2

◇西郷隆盛—人を相手にせず、天を相手にせ
　よ　家近良樹著　ミネルヴァ書房　（ミネ
　ルヴァ日本評伝選）　2017.8　567,12p
　20cm　〈文献あり　年譜あり　索引あり〉
　①978-4-623-08097-7

◇西郷隆盛—日本の精神を代表する英雄
　岡田幹彦著　明成社　（まほろばシリー
　ズ）　2017.8　47p　21cm　〈企画：まほ
　ろば教育事業団〉　①978-4-905410-43-0

◇英傑の日本史　西郷隆盛・維新編　井沢
　元彦著　KADOKAWA　（角川文庫）
　2017.8　268p　15cm　〈年表あり〉
　①978-4-04-400233-6

◇南洲翁遺訓　新版　西郷隆盛著，猪飼隆
　明訳・解説　KADOKAWA　（〔角川ソ
　フィア文庫〕　ビギナーズ日本の思想）
　2017.7　253p　15cm　〈初版のタイトル
　等：西郷隆盛「南洲翁遺訓」（角川学芸出
　版2007年刊）　文献あり　年譜あり〉
　①978-4-04-400257-2

◇信じる覚悟—超訳西郷隆盛　鈴木博毅著
　KADOKAWA　2017.7　207p　20cm
　〈文献あり〉　①978-4-04-602014-7

◇イッキ読み！　日本の天才偉人伝—日本を
　かえた天才たち　齋藤孝編　講談社　（日
　能研クエスト　マルいアタマをもっとマル
　く！）　2017.7　286p　21cm　〈企画・編
　集協力：日能研〉　①978-4-06-220671-6

◇覚えておきたい幕末・維新の100人＋1—勤
　王から佐幕までの人物伝　本間康司絵と文
　清水書院　2017.7　149p　26cm　〈文献
　あり　索引あり〉　①978-4-389-50054-2

◇明治天皇　その生涯と功績のすべて　小田
　部雄次監修　宝島社　2017.7　127p
　26cm　〈年譜あり〉　①978-4-8002-7311-6

◇西郷隆盛　人を魅きつける力　童門冬二著
　PHP研究所　（PHP文庫）　2017.5　293p
　15cm　〈「西郷隆盛の人生訓」新装版
　（2008年刊）の改題、加筆・修正　年表あ
　り〉　①978-4-569-76718-5

◇西郷隆盛論—その知られざる人物像　堤

伝記ガイダンス　明治を生きた人々　　281

克彦著 熊本出版文化会館 （新熊本新書） 2017.4 252p 18cm ①978-4-906897-42-1

○特集 西南戦争一四〇年 「Kumamoto 総合文化雑誌」（創流出版） （18） 2017.3

◇西郷隆盛の明治 安藤優一郎著 洋泉社 （歴史新書） 2017.3 190p 18cm 〈文献あり 年譜あり〉 ①978-4-8003-1180-1

◇史伝 西郷隆盛 海音寺潮五郎著 文藝春秋 （文春文庫） 2017.2 314p 15cm ①978-4-16-790794-5
＊維新の英傑、西郷隆盛の生き様は薩摩の風土・人情、そして主家島津家の家風を抜きにしては語れない。名君斉彬から多くの影響を受けた西郷は、維新の志士藤田東湖、橋本佐内、月照らとの交流から次第に天下に目を向けるようになった―疾風怒涛時代の若き西郷の軌跡を辿り、その実像に迫る傑作歴史読物。

◇佐藤一斎―克己の思想 栗原剛著 講談社 （講談社学術文庫 再発見日本の哲学） 2016.12 312p 15cm 〈文献あり 年譜あり 索引あり〉 ①978-4-06-292397-2

◇首丘の人 大西郷 新装版 平泉澄著 錦正社 2016.11 368,9p 20cm 〈初版：原書房 1986年刊 索引あり〉 ①978-4-7646-0129-1

◇士魂―福澤諭吉の真実 渡辺利夫著 海竜社 2016.7 319p 20cm ①978-4-7593-1406-9

◇完本 南洲残影 江藤淳著 文藝春秋 （文春学藝ライブラリー） 2016.6 308p 15cm ①978-4-16-813066-3
＊兵力・軍資金ともに圧倒的なハンデを背負いながら、敗北必至の戦い「西南の役」に、維新の大立者・西郷隆盛はなぜ臨んだのか？ 城山での哀しい最期までを克明に検証しつつ、日本の近代に対峙する「西郷という思想」の本質に迫る決定版。

◇大西郷という虚像―「明治維新という過ち」完結篇 「官」と「賊」を往復したこの男を解明せずに維新の実相は語れない 原田伊織著 悟空出版 2016.6 311p 19cm 〈文献あり〉 ①978-4-908117-21-3

◇敗者烈伝 伊東潤著 実業之日本社 2016.5 324p 19cm ①978-4-408-53684-2

◇NHK歴史秘話ヒストリア―歴史にかくされた知られざる物語 第3章 4 幕末・維新編 NHK「歴史秘話ヒストリア」制作班編 金の星社 2016.2 39p 30cm ①978-4-323-06824-4

◇英明と人望―勝海舟と西郷隆盛 山本盛敬著 ブイツーソリューション 2015.11 279p 15cm ①978-4-434-21242-0
＊『西郷隆盛―四民平等な世の中を作ろうとした男』に続く、西郷隆盛研究に生涯を捧げる著者が、新たな西郷像を世に問う第二弾。今回は勝海舟と西郷の二人がどう影響、協力し合い、世を明治へと導いたのかを追究した。そして、西郷召還と島津斉彬の死の関係、西郷と島津久光の関係の真実、西郷が西南戦争に込めた秘策とは何か。

◇東京青山霊園物語―「維新の元勲」から「女工哀史」まで人と時代が紡ぐ三十組の物語 立元幸治著 明石書店 2015.10 318p 20cm 〈文献あり〉 ①978-4-7503-4258-0

◇〈評伝〉三宅雪嶺の思想像 森田康夫著 和泉書院 （和泉選書） 2015.9 180p 20cm 〈文献あり 年譜あり 索引あり〉 ①978-4-7576-0760-6

◇幕末ヒーローズ!!―坂本龍馬・西郷隆盛……日本の夜明けをささえた8人！ 奥山景布子著, 佐嶋真実絵 集英社 （集英社みらい文庫 伝記シリーズ） 2015.7 235p 18cm 〈文献あり 年譜あり 年表あり〉 ①978-4-08-321273-4

◇ビジネスリーダーを目指すなら西郷隆盛のことばに学べ 長尾剛著 牧野出版 2015.7 295p 19cm ①978-4-89500-191-5

◇大西郷の悟りの道―「敬天愛人」とキリスト教 坂本陽明著 南方新社 2015.4 238p 21cm 〈文献あり〉 ①978-4-86124-311-0

◇西郷南洲の筆蹟の真実 井上康史著, 川副聡子編 花書院 2015.2 19,347p 30cm

I　政治・経済　　　　　　　　　　　　　　　　　　　　　　　　　西郷隆盛

〈年譜あり〉　①978-4-86561-008-6

◇西郷隆盛文書　オンデマンド版　西郷
隆盛著　東京大学出版会　（日本史籍協会叢
書）　2015.1　387p　22cm　〈印刷・製
本：デジタルパブリッシングサービス　覆
刻再刊 2003年刊〉　①978-4-13-009402-3

◇親友・西郷隆盛―伝承の日本史　斎木雲
州著　大元出版　2014.11　144p　22cm
①978-4-901596-13-8

◇西郷隆盛紀行　橋川文三著　文藝春秋
（文春学藝ライブラリー　歴史）　2014.10
250p　16cm　〈底本：朝日新聞社 1985年
刊〉　①978-4-16-813031-1

◇明治天皇という人　松本健一著　新潮社
（新潮文庫）　2014.9　692p　16cm　〈毎
日新聞社 2010年刊の再刊　索引あり〉
①978-4-10-128733-1

◇清水義範のイッキによめる！　日本史人物
伝　戦国時代～幕末激動編　織田信長・徳
川家康・徳川吉宗 井伊直弼・吉田松陰・
勝海舟 坂本龍馬・西郷隆盛　清水義範著,
西原理恵子絵　講談社　2014.7　220p
21cm　〈年表あり〉　①978-4-06-219062-6

◇西郷隆盛伝説の虚実　安藤優一郎著　日
本経済新聞出版社　2014.5　237p　19cm
①978-4-532-16930-5
　＊幕末維新最大の功臣にして、日本史上
　　最後の内戦で散った明治の賊臣。命も
　　いらず名もいらず―豪傑肌であり、も
　　の言わぬ英雄ゆえに数々の伝説が生ま
　　れ、近代日本をつくった名も無き人た
　　ちが生きた、もうひとつの歴史が消え
　　てしまった…。傑出したリーダーシッ
　　プが、いまも待望される理由とは？

◇西郷隆盛伝説　佐高信著　光文社　（光文
社知恵の森文庫）　2014.3　436p　16cm
〈角川文庫 2010年刊の再刊〉
①978-4-334-78642-7
　＊明治維新最大の功労者であった西郷は
　　西南戦争により城山で自刃したが、そ
　　の際戊辰戦争で仇敵だった荘内藩の二
　　人の少年藩士が西郷を慕って参戦し、
　　命を散らせたことはあまり知られてい
　　ない。仇敵をも惹きつける西郷の魅力
　　とは何だったのか？　角度を変えてこれ

まで触れられなかった西郷の実像に迫
りつつ、敗れし者側の視点から明治維
新を検証する。

◇西郷隆盛と薩摩　松尾千歳著　吉川弘文
館　（人をあるく）　2014.3　159p　21cm
〈文献・年譜あり〉　①978-4-642-06779-9
　＊維新の大功労者で、明治政府最大の逆
　　賊となった西郷隆盛。その生涯は、武
　　士が武士の世を終わらせ新政府を樹立
　　させるも、その矛盾に苦しみ反旗を翻
　　した薩摩の縮図でもあった。鹿児島・
　　熊本などの足跡を辿り実像に迫る。

◇NHK歴史秘話ヒストリア―歴史にかくさ
れた知られざる物語 第2章　5　明治時代
～昭和編　NHK「歴史秘話ヒストリア」
制作班編　金の星社　2014.3　39p　30×
22cm　①978-4-323-06820-6

◇西郷南洲の遺訓に学ぶ―森信三講録　森
信三著　致知出版社　2014.2　196p
20cm　①978-4-8009-1033-2

◇敗者の日本史　18　西南戦争と西郷隆盛
関幸彦，山本博文企画編集委員　落合弘樹
著　吉川弘文館　2013.9　269,4p　20cm
〈文献・年表あり〉　①978-4-642-06464-4
　＊維新三傑と称された「英雄」西郷隆盛
　　は、なぜ西南戦争を引き起こし「敗者」
　　となったのか。詳細な戦史から薩軍の
　　敗因と結果を分析。西郷のカリスマ性
　　がもたらした内戦の責任も追及し、近
　　代史における西南戦争を問い直す。

◇西郷隆盛―命もいらず名もいらず　北康
利著　ワック　2013.6　369p　20cm
〈文献あり〉　①978-4-89831-404-3
　＊西郷にとっての近代化は、先進技術を導
　　入して国力をつけることではあったが、
　　決して欧米化ではなかった。彼は帝国
　　主義の覇道を否定し、"徳"による王道で
　　国家運営をしようとした。それが"力"
　　で世界を支配しようとする欧米諸国に
　　対してつきつけた、国家とはどうある
　　べきかという彼の答えだったのである。

◇西郷隆盛と明治維新　坂野潤治著　講談
社　（講談社現代新書）　2013.4　207p
18cm　①978-4-06-288202-6
　＊征韓論、西南戦争…。「軍部独裁と侵略
　　戦争の元祖」はつくられた虚像だっ

伝記ガイダンス 明治を生きた人々　　283

た！日本近代史の第一人者が近代国家に導いた人物の実像に迫る。

◇明治裏面史　上巻　伊藤痴遊著　国書刊行会　2013.4　201p　21cm
①978-4-336-05642-9
＊二十世紀前半に大活躍した風刺家・伊藤痴遊が、黎明期日本政治の裏側を人物中心に物語る。大久保利通、伊藤博文、江藤新平、西郷隆盛、乃木希典等等。志士たちがまだ歴史上の人物ではなく、記憶に新しかった時代に書かれたものならではの迫力が胸を撃つ。

◇真実の近現代史—田原総一朗の仰天歴史塾　田原総一朗著，テレビ東京報道局編　幻冬舎　2013.1　259p　18cm
①978-4-344-02326-0
＊領土問題の真実、政治経済の弱体化など、すべての根源は戦前戦後の歴史観の欠乏にあった！なぜ日本人は本当のことを知らないのか。

◇さまよう国へ——一蔵と吉之助の闘い　山里石峰著　湘南社　2012.11　349p　19cm　①978-4-434-17135-2
＊明治6年 "征韓論争" という偽装喧伝で大久保一蔵が西郷吉之助を葬り、国の根幹を捨て去った。ここを起点に、日本は官吏独裁、脱亜入欧、そして富国強兵でアジア侵攻へと雪崩をうち、あてどない国へと没入していった。

◇薩摩史談—西郷隆盛と明治維新　青屋昌興著　南方新社　2012.11　214p　21cm　〈年表あり〉　①978-4-86124-248-9

◇西郷南洲のことば—素読用　西郷南洲著，寺田一清編　登龍館　（サムライスピリット）　2012.5　65p　26cm　〈明徳出版社（発売）　文献・年譜あり〉
①978-4-89619-499-9

◇勝海舟と西郷隆盛　松浦玲著　岩波書店（岩波新書）　2011.12　221,5p　18cm　〈文献・年譜・索引あり〉
①978-4-00-431345-8
＊勝海舟と西郷隆盛といえば、明治維新の江戸城無血開城の立役者として有名である。しかし、二人の関係はそれ以降も終生続いた。さらに海舟は西郷が西南戦争で斃れた後、その名誉回復に

尽力し、遺児の面倒をみた。敵対関係にあった両雄がなぜ交友を続けたのか。出会いから海舟の西郷追悼行動までを丹念にたどり、その秘密にせまる。

◇西郷隆盛—四民平等な世の中を作ろうとした男　山本盛敬著　ブイツーソリューション　2011.9　239p　20cm　〈文献・年表あり〉　①978-4-434-15944-2

◇維新の夢—渡辺京二コレクション　1　史論　渡辺京二著，小川哲生編　筑摩書房（ちくま学芸文庫）　2011.6　503p　15cm
①978-4-480-09379-0
＊『逝きし世の面影』の著者渡辺京二は、日本近代史の考察に、生活民の意識を対置し、一石を投じてきた思想家である。その眼差しは表層のジャーナリズムが消費する言説の対極にある。本巻には、西欧的な市民社会の論理では割り切ることのできない、大衆の生活意識にわだかまる「ナショナル」なものを追求した「ナショナリズムの暗ن」、明治国家への最大の抵抗者としての西郷隆盛を常識的定説から救抜する「逆説としての明治十年戦争」、北一輝と日本近代の基本的逆説の関連を問う「北一輝問題」など、日本近代史を根底から捉え返すことを試みた論考を集成する。

◇西郷隆盛と幕末維新の政局—体調不良問題から見た薩長同盟・征韓論政変　家近良樹著　ミネルヴァ書房　（大阪経済大学日本経済史研究所研究叢書）　2011.5　330,9p　22cm　〈索引あり〉
①978-4-623-06006-1
＊明治維新の最大の功労者、西郷隆盛の実像はいかなるものであったか。本書では、従来注目されてこなかった西郷の体調不良に関心を払い、征韓論政変が勃発するに至った背景を探る。また西郷のストレス源をたどる過程で改めて浮かんだ幕末政治史最大の課題、すなわち薩長両藩が武力倒幕を決意したのはいつの時点かについての解明にも取り組み、最終的に薩長両藩対徳川勢力という対立の構図（薩長連合史観）の克服を目指す。

◇司馬遼太郎 歴史のなかの邂逅　6　村田蔵六〜西郷隆盛　司馬遼太郎著　中央公論

Ⅰ　政治・経済　　　　　　　　　　　　　　　　　　　　　　　　　　　　　　　　　西郷隆盛

新社　（中公文庫）　2011.2　255p　15cm
①978-4-12-205438-7
＊日本史上最大のドラマともいうべき明
　治維新で、「三傑」と称された大久保利
　通、木戸孝允、西郷隆盛をはじめ、岩倉
　具視、江藤新平など、立役者となった
　人々の足跡―。第六巻には、この国の
　将来像を描くためのヒントがちりばめ
　られた二十一篇を収録。

◇西郷と大久保と明治国家―日本生態史観・
　日本史の中の帝国と共和国　冨川光雄編
　冨川光雄　2010.10　295p　21cm　〈「卑
　弥呼の国」姉弟編〉

◇西郷隆盛　3版　山口宗之著　明徳出版社
　（シリーズ陽明学）　2010.9　237p　20cm
　〈文献・年譜あり〉　①978-4-89619-931-4
＊西郷が若き日に陽明学を学んだことは
　彼のその後の人生に大きな影響を与え
　た。注釈・現代訳を施した西郷の遺文
　を叙論・伝記も加え、陽明学的生き方を
　全うとした至誠の生涯・学問を解説。

◇玉砕の人　西郷隆盛　渡邊正著　〔渡邊正〕
　2010.8　340p　22cm

◇西郷隆盛伝説　佐高信著　角川学芸出版
　（角川文庫）　2010.7　390p　15cm　〈発
　売：角川グループパブリッシング〉
　①978-4-04-377511-8
＊戊辰戦争で西郷の薩摩と敵対しながら、
　後に『南洲遺訓』を編纂するに至った荘
　内藩。仇敵をも惹きつける西郷南洲の
　魅力とは。薩長閥に対峙しようとした
　奥羽越列藩同盟、明治6年政変と「遣韓
　論」、そして西郷に信義を誓いながら
　“ニセ官軍”として処刑された相楽総三
　と赤報隊など、史実を丁寧に省察。現
　代に至るも数多くの人々の敬愛を受け
　る稀代の傑物・西郷隆盛の伝説と真実
　を問う、佐高版・明治維新史の誕生。

◇一箇の大丈夫　西郷吉之助―人間の強さと
　大きさと高さを求めた明治維新の英雄西
　郷隆盛の大いなる安心を！　早川幹夫著
　学生サービスセンター　2010.7　273p
　19cm　〈発売：出版共同販売〉
　①978-4-86180-044-3
＊己の個を強くせよ！　連綿と続く人間の
　生と死。死生を視ること真に昼夜のご

とし西郷の死生観である。何ものも恐
れない勇気と人間愛。西郷隆盛の実像
に迫る。

◇明治維新の再発見　復刊　毛利敏彦著
　吉川弘文館　（歴史文化セレクション）
　2010.5　233p　19cm
　①978-4-642-06362-3
＊いまも多くの人々をひきつける明治維
　新。ダイナミックな変革の時代を西郷・
　大久保などの人物伝も織りなし、アジ
　アの視点を踏まえ縦横に論じた「毛利
　維新学」のエッセンス。明治維新の現
　代的意義の再発見へ誘う名著。

◇仕末に困る人　西郷吉之助　早川幹夫著
　学生サービスセンター　2010.5　269p
　19cm　①978-4-86180-042-9

◇西郷隆盛語録　奈良本辰也，高野澄著
　角川学芸出版　（角川文庫　〔角川ソフィ
　ア文庫〕）　2010.2　344p　15cm　〈発
　売：角川グループパブリッシング　『西郷
　隆盛』（角川書店1979年刊）の改題・編集〉
　①978-4-04-321608-6
＊維新の大功労者でありながら、新政府
　の下、なぜ西郷は薩摩へ下野し、士族と
　ともに散ったのか。彼が心で描き、行
　動で示してきたものとは何だったのか。
　島への流罪、藩政改革と討幕戦争、そし
　て征韓論争と西南戦争。過酷な運命を
　前に、折にふれ綴った手紙や詩文、ふと
　漏らした言葉の中に、その足跡と思想
　の根幹を見出す。「事の成否を問わぬ」
　決意を貫き、人間として政治家として、
　今なお賞賛される英雄の生涯とその心
　情に迫る。

◇文藝春秋にみる坂本龍馬と幕末維新　文
　藝春秋編　文藝春秋　2010.2　372p
　19cm　①978-4-16-372220-7
＊龍馬、新選組、西郷、大久保、勝―文藝
　春秋に掲載された手記、エッセイで読
　むこの国の運命を決めた男たちの真実。

◇器量と人望　西郷隆盛という磁力　立元幸
　治著　PHP研究所　（PHP新書）　2010.1
　254p　18cm　〈並列シリーズ名：PHP
　shinsho　文献あり〉
　①978-4-569-77559-3
＊幕末維新の立役者と讃えられ、多くの

伝記ガイダンス　明治を生きた人々　**285**

信望を集める西郷隆盛。しかしその実像には、無謬の英傑あるいは完璧な人格者とは言い難い一面もある。「無私と野心」「勁さと弱さ」「度量と狭量」など、一見矛盾とも思われるその内面や行動の二元性、相対性に着目。平板な英雄像を超えた人間西郷をあぶり出す。特に、南島での辛苦、故郷の山河との対話の日々など「野」の時期に光をあて、さらには、西郷が残した二百首に及ぶ詩を手がかりに、これまで語られることのなかった素顔に迫る。新たな西郷像を提示した渾身作。

◇西郷隆盛ラストサムライ　上田篤著　日本経済新聞出版社　2009.11　317p　20cm　〈文献・年譜あり〉　①978-4-532-16721-9
＊西郷は明治初年の5年間、故郷の鹿児島で「西郷王国」といわれた独自の「小国家」を建設した。それは農・工・商そして官を一体化して生きる人々の社会だった。明治政府のすすめた富国強兵的な「大きな日本」に対する「小さな日本」の姿とは。

◇日本史有名人の苦節時代　新人物往来社編　新人物往来社　（新人物文庫）　2009.9　351p　15cm　①978-4-404-03743-5
＊長く遠く、あてのない道をひたすら歩みつづけるのが人生ならば、その旅路の先に待ちうけているのは…。功なり名とげ、歴史にその名を刻んだ人びとにも、鳴かず飛ばずの逆境時代があった。艪も舵もない小舟で蘭学の海へ─杉田玄白。家の縁側や柱を薪にして米飯を炊いた日々─勝海舟。長い不遇にもめげず信念を貫いたへそ曲がり─吉田茂。中間子理論が「ふと」訪れるまでの長い苦闘─湯川秀樹。痛烈な批判を浴びた、大人の歌を唄う天才少女─美空ひばり。江戸～昭和を生きた88人の有名人が、人知れず流した涙の数々…。

◇西郷隆盛─皇御国に馳せる夢　乗附久著　郁朋社　2009.9　165p　19cm　①978-4-87302-451-6
＊第9回歴史浪漫文学賞研究部門優秀賞受賞作品。西郷は、自らの死を貶めた戦に、なぜ、加わったのか。その真相を挟ると共に、西郷の描いた皇国像を検証

する。

◇為政者の器─現代の日本に求められる政治家像　丹羽文生著　春日出版　2009.8　127p　19cm　①978-4-86321-193-3
＊時代の牽引役として、激動の歴史を生き抜いた魅力溢れる二〇人のリーダーから、現代の政治家そして国民が学ぶべきこと。

◇代表的日本人　内村鑑三著，岬竜一郎訳　PHPエディターズ・グループ　2009.7　218p　19cm　①978-4-569-70952-9
＊誇りうる精神の体現者たち。『武士道』と並ぶ名著の読みやすい現代語訳。

◇歴代陸軍大将全覧　明治篇　半藤一利，横山恵一，秦郁彦，原剛著　中央公論新社　（中公新書ラクレ）　2009.1　273,25p　18×11cm　①978-4-12-150303-9
＊陸軍大将全員の人物像と事績を4人の歴史家が洩らさず紹介した、リーダブルな陸軍史の決定版。本書は西郷・山県・児玉・乃木など、明治期の大将31人を扱い、その実像を伝える。

◇西南戦争外史─太政官に反抗した西郷隆盛　飯干憶著　鉱脈社　（みやざき文庫）　2009.1　173p　19cm　①978-4-86061-301-3
＊132年前、宮崎の地は戦場となった。何故そうなったのか。何があったのか。西郷隆盛の戦を現在にもつながる問いかけとして読みなおす。

◇気張りもんそ─西郷隆盛の生涯　第1巻　鷲尾村夫子著　日本文学館　2009.1　283p　19cm　①978-4-7765-1850-1
＊一八一年前に生まれた一人の赤ん坊、彼はその生まれたままの純真な心を生涯持ち続け、その心に知識と経験が積み重なった。悲しくも美しい様々な経験を経て、彼は国家の人柱となった。日本人の真心とは何なのか。日本人の誇りとは何なのか。国家創業の巨人達の息吹と鼓動の中であなたはそれを模索するであろう。我々日本人の本当の生き方を見出すのなら、あなたの新しい人生がその時に始まる。我国本来のあるべき姿を見出すのなら、今あなたがいるその場所から新しい日本の国が生まれる。

I　政治・経済　　　　　　　　　　　　　　　　　　　　　　　　　　　　西郷隆盛

在るがままの歴史が面白く、登場人物の人生が面白いなら、この世と人生そのものが美しく、価値あるに違いない。あなたの祖父、曽祖父達の声に心澄まして聞き入るならば、その時こそ、あなたは己が何者であるかを知るだろう。

◇図解で迫る西郷隆盛　木村武仁著　淡交社　2008.11　233,5p　19cm　〈年譜・文献あり〉　①978-4-473-03531-8

◇幕末"志士"列伝　別冊宝島編集部編　宝島社　（宝島SUGOI文庫）　2008.11　223p　15cm　①978-4-7966-6682-4
＊260年の長きにわたって鎖国と称して「引きこもつて」いた日本。しかし、世界情勢はそれを許さず、日本国内からも「このままではいけない」と立ち上がる者たちが現れた。桂小五郎、高杉晋作，坂本竜馬、中岡慎太郎、西郷隆盛…。それに近藤勇、土方歳三、沖田総司。新しい時代を築こうとする者、旧きものを守ろうとする者。国の行く末を案じ、燃える様に散った志士たちの生き様をこの一冊に。

◇西郷隆盛―孤高の英雄全軌跡　新人物往来社　（別冊歴史読本）　2008.10　159p　26cm　①978-4-404-03624-7

◇(新)西郷南洲伝　下　稲垣秀哉著　高城書房　2008.7　554p　26cm　〈年譜・文献あり〉　①978-4-88777-112-3

◇西郷隆盛―「無私」と「胆力」の人　上木嘉郎著　高城書房　（鹿児島人物叢書）　2008.3　279p　19cm　〈肖像・文献あり〉　①978-4-88777-111-6
＊鹿児島が誇る偉人たち。彼らに生きざまは、読者に感銘を与え、人生の羅針盤の役割を果たすだろう。鹿児島『人物』再発見。

◇西郷隆盛　第9巻　新装版　海音寺潮五郎著　朝日新聞社　2008.3　379p　19cm　①978-4-02-250407-4
＊鳥羽・伏見の戦いに敗れた慶喜は恭順。西郷と勝の会議で江戸城総攻撃は回避されたが、上野戦争が勃発する―。著者の生命を燃焼させた幕末維新史の決定版、ついに完結。

◇西南戦争―西郷隆盛と日本最後の内戦　小川原正道著　中央公論新社　（中公新書）　2007.12　258p　18cm　①978-4-12-101927-1
＊明治維新後、佐賀の乱、神風連の乱、萩の乱などに続く、不平士族による最後の反乱となった西南戦争。九州全土で八ヵ月間にわたり行われた近代日本最大の内戦である。それはまた誕生してまもない「日本軍」が経験した最初の本格的戦争でもあった。本書では、反乱軍の盟主である西郷隆盛の動向を柱に、熊本城篭城戦、田原坂の戦いをはじめ、九州各地での戦闘を丹念に追い、日本最後の内戦の実態と背景を明らかにする。

◇働く意味 生きる意味―73人のみごとな生き方に学ぶ　川村真二著　日本経済新聞出版社　（日経ビジネス人文庫）　2007.12　263p　15cm　①978-4-532-19430-7
＊人生は晴れる日ばかりではない。心に雨が降りそうな日には、本書を開いてほしい。西郷隆盛から吉永小百合まで、誰もが知っている日本人の、心洗われるエピソード、力強い言葉を通して、生きること、働くことの意味を考えた感動の書。

◇西郷隆盛伝　復刻版　勝田孫弥著　マツノ書店　2007.11　914,4p　22cm　〈原本：西郷隆盛伝発行所明治27-28年刊　肖像あり〉

◇内村鑑三の『代表的日本人』―品格ある5人の日本人が教えてくれたこと　童門冬二著　PHP研究所　2007.10　252p　19cm　〈年譜あり〉　①978-4-569-65471-3
＊サムライ・スピリットで生きる。およそ百年前、世界に紹介された『代表的日本人』。内村鑑三が描いた、5人の精神を、新たな視点で活写する。

◇薩摩のキセキ―日本の礎を築いた英傑たちの真実！　西郷吉太郎，西郷隆文，大久保利泰，島津修久著，薩摩総合研究所「チェスト」編著　総合法令出版　2007.10　447p　19cm　①978-4-86280-014-5
＊西郷隆盛、大久保利通、島津斉彬―。類まれなるリーダーシップを発揮したこれら薩摩の英傑たちは、いかにして生まれ、育まれたのか？　日本はこのまま

伝記ガイダンス 明治を生きた人々　**287**

でよいのか？ 日本の未来は危うくない
か？ リーダーとはどうあるべきか？ す
べての日本人に送る熱きメッセージ。

◇南海物語―西郷家の愛と哀しみの系譜
加藤和子著 郁朋社 2007.8 261p 20
×14cm ①978-4-87302-388-5
＊西郷隆盛に愛されたが故に、彼の人生
に翻弄され、波乱の道程を歩んだ四人
の女とその子供たちの生涯を描いた歴
史物語。

◇西郷隆盛伝説 佐高信著 角川学芸出版
2007.4 361p 20cm
①978-4-04-621055-5
＊来るべき近代日本の理想像を追い求め、
激動の幕末・明治維新にその一命を燃
焼させた西郷南洲。人々を魅了する
「清風」のような魂と、真の改革精神が
刻んだ「日本の軌跡」を検証する、著
者、渾身の維新史―。

◇荘内藩を救った西郷隆盛―軌跡と人間性
をたどる 大谷良雄著 コミュニティ新
聞社 2007.4 200p 19cm
①978-4-907645-03-8

◇西郷隆盛―西南戦争への道 猪飼隆明著
岩波書店 （岩波新書） 2006.11 234p
18cm ①4-00-430231-5
＊西郷隆盛はなぜ反乱をおこしたのか。
またなぜ、復権されるのか。幕末動乱
から征韓論争、西南戦争にいたる西郷
の軌跡をたどり、さらに死後の評価ま
でを射程に入れて、西郷の悲劇の意味
を読み解いていく。ときの明治政府権
力である「有司専制」との対抗関係を主
軸に、新たな西郷像を提示し、日本近代
国家の成立過程と特質を考える意欲作。

◇西郷隆盛と徳之島―徳のある島…徳のあ
る人との出会い… 益田宗児著 浪速社
2006.11 204p 21cm 〈肖像あり〉
①4-88854-432-8

◇(新) 西郷南洲伝 上 稲垣秀哉著 高城
書房 2006.8 466p 26cm 〈肖像・文
献あり〉 ①4-88777-090-1

◇師弟―ここに志あり 童門冬二著 潮出
版社 2006.6 269p 19cm
①4-267-01741-7
＊一期一会の出会い。17組の運命的出会

いが歴史を作った。

◇近現代戦闘精神の継承―西郷隆盛・頭山
満・葦津珍彦の思想と行動 頭山満翁生誕
百五十年祭記念誌 頭山満翁生誕百五十
年祭実行委員会編 頭山満翁生誕百五十
年祭実行委員会 2006.2 21cm

◇西郷隆盛と士族 落合弘樹著 吉川弘文
館 （幕末維新の個性） 2005.10 235p
20cm 〈文献あり〉 ①4-642-06284-X
＊幕末維新の英雄＝西郷隆盛。薩長盟約、
江戸無血開城、廃藩置県など近代化の
基礎を築きながら、なぜ西南戦争を起
こし悲劇の最期を遂げたのか。多くの
日本人を引き付けた西郷の魅力に迫り、
波瀾の生涯と激動の時代を描く。

◇西郷隆盛 上田滋著 弓立社 （甦る伝記
の名著 幕末維新編） 2005.10 412p
21cm ①4-89667-502-9
＊長い間、謎の多い人物とされながら、な
おかつ日本人に最も愛され親しまれてき
た明治維新最大の巨人の謎に肉薄する。
西郷は、「維新の功臣、明治の逆臣」と
呼ばれ、維新が成功した後は、進歩的で
なく頑迷な保守になったとされるのが
通説だ。だが、岩倉使節団外遊二年の
間、事実上、政府・軍部のトップにあっ
た西郷は、最も開明的で自由な政治を
行った。勝海舟や福沢諭吉・新渡戸稲
造など多くの識者がこの間の政治を絶
賛している。「これほど自由な空気を
吸った時期はなかった」と諭吉は語る。
そこを著者は、初めてと言っていいほ
どすくいあげ、西郷の真実に肉薄した。

◇明治の教訓 日本の気骨―明治維新人物学
渡部昇一、岡崎久彦著 致知出版社
（CHICHI SELECT） 2005.8 216p
18cm 〈『国のつくり方』改題書〉
①4-88474-721-6

◇日本の名匠 改版 海音寺潮五郎著 中
央公論新社 （中公文庫） 2005.7 332p
15cm ①4-12-204558-4
＊歴史小説の巨匠が独特の史観を通して、
虎徹、山浦清麿、古田織部正、長次郎、
本阿弥光悦、乾山、仁清など日本の代表
的名匠の謎に包まれた生涯を解き明か
す。また、平将門、平清盛、上杉謙信、

西郷隆盛など歴史上の英雄や武将の知られざる側面を現代の眼で生き生きと描いた「武将の運命」を併録。

◇教養のすすめ―明治の知の巨人に学ぶ　岡崎久彦著　青春出版社　2005.7　223p　19cm　①4-413-03535-6
＊百年前、歴史を変えた本物の教養があった！　どんな危機にも動じない、器の大きい人物の魅力とは。

◇西郷隆盛惜別譜　横田庄一郎著　朔北社　2004.3　211p　20cm　①4-86085-015-7

◇西郷隆盛に学ぶ―先ず世界共通語　第8改訂版　石原貫一郎著　石原出版社　2004.3　270p　15cm　〈年譜あり〉　①4-900611-39-5

◇図説・西郷隆盛と大久保利通　新装版　芳即正,　毛利敏彦編著　河出書房新社　（ふくろうの本）　2004.2　126p　22cm　〈肖像あり　年譜あり〉　①4-309-76041-4

◇天を敬い人を愛す―西郷南洲・人と友　芳即正著　高城書房　2003.7　238p　19cm　①4-88777-045-6
＊西郷隆盛の交友関係はどのように培われたか？　心の修行「座禅」はどこの場所で行われたか？　貧乏物語をはじめ、新たな西郷南洲に迫る。

◇西郷と大久保と明治国家―「日本生態史観」日本史の中の帝国と共和国　1　冨川光雄著　〔冨川光雄〕　2003　21cm

◇明治維新と征韓論―吉田松陰から西郷隆盛へ　吉野誠著　明石書店　2002.12　256p　21cm　①4-7503-1659-8

◇西郷隆盛に学ぶ　世界は一つ　石原貫一郎著　石原出版社　2002.9　275p　15cm　①4-900611-35-2

◇巨眼さぁ開眼　阪口雄三著　元就出版社　2002.9　287p　19cm　①4-906631-86-X
＊明治維新第一の功労者・西郷隆盛を敬愛する著者が書き下ろした感動の歴史人物伝。入魂のライフワーク。今日のまさに大改革の来らんとする時にあたり、ここに艱難辛苦に打ち勝つための指針がある。

◇巨眼さぁ往く　阪口雄三著　元就出版社

2002.9　355p　19cm　①4-906631-87-8
＊濁って汚いこの世を改革するために登場してきた希代の英傑・西郷隆盛の生涯をみごとに描き切った異色の歴史人物伝。日本の大変革の重責を一身に背負って奮闘した“時代の申し子”の堂々たる生き方。

◇西郷南洲の道と明治維新―滅びなき時世への指導者道を啓示　鮫島志芽太著　高城書房　2000.6　274p　19cm　①4-88777-001-4

◇私本西郷隆盛と千代香　薩長同盟編　安達征一郎著　海風社　（南島叢書）　1999.9　286p　19cm　①4-87616-269-7
＊薩摩の西郷から日本の西郷へ。勝海舟、坂本龍馬との出会いをからませながら、「時代を動かす男・西郷隆盛」新生までを描く。

◇わが人生に悔いあり―世界没落人物伝　藤井薫著　なあぷる　1999.7　286p　19cm　①4-931440-15-0
＊ナポレオン、西郷隆盛、レーニン…時代を彩る著名人の共通項とは何か？　それは、人生の前半生で栄耀栄華を極めた後、急転直下で没落し、失意の晩年をすごしていること。なぜ、彼らは栄光の座を追われたのか？　本書は、時代に名を残す著名人たちの波瀾万丈の人生をたどり、その没落の原因を探る。栄光と悲惨を極めた先人たちの人生は、現代を生きるわたしたちにも大きな教訓を与えてくれる。番外編には「大往生をとげた人々」をピックアップ。

◇草花の匂ふ国家　桶谷秀昭著　文芸春秋　1999.6　249p　20cm　①4-16-355200-6
＊揺籃期の明治日本。日本人は何を守り、何を捨てたのか？　維新革命の精神を一身に体現する西郷隆盛を主軸に描く。

◇西郷さんを語る―義妹・岩山トクの回想　増補版　岩山トク述,　岩山清子,　岩山和子編著　至言社　1999.5　216p　20cm　〈肖像あり　東京　ぺりかん社（発売）　文献あり〉　①4-8315-0880-2
＊古老が語り残した西郷さんの姿。ユーモアたっぷりで、子どもを、女性を、家族を大切にした西郷さん。今の生き方

に役立つ話がいっぱい。方言の一例にもなるように、鹿児島弁と共通語を併記しました。

◇西郷南洲遺訓講話　新装版　西郷隆盛,頭山満著, 雑賀鹿野編著　至言社　1999.5　163p　20cm　〈東京 ぺりかん社(発売)〉①4-8315-0882-9

◇代表的日本人　内村鑑三著, 稲盛和夫監訳講談社インターナショナル　(バイリンガル・ブックス)　1999.3　265p　19cm〈本文：日英両文〉①4-7700-2401-0
＊日本の著名なクリスチャン、内村鑑三が、偉大で、温かさと峻厳さをあわせもち、誠実で、情熱に溢れる5人の日本人の生涯に肉薄し、世界の人たちに英文で紹介した世界的名著。

◇南洲随想―その他　江藤淳著　文芸春秋1998.12　245p　20cm　①4-16-354680-4
＊歴史、国家、現下の政治を論じ西郷の思想の意味を現代に問う。名著「南洲残影」を読み解く鍵がここに。

◇私本西郷隆盛と千代香　沖永良部島編安達征一郎著　海風社　(南島叢書)1998.10　268p　19cm　〈文献あり〉①4-87616-266-2

◇南洲残影　江藤淳著　文芸春秋　1998.3238p　20cm　〈文献あり〉①4-16-353840-2

◇西郷隆盛の世界　上田滋著　中央公論社(中公文庫)　1998.1　500p　16cm〈「西郷隆盛の思想」(PHP研究所1990年刊)の増補　年表　文献　索引あり〉①4-12-203046-3

◇西郷隆盛　復刻版　山路愛山著, 小尾俊人解説　日本図書センター　(山路愛山伝記選集)　1998.1　498,21p　22cm　〈原本：「西郷隆盛 上巻」(明治43年刊)肖像あり 年譜あり〉　①4-8205-8247-X

◇山路愛山伝記選集　第10巻　西郷隆盛山路愛山著　日本図書センター　1998.1498,21p　22cm　〈玄黄社明治43年刊の複製 年表：p3～34 巻末：山路愛山略年譜〉①4-8205-8247-X

◇歴史を動かした男たち―近世・近現代篇高橋千劔破著　中央公論社　(中公文庫)

1997.12　429p　15cm　①4-12-203013-7
＊徳川家康・大石内蔵助・徳川慶喜・西郷隆盛・大隈重信・山本五十六・昭和天皇等々一。江戸から現代まで、日本の歴史を創った人物を史実に沿って平易に記述し、更に逸話等を挿入し人物のイメージを理解しやすいよう努めた便利な人物伝。「古代・中近世篇」とあわせて、人物で辿る日本の歴史ともなっている。

◇西郷隆盛　安藤英男著　学陽書房　(人物文庫)　1997.12　495p　15cm　〈『史伝西郷隆盛』(鈴木出版1988年刊)の改題〉①4-313-75041-X

◇南洲百話　山田準著　明徳出版社1997.11　149p　19cm　〈金鈴社昭和19年刊の再刊〉①4-89619-139-0
＊今なお人々の心に生き万人に愛される西郷南洲。その偉大な生き方を、南洲に私淑した陽明学の泰斗が数々の逸話を交え感銘深く語った好読物。

◇西郷さんを語る―義妹・岩山トクの回想岩山清子編著, 岩山和子編著　至言社1997.6　213p　20cm　〈東京 ぺりかん社年表西郷隆盛とその家族を中心とした略年譜：p193～197 文献：p207～209〉①4-8315-0781-4

◇「南洲翁遺訓」を読む―わが西郷隆盛論渡部昇一著　致知出版社　(Chi chi-select)　1996.11　252p　20cm　〈肖像あり　文献あり〉　①4-88474-502-7
＊西郷隆盛が遺した教え、その現代的読み方。

◇西郷隆盛―偉大な教育者 沖永良部島の南洲塾　本部広哲著　海風社　1996.9279p　19cm　①4-87616-254-9

◇詩歌と歴史と生死　第4巻　俗塵に生きる福田昭昌著　教育開発研究所　1996.6249p　19cm　①4-87380-254-7
＊名作を通して、憂国・思想遍歴・憂愁・郷愁・浪漫の詩人たちの生死を訪ねる。一数々の古典、名詩・秀歌、様々な動乱と生死の中には、今を生きる人生哲学がある。

◇江戸人物伝　白石一郎著　文芸春秋　(文春文庫)　1996.3　248p　15cm

Ⅰ 政治・経済　　　　　　　　　　　　　　　　　　　　　　　西郷隆盛

①4-16-737015-8
＊巌流島の決闘の宮本武蔵、佐々木小次郎、天一坊事件を裁いた大岡越前守、赤穂浪士の盟主大石内蔵助、黒田騒動の主役栗山大膳、茶の輸出で名を馳せた女貿易商大浦お慶をはじめ、井伊直弼、横井小楠、西郷隆盛、島津斉彬、桐野利秋など、激動の時代を生き抜いた傑物たちを卓絶した史眼で取りあげた歴史エッセイ15篇。

◇西郷隆盛　勝部真長著　PHP研究所（PHP文庫）　1996.2　324p　15cm　〈西南戦争略年表：p312〜313 年譜・参考文献：p315〜324〉　①4-569-56859-9
＊討幕派の指導者として薩長同盟・王政復古の画策、江戸の無血開城など、近代日本の礎を築いた西郷隆盛。明治維新後、西郷を待ち受けていたものは、人間社会に必然な腐敗と醜い権力闘争であった…明治10年9月24日、城山にて自刃。維新最大の功労者でありながら、賊軍として非業の死を遂げるに至った理由とは何か。正義・人道を貫いた男の不撓不屈の生涯を鮮やかに描いた力作評伝。

◇心に生きる日本人—歴史を彩る人物列伝　杉田幸三著　展転社　1996.2　294p　19cm　①4-88656-122-5
＊聖徳太子・源実朝・豊臣秀吉・明治天皇・西郷隆盛・森鷗外など日本史を彩った英傑78人の群像。真の日本人とは何か、その解答がここにある。

◇西郷隆盛の人生訓　童門冬二　PHP研究所（PHP文庫）　1996.1　236p　15cm　〈＜巻末年表＞西郷隆盛の軌跡をたどる：p221〜236〉　①4-569-56826-2
＊明治維新の立て役者でありながら、西南戦争で非業の最期を遂げた西郷隆盛。幕末から現代に至るまで、人々を魅了し続ける彼の魅力とはなにか。本書は、西郷隆盛の激動の人生をたどりながら、現代をたくましく生き抜く知恵を学ぶ。人脈づくりの要諦とは。いかにして自分を磨くか。ライバル・大久保利通や坂本龍馬とのエピソードも交え、その人望力の秘密に迫る。

◇江戸っ子武士道—海舟と南洲　城昌幸著　春陽堂書店　（春陽文庫）　1995.5　245p

16cm　①4-394-10808-X

◇逸話逸事にみる西郷隆盛の人間像　野中敬吾編　野中敬吾　1995.4　45p　19cm　〈西郷隆盛の肖像あり〉

◇西郷隆盛—物語と史蹟をたずねて　童門冬二著　成美堂出版　（成美文庫）　1995.2　338p　16cm　〈1974年刊の増訂　西郷隆盛の肖像あり〉　①4-415-06415-9
＊薩長同盟、王政復古を成功させ、東征大総督府の参謀として江戸無血開城を実現させた西郷隆盛。明治新政府の参議となり、廃藩置県を断行した西郷隆盛。そして、征韓論を唱え、西南戦争を起こし、賊軍の汚名を着せられて城山で自刃した西郷隆盛…。「俗物にはとうていわからない」といわれる西郷隆盛の生涯を幕末維新の政治過程とともに描く。

◇世界の伝記　16　西郷隆盛　福田清人著　ぎょうせい　1995.2　312p　20cm　〈新装版　西郷隆盛年譜：p301〜305 参考文献：p311〜312〉　①4-324-04393-0

◇兄弟は他人のはじまりか？　日本テレビ放送網　（知ってるつもり?!）　1994.6　247p 19cm　①4-8203-9414-2

◇幕末三傑・乱世の行動学　尾崎秀樹著　時事通信社　1994.2　184p 19cm　①4-7887-9405-5
＊動乱の時代に生き、近代国家への道を開いた坂本龍馬、西郷隆盛、勝海舟。その思想と行動を鮮やかに描き出す。

◇西郷隆盛をめぐる群像　古川薫ほか著　青人社　（幕末・維新百人一話）　1993.9　203p 21cm　①4-88296-110-5
＊決断力と慈悲の心で豪放に時代に挑んだ西郷隆盛とともに生きた群像。

◇西郷隆盛　山口宗之著　明徳出版社　（シリーズ陽明学）　1993.9　179p 19cm　①4-89619-931-6
＊西郷が若き日に陽明学を学んだことは彼のその後の人生に大きな影響を与えた。注釈・現代訳を施した西郷の遺文に叙篇・伝記も加え、陽明学的生き方を全うした至誠の生涯・学問を解説。

◇幕末・維新百人一話　4　西郷隆盛をめぐる群像　古川薫ほか著　青人社　1993.9

伝記ガイダンス 明治を生きた人々　**291**

203p 21cm 〈幕末・維新西郷隆盛略年表：p196〜201〉 ⑭4-88296-110-5

◇西郷隆盛の道―失われゆく風景を探して アラン・ブース著，柴田京子訳 新潮社 1993.7 213p 19cm ⑭4-10-525302-6
＊延岡から高千穂をぬけ鹿児島へ…。西郷敗走のルートを辿りながら、田舎の素朴な人々の姿をユーモアたっぷりに描く。

◇江戸人物伝 白石一郎著 文芸春秋 1993.1 206p 19cm ⑭4-16-347130-8
＊宮本武蔵、佐々木小次郎、大岡越前守、大石内蔵助、井伊直弼、西郷隆盛など、激動の時代を生き抜いた傑物たちを卓絶した史眼で取りあげた歴史エッセイ集。

◇西郷隆盛と沖永良部島 先間政明著 八重岳書房 1992.9 125p 19cm ⑭4-8412-2149-9

◇西郷隆盛―西南戦争への道 猪飼隆明著 岩波書店 （岩波新書） 1992.6 234p 18cm ⑭4-00-430231-5
＊西郷隆盛はなぜ反乱をおこしたのか。またなぜ、復権されるのか。幕末動乱から征韓論争、西南戦争にいたる西郷の軌跡をたどり、さらに死後の評価までを射程に入れて、西郷の悲劇の意味を読み解いていく。ときの明治政府権力である「有司専制」との対抗関係を主軸に、新たな西郷像を提示し、日本近代国家の成立過程と特質を考える意欲作。

◇男の肖像 塩野七生著 文芸春秋 （文春文庫） 1992.6 206p 15cm ⑭4-16-733702-9
＊人間の顔は、時代を象徴する―。幸運と器量にめぐまれて、世界を揺るがせた歴史上の大人物たち、ペリクレス、アレクサンダー大王、カエサル、北条時宗、織田信長、西郷隆盛、ナポレオン、フランツ・ヨゼフ一世、毛沢東、チャーチルなどを、辛辣に優雅に描き、真のリーダーシップとは何かを問う。豪華カラー版。

◇西郷隆盛 西郷従宏著 西郷従宏 1992.4 219p 22cm 〈西郷隆盛の肖像あり 参考にした書物：p2〜3〉

◇幕末志士伝 早乙女貢著 新人物往来社 1991.7 275p 19cm ⑭4-404-01833-9

＊坂本龍馬、佐々木只三郎、高杉晋作、川上彦斎、中山忠光、沖田総司、平田金十郎、中野竹子、土方歳三、西郷隆盛らを廻る血の維新史。早乙女史観が志士の本質を鋭くえぐる傑作歴史小説集。

◇明治維新の歴史探訪―西郷隆盛のあゆみを尋ねて 近本喜続著 近本税理士事務所 1991.5 232p 26cm 〈西郷隆盛あゆみの年譜：p215〜230 主な参考文献：p232〉

◇日本人は何を失したのか―西郷隆盛が遺したこと 加来耕三著 講談社 1990.10 266p 19cm ⑭4-06-204585-0
＊諸外国からきこえてくるのは、薄情で傍若無人、金があれば何をしてもよいと信じ込んでいる、手前勝手な日本人への嫌悪に満ちた非難の声ばかり。いわく、日本人には道徳がない、本物の宗教がない、正義の主張がない―。どうして日本人ばかりが、こんなに非難されるのか。じっくりと考えてみたい。

◇長崎幕末浪人伝 深潟久著 西日本新聞社 1990.10 346p 19cm ⑭4-8167-0290-3
＊坂本龍馬、後藤象二郎、高杉晋作、木戸孝允、西郷隆盛、大久保利通…ら土佐、長州、薩摩の浪人たちが土佐藩大目付・佐々木高行を中心に離合集散、新時代の誕生に生命を燃焼させた。彼らが長崎に残した熱い足跡を追う。幕末の長崎を彩った人と事件を余すところなく伝える力作。

◇島の巌窟王―西郷隆盛伝 下 東木武市著 〔東木武市〕 1990.10 303p 19cm

◇西郷隆盛と大久保利通―特別陳列 鹿児島県歴史資料センター黎明館企画・編集 鹿児島県歴史資料センター黎明館 1990.9 111p 26cm 〈西郷隆盛および大久保利通の肖像あり 会期：平成2年9月〜平成3年10月 西郷隆盛・大久保利通年表：p107〜111〉

◇国にも金にも嵌まらず―西郷隆盛・新伝 下 下 鮫島志芽太著 サイマル出版会 1990.9 394p 19cm ⑭4-377-20865-9
＊命もいらず、名もいらず、官位も金もいらぬ、始末に困る男の生涯と思想。西郷隆盛研究者渾身のライフワーク。

I 政治・経済　　　　　　　　　　　　　　　　　　　　　　　　　西郷隆盛

◇西郷隆盛　〔新装版〕　池波正太郎著　新
人物往来社　1990.8　294p　19cm
①4-404-01745-6
　＊悲劇の英雄の生涯。西郷隆盛に対して、
　大いなる親密感をもつ著者がとらえた
　その素顔。

◇幕末三舟伝　頭山満著　島津書房　1990.8
368p　21×16cm　①4-88218-028-6
　＊勝海舟、高橋泥舟、山岡鉄舟の幕末三舟
　を立雲頭山満翁がその独特な舌端を
　もって剖検した近代の快著。

◇島の巌窟王─西郷隆盛伝　上　東木武市
著　〔東木武市〕　1990.7　301p　19cm

◇西郷隆盛の思想─道義を貫いた男の心の
軌跡　上田滋著　PHP研究所　1990.6
381p　19cm　①4-569-52767-1
　＊「何のための明治維新だったのか」─大
　久保利通に代表される新政府の脱亜入
　欧、富国強兵路線と袂を分かち、西南戦
　争で自刃し維新の功臣・明治の逆臣と
　呼ばれた西郷。その悲劇をもたらした
　内面的葛藤をあざやかに描く。

◇大西郷兄弟物語─西郷隆盛と西郷従道の
生涯　〔新装版〕　豊田穣著　光人社
1990.5　278p　19cm　①4-7698-0333-8
　＊波瀾激動の時代を雄々しくリードしな
　がら、朝敵として斃れた隆盛。偉大な
　英雄を兄とした故の悲しき宿命を背
　負った従道。二人の天性の大人物の内
　面を照射した感動作。

◇ピクトリアル西郷隆盛/大久保利通　1
幕末維新の風雲　学習研究社　1990.5
127p　26cm　〈監修：小西四郎ほか　参
考文献：p4　西郷隆盛・大久保利通年表：
p126〜127〉　①4-05-103839-4

◇西郷南洲遺訓講話　改訂版　西郷隆盛著，
頭山満講話，雑賀鹿野編　至言社　1990.4
163p　19cm
　＊西郷が遺した日本的倫理思想の精髄。頭
　山翁曰く「西郷の心はこれ天の心」と。
　本書は大正14年政教社から出版されて
　以来、版を重ねること10数版に及び、有
　為の青年に愛読されてきた名著である。

◇西郷隆盛　高野澄著　徳間書店　（徳間文
庫）　1990.4　379p　15cm

①4-19-599053-X
　＊維新回天の大業をなしとげた西郷隆盛
　は、曠世の英雄だと言われる。が、一方
　では日本歴史上、最後の内乱となった
　西南戦争を起こし、城山に自刃した西
　郷は、逆賊ともされた。西郷が「敬天愛
　人」を志としたことはよく知られてい
　る。しかし、その人間像、政治家像はか
　ならずしも明らかではない。本書は、
　西郷の遺訓、詩文、書簡を通してその生
　涯を明らかにし、現代の日本人に遺し
　たものは何であるか、を語ってくれる。

◇流魂記─奄美大島の西郷南洲　脇野素粒
著　丸山学芸図書　1990.4　353p　19cm
①4-89542-009-4
　＊5年間にわたる西郷隆盛の南島での流人
　生活の跡をくまなく訪ね歩き、多くの
　新資料をもとに知られざるその全容を
　描きつくす記念すべき労作。

◇日本でいちばん好かれた男─ねうちある生
きかたを求めて　鮫島志芽太著　講談社
1990.3　228p　19cm　①4-06-116668-9
　＊いかにきれいに生き、きれいに死ぬか
　─。美・義・名を重んずる日本人の価
　値観を西郷の生き方に見いだした西郷
　論。1世紀の時空を経て、いま甦る人間
　西郷隆盛の魅力。

◇大将と賢among─西郷の志と大久保の辣腕
新野哲也著　光風社出版　1990.3　254p
19cm　①4-87519-750-0

◇国にも金にも嵌まらず─西郷隆盛・新伝
上　上　鮫島志芽太著　サイマル出版会
1990.3　292p　19cm　①4-377-20839-X
　＊小人がはびこり、拝金に溺る昨今の日
　本人に、新資料と新視点で大西郷の人
　間を描きあげる。

○特集・西郷隆盛の人間関係学　「プレジデ
ント」　（プレジデント社）　28(2)
1990.2

◇西郷隆盛を語る　新装版　司馬遼太郎,
奈良本辰也ほか著　大和書房　1990.2
264p　19cm　①4-479-81004-8

◇西郷隆盛　勝部真長著　PHP研究所
（歴史人物シリーズ）　1990.2　254p
19cm　①4-569-52705-1
　＊島津斉彬に見出され、討幕派の指導者

伝記ガイダンス　明治を生きた人々　　**293**

西郷隆盛　　　　　　　　　　　　　Ⅰ　政治・経済

として薩長同盟、王政復古を画策、近代日本の礎を固めた西郷—。先進的諸改革を進めるも、明治6年の政変で政府を去り、西南戦争で自刃した生涯を描く。

◇史伝 西郷隆盛と山岡鉄舟—日本人の武士道　原園光憲著　日本出版放送企画　（武士道叢書）　1990.2　317p 19cm　Ⓘ4-7601-0553-0
＊西郷肖像問題。謎か？ 決着か！ 新写真発見。本書に初公開。幕末明治の日本と日本人を考える。武士道からみた西郷隆盛と山岡鉄舟の真実。

◇西郷隆盛の謎　後藤寿一，河野亮著　天山出版　（天山文庫）　1990.2　253p 15cm　Ⓘ4-8033-2243-0
＊NHK大河ドラマ登場、西郷隆盛の虚と実。性格・行動・決起・生涯の謎のすべて。

◇大将と賢将—西郷の志と大久保の辣腕　新野哲也著　光風社出版　1990.2　254p 19cm　Ⓘ4-87519-750-0
＊近代日本の礎となるべく、激動の幕末・明治初期を怒濤のごとく駆抜けた、大将＝西郷隆盛と賢将＝大久保利通。この2人の英傑の才の異質さがかえって恵みとなり、明治維新という大改革をなしとげたと考える本書では、その2人の資質を現代という時代のエネルギーの前にひき出し、今、現代人が必要と考える“リーダー像”を探ろうとしている。

◇書で綴る維新の群像　広論社出版局編　広論社　1990.2　258p 26cm　Ⓘ4-87535-125-5

◇西郷隆盛 人生の詩　神長文夫写真　コーリュウ生活文化研究室　1990.2　93p 21cm　Ⓘ4-931207-21-9

◇幕末・維新の群像　第6巻　西郷隆盛　勝部真長著　PHP研究所　（歴史人物シリーズ）　1990.2　254p 20cm　〈折り込表1枚　参考文献：p253〉　Ⓘ4-569-52705-1

◇西郷隆盛—幕末・明治の風雲 イラスト再現　世界文化社　（ビッグマンスペシャル）　1990.1　127p 28cm

◇図説 西郷隆盛と大久保利通　芳即正，毛利敏彦編著　河出書房新社　1990.1

126p 22×17cm　Ⓘ4-309-72474-4
＊疾風怒濤の黎明期日本を領導したふたりの巨人の友情と悲劇。西郷は政韓論者ではなかった。透徹した史観で描くNHK大河ドラマの主人公たちの実録。永久保存版。

◇幕末維新の風雲　学習研究社　（ピクトリアル西郷隆盛・大久保利通）　1989.12　127p 26×22cm　Ⓘ4-05-103839-4

◇真説 西郷隆盛 ものしり読本—徳川幕府を倒した男の栄光と挫折　森純大著　広済堂出版　（広済堂ブックス）　1989.12　227p 18cm　Ⓘ4-331-00472-4
＊短い着物に大きな頭、太い胴体に短い手足—。上野の山の銅像でおなじみの「西郷さん」ほど、子供たちから大人まで広く親しまれたヒーローはいない。しかし、その写真が1枚も現存していないなど、西郷は幾重もの歴史の霧に包まれた謎多い人物でもあった。本書では、その生い立ちから51年の生涯を戦場で閉じるまでを興味深いエピソードをもとに解明し、国民的大英雄の知られざる素顔を明らかにする。

◇「人望」の研究—西郷隆盛はなぜ人を魅きつけるのか？　童門冬二著　主婦と生活社　1989.12　220p 19cm　〈西郷隆盛の軌跡をたどる：p207〜220〉　Ⓘ4-391-11225-6

◇西郷隆盛 七つの謎　新人物往来社編　新人物往来社　1989.12　237p 19cm　Ⓘ4-404-01663-8

◇写真紀行 西郷隆盛　福田敏之著　新人物往来社　1989.12　193p 19cm　Ⓘ4-404-01684-0
＊悲劇の巨人を悼む西郷隆盛遺跡の写真紀行。

◇西郷星は生きている　日下藤吾著　叢文社　（現代を拓く歴史名作シリーズ）　1989.12　423p 19cm　Ⓘ4-7947-0172-2
＊不世出—三万人の青年に心中を求められた大器量の謎は？ 理解するには、あまりにも大きすぎた男の内面を、老学究が深々とえぐる—。

◇維新の英雄 西郷隆盛　塩田道夫著　日新

294　伝記ガイダンス 明治を生きた人々

Ⅰ　政治・経済　　　　　　　　　　　　　　　　　　　　　　　　　　西郷隆盛

報道　1989.12　210p　19cm
Ⓘ4-8174-0231-8

◇西郷隆盛—維新の英雄　塩田道夫著　日
新報道　1989.12　210p　18cm　〈西郷隆
盛の肖像あり〉　Ⓘ4-8174-0231-8

◇大西郷謎の顔　芳即正編著　著作社
1989.12　190p　21cm　〈西郷隆盛の肖像
あり〉　Ⓘ4-88671-011-5

◇西郷隆盛と大久保利通—幕末・維新もの
しり百科　幕末・維新史研究会編　リク
ルート出版　1989.12　315p　21cm
Ⓘ4-88991-164-2
＊島津700年の輝かしい業績。西郷・大久
保を中心にさまざまなドラマが展開し
ていく。

◇NHK 歴史への招待　第26巻　日本放送協
会編　日本放送出版協会　（新コンパク
ト・シリーズ）　1989.12　234p　18cm
Ⓘ4-14-018068-4
＊南国の大藩といわれる薩摩藩。明治維
新で中心的な役割を担い、西郷隆盛、大
久保利通ら数多くの人材を輩出してい
る。幕末から明治にかけての激動の時
代とともに生きた藩でもある。薩摩藩
が生んだ巨星西郷をめぐる事件と、薩
摩藩の知られざる歴史を再考してみる。

◇「翔ぶが如く」と西郷隆盛—目でみる日本
史　司馬大河ドラマをより深く味わうため
に…　文芸春秋編　文芸春秋　（文春文庫
ビジュアル版）　1989.11　277p　16cm
〈「翔ぶが如く」関連年表：p276〜277〉
Ⓘ4-16-810406-0

◇西郷隆盛と維新の謎—維新の巨星・西郷
は完全無欠の英雄か!?　堀和久著　日本文
芸社　（Rakuda books）　1989.11　238p
18cm　〈西郷隆盛の肖像あり〉
Ⓘ4-537-02160-8

◇西郷隆盛—随いて行きたくなるリーダー
の魅力　堺屋太一，奈良本辰也，綱淵謙錠
ほか著　プレジデント社　1989.11　309p
19cm　Ⓘ4-8334-1350-7

◇人間西郷隆盛　満江巌著　高城書房出版
1989.11　154p　19cm　〈大和書房1977年
刊の改版 西郷隆盛の肖像あり〉
Ⓘ4-924752-18-5

◇西郷さんのここが偉い　維新研究会編
角川書店　（カドカワブックス）　1989.10
203p　18cm　Ⓘ4-04-706062-3
＊有名人だから、よく知っていると思う
のは、錯覚にすぎない。ごく月並みだ
が、"西郷隆盛は、どこが偉いのか？"と
正面きって質問されて、そくざに答え
られるだろうか。なんとなく時代の転
換期のような気がする昨今、改めて西
郷隆盛が、いまの日本に、もっとも求め
られている人物のような気がする。西
郷隆盛を再発見の意味で、西郷さんの
全情報を1冊に。

◇西郷隆盛に学ぶ　石原貫一郎著　新人物
往来社　1989.10　230p　19cm
Ⓘ4-404-01653-0

◇史伝 西郷隆盛　海音寺潮五郎著　文芸春
秋　（文春文庫）　1989.9　316p　15cm
Ⓘ4-16-713523-X
＊維新の英雄西郷隆盛の生き様は薩摩の
風土・人情、そして主家島津家の家風を
抜きにしては語れない。名君齊彬から
多大な影響を受けた西郷は維新の志士
藤田東湖、橋本左内、月照らとの交流か
ら次第に天下国家に目をむけるように
なった—疾風怒濤時代の若き西郷の軌跡
を辿り、その実像に迫る傑作歴史読物。

◇西郷隆盛と大久保利通—男の進退と決断
邦光史郎著　勁文社　（ケイブンシャブッ
クス）　1989.9　234p　18cm
Ⓘ4-7669-1035-4
＊明治維新という時代転換の歯車を廻す
役割を果たしたのは、かつて関ケ原の
合戦で徳川家康に敗れて以来、ずっと
雌伏を続けてきた薩長、つまり薩摩と
長州だった。この薩摩の代表選手と
なった西郷隆盛と大久保利通は、少年
時代からの仲間だったが、肥満体の西
郷と痩身の大久保という外観のちがい
が示すように、その性格も陽と陰、そし
て軍事に秀でた西郷と官僚タイプの大
久保と、まことに対照的である。この
相反する性格がやがて両者の対立を生
み、悲劇を招いたけれど、二人の英傑は
保身や利益のためでなく、あくまで男
らしく己れの信ずる道をまっすぐ歩い
て斃れていった。

伝記ガイダンス 明治を生きた人々　　**295**

西郷隆盛

I 政治・経済

◇幕末維新の志士読本　奈良本辰也著　天山出版　〔天山文庫〕　1989.9　278p　15cm　Ⓘ4-8033-1804-2
＊長州の快男児・高杉晋作、海の男、くもらぬ男・坂本竜馬、無私の英傑・西郷隆盛、また、高杉や久坂玄瑞、伊藤博文らを松下村塾から生み出した吉田松陰。彼ら無私の志士たちの青春と感動的な生きざまを通じて幕末維新の時代変革のすべてを学べる歴史オリジナル文庫。

◇薩摩の盟友 西郷と大久保の生涯　栗原隆一著，斉藤政秋撮影　大陸書房　1989.9　190p　21cm　Ⓘ4-8033-2355-0
＊激動の幕末維新を"翔ぶがごとく"駆け抜けた薩摩の竜と虎。その"友情・対立"のドラマを写真＋地図＋文で立体構成。

◇友情は消えず―西郷隆盛と大久保利通　土橋治重著　経済界　（リュウブックス）　1989.7　246p　18cm　Ⓘ4-7667-0153-4
＊新しい日本の国家づくりに奔走した2人の盟友―。「情」の西郷と「知」の大久保の生涯をダイナミックに描く。

◇日本の青春　童門冬二著　三笠書房　（知的生きかた文庫）　1989.7　300p　15cm　Ⓘ4-8379-0327-4
＊幕末から維新回天、そして日本最後の内乱・西南戦争へ―日本の夜明けを信じ、激動の時代を文字通りからだを張って生き抜いたふたりの巨人・西郷隆盛と大久保利通。それぞれの生きざま、友情と訣別を鮮烈に描く。

◇日本の青春―西郷隆盛と大久保利通の生涯 明治維新を創った男たちの栄光と死　童門冬二著　三笠書房　1989.6　300p　19cm　Ⓘ4-8379-1396-2
＊幕末から維新回天、そして日本最後の内乱・西南戦争へ―日本の夜明けを信じ、文字通り体を張って生きぬいた二人の巨人・西郷と大久保の友情、訣別までを鮮烈に描く。

◇日当山温泉南洲逸話　三島亭著，藤浪三千尋編　高城書房出版　1989.6　183p　20cm　〈年譜：p159～178〉　Ⓘ4-924752-12-6

◇西郷隆盛関係文献解題目録稿―西郷隆盛観の変遷の跡を追う　続4　〔新訂版〕

野中敬吾編著　〔野中敬吾〕　1989.6　71,4p　21cm

◇西郷隆盛関係文献解題目録稿―西郷隆盛観の変遷の跡を追って　再訂版　野中敬吾編　〔野中敬吾〕　1989.1　379,13p　21cm　〈西郷南洲百年記念出版 西郷隆盛の肖像あり〉

○特集・西郷隆盛　「プレジデント」（プレジデント社）　27(1)　1989.1

◇西郷と大久保　小学館　（幕末・維新の群像）　1989.1　286p　15cm　Ⓘ4-09-401010-6
＊薩長連合を成立させた薩摩の西郷・大久保、長州の木戸は明治新政府樹立の立役者となり、政府の首脳におさまる。近代国家建設に燃える維新の三傑もやがて異なる路線を歩みはじめる。宿命の糸で結ばれた西郷と大久保の夢と野望を通し、新政府の苦悩を描く。

◇西郷隆盛の遺書　伴野朗著　新潮社　（新潮文庫）　1988.12　343p　16cm　Ⓘ4-10-104712-X

◇西郷隆盛の詩魂―大和にしきを心にぞ　山口正著，中山士朗絵　銀の鈴社　（銀鈴叢書）　1988.11　158p　19cm　Ⓘ4-7632-2451-4

◇西郷隆盛　5　海音寺潮五郎著　角川書店　（角川文庫）　1988.11　421p　15cm　Ⓘ4-04-127323-4

◇西郷隆盛　3　海音寺潮五郎著　角川書店　（角川文庫）　1988.10　380p　15cm　Ⓘ4-04-127321-8

◇西郷隆盛　4　海音寺潮五郎著　角川書店　（角川文庫）　1988.10　363p　15cm　Ⓘ4-04-127322-6

◇西郷隆盛　1　海音寺潮五郎著　角川書店　（角川文庫）　1988.9　291p　15cm　Ⓘ4-04-127319-6

◇西郷隆盛　2　海音寺潮五郎著　角川書店　（角川文庫）　1988.9　245p　15cm　Ⓘ4-04-127320-X

◇史伝 西郷隆盛　安藤英男著　鈴木出版　1988.6　445p　19cm　Ⓘ4-7902-9009-3
＊明治維新とは何だったのか？　維新をな

296　伝記ガイダンス 明治を生きた人々

I　政治・経済　　　　　　　　　　　　　　　　　　　　　　　西郷隆盛

しとげた西郷隆盛には多くの知られざ
る事跡がある。この不世出の英傑をと
おして激動の時代を描く。

◇西南戦争　岩井護著　成美堂出版
1987.12　220p 19cm　①4-415-07712-9
＊幕末維新第一の功労者でありながら、
大久保らの開明政策に反対、征韓論で
下野し、西南戦争を起こして城山で自
刃した西郷隆盛。西郷没後110年、『敬
天愛人』を信条とし、栄誉も地位も金
も、時には命をも、国のため、人のため
に捧げた西郷を称して、後世「俗物には
とうていわからない人物」といわしめ
た、この不可思議な人物の評価は、再転
し再々転して今日にいたっている。本
書は、西郷50年の生涯をたどりながら、
激動する維新の政治過程を描き、西南
戦争の死闘のすべてを克明にうつし出
したドキュメント。

◇田原坂―日本テレビ大型時代劇　杉山義
法著　日本テレビ放送網　1987.12　292p
19cm　①4-8203-8760-X
＊我国最後の内戦、西南戦争はなぜ起こっ
たのか。明治維新最大の功労者西郷隆盛
は、なぜ賊軍の道を敢えて選んだのか。
西郷隆盛とは、果たしてどのような人物
であったのか。宿命のライバル西郷隆
盛と大久保利通の葛藤を縦糸に、近代
国家形成の激流の中で、幻日を追った
地方士族の壮烈な終焉、西郷一族の明
治維新を描く。鮮烈無比！　西南戦争を
空前のスケールで描く放送脚本の傑作。

◇西郷隆盛文書　日本史籍協会編　東京大
学出版会　（日本史籍協会叢書）　1987.11
387p 22cm　〈日本史籍協会大正12年刊
の複製〉　①4-13-097702-4

◇西郷と明治維新革命　斎藤信明著　彩流
社　1987.10　434p 21cm
＊西郷隆盛没後110年記念！　西郷の行動
と政治思想を中心に据え、新政府の樹
立から西南戦争終結までを詳述。明治4
年6月以後の西郷派による革命的諸改革
の実相と6年政変による反動化、さらに
西郷の「敗北」の大義を解明する。

◇実録西郷隆盛　一色次郎著　春陽堂書店
（春陽文庫）　1987.10　272p　16cm

◇西郷隆盛写真集　福田敏之編著　新人物
往来社　1987.10　246p 21cm
①4-404-01458-9
＊大西郷の波瀾の生涯を西南戦争に従軍
した上野彦馬撮影の古写真をはじめ、
貴重な写真450枚で綴る労作！

◇南洲清話―太っ腹になる男の美学西郷隆
盛の行動論　赤根祥道著　中経出版
1987.5　244p 19cm　〈巻末：西郷隆盛
略年表〉　①4-8061-0284-9

◇西郷隆盛―人望あるリーダーの条件　世
界文化社　（BIGMANビジネスブックス）
1987.3　239p 19cm　①4-418-87602-2
＊西郷ほどに慕われ、愛される英雄はいな
い。それは、判官贔屓からでも、道半ば
で倒れたからでもない。拠って立つべき
スタンスの確かさと、“分”をわきまえた
心の錬度とが余人とは違っていたから
だ。大人の風貌の根底に、“男気”と他者
への“優しさ”を秘めた巨人が目指した
ものは何か？　人間性が問われ、相互不
信が渦巻く現代にあって、日本型リー
ダーの一典型たる西郷の魅力を探る。

◇西郷家の女たち　阿井景子著　文芸春秋
1987.2　246p 20cm　〈巻末：参考文献〉
①4-16-309380-X

◇西郷隆盛の偉さを考える　山田慶晴編
山田慶晴　1986.11　334p 21cm　〈西郷
隆盛の肖像あり〉

◇西郷隆盛を語る　司馬遼太郎ほか著　大
和書房　（大和選書）　1986.9　264p
19cm　①4-479-80027-1
＊当代一流の歴史家、作家、学者が語る維
新の英傑の人と思想！

◇素顔のリーダー――ナポレオンから東条英機
まで　児島襄著　文芸春秋　（文春文庫）
1986.8　430p 15cm　①4-16-714124-8
＊リーダーシップとはなにか。日本では
なぜ独裁者型の指導者が生まれにくい
のか。…権力・権威・組織。それらを
一身に集中させた覇者型リーダー、そ
の典型としてのナポレオン。一方、日
本では権威的色彩がつよい者ほど力の
行使から遠くなるという。…東西14人
の軍人・指導者の生涯にみる興味津津、
リーダーシップ思想の研究！

伝記ガイダンス　明治を生きた人々　　**297**

西郷隆盛　　　　　　　　　　　　　　　　　　Ⅰ　政治・経済

◇日本人乃原父—有島武郎と西郷隆盛　三木利英著　明治書院　1986.5　175p 19cm

◇首丘の人 大西郷　平泉澄著　原書房　1986.2　368,10p 19cm　Ⓘ4-562-01703-1　＊西郷隆盛の心事と真面目を描く平泉澄博士の絶筆!!

◇西郷隆盛の遺書　伴野朗著　新潮社　1985.10　272p 20cm　Ⓘ4-10-354102-4

◇西郷隆盛　田中惣五郎著　吉川弘文館　（人物叢書 新装版）　1985.8　320p 19cm　〈新装版 西郷隆盛の肖像あり 叢書の編者：日本歴史学会　略年譜・主要参考文献：p310～320〉　Ⓘ4-642-05011-6

◇西郷隆盛—その生涯　東郷実晴著　〔東郷実晴〕　1985.6　153p 21cm　〈西郷隆盛の肖像あり　参考文献：p145〉

◇西郷隆盛のすべて　五代夏夫編　新人物往来社　1985.6　350p 20cm　〈付：参考文献 西郷隆盛年譜　西郷隆盛・西南戦争関係文献目録：p301～344〉　Ⓘ4-404-01260-8

◇西郷隆盛紀行　橋川文三著　朝日新聞社　（朝日選書）　1985.5　222p 19cm　Ⓘ4-02-259380-6

◇西郷隆盛関係文献解題目録稿—西郷隆盛観の変遷の跡を追う　続3　〔新訂版〕　野中敬吾編　野中敬吾　1985.3　67p 21cm　〈西郷隆盛の肖像あり〉

◇西郷隆盛の人と思想　満江巌著　郷土の偉人顕彰会　1984.11　159p 19cm　〈文献：p156～159〉

◇西郷隆盛　福武書店　（歴史ライブ）　1984.4　〔4〕, 26～186p 26cm　〈前付：西郷隆盛略年表 4p 監修：尾崎秀樹〔ほか〕 執筆：尾崎秀樹〔ほか4名〕 肖像：西郷隆盛　図版（肖像を含む）〉　Ⓘ4-8288-0309-2

◯特集 西郷隆盛謎の生涯　「歴史読本」　29（2）　1984.2

◇西郷隆盛の悲劇　上田滋著　中央公論社　1983.12　252p 20cm　〈関係略年表・主要参考文献：p246～252〉　Ⓘ4-12-001259-X

◇西郷隆盛—写真　林忠彦撮影　桐原書店　1983.7　137p 37cm　〈巻末：西郷隆盛年譜　林忠彦略年譜 執筆：村野守治　大河内昭爾〉

◇西郷隆盛　旺文社　（現代視点 戦国幕末の群像）　1983.7　192p 26cm　〈巻末：西郷隆盛年譜　西郷隆盛の主な足跡図 執筆：井手孫六〔ほか8名〕 肖像：西郷隆盛図版（肖像を含む）〉　Ⓘ4-01-070557-4

◇三舟及び南洲の書　寺山葛常著　巌南堂書店　1982.9　310p 27cm　〈年譜 巻末：主な参考文献 肖像・筆跡：勝海舟〔ほか〕　図版（肖像　筆跡）〉

◯特集・西郷隆盛と西南の役　「歴史と人物」　12（8）　1982.8

◇西郷隆盛　池波正太郎著　東京文芸社　1982.5　254p 19cm　〈巻末：西郷隆盛略年譜〉　Ⓘ4-8088-3058-2

◇錦絵日本の歴史　4　西郷隆盛と明治時代　尾崎秀樹ほか著　日本放送出版協会　1982.4　168p 30cm　〈4.西郷隆盛と明治時代　図版〉　Ⓘ4-14-008272-0

◇西郷隆盛紀行　橋川文三著　朝日新聞社　1981.11　224p 20cm

◇西郷隆盛関係文献解題目録稿—西郷隆盛観の変遷の跡を追って　続2　〔新訂版〕　野中敬吾編　野中敬吾　1981.9　85p 21cm　〈西郷隆盛の肖像あり〉

◇西郷隆盛は死せず—知られざる西郷追放劇 愛の巻　木俣秋水著　大和書房　1981.5　222p 20cm　〈図版（筆跡）〉

◇永遠の維新者　葦津珍彦著　葦書房　1981.3　286p 20cm　〈再刊版 原版：二月社 1975（昭和50）〉

◇西郷隆盛全集　第6巻　西郷隆盛全集編集委員会編纂　大和書房　1980.8　636,17p 23cm　〈著者の肖像あり〉

◇西郷隆盛関係文献解題目録稿—西郷隆盛観の変遷の跡を追って　続1　〔新訂版〕　野中敬吾編　野中敬吾　1979.8　31p 21cm　〈西郷隆盛の肖像あり〉

◇西郷隆盛全集　第5巻　西郷隆盛全集編集委員会編纂　大和書房　1979.7　647p

23cm 〈著者の肖像あり〉

◇西郷隆盛　奈良本辰也，高野澄著　角川書店〈角川選書〉　1979.5　350p　19cm〈年譜：p327〜350〉

◇西郷隆盛関係文献解題目録稿—西郷隆盛観の変遷の跡を追って　新訂版　野中敬吾編　野中敬吾　1979.4　378,7，13p　21cm　〈西郷南洲百年記念出版　西郷隆盛の肖像あり　付：西郷隆盛略年譜〉

◇叢書・日本の思想家　48　吉田松陰　山崎道夫著　明徳出版社　1979.4　318p　20cm　〈吉田松陰著作および主要参考文献・略年譜：p194〜212　西郷南洲参考文献・略年譜：p293〜297〉

◇嶋の西郷と愛加那—流人島物語　茂野幽考著　奄美文化研究所　1979.2　194p　19cm　〈付：流人島雑記・奄美歌舞資料　参考文献：p182〜184〉

◇西郷隆盛は死せず—新日本政記　天の巻　木俣秋水著　大和書房　1979.2　288p　20cm　〈西郷隆盛年譜：p276〜288〉

◇西郷隆盛伝—終わりなき命　南日本新聞社編　新人物往来社　1978.12　294p　20cm　〈参考文献：p294〉

◇西郷隆盛全集　第4巻　西郷隆盛全集編集委員会編纂　大和書房　1978.7　558p　23cm　〈著者の肖像あり〉

◇日本を創った人びと　24　西郷隆盛　維新回天と士族共和の悲劇　日本文化の会編集　飛鳥井雅道著　平凡社　1978.4　82p　29cm　〈西郷隆盛年表：p78〜79〉

◇西郷隆盛関係文献解題目録稿—西郷隆盛観の変遷の跡を追って　改訂増補　野中敬吾編　野中敬吾　1978.3　378,7，13p　21cm　〈西郷南洲百年記念出版　付：西郷隆盛略年譜〉

◇西郷隆盛全集　第3巻　西郷隆盛全集編集委員会編纂　大和書房　1978.2　610p　23cm　〈著者の肖像あり〉

◇人間西郷隆盛　満江巌著　大和書房　1977.8　146p　肖像　19cm　〈複製〉

◇西郷隆盛は死せず—西郷南洲遺訓解説　敬の巻　木俣秋水著　大和書房　1977.8

264p　肖像　20cm

◇西郷南洲語録—判断力・行動力をどう身につけるか　鮫島志芽太著　講談社〈Big backs〉　1977.7　220p　18cm〈西郷隆盛年譜：p.211〜220〉

◇西郷隆盛全集　第2巻　西郷隆盛著，西郷隆盛全集編集委員会編纂　大和書房　1977.7　535p　図　肖像　23cm

◇西郷隆盛関係図書資料目録—鹿児島県立図書館所蔵　鹿児島県立図書館編　鹿児島県立図書館　1977.6　75p　21cm　〈昭和52年6月30日現在〉

◇西郷隆盛—福沢諭吉の証言　坂元盛秋著　新人物往来社　1977.5　298p　図　肖像　20cm

◇西郷隆盛—その偉大なる生涯　学習研究社　1977.3　185p　29cm　〈西郷隆盛年表：p.182〜185〉

◇西郷隆盛獄中記—奄美大島と大西郷　昇曙夢著，坂元盛秋編　新人物往来社　1977.3　236p　図　20cm　〈昇曙夢略歴：p.236〉

◇図説西郷隆盛—西南戦争百年　第一出版センター編　講談社　1977.3　182p　30cm　〈西南戦争・年表：p.181〜182〉

◇西郷の悲劇—裏切られたアジア革命　川合貞吉著　学芸書林　1976.9　281p　20cm

◇西郷隆盛—評伝　安藤英男著　白川書院　1976.8　276p　21cm　〈西郷隆盛略年譜・主要参考文献：p.263〜276〉

◇言志録講話—西郷南洲手抄　2版　桂樹亮仙著　修道僧院　1976.5　174p　図　肖像　18cm　〈製作：中央公論事業出版（東京）〉

◇西郷隆盛暗殺始末　岩田玲文著　新人物往来社　1976　246p　20cm

◇西郷隆盛伝　勝田孫弥著　至言社　1976　1冊　22cm　〈西郷隆盛伝発行所明治27年刊の複製〉

◇南洲翁遺訓　西郷隆盛著　明徳堂　1976　35p　図　肖像　22cm

◇西郷隆盛全集　第1巻　書翰（嘉永元年-元治元年）　編纂：西郷隆盛全集編集委員会　大和書房　1976　473p　図　肖像　23cm

伝記ガイダンス　明治を生きた人々　**299**

西郷隆盛

I 政治・経済

◇西郷隆盛順逆の軌跡　栗原隆一著　エルム　1974　251p　20cm

◇大西郷遺訓　林房雄著　新人物往来社　1974　182p　20cm

◇大西郷遺訓―頭山満翁講評　頭山満，雑賀鹿野編　至言社　1974　163p　20cm〈正教社大正14年刊の複製〉

◇西郷隆盛・言志録　岡崎功著　新人物往来社　1973　256p　肖像　19cm

◇西郷隆盛と私学校　米沢藤良著　新人物往来社　1973　231p　20cm

◇西郷隆盛のすべて―その思想と革命行動　浜田尚友著　久保書店　1972　556,17p　図10枚　20cm

◇西郷隆盛―福沢諭吉の証言　坂元盛秋著　新人物往来社　1971　270p　図　肖像　20cm

◇西郷伝説―「東洋的人格」の再発見　河原宏著　講談社　（講談社現代新書）　1971　180p　18cm〈参考文献：p.178-180〉

◇西郷臨末記　香春建一著　尾鈴山書房　1970.3　373p　図　肖像　19cm

◇維新の巨人―西郷隆盛　芳賀登著　雄山閣　1970　301,13p　肖像　図　22cm〈巻末：年譜〉

◇日本でいちばん好かれた男―ねうちある生きかたを求めて　鮫島志芽太著　講談社　1970　228p　20cm

◇西郷隆盛　上　井上清著　中央公論社（中公新書）　1970　216p　18cm〈維新前夜の群像　第6〉

◇西郷隆盛　下　井上清著　中央公論社（中公新書）　1970　234p　18cm〈維新前夜の群像　第6〉

◇西郷隆盛　第20巻　虎豹の巻　林房雄著　徳間書店　1970　264p　20cm

◇西郷隆盛　第21巻　雷雲の巻　林房雄著　徳間書店　1970　224p　20cm

◇西郷隆盛　第22巻　城山の巻　林房雄著　徳間書店　1970　247p　20cm

◇西郷隆盛　第18巻　雪花の巻　林房雄著　徳間書店　1969　260p　20cm

◇西郷隆盛　第19巻　火輪の巻　林房雄著　徳間書店　1969　280p　20cm

◇西郷隆盛　芳賀登著　雄山閣　（人物史叢書）　1968　301p　図版　22cm〈巻末：西郷隆盛年譜〉

◇西郷隆盛　池波正太郎著　人物往来社（近代人物叢書）　1967　294p　19cm

◇西郷隆盛と志士群像　維新を動かした英傑たち　邑井操著　大和書房　（ペンギン・ブックス）　1967　202p　18cm

◇西郷南洲　木村毅著　雪華社　1966　322p　図版　19cm

◇西郷南州史料　東西文化調査会編　東西文化調査会　1966　図版121枚　31×43cm

◇西郷南洲論―西洲翁のヒューマニズム　寄田則隆著　西郷南洲論刊行会　1965　243p　図版　19cm

◇人物再発見　読売新聞社編　人物往来社　1965　235p　19cm

◇大西郷の遺訓と精神　黒木弥千代著　南洲翁遺訓刊行会　1965　222p　図版　18cm

◇奄美大島と大西郷　昇曙夢著　奄美社　1964

◇西郷隆盛　海音寺潮五郎著　朝日新聞社　1964　475p　22cm

◇西郷どんと西南戦争―熊本城を中心として　増満繁雄著　田中書店　1964

◇西郷隆盛　2巻2冊　山中峯太郎著　二見書房　1964

◇庄内と大西郷　犬塚又太郎著　致道博物館　1964

◇福沢諭吉の歴史的証言と西郷隆盛の死　坂元盛秋著　薩摩琴琵同好会　1964

◇西郷隆盛　圭室諦成著　岩波書店　（岩波新書）　1960　2刷　194,4p　図版　18cm

◇竜郷潜居中の西郷南洲　竜郷村教育委員会編　竜郷村教育委員会　1960

◇日本人物史大系　第5巻　近代　第1　小西四郎編　朝倉書店　1960　340p　22cm

300　伝記ガイダンス　明治を生きた人々

I　政治・経済　　　　　　　　　　　　　　　　　　　　　　　西郷頼母

◇道徳教育講座 5　西郷南洲　古川哲史著
　角川書店　1959

◇日本の思想家　山本健吉編　光書房
　1959　224p　20cm

◇講座現代倫理 6　西郷隆盛　遠山茂樹著
　筑摩書房　1958

◇西郷隆盛　田中惣五郎著　吉川弘文館
　（人物叢書）　1958　319p 図版　18cm

◇南洲西郷隆盛　田岡典夫著　講談社
　1958

◇風雲 西郷臨末史　下篇　香春建一著　西
　郷臨末史刊行会　1958　210p 地図　19cm

◇西郷南洲　木村毅著　筑土書房　1957
　341p 図版　20cm

◇西郷隆盛の祖先と新逸話　沢田延音著
　敬天塾刊行会　1957

◇至誠の人 西郷隆盛　満江巌著　敬愛塾
　1955　3版146p 図版　19cm

◇風雲 西郷臨末史　上篇　香春建一著　西
　郷臨末史刊行会　1955　140p 図版 地図
　19cm

◇私の欽仰する近代人　山田孝雄著　宝文
　館　1954　173p　19cm

◇世界人としての西郷南洲先生　木村毅著
　鹿児島市観光課　1953

◇人間西郷隆盛　第1　青春の巻　松山敏著
　人生社　（人生伝記新書）　1953-55
　19cm

◇人間西郷隆盛　第2　新日本建設の巻　松
　山敏著　人生社　（人生伝記新書）
　1953-55　19cm

◇人間西郷隆盛　第3　城山最後の巻　松山
　敏著　人生社　（人生伝記新書）　1953-55
　19cm

◇西郷南洲先生遺芳　西郷南洲先生75年祭
　奉賛会編　西郷南洲先生75年祭奉賛会
　1952

◇大西郷とリンカーン　池田俊彦著　鹿児
　島奨学会出版部　1948

西郷 頼母　さいごう・たのも

1830〜1903　会津藩士。家老。戊辰戦争
で出撃作戦を主張して籠城論に敗れ、軍
将を辞職。

◇サムライたちの幕末・明治　歴史REAL
　編集部編　洋泉社　（歴史新書）　2016.8
　189p　18cm　〈文献あり〉
　①978-4-8003-1018-7

◇英傑の日本史　敗者たちの幕末維新編
　井沢元彦著　KADOKAWA　2014.2
　230p　20cm　〈年表あり〉
　①978-4-04-653294-7

◇山本覚馬と幕末会津を生きた男たち
　『歴史読本』編集部編　中経出版　（新人
　物文庫）　2013.6　287p　15cm
　①978-4-8061-4766-4
　＊会津戦争を戦い抜いた不屈の男たちを
　　描く。

◇『帰る雁が祢』私注―会津藩老・西郷頼母
　の晩年の日誌　堀田節夫著　東京書籍
　2007.3　277p　20cm　〈文献・年譜あり〉
　①978-4-487-80139-8
　＊西郷頼母研究の第一人者が、幕末、明治
　　の激動を伝える日記『帰る雁が祢』に詳
　　細な注を施し、歴史の中に埋もれてき
　　た稀有な精神に清浄な光を照射する画
　　期の書。

◇西郷頼母―幕末の会津藩家老　堀田節夫
　著　歴史春秋出版　2004.7　248p　19cm
　〈第2刷　ソフトカバー　肖像あり　年譜
　あり〉　①4-89757-510-9

◇孤影の名臣西郷頼母　西郷鶴夫著　叢文社
　2000.6　265p　20cm　①4-7947-0338-4

◇西郷頼母―幕末の会津藩家老　堀田節夫
　著　歴史春秋出版　（維新の群像）
　1993.10　248p　20cm　〈西郷頼母近惠略
　年譜：p241〜248〉　①4-89757-284-3

◇会津藩老・西郷頼母自叙伝『栖雲記』私注
　堀田節夫著　東京書籍　1993.9　247p
　20cm　〈西郷頼母の肖像あり　略年譜：
　p210〜232〉　①4-487-79067-0

◇自叙伝 『栖雲記』 私注―会津藩老・西郷
　頼母　堀田節夫著　東京書籍　1993.9
　247p 19cm　①4-487-79067-0

伝記ガイダンス 明治を生きた人々　　**301**

＊旧会津藩家老西郷頼母は戊辰敗残の汚辱と生残りのうしろめたさに耐えながら、なにを支えに明治新生の世に生きようとしたのか。頼母の自伝『栖雲記』は多くの謎を秘めつつなお現代に何かを訴えようとしている。頼母研究で著名な堀田節夫氏がこの『栖雲記』に注を施こし、その謎を解こうとする。

◇物語 妻たちの会津戦争　宮崎十三八編　新人物往来社　1991.3　217p 19cm　①4-404-01804-5
＊正義を信じ、夫や父を信じながらも会津落城の犠牲となった妻たちの悲劇は、いつまでも語りつづけられる。

◇幕末激動期の会津藩家老西郷頼母近悳の生涯　西郷頼母研究会著　牧野出版　1977.10　189p 図　15cm　〈関係略年譜：p.162～171 主要参考文献リスト：p.172～175〉

西郷 従道　さいごう・つぐみち

1843～1902　軍人，政治家。侯爵。文部卿、陸軍卿、農商務卿を経て海相、内相を歴任する。

◇大西郷兄弟物語―西郷隆盛と西郷従道の生涯　豊田穣著　潮書房光人社　（光人社NF文庫）　2017.11　445p 15cm　〈『西郷従道』改題書〉　①978-4-7698-3040-5
＊波瀾激動の時代を雄々しくリードしながら、朝敵として斃れた隆盛。維新早々に欧米を視察して、外国の文明や制度に触れ、兄の知らない新しい世界を見てきた従道―偉大な英雄を兄としたがゆえの悲しき宿命を背負いつつ、時代の潮流を見すえて、新生日本の舵取り役となった大人物の内面を照射した感動の人物伝。

◇台湾史研究叢書　第2巻　西郷都督と樺山総督　檜山幸夫編・解説　西郷都督樺山總督記念事業出版委員會，落合泰蔵著　クレス出版　2011.12　1冊 22cm　〈西郷都督樺山総督記念事業出版委員会昭和11年刊と落合泰蔵大正9年刊の複製合本〉　①978-4-87733-624-0

◇日本海軍の興亡―戦いに生きた男たちのドラマ　半藤一利著　PHP研究所　2008.12　199p　19cm　〈『日本海軍の興亡』再編集・改題書〉　①978-4-569-70328-2
＊名将・名参謀は、その時。

◇元帥西郷従道伝　西郷従宏著　芙蓉書房出版　1997.4　334p　20cm　〈新装版 西郷従道の肖像あり〉　①4-8295-0183-9
＊帝国海軍を育てた西郷従道の生涯を兄西郷隆盛や大山巌など明治に生きた男たちの波瀾の航跡とともに浮き彫りにする。

◇西郷従道―大西郷兄弟物語　豊田穣著　光人社　（光人社NF文庫）　1995.4　445p　16cm　①4-7698-2081-X
＊波瀾激動の時代を雄々しくリードしながら、朝敵として斃れた隆盛。維新早々に欧米を視察して、外国の文明や制度に触れ、兄の知らない新しい世界を見てきた従道―偉大な英雄を兄としたがゆえの悲しき宿命を背負いつつ、時代の潮流を見すえて、新生日本の舵取り役となった大人物の内面を照射した感動の人物伝。

◇豊田穣文学・戦記全集　第15巻　豊田穣著　光人社　1994.4　558p 21cm　①4-7698-0525-X
＊将に将たる器と称えられつつ隆盛の影をひき己を顧みず陸海軍興隆に精進する『西郷従道』。ロシア帝政覆滅の任を帯び、欧州に暗躍する諜報戦の鬼―、『情報将軍明石元二郎』他2篇。

◇飢えて死ね！　南条範夫著　新人物往来社　1990.7　221p 19cm　①4-404-01736-7
＊暗愚な主君のもと、家臣たちの抗争の果てに御家取り潰しとなった丸岡騒動を描く表題作をはじめ、時代の激動に翻弄される人々を重致で綴る傑作時代小説集。

◇大西郷兄弟物語―西郷隆盛と西郷従道の生涯　〔新装版〕　豊田穣著　光人社　1990.5　278p 19cm　①4-7698-0333-8
＊波瀾激動の時代を雄々しくリードしながら、朝敵として斃れた隆盛。偉大な英雄を兄とした故の悲しき宿命を背負った従道。二人の天性の大人物の内面を照射した感動作。

◇一歩先を読む生きかた　堺屋太一ほか著　三笠書房　（知的生きかた文庫）　1987.9

I　政治・経済　　　　　　　　　　　　　　　　　　　斎藤一

244p　15cm　①4-8379-0195-6
＊周到さなくして "先見性" はありえない。先見性豊かな10人の生きざまをさぐる。

◇西郷従道―大西郷兄弟物語　豊田穣著　光人社　1987.1　278p　20cm　〈巻末：参考文献〉　①4-7698-0333-8

◇元帥西郷従道伝―祖父へ捧げる鎮魂譜　西郷従宏著　芙蓉書房　1981.4　334p　20cm　〈肖像：西郷従道〔ほか〕　付録：西郷家家系図〔ほか〕1枚（折込み）　図版（肖像を含む）〉

斎藤 宇一郎　さいとう・ういちろう

1866〜1926　政治家，農政家。衆議院議員。普選の促進，農村の振興に貢献する。横荘鉄道社長，秋田県教育会会長，全県町村長会会長など。　〔記念施設〕斎藤宇一郎記念館（秋田県にかほ市）

◇斎藤宇一郎研究　高野喜代一著　無明舎出版　1993.1　139p　20cm　〈斎藤宇一郎の肖像あり〉

◇父と子の世紀―素描/斎藤宇一郎・憲三　能登谷幸夫著　秋田魁新報社　1987.2　343p　19cm　〈宇一郎・憲三略年表：p327〜331　主な参考文献：p340〜341〉　①4-87020-053-8

◇秋田の人々　武塙三山著　秋田県広報協会　1964　211p　19cm

◇斎藤宇一郎を偲ぶ　斎藤宇一郎記念会編　1962　212p　22cm

斎藤 恒三　さいとう・つねぞう

1858〜1937　実業家，紡績技術者。東洋紡績社長。三重紡績に入社，専務に。合併により東洋紡績専務。大日本紡績連合会委員長。

◇日本財界人物列伝　第1巻　青潮出版株式会社編　青潮出版　1963　1171p　図版　26cm

斎藤 一　さいとう・はじめ

1844〜1915　新撰組隊士。

◇斎藤一―新選組論考集　三十一人会編　小島資料館　2016.4　270p　22cm

①978-4-906062-10-2

◇NHK歴史秘話ヒストリア―歴史にかくされた知られざる物語　第3章　4　幕末・維新編　NHK「歴史秘話ヒストリア」制作班編　金の星社　2016.2　39p　30cm　①978-4-323-06824-4

◇斎藤一―新選組最強の剣客　相川司著　中央公論新社　（中公文庫）　2014.7　317p　16cm　〈文献あり　年譜あり〉　①978-4-12-205988-7

◇新選組を探る―幹部たちの隠された真実を追う　あさくらゆう著　潮書房光人社　2014.1　341p　19cm　①978-4-7698-1560-0
　＊芹澤鴨、近藤勇、斎藤一、そして幻の幹部・新見錦と谷右京―あまりにも著名であるが故にイメージが固定しているかに見える幹部たち。丹念に現存史料を読み込み、さらに全国各地で新史料を発掘、従来の根拠不明の浮説を廃し、新選組研究に新たな地平を拓くファン必読の書！

◇土方歳三と新選組10人の組長　菊地明，伊東成郎，結喜しはや著　新人物往来社　（新人物文庫）　2012.8　319p　15cm　①978-4-404-04227-9
　＊最新研究から明らかになる歳三の生涯と10人の組長列伝。

◇新選組三番組長 斎藤一の生涯　菊地明編著　新人物往来社　（新人物文庫）　2012.7　255p　15cm　〈「新選組・斎藤一のすべて」（2003年刊）の改題、新編集〉　①978-4-404-04217-0
　＊新選組結成後は副長助勤、のち三番組長として乱刃の下をくぐった斎藤一。抜群の剣技をもち、数々の戦歴を誇りながら、その人物像はどこか霧につつまれている。あるときは闇の刺客、あるときは間者として血の粛清に深くかかわる…。山口一、斎藤一、山口次郎、一瀬伝八、藤田五郎と名を変えながら幕末・明治の世を生きぬき、大正四年（一九一五）七十二歳で没した。壬生浪士にはじまり、西南戦争に出征して負傷するまで戦い続けた新選組最後の生き証人。綿密な考証と新史料などから浮か

伝記ガイダンス　明治を生きた人々　**303**

び上がる斎藤一の実像と数奇な生涯。

◇新選組組長 斎藤一　菊地明著　PHPエディターズ・グループ　2011.9　255p 20cm　〈文献あり〉　①978-4-569-79852-3
＊坂本龍馬暗殺にかかわったのか？ なぜ、落城寸前の会津に最後まで残ったのか？ 謎につつまれた剣客の生涯がいま明かされる。

◇日本史人物「第二の人生」発見読本　楠木誠一郎著　彩流社　2007.3　222p　19cm ①978-4-7791-1009-2
＊転機を好機に変える知恵。二十八人の人生からいろいろな「第二の人生」を見る。

◇サムライたちの幕末維新　近江七実著スキージャーナル　（剣道日本コレクション）　2005.5　207p　19cm ①4-7899-0058-4
＊剣術が隆盛をみた幕末、その剣の技量をもって頭角を現わした男たち。維新をくぐり抜けた後、ある者は生涯を剣人として生き、ある者は剣を封印して国を動かす立場へと身を置く。幕末から維新への激動の時代に彼らは何を考え、どう生きたか。剣の技と精神をどう活かしたのか。そして廃刀令によって剣術が無用のものとなった新しい時代にどう処していったのか。日本の近代の出発点である幕末維新を生きたサムライたちの精神が、さまざまな難しい問題に直面する現代の日本人に、生きるためのヒントを与えてくれる。

◇新選組・斎藤一のすべて　新人物往来社編　新人物往来社　2003.11　258p　20cm 〈年譜あり　文献あり〉　①4-404-03135-1
＊抜群の剣術の技量を持ち、長寿をまっとうしながらも、斎藤一という人物には漂う霧が多い。しかし、そんな掴み所の所在無さが、またこの人物の魅力であるといってもいいだろう。本書では新選組に多年、心魅かれた執筆者たちが、そんな斎藤という人物を多面的な角度から捉え、さまざまな資料をもとに、綿密な考証を行ない紹介している。

◇新選組・斎藤一の謎　赤間倭子著　新人物往来社　1998.7　183p　20cm 〈藤田

五郎年譜・参考文献：p174〜180〉 ①4-404-02626-9

◇新選組剣客伝　山村竜也著　PHP研究所　1998.7　212p　19cm　①4-569-60176-6
＊本書は、新選組の8人の剣客たちの群像を列伝形式で綴ったものである。

◇新選組副長助勤斎藤一　新装版　赤間倭子著　新人物往来社　1998.3　235p 20cm　①4-404-02599-8
＊人気漫画「るろうに剣心」の主人公、新選組最強の剣士、斎藤一の激動の生涯を描く。

‖ **斎藤 寿雄**　さいとう・ひさお
1847〜1938　医師，政治家。
◇郷土の偉人斎藤寿雄　市川みどり著　あさを社　1996.7　178p　22cm　〈肖像あり　年譜　文献あり〉

‖ **斎藤 実**　さいとう・まこと
1858〜1936　海軍軍人，政治家。海相，内閣総理大臣。朝鮮総督、ジュネーブ海軍軍縮会議全権委員など。帝人事件で総辞職。二・二六事件で殺された。
〔記念施設〕斎藤實記念館（岩手県奥州市），奥州市立水沢図書館　斎藤實文庫（斎藤實・皐水記念図書館関連資料）（岩手県奥州市），国立国会図書館憲政資料室　斎藤実関係文書（東京都千代田区）

◇海軍良識派の研究―日本海軍のリーダーたち　工藤美知尋著　光人社　（光人社NF文庫）　2011.11　340p　15cm ①978-4-7698-2710-8
＊「良識派」軍人の系譜を辿り、日本海軍の歴史と誤謬を明らかにする！「条約派」と「艦隊派」対立の根源を探り、平易・詳細に解説した人物伝。

◇植民地帝国人物叢書　20（朝鮮編1）　斎藤内府の片鱗―斎藤実 斎藤子爵を偲ぶ―斎藤実　永島広紀編　石森久弥著，中村健太郎編　ゆまに書房　2010.5　695p 22cm　〈朝鮮新聞社1936年刊と朝鮮仏教社1937年刊の複製合本〉 ①978-4-8433-3384-6

◇下学上達の先人―後藤新平・齋藤實生誕

一五〇年記念事業記録集　後藤新平・齋藤實生誕一五〇年記念事業実行委員会編〔後藤新平・齋藤實生誕一五〇年記念事業実行委員会〕　2010.3　132p　30cm〈年表あり〉

◇斎藤実伝―「二・二六事件」で暗殺された提督の真実　松田十刻著　元就出版社　2008.11　309p　20cm　〈惨殺提督斎藤実「二・二六」に死す」(光人社1999年刊)の改稿〉　①978-4-86106-170-7
＊昭和を暗転させた「二・二六事件」。青年将校の凶弾に斃れた斎藤実は、国際平和を願ったコスモポリタンだった。知られざる提督の生涯を描く。

◇宰相たちのデッサン―幻の伝記で読む日本のリーダー　御厨貴編　ゆまに書房　2007.6　280p　21cm　①978-4-8433-2381-6
＊幻の伝記を読み直すなかから生まれたまったく新しい戦前期の総理大臣評伝集。

◇歴代総理大臣伝記叢書　第21巻　斎藤実　御厨貴監修　ゆまに書房　2006.6　327p　22cm　〈複製　肖像・年譜あり〉　①4-8433-1799-3

◇日本宰相列伝　下　三好徹著　学陽書房（人物文庫）　2005.1　530p　15cm　①4-313-75194-7
＊議会の壇上で倒れて、帰らぬ人となった加藤高明。反骨の陸軍軍人から、総理大臣になった田中義一。国民の期待を担って登場した近衛文麿の“運命”とは。「生きて虜囚」となった開戦時の首相・東条英機。敗軍の将となることで日本を救った鈴木貫太郎…。十一人の宰相を通して、激動の昭和史を検証する名作。

◇斎藤実関係文書目録　書翰の部2　国立国会図書館専門資料部編　国立国会図書館（憲政資料目録）　1999.10　297p　21cm　〈東京 紀伊国屋書店（発売）〉　①4-87582-551-X

◇斎藤実関係文書目録　書翰の部2　国立国会図書館専門資料部編　国立国会図書館（憲政資料目録）　1999.7　297p　21cm　①4-87582-551-X

◇惨殺―提督斎藤実「二・二六」に死す　高橋文彦著　光人社　1999.2　302p　20cm　①4-7698-0900-X
＊軍人宰相はなぜ殺されたか。昭和史の暗部「二・二六事件」で青年将校の凶弾を受けて非業の死を遂げた斎藤実。若き気鋭のノンフィクション作家が同郷の一軍人政治家の波瀾の生涯を浮き彫りにする感動の一冊。

◇斎藤実関係文書目録　書翰の部1　国立国会図書館専門資料部編　国立国会図書館（憲政資料目録）　1998.11　289p　21cm　〈東京 紀伊国屋書店（発売）〉　①4-87582-530-7

◇斎藤実関係文書目録　書翰の部1　国立国会図書館専門資料部編　国立国会図書館（憲政資料目録）　1998.6　289p　21cm　①4-87582-530-7

◇斎藤実関係文書目録　書類の部2　昭和期・日記・伝記資料等　国立国会図書館専門資料部編　国立国会図書館　（憲政資料目録）　1995.6　236p　21cm　〈発売：紀伊国屋書店〉　①4-87582-424-6

◇斎藤実関係文書目録　書類の部2　昭和期・日記・伝記資料等　国立国会図書館専門資料部編　国立国会図書館　（憲政資料目録）　1995.3　236p　21cm　①4-87582-424-6

◇日本宰相列伝　14　斎藤実　有竹修二著　時事通信社　1986.2　273p　19cm　〈監修：細川隆元 三代宰相列伝(昭和33年刊)の改題新装版 斎藤実の肖像あり　略年譜：p262～271 付：参考文献〉　①4-7887-8564-1

◇斎藤実記念館のあゆみ　斎藤実記念館　1984.1　62p　26cm　〈創立10周年記念　斎藤実の肖像あり　年表：p16～29 斎藤実略年譜：p40～50〉

◇斎藤実関係文書目録（稿）　謄写版　国立国会図書館編　1967　251p　25cm

◇斎藤実追想録　斎藤実元子爵銅像復元会編　1963　250p　図版　18cm

◇斎藤実　有竹修二著　時事通信社　（三代宰相列伝）　1958　273p　図版　18cm

斎藤 壬生雄　さいとう・みぶお

1852〜1923　民権運動家，のちクリスチャン。

◇ラストサムライの群像—幕末維新に生きた誇り高き男たち　星亮一，遠藤由紀子著　光人社　2006.2　283p　19cm　①4-7698-1287-6

＊勝てば官軍—人心が揺れ動き，「大勢」に流されようとするときに敢えて踏み止まり，意地を貫いた男たち。日本の近代化の過程で生じた殺伐たる時代に，最後の光芒を放った魅力あふれる「サムライ」たちの生き様を描く。

◇志士の行方—斎藤壬生雄の生涯　丑木幸男著　同成社　（同成社近現代史叢書）　2001.9　251p　20cm　〈文献あり　年譜あり　奥付のタイトル：志士のゆくえ〉　①4-88621-229-8

＊幕末期に佐幕派の志士として活躍し，その後自由民権運動に挺身，さらにはキリスト教牧師となった斎藤壬生雄の生涯を追い，背景としての激動の時代を浮き彫りにする。

斎藤 祐美　さいとう・ゆうび

1866〜1943　政治家。埼玉県議会議長。

◇荒川の治水翁・斎藤祐美　斎藤祐美研究会編著　埼玉新聞社　2007.3　176p　21cm　〈肖像・年表あり〉

斎藤 与一郎　さいとう・よいちろう

1821〜1886　隠岐騒動の自治政府軍事頭取。

◇独逸学生気質・斎藤先生小伝　斎藤与一郎著，佐藤精編　函館文化会　1960

◇斎藤与一郎伝　佐藤精著　斎藤先生伝刊行委員会　1957　762,22p 図版　22cm

◇非魚喜禄　斎藤与一郎先生喜寿祝賀会編　斎藤与一郎先生喜寿祝賀会　1949

斎藤 用之助　さいとう・ようのすけ

1859〜1933　政治家。那覇区長，島尻郡長。

◇"葉隠の心"で沖縄に尽くす—第十一代斎藤用之助・その系譜　小濱六茶編著　14代齋藤用之助　2012.11　317p　27cm　〈文献あり〉

西原 清東　さいばら・きよき

1861〜1939　弁護士，政治家。同志社社長。テキサスに米作産業を興し「ライス・キング」と呼ばれた。海外発展の可能性を追求。〔記念施設〕顕彰碑（富山県高岡市、高岡市民公園）

◇テキサスの日系人　トーマス・K.ウォールス原作，間宮国夫訳　芙蓉書房出版　1997.4　206p　21cm　①4-8295-0182-0

＊100年前テキサスに渡った日本人移民西原清東たちの苦難の歴史から私たちは何を学ぶのか？ 米軍軍人の父と日本人の母を持つ著者は，日系人のインタビュー記録や地元新聞，大量の写真を駆使して日系人の喜びと苦悩を生き生きと描いている。テキサス日系人を本格的に扱った初めての本の完訳本。

◇西原清東研究　間宮国夫著　高知市民図書館　1994.2　429,11p　22cm　〈西原清東の肖像あり　折り込み1枚　西原清東年譜：p389〜407〉

◇坂本竜馬の後裔たち　中野文枝著　新人物往来社　1986.11　253p 19cm　①4-404-01392-2

＊坂本竜馬の遺鉢を継いでたたかい抜いた人々の生涯を追う！ 竜馬脱藩の責を一身に追って自害し，百数十年の抹殺から今よみがえる次姉の栄。竜馬を励まし慰め，その活力源となった末姉の乙女。竜馬に命を救われ，のちにニコライ堂の創建者となった沢辺琢馬。2代目・同志社学長からアメリカの大農場主となった西原清東。北海道開拓の不屈の先駆者・坂本直寛。かれらの生涯こそは坂本竜馬の血と精神の苦しくも輝かしい軌跡にほかならなかった。

佐伯 勝太郎　さえき・かつたろう

1870〜1934　印刷技師。特種製紙の創業者。繊維工業，製紙業の改良・発展に尽力。

◇佐伯勝太郎伝記幷論文集　印刷庁編

Ⅰ　政治・経済　　　　　　　　　　　　　　　　　　　　　　　　　　　堺利彦

1952　647p 図版29枚　22cm

▌**酒井 玄蕃**　さかい・げんば
1842〜1876　武士，官吏。維新後は兵部
省に出仕。清を視察し「直隷経略論」を
著す。
◇サムライたちの幕末・明治　歴史REAL
編集部編　洋泉社　（歴史新書）　2016.8
189p　18cm　〈文献あり〉
①978-4-8003-1018-7
◇「朝敵」たちの幕末維新—義をつらぬいた
わが郷土の英雄たち　新人物往来社編
新人物往来社　2012.9　319p　19cm
①978-4-404-04248-4
　＊幕末維新史は、勝者である薩長サイド
　の史観で語られてきた。「朝敵」の汚名
　を着せられた地域は長らく不遇な立場
　に置かれ、「官軍」と戦った佐幕派の物
　語も陽の目を見ることはなかった。本
　書はそうした佐幕派の生き様を伝える
　エピソードを集め、ゆかりの地域ごと
　に紹介していく。それぞれの郷土の先
　人たちが、果たして「逆賊」であったの
　か、それとも義をつらぬいた信念の人
　だったのか、「敗者」の歴史を掘り起こ
　すことで明らかにしていきたい。
◇酒井玄蕃の明治　坂本守正著　荘内人物
史研究会　（荘内人物史考）　1982.8
190p　19cm　〈酒井玄蕃了恒の肖像あり
限定版　酒井了恒略年譜：p186〜189 主
な参考文献：p190〉

▌**堺 利彦**　さかい・としひこ
1870〜1933　社会主義者。東京市議会議
員。幸徳秋水と平民社を創立。日本社会
党評議員、のちに共産党創立に関与。
◇堺利彦—初期社会主義の思想圏　小正路
淑泰編著　論創社　2016.6　508p　20cm
〈索引あり〉　①978-4-8460-1544-2
◇パンとペン—社会主義者・堺利彦と「売文
社」の闘い　黒岩比佐子著　講談社　（講
談社文庫）　2013.10　634p　15cm　〈文
献・年譜あり〉　①978-4-06-277661-5
　＊親友・幸徳秋水らが処刑された大逆事
　件後の弾圧の時代、堺利彦は「売文社」

を立ち上げる。手紙や借金依頼の代筆
から翻訳まで、あらゆる売文業を請け
負い、窮地の同志に仕事と居場所を与
えたのだ。不屈とユーモアの精神で暗
黒の時代を闘った堺の業績に光を当て
る、著者の人生を締め括る傑作！ 読売
文学賞受賞。
◇日本人は何を考えてきたのか 明治編—文
明の扉を開く　NHK取材班編著　NHK出
版　2012.6　283p　19cm
①978-4-14-081550-2
　＊これから、どこへ向かうか。いま、思想
　の巨人に学ぶ。
◇堺利彦獄中書簡を読む　堺利彦獄中書簡
を読む会，原田さやかほか執筆　菁柿
堂　（Edition trombone）　2011.1　194p
19cm　〈索引あり〉　①978-4-434-15299-3
◇パンとペン—社会主義者・堺利彦と「売文
社」の闘い　黒岩比佐子著　講談社
2010.10　446p　20cm　〈文献・年譜・索
引あり〉　①978-4-06-216447-4
　＊夏目漱石から松本清張まで多くの作家
　との意外な接点。日本初の編集プロダ
　クションかつ翻訳会社を率いて「弾圧
　の時代」をユーモアと筆の力で生き抜
　く姿。社会主義運動家に文学から光を
　あてる画期的試み。
◇堺利彦伝　改版　堺利彦著　中央公論新
社　（中公文庫）　2010.10　265p　16cm
〈初版：中央公論社1978年刊〉
①978-4-12-205387-8
　＊平民社創設者、海外文学の紹介者にし
　て名翻訳家、フェミニスト、投獄された
　社会主義者第一号…。多彩な顔を持ち、
　激動の時代を生き抜いた堺利彦が「万
　朝報」記者になるまでの勉学と放蕩の
　日々を回想する。巻末に師弟の関係に
　あった荒畑寒村による献辞のほか、改
　版にあたり新たにノンフィクション作
　家、黒岩比佐子による解説を付す。
◇男の背中—転形期の思想と行動　井出孫
六著　平原社　2005.5　265p　19cm
①4-938391-36-8
　＊時代が軋み音をたてるとき、人は決断
　を迫られる—。中根雪江、本橋次左衛
　門、大町甚左衛門、黄遵憲、木村信卿、

伝記ガイダンス 明治を生きた人々　**307**

川上冬崖、内村鑑三、久米邦武、久米由太郎、堺利彦、桐生悠々、相馬愛蔵・黒光。歴史の地下水脈を穿つ評伝集。

◇平民社の時代―非戦の源流　山泉進著　論創社　2003.11　406p　19cm　④4-8460-0336-1
＊1903（明治36）年、日露開戦の気運が高まるなか、非戦論を掲げて孤軍奮闘した幸徳秋水、堺利彦、岩崎革也らの足跡をさぐる。

◇初期社会主義研究　第11号　初期社会主義研究会　1998.12　281p　21cm　〈ISSN：0913-0845〉

○特集・堺利彦　「初期社会主義研究」　（弘隆社）　10　1997

◇日本文壇史　8　日露戦争の時代　伊藤整著　講談社　（講談社文芸文庫）　1996.2　250,22p　15cm　④4-06-196357-0
＊明治三十七年記者・花袋は軍医部長森鷗外と同じ船で従軍。与謝野晶子の「君死にたまふこと勿れ」が論争を呼んだ。作家夏目漱石誕生の画期的近代小説『吾輩は猫である』他が発表された、戦争たけなわの明治三十八年一月、大塚楠緒子が「お百度詣」発表、晶子・登美子ら共著『恋衣』刊行、度重なる弾圧で「平民新聞」が終刊した。日露戦争下の激動の文壇と、露伴、蘆花、藤村、独歩、堺利彦、乃木希典等々の葛藤を描出。

◇捨石埋草を生きて―堺利彦と娘近藤真柄　大森かほる著　第一書林　1992.6　211p　19cm　〈著者の肖像あり　参考文献：p203〜205〉　④4-88646-077-1

◇歴史をひらく愛と結婚　福岡女性学研究会編　ドメス出版　1991.12　236p　19cm　④4-8107-0330-7
＊明治・大正・昭和を通じて、女性の覚醒や人間的平等を主張し、かつ実践した人びと十数人を選び、調査研究し、共同討議による検討・修正を重ねた末、出来上がったのが本書である。

◇平民社の人びと―秋水・枯川・尚江・栄　林尚男著　朝日新聞社　1990.9　398p　19cm　④4-02-256205-6

◇評伝 堺利彦　林尚男著　オリジン出版センター　1987.4　348p　19cm
＊はじめて明らかにされた日本社会主義の「父」の全容！ 不屈の革命家、軽妙なユーモリスト、卓越した文章改良家、そして先駆的な女性論の開拓者。堺利彦はラジカルな反体制の思想家であっただけでなく、しなやかに生きた一人の〈生活者〉であった。〈人間の顔〉をした社会主義者の名こそ彼にふさわしい。閉ざされた現代の状況に希望と勇気をもたらす待望の書！

◇社会主義沿革　松尾尊兊解説　みすず書房　（続・現代史資料）　1986.7　809p　21cm　④4-622-02652-X
＊1920年代、ロシア革命の余波が、日本社会主義運動に具体的に、鮮やかに生じた時期の資料を収める。まず、内務省警保局・警視庁が作成した、社会主義者の動静探索・取締経過報告書（大正9・15年作成分）。つぎに1923年6月に検挙されたいわゆる第一次共産党事件関係被告、堺利彦、吉川守邦、猪俣津南雄の裁判記録。さらに、3・15、4・16事件関係被告の主要な一人であり、党の理論的リーダー、またオルガナイザーであった三田村四郎の予審訊問調書である。

◇言論は日本を動かす　第7巻　言論を演出する　内田健三ほか編　粕谷一希編　講談社　1985.11　317p　20cm　〈解説 粕谷一希著. 池辺三山 内田健三著. 黒岩涙香 山本夏彦著. 堺利彦 井手孫六著. 野間清治 渡部昇一著. 岩波茂雄 中嶋嶺雄著. 高浜虚子 松井利彦著. 正力松太郎 牛山純一著. 松本重治 本間長世著. 吉田秀雄 小谷正一著. 池島信平 半藤一利著. 参考文献：p310〜314〉　④4-06-188947-8

◇日本マルクス主義の源流―堺利彦と山川均　川口武彦著　ありえす書房　1983.4　288p　22cm

◇日本人の自伝　9　堺利彦.山川均　平凡社　1982.2　467p　20cm　〈堺利彦および山川均の肖像あり　堺利彦伝 堺利彦著. ある凡人の記録 山川均著. 解説 松尾尊兊著. 堺利彦・山川均略年譜：p466〜467〉

◇堺利彦伝　堺利彦著　中央公論社　（中公文庫）　1978.4　226p　15cm

I 政治・経済

◇燎火の流れ―わが草わけの社会主義者たち
　木原実著　オリジン出版センター　1977.6
　283p　19cm　〈木原実エッセイ集〉

◇日本における自由のための闘い　吉野源三
　郎編　評論社　（復初文庫）　1969　339p
　19cm　〈『世界』座談会集 第2　栗本鋤雲
　―埋もれた先覚者（司会：吉野源三郎）中
　江兆民（司会：林茂）田中正造―足尾鉱毒
　事件をめぐって（司会：吉野源三郎）児島
　惟謙―大津事件と司法権の独立について
　（司会：吉野源三郎）木下尚江（司会：吉
　野源三郎）堺枯川（司会：吉野源三郎）吉
　野作造（司会：吉野源三郎）「青鞜社」の
　ころ―明治・大正初期の婦人運動（司会：
　林茂）自由民権運動と新聞―讒謗律前後
　（伊藤整他2名）時代と新聞―大阪朝日筆
　禍事件回顧（司会：吉野源三郎）〉

◇現代日本思想大系 15　筑摩書房　1963

◇日本の思想家　第2　大井憲太郎　朝日新
　聞社朝日ジャーナル編集部編　朝日新聞
　社　1963　400p　19cm

◇三代言論人集　第7巻　古島一雄〔ほか〕
　伊藤金次郎　時事通信社　1962　363p 図
　版　18cm

◇日本人物史大系　第7巻　近代 第3　井上
　清編　朝倉書店　1960　357p　22cm

◇近代日本の良心　荒正人編　光書房
　1959　244p　20cm

◇近代日本の思想家　向坂逸郎編　和光社
　1954　284p　19cm

◇日本革命運動史の人々　志賀義雄著　暁
　明社　1948　225p 図版　19cm

◇日本社会主義運動史　社会主義史上の堺
　利彦　荒畑寒村著　毎日新聞社　1948

◇楽天囚人　堺利彦著　売文社　1948
　310p　18cm

◇明治・大正・昭和自由人の展望 下　松下
　仁著　大阪新聞社　1946

▌ 坂井　量之助　　さかい・りょうのすけ
　1859～1905　実業家。戸倉温泉を開いた。

◇温泉の開祖坂井量之助翁　増補再版　柳
　沢和恵編　坂井修一　1975　244p 図 肖

像　22cm　〈年譜：p.204-219〉

◇温泉の開祖坂井量之助翁　温泉の開祖坂
　井量之助翁遺徳顕彰会編　温泉の開祖坂
　井量之助翁遺徳顕彰会　1957

▌ 坂口　平三郎
　さかぐち・へいざぶろう
　1861～1897　殖産家。

◇泉州玉葱と坂口平三郎　南野純子著　南
　野純子　1987.1　121p　27cm　〈製作：
　いんてる社（豊中）坂口平三郎の肖像あり
　年表：p120～121〉

▌ 阪谷　芳郎　　さかたに・よしろう
　1863～1941　財政家。東京市長，貴族院
　議員。大蔵省に入省。主計局長・次官を
　務め、日清・日露戦争時の国家財政を運
　営。西園寺内閣蔵相。

◇阪谷芳郎関係書簡集　専修大学編　芙蓉
　書房出版　2013.11　609p　22cm　〈年譜
　あり　布装〉　①978-4-8295-0606-6
　＊明治～昭和戦前期の経済史・財政史・行
　　政史、教育史、社会事業史などの研究の
　　発展に大きく寄与するとともに、戦前
　　日本の代表的非藩閥系官僚のネット
　　ワークをうかがえる史料。阪谷芳郎が
　　大蔵省に入省した1884年から亡くなる
　　1941年までの57年の間に受け取った書
　　簡1300余通を翻刻。差出人は、明治～
　　昭和期に政治・経済・教育などの世界で
　　活躍した錚々たる人物420余名で、すべ
　　て未発表書簡（専修大学図書館所蔵）。

◇日本統計史群像　島村史郎著　日本統計
　協会　2009.12　214p　26cm
　①978-4-8223-3609-7
　＊統計を愛しその発展に献身した、近現
　　代の政治指導者と学者、行政官達の人
　　物像を明らかにする。

◇三代の系譜　阪谷芳直著　洋泉社　（洋泉
　社MC新書）　2007.3　434p　18cm
　①978-4-86248-121-4
　＊父方の曽祖父として阪谷朗廬（儒者）、
　　渋沢栄一（実業家）、母方としては三島
　　通庸（県令、警視総監）、四条隆謌（公
　　家、鎮台司令官）を持つ著者は、自家の

伝記ガイダンス 明治を生きた人々　**309**

坂本乙女　　　　　　　　　　　　　　Ⅰ　政治・経済

系譜を辿ることが、即、近代日本の夜明
けを検証できるという稀有なる位置に
いる。その筆致は、きわめて客観的、事
実提示的であり、近親者のみが語りう
る微妙な心理過程の推察をふくむ。こ
こに描かれる官界・実業界・学界に綺羅
星のごとき人材を輩出してきた "華麗な
る一族" は実にノーブレス・オブリー
ジュそのものを体現するといっても過
言ではない。いま学ぶべきは、なによ
りも公正を重んずる強い信念ではない
のか。本書を通して、もはや失われた
かに見える日本人の美質、ここにあり
と実感できる貴重な一冊である。

◇阪谷芳郎 東京市長日記　尚友倶楽部，桜
井良樹編　芙蓉書房出版　2000.4　700p
21cm　①4-8295-0245-2
＊大正初期、東京は財政破綻の危機に瀕し
ていた。本格的な行政経験のある「大
物市長」として迎えられた阪谷芳郎は、
行政組織の簡素化・効率化、市営事業に
よる収益改善など行財政改革に果敢に
取り組み、財政再建のための市債発行、
上下水道の拡張・改良事業、東京湾築港
事業、電灯・電車などの市営事業のほ
か、市区改正事業や社会事業にも奔走
した。現在の東京都と似通った問題を
抱えていた時期の「日記」を、人名注記
などの校訂を加え完全活字翻刻。日記
に貼付されていた新聞切抜き160点もコ
ンピュータ画像処理によりすべて収録。

◇阪谷芳郎伝　故阪谷子爵記念事業会編
1951　714p 図版7枚　22cm

┃ 坂本 乙女　さかもと・おとめ
1832～1879　坂本龍馬の姉。龍馬やその
妻お竜のよき理解者。
◇龍馬を愛した女たち　坂本優二著　グラ
フ社　2010.5　223p　19cm　〈文献あり〉
①978-4-7662-1338-6
＊妻・お龍、姉・乙女、平井加尾、千葉佐
那、そしてあまり知られていない「お
元」の存在…。龍馬を愛し、影響を与え
た女たちの側から見た龍馬の真実と
は？ TVドラマでは知り得ない女性た
ちの実像に迫る、龍馬と共に生きた女
たちの一生。

◇竜馬と八人の女性　阿井景子著　筑摩書
房　（ちくま文庫）　2009.9　212p　15cm
〈文献あり〉　①978-4-480-42638-3
＊坂本竜馬の伝記を紐とけば、彼がその
生涯で関わりを持った幾人かの女性に
出会うことができる。しかしそれは、
誤った想像や通説に寄りかかったもの
であることも少なくない。彼女たちは
どのような人生を送ったのだろうか。
本書は、彼女たちの足跡を丹念にたど
り、史料の渉猟や関係者へのインタ
ビューを重ねることによって、従来の
誤った説を正し、新史実を掘り起こし
たノンフィクション。幕末維新を生き
た女性たちへの深い共感がここにある。

◇竜馬と八人の女性　阿井景子著　戎光祥
出版　2005.4　220p　20cm　〈文献あり〉
①4-900901-56-3
＊幼馴染み、高知城下評判の美少女、勤王
党士檜垣清治の姉、桶町千葉道場の娘、
寺田屋の女将、長崎芸妓、強く優しい実
姉、そして "妻" おりょう―土佐の巨
人・坂本竜馬をめぐる女たちの愛怨。

◇物語 龍馬を愛した七人の女　新人物往来
社編　新人物往来社　1991.6　236p 19cm
①4-404-01824-X
＊女に惚れられる男だけが大きな仕事が
出来る。龍馬式恋愛指南書。

◇明治を彩った妻たち　阿井景子著　新人
物往来社　1990.8　194p 19cm
①4-404-01742-1
＊西南戦争で熊本城を死守した谷干城の
妻・玖満。他に、西郷いと、税所敦子、
坂本乙女、岡上菊栄等の波瀾の人生を
描く。

◇坂本竜馬の後裔たち　中野文枝著　新人
物往来社　1986.11　253p 19cm
①4-404-01392-2
＊坂本竜馬の遺鉢を継いでたたかい抜い
た人々の生涯を追う！ 竜馬脱藩の責
を一身に追って自害し、百数十年の抹殺
から今よみがえる次姉の栄。竜馬を励
まし慰め、その活力源となった末姉の
乙女。竜馬に命を救われ、のちにニコ
ライ堂の創建者となった沢辺琢馬。2代
目・同志社学長からアメリカの大農場
主となった西原清東。北海道開拓の不

I　政治・経済　　　　　　　　　　　　　　　　　　　　　　　　　坂本直寛

屈の先駆者・坂本直寛。かれらの生涯
こそは坂本竜馬の血と精神の苦しくも
輝かしい軌跡にほかならなかった。

◇土佐の婦人たち　関みな子著　高知新聞社
（高新シリーズ）　1962　199p　18cm

┃坂本　直　さかもと・なお
1842〜1898　武士，官吏。坂本龍馬の甥，
海援隊士。幕末期は高松太郎を名乗った。
のち龍馬の家督を継ぎ坂本直と改名。

◇箱館戦争銘々伝　上　好川之範，近江幸
雄編　新人物往来社　2007.8　328p
19cm　①978-4-404-03471-7
＊戊辰最後の死闘，雪の箱館に散って
いった戦士たちの肖像。榎本武揚，甲
賀源吾，中島三郎助ほか21人。

◇「桑沢」草創の追憶　高松太郎著，桑沢文
庫出版委員会編　桑沢学園　（桑沢文庫）
2004.5　209p　22×14cm
①4-88169-161-9

◇坂本竜馬・海援隊士列伝　山田一郎ほか
著　新人物往来社　1988.2　252p　19cm
①4-404-01483-X

┃坂本　直寛　さかもと・なおひろ
1853〜1911　自由民権家，牧師。「土陽雑
誌」などに南海男・才谷梅次郎の筆名で活
躍。立志社の憲法草案起草委員。

◇龍馬の夢—北の大地で志を継いだ・沢辺
琢磨と坂本直寛　守部喜雅著　いのちの
ことば社フォレストブックス　（聖書を読
んだサムライたち）　2013.6　153p
19cm　〈標題紙の副タイトル（誤植）：志
を継いだ男たち・沢辺琢磨と坂本直寛
文献あり〉　①978-4-264-03078-2
＊非業の死に倒れた坂本龍馬が夢見た，
蝦夷地開拓…。その夢を，龍馬ゆかり
の二人が受け継いだ。一人は遠縁で土
佐勤皇党の同志・沢辺琢磨，もう一人は
甥の坂本直寛。奇しくも二人はキリス
ト教伝道者となり，蝦夷地で新しい生
活を送ることになった―。そこで開花
した龍馬の夢とは!?

◇坂本直寛の生涯—竜馬の甥　土居晴夫著
リーブル出版　2007.1　293p　19cm

〈肖像あり〉　①978-4-947727-80-0
＊竜馬の甥，直寛。その知られざる波瀾
万丈の生涯。

◇坂本直寛・自伝　坂本直寛著，土居晴夫
編・口語訳　燦葉出版社　1988.1　236p
19cm
＊自由民権家として，キリスト者として，
明治期に波乱の人生を歩んだ男―坂本直
寛は土佐の人，維新の志士として活躍
した坂本竜馬の甥として生まれました。
かれは，明治10年代，自由民権運動に理
論的指導者として関わり，明治20年の
「三大事件建白運動」では保安条例に抗
して入獄，30年代の初め北海道開拓事
業を興し，のち日本基督教会の牧師に
転向して旭川・札幌で教会のかたわら，
軍隊伝道・監獄伝道に尽力しました。
直寛の波乱に富む生涯は，今もなおわ
たしたちに切々と訴えかけるものがあ
ります。現代の混沌とした時代にあっ
てこそ，直寛の生き方をもう一度世に
問うてみる必要があると思われます。

◇坂本竜馬の後裔たち　中野文枝著　新人
物往来社　1986.11　253p　19cm
①4-404-01392-2
＊坂本竜馬の遺鉢を継いでたたかい抜い
た人々の生涯を追う！　竜馬脱藩の責を
一身に追って自害し，百数十年の抹殺
から今よみがえる次姉の栄。竜馬を励
まし慰め，その活力源となった末姉の
乙女。竜馬に命を救われ，のちにニコ
ライ堂の創建者となった沢辺琢馬。2代
目・同志社学長からアメリカの大農場
主となった西原清東。北海道開拓の不
屈の先駆者・坂本直寛。かれらの生涯
こそは坂本竜馬の血と精神の苦しくも
輝かしい軌跡にほかならなかった。

◇幻視の革命—自由民権と坂本直寛　松岡僑
一著　法律文化社　1986.9　234p　22cm
〈坂本直寛の肖像あり〉　①4-589-01287-1

◇竜馬復活—自由民権家坂本直寛の生涯
吉田曠二著　朝日新聞社　1985.3　222p
20cm　〈巻末：坂本直寛年譜　主要関係
文献　肖像：坂本直寛　図版（肖像）〉
①4-02-255312-X

坂本 竜　さかもと・りょう

1841〜1906　女性。坂本龍馬の妻。龍馬の死後は各地を転々とした後、横須賀で商人の妻となった。

◇司馬遼太郎 歴史のなかの邂逅　5　坂本龍馬〜吉田松陰　司馬遼太郎著　中央公論新社　（中公文庫）　2011.1　305p　15cm　①978-4-12-205429-5
＊「維新史の奇蹟」と評される坂本龍馬を中心に、武市半平太、吉田松陰、高杉晋作、桂小五郎ら、怒涛の時代を生きた人々のさまざまな運命―。『竜馬がゆく』『世に棲む日日』など数々の傑作が生まれた背景を伝える二十二篇を収録。

◇龍馬・お龍・土佐―土佐語り部の秘録　岩崎義郎著　リーブル出版　2010.8　326p　21cm　〈文献・年譜あり〉　①978-4-86338-026-4

◇お龍と龍馬―蜜月の三カ月　原口泉著　東邦出版　2010.7　221p　18cm　①978-4-8094-0876-2
＊日本初の龍馬小説に描かれた日本初の新婚旅行。大河『篤姫』ほかで時代考証を担当した鹿児島大学教授が史実的に新婚旅行の内実を考察。薩摩での「蜜月三カ月」を核にふたりの「龍」の魅力に迫る。

◇龍馬を愛した女たち　坂本優二著　グラフ社　2010.5　223p　19cm　〈文献あり〉　①978-4-7662-1338-6
＊妻・お龍、姉・乙女、平井加尾、千葉佐那、そしてあまり知られていない「お元」の存在…。龍馬を愛し、影響を与えた女たちの側から見た龍馬の真実とは？　TVドラマでは知り得ない女性たちの実像に迫る、龍馬と共に生きた女たちの一生。

◇龍馬が惚れた女たち―加尾、佐那、お龍、そして第四の女お慶とは？　原口泉著　幻冬舎　2010.4　251p　18cm　〈文献あり〉　①978-4-344-01817-4
＊新史料発見。龍馬の夢を先取りした「まぶしい女」とは？―。

◇わが夫坂本竜馬―おりょう聞書き　おりょう述, 一坂太郎著　朝日新聞出版　（朝日新書）　2009.11　210p　18cm

〈年譜あり〉　①978-4-02-273305-4
＊本書でおりょうが語る坂本竜馬からは、古き時代の不良のにおいがふんぷんとする。おりょうもまた負けてはいない。仲間と変装して妓楼に繰り出し、奉行所や新選組からは追い回され、船の上で射撃の腕を競い、霧島では天の逆鉾を引き抜く。幕末の輻輳する価値観のなかで、次の時代を信じて行動する男と連れ添った女房が語る「反魂香」は生き生きとして、現代女性にも通じる視線が新鮮である。

◇幕末の志士を支えた「五人」の女―坂本竜馬の「おりょう」から近藤勇の「おつね」まで　由良弥生著　講談社　（講談社プラスアルファ文庫）　2009.11　268p　15cm　①978-4-06-281329-7
＊幕末日本のキーパーソン、坂本竜馬、武市半平太、桂小五郎、高杉晋作、近藤勇の妻らの生きざまを描いた半生記！ 江戸末期のキーワードとして知られる薩長連合、尊王攘夷、新撰組など、一時代を築いた、そして、国を動かした志士たちの偽らざる私生活の実態が見える！彼らを愛し、愛された五人の女性にスポットライトをあてた、教科書やドラマでは決して知り得ない、激動の時代を彩った女たちの心根、そして愛を綴った感動秘話。

◇竜馬と八人の女性　阿井景子著　筑摩書房　（ちくま文庫）　2009.9　212p　15cm　〈文献あり〉　①978-4-480-42638-3
＊坂本竜馬の伝記を紐とけば、彼がその生涯で関わりを持った幾人かの女性に出会うことができる。しかしそれは、誤った想像や通説に寄りかかったものであることも少なくない。彼女たちはどのような人生を送ったのだろうか。本書は、彼女たちの足跡を丹念にたどり、史料の渉猟や関係者へのインタビューを重ねることによって、従来の誤った説を正し、新史実を掘り起こしたノンフィクション。幕末維新を生きた女性たちへの深い共感がここにある。

◇史料が語る坂本竜馬の妻お竜　鈴木かほる著　新人物往来社　2007.12　274p　21cm　〈年表あり〉　①978-4-404-03513-4

I 政治・経済　　　　　　　　　　　　　　　　　　　　　　佐川官兵衛

＊竜馬を愛したお竜の実像！ 多くの史料
を基に、全生涯を丹念に描く。

◇司馬遼太郎作品の女性たち　北影雄幸著
文芸企画　2006.2　357p　19cm
①4-434-07496-2
＊戦国期、幕末維新の動乱を駆け抜けた
十三人の女性たちの美しき生き様。

◇竜馬と八人の女性　阿井景子著　戎光祥
出版　2005.4　220p　20cm　〈文献あり〉
①4-900901-56-3
＊幼馴染み、高知城下評判の美少女、勤王
党士檜垣清治の姉、桶町千葉道場の娘、
寺田屋の女将、長崎芸妓、強く優しい実
姉、そして “妻” おりょう―土佐の巨
人・坂本竜馬をめぐる女たちの愛怨。

◇竜馬とおりょうの想い出物語―名は竜と
申私ににており候　斎藤秀一著　湘南海
援隊　（湘南海援隊文庫）　2005.1　39p
21cm　〈年譜あり〉

▌相楽 総三　さがら・そうぞう
1839～1868　尊攘派志士，赤報隊1番隊
隊長。

◇草莽枯れ行く　上　北方謙三著　集英社
1999.3　341p　19cm　①4-08-774390-X
＊草莽―野にあって天下を憂うる男たち
悲劇的なまでに純粋な魂が駆けぬけた
幕末の青春群像巨篇。

◇闇の維新 相楽総三　原田務著　叢文社
1997.11　192p　19cm　①4-7947-0275-2
＊捨て石にされた関東勤王志士の悲憤。
徳川幕府を戦争に引き込むための西郷
と岩倉の懇願によって「江戸御用盗」を
引き受けさせられ、事が成就すると「偽
官軍のレッテル」で斬首の無惨。愛児
を義父に託して自決した妻の怒り。事
件の背後に、早くも新勢力と結ぶ豪商
の腐った影―。併載「笑左残響記」…薩
摩藩を奇手奇略で破産から救った大功
臣の調所笑左衛門を逆臣として亡ぼし
た迷君と迷藩士―。なにが真実なのか。
歴史はかくも悲しい―。

◇相楽総三関係史料集　信濃教育会諏訪部
会編　青史社　1975　132,7p　図　22cm
〈巻末：相楽総三及び相楽隊関係参考文献〉

◇維新史の再発掘―相楽総三と埋もれた草
莽たち　高木俊輔著　日本放送出版協会
（NHKブックス）　1970　230p　表　19cm
〈相楽総三・赤報隊関連年表：p.224-228〉

▌相楽 半右衛門　さがら・はんえもん
1811～1879　安積疏流開拓の功労者。庄
屋。殖産興業を目指し、猪苗代湖からの
引水を計画、実行。

◇大槻村最後の名主相楽半右衛門伝　矢部
洋三編　相楽マサエ　2004.11　389p
22cm　〈年表あり　文献あり〉

▌佐川 官兵衛　さがわ・かんべえ
1831～1877　会津藩士。会津戦争で家老
として指揮。のち警視庁に入り一等大警
部として西南戦争に出陣。〔記念施設〕
鬼官兵衛記念館（熊本県南阿蘇村）

◇蘇った官兵衛―佐川官兵衛断片　松岡秀
隆著　松岡秀隆　2017.6　128p　18cm
〈私家版〉

◇「朝敵」と呼ばれようとも―維新に抗した
殉国の志士　星亮一編　現代書館
2014.11　222p　20cm
①978-4-7684-5745-0

◇英傑の日本史　敗者たちの幕末維新編
井沢元彦著　KADOKAWA　2014.2
230p　20cm　〈年表あり〉
①978-4-04-653294-7

◇会津武士道　中村彰彦著　PHP研究所
（PHP文庫）　2012.11　272p　15cm
①978-4-569-67909-9
＊幕末の会津藩は、兵力・装備にまさる新
政府軍を相手に徹底抗戦し、過酷な篭
城戦の末、降伏開城を余儀なくされた。
徳川恩顧の諸藩が次々と寝返るなか、最
後まで戦った会津藩を支えた “真の武士
道” とは？ 幕府草創期に将軍を輔佐し、
政権の礎を築いた藩組・保科正之から連
綿と続く気高き精神の系譜…。日本史に
燦然とその精華を刻んだ「会津武士道」
の成立と展開をわかりやすく解説する。

◇会津武士道―侍たちは何のために生きた
のか　中村彰彦著　PHP研究所　2007.1
246p　19cm　①4-569-65709-5

＊藩祖・保科正之、中興の家老・田中玄宰、幕末の白虎隊、そして…真の「武士道」の誇り高き生き方に学べ。

◇鬼官兵衛烈風録　中村彰彦著　角川書店（角川文庫）　1995.6　431p　15cm　①4-04-190602-4

◇鬼官兵衛烈風録　中村彰彦著　新人物往来社　1991.7　354p　19cm　①4-404-01840-1
＊我ら賊徒なるか。会津を率い戊辰戦争を戦いオニカンと呼ばれ怖れられた男佐川官兵衛。のち、西郷軍を追い阿蘇に果てるまでその苦闘の生涯を渾身の筆で描く傑作歴史長篇。初めて描かれた伝説の会津武士。

‖ **崎山 比佐衛**　さきやま・ひさえ
1875～1941　海外移住功労者。

◇崎山比佐衛伝―移植民教育とアマゾン開拓の先覚者　吉村繁義著　海外植民学校校友会出版部　1955.11　262p　19cm〈崎山比佐衛の肖像あり〉

‖ **佐久間 権蔵**　さくま・ごんぞう
1861～1934　政治家。鶴見町議会議員，神奈川県議会議員。

○特集　『佐久間権蔵日記』の世界　「京浜歴科研年報」（京浜歴史科学研究会）　21　2009.2

◇佐久間権蔵日記　第5集　大正五年　佐久間権蔵著，横浜開港資料館編　横浜開港資料館　（日記史料叢書）　2003.3　201p　21cm

◇佐久間権蔵日記　第4集　大正四年　佐久間権蔵著，横浜開港資料館編　横浜開港資料館　（日記史料叢書）　2002.3　223p　21cm

◇佐久間権蔵日記　第3集　大正三年　佐久間権蔵著，横浜開港資料館編　横浜開港資料館　（日記史料叢書）　2001.3　173p　21cm

◇佐久間権蔵日記　第2集　佐久間権蔵著，横浜開港資料館編　横浜開港資料館　（日記史料叢書）　2000.3　189p　21cm

◇佐久間権蔵日記　第1集　佐久間権蔵著，横浜開港資料館編　横浜開港資料館　（日記史料叢書）　1999.3　7,195p　21cm

‖ **佐久間 左馬太**　さくま・さまた
1844～1915　陸軍軍人。大将，伯爵。東京衛戍総督、台湾総督を歴任。

◇植民地帝国人物叢書　3 台湾編 3　佐久間左馬太　佐久間左馬太　谷ヶ城秀吉編　台湾救済団著　ゆまに書房　2008.6　873p 図版20枚　22cm　〈台湾救済団1933年刊の複製　肖像あり　折り込1枚　年譜あり〉　①978-4-8433-2943-6

‖ **佐久間 惣治郎**　さくま・そうじろう
1877～1956　実業家。ドロップ製造のパイオニア、「サクマ式ドロップス」を発表。

◇佐久間惣治郎伝―教育の基本は「論語と算盤」　佐々木久夫著　アートデイズ　2011.8　259p　20cm　〈文献あり〉　①978-4-86119-179-4

◇佐久間惣治郎先生　宇留野勝弥著　宇留野勝弥　1969　72p 図版　19cm　〈表紙等の書名：あゝ佐久間先生〉

◇佐久間惣治郎先生追想録　景徳記念事業委員会編　景徳記念事業委員会　1959

‖ **佐久間 勉**　さくま・つとむ
1879～1910　海軍軍人。潜水艇を研究し第六潜水艇長となる。潜水訓練中沈没し事故の明細を記録しながら部下13名と殉職。〔記念施設〕佐久間記念交流会館（福井県若狭町）

◇死生天命―佐久間艇長の遺書　足立倫行著　ウェッジ　2011.12　167p　20cm〈文献あり〉　①978-4-86310-092-3
＊明治43年4月15日、岩国沖で訓練航行中の第六潜水艇が沈没、艇長以下14名の乗組員は絶命した。死に至るまで沈着に事に処した乗組員の行動をしたため た艇長の遺書は、国内外に大きな反響を呼んだ。佐久間艇長とはいかなる人物だったのか―。

◇職ニ斃レシ雛モ―佐久間艇長と六号艇の男たち　片山利子著　展転社　2009.4

I 政治・経済 　　　　　　　　　　　　　　　　　　　　　佐久間貞一

207p　19cm　〈文献あり〉
①978-4-88656-335-4
＊深海の底で死を待つだけの潜水艇内、
　艇員は冷静に各々の持ち場を守り、艇
　長は手帳に事故経過と遺言を書き続け
　た。世界中が驚嘆し讃嘆した、サムラ
　イたちの高貴なる魂を今、呼び起す。

◇佐久間艇長の遺書と現代　藤本仁著　九
　嶺書房焼山店　2006.9　168p　22cm
　〈肖像あり〉　①4-87440-945-8

◇嗚呼海軍兵学校 日本を愛した勇士たち―
　江田島教育参考館の展示から　「日本を
　愛した勇士たち」製作委員会編　明成社
　2006.8　63p　21cm　①4-944219-43-1

◇佐久間艇長の遺書　佐久間勉著，TBSブ
　リタニカ編集部編　TBSブリタニカ
　2001.2　92p　18cm　〈文献あり 年譜あ
　り〉　①4-484-01201-4
＊1910年、第6号潜水艇の艇長として、山
　口県新湊沖で潜航訓練中、艇が故障し
　沈没、13名の艇員とともに殉職した佐
　久間勉。死の直前に書かれた遺書は、
　夏目漱石が名文と激賞し、与謝野晶子
　が追悼歌を十余首も詠んだ。その遺書
　をここに掲載。

◇「第六潜水艇浮上せず…」―漱石・佐久間
　艇長・広瀬中佐　飯島英一著　創造社
　1994.7　231p 19cm　①4-88156-076-X
＊訓練中、広島湾に突然消息を絶った一
　隻の潜水艇（現在の潜水艦）、その内部
　から発見された艇長の遺書、そして、佐
　久間艇長の性格分析によって迫る沈没
　原因の真相―。昨今、政・官界に大流行
　のトカゲの尻尾切りの元祖は、実に旧
　海軍上層部であった。

◇佐久間艇長　法本義弘著　小浜市立図書
　館　（若狭人物叢書）　1987.11　150p
　22cm　〈佐久間勉の肖像あり〉

◇花の佐久間艇長―世界海難史上不朽の芳
　香を放つ 第六潜水艇の遭難と艇長遺書
　保田耕志著　原書房　1980.4　140p
　21cm　〈佐久間勉の肖像あり 折り込図1
　枚 付（別冊14cm）：佐久間海軍大尉遺書〉

◇佐久間海軍大尉遺書　佐久間勉著　福井
　豆本の会　（福井豆本）　1978.11　2冊

11cm　〈別冊：潜水艦の草分け佐久間勉
青園謙三郎著　発売：安田書店（福井）復
刻版 限定版〉

▎佐久間 貞一　さくま・ていいち
1848～1898　実業家。東京市議会議員。
教科書出版の大日本図書を創立。移民事
業の東洋移民を創立。

◇日本を再興した起業家物語―知られざる
創業者精神の源流　加来耕三著　日本経
済新聞出版社　2012.3　325p　19cm
①978-4-532-31785-0
＊こんなリーダーが日本にもいた。親し
　みやすい語り口で大人気の歴史家が、
　社会起業家から経営の神様まで、その
　生き様と夢を描く。あらすじと「名言」
　で読む51人の破天荒な一代記。

◇日本畸人伝―明治・七人の侍　鈴木明著
光人社　2000.10　301p　20cm
①4-7698-0977-8
＊自我を貫いたパイオニアたち。近代日
　本史に魅力的な1ページを加える大宅壮
　一ノンフィクション賞作家の異色作。

◇佐久間貞一全集 全　矢作勝美編著　大日
本図書　1998.12　408p　21cm
①4-477-00964-X
＊本書は、「独立独行の紳士、オリジナリ
　ティーを有する事業家」（島田三郎）とい
　われ、また「わが国労働運動の大恩人」
　にして、「日本のロバート・オーエンと
　もいうべき人」（片山潜）であると謳われ
　た、佐久間の全体像をあきらかにする、
　初めての『佐久間貞一全集』である。

◇日本社会政策の源流―社会問題のパイオニ
アたち　保谷六郎著　聖学院大学出版会
1995.4　274p　21cm　①4-915832-11-2
＊本書は、明治・大正初期における社会問
　題ないしは社会政策の啓蒙家、運動家
　の思想・行動について述べたものであ
　る。明治期には、先進国では、社会問
　題、労働運動が重要な現実問題になっ
　ていた。このような外国の状況は、わ
　が国の学者等に影響を与えていた。し
　かし、当時の日本では、社会問題に対す
　る社会の意識は、ようやく顔を現そう
　としていた段階であって、社会問題を

伝記ガイダンス 明治を生きた人々　　315

日本の社会に認識させるためには、この問題を提起し、啓蒙し、実践する人たちがとくに必要であった。本書は、当時の社会問題をめぐる認識や行動を浮かび上がらせるために、このような人たちを取り上げている。

◇明治維新畸人伝—かつて、愛すべき「変な日本人」がいた　鈴木明著　勁文社　（勁文社文庫21）　1993.10　238p 15cm
Ⓘ4-7669-1873-8
＊現代史の中から抹殺されていった五人の男たちの奇異な生涯とは？

▌桜井 静　さくらい・しずか

1857～1905　自由民権家，政治家。衆議院議員。各府県会議長に「国会開設懇請協議案」を送付、私擬憲法草案を起草して発表。

◇桜井静と木内重四郎—芝山の人物展：平成23年度芝山町史企画展「図録」　芝山町芝山古墳・はにわ博物館編　芝山町芝山古墳・はにわ博物館　2011.11　64p 30cm　〈会期・会場：平成23年11月12日—平成24年2月5日 芝山町立芝山古墳・はにわ博物館　年譜あり〉

◇桜井静—国会開設に尽くした孤高の民権家　桜井静先生を偲ぶ会実行委員会編　芝山町　1990.11　121p 22cm　〈桜井静の肖像あり　年譜：p117～120〉

▌桜井 忠温　さくらい・ただよし

1879～1965　陸軍軍人，小説家。日露戦争の体験を描いた「肉弾」は高く評価された。自伝「哀しきものの記録」。

◇ドラマチック日露戦争—近代化の立役者13人の物語　河合敦著　ソフトバンククリエイティブ　（ソフトバンク新書）　2010.10　239p 18cm　Ⓘ978-4-7973-5813-1
＊日露戦争はそれまで世界史が経験したことのない未曾有の大戦であり、日本という新興の小国が、老大国ロシアに挑んだ極めて無茶な戦いでもあった。にもかかわらず運命の日本海海戦で、ロシアが誇るバルチック艦隊を全滅させるという空前絶後の大勝利を収めた日本。その撃滅作戦を編み出した秋山

真之を筆頭に、秋山好古、正岡子規、東郷平八郎、与謝野晶子、高橋是清など、日本の近代化に大きな貢献をした立役者たち13人の波乱万丈な物語を追う。

◇芸術と戦争—従軍作家・画家たちの戦中と戦後　もりたなるお著　産経新聞出版　2007.2　289p 19cm
Ⓘ978-4-902970-97-5

◇近代愛媛の新群像—愛媛大学蔵「世紀堂文庫」の世界　愛媛大学地域創成研究センター編　シード書房　2006.1　213p 21cm　〈肖像・年譜あり　菱田正基について（福田安典著），徳富蘆花と菱田正基：徳富蘆花と菱田正基の往復書簡（川岡勉著），髑髏印と安重根の書（矢沢知行著），矢野鶴子氏への聞き取り調査について（川岡勉　矢沢知行著），植民地教育のなかの菱田正基（今野日出晴著），桜井光子氏への聞き取り調査について（今野日出晴著），大連と愛媛をつなぐ絆：桜井忠温の画帖「満州を偲びて」（加藤国安著），骨肉愛の叫び、反戦の呐喊（鄭宝香著），大連の俳壇と愛媛の俳人たち（劉凡夫著），大連・遼寧師範大学との共同研究（加藤国安著），世紀堂文庫概説：世紀堂文庫（Millennium Hall collection）概説（福田安典著），世紀堂文庫の短冊からみる正基の交遊（神楽岡幼子著），菱田正基と安倍能成（中根隆行著），菱田正基と水野広徳（矢沢知行著），忠臣蔵関係資料「大石内蔵助賞賛文」について（東賢司著），絵の修行時代の桜井忠温（奥定一孝著），忠温の初期絵画解説（奥定一孝著），忠温と『坊ちゃん』の挿絵（佐藤栄作著），忠温最後の著作（高橋治郎著），世紀堂文庫リスト〉　Ⓘ4-9902288-1-2

◇帝国軍人の反戦—水野広徳と桜井忠温　木村久邇典著　朝日新聞社　（朝日文庫）　1993.9　266p 15cm　〈『錨と星の賦—水野広徳と桜井忠温』増補・改題書〉
Ⓘ4-02-260782-3
＊第一次世界大戦後、ヨーロッパの惨状を視察した水野広徳は、強硬な反戦論者となって軍職を去る。陸軍省新聞班長として脚光を浴びる桜井忠温もまた、太平洋戦争の激動に翻弄されていく。日露戦争従軍記で名高い "軍人文士" の

I 政治・経済　　　　　　　　　　　　　　　　　　　　佐々木高行

数奇な生涯から、"戦争と平和"の問題を
考察する。
◇錨と星の賦—桜井忠温と水野広徳　木村久
邇典著　新評社　1980.11　215p　20cm

◇愛媛の先覚者　第6　愛媛県教育委員会
1967　216p　図版　21cm

┃佐佐木 政乂　ささき・せいがい
1856〜1907　経営者，政治家。
◇佐佐木政乂伝　宮本又次ほか編　佐佐木
勇蔵　1979.9　338p　22cm　〈佐佐木政
乂の肖像あり　佐佐木政乂年譜：p329〜
331〉

┃佐々木 荘助　ささき・そうすけ
1835〜1892　通運業者。通運事業の民営
化提唱、東海道馬車の開祖。
◇通運史料 佐々木荘助篇　一隅社編集部著
通運業務研究会　1958

┃佐佐木 高行　ささき・たかゆき
1830〜1910　高知藩士，政治家。侯爵。
藩の大目付など藩政に参画。のち長崎府
判事、参議、工部卿、枢密顧問官を歴任。
◇佐佐木高行日記—かざしの桜　佐佐木高
行著，安在邦夫，望月雅士編　北泉社
2003.4　544p　22cm　〈早稲田大学図書
館所蔵の翻刻〉　④4-89483-015-9

◇天皇親政—佐々木高行日記にみる明治政
府と宮廷　笠原英彦著　中央公論社　（中
公新書）　1995.2　195p　18cm　〈参考文
献：p192〜195〉　④4-12-101231-3
　＊維新の一大理念であるはずの天皇親政
は、明治政府誕生後間もなくして形骸
化した。事態を憂慮した天皇側近の元
田永孚、佐々木高行ら侍補グループは、
名実ともに実効ある親政とすべく、薩
長藩閥政府に対峙する。本書は、明治
天皇から「左右ニ陪シテ誠ニ進規ニ尽
ス」の御沙汰を下賜された数少ない維
新官僚・佐々木が残した膨大な日記を
読み解き、その親政論の政治的意義を
明らかにするとともに、当時の政府と
宮廷の状況を描出する。

┃佐々木 高行　ささき・たかゆき
1830〜1910　土佐藩士，政治家。
◇長崎幕末浪人伝　深潟久著　西日本新聞社
1990.10　346p　19cm　①4-8167-0290-3
　＊坂本龍馬、後藤象二郎、高杉晋作、木戸
孝允、西郷隆盛、大久保利通ら土佐、
長州、薩摩の浪人たちが土佐藩大目付・
佐々木高行を中心に離合集散、新時代
の誕生に生命を燃焼させた。彼らが長
崎に残した熱い足跡を追う。幕末の長
崎を彩った人と事件を余すところなく
伝える力作。

◇保古飛呂比—佐々木高行日記　11　佐々
木高行著，東京大学史料編纂所編纂　東
京大学出版会　1979.3　428p　22cm

◇保古飛呂比—佐々木高行日記　12　佐々
木高行著，東京大学史料編纂所編纂　東
京大学出版会　1979.3　476p　22cm

◇保古飛呂比—佐佐木高行日記　10　佐々
木高行著，東京大学史料編纂所編纂　東
京大学出版会　1978.3　589p　22cm

◇保古飛呂比—佐佐木高行日記　9　巻45-
48（自明治13年1月至同13年12月）　佐佐
木高行著，東京大学史料編纂所編纂　東
京大学出版会　1977.3　417p　22cm

◇保古飛呂比—佐佐木高行日記　8　佐佐木
高行著，東京大学史料編纂所編纂　東京
大学出版会　1976　384p　22cm

◇保古飛呂比—佐佐木高行日記　6　佐佐木
高行著，東京大学史料編纂所編纂　東京
大学出版会　1975　344p　22cm

◇保古飛呂比—佐佐木高行日記　7　佐佐木
高行著，東京大学史料編纂所編纂　東京
大学出版会　1975　447p　22cm

◇保古飛呂比—佐佐木高行日記　5　佐佐木
高行著，東京大学史料編纂所編纂　東京
大学出版会　1974　436p　22cm

◇保古飛呂比—佐佐木高行日記　4　佐佐木
高行著，東京大学史料編纂所編纂　東京
大学出版会　1973　513p　22cm

◇保古飛呂比—佐佐木高行日記　2　佐佐木
高行著，東京大学史料編纂所編纂　東京
大学出版会　1972　646p　22cm

◇保古飛呂比―佐佐木高行日記　3　佐佐木高行著，東京大学史料編纂所編纂　東京大学出版会　1972　426p　22cm

◇明治聖上と臣高行　津田茂麿著　原書房（明治百年史叢書）　1970　1035p　図版　22cm　〈自笑会昭和3年刊の複製〉

◇保古飛呂比―佐佐木高行日記　1　佐佐木高行著，東京大学史料編纂所編纂　東京大学出版会　1970　655p　22cm

佐々木 只三郎
ささき・たださぶろう
1833〜1868　京都見廻組与頭。清河八郎、坂本竜馬殺害の指揮者。

◇大江戸剣豪列伝―切先越しにみるサムライの260年　田澤拓也著　小学館（小学館新書）　2014.2　222p　18cm　①978-4-09-825199-5
＊江戸時代初期、諸国遍歴と武者修行に励んだ宮本武蔵らの背景には、関ヶ原の戦い後の浪人たちの就職事情があった。江戸中期、武士が戦いを忘れていった時代だからこそ、庶民は赤穂浪士の討ち入りに拍手喝采した。そして幕末、その庶民が千葉周作の玄武館など町道場に通い、近藤勇ら草莽の志士たちが動乱の時代を駆け抜けた背景には、武士による政治と経済の破たんがもたらした身分制の崩壊があった。江戸時代260年間を彩る剣豪たちの太刀筋から、武士像の変遷を解き明かす。

◇会津士魂　6　炎の彰義隊　早乙女貢著　集英社（集英社文庫）　1998.12　333p　15cm　①4-08-748821-7
＊彰義隊は上野の戦いで大敗したが、生き残った隊士たちは再起を画した。江戸城西ノ丸に蟠踞する大総督府を急襲、火を放ち一矢を報いて後、会津に脱出しようというのだ。しかし、東征軍の追求は厳しく、佐々木只三郎の弟源四郎が斬殺されたのを機に鮎川兵馬も江戸から姿を消した。主だったものを次々と失った彰義隊士たちは、品川沖の榎本艦隊に逃れていくのである。

◇会津士魂　4　慶喜脱出　早乙女貢著　集英社（集英社文庫）　1998.10　347p

15cm　①4-08-748819-5
＊鳥羽伏見の戦いでは会津藩兵の奮闘も虚しく、二万余の旧幕府軍が、その半数にも満たない薩長土軍に対し、敗退を続けた。薩長の掲げる錦旗の前に裏切る藩が相次ぎ、さらに将軍徳川慶喜の戦線離脱も重なり、戦いはあっけなく決着する。旧幕府軍は解体四散し、鮎川兵馬は兄とも慕った佐々木只三郎の畾を胸に熊野路を江戸へと急いだ。

◇剣鬼・佐々木只三郎―京都見廻組与頭　峰隆一郎著　広済堂出版　1993.9　286p　19cm　①4-331-05582-5
＊清河八郎を屠り、坂本龍馬を葬った将軍直参最後の侍。乱世に詩を吟じ、迷いなき小太刀に血を吸わせた神道精武流達人の熱き憂国の生き様。長篇剣豪小説。

◇幕末志士伝　早乙女貢著　新人物往来社　1991.7　275p　19cm　①4-404-01833-9
＊坂本龍馬、佐々木只三郎、高杉晋作、川上彦斎、中山忠光、沖田総司、平田金十郎、中野竹子、土方歳三、西郷隆盛らを廻る血の維新史。早乙女史観が志士の本質を鋭くえぐる傑作歴史小説集。

◇物語　悲劇の会津人　新人物往来社編　新人物往来社　1990.5　236p　19cm　①4-404-01711-1
＊義を貫き、時の流れに逆らって生きた悲運の会津人たちを描く。

佐々木 長淳　ささき・ながのぶ
1830〜1916　養蚕技術者、官吏。養蚕御用係。近代的養蚕技術導入の先覚者。著書に「蚕の夢」など。

◇佐々木長淳の生涯と業績―澳国博覧会参加、西欧の養蚕・製糸・絹糸紡績調査、新町屑糸紡績所建設、全国養蚕指導で活躍　温井眞一編著　よみがえれ！　新町紡績所の会　2014.1　51p　30cm　〈年譜・文献あり〉

佐々木 勇之助　ささき・ゆうのすけ
1854〜1943　銀行家。第一国立銀行設立と同時に入行し、支配人、取締役、のち頭取。

◇財界人物我観　福沢桃介著　図書出版社

I　政治・経済　　　　　　　　　　　　　　　　　　　　　　　　　　　　笹森儀助

（経済人叢書）　1990.3　177p,19cm
＊自由奔放に生きた鬼才・福沢桃介が明
治財界の巨頭たちを俎上に載せ毒舌を
ふるう。

◇日本財界人物列伝　第1巻　青潮出版株式
会社編　青潮出版　1963　1171p　図版
26cm

||佐々倉 桐太郎　ささくら・きりたろう
1830〜1875　幕臣。1860年咸臨丸の運用
方としてアメリカに渡る。

◇咸臨丸の逸男佐々倉桐太郎伝　佐々倉航
三著　全日本海員組合　1956

||佐々田 懋　ささだ・すすむ
1855〜1940　政治家。衆議院議員。実業
界でも活躍し、鉄道会社設立発起など、交
通運輸の開発につとめた。

◇服部之総全集　8　人物再検　福村出版
1974　329p　20cm

||笹森 儀助　ささもり・ぎすけ
1845〜1915　探検家。青森市長。千島列
島探検、奄美・沖縄諸島を調査し国境警
備、辺境の社会改革を提言。

◇我、遠遊の志あり─笹森儀助風霜録　松
田修一著　ゆまに書房　（ゆまに学芸選書
ULULA）　2014.4　374p　19cm
①978-4-8433-4391-3
＊「遠遊」とは単なる探検・冒険ではな
い。儀助はこの国の端々を見て歩きた
かったのだ。彼の関心事は国の将来と
民の暮らしであった。文献や史料を読
み込み、儀助の足跡を追って各地に足
を運び、またゆかりの人々や研究者に
インタビュー。保守革新、国権民権と
いった単純な図式では語れない儀助の
思想や人間像が見えてくる。

◇笹森儀助書簡集　笹森儀助書簡集編纂委
員会編　東奥日報社　2008.11　372,18p
22cm　〈肖像・年譜あり〉
①978-4-88561-091-2

◇谷川健一全集　第8巻　沖縄4　谷川健一
著　冨山房インターナショナル　2008.8

506,11p　21cm　①978-4-902385-61-8
＊八重山の漁師の親方と「雇いん子」の少
年たち。宮古のユタと神に憑かれた人
の神秘的な体験。先島を舞台にした民
俗誌的ノンフィクション。

◇辺境を歩いた人々　宮本常一著　河出書
房新社　2005.12　224p　19cm
①4-309-22438-5
＊江戸、幕末、明治。激動の時代に、八丈
島、蝦夷地、みちのく、琉球・八重山諸
島の地理・歴史・民俗の調査に、一命を
賭して情熱を捧げた、民俗学のパイオ
ニアたちの数奇な運命と足跡をわかり
やすくたどり直す。

◇笹森儀助展図録─辺境からのまなざし 明
治の青森が生んだ不屈の士魂　青森県立
郷土館編　青森県立郷土館　2005.7
101p　30cm　〈会期・会場：2005年7月26
日─9月4日 青森県立郷土館　年譜あり〉

◇笹森儀助の軌跡─辺界からの告発　東喜
望著　法政大学出版局　2002.4　260p
20cm　〈肖像あり〉　①4-588-31400-9
＊北方・南方の島々や近隣諸国の辺界か
ら、日本近代の矛盾を見つめ告発した
漂泊の志士・笹森儀助の旅と思考をあ
とづける。

◇新南嶋探験─笹森儀助と沖縄百年　琉球
新報社編　琉球新報社　1999.9　302p
22cm　〈取扱い：地方・小出版流通セン
ター　年譜あり　年表あり〉
①4-89742-024-5
＊青森県元弘前藩士の笹森儀助が、さい
果ての地琉球を踏査したのは1893（明治
26）年。そのときの記録『南嶋探験』を
辿りつつ激動の100年を多角的に検証す
る。激動の100年を照射する歴史ドキュ
メント。

◇独学のすすめ─時代を超えた巨人たち
谷川健一著　晶文社　1996.10　253,24p
19cm　①4-7949-6278-9
＊柳田国男。南方熊楠。折口信夫。吉田
東伍。中村十作。笹森儀助。明治から
昭和にかけて、既成の知識に縛られず、
自分で自分の道を切り拓いた巨人たち。
彼らは何よりも「お仕着せ」を嫌い、誇
りをもって独りで学び、独自に行動し

伝記ガイダンス　明治を生きた人々　　**319**

た。強烈な光を放つこの6つの個性は、いかにして生まれたのか。在野の民俗学の第一人者が、彼らのライフヒストリーを通しておおらかに語る「独学のすすめ」。

◇雪日本 心日本 高田宏著 中央公論社 (中公文庫) 1988.11 314p 15cm ①4-12-201565-0
＊風土が人をつくる、なかでも雪国において。雪国人の特徴とされるがまん強さ、その陰に息づく激しい感情。鈴木牧之、暁烏敏、笹森儀助、山川登美子ら12人をとりあげ、それらの人々に共通する心を、日本人の民族性のなかで考える。

◇笹森儀助の人と生涯 横山武夫著 歴史図書社 1975 319p 図 肖像 22cm 〈笹森儀助略年譜：p.303-319〉

◇ドキュメント日本人 第7 無告の民 学芸書林 1969 308p 20cm

◇郷土の先人を語る 第1 陸羯南〔ほか〕弘前図書館(弘前市)編 相沢文蔵 弘前市立弘前図書館 弘前図書館後援会 1967 140p 18cm

佐竹 悦子 さたけ・えつこ
1841〜1916 華族。秋田藩主義睦の妻。高知藩主山内豊資の2女。

◇諒鏡院・佐竹悦子の生涯─土佐女の見た秋田の幕末明治維新 伊藤武美著 無明舎出版 1993.6 247p 19cm 〈参考文献：p241〜242〉

佐々 友房 さっさ・ともふさ
1854〜1906 政治家。衆議院議員。西郷隆盛に従い、西南戦争に戦う。熊本国権党、国民協会、帝国党、大同倶楽部の中心メンバーとして活躍。

◇克堂佐々先生遺稿─伝記・佐々友房 佐々克堂先生遺稿刊行会編 大空社 (伝記叢書) 1988.10 620,5p 22cm 〈改造社昭和11年刊の複製 佐々克堂の肖像あり〉

佐藤 猊巌 さとう・げいがん
1862〜1941 猊鼻渓開発者。

◇猊巌と猊鼻渓 佐藤猊巌原著，佐藤宏編著 佐藤宏 1991.11 141p 27cm 〈著者の肖像あり 文献及び参考資料：p141〉

佐藤 慶太郎 さとう・けいたろう
1868〜1940 実業家。

◇東京都美術館ものがたり─ニッポン・アート史ダイジェスト 東京都美術館編，浅生ハルミン絵 鹿島出版会 2012.7 167p 21cm ①978-4-306-04578-1
＊佐伯、タロー、寺山、HIBINO、そして院展、二科展…。日本のアーティスト最大の晴れ舞台、トビカン初の公式ガイドブック。「芸術の秋」を生んだ美の殿堂は、「アートへの入口」に生まれ変わる。アートの未来像とダイジェスト版美術史が凝縮された、カタログ的入門書。

◇佐藤慶太郎伝─東京府美術館を建てた石炭の神様 斉藤泰嘉著 石風社 2008.5 334p 20cm 〈年譜・文献あり〉 ①978-4-88344-163-1

◇公私一如に生きる─日本で初めて美術館を建てた九州男児・佐藤慶太郎伝 斉藤泰嘉著 筑波大学現代GP芸術専門学群部会事務局 (筑波大学現代GP 美と芸術のマイスター育成講座教材) 2006.3 199p 30cm

◇伝記佐藤慶太郎 加藤善徳著 日本生活協会 1952

佐藤 孝郷 さとう・ごうきょう
1850〜1922 札幌市白石町開拓の指導者。

◇白石開拓の恩人佐藤孝郷 坂東孝平編 坂東孝平 1992.10 154p 21cm 〈孝郷没後七十年・白石区制施行二十年・札幌市制施行七十年を記念して 佐藤孝郷の肖像あり 佐藤孝郷年譜：p7〜16 参考文献：p149〉

佐藤 昌介 さとう・しょうすけ
1856〜1939 農政経済学者。東北帝国大学教授，北海道帝国大学総長。札幌農学

I 政治・経済　　　　　　　　　　　　　　　　　　　　　　　　　　　　　　　　　　　佐藤政養

校に勤務、大農論を説く。大学運営・教育
に尽力、北大の父といわれる。

◇佐藤昌介とその時代　増補・復刊　佐藤
　昌彦著　北海道大学大学文書館編　北海
　道大学出版会　2011.8　284,9p　19cm
　〈初版：玄文社1948年刊　著作目録・年譜
　あり〉　①978-4-8329-3378-1
　＊北大を"いま"へと導いた太く確かな一
　　筋の流れ。クラークの教え、キリスト教
　　信仰、米国留学経験、郷友の原敬や学友
　　高田早苗との友情を糧に邁進した札幌農
　　学校一期生・初代総長佐藤昌介の生涯。

◇北海道大学の父佐藤昌介伝―その勇ましく
　高尚なる生涯　蝦名賢造著　佐藤昌介刊行
　会　2007.11　221p　20cm　〈発行所：西
　田書店　年譜あり〉　①978-4-88866-476-9

◇北の大地に魅せられた男―北大の父佐藤昌
　介　藤井茂著　岩手日日新聞社　2006.10
　263p　22cm　〈肖像・年譜・文献あり〉

◇クラークの手紙―札幌農学校生徒との往
　復書簡　佐藤昌彦，大西直樹，関秀志編・
　訳　北海道出版企画センター　1986.6
　320p　19cm　①4-8328-8603-7

◇佐藤昌介　中島九郎著　川崎書店新社
　1956　2版　388p　図版　19cm

‖　佐藤　助九郎　　さとう・すけくろう
　1870〜1931　実業家。富山鉄道、中越銀
　行等の重役として地方財界の重鎮。

◇建設業を興した人びと―いま創業の時代
　に学ぶ　菊岡倶也著　彰国社　1993.1
　452p　21cm　①4-395-00353-2
　＊本書は、創業者とその周辺の人びとを
　　通じてわが国建設業の近代の発展を描
　　いたものである。

‖　佐藤　助九郎　　さとう・すけくろう
　1847〜1904　実業家，佐藤工業創始者。

◇建設業を興した人びと―いま創業の時代
　に学ぶ　新装版　菊岡倶也著　彰国社
　2012.6　453p　19cm
　①978-4-395-02982-2

‖　佐藤　鉄太郎　　さとう・てつたろう
　1866〜1942　海軍軍人。中将。日清戦争
　後、海軍大教官などを務める。海戦史研
　究の権威。

◇先人の勇気と誇り―「歴史に学ぼう、先人
　に学ぼう」　第2集　モラロジー研究所出
　版部編　モラロジー研究所　2006.1
　249p　19cm　①4-89639-114-4

◇佐藤鉄太郎海軍中将伝　石川泰志著　原
　書房　（明治百年史叢書）　2000.7　582p
　22cm　〈文献あり　年譜あり〉
　①4-562-03329-0
　＊日本軍事史研究の俊英が渾身の筆致で
　　描く、海軍国防思想家・佐藤中将の生
　　涯。本邦初の評伝。

◇海は白髪なれど―奥羽の海軍　松野良寅
　著　博文館新社　1992.11　263p　21cm
　①4-89177-945-4
　＊海軍の栄光と挫折、救国へ挺身した提督
　　たちの熱情。壮大な史劇を織りなした米
　　内、井上など奥羽の提督たちの人間模
　　様を精緻な実証で描く著者渾身の力作。

‖　佐藤　彦五郎　　さとう・ひこごろう
　1827〜1902　政治家。多摩郡日野宿名主，
　日野郡長。京都新撰組の後援者。農兵隊
　を組織し、一揆鎮圧。

◇新選組多摩党の虚実―土方歳三・日野宿・
　佐藤彦五郎　神津陽著　彩流社　2004.9
　294p　19cm　①4-88202-916-2
　＊初めて明かされる日野宿をめぐる土方歳
　　三と佐藤彦五郎の深い闇…。剣術自慢
　　の多摩の百姓が武家浪人を制して「新
　　選組」の全権を掌握した秘密を解明。

‖　佐藤　政養　　さとう・まさやす
　1821〜1877　蘭学者，技術者。

◇政養佐藤与之助資料集　佐藤政養遺墨研
　究会編　佐藤政養先生顕彰会　1975
　331p　図　肖像　22cm　〈佐藤政養年譜・参
　考文献：p.291-308〉

伝記ガイダンス　明治を生きた人々　**321**

佐藤 百太郎　さとう・ももたろう

1854～1910　実業家。

◇明治日米貿易事始―直輸の志士・新井領一郎とその時代　阪田安雄著　東京堂出版　（豊明選書）　1996.9　418p　19cm　①4-490-20294-6

＊明治9（一八七六）年3月、日米民間貿易の振興のために、六人の若者が汽船オーシャニック号で横浜を旅立った。佐藤百太郎と彼が引率する五人の商法実習生をオーシャニック・グループと呼ぶ。ニューヨークを拠点として彼らはそれぞれに直輸出の販路開拓に尽力するが、その成果は悲喜こもごもで生糸貿易の新井領一郎と雑貨（のちに陶器）の森村豊の二人のみが成功を勝ちとる。本書は、特に新井領一郎の足跡を主軸に、親友森村豊との協力関係、先駆者佐藤百太郎の足跡にも言及して、知られざる明治日米交流史の一側面を明らかにしていく。

サトウ, E.M.

Satow, Sir Ernest Mason

1843～1929　イギリスの外交官。1862年来日。西郷隆盛、木戸孝允ら倒幕派雄藩の指導者とイギリス公使パークスとの連絡につとめた。

◇ダイジェストでわかる外国人が見た幕末ニッポン　川合章子著　講談社　2011.10　310p　19cm　①978-4-06-217271-4

＊ユーモア大好き。語学堪能。災害に不屈。ペリー、ハリス、サトウetc.―幕末動乱期に来日した外国人23人の記録。

◇国際理解の四重奏　宮澤眞一著　高城書房　2010.4　208p　19cm　①978-4-88777-134-5

◇アーネスト・サトウ公使日記　1　明治28年7月28日―明治30年12月31日　コンパクト版　アーネスト・サトウ著、長岡祥三訳　新人物往来社　2008.8　337,37p　20cm　〈肖像・文献あり〉　①978-4-404-03526-4

＊幕末・イギリスからやって来たインテリジェンス。明治28年7月28日-明治30年12月31日。

◇アーネスト・サトウ公使日記　2　明治31

年1月1日―明治33年5月4日　コンパクト版　アーネスト・サトウ著、長岡祥三，福永郁雄訳　新人物往来社　2008.8　432,30p　20cm　〈肖像・年譜・著作目録あり〉　①978-4-404-03527-1

＊親日家・英国大使の激動の日々を綴った記録。明治31年1月1日～明治33年5月4日。

◇西南戦争　萩原延寿著　朝日新聞出版　（朝日文庫　遠い崖）　2008.4　392p　15cm　①978-4-02-261555-8

＊西郷はなぜ起こったのか？　西南戦争勃発の「現場」にいあわせ、西郷出陣までの経過を詳細に目撃した外国人は、サトウの他にいない。サトウにとって西南戦争、というより西郷の叛乱とは何であったのか。また鹿児島で西洋医学の普及につとめていたウイリスにとって、西南戦争とは。

◇離日　萩原延寿著　朝日新聞出版　（朝日文庫　遠い崖）　2008.4　382,82p　15cm　〈年譜あり〉　①978-4-02-261556-5

＊明治15年12月末日、サトウは3回目の賜暇で帰国の途についた。文久2年に19歳で初めて日本の土を踏んでから20年、その日本在勤の時期もおわろうとしていた。サトウが駐日公使として再び日本に戻るのは、12年後、明治28年のことである。大河ヒストリー、堂々の完結。

◇北京交渉　萩原延寿著　朝日新聞社　（朝日文庫　遠い崖）　2008.3　338p　15cm　①978-4-02-261553-4

＊台湾出兵により清国との関係が悪化、大久保利通は自ら北京に赴き交渉にあたる決意を固める。イギリスの駐清公使ウェードの調停とつづく「北京交渉」の経緯を追い、大久保の活躍を描く。一方サトウは、論文「古神道の復興」を発表、日本学者としての道を着実に歩みつづける。

◇賜暇　萩原延寿著　朝日新聞社　（朝日文庫　遠い崖）　2008.3　333p　15cm　①978-4-02-261554-1

＊賜暇を得て帰国したサトウは、法律の勉強に着手し、さらに合間をぬってヨーロッパ大陸への旅行や音楽会の楽しみを満喫する。二年の後、サトウは東京へ帰

I 政治・経済　　　　　　　　　　　　　　　　　　　　　　　　　サトウ

任する前に、政情視察と旧友ウイリス訪問を目的に鹿児島へ赴き、西南戦争勃発の現場にいあわせることになった。

◇岩倉使節団　萩原延寿著　朝日新聞社（朝日文庫　遠い崖）　2008.2　389p　15cm　①978-4-02-261551-0
＊絶頂期にあった大英帝国の「富強」の所以は何なのか。条約改正交渉が進展しないまま、岩倉ら一行は旺盛な好奇の眼を光らせ、イギリス各地を見学していた。一方サトウは、明治四年暮れの富士を眺める甲州路の旅以来、日光への旅、西国巡遊と、旅続きの私生活を送る。大仏次郎賞受賞の大河ヒストリー。

◇大分裂　萩原延寿著　朝日新聞社（朝日文庫　遠い崖）　2008.2　450p　15cm　①978-4-02-261552-7
＊帰国した岩倉具視・大久保利通を待っていたのは、留守政府を預かる西郷隆盛・副島種臣らとの「征韓論」をめぐる対決だった。西郷が遣韓使節を熱望したのはなぜか。その「真意」はどこにあったのか。盟友大久保の胸中は？「明治六年の政変」を追う。一方ウイリスは鹿児島で医学指導に情熱を注ぐ。大仏次郎賞受賞の大河ヒストリー。

◇江戸開城　萩原延寿著　朝日新聞社（朝日文庫　遠い崖）　2008.1　382p　15cm　①978-4-02-261549-7
＊慶応四年（1868）三月十五日に予定された江戸総攻撃は、西郷隆盛と勝海舟の二度の会議によって回避された。この会談をめぐって「パークスの圧力」は、はたしてあったのか？　越後、会津へと展開する戊辰戦争の前途は？　おりからサトウは北海の旅に出て、宗谷沖で坐礁・難破する。

◇帰国　萩原延寿著　朝日新聞社（朝日文庫　遠い崖）　2008.1　397p　15cm　①978-4-02-261550-3
＊幕末の動乱の日々がおわり、「新しい日本」が発足した直後、サトウは賜暇を得て、イギリスへ帰った。中央集権国家をめざす急速な変革は、一年八ヶ月ぶりで日本に戻ったサトウの想像を超えていた。廃藩置県後、まだ日の浅い明治四年（1871）十一月、岩倉使節団が横

浜をあとにする。

◇外国交際　萩原延寿著　朝日新聞社（朝日文庫　遠い崖）　2007.12　379p　15cm　①978-4-02-261547-3

◇大政奉還　萩原延寿著　朝日新聞社（朝日文庫　遠い崖）　2007.12　355p　15cm　①978-4-02-261548-0
＊慶喜が大政奉還を上奏し、同時に討幕の密勅が薩長両藩に交付された慶応三年（1867）十月から、「ええじゃないか」の乱舞、鳥羽・伏見の戦い、慶喜の大坂脱出、外国公使の入京と天皇との謁見、尊攘派によるパークス襲撃にいたるまで、変動する革命の時代をサトウとともに追う。

◇英国策論　萩原延寿著　朝日新聞社（朝日文庫　遠い崖）　2007.11　388p　15cm　①978-4-02-261545-9

◇慶喜登場　萩原延寿著　朝日新聞社（朝日文庫　遠い崖）　2007.11　417p　15cm　①978-4-02-261546-6
＊第二次長州戦争の敗北と家茂の死。危機のなか第十五代将軍となった慶喜との謁見をめぐり、中立を掲げる英国公使パークスと幕府寄りの仏国公使ロッシュに駆け引きが生じる。慶喜はその識見と人間的魅力でパークスを強くとらえた。雄藩連合政権か、徳川幕府の独裁か。「情報将校」サトウが縦横に活躍する。

◇旅立ち　萩原延寿著　朝日新聞社（朝日文庫　遠い崖）　2007.10　360p　15cm　①978-4-02-261543-5
＊1862年、イギリス公使館の通訳生として、攘夷の風が吹き荒れる日本へ一歩をしるしたアーネスト・サトウ。第1巻は生麦事件をへて、イギリス艦隊7隻とともに薩摩にむけて横浜を出港するまでを描く。19歳の青年が見つめた、幕末の日本の姿が鮮やかによみがえる。大仏次郎賞受賞作。

◇薩英戦争　萩原延寿著　朝日新聞社（朝日文庫　遠い崖）　2007.10　436p　15cm　①978-4-02-261544-2
＊薩英戦争、四国連合艦隊による下関遠征―幕府、薩摩、長州との緊迫した駆け引きと闘いが繰り広げられる。通訳

伝記ガイダンス 明治を生きた人々　**323**

生サトウによる、息づまる従軍の記録。倒幕派の伊藤俊輔（博文）や井上聞多（馨）らとの出会いと交友。英国公使オールコックは帰国し、新たにパークスが上海から着任する。

◇新しい日本のかたち—明治開明の諸相　秋山勇造著　御茶の水書房　2005.10　281p　19cm　①4-275-00388-8
＊近代国家の担い手たちが目指したものは何か。幕末・明治の開明に関わる事件や人物の事跡を近代史・開明史の視点で考察。

◇図説アーネスト・サトウ—幕末維新のイギリス外交官　横浜開港資料館編　有隣堂　2001.12　123p　30cm　〈著作目録あり　年譜あり〉　①4-89660-170-X
＊本書は、通算65年にわたって書き残した膨大な量の日記のほか、新発見の「サトウ旧蔵写真アルバム」や日本の家族への手紙などを駆使して、サトウが見た明治維新を再現し、波瀾に富んだその生涯を明らかにする。

◇離日　萩原延寿著　朝日新聞社　（遠い崖—アーネスト・サトウ日記抄）　2001.10　340p　20cm　〈年譜あり　肖像あり〉　①4-02-257326-0

◇西南戦争　萩原延寿著　朝日新聞社　（遠い崖—アーネスト・サトウ日記抄）　2001.7　354p　20cm　①4-02-257325-2

◇賜暇　萩原延寿著　朝日新聞社　（遠い崖—アーネスト・サトウ日記抄）　2001.3　299p　20cm　①4-02-257324-4
＊賜暇を得て帰国したサトウは、法律の勉強に着手し、さらに合間をぬってヨーロッパ大陸への旅行や音楽会の楽しみを満喫する。2年の後、東京へ帰任する前に、サトウは鹿児島へ赴き、西南戦争勃発の現場にいあわせることになった。

◇北京交渉　萩原延寿著　朝日新聞社　（遠い崖—アーネスト・サトウ日記抄）　2001.1　300p　20cm　〈肖像あり〉　①4-02-257323-6
＊台湾征討、清国との関係悪化、大久保利通の北京派遣、イギリスの駐清公使ウェートの調停とつづく「北京交渉」の経緯を追い、大久保の活躍を描く。一

方サトウは論文「古神道の復興」を発表、日本学者としての道を着実に歩みつづける。

◇大分裂　萩原延寿著　朝日新聞社　（遠い崖—アーネスト・サトウ日記抄）　2000.10　396p　20cm　〈肖像あり〉　①4-02-257322-8
＊帰国した岩倉具視・大久保利通を待っていたのは、留守政府を預かる西郷隆盛・副島種臣らとの、「征韓論」をめぐる対決だった。西郷が遣韓使節を熱望したのはなぜか。西郷の「真意」はどこにあったのか。盟友大久保の胸中は？「明治6年の政変」を追う。

◇岩倉使節団　萩原延寿著　朝日新聞社　（遠い崖—アーネスト・サトウ日記抄）　2000.7　346p　20cm　①4-02-257321-X
＊絶頂期にあった大英帝国の「富強」の所以は何なのか。条約改正交渉が進展しないまま、岩倉ら一行は旺盛な好奇の眼を光らせ、イギリス各地を見学していた。一方サトウは、少くともその私生活は、明治5年初めの富士を眺める甲州路の旅以来、日光への旅、西国巡遊と、旅一色の感がある。

◇帰国　萩原延寿著　朝日新聞社　（遠い崖—アーネスト・サトウ日記抄）　2000.3　355p　20cm　①4-02-257320-1
＊幕末の動乱の日々がおわり、「新しい日本」が発足した直後、サトウは賜暇を得て、イギリスへ帰った。中央集権国家をめざす急速な変革は、1年8ケ月ぶりで日本に戻ったサトウの想像を超えていた。廃藩置県後、まだ日の浅い明治4年11月、岩倉使節団が横浜をあとにする。

◇江戸開城　萩原延寿著　朝日新聞社　（遠い崖—アーネスト・サトウ日記抄）　2000.1　345p　20cm　〈肖像あり〉　①4-02-257319-8
＊慶応4年3月15日に予定された江戸総攻撃は、西郷隆盛と勝海舟の2度の会談によって回避された。この会談をめぐって「パークスの圧力」は、はたしてあったのか？　越後、会津へと展開する戊辰戦争の前途は？　おりからサトウは北海の旅に出て、宗谷沖で坐礁・難波する。

Ⅰ 政治・経済　　　　　　　　　　　　　　　　　　　　　　　　　　サトウ

◇大政奉還　萩原延寿著　朝日新聞社　（遠
　い崖―アーネスト・サトウ日記抄）
　1999.10　322p　20cm　①4-02-257318-X
　＊慶喜が大政奉還を上奏し、同時に討幕
　　の密勅が薩長両藩に交付された慶応3年
　　10月から、「ええじゃないか」の乱舞、
　　鳥羽・伏見の戦い、外国公史の入京と天
　　皇との謁見、尊攘派のパークス襲撃と、
　　めまぐるしく変動する革命の時代をサ
　　トウとともに追う。

◇外国交際　萩原延寿著　朝日新聞社　（遠
　い崖―アーネスト・サトウ日記抄）
　1999.7　342p　20cm　〈肖像あり〉
　①4-02-257317-1
　＊幕末の政局が大政奉還か武力倒幕かの決
　　着をめざして急速に動きだしていた時
　　期、サトウは情報収集をかねて、大坂か
　　ら江戸まで、東海道の旅に出た。サ
　　トウの眼に映った庶民の姿は？　一方、パ
　　リでは万国博覧会への参加をめぐって、
　　幕府と薩摩が熾烈な外交戦を展開する。

◇英国策論　萩原延寿著　朝日新聞社　（遠
　い崖―アーネスト・サトウ日記抄）
　1999.3　345p　20cm　①4-02-257315-5
　＊日本の真の支配者はだれか。慶応2年、
　　サトウは中央政府としての幕府の否認
　　という大胆な主張を、『ジャパン・タイ
　　ムズ』に発表した。『英国策論』として
　　知られるこの著述は、サトウを幕末政
　　治の渦中の人としてゆく。

◇慶喜登場　萩原延寿著　朝日新聞社　（遠
　い崖―アーネスト・サトウ日記抄）
　1999.3　369p　20cm　①4-02-257316-3
　＊第二次長州戦争の敗北と家茂の死。危
　　機のなか第十五代将軍となった慶喜は、
　　その識見と人間的な魅力で英国公使
　　パークスらを強くとらえた。雄藩連合
　　政権か、徳川幕府の独裁か。「情報将
　　校」サトウが縦横に活躍する。

◇アーネスト・サトウ伝　B.M.アレン著，庄
　田元男訳　平凡社　（東洋文庫）　1999.2
　202,17p　18cm　①4-582-80648-1

◇英国と日本―架橋の人びと　ヒュー・
　コータッツィ，ゴードン・ダニエルズ編
　著，横山俊夫解説，大山瑞代訳　思文閣出
　版　1998.11　503,68p　21cm

　①4-7842-0977-8
　＊1859年オールコックが開国まもない日
　　本に着任、日英交渉のスタートはきら
　　れ、1891年ロンドンで開かれた国際東洋
　　学者会議日本分科会の席上日本協会は誕
　　生した。百年以上にわたる両国の関係
　　は、二つの文化のはざまで生きた人々に
　　よって築かれてきた。本書は日本協会百
　　年の歴史と23人のエピソードを通して、
　　日英文化交流史の足跡を辿る。巻末に
　　日本協会創立当初の会員名簿と戦前の
　　紀要に掲載された論文の一覧を付した。

◇旅立ち　萩原延寿著　朝日新聞社　（遠い
　崖―アーネスト・サトウ日記抄）
　1998.10　277p　20cm　①4-02-257313-9
　＊イギリスの外交官として、攘夷の風が
　　吹きあれる日本へ一歩をしるしたアー
　　ネスト・サトウ。第1巻は生麦事件をへ
　　て、英国艦隊7隻とともに鹿児島に向か
　　う若き日のサトウを追う。

◇薩英戦争　萩原延寿著　朝日新聞社　（遠
　い崖―アーネスト・サトウ日記抄）
　1998.10　386p　20cm　①4-02-257314-7
　＊薩英戦争、下関遠征とそれにつづく時
　　期―息づまる従軍の記録。倒幕派の伊
　　藤俊輔（博文）、井上聞多（馨）らとの出
　　会いと交友。英国公使オールコックは
　　帰国し、パークスが着任する。

◇イギリス人ジャパノロジストの肖像―サ
　トウ、アストン、チェンバレン　楠家重敏
　著　日本図書刊行会　1998.10　306p
　20cm　〈発売：近代文芸社　文献あり〉
　①4-8231-0164-2
　＊サトウ、アストン、チェンバレンは、明
　　治時代を代表するイギリス人ジャパノ
　　ロジスト（日本研究家）であった。この
　　三人についてまとめたのが本書。エッ
　　セー、書誌、年譜、論説によって、彼ら
　　の肖像が浮かび上がってくる。

◇アーネスト・サトウ公使日記　2　アーネ
　スト・サトウ著，長岡祥三，福永郁雄訳
　新人物往来社　1991.1　432,30p　21cm
　①4-404-01794-4
　＊本書はサー・アーネスト・サトウの駐日
　　公使時代の日記の後半部分で、第1巻
　　（明治28年7月28日～明治3年12月31日）
　　に引き続き、明治31年1月から明治33年

伝記ガイダンス　明治を生きた人々　　**325**

5月4日までの全訳である。原本は英国の国立公文書館に所蔵されているサトウ文書の中の日記で、この文書はサトウの死後、故人の遺志に基づいて公文書館に寄贈されたものである。

◇アーネスト・サトウ公使日記 1 アーネスト・サトウ，長岡祥三訳 新人物往来社 1989.10 337,37p 21cm
①4-404-01666-2
＊本書は英国の国立公文書館に所蔵されているサトウ文書の中に含まれている日記の中から、サー・アーネスト・サトウが日本駐剳英国公使であった時期、即ち明治28年7月28日の着任の日から、明治33年5月4日の帰国の日までの約5年間の日記を全訳したものである。(上巻には明治30年末までを収録した)。

◇オーストリア外交官の明治維新―世界周遊記 日本篇 アレクサンダー・F.V.ヒューブナー著，市川慎一，松本雅弘訳 新人物往来社 1988.7 276p 19cm
①4-404-01508-9
＊維新とは何かを明う問題作。アーネスト・サトーを案内役に、西欧の代表的政治家である著者が鋭く問う。

◇遠い崖―アーネスト・サトウ日記抄 1 萩原延寿著 朝日新聞社 1980.12 277p 20cm

▌真田 喜平太 さなだ・きへいた
1824～1887 陸奥仙台藩士。真田幸村の子孫。維新後は仙台で学校教育や地方行政に関わった。

◇真田幸村子孫の仙台戊辰史―真田喜平太の生涯 小西幸雄著 ミヤオビパブリッシング 2013.11 405p 19cm 〈宮帯出版社（発売） 文献・年譜あり〉
①978-4-86366-919-2
＊長きにわたる太平の世が終わりを告げた幕末期に仙台藩の存続をかけて奔走した武士がいた。西洋砲術を修め藩の兵制改革を進めた真田喜平太は、父祖伝来の「六文銭」の隊旗を掲げ、敗色濃厚となっていた戊辰戦争に臨んだ―。激動の変革期たる幕末を生きた戦国武将・真田幸村の子孫真田喜平太の生涯。

▌佐野 常民 さの・つねたみ
1822～1902 佐賀藩士，政治家。伯爵，初代日本赤十字社社長，農商務相。わが国最初の蒸気船と蒸気車の模型を制作、のち凌風丸を作った。新政府では海軍を創設。〔記念施設〕佐野常民記念館（佐賀県佐賀市）

◇佐野常民―1822-1902 國雄行著 佐賀県立佐賀城本丸歴史館 （佐賀偉人伝）2013.3 110p 21cm 〈年譜・文献あり〉
①978-4-905172-08-6

◇博物館学人物史 上 青木豊，矢島國雄編 雄山閣 2010.7 314p 21cm
①978-4-639-02119-3
＊日本の博物館学史を彩った先人たちの生涯・博物館との関わり・研究の軌跡などから、明治・大正・昭和の博物館学思想をたどる。

◇日赤の創始者佐野常民 吉川竜子著 吉川弘文館 （歴史文化ライブラリー）2001.5 220p 19cm 〈年譜あり 肖像あり〉 ①4-642-05518-5
＊幕末のパリ万博で、赤十字に感銘を受けた日本人がいた。西南戦争の最中、博愛社を創設し、日本赤十字社に発展させ事業を推進、看護婦の養成に力を注ぐなど、知られざる功績と赤十字の事業や歴史を辿り、実像に迫る。

◇火城―幕末廻天の鬼才・佐野常民 高橋克彦著 PHP研究所 （PHP文庫）1995.9 364p 15cm ①4-569-56802-5
＊幕末の佐賀藩にともった技術の火が、必ず日本の将来を守る城となる―類まれな行動と "涙" で、佐賀を雄藩に仕立て上げた男・佐野常民。いったい彼はいかにして西洋の最先端技術を導入し、独自に蒸気船を造ることに成功したのか。超一流の技術者・からくり儀右衛門らの活躍、そして影で糸を引く彦根藩の長野主膳…。直木賞作家が初めて挑んだ本格歴史長編、待望の文庫化。

◇「適塾」の研究―なぜ逸材が輩出したのか 百瀬明治著 PHP研究所 （PHP文庫）1989.11 255p 15cm ①4-569-56232-9
＊大村益次郎、橋本左内、福沢諭吉、大鳥圭介…、幕末、緒方洪庵が大坂に開いた

I 政治・経済

「適塾」は、吉田松陰の松下村塾をしのぐほどの数多くの逸材を輩出した。俗に「適塾山脈」とも呼ばれるそれらの人材は、実に多彩であり、それぞれが多方面で、近代日本の確立に大きな役割を果している。彼らは、「適塾」で、いったい何を、どのように学んだのか、そして「適塾」は彼らをどのように育てたのか。「適塾」の人材開発の秘密と、若き塾生たちの情熱と苦闘を描いた注目の書。

◇郷土史に輝く人びと　企画・編集：郷土史に輝く人々企画・編集委員会　佐賀県青少年育成県民会議　1973　396p　図22cm　〈全5集を合冊刊行したもの　伊道玄朴（河村健太郎）佐野常民（河村健太郎）副島種臣（滝口康彦）大木喬任（田中艸太郎）江藤新平（河村健太郎）大隈重信（滝口康彦）辰野金吾（常安弘通）岡田三郎助（田中艸太郎）下村湖人（田中艸太郎）田沢義鋪（田中艸太郎）付：年譜〉

◇郷土史に輝く人びと　〔第2集〕　佐賀県青少年育成県民会議　1969　135p　19cm

佐野 孫右衛門　さの・まごえもん
？ ～1881　漁業家。釧路昆布業の基礎を築く。函館の第百十三国立銀行設立に尽力。

◇北の先覚　高倉新一郎著　北日本社1947　276p　19cm

佐波 銀次郎　さば・ぎんじろう
1825～1891　佐倉藩士，官吏。藩命で蝦夷地探検に赴く。「格爾屯氏万国図誌」を翻訳・刊行。

◇三本の苗木―キリスト者の家に生まれて　佐波正一，佐波薫，中村妙子著　みすず書房　2001.8　337p　19cm①4-622-03099-3
＊東芝社長、婦人之友社の編集者、翻訳家、三人きょうだい歩んだ道はそれぞれ異なるが、同じ土壌に育ったはずだ。愛、信仰、教育――時代を生きた家族の肖像。

◇佐波銀次郎の生涯　鈴木忠著　佐倉歴史顕彰会　（佐倉洋学者伝記）　1991.8　176p

26cm　〈付・格爾屯氏万国図誌（複製）佐波銀次郎の肖像あり　付（地図2枚 袋入）〉

佐山 忠輝　さやま・ただてる
1813～1875　侠客，維新以降は官吏。

◇間の川又五郎―二足わらじ　山本金太著　ほおずき書籍　1990.6　311p　19cm〈発売：星雲社　間の川又五郎年譜：p297～311〉①4-7952-1951-6

◇侠客間の川又五郎一代記　山本金太編　ほおずき書籍　1985.12　335p　19cm〈奥付の書名：間の川又五郎一代記 刊行：高井地方史研究会 発売：星雲社　佐山忠輝（又五郎）の肖像あり　間の川又五郎の生涯（年表）：p257～279〉①4-7952-1930-3

沢 太郎左衛門
さわ・たろうざえもん
1834～1898　幕臣，海軍軍人。軍艦操練所教授方手伝出役となる。専門は海上砲術。兵部省出仕を経て兵学校教務副総理など海軍発展に尽力。

◇開陽丸艦長澤太郎左衛門の生涯　霜崎次郎著　新人物往来社　2012.4　253p　20cm〈文献あり〉①978-4-404-04171-5
＊澤太郎左衛門のオランダ留学の目的は、最高軍事機密である黒色火薬製造法の取得と火薬製造機械の購入であった。苦労の末、目的を果たした澤は、慶応三年三月、最新鋭軍艦「開陽」に乗船し日本へ帰還した。しかし、徳川家は大政を奉還し慶喜は恭順した。品川沖を脱出する榎本艦隊に開陽丸艦長として加わった澤は、箱館へ向かったが…。

◇箱館戦争銘々伝　下　好川之範，近江幸雄編　新人物往来社　2007.8　351p19cm①978-4-404-03472-4
＊戊辰戦争を最後まで戦い銃弾に斃れた戦士たち。土方歳三、三好畔、永井蠖蠖伸斎ほか21人。

◇開陽丸、北へ―徳川海軍の興亡　安部龍太郎著　朝日新聞社　1999.12　294p19cm①4-02-257450-X
＊海の明治維新。徳川艦隊旗艦・開陽丸艦長の沢太郎左衛門は、盟友の榎本武

揚らとともに、新政府軍に抗戦する奥羽列藩同盟救援のため、嵐を突いて北へと向かった！戊辰戦争を背景に徳川海軍の興亡をダイナミックな筆致で描く海洋歴史巨篇。

▎沢辺 琢磨　さわべ・たくま

1834～1913　日本ハリスト正教会最初の日本人司祭。

◇龍馬の夢─北の大地で志を継いだ・沢辺琢磨と坂本直寛　守部喜雅著　いのちのことば社フォレストブックス　（聖書を読んだサムライたち）　2013.6　153p　19cm　〈標題紙の副タイトル（誤植）：志を継いだ男たち・沢辺琢磨と坂本直寛　文献あり〉　①978-4-264-03078-2
＊非業の死に倒れた坂本龍馬が夢見た、蝦夷地開拓…。その夢を、龍馬ゆかりの二人が受け継いだ。一人は遠縁で土佐勤皇党の同志・沢辺琢磨、もう一人は甥の坂本直寛。奇しくも二人はキリスト教伝道者となり、蝦夷地で新しい生活を送ることになった─。そこで開花した龍馬の夢とは!?

◇がんがん寺の鐘　成田千秋著　河出書房新社　1994.7　189p　20cm　①4-309-90125-5

▎寒川 恒貞　さんがわ・つねさだ

1875～1945　技術者，実業家。各地の水力発電所建設に従事。送電線に日本最初の鉄塔を案出。

◇寒川恒貞伝　寒川恒貞伝記編纂会編　社会教育協会　1949　467p　図版　表　23cm

▎三条 実美　さんじょう・さねとみ

1837～1891　公卿，政治家。尊攘派公卿の中心人物になる。新政府の中枢を担い、右大臣、太政大臣、左大臣を歴任。一時首相。

◇三条実美─孤独の宰相とその一族　刑部芳則著　吉川弘文館　2016.6　262p　21cm　〈文献あり〉　①978-4-642-08294-5

◇会津士魂　2　京都騒乱　早乙女貢著　集英社　（集英社文庫）　1998.8　335p

15cm　①4-08-748817-9
＊上洛した会津藩主従は、新選組と協力し、京の街を荒らしまわる過激派不逞浪士の取締りを強化する。八・一八の政変で、三条実美ら尊攘派公卿や長州勢は京を追われるが、残存の勢力が王都襲撃の陰謀を着々と進めていた。それを察知した新選組が池田屋を急襲、多数の浪士を検束した。吉川英治文学賞受賞作品。

◇幕末三舟伝　頭山満著　島津書房　1990.8　368p　21×16cm　①4-88218-028-6
＊勝海舟、高橋泥舟、山岡鉄舟の幕末三舟を立雲頭山満翁がその独特な舌端をもって剖検した近代の快著。

◇近代日本内閣史論　藤井貞文著　吉川弘文館　1988.7　364p　21cm　①4-642-03616-4

◇野史台維新史料叢書　22　七卿西竄始末　6　日本史籍協会編　東京大学出版会　（日本史籍協会叢書）　1974　304,32p　22cm　〈野史台明治20-29年刊の複製　三条実美公記　巻之14（馬場文英編　野口勝一校訂）三条実美公記　巻之15（馬場文英編　野口勝一校訂）　巻末：三条実美略年譜〉

◇野史台維新史料叢書　20　七卿西竄始末　4　日本史籍協会編　東京大学出版会　（日本史籍協会叢書）　1973　264p　図　22cm　〈野史台明治20-29年刊の複製〉

◇野史台維新史料叢書　21　七卿西竄始末　5　日本史籍協会編　東京大学出版会　（日本史籍協会叢書）　1973　308p　22cm　〈野史台明治20-29年刊の複製〉

◇野史台維新史料叢書　17　七卿西竄始末　1　日本史籍協会編　東京大学出版会　（日本史籍協会叢書）　1972　211p　図　22cm　〈野史台明治20-29年刊の複製〉

◇野史台維新史料叢書　18　七卿西竄始末　2　日本史籍協会編　東京大学出版会　（日本史籍協会叢書）　1972　348p　22cm　〈野史台明治20-29年刊の複製〉

◇野史台維新史料叢書　19　七卿西竄始末　3　日本史籍協会編　東京大学出版会　（日本史籍協会叢書）　1972　328p　22cm　〈野史台明治20-29年刊の複製〉

Ⅰ　政治・経済　　　　　　　　　　　　　　　　　　　　　　　　　　　　　　　　　重宗芳水

◇七卿西遷小史　中野泰雄著　新光閣書店
1965

【し】

‖　**塩川 伊一郎**　しおかわ・いいちろう
1846〜1906　実業家。日本で初めていち
ごジャムの缶詰を製造。
◇塩川伊一郎評伝―浅間山麓の先覚者　小
林収編著　竜鳳書房　1996.3　321p
22cm　〈取扱い：地方・小出版流通セン
ター　塩川伊一郎関係年譜：p311〜314
主な参考文献及び資料一覧：p317〜319〉
①4-947697-01-6

‖　**塩田 順庵**　しおだ・じゅんあん
1805〜1871　外交官。海防の必要性を説
き「海防彙議」を著す。函館に病院・学校
を設立。
◇塩田順庵と海防彙議　阿部竜夫著　無風
帯社　1951

‖　**志賀 親朋**　しが・しんほう
1842〜1916　外務省官吏，通訳。日露協
会長崎県支部長。北海道開拓使の少主典，
露国公使館書記生を歴任。
◇日露異色の群像30―文化・相互理解に尽
くした人々　長塚英雄責任編集　東洋書
店　（ドラマチック・ロシアin JAPAN）
2014.4　503p　21cm
①978-4-86459-171-3

‖　**四竈 孝輔**　しかま・こうすけ
1876〜1937　軍人。海軍中将。大湊要港
司令官。伏見宮付別当などを歴任。
◇侍従武官日記　四竈孝輔著　芙蓉書房
1980.12　463p　20cm　〈著者の肖像あり
付（図1枚）：四竈孝輔関係家系図・宮廷見
取図〉

‖　**重岡 薫五郎**　しげおか・くんごろう
1862〜1906　政治家。衆議院議員。外務
省通産局長，文部省官房長などを歴任。
◇重岡薫五郎小伝　重岡忠三編　重岡忠三
1954

‖　**重野 安繹**　しげの・やすつぐ
1827〜1910　漢学者，歴史学者。帝国大
学文科大学教授，貴族院議員。島津久光の
命により「皇朝世鑑」の編纂に従事。維新
後は修史局，修史館で修史事業に携わる。
◇重野安繹における外交・漢文と国史―大
阪大学懐徳堂文庫西村天囚旧蔵写本三種
陶徳民編著　関西大学東西学術研究所
（関西大学東西学術研究所資料集刊）
2015.3　234p 図版12p　31cm　〈奥付の
タイトル（誤植）：重野安繹の外交・漢文
と国史　発行所：関西大学出版部〉
①978-4-87354-608-7
◇重野安繹と久米邦武―「正史」を夢みた歴
史家　松沢裕作著　山川出版社　（日本史
リブレット）　2012.3　85p　21cm　〈文
献・年表あり〉①978-4-634-54882-4
　＊歴史研究は社会にとってどのような意
　味をもつのか。重野安繹と久米邦武は，
　日本の近代歴史学の草創期を担った歴史
　家である。しかし，彼らが歴史家となっ
　た経緯は，後の時代の歴史学者とはまっ
　たく異なっている。そして彼らに求めら
　れたのは，明治政府の官吏として，国
　家の「正史」を執筆することであった。
　彼らの栄光と挫折の軌跡を追うことは，
　社会にとっての歴史研究の意味という
　問いを改めて考えることでもある。
◇重野成斎宛諸家書状　坂口筑母編著
〔坂口筑母〕　2000　555p　21cm　〈年譜
あり〉
◇稿本重野成斎伝　坂口筑母著　坂口筑母
（製作）　1997　590p　21cm

‖　**重宗 芳水**　しげむね・ほうすい
1873〜1917　実業家，電気機械技術者。
明電舎社長。築地に工場を設立，回転界
磁型三相交流発電機，柱上変圧器，信管発

伝記ガイダンス 明治を生きた人々　**329**

火機などを制作。電灯部門にも進出。
◇日本財界人物列伝　第2巻　青潮出版株式
会社編　青潮出版　1964　1175p 図版13
枚　27cm

‖ **四条 隆謌**　しじょう・たかうた
1828〜1898　公卿，陸軍軍人。侯爵。鳥
羽・伏見の戦いで仁和寺総督宮の参謀を
務める。陸軍中将に進み、元老院議官。
◇三代の系譜　阪谷芳直著　洋泉社　（洋泉
社MC新書）　2007.3　434p　18cm
①978-4-86248-121-4
＊父方の曽祖父として阪谷朗廬（儒者）、
渋沢栄一（実業家）、母方としては三島
通庸（県令、警視総監）、四条隆謌（公
家、鎮台司令官）を持つ著者は、自家の
系譜を辿ることが、即、近代日本の夜明
けを検証できるという稀有なる位置に
いる。その筆致は、きわめて客観的、事
実提示的であり、近親者のみが語りう
る微妙な心理過程の推察をふくむ。こ
こに描かれる官界・実業界・学界に綺羅
星のごとき人材を輩出してきた "華麗な
る一族" は実にノーブレス・オブリー
ジュそのものを体現するといっても過
言ではない。いま学ぶべきは、なによ
りも公正を重んずる強い信念ではない
のか。本書を通して、もはや失われた
かに見える日本人の美質、ここにあり
と実感できる貴重な一冊である。

‖ **志田 林三郎**　しだ・りんざぶろう
1855〜1892　電気工学者。工部大学校教
授。電気学会の創立者。日本の電信・電
話業務の基礎を築く。
◇近代科学の先駆者たち―「技術立国日本」
復興に必要な "見識" とは　金子和夫著
ごま書房新社　2016.1　177p　19cm
①978-4-341-08633-6
＊日本が明治、昭和との奇跡の経済発展
を遂げた原動力。それは松代藩真田家
の天賦の才・佐久間象山をはじめとし
た幕末・明治の先人たちの "志" と "和
魂" だった！
◇志田林三郎傳―日本電気工学の祖　信太
克規，志佐喜栄共著　電気学会　2013.1

184p　21cm　〈オーム社（発売）　文献・
年譜・索引あり〉　①978-4-88686-288-4
＊幕末から明治初期を駆け抜けた電気工
学のパイオニア。類い稀なる才知と先
見性を持ちながらも早逝した若き電気
工学者の生涯。

◇肥前の歴史と文化　早稲田大学日本地域
文化研究所編　行人社　（日本地域文化ラ
イブラリー）　2010.8　354p　19cm
①978-4-905978-82-4
＊人づくり、物づくり、国づくりにみる佐
賀の実力。

◇「発明力」の時代―夢を現実に変えるダイ
ナミズム　志村幸雄著　麗沢大学出版会
2004.10　277p　19cm　①4-89205-483-6
＊発明力を発揮する者が、ビジネスを制
し、21世紀を制する！　豊田佐吉からエ
ジソンまで―東西の発明事例に学ぶ、
「知」の方法論。

◇先見の人 志田林三郎の生涯―百年前に高
度情報化社会が見えていた天才　信太克
規著　ニューメディア　（NEWMEDIA
BOOKS）　1993.5　194p 19cm
①4-931188-05-2
＊明治維新期の佐賀県は多くの偉人を輩
出した。しかし、電気工学の巨人・志田
林三郎の名前を知る佐賀県人は少ない。
いま、鮮やかによみがえった林三郎。
その神童ぶり、天才ぶり。林三郎の先
見性はどのようにして得られたのだろ
うか。エレクトロニクス大国・日本の
原点を築いた巨人の生涯をはじめて単
行本にまとめる。

‖ **幣原 坦**　しではら・ひろし
1870〜1953　官僚，教育家。台北帝国大
学初代総長。東京高師教授、文部省視学
官兼東京帝国大学教授などを経て、師範
教育の充実に尽力。
◇植民地帝国人物叢書　24（朝鮮編5）　文
化の建設―幣原坦六十年回想記―幣原坦
永島広紀編　幣原坦著　ゆまに書房
2010.5　236p　22cm　〈吉川弘文館1953
年刊の複製　年譜あり〉
①978-4-8433-3388-4

I　政治・経済　　　　　　　　　　　　　　　　　　　　　　篠田修輔

品川　弥二郎　しながわ・やじろう
1843〜1900　長州藩士，政治家。子爵。
内務少輔，農商務大輔などを経てドイツ
駐在特命公使として赴任。国民協会を組
織、副会頭。信用組合の設立奨励に尽力。

◇品川弥二郎関係文書　8　尚友倶楽部品川
弥二郎関係文書編纂委員会編　山川出版
社　2017.11　557p　21cm
①978-4-634-51080-7

◇品川弥二郎伝　復刻版　奥谷松治著　マ
ツノ書店　2014.1　363,308,5p　22cm
〈付・『品川子爵追悼録』　折り込1枚
年譜あり　原本：高陽書院昭和15年刊〉

◇志士の風雪―品川弥二郎の生涯　古川薫
著　文藝春秋　2012.10　233p　19cm
①978-4-16-381750-7
＊蛤門の変、戊辰戦争、西南戦争…。歴史
の重大局面に立ち会った志士の魂が後
半生を賭けて追い求めた協同組合日本
移植の悲願。

◇品川弥二郎関係文書　6　尚友倶楽部品川
弥二郎関係文書編纂委員会編　山川出版社
2003.9　388p　22cm　①4-634-51060-X
＊本書は国立国会図書館憲政資料室所蔵
の「品川弥二郎関係文書」の中から品川
弥二郎宛の書簡を採録、編集したもの
である。

◇品川弥二郎関係文書　2　尚友倶楽部品川
弥二郎関係文書編纂委員会編　山川出版社
1994.12　433p　22cm　①4-634-51020-0

◇吉田松陰門下生の遺文―襖の下から幕末志
士の手紙が出た　一坂太郎著　世論時報社
1994.3　178p　19cm　①4-915340-24-4
＊幕末維新を駆け抜けた吉田松陰の門下
生、高杉晋作、久坂幻瑞、品川弥二郎、
入江九一、桂小五郎らの手紙が百数十
年の時を経て、萩の旧家の襖の下張り
から大量に発見された。その数、160余
通。幕末維新史の空白を埋める第一級
の史料に熱い眼差しが注がれる。この
空前の出来事に初めから立ち会った一
坂太郎氏が、解読された手紙をもとに、
日本の夜明けとなった幕末維新史の再
構築に書き下した本書は、歴史発見の
醍醐味を満喫させてくれる。

◇品川弥二郎関係文書　1　尚友倶楽部品川
弥二郎関係文書編纂委員会編　山川出版社
1993.9　469p　21cm　①4-634-51010-3
＊本書は国立国会図書館憲政資料室所蔵
の「品川弥二郎関係文書」の主要部分を
編纂複刻しようとするものである。品
川に宛てて差し出された政治家等の書
簡の中から主要なものを選び、五十音
順に配列した。

◇品川子爵伝　村田峯次郎著　マツノ書店
1989.1　723,85p　図版13枚　22cm　〈大
日本図書明治43年刊の複製　品川弥二郎の
肖像あり　限定版　付：品川弥二郎年譜〉

◇人物篇　永原慶二，山口啓二，加藤幸三
郎，深谷克己編　日本評論社　（講座・日
本技術の社会史）　1986.12　270p　21cm
①4-535-04810-X
＊明治の近代技術は、伝統技術と外来技
術とが互に対抗・反撥・折衷し合って確
立した。本書はその技術の担い手に光
を当て技術進歩の契機を探った。

篠崎　五郎　しのざき・ごろう
？　〜1909　官吏。兵庫県大書記官。新潟
県令、島根・愛媛県知事をつとめる。

◇結志皇連之記　池田天舟著　池田天舟
1954

篠崎　慎八郎
しのざき・しんぱちろう
1845〜1868　新撰組隊士。

◇新選組三部作　新選組遺聞　改版　子母沢
寛著　中央公論社　（中公文庫）　1997.1
330p　15cm　①4-12-202782-9
＊『新選組始末記』につづく三部作の第二
作。永倉新八・八木為三郎・近藤勇五
郎など、新選組ゆかりの古老たちの
生々しい見聞や日記手記等で綴った、
興趣尽きない、新選組逸聞集。

篠田　修輔　しのだ・しゅうすけ
1840〜1906　西江部村学校世話方惣代。

◇篠田家と篠田修輔　小松芳郎編著　篠田
久男　1991.5　213,31p　22cm　〈製作：
銀河書房（長野）折り込図1枚　篠田修輔

伝記ガイダンス　明治を生きた人々　　**331**

略年表：p211～213〉

■ 柴 五郎　しば・ごろう
1859～1945　陸軍軍人。大将。日清、日露両戦争に参加。敗戦後まもなく自決。

◇ある明治人の記録─会津人柴五郎の遺書　改版　石光真人編著　中央公論新社　（中公新書）　2017.12　182p　18cm　①978-4-12-180252-1
＊明治維新に際し、朝敵の汚名を着せられた会津藩。降伏後、藩士は下北半島の辺地に移封され、寒さと飢えの生活を強いられた。明治三十三年の義和団事件で、その沈着な行動により世界の賞讃を得た柴五郎は、会津藩士の子であり、会津落城に自刃した祖母、母、姉妹を偲びながら、維新の裏面史ともいうべき苦難の少年時代の思い出を遺した。『城下の人』で知られる編者者が、その記録を整理編集し、人とその時代を概観する。

◇まんがでよくわかる日本人の歴史日本人だけが知らない世界から絶賛される日本人　献身のこころ・篇　黄文雄原作，大和正樹，はらだかずや，德光康之，野澤裕二，高樹はいど，玉置一平漫画　德間書店　2017.11　159p　19cm　〈文献あり〉　①978-4-19-864511-3

◇今こそ知っておきたい世界を「あっ！」と言わせた日本人　黄文雄著　海竜社　2014.1　269p　19cm　〈背のタイトル：世界を「あっ！」と言わせた日本人〉　①978-4-7593-1348-2

◇守城の人─明治人 柴五郎大将の生涯　新装版　村上兵衛著　潮書房光人社　（光人社NF文庫）　2013.3　774p　15cm　①978-4-7698-2338-4
＊その生涯に二度「敗戦」の悲哀を味わった風雲児柴五郎─十歳のとき会津落城を、そして八十八歳のとき陸軍の最長老として大日本帝国の敗北を…。政治小説「佳人の奇遇」で文名を謳われた柴四朗を兄に持ち、北京篭城戦でその名を世界にとどろかせ、賊軍の出ながら大将にまで昇りつめた波瀾万丈の足跡を辿る。

◇『坂の上の雲』まるわかり人物烈伝 工作員篇　明治「時代と人物」研究会編著

德間書店　（德間文庫）　2010.10　333p　15cm　①978-4-19-893245-9
＊児玉源太郎が陰で操っていた、数々のスパイたち。国家のため、私財を投げ打って情報収集に命をかけた、市井のスパイたち。日露戦争勝利の裏側で、決死の工作員たちが愛国の涙を流していた。明石元二郎、杉山茂丸、中村天風、大谷光瑞─。これまであまり語られてこなかった諜報活動の数々を、貴重な資料から掘り起こす！『坂の上の雲』をもっと楽しみたい人に最適の、裏ガイドブック。

◇君、國を捨つるなかれ─『坂の上の雲』の時代に学ぶ　渡辺利夫著　海竜社　2010.10　270p　19cm　①978-4-7593-1154-9
＊維新を経て、近代国家へと踏み出した明治期日本。私的にではなく公的に、利己的にではなく利他的に生きることの中にこそ人間の幸福がある。

◇歴代陸軍大将全覧 大正篇　半藤一利，横山恵一，秦郁彦，原剛著　中央公論新社　（中公新書ラクレ）　2009.2　357,31p　18cm　①978-4-12-150307-7
＊世界大戦と日独戦争、シベリア出兵、そして吹き荒れる軍縮の嵐。激動する大正期の日本陸軍の姿を、大将41人の事績とともに詳細に記す。写真、資料も充実。明治篇に続く陸軍史一大巨編。

◇明治の兄弟─柴太一郎、東海散士柴四朗、柴五郎　中井けやき著　文芸社　2008.9　592p　19cm　〈年表・文献あり〉　①978-4-286-05114-7
＊「素敵な日本人に出会えてよかった」勝者の側から書かれた歴史ではなく、明治・大正の国運に大きな役割を演じた元会津藩士の兄弟を中心に、当時の人物群像と時代背景を400余の史料を基に描いた「人肌の歴史」。

◇至誠に生きた日本人　モラロジー研究所出版部編　モラロジー研究所　（「歴史に学ぼう、先人に学ぼう」）　2007.5　223p　19cm　①978-4-89639-137-4

◇日本人の底力─陸軍大将・柴五郎の生涯から　小山矩子著　文芸社　2007.4　187p

19cm 〈文献あり〉 ①978-4-286-02677-0
＊学び続けることが、絶望の淵にある五
郎にとって唯一の光明とまでなってい
たのかもしれない。戊辰戦争時、朝敵
会津藩士の子となった少年五郎は、生
死をさ迷う苦難の日々を送る。その後
陸軍大将まで登りつめる。そこに流れ
ているものは何か。不条理渦巻く世の
中にあって、「人として何が大事か」に
迫るヒューマンドキュメント。

◇日本人に生まるることを喜ぶべし 井上
琢郎著 財界研究所 2007.1 367,8p
19cm ①978-4-87932-051-3

◇出羽重遠伝—日本海戦の勇者 星亮一
著 光人社 （光人社NF文庫） 2004.8
407p 15cm ①4-7698-2429-7
＊朝敵の汚名をうけ、戊辰戦争にやぶれ
た会津藩は、その未来を少年たちに託
した。十四歳で鶴ヶ城落城の悲劇を体
験、藩の期待を担って海軍にはいり、遂
に薩摩・皇族出身以外では初の海軍大
将となった出羽重遠を軸に、陸軍大将
柴五郎、東京帝大総長山川健次郎ら、鮮
やかな足跡を近代日本に印した会津の
男たちを描く。

◇守城の人—明治人柴五郎大将の生涯 村
上兵衛著 光人社 （光人社NF文庫）
2002.3 774p 15cm ①4-7698-2338-X
＊その生涯に二度「敗戦」の悲哀を味わっ
た風雲児柴五郎—十歳のとき会津落城
を、そして八十八歳のとき陸軍の最長老
として大日本帝国の敗北を…。政治小説
「佳人の奇遇」で文名を謳われた柴四朗
を兄に持ち、北京籠城戦でその名を世界
にとどろかせ、賊軍の出ながら大将に
まで昇りつめた波瀾万丈の足跡を辿る。

◇守城の人—明治人 柴五郎大将の生涯 村
上兵衛著 光人社 1992.4 655p 19cm
①4-7698-0602-7
＊その生涯に二度「敗戦」の悲哀を味わっ
た風雲児柴五郎—。十歳のとき会津落
城を、そして八十八歳のとき陸軍の最
長老として大日本帝国の敗北を…。政
治小説『佳人の奇遇』で文名を謳われた
柴四朗を兄に持ち、「北京籠城」戦に
よってその名を世界にとどろかせ、賊

軍の出ながら大将にまで昇りつめた男
の波瀾万丈の足跡を辿る。

◇ある明治人の記録—会津人柴五郎の遺書
柴五郎著, 石光真人編著 中央公論社
（中公新書） 1971 162p 18cm 〈付：
柴五郎氏略歴〉

▌ 柴 太一郎 しば・たいちろう

1839〜1923 会津藩士, 政治家。藩主松
平容保のもとで長州征討を画策。維新後
西南戦争で敗れた鹿児島県の戦後処理を
担当。

◇明治の兄弟—柴太一郎、東海散士柴四朗、
柴五郎 中井けやき著 文芸社 2008.9
592p 19cm 〈年表・文献あり〉
①978-4-286-05114-7
＊「素敵な日本人に出会えてよかった」勝
者の側から書かれた歴史ではなく、明
治・大正の国運に大きな役割を演じた
元会津藩士の兄弟を中心に、当時の人
物群像と時代背景を400余の史料を基に
描いた「人肌の歴史」。

▌ 芝 義太郎 しば・よしたろう

1873〜1958 実業家。

◇芝義太郎—幸運を手綱した男の物語 木下
博民著 創風社出版 2006.10 401,11p
20cm 〈文献あり〉 ①4-86037-075-9

▌ 柴原 和 しばはら・やわら

1832〜1905 地方官。千葉県令, 貴族院
議員。地方民会創設、地租改正に尽力。

◇初代県令柴原和とその時代 千葉県文書
館編 千葉県文書館 1993.6 13p
30cm 〈千葉県生誕120周年記念企画展
会期：平成5年6月1日〜12月18日〉

▌ 渋沢 栄一 しぶさわ・えいいち

1840〜1931 実業家。陸軍奉行支配調役,
子爵。大蔵省、大蔵大丞を経て国立銀行
を設立。ほかに王子製紙、東京瓦斯など
多数の会社を設立。〔記念施設〕星野リ
ゾート青森屋 旧渋沢邸（青森県三沢市）,
旧渋沢邸「中の家」（埼玉県深谷市）, 渋沢
栄一記念館（埼玉県深谷市）, 東京都立中

央図書館 青淵論語文庫（東京都港区），渋沢史料館（東京都北区）

◇渋沢栄一商業立国の人づくり―栄一と商業教育　山本安夫著　一粒書房　2017.11　259p　21cm　〈年表あり　年譜あり〉　①978-4-86431-638-5

◇渋沢栄一人生を創る言葉50　渋澤健著　致知出版社　（活学新書）　2017.10　227p　18cm　①978-4-8009-1162-9

◇太平洋にかける橋―渋沢栄一の生涯　復刻版　渋沢雅英著　不二出版　2017.8　486p　20cm　〈初版：読売新聞社 1970年刊　文献あり　年譜あり〉　①978-4-8350-8158-8

◇名銀行家列伝―社会を支えた "公器" の系譜　新装版　北康利著　金融財政事情研究会　2017.5　207p　19cm　〈『名銀行家列伝―日本経済を支えた "公器" の系譜』新装・改題書〉　①978-4-322-13081-2
＊かつてわが国にはスケールの大きな金融界の巨人がいた。評伝の名手が鮮やかに描き出す、誇り高き彼らの人生。

◇渋沢栄一、パリ万国博覧会へ行く―渋沢栄一渡仏一五〇年 企画展　渋沢栄一記念財団渋沢史料館　2017.3　211p　30cm　〈会期・会場：2017年3月18日―6月25日　渋沢史料館企画展示室ほか　文献あり〉

◇英文版 渋沢栄一社会企業家の先駆者　島田昌和著，ポール・ネルム英訳　出版文化産業振興財団　2017.3　186p　23×16cm　〈本文：英文〉　①978-4-916055-79-8

◇渋沢栄一―日本近代の扉を開いた財界リーダー　宮本又郎編著　PHP研究所（PHP経営叢書　日本の企業家）　2016.11　398p　20cm　〈年譜あり〉　①978-4-569-83421-4

◇渋沢栄一と近代中国　周見著，西川博史訳　現代史料出版　2016.10　227p　22cm　①978-4-87785-329-7

◇渋沢栄一100の言葉―日本人に贈る混迷の時代を生き抜く心得　津本陽監修　宝島社　2016.6　223p　19cm　〈文献あり　年譜あり〉　①978-4-8002-5572-3

◇渋沢栄一に学ぶ「論語と算盤」の経営　田

中宏司，水尾順一，蟻生俊夫編著　同友館　2016.5　257p　20cm　〈文献あり　年譜あり〉　①978-4-496-05197-5

◇渋沢栄一とフランクリン―2人の偉人に学ぶビジネスと人生の成功法則　齋藤孝著　致知出版社　2016.5　190p　19cm　〈年譜あり〉　①978-4-8009-1108-7

◇たのしく読める日本のすごい歴史人物伝　伊藤純郎監修　高橋書店　2016.4　221p　21cm　〈文献あり〉　①978-4-471-10380-4

◇渋沢栄一と清水建設株式会社―企画展「企業の原点を探る」シリーズ　渋沢栄一記念財団渋沢史料館　2016.3　183p　26cm　〈会期・会場：2016年3月12日―5月15日　渋沢史料館企画展示室・エントランスほか　年表あり〉

◇渋沢栄一100の金言　渋澤健著　日本経済新聞出版社　（日経ビジネス人文庫）　2016.1　238p　15cm　〈「渋沢栄一明日を生きる100の言葉」(2013年刊)の改題〉　①978-4-532-19785-8

◇私ヲ去リ、公ニ就ク―渋沢栄一と銀行業　企画展「企業の原点を探る」シリーズ　渋沢栄一記念財団渋沢史料館編　渋沢栄一記念財団渋沢史料館　2015.10　92p　30cm　〈会期：2015年10月3日―11月29日　文献あり　年表あり〉

◇近代紡績のススメ―渋沢栄一と東洋紡「企業の原点を探る」シリーズ　渋沢栄一記念財団渋沢史料館編　渋沢栄一記念財団渋沢史料館　2015.3　87p　30cm　〈会期・会場：2015年3月14日―5月31日　渋沢史料館企画展示室　年表あり〉

◇澁澤榮一滞佛日記　オンデマンド版　澁澤榮一著　東京大学出版会　（日本史籍協会叢書）　2015.1　504p　22cm　〈印刷・製本：デジタルパブリッシングサービス〉　①978-4-13-009426-9

◇歴史に隠れた大商人清水卯三郎　今井博昭著　幻冬舎メディアコンサルティング（幻冬舎ルネッサンス新書）　2014.12　222p　18cm　〈文献あり　年譜あり〉　①978-4-344-97123-3

◇渋沢栄一 愛と勇気と資本主義　渋澤健著　日本経済新聞出版社　（日経ビジネス人文

I 政治・経済　　　　　　　　　　　　　　　　　　　　　　　　　渋沢栄一

庫）2014.11 349p 15cm 〈『渋沢栄一とヘッジファンドにリスクマネジメントを学ぶ』改訂・改題書〉
①978-4-532-19746-9
＊もし、渋沢栄一が現代に生きていたら、日本の持続的成長を促すファンドをつくっていただろう―。大手ヘッジファンドを経てコモンズ投信を創業した渋沢家5代目が、自身のビジネス経験と渋沢家家訓を重ね合わせ、目指すべき資本主義社会像を語る。

◇記憶と記録のなかの渋沢栄一　平井雄一郎，高田知和編　法政大学出版局　2014.8 341p 22cm 〈索引あり〉
①978-4-588-32705-6

◇原典でよむ渋沢栄一のメッセージ　島田昌和編　岩波書店　（岩波現代全書）2014.7 213p 19cm
①978-4-00-029139-2

◇絹の国を創った人々―日本近代化の原点・富岡製糸場　志村和次郎著　上毛新聞社 2014.7 198p 19cm
①978-4-86352-107-0
＊明治期、国を挙げての養蚕、製糸、絹織物の振興策が取られる。富岡製糸場の器械製糸をキーワードに、生糸、蚕種の輸出や養蚕技術の向上策など、日本版産業革命の推進力になった「絹の道への先駆け」ロマンとは！

◇渋沢栄一物語―社会人になる前に一度は触れたい論語と算盤勘定　田中直隆著 三冬社　2014.7 220p 20cm 〈文献あり 年譜あり〉 ①978-4-904022-85-6

◇若き日の渋沢栄一―事上磨練の人生　新井慎一著　深谷てててて編集局　（ててて叢書）2014.5 64p 21cm 〈年譜あり 文献あり〉 ①978-4-990778-70-5

◇『徳川慶喜公伝』と渋沢栄一―展示記録・講演録 渋沢史料館収蔵品展　渋沢栄一記念財団渋沢史料館編　渋沢栄一記念財団渋沢史料館　2014.3 57p 30cm 〈会期・会場：2013年6月8日―8月11日 渋沢史料館　文献あり〉

◇実業家たちのおもてなし―渋沢栄一と帝国ホテル 企画展「企業の原点を探る」シリーズ　渋沢栄一記念財団渋沢史料館 2014.3 87p 21×22cm 〈会期・会場：2014年3月15日―5月25日 渋沢史料館企画展示室　年表あり　文献あり〉

◇講座 東アジアの知識人―日清戦争‐韓国併合・辛亥革命 2 近代国家の形成　趙景達，原田敬一，村田雄二郎，安田常雄編 有志舎　2013.11 364p 21cm
①978-4-903426-77-8
＊19世紀末から20世紀初頭、東アジアは大きな転換期を迎えた。東アジア東隅の一国でしかなかった日本が、日清・日露戦争により植民地を獲得して、欧米にならった帝国となり、その日本の膨張に抵抗し続けた朝鮮はついに「併合」されてしまう。一方、アヘン戦争以来、半植民地の状態に置かれていた清国は辛亥革命により新しい国を創り出していった。アジアが、近代国家を形成する地域と植民地になっていく地域とに引き裂かれていく時代のなかで、互いに連鎖していく知識人たちの様々な思想を明らかにする。

◇こんなリーダーになりたい―私が学んだ24人の生き方　佐々木常夫著　文藝春秋（文春新書）2013.9 201p 18cm
①978-4-16-660936-9
＊難局を乗り切るリーダーシップとは？ビジネスに、人生に役立つ最上級の指針。

◇渋沢栄一 上 算盤篇 鹿島茂著 文藝春秋 （文春文庫）2013.8 549p 16cm
①978-4-16-759007-9
＊近代日本の「資本主義」をつくりだした渋沢栄一。彼がその経済思想を学んだのは、ナポレオン3世の統べるフランスからだった。豪農の家に生まれ、尊王攘夷に燃えた彼は、一転、武士として徳川慶喜に仕えることになり、パリ万博へと派遣される。帰国後、維新政府に迎えられるが。波乱万丈の人生を描く、鹿島茂渾身の評伝。

◇渋沢栄一 下 論語篇 鹿島茂著 文藝春秋 （文春文庫）2013.8 531p 16cm 〈年譜・索引あり〉 ①978-4-16-759008-6
＊「どうしたら、永く儲けられるのか？」欲望を肯定しつつ、一定の歯止めをか

伝記ガイダンス 明治を生きた人々　335

ける。―出した答えは、「論語と算盤」だった。大蔵省を退官し、五百を数える事業に関わり、近代日本経済の礎をつくった渋沢。事業から引退した後半生では、格差社会、福祉問題、諸外国との軋轢など、現代にも通じる社会問題に真っ向から立ち向かう。

◇企業家活動でたどる日本の金融事業史―わが国金融ビジネスの先駆者に学ぶ　法政大学イノベーション・マネジメント研究センター監修，宇田川勝監修・編著，長谷川直哉編著　白桃書房　（法政大学イノベーション・マネジメント研究センター叢書）　2013.3　204p　21cm
①978-4-561-76199-0
＊「企業家活動でたどる日本の産業（事業）史」シリーズ第2弾。今回は金融ビジネスを取り上げる。起業精神に富み、革新的なビジネス・モデルを駆使して産業開拓活動に果敢に挑戦し、その国産化を次つぎに達成していった企業家たちの活動を考察。

◇陽明学のすすめ　5　人間学講話渋澤栄一　深澤賢治著　明徳出版社　2013.1　226p　20cm　〈文献・年譜あり〉
①978-4-89619-988-8

◇名銀行家列伝―日本経済を支えた"公器"の系譜　北康利著　中央公論新社　（中公新書ラクレ）　2012.12　221p　18cm
①978-4-12-150438-8
＊マネーという血流が滞れば、企業は死に、国家も死ぬ。間違いなく銀行は"公器"である。かつて、そうした社会的役割に矜持を持ち、日本経済を支えていた銀行家たちがいた。縁の下の力持ちであることをもってよしとした彼らの生きざまに触れ、金融のあるべき姿を再検証してみたい。

◇30代の「飛躍力」―成功者たちは逆境でどう行動したか　竹内一正著　PHP研究所（PHPビジネス新書）　2012.11　226p　18cm　①978-4-569-80059-2
＊各界の成功者たちの30代にスポットライトを当ててみると、面白いことがわかる。スティーブ・ジョブズが自分の会社をクビになり、本田宗一郎は「人間休業宣言」をして休養。盛田昭夫は会

社の反対を押し切って大口受注を断り、松下幸之助は恐慌のなか大リストラを迫られた。これらの苦難はみな、彼らが30代のときのエピソードだ。立ちはだかる壁を前に、あの成功者はどう行動したのか？　生きた「逆境の乗り越え方」を学べる一冊。

◇渋沢栄一を知る事典　渋沢栄一記念財団編　東京堂出版　2012.10　326p　20cm　〈文献・年譜・索引あり〉
①978-4-490-10824-8
＊近年、『論語と算盤』などが、混迷の今を生きるヒントとして見直されている渋沢栄一。幕臣、維新政府官僚から実業家となり500余の企業設立に関与、早くから福祉・教育事業にも着手して日本の近代化を牽引したその生涯と数々の事績を網羅的に解説した決定版的一冊。

◇徳川慶喜と渋沢栄一―最後の将軍に仕えた最後の幕臣　安藤優一郎著　日本経済新聞出版社　2012.5　285p　20cm　〈文献・年譜あり〉　①978-4-532-16834-6
＊重大な危機から国をまもるには、時に権力を譲り渡し、沈黙する、という政治決断もある。日本の資本主義の父はなぜ、"生涯の主君"の伝記編纂に心血を注いだのか。

◇渋沢栄一とその周辺　新井慎一著　博字堂　（深谷ふるさと文庫）　2012.3　135p　21cm　〈年譜あり〉

◇日本を再興した起業家物語―知られざる創業者精神の源流　加来耕三著　日本経済新聞出版社　2012.3　325p　19cm
①978-4-532-31785-0
＊こんなリーダーが日本にもいた。親しみやすい語り口で大人気の歴史家が、社会起業家から経営の神様まで、その生き様と夢を描く。あらすじと「名言」で読む51人の破天荒な一代記。

◇渋沢栄一―近代日本社会の創造者　井上潤著　山川出版社　（日本史リブレット）　2012.3　91p　21cm　〈文献・年表あり〉
①978-4-634-54885-5
＊近代日本社会の創造者渋沢栄一。実業界のみならず、福祉・医療、教育・文化、外交など社会事業の面でも民間の

I　政治・経済　　　　　　　　　　　　　　　　　　　　　　　　　　　　　　渋沢栄一

立場で尽力し、オルガナイザーとしての位置づけもあたえられる。道徳のともなう正当な利益を追求し、官尊民卑の打破をめざし、私益よりも公益を重視したその人間像は、今の世においても非常に注目されている。渋沢の92年の生涯を今一度振り返りながら、なぜこのようにとりあげられるのかというところを探っていただきたい。

◇日本を創った男たち―はじめにまず"志"ありき　北康利著　致知出版社　2012.3　267p　19cm　①978-4-88474-956-9
＊"論語と算盤"―渋沢栄一、"九転び十起き"―浅野総一郎、"好況よし、不況なおよし"―松下幸之助。志高き創業者の生きざまに学ぶ。

◇渋沢栄一自伝―現代語訳:「論語と算盤」を道標として　渋沢栄一著，守屋淳編訳　平凡社　（平凡社新書）　2012.2　295p　18cm　①978-4-582-85628-6
＊倒幕をもくろんで志士となるも、慶喜に仕えることとなり、幕府に出仕して渡仏するも、維新により帰国。新政府で官僚となるが、実業を志して野に下って―。数々の逆境を乗り越えて、四七〇あまりの会社を創り、社会事業を実践していった渋沢栄一。その波乱に満ちた生涯は、自らの言葉により語られていた。「論語と算盤」を体現した生涯を、現代語訳と新編集で読む。

◇企業家に学ぶ日本経営史―テーマとケースでとらえよう　宇田川勝，生島淳編　有斐閣　（有斐閣ブックス）　2011.12　348p　21cm　①978-4-641-18400-8
＊主要なテーマを解説したうえで、代表的な企業家を取り上げ、具体的なケースと豊富な資料にもとづいて解説。経営史の醍醐味を実感しながら学べる新しいテキスト。

◇渋沢栄一―社会企業家の先駆者　島田昌和著　岩波書店　（岩波新書）　2011.7　232,6p　18cm　〈文献・年譜・索引あり〉　①978-4-00-431319-9
＊長年にわたって近代日本の実業界のリーダーとして活躍した渋沢栄一（一八四〇‐一九三一）。経済政策に関する積極的

な提言を行う一方で、関わったおびただしい数の会社経営をどのように切り盛りしたのか。民間ビジネスの自立モデルを作り上げ、さらに社会全体の発展のために自ら行動しつづけた社会企業家の先駆者の足跡を明らかにする。

◇青淵百話―縮刷〈伝記〉渋沢栄一　渋沢栄一著　大空社　（伝記叢書）　2011.6　1016p　22cm　〈9版(同文館大正2年刊)の複製　文献あり〉　①978-4-283-00834-2

◇日本の虹―渋沢栄一物語　五十嵐勝美著　〔五十嵐勝美〕　2011.3　134p　21cm

◇人を動かす力―歴史人物に学ぶリーダーの条件　渡部昇一著　PHP研究所　（PHPビジネス新書）　2011.3　193p　18cm　①978-4-569-79561-4
＊人を動かす力とは何か。なぜ人は苦難をものともせず、偉大な指導者に付き従うのか。豊臣秀吉、乃木希典、モルトケ、渋沢栄一、松下幸之助など、歴史に名を残す偉人たちは、何を考え、どのように行動していたのか。彼らの生涯を振り返り、リーダーに必要な情報力、統率力、知力について、どう磨けばよいのかを説き明かす。

◇青年・渋沢栄一の欧州体験　泉三郎著　祥伝社　（祥伝社新書）　2011.2　235p　18cm　〈並列シリーズ名：SHODENSHA SHINSHO　文献あり〉　①978-4-396-11230-1
＊一八六七年一月、渋沢は、将軍・慶喜の弟、徳川昭武を公使とする遣欧使節団に随行を命じられ、欧州巡歴の旅に出発した。かの地で彼は何を見聞きし、何を感じたのか。それは、新生日本の建設に、どう生かされたのか。

◇渋沢栄一　1（算盤篇）　鹿島茂著　文藝春秋　2011.1　477p　20cm　①978-4-16-373580-1
＊豪農の家に生まれた渋沢栄一は、一橋（徳川）慶喜に仕え武士となり、慶喜の弟・徳川昭武とパリ万博への参加を命じられる。そしてパリの地で「資本主義のシステム」の本質を見抜く。幕府が崩壊したためやむなく帰国、不本意ながら仕えることになった新政府で、

伝記ガイダンス　明治を生きた人々　**337**

「円」の導入など金融政策に次々関与する。明治六年、本当の国力をつけるためには民間の力が必要だと考えた渋沢は、大蔵省を辞め、「民」を育成するための生涯を送ることになる。

◇渋沢栄一　2（論語篇）　鹿島茂著　文藝春秋　2011.1　457p　20cm　〈年表・索引あり〉　①978-4-16-373590-0
＊大蔵省を退官後、次々と事業を拡大していった渋沢は五百を超える企業の設立にかかわり、近代日本の礎を築く。しかし、発展の一方で、さまざまな社会問題が持ち上がってきていた。その実情にいちはやく注目していた渋沢は、七十七歳を迎えた大正五年、ほとんどの事業から引退し、以降の人生を社会貢献に捧げる。格差社会、福祉問題、諸外国との軋轢など現代にも通じる多くの問題に「論語と算盤」の精神で渋沢は正面から立ち向かう。

◇明治を支えた「賊軍」の男たち　星亮一著　講談社　（講談社プラスアルファ新書）　2010.12　186p　18cm　①978-4-06-272692-4
＊逆賊として差別される旧幕府陣営。幕末から明治へ、不屈の魂がつくりあげた近代日本。

◇現代語訳 経営論語―渋沢流・仕事と生き方　渋沢栄一著，由井常彦監修　ダイヤモンド社　2010.12　265p　19cm　①978-4-478-01195-9
＊明治初期、大蔵省のエリート官僚だった渋沢が「明治の三傑」西郷・大久保・木戸をはじめ、伊藤博文、大隈重信ら政界トップと渡り合う様子や岩崎弥太郎とのいさかいなど、官を辞してからの財界におけるさまざまなシーンと共に、こよなく愛した「論語の言葉」を解説。渋沢による貴重な自著。

◇祖父・渋沢栄一に学んだこと　鮫島純子著　文藝春秋　2010.10　173p　20cm　①978-4-16-373190-2
＊500余の事業を興しながら財閥を作らず、人を育て助けることを楽しんだ渋沢栄一。ドラッカーも崇拝した偉大な実業家の、家族だけが知る素顔と渋沢家の質実な精神を孫娘が綴る。

◇渋沢栄一―人こそ力なりの思想　今井博昭著　幻冬舎ルネッサンス　（幻冬舎ルネッサンス新書）　2010.10　242p　18cm　〈並列シリーズ名：Gentosha Renaissance Shinsho　文献・年譜あり〉　①978-4-7790-6024-3
＊興した会社は500社以上、近代日本の経済発展に寄与した偉大なる実業家・渋沢栄一の若き日に焦点を当てる。どのような青年期を過ごし、どういう人々から影響を受けてきたのか。なぜ斬新な改革を次々と実現できたのか。時代を経ても決して色あせることのない、渋沢栄一の義と開拓の精神を著したビジネスリーダー必読の書。

○特集 普遍性をもって日本の近代化に偉大な足跡を残した渋沢栄一　「産業新潮」（産業新潮社）　59（5）　2010.5

◇張謇と渋沢栄一―近代中日企業家の比較研究　周見著　日本経済評論社　2010.5　378p　22cm　〈文献あり〉　①978-4-8188-1858-3

◇渋沢栄一の「士魂商才」　古川順弘著，寺島実郎監修　中経出版　（中経の文庫）　2010.3　219p　15cm　〈文献・年譜あり〉　①978-4-8061-3661-3
＊経済と道徳は両立する。「富をなす根源は何かといえば、仁義道徳」「その企業が時機に適合する否やを判断すること」「何かひと仕事しようとする者は、自分で箸を取らなければ駄目である」「要するに交際の要素は至誠である」―500余りの会社を興した明治人の名言。

◇会社企業の成立―渋沢栄一　宇田川勝述　法政大学イノベーション・マネジメント研究センター　（Working paper series 日本の企業家史戦前編―企業家活動の「古典」に学ぶ）　2010.1　18p　30cm　〈会期：2007年11月17日〉

◇偉人伝―徳育教育副読本　西垣義明著　全国経営者団体連合会　2009.12　133p　21cm　①978-4-89713-141-2
＊高い志を持つ。人生計画を立てる。今日一日を真剣に充実した毎日を過ごす。目的意識を持って集中する。偉人達が残してくれた生き方、教えに学ぼう。

I 政治・経済　　　　　　　　　　　　　　　　　　　　　　　　渋沢栄一

◇渋沢栄一、アメリカへ——100年前の民間経
　済外交　渡米実業団100周年記念　テーマ展
　シリーズ"平和を考える"　渋沢栄一記念
　財団渋沢史料館編　渋沢栄一記念財団渋
　沢史料館　2009.8　76p　30cm　〈会期：
　2009年8月15日—9月23日〉

◇日本の経営者　日本経済新聞社編　日本
　経済新聞出版社　（日経文庫）　2009.8
　214p　18cm　①978-4-532-11208-0
　＊明治・大正・昭和の日本を創った経営者
　　14人の行動力、アイデア、経営倫理と
　　成功の秘訣。豊かな発想のもと、新た
　　な事業戦略を練り上げ、ライバルと切
　　磋琢磨してきた彼らの姿から、現代や
　　未来の企業家への示唆、教訓を浮き彫
　　りにした。単なる事業意欲やお金への
　　執着心だけではなく、高い倫理観や公
　　共精神こそ企業家の原動力になってい
　　たことを明らかにしている。

◇渋沢栄一 近代の創造　山本七平著　祥伝
　社　（Non select）　2009.7　658p　18cm
　〈『近代の創造』（PHP研究所1987年刊）の
　改題、再刊　年譜あり〉
　①978-4-396-50100-6
　＊日本の近代化は、なぜ成功したのか。
　　いま学ぶべき大変革期を乗りきる思想
　　と行動。

◇絹先人考　上毛新聞社編　上毛新聞社
　（シルクカントリー双書）　2009.2　313p
　19cm　①978-4-86352-005-9
　＊群馬のシルク産業にかかわった多くの
　　人たちは、時代の先導者でもあった。
　　絹の国の先人たちは何を考え、どう生
　　きたのか。現代に引き継がれている先
　　人たちの業績や特質、その背景や先進
　　性などに迫った。

◇渋沢栄一 日本を創った実業人　東京商工
　会議所編　講談社　（講談社＋α文庫）
　2008.11　316p　16cm
　①978-4-06-281235-1
　＊江戸時代を終えて明治維新を迎えた日本
　　は、近代化が進む世界から著しく立ち遅
　　れ、法治国家としての原則が存在せず、
　　欧米列強から過酷なまでの不平等条約を
　　押しつけられていた。また国内でも士農
　　工"商"という序列が残っていた。"資本
　　主義の父"である渋沢栄一は、いかなる

精神をもって、殖産興業、貿易振興、不
平等条約改正などに立ち向かい、進む
べき道筋を示したのか。日本経済の礎
をゼロから築いた"巨人"の志から、混
迷をきわめる日本に新しい光が見える。

◇渋沢栄一——「道徳」と経済のあいだ　見城
　悌治著　日本経済評論社　（評伝日本の経
　済思想）　2008.11　234p　20cm　〈文献
　あり〉　①978-4-8188-2024-1
　＊農民、武士、官僚、実業家、社会事業家
　　へと身を転じ、近代と真正面から向き
　　合った渋沢。『論語と算盤論』の理想と
　　現実や、国際関係認識など、その思想と
　　人物を浮き彫りにする。

◇日本人を南米に発展せしむ——日本人のブ
　ラジル移住と渋沢栄一　企画展図録　渋沢
　栄一記念財団渋沢史料館編　渋沢栄一記
　念財団渋沢史料館　2008.10　65p　30cm
　〈会期・会場：2008年10月4日—11月24日
　渋沢史料館　年表あり〉

◇貧民の帝都　塩見鮮一郎著　文藝春秋
　（文春新書）　2008.9　251p　18×11cm
　①978-4-16-660655-9
　＊明治期、東京に四大スラムが誕生。維
　　新＝革命の負の産物として出現した乞
　　食、孤児、売春婦。かれらをどう救う
　　か。渋沢栄一、賀川豊彦らの苦闘をた
　　どる。近代裏面史の秀作。

◇日本「創業者」列伝　別冊宝島編集部編
　宝島社　（宝島SUGOI文庫）　2008.8
　188p　15cm　①978-4-7966-6530-8
　＊近代日本の幕開けとともに、新しい国づ
　　くりに力を貸した男たちがいた。三菱の
　　岩崎弥太郎、日本に資本主義経済を根付
　　かせた渋沢栄一などがその代表である。
　　太平洋戦争の後には、二輪オートバイ
　　の本田宗一郎、総合家電の松下幸之助
　　などが世界に翔び立った。そして現代、
　　多くの熱き男たちが出番を待っている。
　　そんな今日の日本経済を支える大企業
　　の創業者たちの成功までのストーリー。

◇王子・滝野川と渋沢栄一——住まい、公の
　場、地域　企画展図録　渋沢栄一記念財団
　渋沢史料館編　渋沢栄一記念財団渋沢史
　料館　2008.3　56p　30cm　〈会期：平成
　20年3月8日—5月6日〉

伝記ガイダンス 明治を生きた人々　　339

◇先人に学ぶ生き方—伝えていきたい日本
の30人　田中治郎著　麗沢大学出版会
2007.8　223p　19cm
①978-4-89205-527-0
＊日本人の心の再発見。夢をあきらめな
いこと、希望を捨てないこと、そして、
使命感を抱きつづけること…。そんな
生き方を貫いた先人たちの心をくみと
り、糧としよう。

◇渋沢栄一 男の器量を磨く生き方　渡部昇
一著　致知出版社　2007.5　227p　20cm
①978-4-88474-776-3
＊日本実業界の礎を築いた男・渋沢栄一。
「論語と算盤」で知られる在野の巨人が
残した生き方のメッセージをいま混迷
する日本人におくる。

◇指導者の精神構造—時代を動かすリー
ダーたちの内面をさぐる　小田晋著　生
産性出版　2006.10　226p　19cm
①4-8201-1846-3

◇渋沢栄一を歩く—公益を実践した実業界
の巨人　田沢拓也著　小学館　2006.9
303p　20cm　〈年譜あり〉
①4-09-387607-X
＊東洋西洋の文化を踏まえ、正々堂々と
働いて、得たお金は世間のために。こ
れほどスケールが大きく尊敬された経
営者はいない。渋沢の業績の地を、ノ
ンフィクション作家がいま訪ねる。

◇埼玉の三偉人に学ぶ　堺正一著　埼玉新
聞社　2006.9　205p　19cm
①4-87889-280-3
＊盲目の大学者・塙保己一、大実業家・渋
沢栄一，日本初の女性医師・荻野吟子、
親子で「生き方」を考える本。

◇経営に大義あり—日本を創った企業家た
ち　日本経済新聞社編　日本経済新聞社
2006.5　247p　19cm　①4-532-35209-6
＊類い希なる事業力と人間的魅力をもつ
「経営の巨人」たちの素顔に、当代きっ
ての作家・歴史家・研究者たちが迫る、
こだわりの人物伝。

◇日本を創った12人　堺屋太一著　PHP研
究所　（PHP文庫）　2006.2　413p
15cm　①4-569-66560-8
＊「日本の独自性」とはいったい何か。そ

れは、いつ、誰によって、いかにして創
り上げられたものなのか。本書では、
聖徳太子から近現代まで、いまなお今
日の日本に強い影響力を残している、
歴史上の象徴的な「人物」12人をとお
して、長い日本の歴史を見直し、大変革
期を迎えている現在の日本の舵取りの
ヒントを求めた歴史評論である。新書
版の前編・後編を合本した「堺屋日本
史」、待望の文庫化。

◇渋沢栄一の経世済民思想　坂本慎一著
日本経済評論社　2002.9　334p　22cm
①4-8188-1439-3
＊「論語とそろばん」という独自の考え方
をもち、日本資本主義の父といわれた
渋沢は私的利益よりも公的・国家的利
益を重視し数百にも及ぶ営利・非営利
団体の設立、運営に携わった。渋沢の
思想についての初めての研究書。

◇渋沢栄一とヘッジファンドにリスクマネ
ジメントを学ぶ—キーワードはオルタナ
ティブ　渋沢健著　日経BP社　2001.11
304p　20cm　〈発売：日経BP出版セン
ター〉　①4-8222-4254-4
＊日本資本主義の始祖と世界金融界の猛
獣には、共通点があった！ 渋沢家五代
目にして大手ヘッジファンド元日本代
表が明かす。激動の21世紀、日本とあ
なたが生き残るカギはリスクマネジメ
ントにあり。

◇渋沢栄一と日本商業教育発達史　三好信
浩著　風間書房　（産業教育人物史研究）
2001.10　369p　22cm　〈索引あり〉
①4-7599-1279-7
＊本書は、商業教育に焦点づけて渋沢栄
一の思想と実践の軌跡を考察するもの
である。

○特集 渋沢栄一に学ぶ　「歴史研究」（歴
研）　43（8）　2001.8

◇常設展示図録渋沢史料館　渋沢史料館編
渋沢史料館　2000.11　151p　30cm　〈年
譜あり　年表あり〉

◇不易の人生法則—鈴木正三・石田梅岩・渋
沢栄一に学ぶ　赤根祥道著　PHP研究所
（PHP文庫）　2000.7　275p　15cm
①4-569-57432-7

I 政治・経済　　　　　　　　　　　　　　　　　　　　　　　　　渋沢栄一

＊人に勝つことを第一とし、儲けること
をすべてと考える生き方では、もはや
幸福はつかめない！　いま、心豊かに充
実した人生を過ごすために必要な、い
つの時代にも変わることのない、生き
方の知恵が求められ始めた。本書は、
江戸期から戦前の日本における仕事や
生活の精神的な支えとなった正三、梅
岩、渋沢ら先賢たちの思想をたずね、現
代を生きる指針を示唆した一冊である。
文庫書き下ろし。

◇論語とソロバン─渋沢栄一に学ぶ日本資
本主義の明日　長編小説　童門冬二著　祥
伝社　2000.2　313p　20cm
①4-396-63161-8
＊近代日本が進むべき道はこれだ！　慶応
三年（1867）、徳川昭武の随員として渡
仏した渋沢栄一が現地で見たものは、
"人間愛の理念"に裏打ちされた資本主
義社会であった。渋沢が終生にわたっ
て標榜した「士魂商才」「論語（道徳）と
ソロバン（経済利益）の一致」の思想は、
この時萌芽したといえる。帰国後の渋
沢は新国家建設に邁進した。大蔵省の
組織改革、株式会社・銀行の設立と育
成、さらに社会福祉、教育、国際交
流…。渋沢にとって私利は即ち利他（他
を利する＝利益還元）であり、一貫して
公益の追求者であった─。歴史評伝の
第一人者が、独自の視点から"日本資
本主義の父"の生涯をたどり、失速した現
代日本再生への指針を示す快作。

◇小説渋沢栄一　童門冬二著　経済界
1999.9　244p　20cm　〈「渋沢栄一・男の
選択」の改訂〉　①4-7667-8190-2
＊「論語とソロバンの一致」その哲学を実
践し、新国家の建設という壮大なプロ
ジェクトに挑戦した男の原動力とは何
か！　新生日本の設計者・渋沢栄一の数
奇な生涯。

◇公益の追求者・渋沢栄一─新時代の創造
渋沢研究会編　山川出版社　1999.3　398,
9p　22cm　①4-634-52060-5
＊企業家としての活躍…。国際交流・民
間外交、社会福祉、教育分野で貢献…。
健全な資本主義の育成と利潤の社会へ
の還元をモットーとした渋沢栄一の軌

跡をたどる。

◇渋沢栄一人間、足るを知れ─「時代の先覚
者」はなぜかくも「無私」たりえたのか
永川幸樹著　ベストセラーズ　1999.1
249p　20cm　①4-584-18382-1
＊倒幕の志士、幕府仕官、新政府大蔵官
僚、そして我が国の資本主義経済の開祖
として、時代の中枢を生きた渋沢栄一。
常に大舞台に身を置きつつも、「個人に
も企業にも、時流に左右されない信念や
哲学が必要であり、いかに相手のこと
を考えるかという"共生の思想"が大切」
と説きつづけ、生涯をかけてそれを体
現してみせた。権力を嫌い、晩年は国
際親善活動、慈善事業に身を投じた渋
沢の、時代を洞察した生きざまに学ぶ。

◇シリーズ福祉に生きる　11　渋沢栄一
一番ケ瀬康子，津曲裕次編　大谷まこと
著　大空社　1998.12　180p　19cm　〈文
献あり〉　①4-7568-0852-2
＊「ここに二つの仕事があって一つは自
分の儲けとなり、一つは公共の利益に
なるとすれば、まず公共の仕事をした
くなる」。

◇渋沢家三代　佐野真一著　文芸春秋　（文
春新書）　1998.11　294p　18cm
①4-16-660015-X
＊わが国に資本主義を産み落とし根づか
せた栄一、それを継承し育んだ嫡孫・敬
三。その狭間にあって廃嫡の憂き目に
あった篤二。勤勉と遊蕩の血が織りなす
渋沢家の人間模様をたどることは、拝
金思想に冒されるはるか以前の「忘れ
られた日本人」の生き生きとした息吹
を伝えることにも重なる。この一族は、
なにゆえに「財なき財閥」と呼ばれたの
か。なぜ実業家を輩出しなかったのか。
いま新たな資料を得て、大宅賞受賞作
家が渋沢家三代の謎を解き明かす。

◇渋沢栄一自叙伝─伝記・渋沢栄一　渋沢栄
一述　大空社　（近代日本企業家伝叢書）
1998.11　1019,59p　22cm　〈渋沢翁頌徳
会昭和13年刊の複製〉　①4-7568-0938-3

◇雨夜譚余聞　渋沢栄一述　小学館　（地球
人ライブラリー）　1998.8　281p　20cm
〈解説：石井浩　渋沢栄一の足跡：p260〜

伝記ガイダンス　明治を生きた人々　　**341**

262 List of books：p271〜281〉
①4-09-251039-X

◇渋沢栄一――人間の礎　童門冬二著　学陽
書房　（人物文庫）　1998.5　273p　15cm
①4-313-75049-5

◇徳川慶喜最後の寵臣 渋沢栄一――そしてそ
の一族の人びと　渋沢華子著　国書刊行会
1997.12　317p　19cm　①4-336-04047-8
＊渋沢栄一は最後の将軍慶喜を敬愛する
家臣だった。逆境に立った慶喜を終生
擁護し、実業界の先導者として日本の
近代化に奔走した渋沢栄一とその一族
の足跡を追う。栄一の孫である著者は
「経済界はじめ、モラル喪失・崩壊寸前
の現代日本に渋沢栄一のような人材こ
そが必須であろう」と痛嘆する。北武
蔵の僻村から幕末・明治・大正・昭和へ
と実業家、学者、芸術家ら多彩な人物を
輩出した渋沢一族の人間群像を浮き彫
りにした力作。渋沢一族伝記の決定版。

◇渋沢栄一と人倫思想　小野健知著　大明堂
1997.4　486p　21cm　①4-470-23019-7

◇渋沢論語をよむ　深沢賢治著　明徳出版社
1996.5　236p　19cm　〈渋沢栄一略年譜・
参考文献：p227〜230〉　①4-89619-131-5
＊渋沢栄一の論語講義に啓発され、この
書は私への手紙という著者が、渋沢論
語の魅力と経営の秘訣を語り、更に自
己の体験談を交え、論語を実社会に活
かす法を説く活学の書。

◇激流――若き日の渋沢栄一　大仏次郎著
恒文社　1995.12　265p　19cm
①4-7704-0864-1
＊徳川時代の末期、硬直し切った体制の
中で青年たちはやり場のない自分たち
の力を幕府の要人暗殺に向け、世相は
騒然としていた。桜田門外の変、坂下
門の変、蛤御門の戦い、池田屋騒動…。
そうした時代背景の中で、熊谷の在で
百姓をやっていた渋谷栄二郎は敏感に
時代に反応し、幕府を倒して外国人を
殺さねば日本は滅ぶと一途に思い込む。
しかし思いがけないことから徳川慶喜
に仕えることになり、ヨーロッパに遊
んだことから日本の将来を模策できる
ようになった。やる気を起こした一人

の男が、大きく激しい時代の流れの中
で人間の力の極限に挑んだ。

◇人物に学ぶ明治の企業事始め　森友幸照
著　つくばね舎　1995.8　210p　21cm
①4-924836-17-6

◇渋沢栄一男の選択――人生には本筋という
ものがある　童門冬二著　経済界　（Ryu
books）　1995.7　278p　18cm　〈『渋沢
栄一・人間の礎』の改訂　渋沢栄一略年
譜：p276〜278〉　①4-7667-0285-9
＊五百余の会社を設立・育成し、"大実業
家"として名を馳せた渋沢栄一。現代人
が学ぶべきその精神と行動哲学を独自
の視点でとらえた渾身の書。

◇渋沢栄一の「論語算盤説」と日本的な資本
主義精神　王家驊述，国際日本文化研究
センター編　国際日本文化研究センター
1995.5　38p　21cm　〈第72回日文研
フォーラム〉

◇渋沢栄一、パリ万博へ　渋沢華子著　国
書刊行会　1995.5　244p　20cm　〈主要
参考資料：p243〜244〉　①4-336-03724-8
＊1867年（慶応3年）、若き渋沢栄一は将
軍徳川慶喜の命を受け、パリ万国博覧
会使節団に加わりフランスに渡った。
そしておよそ2年にわたって欧州を遍歴
し、西洋文明の洗礼を受ける。しかし、
帰国した日本ではすでに幕府は倒れ、
明治維新が始まっていた…。それから
120年後、栄一の孫にあたる著者は自ら
フランスを訪ね、祖父の足跡をたどっ
た。近代日本最大の経済人・渋沢栄一
の知られざる若き日々に光をあてたユ
ニークな評伝。

◇モノ・財・空間を創出した人々　朝日新聞
社　（二十世紀の千人）　1995.3　438p
19cm　①4-02-258592-7
＊本書の主役たちは貧からの離陸を図り、
快適さを売り込み、生活環境を一変さ
せる知性と情熱と企みを競う。

◇のるかそるか　津本陽著　文芸春秋　（文
春文庫）　1994.4　294p　15cm
①4-16-731430-4
＊信長、秀吉、家康ら、時流に乗った十八
人の男たちの"ここ一番"を読む。いず
れも時の流れに乗り、運を開いた男ば

Ⅰ　政治・経済　　　　　　　　　　　　　　　　　　　　　　渋沢栄一

かり。現代にも通じる処世とその決断。

◇建設業を興した人びと―いま創業の時代
　に学ぶ　菊岡倶也著　彰国社　1993.1
　452p 21cm　①4-395-00353-2
　＊本書は、創業者とその周辺の人びとを
　　通じてわが国建設業の近代の発展を描
　　いたものである。

◇（評伝・）渋沢栄一　藤井賢三郎著　水曜
　社　1992.6　192p　20cm

◇渋沢栄一―人間の礎　童門冬二著　経済
　界　（リュウセレクション）　1991.12
　254p 19cm　①4-7667-8088-4
　＊日本資本主義の父と謳われ、「実業家」
　　という言葉を創案した男。その経済哲
　　学を構築した心の原点とは…。

◇渋沢栄一―民間経済外交の創始者　木村
　昌人著　中央公論社　（中公新書）
　1991.4　199p 18cm　①4-12-101016-7
　＊明治・大正期、経済界の指導者として活
　　躍し「日本近代資本主義の父」と呼ばれ
　　た渋沢栄一は、生涯最後の三十年間、国
　　際社会の一員としての日本を内外に位
　　置づけるため経済人としての民間外交
　　に努めた。幅広い人脈、鋭い情報収集
　　能力と組織力を駆使した渋沢は、経済
　　にとどまらず、政治的・文化的視野から
　　日本の将来を見据え、モラルある経済
　　人を育成したのである。今日に続く課
　　題である、民間外交の視点から巨人・渋
　　沢栄一像に迫る。

◇幕末武州の青年群像　岩上進著　さきた
　ま出版会　1991.3　375p 21cm
　①4-87891-188-3

◇渋沢栄一　〔新装版〕　土屋喬雄著　吉川
　弘文館　（人物叢書）　1989.5　295p
　19cm　①4-642-05159-7
　＊日本資本主義の父といわれる渋沢栄一
　　は、富農の子として生れ、徳川慶喜に仕
　　え幕臣となり、フランス留学で自由民
　　権思想にめざめ、維新後大蔵大丞と
　　なったが官尊民卑の風潮に反発して官
　　を辞し、第一銀行はじめ五百余の民間
　　企業を育て、また六百余の社会事業に
　　献身した。高邁な精神と人間味に富ん
　　だその生街を生き生きと描く。

◇渋沢栄一碑文集　山口律雄，清水惣之助
　共編　博字堂　1988.11　151p 27cm
　〈渋沢栄一の肖像あり〉

◇巨星渋沢栄一・その高弟大川平三郎　竹内
　良夫著　教育企画出版　（郷土歴史選書）
　1988.3　97p 21cm　〈渋沢栄一　大川平
　三郎の肖像あり　渋沢栄一・大川平三郎
　関連年表：p88〜96〉　①4-906280-21-8

◇日々に新たなり―渋沢栄一の生涯　下山二
　郎著　国書刊行会　1988.2　381p 20cm

◇近代の創造―渋沢栄一の思想と行動　山
　本七平著　PHP研究所　1987.3　510p
　19cm　①4-569-21725-7
　＊日本の急速な近代化はなぜ可能だった
　　のか。近代日本資本主義の源流を、渋
　　沢栄一の足跡を通して探る、著者渾身
　　の力作！

◇青淵百話　渋沢栄一著　図書刊行会
　1986.4　2冊　22cm　〈解説：渋沢青淵記
　念財団竜門社　同文館明治45年刊の複製〉

◇雨夜譚　渋沢栄一述，長幸男校注　岩波書
　店　（岩波文庫）　1984.11　338p 15cm

◇埼玉の先人渋沢栄一　韮塚一三郎，金子吉
　衛著　さきたま出版会　1983.12　317,3p
　19cm　〈渋沢栄一の肖像あり　折り込図1枚
　巻末：渋沢栄一略年譜〉　①4-87891-023-2

◇巨（おお）いなる企業家渋沢栄一の全研究
　―日本株式会社をつくった男　井上宏生
　著　PHP研究所　（PHPビジネスライブ
　ラリー）　1983.7　222p 18cm
　①4-569-21086-4

◇日本人の自伝　1　福沢諭吉.渋沢栄一.前
　島密　平凡社　1981.4　430p 20cm
　〈福沢諭吉ほかの肖像あり　福翁自伝 福
　沢諭吉著. 雨夜譚 渋沢栄一著. 鴻爪痕 前
　島密著. 解説 亀井俊介著. 福沢諭吉ほか略
　年譜：p428〜430〉

◇露伴全集　第17巻　史伝　3　幸田露伴著
　岩波書店　1979.1　538p 19cm　〈編
　纂：蝸牛会　第2刷（第1刷：昭和24年）著
　者の肖像あり〉

◇明治を耕した話―父・渋沢栄一　渋沢秀
　雄著　青蛙房　（青蛙選書）　1977.9
　310p　22cm

伝記ガイダンス 明治を生きた人々　　**343**

◇渋沢栄一伝記資料　別巻　第10　写真　竜門社　1971　図292p　27cm

◇太平洋にかける橋―渋沢栄一の生涯　渋沢雅英著　読売新聞社　1970　486p　図肖像　20cm　〈参考書目・渋沢栄一略年譜：p.479-486〉

◇渋沢栄一伝記資料　別巻　第9　遺墨　竜門社　1970　358p　27cm

◇ドキュメント日本人　第4　支配者とその影　学芸書林　1969　317p　20cm

◇渋沢栄一伝記資料　別巻　第7　談話　第3　竜門社　1969　626p　27cm

◇渋沢栄一伝記資料　別巻　第8　談話4, 余録　竜門社　1969　702p　図　27cm

◇明治百年　文化功労者記念講演集　第1輯　福沢諭吉を語る〔ほか〕　高橋誠一郎　尾崎行雄記念財団　1968　324p　19cm

◇渋沢栄一伝記資料　別巻　第5　講演・談話　第1　竜門社　1968　724p　図版　27cm

◇渋沢栄一伝記資料　別巻　第6　談話　第2　竜門社　1968　690p　図版　27cm

◇渋沢栄一滞仏日記　日本史籍協会編　東京大学出版会　（日本史籍協会叢書）　1967　504p　図　肖像　22cm　〈日本史籍協会昭和3年刊の複製〉

◇渋沢栄一伝記資料　別巻　第3　書簡　竜門社編　1967　634p　図版　27cm

◇渋沢栄一伝記資料　別巻　第4　書簡　竜門社編　1967　631p　図版　27cm

◇渋沢栄一伝記資料　別巻　第1　日記　竜門社編　1966　790p　図版　27cm

◇渋沢栄一伝記資料　別巻　第2　日記　竜門社編　1966　788p　図版　27cm

◇渋沢栄一　渋沢秀雄著　時事通信社　（一人一業伝）　1965　246p　図版　18cm

◇現代日本思想大系　11　筑摩書房　1964

◇渋沢栄一伝記資料　第53巻　社会公共事業尽瘁並ニ実業界後援時代　竜門社編　渋沢栄一伝記資料刊行会　1964　554p　27cm

◇渋沢栄一伝記資料　第54巻　社会公共事業尽瘁並ニ実業界後援時代　竜門社編　渋沢栄一伝記資料刊行会　1964　550p　27cm

◇渋沢栄一伝記資料　第55巻　社会公共事業尽瘁並ニ実業界後援時代　竜門社編　渋沢栄一伝記資料刊行会　1964　683p　27cm

◇渋沢栄一伝記資料　第56巻　社会公共事業尽瘁並ニ実業界後援時代　竜門社編　渋沢栄一伝記資料刊行会　1964　708p　27cm

◇渋沢栄一伝記資料　第57巻　第3編　竜門社編　渋沢栄一伝記資料刊行会　1964-65　27cm

◇渋沢栄一伝記資料　第58巻索引　渋沢栄一事業別年譜, 渋沢栄一伝記資料総目次, 五十音順款項目索引　竜門社編　渋沢栄一伝記資料刊行会　1964-65　27cm

◇渋沢栄一―日本民主自由経済の先覚者　山口平八著　平凡社　1963　186p　図版表　19cm

◇渋沢栄一と択善会　田村俊夫著　近代セールス社　1963

◇日本財界人物列伝　第1巻　青潮出版株式会社編　青潮出版　1963　1171p　図版　26cm

◇渋沢栄一伝記資料　第47巻　社会公共事業尽瘁並ニ実業界後援時代　竜門社編　渋沢栄一伝記資料刊行会　1963　720p　27cm

◇渋沢栄一伝記資料　第48巻　社会公共事業尽瘁並ニ実業界後援時代　竜門社編　渋沢栄一伝記資料刊行会　1963　699p　27cm

◇渋沢栄一伝記資料　第49巻　社会公共事業尽瘁並ニ実業界後援時代　竜門社編　渋沢栄一伝記資料刊行会　1963　669p　27cm

◇渋沢栄一伝記資料　第50巻　社会公共事業尽瘁並ニ実業界後援時代　竜門社編　渋沢栄一伝記資料刊行会　1963　643p　27cm

◇渋沢栄一伝記資料　第51巻　社会公共事業尽瘁並実業界後援時代　竜門社編　渋沢

I 政治・経済 渋沢栄一

栄一伝記資料刊行会　1963　641p　27cm

◇渋沢栄一伝記資料　第52巻　社会公共事業尽瘁並ニ実業界後援時代　竜門社編　渋沢栄一伝記資料刊行会　1963　600p　27cm

◇渋沢栄一伝記資料　第41巻　社会公共事業尽瘁並ニ実業界後援時代　竜門社編　渋沢栄一伝記資料刊行会　1962　686p　27cm

◇渋沢栄一伝記資料　第42巻　社会公共事業尽瘁並ニ実業界後援時代　竜門社編　渋沢栄一伝記資料刊行会　1962　690p　27cm

◇渋沢栄一伝記資料　第43巻　社会公共事業尽瘁並ニ実業界後援時代　竜門社編　渋沢栄一伝記資料刊行会　1962　699p　27cm

◇渋沢栄一伝記資料　第44巻　社会公共事業尽瘁並ニ実業界後援時代　竜門社編　渋沢栄一伝記資料刊行会　1962　744p　27cm

◇渋沢栄一伝記資料　第45巻　社会公共事業尽瘁並ニ実業界後援時代　竜門社編　渋沢栄一伝記資料刊行会　1962　640p　27cm

◇渋沢栄一伝記資料　第46巻　社会公共事業尽瘁並ニ実業界後援時代　竜門社編　渋沢栄一伝記資料刊行会　1962　730p　27cm

◇世界の人間像　第5　世界の新聞王＝ピューリッツァー〔ほか〕　角川書店編集部編　アイリス・ノーブル著, 佐藤亮一訳　角川書店　1961　474p　図版　19cm

◇世界ノンフィクション全集　第14　アメリカ彦蔵回想記〔ほか〕　中野好夫, 吉川幸次郎, 桑原武夫編　ジョゼフ・ヒコ著, 中川努訳　筑摩書房　1961　512p　図版　19cm

◇渋沢栄一伝記資料　第35巻　社会公共事業尽瘁並ニ実業界後援時代　竜門社編　渋沢栄一伝記資料刊行会　1961　629p　27cm

◇渋沢栄一伝記資料　第36巻　社会公共事業尽瘁並ニ実業界後援時代　竜門社編

◇渋沢栄一伝記資料刊行会　1961　682p　27cm

◇渋沢栄一伝記資料　第39巻　社会公共事業尽瘁並ニ実業界後援時代　竜門社編　渋沢栄一伝記資料刊行会　1961　763p　27cm

◇渋沢栄一伝記資料　第40巻　社会公共事業尽瘁並ニ実業界後援時代　竜門社編　渋沢栄一伝記資料刊行会　1961　695p　27cm

◇渋沢栄一伝記資料　第37-38巻　社会公共事業尽瘁並ニ実業界後援時代　竜門社編　渋沢栄一伝記資料刊行会　1961　27cm

◇青淵渋沢栄一翁小伝及び年譜　野依秀市編　実業之世界社　1960

◇論語と渋沢翁と私　岸信介著　実業之世界社　1960

◇渋沢栄一伝記資料　第29巻　実業界指導並ニ社会公共事業尽力時代　竜門社編　渋沢栄一伝記資料刊行会　1960　637p　27cm

◇渋沢栄一伝記資料　第30巻　社会公共事業尽瘁並ニ実業界後援時代　竜門社編　渋沢栄一伝記資料刊行会　1960　861p　27cm

◇渋沢栄一伝記資料　第31巻　社会公共事業尽瘁並ニ実業界後援時代　竜門社編　二　渋沢栄一伝記資料刊行会　1960　788p　27cm

◇渋沢栄一伝記資料　第32巻　社会公共事業尽瘁並ニ実業界後援時代　竜門社編　渋沢栄一伝記資料刊行会　1960　615p　27cm

◇渋沢栄一伝記資料　第33巻　社会公共事業尽瘁並ニ実業界後援時代　竜門社編　渋沢栄一伝記資料刊行会　1960　640p　27cm

◇渋沢栄一伝記資料　第34巻　社会公共事業尽瘁並ニ実業界後援時代　竜門社編　渋沢栄一伝記資料刊行会　1960　686p　27cm

◇日本の思想家　山本健吉編　光書房　1959　224p　20cm

◇父 渋沢栄一　上巻　渋沢秀雄著　実業之

伝記ガイダンス 明治を生きた人々　**345**

日本社　1959　272p　図版　20cm

◇父　渋沢栄一　下巻　渋沢秀雄著　実業之
日本社　1959　277p　20cm

◇渋沢栄一伝記資料　第24巻　実業界指導
並ニ社会公共事業尽力時代　竜門社編
渋沢栄一伝記資料刊行会　1959　637p
27cm

◇渋沢栄一伝記資料　第25巻　実業界指導
並ニ社会公共事業尽力時代　竜門社編
渋沢栄一伝記資料刊行会　1959　752p
27cm

◇渋沢栄一伝記資料　第26巻　実業界指導
並ニ社会公共事業尽力時代　竜門社編
渋沢栄一伝記資料刊行会　1959　929p
27cm

◇渋沢栄一伝記資料　第27巻　実業界指導
並ニ社会公共事業尽力時代　竜門社編
渋沢栄一伝記資料刊行会　1959　715p
27cm

◇渋沢栄一伝記資料　第28巻　実業界指導
並ニ社会公共事業尽力時代　竜門社編
渋沢栄一伝記資料刊行会　1959　839p
27cm

◇渋沢栄一伝記資料　第22巻　実業界指導
並ニ社会公共事業尽力時代　竜門社編
渋沢栄一伝記資料刊行会　1958　935p
27cm

◇渋沢栄一伝記資料　第23巻　実業界指導
並ニ社会公共事業尽力時代　竜門社編
渋沢栄一伝記資料刊行会　1958　695p
27cm

◇渋沢栄一　渋沢秀雄著　渋沢青淵記念財
団竜門社　1956　63p　図版　15cm

◇渋沢栄一　山口平八著　埼玉県立文化会
館　1955

◇渋沢栄一伝　土屋喬雄著　東洋書館株式
会社　（日本財界人物伝全集）　1955
299p　図版　19cm

◇渋沢栄一伝記資料　第1-3巻　在郷及ビ仕
官時代　竜門社編　渋沢栄一伝記資料刊
行会　1955-58　27cm

◇渋沢栄一伝記資料　第4-21巻　実業界指
導並ニ社会公共事業尽力時代　竜門社編

渋沢栄一伝記資料刊行会　1955-58　27cm

◇国宝渋沢栄一翁　改版　渋沢栄一翁頌徳
会編　実業之世界社　1954　330p　図版
19cm

◇人使い金使い名人伝　〔正〕続　中村竹二
著　実業之日本社　1953　2冊　19cm

◇明治　大実業家列伝—市民社会建設の人々
林房雄著　創元社　1952　255p　19cm

◇世界偉人伝　第4巻　良寛　世界偉人伝刊
行会編　吉野秀雄　池田書店　1952
19cm

◇青淵渋沢栄一—思想と言行　明石照男編
渋沢青淵記念財団竜門社　1951.10　164p
19cm　〈渋沢栄一の肖像あり〉

◇渋沢栄一　渋沢秀雄著　ポプラ社　（偉人
伝文庫）　1951

◇東西百傑伝　第4巻　良寛〔ほか〕　吉野
秀雄　池田書店　1950　19cm

◇露伴全集 17　渋沢栄一伝　幸田露伴著
岩波書店　1949

▋ 渋沢 喜作　しぶさわ・きさく

1838〜1912　実業家。彰義隊を脱退。大
蔵省などに勤務後、渋沢商店を興し廻米
問屋や生糸売込問屋を営んだ。

◇渋沢喜作書簡集—福田尚家文書　渋沢喜
作著　深谷市郷土文化会　2008.3　159p
21cm　〈肖像・年譜あり〉

◇相場ヒーロー伝説—ケインズから怪人伊
東ハンニまで　鍋島高明著　五台山書房
2005.12　340p　19cm　①4-309-90654-0

▋ 渋沢 千代　しぶさわ・ちよ

1842〜1882　渋沢栄一の妻。日本経済界
を代表する実業家の妻として助力。

◇たおやかな農婦—渋沢栄一の妻　船戸鏡
聖著　東京経済　1991.5　209p　19cm
＊熱烈な尊攘の志士から奇しき経緯をた
どって最後の幕臣となり、そして渡欧。
帰国するや、明治新政府の大蔵官僚と
して、野に下っては、実業界の嚮導と
して、日本の近代資本主義体制の礎を築い
た大実業家・渋沢栄一。その波乱に満ち

Ⅰ　政治・経済　　　　　　　　　　　　　　　　　　　　　　　　　　　　島義勇

た人生を、内側から静かに支えた妻千
代の、胸を搏つ愛と献身の生涯を綴る。

渋沢 篤二　しぶさわ・とくじ
1872～1932　実業家。子爵。渋沢倉庫会
社取締役会長を務めた。

◇渋沢家三代　佐野真一著　文芸春秋　（文
春新書）　1998.11　294p　18cm
①4-16-660015-X
＊わが国に資本主義を産み落とし根づか
せた栄一、それを継承し育んだ嫡孫・敬
三。その狭間にあって廃嫡の憂き目に
あった篤二。勤勉と遊蕩の血が織りなす
渋沢家の人間模様をたどることは、拝
金思想に冒されるはるか以前の「忘れ
られた日本人」の生き生きとした息吹
を伝えることにも重なる。この一族は、
なにゆえに「財なき財閥」と呼ばれたの
か。なぜ実業家を輩出しなかったのか。
いま新たな資料を得て、大宅賞受賞作
家が渋沢家三代の謎を解き明かす。

渋沢 平九郎　しぶさわ・へいくろう
1847～1868　彰義隊士。

◇彰義隊落華―渋沢平九郎の青春　渋沢華子
著　国書刊行会　1986.10　402p　19cm

渋谷 礼　しぶや・れい
1846～1912　政治家。衆議院議員。肥薩
鉄道開通運動、畜産・林業の勧業に尽力。

◇渋谷礼遺翰―客中春秋と書簡　渋谷礼著
渋谷勝英　1961　293p　図版　22cm

シーボルト, A.G.G.
Siebold, Alexander Georg Gustav
von
1846～1911　ドイツの外交官。1859年来
日。P.シーボルトの長子。明治初期から
中期にかけて日本の外交交渉に貢献し、
勲二等瑞宝章を受けた。

◇シーボルト父子伝　ハンス・ケルナー著，
竹内精一訳　創造社　1974　277,11p　図
20cm

シーボルト, H.P.
Siebold, Heinrich Philipp von
1852～1908　ドイツの外交官。1869年来
日。駐日オーストリア公使館書記官。P.
シーボルトの次男。

◇小シーボルトと日本の考古・民族学の黎明
ヨーゼフ・クライナー編　同成社　2011.1
322p　22cm　①978-4-88621-546-8
＊シーボルトの息子ヘンリーは、明治初
頭に来航し、外交官の職務の傍ら考古・
民族資料の蒐集にあけくれる。日本の
考古・民族学成立の起点となった彼の
実績をたどるとともに、その後の斯学
発展の様相を西欧との関わりを基軸に
捉え直す。

◇考古学の先覚者たち　森浩一編　中央公
論社　（中公文庫）　1988.4　410p　15cm
①4-12-201510-3
＊石之臣者木内石亭、放浪の絵師養虫山
人、上田秋成、本居宣長、蒲生君平な
ど、江戸から明治初年にかけて考古に
とりつかれた24人の"町人学者"の人と
軌跡を辿り、日本の土に根ざした思想
を発掘する画期的評伝。

島 徳蔵　しま・とくぞう
1875～1938　株式相場師。大阪株式取引
所理事長。家業の株式仲買業に従事、上
海取引所なども創立、会社屋の異名を
とった。

◇実録 7人の勝負師―リスクを恐れぬ怪物た
ち　鍋島高明著　パンローリング　2017.8
367p　19cm　①978-4-7759-9151-0
＊日本一の相場師研究家（日本証券新聞に
よる）が調べ上げた、700人の相場師か
ら選ばれた7人のサムライ。

◇企業家研究　第4号　企業家研究フォーラ
ム　2007.6　128p　26cm
①978-4-641-19988-0

島 義勇　しま・よしたけ
1822～1874　佐賀藩士，政治家。蝦夷・
樺太を探検し、蝦夷開拓首席判官になり、
札幌市街地の建設に尽力。佐賀憂国党を

伝記ガイダンス 明治を生きた人々　**347**

率い佐賀の乱を戦ったが、敗れ処刑。

◇開拓判官島義勇、北を拓く　合田一道著
北海道科学文化協会　（北海道青少年叢書
北国に光を掲げた人々）　2012.10　92p
21cm　〈下位シリーズの責任表示：北海
道科学文化協会　編　年譜あり〉

◇島義勇―1822-1874　榎本洋介著　佐賀県
立佐賀城本丸歴史館　（佐賀偉人伝）
2011.12　110p　21cm　〈年譜・文献あ
り〉　①978-4-905172-04-8

◇明治・札幌の群像　北海道ノンフィク
ション集団著　北海道出版企画センター
1986.7　208p　19cm　〈島義勇―派閥政
争に散った開拓判官・志村鉄一―維新の
荒波に消えた悲憤の先駆者　合田一道著.
現如上人―一門率いて本願寺街道開削　菊
地寛著. 三木勉―時習館-学んで時にこれ
を習う　沖藤典子著. 伊東山華―黎明期の
新聞界を疾走した "会津士魂" 川嶋康男著.
各章末：参考文献〉

◇史説開拓判官島義勇伝　幸前伸著　島判
官顕彰会　1978.9　283p　19cm　〈島義
勇年譜・参考文献：p277～283〉

◇郷土史に輝く人びと　第7集　佐賀県青少
年育成県民会議　1975　154p　肖像
18cm　〈島義勇（園田日吉）奥村五百子
（松村初恵）付：年譜〉

◇北の先覚　高倉新一郎著　北日本社
1947　276p　19cm

島川 文八郎
しまかわ・ぶんぱちろう
1864～1921　陸軍軍人。大将。火薬類を
研究し、東京砲兵廠板橋火薬製造所長。
無煙火薬の発明家。

◇歴代陸軍大将全覧　大正篇　半藤一利, 横
山恵一, 秦郁彦, 原剛著　中央公論新社
（中公新書ラクレ）　2009.2　357,31p
18cm　①978-4-12-150307-7
＊世界大戦と日独戦争、シベリア出兵、そ
して吹き荒れる軍縮の嵐。激動する大
正期の日本陸軍の姿を、大将41人の事
績とともに詳細に記す。写真、資料も
充実。明治篇に続く陸軍史一大巨編。

島津 源蔵〔2代〕
しまづ・げんぞう
1869～1951　実業家。島津製作所創立者。
科学技術の振興、普及に尽力。気球製作
のパイオニア。

◇ニッポン天才伝―知られざる発明・発見
の父たち　上山明博著　朝日新聞社　（朝
日選書）　2007.9　279p　19cm
①978-4-02-259929-2
＊「日本人はオリジナリティーに乏しい」
という言葉をよく耳にする。果たして
本当なのだろうか？　明治以降の科学技
術の歴史をひもといてみると、日本人
による発明・発見が、生活のいたるとこ
ろに活かされ、現代社会を支える技術
として受け継がれていることがわかる。
日本人にオリジナリティーがないので
はなく、日本人による多くの画期的な
成果を正当に評価せず、歴史に埋もれ
させてきたのもまた、日本人だったの
ではないか。「飛行機の父」「日本のエ
ジソン」「東洋のマルコーニ」「ミス
ター・トルネード」「胃カメラの父」…。
世界に誇れる16人の業績とその歩みを、
信頼できる資料をもとに紹介する。

◇「創造と変化」に挑んだ6人の創業者　志
村和次郎著　日刊工業新聞社　2005.2
179p　21cm　①4-526-05417-8
＊近代産業の礎を築いた6人に、今、企業
経営に必要なイノベーション手法を
学ぶ。

◇親父よ。―小説・島津源蔵　岸宏子著
エフエー出版　1993.5　209p　19cm
①4-87208-043-2
＊島津製作所、日本電池の父―島津源蔵。
好きな仕事に没頭した父と子。維新後
の復興京都でレントゲンや蓄電池など、
理化学機械の発明・考案に情熱を注い
でゆく…。

◇日本財界人物列伝　第2巻　青潮出版株式
会社編　青潮出版　1964　1175p　図版13
枚　27cm

島津 久光　しまづ・ひさみつ
1817～1887　政治家。島津忠義の後見人、
国父と呼ばれ鹿児島藩政の実権を握る。

I 政治・経済　　　　　　　　　　　　　　　　　　　　　　　島津久光

尊攘派と妥協提携。

◇西郷隆盛と徳之島―徳のある島…徳のある人との出会い…　新装版　益田宗児著　浪速社　2017.12　208p　21cm　〈文献あり〉　①978-4-88854-507-5

◇維新を創った男西郷隆盛の実像―明治維新150年に問う　粒山樹著　扶桑社　2017.11　351p　19cm　①978-4-594-07850-8

◇島津久光の明治維新―西郷隆盛の"敵"であり続けた男の真実　安藤優一郎著　イースト・プレス　2017.11　335p　19cm　〈文献あり　年表あり〉　①978-4-7816-1613-1

◇西郷隆盛―維新の功臣明治の逆賊　相川司著　中央公論新社　（中公文庫）2017.10　373p　16cm　〈文献あり〉①978-4-12-206468-3

◇西郷隆盛―天が愛した男　童門冬二著　成美堂出版　（成美文庫）　2017.10　319p　16cm　〈年譜あり〉①978-4-415-40257-4

◇覚えておきたい幕末・維新の100人＋1―勤王から佐幕までの人物伝　本間康司絵と文　清水書院　2017.7　149p　26cm　〈文献あり　索引あり〉①978-4-389-50054-2

◇西郷隆盛の明治　安藤優一郎著　洋泉社（歴史新書）　2017.3　190p　18cm　〈文献あり　年譜あり〉①978-4-8003-1180-1

◇大西郷という虚像―「明治維新という過ち」完結篇「官」と「賊」を往復したこの男を解明せずに維新の実相は語れない　原田伊織著　悟空出版　2016.6　311p　19cm　〈文献あり〉①978-4-908117-21-3

◇島津久光公実紀　1　新装版，オンデマンド版　東京大学出版会　（続日本史籍協会叢書）　2016.3　13,322p　22cm　〈原本：2000年刊〉①978-4-13-009567-9

◇島津久光公實紀　2　新装版 オンデマンド版　東京大学出版会　（続日本史籍協會叢書）　2016.3　458p　22cm　〈印刷・製本：デジタルパブリッシングサービス〉①978-4-13-009568-6

◇島津久光公実紀　3　新装版，オンデマンド版　東京大学出版会　（続日本史籍協会

叢書）　2016.3　388p　22cm　〈原本：2000年刊〉①978-4-13-009569-3

◇英明と人望―勝海舟と西郷隆盛　山本盛敬著　ブイツーソリューション　2015.11　279p　15cm　①978-4-434-21242-0

＊『西郷隆盛―四民平等な世の中を作ろうとした男』に続く、西郷隆盛研究に生涯を捧げる著者が、新たな西郷像を世に問う第二弾。今回は勝海舟と西郷の二人がどう影響、協力し合い、世を明治へと導いたのかを追究した。そして、西郷召還と島津斉彬の死の関係、西郷と島津久光の関係の真実、西郷が西南戦争に込めた秘策とは何か。

◇大西郷の悟りの道―「敬天愛人」とキリスト教　坂本陽明著　南方新社　2015.4　238p　21cm　〈文献あり〉①978-4-86124-311-0

◇幕末文久期の国家政略と薩摩藩―島津久光と皇政回復　町田明広著　岩田書院（近代史研究叢書）　2010.10　364p　22cm　①978-4-87294-643-7

◇幕末維新人物新論―時代をよみとく16のまなざし　笹部昌利編　昭和堂　2009.12　321p　21cm　①978-4-8122-0958-5

＊想い、考える、竜馬たちの時代。

◇島津久光＝幕末政治の焦点　町田明広著　講談社　（講談社選書メチエ）　2009.1　230p　19cm　〈文献あり〉①978-4-06-258431-9

＊時は、幕末がいまだ「政治の季節」であった文久期。幕府の権威が根底から揺らぎ、過激志士らの暴発に朝廷がおびえる中、その動向をもっとも注目された男こそ、島津久光であった。久光の指揮の下、小松帯刀、大久保一蔵、中山左衛門、堀次郎ら、実力ある藩士たちが、京都の中央政局を舞台にして、幕末の行方を決定づける政争をくりひろげてゆく。史料を丹念に読みこみ、幕末政治史にあらたな光をあてる意欲作。

◇島津久光公実紀　1　新装版　日本史籍協会編　東京大学出版会　（続日本史籍協会叢書）　2000.10　13,322p　22cm　〈複製〉①4-13-097888-8

＊島津久光公実紀は久光の履歴を記する

伝記ガイダンス 明治を生きた人々　　**349**

と共に幕末に於ける薩藩の動向を見る
上に欠くことのできない史料である。
文化十四年十月その生立から、歿後の
明治四十一年十二月に至るまでの公私
にわたる出来事を丹念に収録している。
本書は久光の一代記と言うべき書であ
るが、維新史の要点を編年的に記述し、
久光と公卿及び雄藩主との往復文書を
多数収め、維新の裏面を知る上に貴重
な史料である。原書は全八巻であるが、
本叢書は三巻に収録している。

◇島津久光公実紀　2　新装版　日本史籍協
会編　東京大学出版会　（続日本史籍協会
叢書）　2000.10　458p　22cm　〈複製〉
①4-13-097889-6

◇島津久光公実紀　3　新装版　日本史籍協
会編　東京大学出版会　（続日本史籍協会
叢書）　2000.10　388p　22cm　〈複製〉
①4-13-097890-X

◇島津久光公実紀　東京大学出版会　（続日
本史籍協会叢書）　1977.7〜10　3冊
22cm　〈明治43年刊の複製　叢書の編者：
日本史籍協会〉

▌ 島田 一良　しまだ・いちろう

1848〜1878　加賀藩士，陸軍軍人。藩軍
士官，大尉。大久保利通を暗殺。紀尾井
坂の変の首謀者。

◇明治叛臣伝　徳永真一郎著　光文社　（光
文社時代小説文庫）　1991.7　452p 15cm
①4-334-71366-1
＊明治維新前後の混乱期。官軍となった
薩摩・長州藩士の中には、心驕って汚職
や不正を働く輩も。このため、一般民
衆の生活はあまり向上せず、かえって
負担が重くなり、苦しくなった。新政
府の不正を暴き、理想の世を築くため
に、欲も野心もなく、純粋な情熱を傾け
て戦った男たち。反逆者の汚名をうけ、
空しく命を失った彼らの波乱に満ちた
生涯を描く傑作歴史小説。

◇加賀藩士族島田一良の反乱　野村昭子著
北国新聞社　1990.12　190p　19cm
①4-8330-0721-5

◇明治叛臣伝　徳永真一郎著　毎日新聞社

1981.1　238p　20cm

▌ 島田 魁　しまだ・かい

1828〜1900　新撰組隊士。維新後は京都
で剣術道場を開いた。

◇慶応四年新撰組隊士伝─下総流山に転機
を迎えた男たち　あさくらゆう著　崙書
房　（ふるさと文庫）　2009.11　186p
18cm　①978-4-8455-0194-6

◇箱館戦争銘々伝　上　好川之範，近江幸
雄編　新人物往来社　2007.8　328p
19cm　①978-4-404-03471-7
＊戊辰最後の死闘、雪の箱館に散って
いった戦士たちの肖像。榎本武揚、甲
賀源吾、中島三郎助ほか21人。

◇サムライたちの幕末維新　近江七実著
スキージャーナル　（剣道日本コレクショ
ン）　2005.5　207p　19cm
①4-7899-0058-4
＊剣術が隆盛をみた幕末、その剣の技量
をもって頭角を現わした男たち。維新
をくぐり抜けた後、ある者は生涯を剣
人として生き、ある者は剣を封印して
国を動かす立場へと身を置く。幕末か
ら維新への激動の時代に彼らは何を考
え、どう生きたか。剣の技と精神をど
う活かしたのか。そして廃刀令によっ
て剣術が無用のものとなった新しい時
代にどう処していったのか。日本の近
代の出発点である幕末維新を生きたサ
ムライたちの精神が、さまざまな難し
い問題に直面する現代の日本人に、生
きるためのヒントを与えてくれる。

◇いつの日か還る　中村彰彦著　実業之日
本社　2000.6　583p　19cm
①4-408-53382-3
＊力さんと呼ばれ、恋女房と結ばれなが
ら討幕派との全ての戦いに奮戦した男。
その波瀾の人生を描く長篇剣豪小説！
新選組伍長島田魁伝。

▌ 島田 三郎　しまだ・さぶろう

1852〜1923　ジャーナリスト，政治家。
衆議院議員，毎日新聞社社長。立憲改進
党の結成に参加。雄弁家でシーメンス事

I 政治・経済　　　　　　　　　　　　　　　　　島本仲道

件追及、普選法案演説などが有名。

◇明治の政治家と信仰―クリスチャン民権
　家の肖像　小川原正道著　吉川弘文館
　（歴史文化ライブラリー）　2013.3　194p
　19cm　①978-4-642-05763-9
　＊政治家にとって信仰とは何か。片岡健
　　吉・島田三郎ら五人のクリスチャン政
　　治家は、内政・外交の現実に対してどう
　　行動したのか。葛藤し、迷い、生きる道
　　を模索した姿から、キリスト教と政治
　　思想との関わりを考える。

◇島田三郎と近代日本―孤高の自由主義者
　井上徹英著　明石書店　1991.10　198p
　19cm
　＊明治13年、"天皇リコール制"を構想した
　　謎の人物は島田三郎か？　異色の政治家
　　の生きざまを軸に、近代民権思想形成
　　期の日本を描く。

◇新聞記者の誕生―日本のメディアをつ
　くった人びと　山本武利著　新曜社
　1990.12　357p　19cm　①4-7885-0382-4
　＊新聞は都市のメディアである。新聞記
　　者は都市の成立とともにどのように誕
　　生したか。草創期の記者たちの若々し
　　い理想は、権力・読者との力関係のなか
　　でどのように変質・変貌したか。現代
　　の「特性のない」記者像の源流を明治期
　　にさぐり、豊富な資料と独自の視点で
　　跡づける。

◇島田三郎伝　高橋昌郎著　まほろば書房
　1988.3　295p　20cm　〈島田三郎の肖像
　あり　年譜・著作目録・参考文献目録：
　p241～295〉　①4-943974-05-8

◇三代言論人集　第4巻　中江兆民〔ほか〕
　嘉治隆一　時事通信社　1963　362p
　18cm

◇島田三郎―日本政界における人道主義者
　の生涯　高橋昌郎著　基督教史学会
　1954　274p　図版　19cm

▌**島村　速雄**　しまむら・はやお
　1858～1923　海軍軍人。男爵、元帥。第1
　艦隊参謀長兼連合艦隊参謀長、海軍軍令
　部長などを歴任。

◇元帥島村速雄伝　復刻版　中川繁丑著

マツノ書店　2017.4　1冊　22cm　〈年譜
あり　原本：中川繁丑　昭和8年刊〉

◇深謀の名将島村速雄―秋山真之を支えた
　陰の知将の生涯　生出寿著　潮書房光人
　社　（光人社NF文庫）　2014.2　358p
　16cm　〈光人社　1995年刊の再刊　文献あ
　り〉　①978-4-7698-2820-4
　＊日本の危機を救ったもう一人の立役
　　者！　指揮官東郷平八郎と作戦参謀秋山
　　真之の間に立ち、それぞれの能力を思
　　う存分に発揮させ、日本を亡国の淵か
　　ら守りぬく、寡黙にして、功を誇らぬ武
　　人の真実―加藤友三郎が心をゆるし、
　　東郷が「知信仁勇厳」を備えた武将とほ
　　めたたえた、類いまれなる明治の名将
　　を描いた人物伝。

◇名君と暗君と―歴史の交差点　中村彰彦
　著　ダイヤモンド社　1999.4　254p
　19cm　①4-478-92026-5
　＊忘れられた名君がいる。名声にそぐわ
　　ぬ暗君がいる…歴史の襞に分け入り俗
　　論を斬る直木賞作家による痛烈な史論
　　集。史料の読み方、史実の捉え方歴史
　　上の人物を評価する難しさなど歴史作
　　家の手の内も明かす。

◇海将伝　中村彰彦著　角川書店　1996.7
　318p　20cm　〈付：主要参考文献〉
　①4-04-872968-3

◇深謀の名将島村速雄―秋山真之を支えた
　陰の知将の生涯　生出寿著　光人社
　1995.5　305p　20cm　〈参考引用文献：
　p304～305〉　①4-7698-0715-5
　＊連合艦隊参謀長として日露戦争を戦い、
　　名指揮官東郷平八郎と名作戦参謀・秋山
　　真之の間に立ってそれぞれの能力を思う
　　存分に発揮させ、日本を亡国の淵から守
　　り抜いた寡黙にして功を誇らぬ武人の真
　　情。名将加藤友三郎が心を許し、東郷
　　が「知信仁勇厳」を備えた武将とほめて
　　たたえた坂本龍馬似で、雑誌「太陽」人気
　　投票No.1の男を描く書き下ろし人物伝。

▌**島本　仲道**　しまもと・なかみち
　1833～1893　高知藩士、政治家。土佐勤
　王党に加盟し、捕縛、終身禁固。維新後司
　法省の大検事・警保頭として司法制度改

伝記ガイダンス　明治を生きた人々　　**351**

清水卯三郎 　　　　　　　　　　　　　　　　　　　　　Ⅰ　政治・経済

正、新律綱領の制定に努めた。

◇青天霹靂史―大塩平八郎伝・口語訳・夢路の記―口語訳　島本仲道著，島本昭訳著　アピアランス工房　2007.8　235p　21cm　〈付録：司法大丞・島本仲道伝　島本昭著〉　①978-4-901284-34-9

◇もはや堪忍成り難し―自由民権秘史島本仲道と三浦半島の仲間たち　岸本隆巳著，酒井一監修　叢文社　2007.1　234p　19cm　①978-4-7947-0568-6

▌清水 卯三郎　しみず・うさぶろう
1829～1910　印刷技術者，石版印刷の祖。

◇歴史に隠れた大商人清水卯三郎　今井博昭著　幻冬舎メディアコンサルティング（幻冬舎ルネッサンス新書）　2014.12　222p　18cm　〈文献あり　年譜あり〉　①978-4-344-97123-3

◇北武蔵人物散歩　大井荘次著　まつやま書房　2008.9　287p　21cm　①978-4-89623-044-4

◇幕末武州の青年群像　岩上進著　さきたま出版会　1991.3　375p　21cm　①4-87891-188-3

◇焔の人・しみづうさぶらうの生涯―自伝"わがよのき上"解題　長井五郎著　さきたま出版会　1984.4　224p　19cm　〈清水卯三郎の肖像あり　年譜：p219～224〉　①4-87891-026-7

◇しみづうさぶらう略伝　長井五郎著　山本印刷（印刷）　1970　326p　22cm

▌清水 喜助〔2代〕　しみず・きすけ
1815～1881　大工，建設業者。

◇建設業を興した人びと―いま創業の時代に学ぶ　新装版　菊岡倶也著　彰国社　2012.6　453p　19cm　①978-4-395-02982-2

◇名士の系譜―日本養子伝　新井えり著　集英社（集英社新書）　2009.9　238p　18cm　①978-4-08-720508-4
＊気づけば政治家から芸能人まで「二世」「世襲」が普通の世の中に。だが、森鷗外、幸田露伴、吉田茂、湯川秀樹などな

ど、日本の近代史を省みれば偉人の多くは養子縁組の流れから生み出されてきたという事実がある。かつて日本では才能のある他人を養子に迎え、家、店の維持発展をはかることは通例だったのだ。本書は幕末から昭和まで、養子縁組の中から輩出された傑物たちがいかに近代日本の礎を築いたかを紹介し、ひいては日本の伝統に秘められた「人を育てる」智恵を再考する。バカな実子より、賢い他人！そして、これは"悪しき世襲"が跋扈する、現代に向けた警世の書でもある。

◇建設業を興した人びと―いま創業の時代に学ぶ　菊岡倶也著　彰国社　1993.1　452p　21cm　①4-395-00353-2
＊本書は、創業者とその周辺の人びとを通じてわが国建設業の近代の発展を描いたものである。

▌清水 金左衛門
しみず・きんざえもん
1823～1888　養蚕家。

◇蚕都物語―蚕種家清水金左衛門のはるかな旅路　しみずたか著　幻冬舎ルネッサンス　2008.11　92p　22cm　〈文献あり〉　①978-4-7790-0412-4

▌清水 釘吉　しみず・ていきち
1867～1948　実業家。日本土木建築請負業者連合会会長。清水満之助の長女と結婚、清水家に入る。清水組の発展に尽くす。

◇日本財界人物列伝　第1巻　青潮出版株式会社編　青潮出版　1963　1171p　図版　26cm

▌清水 澄　しみず・とおる
1868～1947　官僚。学習院大学教授。内務省に入省、行政裁判所長官、帝国美術院院長、枢密院議長などを歴任。

◇ほくりく20世紀列伝　上巻　北国新聞社論説委員会・編集局編　時鐘舎（時鐘舎新書）　2007.12　281p　18cm　①978-4-8330-1597-4

Ⅰ　政治・経済　　　　　　　　　　　　　　　　　　　　　　　　　　清水次郎長

＊近代日本動かした北陸人のど根性。激動の時代を駆け抜けた偉人たちのドラマ。

◇絶望の天使たち　松永伍一著　芸術生活社　1974　269p　20cm

‖ 清水 誠　しみず・まこと
1846〜1899　実業家。マッチ製造を開始し、新燧社と称し中国へも製品を輸出。国産マッチの創始者。

◇海を渡ったサムライたち─加賀藩海外渡航者群像　徳田寿秋著　北國新聞社　2011.4　232p　19cm　①978-4-8330-1802-9
＊「坂の上の雲」の秋山真之や正岡子規が高橋是清から英語を学んだ共立学校は、遣米使節、遣欧使節に加わった加賀藩士・佐野鼎が創設した。ほかに、日本水産界の父と呼ばれる関沢孝三郎、マッチ産業の父となった清水誠、スロイスなど外国人教師を招聘した伍堂卓爾、シベリアを単独横断した嵯峨寿安など、各様の青雲の志を持ったサムライたちの姿を追う。清水誠の「佛蘭西遊国日記」全文も収録。

‖ 清水 満之助　しみず・まんのすけ
1852〜1887　建築請負師。建築業視察のため渡欧。

◇名士の系譜─日本養子伝　新井えり著　集英社　（集英社新書）　2009.9　238p　18cm　①978-4-08-720508-4
＊気づけば政治家から芸能人まで「二世」「世襲」が普通の世の中に。だが、森鷗外、幸田露伴、吉田茂、湯川秀樹などなど、日本の近代史を省みれば偉人の多くは養子縁組の流れから生み出されてきたという事実がある。かつて日本では才能のある他人を養子に迎え、家、店の維持発展をはかることは通例だったのだ。本書は幕末から昭和まで、養子縁組の中から輩出された傑物たちがいかに近代日本の礎を築いたかを紹介し、ひいては日本の伝統に秘められた「人を育てる」智恵を再考する。バカな実子より、賢い他人！　そして、これは“悪しき世襲”が跋扈する、現代に向けた警世の書でもある。

‖ 清水谷 公考　しみずだに・きんなる
1845〜1882　公家。伯爵，箱館府知事。蝦夷地問題を朝廷に建議。蝦夷地の統轄を箱館奉行から引き継ぐ。

◇北の先覚　高倉新一郎著　北日本社　1947　276p　19cm

‖ 清水次郎長　しみずのじろちょう
1820〜1893　侠客。本名は山本長五郎。博徒として清水に縄張りをもつ。戊辰戦争の犠牲者を埋葬し壮士墓を建立。明治維新後、富士山麓の製茶業を始めるなど地域振興に従事した。〔記念施設〕清水港船宿記念館「末廣」（静岡県静岡市清水区），次郎長生家（静岡県静岡市清水区），梅蔭禅寺 次郎長遺物館（静岡県静岡市清水区）

◇幕末ハードボイルド─明治維新を支えた志士たちとアウトロー　伊藤春奈著　原書房　2016.12　295p　19cm　①978-4-562-05365-0
＊歴史に描かれなかった幕末・維新の陰の立役者たち。清水次郎長から黒駒勝蔵、会津小鉄、そして浪士組、奇兵隊、新撰組─時代に身を投じ、維新を駆けた男たちの実像とその生き様。

◇アウトロー─近世遊侠列伝　高橋敏編　敬文舎　2016.9　255p　19cm　①978-4-906822-73-7
＊歴史学に博徒たちが殴り込み！　政情不安な幕末を駆け抜けたアウトローたち。彼らはヒーローなのか、それとも単なる御法度破りか。新史料をもとに彼らの生涯を描く！

◇幕末明治異能の日本人　出久根達郎著　草思社　2015.12　270p　19cm　①978-4-7942-2174-2

◇清水次郎長─海道一の大親分　一筆庵可候著　国書刊行会　（義と仁叢書）　2012.4　231p　19cm　①978-4-336-05407-4
＊保下田久六、黒駒勝蔵などと血で血を洗う死闘の数々─絶体絶命の窮地を図太い肚力と、強靭無双の体力で勝ち抜く。維新後は山岡鉄舟のすすめで、富士山麓の開墾に尽力。稀代の侠客次郎長の一代記。

伝記ガイダンス 明治を生きた人々　　353

清水次郎長 I 政治・経済

◇清水次郎長—幕末維新と博徒の世界　高橋敏著　岩波書店　（岩波新書）　2010.1　237p　18cm　〈文献・年表あり〉
①978-4-00-431229-1
＊「海道一の親分」を謳われた清水次郎長を措いて幕末維新のアウトローを語るに他はない。本書は歴史学の手法を駆使して、血で血を洗う並み居る強敵たちとの死闘を勝ち抜き、時代の風を読んでしぶとく生き残った稀代の博徒の実像に迫る。巷間知られる美談仁侠の虚像からは異質な無頼の武闘派のしたたかな生き様が浮かび上がってくる。

◇日本人の死にぎわ　中嶋繁雄著　幻冬舎　2009.3　220p　18×12cm
①978-4-344-01650-7
＊おもしろきこともなき世をおもしろく。武田信玄、清水次郎長、高杉晋作、福沢諭吉は、いかにして死んだか—戦国武将から江戸の庶民、近代の文人・財界人まで歴史上の人物が往生ぎわに見せた姿とは。

◇アウトローの近代史—博徒・ヤクザ・暴力団　礫川全次著　平凡社　（平凡社新書）　2008.1　274p　18cm
①978-4-582-85405-3
＊幕末期の著名なアウトロー、国定忠治と清水次郎長。二人の行状にこれといった違いはなかったが、忠治は幕府によって処刑され、次郎長は維新後も生きのびて数々の逸話を残した。二人の運命を分けたのは、一体何だったか。それは「お上」に対する姿勢の違いであった—。幕末維新から昭和三〇年代にいたるまで、アウトローと権力の関係に着目した異色の近代史。

◇人生に〈定年〉はない—山岡鉄舟・清水次郎長に学ぶ　高田明和著　春秋社　2007.3　250p　19cm　〈年譜あり〉
①978-4-393-13727-7
＊新しい生き方を探るとき、どこに人生の目的を求めるか？　おなじみ高田先生の名調子で学ぶ人生の極意。

◇日本史人物「第二の人生」発見読本　楠木誠一郎著　彩流社　2007.3　222p　19cm
①978-4-7791-1009-2
＊転機を好機に変える知恵。二十八人の

人生からいろいろな「第二の人生」を見る。

◇次郎長と久六—乙川の決闘　西まさる編　新葉館出版　2004.10　181p　19cm
①4-86044-237-7

◇清水次郎長（山本長五郎）の『次郎長開墾』の歩み　田中淳一著　田中淳一　2004.9　70p　26cm

◇清水次郎長と幕末維新—『東海遊侠伝』の世界　高橋敏著　岩波書店　2003.10　229,21p　20cm　〈肖像あり　年表あり〉
①4-00-023383-1

◇清水次郎長と明治維新　田口英爾著　新人物往来社　2003.7　272p　20cm　〈年譜あり　文献あり〉　①4-404-03119-X
＊義理と人情に生きた清水次郎長の劇的な生涯。

◇次郎長の風景　深沢渉著　深沢渉　2002.3　331p　19cm　〈静岡 静岡新聞社（発売）〉　①4-7838-9519-8
＊これまでの次郎長像から少しアングルを変え、次郎長の生きた時代的背景にまで視野を広げ、伝記ではなく、局面を選びエッセイ的に資史料を尊重しながらも、著者なりの解釈と推理で、"次郎長さん"を探り、語る。

◇清水次郎長—物語と史蹟をたずねて　竹内勇太郎著　成美堂出版　（成美文庫）　1999.12　319p　16cm　①4-415-06866-9
＊浪曲の名調子、講談、映画、大衆小説で人気ナンバーワンの侠客といえば清水次郎長。法度を犯し、宿場から宿場へと浮草のように流れる「無宿人・博徒」のマイナスイメージを払拭し、明るく、爽快なイメージを与えてくれるのは次郎長のもつ独得の潤達さにある。清水港の暴れん坊から海道一の大親分へと数数の修羅場をくぐり抜けて生きた侠客の一代記。

◇次郎長の経済学—幕末恐慌を駆け抜けた男　竹内宏，田口英爾著　東洋経済新報社　1999.2　195p　20cm　①4-492-39296-3
＊大動乱に生きる侠客・次郎長の知恵。幕末経済史を路地裏から書く。次郎長は、窮乏をきわめた幕末に生まれ、サー

Ⅰ 政治・経済　　　　　　　　　　　　　　　　　　　　　　　　清水次郎長

ビス産業が勃興しつつあった東海道に育った。山田長政にあこがれ、龍馬に似た心境から無宿人になった。類まれなる調整能力で侠客マーケットのスタンダード形成者となった。思想がある奴は嫌われるという土地柄の中で、いち早く国民意識にめざめ、明治維新後は、開墾事業や港湾整備、石油採掘、はては英語塾までさまざまな事業に取り組み、渋沢栄一とは好対照の「路地裏」のベンチャーとなった。

◇空っ風　諸田玲子著　講談社　1998.8
　288p　19cm　①4-06-209231-X
　＊幕末の激動期を駆け抜けた清水次郎長一家の喧嘩犬・小政の壮絶な生涯。

◇大豪清水次郎長―伝記・清水次郎長　小笠原長生編　大空社　（伝記叢書）　1997.2
　416,5p　22cm　〈実業之日本社昭和11年刊の複製 ☆柳原書店〉　①4-7568-0455-1

◇のるかそるか　津本陽著　文芸春秋　（文春文庫）　1994.4　294p　15cm
　①4-16-731430-4
　＊信長、秀吉、家康ら、時流に乗った十八人の男たちの"ここ一番"を読む。いずれも時の流れに乗り、運を開いた男ばかり。現代にも通じる処世とその決断。

◇次郎長一代記　今川徳三著　毎日新聞社　（ミューブックス）　1993.2　266p　18cm
　①4-620-72068-2
　＊駿遠三を股にかけ、暴れ回った次郎長一家を史実に則して描く。東海遊侠伝。

◇伝説に生きるヒーローたち　日本テレビ放送網　（知ってるつもり?!）　1992.12
　247p　19cm　①4-8203-9226-3
　＊ヒーロー待望論が出る今日、伝説化されたヒーロー6人の実像に迫る。

◇次郎長三国志　〔新装版〕　村上元三著　文芸春秋　（文春文庫）　1990.12　621p
　15cm　①4-16-730003-6
　＊清水港は鬼よりこわい、大政・小政の声がする―。桶屋の鬼吉、関東の綱五郎、法印の大五郎、森の石松など多くの乾分をもち、海道一の大親分といわれたご存じ清水の次郎長。講談や浪曲にうたわれ、これまで何度となく映画・テレビ化された次郎長一家の胸のすくような大

活躍を新解釈で描いた著者会心の名作。

◇清水次郎長の明治維新―激動期に立ち向かう「男の志」とは　平岡正明著　光文社　（カッパ・サイエンス）　1989.7
　256p　18cm　①4-334-06044-7
　＊幕末維新期にギラッと光ったやくざ者の自由に、本書はスポットをあてる。「制外の民」、つまり制度の外にいる人間たちが、犬死にするリスクとひきかえに獲得した自由の大きさは、想像以上だ。そのなかに、清水の次郎長というとびっきりのやつがいた。この人は、〈やくざもやらないことをどんどんやっちゃう〉たいへんな男。坂本竜馬よりも早く「海軍」を創設し、新撰組よりも早くプロの戦闘集団を組織する。いま、激動の世紀末。次郎長の「意識と行動」こそ男が廃れないためのバイブルだ。

◇修羅海道―清水次郎長伝　上　津本陽著　角川書店　（角川文庫）　1988.9　264p
　15cm　①4-04-171302-1

◇修羅海道―清水次郎長伝　下　津本陽著　角川書店　（角川文庫）　1988.9　237p
　15cm　①4-04-171303-X

◇清水次郎長―物語と史蹟をたずねて　竹内勇太郎著　成美堂出版　1988.1　224p
　19cm　①4-415-06564-3
　＊浪曲の名調子で、あるいは講談、映画や大衆小説で、ご存じ清水の次郎長と清水一家の面々の物語は誰でも知っている。他の博徒、侠客にはない次郎長の持つ一種の明るさ、闊達さによって「やくざ・博徒」のマイナスイメージを超え、人気・知名度とともにナンバーワンの侠客として庶民の心に生きてきた。伝説とフィクションに彩られて、その素顔は意外に明らかではないが、本書はその人気の秘密を探りつつ、清水港の暴れん坊から貧乏博徒に、そして海道一の大親分にと、幕末、維新の激動の時代を越え、新しい時代に適応しながら、数々の修羅場をくぐり抜けて生きた1人の侠客の足跡と生涯を追った。

◇清水次郎長　上　津本陽著　角川書店　1987.7　253pp　20cm　①4-04-872467-3

◇梅蔭寺 清水次郎長伝　田口英爾著　みず

伝記ガイダンス 明治を生きた人々　　　355

うみ書房　1987.4　243p 19cm
①4-8380-9140-0

◇ドキュメント 明治の清水次郎長　江崎惇
著　毎日新聞社　1986.10　255p 19cm
①4-620-30547-2
＊東海の大親分・清水次郎長が明治26年
まで生きていたことは意外に知られて
いない。富士裾野開墾や相良油田の開
発、清水港の発展に尽くした次郎長の
明治期の活躍に光をあてる。

◇真説清水次郎長　江崎惇著　学習研究社
1983.9　384p　20cm　〈解説：尾崎秀樹〉
①4-05-100630-1

◇東海遊俠伝—次郎長一代記　今川徳三著
教育社　1982.9　266p　20cm　〈清水の
次郎長の肖像あり　清水の次郎長年譜・
黒駒の勝蔵年譜：p259～266〉

○特集・幕末維新の群狼 殺人やくざ始末—清
水次郎長　「歴史読本」　25（1）　1980.1

◇誰も書かなかった清水次郎長　江崎惇著
スポニチ出版　1979.11　225p　20cm

◇万延水滸伝　今川徳三著　毎日新聞社
1978.8　239p　20cm

◇清水次郎長とその周辺　増田知哉著　新
人物往来社　1974　254p　20cm

◇清水次郎長伝—博徒の虚像と実像　佐橋
法竜著　三一書房　（三一新書）　1972.9
280p　18cm　〈清水次郎長年譜：p259～
277〉

◇人間清水次郎長　戸田書店「人間清水次
郎長」編集委員会編　戸田書店　1968
196p　22cm　〈次郎長の資料：167-194p〉

◇やくざの生活　田村栄太郎著　雄山閣
1964

◇次郎長—東海遊俠伝意訳　野沢広行著
戸田書店　1961

◇清水次郎長正伝　戸羽山瀚著　利根書房
（利根文庫 史伝文学新書）　1960　267p
16cm

◇次郎長巷談　村本喜代作著　山雨楼叢書
刊行会　（山雨楼叢書）　1953　263p 図
版　19cm

‖　**志村 源太郎**　しむら・げんたろう
1867～1930　銀行家。貴族院議員。農商
務省に入省後、横浜正金銀行に入行。日
本勧業銀行総裁を務める。

◇志村源太郎—その人と業績 伝記・志村源
太郎　志村源太郎伝刊行会編　大空社
（伝記叢書）　2000.12　456,6p　22cm
〈年譜あり　家の光協会昭和45年刊の複製
肖像あり〉　①4-7568-0924-3

◇協同組合運動に燃焼した群像　日本農業
新聞編　富民協会　1989.11　175p 19cm
①4-8294-0087-0

◇志村源太郎—その人と業績　志村源太郎
伝刊行会編集委員会編集　家の光協会
1970　456p 肖像　22cm　〈年譜：p.439-
454〉

‖　**下出 民義**　しもいで・たみよし
1861～1952　エネルギー業界で活動した
実業家。

◇中部における福澤桃介らの事業とその時
代　愛知東邦大学地域創造研究所編　唯
学書房　（地域創造研究叢書）　2012.9
138p　21cm　①978-4-902225-75-4

‖　**下田 菊太郎**　しもだ・きくたろう
1866～1931　建築家。シカゴで鉄骨や鉄
筋コンクリートの建築技術を習得するが、
当時の日本建築界から異端として排斥さ
れる。

◇文明開化の光と闇—建築家下田菊太郎伝
林青梧著　相模書房　（相模選書）
1981.3　417p　19cm　〈巻末：参考書目
解説：近江栄〉

‖　**下村 孝太郎**　しもむら・こうたろう
1861～1937　工学者。

◇〔テキ〕儻不羈の事業家新島襄と下村孝太
郎—時代を生き抜いたベンチャー魂　志
村和次郎著　大学教育出版　2008.10
225p　20cm　〈文献・年譜あり〉
①978-4-88730-867-1

Ⅰ　政治・経済　　　　　　　　　　　　　　　　　　　　　　　　　　重城保

下村 正太郎〔10代〕
しもむら・しょうたろう

1853～1889　実業家。大丸呉服店を相続、新政府の商法司元締となった。日本初の博覧会を開くなど産業復興に資した。

◇大阪商人　宮本又次著　講談社　（講談社学術文庫）　2010.6　367p　15cm
Ⓘ978-4-06-291999-9
＊密貿易を組織した毛剃九右衛門（けづり八右衛門）、独占的地位で巨利をあげた糸割符商人。江戸城出入りの特権商人尼崎屋は新田開発をし、寒天輸出を一手に担う。廻船により各地物産は、荷受問屋を通して、流通する。秘伝南蛮吹の精銅技術をもとに鉱山開発までした住友家。「天下の町人」となった呉服商。江戸の経済を牛耳っていた商都大阪の活況を描く。

謝花 昇　じゃはな・のぼる

1865～1908　自由民権運動家。沖縄県技師に任命され高等官。貢糖制度の廃止による砂糖生産の拡大、杣山払い下げの推進、土地整理事業などに関与。
〔記念施設〕八重瀬町立具志頭歴史民俗資料館（沖縄県八重瀬町）

◇義人・謝花昇略伝―自由民権運動の父　人物史伝　浦崎栄徳編集　東風平町歴史民俗資料館　2005.3　98p　21cm　〈肖像・年譜あり〉

◇謝花昇集　謝花昇著，伊佐真一編・解説　みすず書房　1998.6　402p　20cm　〈謝花昇年譜：p169～248〉　Ⓘ4-622-03666-5
＊本書は、謝花昇が書いた「東京留学日記」から、卒業論文、講演記録、行政文書、新聞投書、唯一の著書『沖縄糖業論』、病気全快の広告に至るまで28点、いま知られる限りの全てを集めた。それとともに、彼に関連する人物、なかんずく「沖縄倶楽部」で苦楽をともにした人々の行動を克明に追った年譜も収めた。そしてこれらの収集資料と調査に基づく編者渾身の力作「謝花昇―近代日本を駆け抜けた抵抗」も併載した。

◇謝花昇伝―沖縄解放の先駆者　大里康永著　太平出版社　1970　270p　19cm

◇沖縄の自由民権運動―先駆者謝花昇の思想と行動　大里康永著　太平出版社　1969　283p　図版　20cm　〈謝花昇にかんする資料・関係年譜：p.263-274〉

◇ドキュメント日本人　第2　悲劇の先駆者　学芸書林　1969　348p　20cm

◇謝花昇伝　大里康永著　おきなわ社　1957

重城 保　じゅうじょう・たもつ

1833～1912　政治家。君津郡長、衆議院議員。千葉県代議人、育児取締頭取を務める。

◇重城保日記　第10巻　重城保著，菱田忠義，重城良造編　うらべ書房　1997.9　468p　22cm　Ⓘ4-87230-040-8

◇重城保日記　第9巻　菱田忠義，重城良造編　うらべ書房　1996.10　395p　22cm　〈複製を含む　付（4p）　年譜：p193～218〉　Ⓘ4-87230-039-4

◇重城保日記　第8巻　菱田忠義，重城良造編　うらべ書房　1995.7　437p　22cm　〈重城保の肖像あり　付（4p）：晩年の重城保〉　Ⓘ4-87230-038-6

◇重城保日記　第6巻　菱田忠義，重城良造編　うらべ書房　1994.3　469p　22cm　〈付（4p）：農業に励み十七町歩の開墾に努む〉　Ⓘ4-87230-034-3

◇重城保日記　第5巻　菱田忠義，重城良造編　うらべ書房　1993.10　463p　22cm　〈付（4p）：第一回衆議院議員時代と其の前後〉　Ⓘ4-87230-032-7

◇重城保日記　第4巻　菱田忠義，重城良造編　うらべ書房　1992.11　401p　21cm　Ⓘ4-87230-028-9

◇重城保日記　第3巻　菱田忠義，重城良造編　うらべ書房　1992.4　556p　22cm　〈付（1枚）：名主から郡長へ　付（10p）：重城保日記の編集について〉　Ⓘ4-87230-027-0

◇重城保日記　第2巻　菱田忠義，重城良造編　うらべ書房　1991.6　524p　22cm　〈付（1枚）：重城保日記から〉　Ⓘ4-87230-023-8

伝記ガイダンス　明治を生きた人々　**357**

尚順　　　　　　　　　　　　　　　　　　　　Ⅰ　政治・経済

◇重城保日記　第1巻　菱田忠義，重城良造
編　うらべ書房　1990.4　424p　22cm
〈著者の肖像あり　付(1枚)：重城保小伝〉
Ⓘ4-87230-022-X

‖ 尚　順　しょう・じゅん
1873～1945　実業家。
◇松山(まちやま)御殿(うどぅん)の日々―
尚順の娘・茂子の回想録　知名茂子著，尚
弘子監修　ボーダーインク　2010.12
173p　19cm　Ⓘ978-4-89982-192-2
＊松山御殿の語彙ノート、再現「松山御殿
の食卓」レシピ(西大八重子)、他、尚
順男爵家の食卓と日々の暮らし。お正
月、ウトゥスビー、お彼岸、三月三日、
お清明、アブシバレー、ウマチー、お
盆、八月十五夜、洋食会、冬至、年ヌユ
ルー、ムーチーなど。
◇松山王子尚順遺稿　尚順遺稿刊行会
1969　215p　図　肖像　27cm

‖ 尚　泰　しょう・たい
1843～1901　琉球最後の国王。日本政府
によって華族となり、外交事務は外務省
に移管された。
◇尚泰侯実録　東恩納寛惇著　原書房　(明
治百年史叢書)　1971　120p　肖像　22cm
〈大正13年刊の複製〉

‖ 城　常太郎　じょう・つねたろう
1863～1904　労働運動家，実業家。靴工
として、カリフォルニア各地に邦人移住
開業の礎を築いた。帰国後、職工義友会、
労働組合期成会を組織。
◇日本で初めて労働組合をつくった男評伝・
城常太郎　牧民雄著　同時代社　2015.6
322p　22cm　〈文献あり　年譜あり〉
Ⓘ978-4-88683-783-7
◇ミスター労働運動　城常太郎の生涯　牧民
雄著　彩流社　2006.4　254p　20cm
〈年譜・文献あり〉　Ⓘ4-7791-1154-4
＊史料発掘の旅に出て35年間。ひ孫の著
者の手により、いま蘇る先駆者・城常太
郎のアメリカ、日本、中国を舞台とした
壮大な「人間ドラマ」。

◇城常太郎と「労働義友会」―労働運動の扉
を開いた靴職人たち　改訂　牧民雄著
〔牧民雄〕　2004.12　32p　21cm　〈文献
あり〉　Ⓘ4-9902292-0-7

‖ 昭憲皇太后
しょうけんこうたいごう
1849～1914　皇族。明治天皇の皇后。明
治1年入内の儀ののち皇后。和歌、書道等
に秀でる。
◇烈女伝―勇気をくれる明治の8人　榊原千
鶴著　三弥井書店　2014.5　222p　19cm
Ⓘ978-4-8382-3263-5
＊激動の明治、変革の波は女性たちをも
飲み込んだ自らの意思と志で時代に向
き合い駆けた8人の生き方。
◇昭憲皇太后の御生涯―つねに人々に御心
を寄せられ　昭憲皇太后百年祭記念展　明
治神宮編　明治神宮　2014.4　73,6p　18
×26cm　〈会期・会場：平成25年11月23
日―平成26年6月30日　明治神宮正参道〉
◇美しきみこころとおすがた―昭憲皇太后
を偲び奉る　明治神宮国際神道文化研究
所編　明治神宮　2014.4　227p　22cm
〈昭憲皇太后百年祭〉
◇昭憲皇太后実録　明治神宮監修　吉川弘
文館　2014.4　3冊(セット)　21cm
Ⓘ978-4-642-03828-7
◇昭憲皇太后からたどる近代　小平美香著
ぺりかん社　2014.4　206p　20cm　〈文
献・年譜・索引あり〉
Ⓘ978-4-8315-1378-6
＊明治の皇后として、伝統の継承と近代
化の推進に尽力された昭憲皇太后のご
事績と理念を、当時の資料に基づき、女
子教育・殖産興業・福祉事業・宮中儀礼
という4つのテーマから丹念に叙述し
た、もう一つの近代史。
◇昭憲皇太后実録　上巻　自嘉永二年至明
治三十年　明治神宮監修　吉川弘文館
2014.4　778p　23cm　〈布装〉
Ⓘ978-4-642-03829-4
◇昭憲皇太后実録　下巻　自明治三十一年
至大正三年　明治神宮監修　吉川弘文館
2014.4　756p　23cm　〈布装〉

Ⅰ 政治・経済　　　　　　　　　　　　　　　　　　　　　　　　　　昭憲皇太后

①978-4-642-03830-0

◇昭憲皇太后実録　別巻　年譜・解題・索
引　明治神宮監修　吉川弘文館　2014.4
493,56p　23cm　〈布装　年譜あり　索引
あり〉　①978-4-642-03831-7

◇明治天皇の皇后　昭憲皇太后のご生涯―御
歌とみあとでたどる　打越孝明著，竹崎
恵子写真，明治神宮監修　KADOKAWA
2014.3　189p　27cm　〈文献・年譜あり〉
①978-4-04-600251-8
＊東京女子師範学校、華族女学校、日本赤
十字社、富岡製糸場…。今に残るみあ
とをたどり、御歌に込められた御心を
読むことで、明治天皇を支えられ、国民
を教え導かれた皇后のご生涯を追う。
解説文はすべて最新の研究成果を踏ま
え、写真の多くは本書のために新たに
撮り下ろした。さらに第一線の研究者
たちによるコラムも収録。明治という
時代の知られざる側面が見えてる。

◇昭憲皇太后―ひろく愛の御手をさしのべ
られて　打越和子著　明成社　（まほろば
シリーズ）　2014.1　47p　21cm
①978-4-905410-25-6
＊本書は、明治時代、「国母陛下」と慕わ
れた昭憲皇太后のお姿を子供たちにも
分かりやすく、やさしい文章で綴って
います。

◇昭憲皇太后・貞明皇后――筋に誠をもち
て仕へなば　小田部雄次著　ミネルヴァ
書房　（ミネルヴァ日本評伝選）　2010.11
355,8p　20cm　〈文献・年譜・索引あり〉
①978-4-623-05908-9
＊昭憲皇太后（一八四九～一九一四、在位
一八六八～一九一二）明治天皇の皇后。
貞明皇后（一八八四～一九五一、在位一
九一二～二六）大正天皇の皇后。近代日
本を皇后の立場から支えた二人。「国
母」という精神的負担に耐えながらも
気丈に振る舞い、夫である天皇と共に
歩んだ人生はいかなるものだったのか。
本書では、近代の皇后像を形作った二
人の素顔を明らかにする。

◇なでしこ日本史―女性は太陽であり続け
てきた！　渡部昇一著　育鵬社　2009.6
191p　19cm　①978-4-594-05959-0

＊歴史の舞台で活躍した“なでしこジャ
パン”30人。天照大神、紫式部、北条政
子、与謝野晶子…などの歴史的活躍に
スポットを当てる。ジェンダー議論に
対置する女性日本史。

◇Emperor Meiji and empress Shoken―in
Japanese and English　明治神宮編，小嵜
とも子英訳　明治神宮　2007.11　277p
19cm　〈日本語・英語併記　肖像あり〉

◇明治天皇と昭憲皇太后　外山勝志監修，
山本和子文，村上正師画　善本社　（歴史
絵本）　2007.2　1冊（ページ付なし）　17
×17cm　①978-4-7939-0441-7

◇明治神宮叢書　第8巻（御集編2）　明治神
宮編　明治神宮社務所　2004.11　864p
22cm　〈複製　発行所：国書刊行会〉
①4-336-04218-7
＊本書には、『昭憲皇太后御集謹解』（佐佐
木信綱（明治五年六月三日～昭和三十八
年十二月二日）編、朝日新聞社、大正十
三年七月発行）初版本全一巻と、『明治
の聖代』（明治神宮社務所編、明治神宮
祭奉祝会、昭和五年十一月発行）初版本
全一巻を収録した。

◇昭憲皇太后―美しき明治の皇后 昭憲皇太
后九十年祭記念展　明治神宮　2004.4
120p　30cm　〈会期：平成16年4月9日～5
月18日ほか　肖像あり　年譜あり〉

◇皇后の近代　片野真佐子著　講談社　（講
談社選書メチエ）　2003.11　230p　19cm
①4-06-258283-X
＊近代化への激動の中、皇后の果たした
役割とは？　聡明で学究肌、維新後の宮
中改革に積極的だった美子皇后、病弱
な大正天皇を補佐し、神ながらの道に
邁進した節子皇后、春日のごとき良子
皇后、それぞれの足跡を追う。

◇明治天皇関係文献集　第6巻　昭憲皇太后
宮の御坤徳　堀口修監修・編集，渡辺幾治
郎編　クレス出版　2003.8　270p　22cm
〈東洋書館昭和17年刊の複製　肖像あり〉
①4-87733-194-8

◇天皇家が恋した嫁たち　渡辺みどり著
マガジンハウス　2002.11　253p　19cm
①4-8387-1406-8

伝記ガイダンス 明治を生きた人々　　**359**

＊天皇家に嫁ぎ、それぞれの時代で嫁姑
を抱えながら賢く、『女性の生き方』を
確立したトップレディー。

◇皇后の肖像—昭憲皇太后の表象と女性の
国民化　若桑みどり著　筑摩書房
2001.12　462p　22cm　〈肖像あり〉
①4-480-87330-9
＊洋装をして儒教道徳を体現した人。明
治政府は近代国家建設のために、天皇
のみならず皇后という表象のもつ力を
最大限に利用した。和装の皇后から洋
装の皇后へ、そして再び和装の皇后へ
と変貌する皇后像の役割とその意味を、
世界史のなかで読み解く。

◇エピソードでつづる昭憲皇太后　出雲井
晶著　錦正社　2001.1　298p　20cm
①4-7646-0255-5
＊世界の人々からも仰がれた昭憲皇太后。
御生誕150年の記念出版。

◇昭憲皇太后さま—御生誕百五十年記念
明治神宮編　明治神宮　2000.5　251p
20cm　〈年譜あり〉

庄司 乙吉　しょうじ・おときち

1873〜1944　実業家。東洋紡績社長，大
日本紡績連合会会長。大日本綿糸紡績同
業連合会に入り、ボンベイ出張所主任と
して印綿回漕事務を担当。

◇日本財界人物列伝　第1巻　青潮出版株式
会社編　青潮出版　1963　1171p　図版
26cm

◇庄司乙吉　庄司隆治著　1956　112p　図版
19cm

◇庄司乙吉伝　庄司乙吉伝刊行会編　1953
392p　図版　19cm

勝田 主計　しょうだ・かずえ

1869〜1948　官僚，政治家。大蔵省入り、
朝鮮銀行総裁を経て寺内内閣蔵相。金輸
出禁止やいわゆる西原借款を断行。

◇中国借款と勝田主計　勝田竜夫著　ダイ
ヤモンド社　1972　399p　肖像　20cm
〈勝田主計略年譜：p.373-399〉

正田 貞一郎　しょうだ・ていいちろう

1870〜1961　実業家。日清製粉社長，東
武鉄道会長。祖父の営む醤油醸造業に従
事したのち館林製粉（日清製粉と改称）を
創立。

◇正田貞一郎小伝　正田貞一郎小伝刊行委
員会編　日清製粉　1965

◇日本財界人物列伝　第2巻　青潮出版株式
会社編　青潮出版　1964　1175p　図版13
枚　27cm

荘田 平五郎　しょうだ・へいごろう

1847〜1922　実業家。東京海上会長，明
治生命会長。郵便汽船三菱会社に入社、管
事となる。ほか日本鉄道、日本郵船などの
諸会社に三菱を代表して取締役となった。

◇荘田平五郎　宿利重一著　ゆまに書房
（人物で読む日本経済史）　1998.9　614p
22cm　〈対胸舎昭和7年刊の複製〉
①4-89714-587-2

◇財界人物我観　福沢桃介著　図書出版社
（経済人叢書）　1990.3　177p　19cm
＊自由奔放に生きた鬼才・福沢桃介が明
治財界の巨頭たちを俎上に載せ毒舌を
ふるう。

◇日本財界人物列伝　第2巻　青潮出版株式
会社編　青潮出版　1964　1175p　図版13
枚　27cm

白井 遠平〔1代〕
しらい・えんぺい

1846〜1927　政治家，実業家。興風社社
長，衆議院議員。常磐炭田開発に貢献。
県議会議員を歴任。

◇東北開発人物史—15人の先覚者たち　岩
本由輝著　刀水書房　1998.3　334p
19cm　①4-88708-224-X

◇我が郷党の群像—福島県小川郷の偉人た
ち　田久孝翁著　現代書林　1996.4
221p　19cm　①4-87620-880-8
＊明治から昭和へ。一世を風靡した五人の
偉業。山紫水明の環境が育んだ不撓不屈
の精神。すべてはこの村から始まった。

I 政治・経済 白石正一郎

◇福島人物の歴史　第10巻　白井遠平　高萩精玄著　歴史春秋社　1983.4　192p　20cm　〈白井遠平の肖像あり　白井遠平年譜・関係資料：p179～192〉

◇白井遠平伝　草野馨，四条七十郎編　白井遠平伝記刊行会　1953

▌白井 小介　しらい・こすけ
1826～1902　浦家の家臣。
◇白井小介—明治維新の志士　平生町郷土史調査研究会編　平生町教育委員会　1990.3　134p　22cm　〈白井小介の肖像あり　事歴表等：p126～129〉

▌白井 小助　しらい・こすけ
1826～1902　長州藩士。吉田松陰、宮部鼎蔵らと交流、志士活動に入る。奇兵隊の参謀となる。維新後は官途につかず、私塾「飯山塾」で子弟の教育にあたった。
◇司馬遼太郎 歴史のなかの邂逅　6　村田蔵六～西郷隆盛　司馬遼太郎著　中央公論新社（中公文庫）　2011.2　255p　15cm　①978-4-12-205438-7
＊日本史上最大のドラマともいうべき明治維新で、「三傑」と称された大久保利通、木戸孝允、西郷隆盛をはじめ、岩倉具視、江藤新平など、立役者となった人々の足跡—。第六巻には、この国の将来像を描くためのヒントがちりばめられた二十一篇を収録。

▌白井 二郎　しらい・じろう
1867～1934　陸軍軍人。中将。陸軍大学校教官、旅順要塞司令官などを歴任。
◇日露戦争第三軍関係史料集—大庭二郎日記・井上幾太郎日記でみる旅順・奉天戦　長南政義編　国書刊行会　2014.6　757p　21cm　①978-4-336-05638-2
＊新史料が明らかにする日露戦争第三軍の真実。毀誉褒貶相半ばする乃木希典司令官率いる第三軍。乃木司令官は名将であったのか、愚将であったのか？　作戦は的確であったのか否か？　軍の意思決定はどのように行われたのか？　大庭二郎参謀副長、井上幾太郎参謀、白井

二郎作戦主任参謀の、これまでほとんど紹介されて来なかった日記と回想録で、その真実に迫る。

▌白井 松次郎　しらい・まつじろう
1877～1951　実業家。劇場売店主から劇場経営に乗り出す。松竹合名を設立、劇場だけでなく映画にも進出、松竹の基礎を作った。
◇にっぽん企業家烈伝　村橋勝子著　日本経済新聞出版社（日経ビジネス人文庫）　2007.10　283p　15cm　①978-4-532-19417-8
＊不屈の闘志で西洋菓子を日本に広めた森永太一郎（森永製菓）、「金鳥」蚊取線香を生んだ上山英一郎（大日本除虫菊）、倒産寸前から「世界のトヨタ」を築いた石田退三—。明治から昭和に至る有名企業の創業者・中興の祖ら18人を社史研究の第一人者が丹念に描いた企業家列伝。創業以来のものづくり、サービスを提供し続ける企業の原点となった人物の生涯とは。

◇日本財界人物列伝　第1巻　青潮出版株式会社編　青潮出版　1963　1171p　図版　26cm

◇白井松次郎伝　日比繁治郎編　白井信太郎　1951　299p　図　肖像　22cm　〈諸家追憶録 白井さんに学べる一例（長谷川伸）他64編〉

▌白石 正一郎
しらいし・しょういちろう
1812～1880　商人。
◇維新の商人（あきびと）—語り出す白石正一郎日記　古川薫著　毎日新聞出版　2017.11　252p　20cm　〈文献あり〉　①978-4-620-32480-7

◇渦潮の底—白石正一郎とその一族　冨成博著　右文書院　2015.6　256p　20cm　〈文献あり 年譜あり〉　①978-4-8421-0775-2

◇東天紅の海—綿屋弥兵衛の御一新　内藤史朗著　郁朋社　2002.5　207p　19cm　①4-87302-173-1

＊白石の国学師匠が江戸で暗殺された！番頭弥兵衛がその謎を探索し報復を企てる。西郷隆盛はじめ、晋作、小五郎、そして竜馬ら薩摩・長州・土佐の志士たちが集う廻船問屋、白石正一郎邸。その大番頭綿屋弥兵衛が見た「海の夜明け前」とは…。

◇豪商おもしろ日本史―乱世の救世主から死の商人まで　河野亮著　広済堂出版（広済堂ブックス）　1991.5　234p　18cm　①4-331-00523-2
　＊侠気、信義、大博打、権謀、悪知恵が乱舞する時の権勢を恐れさせた男たちの虚と実とは…。歴史を彩る大商人の興亡ロマン。

◇白石正一郎―幕末の豪商志士　中原雅夫著　三一書房　1970　250p　20cm

◇白石正一郎日記　白石正一郎著，下関市市史編修委員会校訂　下関市役所　（下関郷土資料）　1959　128p　図版　22cm

▌白石 元治郎　しらいし・もとじろう

1867〜1945　実業家。日本鋼管社長。浅野商店に入り、石油部支配人、東洋汽船支配人。浅野総一郎の娘婿となる。日本鋼管を創立。

◇日本の企業家群像　3　佐々木聡編　丸善出版　2011.5　296p　19cm　①978-4-621-08349-9

◇民間鉄鋼企業を先導した企業家活動―田宮嘉右衛門と白石元治郎　上岡一史著　法政大学イノベーション・マネジメント研究センター　（Working paper series 日本の企業家活動シリーズ）　2006.11　24p　30cm　〈年譜あり〉

◇鉄鋼巨人伝白石元治郎　鉄鋼新聞社編　工業図書出版　1967.12　752p　22cm　〈発売：鉄鋼新聞社　白石元治郎の肖像あり　白石元治郎年譜：p731〜748〉

◇日本財界人物列伝　第1巻　青潮出版株式会社編　青潮出版　1963　1171p　図版　26cm

▌白岩 竜平　しらいわ・りゅうへい

1870〜1942　実業家。

◇白岩竜平日記―アジア主義実業家の生涯　中村義著　研文出版　1999.9　697,30p　23cm　①4-87636-174-6
　＊「日本の対支那観の問題は日本が如何なる支那通の人材を有するかにある也。白岩は日本が有する支那通の筆頭たる一人也」と評された、明治の財界人の生涯と日記。

▌白川 義則　しらかわ・よしのり

1868〜1932　陸軍軍人。大将，男爵。田中義一内閣陸相。張作霖爆殺事件の処理が原因で辞職。朝鮮で爆弾に倒れる。

◇軍人たちの昭和史―16人の軍人と昭和戦乱時代　森松俊夫著　図書出版社　1989.5　302p　19cm
　＊明治以来の日本の現代史をふりかえるとき、激動する時代の一翼をになった将軍たちの存在を無視することができない。ここにとりあげた16人は昭和の戦乱期に要職にあったプロフェッショナルな軍人たちで、それぞれが歴史のひとこまを個性的に演じつくしてその生涯を終つた。戦乱の時代に生きて死んだ将軍たちの系譜。

▌白仁 武　しらに・たけし

1863〜1941　官僚，実業家。日本郵船社長。内務省に入り、関東都督府民政長官、拓務局長官、八幡製鉄所長官を歴任。

◇日本財界人物列伝　第1巻　青潮出版株式会社編　青潮出版　1963　1171p　図版　26cm

▌白野 夏雲　しらの・かうん

1827〜1900　静岡藩士，物産研究家。明治時代初の近代的魚図鑑「甕海魚譜」を編纂。

◇白野夏雲　白野仁著　北海道出版企画センター　1984.6　476p　19cm　〈白野夏雲の肖像あり　年譜　著書・論文　参考文献：p435〜467〉

I 政治・経済

▌進藤 喜平太　しんどう・きへいた

1851〜1925　政治家，福岡藩士。玄洋社社長，代議士。矯志社を結成し自由民権運動に参加。憲政本党に属する。

◇玄洋社怪人伝—頭山満とその一派　頭山満，的野半介，杉山茂丸，内田良平，夢野久作著　書肆心水　2013.10　313p　21cm　①978-4-906917-17-4

▌神保 修理　じんぼ・しゅり

1838〜1868　軍事奉行添役。

◇「朝敵」と呼ばれようとも—維新に抗した殉国の志士　星亮一編　現代書館　2014.11　222p　20cm　①978-4-7684-5745-0

◇英傑の日本史　敗者たちの幕末維新編　井沢元彦著　KADOKAWA　2014.2　230p　20cm　〈年表あり〉　①978-4-04-653294-7

◇物語 悲劇の会津人　新人物往来社編　新人物往来社　1990.5　236p　19cm　①4-404-01711-1
＊義を貫き，時の流れに逆らって生きた悲運の会津人たちを描く。

▌神保 雪子　じんぼ・ゆきこ

？〜1868　女性。会津藩士神保修理の妻。中野竹子らとともに新政府軍と戦い，戦死。

◇物語 妻たちの会津戦争　宮崎十三八編　新人物往来社　1991.3　217p　19cm　①4-404-01804-5
＊正義を信じ，夫や父を信じながらも会津落城の犠牲となった妻たちの悲劇は，いつまでも語りつづけられる。

▌新門 辰五郎　しんもん・たつごろう

1800〜1875　侠客。江戸町火消十番組頭。徳川慶喜に認められ身辺警護を担う。維新後は水戸，駿府にも従った。

◇アウトロー—近世遊侠列伝　高橋敏編　敬文舎　2016.9　255p　19cm　①978-4-906822-73-7
＊歴史学に博徒たちが殴り込み！ 政情不安な幕末を駆け抜けたアウトローたち。彼らはヒーローなのか，それとも単なる御法度破りか。新史料をもとに彼らの生涯を描く！

◇幕末辰五郎伝　半藤一利著　筑摩書房（ちくま文庫）　2001.7　340p　15cm　①4-480-03649-0
＊江戸市中に組織された町火消を束ねる頭，を組の新門辰五郎。気風がよくて，豪胆そのもの。ひょんなことから御三卿一橋家の慶喜，後の十五代将軍徳川慶喜と知り合った。頻繁に出入りするようになった彼は，屈強な子分たちを率い「殿さん」の身辺警護を買って出，最後まで佐幕派の義理を守り通した。慶喜と市井の侠客新門辰五郎との交情を軸に，荒れ狂う幕末の人間模様を描く。

◇新版 江戸から東京へ　3　浅草　矢田挿雲著　中央公論社（中公文庫）　1998.11　366p　15cm　①4-12-203293-8
＊浅草橋，蔵前，山谷堀，橋場にのこる史蹟を中心に，北斎，広重，歌麿，清長らの浮世絵師たちの日常，蜀山人，宿屋飯盛にまつわるエピソード，侠客，新門辰五郎の逸話など，江戸下町の庶民の哀歓を生きいきと描く歴史散歩。

◇新門辰五郎伝　早乙女貢著　中央公論社（中公文庫）　1998.6　302p　16cm　①4-12-203159-1

◇幕末辰五郎伝　半藤一利著　日本放送出版協会　1997.12　289p　20cm　①4-14-005284-8

◇やくざの生活　田村栄太郎著　雄山閣　1964

【す】

▌末松 謙澄　すえまつ・けんちょう

1855〜1920　政治家，評論家。貴族院議員，内務大臣。東京日日新聞社に入るが伊藤博文の知遇を受け，外交官として渡

英。演劇改良会を組織、伊藤の娘婿。

◇末松子爵家所蔵文書―公刊明治天皇御紀
編修委員会史料　上巻　堀口修，西川誠
監修・編集　ゆまに書房　2003.9　606p
22cm　〈複製〉　①4-8433-1008-5
＊末松謙澄は、明治・大正期の官僚・政治
家・文学者・法学者。岳父伊藤博文と
の関係から明治政界の重要な局面を知
る立場にもいた末松が残した書翰・書
類を初めて公刊。多士済々の政治家・
官僚等との折衝・交流を示すものが多
く、政治上の機微に触れる書翰・書類に
は、質の高い政治情報が数多く含まれ
ている。また家族宛の書翰は、末松や
伊藤の素顔が伝わり新たな発見がある。

◇埋もれた翻訳―近代文学の開拓者たち
秋山勇造著　新読書社　1998.10　312,
11p　21cm　①4-7880-7038-3
＊末松謙澄、植村正久、瀬沼夏葉、長田秋
濤ら七人の先駆的翻訳業績を掘りおこ
し、彼らの近代文学開拓者としての功
績を顕彰。紅葉、蘆花、花袋、独歩ら明
治作家によるツルゲーネフとモーパッ
サンの翻訳を検索し、これら露仏二作
家の日本導入の経緯と近代日本文学に
及ぼした影響を考察。

◇若き日の末松謙澄―在英通信　玉江彦太
郎著　海鳥社　1992.1　224p　20cm
〈末松謙澄の肖像あり〉　①4-87415-007-1

◇ポーツマスへの道―黄禍論とヨーロッパ
の末松謙澄　松村正義著　原書房
1987.1　318p　20cm　〈末松謙澄の肖像
あり　主要参考文献・年譜：p301～318〉
①4-562-01845-3

◇青萍・末松謙澄の生涯　玉江彦太郎著
葦書房　1985.8　181p　19cm　〈末松謙
澄略年譜・末松謙澄主要著編書目録・参考
文献：p174～178〉

◇末松謙澄と「防長回天史」　金子厚男著
青潮社　1980.10　176p　21cm　〈末松謙
澄略年譜・参考文献：p169～174〉

▌**菅原 恒覧**　すがわら・つねみ
1859～1940　鉄道建設業主。
◇建設業を興した人びと―いま創業の時代

に学ぶ　新装版　菊岡倶也著　彰国社
2012.6　453p　19cm
①978-4-395-02982-2

◇鶴高く鳴けり―土木界の改革者菅原恒覧
高崎哲郎著　鹿島出版会　1998.9　258p
20cm　①4-306-09356-5
＊東北の士族出身らしい気骨をもって幕
末・明治・大正・昭和の激動の時代を生
き抜いた土木業界の先駆者・菅原恒覧
の生涯。業界刷新・近代化のために闘
い続けた指導者の栄光と苦闘のドキュ
メント。

◇建設業を興した人びと―いま創業の時代
に学ぶ　菊岡倶也著　彰国社　1993.1
452p　21cm　①4-395-00353-2
＊本書は、創業者とその周辺の人びとを
通じてわが国建設業の近代の発展を描
いたものである。

▌**菅原 通敬**　すがわら・みちよし
1869～1946　官僚，政治家。貴族院議員。
大蔵省に入り主税局長、大蔵次官などを
歴任。信託法の制定に尽くした。
◇菅原通敬伝　中編　菅原通敬著，菅原通
正ほか編　菅原通正　1995.11　564p
21cm　〈著者の肖像あり　関係年譜：p490
～562〉

▌**杉 滝子**　すぎ・たきこ
1807～1890　吉田松陰の母。松陰の刑死
後も塾の維持に努めた。
◇吉田松陰　杉・村田家の系譜　熊井清雄著
東洋出版　2016.8　278p　図版10p　19cm
〈文献あり〉　①978-4-8096-7838-7

◇吉田松陰の妹・文のことがマンガで3時間
でわかる本―へぇ～そうなのか！　津田
太愚著，つだゆみマンガ　明日香出版社
2014.10　218p　21cm　〈文献あり　年表
あり〉　①978-4-7569-1730-0

◇吉田松陰の母　福本義亮著　マツノ書店
2014.6　224,4p　21cm　〈誠文堂新光社
昭和16年刊の復刻版〉

◇杉滝子刀自―吉田松陰先生母堂　翻刻並び
に抄録集　桜井健一編著　梓書院　2009.9
112p　21cm　①978-4-87035-348-0

◇女たちの明治維新　小松浅乃著　文園社
1986.11　239p　19cm　①4-89336-029-9
＊幕末の男たちを支えた愛。吉田松陰の
母・杉滝子、西郷隆盛と津崎矩子、薩摩
隼人の母・有村蓮子、高杉晋作が慕った
野村望東尼、勤皇の烈女・松尾多勢子な
ど、維新の激動に身を投じた女たちの
活躍を綴る。

杉 民治　すぎ・みんじ
1828〜1910　長州藩士。郡奉行所加勢暫
役となり、民政に尽くす。弟・吉田松陰の
最もよき理解者として物心両面より援助。

◇吉田松陰 杉・村田家の系譜　熊井清雄著
東洋出版　2016.8　278p　図版10p　19cm
〈文献あり〉　①978-4-8096-7838-7

◇杉民治先生伝　中村助四郎著　マツノ書
店　1981.8　352p　22cm　〈『学圃杉先生
伝』(松陰研究会昭和10年刊)の改題複製
杉民治の肖像あり　限定版〉

杉浦 重剛　すぎうら・じゅうごう
1855〜1924　教育者。衆議院議員。東京
英語学校を創立、青年の教育に努めた。
国粋主義道徳を鼓吹、東宮御学問所御用
掛となる。

◇日本の科学思想―その自立への模索　辻
哲夫編，廣政直彦編・解説　こぶし書房
(こぶし文庫　戦後日本思想の原点)
2013.5　262p　19cm
①978-4-87559-275-4
＊明治時代まで日本には「科学」という言
葉がなかった―異国文化であった科学
技術の受容にあたって、日本の伝統的
なものの考え方・習慣と激しく衝突し
た。"文化の翻訳"に苦闘した人びとの姿
を描く。

◇志を貫いた先人たち　モラロジー研究所
出版部編　モラロジー研究所　(「歴史に
学ぼう、先人に学ぼう」)　2009.5　255p
19cm　①978-4-89639-170-1
＊先人たちの並々ならぬ努力に日本人の
底力を見た。歴史に学ぶ道徳教材。

◇明治の教育者杉浦重剛の生涯　渡辺一雄
著　毎日新聞社　2003.1　238p　20cm

①4-620-31611-3
＊「仁愛」を理想に掲げ、清貧に安んじな
がら昭和天皇の侍講をつとめた高潔の
教育者を浮き彫りにする力作評伝。

◇怪物科学者の時代　田中聡著　昌文社
1998.3　279p　19cm　①4-7949-6346-7
＊明治の時代。近代科学が移植されたと
き、古くからの文化と科学を融合させ
るべく格闘した人びとがいた。仏教的
宇宙観にたって地動説をくつがえそう
とした佐田介石。千里眼の研究のため
大学をおわれた福来友吉。妖怪によっ
て森羅万象を解き明かそうとした井上
円了。食養学による世界の変革を夢み
た桜沢如一。さらに橋田邦彦、寺田寅
彦、南方熊楠、稲垣足穂…。一見、怪し
くとも大真面目な研究は、迷信の時代
の人々の切実な知的闘争であり、いま
だ近代を超えられない私たちの課題で
もある。正史からこぼれおちていた科
学のフォークロアを丹念にほりおこす
異色の科学者列伝。

◇国師杉浦重剛先生　藤本尚則著　石川哲
三　1988.7　594p　19cm　〈敬愛会昭和
30年刊の複製　製作:思文閣出版　杉浦重
剛年譜:p523〜530　主要参考文献:p593
〜594〉

◇新修杉浦重剛の生涯　石川哲三編著　大
津梅窓会　1987.8　371p　19cm　〈私家
版 杉浦重剛の肖像あり　主要参考文献:
p368〜371〉

◇杉浦重剛先生　大町桂月，猪狩史山共著
杉浦重剛先生顕彰会　1986.5　816p　図版
16枚　22cm　〈解説:村田昇 政教社大正
13年刊の複製　製作・発売:思文閣出版 杉
浦重剛の肖像あり　杉浦先生年譜:p769
〜785 杉浦重剛参考文献目録:p815〜
816〉　①4-7842-0433-4

◇天皇の学校―昭和の帝王学と高輪御学問
所　大竹秀一著　文芸春秋　1986.4
310p　19cm　①4-16-340440-6
＊帝王学をどのように学ばれたのか。生
徒たった六人の小さな学校の物語

◇杉浦重剛全集　第6巻　日誌・回想　明治
教育史研究会編　杉浦重剛全集刊行会
1983.2　870p　317欄　22cm　〈日誌.回想.

易経訳読. 解説 川崎源ほか著. 杉浦重剛年
譜：p811〜830〉

◇杉浦重剛全集　第5巻　語録・詞藻・書簡
明治教育史研究会編　杉浦重剛全集刊行
会　1982.1　698p　22cm

◇致誠日誌─東宮御学問所御用掛（倫理）杉
浦重剛先生手記　杉浦重剛著　梅窓書屋
1979.5　5冊　25cm　〈謄写版〉

◇帝王学の権威 杉浦重剛　今堀文一郎著
愛隆堂　1959　158p 図版　19cm

◇国師杉浦重剛先生　藤本尚則著　敬愛会
1954　530,11,13p 図　19cm　〈両陛下御
成婚30周年慶祝・杉浦先生30周忌生誕百
年記念〉

◇杉浦重剛先生伝　猪狩又蔵著　研究社
1946　160p　B6

▌**杉浦 梅潭**　すぎうら・ばいたん
1826〜1900　幕臣，官吏。箱館奉行。ロ
シアとの国境問題、蝦夷地開拓のための
西洋農法導入問題などの外交折衝に対応。

◇詩人杉浦梅潭とその時代　国文学研究資
料館編　臨川書店　（古典講演シリーズ）
1998.2　271p　19cm　①4-653-03485-0
＊漢詩人であり、最後の箱館奉行として
も有名な杉浦梅潭。幕末・明治の動乱
を生きた彼の生涯についての三編を前
半に、流行語、政治小説、錦絵新聞、庶
民の識字力など様々なテーマから同時
代の人々の心を探る四編を後半に収録。

◇最後の箱館奉行の日記　田口英爾著　新
潮社　（新潮選書）　1995.4　226p　20cm
〈杉浦梅潭の肖像あり　略年譜：p215〜
216 参考文献：p222〜226〉
①4-10-600475-5
＊幕末の京都をつぶさに見聞し、のちに
箱館奉行となる幕臣杉浦兵庫頭の日記
には何が記録されていくのか。幕府の
苦悩と動揺、ロシアとの国境交渉、死を
覚悟して臨む奉行所引き渡しなどを詳
細に検証。

▌**杉浦 誠**　すぎうら・まこと
1826〜1900　幕臣，官吏。箱館奉行、開

拓使函館支庁主任官。

◇箱館戦争銘々伝　下　好川之範，近江幸
雄編　新人物往来社　2007.8　351p
19cm　①978-4-404-03472-4
＊戊辰戦争を最後まで戦い銃弾に斃れた
戦士たち。土方歳三、三好畔、永井蠖蠖
伸斎ほか21人。

◇杉浦梅潭目付日記・箱館奉行日記　杉浦
梅潭著　杉浦梅潭日記刊行会　1991.11
2冊 21cm　①4-8380-1451-1
＊本書は、幕末の激動する政局の中での
杉浦誠の活動を知ることができる史料
を収載した。すなわち、上巻には、「経
年紀略」につづいて目付の時期の日記
と建白書を、下巻には箱館奉行の時期
の日記と建白書を収めている。

▌**杉浦 譲**　すぎうら・ゆずる
1835〜1877　官吏。内務省大書記官地理
局長。日本郵政事業の最初の実施者。駅
逓正、内務大丞兼地理頭などを歴任。

◇杉浦譲全集　第4巻　杉浦譲全集刊行会
1979.1　418p 図版20枚　22cm

◇杉浦譲全集　第5巻　杉浦譲全集刊行会
1979.1　497p　22cm

◇杉浦譲全集　第3巻　杉浦譲全集刊行会
1978.10　486p　22cm　〈著者の肖像あ
り〉

◇杉浦譲全集　第2巻　杉浦譲全集刊行会
1978.6　389p 図版19枚　22cm　〈著者の
肖像あり〉

◇杉浦譲全集　第1巻　杉浦譲全集刊行会
1978.3　378p　22cm　〈著者の肖像あり〉

◇初代駅逓正杉浦譲─ある幕臣からみた明
治維新　高橋善七著　日本放送出版協会
（NHKブックス）　1977.8　251p　19cm
〈杉浦譲年譜：p.247〜251 付：参考文献〉

◇初代駅逓正杉浦譲伝　初代駅逓正杉浦譲先
生顕彰会編　初代駅逓正杉浦譲先生顕彰
会　1971.6　322p 図 肖像　18cm　〈杉
浦譲年譜：p.315〜319 参考文献：p.320〉

▌**杉野 喜精**　すぎの・きせい
1870〜1939　実業家。東京株式取引所理

I　政治・経済　　　　　　　　　　　　　　　　　　　　　　　　杉山金太郎

事長。日銀、愛知銀行を経て東京で八幡
屋株式店を開業。のち小池合資に入社、
小池国三のもとで山一合資を創立。
◇日本財界人物列伝　第2巻　青潮出版株式
会社編　青潮出版　1964　1175p 図版13
枚　27cm

▌杉村　楚人冠　すぎむら・そじんかん
1872～1945　新聞人，評論家。東京朝日
新聞社相談役。雑誌編集者を経て東京朝
日新聞社に入社。ロンドン特派員、調査
部初代部長などを歴任。
◇「知の巨人」熊楠と新聞人楚人冠―杉村楚
人冠記念館南方熊楠生誕150年記念展示解
説書　我孫子市杉村楚人冠記念館編　我孫
子市教育委員会文化・スポーツ課　（我孫
子市文化財報告）　2017.10　52p　30cm
◇杉村楚人冠関係資料目録　4　杉村武家旧
蔵資料　我孫子市杉村楚人冠記念館編
我孫子市教育委員会文化・スポーツ課
2017.3　143p 図版 16p　30cm
◇楚人冠と啄木をめぐる人々―杉村楚人冠
記念館平成24年度冬期企画展解説書　我
孫子市杉村楚人冠記念館編　我孫子市教
育委員会文化・スポーツ課　（我孫子市文
化財報告）　2012.10　29p　30cm
◇楚人冠の生涯と白馬城―我孫子市杉村楚
人冠記念館解説書　我孫子市杉村楚人冠
記念館編　我孫子市教育委員会文化・ス
ポーツ課　2012.10　69p　30cm　〈年
譜・著作目録あり〉
◇楚人冠―百年先を見据えた名記者杉村広
太郎伝　小林康達著　現代書館　2012.7
399p　20cm　〈文献・年譜・索引あり〉
①978-4-7684-5687-3
　＊かつて朝日新聞に名記者がいた。明治
期ロシアから欧州を旅し、雪の凶作地
東北を踏破し救援を訴え、白瀬の南極
探検や熊楠の自然保護を支援し、二葉
亭・漱石・啄木と交わり、軽妙洒脱な随
筆やコラムで読者を唸らせ、新聞の信
頼確立に生涯を掛けた。戦前日本を代
表する名記者の生涯。
◇白瀬中尉の南極探検と楚人冠―杉村楚人
冠記念館平成24年夏期企画展解説書　我

孫子市杉村楚人冠記念館編　我孫子市教
育委員会文化・スポーツ課　（我孫子市文
化財報告）　2012　39p　30cm
◇七花八裂―明治の青年杉村広太郎伝　小
林康達著　現代書館　2005.9　254p
20cm　〈年譜あり〉　①4-7684-6911-6
　＊近代日本を代表するジャーナリスト/杉
村楚人冠の回り道甚だしい前半生。
◇近代ジャーナリスト列伝―天馬の如く
下　三好徹著　中央公論社　（中公文庫）
1986.11　421p 15cm　①4-12-201372-0
　＊論説の後退と報道の重視という大きな流
れ、そして強まる軍部の圧力。幸徳秋
水、杉村楚人冠、徳富蘇峰、緒方竹虎、
桐生悠々ら、動乱の時代に模索し苦闘
する大正・昭和の新聞人の苛烈な生涯。
◇三代言論人集　第8巻　幸徳秋水〔ほか〕
荒畑寒村　時事通信社　1963　363p 図版
18cm

▌杉山　岩三郎
すぎやま・いわさぶろう
1841～1913　岡山藩士，実業家。岡山商
法会議所会頭。士族授産に努める。岡山
紡績所設立。
◇瀬戸内の経済人一人と企業の歴史に学ぶ
24話　赤井克己著　吉備人出版　2007.9
244p　21cm　①978-4-86069-178-3
　＊本書は企業とともに歩み、その運命と
懸命に格闘した瀬戸内の経済人の歴史
であり、物語である。明治の黎明期か
ら平成の現代まで20人余のドラマ
ティックな人生にスポットを当てた。

▌杉山　金太郎　すぎやま・きんたろう
1875～1973　実業家。豊年製油社長。中
外貿易を設立。のち豊年製油に転じ、社
長在任中に豊年研究所を設立。
◇にっぽん企業家烈伝　村橋勝子著　日本
経済新聞出版社　（日経ビジネス人文庫）
2007.10　283p 15cm
①978-4-532-19417-8
　＊不屈の闘志で西洋菓子を日本に広めた
森永太一郎（森永製菓）、「金鳥」蚊取線
香を生んだ上山英一郎（大日本除虫菊）、

倒産寸前から「世界のトヨタ」を築いた石田退三一。明治から昭和に至る有名企業の創業者・中興の祖ら18人を社史研究の第一人者が丹念に描いた企業家列伝。創業以来のものづくり、サービスを提供し続ける企業の原点となった人物の生涯とは。

◇私の履歴書 経済人 2 日本経済新聞社編 日本経済新聞社 1980.6 477p 22cm

◇歴史をつくる人々 第20 杉山金太郎 ダイヤモンド社編 1966 173p 図版 18cm

◇若き日の社長 現代事業家の人間形成 海藤守著 徳間書店 1962 329p 18cm

◇顧起七十年 杉山金太郎著 実業之日本社 1951

▌ 杉山 茂丸 すぎやま・しげまる
1864〜1935 浪人。玄洋社の客員として頭山満の片腕といわれた。中央政界の黒幕として活躍。

◇玄洋社怪人伝—頭山満とその一派 頭山満, 的野半介, 杉山茂丸, 内田良平, 夢野久作著 書肆心水 2013.10 313p 21cm ①978-4-906917-17-4

◇夢野久作と杉山一族 多田茂治著 弦書房 2012.9 384p 21cm 〈文献・年譜・索引あり 「夢野一族」(三一書房 1997年刊)の改題改訂〉 ①978-4-86329-079-2
＊あの『ドグラ・マグラ』の著者・夢野久作と政財界の黒幕として活動した父・杉山茂丸、ふたりの精神を受け継いだ三人の息子たち。杉山一族の血脈をたどり明治大正昭和を浮き彫りにする。

◇『坂の上の雲』まるわかり人物烈伝 工作員篇 明治「時代と人物」研究会編著 徳間書店 (徳間文庫) 2010.10 333p 15cm ①978-4-19-893245-9
＊児玉源太郎が陰で操っていた、数々のスパイたち。国家のため、私財を投げ打って情報収集に命をかけた、市井のスパイたち。日露戦争勝利の裏側で、決死の工作員たちが愛国の涙を流していた。明石元二郎、杉山茂丸、中村天風、大谷光瑞一。これまであまり語ら

れてこなかった諜報活動の数々を、貴重な資料から掘り起こす！『坂の上の雲』をもっと楽しみたい人に最適の、裏ガイドブック。

◇日本国怪物列伝 福田和也著 角川春樹事務所 2009.5 292p 19cm ①978-4-7584-1117-2
＊かつて日本に存在したあまりに凄すぎる怪物・27人。渾身の最新エッセイ集。

◇杉山茂丸伝—アジア連邦の夢 堀雅昭著 弦書房 2006.2 230p 19cm 〈肖像・年譜・文献あり〉 ①4-902116-49-9

◇夢野一族—杉山家三代の軌跡 多田茂治著 三一書房 1997.5 447,7p 20cm 〈主な参考文献・年譜：p425〜447〉 ①4-380-97243-7
＊夢野久作と杉山家の血脈に迫る！明治・大正・昭和を駆け抜けた夢野久作と父杉山茂丸、三人の息子たち。日本の近・現代を貫く杉山家三代の光芒が閃く。

◇杉山茂丸伝—もぐらの記録 野田美鴻著 島津書房 1992.8 618p 21cm 〈杉山茂丸の肖像あり 年表：p587〜606〉 ①4-88218-042-1

○特集・杉山茂丸 「ふるほんや」 12 1988.12

◇無冠の男 下 小島直記著 新潮社 (新潮文庫) 1988.6 439p 15cm ①4-10-126209-8
＊右翼の源流と目される頭山満、左翼の源流として目される中江兆民。この二人の思想信条をこえた魂のふれ合いこそ、無冠を貫いて生きた男同士の真骨頂を示すものである。その反対に無名のアルバイト記者から出発し、その後、三菱の利益を代弁するようになって「人間的変貌」をとげた犬養毅…。無冠に徹することから生まれるその人間的魅力に託しつつ、著者の熱い想いを存分に語る。

◇百魔 下 杉山茂丸著 講談社 (講談社学術文庫) 1988.2 327p 15cm ①4-06-158817-6
＊本書は、一代の国士杉山茂丸の波瀾万丈の生涯のあいだに茂丸の身辺に渦巻いた傑物たちの列伝なのであるから、魔人怪人百物語と称してよく、こんな面

I 政治・経済　　　　　　　　　　　　　　　　　　　　　　鈴木貫太郎

白い本はそうざらにあるものではない。素材そのものがすでに手に汗を握る性質のものであるところへ、文体がこれまた快筆としか言いようのないもので、各篇が終るごとに名人芸の講談を聞き終えた瞬時のようなカタルシスを覚える。

◇百魔　上　杉山茂丸著　講談社　（講談社学術文庫）　1988.1　331p 15cm
①4-06-158816-8
＊明治・大正・昭和の3代に渡り一貫して政界の黒幕として活躍し、また小説家夢野久作の父としても知られた名代の壮士・其日庵杉山茂丸。本書はその杉山が、自らの政治活動のなかで出会った伊藤博文や星一といった著名な政治家や財界人を始め、無名の一般庶民にいたるまでの様々な人々との交遊を痛快に語ったユニークな近代人物伝である。歴史の表裏に蠢く個性豊かな人物達の言行の奇抜き面白さを余すところなく吐露した世紀の稀書。

◇杉山茂丸―明治大陸政策の源流　一又正雄著，大畑篤四郎編　原書房　1975　377,38,12p 肖像　20cm　〈付録：文献　杉山茂丸関係年譜〉

▍菅 実秀　すげ・さねひで
1830〜1903　出羽庄内藩士。最後まで幕府軍に属したが、寛大な処分が西郷隆盛の命によるものと知り深謝。薩摩の政策を自県の範とした。

◇西郷隆盛伝説　改版　佐高信著　KADOKAWA　（〔角川ソフィア文庫〕）　2017.10　398p　15cm　〈初版：角川文庫　2010年刊　年譜あり〉
①978-4-04-400244-2

◇菅実秀と庄内―大西郷の道統　安藤英男著　近代文芸社　1993.4　283p 19cm
①4-7733-1664-0
＊幕末から明治維新にかけて、東北地方庄内藩の命運を一身に担い生きぬいた注目すべき人物、菅実秀。幕末の三傑西郷隆盛に私淑し、その道統を受け継いだ至誠の生涯を本書は詳しく考証。混命の現代に改めて道義立国の重要性を説く。

◇臥牛 菅実秀　加藤省一郎著　致道博物館

1966　393p　19cm

◇菅臥牛観　山口白雲著　不二印刷　1952

▍鈴木 岩治郎　すずき・いわじろう
1841〜1894　実業家。米雑穀商鈴木商店を営み店を伸長した。

◇幻の総合商社 鈴木商店―創造的経営者の栄光と挫折　桂芳男著　社会思想社　（現代教養文庫）　1989.6　245p 15cm　〈『総合商社の源流 鈴木商店』改題書〉
①4-390-11296-1
＊神戸の個人商店からきわめて短期間に世界的な大商社に急成長した鈴木商店は、昭和2年の金融恐慌によって倒産した。総合商社の源流として、三井物産を急追し、三井物産に勝るとも劣らない巨大な役割を演じながらも挫折した、鈴木商店の興亡と、その命運を左右した大番頭・金子直吉の経営戦略と理念を解明する。

▍鈴木 梅四郎　すずき・うめしろう
1862〜1940　実業家，政治家。衆議院議員，立憲国民党幹事長。時事新報社などを経て王子製紙専務。育英・厚生事業団を体設立。

◇医療の社会化を実践した人物・鈴木梅四郎　田中省三著　医史研究会　1995.12　236p 21cm　〈鈴木梅四郎の肖像あり　鈴木梅四郎・実費診療所関係年譜：p210〜224〉　①4-9900443-1-2

◇王子製紙開業秘話―鈴木梅四郎小伝　小林静夫著　苫小牧郷土文化研究会まめほん編集部　（苫郷文研まめほん）　1982.8　100p　12cm　〈限定版〉

▍鈴木 貫太郎　すずき・かんたろう
1867〜1948　海軍軍人，政治家。軍令部長，宮内官，戦時下最後の首相。主戦派を抑えてポツダム宣言受諾、無条件降伏と共に総辞職した。〔記念施設〕鈴木貫太郎記念館（千葉県野田市）、国立国会図書館憲政資料室 鈴木貫太郎関係文書（東京都千代田区）

◇鈴木貫太郎―用うるに玄黙より大なるはなし　小堀桂一郎著　ミネルヴァ書房

伝記ガイダンス 明治を生きた人々　　369

鈴木貫太郎　　　　　　　　　　　　　　　　　　　　　　　Ⅰ　政治・経済

（ミネルヴァ日本評伝選）　2016.11　451,
9p　20cm　〈文献あり　年譜あり　索引あ
り〉　①978-4-623-07842-4

◇終戦時宰相鈴木貫太郎―昭和天皇に信頼
された海の武人の生涯　小松茂朗著　潮
書房光人社　（光人社NF文庫）　2015.10
213p　16cm　〈光人社　1995年刊の再刊
年譜あり〉　①978-4-7698-2912-6

◇鈴木貫太郎自伝　鈴木貫太郎著，小堀桂
一郎校訂　中央公論新社　（中公クラシッ
クス）　2013.7　329p　18cm
①978-4-12-160140-7
＊未曽有の敗戦を小さな混乱で収めた宰
相の手腕。不遇や窮地に動じることな
く、静かに努力する男。

◇武士道は蘇るか―高次元的伝統回帰への
道　向田順一著　高木書房　2011.4
175p　19cm　①978-4-88471-424-6
＊政治も経済も全く出口の見えない袋小
路の様相を呈す今日、いったい日本は
どこへ向かい、日本人のアイデンティ
ティはどこに帰結するのか。この先行き
「不透明な」時代を迎える中でいま、か
つて日本人の魂でもあった精神として
の「武士道」を紐解くと共に、近代から
現代に生きた武士道精神を継承した十
四人の生きざまを浮き彫りにしてみた。

◇ウォー・ポリティクス―「政治的危機」と
指導者の群像　藤本一美編　志學社
2011.4　174p　21cm
①978-4-904180-16-7

◇昭和天皇の親代わり―鈴木貫太郎とたか夫
人　若林滋著　中西出版　2010.6　395p
20cm　〈文献あり〉　①978-4-89115-212-3

◇妻と家族のみが知る宰相―昭和史の大河
を往く　第9集　保阪正康著　毎日新聞社
2010.5　293p　19cm
①978-4-620-31988-9
＊鈴木貫太郎夫人、吉田茂の娘、犬養毅の
孫娘…家族、とくに女性の証言からみ
た知られざる宰相たちの素顔、歴史を
変えた決断の瞬間。

◇裸の総理たち32人の正体―渡部昇一の人
物戦後史　渡部昇一著　李白社　2010.1
452p　19cm　①978-4-89451-916-9

＊鈴木貫太郎から鳩山由紀夫まで。なぜ
彼らはトップリーダーになれたのか!?経
営者・管理職必読。

◇宰相たちのデッサン―幻の伝記で読む日
本のリーダー　御厨貴編　ゆまに書房
2007.6　280p　21cm
①978-4-8433-2381-6
＊幻の伝記を読み直すなかから生まれた
まったく新しい戦前期の総理大臣評
伝集。

◇歴代総理大臣伝記叢書　第32巻　鈴木貫
太郎　御厨貴監修　ゆまに書房　2006.12
606p　図版12枚　22cm　〈複製　肖像・年
譜・文献あり〉　4-8433-2043-9

◇聖断―昭和天皇と鈴木貫太郎　半藤一利著
PHP研究所　（PHP文庫）　2006.8　562p
15cm　〈文献あり〉　①4-569-66668-X

◇日本宰相列伝　下　三好徹著　学陽書房
（人物文庫）　2005.1　530p　15cm
①4-313-75194-7
＊議会の壇上で倒れて、帰らぬ人となった
加藤高明。反骨の陸軍軍人から、総理
大臣になった田中義一。国民の期待を
担って登場した近衛文麿の“運命”とは。
「生きて虜囚」となった開戦時の首相・
東条英機。敗軍の将となることで日本を
救った鈴木貫太郎…。十一人の宰相を
通して、激動の昭和史を検証する名作。

◇鈴木貫太郎内閣の133日―平成15年度特別
展図録　野田市・関宿町合併記念特別展
野田市郷土博物館　2003.10　60p　30cm
〈会期：平成15年10月11日―11月16日
文献あり〉

◇聖断―昭和天皇と鈴木貫太郎　新装版
半藤一利著　PHP研究所　2003.8　397p
20cm　〈文献あり〉　①4-569-62984-9
＊そして戦争が終わった。徹底抗戦、一
億玉砕論が渦巻くなか、平和を希求す
る昭和天皇と、国家の分断を阻止し、戦
争を終結に導いた宰相との感動の物語。
「日本敗戦」を描いた不朽の名作。

◇正直に肚を立てずに撓まず励め―鈴木貫
太郎翁の遺訓と関宿の酪農　その発展経過
を振り返る　石川秀勇編著　山崎農業研
究所　2003.4　94p　26cm

370　伝記ガイダンス　明治を生きた人々

I　政治・経済　　　　　　　　　　　　　　　　　　　　　　　　　　鈴木貫太郎

◇鈴木貫太郎—昭和天皇から最も信頼され
た海軍大将　立石優著　PHP研究所
（PHP文庫）　2000.3　475p　15cm
①4-569-57376-2
＊もはや勝利の望みついえた太平洋戦争
の幕をいかに引くか。それが、昭和天
皇から首相・鈴木貫太郎に託された、最
大の任務であった。日清戦争の当時、
"鬼の水雷艇長"として名を馳せた、男
気の強い老海軍大将は、日本の明日の
ために、敢然とこの難局に立ち向かっ
て行く。自らを、「運のいい男」と信じ、
いかなる危機にも揺るがなかった信念
の人の生涯を鮮烈に描く、長編歴史小
説。文庫書き下ろし。

◇終戦宰相 鈴木貫太郎　花井等著　広池学
園出版部　1997.12　351p　19cm
①4-89205-410-0
＊昭和天皇は特別の思いをこめて「鈴木」
と、親しくその名を呼んだ。日本の歴代
総理大臣の中で、最も困難な課題を託さ
れ、苦難の末にみごとその役割を果たし
た鈴木貫太郎。その波乱の生涯を描く。

◇鈴木貫太郎—鈴木貫太郎自伝　鈴木貫太
郎著　日本図書センター　（人間の記録）
1997.6　361p　20cm　〈年譜：p349〜
359〉　①4-8205-4265-6

◇終戦時宰相鈴木貫太郎—昭和天皇に信頼
された海の武人の生涯　小松茂朗著　光
人社　1995.10　233p　20cm　〈鈴木貫太
郎年譜：p209〜233〉　①4-7698-0732-5
＊太平洋戦争の戦死者310万—日米戦争の
末期、推されて首相となり、戦争終結に
尽瘁し、日本の平和と繁栄のいしずえ
をつくった至誠一途の男の生涯。

◇自分と戦った人々　辻村明著　高木書房
1993.4　282p　19cm　①4-88471-042-4
＊極限に耐え、困難を生き抜いた風雪の
足跡をたどり、いま「どう生きるか」を
改めて見直す戦いのドラマ。

◇聖断—天皇と鈴木貫太郎　半藤一利著
文芸春秋　（文春文庫）　1988.8　412p
15cm　①4-16-748301-7
＊「この際、自分のできることはなんでも
する。私が国民によびかけることがよけ
れば、いつでもマイクの前に立つ」御前

会議で天皇は語った。聖断は下り、戦争
は終った。徹底抗戦、一億玉砕論渦巻
くなか、平和を希求される天皇と、国家
の分断を阻止し、狂瀾を既倒に廻らす
大仕事をなす宰相との感動の終戦実録。

◇宰相 鈴木貫太郎　小堀桂一郎著　文芸春
秋　（文春文庫）　1987.8　333p 15cm
①4-16-745201-4
＊天皇と肝胆相照らす老提督が、あくまで
本土決戦を唱える軍首脳、ひそかに戦争
終結をのぞむ重臣たちの双方を欺く"腹
芸"によってついに「聖断による終戦」
という大ドラマの演出に成功した。日本
の命運を決した、綱渡りの百三十日間
を克明に追うドキュメント史伝。第14
回大宅壮一ノンフィクション賞受賞作。

◇聖断—天皇と鈴木貫太郎　半藤一利著　文
芸春秋　1985.8　414p　20cm　〈鈴木貫
太郎の肖像あり　参考文献：p411〜414〉

◇鈴木貫太郎自伝　鈴木一編　時事通信社
1985.7　342,4p　22cm　〈新装版 著者の
肖像あり　鈴木貫太郎年譜：p337〜342〉
①4-7887-8519-6

◇宰相鈴木貫太郎　小堀桂一郎著　文芸春
秋　1982.8　326p　20cm　〈鈴木貫太郎
の肖像あり　参照文献：p324〜326〉

◇日本人の自伝　12　鈴木貫太郎.今村均
平凡社　1981.6　434p　20cm　〈鈴木貫
太郎　今村均の肖像あり　鈴木貫太郎自
伝・終戦の表情 鈴木貫太郎. 今村均回
顧録（抄）今村均著. 解説 村上兵衛著. 鈴
木貫太郎　今村均略年譜：433〜434〉

◇怒濤の中の太陽　鈴木武編著　鈴木貫太
郎首相秘録編纂委員会　1969　260p 肖像
21cm　〈鈴木貫太郎・鈴木孝雄経歴表：p.
252-256〉

◇鈴木貫太郎自伝　鈴木貫太郎著, 鈴木一編
時事通信社　1968　342p 図版　22cm

◇鈴木貫太郎伝　鈴木貫太郎伝記編纂委員
会編　1960　606p 図版　22cm

◇鈴木貫太郎自伝　鈴木貫太郎著　桜菊会
出版部　1949　289p 図版　22cm

◇終戦の表情　鈴木貫太郎著　労働文化社
1946

伝記ガイダンス 明治を生きた人々　　**371**

鈴木 喜三郎　すずき・きさぶろう

1867〜1940　司法官僚，政治家。検事総長，法相，内相。治安維持法を強化する。

◇鈴木喜三郎　鈴木喜三郎先生伝記編纂会編　鈴木喜三郎先生伝記編纂会　1955　2版 530,50p 図版33　22cm

鈴木 久五郎　すずき・きゅうごろう

1877〜1943　相場師。日露戦争後の好況期に花形投機株で一瞬にして「鈴久」は巨富を得た。

◇実録 7人の勝負師―リスクを恐れぬ怪物たち　鍋島高明著　パンローリング　2017.8 367p 19cm　①978-4-7759-9151-0
＊日本一の相場師研究家（日本証券新聞による）が調べ上げた、700人の相場師から選ばれた7人のサムライ。

◇カネが邪魔でしょうがない―明治大正・成金列伝　紀田順一郎著　新潮社　（新潮選書）　2005.7 205p 19cm　①4-10-603553-7
＊戊辰戦争から第一次大戦の好景気まで、軍需品を売り巨万の富を築いた戦争成金や、株の投機に成功した相場師、生糸やタバコでぼろ儲けした事業家は、豪邸を構え、愛人を囲い、芸妓を総揚げにして権勢を誇示した。常識破りの享楽と浪費の末に、急転直下、破産して哀れな末路をたどった富豪や成金たちの赤裸々な生き様を、豊富な資料と図版で描く人物列伝。

鈴木 三郎助〔2代〕

すずき・さぶろうすけ

1867〜1931　実業家。昭和肥料社長、味の素創始者。日本化学工業創立。グルタミン酸ナトリウムを工業化、味の素として販売。

◇企業家活動でたどる日本の食品産業史―わが国食品産業の改革者に学ぶ　宇田川勝監修・編著，生島淳編著　文眞堂　（法政大学イノベーション・マネジメント研究センター叢書）　2014.3 148p 21cm　①978-4-8309-4817-6
＊食品産業の開拓と発展に貢献した熱き企業家たちの姿が学べる1冊！ 本書は、法政大学における公開講座にもとづき、学生や社会人に食品産業の歴史とそこで活躍した企業家たちに親しんでもらうことを目指したケース集。新たな食品産業に積極果敢に挑戦した10人の企業家を取り上げる。

◇関東大震災で飛躍した企業―今こそ学べ！ 成功の発想力　たみやじゅん著　上毛新聞社　2013.1 195p 18cm　①978-4-86352-076-9
＊大正12（1923）年9月1日。マグニチュード7.9の大地震が関東を襲った。がれきの中から、事業家たちはいかにして「商売の種」を見いだしたのか。野間清治、山崎種二、梁瀬長太郎―。震災をビジネスチャンスに変え、企業を発展させた24人を紹介する。

◇日本を再興した起業家物語―知られざる創業者精神の源流　加来耕三著　日本経済新聞出版社　2012.3 325p 19cm　①978-4-532-31785-0
＊こんなリーダーが日本にもいた。親しみやすい語り口で大人気の歴史家が、社会起業家から経営の神様まで、その生き様と夢を描く。あらすじと「名言」で読む51人の破天荒な一代記。

◇企業家に学ぶ日本経営史―テーマとケースでとらえよう　宇田川勝，生島淳編　有斐閣　（有斐閣ブックス）　2011.12 348p 21cm　①978-4-641-18400-8
＊主要なテーマを解説したうえで、代表的な企業家を取り上げ、具体的なケースと豊富な資料にもとづいて解説。経営史の醍醐味を実感しながら学べる新しいテキスト。

◇創業者列伝 熱き魂の軌跡―日本を代表する9人の企業家たち　若山三郎著　グラフ社　2009.10 223p 19cm　①978-4-7662-1281-5
＊昔の社長は、こんなに魅力あふれる人たちだったのか！ 日本人になじみ深い企業の創業者9人が、苦難を乗り越えて創業し、会社を大きく育てていった道程。そこには、今こそあらためて学びたいリーダーの資質が顕れている。

I 政治・経済 　　　　　　　　　　　　　　　　　　　　　　　　　　　鈴木藤三郎

鈴木 舎定 すずき・しゃてい

1856～1884　自由民権家，政治家。自由党幹事・党議員。盛岡に求我社を結成し，奥羽の自由民権運動を率いた。

◇開化の築地・民権の銀座―築地バンドの人びと　太田愛人著　築地書館　1989.7　255p 19cm　①4-8067-5657-1
　＊原胤昭，鈴木舎定，田村直臣，戸田欽堂。権力と離れて激しく，真摯に生きた彼らの足跡を丹念に辿り，激動の明治初期を生き生きと甦らせる。明治初期，もっとも知的で誠実な人びととはキリスト教と自由民権に向かった。外人居留地をもち，海外文化の窓口として栄えた築地と，そのとなり街，自由民権運動の拠点，銀座が生んだ四人。

鈴木 孝雄 すずき・たかお

1869～1964　陸軍軍人。大将。大日本青少年団長，靖国神社宮司などを歴任。

◇歴代陸軍大将全覧 昭和篇/満州事変・支那事変期　半藤一利，横山恵一，秦郁彦，原剛著　中央公論新社　（中公新書ラクレ）　2010.1　359,27p　18cm　①978-4-12-150337-4
　＊金融恐慌や二・二六事件などで国内の動乱が激化し，国外では中国大陸に戦火が広がる時代の大将全36人を俎上に論じる。内外の難局に彼らはどう対処したのか。人気シリーズ第3弾。

鈴木 忠治 すずき・ちゅうじ

1875～1950　実業家。鈴木商店（味の素）社長，昭和電工社長。兄とヨード製造の事業に参加。兄と味の素の製造・販売を開始。

◇日本財界人物列伝　第2巻　青潮出版株式会社編　青潮出版　1964　1175p 図版13枚　27cm

◇鈴木忠治 小伝と追憶　鈴木三千代等編　三楽オーシャン　1956序　334p 図版　22cm

鈴木 禎次 すずき・ていじ

1870～1941　建築家。日本で最初の公園計画と音楽堂の設計を行う。

◇鈴木禎次及び同時代の建築家たち―鈴木禎次生誕130年記念展「20世紀の建築文化遺産展」建築展図録　瀬口哲夫，20世紀の建築文化遺跡展実行委員会編著　20世紀の建築文化遺跡展実行委員会　2001　108p 30cm　〈会期・会場：2001年1月6日―21日 名古屋市民ギャラリー　ファン・デ・ナゴヤ美術展〉

鈴木 藤三郎 すずき・とうざぶろう

1855～1913　実業家。日本精糖社長，日本醤油醸造社長。氷砂糖製造法開発。日本精糖創立に参加。衆議院議員。

◇企業家活動でたどる日本の食品産業史―わが国食品産業の改革者に学ぶ　宇田川勝監修・編著，生島淳編著　文眞堂　（法政大学イノベーション・マネジメント研究センター叢書）　2014.3　148p 21cm　①978-4-8309-4817-6
　＊食品産業の開拓と発展に貢献した熱き企業家たちの姿が学べる1冊！　本書は，法政大学における公開講座にもとづき，学生や社会人に食品産業の歴史とそこで活躍した企業家たちに親しんでもらうことを目指したケース集。新たな食品産業に積極果敢に挑戦した10人の企業家を取り上げる。

◇砂糖王鈴木藤三郎―氷砂糖製造法の発明　地福進一，村松達雄著　二宮尊徳の会　2013.6　80p 21cm　〈静岡県周智郡森町「町並みと蔵展」講演会平成25年（2013）4月6日（土）　共同刊行：鈴木藤三郎翁顕彰会〉

◇二宮尊徳と日本近代産業の先駆者 鈴木藤三郎　地福進一，村松達雄著　二宮尊徳の会　2013　64p 21cm　〈日光市報徳のまちづくりセミナー平成25年（2013）2月3日（日）　共同刊行：鈴木藤三郎翁顕彰会〉

◇海を越えた産業革命の父―鈴木藤三郎翁の足跡を求めて 台湾高雄市橋頭の台湾製糖会社・工場と観音像参拝の記録　村松達雄，地福進一著・写真　鈴木藤三郎氏顕彰会　2011.9　63p　21cm

◇報徳産業革命の人―報徳社徒鈴木藤三郎

の一生　地福進一編　二宮尊徳の会
（「二宮尊徳の会」鈴木三郎氏顕彰）
2011.9印刷　240p　30cm　〈年譜あり〉
①978-4-9906069-1-6

◇鈴木藤三郎—日本近代製糖業の父・台湾
製糖株式会社初代社長　二宮尊徳の会
（「二宮尊徳の会」鈴木三郎氏顕彰）
2010.10印刷　132p　30cm　〈編集代表：
地福進一ほか　年譜あり〉

◇日本財界人物列伝　第2巻　青潮出版株式
会社編　青潮出版　1964　1175p　図版13
枚　27cm

◇鈴木藤三郎伝—日本近代産業の先駆　鈴
木五郎著　東洋経済新報社　1956　326p
図版　19cm

◇産業史の人々　楫西光速著　東大出版会
1954

▌鈴木　馬左也　すずき・まさや
1861～1922　官僚。内務省、農商務省に
勤務。第3代住友家総理事となり住友を大
財閥に育てる。

◇日本の近代と宗教的人格　松本皓一著
秋山書店　2014.4　295p　21cm
①978-4-87023-640-0
＊宗教的人間とは何か？　宗教心理学の理
論枠組みを用いて、近代日本の「宗教的
人格」の比較研究が展開される。

◇志は高く—高鍋の魂の系譜　和田雅実著
鉱脈社　1998.1　243p　19cm

◇日本財界人物列伝　第1巻　青潮出版株式
会社編　青潮出版　1963　1171p　図版
26cm

◇鈴木馬左也　鈴木馬左也翁伝記編纂会編
鈴木馬左也翁伝記編纂会　1961　2冊
22cm

▌鈴木　三樹三郎
すずき・みきさぶろう
1837～1919　新選組隊士。赤報隊を結成、
偽官軍の罪になるが、西郷隆盛の尽力で
許される。

◇土方歳三と新選組10人の組長　菊地明,
伊東成郎, 結喜しはや著　新人物往来社

（新人物文庫）　2012.8　319p　15cm
①978-4-404-04227-9
＊最新研究から明らかになる歳三の生涯
と10人の組長列伝。

▌須知　源次郎　すち・げんじろう
1860～1904　陸軍軍人。

◇嗚呼須知中佐　谷口豊政編著　須知中佐
顕彰会　1970　57p　図　肖像　22cm

▌ストーン, W.H.
Stone, William Henry
1837～1917　イギリスの工学者。1872年
来日。通信省顧問として電信事業を指導。

◇日本の電気通信発達小史—電政顧問・ス
トーン氏　通信史研究所編著　通信協会
1987.10　38p　21cm　〈W.H.ストーンの
肖像あり　W.H.ストーン略年譜・参考文
献：p31～38〉

▌須長　漣造　すなが・れんぞう
1853～1940　武相困民党指導者。

◇明治精神史　上　増補版　色川大吉著
岩波書店　（岩波現代文庫）　2008.9
287p　15cm　①978-4-00-600199-5
＊民衆思想史の草分けとなった著者の記
念碑的代表作。大学紛争が全国的に展
開され、近代の価値が厳しく問われて
いた時代にあって、大きな共感をよん
だ、戦後歴史学、戦後思想史の名著であ
る。テクストは全集に収録されている
「新編」ではなく一九六八年刊行の「増
補版明治精神史」。

▌スネル, E.　Schnell, Edward
生没年不詳　オランダの貿易商。ヘン
リーの弟。1859？　年来日。幕末の横浜外
商で武器輸入に従事。

◇幕末怪商伝　高橋義夫著　大陸書房　（大
陸文庫）　1990.6　246p　15cm
①4-8033-2922-2
＊開港間もない幕末の横浜に住みついた
青年商人たちの中に、ヘンリイとエド
ワルドというスネル兄弟がいた。戊辰
戦争の最中、奥羽列藩同盟に味方した

I 政治・経済 　　　　　　　　　　　　　　　　　　　　　　　　　清家吉次郎

彼らの熱情と、二人を通しての明治維新を描く、歴史ドキュメント。

┃ スネル, H.　Schnell, Henry
生没年不詳　オランダの貿易商。エドワルドの兄。1861？　年来日。会津藩軍事顧問。
◇幕末怪商伝　高橋義夫著　大陸書房　（大陸文庫）　1990.6　246p 15cm
　①4-8033-2922-2
　＊開港間もない幕末の横浜に住みついた青年商人たちの中に、ヘンリイとエドワルドというスネル兄弟がいた。戊辰戦争の最中、奥羽列藩同盟に味方した彼らの熱情と、二人を通しての明治維新を描く、歴史ドキュメント。

┃ 巣内 式部　すのうち・しきぶ
1818～1872　志士。狂信的尊王攘夷を主唱。横井小楠ら暗殺の嫌疑で禁固中に死去。
◇大洲・内子を掘る―人と歴史と文学と　澄田恭一著　アトラス出版　2007.11　375p　19cm　①978-4-901108-64-5
　＊古くより教学の気風に満ち、まちそのものが独特の雰囲気を持つ伊予大洲。幕末から明治維新の時期、京に駆け上って華々しい活躍をした勤王の志士や、新時代の政治・教育の分野を切り拓いた人たち、あるいは時代の激流にあらがうことのできぬまま生涯を終えた人など、大洲には多くの気骨ある人々がいた。綿密な調査と熱意をもとにさまざまな出来事を掘り起こした筆者は、この近辺で生まれた文学にも目を向け、ノーベル賞作家・大江健三郎の若き日の作品や故郷との関わりについても言及している。
◇愛媛の先人 勤王歌人 巣内式部　桜井久次郎著　愛媛県文化財保護協会，愛媛県図書館協会　1966　154p　21cm

┃ 住 治平　すみ・じへえ
1832～1911　実業家。東予物産創業者。明治25年に東予物産（現・伊予三島銀行）を創業。また、上質で安価な改良和紙の

開発や紡績工場の誘致などに尽力。
◇紙拓の人―住治平翁伝　続　妻鳥和教著　セキ（印刷）　2000.3　188p　19cm　〈肖像あり〉
◇紙拓の人―明治の紙商住治平翁伝　妻鳥和教著　予讃経済レポート　1998.6　161p　19cm

┃ 住友 友純　すみとも・ともいと
1864～1926　実業家。男爵。住友の事業を発展させ、大財閥の地位を確立。
◇住友銀行 七人の頭取　近藤弘著　日本実業出版社　1988.9　414p 19cm
　①4-534-01401-5
　＊住友は、なぜ強いのか。さまざまな状況・事件のなかで、対処の仕方・決断に光彩を放った歴代頭取の姿を通じその秘密を探る。企業繁栄を永続する秘訣は何か。
◇住友春翠　再版　芳泉会編　芳泉会　1975　1冊　20cm　〈付：住友春翠年譜〉
◇清泉院小伝　鈴江幸太郎著　〔平野国太郎〕　1975　32p 肖像　21cm　〈住友老社会会報第22号「清泉院小伝」特輯〉
◇住友春翠　住友春翠編纂委員会編　住友春翠編纂委員会　1955　2冊　20cm

┃ 諏訪 常吉　すわ・つねきち
1833～1869　陸奥会津藩士。
◇箱館戦争銘々伝　下　好川之範，近江幸雄編　新人物往来社　2007.8　351p　19cm　①978-4-404-03472-4
　＊戊辰戦争を最後まで戦い銃弾に斃れた戦士たち。土方歳三、三好畔、永井蠑蠑伸斎ほか21人。

【せ】

┃ 清家 吉次郎　せいけ・きちじろう
1866～1934　実業家。第二十九銀行、宇

伝記ガイダンス 明治を生きた人々　**375**

和島運輸の監査役として地方財界に貢献。

◇無逸清家吉次郎伝　無逸会著　〔出版者不明〕　1990　330,7p　20cm　〈無逸会1936年刊の複製　清家吉次郎の肖像あり〉

▌瀬川 安五郎　せがわ・やすごろう

1835〜1911　実業家。

◇瀬川安五郎―鉱山開発の先駆者　山田勲著　国書刊行会　1988.12　460p　20cm　〈瀬川安五郎の肖像あり　折り込図2枚　年譜・参考文献：p439〜458〉

▌関 直彦　せき・なおひこ

1857〜1934　政治家。衆議院議員，貴族院議員。日報社社長、東京弁護士会会長。国民同盟に参加。

◇七十七年の回顧―伝記・関直彦　関直彦著　大空社　（伝記叢書）　1993.6　347,5p　22cm　〈三省堂昭和8年刊の複製〉　①4-87236-420-1

▌関 一　せき・はじめ

1873〜1935　社会政策学者。貴族院議員，戦前の大阪市長。法学博士。地下鉄建設などの都市計画事業、公共事業の発展に多大な貢献をした。

◇「大大阪」時代を築いた男―評伝・関一〈第7代目大阪市長〉　大山勝男著　公人の友社　2016.2　307p　20cm　〈文献あり　年譜あり〉　①978-4-87555-679-4

◇日本の鉄道をつくった人たち　小池滋，青木栄一，和久田康雄編　悠書館　2010.6　289p　19cm　①978-4-903487-37-3
　＊「日本の鉄道の父」井上勝、「投機界の魔王」雨宮敬次郎、「地下鉄の父」早川徳次など12人の巨人たちの生涯を再現し、彼らがなぜ鉄道に心血を注ぎ、どのような哲学のもとに活動したかを描き出す。

◇主体としての都市―関一と近代大阪の再構築　ジェフリー・E.ヘインズ著，宮本憲一監訳　勁草書房　2007.2　409,33p　22cm　〈文献あり〉　①978-4-326-20047-4

◇こんな人生を送ってみたい―私が惚れた十五人　谷沢永一著　PHP研究所　（PHP文庫）　2003.1　247p　15cm　〈「男冥利」（2001年刊）の改題〉　①4-569-57871-3
　＊かつてこの国には、思いをこめて自らの仕事を成し遂げ、歴史に確かな足跡を残した男たちがいた。原敬、渋沢栄一、菊池寛、谷崎潤一郎…、男冥利の人生を颯爽と歩んだ十五人。本書は、卓抜なる批評眼で読者の支持を得ている著者が、彼らの生き方を通して理想の人生のかたちを探究する。不安を抱え、生き方に迷う多くの現代人に、人生における重大な心得を改めて問いかけた一冊。

◇関一と中馬馨の大阪都市経営　黒田隆幸著　同友館　（それは西淀川から始まった大阪都市産業公害外史 行政篇）　1996.7　277p　19cm　①4-496-02406-3
　＊傑出した二人の市長、関一と中馬馨の共有した市政理念が、最悪の都市産業公害から大阪市を救った。真の自治行政実現に挑んだ偉大な先人の実像に迫り、我が国都市行政の現状とその在り方を問う。

◇関一―都市思想のパイオニア　芝村篤樹著　松籟社　（しょうらい社人物双書）　1989.4　244p　19cm　①4-87984-102-0

◇関一日記―大正・昭和初期の大阪市政　関一研究会編集・校訂　東京大学出版会　1986.2　1017,14p　23cm　〈著者の肖像あり　関一年譜：p935〜961〉　①4-13-050096-1

◇関市長小伝 銅像建立記念　故大阪市長関一博士遺徳顕彰委員会編　1956　115p　22cm

▌瀬木 博尚　せき・ひろなお

1852〜1939　実業家。博報堂創立者。博報堂の基礎を築く。「明治新聞雑誌文庫」設立に尽力。

◇越中人譚　1　チューリップテレビ　2007.3　223p　21cm　①978-4-9903499-1-2

◇日本財界人物列伝　第1巻　青潮出版株式会社編　青潮出版　1963　1171p 図版26cm

Ⅰ 政治・経済　　　　　　　　　　　　　　　　　　　　　　　　　　　　　　　　　　　ゼーバッハ

▌ 関口 隆吉　せきぐち・たかよし
1836〜1889　官吏。静岡県知事。維新後
出仕、山口県令となり、萩の乱を鎮圧。
◇初代静岡県知事 関口隆吉の一生　三戸岡
道夫, 堀内永人著　静岡新聞社　2009.6
404p　19cm　①978-4-7838-1082-7
＊富国有徳の理念を持って県政を展開する
静岡県の、初代県知事が関口隆吉であ
る。関口隆吉は文武両道に秀でた静岡
出身の幕臣であり、徳川慶喜の側近で
あった。そして大政奉還から明治新政
府スタートにかけての複雑な世情の中
で、よく徳川慶喜を援けて活躍し、新生
日本誕生の舵を取り、国政を動かした。
◇関口隆吉伝　関口隆正著　関口隆克
1984.5　1冊　25cm　〈何陋軒書屋昭和13
年刊の複製 関口隆吉の肖像あり　付：年
譜〉
◇関口隆吉の生涯―幕末・維新の隠れた偉
傑　八木繁樹著　緑蔭書房　1983.8
360p　19cm　〈関口隆吉の肖像あり　関
口隆吉年譜・参考文献：p345〜358〉
①4-89774-201-3

▌ 関口 八兵衛　せきぐち・はちべえ
1850〜1912　実業家。
◇近代日本における企業家の諸系譜　竹内
常善, 阿部武司, 沢井実編, 谷本雅之, 松
村敏, 柳沢遊執筆　大阪大学出版会
1996.7　284p　21cm　①4-87259-012-0
＊独自の方法で日本経済の展開に接近す
る。近代日本の工業化に決定的な役割を
果たした、明治-昭和期の中小企業経営
者の活動および、その歴史的展開過程を
総合的に分析した研究書。中小企業史
研究会の永年の成果が、日本の経営史・
経済史・企業論に新しい光を当てる。

▌ 関沢 明清　せきざわ・あききよ
1843〜1897　官吏。東京農林学校教授。
欧米の水産技術の日本への移植に尽力。
水産技術の開発、普及に貢献。
◇海を渡ったサムライたち―加賀藩海外渡航
者群像　徳田寿秋著　北國新聞社　2011.4
232p　19cm　①978-4-8330-1802-9

＊「坂の上の雲」の秋山真之や正岡子規が
高橋是清から英語を学んだ共立学校は、
遣米使節、遣欧使節に加わった加賀藩
士・佐野鼎が創設した。ほかに、日本水
産界の父と呼ばれる関沢孝三郎、マッ
チ産業の父となった清水誠、スロイス
など外国人教師を招聘した伍堂卓爾、
シベリアを単独横断した嵯峨寿安など、
各様の青雲の志を持ったサムライたち
の姿を追う。清水誠の「佛蘭西遊国日
記」全文も収録。
◇鮭と鱒と日本人―関沢明清の生涯　和田
頴太著　成山堂書店　1994.11　265p
19cm　①4-425-82521-7
＊サケふ化放流事業のパイオニア関沢明
清の生涯を描く、壮大な歴史ロマン。

▌ 関屋 忠正　せきや・ただまさ
1869〜1938　土木工学者。専門は河川・
港湾。釧路港整備に貢献。岐阜県出身。
◇小樽、釧路などの港や水道の整備に尽くし
た技師関屋忠正と請負師中山惣次郎　小
澤榮著　小澤榮　2010.5　205p　21cm
〈文献あり〉

▌ 関矢 孫左衛門
せきや・まござえもん
1844〜1917　勤王の志士, 実業家。衆議
院議員。西南戦争に活躍。北越殖民会社
設立、北海道開拓に従事。
◇情熱の人関矢孫左衛門　磯部定治著　新
潟日報事業社　2007.1　181p　19cm
〈年譜あり〉　①978-4-86132-201-3
＊学校の設置・西南戦争に志願第69国立
銀行（現北越銀行）初代頭取。北海道の
開拓と野幌原生林の保存に命をかけた
波乱の人生。

▌ ゼーバッハ, H.K.
Seebach, Hans Kurt von
1859〜1891　ドイツの監獄官。1889年来
日。内務省獄務顧問として日本の監獄制
度改革に貢献。
◇クルト・フォン・ゼーバッハ―近代監獄制
度の指導者　矯正協会編　矯正協会

伝記ガイダンス 明治を生きた人々　　377

1985.10　15,452p　27cm　〈財団法人矯正協会創立百周年記念出版　クルト・フォン・ゼーバッハの肖像あり〉

■ **世良 修蔵**　せら・しゅうぞう
1835〜1868　長州（萩）藩士。庄屋中司八郎右衛門の子。戊辰戦争では奥羽鎮撫総督府参謀。
◇世良修蔵　復刻版　谷林博著　マツノ書店　2001.11　246p　22cm　〈原本：新人物往来社昭和49年刊〉
◇世良修蔵　谷林博著　新人物往来社　1974　246p　20cm

■ **千石 興太郎**　せんごく・こうたろう
1874〜1950　産業組合指導者。東久邇内閣農商務相。有機肥料配給社長、日本硫安役員、日本肥料理事などを歴任。
◇千石興太郎―伝記・千石興太郎　竹森一男著　大空社　（伝記叢書）　2000.12　363,5p　22cm　〈年譜あり　都市問題調査会昭和46年刊の複製　肖像あり〉　①4-7568-0926-X
◇協同組合運動に燃焼した群像　日本農業新聞編　富民協会　1989.11　175p　19cm　①4-8294-0087-0
◇千石興太郎―農協の始祖　竹森一男著　都市問題調査会　1971　363p　肖像　22cm　〈千石興太郎年譜：p.325-356〉
◇日本財界人物列伝　第2巻　青潮出版株式会社編　青潮出版　1964　1175p　図版13枚　27cm
◇人物農業団体史　栗原百寿著　新評論社　1956
◇千石興太郎　協同組合懇話会千石興太郎編纂委員会編　協同組合懇話会　1954　528p　図版　22cm

■ **千田 登文**　せんだ・とぶみ
1847〜1929　陸軍軍人。歩兵少佐。小野派一刀流の使い手。
◇西郷隆盛の首を発見した男　大野敏明著　文藝春秋　（文春新書）　2014.2　246p

18cm　〈文献・年譜あり〉
①978-4-16-660958-1
＊西南戦争で西郷の首を発見したとされる千田登文が生前認めていた「履歴書」が金沢で発見された。この「履歴書」を紐解きながら、100年以上も続くミステリー「西郷の首」の行方に迫るとともに、戊辰、西南、日清、日露の四つの戦争を戦った千田の生涯を通し、激動の時代を生き抜いた軍人一家の姿を描き出す。

■ **仙波 太郎**　せんば・たろう
1855〜1929　陸軍軍人、政治家。中将、衆議院議員。駐在武官としてドイツに留学。
◇仙波将軍と田所大佐―明治を翔けた青春　田所軍兵衛著　愛媛新聞サービスセンター　2011.8　223p　22cm　〈付・伊藤博文と愛媛　年譜・文献あり〉
①978-4-86087-100-0
＊旧日本陸軍軍人、仙波太郎と田所成恭。伊予・松山から明治の日本に羽ばたいた二人。縁に繋がる著者が描く群像劇。

【 そ 】

■ **相馬 愛蔵**　そうま・あいぞう
1870〜1954　実業家。中村屋創業者。本郷のパン屋・中村屋を譲り受け開業。"カリーライス"が有名。戦災で焼失したが再建。
◇新宿ベル・エポック―芸術と食を生んだ中村屋サロン　石川拓治著　小学館　2015.4　207p　19cm　①978-4-09-388406-8
◇「職業」の発見―転職の時代のために　池田功、上田博編　世界思想社　2009.9　200,11p　19cm　①978-4-7907-1435-4
＊明治・大正・昭和の時代に、作家、ジャーナリスト、政治家、商人、学者、教育者などに転職した人たちの人間ドラマを再現して、「職業」に悩む現代人に示唆を与えるでしょう。
◇にっぽん企業家烈伝　村橋勝子著　日本経済新聞出版社　（日経ビジネス人文庫）

2007.10　283p　15cm
①978-4-532-19417-8
＊不屈の闘志で西洋菓子を日本に広めた
　森永太一郎（森永製菓）、「金鳥」蚊取線
　香を生んだ上山英一郎（大日本除虫菊）、
　倒産寸前から「世界のトヨタ」を築いた
　石田退三一。明治から昭和に至る有名
　企業の創業者・中興の祖ら18人を社史
　研究の第一人者が丹念に描いた企業家
　列伝。創業以来のものづくり、サービ
　スを提供し続ける企業の原点となった
　人物の生涯とは。

◇男の背中―転形期の思想と行動　井出孫
　六著　平原社　2005.5　265p　19cm
　①4-938391-36-8
＊時代が軋み音をたてるとき、人は決断
　を迫られる―。中根雪江、本橋次左衛
　門、大町甚左衛門、黄遵憲、木村信卿、
　川上冬崖、内村鑑三、久米邦武、久米由
　太郎、堺利彦、桐生悠々、相馬愛蔵・黒
　光。歴史の地下水脈を穿つ評伝集。

◇明治東京畸人伝　森まゆみ著　新潮社
　（新潮文庫）　1999.7　320p　15cm
　①4-10-139021-5
＊谷中・根津から千駄木一。かつてこの地
　を目茶目茶面白いヤツが歩いていた！
　お雇い外国人教師ベルツ、最後まで丁髷
　だった老舗薬局の主人、チベット潜入の
　河口慧海、本妻と愛人とを行き来した詩
　人サトウハチロー、混血の小唄の名手
　春日とよ、そして昭和恐慌に発展した
　倒産銀行頭取ヂエモンなど、精力的な
　聞き書きから甦る25のユニークな人生
　行路。こんな生き方もあるんだよな…。

◇相馬愛蔵・黒光のあゆみ　中村屋　1968
　49p　図版23枚　26cm　〈巻末：年譜〉

◇日本財界人物列伝　第2巻　青潮出版株式
　会社編　青潮出版　1964　1175p　図版13
　枚　27cm

◇晩霜　相馬愛蔵，相馬黒光著　東西文明
　社　1952

◇私の小売商道　相馬愛蔵著　高風館
　1952

▌相馬 黒光　そうま・こっこう
1876～1955　実業家，随筆家。夫愛蔵と
中村屋を創業。著書に「黙移」。

◇続・日露異色の群像30―文化・相互理解に
　尽くした人々　長塚英雄責任編集，ロシ
　ア・アーツ企画　生活ジャーナル　（ド
　ラマチック・ロシアin japan）　2017.12
　531p　21cm　①978-4-88259-166-5

◇人生を切りひらいた女性たち―なりたい
　自分になろう！　2　経済・教育・社会編
　樋口恵子監修　教育画劇　2016.4　47p
　28cm　〈文献あり　年表あり〉
　①978-4-7746-2047-3

◇新宿ベル・エポック―芸術と食を生んだ中
　村屋サロン　石川拓治著　小学館　2015.4
　207p　19cm　①978-4-09-388406-8

◇女のきっぷ―逆境をしなやかに　森まゆ
　み著　岩波書店　2014.5　197p　19cm
　①978-4-00-025978-1
＊厳しい環境の中でも微笑みを忘れない。
　困っている人がいればほうっておけな
　い。見栄を張らず自分をさらけ出す。
　男に媚びず、もたれかからない。金に
　きれいでいざとなれば啖呵も切れる。
　そんなさぎよくたくましい「きっぷ」
　（気風）のいい生き方とは。「きっぷ」を
　評価基準にして、女の生き方をながめ
　てみたらどうなるだろう―。明治から
　平成まで、信念をもって時代を生き抜
　いた「きっぷ」のいい女たち。一七人の
　ひたむきな人生や心のあり方から、い
　まを生きるうえで大切なものは何かを
　探る評伝エッセイ。

◇文人悪妻　嵐山光三郎著　新潮社　（新潮
　文庫）　2012.4　286p　15cm　〈『人妻魂』
　改題書〉　①978-4-10-141910-7
＊夫に殉死した女優妻・松井須磨子、谷崎
　から譲渡された佐藤春夫の妻、精神錯
　乱の教師妻・杉田久女、夫に絶縁状を書
　いた華族出身妻・柳原白蓮、四回の人妻
　を経験した宇野千代。漱石、鷗外、鏡
　花、芥川の妻、そして与謝野晶子、林芙
　美子から幸田文、武田百合子まで、明
　治・大正・昭和の文壇を彩る53人。逞
　しく、したたかでパワフルな人妻たち
　の正体を描く、画期的な評伝集。

相馬黒光　　Ⅰ 政治・経済

◇紫雲の人、渡辺海旭―壺中に月を求めて
前田和男著　ポット出版　2011.6　526p
20cm　①978-4-7808-0160-6
　＊漱石と同時代に欧州に学び、仏教を革
　　新し、社会事業と教育を興し、アジアの
　　独立運動を輔け、近代日本を変えよう
　　とした快僧の物語。

◇明治大正露文化受容史―二葉亭四迷・相馬
黒光を中心に　小林実著　春風社　2010.4
449p　21cm　①978-4-86110-219-6
　＊嫌悪と憧れ、違和感と葛藤、そして内面
　　化。反発しながらも憧れたロシア文化
　　を、いかに受け入れ、血肉化していった
　　か。日本人の来歴を知るための画期的
　　論集。

◇人妻魂　嵐山光三郎著　マガジンハウス
2007.8　228p　19cm
①978-4-8387-1741-5
　＊人妻→官能→嫉妬→不倫→離婚→再婚
　　→流浪→淫乱→堕落→覚醒→心中→自
　　立→遊蕩→熟成→昼寝。人妻はやっぱ
　　りステキです。漱石、鷗外、鏡花、芥川、
　　安吾の妻、そして白秋の三人の妻、さら
　　には与謝野晶子、平塚らいてう、林芙美
　　子から幸田文、武田百合子まで、明治大
　　正昭和を彩る人妻53人が勢揃い。

◇男の背中―転形期の思想と行動　井出孫
六著　平原社　2005.5　265p　19cm
①4-938391-36-8
　＊時代が軋む音をたてるとき、人は決断
　　を迫られる―。中根雪江、本橋次左衛
　　門、大町甚左衛門、黄遵憲、木村信卿、
　　川上冬崖、内村鑑三、久米邦武、久米由
　　太郎、堺利彦、桐生悠々、相馬愛蔵・黒
　　光。歴史の地下水脈を穿つ評伝集。

◇相馬黒光展―アンビシャス・ガール　仙
台文学館編　仙台文学館　2001.3　95p
26cm　〈会期：2001年4月21日―6月10日
年譜あり〉

◇黙移相馬黒光自伝　相馬黒光著　平凡社
（平凡社ライブラリー）　1999.5　330p
16cm　①4-582-76288-3
　＊明治女学校に学び、「アンビシャス・
　　ガール」と呼ばれた夢多き女性の自伝。
　　新宿中村屋を創業、多くの芸術家と交友
　　し、荻原碌山、中村彝、エロシェンコ、

戸張孤雁らの姿をも生き生きと伝える。

◇女たちの日月　今井美沙子，中野章子著
樹花舎　1999.2　317p　19cm
①4-7952-5043-X

◇新宿中村屋相馬黒光　宇佐美承著　集英
社　1997.10　447,5p　20cm　〈相馬黒
光・愛蔵年譜　相馬黒光探求のための主な
参考文献：p424～447〉　①4-08-774289-X
　＊時代に先駆けて激しく生きた侍の娘。パ
　　ン屋の女主人は明治初頭の生まれ。九人
　　の子を産み店を繁盛させ、芸術家や文人
　　を集めてサロンの女王として輝いた。革
　　命家を匿い恋もして80年の生涯を全う。

◇相馬黒光―黙移　相馬黒光著　日本図書
センター　（人間の記録）　1997.6　304p
20cm　①4-8205-4267-2

◇相馬愛蔵・黒光著作集　3　黙移　相馬愛
蔵・黒光著作集刊行委員会編　相馬黒光
著　郷土出版社　1996.3　309p　19cm
〈新装版〉　①4-87663-316-9

◇相馬黒光と中村屋サロン　2版　相沢源七
著　宝文堂　1990.3　157,4p　19cm
〈相馬黒光の肖像あり　相馬黒光略年譜：
p155～157〉　①4-8323-0022-9

◇明治女性の知的情熱―人物近代女性史
瀬戸内晴美編　講談社　（講談社文庫）
1989.8　298p　15cm　①4-06-184500-4
　＊女は強く生きねばならぬ―世評をはね
　　返し、理想と野心に生きた、ユニークな
　　女たち。

◇アンビシャス・ガール―相馬黒光　山本
藤枝著　集英社　1983.11　262p　20cm
〈編集：創美社　相馬黒光の肖像あり　参
考文献：p262〉　①4-08-772456-5

◇才藻より、より深き魂に―相馬黒光・若き
日の遍歴　宇津恭子著　日本YMCA同盟
出版部　1983.1　232p　20cm　〈相馬黒
光の肖像あり〉

◇相馬黒光と中村屋サロン　相沢源七著
宝文堂出版販売　1982.12　157,4p　19cm
〈相馬黒光の肖像あり　相馬黒光略年譜：
p155～157〉

◇黙移―明治・大正文学史回想　相馬黒光
著　法政大学出版局　（教養選書）

Ⅰ　政治・経済　　　　　　　　　　　　　　　　　　　　　　　　　　　　副島種臣

1982.6　361p　19cm　〈新装版〉

◇相馬愛蔵・黒光著作集　3　黙移　相馬愛蔵・黒光著作集刊行会編　相馬黒光著　郷土出版社　1981.4　309p　22cm

◇日本人の自伝　6　福田英子.金子ふみ子.相馬黒光　平凡社　1980.12　495p　20cm　〈福田英子ほかの肖像あり　妾の半生涯 福田英子著. 何が私をこうさせたか 金子ふみ子著. 黙移 相馬黒光著. 解説 もろさわようこ著. 福田英子・金子ふみ子・相馬黒光略年譜：p493～495〉

◇黙移―明治・大正文学史回想　相馬黒光著　ほるぷ総連合　（ほるぷ自伝選集）　1980.11　361p　20cm　〈原発行：法政大学出版局〉

◇黙移―明治・大正文学史回想　相馬黒光著　法政大学出版局　1977.6　361p　図　20cm　〈新装版〉

◇相馬愛蔵・黒光のあゆみ　中村屋　1968　49p　図版23枚　26cm　〈巻末：年譜〉

◇明治の女性たち　島本久恵著　みすず書房　1966

◇黙移　相馬黒光著　法政大学出版局　1961　361p　図版　19cm

◇滴水録　相馬黒光著　相馬安雄　1956

◇黙移　相馬黒光著　東和社　1950　356p　図版　19cm

▌相馬　貞一　そうま・ていいち
1867～1935　リンゴ栽培家。

◇相馬貞一翁伝―協同組合運動の先覚者　佐藤健造ほか編　相馬貞一翁頌徳会　1984.11　527p　22cm　〈発売：津軽平賀農協竹館支所 相馬貞一の肖像あり　相馬貞一翁年表：p509～513〉

▌相馬　哲平　そうま・てっぺい
1833～1921　実業家。第百十三銀行頭取。函館貯蓄銀行、相馬商店など設立。公共事業などにも広範に活躍。

◇相馬哲平伝　神山茂編　相馬報恩会　1961　267p　図版25枚　22cm

▌相馬　永胤　そうま・ながたね
1850～1924　実業家，銀行家。横浜正金銀行重役。専修学校創立、のち専修大学学長。日本興業銀行監査役。

◇相馬永胤伝　専修大学相馬永胤伝刊行会編　専修大学出版局　1982.6　841p　22cm　〈相馬永胤の肖像あり　相馬永胤年譜：p799～825〉　①4-88125-018-3

▌相馬　半治　そうま・はんじ
1869～1946　実業家。東京工業学校教授，明治製糖社長。台湾糖業発展に尽力。明治製菓、昭和護謨等各社長歴任。

◇企業家活動でたどる日本の食品産業史―わが国食品産業の改革者に学ぶ　宇田川勝監修・編著，生島淳編著　文眞堂　（法政大学イノベーション・マネジメント研究センター叢書）　2014.3　148p　21cm　①978-4-8309-4817-6
＊食品産業の開拓と発展に貢献した熱き企業家たちの姿が学べる1冊！　本書は、法政大学における公開講座にもとづき、学生や社会人に食品産業の歴史とそこで活躍した企業家たちに親しんでもらうことを目指したケース集。新たな食品産業に積極果敢に挑戦した10人の企業家を取り上げる。

◇日本財界人物列伝　第2巻　青潮出版株式会社編　青潮出版　1964　1175p　図版13枚　27cm

◇喜寿小記　相馬半治著，香取任平編　明治製糖株式会社　1956　321p　図版48枚　23cm

▌副島　種臣　そえじま・たねおみ
1828～1905　佐賀藩士，政治家。松方内閣内相、伯爵。外務卿、特命全権大使、宮中顧問官、枢密顧問官などを歴任。

◇副島種臣―1828-1905　森田朋子，齋藤洋子著　佐賀県立佐賀城本丸歴史館　（佐賀偉人伝）　2014.2　110p　21cm　〈文献・年譜あり〉　①978-4-905172-11-6

◇副島種臣　安岡昭男著　吉川弘文館　（人物叢書 新装版）　2012.3　241p　19cm　〈文献・年譜あり〉　①978-4-642-05261-0

＊明治初期の外務卿。幕末、西南雄藩佐賀の急進派として活躍し、新政府では樺太国境問題・琉球帰属問題・マリア＝ルス号事件を担当。その辣腕により日本の威信を世界に知らしめる。明治六年の政変で下野し、民撰議院設立建白に参加するが、明治天皇の信任篤く、侍講や内務大臣・枢密顧問官を歴任。明治国家建設に賭した威厳満々たる生涯を追跡する。

◇副島種臣と明治国家　斎藤洋子著　慧文社　2010.10　285p　22cm　〈文献・年表あり〉　①978-4-86330-044-6

◇副島種臣全集　2　著述篇　島善高編　慧文社　2004.12　495p　21cm　①4-905849-08-X
　＊本書は、『副島蒼海先生講話精神教育』（国光社・明治三十四年増訂第六版）、『副島先生蒼海閑話』（研学会・明治三十一年）、『副島伯経歴偶談』（東邦協会会報第四十一号、四十三号、四十四号、明治三十年～三十一年）の新訂版である。

◇文字　第4号　石川九楊責任編集　京都精華大学文字文明研究所　2004.7　226p　21cm　①4-623-04116-6

◇副島種臣　大橋昭夫著　新人物往来社　1990.7　373p　19cm　①4-404-01739-1
　＊西郷隆盛はその遺言に「副島種臣に最も期待する」と書いた。健康で若々しい自由があった明治という国家を設計した副島種臣はどんな人であったのか。

◇副島種臣伯　丸山幹治著　みすず書房（みすずリプリント）　1987.4　358p　21cm　①4-622-02672-4

◇叢書・日本の思想家　47　元田東野　巨勢進著　明徳出版社　1979.6　256p　20cm　〈元田東野略年譜：p89～92　副島蒼海著作および主要参考文献・略年譜：p213～219〉

◇郷土史に輝く人びと　企画・編集：郷土史に輝く人々企画・編集委員会　佐賀県青少年育成県民会議　1973　396p　図　22cm　〈全5集を合冊刊行したもの　伊道玄朴（河村健太郎）佐野常民（河村健太郎）副島種臣（滝口康彦）大木喬任（田中

艸太郎）江藤新平（河村健太郎）大隈重信（滝口康彦）辰野金吾（常安弘通）岡田三郎助（田中艸太郎）下村湖人（田中艸太郎）田沢義鋪（田中艸太郎）付：年譜〉

◇郷土史に輝く人びと　〔第3集〕　佐賀県青少年育成県民会議　1970　139p　図版　19cm　〈伊藤玄朴（河村健太郎）副島種臣（滝口康彦）付：略年譜〉

▌ 副島 道正　そえじま・みちまさ
1871～1948　実業家、政治家。伯爵、貴族院議員。東宮侍従、日本製鋼所常務などを歴任。IOC委員として東京五輪誘致に尽力。

◇朝鮮民族運動と副島道正　趙聖九著　研文出版　1998.2　282,5p　22cm　〈年譜　文献　索引あり〉　①4-87636-151-7

▌ 曽我 祐準　そが・すけのり
1843～1935　陸軍軍人、政治家。貴族院議員、日本鉄道社長、子爵。国憲制定を上奏。参謀本部次長として陸軍を拡張・改革。

◇風よ波よ一柳川が生んだ元勲・曽我祐準伝　田中省三著　海鳥社　2008.4　230p　19cm　〈文献あり〉　①978-4-87415-671-1
　＊幕末の長崎、上海、香港で砲術・航海術を学び、箱館戦争では新政府軍の海軍参謀を務める。維新後は、大村益次郎の遺志を継ぎ、徴兵令策定に参画―。近代日本の軍政改革に奔走した曽我祐準（そが・すけのり）の怒涛の半生を描く。

◇曽我祐準翁自叙伝―伝記・曽我祐準　曽我祐準著　大空社　（伝記叢書）　1988.6　564,14,5p　22cm　〈曽我祐準翁自叙伝刊行会昭和5年刊の複製　著者の肖像あり　折り込み図1枚〉

▌ 曽田 嘉伊智　そだ・かいち
1867～1962　福祉活動家。

◇韓国孤児の慈父曽田嘉伊智翁　鮫島盛隆著　牧羊社　（鎮西学院研究叢書）　1975.10　203p　肖像　19cm　〈年譜：p.190～197〉

I　政治・経済　　　　　　　　　　　　　　　　　　　　　　　　高木兼寛

▌ **園田 孝吉**　そのだ・こうきち
1848～1923　実業家。横浜正金銀行頭取。
外務省出仕。英国勤務。
◇日本財界人物列伝　第2巻　青潮出版株式
会社編　青潮出版　1964　1175p　図版13
枚　27cm

【 た 】

▌ **ダイアー, H.**　Dyer, Henry
1848～1918　イギリスの工学者。1873年
来日。工部省工学寮、工部大学校で土木
工学、機械工学を講じた(1873～82)。
◇御雇い外国人ヘンリー・ダイアー——近代
（工業）技術教育の父・初代東大都検(教
頭)の生涯　北政巳著　文生書院
(Bunsei Shoin digital library)　2007.10
226p　22cm　〈肖像・年譜・文献あり〉
①978-4-89253-369-3
◇NHKスペシャル 明治 コミック版　1　日
本の独創力　NHK取材班編、小川おさむ,
本山一城、殿塚実、狩那匠、三堂司著
ホーム社（ホーム社漫画文庫）　2006.4
492p　15cm　①4-8342-7357-1
＊不安の時代。今、何が必要なのか。「明
治」からのメッセージ。

◇日本の近代化とスコットランド　オリー
ヴ・チェックランド著, 加藤詔士, 宮田学
編訳　玉川大学出版部　2004.4　222p
21cm　①4-472-40306-4
＊明治期日本の上水道設備を考案した技
師はだれか。エディンバラと日本初の
灯台とのかかわりは。鹿鳴館を設計し
た建築家がどうして絵師・河鍋暁斎の
弟子になったのか。夏目漱石がグラス
ゴー大学の日本語試験委員になったわ
けは。日英文化交流のさまざまな史実
を解き明かす。

▌ **高木 兼寛**　たかぎ・かねひろ
1849～1920　海軍軍医。海軍軍医総監,
男爵, 貴族院議員。成医会結成、看護婦養

成所設立。脚気予防に成功。
◇栄養学を拓いた巨人たち——「病原菌なき難
病」征服のドラマ　杉晴夫著　講談社
（ブルーバックス）　2013.4　262,8p
18cm　①978-4-06-257811-0
＊栄養学が現在のように確立されるまで
には、先人たちの命がけの苦闘があっ
た。ラボアジエ、ボルツマンらの「熱」
の研究、エネルギー源論争とアルプス
登山実験、マッカラム、ゴールドバー
ガー、高木兼寛による「病原菌なき難
病」征服とビタミンの発見…。そこに
は探偵小説をしのぐスリルとドラマが
ある。さらに大戦後の飢えた子どもた
ちを救ったサムス、最新知識の導入に
努めた日野原重明、杉靖三郎ら、わが国
の栄養学の「成立秘話」も明かす。

◇日本近代医学の黎明——横浜医療事始め
荒井保男著　中央公論新社　2011.3
245p　19cm　①978-4-12-004204-1
＊もうひとつの文明開化——日本近代医学
の源流は横浜にあった。ヘボン、シモ
ンズから福沢諭吉、高木兼寛まで先人
たちの試行錯誤を綴る画期的労作。

◇志を貫いた先人たち　モラロジー研究所
出版部編　モラロジー研究所　（「歴史に
学ぼう、先人に学ぼう」）　2009.5　255p
19cm　①978-4-89639-170-1
＊先人たちの並々ならぬ努力に日本人の
底力を見た。歴史に学ぶ道徳教材。

◇高木兼寛の医学——東京慈恵会医科大学の
源流　松田誠著　東京慈恵会医科大学
2007.12　1100p　23cm　〈肖像・文献あ
り〉
◇病気を診ずして病人を診よ——麦飯男爵高
木兼寛の生涯　倉迫一朝著　鉱脈社
1999.8　541p　20cm　〈取扱い：地方・
小出版流通センター　文献あり 年譜あ
り〉　①4-906008-31-3
＊幕末の九州は日向の地に生まれ、維新
の動乱から英国留学を経て海軍軍医総
鑑となり、脚気の原因を究明するとと
もに看護制度を確立、日本の近代医学
の礎を築きながら、晩年は「禊」に傾倒
した巨人の一生を、取材ドキュメント
の手法で描き、現代日本の直面する課

伝記ガイダンス 明治を生きた人々　**383**

題をえぐりだす注目の労作。

◇高木兼寛伝―伝記・高木兼寛　高木喜寛
　著　大空社　（伝記叢書）　1998.12　329,
　209,5p　22cm　〈高木喜寛大正11年刊の
　複製　年譜あり〉　①4-7568-0870-0

◇宮崎の偉人　中　佐藤一一著　旭進学園
　1998.1　222p　21cm
　＊本書では、それぞれの人物の生きざま
　　と共に、当時の世界情勢や日本の社会
　　的背景、あるいは当時の人たちの物の
　　考え方なども知ることが出来る。

◇白い航跡　上　吉村昭著　講談社　（講談
　社文庫）　1994.5　259p　15cm
　①4-06-185679-0

◇白い航跡　下　吉村昭著　講談社　（講談
　社文庫）　1994.5　273p　15cm
　①4-06-185680-4

◇白い航跡　上　吉村昭著　講談社
　1991.4　253p　20cm　①4-06-205331-4

◇白い航跡　下　吉村昭著　講談社
　1991.4　257p　20cm　〈参考文献：p256
　～257〉　①4-06-205332-2

◇高木兼寛伝―脚気をなくした男　松田誠
　著　講談社　1990.4　212p　19cm
　①4-06-204487-0
　＊高木兼寛は、明治から大正にかけて活
　　躍した医師である。当時、死病とおそ
　　れられた脚気の予防・治療法を確立す
　　るかたわら、無料でかかれる施療病院
　　をつくり、病者の痛みのわかる医師と
　　看護婦の養成を願って、医学校と、わが
　　国初の看護学校をおこした。これら個
　　人としては限界を越えるほどの多大な
　　業績を一貫して支えたのは、医学を病
　　者のものにしたいという彼の悲願で
　　あった。医の倫理が問われ、人間不在
　　の医療が問題とされるいま、兼寛の生
　　涯と業績を振り返りつつ、あるべき医
　　療の姿を訴える。

◇高木兼寛伝　東京慈恵会医科大学創立八
　十五年記念事業委員会編　東京慈恵会医
　科大学創立八十五年記念事業委員会
　1965　341p　図版　22cm

▌**高木 仙右衛門**　たかぎ・せんえもん
　1824～1899　社会福祉家。潜伏キリシタ
　ンの中心人物。自宅を赤痢療養所や孤児
　院として教導、福祉に献身。

◇高木仙右衛門に関する研究―「覚書」の分
　析を中心にして　高木慶子著　思文閣出
　版　2013.2　209p　22cm　〈文献・年譜
　あり　布装〉　①978-4-7842-1684-0

◇日本史のなかのキリスト教　長島総一郎
　著　PHP研究所　（PHP新書）　2012.11
　233p　18cm　①978-4-569-80884-0
　＊日本に初めてキリスト教の種をまいた聖
　　フランシスコ・ザビエルやその影響か
　　ら洗礼を受けたキリシタン大名、日本
　　26殉教者の強い信仰心は驚嘆に値する。
　　命を危険にさらしながら来日、キリシタ
　　ン禁制、厳格な鎖国のなか懸命に布教を
　　行なう人たちが後を絶たなかった。「有
　　限の苦しみと永遠の幸せ」を信じて、健
　　気に天の神への忠誠を誓う。病人や障が
　　い者に対する厳しい差別があるなかで、
　　信者たちは積極的に弱者に寄り添い、
　　生涯を捧げていった。本書は、日本の
　　歴史を辿りながら、有名な人物から市
　　井の人々にまで広く焦点を当てていく。
　　キリスト教について広く学べる解説書。

◇高木仙右衛門覚書の研究　高木慶子著
　中央出版社　1993.12　185p　22cm　〈参
　考文献：p180～182〉　①4-8056-5624-7

▌**高木 文平**　たかぎ・ぶんぺい
　1843～1910　旗本領代官。

◇わが国水力発電・電気鉄道のルーツ―あ
　なたはデブロー氏を知っていますか　高
　木誠著　かもがわ出版　2000.10　207p
　20cm　〈文献あり〉　①4-87699-552-4
　＊電気王と呼ばれた明治の田舎侍・高木
　　文平は、なぜデブロー氏に深い謝意を
　　表したのか？　訪米調査でわかった新事
　　実とは。

▌**高木 正年**　たかぎ・まさとし
　1857～1934　政治家。日本初の全盲代議
　士。海苔養殖を導入して地元漁民の生活

I　政治・経済　　　　　　　　　　　　　　　　　　　　　　　　　高島嘉右衛門

安定に貢献。

◇日本畸人伝—明治・七人の侍　鈴木明著
光人社　2000.10　301p　20cm
①4-7698-0977-8
＊自我を貫いたパイオニアたち。近代日
本史に魅力的な1ページを加える大宅壮
一ノンフィクション賞作家の異色作。

◇高木正年自叙伝　高木正年ほか著，横山
健堂編　大空社　〈盲人たちの自叙伝〉
1997.10　388p　22cm　〈代々木書院昭和
7年刊の複製　付属資料：25p〉
①4-7568-0438-1

◇奇っ怪紳士録　荒俣宏著　平凡社　（平凡
社ライブラリー）　1993.11　327p　16cm
①4-582-76027-9
＊尋常ならざる思想と行動力を武器に世界
の均衡を揺るがす人々、それが奇人だ。
「北海道になった男」、ウルトラの父、そ
して空飛ぶ円盤を発明した男まで、危
険な魅力溢れる人物コレクション。

◇明治維新畸人伝—かつて、愛すべき「変な
日本人」がいた　鈴木明著　勁文社　（勁
文社文庫21）　1993.10　238p　15cm
①4-7669-1873-8
＊現代史の中から抹殺されていった五人の
男たちの奇異な生涯とは？

◇品川区史外伝—盲目の代議士高木正年を
めぐるこぼれ話　高木善四郎著　白鳳社
1986.9　234p　図版13枚　19cm　〈高木正
年および著者の肖像あり〉

▎高島　嘉右衛門　　たかしま・かえもん
1832〜1914　実業家。北海道炭鉱鉄道社
長。横浜にガス会社、鉄道事業を興し、北
海道開拓に尽力。「高島易」開祖。

◇新・日本神人伝—近代日本を動かした霊
的巨人たちと霊界革命の軌跡　不二龍彦
著　太玄社　2017.4　391p　21cm　〈『日
本神人伝』増補・改題書〉
①978-4-906724-32-1
＊幕末から昭和初期に現れて、霊的な革
命を起こした天才たち—仙人、開祖、教
祖、霊能者。霊的サイクルの巨大転換。

◇高島嘉右衛門横浜政商の実業史　松田裕
之著　日本経済評論社　2012.8　246p

20cm　〈文献・年譜・索引あり〉
①978-4-8188-2204-7
＊横浜みなとみらいは高島嘉右衛門に始
まる。獄中生活から異人館建築、鉄道
敷設、ガス灯事業に洋学教育…。“易聖”
の名に封印された波乱の生涯を、伊藤
博文、大隈重信、渋沢栄一らとのつなが
りを軸に生きいきと描き出す。

◇建設業を興した人びと—いま創業の時代
に学ぶ　新装版　菊岡倶也著　彰国社
2012.6　453p　19cm
①978-4-395-02982-2

◇「横浜」をつくった男—易聖・高島嘉右衛
門の生涯　高木彬光著　光文社　（光文社
文庫）　2009.9　410p　15cm　〈『大予言
者の秘密—易聖・高島嘉右衛門の生涯』改
題書〉　①978-4-334-74649-0
＊幕末から明治を生き、横浜の地に名を
残し、易聖と呼ばれるまでになった男、
高島嘉右衛門。江戸の商人であった彼
は、商売の手違いから投獄され、牢内で
「易経」とめぐりあう。上下二巻を暗誦
するほどに熟読し、彼は天来の易占の
才を開花させる。後に自由の身と
なった嘉右衛門は、横浜に新天地を開
拓し、更に伊藤博文の相談役として、そ
の類い希なる能力を発揮する。

◇乾坤一代男—易聖・高島嘉右衛門　人と思
想　紀藤元之介著　東洋書院　2006.12
299p　20cm　〈高島嘉右衛門刊行会1956
年刊の改訂〉　①978-4-88594-390-4
＊幕末から明治にかけて幾多の艱難辛苦
を耐えながら貿易、鉄道、ガスと、明治
興隆に独創の天才を発揮した豪傑 “実業
家” “易聖”「呑象」の一代記。

◇賭けた儲けた生きた—紅花大尽からアラ
ビア太郎まで　鍋島高明著　五台山書房
2005.4　340p　19cm　①4-309-90626-5

◇高島易断を創った男　持田鋼一郎著　新
潮社　（新潮新書）　2003.8　190p　18cm
〈肖像あり　文献あり〉　①4-10-610030-4
＊高島嘉右衛門、現在でも流行りの「易」
の元祖たる。しかしそれだけではな
い。初めてガス灯を点し、横浜・高島町
の生みの親であり、日本の実業の基礎
を築いた一大事業家としても知られた

伝記ガイダンス　明治を生きた人々　　**385**

存在であった。また大隈重信や陸奥宗光、木戸孝允らとも親交が深く、特に伊藤博文とは昵懇の間柄。日清、日露戦争や経済政策など、実は、伊藤の政策の多くは嘉右衛門の占った易に拠っていた—。知られざる快男児の数奇の物語。

◇呑象高嶋嘉右衛門翁伝—伝記・高嶋嘉右衛門　植村澄三郎著　大空社　（近代日本企業家伝叢書）　1998.11　258,7p　22cm　〈大正3年刊の複製〉　①4-7568-0931-6

◇易断に見る明治諸事件—西南の役から伊藤博文の暗殺まで　片岡紀明著　中央公論社　（中公文庫）　1995.12　315p　16cm　①4-12-202494-3
　＊易の名人と言われ、伊藤博文からも厚い信頼を寄せられた高島嘉右衛門。友人の将来や失せものの行方から、戊辰の変、日清戦争、日露講和等の大事件に至るまでの彼の代表的易断六十数種を取り上げて易の魅力を解き明かしつつ、日本の近代化の過程を辿る。

◇大予言者の秘密—易聖・高島嘉右衛門の生涯　高木彬光著　角川書店　（角川文庫）　1982.3　338p　15cm

◇大予言者の秘密—易聖・高島嘉右衛門の生涯　高木彬光著　光文社　（カッパ・ブックス）　1979.7　350p　18cm

◇室蘭港のパイオニア　〔第3〕　室蘭図書館　（室蘭港湾資料）　1972　103p　図　肖像　19cm　〈限定版〉

◇乾坤一代男　紀藤元之介著　高島嘉右衛門伝刊行会　1956　243p　図版　18cm

▌ 高島 菊次郎　たかしま・きくじろう
1875〜1969　実業家，収集家。王子製紙社長。大阪商船、三井物産を経て王子製紙入社。中支振興総裁に就任。

◇五十年の回顧—ある書道編集者の軌跡　西嶋慎一著　芸術新聞社　2012.5　255p　21cm　①978-4-87586-335-9
　＊書道出版界をリードしてきた二玄社の編集者として積み重ねた、西川寧・青山杉雨をはじめとする書壇のトップ達との深く長い親交の数々。書き綴られる想い出の一端は、書に人生を捧げた書

人達の記憶を、後世へと伝える橋渡し。「書壇の生き字引き」が贈る、書に人生を捧げた書人達の記憶。

◇槐安居春秋　槐安居春秋刊行会　1970.1　235p　34cm　〈製作：求竜堂　高島菊次郎の肖像あり〉

◇高嶋菊次郎伝　河野幸之助著　日本時報社出版局　1962.4　544p　図版20枚　22cm　〈高島菊次郎と家族および関係者の肖像あり〉

▌ 高島 茂徳　たかしま・しげのり
1844〜1876　軍人。

◇幕臣福田重固・高島茂徳兄弟　樋口雄彦編著　福田達　2006.9　107p　21cm　〈肖像・文献あり〉

▌ 高田 早苗　たかた・さなえ
1860〜1938　教育家，政治家。早稲田大学総長、衆議院議員。大学教育・経営に尽力。外務省通商局長、文相などを歴任。

◇高田早苗の総合的研究　早稲田大学大学史資料センター編　早稲田大学大学史資料センター　2002.10　359,181p　22cm　〈付属資料：17p　早稲田大学創立一二五周年記念〉　①4-9901365-0-0

◇高田早苗伝　京口元吉著　早稲田大学出版部　1962　280p　図版　19cm

◇高田早苗先生生誕百年記念展のしおり　早稲田大学図書館編　1960　46p　図版　表　21cm

▌ 高田 慎蔵　たかだ・しんぞう
1852〜1921　実業家。高田商会を設立、直輸出入機械販売に従事。

◇曽祖父高田慎蔵　武藤一子著　〔武藤一子〕　2004　293p　26cm　〈肖像あり　年譜あり〉

▌ 高田 宜和　たかた・よしかず
1821〜1886　勧業家。

◇近代静岡の先駆者—時代を拓き夢に生きた19人の群像　静岡県近代史研究会編

静岡新聞社 1999.10 390p 19cm
①4-7838-1068-0

高津 仲三郎
たかつ・ちゅうざぶろう
1827〜1877 武士。会津藩士。思案橋事件に加わり、処刑された。

◇高津仲三郎—徳川慶喜を痛罵した男 松岡秀隆著 松岡秀隆 2017.9 95p 18cm 〈私家版〉

◇物語 悲劇の会津人 新人物往来社編 新人物往来社 1990.5 236p 19cm
①4-404-01711-1
＊義を貫き、時の流れに逆らって生きた悲運の会津人たちを描く。

高津 仲次郎 たかつ・なかじろう
1857〜1928 政治家。

◇評伝高津仲次郎 丑木幸男著 群馬県文化事業振興会 2002.11 672p 22cm 〈年譜あり 文献あり〉

◇高津仲次郎日記 3 高津仲次郎著, 丑木幸男編 群馬県文化事業振興会 2000.7 358p 22cm

◇高津仲次郎日記 1 高津仲次郎著, 丑木幸男編 群馬県文化事業振興会 1998.11 287p 22cm

◇群馬の人々 2 相葉伸等 相葉伸 （みやま文庫） 1963

鷹司 政通 たかつかさ・まさみち
1789〜1868 公家。関白・太政大臣・准三宮。関白・左大臣准三宮鷹司政煕の子。

◇幕末の朝廷—若き孝明帝と鷹司関白 家近良樹著 中央公論新社 （中公叢書） 2007.10 328p 19cm 〈年表・文献あり〉 ①978-4-12-003883-9
＊孝明天皇といえば、近年の研究では、朝廷の実権を握る摂関家や、開国を迫る幕府に、敢然と立ち向かった豪胆な性格の人物とされる。しかし史料から浮かび上がるのは、周囲への配慮と優しさをみせ、重大な決断を迫られて苦悩する姿である。孝明天皇の実像とは？

なぜ岩倉具視ら中下層公家集団が発言力を持つようになったのか？ 本書では、考明天皇や関白鷹司政通らの動向を中心に、公家社会の実態に迫り、幕末史の新たな視点を示す。

高野 孟矩 たかの・たけのり
1854〜1919 政治家，司法官僚。衆議院議員，初代台湾総督府高等法院長。裁判官の身分は憲法によって保障されていると主張、総督や政府と対立、憲法問題に発展。

◇裁判官の罷免—裁判官の身分保障を命がけで守った人 菊地博著 三協法規出版 1992.4 200p 21cm ①4-88260-097-8
＊永年にわたって司法の前線で活躍した著者が、在職中から書きためた味わい深い文章の数々をまとめたもので、裁判にまつわる埋もれた資料に光をあて、裁判の独立と裁判官の身分保障を守ることの難しさを訴える好著。

高野 房太郎 たかの・ふさたろう
1868〜1904 労働運動家。労働組合期成会を組織。消費組合運動の先駆者。

◇労働は神聖なり、結合は勢力なり—高野房太郎とその時代 二村一夫著 岩波書店 2008.9 298,7p 20cm 〈年譜あり〉 ①978-4-00-002593-5

◇日本社会政策の源流—社会問題のパイオニアたち 保谷六郎著 聖学院大学出版会 1995.4 274p 21cm ①4-915832-11-2
＊本書は、明治・大正初期における社会問題ないしは社会政策の啓蒙家、運動家の思想・行動について述べたものである。明治期には、先進国では、社会問題、労働運動が重要な現実問題になっていた。このような外国の状況は、わが国の学者等に影響を与えていた。しかし、当時の日本では、社会問題に対する社会の意識は、ようやく顔を現そうとしていた段階であって、社会問題を日本の社会に認識させるためには、この問題を提起し、啓蒙し、実践する人たちがとくに必要であった。本書は、当時の社会問題をめぐる認識や行動を浮かび上がらせるために、このような人

たちを取り上げている。

◇明治労働運動史の一齣―高野房太郎の生涯と思想　高野房太郎著，ハイマン・カプリン編著　有斐閣　1959　138,114p 図版 22cm

▌高橋 是清　たかはし・これきよ
1854～1936　財政家，政治家。横浜正金銀行頭取，日銀総裁，大蔵大臣，子爵。首相、政友会総裁。モラトリアム断行で金融恐慌鎮静。〔記念施設〕国立国会図書館憲政資料室　高橋是清関係文書（東京都千代田区），首都大学東京図書館本館　高橋是清関係文書（東京都八王子市），江戸東京たてもの園　高橋是清邸（東京都小金井市）

◇ほんとはこんなに残念な日本史の偉人たち　後藤寿一監修　実業之日本社　（じっぴコンパクト新書）　2018.1　189p　18cm 〈文献あり〉　①978-4-408-33758-6

◇人生を逆転させた男・高橋是清　津本陽著　PHP研究所　（PHP文芸文庫）2017.11　380p　15cm 〈『生を踏んで恐れず』改題書〉　①978-4-569-76804-5
＊留学先の米国で奴隷同様の扱いを受けながら、首相にまで上り詰めた男がいた。教師、官吏、相場師、銀行員と様々な職を経験し、失敗を繰り返しながらも、性来の楽天主義と自学自得の精神で、日銀総裁、大蔵大臣、首相となった高橋是清。世界恐慌、日露戦争の戦費調達など、大国を相手に国家の誇りを捨てず堂々と渡り合い、幾度も日本の危機を救った男の生涯に迫る力作評伝。

◇歴代日本銀行総裁論―日本金融政策史の研究　吉野俊彦著，鈴木淑夫補論　講談社　（講談社学術文庫）　2014.12　509p 15cm　①978-4-06-292272-2
＊明治十五年（一八八二）、近代的幣制を確立すべく創設された日本銀行。その歴史は波瀾に満ちている。昭和の恐慌と戦争、復興から高度成長、ニクソン・ショックと石油危機、バブル、平成のデフレ…。「通貨価値の安定」のため、歴代総裁はいかに困難に立ち向かったのか。三十一代二十九人の栄光と挫折を通して描く日本経済の鏡像。

◇圧巻！　高橋是清と田中角栄　小林吉弥著　ロングセラーズ　（〔ロング新書〕）2013.9　401p　18cm 〈「高橋是清と田中角栄　経済危機編・不況脱出編」（光文社1998年刊）の改題、加筆、合本〉　①978-4-8454-0924-2
＊逆境何ものぞ！　経済危機を果敢に回避、信念を貫いて生きた凄い男の凄い知恵と波乱の全人生。元気の出る本。

◇高橋是清と井上準之助―インフレか、デフレか　鈴木隆著　文藝春秋　（文春新書）2012.3　255p　18cm　①978-4-16-660858-4
＊いまの日本に必要なのは、国債バラマキか、それとも財政緊縮か。昭和のはじめ、同じ問題に直面していた。インフレ政策の高橋是清と、デフレ政策の井上準之助。だが、ともに劇薬の扱いを誤り、この国を悲劇へと導いた―渾身の歴史経済ノンフィクション。

◇日露戦争、資金調達の戦い―高橋是清と欧米バンカーたち　板谷敏彦著　新潮社　（新潮選書）　2012.2　460p　19cm　①978-4-10-603699-6
＊「戦費調達」の絶対使命を帯び欧米に向かった高橋是清と深井英五。彼らを待ち受けていたのは、金本位制を元に為替レースを安定させ急速に進化した20世紀初頭の国際金融市場であった。未だ二流の日本国債発行を二人はいかに可能にしたのか？　当時の証券価格の動きをたどることで外債募集譚を詳細に再現し、全く新たな日露戦争像を示す―金融版「坂の上の雲」。

◇恐慌に立ち向かった男　高橋是清　松元崇著　中央公論新社　（中公文庫）　2012.2　419p　16cm　〈『大恐慌を駆け抜けた男高橋是清』（2009年刊）の改訂、改題　年譜あり〉　①978-4-12-205604-6
＊日露戦争の戦費調達に始まり、明治、大正、昭和の日本財政に関わり続け、軍部台頭のさなか、大蔵大臣として昭和恐慌で破綻した財政立て直しに従事するが、二・二六事件の凶弾に斃れる。天性の楽観主義と強い意志で国を護ろうとした男・高橋是清を軸に戦前日本の財政・金融史を描く。

Ⅰ 政治・経済　　　　　　　　　　　　　　　　　　　　　　　　　　　　高橋是清

◇随想録　高橋是清著　中央公論新社　（中公クラシックス）　2010.11　399p　18cm　〈並列シリーズ名：CHUKOCLASSICS　年譜あり〉　①978-4-12-160121-6
　＊近代日本が産んだ最高の財政家の回顧。自由主義者の深い思索と広い知見が多くの示唆を与える。

◇高橋是清―日本のケインズ―その生涯と思想　リチャード・J・スメサースト著, 鎮目雅人, 早川大介, 大貫摩里訳　東洋経済新報社　2010.10　425,10p　22cm　〈年譜あり〉　①978-4-492-39538-7
　＊幼くして渡航、後に海外の財界人たちと厚い友情を築き上げた「日本のケインズ」の開かれた思想の形成に迫る。

◇ドラマチック日露戦争―近代化の立役者13人の物語　河合敦著　ソフトバンククリエイティブ　（ソフトバンク新書）　2010.10　239p　18cm　①978-4-7973-5813-1
　＊日露戦争はそれまで世界史が経験したことのない未曾有の大戦であり、日本という新興の小国が、老大国ロシアに挑んだ極めて無茶な戦いでもあった。にもかかわらず運命の日本海海戦で、ロシアが誇るバルチック艦隊を全滅させるという空前絶後の大勝利を収めた日本。その撃滅作戦を編み出した秋山真之を筆頭に、秋山好古、正岡子規、東郷平八郎、与謝野晶子、高橋是清など、日本の近代化に大きな貢献をした立役者たち13人の波乱万丈な物語を追う。

◇日本史有名人の苦節時代　新人物往来社編　新人物往来社　（新人物文庫）　2009.9　351p　15cm　①978-4-404-03743-5
　＊長く遠く、あてのない道をひたすら歩みつづけるのが人生ならば、その旅路の先に待ちうけているのは…。功なり名とげ、歴史にその名を刻んだ人びとにも、鳴かず飛ばずの逆境時代があった。艫も舵もない小舟で蘭学の海へ―杉田玄白。家の縁側や柱を薪にして米飯を炊いた日々―勝海舟。長い不遇にもめげず信念を貫いたへそ曲がり―吉田茂。中間子理論が「ふと」訪れるまでの長い苦闘―湯川秀樹。痛烈な批判を浴びた、大人の歌を唄う天才少女―美空ひばり。江戸～昭和を生きた88人の

有名人が、人知れず流した涙の数々…。

◇大恐慌を駆け抜けた男高橋是清　松元崇著　中央公論新社　2009.1　350p　20cm　①978-4-12-004000-9
　＊今こそ是清に学ぶべき時。命がけで軍部と闘い財政規律と国を護ろうとした男。

◇宰相たちのデッサン―幻の伝記で読む日本のリーダー　御厨貴編　ゆまに書房　2007.6　280p　21cm　①978-4-8433-2381-6
　＊幻の伝記を読み直すなかから生まれたまったく新しい戦前期の総理大臣評伝集。

◇日本を変えた44人の改革者　河合敦著　学習研究社　（学研M文庫）　2006.3　333p　15cm　〈『改革の日本史』加筆・改稿・改題書〉　①4-05-901181-9
　＊世襲制を否定した聖徳太子、思い切った減税で民の心をつかんだ北条早雲、完璧な能力主義の織田信長、遊べや使えの重商主義政策をとった徳川宗春、クレジットカード!?で支出を管理した土井利里、町から灯が消えるほどの倹約令を発した水野忠邦、積極財政で恐慌を次々と乗り切った高橋是清、所得倍増計画を4年で達成させた池田勇人など、日本の改革者44人を紹介し、その成果と功罪をわかりやすく解説。先人たちが挑んだ、改革の日本史。

◇高橋是清　御厨貴監修　ゆまに書房　（歴代総理大臣伝記叢書）　2006.2　445p　21cm　①4-8433-1790-X

◇歴代総理大臣伝記叢書　第12巻　高橋是清　御厨貴監修　ゆまに書房　2006.2　446p　図版17枚　22cm　〈複製　折り込2枚　肖像あり〉　①4-8433-1790-X

◇日本の復興者たち　童門冬二著　講談社　（講談社文庫）　2006.1　355p　15cm　①4-06-275298-0
　＊三菱の創業者・岩崎弥太郎、早稲田の建学者・大隈重信、不世出の蔵相・高橋是清。三人は自らの信念、理想を掲げて難局に立ち向かい、資本主義と財政の確立、国際的地位の向上に生命を賭けた。彼らの独立不羈の姿を描き、近代日本にあって現代に欠けている"勃興の

伝記ガイダンス 明治を生きた人々　　**389**

高橋是清　　　　　　　　　　　　　　　Ⅰ　政治・経済

精神”と“男の力量”について考察する。

◇高橋是清と井上準之助　高橋義夫著　学
陽書房　（人物文庫）　2005.9　347p
15cm　Ⓝ4-313-75203-X
＊経済危機を救うのは緊縮財政か？　積極
財政か？　昭和二年の金融恐慌に際し、
蔵相として卓越した指導力を発揮して、
迅速に危機を収束させた高橋是清。不
況克服のためにリストラを断行した蔵
相・井上準之助。平成不況にも似た経
済危機に、果断に対処した二人の財政
家の信念と決断を練達の直木賞作家が
描く迫真の歴史ドキュメント。

◇お札になった偉人　童門冬二著　池田書店
2005.2　191p　21cm　Ⓝ4-262-14507-7
＊その人がお札の肖像に選ばれた時の政
治・社会状況がどんなものであったか。
お札になった人がどんな事をしたのか
（事績）。そしてその人がお札になった
時の政治・社会状況と、お札になった人
の事績等を結びつけて、その人物がな
ぜお札になったかの推測を行う。

◇日本宰相列伝　上　三好徹著　学陽書房
（人物文庫）　2005.1　487p　15cm
Ⓝ4-313-75193-9
＊草莽の志士の中でとびぬけた幸運をつ
かんだ伊藤博文。薩摩派のボスのよう
に見えながら孤立していた黒田清隆。
佐賀出身の大隈重信が“葉隠れ精神”嫌
いだった理由。藩閥政治退治を志した
“平民宰相”原敬の意外な経歴。首相よ
り蔵相として活躍した高橋是清の波乱
万丈の人生…。明治・大正の宰相を通
して、近代日本を検証する意欲作。

◇生を踏んで恐れず―高橋是清の生涯　津
本陽著　幻冬舎　（幻冬舎文庫）　2002.4
390p　15cm　Ⓝ4-344-40224-3
＊転職二十回。十四歳で留学したアメリカ
では奴隷に売られ、日本では相場師か
ら首相までを経験した高橋是清。昭和
初期の金融恐慌を鎮めるなど蔵相七回
をつとめた不世出の政治家は後に、二・
二六事件に倒れる。労苦と挫折を糧に
卓越した人間観と金融政策で日本の危
機を何度も乗りきった男は何を優先し、
どう決断したか。渾身の力作評伝。

◇高橋是清と田中角栄―日本を救った巨人
の知恵　小林吉弥著　光文社　（知恵の森
文庫）　2002.3　383p　16cm　〈1998年
刊の増補〉　Ⓝ4-334-78145-4
＊男が生きにくくなった時代に、こんな
「凄い奴」がいた。「だるま宰相」高橋
是清と、「今太閤」田中角栄。波乱万丈、
戦い続けた「巨人」二人には驚くべき酷
似点があった。放蕩三昧もあったが、
常に「公的利益」を優先、また勤勉だっ
た。この二人の男の生き方に、今の閉
塞社会を打ち破る多くのヒントと、生
きる知恵が発見できる。この本を読め
ば、元気が出る。

◇高橋是清―財政家の数奇な生涯　復刻版
大島清著　中央公論新社　（中公新書）
1999.10　196p　18cm　〈文献あり　年表
あり〉　Ⓝ4-12-170181-X
＊軍事予算の膨脹に抗し、二・二六事件で
非業の死をとげた高橋是清は、それま
でも昭和二年の金融恐慌や金解禁後の
混乱の処理など難局のたびに引き出さ
れて、財政家としての腕をふるった。
原敬歿後に政友会総裁となり、子爵を
投げうって護憲運動のため立候補し、
功成って引退した後にである。名利を
離れて、果断で現実的な「高橋財政」を
行ない、凶弾に斃れた高橋は、政党政治
から軍部独裁へ傾斜してゆく両大戦間
期日本の証人である。

◇人間の運命　小島直記著　致知出版社
1999.6　271p　19cm　Ⓝ4-88474-567-1
＊人は運命の力の前に何をなしうるか。
幸田露伴、高橋是清、安田善次郎…。当
代随一の伝記作家が語る、人それぞれ
の運命との相克。

◇高橋是清随想録　高橋是清口述，上塚司
聞き書き　本の森　1999.6　409p　20cm
〈年譜あり〉　Ⓝ4-938965-15-1
＊金融恐慌から日本を救った男。その思
想と生きざまは。

◇棺を蓋いて事定まる―高橋是清とその時
代　北脇洋子著　東洋経済新報社
1999.4　329p　20cm　Ⓝ4-492-06109-6
＊80の若さと輝く瞳。青年の理想と意気
込みをもった財政家・高橋是清の生涯。

I 政治・経済 高橋是清

◇高橋是清―立身の経路 高橋是清著 日本図書センター （人間の記録） 1999.2 233p 20cm ①4-8205-4327-X

◇明治に名参謀ありて―近代国家「日本」を建国した6人 三好徹著 小学館 （小学館文庫 「時代・歴史」傑作シリーズ） 1999.1 350p 15cm ①4-09-403511-7
＊平成不況と言われるなか、再び注目を浴びているのが二・二六事件で暗殺された蔵相高橋是清。財界の守護神と呼ばれ、昭和恐慌ではモラトリアムを実施し日本の危機を救った。しかしその高橋だが、米国留学時代には奴隷として売られたり、芸姑のヒモとなっていたりと決してエリートとは呼べない人生を歩んできたのだった。このほか、三井財閥の創始者、益田孝や日露戦争の作戦立案者、児玉源太郎など明治に活躍した六人の男たちのエピソードを作家の三好徹が力強く描く。明治人はいかに困難を乗り切ったのだろうか。

◇生を踏んで恐れず―高橋是清の生涯 津本陽著 幻冬舎 1998.12 333p 20cm 〈文献あり〉 ①4-87728-272-6
＊金融大恐慌のさなか、死を覚悟で己の信念を貫いた政治家がいた。転職20回。14歳で留学したアメリカでは奴隷に売られ、日本では相場師から首相までを経験した高橋是清。労苦と挫折を糧に、卓越した人生観と金融政策で日本の危機を何度も乗り切った男は何を優先し、どう決断したか。

◇高橋是清と田中角栄―どれだけ大胆、積極、果敢に決断したか 不況脱出編 小林吉弥著 光文社 （カッパ・ブックス） 1998.11 222p 18cm ①4-334-00642-6

◇国際財政金融家高橋是清 せんだみのる著 教育総合出版局 （せんだみのる著作集） 1998.6 1193p 21cm 〈折り込1枚〉

◇運命の児―日本宰相伝 2 三好徹著 徳間書店 （徳間文庫） 1997.8 334p 15cm ①4-19-890742-0
＊明治、大正、昭和前期三時代の潮流から逃れられぬ運命を背負った七人の宰相たちがたどった"頂点"までの紆余曲折の道のりを追い、その人間像を余すと

ころなく描き出す。戦乱と動乱の渦中に屹立した彼らの栄光と蹉跌、そして死と隣り合わせの権勢とは。

◇高橋是清伝 高橋是清口述，上塚司筆録，矢島裕紀彦現代語訳 小学館 （地球人ライブラリー） 1997.2 283p 20cm ①4-09-251032-2

◇哲学を始める年齢 小島直記著 実業之日本社 1995.12 215p 21cm ①4-408-41086-1
＊自分自身について、自分をとりまく世界について、深く思いを致すとき、哲学の世界が開ける。高橋是清、石橋湛山ら13人の人生の達人たちの「哲学開眼」を活写した渾身の力作。

◇世界の伝記 23 高橋是清 中沢圭夫著 ぎょうせい 1995.2 286p 20cm 〈新装版 高橋是清年譜p277～281 参考文献：p286〉 ①4-324-04400-7

◇大蔵大臣 高橋是清―不況乗り切りの達人 大石亨著 マネジメント社 1992.9 252p 19cm ①4-8378-0304-0

◇高橋是清と国際金融 藤村欣市朗著 福武書店 1992.6 2冊 22cm 〈上巻の副書名：日露戦争と「外債募集英文日記」下巻の副書名：財務官の系譜とリース・ロス卿 高橋是清の肖像あり 付：年表・参考文献〉 ①4-8288-1720-4

◇達磨宰相・高橋是清―七転八起の人生哲学 南条範夫著 PHP研究所 （PHP文庫） 1989.2 250p 15cm 〈『高橋是青』改題書〉 ①4-569-26188-4
＊二・二六事件で、叛乱軍の青年将校が放った凶弾に斃れた時の蔵相・高橋是清。私生児として生まれ、放蕩無頼の青年時代をすごしながらも出世の階段を登りつめ、人々に達磨宰相と親しまれた稀代の楽天的人物の人間的魅力とは？ その生い立ちから死までを俯瞰し、波瀾にとんだ生きざまに出世の秘密をさぐる現代人必読の力作長編。

◇日本宰相列伝 8 高橋是清 今村武雄著 時事通信社 1985.12 250p 19cm 〈監修：細川隆元 三代宰相列伝（昭和33年刊）の改題新装版 高橋是清の肖像あり〉

伝記ガイダンス 明治を生きた人々 **391**

①4-7887-8558-7

◇波瀾万丈―高橋是清 その時代　長野広生
　著　東京新聞出版局　1980.2　2冊　20cm

◇高橋是清―日本の"ケインズ"　後藤新一
　著　日本経済新聞社　（日経新書）
　1977.6　188p　18cm

◇高橋是清―財政家の数奇な生涯　大島清
　著　中央公論社　（中公新書）　1969
　196p　18cm

◇財界人思想全集　第8　財界人の人生観・
　成功観　小島直記編・解説　ダイヤモン
　ド社　1969　454p　22cm

◇明治百年 文化功労者記念講演集　第1輯
　福沢諭吉を語る〔ほか〕　高橋誠一郎　尾
　崎行雄記念財団　1968　324p　19cm

◇高橋是清 奴隷から宰相へ　南条範夫著
　人物往来社　（近代人物叢書）　1967
　275p　19cm

◇日本財界人物列伝　第1巻　青潮出版株式
　会社編　青潮出版　1963　1171p　図版
　26cm

◇芳塘随想 第9集　高橋是清翁のこと　津
　島寿一著　芳塘刊行会　1962

◇高橋是清　今村武雄著　時事通信社　（三
　代宰相列伝）　1958　250p　図版　18cm

◇続 財界回顧―故人今人　池田成彬著，柳
　沢健編　三笠書房　（三笠文庫）　1953
　217p　16cm

◇明治 大実業家列伝―市民社会建設の人々
　林房雄著　創元社　1952　255p　19cm

◇評伝 高橋是清　今村武雄著　財政経済弘
　報社　1950　343p　図版　19cm

◇評伝 高橋是清　今村武雄著　時事通信社
　1948　288p　図版　19cm

◇自由を護った人々　大川三郎著　新文社
　1947　314p　18cm

▌**高橋 正作**　たかはし・しょうさく
1803～1894　篤農家。著書に「除稲虫之
法」「飢歳問答」など。農業技術の指導に

あたる。

◇村守る、命かけても―聖農高橋正作・伝
　簗瀬均著　秋田魁新報社　2007.8　174p
　21cm　〈肖像・年譜あり〉
①978-4-87020-266-5

▌**高橋 真八**　たかはし・しんぱち
1876～1938　陸軍軍人。中将。築城の権
威者。

◇戦争はいかん―平和を希った軍人高橋真八
　牛尾保子著　牛尾保子　1993.12　260p
　20cm　〈高橋真八年譜：p256～257〉

▌**高橋 箒庵**　たかはし・そうあん
1861～1937　実業家，数奇者。三井銀行
などを経て王子製紙専務。茶道に親しみ
数奇会の中心人物となる。

◇文明開化の日本改造―明治・大正時代
　中村修也監修　淡交社　（よくわかる伝統
　文化の歴史）　2007.6　111p　21cm
①978-4-473-03347-5
＊ちょんまげ切ってお肉食べて、富国強
　　兵・殖産興業。四民に教育をして早く
　　外国に追いつこう。古いものは「伝統
　　文化」にしてしまおう。でも、それでい
　　いのか日本人。

◇万象録―高橋箒庵日記　巻6　大正七年
　高橋義雄著　思文閣出版　1989.7　463p
　22cm　〈校訂：大浜徹也ほか〉
①4-7842-0560-8

◇万象録―高橋箒庵日記　巻5　大正六年
　高橋義雄著　思文閣出版　1988.10　472p
　22cm　①4-7842-0528-4

◇万象録―高橋箒庵日記　巻4　大正五年
　高橋義雄著　思文閣出版　1988.3　469p
　22cm　①4-7842-0506-3

◇万象録―高橋箒庵日記　巻3　大正四年
　高橋義雄著　思文閣出版　1987.6　477p
　22cm　①4-7842-0477-6

◇万象録―高橋箒庵日記 巻2　高橋義雄（箒
　庵）著　思文閣出版　1986.12　333p
　22cm　①4-7842-0462-8

◇万象録―高橋箒庵日記 巻1　高橋義雄（箒
　庵）著　思文閣出版　1986.9　23,454p

I　政治・経済　　　　　　　　　　　　　　　　　　　　　　　　　　　　高橋泥舟

22cm　〈肖像・筆跡：著者　図版（肖像
筆跡を含む）〉　①4-7842-0451-2

▌**高橋 琢也**　たかはし・たくや
1848〜1935　官吏。農商務省山林局長を
務めた。

◇創学の碑―東京医科大学の夜明け高橋琢
也の真　伊東洋著　中央公論事業出版（制
作・発売）　2013.9　239p　20cm　〈文
献・年表あり〉　①978-4-89514-405-6

◇医学校をつくった男―高橋琢也の生涯
伊東洋著　中央公論事業出版（制作・発
売）　2011.6　223p　20cm　〈年譜あり〉
①978-4-89514-372-1
＊東京医科大学の創立者、高橋琢也の生
涯を検証、人物像について語り継ぐ第
一歩となる物語

▌**高橋 泥舟**　たかはし・でいしゅう
1835〜1903　幕臣，槍術家。講武所の槍
術教授。徳川慶喜の身辺警護にあたる。
勝海舟、山岡鉄舟とともに幕末三舟と称
された。

◇高邁なる幕臣 高橋泥舟　岩下哲典編著
教育評論社　2012.11　270p　20cm　〈文
献・年譜・索引あり〉
①978-4-905706-74-8
＊江戸無血開城と将軍慶喜のために、己
を捨てて奔走した至誠の幕臣、高橋泥
舟。幕末の三舟の一人でありながら謎
に包まれたその生涯と思想を知られざ
る文献、そして新発見史料を手がかり
に明らかにする。

◇幕末三舟伝　頭山満述　国書刊行会
2007.11　340p　19cm
①978-4-336-04984-1
＊江戸無血開城の立役者・海舟の智、泥舟
の意、鉄舟の情。武道と禅の修養が江
戸百万の市民を救う。明治元年春、百
万の江戸市民を戦火の危機から救い出
した三人の幕臣、勝海舟・高橋泥舟・山
岡鉄舟（三舟）の、維新前夜の死を賭し
た活躍を生き生きと活写。

◇泥舟遺稿　オンデマンド版　高橋泥舟著,
安部正人編　島津書房　2001.5　214p

22cm　〈国光社明治36年刊の複製　肖像
あり　折り込み2枚〉　①4-88218-086-3

◇幕末三舟伝　改訂新版　頭山満著　島津
書房　1999.11　368p　20cm
①4-88218-079-0
＊江戸を救った男たち。勝海舟、高橋泥
舟、山岡鉄舟の幕末三舟を立雲頭山満
翁がその独特な舌端をもって剖検した
近代の快著。

◇泥舟遺稿―伝記・高橋泥舟　安部正人編
大空社　（伝記叢書）　1997.2　214,5p
22cm　〈国光社明治36年刊の複製　☆柳原
書店〉　①4-7568-0450-0

◇日本人の志―最後の幕臣たちの生と死
片岡紀明著　光人社　1996.12　257p
19cm　①4-7698-0797-X
＊最後の徳川家臣団総数33400余人、苦難
の時代に遭遇した幕臣たちは、幕府が
潰え去ったあと、何を思い、どう生きよ
うとしたのか。ある者は徳川に殉じ、
ある者は新政府の役人になり、ある者
は商人になり、またある者は農業にた
ずさわり、ある者は新聞をおこした。
成功した者もいれば失意の淵に沈んだ
者もいた。しかし、彼らは、「士の心」
を失うことはなかった。「日本人の心」
を持ちつづけた男たちのロマン。

◇幕末の三舟―海舟・鉄舟・泥舟の生きかた
松本健一著　講談社　（講談社選書メチ
エ）　1996.10　222p　19cm
①4-06-258089-6
＊幕末から明治近代へ―新時代の「機」を
読み切り、独創的な才覚を発揮した海
舟。公への「誠」を通し、変わらず忠勤
に励んだ鉄舟。主家への「忠」を貫き、
隠棲の淵に身を投じた泥舟。時流の荒
波にそれぞれの航跡を描いた、三舟の
「生きかた」を考える。

◇幕末三舟伝　頭山満著　島津書房　1990.8
368p　21×16cm　①4-88218-028-6
＊勝海舟、高橋泥舟、山岡鉄舟の幕末三舟
を立雲頭山満翁がその独特な舌端を
もって剖検した近代の快著。

◇三舟及び南洲の書　寺山葛常著　巌南堂
書店　1982.9　310p　27cm　〈年譜 巻
末：主な参考文献 肖像・筆跡：勝海舟

伝記ガイダンス 明治を生きた人々　**393**

〔ほか〕 図版（肖像　筆跡）〉

高橋 光威　たかはし・みつたけ
1867〜1932　ジャーナリスト，政治家。衆議院議員。「福岡日々新聞」を経て「大阪新報」主筆。立憲政友会に属し、連続当選8回。
◇原敬内閣書記官長高橋光威の生涯　高橋明雄著　大慈会原敬遺徳顕彰会　2003　127p　21cm　〈肖像あり　年表あり〉

高畑 利宜　たかばたけ・としよし
1841〜1922　内陸部開拓の先達。
◇北に描いた浪漫―先駆者・高畑利宜とその時代　佐藤一夫著　北海道出版企画センター　1990.9　315p　19cm　〈高畑利宜・履歴：p279〜282 参考文献：p313〜315〉　①4-8328-9012-3

高平 小五郎　たかひら・こごろう
1854〜1926　外交官。駐米大使となり、高平・ルート協定締結。
◇高平小五郎を追い求めて―在米特命全権公使高平小五郎への会見記などを探して　平野恵一著　富英社　2013.10　147p　21cm　〈著作目録あり〉　①978-4-9903590-4-1
◇高平小五郎ワシントンからの報告　平野恵一著　富英社　2009.5　204p　21cm　〈年譜・文献あり〉　①978-4-9903590-2-7
◇高平小五郎ロンドンからの暗号電報―T・ルーズヴェルトとの密談　平野恵一著　富英社　2007.11　124p　21cm　〈肖像・年譜・文献あり〉　①978-4-9903590-1-0
◇ニューヨークに輝く高平小五郎―明治時代のアメリカにおける外交官の業績　平野恵一著　富英社　2006.10　58p　21cm　〈会期・会場：平成17年12月10日　一関市文化センター　年譜・文献あり〉

高山 長五郎
たかやま・ちょうごろう
1830〜1886　養蚕功労者。飼育法を案出、蚕具の改良も行う。民間の養蚕振興に貢献。
◇高山長五郎の生涯―ふじおかから世界へ　養蚕教育の父　ふくやまけいこ漫画，藤岡市教育委員会編　藤岡市教育委員会　2014.10　103p　21cm　〈市制施行60周年・世界遺産登録記念　共同刊行：藤岡市　年表あり〉
◇絹先人考　上毛新聞社編　上毛新聞社（シルクカントリー双書）　2009.2　313p　19cm　①978-4-86352-005-9
＊群馬のシルク産業にかかわった多くの人たちは、時代の先導者でもあった。絹の国の先人たちは何を考え、どう生きたのか。現代に引き継がれている先人たちの業績や特質、その背景や先進性などに迫った。

財部 彪　たからべ・たけし
1867〜1949　海軍軍人。海相。ロンドン海軍軍縮会議全権の一人として調印。
◇いま甦る提督財部彪　樋口兼三編　財部彪顕彰会　1991.3　116p　図版10枚　21cm　〈財部彪の肖像あり〉
◇財部彪日記―海軍次官時代　上　財部彪著，坂野潤治ほか編　山川出版社（近代日本史料選書）　1983.10　300p　20cm　〈解題 - p3〜24 肖像：財部彪　図版（肖像を含む）〉

田川 大吉郎　たがわ・だいきちろう
1869〜1947　新聞記者，政治家。衆議院議員。又新会、中正会、憲政会等に所属。普選運動を推進。
◇基督教徒としての田川大吉郎　遠藤興一著，明治学院大学キリスト教研究所編　明治学院大学キリスト教研究所（MICSオケイジョナル・ペーパー）　2008.1　87p　26cm
◇書誌田川大吉郎―その生涯と著作　遠藤興一著　ジェイピー出版　2005.12　147p　26cm　〈「田川大吉郎に関する基礎研究」（タグプロ出版1999年刊）の続編　年譜あり〉
◇田川大吉郎とその時代　遠藤興一著　新教出版社　2004.3　324p　19cm　〈肖像

Ⅰ　政治・経済　　　　　　　　　　　　　　　　　　　　　　　　　　竹下勇

あり　著作目録あり〉　①4-400-42758-7

◇シリーズ福祉に生きる　4　田川大吉郎
　一番ケ瀬康子，津曲裕次編　遠藤興一著
　大空社　1998.12　194,2p　19cm　〈著作
　目録あり〉　①4-7568-0845-X
　＊「鉱山の停止を唱ふるものは，(その結
　果の)責を負はねばならぬ。足尾鉱山に
　は二万有余の鉱夫が居る。此人々の処分
　を如可に考へたので有るか」都市政策，
　救貧事業などに大きな足跡を残した。

▌滝　善三郎　たき・ぜんざぶろう
　1837～1868　備前藩士。備前岡山藩士滝
　六郎の次男。神戸事件で切腹。
◇維新外交秘録 神戸事件　矢野恒男著
　フォーラム・A　2008.1　294p　19cm
　①978-4-89428-498-2
　＊明治維新政府の危機を救うため，外国
　人見証のもと従容として切腹，日本武
　士道の何たるかを知らしめた備前藩士・
　滝善三郎。

▌滝　吉弘　たき・よしひろ
　1842～1904　豊後日出藩士。滝廉太郎の
　父。佐賀の乱で政府軍として参加。
◇清貧の譜―忘れられたニッポン人 楽聖滝
　廉太郎と父の時代　加来耕三著　広済堂
　出版　1993.8　342p 19cm
　①4-331-50413-1
　＊「荒城の月」の天才作曲家と最後の“サ
　ムライ”だった父の，「明治」の生死。

▌竹川　竹斎　たけがわ・ちくさい
　1809～1882　商人。灌漑用池築造，万古焼
　創製などに尽力。横浜で海外貿易を行う。
◇茶人竹川竹斎とその周辺　永井謙吾著
　永井英子　2009.10　406p　22cm　〈文献
　あり〉
◇歴史の仕掛人―日本黒幕列伝　童門冬二
　著　読売新聞社　1990.9　296p 19cm
　①4-643-90073-3
　＊時代を変えた凄いやつら。「長屋王の
　変」の妖女，「ばさら」大名，家康を育
　てた怪僧など，黒幕23人の痛快人物伝。

▌竹越　竹代　たけこし・たけよ
　1870～1944　婦人運動家。「国民新聞」創
　刊。廃娼運動，禁酒禁煙運動を展開。女
　性新聞記者のさきがけ。
◇女のくせに―草分けの女性新聞記者たち
　江刺昭子著　インパクト出版会　1997.1
　327p　19cm　①4-7554-0061-9
　＊生きた，恋した，書いた…14人の女性
　ジャーナリスト列伝。
◇竹越竹代の生涯―伝記・竹越竹代　竹越
　熊三郎編　大空社　(伝記叢書)　1995.12
　78,314,5p　22cm　〈竹越熊三郎昭和40年
　刊および玄黄社大正3年刊の合本複製〉
　①4-87236-492-9
◇竹越竹代の生涯　竹越熊三郎著　竹越竜
　五郎　1965　78p 図版　21cm

▌竹下　勇　たけした・いさむ
　1869～1949　海軍軍人。大将。パリ講和
　会議に随員として参加。
◇近代未満の軍人たち―兵頭二十八軍学塾
　兵頭二十八著　光人社　2009.11　217p
　19cm　①978-4-7698-1450-4
　＊奇襲開戦計画主義の顛末。近代国家の
　軍隊はどうあるべきだったのか。また
　その軍人たちは，いつ，どのようにして
　「自律」を失ったのか。23人の軍人に見
　る日本の興亡。日本近代軍事史の底流
　を見据えながら，短く濃密に，娯楽的に
　して探学究的な側面も併せ持つ軍人伝。
　当事者の重要証言や公式ペーパーが発
　掘される可能性がほとんどない問題に
　も敢えて斬り込んだ冷厳，大胆な視座
　からの歴史読物。現代人が近代日本人
　の「国防の倫理」を知り自問するための
　テキスト。
◇海軍の外交官竹下勇日記　竹下勇著，波
　多野勝ほか編　芙蓉書房出版　1998.1
　620p　22cm　〈竹下勇年譜：p98～99〉
　①4-8295-0202-9
　＊ポーツマス講和会議，パリ講和会議な
　ど明治後期～大正時代の重要な外交交
　渉に関与した海軍軍人の12年間の日記。
　収録時期―明治38年，44年～大正10年。
　編者による「竹下勇小伝」を付す。

伝記ガイダンス 明治を生きた人々　　395

武田 五一　たけだ・ごいち

1872〜1938　建築家。京都帝国大学教授。作品に福島邸、京都帝大本館、京都商品陳列所など。

◇評伝武田五一―茶室からアール・ヌーヴォー、スパニッシュ様式へ　研究図録　谷藤史彦執筆，ふくやま美術館編　ふくやま美術館　2016.3　143p　26cm　〈年譜あり〉

◇岩崎平太郎の仕事―武田五一・亀岡末吉とともに：近代奈良の建築家　川島智生著　淡交社　2011.12　160p　26cm　〈年表あり〉　Ⓘ978-4-473-03761-9
＊未公開の豊富な図面・資料と現存の建築作品を比較し検証。寺社建築・数寄屋建築・民家・アールヌーボー・セセッション…、東西の意匠の粋を胸らす建築美。関西に開花した近代和風建築の世界。

◇さまよえる工芸―柳宗悦と近代　土田真紀著　草風館　2007.9　317,20p　21cm　Ⓘ978-4-88323-173-7
＊純粋美術としての絵画・彫刻より低位におとしめられた陶器、漆器、金工、染織等の諸分野の工芸で活躍した板谷波山、武田五一、浅井忠、神坂雪佳、藤井達吉、津田青楓、富本憲吉、今和次郎、広川松五郎、高村豊周たち、絶望から出発し、近代工芸を模索する彼らの悪戦苦闘の軌跡を検証。また1900（明治33）年のパリ万国博覧会の前後に移入された、工芸図案の再生への出発となるアール・ヌーヴォーの意義を分析。さらに日本近代における唯一といえる体系的な工芸をめぐる柳宗悦の思想が誕生した経緯、その中身と意味を歴史的な文脈のなかで検討する。

◇フランク・ロイド・ライトと武田五一―日本趣味と近代建築　ふくやま美術館編　ふくやま美術館　2007.1　215p　26cm　〈会期・会場：2007年1月13日―3月11日　ふくやま美術館　福山市市制施行90周年記念事業　年譜・文献あり〉

◇近代建築の好奇心　武田五一の軌跡―平成17年度特別展図録　文京ふるさと歴史館編　文京区教育委員会　2005.10　88p　30cm　〈会期・会場：平成17年10月22日

―12月4日　文京ふるさと歴史館〉

◇日本建築家山脈　復刻版　村松貞次郎著　鹿島出版会　2005.9　315p　21cm　Ⓘ4-306-04455-6
＊現代へと導いた明治・大正・昭和の建築家500人余の列伝。師と弟子、先輩と後輩…近現代建築の系譜が人間模様によって鮮やかに浮かび上がる。巨匠・名作の源流をたどり、日本建築界のDNAを描いた名著、待望の復刻。

武市 安哉　たけち・あんさい

1847〜1894　政治家。衆議院議員。クリスチャン自由民権運動家。自由民権とキリスト教を実践しようとした理想主義者。

◇人間登場―北の歴史を彩る　NHKほっからんど212　第1巻　合田一道，日本放送協会番組取材班著　北海道出版企画センター　2003.3　253p　19cm　〈文献あり〉　Ⓘ4-8328-0303-4

◇ある自由民権運動者の生涯―武市安哉と聖園　崎山信義著　高知県文教協会　1960　306p　図版　地図　19cm

武市 富子　たけち・とみこ

1830〜1917　武市瑞山の妻。夫が獄舎につながれると畳の上で寝なかった。

◇幕末の志士を支えた「五人」の女―坂本竜馬の「おりょう」から近藤勇の「おつね」まで　由良弥生著　講談社　（講談社プラスアルファ文庫）　2009.11　268p　15cm　Ⓘ978-4-06-281329-7
＊幕末日本のキーパーソン、坂本竜馬、武市半平太、桂小五郎、高杉晋作、近藤勇の妻らの生きざまを描いた半生記！江戸末期のキーワードとして知られる薩長連合、尊王攘夷、新撰組など、一時代を築いた、そして、国を動かした志士たちの偽らざる私生活の実態が見える！彼らを愛し、愛された五人の女性にスポットライトをあてた、教科書やドラマでは決して知り得ない、激動の時代を彩った女たちの心根、そして愛を綴った感動秘話。

◇司馬遼太郎作品の女性たち　北影雄幸著

文芸企画　2006.2　357p　19cm
Ⓘ4-434-07496-2
＊戦国期、幕末維新の動乱を駆け抜けた
十三人の女性たちの美しき生き様。

竹内　明太郎
たけのうち・あきたろう
1860〜1928　実業家, 政治家。茨城無煙
炭, 夕張炭鉱等諸会社の重役を務めた。

◇ダットサンの忘れえぬ七人─設立と発展
に関わった男たち　下風憲治著, 片山豊
監修　片山豊記念館　2017.10　247p
19cm　Ⓘ978-4-89522-679-0
＊日本に自動車産業を確立し育成するた
めに一生涯をかたむけた男たちがいた。

◇竹内明太郎伝─コマツ創業の人　小松商
工会議所機械金属業部会編　コマツ
2012.10　299p　18cm　〈文献あり〉

◇ダットサンの忘れえぬ七人─設立と発展
に関わった男たち　下風憲治著, 片山豊
監修　アイサイト　2010.3　247p　19cm
Ⓘ978-4-89522-545-8

◇沈黙の巨星─コマツ創業の人・竹内明太
郎伝　小松商工会議所機械金属業部会編
北国新聞社　1996.3　310p　20cm　〈発
行：コマツ創業者竹内明太郎・中興の祖河
合良成伝記発刊と顕彰銅像建立委員会
年表：p280〜297　付：参考文献・資料〉
Ⓘ4-8330-0927-7

竹村　俊秀　たけむら・としひで
1845〜1877　会津藩士。思案橋事件の犠
牲者。

◇会津悲憤の思案橋事件─英傑竹村幸之進
俊秀の生涯　河内山雅郎著　河内山雅郎
2009.1　124p　21cm　〈文献あり〉

田代　栄助　たしろ・えいすけ
1834〜1885　自由民権家。秩父困民党の
最高指導者、蜂起時、総理になる。死刑。

◇時代に挑んだ反逆者たち─近代日本を
作った「変革」のエネルギー　保阪正康著
PHP研究所　（PHP文庫）　2003.9　285p
15cm　〈「反逆者たち」（ティビーエス・ブ
リタニカ2000年刊）の改題〉

Ⓘ4-569-66025-8
＊新しい時代を拓いたのは、いつも「反
逆」のエネルギーだった！─時代の趨
勢に背き、命がけで思想や信念を貫い
た男たち。"反逆者たち"は、混乱の時代
に理想を具現化するため突き動かされ
た"日本人の心情の代弁者"であった。
本書は大塩平八郎、宮崎滔天、石原莞爾
など、江戸から昭和までの混乱期に、
「反逆の道」を歩んだ10人の先達の生き
様を通して、時代の実相を読む。

◇反逆者たち─時代を変えた10人の日本人
保阪正康著　TBSブリタニカ　2000.11
269p　20cm　Ⓘ4-484-00215-9
＊いつの時代でも新しい時代を拓いたの
は「反逆」のエネルギーだった。

◇律義なれど、仁侠者─秩父困民党総理田代
栄助　高橋哲郎著　現代企画室　1998.2
374p　22cm　〈肖像あり　文献あり〉
Ⓘ4-7738-9718-X
＊民衆はなぜ、田代栄助を困民党の総理
におしたてたのか。秩父事件研究の現
在を踏まえつつ、周到な資料の読みこ
みと丹念な現地調査にもとづいた、日
曜歴史家ならではの田代栄助評伝。

◇困民党蜂起─秩父農民戦争と田代栄助論
千嶋寿著　田畑書店　1983.2　355p
20cm　〈肖像：田代栄助　図版（肖像）〉

〇特集（2）田代栄助　「秩父事件」　3
1981.11

田添　鉄二　たぞえ・てつじ
1875〜1908　社会主義者。日本社会党評
議員。「鎮西日報」主筆。著書に「経済進
化論」。

◇田添鉄二その歩みと思想─いま輝く明治
社会主義の知性：田添鉄二没後105周年記
念行事記録集　田添鉄二顕彰碑をつくる
会　2013.10　87p　21cm　〈創流出版（発
売）　年譜あり〉　Ⓘ978-4-906897-12-4

◇無残な敗北─戦前の社会主義運動を探る
吉田隆喜著　三章文庫　2001.10　342p
19cm　Ⓘ4-921034-11-7
＊社会主義の理想の灯を掲げてかつて九
州の地を駆けた若者たちがいた。戦前
の社会主義運動を探る。

立花壱岐　　　　　　　　　　　　　　　Ⅰ　政治・経済

◇燎火の流れ―わが草わけの社会主義者たち
　木原実著　オリジン出版センター　1977.6
　283p　19cm　〈木原実エッセイ集〉

◇田添鉄二―明治社会主義の知性　岡本宏
　著　岩波書店　（岩波新書）　1971　204p
　18cm

立花 壱岐　たちばな・いき

1831～1881　武士。柳川藩家老。岩倉具
視に廃藩置県を進言。

◇柳川城炎上―立花壱岐・もうひとつの維
　新史　河村哲夫著　角川書店　（角川選
　書）　1999.9　361p　19cm　〈文献あり〉
　①4-04-703309-X
　＊動乱の幕末期、柳川藩家老・立花壱岐
　　は、藩益ではなく国益を考える時代が
　　来たことを悟り、改革の志を抱く。し
　　かし、維新による新政府の政策に不満
　　をもつ士族たちは武装決起を企てた。
　　他藩でも士族の反乱が勃発し、多くの
　　犠牲者を出したが、壱岐は、無血平定の
　　ため、士族のシンボル・柳川城を炎上さ
　　せるという大胆な策をこうじ、成功を
　　おさめる。時代を切り開く指導者とは
　　何か。遥かな未来をみつめた男の苛烈
　　な生涯を、豊富な史料を駆使して描く。

◇志は、天下―柳川藩最後の家老・立花壱岐
　1　立志・黒船　河村哲夫著　海鳥社
　1995.9　305p　22cm　〈参考文献：
　p305〉　①4-87415-117-5

◇志は、天下―柳川藩最後の家老・立花壱岐
　2　国事奔走　河村哲夫著　海鳥社
　1995.9　342p　22cm　①4-87415-118-3

◇志は、天下―柳川藩最後の家老・立花壱岐
　3　藩政改革　河村哲夫著　海鳥社
　1995.9　299p　22cm　①4-87415-119-1

◇志は、天下―柳川藩最後の家老・立花壱岐
　4　明治維新　河村哲夫著　海鳥社
　1995.9　300p　22cm　①4-87415-120-5

◇志は、天下―柳川藩最後の家老・立花壱岐
　5　柳川城炎上　河村哲夫著　海鳥社
　1995.9　331p　22cm　①4-87415-121-3

橘 周太　たちばな・しゅうた

1865～1904　陸軍軍人。日露戦争出兵、
戦死、軍神と言われる。著書に「新兵教
育」「歩兵夜間教育」など。

◇軍神―近代日本が生んだ「英雄」たちの軌
　跡　山室建徳著　中央公論新社　（中公新
　書）　2007.7　356p　18cm
　①978-4-12-101904-2
　＊かつて「軍神」と呼ばれる存在があっ
　　た。彼らは軍国主義的思潮の権化とし
　　て意図的に生み出されたわけではない。
　　日露戦争における広瀬武夫少佐の例を
　　みればわかる通り、戦争によって強
　　まった日本人の一体感の中から、期せ
　　ずして生み出されたのである。だが、
　　昭和に入ると、日本人が共感できる軍
　　神像は変化し、それは特攻作戦を精神
　　的に支えるものとなる。本書は、軍神
　　を鏡として戦前の日本社会の意識を照
　　射する試みである。

◇明治の教育精神―橘周太中佐伝　坂憲章
　著　出島文庫　2003.11　216p　20cm
　〈「教育者橘周太中佐」（長崎出島文庫平成
　11年刊）の増訂　肖像あり　年譜あり　文
　献あり〉　①4-931472-38-9

◇教育者橘周太中佐―いまよみがえる明治
　の教育精神　坂憲章著　長崎出島文庫
　1999.4　178p　20cm　〈年譜あり〉
　①4-931472-05-2

◇遼陽城頭夜は闌けて―軍神橘中佐の生涯
　江崎惇著　スポニチ出版　1981.4　221p
　20cm　〈橘中佐の肖像あり〉
　①4-7903-0904-5

立花 種恭　たちばな・たねゆき

1836～1905　幕府官僚。三池藩知事，貴
族院議員。華族学校初代校長，宮内省用
掛を歴任。

◇最後の三池藩主立花種恭の生涯　新藤東
　洋男著　大牟田の教育文化を考える会
　1998.4　42p　22cm

◇立花種恭公の老中日記　立花種恭著　三
　池郷土館　1981.3　172p　26cm

I　政治・経済　　　　　　　　　　　　　　　　　　　　　　　　　立見尚文

立川 雲平　たつかわ・うんぺい

1857〜1936　政治家，弁護士，自由民権運動家。

◇最後の民権政治家立川雲平　田川五郎著　中央公論事業出版（制作）　2011.5　248p　20cm　〈年譜・文献あり〉

◇秩父コミューン伝説―山影に消えた困民党　松本健一著　河出書房新社　1986.9　187p 19cm　⑪4-309-00443-1
　＊"事件"は秩父の農民一人一人にとって一体なんであったのか。明治の国家を震撼させた武装革命。民衆の深層心理を捉えつつ解いた秩父事件の全貌！

辰野 金吾　たつの・きんご

1854〜1919　建築家。東京帝国大学工科大学長，建築学会会長。作品に、日本銀行、東京駅、日銀主要支店など。

◇近代化遺産と「すごい」日本人　「ニッポン再発見」倶楽部著　三笠書房　（知的生きかた文庫）　2015.8　221p　15cm　⑪978-4-8379-8357-6
　＊この国の「骨格」は、こうして創られた！「日本の産業革命」を担った、先覚者たちの「情熱の遺産」！

◇辰野金吾―美術は建築に応用されざるべからず　河上眞理，清水重敦著　ミネルヴァ書房　（ミネルヴァ日本評伝選）　2015.3　229,5p　20cm　〈文献あり 年譜あり 索引あり〉　⑪978-4-623-07360-3

◇東京駅をつくった男―日本の近代建築を切り開いた辰野金吾　大塚菜生著　くもん出版　2014.12　141p　21cm　⑪978-4-7743-2367-1
　＊開業から100年をむかえた東京駅。駅舎の外まわりは、"赤い"れんがと"白い"石の帯。ドームの内部には、車輪や動植物など、さまざまなかざり。たくさんのアイデアをもりこんで、デザインした男とは…。

◇辰野金吾―1854-1919　清水重敦，河上眞理著　佐賀県立佐賀城本丸歴史館　（佐賀偉人伝）　2014.3　110p　21cm　〈年譜あり〉　⑪978-4-905172-07-9
　＊佐賀唐津の下級武士の家に生まれた辰

野金吾は、ロンドン留学、欧州各国の調査大旅行をふまえて、揺籃期日本近代建築の大きな礎を築いた。日本銀行、奈良ホテル、東京駅など多くの作品は、今もなお人々に愛されつづけている。

◇現代建築家99　多木浩二，飯島洋一，五十嵐太郎編　新書館　2010.3　237p　21cm　⑪978-4-403-25103-0

◇東京駅の建築家 辰野金吾伝　東秀紀著　講談社　2002.9　478p　19cm　⑪4-06-211362-7
　＊唐津藩の下級武士辰野金吾は上京し、英国に留学。日本銀行や東京駅を手がけて、近代日本の魂をも作った。

◇郷土史に輝く人びと　企画・編集：郷土史に輝く人々企画・編集委員会　佐賀県青少年育成県民会議　1973　396p 図　22cm　〈全5集を合冊刊行したもの〉

◇郷土史に輝く人びと　〔第4集〕　佐賀県青少年育成県民会議　1971　138p 肖像　19cm

立見 尚文　たつみ・なおぶみ

1845〜1907　陸軍軍人。大将，第8師団長。日露戦争では黒溝台の会戦で活躍。東洋一の用兵家。

◇サムライたちの幕末・明治　歴史REAL編集部編　洋泉社　（歴史新書）　2016.8　189p　18cm　〈文献あり〉　⑪978-4-8003-1018-7

◇立見大将伝　復刻版　土屋新之助編　マツノ書店　2010.12　276,8p, 図版〔11〕枚　22cm　〈原本：日正社昭和3年刊　折り込み2枚〉

◇名将の条件 日露戦争七人の陸将　柘植久慶著　学研パブリッシング　2010.12　258p　19cm　⑪978-4-05-404771-6
　＊勝算なき戦いを明晰な判断と洞察で勝利へ導いた七人の傑物。

◇闘将伝―小説立見鑑三郎　中村彰彦著　角川書店　（角川文庫）　1998.1　421p　15cm　⑪4-04-190606-7

◇闘将伝―小説立見鑑三郎　中村彰彦著　双葉社　1994.7　371p　20cm　〈主要参

伝記ガイダンス 明治を生きた人々　　**399**

考資料：p371〉 ①4-575-23197-5

辰巳 一　たつみ・はじむ

1857～1931　海軍造船技師，実業家。日
本鋼鉄取締役社長。造船技術を研究する
ため渡仏。ヨーロッパ造船技術の移入。

◇辰巳一造船大監―日本人最初の先端技術
者 数学と近代造船学　小野雄司著　研成
社　2009.7　195p　22cm　〈文献あり〉
①978-4-87639-501-9

＊13歳で金沢から江戸に出、短期間でフ
ランス語をマスターし西洋の高等数学
を学び、その後当時最高レベルの材料
力学、造船学等を習得した辰巳一は、日
清戦争で活躍した三景艦を設計し、建
造の指揮もした。この時代に来航した
帆船軍艦の貴重な写真等を多く載せ、
当時の出来事を述べるとともに、西洋
に早く追いつく学問を身に付けるため
猛勉強した彼の語学力、数学力、技術力
を示すノートや設計図の一部を示しな
がらその業績を語る。当時の日本の立
場と技術力をみる資料ともなる。

伊達 邦成　だて・くにしげ

1841～1904　武士。亘理藩主。北海道開
拓功労者。北海道有珠郡伊達村の創設者。

◇「朝敵」たちの幕末維新―義をつらぬいた
わが郷土の英雄たち　新人物往来社編
新人物往来社　2012.9　319p　19cm
①978-4-404-04248-4

＊幕末維新史は、勝者である薩長サイド
の史観で語られてきた。「朝敵」の汚名
を着せられた地域は長らく不遇な立場
に置かれ、「官軍」と戦った佐幕派の物
語も陽の目を見ることはなかった。本
書はそうした佐幕派の生き様を伝える
エピソードを集め、ゆかりの地域ごと
に紹介していく。それぞれの郷土の先
人たちが、果たして「逆賊」であったの
か、それとも義をつらぬいた信念の人
だったのか、「敗者」の歴史を掘り起こ
すことで明らかにしていきたい。

◇伊達郷土史黎明期―戊辰戦争と開拓苦闘
編　改訂版　菅原清三編　〔菅原清三〕
1984.10　252p　18cm

◇北の先覚　高倉新一郎著　北日本社
1947　276p　19cm

伊達 宗城　だて・むねなり

1818～1892　宇和島藩主，外国事務総督。
殖産興業、富国強兵の策を進める。参与
になり、朝幕間の調停に腐心。

◇殿様は「明治」をどう生きたのか　2　河
合敦著　洋泉社　（歴史新書）　2017.12
223p　18cm　〈文献あり〉
①978-4-8003-1389-8

◇伊達宗城公御日記―明治元辰四月末より六
月迄在京阪　伊達宗城著，宇和島伊達文化
保存会監修，近藤俊文，水野浩一編纂　創
泉堂出版　（宇和島伊達家叢書　宇和島・
仙台伊達家戊辰戦争関連史料）　2017.8
119,7p　21cm　①978-4-902416-39-8

◇伊達宗城隠居関係史料　改訂版/仙波ひと
み/改訂　宇和島伊達文化保存会監修，藤
田正編集・校注　創泉堂出版　（宇和島伊
達家叢書）　2016.11　66p　21cm
①978-4-902416-38-1

◇伊達宗城公御日記―明治元辰二月末より
四月迄在京阪　伊達宗城著，宇和島伊達
文化保存会監修，近藤俊文，水野浩一編纂
創泉堂出版　（宇和島伊達家叢書　慶応四
年三大攘夷事件関連史料）　2016.3　94,
7p　21cm　①978-4-902416-37-4

◇伊達宗城公御日記―慶應三四月より明治
元二月初旬　伊達宗城著，宇和島伊達文
化保存会監修，近藤俊文，水野浩一編纂
創泉堂出版　（宇和島伊達家叢書　慶應四
年三大攘夷事件関連史料）　2015.6　111p
21cm　①978-4-902416-35-0

◇伊達宗城隠居関係史料　宇和島伊達文化
保存会監修，藤田正編集・校注　創泉堂出
版　（宇和島伊達家叢書）　2014.10　68p
21cm　①978-4-902416-31-2

◇伊達宗城公伝　兵頭賢一著，宇和島伊達
文化保存会監修，近藤俊文校注　創泉堂
出版　2005.1　365p　22cm　〈肖像・年
譜・文献あり〉　①4-902416-05-0

◇幕末期宇和島藩の動向―伊達宗城を中心
に　三好昌文著　三好昌文　2001.10

Ⅰ　政治・経済　　　　　　　　　　　　　　　　　　田中義一

360p　22cm

◇徳川斉昭・伊達宗城往復書翰集　河内八郎編　校倉書房　1993.2　482p　22cm　〈著者の肖像あり　河内八郎年譜・研究業績目録：p435〜447　徳川斉昭・伊達宗城関係の略年表：p465〜472〉　⑪4-7517-2260-3

◇葬られた功労者　谷村夢十著　自費出版　まつやま（製作）　1991.1　2冊　19cm　⑪4-88299-006-7

◇伊達宗城在京日記　日本史籍協会編　東京大学出版会　（日本史籍協会叢書）　1972　726p　22cm　〈日本史籍協会大正5年刊の複製〉

◇歴史残花　第5　時事通信社　1971　363p　図　19cm　〈監修：平泉澄〉

▌伊達　保子　だて・やすこ
1827〜1904　仙台藩主伊達斉義の娘。亘理藩主伊達安房邦実の妻。亘理藩の開墾作業に旧藩士を励ます。

◇幕末三百藩古写真で見る最後の姫君たち　『歴史読本』編集部編　KADOKAWA（角川新書）　2016.7　255p　18cm　〈文献あり〉　⑪978-4-04-082080-4

◇お姫様は「幕末・明治」をどう生きたのか　河合敦著　洋泉社　（歴史新書）　2016.1　221p　18cm　〈文献あり〉　⑪978-4-8003-0801-6

◇仙台藩最後のお姫さま―北の大地に馳せた夢　伊達宗弘, 伊達君代編　新人物往来社　2004.7　273p　20cm　〈年表あり〉　⑪4-404-03204-8

▌伊達　林右衛門〔5代〕
だて・りんえもん
？　〜1908　商人、漁業家。

◇試論伊達林右衛門―伊達家文書を読む　時代の権力への対応に苦慮し、権力の庇護と奉仕に生きた「場所請負人」　加納信美編著　北海道出版企画センター　2009.9　523p　21cm　〈文献あり〉　⑪978-4-8328-0912-3

▌立石　斧次郎　たていし・おのじろう
1843〜1917　通訳。ハワイ移民監督。遣米使節に同行し、トミーの名で親しまれる。金沢藩藩校致遠館の英語教師などを歴任。

◇君はトミー・ポルカを聴いたか―小栗上野介と立石斧次郎の「幕末」　赤塚行雄著　風媒社　1999.10　255,4p　20cm　〈文献あり〉　⑪4-8331-0518-7
　＊小栗上野介と少年トミー。ふたりが夢を馳せた“もうひとつの幕末”。万延元年の遣米使節団に加わった一人の少年の活躍と波瀾に満ちた生涯。歴史の激流に埋もれた名も無き人物を掘り起こし、新世紀への希望とヒントを与える試み。

◇メリケンざむらい　高橋義夫著　講談社（講談社文庫）　1994.9　276p　15cm　⑪4-06-185832-7

◇メリケンざむらい　高橋義夫著　講談社　1990.4　230p　19cm　⑪4-06-204827-2
　＊万延元年（1860）、16歳のとき通訳見習いとして幕府遣米使節団に随行、トミーと呼ばれた人気者・米田桂次郎。帰国後はハリスに仕え、戊辰戦争では敗走、激動の時代を大正初期まで生きぬき流浪した波瀾の生涯。

▌立岩　一郎　たていわ・いちろう
1839〜1901　旧米沢藩士。安積開拓の功労者、桑野村長。東北開墾社を創立、洋牛牧畜業を開始する。

◇立岩一郎伝　立岩寧著　青史出版　2009.10　207,5p　20cm　〈文献・年譜・索引あり〉　⑪978-4-921145-38-5
　＊福島県の安積開拓に尽力。強靱な精神力で開拓事業に関わる。米沢藩で鍛えられた独特な精神構造。変転の世をいかに生きたか。ある米沢人の生涯。

▌田中　義一　たなか・ぎいち
1864〜1929　陸軍軍人、政治家。貴族院議員、首相。社会主義運動弾圧。山東出兵など中国への侵略政策を行う。
〔記念施設〕国立国会図書館憲政資料室　田中義一関係文書（東京都千代田区）、旧田

伝記ガイダンス　明治を生きた人々　　**401**

中別邸（山口県萩市）

◇幣原喜重郎—外交と民主主義　増補版
服部龍二著　吉田書店　2017.4　483p
20cm　〈初版のタイトル等：幣原喜重郎
と二十世紀の日本（有斐閣 2006年刊）　年
譜あり　索引あり〉　①978-4-905497-52-3

◇日本陸軍将官総覧　太平洋戦争研究会編
著　PHP研究所　2010.5　426p　19cm
①978-4-569-77552-4
＊大日本帝国の興亡を演出した陸軍の将
帥たち。栄光と挫折のプロフィール！
コンパクトで便利な使える一冊。

◇日本の「総理大臣」がよくわかる本　御厨
貴監修，レッカ社編著　PHP研究所
（PHP文庫）　2009.6　301p　15cm
①978-4-569-67262-5
＊明治から平成の世まで、激動する時代
の先頭に立って日本を導いた歴代総理
大臣—。本書は、初代・伊藤博文から
92代・麻生太郎まで政治の最高権力者
たちの個性あふれる人物像、業績、知ら
れざるエピソードを解説する。「『日本
列島改造』を叫んだ戦後政治の一大巨
頭：田中角栄」「史上空前の『大連立政
権』の盟主となる：細川護熙」など、
近・現代史の学び直しにも最適の一冊。

◇田中義一　総力戦国家の先導者　纐纈厚著
芙蓉書房出版　2009.6　348p　20cm
〈文献・年譜あり〉　①978-4-8295-0453-6
＊張作霖爆殺事件での天皇への虚偽報告、
真贋論争を巻き起こした「田中上奏文」
などにより田中義一は“軍国主義者のシ
ンボル”“中国侵略の案内人”と評価され
てきたが、豊富な史料を駆使して、田中
の占めた位置、果たした役割を客観的
に描き出す。

◇人物で読む近代日本外交史—大久保利通
から広田弘毅まで　佐道明広，小宮一夫，
服部竜二編　吉川弘文館　2009.1　316p
19cm　①978-4-642-07997-6
＊明治維新から昭和戦前期まで、日本外
交を担った伊藤博文、陸奥宗光、幣原喜
重郎ら十九名の外交官・政治家たち。
彼らの個性に光を当て、条約改正、朝鮮
問題、協調外交、日中戦争など、近代日
本外交の栄光と苦悩を描く。

◇宰相たちのデッサン—幻の伝記で読む日
本のリーダー　御厨貴編　ゆまに書房
2007.6　280p　21cm
①978-4-8433-2381-6
＊幻の伝記を読み直すなかから生まれた
まったく新しい戦前期の総理大臣評
伝集。

◇吉田松陰の予言—なぜ、山口県ばかりから
総理大臣が生まれるのか？　浜崎惟，本
誌編集部著　Book & Books　2007.5
275p　19cm　①978-4-434-10451-0
＊国家を憂えた激情のカリスマ教育者と、
夢をつかんだ8人の総理に学ぶ大出世の
ヒント。

◇実録 首相列伝—国を担った男達の本懐と
蹉跌　学研編集部編　学習研究社　（学研
M文庫）　2006.9　381p　15cm
①4-05-901189-4
＊明治18年（1885）の内閣制度創設以来、
初代伊藤博文から小泉純一郎まで56人
の首相が生まれてきた。明治維新期の藩
閥政治から大正デモクラシーを経て軍閥
政府による大戦突入、敗戦、占領から復
興、そして55年体制の崩壊から連立政権
の時代へ—。激動と混迷のなか、日本を
リードしてきたそれぞれの時代の首相
は、いかにして政権を担い、何をなし、
何をなしえなかったのか。歴代首相56
人の人物像と業績で読む日本近現代史。

◇歴代総理大臣伝記叢書　第17巻　田中義
一　上　御厨貴監修　ゆまに書房
2006.6　433p　22cm　〈複製　肖像あり
折り込み1枚〉　④4-8433-1795-0

◇歴代総理大臣伝記叢書　第18巻　田中義
一　下　御厨貴監修　ゆまに書房
2006.6　22cm　〈複製　年譜あり〉
①4-8433-1796-9

◇日本宰相列伝　下　三好徹著　学陽書房
（人物文庫）　2005.1　530p　15cm
①4-313-75194-7
＊議会の壇上で倒れて、帰らぬ人となった
加藤高明。反骨の陸軍軍人から、総理
大臣になった田中義一。国民の期待を
担って登場した近衛文麿の“運命”とは。
「生きて虜囚」となった開戦時の首相・
東条英機。敗軍の将となることで日本を

I 政治・経済 田中正造

救った鈴木貫太郎…。十一人の宰相を
通して、激動の昭和史を検証する名作。

◇田中義一/近代日本政軍関係の分水嶺　高
橋正則著　草の根国防研究会　2002.11
217p　19cm　〈東京 丸善出版サービスセン
ター（製作）　背のタイトル：近代日本
政軍関係の分水嶺〉　①4-89630-073-4

◇東郷元帥は何をしたか—昭和の戦争を演
出した将軍たち　前田哲男，纐纈厚著
高文研　1989.7　262p　19cm
①4-87498-106-2
＊東郷元帥が教科書に戻ってくる。だが元
帥が、その晩年にしたことは何だったの
か。“名将”“知将”“猛将”たちの実像を通
して、帝国軍隊と昭和の戦争を考える。

◇近代日本の政軍関係—軍人政治家田中義
一の軌跡　纐纈厚著　大学教育社
1987.1　292p　22cm　〈発売：桜楓社〉
①4-924376-06-X

◇日本宰相列伝 12　田中義一　細川隆元
著　時事通信社　1986.1　238p　19cm
〈監修：細川隆元 三代宰相列伝（昭和33年
刊）の改題新装版　田中義一の肖像あり〉
①4-7887-8562-5

◇評伝田中義一—十五年戦争の原点　田崎
末松著　平和戦略綜合研究所　1981.2　2
冊　23cm

◇田中義一伝記　田中義一伝記刊行会編
原書房　（明治百年史叢書）　1981.2　2冊
22cm　〈昭和33年刊の複製〉
①4-562-01099-1

◇田中義一追憶集—没後五十年 目で見るお
らが大将　元総理大臣田中義一顕彰会
1978.9　62p　27cm　〈田中義一の肖像あ
り〉

◇人物・日本の歴史　第14　戦争の時代
林茂編　読売新聞社　1966　320p　19cm

◇田中義一　細川隆元著　時事通信社　（三
代宰相列伝）　1958　238p 図版　18cm

◇田中義一伝記　田中義一伝記刊行会編　田
中義一伝記刊行会　1957-60　3冊　22cm

田中 正造　たなか・しょうぞう
1841〜1913　政治家，社会運動家。衆議

院議員。足尾鉱毒事件の指導者。谷中村
に居住、廃村に反対、農民と戦う。
〔記念施設〕栃木市藤岡歴史民俗資料館（栃
木県栃木市），佐野市郷土博物館 田中正造
展示室（栃木県佐野市），田中正造旧宅（栃
木県佐野市），田中霊祠（栃木県藤岡町）

◇小松裕の忘れ物—田中正造に生きる　小松
裕著，田中正造研究会編　〔田中正造研究
会〕　2017.8　124p　21cm　〈年譜あり〉

◇義人田中正造翁　復刻版　柴田三郎著，
越川栄子編　越川栄子　2017.4　208,2p,
p256-274　19cm　〈年譜あり　敬文館 大
正2年刊.の増補〉

◇田中正造と松下竜一—人間の低みに生き
る　新木安利著　海鳥社　2017.3　435p
19cm　〈年譜あり〉　①978-4-86656-002-1

◇田中正造と足尾鉱毒問題—土から生まれ
たリベラル・デモクラシー　三浦顕一郎
著　有志舎　2017.3　312p　20cm　〈文
献あり〉　①978-4-908672-10-1

◇論稿田中正造　関根徳男著　思門出版会
2016.11　80p　20cm
①978-4-921168-34-6

◇宮島文庫からたどる田中正造—田中正造
の日制定記念・佐野市郷土博物館第64回
企画展　佐野市郷土博物館　2016.10
71p　30cm　〈会期：平成28年10月1日—
11月27日　年譜あり〉

◇田中正造—日本初の公害問題に立ち向か
う　堀切リエ文　あかね書房　（伝記を読
もう）　2016.3　149p　22cm　〈画：石井
勉　文献あり 年譜あり〉
①978-4-251-04605-5

◇田中正造　新装版　布川清司著　清水書
院　（Century Books　人と思想）
2015.9　225p　19cm　〈文献あり 年譜あ
り 索引あり〉　①978-4-389-42050-5

◇学校で学びたい日本の偉人　貝塚茂樹，
柳沼良太編　育鵬社　2014.12　286p
21cm　①978-4-594-07161-5
＊偉人から学び、偉人の生き方を教えよ
う！ カリスマ教師たちによる白熱授業
を実況中継！

◇田中正造とその周辺　赤上剛著　随想舎

伝記ガイダンス 明治を生きた人々　403

2014.4 447p 22cm
①978-4-88748-291-3

◇伝える正造魂―現代に甦る田中正造　読売新聞社宇都宮支局編　随想舎　2014.2　303p　21cm　〈文献・年譜あり〉
①978-4-88748-288-3

◇講座 東アジアの知識人―日清戦争‐韓国併合・辛亥革命　2　近代国家の形成　趙景達，原田敬一，村田雄二郎，安田常雄編　有志舎　2013.11　364p　21cm
①978-4-903426-77-8
＊19世紀末から20世紀初頭、東アジアは大きな転換期を迎えた。東アジア東隅の一国でしかなかった日本が、日清・日露戦争により植民地を獲得して、欧米にならった帝国となり、その日本の膨張に抵抗し続けた朝鮮はついに「併合」されてしまう。一方、アヘン戦争以来、半植民地の状態に置かれていた清国は辛亥革命により新しい国を創り出していった。アジアが、近代国家を形成する地域と植民地になっていく地域とに引き裂かれていく時代のなかで、互いに連鎖していく知識人たちの様々な思想を明らかにする。

◇さよならのかわりにきみに書く物語―田中正造の谷中村と耕太の双葉町　一色悦子著　随想舎　2013.10　159p　19cm
①978-4-88748-280-7
＊田中正造の谷中村は、国策の銅生産のために、鉱毒に苦しみ一人残らず村を追われた。ふるさとに生き土を耕し作物を作って食べる暮らしは、ぷつんととだえた。田中正造の「真の文明は山を荒らさず、川を荒らさず、村を破らず、人を殺さざるべし」のことばをどう引き継いでいけばいいのだろうか。

◇渡良瀬川―足尾鉱毒事件の記録・田中正造伝　新版　大鹿卓著，宇井純解題　新泉社　2013.9　349p　19cm
①978-4-7877-1313-1
＊金子光晴の実弟・大鹿卓が、田中正造の生涯をよみがえらせた不朽の名作・復刊！

◇田中正造翁余録　上　新装版　島田宗三著　三一書房　2013.9　385p　19cm

①978-4-380-13000-7
＊晩年の田中正造像を刻む貴重な記録、待望の復刊！

◇田中正造翁余録　下　新装版　島田宗三著　三一書房　2013.9　550p　19cm
①978-4-380-13001-4
＊晩年の田中正造像を刻む貴重な記録、待望の復刊！

◇田中正造―未来を紡ぐ思想人　小松裕著　岩波書店　（岩波現代文庫　学術）　2013.7　272,12p　15cm　〈年譜・索引あり　筑摩書房 1995年刊の再刊〉
①978-4-00-600297-8
＊田中正造の没後百年にあたる今、正造の思想の先駆性と生命力に新たな関心が集まっている。とりわけ「真の文明ハ山を荒さず、川を荒さず、村を破らず、人を殺さゞるべし」という言葉に象徴されるその文明観の射程に、三・一一を経て関心が寄せられている。近代日本に根底的な問いをぶつけ格闘し続けた生涯から、私たちは何を学ぶべきか。本書は、正造研究の第一人者が稀有な思想家の全体像を描き、とりわけ正造の思想史的な意義を丁寧に読み解く。

◇渡良瀬川―田中正造と直訴事件　大鹿卓著　河出書房新社　（河出文庫）　2013.3　471p　15cm　①978-4-309-41204-7
＊民を殺すは国家を殺すなり―足尾事件で闘いの先頭に立った男は命がけで政府を糾弾した！　鉱毒に気づいてから敢然と立ち向かい、ついに天皇直訴に至るまでの、被害住民と正造の迫真に迫る苦闘の闘いを描いた名作。戦後、日本の公害運動の原点として、正造を全国区の人物として再認識させるきっかけともなった。

◇辛酸佳境―田中正造と明治国家　理崎啓著　哲山堂　2013.1　237p　19cm　〈文献・年譜あり〉　①978-4-9905122-5-5

◇まんが田中正造―渡良瀬に生きる　水樹涼子原作，文星芸術大学まんが　下野新聞社　2012.9　239p　21cm　〈文献・年譜あり〉　①978-4-88286-491-2
＊下野新聞の前身「栃木新聞」編集長、国会議員を務めながら鉱毒事件の解決を

I　政治・経済　　　　　　　　　　　　　　　　　　　　　田中正造

訴え続けた田中正造。議員の職を辞し、天皇陛下に「直訴」する行動にまで至った理由とは？　栃木の偉人・田中正造没後100年を記念し、その人間像をまんがで紹介。

◇評伝 田中正造　大澤明男著　幹書房　2012.7　879p　22cm　〈文献あり〉　⑪978-4-906799-08-4
　＊真の文明は、山を荒らさず、川を荒らさず、村を破らず、人を殺さざるべし。足尾鉱毒事件の闘いの軌跡を詳述した労作。

◇日本人は何を考えてきたのか 明治編―文明の扉を開く　NHK取材班編著　NHK出版　2012.6　283p　19cm　⑪978-4-14-081550-2
　＊これから、どこへ向かうか。いま、思想の巨人に学ぶ。

◇復興の日本史―いかにして度重なる災害や危機を乗り越えてきたか　河合敦著　祥伝社　（祥伝社黄金文庫）　2012.6　278p　15cm　⑪978-4-396-31577-1
　＊後藤新平、上杉鷹山、鬼平、濱口梧陵、角倉了以、立花宗茂…未曾有の国難に立ち向かい、逼迫する藩政を立て直し、私財を投げ打ち庶民を救った先人たちの偉業に学べ！

◇幕末・明治期キリスト者群像　木越邦子著　現代企画室　2012.3　251p　19cm　⑪978-4-7738-1208-4
　＊徳川期260年続いたキリシタン禁制が解き放たれて以降、幕末・明治期には、どんなキリスト者が輩出したか。人権・福祉・教育・医療・非戦の理念を実践したキリスト者群像を描いて、その豊穣な地下水脈を探る。

◇真の文明は人を殺さず―田中正造の言葉に学ぶ明日の日本　小松裕著　小学館　2011.9　187p　19cm　⑪978-4-09-388208-8

◇田中正造たたかいの臨終　増補　布川了著　随想舎　（ずいそうしゃ新書）　2011.5　159p　18cm　〈文献・年譜あり〉　⑪978-4-88748-240-1

◇田中正造と民衆思想の継承　花崎皋平著

七つ森書館　2010.8　253p　20cm　〈文献あり〉　⑪978-4-8228-1015-3
　＊民衆思想家・前田俊彦、安里清信、貝沢正から浮き上がる田中正造像。

◇田中正造物語　下野新聞社編　随想舎　2010.4　199p　19cm　〈年表あり〉　⑪978-4-88748-219-7

◇沈黙のジャーナリズムに告ぐ―新・仮説の検証　小出五郎著　水曜社　2010.5　324p　19cm　〈文献あり〉　⑪978-4-88065-239-9
　＊開山四百年。足尾銅山に残された鉱毒の爪痕…。報道が圧殺されるなか、記録し続けた三人の軌跡を綿密に考証。沈黙する現代のメディアに公共財としてのジャーナリズムへの回帰を告ぐ。

◇谷中村事件―ある野人の記録・田中正造伝　新版　大鹿卓著，石牟礼道子解題　新泉社　2009.12　397p　19cm　⑪978-4-7877-0914-1
　＊「田中正造が谷中村に身を投じたのは、明治三十七年七月三十日のことで、老齢六十四歳であった。この日から、農民と起臥をともにし、農民の困苦を困苦とする新しい境涯がはじまった。」―足尾銅山鉱毒問題の天皇への直訴後、田中正造は鉱毒・水害対策の名目で遊水地にされる谷中村に移り住んだ。行政による強制破壊への策謀とたび重なる洪水の中で、村の復活を信じる正造と残留農民のぎりぎりの抵抗と生活を描き切った名作。

◇予は下野の百姓なり―新聞でみる、民衆政治家田中正造　栃木県立博物館夏季企画展　栃木県立博物館　2008.7　66p　30cm　〈会期・会場：平成20年7月19日―8月31日　栃木県立博物館　下野新聞創刊130周年記念企画展　年譜あり〉　⑪978-4-88758-047-3

◇予は下野の百姓なり―田中正造と足尾鉱毒事件新聞でみる公害の原点　下野新聞社　2008.5　238p　30cm　〈会期・会場：平成20年5月3日―6月15日　佐野市郷土博物館ほか　年表あり〉

◇愛の人田中正造の生涯　花村冨士男著　随想舎　2007.7　246p　20cm　〈年譜あ

伝記ガイダンス 明治を生きた人々　　**405**

り〉 ①978-4-88748-156-5

◇日本史人物「第二の人生」発見読本 楠木誠一郎著 彩流社 2007.3 222p 19cm ①978-4-7791-1009-2
＊転機を好機に変える知恵。二十八人の人生からいろいろな「第二の人生」を見る。

◇田中正造翁の生涯―評伝 花村冨士男著 花村冨士男 2005.11 519p 22cm 〈「田中正造翁伝」(2003年刊)の改訂 肖像・年譜あり〉

◇近代社会と格闘した思想家たち 鹿野政直著 岩波書店 (岩波ジュニア新書) 2005.9 192p 18cm ①4-00-500517-9
＊明治維新以後、富国強兵の名のもとに進められた日本の近代化は、社会に何をもたらしたか。成功と見なされる反面、地域の習俗をこわし、新たな貧困と差別をつくり、抑圧社会は戦争へと突き進んだ。生命の尊厳をかかげて闘った田中正造や柳田国男、与謝野晶子ら25人の思想家を描く。

◇田中正造と谷中村―谷中村廃村一〇〇年 第45回企画展 佐野市郷土博物館 2005.5 48p 30cm 〈会期・会場：平成18年5月3日～7月2日 佐野市郷土博物館 年譜・年表あり〉

◇日露戦争100年田中正造の人権・平和思想 梅田欽治著 下町人間総合研究所 2004.2 47p 21cm 〈肖像あり〉 ①4-902556-01-4

◇田中正造翁伝―正造翁と同時代史 花村冨士男著 花村冨士男 2003.11 506p 22cm 〈肖像あり〉

◇内村鑑三と田中正造 大竹庸悦著 流通経済大学出版会 2002.9 221p 19cm ①4-947553-25-1
＊二人は同時代人であり、交友も親密であった。しかし当然ではあるが、決して同質ではなかった。田中正造が内村鑑三をどうとらえたか。特に内村と政治のかかわりを中心に据えて見ると、内村の信仰・宗教の内実があらわになる。個性豊かな巨人二人、内村鑑三と田中正造を取り上げた労作。

◇田中正造とその時代―天皇直訴100周年 栃木県立博物館 2001.11 135p 30cm 〈特別企画展 栃木県立博物館第71回企画展 佐野市郷土博物館第37回企画展 会期・会場：平成13年11月1日～12月16日 栃木県立博物館ほか 共同刊行：佐野市郷土博物館 年表あり〉 ①4-88758-012-6

◇我拾って天国を創らん―田中正造晩年の思想と戦い 花村冨士男著 花村冨士男 2001.9 538p 22cm

◇田中正造と天皇直訴事件 布川了著 随想舎 2001.8 174p 19cm 〈取扱い：地方・小出版流通センター〉 ①4-88748-063-6
＊天皇直訴は「義人正造」の個人プレーではない。半山・秋水・沼南・被害民の力と鉱毒世論をバックに、明治国家体制を震撼させる大事件だった。百年後の今、その全貌を解き明かす。

◇世界で初めて公害に挑んだ男―政治家の中の政治家義人・田中正造 早乙女伸著 東京図書出版会 2001.5 371p 19cm 〈年譜あり 肖像あり 東京 星雲社(発売)〉 ①4-434-00862-5
＊田中正造―どうして彼は、大きな敵に怯むことなく立ち向かったのか。彼にその勇気を与えたものとは何だったのか。その生涯の最後まで住民のために闘った男の生涯を克明に綴る。

◇毒―風聞・田中正造 立松和平著 河出書房新社 (河出文庫 Bungei collection) 2001.3 349p 15cm 〈文献あり〉 ①4-309-40622-X
＊足尾銅山の鉱毒によって破壊された谷中村。この被害に真正面からぶつかった田中正造―渡良瀬川に棲むナマズやカエル、またシラミやノミ等、小動物の目を通して重層的に描く「闇」の日本。立松文学の新たな出発を告知する名作。

◇田中正造の近代 小松裕著 現代企画室 2001.3 836p 22cm ①4-7738-0103-4
＊田中正造―人間として譲ることの出来ない何事かに賭けた巨人。その思想の遍歴の過程を、現在のために、つぶさに明かす。

◇理想国日本の追求者・田中正造の思想

I 政治・経済   田中正造

南敏雄著　近代文芸社　2001.1　230p
20cm　Ⓘ4-7733-6767-9

◇二十一世紀の日本と田中正造・勝海舟　下
町人間総合研究所　2000.5　86p　21cm

◇亡国への抗論―田中正造未発表書簡集
田中正造著，由井正臣，小松裕編　岩波書
店　2000.3　288p　20cm　〈文献あり〉
Ⓘ4-00-002100-1

◇真理への途上―苦渋に満ちた生涯　田中正
造・原胤昭・新渡戸稲造　雨貝行磨著
近代文芸社　1999.3　358p　20cm
Ⓘ4-7733-6433-5
＊真理を心に刻む、それによって生きよ
うとする、その生涯は苦渋に満ちる。
その途上で同行するならば後継者にな
る道が拓けよう。

◇語りつぐ田中正造―先駆のエコロジスト
増補改訂版　田村紀雄，志村章子共編
社会評論社　1998.9　261p　19cm　〈文
献あり〉　Ⓘ4-7845-0499-0
＊田中正造に代表される近代日本最大の
社会問題である足尾鉱毒問題。運動の
過程では、農民は言論と表現を武器に
闘った。その情報化プロセスと、思想
によって運動に影響を与え、支え、結び
ついた知識人たちの役割を検証する。

◇田中正造　布川清司著　清水書院
（Century books）　1997.5　225p　19cm
〈田中正造年譜・参考文献：p209～222〉
Ⓘ4-389-41050-4
＊渡良瀬川沿岸、数十万の人々の生活を破
壊して平気な古河財閥の足尾銅山経営
と、それを一方的に庇護して省みない明
治政府の不正を、あるいは国会の壇上か
ら、あるいは水没した谷中村の廃屋から
批判してやまなかった田中正造の生涯

◇毒―風聞・田中正造　立松和平著　東京
書籍　1997.5　313p　20cm　〈付：参考
文献〉　Ⓘ4-487-75432-1
＊日本初・最大の公害事件、足尾鉱毒事
件。みずからの家族の根をその地にも
つ著者が、田中正造と農民たちの、毒の
中に生き、闘う様を渾身の筆で描きぬ
いた、宿命のライフワーク。

◇田中正造―田中正造昔話　田中正造著

日本図書センター　（人間の記録）
1997.2　179p　20cm　Ⓘ4-8205-4240-0

◇近代史を視る眼―開国から現代まで　石
井孝著　吉川弘文館　1996.4　263p
19cm　Ⓘ4-642-07477-5
＊「批判的精神こそ学問の中核であり、目
的である」。この精神に支えられ、長き
にわたり皇国史観への徹底的批判を続け
てきた反骨の歴史家が、開国から目前の
政局に至るまで、近代日本の歩みを鋭
利な眼差しで凝視する。現代批判には
じまり、田中正造のユニークな行動と
思想をさぐり、さらに幕末・維新期の人
物像や、明治維新の評価にも論及する。

◇田中正造―二一世紀への思想人　小松裕
著　筑摩書房　1995.9　213,7p　20cm
Ⓘ4-480-85712-5
＊膨大な資料を駆使、田中正造の思索の
旅を追跡し、その思想の全体像と独自
性を語る。

◇田中正造　由井正臣著　岩波書店　（岩波
新書）　1994.9　226p　20cm　〈田中正造
の肖像あり　参考文献・略年譜：p221～
226〉　Ⓘ4-00-003859-1

◇ひとが生まれる―五人の日本人の肖像
鶴見俊輔著　筑摩書房　（ちくま文庫）
1994.3　253p　15cm　Ⓘ4-480-02853-6
＊ひとが自分というものを意識しはじめる
のはどんな時だろう？　誰かとけんかし
た時、集団の中でひとりのけものにさ
れた時、私たちは自分の前に立ちふさ
がる他人や集団とともに、自分を強く
意識せざるをえない。本書は、自分の
誕生の記録が残っている、田中正造、金
子ふみ子ら5人の波乱に満ちた生涯を描
く。この5つの肖像をたどることによっ
て、現代日本の姿が立ち現われ、私たち
の生きる社会を考える手がかりとなる。

◇田中正造の終りなき戦い―足尾銅山鉱毒
事件　花村富士男著　花村富士男
1994.1　397p　22cm

◇へんくつ一代　三好徹著　講談社　（講談
社文庫）　1993.12　304p　15cm
Ⓘ4-06-185559-X
＊節を屈せず、茨の道を歩んだ主人公た
ちのそれぞれの生涯―。悲業の死を遂

伝記ガイダンス 明治を生きた人々　**407**

田中正造　　　　　　　　　　　　　　　　　　　　　Ⅰ　政治・経済

げた生粋のアナキスト大杉栄、女性の
尊厳を貫いた柳原白蓮、足尾銅山の悲
惨を訴え続けた田中正造ら六人の生き
様に深く共鳴する著者が、時の権力や
権威におもねることなく、不屈の信念
で生きた彼らの人生の光芒を描く迫真
の人物列伝。

◇苦悩するリーダーたち　日本テレビ放送
網　（知ってるつもり?!）　1993.6　247p
19cm　①4-8203-9305-7
　＊人は、誰でも懸命に生きている。そのあ
　　たりまえの生き方のなかに人をハット
　　させる〈輝き〉をもっているのだ。知っ
　　ているつもりになっているだけではわ
　　からない、生き方のふしぎにせまる。

◇新・田中正造伝―現代に生きる正造思想
朝日新聞宇都宮支局編　随想舎　1992.12
190p　21cm　〈田中正造略年譜・主な参
考文献：p179～188〉

◇木下尚江全集　第10巻　田中正造翁　木
下尚江著　教文館　1992.1　415p 19cm
①4-7642-2070-9

◇語りつぐ田中正造―先駆のエコロジスト
田村紀雄, 志村章子共編　社会評論社
1991.12　231p 19cm
　＊環境、人権、自治、無戦主義、今なお現
　　代を照射する正造の思想。

◇鉱毒非命―田中正造の生涯　下山二郎著
国書刊行会　1991.12　352p　20cm　〈田
中正造の肖像あり〉　①4-336-03335-8

◇写真で見る田中正造の生涯　梓書店編
梓書店　1991.11　25p　21cm　〈田中正
造の肖像あり　年表：p24～25〉

◇田中正造と足尾鉱毒問題を考える　法政
平和大学著　オリジン出版センター　（法
政平和大学マラソン講座）　1991.11　85p
21cm

◇田中正造之生涯　木下尚江編　大空社
（伝記叢書）　1991.11　757,10p 21cm
①4-87236-382-5

◇神に最も近づいた人―田中正造覚書　花
村富士男編　花村富士男　1991.2　291p
22cm

◇田中正造―民衆からみた近代史　由井正臣

述，日本放送協会編　日本放送出版協会
（NHK市民大学）　1990.1　151p　21cm
〈1990年1月～3月期　田中正造の肖像あり
参考文献・田中正造略年譜：p145～151〉

◇田中正造選集　第4巻　安在邦夫ほか編
岩波書店　1989.11　340p　20cm
①4-00-091494-4

◇田中正造選集　第6巻　安在邦夫ほか編
岩波書店　1989.10　329p　20cm
①4-00-091496-0

◇田中正造選集　第7巻　安在邦夫ほか編
岩波書店　1989.9　336p　20cm
①4-00-091497-9

◇田中正造選集　第5巻　安在邦夫ほか編
岩波書店　1989.8　333p　20cm
①4-00-091495-2

◇田中正造選集　第3巻　安在邦夫ほか編
岩波書店　1989.7　343p　20cm
①4-00-091493-6

◇田中正造選集　第2巻　安在邦夫ほか編
岩波書店　1989.6　324p　20cm
①4-00-091492-8

◇民権への道　田中正造著　岩波書店　（田
中正造選集）　1989.5　329p 19cm
①4-00-091491-X
　＊在世中に読売新聞に連載された田中正
　　造の口述による「田中正造昔話」は、彼
　　の豊かな人間性を知り得る貴重な記録
　　である。この巻にはその全文に加えて
　　草稿・断片からの抜粋を収めるほか、明
　　治21年までの自由民権運動・県会活動
　　に関わる資料を、厖大な論稿・日記・書
　　簡の中から精選し、政治家田中正造の
　　形成過程を探る。

◇歴史のなかの個性たち―日本の近代を裂
く　鹿野政直著　有斐閣　（有斐閣選書）
1989.3　206p 19cm　①4-641-18114-4

◇田中正造と足尾鉱毒―開館5周年記念企画
展　佐野市郷土博物館　1988.10　40p
26cm　〈期日：昭和63年10月9日～11月13
日〉

◇林竹二著作集　10　林竹二著　筑摩書房
1987.9　277p　20cm　①4-480-38910-5

◇田中正造伝―嵐に立ち向かう雄牛　スト

408　伝記ガイダンス　明治を生きた人々

I　政治・経済

ロング，ケネス著，川端康雄，佐野正信訳
晶文社　1987.7　445p 19cm
①4-7949-3695-8
＊田中正造は、足尾鉱毒事件における戦
　闘的抵抗者として最も知られる。足尾
　鉱毒事件とは、明治後期、足尾銅山から
　流出した有毒廃棄物が、栃木県を中心
　とする渡良瀬川流域一帯を汚染した事
　件である。田中正造の生涯を克明に追
　い、日本の農民の伝統的な価値観が、今
　日の世界規模の環境汚染に反対する運
　動の導きの糸となりうることを指しし
　めした本格的な伝記。

◇私にとっての田中正造　田村紀雄編　総
　合労働研究所　1987.5　369,B 19cm
　①4-7941-0331-X

◇文明を批評する　丸谷才一編著　講談社
　（言論は日本を動かす）　1986.8　327p
　19cm　①4-06-188949-4
＊時代を超えた普遍的立場から、日本の
　動向に鋭い文明批評を行った思想家・
　芸術家10人を収録。

◇林竹二著作集　3　田中正造　その生涯と
　思想　筑摩書房　1985.1　316p 20cm

◇田中正造　由井正臣著　岩波書店　（岩波
　新書）　1984.8　224p 18cm

◇日本人の自伝　2　植木枝盛，馬場辰猪.田
　中正造.玉水常治.松山守善　平凡社
　1982.7　549p 20cm　〈植木枝盛ほかの
　肖像あり〉

◇怒濤と深淵―田中正造・新井奥邃頌　長
　野精一著　法律文化社　1981.6　290p
　20cm

◇田中正造ノート　日向康著　田畑書店
　1981.1　292p 20cm

◇田中正造全集　別巻　田中正造全集編纂
　会編　岩波書店　1980.8　565p 20cm

◇田中正造全集　第19巻　書簡　6　田中正
　造全集編纂会編　岩波書店　1980.3
　600p 20cm　〈著者の肖像あり〉

◇田中正造全集　第18巻　書簡　5　田中正
　造全集編纂会編　岩波書店　1980.2
　704p 20cm

◇田中正造全集　第17巻　書簡　4　田中正

造全集編纂会編　岩波書店　1979.10
694p 20cm

◇田中正造全集　第11巻　日記　3　田中正
造全集編纂会編　岩波書店　1979.7
632p 20cm

◇田中正造の生きざま―足尾鉱毒闘争史
小山利雄著　群馬通商　1979.5　133p
19cm　〈著者の肖像あり〉

◇田中正造全集　第16巻　書簡　3　田中正
造全集編纂会編　岩波書店　1979.5
684p 20cm

◇田中正造全集　第15巻　書簡　2　田中正
造全集編纂会編　岩波書店　1978.11
735p 20cm

◇田中正造全集　第12巻　日記　4　田中正
造全集編纂会編　岩波書店　1978.10
655p 20cm

◇田中正造全集　第10巻　日記　2　田中正
造全集編纂会編　岩波書店　1978.7
681p 20cm

◇館林双書　第8巻　館林市立図書館編　館
林市立図書館　1978.3　308p 19cm

◇田中正造全集　第14巻　書簡　1　田中正
造全集編纂会編　岩波書店　1978.2
679p 20cm

◇田中正造全集　第9巻　日記　1　田中正
造全集編纂会編　岩波書店　1977.11
651p 20cm

◇田中正造―その生と戦いの「根本義」　林
竹二著　田畑書店　1977.10　298p 肖像
20cm

◇田中正造全集　第13巻　日記　5　田中正
造全集編纂委員会編　岩波書店　1977.8
558p 図　20cm

◇田中正造全集　第1巻　自伝，論稿　1
田中正造全集編纂会編　岩波書店
1977.7　584p 図 肖像　20cm

◇燎火の流れ―わが草わけの社会主義者たち
木原実著　オリジン出版センター　1977.6
283p 19cm　〈木原実エッセイ集〉

◇共同体原理と国家構想　東海林吉郎著
太平出版社　（田中正造の思想と行動）

伝記ガイダンス 明治を生きた人々　**409**

1977.6　326p　図　20cm

◇死なば死ね殺さば殺せ―田中正造のもう一つの闘い　山岸一平著　講談社　1976　217p　20cm

◇田中正造の生涯　林竹二著　講談社　（講談社現代新書）　1976　238p　18cm

◇診断・日本人　宮本忠雄編　日本評論社　1974　319p　20cm　〈『からだの科学』誌に1970年7月から1974年3月までに連載されたものを主体にまとめたもの〉

◇田中正造―その生と戦いの「根本義」　林竹二著　二月社　1974　258p　肖像　20cm

◇歴史よ人民のために歩め　東海林吉郎著　太平出版社　（田中正造の思想と行動）　1974　289p　図　肖像　20cm

◇谷中から来た人たち―足尾鉱毒移民と田中正造　小池喜孝著　新人物往来社　1972　261p　20cm

◇田中正造と近代思想　中込道夫著　現代評論社　1972　388p　22cm

◇小説田中正造　西野辰吉著　三一書房　1972　256p　20cm

◇田中正造翁余録　上　島田宗三著　三一書房　1972　385p　肖像　20cm

◇田中正造翁余録　下　島田宗三著　三一書房　1972　550p　20cm

◇鉱毒事件の真相と田中正造翁　永島与八著　明治文献　1971　702,70p　肖像　19cm　〈永島与八昭和13年刊の複製　編者：田中霊祠奉賛会　解説：日向野徳久〉

◇田中正造の人と生涯　雨宮義人著　茗渓堂　1971　312p　図　肖像　23cm

◇森鷗村と田中正造　大貫徹也著　大貫徹也　1971　37p　肖像　21cm

◇下野人物風土記　第1集　栃木県連合教育会編　栃木県連合教育会　1971　192p　19cm

◇渡良瀬川　大鹿卓著　講談社　1970　446p　20cm

◇日本における自由のための闘い　吉野源三郎編　評論社　（復初文庫）　1969　339p　19cm　〈『世界』座談会集　第2〉

◇ドキュメント日本人　第1　巨人伝説　中江兆民〔ほか〕　岩崎祖堂　学芸書林　1968　339p　20cm

◇田中正造の生涯　木下尚江編　文化資料調査会　1966　777p　図版　22cm

◇人物・日本の歴史　12　小西四郎編　読売新聞社　1966

◇松本日記　板倉町小・中・高郷土調査研究会編　群馬県板倉町教育委員会　1963

◇田中正造その生涯と思想　満江厳著　郷土偉人顕彰会　1961

◇日本人物史大系　第6巻　近代　第2　大久保利謙編　朝倉書店　1960　388p　22cm

◇日本の思想家　山本健吉編　光書房　1959　224p　20cm

◇谷中村事件―ある野人の記録　大鹿卓著　講談社　1957

◇田中正造の人と生涯　雨宮義人著　茗渓堂　1954　388p　図版　21cm

◇田中正造翁略伝　石井鶴吉編　田中正造顕彰会　1953

◇民衆の友田中正造　満江厳著　聖望社　1950

◇晩年の日記　田中正造，林広吉解題　日本評論社　（明治文化叢書）　1949　291p　図版　19cm

◇義人田中正造　満江厳著　日刊とちぎ社　1949

◇晩年の日記　田中正造著，林広吉解題　日本評論社　（明治文化叢書）　1948　291p　図版　19cm

◇渡良瀬川　大鹿卓著　講談社　1948

◇残照　鈴木二郎著　一灯書房　1947

◇明治・大正・昭和自由人の展望　下　松本仁著　大阪新聞社　1946

▌田中　善助　たなか・ぜんすけ

1858〜1946　実業家。上野町長。関西本

I 政治・経済   田中久重

線の伊賀上野駅や伊賀鉄道を建設、伊賀
地方発展に貢献。

◇田中善助伝記　前田教育会　1998.3
374p　22cm　〈付属資料：8p：鉄城翁の
道〉

田中 久重〔1代〕
たなか・ひさしげ
1799～1881　技術者。細工や発明の才に
優れ、巧妙な「からくり」人形を製作。田
中製作所を開業。

◇近代科学の先駆者たち―「技術立国日本」
復興に必要な "見識" とは　金子和夫著
ごま書房新社　2016.1　177p　19cm
①978-4-341-08633-6
＊日本が明治、昭和との奇跡の経済発展
を遂げた原動力。それは松代藩真田家
の天賦の才・佐久間象山をはじめとし
た幕末・明治の先人たちの "志" と "和
魂" だった！

◇東芝の祖からくり儀右衛門―日本の発明
王田中久重伝　林洋海著　現代書館
2014.10　278p　20cm　〈文献あり〉
①978-4-7684-5748-1

◇からくり儀右衛門展―久留米発、ニッポン
のものづくり　からくり儀右衛門展実行
委員会編　からくり儀右衛門展実行委員
会　2013.11　71p　26cm　〈会期・会場：
平成25年11月30日―平成26年1月16日　石
橋美術館本館1階ギャラリー　年譜あり〉

◇江戸のスーパー科学者列伝　中江克己著
宝島社　（宝島SUGOI文庫）　2013.8
222p　15cm　①978-4-8002-1038-8
＊「江戸」と「科学」には、なんの繋がり
もないように思える。しかし、江戸時
代には多くの科学者が日々研究に明け
暮れていた。「行列式」を発見した和算
家の関孝和、世界初の全身麻酔手術に
成功した華岡青洲、ソメイヨシノを開
発した遺伝学者の伊藤伊兵衛など。そ
のレベルは当時の世界を見ても決して
ひけをとっていなかった。本書では江
戸の科学者31人を取り上げ、彼らの功
績と人柄に迫る。

◇江戸の天文学―渋川春海と江戸時代の科

学者たち　中村士監修　角川学芸出版
2012.8　221p　19cm
①978-4-04-653265-7
＊『天地明察』の主役・渋川春海（安井算
哲）、ライバル・関孝和、天体観測が趣
味の徳川吉宗…。日本の科学の底力が
わかる！　天文と暦に命を賭けた江戸の
男たちの偉業。

◇日本を創った男たち―はじめにまず "志"
ありき　北康利著　致知出版社　2012.3
267p　19cm　①978-4-88474-956-9
＊ "論語と算盤" ―渋沢栄一、"九転び十起
き" ―浅野総一郎、"好況よし、不況なお
よし" ―松下幸之助。志高き創業者の生
きざまに学ぶ。

◇世界を驚かせた日本人の発明力　竹内一
正著　アスキー・メディアワークス　（ア
スキー新書）　2010.7　209p　18cm
①978-4-04-868675-4
＊ゲームボーイに胃カメラ、スバル360、
世界を驚かせた日本のモノづくりとそ
の軌跡。時に偶然が、時に執念が生ん
だ数々の製品は、いずれもそれに携わ
る人々の飽くなき挑戦から生まれてい
た。単なる温故知新ではない、混迷す
る今こそ必要な「発明する心」を育てる
コツ、そして現代ビジネスのあるべき
姿を説く。

◇探究のあしあと―霧の中の先駆者たち　日
本人科学者　東京書籍　（教育と文化シ
リーズ）　2005.4　94p　26cm
①4-487-46703-9

◇探究のあしあと―霧の中の先駆者たち　日
本人科学者　東京書籍　（教育と文化シ
リーズ）　2005.4　94p　26cm
①4-487-46703-9

◇「創造と変化」に挑んだ6人の創業者　志
村和次郎著　日刊工業新聞社　2005.2
179p　21cm　①4-526-05417-8
＊近代産業の礎を築いた6人に、今、企業
経営に必要なイノベーション手法を
学ぶ。

◇「創造と変化」に挑んだ6人の創業者　志
村和次郎著　日刊工業新聞社　2005.2
179p　21cm　①4-526-05417-8
＊近代産業の礎を築いた6人に、今、企業

伝記ガイダンス　明治を生きた人々　**411**

経営に必要なイノベーション手法を
学ぶ。

◇オリジナリティを訪ねて―輝いた日本人
たち　1　富士通編　富士通経営研修所
1999.3　236p　19cm　①4-89459-042-5
＊今よみがえる、夢創りの先駆者たち！
夢、熱中、挑戦、信念、反骨、挫折、流
転、出会い、運命…。珠玉の20編で綴
る「日本人のオリジナリティ」。

◇オリジナリティを訪ねて―輝いた日本人
たち　1　富士通編　富士通経営研修所
1999.3　236p　19cm　①4-89459-042-5
＊今よみがえる、夢創りの先駆者たち！
夢、熱中、挑戦、信念、反骨、挫折、流
転、出会い、運命…。珠玉の20編で綴
る「日本人のオリジナリティ」。

◇人物に学ぶ明治の企業事始め　森友幸照
著　つくばね舎　1995.8　210p　21cm
①4-924836-17-6

◇人物に学ぶ明治の企業事始め　森友幸照
著　つくばね舎　1995.8　210p　21cm
①4-924836-17-6

◇田中近江大掾　今津健治編　田中浩
1993.8　1冊　23cm　〈田中近江翁顕彰会
昭和6年刊の複製　製作：思文閣出版　田中
久重の肖像あり　付：田中久重研究文献
目録〉

◇田中近江大掾　今津健治編　田中浩
1993.8　1冊　23cm　〈田中近江翁顕彰会
昭和6年刊の複製　製作：思文閣出版　田中
久重の肖像あり　付：田中久重研究文献
目録〉

◇からくり儀右衛門―東芝創立者田中久重と
その時代　今津健治著　ダイヤモンド社
1992.11　238p　19cm　①4-478-89010-2
＊からくり人形、万年時計、無尽灯、蒸気
船の模型など、〈からくり儀右衛門〉と謳
われた田中久重の生涯をたどりつつ、
同時代の技術的背景を探る。

◇からくり儀右衛門―東芝創立者田中久重と
その時代　今津健治著　ダイヤモンド社
1992.11　238p　19cm　①4-478-89010-2
＊からくり人形、万年時計、無尽灯、蒸気
船の模型など、〈からくり儀右衛門〉と謳
われた田中久重の生涯をたどりつつ、

同時代の技術的背景を探る。

◇先人の面影　久留米人物伝記　久留米市編
1961　526,30p　図版　22cm

◇田中久重伝―日本技術の先駆者　森豊太
著　田中久重伝刊行会　1957.4　238p
19cm　〈田中久重の肖像あり〉

田中　久重〔2代〕
たなか・ひさしげ
1846～1905　技術者，実業家。工部省の
命で電信機制作。田中製造所を芝浦製作
所（後の東芝）へ発展させる。

◇近代技術の先駆者―東芝創立者　田中久重
の生涯　今津健治著　角川書店　（角川新
書）　1964　205p　18cm

◇日本財界人物列伝　第1巻　青潮出版株式
会社編　青潮出版　1963　1171p　図版
26cm

田中　不二麿　たなか・ふじまろ
1845～1909　政治家。子爵，枢密院顧問
官，法相。尊王論者。文部大輔、司法卿、
駐仏公使など努める。

◇源流から辿る近代図書館―日本図書館史話
石山洋著　日外アソシエーツ　2015.1
264p　21cm　①978-4-8169-2521-4
＊幕末から戦後まで図書館に貢献した先
覚者たちの活躍を描く、近代日本の公
共図書館・大学図書館発展史。日本近
代図書館の源流として「博物館からの
流れ」「米国公共図書館の無料制からの
流れ」「都市型公共施設からの流れ」「新
聞縦覧所や地方の読書施設の発展から
の流れ」の4つの流れがあることに目を
つけ、図書館を巡って織りなす人間模
様を克明に描くことで近代日本の図書
館を描きだした画期的な書。

◇教育勅語への道―教育の政治史　増補版
森川輝紀著　三元社　2011.7　345p
19cm　①978-4-88303-295-2
＊教育政策に大きな足跡を残した、田中
不二麿、元田永孚、森有礼、井上毅。明
治国家形成期、ゆれ動く時代のなかで、
近代教育制度の確立に向けて、彼らは、
国家と教育の関係をどのようにとらえ、

I　政治・経済　　　　　　　　　　　　　　　　　　　　　　　　　　田中光顕

教育に何を求めたのか。そして、なぜ
教育勅語へと至ったのか。

◇子爵田中不二麿伝—伝記・田中不二麿
西尾豊作著　大空社　（伝記叢書）
1987.9　409,50,6p　22cm　〈川瀬書店昭
和9年刊の複製　田中不二麿の肖像あり〉

▍ **田中　平八**　たなか・へいはち
1834～1884　実業家。洋銀売買・生糸売
込・両替商を営む。田中組設立。
〔記念施設〕「天下の糸平」碑（東京都墨田
区、木母寺）

◇横浜開港時代の人々　紀田順一郎著　神
奈川新聞社　2009.4　270p　21cm
①978-4-87645-438-9
　＊開港期の横浜で明るい炎をあげながら
　生き抜いた人々を、横浜に生まれ育っ
　た著者が、豊かな知識と資料の掘り起
　こしによって、親しみをこめた筆致で
　描く傑物伝。

◇マンガ 日本相場師列伝—是川銀蔵・田中
平八・佐藤和三郎・雨宮敬次郎　鍋島高
明監修，岩田廉太郎作画　パンローリン
グ　（ウィザードコミックス）　2004.10
254p　21cm　①4-7759-3013-3
　＊大儲けしたかと思えば一文無し。しか
　し、必ず蘇る—。勝っても負けても笑い
　飛ばせる強靱な精神。どん底からはい上
　がる強さの秘密とは？ 技術だけでは太
　刀打ちできない時代の荒波のなかで波
　瀾万丈の人生を駆け抜けた相場師たち。

◇天下の糸平田中平八の生涯　宮下慶正執
筆，記念誌編集委員会編　天下の糸平生誕
百五十年・葉山嘉樹来住五十年記念建碑期
成会　1985.7　100p　26cm　〈天下の糸
平生誕百五十年記念 田中平八の肖像あり〉

◇天下の糸平 糸平の祖先とその子孫　小林
郊人編著　信濃郷土出版社　1967　80p
図版　19cm

◇明治 大実業家列伝—市民社会建設の人々
林房雄著　創元社　1952　255p　19cm

▍ **田中　光顕**　たなか・みつあき
1843～1939　高知藩士，政治家。子爵，
宮内相。土佐勤王党に参加。警視総監、

学習院院長などを歴任。

◇日本の本当の黒幕　上　龍馬暗殺と明治維
新の闇　鬼塚英昭著　成甲書房　2013.7
339p　20cm　①978-4-88086-302-3
　＊天皇の秘密を握った男が、富と権力を手
　にする。下層出自の維新政府を陰から支
　配した宮相・田中光顕の破天荒な生涯。

◇日本の本当の黒幕　下　帝国の秘密とテロ
ルの嵐　鬼塚英昭著　成甲書房　2013.7
361p　20cm　①978-4-88086-303-0
　＊幕末維新から対米戦争まで、この国の
　歴史は恐ろしい。三菱財閥の資金で政
　敵をテロで排除しながら大日本帝国を
　操った田中光顕の策謀。

◇司馬遼太郎 歴史のなかの邂逅　6　村田蔵
六～西郷隆盛　司馬遼太郎著　中央公論
新社　（中公文庫）　2011.2　255p　15cm
①978-4-12-205438-7
　＊日本史上最大のドラマともいうべき明
　治維新で、「三傑」と称された大久保利
　通、木戸孝允、西郷隆盛をはじめ、岩倉
　具視、江藤新平など、立役者となった
　人々の足跡—。第六巻には、この国の
　将来像を描くためのヒントがちりばめ
　られた二十一篇を収録。

◇最後の志士が語る維新風雲回顧録　田中
光顕著　河出書房新社　（河出文庫）
2010.8　358p　15cm　〈『維新風雲回顧
録』（1990年刊）の改題　並列シリーズ名：
kawade bunko〉　①978-4-309-41031-9
　＊遅れてきた尊攘志士田中光顕は、土佐
　を脱藩後、長州の高杉、伊藤らの庇護の
　もと、京坂を転々、新選組に狙われなが
　ら尊皇倒幕活動に邁進する。中岡慎太
　郎率いる陸援隊に入隊、死後、同隊を後
　継する。王政復古に際し、錦旗を奉じ
　高野山に決起、維新の夜明けを迎える。
　幕末の動乱を生きた者だけが記録でき
　た、維新史の一級史料。

◇維新風雲回顧録　田中光顕著　河出書房
新社　（河出文庫）　1990.9　294p 15cm
①4-309-47199-4
　＊著者・田中光顕は天保14年（1843）土佐
　に生まれ、倒幕運動に奔走した志士で
　ある。22歳で脱藩して長州の高杉晋作、
　伊藤俊輔らとともに京都・大坂を転々

伝記ガイダンス 明治を生きた人々　**413**

としたのち中岡慎太郎の陸援隊に入隊。王政復古に際しては、錦旗を奉じて高野山にたてこもる。幕末の動乱をつぶさに体験した著者が語り残した戊辰戦争前夜の風雲と、高杉・中岡・坂本龍馬・木戸孝允・大久保利通ら維新の群像。

◇田中光顕伯と常陽明治記念館　常陽明治記念館　1968　74p 図 肖像　22cm

◇青山荘の由来　武田秀治著　武田秀治　1958

▌田辺 朔郎　たなべ・さくろう

1861～1944　土木工学者。東京帝国大学教授，京都帝国大学教授。琵琶湖疏水工事を担当。我が国最初の水力発電事業を興す。

◇物語 日本の治水史　竹林征三著　鹿島出版会　2017.6　253p　19cm　①978-4-306-09447-5
　＊技術は失敗・事故の反省により進展してきた。河川浸水災害は繰り返し起きている。破堤・災害は河川の持つ遺伝子である。治水の失敗は歴史から消え去る。治水神・禹の伝説は脈々と四千年の系譜は続く。巨大災害の世紀、混迷を深める治水。治水の歴史から学ぶべきことが多い。

◇時代別・京都を歩く―歴史を彩った24人の群像　改訂第2版　蔵田敏明著　山と渓谷社　（J guide 歩く旅シリーズ）　2003.2　175p　21cm　〈年表あり 索引あり　写真：土村清治〉　①4-635-01104-6

◇びわ湖疏水にまつわる、ある一族のはなし　田辺康雄著　田辺康雄　1991.9　169p　22cm　〈参考文献・著者略歴：p149～169〉

◇京の水―琵琶湖疏水に青春を賭けた田辺朔郎の生涯　村瀬仁市編著　人と文化社　（叢書・人と文化）　1987.4　168p　19cm

◇明治の神話古代の神話―左手の書　村瀬仁市著　村瀬仁市　1981.10　433p　22cm　〈著者の肖像あり〉

▌田辺 太一　たなべ・たいち

1831～1915　外交官。貴族院議員。岩倉遣外使節の書記官、駐清臨時代理公使などを歴任。

◇幕末外国奉行 田辺太一　尾辻紀子著　新人物往来社　2006.8　257p　19cm　①4-404-03415-6
　＊黒船の来航によって鎖国から開国へと急展開する幕末日本。多難な幕末維新の外交を担った外国奉行田辺太一と開国日本の軌跡を追う。

▌谷 干城　たに・たてき

1837～1911　陸軍軍人，政治家。子爵，貴族院議員。東部監軍部長、陸士校長、農商務相等歴任。〔記念施設〕生誕地碑（高知県窪川町）

◇熊本城を救った男 谷干城　嶋岡晨著　河出書房新社　（河出文庫）　2016.10　236p　15cm　〈「明治の人」（学芸書林1981年刊）の改題〉　①978-4-309-41486-7

◇谷干城（かんじょう）―憂国の明治人　小林和幸著　中央公論新社　（中公新書）　2011.3　242p　18cm　〈文献・年譜あり〉　①978-4-12-102103-8
　＊坂本龍馬の二歳下に土佐で生まれた谷は、幕末期、藩主山内容堂に見込まれるが、尊皇攘夷、討幕の志を持ち各地を奔走。明治維新後は、軍人として台湾出兵、西南戦争を勝利に導き名望を集める。日本初の内閣で入閣するも、西欧見聞後、議会の重要性、言論の自由を主張し藩閥政府を批判して下野。以後、貴族院を舞台に日清・日露戦争で非戦論を貫くなど、国家存立のため国民重視を訴え続けた。天皇と国民を深く愛した一明治人の生涯。

◇幕末土佐の12人　武光誠著　PHP研究所　（PHP文庫）　2009.12　265p　15cm　①978-4-569-67359-2
　＊土佐を抜きにして、維新回天を語ることはできない！ 大政奉還を建白した山内容堂と後藤象二郎をはじめとする重臣たち。討幕運動の中核となる薩長同盟を仲介した坂本竜馬。さらには、土佐の尊王攘夷運動で先駆けとなった武

市半平太や、開明的な思想で藩政を指揮した吉田東洋など、動乱の時代に身を置き、自らの志に向かって疾駆した12人を取り上げ、土佐の視点で幕末を描いた一冊。文庫書き下ろし。

◇松平容保は朝敵にあらず　中村彰彦著　中央公論新社　（中公文庫）　2000.2　250p　15cm　①4-12-203604-6
＊「明治」という名の日本近代が成立するに当たっては、学者も作家もほとんど注目しない一群の男たちが存在した—。会津藩、新選組、遊撃隊で活躍ののち、時代の潮流と命運をともにした男たちに光を当て、その「志」を縦横に描いた本書は、知られざる維新史を拓った力作である。

◇明治・青春の夢—革新的行動者たちの日記　嶋岡晨著　朝日新聞社　（朝日選書）　1988.7　224p　19cm　①4-02-259458-6

◇明治の人—反骨谷干城　嶋岡晨著　学芸書林　1981.7　239p　20cm　〈巻末：詩文抄解題〉

◇谷干城遺稿　島内登志衛編　東京大学出版会　（続日本史籍協会叢書）　1975.12〜1976　4冊　22cm　〈明治45年刊の複製　叢書の編者：日本史籍協会〉

▎**谷口　尚真**　たにぐち・なおみ
1870〜1941　海軍軍人。大将。第1艦隊兼連合艦隊司令長官。

◇条約派提督海軍大将 谷口尚真—筆録『鶏肋』に見る生き方　谷口尚真著，武部健一編　カゼット出版　2010.3　218p　19cm　〈発売：星雲社　文献あり〉　①978-4-434-14245-1
＊海軍大将谷口尚真が昭和十一年に自らの訓示・講演・挨拶文の実録を自筆でまとめ『鶏肋』と名づけた筆録の翻刻版。

◇百術一誠—谷口尚真海軍大将の生涯　池田敏郎述　池田敏郎　2001.8　127枚　26cm　〈年譜あり〉

▎**谷口　房蔵**　たにぐち・ふさぞう
1861〜1929　実業家。在華日本紡績同業界委員長，大阪織物同業組合長。天満、明治、中国、今治の各紡績会社を買収・合併し社長に就任。

◇大阪の近代建築と企業文化　大阪府立文化情報センター，新なにわ塾叢書企画委員会編著　ブレーンセンター　（新なにわ塾叢書）　2009.1　306p　18×11cm　①978-4-8339-0702-6
＊たそがれ迫る大阪の近代建築。明治・大正の名建築が次々と消えてゆく。栄光の時代の優れた遺産をこれ以上失ってはいけない！歴史的建造物崩壊の崖っ淵で市民が発した"叫び"の書である。

▎**玉乃　世履**　たまの・せいり
1825〜1886　司法官。大審院長、元老院議官を務める。

◇近代日本の礎を築いた七人の男たち—岩国セブン・ファーザーズ物語　佐古利南著　致知出版社　2016.7　170p　19cm　〈文献あり　年譜あり〉　①978-4-8009-1119-3

◇初代大審院長玉乃世履一年譜　吉岡達生著　吉岡達生　2002.9　253p　26cm　〈肖像あり〉

▎**田宮　嘉右衛門**　たみや・かえもん
1875〜1959　実業家。神戸製鋼所社長を経て、戦後は播磨造船所社長、神戸銀行取締役などを歴任。

◇民間鉄鋼企業を先導した企業家活動—田宮嘉右衛門と白石元治郎　上岡一史著　法政大学イノベーション・マネジメント研究センター　（Working paper series 日本の企業家活動シリーズ）　2006.11　24p　30cm　〈年譜あり〉

◇日本財界人物列伝　第2巻　青潮出版株式会社編　青潮出版　1964　1175p　図版13枚　27cm

◇田宮嘉右衛門伝　田宮記念事業会編　1962　373p　図版　22cm

▎**田村　怡与造**　たむら・いよぞう
1854〜1903　陸軍軍人。中将，参謀次長。歩兵第9連隊長、ドイツ公使館付などを歴

田村半十郎　　　　　　　　　　　　　　　　　　Ⅰ　政治・経済

任。陸士の軍刀組に数えられた秀才。
◇田村怡与造伝―日露戦争陰の主役　山梨が
　生んだ天才戦略家　相沢邦衛著　山梨ふ
　るさと文庫　2004.5　280p　19cm　〈文
　献あり〉
◇知謀の人田村怡与造―日本の諸葛孔明と
　謳われた名将の生涯　篠原昌人著　光人
　社　1997.11　227p　20cm　〈主要参照文
　献：p226〜227〉　①4-7698-0828-3

田村　半十郎
たむら・はんじゅうろう
1847〜1912　名主，政治家。
◇武蔵野ものがたり　三浦朱門著　集英社
　（集英社新書）　2000.5　221p　18cm
　①4-08-720035-3
　＊国木田独歩が『武蔵野』を書いてから
　　100年余、武蔵野は変貌した。畑と雑木
　　林とカヤの原の間の細い道、それに
　　沿って農家があり、小さな流れがあり、
　　その間を街道が走り、商家や鍛冶屋が
　　存在していた。もはや、それはない。
　　青春時代を中央線沿線で過ごした著者
　　が、懐かしい友人たちの話に光を当て、
　　移りゆく武蔵野に思いを馳せる。

団　琢磨　だん・たくま
1858〜1932　実業家。三井合名理事長。
日本工業倶楽部理事長、日本経済連盟会
会長などを歴任。
◇企業家活動でたどる日本の金融事業史―
　わが国金融ビジネスの先駆者に学ぶ　法
　政大学イノベーション・マネジメント研
　究センター監修，宇田川勝監修・編著，長
　谷川直哉編著　白桃書房　（法政大学イノ
　ベーション・マネジメント研究センター
　叢書）　2013.3　204p　21cm
　①978-4-561-76199-0
　＊「企業家活動でたどる日本の産業（事
　　業）史」シリーズ第2弾。今回は金融ビ
　　ジネスを取り上げる。起業精神に富み、
　　革新的なビジネス・モデルを駆使して
　　産業開拓活動に果敢に挑戦し、その国
　　産化を次つぎに達成していった企業家
　　たちの活動を考察。

◇男爵団琢磨伝　上巻　故団男爵伝記編纂
　委員会編纂　ゆまに書房　（人物で読む日
　本経済史）　1998.9　624p　22cm　〈故団
　男爵伝記編纂委員会昭和13年刊の複製〉
　①4-89714-585-6
◇男爵団琢磨伝　下巻　故団男爵伝記編纂
　委員会編纂　ゆまに書房　（人物で読む日
　本経済史）　1998.9　440,24,206p　22cm
　〈故団男爵伝記編纂委員会昭和13年刊の複
　製〉　①4-89714-586-4
◇財界人物我観　福沢桃介著　図書出版社
　（経済人叢書）　1990.3　177p　19cm
　＊自由奔放に生きた鬼才・福沢桃介が明
　　治財界の巨頭たちを俎上に載せ毒舌を
　　ふるう。
◇人物篇　永原慶二，山口啓二，加藤幸三
　郎，深谷克己編　日本評論社　（講座・日
　本技術の社会史）　1986.12　270p　21cm
　①4-535-04810-X
　＊明治の近代技術は、伝統技術と外来技
　　術とが互に対抗・反撥・折衷し合って確
　　立した。本書はその技術の担い手に光
　　を当て技術進歩の契機を探った。
◇財界人思想全集　第8　財界人の人生観・
　成功観　小島直記編・解説　ダイヤモン
　ド社　1969　454p　22cm
◇日本財界人物列伝　第1巻　青潮出版株式
　会社編　青潮出版　1963　1171p　図版
　26cm

弾　直樹　だん・なおき
1823〜1889　関八州長吏頭。関八州とそ
の近隣諸国を統括する穢多非人頭となる。
◇弾左衛門とその時代　塩見鮮一郎著　河
　出書房新社　（河出文庫）　2008.1　194p
　15cm　①978-4-309-40887-3
　＊弾左衛門制度は、江戸幕藩体制下、関八
　　州の穢多身分を支配し、下級刑史によ
　　る治安維持、斃牛馬処理の運営を担っ
　　た。明治維新を迎え、13代弾左衛門（弾
　　内記＝矢野直樹）は反差別の運動を起
　　し、賤称廃止令によって被差別身分か
　　らは脱するが、同時に職業の特権的専
　　制を失う。時代に翻弄されたその生涯
　　を凝縮する。

416　伝記ガイダンス　明治を生きた人々

Ⅰ 政治・経済　　　　　　　　　　　　　　　　　　　　　　　　　弾直樹

◇浅草弾左衛門　5（明治苦闘篇 上）　塩見
　鮮一郎著　小学館　（小学館文庫）
　1999.7　372p　15cm　①4-09-403545-1
　＊「改名の件は、左衛門改め内記、願いの
　とおり改名、これを申しつける」北町奉
　行の言葉に歓喜する直樹と六十五人の
　手代たち。だがその江戸幕府は瓦解の
　危機に直面し、主戦派と恭順派に分か
　れて収拾がつかぬままに官軍の東上は
　進む。幕府に恩を返すべく、隠居の譲
　は新撰組の残党と共に甲州へ向かう
　が…。封建社会の崩壊の中でさまよう、
　差別化された人々の歓喜と不安。果た
　して彼らの行く手に広がったのは、も
　はや元の時代ではなかった。

◇浅草弾左衛門　6（明治苦闘篇 下）　塩見
　鮮一郎著　小学館　（小学館文庫）
　1999.7　369p　15cm　①4-09-403546-X
　＊「賤称廃止になりますれば、これまでの
　権益を失い、新たな租税をかけられる
　でしょう」直樹らの醜名除去の嘆願は、
　皮肉にも彼らの牛馬処理の独占的利益
　と、仲間の支配を否定する結果に。仲
　間と結束した彼は、富国強兵を旗印に
　した明治政府の要請に応える形で皮革
　による西洋靴の製造を決意する。米国
　から招いた鞣職人の技術で、計画は順
　風満帆に進むように見えたが…。現代
　に通じる差別構造の根元を描く大河小
　説、ついに完結。

◇浅草弾左衛門　3（幕末躍動篇 上）　塩見
　鮮一郎著　小学館　（小学館文庫）
　1999.5　309p　15cm　①4-09-403543-5

◇浅草弾左衛門　4（幕末躍動篇 下）　塩見
　鮮一郎著　小学館　（小学館文庫）
　1999.5　312p　15cm　①4-09-403544-3

◇浅草弾左衛門　2（天保青春篇 下）　塩見
　鮮一郎著　小学館　（小学館文庫）
　1999.3　269p　15cm　①4-09-403542-7
　＊「ここはお前の来る所ではない」弾左衛
　門を慕って追うお梅を山谷堀の彼方の
　長屋門の番人はだみ声で怒鳴った。わ
　りない仲になったのに、身分をあかさ
　ぬ弾左衛門。二人を引き裂いたのは、
　偽者の差別分断政策だった。多感な
　青年時代に人間としての尊敬を傷つけ

　られ苦悩する直樹の耳に、武蔵国西部
　（埼玉県の一部）での被差別民の反乱の
　報せが。関東取締出役の彼に、反乱者
　を極刑にせよ、と命ずる鳥居耀蔵。だ
　が水野忠邦の天保の改革の失敗は、彼
　らの運命を大きく変えていく。

◇浅草弾左衛門　〈第1巻〉　天保青春篇 上
　塩見鮮一郎著　小学館　（小学館文庫　時
　代・歴史傑作シリーズ）　1999.1　268p
　15cm　①4-09-403541-9
　＊天保から幕末、明治と、激動の時代のた
　だ中で、幕府の命によって被差別民の
　支配の頭領として生きた浅草弾左衛門。
　歴史の下層に埋もれ、偏見と誤解に満
　ちた従来の弾左衛門像の常識を破り、
　気鋭の作家が膨大な資料を駆使して描
　く彼の苛烈な生涯。摂津の国（兵庫県）
　の田舎から出府して江戸浅草に住み、
　先代の指導で関八州から東北までの管
　理を学ぶ十三代目の浅草弾左衛門直樹
　の青春時代を描く第一冊。異色の長編
　時代小説初の文庫化なる。

◇資料浅草弾左衛門　増補新版　塩見鮮一
　郎著　三一書房　1998.7　467p　20cm
　〈十二代・十三代弾左衛門年表：p254〜
　259〉　①4-380-98290-4
　＊弾左衛門由緒から幕末の弾左衛門まで、
　資料と絵図で構成する。

◇（資料）浅草弾左衛門　塩見鮮一郎著　批
　評社　1996.12　438p　19cm
　①4-8265-0222-2
　＊関八州穢多頭弾左衛門直樹の波乱の生
　涯。天保から維新にむけて激流を生き抜
　き、反差別の闘いの渦中で悲運の死を遂
　げた弾左衛門直樹の実像に迫る。明治四
　年の賤称廃止令による弾左衛門役所の
　解散によって、残存記録文書のほとん
　どは消失してしまった。限られた資料・
　研究書を頼りに、弾左衛門の始祖、源氏
　の血統を辿りつつ頼朝御証文の真偽を
　証すなど、さまざまなエピソードを織
　り混ぜながら、作家の眼で捉えた興味
　深い資料集。原文には解説、注を付し、
　地図・写真・イラストを豊富に揃え、小
　説の舞台を視角的に再構成した資料篇。

◇浅草弾左衛門　第2部　幕末躍動篇　新装
　版　塩見鮮一郎著　批評社　1996.11

伝記ガイダンス 明治を生きた人々　**417**

ダン   Ⅰ 政治・経済

511p　19cm　Ⓓ4-8265-0218-4

◇浅草弾左衛門　第3部　明治苦闘篇　新装
版　塩見鮮一郎著　批評社　1996.11
595p　19cm　〈参考文献：p586〜593〉
Ⓓ4-8265-0219-2

◇浅草弾左衛門　第1部　天保青春篇　新装
版　塩見鮮一郎著　批評社　1996.10
445p　19cm　Ⓓ4-8265-0217-6

◇弾左衛門とその時代―賎民文化のドラマツ
ルギー　新装版　塩見鮮一郎著　批評社
1996.3　174p　21cm　Ⓓ4-8265-0202-8
＊江戸浅草に広大な居を構え、関八州並
びに東北地方までも支配した被差別民
の頭領十三代弾左衛門直樹の波乱の生
涯をとおして、近世賎民制に果たした
弾左衛門支配の意味と構造を解読する。

◇弾左衛門とその時代―賎民文化のドラマ
ツルギー　塩見鮮一郎著　批評社
1991.8　174p　21cm　Ⓓ4-89175-151-7
＊江戸期における賎民文化の象徴＝弾左
衛門制度の内実を明らかにしつつ、中
世日本史を新たな視点で解読し、歴史
の暗部に迫る。平易な書き下ろしに、
多数・多種の図版を収録。

◇資料　浅草弾左衛門　塩見鮮一郎著　批評
社　1988.10　438p 19cm
＊最後の弾左衛門、直樹の波乱の生涯が
百年の歳月を経て、いまここによみが
える！明治4年の賎称廃止令による弾
左衛門役所の解散によって、残存記録
文書のほとんどは消失してしまった。
限られた資料・研究書を頼りに、弾左衛
門の始祖、源氏の血統を辿りつつ頼朝
御証文の真偽を証するなど、さまざま
なエピソードを織り混ぜながら、作家
の眼で捉えた興味深い資料集。原文に
は解説、注を付し、地図・写真・イラス
トを豊富に揃え、小説の舞台を視角的
に再構成した資料篇。

◇浅草弾左衛門　第3部　明治苦闘篇　塩見
鮮一郎著　批評社　1987.11　593p
20cm

◇浅草弾左衛門　第2部　幕末躍動篇　塩見
鮮一郎著　批評社　1986.11　511p
20cm　〈2.幕末躍動篇〉

◇浅草弾左衛門　第1部　天保青春篇　塩見
鮮一郎著　批評社　1985.6　445p　20cm
〈1.天保青春篇〉

▌ダン, E.　Dun, Edwin
1848〜1931　アメリカの教師，外交官。
1873年来日。東京開拓使仮学校、札幌農
学校で指導。また駐日公使をも勤めた
（1893〜97）。

◇異星、北天に煌めく　北海道ノンフィク
ション集団編　北海道出版企画センター
2011.1　270p　19cm　〈執筆：合田一道
ほか　年表あり〉　Ⓓ978-4-8328-1101-0

◇開拓使お雇いエドウィン・ダン―札幌で
の仕事と生活　田辺安一編　北海道出版
企画センター　2009.4　579p　19cm
Ⓓ978-4-8328-0903-1

◇お雇い農業教師エドウィン・ダン―ヒツ
ジとエゾオオカミ　田辺安一編　北海道
出版企画センター　2008.3　548p　19cm
Ⓓ978-4-8328-0802-7

◇御雇教師エドウィン・ダン―北海道の馬
事の礎を築く　田辺安一編　日本馬事協
会　2002.3　464p　19cm　〈肖像あり
共同刊行：北海道酪農畜産協会〉

◇お雇い外国人エドウィン・ダン―北海道
農業と畜産の夜明け　田辺安一編　北海
道出版企画センター　1999.4　371p
19cm　Ⓓ4-8328-9903-1

◇日本競馬を創った男―エドウィン・ダン
の生涯　赤木駿介著　集英社　（集英社文
庫）　1998.10　342p　16cm　〈『エドウィ
ン・ダンの生涯』（講談社1984年刊）の改題
文献あり〉　Ⓓ4-08-748872-1
＊明治初期、原生林の生い茂る北海道を
開拓し、牧場を創ったアメリカ人青年
がいた。その名はエドウィン・ダン―。
北海道開拓使のお雇い外国人として来
日し、近代日本の牧畜と競走馬育成に
尽力、やがては駐日米国公使にまでの
ぼりつめた男。その彼のかたわらには
いつも一人の日本人女性がいた…。日
本と日本人を愛しつづけ、そして忘れ
られた異邦人の成功と挫折の生涯を描
く力作評伝小説。

I 政治・経済 千葉佐那

◇エドウィン・ダンの妻ツルとその時代
　阿部三恵著　北海道新聞社　（道新選書）
　1995.9　285p　19cm　〈主な参考文献
　エドウィン・ダン関連年表：p276〜282〉
　①4-89363-949-8

◇エドウィン・ダン研究ノート　no.1　エド
　ウィン・ダンの "My wife" について　田辺
　安一著　ダンと町村記念事業協会
　1994.1　38p　26cm

◇北海道を開拓したアメリカ人　藤田文子
　著　新潮社　（新潮選書）　1993.7　209p
　19cm　①4-10-600442-9
　＊北海道開拓のために招聘されたお雇い
　　アメリカ人が書き残した日本レポート。
　　120年前の異文化体験。

◇エドウィン・ダン雑記　吉田稔著　ダン
　と町村記念事業協会　1991.9　32p　15×
　15cm

◇開化異国助っ人奮戦記　荒俣宏著，安井
　仁撮影　小学館　1991.2　349p　19cm
　①4-09-389311-X
　＊「日本」はいったい何者か。近代日本は
　　「外国」をどう受容し、どう排斥してき
　　たのか。その「モザイク状の西洋化」に
　　こそ、「異質の国」といわれる深層構造
　　がある。博物学の第一人者が、文明開
　　化期に〈辺境の島〉に渡ってきた28人の
　　お雇い外国人を通して描く異色日本論。

◇エドウィン・ダンの生涯　赤木駿介著
　講談社　1984.8　279p　20cm
　①4-06-201385-1

◇あるお雇い外国人の生涯—ネーイちゃん
　の見た父エドウィン・ダン　ヘレン・ダ
　ン・スミス著，佐藤貢，高倉新一郎編訳
　日本経済新聞社　1979.7　256p　20cm

【ち】

┃ 千葉 佐那　ちば・さな
　1838〜1896　女流剣士。千葉周作の甥。
　坂本竜馬と手合わせをした。維新後は華

族女学校の舎監を一時務めた。

◇龍馬を愛した女たち　坂本優二著　グラ
　フ社　2010.5　223p　19cm　〈文献あり〉
　①978-4-7662-1338-6
　＊妻・お龍、姉・乙女、平井加尾、千葉佐
　　那、そしてあまり知られていない「お
　　元」の存在…。龍馬を愛し、影響を与え
　　た女たちの側から見た龍馬の真実と
　　は？　TVドラマでは知り得ない女性た
　　ちの実像に迫る、龍馬と共に生きた女
　　たちの一生。

◇龍馬が惚れた女たち—加尾、佐那、お龍、
　そして第四の女お慶とは？　原口泉著
　幻冬舎　2010.4　251p　18cm　〈文献あ
　り〉　①978-4-344-01817-4
　＊新史料発見。龍馬の夢を先取りした
　　「まぶしい女」とは？—。

◇竜馬と八人の女性　阿井景子著　筑摩書
　房　（ちくま文庫）　2009.9　212p　15cm
　〈文献あり〉　①978-4-480-42638-3
　＊坂本竜馬の伝記を紐とけば、彼がその
　　生涯で関わりを持った幾人かの女性に
　　出会うことができる。しかしそれは、
　　誤った想像や通説に寄りかかったもの
　　であることも少なくない。彼女たちは
　　どのような人生を送ったのだろうか。
　　本書は、彼女たちの足跡を丹念にたど
　　り、史料の渉猟や関係者へのインタ
　　ビューを重ねることによって、従来の
　　誤った説を正し、新史実を掘り起こし
　　たノンフィクション。幕末維新を生き
　　た女性たちへの深い共感がここにある。

◇司馬遼太郎作品の女性たち　北影雄幸著
　文芸企画　2006.2　357p　19cm
　①4-434-07496-2
　＊戦国期、幕末維新の動乱を駆け抜けた
　　十三人の女性たちの美しき生き様。

◇概説・武芸者　小佐野淳著　新紀元社
　2006.2　282p　21cm　①4-7753-0448-8
　＊柳生宗矩、伊東一刀斎、近藤勇など名の
　　ある剣豪よりも強いとされる男たちがい
　　た。しかし、その男たちは日の目を見
　　ずに暮らし、その事績は歴史の狭間に
　　埋もれてしまった。語られなかった最
　　強の男たち。その事績を紐解いていく。

◇竜馬と八人の女性　阿井景子著　戎光祥

出版　2005.4　220p　20cm　〈文献あり〉
①4-900901-56-3
＊幼馴染み、高知城下評判の美少女、勤王
党士檜垣清治の姉、桶町千葉道場の娘、
寺田屋の女将、長崎芸妓、強く優しい実
姉、そして "妻" おりょう―土佐の巨
人・坂本竜馬をめぐる女たちの愛怨。

▌千葉 卓三郎　ちば・たくさぶろう

1852～1883　社会活動家。自由民権家，
勧能学校教員。学習結社のブレーン。「五
日市憲法草案」を起草。

◇五日市憲法草案をつくった男・千葉卓三
郎　伊藤始，杉田秀子，望月武人著　く
もん出版　（〔くもんの児童文学〕）
2014.9　189p　21cm　〈文献あり〉
①978-4-7743-2246-9

◇ラストサムライの群像―幕末維新に生き
た誇り高き男たち　星亮一，遠藤由紀子
著　光人社　2006.2　283p　19cm
①4-7698-1287-6
＊勝てば官軍―人心が揺れ動き、「大勢」
に流されようとするときに敢えて踏み
止まり、意地を貫いた男たち。日本の
近代化の過程で生じた殺伐たる時代に、
最後の光芒を放った魅力あふれる「サ
ムライ」たちの生き様を描く。

◇自由民権に輝いた青春―卓三郎・自由を
求めてのたたかい　江井秀雄著　草の根
出版会　2002.3　237p　21cm
①4-87648-170-9

◇色川大吉著作集　第5巻　人と思想　色川
大吉著　筑摩書房　1996.4　506p　21cm
①4-480-75055-X
＊明治人の波瀾の生涯と鮮烈な思想。人
間研究・人物史の叙述を通して、「明治」
の振幅とスケールの大きさ、頂点と底
辺の思想の深層を叙述し、明治の精神
とは何かを問う。

◇民衆憲法の創造―埋もれた多摩の人脈
色川大吉，江井秀雄，新井勝紘著　評論社
（「人間の権利」叢書）　1970　385p 図版
19cm

▌中条 金之助　ちゅうじょう・きんのすけ

1827～1896　幕臣。旗本。維新後は静
岡・牧之原の開墾事業にあたった。

◇日本人の志―最後の幕臣たちの生と死
片岡紀明著　光人社　1996.12　257p
19cm　①4-7698-0797-X
＊最後の徳川家臣団総数33400余人、苦難
の時代に遭遇した幕臣たちは、幕府が
潰え去ったあと、何を思い、どう生きよ
うとしたのか。ある者は徳川に殉じ、
ある者は新政府の役人になり、ある者
は商人になり、またある者は農業にた
ずさわり、ある者は新聞をおこした。
成功した者もいれば失意の淵に沈んだ
者もいた。しかし、彼らは、「士の心」
を失うことはなかった。「日本人の心」
を持ちつづけた男たちのロマン。

▌長 三洲　ちょう・さんしゅう

1833～1895　勤王の志士，文人，書家。
長州の騎兵隊入隊。東宮待書。詩集に
「三洲居士集」。

◇三洲長光著作選集　長光原著，中島三夫
編著　中島三夫　2003.12　220p　27cm
〈東京 中央公論事業出版（製作）　付・作
品目録　略伝　肖像あり　著作目録あり
文献あり　年譜あり〉　①4-89514-216-7

◇長三洲　中島三夫著　中島三夫　1979.2
329p　22cm　〈長三洲の肖像あり〉

▌珍田 捨巳　ちんだ・すてみ

1856～1929　外交官。東宮大夫。裕仁皇
太子の即位の礼を挙行。

◇日本外交史人物叢書　第7巻　吉村道男監
修　ゆまに書房　2002.1　320p　22cm
〈複製　肖像あり〉　①4-8433-0495-6

◇ポトマックの桜―津軽の外交官珍田夫妻
物語　外崎克久著　サイマル出版会
1994.11　273p 19cm
＊日米関係に桜の花を咲かせた友情外交
の生涯を描く。

I　政治・経済　　　　　　　　　　　　　　　　　　　　　　　　堤磯右衛門

【つ】

▌ 津崎 矩子 つざき・のりこ
1786〜1873　尊攘運動家。近衛家老女。
◇津崎氏村岡矩子—その生涯と和歌　桜井健
　一編著　桜井健一　2009.2　94p　21cm

◇幕末裏面史—勤皇烈女伝　小川煙村著
　新人物往来社　（日本伝記叢書）　1998.1
　292p　21cm　①4-404-02580-7
　＊幕末維新の動乱を体験した人々の秘話
　　でまとめた貴重な逸話集。知られざる
　　吉田松陰の母をはじめ動乱の時代を支
　　えた12人の女性たち。歴史小説や歴史
　　漫画が書けるエピソードが満載。

▌ 辻 忠右衛門 つじ・ちゅうえもん
1845〜1930　実業家。大阪窯業会社を創
業、煉瓦製造専業として発展した。
◇大阪商人　宮本又次著　講談社　（講談社
　学術文庫）　2010.6　367p　15cm
　①978-4-06-291999-9
　＊密貿易を組織した毛剃九右衛門（けづり
　　八右衛門）、独占的地位で巨利をあげた
　　糸割符商人。江戸城出入りの特権商人
　　尼崎屋は新田開発をし、寒天輸出を一
　　手に担う。廻船により各地物産は、荷
　　受問屋を通して、流通する。秘伝南蛮
　　吹の精銅技術をもとに鉱山開発までし
　　た住友家。「天下の町人」となった呉服
　　商。江戸の経済を牛耳っていた商都大
　　阪の活況を描く。

▌ 都筑 馨六 つづき・けいろく
1861〜1923　内務官僚。男爵、貴族院議
員。超然主義の理念を高唱したが、立憲
政友会創設に参加。外務次官を歴任。
◇日本外交史人物叢書　第14巻　吉村道男
　監修　ゆまに書房　2002.12　245,37p
　22cm　〈複製　肖像あり　折り込み2枚　年
　譜あり　著作目録あり〉　①4-8433-0680-0

▌ 津田 三蔵 つだ・さんぞう
1854〜1891　巡査。大津事件犯人。来日
中のロシア皇太子に斬りつけ逮捕される。
◇明治叛臣伝　徳永真一郎著　光文社　（光
　文社時代小説文庫）　1991.7　452p　15cm
　①4-334-71366-1
　＊明治維新前後の混乱期。官軍となった
　　薩摩・長州藩士の中には、心驕って汚職
　　や不正を働く輩も。このため、一般民
　　衆の生活はあまり向上せず、かえって
　　負担が重くなり、苦しくなった。新政
　　府の不正を暴き、理想の世を築くため
　　に、欲も野心もなく、純粋な情熱を傾け
　　て戦った男たち。反逆者の汚名をうけ、
　　空しく命を失った彼らの波乱に満ちた
　　生涯を描く傑作歴史小説。

◇大津事件の真相　〔復刻版〕　早崎慶三著
　（京都）サンブライト出版　（近江文化叢
　書）　1987.11　303p　26cm
　①4-7832-0103-X
　＊明治24年5月、大津で起きた「ロシア皇
　　太子傷害事件」は、驚天動地の出来事で
　　あった。凶報に混乱し、ろうばいする
　　当時の明治政府の対応。犯人津田三蔵
　　の裁判に対して、政府圧力に抗する司
　　法側の虚々実々のからみあい。96年前
　　の事件の真相を、当時の資料を披瀝し
　　て生々しく伝える。

◇明治叛臣伝　徳永真一郎著　毎日新聞社
　1981.1　238p　20cm

▌ 津田 弘道 つだ・ひろみち
1834〜1887　官吏，実業家。最初の世界
周遊視察団の一員。第二十二国立銀行の
取締役となり地域の経済発展、近代化に
貢献。
◇津田弘道の生涯—維新期・岡山藩の開明
　志士　石田寛著　吉備人出版　2007.10
　440p　22cm　〈肖像・著作目録・年譜・
　文献あり〉　①978-4-86069-170-7
　＊本書は維新期岡山藩の開明志士津田弘
　　道の生涯を論述したものである。

▌ 堤 磯右衛門 つつみ・いそえもん
1833〜1891　実業家。国産洗濯用石鹼第

伝記ガイダンス 明治を生きた人々　**421**

一号製造。洗髪粉・香水を完成。

◇明治なりわいの魁―日本に産業革命をおこした男たち　植松三十里著　ウェッジ　2017.2　192p　21cm　〈文献あり　年表あり〉　①978-4-86310-176-0

◇横浜開港時代の人々　紀田順一郎著　神奈川新聞社　2009.4　270p　21cm　①978-4-87645-438-9
＊開港期の横浜で明るい炎をあげながら生き抜いた人々を、横浜に生まれ育った著者が、豊かな知識と資料の掘り起こしによって、親しみをこめた筆致で描く傑物伝。

▎**鶴田 皓**　つるた・あきら
1834～1888　官僚。旧刑法・治罪法、商法編纂。元老院議官。

◇元老院議官鶴田皓―近世と近代を結んだ思考　続　鶴田徹著　鶴鳴社　2008.3　334p　22cm　〈年譜・文献あり〉

◇元老院議官鶴田皓　第2版　鶴田徹著〔鶴田徹〕　1997.1　138p　26cm　〈肖像あり〉

▎**鶴原 定吉**　つるはら・さだきち
1856～1914　政治家。衆議院議員，大阪市長。関西鉄道、中央新聞社長など関西財界で活動。

◇植民地帝国人物叢書　22（朝鮮編3）　鶴原定吉君略伝　鶴原定吉　永島広紀編　池原鹿之助著　ゆまに書房　2010.5　190,28,4p　22cm　〈池原鹿之助1927年刊の複製　年譜あり〉　①978-4-8433-3386-0

【て】

▎**寺内 正毅**　てらうち・まさたけ
1852～1919　陸軍軍人。初代朝鮮総督，伯爵。武断政治を行い非立憲内閣と呼ばれ、米騒動の中で辞任。

◇防長尚武館の寺内正毅・寿一関係資料　伊藤幸司編著，安渓遊地監修　東洋図書出版　（山口県立大学ブックレット「新やまぐち学」）　2016.3　77p　30cm　〈文部科学省「（地（知）の拠点整備事業（大学COC事業）」〉　①978-4-88598-044-2

◇寺内正毅と帝国日本―桜圃寺内文庫が語る新たな歴史像　伊藤幸司，永島広紀，日比野利信編　勉誠出版　2015.8　275p　27cm　〈年譜あり〉　①978-4-585-22121-0

○特集 寺内正毅・寿一関係資料　「学習院大学史料館紀要」（学習院大学史料館）（21）　2015.3

◇寺内正毅宛明石元二郎書翰―付『落花流水』原稿〈『大秘書』〉　明石元二郎著，尚友倶楽部史料調査室，広瀬順晧，日向玲理，長谷川貴志編集　芙蓉書房出版　（尚友ブックレット）　2014.4　252p　21cm　〈年譜あり　国立国会図書館憲政資料室所蔵の翻刻〉　①978-4-8295-0621-9

◇大学的やまぐちガイド―「歴史と文化」の新視点　山口県立大学国際文化学部編，伊藤幸司責任編集　昭和堂　2011.3　262p　21cm　①978-4-8122-1069-7
＊山口県立大学の講師陣が語る新しい「やまぐちの歴史と文化」。ダイナミックで豊かな「やまぐち」の姿を文化遺産から再発見する。

◇司馬遼太郎 歴史のなかの邂逅　7　正岡子規～秋山好古・真之　司馬遼太郎著　中央公論新社　（中公文庫）　2011.3　263p　15cm　①978-4-12-205455-4
＊日本の前途を信じた若者たちの、底ぬけの明るさと痛々しさと―。第七巻は、司馬文学を代表する長篇『坂の上の雲』に描かれた正岡子規、秋山兄弟を中心に、徳冨蘆花、夏目漱石、石川啄木、清沢満之ら、昂揚の時代を生きた人々の足跡をたどる二十五篇を収録。

◇宰相たちのデッサン―幻の伝記で読む日本のリーダー　御厨貴編　ゆまに書房　2007.6　280p　21cm　①978-4-8433-2381-6
＊幻の伝記を読み直すなかから生まれたまったく新しい戦前期の総理大臣評伝集。

◇吉田松陰の予言―なぜ、山口県ばかりから

Ⅰ　政治・経済　　　　　　　　　　　　　　　　　　　　　　　　　　　　　　　寺村左膳

総理大臣が生まれるのか？　浜崎惟，本
誌編集部著　Book & Books　2007.5
275p　19cm　①978-4-434-10451-0
＊国家を憂えた激情のカリスマ教育者と、
　夢をつかんだ8人の総理に学ぶ大出世の
　ヒント。

◇歴代総理大臣伝記叢書　第9巻　寺内正毅
御厨貴監修　ゆまに書房　2005.7　245p
22cm　〈複製　肖像あり〉
①4-8433-1787-X

◇元帥寺内伯爵伝―伝記・寺内正毅　黒田
甲子郎編　大空社　（伝記叢書）　1988.6
1冊　22cm　〈元帥寺内伯爵伝記編纂所大
正9年刊の複製　寺内正毅の肖像あり　折り
込図3枚〉

◇寺内正毅内閣関係史料　山本四郎編　京
都女子大学　（京都女子大学研究叢刊）
1985.3　2冊　22cm

◇寺内正毅関係文書―首相以前　山本四郎
編　京都女子大学　（京都女子大学研究叢
刊）　1984.3　775p　22cm

◇寺内正毅日記―1900～1918　山本四郎編
京都女子大学　（京都女子大学研究叢刊）
1980.12　768p　22cm

▌寺島 宗則　てらしま・むねのり
1832～1893　政治家，鹿児島藩士。枢密
顧問官，伯爵。樺太・千島交換条約締結。

◇日本外交史人物叢書　第11巻　吉村道男
監修　ゆまに書房　2002.12　1冊　22cm
〈複製〉　①4-8433-0677-0

◇寺島宗則　〔新装版〕　犬塚孝明著　吉川
弘文館　（人物叢書）　1990.10　309p
19cm　①4-642-05193-7
＊新国家建設と近代外交の確立に全生涯
　を賭けた外務卿寺島宗則の本格的評伝。
　蘭学者から一転して、新政府の外交指
　導者となった寺島の思想と行動を新史
　料を駆使して丹念に跡付ける。欧米に
　対する自主外交、東アジアに対する条
　理外交という新たな視点から寺島外交
　を再評価。さらに伊藤博文との政治的
　競合・対立にも新解釈を加え、新しい寺
　島像を描く。

◇寺島宗則―日本電気通信の父　高橋善七
著　国書刊行会　1989.12　319p　20cm
〈寺島宗則の肖像あり〉

▌寺田 甚与茂　てらだ・じんよも
1853～1931　実業家。泉州産業開発の恩
人として関西財界の重鎮となる。

◇大阪の近代建築と企業文化　大阪府立文
化情報センター，新なにわ塾叢書企画委
員会編著　ブレーンセンター　（新なにわ
塾叢書）　2009.1　306p　18×11cm
①978-4-8339-0702-6
＊たそがれ迫る大阪の近代建築。明治・大
　正の名建築が次々と消えてゆく。栄光
　の時代の優れた遺産をこれ以上失って
　はいけない！　歴史的建造物崩壊の崖っ
　淵で市民が発した "叫び" の書である。

▌寺田屋 登勢　てらだや・とせ
？　～1877　京都伏見の船宿寺田屋の女将。

◇司馬遼太郎 歴史のなかの邂逅　5　坂本龍
馬～吉田松陰　司馬遼太郎著　中央公論
新社　（中公文庫）　2011.1　305p　15cm
①978-4-12-205429-5
＊「維新史の奇蹟」と評される坂本龍馬を
　中心に、武市半平太、吉田松陰、高杉晋
　作、桂小五郎ら、怒涛の時代を生きた
　人々のさまざまな運命―。『竜馬がゆ
　く』『世に棲む日日』など数々の傑作が
　生まれた背景を伝える二十二篇を収録。

◇物語 龍馬を愛した七人の女　新人物往来
社編　新人物往来社　1991.6　236p 19cm
①4-404-01824-X
＊女に惚れられる男だけが大きな仕事が
　出来る。龍馬式恋愛指南書。

◇歴史の仕掛人―日本黒幕列伝　童門冬二
著　読売新聞社　1990.9　296p 19cm
①4-643-90073-3
＊時代を変えた凄いやつら。「長屋王の
　変」の妖女、「ばさら」大名、家康を育
　てた怪僧など、黒幕23人の痛快人物伝。

▌寺村 左膳　てらむら・さぜん
1834～1896　土佐藩士。側用役。公武合
体論を支持。維新後は旧藩主・山内豊範

の家令などを務めた。

◇龍馬暗殺の黒幕は歴史から消されていた
　―幕末京都の五十日　中島信文著　彩流
　社　2012.1　274p　20cm　〈文献・年表
　あり〉　①978-4-7791-1762-6
　＊本書は、龍馬らの暗殺事件関係の資料類
　　の再検証を行ったものである。そして、
　　特にその中の『寺村左膳道成日記』の読
　　み直しを通して、そこに眠っていた、こ
　　れまで語られることのなかった新事実を
　　見つけ出し、近江屋事件の真実や真相、
　　真の黒幕を解き明かし、事件の歴史的な
　　評価をしたものである。寺村左膳とは
　　土佐藩の山内容堂の側用人で大政奉還
　　の建白書の草稿を執筆した人物である。

◇寺村左膳道成日記　3　慶応三年　横田達
　雄編　県立青山文庫後援会　（青山文庫所
　蔵資料集）　1980.10　66p　22cm

◇寺村左膳道成日記　2　文久三年　横田達
　雄編　県立青山文庫後援会　（青山文庫所
　蔵資料集）　1979.12　62p　22cm

◇寺村左膳道成日記　1　横田達雄編　県立
　青山文庫後援会　（青山文庫所蔵資料集）
　1978.12　80p　22cm

照井　亮次郎　てるい・りょうじろう

1874～1930　自由移民。メキシコにて三
奥組合を組織、日墨協働会社へと発展さ
せた。

◇ "辞書屋" 列伝　田澤耕著　中央公論新社
　（中公新書）　2014.1　266p　18cm
　①978-4-12-102251-6
　＊長期に及ぶ地道な作業が要求される
　　辞書の編纂、そこにはさまざまなドラ
　　マがあった。世界最大の『オックス
　　フォード英語辞典』、日本初の国語辞典
　　である『言海』、ヘブライ語を死語から
　　甦らせた『ヘブライ語大辞典』、カタ
　　ルーニャの地位向上をめざした『カタ
　　ルーニャ語辞典』、メキシコの不毛の開
　　拓地でやむにやまれず作られた『西日辞
　　典』…。"辞書屋" たちの長く苦しい道の
　　りを、自らも辞書屋である著者が活写。

◇シエラマドレの熱風―日・墨の虹を架け
　た照井亮次郎の生涯　川路賢一郎著　パ

コスジャパン　2003.3　373p　20cm
〈肖像あり　年譜あり〉　①4-939080-06-4

照姫　てるひめ

1833～1884　会津藩主松平容敬の養女。
戊辰戦争の際、籠城婦女子の指揮をする。

◇幕末三百藩古写真で見る最後の姫君たち
　『歴史読本』編集部編　KADOKAWA
　（角川新書）　2016.7　255p　18cm　〈文
　献あり〉　①978-4-04-082080-4

◇お姫様は「幕末・明治」をどう生きたのか
　河合敦著　洋泉社　（歴史新書）　2016.1
　221p　18cm　〈文献あり〉
　①978-4-8003-0801-6

◇物語　妻たちの会津戦争　宮崎十三八編
　新人物往来社　1991.3　217p　19cm
　①4-404-01804-5
　＊正義を信じ、夫や父を信じながらも会
　　津落城の犠牲となった妻たちの悲劇は、
　　いつまでも語りつづけられる。

出羽　重遠　でわ・しげとお

1856～1930　海軍軍人。大将、男爵。明
治期ただ一人の非薩摩出身海軍大将。教
育本部長、シーメンス事件査問委員長を
歴任。

◇出羽重遠伝―日本海海戦の勇者　星亮一
　著　光人社　（光人社NF文庫）　2004.8
　407p　15cm　①4-7698-2429-7
　＊朝敵の汚名をうけ、戊辰戦争にやぶれ
　　た会津藩は、その未来を少年たちに託
　　した。十四歳で鶴ヶ城落城の悲劇を体
　　験、藩の期待を担って海軍にはいり、遂
　　に薩摩・皇族出身以外では初の海軍大
　　将となった出羽重遠を軸に、陸軍大将
　　柴五郎、東京帝大総長山川健次郎ら、鮮
　　やかな足跡を近代日本に印した会津の
　　男たちを描く。

◇天風の海―会津海将出羽重遠の生涯　星
　亮一著　光人社　1999.10　346p　20cm
　①4-7698-0937-9
　＊薩長支配の時代に "賊軍" として辛酸を
　　なめた会津藩士たち―飢餓と貧困と偏見
　　のなかで自らを鍛え、薩摩閥の跋扈す
　　る明治海軍のトップに昇りつめた男が

Ⅰ　政治・経済　　　　　　　　　　　　　　　　　　　　　　　　　　　　　　　　　天璋院

いた！ 逆境にあって団結し、志高く近
代国家建設に命を賭けた男たちの肖像。

田 健治郎　でん・けんじろう

1855〜1930　官僚，政治家。貴族院議員，
衆議院議員，枢密官顧問。寺内内閣逓信
相，台湾総督，山本内閣農商務相などを
歴任。

◇ダットサンの忘れえぬ七人―設立と発展
に関わった男たち　下風憲治著，片山豊
監修　片山豊記念館　2017.10　247p
19cm　①978-4-89522-679-0
＊日本に自動車産業を確立し育成するた
めに一生涯をかたむけた男たちがいた。

◇田健治郎日記　6　大正13年―昭和3年
田健治郎著，尚友倶楽部，櫻井良樹編　尚
友倶楽部　（尚友叢書）　2016.12　539p
22cm

◇田健治郎日記　6　大正十三年〜昭和三年
田健治郎著　尚友倶楽部，櫻井良樹編
芙蓉書房出版　2016.12　539p　22cm
〈布装〉　①978-4-8295-0700-1

◇田健治郎日記　5　大正10年―大正12年
田健治郎著，季武嘉也編　尚友倶楽部
（尚友叢書）　2015.11　558p　22cm

◇田健治郎日記　5　大正十年〜大正十二年
田健治郎著　尚友倶楽部，季武嘉也編
芙蓉書房出版　2015.11　558p　22cm
〈布装〉　①978-4-8295-0662-2

◇田健治郎日記　4　大正七年〜大正九年
田健治郎著　尚友倶楽部，広瀬順晧編
芙蓉書房出版　2014.9　508p　22cm
〈布装〉　①978-4-8295-0630-1

◇田健治郎日記　3　大正四年〜大正六年
田健治郎著，尚友倶楽部，内藤一成編　芙
蓉書房出版　2012.11　461p　22cm　〈布
装〉　①978-4-8295-0570-0
＊貴族院議員、逓信大臣、台湾総督、農商
務大臣兼司法大臣、枢密顧問官を歴任
した官僚出身の政治家、田健治郎（1855
〜1930）が、明治後期から死の1か月前
まで書き続けた日記を翻刻。

◇ダットサンの忘れえぬ七人―設立と発展
に関わった男たち　下風憲治著，片山豊
監修　アイサイト　2010.3　247p　19cm

①978-4-89522-545-8

◇田健治郎日記　2（明治44年〜大正3年）
田健治郎著，尚友倶楽部，桜井良樹編　芙
蓉書房出版　2009.8　505p　22cm
①978-4-8295-0457-4
＊明治末〜昭和初期政治史研究に必備の
第一級史料。貴族院議員、逓信大臣、台
湾総督、農商務大臣兼司法大臣、枢密顧
問官を歴任した、官僚出身の政治家田
健治郎が、明治後期から死の1ヶ月前ま
で書き続けた日記を翻刻。漢文墨書の
原本を「読み下し体」で翻刻。

◇田健治郎日記　1（明治39年―43年）　田
健治郎著，尚友倶楽部，広瀬順晧編　芙蓉
書房出版　2008.12　402p　22cm
①978-4-8295-0437-6

◇台湾総督田健治郎日記　中（1921-1922）
田健治郎著，呉文星，広瀬順晧，黄紹恒
鍾淑敏主編，鍾淑敏執行編輯　中央研究院
台湾史研究所　（台湾史料叢刊）　2006.2
8,608,27p　21cm　①9789860044683

◇田健治郎伝―伝記・田健治郎　田健治郎
伝記編纂会編　大空社　（伝記叢書）
1988.10　644,42,6p　22cm　〈田健治郎伝
記編纂会昭和7年刊の複製 田健治郎の肖像
あり〉

天璋院　てんしょういん

1836〜1883　女性。徳川家定の正室。

◇NHK新歴史秘話ヒストリア―歴史にかく
された知られざる物語　2　歴史を動かし
た女性　NHK「歴史秘話ヒストリア」制
作班編　金の星社　2018.1　39p　30×
22cm　①978-4-323-06827-5

◇西郷どんと篤姫―知られざる幕末維新の
舞台裏　中江克己著　青春出版社　（青春
文庫）　2017.11　201p　15cm　〈年譜あ
り〉　①978-4-413-09682-9

◇歴史を動かした徳川十五代の妻たち　安
藤優一郎著　青春出版社　（青春文庫）
2011.6　218p　15cm
①978-4-413-09510-5
＊大奥成立から江戸城明け渡しまで―い
のちをかけた女の愛情・意地・執念。
三百年の真実が見えてくる。

伝記ガイダンス 明治を生きた人々　　**425**

天璋院　　　　　　　　　　　　　　　　　　　　　　Ⅰ　政治・経済

◇日本の歴史を動かした女たち　杉本苑子,
　ジェームス三木著　中経出版　（中経の文
　庫）　2009.3　222p　15cm　〈『歴史に学
　ぶ女の生き方潔い女は美しい』新編集・改
　題書〉　①978-4-8061-3303-2
　＊臣下出身第一号の皇后となった光明皇
　　后、だめな夫のせいで張り切らざるを
　　得なかった日野富子、家康に愛されな
　　がら死を命じられた、家康の正妻・築山
　　殿、徳川家を守るために信念を貫いた・
　　天璋院篤姫…。歴史上に名を残した女
　　性たちの姿を、小説家と脚本家が縦横
　　無尽、闊達に語り合う。

◇天璋院篤姫と皇女和宮　清水将大著　コス
　ミック出版　（コスミック文庫）　2008.10
　223p　15cm　①978-4-7747-2222-1
　＊十三代将軍家定のもとに薩摩から遠路は
　　るばる輿入れした篤姫と、公武合体の旗
　　印として十四代将軍家茂に降嫁した皇女
　　和宮。華やかな婚礼とは裏腹に重い命
　　題を課せられ、二人が将軍の御台所と
　　なったのは幕末。新しい時代へと向か
　　い、日本国中が揺れていた時期である。
　　しかも篤姫は二年足らず、和宮は四年
　　あまりで夫に先立たれてしまう。運命
　　の過酷さに涙し、凄まじい確執の時を
　　へて、やがて二人は「徳川の嫁」として
　　わかりあい、絆を深めていく―。運命
　　に翻弄されつつも、力強く歩み続けた
　　二人の女性と、彼女たちが過ごした大
　　奥の実態を、エピソードを中心に描く。

◇天璋院篤姫展　NHKプロモーション編
　NHK　2008.2　225p　30cm　〈会期・会
　場：2008年2月19日―4月6日　東京都江戸
　東京博物館ほか　共同刊行：NHKプロ
　モーション　年表あり〉

◇篤姫―わたくしこと一命にかけ　徳川の
　「家」を守り抜いた女の生涯　原口泉著
　グラフ社　2008.1　239p　19cm　〈肖
　像・文献あり〉　①978-4-7662-1111-5
　＊NHK大河ドラマ「篤姫」時代考証の著
　　者が明かす天璋院篤姫、その生と死。

◇幕末の大奥―天璋院と薩摩藩　畑尚子著
　岩波書店　（岩波新書）　2007.12　211,3p
　18cm　〈文献・年譜あり〉
　①978-4-00-431109-6
　＊外様大名島津家（薩摩藩）分家の出身で

あった天璋院（篤姫、一八三五・八三）
がなぜ十三代将軍徳川家定と婚礼を挙
げることになったのか。また婚礼の前
に近衛家の養女となり、近衛家からの
嫁入りという形式をとったのはなぜか。
薩摩藩と江戸城大奥の歴史的なつなが
りを解き明かし、将軍最後の大奥を
取りしきった波乱の生涯をたどる。

◇篤姫と大奥―幕末騒擾を生き抜いた御台
　所　学習研究社　（歴史群像シリーズ）
　2007.12　163p　26cm
　①978-4-05-605003-5

◇天璋院篤姫の生涯―篤姫をめぐる160人の
　群像　新人物往来社　（別冊歴史読本）
　2007.12　172p　26cm
　①978-4-404-03387-1

◇天璋院篤姫―徳川家を護った将軍御台所
　徳永和喜著　新人物往来社　2007.12
　244p　20cm　〈年表あり〉
　①978-4-404-03507-3
　＊薩摩藩から将軍家へ。激動の幕末、政
　　略結婚に利用されたはずの人生は、幕
　　府崩壊という多難のなか一転する。徳
　　川家を護るという新たな使命のため、
　　生き生きと自らの意思で進み始める。
　　史料から浮かび上がる篤姫の生涯。

◇篤姫の生涯　宮尾登美子著　日本放送出
　版協会　2007.11　219p　20cm
　①978-4-14-005534-2
　＊NHK大河ドラマ「篤姫」の原作者が描
　　く、主人公・天璋院篤姫の波瀾の生涯。

◇最後の大奥　天璋院篤姫と和宮　鈴木由紀
　子著　幻冬舎　（幻冬舎新書）　2007.11
　204p　18cm　①978-4-344-98062-4
　＊密命を胸に秘めつつ十三代将軍家定に
　　嫁いだ薩摩藩主の養女篤姫、武家の権
　　力に屈して十四代将軍家茂の正室と
　　なった皇女和宮。変革期の動乱の最中、
　　生い立ちと立場の違いから対立してい
　　た嫁姑が、暗躍する幕末志士の陰で手
　　を取り「徳川」というお家存続のために
　　たちあがった―。江戸城下での戦いを
　　回避し、無血で倒幕軍に城を明け渡し
　　た、武家の女の生きざまとは。江戸城
　　大奥に生きた最後の女性を通じてひも
　　とく、明治維新の裏表。

426　伝記ガイダンス　明治を生きた人々

I 政治・経済　　　　　　　　　　　　　　　　　　　　　　　　　　　　東海散士

◇天璋院篤姫のすべて　芳即正編　新人物
　往来社　2007.11　222p　20cm　〈年譜・
　文献あり〉　①978-4-404-03491-5

◇敗者たちの幕末維新―徳川を支えた13人
　の戦い　武光誠著　PHP研究所　（PHP
　文庫）　2007.9　235p　15cm
　①978-4-569-66916-8
　＊幕末維新には、数多くの優れた人物が歴
　　史の表舞台に登場した。なかでも幕府と
　　徳川家のために奮闘し、敗者となった
　　人々を見逃すことはできない！本書は
　　老中・阿部正弘、会津藩主・松平容保、
　　桑名藩主・松平定敬、大奥の天璋院（篤
　　姫）と和宮（静寛院宮）、幕臣の小栗忠
　　順、大久保一翁など、ペリー来航から江
　　戸開城までに活躍した13人の思いと、筋
　　を通した生き方を感動的に描いた一冊。

◇天璋院篤姫　寺尾美保著　高城書房
　2007.6　270p　19cm　〈肖像・文献あり〉
　①978-4-88777-104-8

◇天璋院敬子　梅本育子著　双葉社
　1997.4　263p　20cm　〈参考文献：p262
　～263〉　①4-575-23293-9

◇宮尾登美子全集　第10巻　宮尾登美子著
　朝日新聞社　1993.8　513p　21cm
　①4-02-256447-4
　＊揺れ動く歴史の中で女たちはどう生き
　　てきたのか。薩摩・島津斉彬の画策の
　　末、病弱な将軍家定の正室となった篤
　　姫。不幸な結婚に耐え、徳川家に尽し
　　続ける女性を描く長篇。

◇人物事典 江戸城大奥の女たち　卜部典子
　著　新人物往来社　1988.12　207p 19cm
　①4-404-01577-1
　＊大奥は徳川将軍家の血筋を絶やさない
　　ことを目的として、綿密に編成された
　　女性だけの世界であった。外部に大奥
　　を語ることが禁じられていたため、い
　　ろいろな憶測が飛び、実際とはかけ離
　　れた大奥像ができていった。本書は、
　　正室側室からしために至るまで、100
　　人の大奥女性を選び評伝とした。各々
　　の評伝の中から知られざる大奥の実像
　　を探り出す。

【と】

▌土居 通夫　どい・みちお
　1837～1917　実業家。大阪電灯及び京阪
　電鉄社長など。大阪商業会議所会頭など。

◇司馬遼太郎 歴史のなかの邂逅　6　村田蔵
　六～西郷隆盛　司馬遼太郎著　中央公論
　新社　（中公文庫）　2011.2　255p　15cm
　①978-4-12-205438-7
　＊日本史上最大のドラマともいうべき明
　　治維新で、「三傑」と称された大久保利
　　通、木戸孝允、西郷隆盛をはじめ、岩倉
　　具視、江藤新平など、立役者となった
　　人々の足跡―。第六巻には、この国の
　　将来像を描くためのヒントがちりばめ
　　られた二十一篇を収録。

◇通天閣―第七代大阪商業会議所会頭・土
　居通夫の生涯　木下博民著　創風社出版
　2001.5　525p　20cm　〈文献あり　肖像
　あり〉　④4-915699-98-6

◇土居通夫君伝―伝記・土居通夫　半井桃
　水編　大空社　（近代日本企業家伝叢書）
　1998.11　897,4p 図版10枚　22cm　〈大
　正13年刊の複製〉　①4-7568-0936-7

◇剣客豹変―小説土居通夫伝　小島直記著
　PHP研究所　1982.8　243p　20cm　〈土
　居通夫の肖像あり〉

◇大阪人物誌―大阪を築いた人　宮本又次
　著　弘文堂　（アテネ新書）　1960　230p
　19cm

▌東海 散士　とうかい・さんし
　1852～1922　政治家，小説家。

◇明治の兄弟―柴太一郎、東海散士柴四朗、
　柴五郎　中井けやき著　文芸社　2008.9
　592p　19cm　〈年表・文献あり〉
　①978-4-286-05114-7
　＊「素敵な日本人に出会えてよかった」勝
　　者の側から書かれた歴史ではなく、明
　　治・大正の国運に大きな役割を演じた
　　元会津藩士の兄弟を中心に、当時の人

伝記ガイダンス 明治を生きた人々　**427**

物群像と時代背景を400余の史料を基に描いた「人肌の歴史」。

◇日本畸人伝―明治・七人の侍　鈴木明著　光人社　2000.10　301p　20cm
①4-7698-0977-8
＊自我を貫いたパイオニアたち。近代日本史に魅力的な1ページを加える大宅壮一ノンフィクション賞作家の異色作。

東郷 平八郎

とうごう・へいはちろう

1847〜1934　海軍軍人。元帥，東宮御学文所総裁，侯爵。日清戦争で英の輸送船を撃沈。日露戦争で露のバルチック艦隊を撃滅。〔記念施設〕記念艦三笠（神奈川県横須賀市），伊東東郷記念館（静岡県伊東市），東郷神社宝物館（福岡県福津市）

◇明治期外交官・若松兎三郎の生涯―日韓をつなぐ「白い華」綿と塩　永ѐ慎一郎著　明石書店　2017.10　254p　20cm　〈文献あり　年譜あり〉　①978-4-7503-4578-9

◇日本の偉人物語　1　二宮尊徳 坂本龍馬 東郷平八郎　岡田幹彦著　光明思想社　2017.4　197p　20cm
①978-4-904414-58-3

◇世界が称賛！「すごい日本人」　「ニッポン再発見」倶楽部著　三笠書房　（知的生きかた文庫　〔CULTURE〕）　2016.3　221p　15cm　〈文献あり〉
①978-4-8379-8395-8

◇東郷平八郎　田中宏巳著　吉川弘文館　（読みなおす日本史）　2013.12　256p　19cm　〈文献あり　筑摩書房 1999年刊の再刊〉　①978-4-642-06400-2
＊日本海海戦でロシアのバルチック艦隊を撃破し，世界的名声を得た東郷平八郎。その後二十九年間も，海軍だけでなく陸軍も含めた軍部の重鎮として活躍し，近代日本に影響を与え続けた東郷の実像と史実に鋭く迫った名著。

◇図説 日本海軍提督コレクション　日本海軍研究会著　竹書房　2013.12　191p　19cm　①978-4-8124-9803-3
＊「世界三大海軍」と呼ばれた日本海軍最強提督100。

◇二十世紀論　福田和也著　文藝春秋　（文春新書）　2013.2　227p　18cm
①978-4-16-660899-7
＊二十世紀とは総力戦の時代。戦争への大衆動員のため社会保障やインフラが整備された二十世紀。戦後も形を変えながら基本的には同じ体制が日常生活を規定してきた。キーとなる人物・エピソードに焦点を当てながら博覧強記の論客が二十世紀の本質を描ききる。

◇世界から愛され続ける国「日本」　笠倉出版社　（サクラ新書＋カルチャー）　2012.7　190p　18cm　①978-4-7730-8617-1

◇海と日本人の歴史　高橋千劔破著　河出書房新社　2012.3　312p　19cm
①978-4-309-22567-8
＊地球上のあらゆる生命を育んできた海。その神秘の世界を描き，遣唐使から最後の海軍大将まで，海と日本人との歴史を綴る渾身の書。

◇連合艦隊司令長官 東郷平八郎　嶋田耕一著　毎日ワンズ　2012.2　271p　19cm　〈文献・年表あり〉　①978-4-901622-58-5
＊国運を背負った男が土壇場で決行した奇跡の戦術とは。

○特集・秋山兄弟、広瀬武夫、東郷平八郎…近代日本を背負った明治の雄 『坂の上の雲』に倣う無私の心　「サライ」　（小学館）　23（12）　2011.12

◇司馬遼太郎 歴史のなかの邂逅　7　正岡子規〜秋山好古・真之　司馬遼太郎著　中央公論新社　（中公文庫）　2011.3　263p　15cm　①978-4-12-205455-4
＊日本の前途を信じた若者たちの，底ぬけの明るさと痛々しさと―。第七巻は，司馬文学を代表する長篇『坂の上の雲』に描かれた正岡子規，秋山兄弟を中心に，徳冨蘆花，夏目漱石，石川啄木，清沢満らの，昂揚の時代を生きた人々の足跡をたどる二十五篇を収録。

◇奇跡の日露戦争 伝説となった男たち―秋山真之・秋山好古・乃木希典・東郷平八郎　鞍掛伍郎著　イーグルパブリシング　2010.12　190p　19cm
①978-4-86146-198-9

I 政治・経済　　　　　　　　　　　　　　　　　　　　　　　　　　東郷平八郎

＊明治日本が大国ロシアになぜ勝てたの
　か？　日露戦争を勝利に導いた英雄の、
　真実を追う。

◇ドラマチック日露戦争—近代化の立役者13
　人の物語　河合敦著　ソフトバンククリ
　エイティブ　（ソフトバンク新書）　2010.10
　239p　18cm　①978-4-7973-5813-1
　＊日露戦争はそれまで世界史が経験した
　　ことのない未曾有の大戦であり、日本
　　という新興の小国が、老大国ロシアに
　　挑んだ極めて無茶な戦いでもあった。
　　にもかかわらず運命の日本海海戦で、
　　ロシアが誇るバルチック艦隊を全滅さ
　　せるという空前絶後の大勝利を収めた
　　日本。その撃滅作戦を編み出した秋山
　　真之を筆頭に、秋山好古、正岡子規、東
　　郷平八郎、与謝野晶子、高橋是清など、
　　日本の近代化に大きな貢献をした立役
　　者たち13人の波乱万丈の物語を追う。

◇日本海軍将官総覧　太平洋戦争研究会編
　著　PHP研究所　2010.5　378p　19cm
　①978-4-569-77551-7
　＊栄光の明治から昭和の敗戦まで、海の
　　戦いを指揮した男たちのプロフィー
　　ル！　コンパクトで便利な使える一冊。

◇元帥の品格—東郷平八郎の実像　嶋田耕一
　編著　毎日ワンズ　2007.6　269p　19cm
　〈年表あり〉　①978-4-901622-23-3
　＊アジアに曙をもたらした男の沈黙に込
　　められた真実。

◇死にざまの昭和史　高木規矩郎著　中央
　公論新社　2006.8　272p　19cm
　①4-12-003750-9
　＊人は生き、人は死ぬ。その死にざまにこ
　　そ生涯は集約される。偉人の死があり、
　　無名の死があった。自然死、事故死、病
　　死、戦死、自殺、暗殺…、その度ごとに
　　新聞の死亡記事は、ひとりの人間の死
　　を冷徹に伝えてきた。本書は芥川龍之
　　介から昭和天皇まで、昭和の64年間に
　　斃れていった総勢63人にスポットを当
　　て、その死にまつわるエピソードを証
　　言者へのレポートを通して描き出す。

◇嗚呼海軍兵学校　日本を愛した勇士たち—
　江田島教育参考館の展示から　「日本を
　愛した勇士たち」製作委員会編　明成社

2006.8　63p　21cm　①4-944219-43-1

◇海涛譜—東郷平八郎小伝　小野敬太著
　東京図書出版会　2006.4　209p　20cm
　①4-86223-019-9
　＊世界の大海人・東郷平八郎の八十八年
　　の生涯。

◇東郷平八郎 空白の四年間—対米作戦に向
　けた日本海軍の足跡　遠藤昭著　芙蓉書
　房出版　2005.12　187p　19cm
　①4-8295-0367-X
　＊東郷平八郎の功績は日本海海戦勝利だ
　　けではない。4年間の海軍軍令部長時代
　　に将来の対米戦争を見据え、計画した
　　「八八艦隊」構想は国家予算の43％を投
　　じた巨大プロジェクトだった。

◇東郷平八郎—失われた五分間の真実　菊
　田慎典著　光人社　2005.7　219p　20cm
　〈文献・年譜あり〉　①4-7698-1254-X
　＊東郷平八郎、日本海海戦必勝の秘策！
　　衝撃の真相を初公開！　黄海海戦の教訓
　　から編み出された逆列単縦陣・戦略的T
　　字戦法発動の決定的瞬間！　戦史の裏側
　　に秘められた真実に迫る話題作。

◇天気晴朗なれども波高し—海の英雄・東
　郷平八郎　武蔵野二郎著　新風舎
　2005.5　77p　20cm　〈年表あり〉
　①4-7974-6103-9
　＊不出世の海の英雄・東郷平八郎元帥の、
　　知られざる実像に鮮やかに迫った人物
　　評伝の秀作。

◇完全勝利の鉄則—東郷平八郎とネルソン
　提督　生出寿著　徳間書店　（徳間文庫）
　2001.9　331p　16cm　〈文献あり〉
　①4-19-891568-7
　＊「皇国の興廃この一戦にあり！」1905
　　年5月、日本海海戦でロシア・バルチッ
　　ク艦隊に圧倒的勝利を遂げた東郷平八
　　郎。また、1805年10月、英国本土を虎
　　視眈々と狙うナポレオン軍とスペイン
　　の連合艦隊をトラファルガル海戦で完
　　膚無きまでに叩きのめしたネルソン提
　　督。この救国の両雄の生き様を通して、
　　彼らの人間的魅力と、勝利への熱き希
　　求心を明快に描き切って、勝つための
　　究極の定石を解き明かす。

◇沈黙の提督—海将東郷平八郎伝　星亮一

伝記ガイダンス 明治を生きた人々　**429**

著　光人社　2001.1　330p　20cm　〈文献あり〉　①4-7698-0989-1
　＊その時、日本の命運はこの男の双肩にかかっていた！　無名のままに連合艦隊司令長官となり日本海海戦を完勝でかざった寡黙な男―小さく、目立たず、若き日にはむしろ多弁と評されていた名将の素顔とその時代を生き生きと描く。

◇連合艦隊の栄光と悲劇―東郷平八郎と山本五十六　吉田俊雄著　PHP研究所（PHP文庫）　2000.8　429p　15cm　〈「連合艦隊」（秋田書店1968年刊）の改題〉　①4-569-57445-9
　＊連合艦隊司令長官となった者は、常に「絶対不敗」の十字架を背負っていた。その厳しい使命を遂行するために、男たちはいかに思考を尽くし、戦いに挑んだのか。本書では、この孤高の男たちの代表である、日露戦争の東郷平八郎、太平洋戦争の山本五十六がしるした足跡を辿りながら、日本海軍の栄光と悲劇の歴史ドラマを、臨場感あふれる筆致で鮮やかに蘇らせる。

◇東郷平八郎―明治日本を救った強運の提督　羽生道英著　PHP研究所　（PHP文庫）　2000.5　335p　15cm　①4-569-57403-3
　＊日露関係の緊張が極限まで高まり、まさに風雲急をつげていた時、海軍大臣・山本権兵衛は、意外な男を、連合艦隊司令長官に抜擢した。それが、本書の主人公・東郷平八郎である。山本は明治天皇に奏上する際、「東郷は、運の良い男ですから」と、起用を理由づけたが、その言葉どうり、明治日本は、命運を彼の強運に賭けたのであった。日本海軍随一の名提督の活躍を描く、長編小説。

◇日本海海戦の真実　野村実著　講談社（講談社現代新書）　1999.7　230p　18cm　①4-06-149461-9
　＊東郷平八郎は奇跡的勝利の真の立役者だったか。海軍極秘資料に基づき、その意外な真相に迫る。

◇東郷平八郎　田中宏巳著　筑摩書房　（ちくま新書）　1999.7　237p　18cm　①4-480-05808-7
　＊日露戦争時の連合艦隊司令長官だった東郷平八郎は、日本海海戦に奇跡的な

勝利を収めたあと、東宮御学問所総裁、陸海軍を代表する指導者として近代史に大きな足跡を残した。その生涯は、近代国家としての道を歩み始めた日本の運命を一身に体現したものとなった。一次資料をもとに英雄神話の背景を探り、東郷の実像とその時代を描いた本格的評伝。

◇東郷平八郎―近代日本をおこした明治の気概　岡田幹彦著　展転社　1997.5　286p　19cm　〈参考文献：p278〜283〉　①4-88656-138-1
　＊日露戦争の勇者、東郷平八郎。列強は偉大な海軍提督と仰ぎ植民地の国々は独立の夢を育んだ。日本の誇るべき英雄の一代記。

◇東郷平八郎　中村晃著　勉誠社　1996.11　267p　19cm　①4-585-05024-8
　＊幕末の島津藩は、揺れ動いていた。島津斉淋の毒殺、英国との戦い、薩長同盟を経て明治維新後に西南の役。東郷平八郎は、激動の薩摩に生まれ、海軍兵士として生きる意志を堅めて行く。東郷は、函館戦争を経験し、天城艦長、呉鎮守府参謀長、常備艦隊司令長官と栄進し、やがてバルチック艦隊との死闘をくりひろげる。作中、乃木将軍と児玉源太郎の203高地の激戦も描かれ、幕末から明治期を舞台に、西郷隆盛・大久保利通・勝海舟・伊藤博文など、明治の群像が活躍する。

◇乃木神社・東郷神社　新人物往来社　（神社シリーズ）　1993.10　225p　21cm　①4-404-02054-6

◇図説東郷平八郎―目でみる明治の海軍　東郷神社・東郷会　1993.3　183p　27cm

◇資料集 いま、なぜ東郷元帥か　高嶋伸欣編　同時代社　1991.8　144p　21cm　①4-88683-256-3
　＊1992年度小学校教科書に異変。東郷元帥登場に至る経過のすべて。子どもたちに、何を、どう教えたらいい？

◇東郷平八郎 元帥の晩年　佐藤国雄著　朝日新聞社　1990.3　244p　19cm　①4-02-256121-1
　＊日本海海戦の劇的な勝利で、今世紀初

I 政治・経済　　　　　　　　　　　　　　　　　　　　　　唐人お吉

め、日本は大国への切符を手にした。そ
れは同時に、第二次大戦の破局への道
でもあった。生涯現役、“生ける軍神”と
して歴史に君臨した元帥の実像を追う。

◇東郷元帥は何をしたか—昭和の戦争を演
出した将軍たち　前田哲男，纐纈厚著
高文研　1989.7　262p 19cm
Ⓝ4-87498-106-2
＊東郷元帥が教科書に戻ってくる。だが元
帥が、その晩年にしたことは何だったの
か。“名将”“知将”“猛将”たちの実像を通
して、帝国軍隊と昭和の戦争を考える。

◇聖将東郷全伝　国書刊行会　1987.8　4冊
22cm　〈東郷元帥の肖像あり〉

◇栄光と悲劇 連合艦隊—東郷平八郎と山本
五十六　吉田俊雄　秋田書店　1987.6
404p 19cm　Ⓝ4-253-00293-5
＊連合艦隊司令長官は、絶対にミスをし
てはならなかった。一人間でありなが
ら、人間以上の「鬼」であることを求め
られる。そんな職責を、明治の東郷長
官、昭和の山本長官は、どのようにして
果していったのか。2人の長官を同じ平
面上において考えるとどうなるだろう
か。本書は、東郷と山本の人となりを
追い、それぞれの時代相の中での先輩、
後輩、部下たちとの人間関係、そして指
揮官としての指揮統率のすがた形を、
つとめて客観的に調べ上げ、事実に忠
実に描き出そうとした。

◇素顔のリーダー—ナポレオンから東条英機
まで　児島襄著　文芸春秋　（文春文庫）
1986.8　430p 15cm　Ⓝ4-16-714124-8
＊リーダーシップとはなにか。日本では
なぜ独裁者型の指導者が生まれにくい
のか。…権力・権威・組織。それらを
一身に集中させた覇者型リーダー、その
典型としてのナポレオン。一方、日
本では権威的色彩がつよい者ほど力の
行使から遠くなるという。…東西14人
の軍人・指導者の生涯にみる興味津々、
リーダーシップ思想の研究！

◇東郷平八郎のすべて　新人物往来社編
新人物往来社　1986.7　264p 19cm
Ⓝ4-404-01371-X
＊ビジネスマンは東郷平八郎に学べ。一

日本海海戦の名将・東郷平八郎は人間
管理学の天才だった。

◇乃木と東郷　戸川幸夫著　光人社　1982.5
386p 20cm　〈巻末：参考文献　東郷元
帥・乃木大将対比年譜〉　Ⓝ4-7698-0177-7

◇東郷平八郎　下村寅太郎著　講談社　（講
談社学術文庫）　1981.7　230p 15cm

◇海原が残った—提督東郷平八郎伝　上巻
相良俊輔著　光人社　1974　285p 20cm

◇海原が残った—提督東郷平八郎伝　下巻
相良俊輔著　光人社　1974　349p 20cm

◇東郷平八郎　米沢藤良著　新人物往来社
1972　260p 肖像　20cm

◇元帥東郷平八郎　野村直邦編　日本海防
協会　1968　323p 31cm

◇聖雄/東郷元帥　中村孝也著　有朋堂
1945　250p　B6

▌唐人お吉　とうじんおきち
1841〜1890　芸者。アメリカ領事ハリス
の侍女。酒乱、貧窮の後投身自殺。
〔記念施設〕安直楼（静岡県下田市），下田
開国博物館 唐人お吉の虚実（静岡県下田
市），宝福寺 唐人お吉記念館（静岡県下田
市）

◇安直楼始末記—真斎藤きち伝　改訂版
幕末お吉研究会編　でじブックス　2017.5
274p 21cm　〈年譜あり　文献あり〉

◇唐人お吉物語　竹岡範男著　文芸社
2006.11　126p 20cm　〈年譜あり〉
Ⓝ4-286-02022-3
＊条約締結後のお吉は幕末の動乱に捲き
込まれ、祇園の芸妓となり、松浦武四
郎の片腕となって開国に奔走。維新後は
流浪の果て、下田に戻り、相変わらぬ悪
罵と嘲笑と、貧困の中に反抗しつつ、明
治24年3月25日、51歳で下田川（稲生沢
川）の上流門栗ケ淵で豪雨の夜、投身自
殺しました。身寄りもないうえにラ
シャメンであったため、父母の菩提所
までがひきとりを拒んだのでした。幕
末、日米条約締結のため伊豆下田に来
航したハリス。その愛妾として仕えた
お吉は晩年、悲惨な最期を遂げる。後

伝記ガイダンス 明治を生きた人々　　**431**

世つくられた虚像を覆す史実にもとづいた本格的お吉伝。

◇歴史を動かした女たち　高橋千剣破著　中央公論社　（中公文庫）　1997.2　391p　15cm　①4-12-202800-0
＊「原始女性は太陽であった」女性の世紀から激動の昭和まで、卑弥呼・紫式部・北条政子・日野富子・お市の方・春日局・唐人お吉・津田梅子・岡田嘉子などなど、日本の歴史を動かし作り彩った、女たちの多彩な人物像を活写した女性人物列伝。

◇涙のスプリングボード　小島康誉著　プラス　1991.4　158p　21cm　①4-938594-18-8
＊避けることのできない宿命を背負って生きた女性たち。その転機には、いつも涙があった。5人の女性の一生を通し、生きることの尊さを問う。

◇紅椿無惨―唐人お吉　中山あい子著　講談社　（講談社文庫）　1987.11　304p　15cm　①4-06-184112-2

◇人物日本の女性史　第10巻　江戸期女性の生きかた　集英社　1977.12　248p　図　20cm　〈監修：円地文子〉

◇唐人お吉―幕末外交秘史　吉田常吉著　中央公論社　1966

◇実説秘話 唐人お吉物語　竹岡範男著　宝福寺お吉記念館　1962　116p　図版　19cm

◇伝記 唐人お吉　丹潔著　ジープ社　1950　196p　19cm

▌当山 久三　とうやま・きゅうぞう
1868～1910　民権運動家。謝花昇らと沖縄で民権運動を展開する。

◇移民の父当山久三銅像記念誌　当山久三銅像をハワイに建立する期成会　1991.5　247p　27cm　〈当山久三の肖像あり　参考文献：p247〉

◇当山久三―モーキティクーヨー　石田磨柱著　宜野座通男　1990.7　196p　21cm　〈当山久三の年譜・参考資料図書：p190～195〉

◇当山久三伝　湧川清栄著　太平出版社　1973　220p　20cm

◇沖縄民権の挫折と展開―当山久三の思想と行動　湧川清栄著　太平出版社　1972　232p　図　肖像　20cm

◇時代の先駆者当山久三―沖縄現代史の一節　湧川清栄著　故当山久三伝記編纂会　1953

▌頭山 満　とうやま・みつる
1855～1944　国家主義者。大アジア主義者として孫文、金玉均らの亡命者を援助。右翼の巨頭。

◇未完の西郷隆盛―日本人はなぜ論じ続けるのか　先崎彰容著　新潮社　（新潮選書）　2017.12　268p　20cm　〈文献あり〉　①978-4-10-603820-4

◇幕末明治人物誌　橋川文三著　中央公論新社　（中公文庫）　2017.9　308p　16cm　①978-4-12-206457-7

◇頭山満思想集成　増補新版　頭山満著　書肆心水　2016.12　396p　22cm　〈「頭山満言志録」（2006年刊）と「頭山満直話集」（2007年刊）の合本〉　①978-4-906917-62-4

◇人間臨終考　森達也著　小学館　2015.10　285p　19cm　①978-4-09-388437-2
＊死刑・自殺・国家による圧殺―彼らは最期の瞬間何を思ったのか。歴史人物18人に見る日本現代論。

◇頭山満伝―ただ一人で千万人に抗した男　井川聡著　潮書房光人社　2015.9　621p　20cm　〈文献あり〉　①978-4-7698-1602-7

◇玄洋社怪人伝―頭山満とその一派　頭山満, 的野半介, 杉山茂丸, 内田良平, 夢野久作著　書肆心水　2013.10　313p　21cm　①978-4-906917-17-4

◇日本近現代史の「裏の主役」たち―北一輝、大川周明、頭山満、松井石根…「アジア主義者」の夢と挫折　田原総一朗著　PHP研究所　（PHP文庫）　2013.8　509p　15cm　〈『なぜ日本は「大東亜戦争」を戦ったのか』改題書〉　①978-4-569-76057-5
＊明治維新から大東亜戦争に至る "日本の

I　政治・経済　　　　　　　　　　　　　　　　　　　　　　　頭山満

裏側"で、極めて重要な役割を演じたア
ジア主義者たち。欧米植民地からの東
洋独立の革命に燃えた彼らは大東亜戦
争に反対だったが、戦後は「侵略国のイ
デオローグ」として断罪されてしまう。
本書は、戦前の日本を陰で動かした巨
人たちの語られざる肖像に迫り、従来
の近現代史の「定説」を覆した著者渾身
の力作。

◇なぜ日本は「大東亜戦争」を戦ったのか—
アジア主義者の夢と挫折　田原総一朗著
PHP研究所　2011.4　429p　19cm
①978-4-569-79483-9
＊北一輝、大川周明、頭山満、松井石根—
彼らは本来、大東亜戦争に反対だっ
た…。大戦略を構想した巨人たちの語
られざる肖像に迫る。日本近現代史の
タブーを覆す渾身の力作。

◇頭山満と近代日本　大川周明著，中島岳
志編・解説　春風社　2007.12　211p
20cm　〈肖像あり〉　①978-4-86110-134-2
＊革新右翼の理論家・大川周明が、伝統右
翼の巨人・頭山満を描く。明治維新、征
韓論、西南戦争、大隈重信襲撃事件な
ど、近代日本の重要局面に、頭山はどう
動いたか。敗戦直前の緊迫した状況下
で書かれた「幻の原稿」。戦後の闇に消
えていったもうひとつの近代史。

○特集 大アジア主義と頭山満　「月刊日本」
（K&Kプレス）　10（5）　2006.5

◇近現代戦闘精神の継承—西郷隆盛・頭山
満・葦津珍彦の思想と行動 頭山満翁生誕
百五十年祭記念誌　頭山満翁生誕百五十
年祭実行委員会編　頭山満翁生誕百五十
年祭実行委員会　2006.2　21cm

◇アジアと日本の魂—頭山満生誕百五十年
祭記念冊子　木下顕伸編集責任　アジア
と日本の魂頭山満生誕百五十年祭事務
局　2005.12　63p　21cm

◇大アジア主義と頭山満　葦津珍彦著　葦
津事務所　（「昭和を読もう」葦津珍彦の
主張シリーズ）　2005.9　255p　19cm
〈シリーズ責任表示：葦津珍彦の主張普及
発起人会編　肖像・年表あり〉
①4-901577-06-9

◇戦後の肖像—その栄光と挫折　保阪正康
著　中央公論新社　（中公文庫）　2005.7
354p　15cm　①4-12-204557-6
＊秩父宮、高松宮、赤尾敏、安岡正篤、伊
藤律、坂口弘、田中角栄、藤山愛一郎、
武見太郎など、もし、この人物がいな
かったら戦後の日本の政治・経済・社会
状況は別の局面を迎えていたかもしれな
いようなキーパーソン十五人を取り上
げ、彼らの足跡を検証することにより、
戦後日本の栄光と挫折に迫る意欲作。

◇日本の右翼　猪野健治著　筑摩書房　（ち
くま文庫）　2005.4　377p　15cm
①4-480-42050-9
＊右翼とは何か？ 危険なイメージのみが
先行し、その実態や主張は報道される
ことが少ない。明治期から現在にいた
る右翼運動の変遷をわかりやすく解説
するとともに、頭山満、宮崎滔天、内田
良平、北一輝から、赤尾敏、児玉誉士
夫、野村秋介まで16人の思想家・運動
家について紹介する。グローバリズム
とナショナリズム、テロ、自衛隊、憲
法…。激動のいまこそ読むべき一冊。

◇人ありて—頭山満と玄洋社　井川聡，小
林寛著　海鳥社　2003.6　293p　20cm
〈年表あり　文献あり〉　①4-87415-445-X
＊民権と国権の相克から誕生し、インド
の独立、孫文の中国革命の支援など、ア
ジアの自立に向けて活動した玄洋社。
頭山満らの足跡を克明に追い、彼らが
夢見た世界とその実像に迫る。

◇人間・出会いの研究　小島直記著　新潮
社　（新潮文庫）　1997.9　231p　15cm
①4-10-126215-2
＊左右の思想的立場を越え、相手の器量
に惚れあった中江兆民と頭山満の純一
無雑の交流。落第生だった石橋湛山の
生涯を決めた甲府中学校長との出会い。
老境に入って、鈴木大拙を読み、80歳
を過ぎてトインビーの翻訳出版を始め
た松永安左エ門の奇しき因縁。そして
著者とブリヂストン石橋正二郎との君
子の交わり—。生涯を左右する千載一
遇の出会いを描き、生きる示唆に富む
人物随想録。

◇日本精神史への旅　松本健一著　河出書

伝記ガイダンス 明治を生きた人々　**433**

房新社　1997.3　231p　19cm
①4-309-01127-6
＊「日本の心」を問いかける。巨人たちの
　足跡！　風土に生きづき、歴史に名を刻
　んだ人々。西郷隆盛、頭山満、大川周
　明、北一輝、谷川雁、梅崎春生、井上光
　晴等々の歩みを見詰め、日本を刳る「精
　神史」の試み。

◇雲に立つ―頭山満の「場所」　松本健一著
　文芸春秋　1996.10　236p　19cm
①4-16-352050-3
＊国の重石でありつづけた男、西郷隆盛
　に通じる人間的魅力があった男、頭山
　満―。近現代史、その精神史の流れに
　沿いつつ、大胆な日本人論を展開する
　傑作評伝。

◇幕末鬼骨伝　広瀬仁紀著　富士見書房
　（時代小説文庫）　1993.6　279p　15cm
①4-8291-1243-3
＊幕末から明治にかけ歴史を裏舞台で動
　かした伊東甲子太郎、松本良順、山岡鉄
　舟、頭山満ら鬼才を現代に甦らすオリ
　ジナル傑作人物伝。

◇頭山精神　〔復刻版〕　藤本尚則編　葦書
　房　1993.1　305,50p 21cm
①4-7512-0471-8

◇頭山満翁写真伝　藤本尚則編著　葦書房
　1988.9　71枚 図版76枚　27×37cm　〈頭
　山満翁写真伝刊行会昭和10年刊の複製 外
　箱入 限定版〉

◇無冠の男　上　小島直記著　新潮社　（新
　潮文庫）　1988.6　431p 15cm
①4-10-126208-X
＊自らの手で歴史を動かしつつも、藩閥
　政治家や財閥のさそいを歯牙にもかけ
　ず、己れの信ずる道を貫いてさわやか
　に生きたジャーナリスト、実業家、社会
　運動家たち。近代資本主義発展の表と
　裏を自在に往き来しつつ、権力、金力、
　地位、名誉渦まく中で、彼らがいかに出
　会い、いかに出処進退したかに焦点を
　あわせ、隠されたエピソードとともに、
　じっくりとその人物像を語る。

◇大アジア主義と頭山満　増補版　葦津珍
　彦著　日本教文社　1984.5　236p　20cm
　〈頭山満の肖像あり〉　①4-531-06150-0

◇浪人の王者　頭山満　杉森久英著　河出書
　房新社　（河出文庫）　1984.4　270p
　15cm

◇魂は消えじ―恩師頭山満先生の面影　2版
　水野久直著　赤間神宮　1983.5　156p
　18cm　〈頭山満の肖像あり〉

◇頭山満翁正伝―未定稿　頭山満翁正伝編
　纂委員会編, 西尾陽太郎解説　葦書房
　1981.10　445p 22cm　〈頭山満の肖像あ
　り〉

◇頭山満―そのどでかい人間像　都築七郎
　著　新人物往来社　1974　251p 20cm

◇頭山満評伝―人間個と生涯　長谷川義記
　著　原書房　1974　242p 図 肖像　20cm

◇大アジア主義と頭山満　改訂版　葦津珍
　彦著　日本教文社　1972　236p 肖像
　20cm

◇ドキュメント日本人　第1 巨人伝説 中
　江兆民〔ほか〕　岩崎徂堂　学芸書林
　1968　339p 20cm

◇頭山満と陸奥・小村　杉森久英著　毎日
　新聞社　1967　354p 20cm

◇巨人頭山満　藤本尚則著　雪華社　1967
　318p　19cm

◇大アジア主義と頭山満　葦津珍彦著　日
　本教文社　1965

▌徳川 昭武　とくがわ・あきたけ
1848～1910　大名。水戸藩主。1867年パ
リ万国博覧会の将軍名代。〔記念施設〕
松戸市戸定歴史館（千葉県松戸市）

◇徳川昭武滞欧記録　1　オンデマンド版
　東京大学出版会　（日本史籍協会叢書）
　2015.1　516p 22cm　〈印刷・製本：デ
　ジタルパブリッシングサービス〉
①978-4-13-009446-7

◇徳川昭武滞欧記録　2　オンデマンド版
　東京大学出版会　（日本史籍協会叢書）
　2015.1　522p 22cm　〈印刷・製本：デ
　ジタルパブリッシングサービス〉
①978-4-13-009447-4

◇徳川昭武滞欧記録　3　オンデマンド版
　東京大学出版会　（日本史籍協会叢書）

I 政治・経済　　　　　　　　　　　　　　　　　　　　　　　　徳川慶勝

2015.1　535p　22cm　〈印刷・製本：デ
ジタルパブリッシングサービス〉
①978-4-13-009448-1

◇殿様は「明治」をどう生きたのか　河合敦
著　洋泉社　（歴史新書）　2014.4　222p
18cm　〈文献あり〉　①978-4-8003-0379-0

◇プリンス昭武の欧州紀行―慶応3年パリ万
博使節　宮永孝著　山川出版社　2000.3
239,11p　19cm　〈年表あり　文献あり〉
①4-634-60840-5
＊激動の幕末期に海外へ旅立った少年が
いた！　将軍慶喜の名代としてパリ万国
博覧会へ派遣された徳川昭武。異国の
文化と生活に驚嘆した少年の新鮮な体
験を綴る。

◇徳川昭武幕末滞欧日記　宮地正人監修,
松戸市教育委員会編　山川出版社
1999.5　230,45p　22cm　〈年表あり〉
①4-634-52010-9
＊徳川慶喜の実弟で、最後の水戸藩主・徳
川昭武が、慶応3年ヨーロッパへ派遣さ
れたときの日本文、仏文の自筆日記と
その関係文書。

◇徳川昭武幕末滞欧日記　宮地正人監修
松戸市戸定歴史館　1997.3　230,45p
22cm　〈年表あり〉

◇慶応二年幕府イギリス留学生　宮永孝著
新人物往来社　1994.3　278p　19cm
①4-404-02087-2
＊幕末の海を渡った14人の若きサムライ。
彼らは維新後どう生きたか。

◇プリンス・トクガワの生涯―徳川昭武と
その時代　戸定歴史館編　松戸市戸定歴
史館　1991.11　45p　26cm　〈主催：松
戸市教育委員会　会期：平成3年11月3日〜
4年1月15日　徳川昭武略年譜：p41〉

◇徳川昭武―万博殿様一代記　須見裕著
中央公論社　（中公新書）　1984.12
274p　18cm　①4-12-100750-6

▍徳川　家達　とくがわ・いえさと
1863〜1940　華族，公爵，政治家。貴族
院議員，済生会会長，日本赤十字社社長。ワ
シントン軍縮会議全権委員などを歴任。
◇殿様は「明治」をどう生きたのか　河合敦

著　洋泉社　（歴史新書）　2014.4　222p
18cm　〈文献あり〉　①978-4-8003-0379-0

◇第十六代徳川家達―その後の徳川家と近
代日本　樋口雄彦著　祥伝社　（祥伝社新
書）　2012.10　203p　18cm　〈文献・年
譜あり〉　①978-4-396-11296-7

◇徳川慶喜と徳川家達―明治時代、静岡から
見た　歴史講座・徳川家と駿府薬園の第2回
目　磯部博平著　磯部出版　2010.10
45p　26cm　〈会期・会場：平成22年9月
25日　薬科生涯学習センター　年表・文献
あり〉

◇家康・吉宗・家達―転換期の徳川家　徳川
恒孝監修, 徳川記念財団編　徳川記念財団
2008.2　83p　30cm　〈会期・会場：平成
20年2月5日―3月23日　東京都江戸東京博
物館常設展示室（6階）　肖像・年譜あり〉

▍徳川　慶勝　とくがわ・よしかつ
1824〜1883　名古屋藩主，名古屋藩知事。
安政の大獄で隠居。維新後議定などを務
める。
◇殿様は「明治」をどう生きたのか　河合敦
著　洋泉社　（歴史新書）　2014.4　222p
18cm　〈文献あり〉　①978-4-8003-0379-0

◇徳川慶勝―知られざる写真家大名の生涯
夏季特別展　徳川美術館編　徳川美術館
2013.7　50p　30cm　〈会期：平成25年7
月27日〜9月23日　年表あり〉

◇写真家大名・徳川慶勝の幕末維新―尾張藩
主の知られざる決断　NHKプラネット中
部編　日本放送出版協会　2010.10　127p
21cm　〈年表あり〉　①978-4-14-081437-6
＊日本を守った名古屋御三家
筆頭の殿様が江戸幕府の幕引き役と
なったのはなぜ？　徳川慶勝撮影の写真
をはじめ、貴重な史科を通して激動の
時代を再現する。

◇維新を動かした男―小説尾張藩主・徳川
慶勝　野口勇著　PHP研究所　1998.3
412p　20cm　①4-569-55889-5
＊国か!?家か!?国を憂うがために官軍に加
わり徳川幕府を倒し維新の動乱を最小
限に食い止めた男の波瀾万丈の生涯を
描く長篇歴史小説。

◇逃げない男たち—志に生きる歴史群像　下林左馬衛，中薗英助，今川徳三，古川薫，杉浦明平，栗原隆一，邦光史郎著　旺文社　1987.3　325p　19cm　①4-01-071283-X
＊これは歴史の足跡をたどる本ではない。逆境の時を生き抜いた男たちの人間性に、一歩、踏み込んだ人物像である。危機管理の時代に贈る一冊。

▌**徳川　慶喜**　とくがわ・よしのぶ
1837〜1913　江戸幕府15代将軍，公爵。大政奉還後、水戸に移り、ついで静岡で長く謹慎生活。

◇殿様は「明治」をどう生きたのか　2　河合敦著　洋泉社　（歴史新書）　2017.12　223p　18cm　〈文献あり〉　①978-4-8003-1389-8

◇西郷隆盛—日本の精神を代表する英雄　岡田幹彦著　明成社　（まほろばシリーズ）　2017.8　47p　21cm　〈企画：まほろば教育事業団〉　①978-4-905410-43-0

◇その後の慶喜—大正まで生きた将軍　家近良樹著　筑摩書房　（ちくま文庫）　2017.1　255,5p　15cm　〈講談社2005年刊の再刊　文献あり　索引あり〉　①978-4-480-43422-7

◇サムライたちの幕末・明治　歴史REAL編集部編　洋泉社　（歴史新書）　2016.8　189p　18cm　〈文献あり〉　①978-4-8003-1018-7

◇敗者烈伝　伊東潤著　実業之日本社　2016.5　324p　19cm　①978-4-408-53684-2

◇徳川慶喜公伝　史料篇1　新装版，オンデマンド版　渋沢栄一編　東京大学出版会　（続日本史籍協会叢書）　2016.3　667p　22cm　〈原本：1997年刊〉　①978-4-13-009570-9

◇徳川慶喜公伝　史料篇2　新装版，オンデマンド版　渋沢栄一編　東京大学出版会　（続日本史籍協会叢書）　2016.3　522p　22cm　〈原本：1997年刊〉　①978-4-13-009571-6

◇徳川慶喜公伝　史料篇3　新装版，オンデマンド版　渋沢栄一編　東京大学出版会

（続日本史籍協会叢書）　2016.3　664p　22cm　〈原本：1997年刊〉　①978-4-13-009572-3

◇秀吉と慶喜—二人の最高権力者　真実か空想か神のみぞ知る二人の謎に迫る　九王寺将理著　九王寺将理　〔2016〕　1冊（ページ付なし）　26cm　〈年表あり〉

◇徳川慶喜—茨城県立歴史館特別展　茨城県立歴史館編　茨城県立歴史館　2015.2　8,147p　30cm　〈会期・会場：平成27年2月7日—3月22日　茨城県立歴史館　年表あり　文献あり〉

◇徳川15人の将軍たち　小沢章友著，森川泉絵　集英社　（集英社みらい文庫　伝記シリーズ）　2014.11　218p　18cm　〈文献あり　年表あり〉　①978-4-08-321239-0

◇徳川慶喜　加来耕三企画・構成・監修，井手窪剛原作，若松卓宏作画　ポプラ社　（コミック版日本の歴史　幕末・維新人物伝）　2014.7　126p　22cm　〈奥付の原作者（誤植）：井出窪剛　文献あり　年譜あり〉　①978-4-591-14063-5

◇殿様は「明治」をどう生きたのか　河合敦著　洋泉社　（歴史新書）　2014.4　222p　18cm　〈文献あり〉　①978-4-8003-0379-0

◇『徳川慶喜公伝』と渋沢栄一—展示記録・講演録　渋沢史料館収蔵品展　渋沢栄一記念財団渋沢史料館編　渋沢栄一記念財団渋沢史料館　2014.3　57p　30cm　〈会期・会場：2013年6月8日—8月11日　渋沢史料館　文献あり〉

◇あの世からの徳川慶喜の反論—鳥羽伏見の戦いの真相を語る　佐藤泰史著　東洋出版　2014.3　295p　21cm　〈年譜あり〉　①978-4-8096-7729-8
＊徳川慶喜が語る「鳥羽伏見の戦い」の真相とは。徳川慶喜の心理を深いところまで掘り下げ、現在まで正しいと考えられていた事の裏側の実相に迫る！　あの世の徳川慶喜とのインタビュー形式で構成されている新しい感覚の歴史書。

◇英傑の日本史　敗者たちの幕末維新編　井沢元彦著　KADOKAWA　2014.2　230p　20cm　〈年表あり〉　①978-4-04-653294-7

Ⅰ　政治・経済　　　　　　　　　　　　　　　　　　　　　　　　　　徳川慶喜

◇徳川慶喜　家近良樹著　吉川弘文館　（人
　物叢書 新装版）　2014.1　313p　19cm
　〈文献・年譜あり〉　①978-4-642-05270-2
　＊徳川慶喜─江戸幕府最後の将軍。討幕
　の動きに対抗するが、それが不可能だ
　と判断した時点で大政奉還に突如打っ
　て出る。鳥羽伏見戦争後、江戸に逃げ
　帰り謹慎生活に入ることで歴史の表舞
　台から消え、明治・大正時代は趣味の世
　界に没頭して過ごした。その複雑な性
　格と行動から評価の一定しなかった77
　年間の生涯を、新たな研究動向のうえ
　に立って描き出す。

◇微笑む慶喜─写真で読みとく晩年の慶喜
　戸張裕子著　河合重子監修　草思社
　2013.12　237p　19cm　〈文献あり〉
　①978-4-7942-2024-0
　＊明治35年、66歳の徳川慶喜は、公爵に叙
　せられ、ようやくにして名誉回復となっ
　た。それから亡くなるまでの十余年、
　晩年の慶喜はどう生きたか。多くの写
　真を史料から読みとき、慶喜の心境を
　推理した「写真帖 晩年の慶喜」。天皇、
　元勲、幕末維新の徒、旧幕臣たちとの関
　係は。明治華族界を彩り豊かに描く。

◇没後一〇〇年 徳川慶喜　松戸市戸定歴史
　館, 静岡市美術館編　松戸市戸定歴史
　館　2013.10　183p　30cm　〈会期・会場：平
　成25年10月5日〜12月15日 松戸市戸定歴
　史館ほか　松戸市制七〇周年記念事業
　徳川家康公顕彰四〇〇年記念事業　共同
　刊行：静岡市美術館　折り込1枚　年譜・
　年表あり〉

◇慶喜のカリスマ　野口武彦著　講談社
　2013.4　381p　20cm　〈索引あり〉
　①978-4-06-218174-7
　＊英邁豪胆？ 卑怯臆病？ いったいどっち
　だったのか。歴史は時としてひとりの
　人物に過剰な役割を負わせる。そのと
　き、たしかに彼はカリスマであり、ある
　者は熱い希望を託し、ある者は深く警
　戒した。しかし、いつしかその行動は
　期待を大きく裏切り、あわれでなかば
　滑稽な結末を迎える…。それはなぜ
　だったのか。幕末の悲喜劇と明治の沈
　黙の向こうに日本最大の転形期の姿を
　見据えた傑作評伝。

◇徳川慶喜とその時代　相澤邦衞著　文芸
　社　2012.10　439p　15cm　〈文献あり〉
　①978-4-286-12569-5

◇徳川慶喜と渋沢栄一─最後の将軍に仕え
　た最後の幕臣　安藤優一郎著　日本経済
　新聞出版社　2012.5　285p　20cm　〈文
　献・年譜あり〉　①978-4-532-16834-6
　＊重大な危機から国をまもるには、時に
　権力を譲り渡し、沈黙する、という政治
　決断もある。日本の資本主義の父はな
　ぜ、"生涯の主君"の伝記編纂に心血を注
　いだのか。

◇徳川慶喜との対話─鳥羽伏見戦争の真相
　を探る　佐藤泰史著　創成維新史研究会
　2012.3　277p　21cm　〈表紙のタイトル：
　あの世の徳川慶喜との対話　年譜あり〉

◇徳川慶喜と水戸藩の幕末─『徳川慶喜公
　伝』と『昔夢会筆記』を読む　秋山猶正著
　茨城新聞社　2011.12　398p　22cm　〈年
　表あり〉　①978-4-87273-267-2
　＊徳川慶喜は大政奉還への困難な道程を
　いかに歩んだか。晩年の慶喜自身の証
　言をもとに、その苦渋に満ちた日々を
　克明に綴った渋沢栄一編著『徳川慶喜
　公伝』『昔夢会筆記』を一級史料として
　精読しつつ、日本史の転換点を創出し
　た希有な人物の生きざまを再構築する。

◇徳川慶喜─最後の将軍と明治維新　松尾
　正人著　山川出版社　（日本史リブレッ
　ト）　2011.9　95p　21cm　〈文献・年表
　あり〉　①978-4-634-54869-5
　＊幕末維新の動乱と最後の将軍徳川慶喜。
　徳川慶喜は幕府の将来を担うエースと
　して期待された。慶喜もそれを自負し、
　困難な政局に立ち向かっている。それ
　でも内外の危機は、将軍一人の力では
　どうにもならない。慶喜は手のひらを
　返し、江戸開城を選んだ。静岡に移っ
　てからの慶喜の後半生、新しもの好き
　の慶喜は趣味の世界を極めようとした。
　どこかでつながっていたとしても、二
　つの生き方を徹底したのである。

◇慶喜の捨て身─幕末バトル・ロワイヤル
　野口武彦著　新潮社　（新潮新書）
　2011.2　253p　18cm　〈年表あり〉
　①978-4-10-610408-4

伝記ガイダンス 明治を生きた人々　　**437**

徳川慶喜　　　　　　　　　　　　　　　　　　　　　Ⅰ　政治・経済

＊大政奉還は、窮余の一策ではなく、徳川政権の立て直しを目指す慶喜による捨て身の大博打だった―。武力倒幕を目指す薩長を見事に出し抜いた慶喜は、雄藩諸侯会議のリーダーとして君臨し、徳川中心の新政権を新たに作り出そうとしていた。しかし、慶喜のある判断ミスにより権力は討幕派の手に落ちる。果たして慶喜の千慮の一失とは。大政奉還から王政復古までの五十五日間、幕末バトル・ロワイヤル最終局面。

◇徳川慶喜と徳川家達―明治時代、静岡から見た 歴史講座・徳川家と駿府薬園の第2回目　磯部博平著　磯部出版　2010.10　45p　26cm　〈会期・会場：平成22年9月25日 薬科生涯学習センター　年表・文献あり〉

◇幕末の志士―〈図説〉日本の歴史 龍馬とその時代　第9巻 "最後の将軍"徳川慶喜就任　講談社編　講談社　2010.8　63p　26cm　〈漫画：滝嶋正悟　文献・年表あり〉　①978-4-06-270039-9
＊慶応2（1866）年1月22日から慶応3（1867）年4月23日。

◇幕末維新人物新論―時代をよみとく16のまなざし　笹部昌利編　昭和堂　2009.12　321p　21cm　①978-4-8122-0958-5
＊想い、考える、竜馬たちの時代。

◇幕末の将軍　久住真也著　講談社　（講談社選書メチエ）　2009.2　269p　21cm　①978-4-06-258433-3
＊江戸城を不在にし「国事」に自ら奔走した慶喜は、歴代の中できわめて特殊な存在であった。では、将軍がそのように変質した契機はどこにあったのだろうか。そもそも、徳川将軍とはいったい何なのか。儀礼や伝統、先例や慣習といった事柄に着目したときに見えるものとは。伝統社会から近代へと転換する時代の中での家慶・家定・家茂らの実像とその苦闘とは。「権威の将軍」から「国事の将軍」への転換というあらたな視角を打ち立てる、画期的な幕末史研究。

◇江戸雄藩 殿様たちの履歴書―上杉・島津・山内など25大藩から見えるもう一つの日本史　八幡和郎著　日本文芸社　（日文新書）　2009.2　239p　18cm　①978-4-537-25658-1
＊新しい時代を見据えた改革を断行し、「地方から日本を変える」ことに成功した雄藩のパワー。その知られざる歴史を明かす。

◇幕末・明治の画家たち―文明開化のはざまに　新装版　辻惟雄編著　ぺりかん社　2008.10　296p　21cm　①978-4-8315-1216-1
＊日本史上の激動期に、みずからの個性を絵筆に託して生き抜いた一群の画家たち。彼らこそ、江戸から明治へと日本美術の伝統を受け継ぎ、あるいは革新した変革期の立役者であった。そうした画家たちの生涯と作品を顧みつつ、日本美術史の空白期を埋める意欲的成果。

◇徳川将軍の意外なウラ事情　愛蔵版　中江克己著　PHP研究所　2007.12　254p　19cm　①978-4-569-69694-2
＊お世継ぎ問題、変な趣味、庶民を困らせた希代の悪法…将軍様の知られざるエピソードがわかる。

◇勝者と敗者の近現代史　河上民雄著　かまくら春秋社　2007.10　189p　19cm　①978-4-7740-0374-0
＊勝海舟、石橋湛山…をかえりみる。日本はどんな選択肢をとってきたか。日本の近現代史を歴史上の勝者の歩んだ道をたどるだけでなく、その勝者によって打倒されたり無視された敗者の実現しなかった構想と比較し、勝者と敗者の絡みぐあいを確かめる。

◇日本史人物「第二の人生」発見読本　楠木誠一郎著　彩流社　2007.3　222p　19cm　①978-4-7791-1009-2
＊転機を好機に変える知恵。二十八人の人生からいろいろな「第二の人生」を見る。

◇最後の将軍徳川慶喜の無念―大統領になろうとした男の誤算　星亮一，遠藤由紀子著　光人社　2007.2　289p　20cm　〈肖像・文献あり〉　①978-4-7698-1338-5
＊近代的陸海軍を創設、大胆な幕政改革を実行しつつあった十五代将軍慶喜は、なぜ近代国家成立の過程で脆くも敗れ、

I 政治・経済　　　　　　　　　　　　　　　　　　　　　　　　　　徳川慶喜

忘れ去られねばならなかったのか。時代の奔流に呑み込まれた徳川最後の将軍の悲劇と、彼を巡る幕末期の男たちの真実を描く。

◇歴史人物・意外な「その後」—あの有名人の「第二の人生」「晩年」はこうだった　泉秀樹著　PHP研究所　（PHP文庫）　2006.3　279p　15cm　①4-569-66606-X
＊晩年はアウトドアを満喫した伊達政宗、体調不良と闘いながら大御所政治を行なった徳川吉宗、晩年に三回若い妻を迎えた小林一茶、新選組隊士から伝道師になった結城無二三…。人生の桧舞台を終えた後、ユニークな「後半生」を過ごした人物を取り上げ、その終焉までを追いかけた歴史読み物。歴史の意外な知識に出会いたい人にも、人生後半について考えたい人にもおすすめ。

◇大政奉還—徳川慶喜　童門冬二著　学陽書房　（人物文庫）　2006.1　335p　15cm　①4-313-75212-9
＊世界はどう変わってゆくのか、日本はどう変わらねばならないか。「最後の将軍」の先見力と葛藤、大政奉還へ至る経緯を検証し、ダイナミックに歴史の真相に迫る。練達の著者による幕末史入門。

◇幕末維新人物列伝　奈良本辰也著　たちばな出版　2005.12　293p　19cm　①4-8133-1909-2
＊時代が大きく変わろうとするとき、人々の心は、最も昂揚する。三百年余の徳川幕府を覆した幕末維新の志士たちの荒ぶる魂を活写する。大義に生きる志士たちの情熱と行動。

◇その後の慶喜—大正まで生きた将軍　家近良樹著　講談社　（講談社選書メチエ）　2005.1　214p　19cm　〈文献あり〉　①4-06-258320-8
＊大政奉還後、表舞台から姿を消した徳川慶喜。最高権力者の座を追われたあとの四五年とは？　水戸での謹慎から静岡、東京と居を移したその日常は失意のなかで営まれたのか、平穏な日々だったのか？「歴史上の人物」として静かに生きた男・慶喜の後半生。

◇徳川慶喜　家近良樹著　吉川弘文館　（幕

末維新の個性）　2004.10　242p　20cm　〈文献あり〉　①4-642-06281-5

◇江戸幕末滞在記—若き海軍士官の見た日本　エドゥアルド・スエンソン著，長島要一訳　講談社　（講談社学術文庫）　2003.11　277p　15cm　①4-06-159625-X
＊王政復古直前に来日したデンマーク人が、フランス公使ロッシュの近辺で見聞した貴重な体験を綴る。将軍慶喜との謁見の模様やその舞台裏、横浜の大火、テロに対する緊迫した町の様子、また、日本人のきれい好きから悪習や弱点までも指摘。旺盛な好奇心、清新な感性、鋭い観察眼と洞察力。若き海軍士官が幕末日本の姿を鋭く鮮やかに描く。

◇慶喜邸を訪れた人々—「徳川慶喜家扶日記」より　前田匡一郎編著　羽衣出版　2003.10　298p　22cm　〈肖像あり〉　①4-938138-47-6

◇徳川慶喜家にようこそ—わが家に伝わる愛すべき「最後の将軍」の横顔　徳川慶朝著　文芸春秋　（文春文庫）　2003.9　221p　16cm　①4-16-765680-9
＊「最後の将軍」徳川慶喜の直系の曽孫。もしかしたら徳川幕府第十八代将軍になっていたかもしれない著者だからこそ書けた、徳川慶喜家に伝わる秘宝や逸品の数々のこと、ひいおじいさんのこと、徳川慶喜家一族のその後、そして自分のこと。一般庶民にはうかがい知れない徳川ワールドを軽妙な文章でつづった好エッセイ。

◇続徳川実紀　第5篇　新装版　黒板勝美編　吉川弘文館　（新訂増補国史大系）　1999.11　438,6p　23×16cm　①4-642-00355-X
＊本書は家康より家治まで徳川氏歴代将軍の実紀の後を承け、第十一代家斎より第十五代慶喜に至るまで更に稿を起したもである。家定以後に於いては未定稿だが、本書には、慶喜公御実紀慶応二年八月より明治元年閏四月までを収めた。

◇続徳川実紀　第2篇　新装版　黒板勝美編　吉川弘文館　（新訂増補国史大系）　1999.8　716p　15cm　①4-642-00352-5
＊本書は家康より家治まで徳川氏歴代将

伝記ガイダンス　明治を生きた人々　　**439**

軍の実紀の後を承け、更に第十一代家斉の実紀より漸次稿を起して第十五代慶喜に及ぶはずだったが、家斉、家慶の二代を、編述僅に成しただけで、家定以後に至っては、ただ資料を蒐集按排して、簡単なる綱文を附したのみ、遂に未定稿のままに伝わっている。

◇最後の将軍徳川慶喜に想う 鈴木茂乃夫著 暁印書館 1998.10 215p 20cm
⓪4-87015-129-4

◇徳川慶喜とそれからの一族─徳川一族の明治・大正・昭和史 佐藤朝泰著 立風書房 1998.8 278p 20cm 〈主要参考図書及び資料一覧：p271〜274〉
⓪4-651-70078-0
＊本書は、最後の将軍・徳川慶喜の生涯を、閨閥関係のなかにおいて見直してみるとともに、慶喜やその子、孫、そして徳川家全体が形成してきた明治・大正・昭和三代にわたる閨閥づくりを振り返ってみようとしたものである。

◇徳川慶喜評伝 大江志乃夫著 立風書房 1998.7 331p 20cm 〈徳川慶喜略年譜・参考文献：p317〜329〉 ⓪4-651-75115-6
＊特別書き下ろし作品慶喜評伝の決定版！読める。見える。慶喜と幕末の激動が。

◇徳川慶喜と将軍家の謀略 世界文化社（ビッグマンスペシャル 歴史クローズアップ） 1998.5 162p 26cm 〈徳川将軍家年表：p158〜159〉 ⓪4-418-98119-5

○特集 徳川慶喜 「太陽」（平凡社） 36（4） 1998.4

◇反徳川慶喜伝説─幕末政治ドラマの真実 北野太乙著 今日の話題社 1998.4 286p 19cm 〈徳川慶喜関連年表・参考文献：p278〜286〉 ⓪4-87565-500-2
＊一般的に語られる慶喜像を覆す！ 絶対君主制をめざした理詰め屋・徳川慶喜！ なぜ彼の計画は破綻したのか？ 本書は、幕末維新を幕府の側─特に最後の将軍・徳川慶喜の側からとらえることで、未曾有の権力移行に見られた政治抗争のドラマを描き出し、同時にその中から混迷する現代を乗り切るための知見を得ようとしたものである。

○特集・徳川慶喜と幕府崩壊─混迷の時代を駆け抜けた「最後の将軍」波瀾の半生 「歴史と旅」 25（4） 1998.3

◇徳川慶喜を紀行する─幕末二十四景 津川安男著 新人物往来社 1998.3 220p 21cm 〈参考文献：p219〜220〉 ⓪4-404-02598-X
＊テレビプロデューサーが綴る徳川慶喜とその時代

◇孤高の将軍徳川慶喜─水戸の子・有栖川宮の孫に生まれて 桐野作人著 集英社 1998.2 253p 20cm 〈文献あり〉 ⓪4-08-781157-3
＊水戸家の庶子に生まれた慶喜は、11歳のとき "将軍の家族" 一橋を嗣ぐ。御三卿の一橋家とは…？ 二人の父─実父・水戸斉昭と12代将軍・家慶、二人の母─実母・登美宮吉子（有栖川宮家）と一橋の義母・東明宮直子（伏見宮家）の慈愛をうけて成長した9代当主の生活、父母との交流は…？「攘夷」と「開国」に揺れる幕末期、将軍後見職に就いて動乱の京都に赴いた慶喜の政治手腕は…？ 天皇家の血をうけた一人の武家公子が、討幕の流れの中で "公武一和" に邁進した孤高の姿を活写する歴史ノンフィクション。

◇徳川慶喜の幕末・明治 童門冬二他著 中央公論社（中公文庫） 1998.2 296p 16cm 〈文献 年譜あり〉 ⓪4-12-203064-1
＊家康の再来と期待された英明な将軍・慶喜は、その実力を発揮しないまま徳川幕府三百年の幕を引いた。明治の慶喜は政治の表舞台に出ることなく、多彩な趣味に生きた理想的ともいえる隠居生活を送り、大正二年まで生きた。松戸徳川家の新史料「徳川慶喜家扶日記」等を基に、最後の将軍のその後を追う。

◇徳川慶喜 堀和久著 文芸春秋（文春文庫） 1998.2 269p 16cm 〈年表あり〉 ⓪4-16-749505-8
＊幕政二百六十年の幕をみずから下ろさねばならなかった徳川慶喜。しかし、彼は静かに表舞台を去るつもりはなかった。新しい政権を模索し、明日の日本の政体を考えていたのである。そ

Ⅰ 政治・経済　　　　　　　　　　　　　　　　　　　　　　　　　　徳川慶喜

して、その中心にいるのは、慶喜…。時
代に挑み翻弄された最後の将軍の幼少
から、維新後四十五年の余生を送った
晩年まで活写した歴史小説。

◇徳川慶喜の見た明治維新―歴史の激流の
中で、その運命の選択　早乙女貢著　青
春出版社　（プレイブックス）　1998.2
267p　18cm　Ⓝ4-413-01706-4
＊いまに活かす！　悩める指導者・徳川慶
喜の決断―坂本竜馬、勝海舟、西郷隆
盛、松平容保…その時、彼らは難題にど
う応え、どう動いたのか。

◇歴史現場からわかる徳川慶喜の真実―幕末
史跡ガイド　外川淳著　東洋経済新報社
1998.2　268p　19cm　Ⓝ4-492-04109-5
＊誕生から隠居時代まで34地点。“動乱の
時代”の生き方を学ぶ。新たな歴史発
見！　史跡と史料の徹底検証から定説を
覆し、慶喜の実像をえぐりだす。詳細
な地図と写真も入った、新たなる歴史
の楽しみ。

◇図説徳川慶喜　毎日新聞社　（毎日ムッ
ク）　1998.2　162p　30cm　〈徳川慶喜年
表：p158～161〉　Ⓝ4-620-79091-5

◇徳川慶喜をめぐる歴史散歩―水戸・東京・
静岡・京都・大阪　原遙平著　三心堂出
版社　1998.2　100p　21cm
Ⓝ4-88342-165-1
＊本書では、幕末に関連のある博物館も
取り上げ、必要な個所にはデータを挿
入。観光ガイド的な情報も充実させた。

○特集・徳川慶喜「最後の決断」を下した将
軍　「プレジデント」　（プレジデント社）
36（1）　1998.1

◇「徳川慶喜」なるほど百話―NHK大河ド
ラマの人物像がよくわかる　大衆文学研
究会編　広済堂出版　（広済堂ブックス）
1998.1　318p　18cm　Ⓝ4-331-00793-6
＊作家・文芸評論家十人十話で徳川慶喜
を徹底解剖！「最後の将軍」がますます
おもしろくなる。

◇徳川慶喜―知れば知るほど　永岡慶之助
著　実業之日本社　1998.1　294p　19cm
Ⓝ4-408-10259-8

◇幕末維新40人で読むほんとうの徳川慶喜

―“最後の将軍”とその時代がわかる事典
加来耕三監修　PHPエディターズ・グルー
プ　1998.1　234p　19cm　〈背のタイト
ル：ほんとうの徳川慶喜　東京 PHP研究所
（発売）　文献あり〉　Ⓝ4-569-55965-4
＊島津斉彬、孝明天皇、坂本龍馬、勝海
舟、渋沢栄一…なぜ、彼らは慶喜に惚
れ、慶喜に期待したのか!?江戸城明け渡
しを決断した十五代将軍の真相に迫る。

◇徳川慶喜オモシロ人生99の世渡り術―最
後の将軍、本音の独り言　楠木誠一郎著
二見書房　（二見wai wai文庫）　1998.1
237p　15cm　Ⓝ4-576-97174-3

◇最後の公方徳川慶喜―魔人と恐れられた
十五代将軍の生涯　佐野正時著　光人社
1998.1　267p　20cm　Ⓝ4-7698-0842-9
＊歴史主義の総本山・水戸家の貴種に生
まれ、貴種として育てられ、つねに朝敵
の汚名をきせられることを恐れつづけ
た当代きっての教養人にして雄弁家の
苦悩を浮き彫りにする。徳川300年の治
世を、時流に抗せずみずから葬り去ら
なければならなかった男の生涯。

◇徳川慶喜―「最後の将軍」と幕末維新の男
たち　堺屋太一ほか著　プレジデント社
1998.1　340p　20cm　〈年表あり〉
Ⓝ4-8334-1647-6

◇徳川慶喜を歩く　さんぽみち総合研究所
編著，植苗竹司監修　新紀元社　1998.1
176p　21cm　〈索引あり〉
Ⓝ4-88317-305-4
＊読んで歩くか、歩いて見るか。水戸、江
戸、京都、そして東京。足と心でたどる
徳川慶喜ガイド。

◇十五代将軍徳川慶喜　上　南条範夫著
文芸春秋　（文春文庫）　1998.1　440p
16cm　〈「十五代将軍」（徳間書店1989年
刊）の改題〉　Ⓝ4-16-728217-8
＊相次ぐ外国船の来航や、財政破綻に喘
ぐ徳川幕府。英邁の誉れ高い一橋慶喜
は、幕政改革の切札として将軍後見職
に就く。一方、京では近藤勇、土方歳
三、沖田総司ら新選組と、尊皇派との死
闘が始まる。慶喜と沖田という二人の
男に愛される運命の女・みのの物語を
軸に、幕末という大転換期を描ききっ

伝記ガイダンス 明治を生きた人々　　**441**

徳川慶喜

I 政治・経済

た雄渾無比の歴史ロマン。

◇十五代将軍徳川慶喜 下 南条範夫著
文芸春秋 （文春文庫） 1998.1 395p
16cm 〈「十五代将軍」（徳間書店1989年
刊）の改題 年表あり〉 ⓘ4-16-728218-6
＊将軍・慶喜の英知も時代の奔流には抗し
えなかった。第二次長州征伐に敗れて
朝廷に大政を奉還し、水戸、そして駿府
へと落ちていく慶喜。だが、沖田総司
ら新選組の運命はさらに過酷だった…。
幕府の幕を引いた慶喜から、新時代の
主人公たる渋沢栄一まで、数多の人物
を通して時代の奔流を活写した会心作。

◇最後の将軍徳川慶喜 松戸市戸定歴史館編
松戸市戸定歴史館 1998 225p 30cm

◇徳川慶喜―菊と葵に揺れた最後の将軍
学習研究社 （歴史群像シリーズ）
1997.12 178p 26cm ⓘ4-05-601743-3

◇歴史を動かした男たち―近世・近現代篇
高橋千劔破著 中央公論社 （中公文庫）
1997.12 429p 15cm ⓘ4-12-203013-7
＊徳川家康・大石内蔵助・徳川慶喜・西郷
隆盛・大隈重信・山本五十六・昭和天皇
等々―。江戸から現代まで、日本の歴
史を創った人物を史実に沿って平易に
記述し、更に逸話等を挿入し人物のイ
メージを理解しやすいよう努めた便利な
人物伝。「古代・中近世篇」とあわせて、
人物で辿る日本の歴史ともなっている。

◇最後の将軍 徳川慶喜 田中惣五郎著 中
央公論社 （中公文庫） 1997.12 317p
15cm ⓘ4-12-203015-3
＊源平時代から六百年余続いた武家政権を
大政奉還で終らせ、列強の東アジア進出
という緊迫する情勢のなかで植民地化
されることなく新時代を迎え得たのは、
慶喜の資質によるところが大きい。生い
立ちから幕府滅亡まで、最後の将軍の
軌跡と時代を詳細に描く。戦争直前の
昭和十四年に執筆された注目の慶喜伝。

◇徳川慶喜評判記―同時代人が語る毀誉褒
貶 高野澄著 徳間書店 （徳間文庫）
1997.12 253p 15cm ⓘ4-19-890800-1
＊水戸藩主徳川斉昭の七男として生まれ、
一橋家を継いだ徳川慶喜。十四代将軍
を、井伊直弼らの推す紀州・徳川慶福と

争い敗れ、安政の大獄によって隠居謹
慎を命じられるが、直弼暗殺後、天下の
衆望を集めて、一八六六年、ついに十五
代将軍となった。が、一年にも満たず
大政奉還。勝海舟、渋沢栄一、西郷隆
盛、パークス、ロッシュ、山岡鉄舟ら、
同時代人との関わりを描き、慶喜の人
物像を浮かび上らせた書下し。

◇徳川慶喜―将軍としての幕末、人間として
の明治 加来耕三監修・著 光文社 （光
文社文庫 グラフィティにんげん謎事典）
1997.12 197p 15cm ⓘ4-334-72528-7
＊剛毅、優柔、明晰、怯懦…etc。いま、
なお毀誉褒貶相半ばする評価をされる
徳川十五代将軍・慶喜。幕府立て直し
を命としながら、一転、大政奉還を決
断、自ら幕府を横転させ、その後、世捨
て人同然の半生を送った徳川慶喜とは
いったいどんな人物だったのか？ 豊富
な写真、表、マップ等を駆使し、まった
く新しい観点からその生涯を見つめ直
した画期的一冊。

◇徳川慶喜ものしり事典 主婦と生活社
（主婦と生活・生活シリーズ） 1997.12
398p 21cm 〈監修：勝部真長 付：参
考文献〉 ⓘ4-391-60745-X

◇徳川慶喜維新への挑戦 田原八郎著 新
人物往来社 1997.12 233p 20cm
ⓘ4-404-02554-8
＊激動の時代を生きた将軍、徳川慶喜の
姿をスリリングに描く。

◇徳川慶喜101の謎 菊地明著，伊東成郎著
新人物往来社 1997.12 262p 20cm
ⓘ4-404-02556-4

◇徳川慶喜―物語と史蹟をたずねて 水野
泰治著 成美堂出版 （成美文庫）
1997.12 360p 16cm ⓘ4-415-06483-3

◇徳川慶喜 水野泰治著 成美堂出版 （物
語と史蹟をたずねて） 1997.12 268p
19cm 〈付（1枚） 徳川慶喜略年表：
p264～266〉 ⓘ4-415-06578-3

◇徳川慶喜―幕末の群像と最後の将軍の野
望 世界文化社 （ビッグマンスペシャ
ル） 1997.12 162p 26cm 〈徳川慶喜
を読む：p152～153 徳川慶喜年表：p158

Ⅰ　政治・経済　　　　　　　　　　　　　　　　　　　　　　　　　　　　　　　　　　徳川慶喜

〜159〉　Ⓘ4-418-97151-3

◇徳川慶喜の英略　谷恒生著　世界文化社
　1997.12　339p　20cm　〈付：参考資料〉
　Ⓘ4-418-97531-4
　＊徳川最後の将軍の隠された思惑とは。幕
　末維新に揺れる日本の行く末をその英知
　と知略で切り開いた男・徳川慶喜。誰も
　語らなかった慶喜の才を、あますこと
　なく謳いあげる著者渾身の書きおろし。

◇徳川慶喜と幕臣たちの履歴書　入江康範
　著　ダイヤモンド社　1997.12　226p
　20cm　〈主要参考文献・「徳川慶喜」幕末
　関連年表：p219〜226〉　Ⓘ4-478-70148-2
　＊幕府崩壊—そのとき幕臣官僚はいかに
　身を処したか！ 慶喜の決断、そして徳
　川260余年の幕引き。激動期を生きた15
　代将軍と、川路聖謨、大久保忠寛、勝海
　舟、榎本武揚ら4人の幕臣たちの実像に
　迫る。

◇誰も知らなかった徳川慶喜　左方郁子著
　勁文社　（ケイブンシャブックス）
　1997.12　217p　18cm　Ⓘ4-7669-2863-6
　＊十五代将軍・慶喜はもともと水戸家の
　出身だが、一橋家に養子に入り、さらに
　徳川宗家を継いで将軍になった。慶喜
　が歴史の表舞台に登場したのは、どう
　いった経緯からなのか。そして、幕末
　動乱の真っただ中で何を成し、何を成
　さなかったのか？ 舞台裏の事実と知ら
　れざるエピソードから、最後の将軍慶
　喜の素顔と実態に迫る。

◇徳川慶喜 静岡の30年　前林孝一良著　静
　岡新聞社　1997.12　179p　21cm
　Ⓘ4-7838-1061-3

◇徳川慶喜と幕末ふしぎ発見—TVに100％映
　らない謎　伊藤英一郎著　コスミックイ
　ンターナショナル　（Cosmo books）
　1997.12　206p　19cm　Ⓘ4-88532-570-6

◇徳川慶喜の歴史散歩—最後の将軍がみた
　風景　保科輝勝著　なあぷる　1997.12
　239p　21cm　〈参考文献：p238〜239〉
　Ⓘ4-931440-04-5
　＊最後の徳川将軍・慶喜の足跡を、「場所」
　を中心にたどってみたのが本書である。
　百数十年前、慶喜がどこで何をしたの
　か。その場所はどのように変わってい

るのか。時の流れは変化を意味する。
この変化を見つめてみよう。本書は、
旅行ガイドとしても使えるように詳し
く行程を描いている。

◇父より慶喜殿へ—水戸斉昭一橋慶喜宛書
　簡集　大庭邦彦著　集英社　1997.11
　303p　20cm　〈水戸斉昭・一橋慶喜関係
　年表：p301〜303〉　Ⓘ4-08-781156-5
　＊新発見！ 徳川慶喜家に伝わるFather's
　Letter125通の手紙。

◇大政奉還—徳川慶喜の二〇〇〇日　童門
　冬二著　日本放送出版協会　1997.11
　270p　20cm　Ⓘ4-14-080341-X

◇徳川慶喜と勝海舟　立石優著　学陽書房
　1997.11　298p　20cm　Ⓘ4-313-85076-7
　＊“日本国を守るに徳川も薩長もござい
　ますまい！”海舟は慶喜に言い放つ。一維
　新史に輝く二つの強烈な個性の物語。

◇徳川慶喜の謎　郡順史著　ごま書房　（ゴ
　マブックス）　1997.11　238p　18cm
　Ⓘ4-341-01801-9

◇徳川慶喜新聞　新人物往来社　（別冊歴史
　読本）　1997.11　161p　26cm
　Ⓘ4-404-02552-1

◇徳川慶喜の明治維新　緒形隆司著　光風
　社出版　1997.11　273p　18cm　〈東京
　成美堂出版〉　Ⓘ4-415-08718-3
　＊'98年度NHK大河ドラマの主人公・徳川
　慶喜の前半生を描く!!あえて「最後の将
　軍」となることで徳川家を中核とする新
　国家成立を模索し、大御所・家康に匹敵
　する人物と称されながらも、どこか軟
　弱な一面も見え隠れする徳川慶喜と近
　代日本黎明期の激動を活写する。

◇徳川慶喜と幕末維新の群像　成美堂出版
　（Seibido mook）　1997.11　144p　26cm
　Ⓘ4-415-09270-5

◇徳川慶喜と水戸家の謎—「最後の将軍」悲
　劇の深層　小林久三著　歴思書院
　1997.11　221p　20cm　〈東京 かんき出
　版　付：参考文献〉　Ⓘ4-7612-5681-8
　＊なぜ大政を奉還したのか？ なぜ薩長と
　決戦しなかったのか？「家康以来の英
　傑」に潜む謎、その背後にある水戸家の
　謎を解く。

伝記ガイダンス 明治を生きた人々　　443

徳川慶喜　　　　　　　　　　　　　　　　　　　Ⅰ　政治・経済

◇徳川慶喜と血族　志茂田景樹著　志茂田
　景樹事務所　1997.11　291p　20cm
　ⓘ4-916158-15-6

◇徳川慶喜公伝　史料篇1　新装版　渋沢
　栄一編　東京大学出版会　（続日本史籍協
　会叢書）　1997.11　667p　22cm　〈竜門
　社1918年刊の複製〉　ⓘ4-13-099891-9

◇徳川慶喜公伝　史料篇2　新装版　渋沢
　栄一編　東京大学出版会　（続日本史籍協
　会叢書）　1997.11　522p　22cm　〈竜門
　社1918年刊の複製〉　ⓘ4-13-099892-7

◇徳川慶喜公伝　史料篇3　新装版　渋沢
　栄一編　東京大学出版会　（続日本史籍協
　会叢書）　1997.11　664p　22cm　〈竜門
　社1918年刊の複製〉　ⓘ4-13-099893-5

◇徳川慶喜家にようこそ—わが家に伝わる
　愛すべき「最後の将軍」の横顔　徳川慶朝
　著　集英社　1997.10　223p　20cm
　ⓘ4-08-783112-4
　＊「最後の将軍」徳川慶喜（とくがわよし
　のぶ）の曾孫（ひまご）にしか書けな
　かったひいおじいさんのこと、徳川慶
　喜家のその後、そして自分のこと。

◇最後の将軍徳川慶喜の生涯—幕府を葬り
　去った悲運の将軍’98NHK大河ドラマ特集
　新人物往来社　（別冊歴史読本）　1997.10
　211p　26cm　ⓘ4-404-02539-4

◇晩年の徳川慶喜—将軍東京へ帰る　比屋
　根かをる著　新人物往来社　1997.10
　213p　20cm　ⓘ4-404-02540-8

◇徳川慶喜—逆境を生きぬく決断と行動力
　成美堂出版　（成美文庫）　1997.10
　253p　16cm　〈監修：藤田公道〉
　ⓘ4-415-06479-5

◇徳川慶喜　加野厚志著　東洋経済新報社
　1997.10　315p　20cm　〈付：主要参考文
　献〉　ⓘ4-492-06099-5
　＊希代の名君か、ただの好色の徒か—混迷
　の幕末に終止符を打ち、近代日本の礎
　を築いた“最後の将軍”慶喜の隠された
　叡智に初めて光をあてた本格歴史小説。

◇徳川慶喜の生涯—最後の将軍と幕末動乱
　中江克己著　太陽企画出版　1997.10
　222p　20cm　ⓘ4-88466-288-1

＊「最後の将軍」の実像に迫る！　日本の
　近代を開いた英明な将軍か、徳川三百年
　の幕引きを演じたピエロなのか。幕末の
　動乱期を生きた徳川慶喜の生涯を描く。

◇徳川慶喜—近代日本の演出者　高野澄著
　日本放送出版協会　（NHKブックス）
　1997.9　278p　19cm　ⓘ4-14-001807-0
　＊家康以来の傑物といわれた“最後の将
　軍”徳川慶喜は、尊王攘夷運動と公武合
　体運動のただなかで煩悶し、ついに二百
　余年の江戸幕府を終焉させ、歴史の彼方
　に自らを消し去ってしまった。歴史変革
　の嵐の中で、最後の将軍職を担った慶
　喜は、いかなる展望のもとに、「大政奉
　還」を決断し、幕府の幕引き役を演じた
　のか。時代を見据えながら、慶喜が描
　いた国家構想とは、どのようなもので
　あったのか。第十五代将軍・慶喜の生
　涯をたどり、近代の内実を問いなおす。

◇将軍 徳川慶喜—「最後の将軍」の政略と
　実像　星亮一著　広済堂出版　（広済堂
　ブックス）　1997.9　262p　18cm
　ⓘ4-331-00777-4
　＊徳川慶喜ほど評価がわかれる将軍はいな
　い。二心殿というあだ名がこれを如実
　に物語っている。慶喜流の政治手法は、
　いつも戦いを避け一国平和主義を唱える
　昨今の政治家によく似ているという見
　方もある。育ちが良く聡明この上ない
　のだが、自分では判断が下せないとい
　う面では、たしかに似たような人が大
　勢いるようにも思える。それらを踏ま
　え、「最後の将軍」徳川慶喜とはいかな
　る人物で、一体、日本の近代史にどのよ
　うにかかわったのか。昨今の政治家を
　どこか彷彿とさせる慶喜の実像に、あ
　らゆる角度から迫ってみることにする。

◇徳川慶喜のすべて　新装版　小西四郎編
　新人物往来社　1997.9　294p　20cm
　〈徳川慶喜年譜　参考文献　関係論文・文
　献目録：p267～289〉　ⓘ4-404-02525-4
　＊最後の将軍・徳川慶喜がまるごとわか
　る本。出自、兄弟、外交政策、ブレー
　ン、女性、将軍後見職、禁裏守衛総督、
　戊辰戦争、史跡、関係人物事典、系図、
　年譜、参考文献。

444　伝記ガイダンス　明治を生きた人々

I　政治・経済　　　　　　　　　　　　　　　　　　　　　　　　　徳川慶喜

◇徳川慶喜と華麗なる一族　祖田浩一著
　東京堂出版　1997.9　314p　19cm
　①4-490-20330-6
　＊最後の将軍の心情に迫る！ 世間から忘
　れられようと努めた慶喜と、兄弟、子
　供、孫など華麗なる一族の実像を追究。

◇(真説)徳川慶喜　童門冬二著　PHP研究
　所　1997.9　260p　20cm
　①4-569-55776-7
　＊幕府内外の危機的状況を打開する期待
　の将軍であった徳川慶喜はなぜ、自ら
　武家政権に終止符を打ったのだろう
　か？ 中根長十郎・平岡円四郎・原市之
　進…。三人もの慶喜の黒幕が次々と暗
　殺されていったのはなぜか？ 幕末の混
　乱の渦中に斃れていった彼らの声を拾
　いながら、最後の将軍の実像に迫る、異
　色の長篇歴史小説。

◇徳川慶喜─あえて汚名を着た男　羽生道
　英著　PHP研究所　(PHP文庫)　1997.9
　440p　15cm　①4-569-57050-X
　＊「いたずらに権勢を慕えば、世を騒乱に
　陥れることになる。戦いは断固避けねば
　ならぬ」内憂外患の日本を救うべく、慶
　喜は「大政奉還」の大英断を下した。…
　幕末騒乱の政局の中で「家康の再来」と
　その英明さを讃えられながらも、あえ
　て時代の幕引き役に殉じた十五代将軍
　徳川慶喜。自らの信念を見失わず、新
　しい時代の流れを見定めた最後の将軍
　の実像に迫る書き下ろし歴史小説。

◇徳川慶喜と幕末99の謎　後藤寿一著
　PHP研究所　(PHP文庫)　1997.9　278p
　15cm　①4-569-57051-8
　＊「家康の再来」と英明さを讃えられ、
　「大政奉還」という世紀の大英断を下し
　た徳川慶喜。英雄とも、権謀家とも評
　される最後の将軍の真実の姿を、99の
　謎を解きながら明らかにする。「慶喜の
　家系の謎」「大政を奉還した本当のねら
　い」「黒船はなぜ日本へきたのか」「薩長
　同盟の謎」…。慶喜に関する知られざ
　る事実から、幕末大事件の真相までが
　一挙にわかる解説書の決定版。

◇最後の将軍 徳川慶喜　林左馬衛著　河出
　書房新社　(河出文庫)　1997.8　259p
　15cm　①4-309-47335-0

＊徳川慶喜は、逃げていない！「自分一人
　でやる」と力み、将軍だけに許される、
　大政奉還の全責任を、したたかに果た
　した。その強固な意志は、維新後の極
　限に近い悪罵と侮蔑、永久追放の長い
　長い日々に堪えた。ひたすら徳川家の
　ために数奇な運命を担った京都番の末
　孫が今明らかにする “最後の将軍”の幕
　末大喧嘩の真相。「武者語り」による、
　知られざる維新史。

◇最後の将軍 徳川慶喜とその時代がわかる
　本　永岡慶之助著　三笠書房　(知的生き
　かた文庫)　1997.8　248p　15cm
　①4-8379-0901-9
　＊幕末の動乱に翻弄された、“最後の将軍”
　の人間ドラマ。火中の栗を自ら拾った
　男が、“攻めた！ 居直った！ 逃げた！”
　慶喜を擁する「一橋派」と、慶福を擁す
　る「紀州派」の激しい抗争の末、慶応二
　年十二月、慶喜はついに十五代将軍の
　座についた。しかし、歴史は、思いもよ
　らぬ “どんでん返し”を用意していた。

◇徳川慶喜─将軍家の明治維新　増補版
　松浦玲著　中央公論社　(中公新書)
　1997.7　253p　18cm　①4-12-190397-8
　＊体制が崩壊の危機に直面したときこそ
　政治家の力量が試される。それぞれの
　思惑を秘めて画策する朝廷と雄藩と幕
　閣との複雑微妙な幕末の政治動向の渦
　中で、最後の将軍はどれほど時代の展
　望をもっていたのか。英名の君主とも
　いわれ、凡庸な野心家にすぎないとも
　評される多面的な人物像の真実を明ら
　かにすると同時に、武家政治の終焉に
　立ち合うことになった徳川慶喜という
　悲運の将軍の心情と行動様式を通して、
　国家とはなにかを考える。

◇最後の将軍─徳川慶喜　新装版　司馬遼
　太郎著　文藝春秋　(文春文庫)　1997.7
　286p　16cm　①4-16-710565-9

○特集 徳川慶喜の謎　「歴史研究」 (人物
　往来社歴史研究会)　433　1997.6

◇十五代将軍・慶喜─先が見えすぎた男
　綱淵謙錠著　PHP研究所　1997.6　253p
　17cm　①4-569-55684-1
　＊西郷が恐れ、龍馬が感泣し、海舟が呆れ

伝記ガイダンス 明治を生きた人々　　**445**

徳川慶喜　　　　　　　　　　　　　　　　　　　　　　　Ⅰ　政治・経済

た男とは？「家康の再来」と倒幕派が恐れた将軍・徳川慶喜。幕末の混乱の中、新時代の到来を予見し、大政奉還の英断に踏み切りながら、その人物評がいまだ定まらぬのはなぜなのか？　最後の将軍の実像に迫る。

◇徳川慶喜—最後の将軍と幕末維新　奈良本辰也他著　三笠書房　（知的生きかた文庫）　1997.6　234p　15cm
Ⓣ4-8379-0890-X

◇徳川慶喜—家康の再来と恐れられた男　鈴村進著　三笠書房　1997.6　278p　19cm
〈参考文献：p278〉　Ⓣ4-8379-1690-2
＊慶喜の「懐刀」の一人、渋沢栄一が、公に直接聞き書きしてまとめた裸の"最後の将軍"像！　史上まれに見る英邁さと、頑なまでに筋を通す"剛直さ"が買われて十五代将軍の座へ。俊才の名をほしいままにした少年時代から、名門一橋家継襲、大老井伊との激突、尊王攘夷の嵐の中の長州征伐、そして大政奉還、大正二年（一九一三）の死までを描く、波瀾七十七歳の大生涯。

◇徳川慶喜と家族　志茂田景樹著　志茂田景樹事務所　1997.5　320p　20cm
Ⓣ4-916158-06-7

◇名君　保科正之—歴史の群像　中村彰彦著　文芸春秋　（文春文庫）　1996.7　346p　15cm　Ⓣ4-16-756702-4
＊会津藩主保科正之の清らかにして驕らぬ無私の精神が、いま指導者に求められるものとして見直されている。"知足"を旨とした暮し方、武士の信念と潔さを検証し、それを受けつぐ会津の末裔たちを、気鋭の作家が愛惜をこめて記す。また、激動の時代を逞しく生きた「豊臣秀吉、徳川家康をめぐる人々」「幕末、明治の群像」を収める。

◇のるかそるか　津本陽著　文芸春秋　（文春文庫）　1994.4　294p　15cm
Ⓣ4-16-731430-4
＊信長、秀吉、家康ら、時流に乗った十八人の男たちの"ここ一番"を読む。いずれも時の流れに乗り、運を開いた男ばかり。現代にも通じる処世とその決断。

◇幕末・明治の画家たち—文明開化のはざ

まに　辻惟雄編著　ぺりかん社　1992.12　296p　21cm　Ⓣ4-8315-0581-1
＊日本史上の激動期に、みずからの個性を絵筆に託して生き抜いた一群の画家たち、彼らこそ、江戸から明治へと日本美術の伝統を受け継ぎ、あるいは革新した変革期の立役者であった。そうした画家たちの生涯と作品を顧みつつ、日本美術史の空白期を埋める意欲的成果。

◇続徳川実紀　第5篇　新訂増補版　黒板勝美編　吉川弘文館　（国史大系）　1991.12　438,6p　21cm　〈第5刷（第1刷：36.7.18）〉
Ⓣ4-642-00055-0
＊本書は、徳川家康から10代家治までの将軍の実紀の続編にあたるもので、家斉以後のものがまとめられているが、13代家定以後は史料のみまとめられた。本巻には、徳川慶喜の実紀が収められている。

◇徳川将軍列伝　〔新装版〕　北島正元編　秋田書店　1989.12　461p　19cm
Ⓣ4-253-00370-2
＊江戸開府をなしとげた徳川家康以降、鎖国体制を確立した三代家光、元禄の世に異彩をはなった五代綱吉、享保改革を断行した八代吉宗、幕末動乱のうちに将軍の座を去る十五代慶喜など、各将軍の人物像を新たな視点から掘り下げた快著。

◇悲劇の戊辰戦争　小学館　（幕末・維新の群像）　1989.1　302p　15cm
Ⓣ4-09-401009-2
＊幕藩体制は事実上崩壊し、死に体の幕府に対し、とどめを打つべく新政府は鳥羽・伏見の戦いから東上を開始。新政府軍の前に旧幕府の意地を見せ、最後まで壮絶に戦いはかなく散った会津藩の哀れ、旧幕府艦隊と幕臣を率いて、北海道五稜郭を拠点に徹底抗戦した鬼才武揚の苦悩など、戊辰戦争の悲劇を描く。

◇逃げない男たち—志に生きる歴史群像　下林左馬衛，中薗英助，今川徳三，古川薫，杉浦明平，栗原隆一，邦光史郎著　旺文社　1987.3　325p　19cm　Ⓣ4-01-071283-X
＊これは歴史の足跡をたどる本ではない。逆境の時を生き抜いた男たちの人間性に、一歩、踏み込んだ人物像である。危機管理の時代に贈る一冊。

◇徳川慶喜　3　山岡荘八著　講談社　（山岡荘八歴史文庫）　1986.11　332p　15cm　〈巻頭：関連地図　系図　巻末：徳川慶喜年譜（一八五八年〜一八六二年）〉　①4-06-195082-7

◇徳川慶喜　4　山岡荘八著　講談社　（山岡荘八歴史文庫）　1986.11　348p　15cm　〈巻頭：関連地図　系図　巻末：徳川慶喜年譜（一八六〇年〜一八六五年）〉　①4-06-195083-5

◇女聞き書き徳川慶喜残照　遠藤幸威著　朝日新聞社　（朝日文庫）　1985.12　307p　15cm　〈徳川慶喜の肖像あり〉　①4-02-260359-3

◇宿命の将軍徳川慶喜　藤井貞文著　吉川弘文館　1983.6　302p　20cm　〈徳川慶喜の肖像あり〉

◇聞き書き徳川慶喜残照　遠藤幸威著　朝日新聞社　1982.9　229p　20cm　〈徳川慶喜の肖像あり〉

◇NHK歴史と人間　3　日本放送協会編　日本放送出版協会　1978.6　171p　19cm　〈聞き手：三国一朗〉

◇徳川慶喜公伝　史料篇　渋沢栄一編　東京大学出版会　（続日本史籍協会叢書）　1975.11　3冊　22cm　〈大正7年刊の複製　叢書の編者：日本史籍協会〉

◇徳川慶喜—将軍家の明治維新　松浦玲著　中央公論社　（中公新書）　1975　203p　18cm

◇人物日本の歴史　19　維新の群像　小学館　1974　273,3p　22cm　〈編集：日本アート・センター〉

◇徳川慶喜公伝　巻4　渋沢栄一著　平凡社　（東洋文庫）　1968　356p　18cm

◇昔夢会筆記　徳川慶喜公回想談　徳川慶喜著，渋沢栄一編，大久保利謙校訂　平凡社　（東洋文庫）　1967　362,26p　18cm

◇徳川慶喜公伝　巻1　渋沢栄一著　平凡社　（東洋文庫）　1967　308p　18cm

◇徳川慶喜公伝　巻2　渋沢栄一著　平凡社　（東洋文庫）　1967　315p　18cm

◇徳川慶喜公伝　巻3　渋沢栄一著　平凡社

（東洋文庫）　1967　395p　18cm

徳川 慶頼　とくがわ・よしより

1828〜1876　幕政家。権大納言。慶喜謹慎中は徳川家の中心となった。田安家徳川斉匡の次男。

◇教科書が教えない歴史有名人の兄弟姉妹　新人物往来社編　新人物往来社　2008.7　301p　19cm　①978-4-404-03561-5
＊あの有名人にはどんな兄弟姉妹がいたか？　陰にかくれたその生涯と意外に知らない家族の愛憎劇。

得能 良介　とくのう・りょうすけ

1825〜1883　官僚。紙幣局長。大蔵省初代印刷局長を務め、紙幣製造及び贋造防止に尽力。

◇得能良介君伝　復刻版　印刷朝陽会　2000.3　604p　24cm　〈原本：大正10年刊　折り込1枚〉　①4-900175-02-1

土倉 庄三郎
どくら・しょうざぶろう

1840〜1917　山林大地主。板垣退助の洋行に3000円提供。

◇森と近代日本を動かした男—山林王・土倉庄三郎の生涯　田中淳夫著　洋泉社　2012.11　254p　19cm　〈文献・年譜あり〉　①978-4-8003-0043-0
＊「近代林業のパイオニア」は、日本近代の政治・文化を覚醒させた！　その資金力は当時の三井財閥に比肩し、自由民権運動や同志社創立など、日本の近代化におしげもなく注がれた。忘れ去られていた「日本林業の父」の実像に迫る。

◇明治百年林業先覚者群像　昭和43年　大日本山林会編　大日本山林会　1970　118p　肖像　22cm

◇評伝土倉庄三郎　土倉祥子著　朝日テレビニュース社出版局　1966　210p　図版　22cm

利光 鶴松　としみつ・つるまつ

1863〜1945　実業家。衆議院議員，小田

急電鉄社長。小田原急行鉄道創立。帝都電鉄、鬼怒川水力電気を合併し小田急電鉄と改称。

◇日本の企業家群像 3 佐々木聡編 丸善出版 2011.5 296p 19cm
Ⓘ978-4-621-08349-9

◇明治の気骨利光鶴松伝 渡辺行男著 葦書房 2000.8 249p 20cm 〈年譜あり〉
Ⓘ4-7512-0779-2

◇利光鶴松翁手記—伝記・利光鶴松 利光鶴松著, 小田急電鉄株式会社編 大空社 (伝記叢書) 1997.11 645,12,11p 22cm 〈小田急電鉄株式会社昭和32年刊の複製 ☆柳原書店 巻末：年譜〉
Ⓘ4-7568-0491-8

◇日本財界人物列伝 第2巻 青潮出版株式会社編 青潮出版 1964 1175p 図版13枚 27cm

◇利光鶴松翁手記 利光鶴松著, 小田急電鉄株式会社編 1957 645,12p 図版 22cm

▌ **飛島 文吉** とびしま・ぶんきち
1876～1939 実業家。日本電気社長, 貴族院議員。飛島組を創業、北海道鉄道工事、高瀬川水力発電工事を請負い発展させる。

◇建設業を興した人びと—いま創業の時代に学ぶ 新装版 菊岡倶也著 彰国社 2012.6 453p 19cm
Ⓘ978-4-395-02982-2

◇建設業を興した人びと—いま創業の時代に学ぶ 菊岡倶也著 彰国社 1993.1 452p 21cm Ⓘ4-395-00353-2
＊本書は、創業者とその周辺の人びとを通じてわが国建設業の近代の発展を描いたものである。

▌ **富松 正安** とまつ・まさやす
1849～1886 自由民権家。自由党決死派。東京での革命蜂起を構想、決起し死刑となる。

◇自由民権運動の研究—急進的自由民権運動家の軌跡 寺崎修著 慶応義塾大学法学研究会 (慶応義塾大学法学研究会叢書) 2008.3 264,13p 21cm

Ⓘ978-4-7664-1474-5
＊いかなる思いを胸に秘め、彼らは過激化していったのか。加波山事件、飯田事件など各地で勃発した自由民権運動史上における激化事件を丹念に追い、急進派の実像と政治思想を明らかにする。

▌ **富川 盛奎** とみがわ・せいけい
1832～1890 琉球救国請願運動家。琉球国最後の三司官。

◇琉球文化圏とは何か 藤原書店 (別冊『環』) 2003.6 391p 21cm
Ⓘ4-89434-343-6
＊琉球から「近代」を問う。総勢70名の執筆者が描く琉球の全体像。

▌ **富田 幸次郎** とみた・こうじろう
1872～1938 ジャーナリスト, 政治家。衆議院議員。浜口内閣時、党幹事長として尽力。

◇亜米利加日系畸人伝 野本一平著 弥生書房 1990.12 229p 19cm
Ⓘ4-8415-0645-4

▌ **富田 哲** とみた・さとし
1832～1876 志士。奥羽列藩同盟の際、勤王を主張。盛岡藩少参事。公用人。

◇沖縄・生活指導を切り拓く 沖縄生活指導研究会編 国土社 2001.12 211p 21cm Ⓘ4-337-79002-0
＊沖縄教師の模索創造の物語。「沖縄生活指導研究会」30年の実践と研究の成果を公開する。

▌ **富田 高慶** とみた・たかよし
1814～1890 農政家。二宮尊徳の門人。興復社を興し県内一千町歩を開発。

◇地域おこしの手本—至誠一貫の富田高慶 富田高慶百年祭記念誌 相馬報徳会 1991.6 136p 21cm

◇富田高慶日記 佐藤高俊編 竜渓書舎 1981.3 1220p 22cm 〈著者の肖像あり〉

◇富田高慶日記—明治3年 相馬郷土研究会

I　政治・経済　　　　　　　　　　　　　　　　　　　　　豊田佐吉

（相馬郷土研究会資料叢書）　1978.6　38p
26cm　〈編集：佐藤高俊〉

◇郷土を興した 先人の面影─その思想と業
績　小出孝三著　日本自治建設運動本部
1958　259p 図版　19cm

◇二宮尊徳の高弟 富田高慶　広瀬豊, 富田
敏子共著　日本甲子会　1953　325p 図版
地図　19cm

‖ **富永 冬樹**　とみなが・ふゆき
？ 〜1899　裁判官。大審院部長。岩倉使
節団に同行して欧米を巡る。

◇富永冬樹伝─教養の明治裁判官　柴興志
執筆　〔柴興志〕　2008.6　204p 21cm
〈肖像・年譜あり〉

‖ **富永 有隣**　とみなが・ゆうりん
1821〜1900　長州藩士。獄中吉田松陰に
出会い松下村塾の賓師となる。周防定基
塾を開く。

◇冨永有隣伝　林芙美夫編　田布施町教育
委員会　（郷土館叢書）　2001.6　69p
21cm

‖ **富山 弥兵衛**　とみやま・やへい
1843〜1868　新撰組隊士。

◇新選組血風録　改版　司馬遼太郎著　中
央公論社　（中公文庫）　1996.4　635p
15cm　①4-12-202576-1
＊悲愴に涙する沖田総司、隊士の心を妖
しくときめかす前髪の美剣士、薩摩の
間者富山弥兵衛、真贋の判じがたい虎
徹に執する近藤勇…幕末の大動乱期、
剣に生き剣に死んでいった新選組隊士
一人一人の哀歓、生死のかたちを冴え
冴えと浮彫りにする。

◇龍馬暗殺の謎を解く　新人物往来社編
新人物往来社　1991.7　253p 19cm
①4-404-01836-3
＊幕末史、最大の謎。龍馬暗殺の犯人を
追いつめる。

‖ **豊田 佐吉**　とよた・さきち
1867〜1930　織機発明家。豊田商会、豊

田紡績設立。初代社長。豊田式自動織機
発明改良に努めた。　〔記念施設〕豊田佐
吉記念館（静岡県湖西市）, トヨタテクノ
ミュージアム 産業技術記念館（愛知県名
古屋市西区）

◇トヨタの自助論─豊田佐吉と豊田喜一郎
日下部山, 古屋敷仁著　アイバス出版
2015.9　233p 19cm
①978-4-86113-599-6

◇近代化遺産と「すごい」日本人　「ニッポ
ン再発見」倶楽部著　三笠書房　（知的生
きかた文庫）　2015.8　221p　15cm
①978-4-8379-8357-6
＊この国の「骨格」は、こうして創られ
た！「日本の産業革命」を担った、先覚
者たちの「情熱の遺産」！

◇10分で読める発明・発見をした人の伝記
塩谷京子監修　学研教育出版　2015.3
175p　21cm　①978-4-05-204115-0
＊歴史を動かした人から、今活やくする
人まで、のっている！ 学校で使う道徳
の本や、国語の教科書に出ている人が
いっぱい！ 人物のことが「名言」で、
よくわかる！

◇時代を切り開いた世界の10人─レジェン
ドストーリー 9　豊田佐吉と喜一郎 親
子2代でグローバル企業「トヨタ」の礎を
築く　高木まさき監修　学研教育出版
2014.2　143p 22cm　〈文献あり 年譜あ
り〉　①978-4-05-501066-5

◇愛知千年企業 明治時代編─『坂の上の雲』
の時代を生き抜いた名古屋商人群像　北
見昌朗著　中日新聞社　2013.7　458p
19cm　①978-4-8062-0654-5
＊明治初頭、尾張藩の版籍奉還により下
級藩士は職を失い、商人の時代が訪れ
た。日本政府は富国強兵を推進、日清・
日露戦争が勃発する。激動のさなか、
繊維業・材木業・呉服業・製造業などか
ら頭角を現し、名古屋産業界の礎を築
き上げた名古屋商人。

◇日本の科学思想─その自立への模索　辻
哲夫著, 廣政直彦編・解説　こぶし書房
（こぶし文庫　戦後日本思想の原点）
2013.5　262p　19cm
①978-4-87559-275-4

伝記ガイダンス 明治を生きた人々　　**449**

豊田佐吉　　　　　　　　　　　　　　　　　　　　　　Ⅰ　政治・経済

＊明治時代まで日本には「科学」という言葉がなかった—異国文化であった科学技術の受容にあたって、日本の伝統的なものの考え方・習慣と激しく衝突した。"文化の翻訳"に苦闘した人びとの姿を描く。

◇中部における福澤桃介らの事業とその時代　愛知東邦大学地域創造研究所編　唯学書房　（地域創造研究叢書）　2012.9　138p　21cm　①978-4-902225-75-4

◇国産自立の自動車産業　四宮正親著　芙蓉書房出版　（シリーズ情熱の日本経営史）　2010.4　253p　22cm　〈シリーズの監修者：佐々木聡　文献あり〉　①978-4-8295-0482-6
＊戦後、奇跡の高成長を成し遂げた自動車産業の旗手、トヨタの創業者「豊田喜一郎」。自動車産業と一体で成長したタイヤ産業の盟主、ブリヂストンの創業者「石橋正二郎」。今もなお生き続ける二人の産業開拓に賭けた精神、志を考察、検証する。

◇創成期の豊田と上海—その知られざる歴史　東和男著　時事通信出版局　2009.7　201p　19cm　〈年表・文献あり〉　①978-4-7887-0676-7
＊佐吉翁と翁を慕う西川氏たちの異国における壮大な人生ドラマ。戦後64年、そのつつまれたベールをはぐ。

◇ザ・ハウス・オブ・トヨタ—自動車王　豊田一族の百五十年　上　佐藤正明著　文藝春秋　（文春文庫）　2009.4　359p　15cm　①978-4-16-763907-5
＊地球が生んだ史上最大の産業、自動車。ゼネラルモーターズを抜き去り、その頂点に立ったのがトヨタ自動車である。世界を席巻した生産方式、ハイブリッドカーに代表される技術力など、その強さの源泉は豊田佐吉・喜一郎親子の遺した"発明家"の遺伝子にある！　自動車ジャーナリズムの第一人者が放つ渾身のノンフィクション。

◇ザ・ハウス・オブ・トヨタ—自動車王　豊田一族の百五十年　下　佐藤正明著　文藝春秋　（文春文庫）　2009.4　351p　15cm　①978-4-16-763908-2

＊自動車に猛進する豊田喜一郎と慎重論を崩さない利三郎。この義兄弟が創業前夜に演じた"積極性と慎重さ"の激突こそ、トヨタの強さを理解するカギである。人物と歴史を知ることで、企業が見えてくる—。著者独自の方法論で世界最大の自動車メーカーの秘密を解き明かした大河ノンフィクション、堂々完結。

◇トヨタの遺伝子—佐吉と喜一郎のイノベーション　石井正著　三五館　2008.3　221p　19cm　①978-4-88320-424-3
＊本書では、特許の視点から、創業時から脈々と受け継がれているトヨタの発明精神に迫り、資源に乏しい日本ならではの製造業のあり方・未来像を明らかにした。

◇発明家の企業家活動—高峰譲吉と豊田佐吉　長谷川直哉著　法政大学イノベーション・マネジメント研究センター　（Working paper series　日本の企業家活動シリーズ）　2007.4　22p　30cm　〈年譜あり〉

◇豊田家と松下家—トヨタ、松下 世界二大メーカー創業家の命運　水島愛一朗著　グラフ社　2007.3　204p　19cm　①978-4-7662-1042-2
＊二股ソケットから世界規模の家電メーカーを創業した「経営の神様」松下幸之助、自動織機を初めて創り上げた「偉大なる発明家」豊田佐吉。世界二大メーカー創業家の命運を分けたものは何だったのか？　激動の時代を生き抜く経営者のあり方、企業の生き方とは—。

◇指導者の精神構造—時代を動かすリーダーたちの内面をさぐる　小田晋著　生産性出版　2006.10　226p　19cm　①4-8201-1846-3

◇一流の決断—彼らはこうして成功者になった。『ザ・リバティ』編集部編　幸福の科学出版　2006.9　183p　19cm　①4-87688-559-1
＊経営の神様、発明王、電力の鬼—一流の男たちは、この決断で道を開いた。

◇豊田佐吉とトヨタ源流の男たち　小栗照夫著　新葉館出版　2006.8　249p　19cm　〈年譜・文献あり〉　①4-86044-292-X

450　伝記ガイダンス　明治を生きた人々

Ⅰ　政治・経済　　　　　　　　　　　　　　　　　　　　　　　　　　　　豊田佐吉

◇「発明力」の時代―夢を現実に変えるダイ
　ナミズム　志村幸雄著　麗沢大学出版会
　2004.10　277p　19cm　Ⓘ4-89205-483-6
　＊発明力を発揮する者が、ビジネスを制
　　し、21世紀を制する！　豊田佐吉からエ
　　ジソンまで―東西の発明事例に学ぶ、
　　「知」の方法論。

◇豊田市トヨタ町一番地　読売新聞特別取
　材班著　新潮社　2003.4　279p　19cm
　〈『トヨタ伝―日本人は何を創ってきたか』
　増補・改題書〉　Ⓘ4-10-339006-9
　＊「発明王」創祖・佐吉、大衆車の父・喜
　　一郎、伝説の大番頭・石田退三、「神様」
　　と呼ばれた養成工、「最強」を創る技術
　　者たち―。その飛躍と変革の陰には、
　　いつも魅力的な人物がいた！　有名無名
　　「トヨタ人」三百人の肉声が紡ぎ出すト
　　ヨタ式「モノづくり」百年の物語。

◇起業家列伝　邦光史郎著　徳間書店　（徳
　間文庫）　1995.4　282p　15cm　〈『続豪
　商物語』改題書〉　Ⓘ4-19-890295-X
　＊今日のこの企業時代の現出は旺盛な起
　　業家精神をもつ事業家の輩出抜きには
　　語れない。現代の経営者の中にあって
　　最も創造的でエネルギッシュな事業家
　　精神の持主は、創業者である。本書は
　　松下幸之助、佐治敬三、中内㓛ら経済界
　　の巨人、また人生の達人ともいうべき
　　九人の横顔を通し、その人柄と事業が
　　一体化した企業の足跡を辿る。ビジネ
　　スマン必携の書。

◇新・財界人列伝―光と影　厚田昌範著
　読売新聞社　1992.1　254p　19cm
　Ⓘ4-643-91127-1
　＊財界の指導者たちの、いまだ書かれな
　　かった実像に迫る。

◇続　豪商物語　邦光史郎著　博文館新社
　1991.2　294p　19cm　Ⓘ4-89177-930-6
　＊激動の昭和を生きぬいた大実業家9人。
　　ゼロからの大事業展開成功の秘密に
　　迫る。

◇財界人物我観　福沢桃介著　図書出版社
　（経済人叢書）　1990.3　177p　19cm
　＊自由奔放に生きた鬼才・福沢桃介が明
　　治財界の巨頭たちを俎上に載せ毒舌を
　　ふるう。

◇小説トヨタ王国―天馬無限　上　上　邦
　光史郎著　集英社　（集英社文庫）
　1990.2　413p　15cm　Ⓘ4-08-749554-X
　＊浜名湖畔の寒村に生まれた豊田佐吉は、
　　学歴も財力もなかった。しかし、彼が
　　とりつかれたのは“発明”の二文字。そ
　　の対象となったのが、いつも身近に
　　あった織機である。試行錯誤をくり返
　　しながら、彼はやがて、世界にも負けな
　　い豊田式動力織機を産み出す。会社経
　　営を、家庭を犠牲にして、己の夢を実現
　　するため、ひたすら邁進した佐吉。〈世
　　界のトヨタ〉の原点に迫る。

◇小説トヨタ王国―天馬無限　下　下　邦
　光史郎著　集英社　（集英社文庫）
　1990.2　379p　15cm　Ⓘ4-08-749555-8
　＊大なり小なり功を遂げた豊田佐吉が、
　　長男の喜一郎に託した夢は、輸入車全
　　盛の時代にあって、純国産車の生産
　　だった。同時に喜一郎も外遊で見聞を
　　広め、モータリゼーションの到来を予
　　感する。そして、父と同様、悪戦苦闘の
　　末、国産車を世に送り出す。親子二代
　　にわたる“発明”へのあくなき追求を、
　　綿密な取材で描き出す長編企業小説。

◇豊田佐吉　〔新装版〕　楫西光速著　吉川
　弘文館　（人物叢書）　1987.8　235p
　19cm　Ⓘ4-642-05090-6
　＊機大工の子として生まれた豊田佐吉は、
　　早くからすでに国家社会に貢献しよう
　　という大望をいだき、機械の理論も知
　　らず、外国品の模倣でもなく、専ら自ら
　　の頭脳を生かして、ついに世界的な自
　　動織機を発明大成した。本書は彼の発
　　明の過程を克明に描き、日本織物業に
　　おける豊田織機の果した役割と、豊田
　　コンツェルンの由来を詳述。

◇トヨタ3代の決断　橋本紀彰，吉原勇著
　ビジネス社　1986.5　238p　19cm
　Ⓘ4-8284-0277-2

◇生きる豊田佐吉―トヨタグループの成長
　の秘密　毎日新聞社編　毎日新聞社
　1971　261p　19cm

◇日本財界人物列伝　第1巻　青潮出版株式
　会社編　青潮出版　1963　1171p　図版
　26cm

伝記ガイダンス　明治を生きた人々　　**451**

◇20世紀を動かした人々　第4　技術革新への道〔ほか〕　星野芳郎編　講談社　1963　404p　図版　19cm

◇豊田佐吉　楫西光速著　吉川弘文館　（人物叢書）　1962　234p　18cm

◇豊田佐吉伝　田中忠治編　トヨタ自動車工業　1955

◇事業はこうして生れた　創業者を語る　実業之日本社編　1954　264p　19cm

▌豊原 又男　とよはら・またお
1872〜1947　職業紹介事業の先駆者。「職業紹介事業の父」と称される。著書に「労働紹介」など。

◇日本社会政策の源流―社会問題のパイオニアたち　保谷六郎著　聖学院大学出版会　1995.4　274p　21cm　①4-915832-11-2
＊本書は、明治・大正初期における社会問題ないしは社会政策の啓蒙家、運動家の思想・行動について述べたものである。明治期には、先進国では、社会問題、労働運動が重要な現実問題になっていた。このような外国の状況は、わが国の学者等に影響を与えていた。しかし、当時の日本では、社会問題に対する社会の意識は、ようやく顔を現そうとしていた段階であって、社会問題を日本の社会に認識させるためには、この問題を提起し、啓蒙し、実践する人たちがとくに必要であった。本書は、当時の社会問題をめぐる認識や行動を浮かび上がらせるために、このような人たちを取り上げている。

◇豊原又男翁―わが国職業紹介事業の父　安田辰馬著　巻町　（巻町双書）　1975　127p　肖像　21cm

◇豊原又男翁建碑記念誌　豊原又男翁建碑の会編　労務行政研究所　1963　307p　図版　22cm

▌鳥居 三十郎
とりい・さんじゅうろう
1841〜1869　越後村上藩家老。村上藩が新政府軍に敗れ、責任をとり自刃。

◇武士道残照―鳥居三十郎と伴百悦の死　中島欣也著　恒文社　1990.8　242p　19cm　①4-7704-0722-X
＊戊辰戦争で "賊軍" となった東軍各藩は、戦後、明治新政府よりきびしくその戦争責任を追及されながら、自藩の存立を求めて呻吟した。村上藩家老・鳥居三十郎と、会津藩士・伴百悦の死…。今、それぞれの苦悩と悲憤を通して、勝者の論理を鋭く衝く。

▌鳥井 信治郎　とりい・しんじろう
1879〜1962　実業家。サントリー創業者。寿屋を創立。洋酒製造および広告などに尽力、現サントリーおよび洋酒業界の発展に大きく貢献。

◇名企業家に学ぶ「死んでたまるか」の成功術―困難に打ち勝つ精神力の養い方　河野守宏著　ロングセラーズ　2016.10　203p　18cm　①978-4-8454-0992-1
＊ここを乗り切れ、道は拓ける！ 危機に際会して「死んでたまるか！」と発奮し、死力をふるった企業家を取りあげる。古くは江戸から明治・大正・昭和へと大車輪の活躍をした異色の人物たちである。

◇美酒一代―鳥井信治郎伝　改版　杉森久英著　新潮社　（新潮文庫）　2014.7　255p　15cm　①978-4-10-149301-5
＊世界に冠たる洋酒メーカー "サントリー" 創業者・鳥井信治郎。優れた経営感覚と湧き出るアイディア、それらを実行する行動力と、「スコッチに負けないウイスキーを」という執念が数々の銘酒を生み出した。赤玉ポートワインから、サントリー・オールドへ、現代に通じる鳥井イズムを伝記文学の第一人者が生き生きと描き出す。大阪に生まれ、一介の奉公人から身を起こした男の物語。

◇企業家活動でたどる日本の食品産業史―わが国食品産業の改革者に学ぶ　宇田川勝監修・編著，生島淳編著　文眞堂　（法政大学イノベーション・マネジメント研究センター叢書）　2014.3　148p　21cm　①978-4-8309-4817-6

I　政治・経済

＊食品産業の開拓と発展に貢献した熱き企業家たちの姿が学べる1冊！　本書は、法政大学における公開講座にもとづき、学生や社会人に食品産業の歴史とそこで活躍した企業家たちに親しんでもらうことを目指したケース集。新たな食品産業に積極果敢に挑戦した10人の企業家を取り上げる。

◇日本ウイスキーの誕生　三鍋昌春著　小学館　2013.9　207p　19cm　①978-4-09-388319-1
＊日本ウイスキーのルーツをたどる壮大なストーリー。ボルドー、スコットランド、大阪―夢を追い求めた男たちの情熱が時と場所を隔ててつながった。洋酒づくり黎明期の知られざる真実がいま、明かされる！

◇企業家の人生に学ぶ　8　サントリーホールディングス株式会社創業者　鳥井信治郎　大阪商工会議所大阪企業家ミュージアム　2013.3　26p　21cm

◇飲料業界のパイオニア・スピリット　生島淳著　芙蓉書房出版　（シリーズ情熱の日本経営史）　2009.11　263p　22cm　〈シリーズの監修者：佐々木聡　文献あり〉　①978-4-8295-0468-0
＊新しい乳酸飲料カルピスの企業化に成功した三島海雲。食品販売事業の近代的確立に努めた磯野計。本場スコッチウィスキーの国産化を達成した鳥井信治郎。―三人の企業家の旺盛なパイオニア・スピリットに学ぶ。

◇船場道修町―薬・商い・学の町　三島佑一著　和泉書院　（上方文庫）　2006.1　251p　19cm　①4-7576-0344-4

◇がぶり！　サントリー―マンガで3時間でわかる　水島愛一朗監修, 山田正和著, つだゆみ漫画　明日香出版社　（アスカビジネス）　2004.7　227p　21cm　①4-7569-0758-X
＊「やってみなはれ」のチャレンジ精神が、今日のサントリー王国の礎を築きあげた！　日本初のウイスキー事業、ビール事業で初の瓶詰め生ビール、発泡酒市場の創出…。また、酒類や食品・清涼飲料事業にとどまらず、さまざま

な分野への取り組み…。さらに海外での事業展開…。常に「挑戦」と「創造」する企業。それがサントリーである。

◇食を創造した男たち―日本人の食生活を変えた五つの食品と五人の創業者　島野盛郎著　ダイヤモンド社　1995.10　210p　19cm　①4-478-38022-8
＊ケチャップ、マヨネーズ、カレー粉、乳酸菌飲料、ウイスキー。いまや日本人の食生活に完全に根づいたこれらの国産食品は、誰によって開発され、どのように定着してきたのか。食生活近代化の黎明期に、未踏の分野に果敢に挑戦し、事業化に成功した五人の創業者の五つのの食品開発物語。

◇美酒一代―鳥井信治郎伝　杉森久英著　新潮社　（新潮文庫）　1986.11　231p　15cm　①4-10-149301-4
＊大阪の一奉公人から身を起し、世界に冠たる洋酒メーカー“サントリー”を創り上げた男、鳥井信治郎。食卓に西欧の文化をと生まれた赤玉ポートワイン。スコッチに負けないウイスキーをという執念が生んだサントリー・オールド。次々と銘酒を世に送り出し、その優れた経営感覚と新しいアイディアで、常に時代をリードして来た男の姿を、伝記文学の第一人者が浮き彫りにする。

◇美酒一代―鳥井信治郎伝　杉森久英著　毎日新聞社　1983.12　210p　20cm

◇青雲の志について―鳥井信治郎伝　山口瞳著　集英社　（集英社文庫）　1981.8　171p　16cm

◇日本ウイスキー物語　美酒一代―鳥井信治郎伝　杉森久英著　毎日新聞社　1966　220p　図版　18cm

鳥尾　小弥太　とりお・こやた

1847〜1905　陸軍軍人, 政治家。枢密院顧問官, 子爵。参謀局長。西南戦争で作戦計画にあたる。

◇ひょうご幕末維新列伝　一坂太郎著　神戸新聞総合出版センター　2008.7　408p　19cm　①978-4-343-00476-5
＊明治維新―日本中で変革の息吹が芽生

え、近代化への情熱が沸き立っていた。兵庫県でも、あらゆる人や組織が動いた。伊藤博文、勝海舟、桂小五郎、大久保利通、坂本竜馬、吉田松陰…激動の時代を歩んだ先人たちの生きざまがここによみがえる。

ド・レイケ, J.　De Rijke, Johannes
1842〜1913　オランダの土木技師。1873年来日。淀川治水工事、大阪港築港、我が国初の近代下水道工事などを手がけた。
◇知っていますか？　西洋科学者ゆかりの地 IN JAPAN　PART2　近代日本の建設に貢献した西洋科学技術者　西條敏美著　恒星社厚生閣　2014.1　219p　19cm　⑪978-4-7699-1469-3
◇日本の川を甦らせた技師デ・レイケ　上林好之著　草思社　1999.12　350p　20cm　〈文献あり〉　⑪4-7942-0928-2
　＊近代河川改修の基礎を築いた伝説のオランダ人技術者の足跡を克明にたどる。親友に宛てた100通の手紙から、明治期の日本の山河と庶民を慈しんだ人間味あふれる実像を詳らかにする。
◇デ・レーケとその業績　建設省中部地方建設局木曽川下流工事事務所編　建設省中部地方建設局木曽川下流工事事務所　1987.10　233p　27cm　〈デ・レーケの肖像あり　デレーケ年譜：p210〜212　文献目録：p225〉

ドンケル＝クルティウス, J.H.
Donker Curtius, Jan Hendrik
1813〜1879　オランダの外交官。1852年来日。長崎出島のオランダ商館長を務めた。
◇幕末出島未公開文書―ドンケル・クルチウス覚え書　フォス美弥子編訳　新人物往来社　1992.5　223,7p 21cm　⑪4-404-01905-X
　＊幕末外交の新発見史料。嘉永五年来日、九年間滞在したオランダ領事が、ペリー来航以降、米英露仏等列強との外交に苦しみ、開国を強いられる幕府外交の内幕を本国国王へ送った極秘文書。

【 な 】

内藤 久寛　ないとう・ひさひろ
1859〜1945　実業家。衆議院議員、貴族院議員、日本石油社長。日本石油を創設。日本工業倶楽部創設に参加。
◇東北開発人物史―15人の先覚者たち　岩本由輝著　刀水書房　1998.3　334p　19cm　⑪4-88708-224-X
◇燃える男の肖像　木本正次著　講談社　1981.10　420p　20cm
◇日本財界人物列伝　第1巻　青潮出版株式会社編　青潮出版　1963　1171p 図版　26cm
◇春風秋雨録　内藤久寛著　春風秋雨録頒布会　1957　353p 図版　18cm

内藤 政挙　ないとう・まさたか
1850〜1927　延岡藩主、延岡藩知事、子爵。
◇延岡の父内藤政挙公　市山幸作著　内藤政挙公銅像復元委員会　1992.8　277p　26cm　〈監修：秋山栄雄　内藤政挙の肖像あり　延岡郷土史年代表：p216〜275　付：内藤政挙略年譜〉

内藤 利八　ないとう・りはち
1856〜1921　政治家、実業家。立憲自由党に加盟し、衆議院議員を務めた。
◇内藤利八履歴　松岡秀隆著　松岡秀隆　2008.10　283p　21cm　〈神戸 交友プランニングセンター（製作）〉　⑪978-4-87787-403-2

内藤 魯一　ないとう・ろいち
1846〜1911　自由民権家。衆議院議員。自由党有一館館長となり加波山事件に連座。愛知県議会議長。
◇内藤魯一自由民権運動資料集　内藤魯一著、知立市歴史民俗資料館編、長谷川昇監

Ⅰ 政治・経済

修　知立市教育委員会　2000.3　434p
26cm　〈年譜あり　肖像あり〉

那珂 梧楼　なか・ごろう

1827～1879　陸奥南部藩士，陸奥盛岡藩
校の教授。維新後は文部省御用掛として
「小学読本」の編集に加わった。

◇評伝那珂梧楼　高野豊四郎著　〔高野豊四
郎〕　2008.4　160p　21cm　〈年譜あり〉

◇幽囚日録─那珂梧楼日記　那珂梧楼著，
岩手古文書学会編　国書刊行会　1989.11
257,57p　22cm

◇那珂梧楼伝　奥羽史談会　1961

永井 蠖伸斎　ながい・かくしんさい

1839～1869　幕臣。

◇箱館戦争銘々伝　下　好川之範，近江幸
雄編　新人物往来社　2007.8　351p
19cm　①978-4-404-03472-4
＊戊辰戦争を最後まで戦い銃弾に斃れた
戦士たち。土方歳三，三好畊，永井蠖蟆
伸斎ほか21人。

中井 太一郎　なかい・たいちろう

1830～1913　農事改良家。水田の株間を
除草する機具を開発。著書に「大日本簡
易排水法」。

◇老農・中井太一郎と農民たちの近代　大
島佐知子著　思文閣出版　2013.12　347,
25p　22cm　〈年譜・索引あり〉
①978-4-7842-1710-6
＊いままでの中井太一郎についての論述
が，いずれも部分的，概略的，断片的で
あるのに対し，本書では彼のライフヒ
ストリーを丹念にたどりながら，幕末
から明治維新以降，国や地方での勧業・
勧農政策が変転するもとで，地元鳥取
にとどまらず，彼の歩いた全国の道を
トレースし，彼を招聘し，受け皿となっ
た組織，団体，個人を丁寧に掘り起こし
ながら，彼の技術と思想を総体として
初めて描いた。

永井 尚志　ながい・なおゆき

1816～1891　幕臣，官吏。大政奉還を推
進，函館政府の奉行となる。のち開拓使
御用掛など。

◇永井尚志─皇国のため徳川家のため　高
村直助著　ミネルヴァ書房　（ミネルヴァ
日本評伝選）　2015.9　331,5p　20cm
〈文献あり　年譜あり　索引あり〉
①978-4-623-07423-5

◇幕末 五人の外国奉行─開国を実現させた
武士　土居良三　中央公論社　1997.7
358p　19cm　④4-12-002707-4
＊米領事ハリスに「東海の知己」と親しま
れた井上信濃守清直。すべてにおいて
天才の誉れ高い岩瀬肥後守忠震。勝麟
太郎らを育てた長崎海軍伝習所の生み
の親，永井玄蕃頭尚志。箱館と横浜の
町をととのえた堀織部正利熙。最期ま
で幕府を案じて逝った水野筑後守忠徳。
諸外国との条約締結，横浜開港，長崎海
軍伝習所の創設。初代外国奉行の五人
が携わった数々の事業は，やがて明治
の礎となっていく。開国に取り組んだ
幕臣たちの活躍と悲劇。

◇永井玄蕃頭尚志─伝記　城殿輝雄著
〔城殿輝雄〕　1986.10　308p　22cm

◇永井玄蕃　城殿輝雄著　〔城殿輝雄〕
1982.1　226p　22cm

◇永井玄蕃頭尚志手記　永井玄蕃著　永井
玄蕃　1960

中井 弘　なかい・ひろし

1838～1894　政治家。駐英公使館書記官。
帰国後元老院議官，貴族院議員，京都府知
事を務める。

◇中井桜洲─明治の元勲に最も頼られた名
参謀　屋敷茂雄著　幻冬舎ルネッサンス
2010.3　245p　20cm　〈文献・年譜あり〉
①978-4-7790-0551-0
＊坂本龍馬と大政奉還をなしとげ，明治
政府を支えた陰の男の真実！ 維新きっ
ての功労者でありながら，謎に包まれ
てきた桜洲の全貌に迫る。

◇地中海世界を見た日本人─エリートたち

の異文化体験　牟田口義郎著　白水社
2002.10　237p　19cm　⑪4-560-04981-5
＊天正少年使節から岩倉使節団に至る“もうひとつの世界”への旅。彼らはイスラーム圏を含む地中海世界についても貴重な記録を残していた。当時の史料や研究書をもとにエリート集団の異文化体験を見ていく興趣尽きない歴史エッセイ。

◇王者と道化師　勝部真長著　経済往来社
1978.7　268p　19cm

▌**長岡 外史**　ながおか・がいし
1858～1933　陸軍軍人，政治家。中将，衆議院議員。スキーを輸入。航空界の発達に尽力。

◇人間長岡外史―航空とスキーの先駆者伝記・長岡外史　戸田大八郎著　大空社
（伝記叢書）　1994.11　364,6p　22cm
〈長岡外史顕彰会昭和51年刊の複製　長岡外史年譜：p359～364〉　⑪4-87236-452-X

◇長岡外史関係文書　書簡・書類篇　長岡外史文書研究会編　（下松）長岡外史顕彰会，吉川弘文館〔発売〕　1989.10　444p
21cm　⑪4-642-03618-0
＊本書は，大正末・昭和初期の航空機普及への尽力を示す書類と書簡。日露戦争中の出征地や各国駐在武官から大本営への報告。戦争作戦計画を明らかにする書簡など，長岡外史に関する資料を収集した。

◇人間長岡外史―航空とスキーの先駆者
戸田大八郎文，岡田憲佳写真　長岡外史顕彰会　1976　364p　図22枚　肖像　22cm

▌**長岡 謙吉**　ながおか・けんきち
1834～1872　医師，官吏。海援隊隊長，三河県知事。海援隊に加入，通信事務を一手に引き受け，坂本発案の「船中八策」を成文化。

◇海援隊遺文―坂本龍馬と長岡謙吉　山田一郎著　新潮社　1991.3　422p　19cm
⑪4-10-367602-7
＊新史料による龍馬と謙吉。薩長土の志士のほかシーボルト，グラバー，サトウら内外の士とともに維新回天の壮大な

ドラマを進行する。

◇坂本竜馬・海援隊士列伝　山田一郎ほか著　新人物往来社　1988.2　252p　19cm
⑪4-404-01483-X

▌**永岡 鶴蔵**　ながおか・つるぞう
1863～1914　労働運動家。キリスト教を伝導。足尾銅山暴動事件で入獄。

◇林小太郎―日本の労働運動の先駆け「足尾暴動」の指導者　大森良治著　随想舎
2002.12　211p　19cm　⑪4-88748-079-2
＊林小太郎の残していった微かな痕跡を追ったフィールドノート。

◇永岡鶴蔵伝―犠牲と献身の生涯　中富兵衛著　御茶の水書房　1977.6　377p　図・肖像12枚　22cm

▌**永岡 久茂**　ながおか・ひさしげ
1841～1877　会津藩士。薩長の藩閥政府を攻撃，挙兵を計画中，捕らわれ牢死。

◇会津藩 斗南へ―誇り高き魂の軌跡　新装版　星亮一著　三修社　2009.9　309p
19cm　⑪978-4-384-04267-2
＊大勢の人が激しい気迫ではい上がり，地域の発展に貢献した。青森県下北，上北，三八地方に「会津衆」という言葉が残っている。そこには尊敬の念が込められていた。「我々はむざむざ敗れ去ったわけではない」青森の会津人は，そういって胸を張った。斗南藩は見事に歴史的使命を果たしたのである。さいはての地に復活した“会津魂”。秘められた藩士たちの苦闘の歴史を描き切る。

◇会津藩 斗南へ―誇り高き魂の軌跡　星亮一著　三修社　2006.4　309p　19cm
⑪4-384-03800-3
＊大勢の人が激しい気迫ではい上がり，地域の発展に貢献した。青森県下北，上北，三八地方に「会津衆」という言葉が残っている。そこには尊敬の念が込められていた。「我々はむざむざ敗れ去ったわけではない」青森の会津人は，そういって胸を張った。斗南藩は見事に歴史的使命を果たしたのである。さいはての地に復活した“会津魂”。秘められ

Ⅰ　政治・経済

た藩士たちの苦闘の歴史を描き切る。

◇民権の獅子―兆民をめぐる男たちの生と
　死　日下藤吾著　叢文社　（現代を拓く歴
　史名作シリーズ）　1991.12　423p 19cm
　①4-7947-0193-4
　＊民権の拡大を目ざして「無償の戦い」に
　　生命を燃やした「表街道」と「裏街道」
　　の獅子たちの凄絶。

▎**中川 嘉兵衛**　なかがわ・かへえ
　1817～1897　実業家。牛鍋屋、パン・ビ
　スケットの広告、製氷事業の先駆者とし
　て著名。

◇横浜開港時代の人々　紀田順一郎著　神
　奈川新聞社　2009.4　270p　21cm
　①978-4-87645-438-9
　＊開港期の横浜で明るい炎をあげながら
　　生き抜いた人々を、横浜に生まれ育っ
　　た著者が、豊かな知識と資料の掘り起
　　こしによって、親しみをこめた筆致で
　　描く傑物伝。

◇中川嘉兵衛伝―その資料と研究　香取国
　臣編　〔香取国臣〕　1982.9　221p
　21cm　〈制作：関東出版社（横浜）中川嘉
　兵衛の肖像あり〉

▎**中川 小十郎**
　なかがわ・こじゅうろう
　1866～1944　官僚，教育家。貴族院議員，
　立命館大学総長。西園寺公望首相秘書官。
　台湾銀行頭取。

◇中川小十郎研究論文・図録集―立命館創
　立者生誕150年記念　立命館立命館史資料
　センター編　立命館史資料センター
　2017.3　86p 30cm　〈年表あり〉

◇暖流―先考中川小十郎書簡より　中川小
　十郎著，勝田節子編　勝田節子　1990.8
　146p 21cm　〈中川小十郎の肖像あり
　中川小十郎略年譜：p6～7〉

▎**中川 幸子**　なかがわ・さちこ
　1857～1910　民権運動家。女権格調、婦
　選獲得などを訴える三省学舎を開設。

◇貴婦人とおさんどん―高田菊枝さんと中

川幸子女史　宮崎知恵子編著　宮崎知恵
子　1992.1　119p　21cm　〈高田菊枝お
よび中川幸子の肖像あり〉

▎**永倉 新八**　ながくら・しんぱち
　1839～1915　新撰組隊士。新撰組副長助
　勤二番隊組長として活躍。維新後小樽で
　余生を送る。

◇新撰組顛末記　永倉新八著，木村幸比古
　解説　KADOKAWA　（角川新書）
　2017.11　270p　18cm
　①978-4-04-082185-6
　＊幕末を戦い抜いた新選組幹部・永倉新
　　八は、最晩年に回顧録を新聞に連載し
　　ていた。その場にいた者にしか語れな
　　い、新選組の誕生から崩壊までの戦い
　　と軌跡を余すところなく収録。

◇浪士文久報国記事―新選組戦場日記　永
　倉新八著　中経出版　（新人物文庫）
　2013.9　494p　15cm
　①978-4-8061-4882-1
　＊『浪士文久報国記事』は、新選組二番組
　　頭として常に戦闘の第一線で活躍した永
　　倉新八が、戊辰戦争の硝煙が消えやら
　　ぬ、明治八年頃に書き記した三冊の回顧
　　録である。後年、無数に輩出される新
　　選組本の基本文献となった第一級の史
　　料であることが認められながら、実物
　　は明治期に人手に渡り行方不明となり、
　　以後、幻の記録として語り継がれた。
　　浪士隊の結成、芹沢鴨の暗殺、池田屋事
　　件、甲陽鎮撫隊の敗戦から新選組の瓦解
　　までの実戦史を、写真原版から解読し
　　た原文、詳細な解説を付した読み下し
　　文、平易な現代語訳の三部構成で再現。

◇土方歳三と新選組10人の組長　菊地明，
　伊東成郎，結喜しはや著　新人物往来社
　（新人物文庫）　2012.8　319p　15cm
　①978-4-404-04227-9
　＊最新研究から明らかになる歳三の生涯
　　と10人の組長列伝。

◇新撰組顛末記　永倉新八著　新人物往来
　社　（新人物文庫）　2009.5　255p　15cm
　①978-4-404-03600-1
　＊新選組の副長助勤となり、のちに二番組
　　長を兼任した新八は、近藤勇らとともに

伝記ガイダンス 明治を生きた人々　**457**

池田屋へ斬り込んだ。新選組随一の遣い手として幾多の戦闘に加わり、十三人の大幹部のうち、ただ一人生き残った。北海道に渡り小樽に住んだ新八は、孫たちを相手に新選組の懐旧談を語り、記録に綴る晩年を送るが、大正二年（一九一三）三月から、『小樽新聞』記者の取材に応じて語った連載をまとめたのが本書である。近藤勇や土方歳三らとの交友、池田屋の乱闘、血の粛清など、幕末動乱の修羅場をくぐりぬけた者のみが知る生々しい証言が語られている。

◇子孫が語る永倉新八　杉村悦郎著　新人物往来社　2009.2　212p　20cm　①978-4-404-03582-0
＊新選組二番隊長永倉新八の曽孫が語る新八の知られざる秘話。

○特集　永倉新八と『新撰組顛末記』の謎「歴史読本」（新人物往来社）　50（9）2005.9

◇サムライたちの幕末維新　近江七実著　スキージャーナル　（剣道日本コレクション）　2005.5　207p　19cm　①4-7899-0058-4
＊剣術が隆盛をみた幕末、その剣の技量をもって頭角を現わした男たち。維新をくぐり抜けた後、ある者は生涯を剣人として生き、ある者は剣を封印して国を動かす立場へと身を置く。幕末から維新への激動の時代に彼らは何を考え、どう生きたか。剣の技と精神をどう活かしたのか。そして廃刀令によって剣術が無用のものとなった新しい時代にどう処していったのか。日本の近代の出発点である幕末維新を生きたサムライたちの精神が、さまざまな難しい問題に直面する現代の日本人に、生きるためのヒントを与えてくれる。

◇新選組・永倉新八のすべて　新人物往来社編　新人物往来社　2004.2　255p　20cm　〈年譜あり　文献あり〉　①4-404-03136-X

◇新選組裏話　万代修著　新人物往来社　1999.4　279p　19cm　①4-404-02801-6
＊新発見史料でみる近藤勇・土方歳三・原田左之助・永倉新八らの知られざる足跡。

◇新撰組顛末記　新装版　永倉新八著　新人物往来社　1998.11　275p　19cm　①4-404-02670-6
＊新選組幹部13人のうち、唯一の生き残り永倉新八が死の直前に語り残した新選組体験談。

◇新選組剣客伝　山村竜也著　PHP研究所　1998.7　212p　19cm　①4-569-60176-6
＊本書は、新選組の8人の剣客たちの群像を列伝形式で綴ったものである。

◇新選組三部作 新選組遺聞　改版　子母沢寛著　中央公論社　（中公文庫）　1997.1　330p　15cm　①4-12-202782-9
＊『新選組始末記』につづく三部作の第二作。永倉新八・八木為三郎・近藤勇五郎など、新選組ゆかりの古老たちの生々しい見聞や日記手記等で綴った、興趣尽きない、新選組逸聞集。

◇士魂の音色　森村誠一著　新潮社　1991.7　270p　19cm　①4-10-321709-X
＊命じられるままに暗殺を重ねたものの最後の土壇場で自己主張した岡田以蔵。世の中のことを誰よりも見通すことのできる乞食と桂小五郎との不思議な出会い。日本における西洋菓子の原型を造り上げた紅屋留吉に、意外な影響を与えた永倉新八。虚実を巧みにいまぜにして、幕末史の裏面にひそむ九つの秘話を描く短篇時代小説集。

◇新選組興亡史—永倉新八の生涯　栗賀大介著　新人物往来社　1972　210p　20cm

長沢 鼎　ながさわ・かなえ

1854〜1934　農園経営者。アメリカで葡萄栽培に成功し、葡萄王として全米に知られる。

◇カリフォルニアのワイン王薩摩藩士・長沢鼎—宗教コロニーに一流ワイナリーを築いた男　上坂昇著　明石書店　2017.5　258p　20cm　〈文献あり 年表あり 索引あり〉　①978-4-7503-4517-8

◇長沢鼎 ブドウ王になったラスト・サムライ—海を越え、地に熟し　多胡吉郎著　現代書館　2012.6　387p　19cm　①978-4-7684-5684-2

Ⅰ　政治・経済　　　　　　　　　　　　　　　　　　　　　　　　中島三郎助

＊禁酒法時代、カリフォルニア・ワインを
　守った一人のサムライがいた。幕末、
　13歳にして海を渡り、「ブドウ王」と讃
　えられるまでの軌跡を、徹底した取材
　をもとに書き下ろしたドキュメンタ
　リー・ノベル。

◇日本人の足跡―世紀を超えた「絆」求めて
　2　産経新聞「日本人の足跡」取材班著
　産経新聞ニュースサービス　2002.2
　644p　20cm　〈東京 扶桑社（発売）〉
　①4-594-03406-3
　＊「希望」と「力」を求めた追体験紀行。
　たった一人の小さな存在によっても、歴
　史は作られる。ただ懸命に、ときには放
　埒に、自分の居場所を探しながら、激動
　の時代に真っ正面から向き合った日本人
　たち、その等身大の息づかいを伝える。

◇カリフォルニアの士魂―薩摩留学生長沢
　鼎小伝　門田明著，テリー・ジョーンズ著
　本邦書籍　1983.4　256,13p　23cm　〈巻
　末：鶯津尺魔著『長沢鼎翁伝』　年譜　参
　考文献　邦文書誌 付：参考文献・欧文書誌
　図版〉

中島 三郎助
なかじま・さぶろうすけ
1820～1869　幕臣。下田奉行書与力，軍
艦頭取出役。洋式の軍事技術を修得、桂
小五郎に砲術を教えた。軍艦開陽の砲術
指導者。

◇県民なら知っておきたい神奈川が誇る歴
　史人　中村秋日子著　TOブックス
　2015.4　174p　18cm　〈文献あり〉
　①978-4-86472-371-8

◇「朝敵」と呼ばれようとも―維新に抗した
　殉国の志士　星亮一編　現代書館
　2014.11　222p　20cm
　①978-4-7684-5745-0

◇NHK歴史秘話ヒストリア―歴史にかくさ
　れた知られざる物語 第2章　4　幕末・維
　新編　NHK「歴史秘話ヒストリア」制作
　班編　金の星社　2014.3　39p　30×
　22cm　①978-4-323-06819-0

◇浦賀与力中島三郎助伝　木村紀八郎著
　鳥影社　2008.8　358p　20cm

　①978-4-86265-147-1
　＊日本初の大型洋式軍艦「鳳凰丸」建造に
　携わるなど海軍の近代化に貢献するも、
　武士の大儀を貫いて散った男の生涯。
　知られざる幕末維新史。

◇義に死す最後の幕臣―評伝・中島三郎助
　松邨賀太著　文芸社　2008.6　190p
　19cm　〈年譜・文献あり〉
　①978-4-286-04878-9

◇ほっかいどう百年物語―北海道の歴史を
　刻んだ人々　第8集　STVラジオ編　中西
　出版　2008.2　394p　19cm
　①978-4-89115-171-3

◇箱館戦争銘々伝　上　好川之範，近江幸
　雄編　新人物往来社　2007.8　328p
　19cm　①978-4-404-03471-7
　＊戊辰最後の死闘、雪の箱館に散って
　いった戦士たちの肖像。榎本武揚、甲
　賀源吾、中島三郎助ほか21人。

◇幕臣たちと技術立国―江川英竜・中島三
　郎助・榎本武揚が追った夢　佐々木譲著
　集英社　（集英社新書）　2006.5　222p
　18cm　〈年譜あり〉　①4-08-720342-5
　＊明治維新こそが近代の「夜明け」である
　という認識が、一般の日本人にとって、
　ごくあたりまえの通念である。本書は、
　激動の時代を駆け抜けた三人の幕臣た
　ちの生涯を取り上げながら、そうした
　歴史通念に異を唱えた一冊である。反
　射炉やお台場築造に関わった先駆的な
　行政官・江川太郎左衛門英竜、ペリー艦
　隊と最初に接触した人物にして、日本
　初の西洋式帆船の建造者である中島三
　郎助永胤、そして、船舶技術や国際法の
　知識を総動員して、近代日本建設のい
　くつものプロジェクトのリーダーと
　なった榎本釜次郎武揚。日本の近代は、
　幕末期の技術系官僚たちによって準備
　され、すでに始まっていたのである―。

◇人間登場―北の歴史を彩る NHKほっから
　んど212　第1巻　合田一道，日本放送協
　会番組取材班著　北海道出版企画セン
　ター　2003.3　253p　19cm　〈文献あり〉
　①4-8328-0303-4

◇浦賀与力中島三郎助の生涯　山本詔一著
　神奈川新聞社　（ブックレットかながわ）

伝記ガイダンス 明治を生きた人々　　**459**

1997.12　70p　21cm　〈横浜 かなしん出版（発売）〉　①4-87645-226-1

◇中島三郎助文書　中島三郎助著，中島義生編　中島義生　1996.11　266p　27cm　〈肖像あり 付属資料：附冊：33p　年譜 文献あり〉

◇北の海鳴り─小説・中島三郎助　大島昌宏著　新人物往来社　1995.1　284p　20cm　〈参考資料：p281～282〉　①4-404-02167-4
＊幕末、日本最初の洋式帆船を建造した浦賀奉行所与力・中島三郎助─。榎本武揚と行動を共にし、五稜郭の戦いで父子三人、壮絶な最期を遂げる。最果ての地に轟く海鳴りに秘められた日本海軍の先覚者の軌跡を、新田賞作家が鮮烈に描く傑作歴史長篇。

◇浦賀与力　宮田一誠著　近代文芸社　1994.12　285p　20cm　〈参考文献：p276〉　①4-7733-2946-7

‖ **中島 信行**　なかじま・のぶゆき
1846～1899　政治家。男爵、貴族院議員。大阪の立憲政党総理。衆議院議員初代議長。伊駐在の特命全権公使。

◇中島信行と俊子　町田市立自由民権資料館編　町田市教育委員会　（民権ブックス）　2016.3　95p　21cm　〈会期：2015年7月18日─8月30日〉

◇自由民権家中島信行と岸田俊子─自由への闘い　横沢清子著　明石書店　2006.11　474p　22cm　〈文献・年譜あり〉　①4-7503-2446-9
＊本書は、現在の文学研究を踏まえ、不二出版から刊行された『岸田俊子評論集』（一九八五年）、『岸田俊子文学集』（一九八五年）、『湘煙日記』（一九八六年）、『岸田俊子研究文献目録』（一九八六年）を基本資料に、岸田俊子が夫中島信行と共有した政治の理想を考察していく。

◇坂本竜馬・海援隊士列伝　山田一郎ほか著　新人物往来社　1988.2　252p　19cm　①4-404-01483-X

‖ **中島 登**　なかじま・のぼり
1838～1887　新撰組隊士。

◇幕末剣客伝　津本陽著　講談社　1991.3　299p　19cm　①4-06-205288-1
＊幕末から明治へかけ、ひとりの元新選組隊士がたどる運命の転変を見事に描く傑作長篇小説。軀のなかを走る剣士の熱い血のたぎりは、登を東京へ向かわせた。新選組中島登の秘事。

‖ **中条 政恒**　なかじょう・まさつね
1841～1900　政治家。「安積開拓の父」として開拓地の育成と援助に尽力。
〔記念施設〕記念碑（福島県郡山市、開成山公園）

◇中条政恒先生略伝─復刻版　須賀兼嗣編纂，横井博ほか編　大日本印刷東北事業部（印刷）　1992.11　135p　22cm　〈監修：星亮一 中条政恒翁顕彰会昭和7年刊の複製〉

‖ **中瀬 七造**　なかせ・しちぞう
1845～1908　漁業家。

◇中瀬七造伝─北洋漁業の先覚者　2版　中瀬正良編著　中瀬正良　1991.3　62p　22cm　〈中瀬七造の肖像あり〉

‖ **永瀬 庄吉**　ながせ・しょうきち
1857～1945　鋳物業経営者。

◇永瀬庄吉の記録─川口の鋳物師　第2版　永瀬正邦著　〔永瀬正邦〕　2006.11　222p　30cm　〈年表あり〉

‖ **長瀬 富郎**　ながせ・とみろう
1863～1911　実業家。洋物店・長瀬商店を開く。製造職人と提携、花王石鹸や歯磨を販売。

◇暮らしを変えた美容と衛生　佐々木聡著　芙蓉書房出版　（シリーズ情熱の日本経営史）　2009.4　217p　22cm　〈シリーズの監修者：佐々木聡　文献あり〉　①978-4-8295-0443-7
＊健康と衛生、そして美に資する商品の国産化に取り組み、欧米に負けないほ

I　政治・経済　　　　　　　　　　　　　　　　　　　　　　　　　　　　　中野竹子

ど健康で清潔な生活水準をもたらした資生堂・ライオン・花王の創業者たちの足跡、企業家精神、経営革新の詳細を追う。

◇服部之総全集　9　初代長瀬富郎伝　福村出版　1973　349p　20cm

◇郷土にかがやくひとびと　下巻　岐阜県　1970　285p　19cm　〈表紙および背の書名：風雪百年郷土にかがやくひとびと〉

◇日本財界人物列伝　第2巻　青潮出版株式会社編　青潮出版　1964　1175p　図版13枚　27cm

▌ **中根 雪江**　なかね・せっこう
1807〜1877　福井藩士，政治家。明治新政府では参与に就任。

◇男の背中―転形期の思想と行動　井出孫六著　平原社　2005.5　265p　19cm　①4-938391-36-8
＊時代が軋み音をたてるとき、人は決断を迫られる―。中根雪江、本橋次左衛門、大町甚左衛門、黄遵憲、木村信卿、川上冬崖、内村鑑三、久米邦武、久米由太郎、堺利彦、桐生悠々、相馬愛蔵・黒光。歴史の地下水脈を穿つ評伝集。

◇中根雪江先生　中根雪江先生百年祭事業会　1977.10　783p　図版14枚　22cm　〈中根雪江の肖像あり〉

◇中根雪江略伝―遺墨品展示目録　福井郷土歴史館　1956

▌ **中根 米七**　なかね・よねしち
1820〜1878　会津藩士。明治9年の士族反乱未遂事件、思案橋事件の参加者。

◇物語 悲劇の会津人　新人物往来社編　新人物往来社　1990.5　236p　19cm　①4-404-01711-1
＊義を貫き、時の流れに逆らって生きた悲運の会津人たちを描く。

▌ **中野 梧一**　なかの・ごいち
1842〜1883　官僚，実業家。藤田組贋札事件、開拓使官有物払い下げ事件に関わ

り自殺。

◇政商伝　三好徹著　講談社　（講談社文庫）　1996.3　287p　15cm　①4-06-263201-2
＊政治家と結託して利権をあさった六人の政商たち。覆面の政商・三野村利左衛門、薩摩の鉅商・五代友厚、王国の鍵・岩崎弥太郎、冒険商人・大倉喜八郎、ちょんまげ政商・古河市兵衛、走狗の怒り・中野梧一。激動の幕末・明治を生き抜いて財を成した政商たちの生涯を、著者独自の視点から徹底研究した評伝集。

◇初代山口県令中野梧一日記　田村貞雄校注　マツノ書店　1995.8　589p　22cm　〈著者の肖像あり 年譜・関係研究文献目録：p571〜579〉

◇政商伝　三好徹著　講談社　1993.1　251p　19cm　①4-06-206220-8
＊政治家と結託して利権をあさった6人の男たち。激動の幕末・明治を生き抜いたそれぞれの人生。

▌ **中野 竹子**　なかの・たけこ
1847？ 〜1868　会津戊辰戦争の際、決死隊の女子軍の先頭に立ち、薙刀を振るって奮戦。

◇幕末から明治に生きた会津女性の物語　大石邦子，小檜山六郎，笹川壽夫，鶴賀イチ，間島勲著　歴史春秋社出版　2014.3　206p　19cm　①978-4-89757-823-1

◇八重と会津の女たち　山村竜也著　洋泉社　（歴史新書）　2013.5　190p　18cm　①978-4-8003-0107-9
＊自ら銃を手に新政府軍と戦った山本八重。男勝りの彼女を育んだ会津藩は忠義と節義を重んじる藩だった。幕末・明治にかけての激動のなか会津女性は何と戦ったのか。「八重の桜」時代考証担当者が明かす会津女性の実像。

◇新島八重と幕末会津を生きた女たち　歴史読本編集部編　中経出版　（新人物文庫）　2013.5　319p　15cm　①978-4-8061-4730-5
＊会津藩の正義を信じて絶望的な戦いに挑み、無念の敗北をとげた会津藩士た

伝記ガイダンス 明治を生きた人々　**461**

ち。彼らの母・妻・娘たちの物語は、史上類を見ない悲劇として今日までも語りつがれている。平和で幸福な日々を打ち砕いた西軍の無差別攻撃に対して、会津の婦女子たちに残された道は、鶴ケ城に篭城し抗戦する、戦闘の足まといになることを危惧して覚悟の自刃をする、領外に逃亡し忍従生活に耐える、いずれも凄惨な最後しかなかった。最愛の人々の死を乗り越え、最北の移住地や焦土の故郷で、健気でたくましく生きた会津の婦女子たち。彼女たちの知られざる生涯を追う。

◇中野竹子と娘子隊　水沢繁雄著　歴史春秋出版　（歴春ブックレット）　2002.8　55p　19cm　①4-89757-453-6

◇隠された幕末日本史─動乱の時代のヒーロー群像　早乙女貢著　広済堂出版　（広済堂文庫）　1992.2　247p 15cm　①4-331-65126-6
＊幕末から維新へと向かう動乱と革命の時代、「義」のために戦った志士たちの熱情が激しい火花を散らす。幕末哀史・会津藩の悲劇、誠の心と純粋さの青春・新選組、薩長連合の立役者・坂本竜馬、江戸城無血開城の大立者・勝海舟、挫折した五稜郭戦・榎本武揚など、大政奉還の舞台回しに隠された謎の数々に鋭く迫る傑作歴史推理。

◇幕末志士伝　早乙女貢著　新人物往来社　1991.7　275p 19cm　①4-404-01833-9
＊坂本龍馬、佐々木只三郎、高杉晋作、川上彦斎、中山忠光、沖田総司、平田金十郎、中野竹子、土方歳三、西郷隆盛らを廻る血の維新史。早乙女史観が志士の本質を鋭くえぐる傑作歴史小説集。

◇涙のスプリングボード　小島康誉著　プラス　1991.4　158p 21cm　①4-938594-18-8
＊避けることのできない宿命を背負って生きた女性たち。その転機には、いつも涙があった。5人の女性の一生を通し、生きることの尊さを問う。

◇物語 妻たちの会津戦争　宮崎十三八編　新人物往来社　1991.3　217p 19cm　①4-404-01804-5

＊正義を信じ、夫や父を信じながらも会津落城の犠牲となった妻たちの悲劇は、いつまでも語りつづけられる。

▌**中野 忠八**　なかの・ちゅうはち
1859〜1904　政治家。京都府議会議員。
◇先行者たちの生活史　中野卓著　東信堂　（中野卓著作集生活史シリーズ）　2003.9　349p　20cm　〈付属資料：8p：月報 2　シリーズ責任表示：中野卓／著〉　①4-88713-506-8
＊客観的・統計的分析を超え、一つの時代相下における社会と個人の交響が鮮やかに見えてくる「生活史」学の達成。恩師有賀喜左衛門、伯父中尾万三、父中野忠八の懐かしい相貌が、細密な叙述を通じて生き生きと蘇えるシリーズ第2弾。

▌**中野 武営**　なかの・ぶえい
1848〜1918　実業家、政治家。関西鉄道社長、東京商業会議所会頭、衆議院議員。立憲改進党創立に参加し愛媛県、営業税廃止運動、第1次護憲運動に参加。
◇相場ヒーロー伝説─ケインズから怪人伊東ハンニまで　鍋島高明著　五台山書房　2005.12　340p　19cm　①4-309-90654-0
◇中野武営と商業会議所─もうひとつの近代日本政治経済史　石井裕晶著　ミュージアム図書　2004.5　1108p 22cm　〈肖像あり　年譜あり〉　①4-944113-55-2

▌**長野 政雄**　ながの・まさお
1880〜1909　鉄道官吏。北海道鉄道管理局書記。
◇塩狩峠、愛と死の記録　中島啓幸著　いのちのことば社フォレストブックス　2007.7　206p　19cm　①978-4-264-02554-2
＊一九〇九（明治四二）年二月二十八日─。北海道上川管内和寒町（現）の塩狩峠で、連結器がはずれて急勾配を逆送する列車から線路に身を投じ、脱線転覆の事故から多くの乗客の命を救った。二十九歳の若さで殉職したのである。命を捧げて乗客を救った実在の青年鉄道員・長野政雄。

I　政治・経済　　　　　　　　　　　　　　　　　　　　　　　中浜万次郎

中橋 徳五郎　なかはし・とくごろう

1861〜1934　政治家，実業家。大阪商船社長。関西財界の巨頭。政友本党結成。田中内閣商工相，犬養内閣内相歴任。

◇中橋徳五郎―伝記・中橋徳五郎　上巻　牧野良三編　大空社　（伝記叢書）　1995.6　629,12,6p　22cm　〈中橋徳五郎翁伝記編纂会昭和19年刊の複製　☆柳原書店　付：中橋徳五郎翁年譜〉　①4-87236-478-3

◇中橋徳五郎―伝記・中橋徳五郎　下巻　牧野良三編　大空社　（伝記叢書）　1995.6　581,6p　22cm　〈中橋徳五郎翁伝記編纂会昭和19年刊の複製　☆柳原書店〉　①4-87236-479-1

◇日本財界人物列伝　第1巻　青潮出版株式会社編　青潮出版　1963　1171p　図版　26cm

中浜 万次郎　なかはま・まんじろう

1827〜1898　漁民，翻訳家。開成学校教授。ペリー来航時に幕府に出仕。のち渡米。著書に「漂巽記略」など。〔記念施設〕ジョン万次郎資料館（高知県土佐清水市），ジョン万次郎生家（高知県土佐清水市）

◇NHK歴史秘話ヒストリア―歴史にかくされた知られざる物語　第3章　4　幕末・維新編　NHK「歴史秘話ヒストリア」制作班編　金の星社　2016.2　39p　30cm　①978-4-323-06824-4

◇幕末ヒーローズ‼―坂本龍馬・西郷隆盛……日本の夜明けをささえた8人！　奥山景布子著，佐嶋真実絵　集英社　（集英社みらい文庫　伝記シリーズ）　2015.7　235p　18cm　〈文献あり　年譜あり　年表あり〉　①978-4-08-321273-4

◇10分で読める宇宙や世界を冒険した人の伝記　塩谷京子監修　学研教育出版　2015.5　175p　21cm　①978-4-05-204144-0

◇ジョン万次郎―日米両国の友好の原点　中濱京著　冨山房インターナショナル　2014.10　89p　21cm　〈英語併記〉　①978-4-905194-80-4

◇海を渡った少年ジョン万次郎　高村忠範絵・文　汐文社　2014.4　31p　25cm　①978-4-8113-2061-8

◇ジョン万次郎―二つのふるさとをあいした少年　エミリー・アーノルド・マッカリー作・絵，高嶋哲夫，高嶋桃子，近藤隆己訳　星湖舎　2012.11　1冊（ページ付なし）　31cm　①978-4-86372-046-6
＊これは強い心をもった少年が二つのぶんかにはぐくまれ、のちに日本がせかいとともだちになるやくわりをはたした、本当にあったものがたりです。

◇明治二十一年六月三日―鷗外「ベルリン写真」の謎を解く　山崎光夫著　講談社　2012.7　323p　20cm　〈文献あり〉　①978-4-06-217719-1
＊ベルリンに集った留学生たちを撮影した一枚の記念写真。彼らのその後は、そのまま近代日本医学の歩みとも重なる。森鷗外と同時期に学んだ群像の波乱に富んだ軌跡を追う。

○特集 感性の力―ヒトの教育フォーラム2012 混迷を極める日本が今求めている人間像は何か！ ジョン万次郎、その人間力に学ぶもの 「ヒトの教育：ヒトの教育を考える会（ヒトの教育の会）広報誌」（「ヒトの教育」編集部）　（9）　2012.4.15

◇海と日本人の歴史　高橋千劔破著　河出書房新社　2012.3　312p　19cm　①978-4-309-22567-8
＊地球上のあらゆる生命を育んできた海。その神秘の世界を描き、遣唐使から最後の海軍大将まで、海と日本人との歴史を綴る渾身の書。

◇ジョン万次郎に学ぶ日本人の強さ　中濱武彦著　ロングセラーズ　（〔ロング新書〕）　2012.3　328p　18cm　〈文献あり〉　①978-4-8454-0903-7

◇幕末のロビンソン―開国前後の太平洋漂流　岩尾龍太郎著　弦書房　2010.11　330p　19cm　①978-4-86329-050-1
＊帰れなかったのか、帰らなかったのか…不可避的漂流者から意図的漂流者へ―激動の時代、歴史に振り回されながら、太平洋上でまた異国で、必死に運命を切り開き、生き抜いた、幕末の漂流者たちの哀しく雄々しい壮絶なドラマ。

伝記ガイダンス　明治を生きた人々　　**463**

中浜万次郎　　　　　　　　　　　　　　　Ⅰ　政治・経済

◇ジョン万次郎―幕末日本を通訳した男
　永国淳哉編　新人物往来社　2010.8
　239p　19cm　〈文献・年譜あり〉
　①978-4-404-03896-8
　＊幕末。太平洋を漂流する、土佐の名も
　　なき一漁民。アメリカの捕鯨船が彼を
　　救ったとき、冒険がはじまった。アメ
　　リカで学びつつ、捕鯨船の乗組員とし
　　て七つの海をめぐり、十年間の異国生
　　活を過ごした万次郎。彼が帰国したと
　　き、日本国内は開国と攘夷に揺れる幕
　　末維新の動乱期であった。アメリカを
　　知り「ジョン・マン」と呼ばれた男を
　　待っていたものとは？　ジョン万次郎の
　　数奇な生涯と、そのすべて。

◇ジョン万次郎の英会話―幕末のバイリン
　ガル、はじめての国際人　『英米対話捷径』
　復刻版・現代版　乾隆著　Jリサーチ出版
　2010.2　143p　21cm　〈付属資料：CD1〉
　①978-4-86392-003-3
　＊幕末の1859年、本邦初の本格的な英会
　　話教本が生まれた。幕命を受けた中浜
　　万次郎によって編まれた『英米対話捷
　　径』である。日常英会話フレーズ213が
　　対訳で綴られたこの英学史料が今、語
　　学書としてよみがえる。第1章では"英
　　語使い"としての万次郎の生涯と実像に
　　せまる。続く第2章「現代版」では原典
　　の和文を現代の活字と語順で翻刻。英
　　文には現代訳も付け、万次郎が記した
　　発音表記と語法を丁寧に解説する。巻
　　末の「復刻版」では原典全ページのカ
　　ラー写真を収録。時空を超えて歴史ロ
　　マンと語学教養を堪能できる一冊。

◇グレイト・ウェイヴ―日本とアメリカの
　求めたもの　クリストファー・ベン
　フィー著，大橋悦子訳　小学館　2007.11
　381p　21cm　①978-4-09-356681-0
　＊オールド日本が黒船に仰天したとき、
　　金ぴかアメリカは美しい日本に恋をし
　　た。太平洋の両岸に寄せて返した文明
　　と精神の大きな波、グレイト・ウェイヴ
　　を読み解く。

◇ジョン万次郎に学ぶ―「自立と共生」の理
　念に生きた男　平野貞夫著　イプシロン
　出版企画　2007.10　183p　図版4p　19cm
　〈肖像・年表・文献あり〉

◇①978-4-903145-32-7

◇ファースト・ジャパニーズジョン万次郎
　中浜武彦著　講談社　2007.9　211p
　20cm　〈年譜あり〉　①978-4-06-214177-2

◇日本史人物「第二の人生」発見読本　楠木
　誠一郎著　彩流社　2007.3　222p　19cm
　①978-4-7791-1009-2
　＊転機を好機に変える知恵。二十八人の
　　人生からいろいろな「第二の人生」を
　　見る。

◇夜明け―ジョン万次郎と佐倉惣五郎　河
　村望著　人間の科学新社　2005.12　295p
　20cm　〈文献あり〉　①4-8226-0259-1
　＊日米和親条約でジョン・マンは"将軍"
　　だった!!"尊皇攘夷から文明開花"とい
　　う安易な近代化路線は日本に何をもた
　　らしたか。現代日本社会が引きずる頽
　　廃の素―明治維新の"ウラの顔"を暴く。

◇中浜万次郎―「アメリカ」を初めて伝えた
　日本人　中浜博　冨山房インターナ
　ショナル　2005.1　359p　22cm　〈肖
　像・年譜・文献あり〉　①4-902385-08-2
　＊今、明かされるジョン万次郎の新事
　　実！　四代目の著者しか知りえない手紙
　　や日記、豊富な資料をもとにその波乱
　　の生涯を描く!!日本の夜明けに大活躍し
　　た先覚者の伝記。

◇中浜万次郎集成　増補改訂版　鶴見俊輔
　監修，川澄哲夫編著　小学館　2001.12
　1159p　23cm　〈文献あり　年表あり　索引
　あり　史料監修：中浜博　英文史料監修：
　スチュアートM.フランク〉
　①4-09-358042-1
　＊本書は、中浜万次郎についてこれまで
　　日本文と英文で書かれた記事の集成で
　　ある。

◇ジョン万次郎とその時代　小沢一郎監修，
　川澄哲夫編著，阿川尚之特別寄稿　広済
　堂出版　2001.7　277p　20cm　〈肖像あ
　り〉　①4-331-50796-3
　＊小沢一郎と阿川尚之がジョン万次郎に
　　思いをはせた。ジョン万次郎から日本
　　人の心と誇りを取り戻すことを学ぶ。

◇人物日米関係史―万次郎からマッカー
　サーまで　斎藤元一著　成文堂　1999.11
　209p　19cm　①4-7923-7068-X

464　伝記ガイダンス　明治を生きた人々

Ⅰ　政治・経済　　　　　　　　　　　　　　　　　　　　　　　　　　　　　　中浜万次郎

＊本書は八人の伝記を通して日米関係の歴史を簡潔に、しかもその多岐にわたる面を掘り下げて描写する力作である。

◇ジョン万次郎―日本を開国に導いた陰の主役　星亮一著　PHP研究所　（PHP文庫）　1999.9　334p　15cm　〈年表あり〉　①4-569-57319-3
＊幕末土佐藩の漁師の子として生まれた中浜万次郎は、出漁中に遭難、アメリカの捕鯨船に救助され渡米。柔軟な思考と持ち前の負けん気でアメリカ社会にとけ込み、西洋の知識と国際感覚を身につけた。鎖国状態の日本へ決死の覚悟で帰国した後、坂本龍馬、福沢諭吉、勝海舟らに多大な影響を与え、日本開国に大きな役割を果たした。運命の荒波を自らの信念で乗り越えた男の波乱の生涯。

◇椿と花水木―万次郎の生涯　津本陽著　角川書店　（津本陽歴史長篇全集）　1999.5　499p　21cm　①4-04-574518-1
＊天保12（1841）年、鰹船の遭難により無人島に漂着した中浜万次郎は、アメリカの捕鯨船に救助され、太平洋を渡る。幕末激動期、無二の国際人として活躍した"ジョン万次郎"の破瀾万丈の生涯。

◇オリジナリティを訪ねて―輝いた日本人たち　1　富士通編　富士通経営研修所　1999.3　236p　19cm　①4-89459-042-5
＊今よみがえる、夢創りの先駆者たち！夢、熱中、挑戦、信念、反骨、挫折、流転、出会い、運命…。珠玉の20編で綴る「日本人のオリジナリティ」。

◇鎖国をはみ出た漂流者―その足跡を追う　松島駿二郎著　筑摩書房　（ちくまプリマーブックス）　1999.2　199p　19cm　①4-480-04227-X
＊日本の外に出ることを禁じられた鎖国時代に、正史にあらわれないたくさんの日本人が海外にいた。そのほとんどが沿岸で操業中、嵐にまき込まれたり、方向を見失って漂流せざるを得なくなった人びとである。顔かたち、体格などまったく違ううえ、ことばも通じない見知らぬ地で、彼らはどうやって日本に帰ろうとしたのか。世界各地に足跡を残した漂流者を追った、著者の長い旅。

◇ジョン万次郎―虹かかる海　松永義弘著　成美堂出版　（成美文庫）　1997.12　329p　16cm　〈『虹かかる海』（光風社出版1993年刊）の加筆訂正〉　①4-415-06484-1

◇ジョン万次郎　童門冬二著　学陽書房　（人物文庫）　1997.11　317p　15cm　①4-313-75040-1

◇中浜万次郎―日本社会は幕末の帰国子女をどのように受け入れたか　古谷多紀子著　日本図書刊行会　1997.3　125p　20cm　〈発売：近代文芸社　参考文献：p123～125〉　①4-89039-264-5
＊彼の残した業績が彼の生きた時代から現在までにどのように伝わっているか。帰国子女万次郎が見たアメリカと日本を様々な角度から時代的に焦点を当てながら、現代の帰国子女の実態とも重ね合わせて考察する。

◇椿と花水木―万次郎の生涯　上巻　津本陽著　新潮社　（新潮文庫）　1996.7　479p　16cm　①4-10-128007-X

◇椿と花水木―万次郎の生涯　下巻　津本陽著　新潮社　（新潮文庫）　1996.7　440p　16cm　①4-10-128008-8

◇私のジョン万次郎―子孫が明かす漂流の真実　中浜博著　小学館　（小学館ライブラリー）　1994.10　281p　16cm　①4-09-460063-9

◇絵本　ジョン万次郎の生涯　伊藤三喜庵画・解説　求龍堂　1994.8　200p　19cm　①4-7630-9422-X
＊日米交流の掛け橋となったジョン万次郎の波瀾万丈の生涯。津本陽「椿と花水木」（'92.5～'93.11読売新聞連載）の三喜庵による解説付自選挿絵集。

◇ひとが生まれる―五人の日本人の肖像　鶴見俊輔著　筑摩書房　（ちくま文庫）　1994.3　253p　15cm　①4-480-02853-6
＊ひとが自分というものを意識しはじめるのはどんな時だろう？　誰かとけんかした時、集団の中でひとりのけものにされた時、私たちは自分の前に立ちふさがる他人や集団とともに、自分を強く意識せざるをえない。本書は、自分の誕生の記録が残っている、田中正造、金

伝記ガイダンス　明治を生きた人々　　**465**

中浜万次郎

Ⅰ 政治・経済

子ふみ子ら5人の波乱に満たち生涯を描く。この5つの肖像をたどることによって、現代日本の姿が立ち現われ、私たちの生きる社会を考える手がかりとなる。

◇椿と花水木―万次郎の生涯　上　津本陽著　読売新聞社　1994.3　404p 19cm　①4-643-94014-X
　＊百五十年前、ジョン・マンと呼ばれた日本人がいた。漂流中、アメリカ船に救出されたことで土佐の漁師、万次郎の運命は大きく変わっていく。幕末の国際人、ジョン万次郎の生涯を描く歴史ロマン。

◇椿と花水木―万次郎の生涯　下　津本陽著　読売新聞社　1994.3　366p 19cm　①4-643-94015-8
　＊幕末の激動に、変転する万次郎の運命。咸臨丸での再度のアメリカ。懐しき人々の再会。万次郎の胸を万感の思いがよぎる。

◇ジョン・マンと呼ばれた男―漂流民中浜万次郎の生涯　宮永孝著　集英社　1994.1　285p 19cm　①4-08-781092-5
　＊動乱の幕末、アメリカ漂流の中で新しい運命を見出したジョン万次郎の軌跡を海外取材と新史料で追体験する本格的評伝。

◇虹かかる海―中浜万次郎　松永義弘著　光風社出版　1993.10　320p 19cm　①4-87519-198-7
　＊怒濤を越えて異国の地を踏んだ少年・万次郎。烈風吹き荒れる幕末に、彼が夢見たものは。波瀾の生涯を書下ろし。

◇誇るべき物語―小説・ジョン万次郎　有明夏夫著　小学館　1993.1　509p 19cm　①4-09-387093-4
　＊帆船時代のさなかに、進取の気性で堂々たる人生を歩んだ青年・万次郎。漂流から帰国まで波瀾万丈の軌跡を現地踏査。新資料をもとに描いた直木賞作家・有明夏夫の快作。

◇ジョン万次郎のすべて　永国淳哉編　新人物往来社　1992.12　260p 19cm　①4-404-01970-X
　＊幕末の日米経済摩擦に全力で貢献した男・ジョン万次郎の生涯を全調査。

◇ジョン万次郎物語　長田亮一著　沖縄県ジョン万次郎を語る会　1992.2　231p 20cm

◇雄飛の海―古書画が語るジョン万次郎の生涯　永国淳哉著　高知新聞社　（Koshin books）　1991.12　258p 27cm　〈発売：高知新聞企業　ジョン万次郎の肖像あり　中浜万次郎関係文献目録：p246〜255〉

◇ジョン万次郎漂流記―運命へ向けて船出する人　エミリー・V.ウォリナー著，宮永孝解説・訳　雄松堂出版　（海外渡航記叢書）　1991.12　350p 22cm　〈ジョン万次郎の肖像あり〉　①4-8419-0119-1

◇琉球におけるジョン万次郎　石田磨柱著　宜野座通男　1991.10　148p 21cm　〈製作：秋田文化出版〉

◇幕末漂流/ジョン万次郎―新版ジョン万エンケレセ　永国淳哉著　高知新聞社　（Koshin books）　1991.8　215p 19cm　〈『ジョン万エンケレセ』（1982年刊）の増訂　発売：高知新聞企業　万次郎関係年表・万次郎関係古書所在表：p210〜215〉

○特集　ジョン万次郎　「歴史研究」　363　1991.8

◇ペリー提督と会えなかった男の本懐―ジョン万次郎のそれから　土橋治重著　経済界　（リュウセレクション）　1991.6　245p 19cm　①4-7667-8081-7
　＊幕末の1841年、漂流中を米捕鯨船に助けられ、日本人として初めて米国で学んできた男・ジョン万次郎の実像と真実に迫る書き下ろし人物伝！

◇万延元年「咸臨」航米　星亮一著　教育書籍　1991.4　248p 19cm　①4-317-60058-7
　＊勝海舟・福沢諭吉・赤松大三郎・ジョン万次郎。新しい時代の夢を抱いて軍艦咸臨は太平洋に乗り出す。

◇私のジョン万次郎―子孫が明かす漂流150年目の真実　中浜博著　小学館　1991.3　287p 19cm　①4-09-387065-9
　＊ジョン万次郎の曾孫（4代目）が中浜家に代々伝わる秘蔵の資料と、永年かけて調べあげた事実を、今初公開。また、その生涯とその業績を、豊富な写真と図

Ⅰ　政治・経済

◇中浜万次郎集成　川澄哲夫編　小学館
　1990.6　1119p 21cm　①4-09-358041-3
　＊万次郎の業績とその時代背景を知るこ
　とは、日本史の欠けている部分を埋め
　ることである。万次郎の見聞・述懐・
　紀行・語録・論評を、多数の写本・英文
　記録などから初めて集大成。

◇ジョン万次郎—アメリカを発見した日本人
　成田和雄著　河出書房新社　（河出文庫）
　1990.3　227p 15cm　①4-309-47190-0
　＊天保12年（1848）、土佐の一漁師万次郎
　は太平洋の無人島・鳥島に漂着、アメリ
　カの捕鯨船に助けられて、遙かな異郷の
　土を踏んだ。アメリカ東海岸の町フェア
　ヘーブンの人々との交流、勇壮な捕鯨、
　ゴールドラッシュなどを体験し、11年
　後に生還した彼を待っていたのは、倒
　幕と開国に揺れる幕末日本であった…。
　最初の国際人の数奇な生涯と、いまに至
　る心温まる日米交流の秘話を、現地取
　材で追跡した感動のノンフィクション。

◇最初にアメリカを見た日本人　プラマー，
　キャサリン著，酒井正子訳　日本放送出
　版協会　1989.10　292p 19cm
　①4-14-008672-6
　＊将軍の政府が鎖国を持ちこたえようと
　懸命な頃、過酷な運命のなかでアメリ
　カやハワイに漂着した彼らは、異国に
　不思議の国日本の情報を伝え、一方で
　祖国に外国の実情を伝えて識者を啓蒙
　する役割を果たした。本書は足で集め
　た日米交渉初期の海事史料により、歴
　史のなかでは「ものいわぬ」漂流民の生
　きた姿を比較文学的手法で生き生きと
　蘇えらせる。

◇中浜万次郎漂流記　高橋史朗校訂，前田
　和男編　高知県立高知追手前高等学校
　1988.11　78p 26cm　〈中浜万次郎の肖
　像あり〉

◇坂本竜馬と海援隊—日本を変えた男のビ
　ジネス魂　坂本藤良著　講談社　（講談社
　文庫）　1988.11　391p 15cm
　①4-06-184328-1
　＊竜馬は日本人の"あこがれ"である。そ
　の見事なまでにユニークな感性、底知れ

中浜万次郎

ぬ明るさ、たくましい行動力、たしかな
先見性、深い洞察力は私たちの心をとら
えてはなさない。そして、竜馬はまた
すぐれた経済人でもあった。日本資本
主義形成の歴史の中における竜馬の偉
大な足跡を、その天才的な発想と合理
性に焦点をあてて実証的に描いた力作。

◇幕末漂流伝—庶民たちの早すぎた「海外体
　験」の記録　村上貢著　PHP研究所
　1988.4　216p 19cm　①4-569-22233-1
　＊ジョン万次郎、大黒屋光太夫、久蔵そし
　てサム・パッチ。江戸末期、乗船の漂流
　という運命の悪戯で、はからずも西洋
　文明を体験した男たちがいた。望郷の
　念に苦悶し、逆境に耐えながらも、近代
　文明の香りを母国に伝えた彼らの実像
　を探る。

◇抜擢　神坂次郎，永井路子，大石慎三郎，
　古川薫，赤木駿介，春名徹著　旺文社
　（ブレーン 歴史にみる群像）　1986.4
　274p 19cm　①4-01-071414-X
　＊一歩、後の男たち。男は影で光ってい
　た。歴史の主役を側面から支えた補佐
　役たちの生き方、考えを現代視点から
　探ります。

◇漂巽紀略　川田維鶴撰　高知市民図書館
　1986.3　147,74p 22cm　〈付・研究河田
　小竜とその時代〉

◇ジョン万エンケレセ　永国淳哉著　高知
　新聞社　（高新ふるさと文庫）　1982.3
　210p　19cm　〈発売：高新企業〉

◇ジョン万次郎の一生　成田和雄著　中日
　新聞本社　1976　249p　20cm

◇中浜万次郎の生涯　中浜明著　富山房
　1970　301p 図 肖像　20cm

◇新・ジョン万次郎伝　エミリィ・V.ワリ
　ナー著，田中至訳　出版協同社　1966
　302p　19cm

◇ジョン・万次郎の生涯　片方善治著　刀
　江書院　1959　236p 19cm

◇ジョン万次郎とジョセフ彦　岡繁樹著
　さわもと書房　1948

伝記ガイダンス 明治を生きた人々　**467**

中部 幾次郎　なかべ・いくじろう

1866～1946　実業家，政治家。林兼商店（大洋漁業の前身）創立者。貴族院議員も務めた。

◇36人の日本人　韓国・朝鮮へのまなざし　舘野晢編著　明石書店　2005.2　231p　19cm　①4-7503-2053-6

◇嵐に向って錨を巻け―大洋漁業の源流を辿る　岡本信男著　いさな書房　1986.12　243p　19cm　〈発売：水産社〉

◇日本財界人物列伝　第1巻　青潮出版株式会社編　青潮出版　1963　1171p　図版　26cm

◇中部幾次郎　大仏次郎著　中部幾次郎翁伝記編纂刊行会　1958　327p　図版　20cm

中上川 彦次郎

なかみがわ・ひこじろう

1854～1901　実業家。外務省公信局長，三井銀行理事。「時事新報」社長兼主筆、山陽鉄道社長歴任。三井鉱山、三井物産理事なども務めた。

◇名銀行家列伝―社会を支えた"公器"の系譜　新装版　北康利著　金融財政事情研究会　2017.5　207p　19cm　〈『名銀行家列伝―日本経済を支えた"公器"の系譜』新装・改題書〉　①978-4-322-13081-2
＊かつてわが国にはスケールの大きな金融界の巨人がいた。評伝の名手が鮮やかに描き出す、誇り高き彼らの人生。

◇財閥経営と企業家活動　宇田川勝著　森山書店　2013.4　281p　21cm　①978-4-8394-2127-4

◇名銀行家列伝―日本経済を支えた"公器"の系譜　北康利著　中央公論新社　（中公新書ラクレ）　2012.12　221p　18cm　①978-4-12-150438-8
＊マネーという血流が滞れば、企業は死に、国家も死ぬ。間違いなく銀行は"公器"である。かつて、そうした社会的役割に矜持を持ち、日本経済を支えていた銀行家たちがいた。縁の下の力持ちであることをもってよしとした彼らの生きざまに触れ、金融のあるべき姿を再検証してみたい。

◇企業家に学ぶ日本経営史―テーマとケースでとらえよう　宇田川勝，生島淳編　有斐閣　（有斐閣ブックス）　2011.12　348p　21cm　①978-4-641-18400-8
＊主要なテーマを解説したうえで、代表的な企業家を取り上げ、具体的なケースと豊富な資料にもとづいて解説。経営史の醍醐味を実感しながら学べる新しいテキスト。

◇名創業者に学ぶ人間学 十大財閥篇　加来耕三著　ポプラ社　2010.9　315p　19cm　①978-4-591-12001-9
＊岩崎弥太郎、野村徳七、安田善次郎…財閥を築き、世界と戦える大企業の基礎を創り上げた英傑16人の波乱に満ちた生涯を紐解きながら、ビジネスを成功させる法則を探る歴史人間学の決定版。

◇財閥の形成　1　中上川彦次郎（三井）山崎泰央述　法政大学イノベーション・マネジメント研究センター　（Working paper series　日本の企業家史戦前編―企業家活動の「古典」に学ぶ）　2009.3　25p　30cm　〈会期・会場：2007年10月13日 法政大学市ヶ谷キャンパスボアソナードタワー25階イノベーション・マネジメント研究センターセミナー室〉

◇日本経営者列伝―成功への歴史法則　加来耕三著　学陽書房　（人物文庫）　2005.8　452p　15cm　①4-313-75202-1
＊世界のソニーを創った井深大、トヨタを築いた豊田喜一郎、電通を育てた"広告の鬼"吉田秀雄、東芝を再建した石坂泰三、"時勢"を読んだ時計王・服部金太郎、東急王国を築いた五島慶太、夢のカメラを実現した御手洗毅、三井を救った中上川彦次郎…。歴史家の眼で、経営者たちの戦いの軌跡を読み解き、転換期に真に必要なメソッドを考察する。文庫オリジナル版。

◇中上川彦次郎君―伝記・中上川彦次郎　菊池武徳著　大空社　（伝記叢書）　2000.9　120,5p　22cm　〈人民新聞社出版部明治36年刊の複製　肖像あり〉　①4-7568-0899-9

◇中上川彦次郎の華麗な生涯　砂川幸雄著　草思社　1997.3　278p　20cm　〈中上川

彦次郎の肖像あり　参考文献・引用資料：p276〜278〉　Ⓘ4-7942-0752-2
＊福沢諭吉の実学思想の最も忠実な実践者で、三井財閥の近代化に大きな役割を演じ、藤山雷太、武藤山治、藤原銀次郎をはじめ、多くの人を育てた天才的経営者・中上川彦次郎の足跡と経営哲学。

◇起業家列伝　邦光史郎著　徳間書店　（徳間文庫）　1995.4　282p　15cm　〈『続豪商物語』改題書〉　Ⓘ4-19-890295-X
＊今日のこの企業時代の現出は旺盛な起業家精神をもつ事業家の輩出抜きには語れない。現代の経営者の中にあって最も創造的でエネルギッシュな事業家精神の持主は、創業者である。本書は松下幸之助、佐治敬三、中内らら経済界の巨人、また人生の達人ともいうべき九人の横顔を通し、その人柄と事業が一体化した企業の足跡を辿る。ビジネスマン必携の書。

◇明治期三井と慶応義塾卒業生―中上川彦次郎と益田孝を中心に　武内成著　文真堂　1995.1　299p　21cm　Ⓘ4-8309-4180-4

◇続　豪商物語　邦光史郎著　博文館新社　1991.2　294p　19cm　Ⓘ4-89177-930-6
＊激動の昭和を生きぬいた大実業家9人。ゼロからの大事業展開成功の秘密に迫る。

◇福沢山脈　小島直記著　中央公論社　（小島直記伝記文学全集）　1987.1　577p　19cm　Ⓘ4-12-402584-X
＊先覚者・福沢諭吉を敬慕し、慶応義塾に集まった近代日本の俊才英傑たち。その巨大な人間山脈に挑み、一峰一峰の連なりの機微を活写する長編力作。

◇中上川彦次郎伝記資料　日本経営史研究所編　東洋経済新報社　1969　555p　図版　22cm

◇人物・日本の歴史 12　読売新聞社　1966

◇現代日本思想大系 11　筑摩書房　1964

◇戦略経営者列伝　大江志乃夫著　三笠書房　1963

◇日本財界人物列伝　第1巻　青潮出版株式会社編　青潮出版　1963　1171p　図版　26cm

◇日本人物史大系　第6巻　近代 第2　大久保利謙編　朝倉書店　1960　388p　22cm

◇続 財界回顧―故人今人　池田成彬著，柳沢健編　三笠書房　（三笠文庫）　1953　217p　16cm

◇中上川彦次郎先生伝　中朝会編　中朝会　1949

中牟田 倉之助
なかむた・くらのすけ
1837〜1916　海軍軍人，子爵。横須賀造船所所長。海兵学校長を経て中将。横須賀鎮守府長官、のち初代軍令部長となる。

◇中牟田倉之助伝―伝記・中牟田倉之助　中村孝也著　大空社　（伝記叢書）　1995.6　1冊　22cm　〈杏林舍大正8年刊の複製 ☆柳原書店〉　Ⓘ4-87236-473-2

◇幕末・明治初期数学者群像　上　幕末編　上―幕末編　小松醇郎著　吉岡書店　1990.9　231p 19cm　Ⓘ4-8427-0228-1

中村 栄助　なかむら・えいすけ
1849〜1938　豪商。衆議院議員。油仲買商を営み、石油貿易で活躍。同志社を援助。

◇中村栄助と明治の京都　河野仁昭著　京都新聞社　1999.2　237p　20cm　Ⓘ4-7638-0449-9
＊新島襄を師と仰ぎ、実業家、政治家として京都の発展に尽くした英才の生涯をたどりながら、近代京都の歩みを概観する―。

中村 是公　なかむら・これきみ
1867〜1927　官吏。東京市長，鉄道院総裁，貴族院議員。大蔵省財務局長から満鉄総裁を歴任。

◇父・夏目漱石　夏目伸六著　文藝春秋　（文春文庫）　2016.4　334p　16cm　Ⓘ978-4-16-790601-6

◇満鉄総裁中村是公と漱石　青柳達雄著　勉誠社　1996.11　364,6p　22cm　〈中村是公と漱石略年譜・参考文献：p347〜364〉　Ⓘ4-585-05022-1

中村 十作　なかむら・じゅうさく

1867〜1943　実業家，農民運動家。人頭税廃止のため「沖縄県宮古島島費軽減及島政改革請願書」提出。同税廃止とした。

◇独学のすすめ─時代を超えた巨人たち　谷川健一著　晶文社　1996.10　253,24p　19cm　①4-7949-6278-9

＊柳田国男。南方熊楠。折口信夫。吉田東伍。中村十作。笹森儀助。明治から昭和にかけて、既成の知識に縛られず、自分で自分の道を切り拓いた巨人たち。彼らは何よりも「お仕着せ」を嫌い、誇りをもって独りで学び、独自に行動した。強烈な光を放つこの6つの個性は、いかにして生まれたのか。在野の民俗学の第一人者が、彼らのライフヒストリーを通しておおらかに語る「独学のすすめ」。

◇真珠と旧慣─宮古島人頭税と闘った男達　下巻　富田祐行著　近代文芸社　1995.3　265p　20cm　①4-7733-3688-9

◇真珠と旧慣─宮古島人頭税と闘った男達　上巻　富田祐行著　近代文芸社　1995.2　263p　20cm　①4-7733-3687-0

◇大世積綾舟─人頭税廃止と黒真珠に賭けた中村十作の生涯　山内玄三郎著　言叢社　1983.11　553p　22cm　〈中村十作の肖像あり〉

中村 太八郎　なかむら・たはちろう

1868〜1935　社会運動家。普通選挙期成同盟会を創立、普通選挙実現のために尽力。土地国有も説いた。

◇我が職業は普通選挙なり─中村太八郎とその周辺　瀬戸口勝義著　不二出版　2001.1　290,26p　20cm　〈年譜あり　肖像あり〉　①4-938303-98-1

＊普通選挙の組織者。もっとも信頼すべき中村太八郎正伝。

中村 道太　なかむら・みちた

1836〜1921　実業家。横浜正金銀行頭取。横浜での貿易など新事業に挑戦、果敢な実業家として知られた。東京米商会所頭取を歴任。

◇天才相場師の戦場　鍋島高明著　五台山書房　2008.6　334p　19cm　①978-4-309-90778-9

＊市場とは、銭を巡る男たちの戦場である。米、株、糸、船、土地、通貨…多彩な相場に挑む天才相場師たち。一攫千金、財閥の礎を築く勝者と一擲万金、身代潰す敗者の記録。

◇暁の鼓手─中村道太の生涯　小山寛二著　中村道太銅像建設委員会　1962

◇福沢諭吉先生と豊橋─とくに中村道太について　小山喜久弥著　小山喜久弥　1962

中村 弥六　なかむら・やろく

1854〜1929　林業学者，政治家。衆議院議員。山林制度の整備に尽力、林学の基礎を築く。林学博士。

◇中村弥六物語　森下正夫著，高遠町図書館編　高遠町　（高遠ふるさと叢書 歴史に学ぶ）　1997.12　101p　19cm

◇林業先人伝─技術者の職場の礎石　日本林業技術協会編　1962　605p　22cm

中山 久蔵　なかやま・きゅうぞう

1828〜1919　農業技術者。北海道で米作りを成功させた先駆者。民間人の創意と工夫で官庁の方針を転換させた。

◇中山久蔵の足跡を辿って─寒地・米づくりの祖 調査記録編　橋本博編著　中山久蔵を顕彰する会　2014.1　702p　22cm　〈寒地稲作発祥・札幌本道開通140年記念文献あり〉

◇北限の稲作にいどむ─"百万石を夢みた男"中山久蔵物語　川嶋康男著　農山漁村文化協会　2012.12　124p　22cm　〈文献・年表あり〉　①978-4-540-12182-1

＊「一人でも多くの人が、一粒でも多くの種もみを育て、精魂込めて米を作れば世の中は変わっていく」寒さや害虫にも負けず、まわりの農民に種もみを惜しみなく分け与え、北の大地に米百万石の夢を追った男の生涯。

◇北国に光を掲げた人々　19　北海道の寒

Ⅰ　政治・経済　　　　　　　　　　　　　　　　　　　　　　　　　　　　　　　　　　鍋島直正

地稲作に挑んだ人　北広島市島松の中山
久蔵　北海道科学文化協会編　堀内興一
著　北海道科学文化協会　（北海道青少年
叢書）　2002.1　102p　19cm

‖ **中山　譲治**　なかやま・じょうじ
1839〜1911　外交官，実業家。イタリア
へ渡り生糸貿易に携わる。のち外交のた
めイタリアに赴く。
◇中山譲治伝　柴興志執筆　〔柴興志〕
2008.9　149p　21cm　〈肖像・年譜あり〉

‖ **永山　武四郎**　ながやま・たけしろう
1837〜1904　陸軍軍人。男爵，中将。一
貫して北海道の開拓，屯田に従事。屯田
兵本部長，北海道庁長官を歴任。
◇よみがえった「永山邸」—屯田兵の父・永
山武四郎の実像　高安正明著　共同文化
社　（開拓使通り叢書）　1990.6　196p
19cm　〈永山武四郎の肖像あり　参考文
献，資料・永山武四郎略年表：p105〜
115〉　①4-905664-61-6
◇北の先覚　高倉新一郎著　北日本社
1947　276p　19cm

‖ **梨本　守正**　なしもと・もりまさ
1874〜1951　梨本宮守正（なしもとのみや
もりまさ），梨本宮守正王（なしもとのみ
やもりまさおう）とも。皇族，陸軍軍人。
元帥。皇族でただ一人の戦犯容疑者とし
て拘留。"ひげの宮様"として知られる。
◇歴代陸軍大将全覧　大正篇　半藤一利，横
山恵一，秦郁彦，原剛著　中央公論新社
（中公新書ラクレ）　2009.2　357,31p
18cm　①978-4-12-150307-7
　＊世界大戦と日独戦争，シベリア出兵，そ
　　して吹き荒れる軍縮の嵐。激動する大
　　正期の日本陸軍の姿を，大将41人の事
　　績とともに詳細に記す。写真，資料も
　　充実。明治篇に続く陸軍史一大巨編。

‖ **鍋島　直正**　なべしま・なおまさ
1814〜1871　大名，華族。蘭学，英学を
奨励，自作農を保護。新政府の議定，上局

議長などを歴任。
◇明治なりわいの魁—日本に産業革命をお
こした男たち　植松三十里著　ウェッジ
2017.2　192p　21cm　〈文献あり　年表あ
り〉　①978-4-86310-176-0
◇鍋島直正公—生誕200年記念展　鍋島報効
会編　鍋島報効会　2014.9　120p　30cm
〈会期・会場：平成26年1月14日—26日　徴
古館ほか　年表あり〉
◇鍋島直正—1814-1871　杉谷昭著　佐賀県
立佐賀城本丸歴史館　（佐賀偉人伝）
2010.11　110p　21cm　〈シリーズの編
者：杉谷昭ほか　文献・年譜あり〉
①978-4-905172-00-0
◇肥前の歴史と文化　早稲田大学日本地域
文化研究所編　行人社　（日本地域文化
ライブラリー）　2010.8　354p　19cm
①978-4-905978-82-4
　＊人づくり，物づくり，国づくりにみる佐
　　賀の実力。
◇幕末の鍋島佐賀藩—10代藩主直正（閑叟）
とその時代　田中耕作著　佐賀新聞社
2004.8　375p　19cm　〈肖像あり〉
①4-88298-145-9
◇鍋島閑叟—蘭癖・佐賀藩主の幕末　杉谷
昭著　中央公論社　（中公新書）　1992.3
229p　18cm　①4-12-101067-1
　＊危機に瀕していた財政の立て直しを図
　　り，洋学の積極的導入によって佐賀藩
　　を先進雄藩に飛躍させた鍋島直正（閑
　　叟）の世評は，「日和見主義の大陰謀家」
　　という，決して芳しいものではなかっ
　　た。しかし，幕末混迷の渦中で誰もが
　　閑叟・佐賀藩の力を評価し，その動向に
　　注目した。苛酷な勉学を藩士に強い，
　　徹底した功利主義を貫き，明治の主流
　　にはなれなかったが，近代国家創設に
　　活躍する多くの人材を輩出させた閑叟
　　の軌跡を捉え直す。
◇幕末　名君と参謀—維新パワー西南四藩の
秘密を解く　西東玄著　PHP研究所
（PHP文庫）　1990.10　284p　15cm
①4-569-56283-3
　＊激動の幕末期，今日の国際摩擦などと
　　は比較にならないほど強大な外圧の下
　　でまさに水平線に沈もうとしていた日

伝記ガイダンス　明治を生きた人々　　**471**

本一だが、その「日をまた高々と昇らせた」のは、徳川譜代の藩士ではなく外様の志士たちだった。長州毛利藩の大債を整理し、維新回天の軍資金をつくった村田清風、長崎警備の禍を転じて、国内無双の軍備を持ちながら武装中立の藩是を守った鍋島直正など、薩長土肥を初めとする維新パワーの原動力となった男たちの生きざまと思想を説き、近未来日本の進路を示す力作。

◇郷土史に輝く人びと　第6集　佐賀県青少年育成県民会議　1974　152p　肖像　18cm

◇鍋島直正公伝　久米邦武編述，中野礼四郎校訂　西日本文化協会　1973　7冊　22cm　〈侯爵鍋島家編纂所大正9-10年刊の複製　付（別冊）：年表索引・総目録〉

◇北の先覚　高倉新一郎著　北日本社　1947　276p　19cm

▌ **鍋島 直映**　なべしま・なおみつ
1872〜1943　侯爵，貴族院議員，鍋島本家12代当主。
◇鍋島直映公伝　鍋島報効会　2000.8　325p　22cm　〈年譜あり　肖像あり〉

▌ **奈良 専二**　なら・せんじ
1822〜1892　篤農家。農具の改良など各地で農事指導にあたる。著書に「農家得益弁」など。
◇一意勧農―老農奈良専二　奈良光男著　奈良光男　1993.10　219p　22cm　〈奈良専二の肖像あり　奈良専二略年譜、参考文献・資料：p196〜217〉

◇人物篇　永原慶二，山口啓二，加藤幸三郎，深谷克己編　日本評論社　（講座・日本技術の社会史）　1986.12　270p　21cm　①4-535-04810-X
　＊明治の近代技術は、伝統技術と外来技術とが互に対抗・反撥・折衷し合って確立した。本書はその技術の担い手に光を当て技術進歩の契機を探った。

▌ **楢崎 猪太郎**　ならざき・いたろう
1865〜1932　労働運動家，船員。日本海

員組合長。草創期の大連港の開発・運営に尽力。
◇海父・浜田国太郎―海員組合を創った男　村上貢著　海文堂出版　2009.1　155p　20cm　〈文献・年譜あり〉　①978-4-303-63425-4

▌ **奈良原 三次**　ならはら・さんじ
1877〜1944　航空工学者。国産機初の飛行に成功。
◇イカロスたちの夜明け―民間飛行家第1号たちの生涯　平木国夫著　グリーンアロー出版社　1996.3　325p　21cm　①4-7663-3182-6
　＊人は鳥のように飛ぶことを夢見た。日本人も例外ではない。明治から大正にかけての日本航空界のあけぼの時代を飾った、第1号を冠された11人の「事実は小説よりも奇なり」の生涯を描く。

▌ **楢山 佐渡**　ならやま・さど
1831〜1869　陸奥南部藩家老。
◇「朝敵」たちの幕末維新―義をつらぬいたわが郷土の英雄たち　新人物往来社編　新人物往来社　2012.9　319p　19cm　①978-4-404-04248-4
　＊幕末維新史は、勝者である薩長サイドの史観で語られてきた。「朝敵」の汚名を着せられた地域は長らく不遇な立場に置かれ、「官軍」と戦った佐幕派の物語も陽の目を見ることはなかった。本書はそうした佐幕派の生き様を伝えるエピソードを集め、ゆかりの地域ごとに紹介していく。それぞれの郷土の先人たちが、果たして「逆賊」であったのか、それとも義をつらぬいた信念の人だったのか、「敗者」の歴史を掘り起こすことで明らかにしていきたい。

◇よみなおし戊辰戦争―幕末の東西対立　星亮一著　筑摩書房　（ちくま新書）　2001.6　204p　18cm　①4-480-05899-0
　＊一度つくられた歴史観はなかなか変えられない。明治維新によって「近代国家」が形成される際に、薩摩藩・長州藩らの連合軍は、敵対する旧幕府・会津藩らに「朝敵」の呼び名を使い、国民感情を鼓

I　政治・経済　　　　　　　　　　　　　　　　　　　　　　　　　　　　　　　　新村忠雄

舞する点で大きな効果をあげた。一方、京都守護職として御所の警備に当たっていた会津藩はいわれのない汚名を着せられたことになる。本書は、明治維新後一三〇年以上を経てもなお「朝敵」や「賊軍」という言葉が安易に使われている現実を直視し、維新前後の歴史事実をていねいに掘り起こすと同時に、日本近代史のよみなおしを迫る。

◇幕末維新　陰の参謀　童門冬二著　東京書籍　2000.12　246p　19cm
　①4-487-79643-1
　＊真の改革とは？　崩壊に向かう幕府を中央・地方で必死に支えようとした二人の男と明治を演出した二人の男。彼らを動かした命題は何か。幕末に活躍した四人の人物から激動期の生き方を探る。

◇北の士魂―楢山佐渡の生涯　郡順史著　青樹社　1989.5　343p　20cm
　①4-7913-0559-0

◇楢山佐渡のすべて　太田俊穂編　新人物往来社　1985.12　318p　20cm
　①4-404-01288-8

▍成石 平四郎　なるいし・へいしろう
1882～1911　社会運動家，社会主義者。暴力革命の謀議をなしたとして大逆事件に連座。

◇熊野・新宮の「大逆事件」前後―大石誠之助の言論とその周辺　辻本雄一著　論創社　2014.2　393p　20cm　〈年譜あり〉
　①978-4-8460-1299-1

◇菊とクロハタ―幸徳事件の人々　渡辺順三編，江口渙解説　新興出版社　1960　212p　図版　18cm

◇十二人の死刑囚―大逆事件の人々　渡辺順三著　新興出版社　1956　169p　18cm

▍南条 新六郎　なんじょう・しんろくろう
1848～1920　実業家，政治家。群馬県議会議員。

◇館林第四拾国立銀行創立と頭取南条新六郎―群馬県最初の銀行　両毛地区実業界の礎を築いた偉人　小堀直人著　あさを社　2008.1　167p　22cm
　①978-4-87024-459-7

▍南部 麒次郎　なんぶ・きじろう
1869～1949　工学者，陸軍軍人。南部式拳銃を設計。火工廠長、科学研究所所長などを歴任。

◇近代未満の軍人たち―兵頭二十八軍学塾　兵頭二十八著　光人社　2009.11　217p　19cm　①978-4-7698-1450-4
　＊奇襲開戦計画主義の顛末。近代国家の軍隊はどうあるべきだったのか。またその軍人たちは、いつ、どのようにして「自律」を失ったのか。23人の軍人に見る日本の興亡。日本近代軍事史の底流を見据えながら、短く濃密に、娯楽的にして探学究的な側面も併せ持つ軍人伝。当事者の重要証言や公式ペーパーが発掘される可能性がほとんどない問題にも敢えて斬り込んだ冷厳、大胆な視座からの歴史読物。現代人が近代日本人の「国防の倫理」を知り自問するためのテキスト。

【 に 】

▍新居 与一助　にい・よいちのすけ
1813～1870　武士。長久館学頭。阿波藩家臣。騒擾事件の際、指導的立場にあったため藩邸で切腹。

◇水竹イン三好―新居水竹別伝　大滝正理著　〔大滝正理〕　2008.8　7,179p　26cm　〈年表あり〉

▍新村 忠雄　にいむら・ただお
1887～1911　社会運動家。「東北評論」に関与。大逆陰謀に加担し刑死。

◇大逆事件と新村善兵衛　石山幸弘著　川辺書林　2017.11　191p　21cm
　①978-4-906529-89-6
　＊新村忠雄の兄、善兵衛はなぜ幸徳事件に連座する懲役八年の冤罪に巻き込ま

伝記ガイダンス 明治を生きた人々　　473

れたのか！

◇百年後の友へ—小説・大逆事件の新村忠雄　崎村裕著　かもがわ出版　2011.10　223p　19cm　①978-4-7803-0482-4
　＊大逆事件から100年、現代にも影を落とす近代日本最大の冤罪事件を渦中にあった長野県千曲市屋代の新村忠雄を軸に余り使われなかった史料も用い分かりやすく描く。

◇菊とクロハタ—幸徳事件の人々　渡辺順三編，江口渙解説　新興出版社　1960　212p　図版　18cm

◇十二人の死刑囚—大逆事件の人々　渡辺順三著　新興出版社　1956　169p　18cm

◇大逆事件のリーダー新村と幸徳と私　茂木一次著　金園社　1956

▌西 勇雄　にし・いさお
1869〜1948　海軍軍医。

◇大志をいだいて—海軍軍医中将軍医総監西勇雄伝　恒松忠義著　〔恒松忠義〕1997.11　189p　21cm

▌西 徳二郎　にし・とくじろう
1847〜1912　外交官。フランス公使館書記官。枢密顧問官。男爵。

◇『坂の上の雲』まるわかり人物烈伝 工作員篇　明治「時代と人物」研究会編著　徳間書店　（徳間文庫）　2010.10　333p　15cm　①978-4-19-893245-9
　＊児玉源太郎が陰で操っていた、数々のスパイたち。国家のため、私財を投げ打って情報収集に命をかけた、市井のスパイたち。日露戦争勝利の裏側で、決死の工作員たちが愛国の涙を流していた。明石元二郎、杉山茂丸、中村天風、大谷光瑞一。これまであまり語られてこなかった諜報活動の数々を、貴重な資料から掘り起こす！『坂の上の雲』をもっと楽しみたい人に最適の、裏ガイドブック。

◇日本外交史人物叢書　第2巻　吉村道男監修　ゆまに書房　2002.1　314,19,4p 図版8枚　22cm　〈複製　年譜あり〉

①4-8433-0490-5

◇動乱の中央アジア探検　金子民雄著　朝日新聞社　（朝日文庫）　1993.12　427,9,6p 15cm　〈『中央アジア探検小史』加筆・改題書〉　①4-02-260791-2
　＊沙漠と草原と山岳の彼方に霞んでいた19世紀中央アジア。そこに割拠するトルコ系種族は、周辺国民を掠奪、奴隷に売る凶暴さで恐れられた。しかし英・露の勢力争いに巻き込まれ、結局は、次々とロシア軍に滅ぼされていく。その悲劇を見た多くの探検家たちのスリルに満ちた探検ぶりと生涯を描く。

◇中央アジアに入った日本人　金子民雄著　中央公論社　（中公文庫）　1992.5　479p　15cm　①4-12-201905-2
　＊帝政ロシアと大英帝国が領土拡張に鎬を削る〈グレイト・ゲーム〉を繰り広げていた、19世紀中葉から今世紀初めにかけての中央アジア。2大強国の動静探索と探検を目的として単身潜入した西徳二郎、福島安正、日野強の足どりを未公開資料を駆使して追い、日清・日露戦争前後の日本の大陸進出の断面を、臨場感豊かに描き出す。

▌西川 貞二郎　にしかわ・ていじろう
1858〜1924　商人，漁業家。八幡銀行初代頭取。建網20数カ所で漁場経営を継続。大阪商船、大日本帝国水産の設立にかかわる。

◇西川貞二郎　近松文三郎著　〔近江八幡市立図書館〕　2006　437p　19cm　〈昭和10年刊の複製　肖像あり〉

◇ヲショロ場所をめぐる人々　須摩正敏著　静山社　1989.2　258p 19cm　①4-915512-19-3
　＊“忍路・高島及びもないが”と民謡にまで歌われ、北海道を代表する鰊漁場として繁栄を誇ったヲショロ場所の栄枯栄衰の歴史。アイヌとの葛藤、追鰊の漁民たち、さらには巨商西川家と運上家の足跡を克明にたどる。

▌西川 虎之助　にしかわ・とらのすけ
1855〜1929　化学技術者。広島県留学生

Ⅰ　政治・経済　　　　　　　　　　　　　　　　　　　　　　　　　　　　　　　　新田長次郎

として県費でイギリスに留学。帰国後は化学技師として活躍。

◇明治の特許維新─外国特許第1号への挑戦！　櫻井孝著　発明協会　2011.4　239p　21cm　①978-4-8271-0994-8
　＊時は明治。前例なき外国特許の取得に挑んだ名もなき男たちの軌跡…。まさに、特許維新ともいうべきドラマが現代によみがえる。2010年の産業財産権制度125周年に合わせて月刊「発明」に連載された「明治期の特許事情」が、さらにボリュームを増し、一冊の書籍になって帰ってきた。

▌西野 恵之助　にしの・けいのすけ
1864～1945　日本航空輸送社長，白木屋呉服店社長。

◇西野恵之助伝　由井常彦編　日本経営史研究所　1996.3　173p　19cm　〈西野恵之助の肖像あり　年譜：p165～169〉

▌西松 桂輔　にしまつ・けいすけ
1850～1909　西松建設創業者。明治7年から土木事業に携わる。のち間組創設者の間猛馬から客分として迎えられた。

◇建設業を興した人びと─いま創業の時代に学ぶ　新装版　菊岡倶也著　彰国社　2012.6　453p　19cm　①978-4-395-02982-2

◇建設業を興した人びと─いま創業の時代に学ぶ　菊岡倶也著　彰国社　1993.1　452p　21cm　①4-395-00353-2
　＊本書は、創業者とその周辺の人びとを通じてわが国建設業の近代の発展を描いたものである。

▌西村 勝三　にしむら・かつぞう
1836～1907　実業家。品川白煉瓦製造所設立、斯業の先覚となる。

◇靴づくりの文化史─日本の靴と職人　稲川實，山本芳美著　現代書館　2011.6　245p　19cm　①978-4-7684-5655-2
　＊龍馬がブーツを履いて約150年、日本人はいかに靴と格闘し馴染んできたか。靴からみる日本の近現代と靴づくりの

魅力を楽しむ。

◇西村勝三翁伝─伝記・西村勝三　西村翁伝記編纂会編　大空社　（近代日本企業家伝叢書）　1998.11　255,2p　22cm　〈大正10年刊の複製〉　①4-7568-0935-9

◇西村勝三と明治の品川白煉瓦　礒常和著　〔礒常和〕　1993.1　275p　21cm　〈西村勝三の肖像あり　各章末：参考文献〉

◇西村勝三翁伝　西村翁伝記編纂会編　〔藤下昌信〕　1993　255p　22cm　〈西村翁伝記編纂会大正10年刊の複製　電子複写　西村勝三の肖像あり〉

◇西村勝三の生涯─皮革産業の先覚者　井野辺茂雄原編，佐藤栄孝編　西村翁伝記編纂会　1968　443p　図版　22cm　〈『西村勝三翁伝』（井野辺茂雄編　大正10年刊）を口語文に書き改め　さらに補足したもの〉

▌二反長 音蔵　にたんおさ・おとぞう
1875～1951　殖産家。

◇日本の阿片王─二反長音蔵とその時代　倉橋正直著　共栄書房　2002.8　260p　20cm　①4-7634-1028-8
　＊「阿片狂」と言われながら、国内各地はもとより、朝鮮・中国へも渡って東奔西走し、ケシの栽培とその普及に一生をかけた男の生涯。深い闇に包まれた日本の阿片戦略を掘り起こした第二弾。

◇戦争と日本阿片史─阿片王二反長音蔵の生涯　二反長半著　すばる書房　1977.8　222p　22cm　〈二反長音蔵の肖像あり〉

▌新田 長次郎　にった・ちょうじろう
1857～1936　実業家・私学教育功労者。

◇明治の空─至誠の人新田長次郎　青山淳平著　燃焼社　2009.7　372p　19cm　〈文献あり〉　①978-4-88978-091-8
　＊刎頸の友・秋山好古と共に明治の国造りにつくすことを誓いあった東洋のベルト王・新田長次郎の至誠の生涯を描く、もう一つの「坂の上の雲」。

◇戦後教育の原点を守れるのは誰か─大人になれない大人がつくった「学習指導要領」の破産と虚妄　重見法樹著　東京図

伝記ガイダンス 明治を生きた人々　　475

書出版会　2004.10　219p　19cm
①4-434-03669-6

◇至誠―評伝・新田長次郎　西尾典祐著
中日出版社　1996.3　252p　19cm　〈新
田長次郎の肖像あり〉

▍二宮 尊親　にのみや・たかちか

1855〜1922　実業家。十勝支庁豊頃町興
復社社長。

◇二宮尊親に導かれ―報徳の実践を目指し
豊頃町教育委員会　（報徳のおしえシリー
ズ）　2010.1　61p　26cm

▍丹羽 五郎　にわ・ごろう

1852〜1928　会津藩士。神田和泉橋警察
署長。会津人による北海道開拓の第一人
者。のちに北海道に「丹羽村」を建設。

◇北の墓―歴史と人物を訪ねて　下　合田
一道，一道塾著　柏艪舎　2014.6　321p
19cm　①978-4-434-19336-1
＊昭和戦前から戦後、平成まで、北海道を
発展させてきた100人の墓と彼らの人
生、北海道に熱き命が燃える。

◇会津武士―山本覚馬 丹羽五郎　福本武久
著，高橋哲夫著　歴史春秋社　1991.11
275p　22cm　〈山本覚馬　丹羽五郎の肖
像あり　主な参考文献：p172〉
①4-89757-265-7

◇丹羽村の誕生―会津藩士丹羽五郎の生涯
高橋哲夫著　歴史春秋出版　1989.6
340p　20cm　①4-89757-231-2

▍丹羽 賢　にわ・まさる

1846〜1878　武士，官吏。

◇花南丹羽賢―付・花南小稿　斎田作楽編
著　太平書屋　（太平文庫）　1991.7
212p　19cm　〈丹羽花南の肖像あり　略
年譜：p85〜91〉

【ね】

▍根岸 友山　ねぎし・ゆうざん

1809〜1890　志士。市内攪乱作戦に従事
し、捕虜となるが、王政復古で釈放。

◇根岸友山・武香顕彰会創立十周年記念誌
根岸友山・武香顕彰会　2012.4　133p
30cm　〈背のタイトル：創立十周年記念
誌〉

◇根岸友山・武香の軌跡―幕末維新から明
治へ　根岸友憲監修，根岸友山・武香顕彰
会編　さきたま出版会　2006.5　221p
19cm　〈肖像・年譜・文献あり〉
①4-87891-376-2
＊尊王攘夷の志士として立ち上がった父
と、維新後の行政に深く関わった息子。
北武蔵の地で人々と共に地方の政治・
文化の発展に生涯を捧げた父子の記録。

◇幕末武州の青年群像　岩上進著　さきた
ま出版会　1991.3　375p 21cm
①4-87891-188-3

▍根津 嘉一郎〔1代〕

ねづ・かいちろう

1860〜1940　実業家，政治家。東武鉄道
社長。東武系企業集団の創設者、「鉄道
王」と称された。　〔記念施設〕根津記念
館（山梨県山梨市），起雲閣（旧内田信也・
根津嘉一郎別荘）（静岡県熱海市）

◇創業者列伝――一流企業に受け継がれる珠
玉の経営手腕!!　歴史群像編集部編　学研
パブリッシング　2011.6　319p　19cm
①978-4-05-404966-6
＊人生で何事かを成し遂げた者には人を
惹きつけてやまない魅力がある。明治・
大正期の財閥から戦後の急成長企業ま
で、大企業の礎を築き上げた男達が、ど
んな苦難に陥り、どのようにそれを乗
り越えたかを描く。

◇日本の企業家群像　3　佐々木聡編　丸善
出版　2011.5　296p　19cm
①978-4-621-08349-9

Ⅰ　政治・経済　　　　　　　　　　　　　　　　　　　　　　　　　　　　　　　　　　　　根本正

◇日本の鉄道をつくった人たち　小池滋,
青木栄一, 和久田康雄編　悠書館　2010.6
289p　19cm　①978-4-903487-37-3
　＊「日本の鉄道の父」井上勝、「投機界の魔
　王」雨宮敬次郎、「地下鉄の父」早川徳
　次など12人の巨人たちの生涯を再現し、
　彼らがなぜ鉄道に心血を注ぎ、どのよう
　な哲学のもとに活動したかを描き出す。

◇ニッポンの創業者―大変革期に求められ
るリーダーの生き方　童門冬二著　ダイ
ヤモンド社　2004.10　319p　20×15cm
①4-478-32112-4
　＊日本の産業社会の出発点となった幕末・
　維新期は、日本の青春時代だった。多
　くの日本人が「政界・官界」をめざす
　中、実業の世界を拓いた男たちがいた。
　かれらは"経済人"になることをめざし
　たのである。日本の基礎を創りあげた
　先人の夢・志・気概とは―。

◇東武王国―小説根津嘉一郎　若山三郎著
徳間書店　（徳間文庫）　1998.12　312p
16cm　〈文献あり〉　①4-19-891023-5
　＊不世出の実業家、根津嘉一郎。県会議
　員時代に同郷甲州政財界の重鎮、若尾
　逸平から示唆された言葉「株をやるな
　らば、これからは『乗りもの』か『明か
　り』だ」が彼の関心を実業界へと向けさ
　せた。倒産寸前の東武鉄道再建に乗り
　出し、強気の経営哲学のもと消極派を
　押し切って成功に導く。数多くの企業
　に関わりながら一族経営を排し、利益
　の社会還元を忘れなかった嘉一郎の波
　乱の生涯を辿る。書下し評伝小説。

◇東武王国―小説根津嘉一郎　若山三郎著
徳間書店　（徳間文庫）　1998.12　312p
16cm　〈文献あり〉　①4-19-891023-5
　＊不世出の実業家、根津嘉一郎。県会議
　員時代に同郷甲州政財界の重鎮、若尾
　逸平から示唆された言葉「株をやるな
　らば、これからは『乗りもの』か『明か
　り』だ」が彼の関心を実業界へと向けさ
　せた。倒産寸前の東武鉄道再建に乗り
　出し、強気の経営哲学のもと消極派を
　押し切って成功に導く。数多くの企業
　に関わりながら一族経営を排し、利益
　の社会還元を忘れなかった嘉一郎の波
　乱の生涯を辿る。書下し評伝小説。

◇根津嘉一郎　宇野木忠著　ゆまに書房
（人物で読む日本経済史）　1998.12
279p　22cm　〈東海出版社昭和16年刊の
複製〉　①4-89714-607-0

◇根津嘉一郎　宇野木忠著　ゆまに書房
（人物で読む日本経済史）　1998.12
279p　22cm　〈東海出版社昭和16年刊の
複製〉　①4-89714-607-0

◇人物で読む日本経済史　第14巻　根津嘉
一郎　宇野木忠著　ゆまに書房　1998.12
279p　22cm　〈監修：由井常彦　東海出版
社昭和16年刊の複製〉　①4-89714-607-0

◇人物で読む日本経済史　第14巻　根津嘉
一郎　宇野木忠著　ゆまに書房　1998.12
279p　22cm　〈監修：由井常彦　東海出版
社昭和16年刊の複製〉　①4-89714-607-0

◇日本財界人物列伝　第1巻　青潮出版株式
会社編　青潮出版　1963　1171p　図版
26cm

◇根津翁伝　根津翁伝記編纂会編　根津翁
伝記編纂会　1961　463,21p　図版25枚
22cm

▎根津 一　ねづ・はじめ
　1860～1927　陸軍軍人。少佐、東亜同文
　書院長。「清国通商総覧」を編纂刊行。
◇山洲根津先生伝―伝記・根津一　東亜同
文書院滬友同窓会編　大空社　（伝記叢
書）　1997.2　490,5p　22cm　〈根津先生
伝記編纂部昭和5年刊の複製　☆柳原書店
年譜：p457～490〉　①4-7568-0454-3

▎根本 正　ねもと・ただし
　1851～1933　政治家, 禁酒運動家。衆議
　院議員。禁酒禁煙、小学校教育費全廃運
　動を志し、法案成立に尽力。
◇志を貫いた先人たち　モラロジー研究所
出版部編　モラロジー研究所　（「歴史に
学ぼう、先人に学ぼう」）　2009.5　255p
19cm　①978-4-89639-170-1
　＊先人たちの並々ならぬ努力に日本人の
　底力を見た。歴史に学ぶ道徳教材。

◇不屈の政治家根本正伝―今こそ生きる人
間を大切にする心　根本正顕彰会編纂委

伝記ガイダンス 明治を生きた人々　　**477**

員会編　根本正顕彰会　2008.6　276p
26cm　〈肖像・文献・年譜あり〉

◇根本正伝—未成年者飲酒禁止法を作った
人　加藤純二著　銀河書房　1995.11
318p　19cm　〈根本正の肖像あり　年
表・資料：p295〜311〉

【の】

納富 介次郎　のうとみ・かいじろう
1844〜1918　官吏，工芸教育者。各地で
工芸の技術や図案を指導。石川県の工業
学校などを創立。

◇花守と介次郎—明治を担った小城の人び
と　平成28年度佐賀大学・小城市交流事業
特別展　三ツ松誠編　佐賀大学地域学歴
史文化研究センター　2016.10　111p
30cm　〈会期・会場：平成28年10月22日
—12月4日　小城市立歴史資料館〉

◇納富介次郎—1844-1918　三好信浩著　佐
賀県立佐賀城本丸歴史館　（佐賀偉人伝）
2013.10　110p　21cm　〈年譜あり〉
①978-4-905172-09-3

◇工業教育思想の研究—明治初年の納富介
次郎と金沢区工業学校　濱太一著　橋本
確文堂　2012.10　230p　21cm　〈文献あ
り〉　①978-4-89379-150-4

◇叢書・近代日本のデザイン　1　森仁史監
修　ゆまに書房　2007.11　379p　図版42
枚　27cm　〈複製　肖像あり　折り込1
枚〉　①978-4-8433-2670-1

◇文久二年上海日記　納富介次郎，日比野
輝寛共著　全国書房　1946　165p　18cm

乃木 静子　のぎ・しずこ
1859〜1912　乃木希典の妻。

◇なでしこ日本史—女性は太陽であり続け
てきた！　渡部昇一著　育鵬社　2009.6
191p　19cm　①978-4-594-05959-0
＊歴史の舞台で活躍した"なでしこジャパ
ン"30人。天照大神、紫式部、北条政

子、与謝野晶子…などの歴史的活躍に
スポットを当てる。ジェンダー議論に
対置する女性日本史。

◇明治を駆けぬけた女たち　中村彰彦編著
ダイナミックセラーズ出版　1994.11
315p　19cm　①4-88493-252-8
＊川上貞奴は空腹のあまり舞台で卒倒。松
旭斎天勝は「6」をセックスと発音して
人気者に。籠城の会津隊士山本八重の
不安は用便中の直撃弾。高橋お伝は一
度おしゃれをしてみたかった。下田歌
子は袴姿で英国女王に会見。平塚らい
てうは男女の性も知らずに心中を決行。
乃木静子は自決前、夫と別れのワイン
をetc.—とっておきのエピソードでつづ
る動乱の明治時代を生きた女たち…。

◇静寂の声　上　上　渡辺淳一著　文芸春
秋　（文春文庫）　1991.5　356p　15cm
①4-16-714515-4
＊一見身勝手で不器用な明治の武人とそ
れに殉じた妻。「軍神」「烈婦」とたたえ
られた一組の夫婦の間に交錯した夫婦
の愛憎を描き、秘められた真実の声を
探る。巷間伝えられるように、妻静子
は従容として死に就いたのか。膨大な
資料をもとに、鋭い観察眼で新たな乃
木夫妻像を作り上げた渡辺伝記文学の
傑作。文芸春秋読者賞受賞作。

◇静寂の声　下　下　渡辺淳一著　文芸春
秋　（文春文庫）　1991.5　382p　15cm
①4-16-714516-2
＊傲慢だが照れ屋で、冷淡そうだがその
実優しい、沢山の秀れたところと困っ
たところをもった、それ故に雅気愛す
べき一人の人間を感じていたのである。
改めて希典に関する資料を読むうちに、
その思いはいっそう深まったが、同時
に希典のうしろで見え隠れする夫人の
存在が気がかりになってきた。妻も夫
とともに死を願ったのか？　現在へ続く
日本人の夫婦の姿を描く伝記文学。文
芸春秋読者賞受賞。

◇歴史ロマン　火宅往来—日本史のなかの女
たち　沢田ふじ子著　広済堂出版
1990.8　284p　19cm　①4-331-50294-5

◇人間 乃木希典—乃木夫妻の生涯の愛と真

I　政治・経済　　　　　　　　　　　　　　　　　　　　　　乃木希典

実　戸川幸夫著　光人社　1988.5　298p
19cm　①4-7698-0104-1
＊言語に絶する父の試練の鞭を受けて人
と成り、明治陸軍に巨歩を印して、明治
と大正の幕間に「殉死の構図」を展開し
た将軍乃木希典とその妻静子の生涯を
活写した感動の伝記。

◇華燭─乃木静子の生涯　福岡徹著　文芸
春秋　1971　300p　20cm　〈『作家』昭和
45年4月号から45年10月号までに分載され
たもの〉

▌乃木 希典　のぎ・まれすけ
1849〜1912　陸軍軍人。大将、伯爵。精
神主義と求道的人柄で明治天皇から信任。
天皇大喪当日、夫人とともに自決。
〔記念施設〕乃木神社(栃木県那須塩原
市)、乃木公園 旧乃木邸(東京都港区)、
乃木神社(東京都港区)、学習院大学図書
館 乃木文庫(東京都豊島区)、乃木神社
(京都府京都市伏見区)、善光寺 乃木希典
遺髪塔(島根県松江市)、下関文書館 乃木
文庫(山口県下関市)、乃木神社(山口県
下関市)、乃木館(陸上自衛隊善通寺駐屯
地資料館)(香川県善通寺市)

◇幕末明治人物誌　橋川文三著　中央公論
新社　(中公文庫)　2017.9　308p　16cm
①978-4-12-206457-7

◇乃木希典と日露戦争の真実─司馬遼太郎
の誤りを正す　桑原嶽著　PHP研究所
(PHP新書)　2016.6　357p　18cm
〈「名将乃木希典」(中央乃木会 1990年刊)
の改題、再編集　文献あり〉
①978-4-569-83014-8

◇語り継ごう 日本の思想　國武忠彦編・著
明成社　2015.11　414p　19cm
①978-4-905410-37-9
＊聖徳太子、古事記、万葉集、太平記、世
阿弥、葉隠、二宮尊徳、吉田松陰、勝海
舟、伊藤博文教育勅語、樋口一葉、正岡
子規、乃木希典、小林秀雄…古代から現
代まで67篇の珠玉の言葉がここに甦る。

◇体裁・乃木大将─一人に三品あり 単行本版
吉岡健二郎著　戦略参謀研究所トータルE
メディア出版事業部　(TeMエッセンシャ
ルズ・シリーズ)　2015.7　106p　21cm

①978-4-907455-25-5

◇明治天皇という人　松本健一著　新潮社
(新潮文庫)　2014.9　692p　16cm　〈毎
日新聞社 2010年刊の再刊　索引あり〉
①978-4-10-128733-1

◇愛石家乃木希典─和を願う坐の心　中市
石山著　文芸社　2014.2　231p　15cm
〈文献・年譜あり〉　①978-4-286-14611-9

◇乃木将軍詩歌物語　覆刻新版　高須芳次
郎著　島津書房　2013.4　328p　21cm
〈年譜あり　新潮社 昭和13年刊の複製〉
①978-4-88218-152-1

◇明治裏面史　上巻　伊藤痴遊著　国書刊
行会　2013.4　201p　21cm
①978-4-336-05642-9
＊二十世紀前半に大活躍した風刺家・伊
藤痴遊が、黎明期日本政治の裏側を人
物中心に物語る。大久保利通、伊藤博
文、江藤新平、西郷隆盛、乃木希典等
等。志士たちがまだ歴史上の人物では
なく、記憶に新しかった時代に書かれ
たものならではの迫力が胸を撃つ。

◇紅陵に心燃ゆ　皿木喜久著　産経新聞出
版　2011.4　201p　19cm
①978-4-86306-083-8
＊拓殖大学は、明治の賢哲、桂太郎によっ
て設立された台湾協会学校が始まりで
ある。本書は、拓殖大学の創立110周年
に当たり、戦前戦後にわたり紅陵を巣
立って海外に雄飛した若者や、彼らを
教育した大学関係者らの壮大な人間ド
ラマを追求した。

◇武士道は蘇るか─高次元的伝統回帰への
道　向田順一著　高木書房　2011.4
175p　19cm　①978-4-88471-424-6
＊政治も経済も全く出口の見えない袋小
路の様相を呈す今日、いったい日本は
どこへ向かい、日本人のアイデンティ
ティはどこに帰結するのか。この先行き
「不透明な」時代を迎える中でいま、か
つて日本人の魂でもあった精神として
の「武士道」を紐解くと共に、近代から
現代に生きた武士道精神を継承した十
四人の生きざまを浮き彫りにしてみた。

◇人を動かす力─歴史人物に学ぶリーダー
の条件　渡部昇一著　PHP研究所

伝記ガイダンス 明治を生きた人々　　479

（PHPビジネス新書）　2011.3　193p
18cm　①978-4-569-79561-4
＊人を動かす力とは何か。なぜ人は苦難
をものともせず、偉大な指導者に付き
従うのか。豊臣秀吉、乃木希典、モルト
ケ、渋沢栄一、松下幸之助など、歴史に
名を残す偉人たちは、何を考え、どのよ
うに行動していたのか。彼らの生涯を
振り返り、リーダーに必要な情報力、統
率力、知力について、どう磨けばよいの
かを説き明かす。

◇司馬遼太郎 歴史のなかの邂逅　7　正岡子
規〜秋山好古・真之　司馬遼太郎著　中
央公論新社　（中公文庫）　2011.3　263p
15cm　①978-4-12-205455-4
＊日本の前途を信じた若者たちの、底ぬ
けの明るさと痛々しさと─。第七巻は、
司馬文学を代表する長篇『坂の上の雲』
に描かれた正岡子規、秋山兄弟を中心
に、徳冨蘆花、夏目漱石、石川啄木、清
沢満之ら、昂揚の時代を生きた人々の
足跡をたどる二十五篇を収録。

◇乃木希典　大浜徹也著　講談社　（講談社
学術文庫）　2010.12　475p　15cm　〈文
献・年譜あり〉　①978-4-06-292028-5
＊度を越した遊興、四度の休職と隠遁、東
郷平八郎との明暗。「殉死」に沸騰する
世論と、公表時に改竄された遺書。乃
木希典とは、「明治国家」と根本的に相
容れない人間性にもかかわらず、常に
「国家意思」によって生かされ続けた人
物だった。漱石、鷗外、西田幾多郎らの
乃木評から小学生の作文まで網羅して
描く「軍神」の実像と、近代日本の精神
のドラマ。

◇奇跡の日露戦争 伝説となった男たち─秋
山真之・秋山好古・乃木希典・東郷平八郎
鞍掛伍郎著　イーグルパブリシング
2010.12　190p　19cm
①978-4-86146-198-9
＊明治日本が大国ロシアになぜ勝てたの
か？ 日露戦争を勝利に導いた英雄の、
真実を追う。

◇日本の華族─その栄光と挫折の一部始終
『歴史読本』編集部編　新人物往来社
（新人物文庫）　2010.10　255p　15cm
①978-4-404-03922-4

＊「皇室の藩屏」として明治二年に誕生
し、最大九一三家を数えた華族は、昭和
二十二年の新憲法施行により消滅する。
誕生当初は、五位以上の公卿（清涼殿へ
の昇殿が許された家柄）と、幕府の支配
下にあった一万石以上の旧大名など、
四二七家であった。その後、明治十七
年の華族令制定により、「公・侯・伯・
子・男」の爵位が与えられ、さらに「国
家に勲功ある」勲功華族として、政治
家・軍人・官僚・実業家・学者が次々と
叙爵していった。華族の義務や生活、
閨閥、事件、経済などの実情を通して、
華族が近代日本にどのような影響をお
よぼしたのかを考察する。

◇ドラマチック日露戦争─近代化の立役者13
人の物語　河合敦著　ソフトバンククリエ
イティブ　（ソフトバンク新書）　2010.10
239p　18cm　①978-4-7973-5813-1
＊日露戦争はそれまで世界史が経験した
ことのない未曾有の大戦であり、日本
という新興の小国が、老大国ロシアに
挑んだ極めて無茶な戦いでもあった。
にもかかわらず運命の日本海海戦で、
ロシアが誇るバルチック艦隊を全滅さ
せるという空前絶後の大勝利を収めた
日本。その撃滅作戦を編み出した秋山
真之を筆頭に、秋山好古、正岡子規、東
郷平八郎、与謝野晶子、高橋是清など、
日本の近代化に大きな貢献をした立役
者たち13人の波乱万丈な物語を追う。

◇乃木希典の品格と忠誠─武士道の美風を
体現した　折本章著　クォリティ出版
2010.8　246p　21cm　〈年譜・文献あり〉
①978-4-906240-55-5

◇日本陸軍将官総覧　太平洋戦争研究会編
著　PHP研究所　2010.5　426p　19cm
①978-4-569-77552-4
＊大日本帝国の興亡を演出した陸軍の将
帥たち。栄光と挫折のプロフィール！
コンパクトで便利な使える一冊。

◇乃木希典─日本人への警醒　中西輝政著
乃木神社社務所　2010.4　47p　19cm
〈発行所：国書刊行会〉
①978-4-336-05178-3

◇歴代陸軍大将全覧 明治篇　半藤一利，横

山恵一，秦郁彦，原剛著　中央公論新社（中公新書ラクレ）　2009.1　273,25p　18×11cm　①978-4-12-150303-9
＊陸軍大将全員の人物像と事績を4人の歴史家が洩らさず紹介した、リーダブルな陸軍史の決定版。本書は西郷・山県・児玉・乃木など、明治期の大将31人を扱い、その実像を伝える。

◇山川健次郎と乃木希典―「信」を第一とした会津と長州の武士道　笠井尚著　長崎出版　2008.8　415p　19cm　〈年譜あり〉①978-4-86095-261-7
＊受け継ぐべき日本人の思想的血脈。明治人の品格を守り武士道を体現した山川と乃木の実像に迫る。

◇植民地帝国人物叢書　2 台湾編2　台湾と乃木大将　乃木希典　谷ヶ城秀吉編　渡部求著　ゆまに書房　2008.6　212,6p　22cm　〈大日本文化協会1940年刊の複製　肖像あり〉①978-4-8433-2942-9

◇乃木希典　福田和也著　文藝春秋　（文春文庫）　2007.8　169p　16cm　〈文献あり〉　①978-4-16-759306-3
＊旅順で数万の兵を死なせた「愚将」か、自らの存在すべてをもって帝国陸軍の名誉を支えた「聖人」か？　幼年期から殉死までをつぶさに追い、乃木希典の知られざる実像に迫る傑作評伝。日露戦争開戦100年後に書かれた本書は、従来の乃木像をくつがえすとともに、「徳」を見失った現代日本への警告ともなっている。

◇軍神―近代日本が生んだ「英雄」たちの軌跡　山室建徳著　中央公論新社　（中公新書）　2007.7　356p　18cm　①978-4-12-101904-2
＊かつて「軍神」と呼ばれる存在があった。彼らは軍国主義的思潮の権化として意図的に生み出されたわけではない。日露戦争における広瀬武夫少佐の例をみればわかる通り、戦争によって強まった日本人の一体感の中から、期せずして生み出されたのである。だが、昭和に入ると、日本人が共感できる軍神像は変化し、それは特攻作戦を精神的に支えるものとなる。本書は、軍神を鏡として戦前の日本社会の意識を照

射する試みである。

◇評伝乃木希典―乃木伝説とその実像　金本正孝著　〔金本正孝〕　2005.9　387p　22cm　〈肖像・年譜あり〉

◇乃木希典―予は諸君の子弟を殺したり　佐々木英昭著　ミネルヴァ書房　（ミネルヴァ日本評伝選）　2005.8　436,7p　20cm　〈肖像・文献・年譜あり〉①4-623-04406-8
＊乃木希典（一八四九～一九一二）軍人。西南戦争また日露戦争における不面目を自責し切腹を望むも、天皇は「強ひて死せんと欲するならば宜しく朕が世を去りたる後に於てせよ」とこれを許さず。同帝崩御直後、妻とともに自害を果たした。長く日本人を捉えてきた"乃木物語"の祖型。その内部の生に迫る。

◇乃木希典―「廉潔・有情」に生きた最後の武人　松田十刻著　PHP研究所　（PHP文庫）　2005.1　421p　15cm　①4-569-66322-2
＊西南戦争では官軍に属して最前線で戦うも、「軍旗喪失」という大失態を演じてしまった乃木希典。それを心に背負いながら、戦いのなかに身を投じ続けた彼は、まるで「死処」を求めるごとく、日清・日露両戦役でも危険に身を晒す―明治天皇への殉死という最期とともに、その生き様が多くの人びとの心を動かすのは何故か？「聖将」「凡将」と評価の分かれた乃木希典の、真実の姿に迫る評伝小説。

◇乃木希典　増補 復刻版　宿利重一著　マツノ書店　2004.11　486,7p　22cm　〈原本：春秋社昭和12年刊　肖像あり〉

◇乃木希典　福田和也著　文芸春秋　2004.8　163p　20cm　〈文献あり〉①4-16-366210-3

◇加藤玄智集　第3巻　加藤玄智著　クレス出版　（シリーズ日本の宗教学）　2004.6　292,206,44p　22cm　〈シリーズ責任表示：島薗進　高橋原　前川理子/監修　複製〉　①4-87733-222-7

◇乃木将軍の御生涯とその精神―東京乃木神社御祭神九十年祭記念講演録　小堀桂

一郎著　乃木神社社務所　2003.4　78p
21cm　〈発行所：国書刊行会　肖像あり〉
①4-336-04536-4

◇人間乃木希典　戸川幸夫著　学陽書房
（人物文庫）　2000.10　281p　15cm
〈年譜あり〉　①4-313-75108-4
＊「聖将」と呼ばれ神格化された陸軍大将
―。明治天皇大葬の1912年9月13日夜、
妻静子とともに自刃した人間乃木希典
の“愛と真実”の物語。

◇乃木希典全集　補遺　乃木希典著，乃木
神社社務所編　国書刊行会　1997.12
370p　22cm　①4-336-04054-0
＊『乃木希典全集』全三巻は、乃木希典将
軍が、生前執筆された日記を中心に編
纂したものである。本書は、その補遺
篇である。編集・校訂覚書、乃木希典日
記書誌別一覧、明治三十四年七月十一
日より明治三十五年三月二十四日に至
る日記本文、主要人名解説及び人名索
引で構成した。

◇軍神　古川薫著　角川書店　1996.4
328p　20cm　〈参考資料：p4〉
①4-04-872953-5
＊最後の武士道に生きた男、乃木希典。
文人を志した泣き虫少年は長じて軍人
となった。軍旗喪失の汚名挽回のため
常に陣頭に立つ指揮官と、勇敢な将兵
たち。だが自らの面白と多くの部下の
犠牲の狭間で乃木の苦悩は深まる…。

◇日本文壇史　8　日露戦争の時代　伊藤整
著　講談社　（講談社文芸文庫）　1996.2
250,22p　15cm　①4-06-196357-0
＊明治三十七年記者・花袋は軍医部長森鷗
外と同じ船で従軍。与謝野晶子の「君
死にたまふこと勿れ」が論争を呼んだ。
作家夏目漱石誕生の画期的近代小説『吾
輩は猫である』他が発表された、戦争た
けなわの明治三十八年一月、大塚楠緒
子が「お百度詣」発表、晶子・登美子と
共著『恋衣』刊行、度重なる弾圧で「平
民新聞」が終刊した。日露戦争下の激
動の文壇と、露伴、蘆花、藤村、独歩、
堺利彦、乃木希典等々の葛藤を描出。

◇乃木希典全集　中　乃木神社社務所編
国書刊行会　1994.7　608p　21cm

①4-336-03616-0
＊本全集は、元学習院長・陸軍大将乃木
典将軍が、生前執筆した全文業のうちよ
り、平成六年五月末日現在、入手可能な
限りの日記本文および日記原本に挿入さ
れている詩歌などを中心に編纂したもの
である。全体を二部、三巻に分け、一部
には、日記およびそこに挿入されてい
る詩歌の類などを収め、上巻、中巻の二
巻をこれにあて、二部には、その他の文
章および関係文書の類を収め、下巻を
これにあてた。なお、下巻には、本全集
全体の解題を附した。本巻（中巻）には、
明治二十年四月十八日より明治四十五年
七月二十三日（このうち明治二十二年四
月二十六日より明治二十四年四月十八
日に至る部分は、ドイツ語により記さ
れている）に至る日記本文および日記原
本に挿入されている詩歌の類を収めた。

◇乃木希典全集　上　乃木神社社務所編
国書刊行会　1994.6　481p　22cm
①4-336-03615-2

◇乃木神社・東郷神社　新人物往来社　（神
社シリーズ）　1993.10　225p　21cm
①4-404-02054-6

◇愛石家乃木希典―和を願う坐の心　中市
石山著　樹石新社　1993.7　189p　20cm
〈著者の肖像あり　主な参考文献：p187〉

◇明治四十三年の転轍―大逆と殉死のあい
だ　河田宏著　社会思想社　1993.2
239p　19cm　①4-390-60367-1
＊日本の近・現代を決した時代と人の交
錯を描く同時代誌。

◇乃木希典の世界　桑原岳，菅原一彪編
新人物往来社　1992.11　218p　19cm
①4-404-01971-8
＊日本精神を象徴する乃木希典の真実。
乃及希典殉死80周年出版。

◇静寂の声　上　上　渡辺淳一著　文芸春
秋　（文春文庫）　1991.5　356p　15cm
①4-16-714515-4
＊一見身勝手で不器用な明治の武人とそ
れに殉じた妻。「軍神」「烈婦」とたたえ
られた一組の夫婦の間に交錯した夫婦
の愛憎を描き、秘められた真実の声を
探る。巷間伝えられるように、妻静子

Ⅰ　政治・経済　　　　　　　　　　　　　　　　　　　　　　　　　　　　乃木希典

は従容として死に就いたのか。膨大な資料をもとに、鋭い観察眼で新たな乃木夫妻像を作り上げた渡辺伝記文学の傑作。文芸春秋読者賞受賞作。

◇静寂の声　下　下　渡辺淳一著　文芸春秋　（文春文庫）　1991.5　382p　15cm　①4-16-714516-2
＊傲慢だが照れ屋で、冷淡そうだがその実優しい、沢山の秀れたところと困ったところをもった、それ故に雅気すべき一人の人間を感じていたのである。改めて希典に関する資料を読むうちに、その思いはいっそう深まったが、同時に希典のうしろで見え隠れする夫人の存在が気がかりになってきた。妻も夫とともに死を願ったのか？　現在へ続く日本人の夫婦の姿を描く伝記文学。文芸春秋読者賞受賞。

◇欽仰する乃木大将の生涯　根本勝著　根本勝　1991.3　57p　26cm

◇名将乃木希典—司馬遼太郎の誤りを正す　桑原岳著　中央乃木会　1990.9　288p　19cm　〈乃木希典の肖像あり〉

◇乃木希典殉死・以後—伯爵家再興をめぐって　井戸田博史著　新人物往来社　1989.10　246p　20cm　①4-404-01664-6

◇日本史　人物列伝　奈良本辰也著　徳間書店　（徳間文庫）　1988.9　285p　15cm　〈『人物を語る』改題書〉　①4-19-598598-6

◇人間　乃木希典—乃木夫妻の生涯の愛と真実　戸川幸夫著　光人社　1988.5　298p　19cm　①4-7698-0104-1
＊言語に絶する父の試練の鞭を受けて人と成り、明治陸軍に巨歩を印して、明治と大正の幕間に「殉死の構図」を展開した将軍乃木希典とその妻静子の生涯を活写した感動の伝記。

◇静寂の声—乃木希典夫妻の生涯　上巻　渡辺淳一著　文芸春秋　1988.4　350p　20cm　①4-16-362850-9

◇静寂の声—乃木希典夫妻の生涯　下巻　渡辺淳一著　文芸春秋　1988.4　362p　20cm　①4-16-362860-6

◇乃木希典　大浜徹也著　河出書房新社　（河出文庫）　1988.1　399p　15cm　①4-309-47125-0
＊乃木希典は、変貌する近代日本の歴史の中で、常に国家意思と結びつくことで生かされた人物であった。それだけに、彼の中には、維新によって生み出された近代日本の相貌が鋳込まれている。"明治の軍神""護国の鑑"として神話化された、乃木希典の実像に迫る渾身の力作評伝。

◇乃木大将と日露戦争　原康史著　東京スポーツ新聞社　（激録・日本大戦争）　1987.1　317p　19cm　①4-8084-0076-6

◇素顔のリーダー—ナポレオンから東条英機まで　児島襄著　文芸春秋　（文春文庫）　1986.8　430p　15cm　①4-16-714124-8
＊リーダーシップとはなにか。日本ではなぜ独裁者型の指導者が生まれにくいのか。…権力・権威・組織。それらを一身に集中させた覇者型リーダー、その典型としてのナポレオン。一方、日本では権威的色彩がつよい者ほど力の行使から遠くなるという。…東西14人の軍人・指導者の生涯にみる興味津々、リーダーシップ思想の研究！

◇乃木希典　松下芳男著　吉川弘文館　（人物叢書　新装版）　1985.12　225p　19cm　〈新装版　乃木希典の肖像あり　叢書の編者：日本歴史学会〉　①4-642-05023-X

◇乃木希典将軍—嗚呼至誠の人　吉川寅二郎著　展転社　1984.10　142p　19cm　〈乃木希典の肖像あり〉　①4-924470-08-2

◇乃木と東郷　戸川幸夫著　光人社　1982.5　386p　20cm　〈巻末：参考文献　東郷元帥・乃木大将対比年譜〉　①4-7698-0177-7

◇乃木将軍と光家耕改　臼杵幸編　山地竹枝顕彰会　1981.9　103p　22cm　〈智証大師千百年御遠忌並に乃木将軍袖章記碑・山地竹枝顕彰之碑銘建立記念　乃木将軍の肖像あり〉

◇<軍神>乃木希典の謎　前川和彦著　現代史出版会　1981.1　237p　19cm　〈肖像：乃木希典　巻末：参考文献　徳間書店　図版（肖像）〉

◇乃木大将と日本人　スタンレー＝ウォシュバン著，目黒真澄訳　講談社　（講談

伝記ガイダンス　明治を生きた人々　　483

社学術文庫） 1980.1 129p 15cm

◇診断・日本人 宮本忠雄編 日本評論社 1974 319p 20cm 〈『からだの科学』誌に1970年7月から1974年3月までに連載されたものを主体にまとめたもの〉

◇乃木大将—戦争を背景として立つ偉大なる人物 スタンレイ・ウォッシュバーン著，上田修一郎訳 甲陽書房 （国防新書） 1974 197p 肖像 18cm 〈付録：武士道の真髄 日露戦争の世界史的意義〉

◇人間乃木と妻静子 菊池又祐著 太平観光出版局 （太平選書） 1971 277p 肖像 19cm 〈『乃木夫妻の生活の中から』（昭和8年刊）の改題改版〉

◇乃木希典日記 和田政雄編 金園社 1970 1021p 図 肖像 23cm 〈限定版〉

◇軍神—乃木希典の生涯 福岡徹著 文芸春秋 1970 232p 20cm

◇代表的明治人 乃木希典の虚像と実像 池田諭著 徳間書店 1968 226p 18cm

◇乃木希典 戸川幸夫著 人物往来社 （近代人物叢書） 1968 296p 19cm

◇乃木希典 大浜徹也著 雄山閣出版 （人物史叢書） 1967 315p 図版 22cm

◇回想の乃木希典 三島通陽著 雪華社 1966 149p 図版 19cm

◇人物・日本の歴史 12 小西四郎編 読売新聞社 1966

◇外国人の見た日本 3 乃木大将 S・ウォシュバン著，目黒真澄訳 筑摩書房 1961

◇今村均大将回想録 別冊 青春編 下 乃木大将 今村均著 自由アジア社 1961 246p 19cm

◇乃木希典 松下芳男著 吉川弘文館 （人物叢書） 1960 225p 図版 18cm

◇日本人物史大系 第6巻 近代 第2 大久保利謙編 朝倉書店 1960 388p 22cm

◇乃木将軍/残る面影 岩田九郎著 東亜春秋社 1945 300p B6

野口 勝一 のぐち・かついち
1848〜1905 歴史研究家，政治家。衆議院議員。新聞史を研究。

◇野口勝一の人と生涯—明治中期の政治家・文人 森田美比著 森田美比 2003.4 281p 20cm 〈年譜あり〉

野口 遵 のぐち・したがう
1873〜1944 実業家。日本窒素肥料を設立。のち日窒コンツェルンを形成。

◇財閥経営と企業家活動 宇田川勝著 森山書店 2013.4 281p 21cm ①978-4-8394-2127-4

◇企業家に学ぶ日本経営史—テーマとケースでとらえよう 宇田川勝，生島淳編 有斐閣 （有斐閣ブックス） 2011.12 348p 21cm ①978-4-641-18400-8
＊主要なテーマを解説したうえで、代表的な企業家を取り上げ、具体的なケースと豊富な資料にもとづいて解説。経営史の醍醐味を実感しながら学べる新しいテキスト。

◇起業の人野口遵伝—電力・化学工業のパイオニア 柴村羊五著 有斐閣 1981.11 353,9p 19cm 〈野口遵の肖像あり〉 ①4-641-06374-5

◇野口遵は生きている—事業スピリットとその展開 フジ・インターナショナル・コンサルタント出版部編 1964 238p 図版 18cm

◇野口遵は生きている—事業スピリットとその展開 フジ・インターナショナル・コンサルタント出版部 1964

◇日本財界人物列伝 第1巻 青潮出版株式会社編 青潮出版 1963 1171p 図版 26cm

◇野口遵 吉岡喜一著 フジ・インターナショナル・コンサルタント出版部 1962 360p 図版 地図 22cm

◇野口遵翁追懐録 高梨光司編 野口遵翁追懐録編纂会 1952 987p 図 肖像 22cm

I　政治・経済　　　　　　　　　　　　　　　　　　　　　　　　　　　野間清治

野口 富蔵　のぐち・とみぞう

1841〜1882　官吏。外交官アーネスト・サトウの用人。ロンドンで機織業を学び、帰国後京西陣織を指導。

◇野口富蔵伝―幕末英国外交官アーネスト・サトウの秘書　國米重行著　歴史春秋出版　2013.6　191p　20cm　〈文献・年譜あり〉　①978-4-89757-803-3

◇アーネスト・サトウと野口富蔵　國米重行著　〔国米重行〕　2000.3　124p　21cm　〈年表あり〉

◇物語 悲劇の会津人　新人物往来社編　新人物往来社　1990.5　236p　19cm　①4-404-01711-1
＊義を貫き、時の流れに逆らって生きた悲運の会津人たちを描く。

野崎 幻庵　のざき・げんあん

1857〜1941　実業家。中外商業新聞社長，三越百貨店社長。

◇野崎幻庵と小田原―特別展没後七〇年　野崎幻庵作　小田原市郷土文化館　2011.11　47p　30cm　〈会期：平成23年11月26日〜12月18日　年譜あり〉

野崎 武吉郎　のざき・ぶきちろう

1848〜1925　塩業家。十州塩田組合本部長，貴族院議員。台湾塩田開発や塩専売法の成立に尽力。慈善事業、育英・社会事業にも貢献。

◇瀬戸内の経済人―人と企業の歴史に学ぶ24話　赤井克己著　吉備人出版　2007.9　244p　21cm　①978-4-86069-178-3
＊本書は企業とともに歩み、その運命と懸命に格闘した瀬戸内の経済人の歴史であり、物語である。明治の黎明期から平成の現代まで20人余のドラマティックな人生にスポットを当てた。

◇小西増太郎・トルストイ・野崎武吉郎―交情の軌跡　太田健一著　吉備人出版　2007.4　263p　20cm　〈肖像・年譜あり〉　①978-4-86069-162-2

野津 道貫　のづ・みちつら

1841〜1908　陸軍軍人。元帥、侯爵。日清戦争で第一軍司令官、日露戦争で第四軍司令官。陸戦攻城の典型的武人。

◇歴代陸軍大将全覧 明治篇　半藤一利，横山恵一，秦郁彦，原剛著　中央公論新社（中公新書ラクレ）　2009.1　273,25p　18×11cm　①978-4-12-150303-9
＊陸軍大将全員の人物像と事績を4人の歴史家が洩らさず紹介した、リーダブルな陸軍史の決定版。本書は西郷・山県・児玉・乃木など、明治期の大将31人を扱い、その実像を伝える。

野田 卯太郎　のだ・うたろう

1853〜1927　政治家，実業家。三井紡績社長。立憲政友会の結成に参加、幹事長、副総裁を歴任。

◇野田大塊伝―伝記・野田卯太郎　坂口二郎著　大空社（伝記叢書）　1995.6　892,5p　22cm　〈野田大塊伝刊行会昭和4年刊の複製　☆柳原書店　野田大塊年譜：p885〜892〉　①4-87236-476-7

野間 清治　のま・せいじ

1878〜1938　実業家，出版人。講談社を興す。講談倶楽部を創刊、以後少年倶楽部など発行、部数で日本一を誇った。〔記念施設〕講談社野間記念館（東京都文京区）

◇関東大震災で飛躍した企業―今こそ学べ！ 成功の発想力　たみやじゅん著　上毛新聞社　2013.1　195p　18cm　①978-4-86352-076-9
＊大正12（1923）年9月1日。マグニチュード7.9の大地震が関東を襲った。がれきの中から、事業家たちはいかにして「商売の種」を見いだしたのか。野間清治、山崎種二、梁瀬長太郎―。震災をビジネスチャンスに変え、企業を発展させた24人を紹介する。

◇世界に誇れる日本人　渡部昇一著　PHP研究所（PHP文庫）　2007.1　237p　15cm　〈『理想的日本人』改題書〉　①978-4-569-66754-6

伝記ガイダンス 明治を生きた人々　**485**

*日本を代表する日本人はズバリこの人たちだ！ 本書は事の本質を見抜く慧眼の持ち主・渡部昇一が、「これは！」という日本人12人について独創的視点から論評したものである。世界で初めて二つの宗教を融合させた聖徳太子、世界に通じる「勇気」を備えていた徳川家康など、斬新な人物の見方・考え方が読み手を引きずり込んで離さない。日本人に誇りを与える新感覚人物論。

◇出版巨人創業物語　佐藤義亮、野間清治、岩波茂雄著　書肆心水　2005.12　380p　20cm　①4-902854-11-2

◇奇蹟の出版王―野間清治とヘンリー・ルース　出川沙美雄著　河出書房新社　2000.9　242p　20cm　①4-309-90408-4

◇出版その世界―志と決断に生きた人たち　塩沢実信著　恒文社　1991.12　325p　19cm　①4-7704-0750-5
*明治・大正・昭和の三代にわたって、高い志と理想を掲げ、その実現に向かって走りつづけた出版人、さらに現在もその志を受け継いで、意欲的に出版界をリードする出版人たちの人物像に焦点をあて、栄枯盛衰、興亡に満ちた一世紀を鮮やかに活写する出版ドキュメンタリー。

◇人物昭和史　利根川裕ほか著　筑摩書房（ちくま文庫）　1989.1　488p 15cm　①4-480-02290-2
*無謬・無私なる虚構によって昭和史を動かし続けた "権力"、天才的な企画力で日本的経営の典型を築いた "巨人"、大衆の喜びと悲しみを生涯かけて演出した "重役作家"…。激動の半世紀を生きぬいて、今日の日本を育てあげた各界の代表的人物12人に、現在最前線で活躍中の作家・ジャーナリストが挑戦し、描いた意欲的な評伝群。「昭和時代」を総決算しつつ明日の日本を考える。

◇言論は日本を動かす　第7巻　言論を演出する　内田健三ほか編　粕谷一希編　講談社　1985.11　317p　20cm　①4-06-188947-8

◇私の見た野間清治―講談社創始者・その人と語録　笛木悌治著　富士見書房　1979.10　601p　20cm　〈野間清治の肖像

あり〉

◇出版人の遺文　栗田書店　1968　8冊　19cm　〈栗田書店創業五十周年記念出版〉

◇日本財界人物列伝　第1巻　青潮出版株式会社編　青潮出版　1963　1171p 図版　26cm

◇群馬の人々　第2　近代　みやま文庫編（みやま文庫）　1963　288p　19cm

◇20世紀を動かした人々　第15　マスメディアの先駆者〔ほか〕　日高六郎編　講談社　1963　424p　19cm

◇人間野間清治　辻平一著　講談社　1960　336p 図版　19cm

◇私之半生　野間清治著　講談社　1959　483p 図版　20cm

◇講談社の歩んだ50年 2巻2冊　講談社社史編纂委員会編　講談社　1959

▌野村 徳七　のむら・とくしち
1878～1945　実業家。大阪野村銀行、野村証券などを設立、野村財閥を形成。

◇名企業家に学ぶ「死んでたまるか」の成功術―困難に打ち勝つ精神力の養い方　河野守宏著　ロングセラーズ　2016.10　203p　18cm　①978-4-8454-0992-1
*ここを乗り切れ、道は拓ける！ 危機に際会して「死んでたまるか！」と発奮し、死力をふるった企業家を取りあげた。古くは江戸から明治・大正・昭和へと大車輪の活躍をした異色の人物たちである。

◇財閥を築いた男たち　加来耕三著　ポプラ社　（ポプラ新書）　2015.5　266p　18cm　①978-4-591-14522-7
*近代を支えてきた資本主義そのものが終焉を迎えたと言われる現在、どこにビジネスの活路を見出せばいいのか。約150年前、明治維新という未曾有の危機に直面しながらも、新しい事業を起こし老舗を再建し、現代の大企業につながる「財閥」を築いていった男たちがいた。彼らの足跡にこそ、成功の鍵がある！

◇企業家活動でたどる日本の金融事業史―わが国金融ビジネスの先駆者に学ぶ　法

Ⅰ　政治・経済　　　　　　　　　　　　　　　　　　　　　　　　　　　　　　　　野村徳七

政大学イノベーション・マネジメント研
究センター監修，宇田川勝監修・編著，長
谷川直哉編著　白桃書房　（法政大学イノ
ベーション・マネジメント研究センター
叢書）　2013.3　204p　21cm
①978-4-561-76199-0
　＊「企業家活動でたどる日本の産業（事
　　業）史」シリーズ第2弾。今回は金融ビ
　　ジネスを取り上げる。起業精神に富み、
　　革新的なビジネス・モデルを駆使して
　　産業開拓活動に果敢に挑戦し、その国
　　産化を次つぎに達成していった企業家
　　たちの活動を考察。

◇名創業者に学ぶ人間学 十大財閥篇　加来
　耕三著　ポプラ社　2010.9　315p　19cm
　①978-4-591-12001-9
　＊岩崎弥太郎、野村徳七、安田善次郎…財
　　閥を築き、世界と戦える大企業の基礎
　　を創り上げた英傑16人の波乱に満ちた
　　生涯を紐解きながら、ビジネスを成功
　　させる法則を探る歴史人間学の決定版。

◇日本相場師列伝―栄光と挫折を分けた大
　勝負　鍋島高明著　日本経済新聞社　（日
　経ビジネス人文庫）　2006.11　318p
　15cm　①4-532-19367-2
　＊「最後の相場師」是川銀蔵、伊藤忠の黄
　　金時代を築いた越後正一、野村財閥の
　　礎を築いた野村徳七―。明治から昭和
　　にかけて活躍した相場師70人を収録。
　　彼らを成功に、あるいは破滅に導いた
　　勝負の瞬間を描く。

◇日本相場師列伝―栄光と挫折を分けた大
　勝負　鍋島高明著　日本経済新聞社　（日
　経ビジネス人文庫）　2006.11　318p
　15cm　①4-532-19367-2
　＊「最後の相場師」是川銀蔵、伊藤忠の黄
　　金時代を築いた越後正一、野村財閥の
　　礎を築いた野村徳七―。明治から昭和
　　にかけて活躍した相場師70人を収録。
　　彼らを成功に、あるいは破滅に導いた
　　勝負の瞬間を描く。

◇教養として知っておきたい「昭和」の名経
　営者―ビジネスの糧になる知恵、才覚、器
　量　松崎隆司著　三笠書房　（知的生きか
　た文庫）　2005.12　362p　15cm
　①4-8379-7528-3
　＊松下幸之助、本田宗一郎、井深大…昭和

の時代を振り返ってみると、そこには
「経営の神様」「発明の天才」とまで謳わ
れた経営者が、綺羅星のごとく連なって
いることに驚かされる。彼らの実績は
単なる“歴史”ではない。その際立った
「知恵」「才覚」「器量」を知ることは、
現代のビジネスマンの「教養」となるば
かりか、「生きた糧」ともなるはずだ。

◇教養として知っておきたい「昭和」の名経
　営者―ビジネスの糧になる知恵、才覚、器
　量　松崎隆司著　三笠書房　（知的生きか
　た文庫）　2005.12　362p　15cm
　①4-8379-7528-3
　＊松下幸之助、本田宗一郎、井深大…昭和
　　の時代を振り返ってみると、そこには
　　「経営の神様」「発明の天才」とまで謳わ
　　れた経営者が、綺羅星のごとく連なって
　　いることに驚かされる。彼らの実績は
　　単なる“歴史”ではない。その際立った
　　「知恵」「才覚」「器量」を知ることは、
　　現代のビジネスマンの「教養」となるば
　　かりか、「生きた糧」ともなるはずだ。

◇日本経営者列伝―成功への歴史法則　加
　来耕三著　学陽書房　（人物文庫）
　2005.8　452p　15cm　①4-313-75202-1
　＊世界のソニーを創った井深大、トヨタ
　　を築いた豊田喜一郎、電通を育てた“広
　　告の鬼”吉田秀雄、東芝を再建した石坂
　　泰三、“時勢”を読んだ時計王・服部金太
　　郎、東急王国を築いた五島慶太、夢のカ
　　メラを実現した御手洗毅、三井を救っ
　　た中上川彦次郎…。歴史家の眼で、経
　　営者たちの戦いの軌跡を読み解き、転
　　換期に真に必要なメソッドを考察する。
　　文庫オリジナル版。

◇日本経営者列伝―成功への歴史法則　加
　来耕三著　学陽書房　（人物文庫）
　2005.8　452p　15cm　①4-313-75202-1
　＊世界のソニーを創った井深大、トヨタ
　　を築いた豊田喜一郎、電通を育てた“広
　　告の鬼”吉田秀雄、東芝を再建した石坂
　　泰三、“時勢”を読んだ時計王・服部金太
　　郎、東急王国を築いた五島慶太、夢のカ
　　メラを実現した御手洗毅、三井を救っ
　　た中上川彦次郎…。歴史家の眼で、経
　　営者たちの戦いの軌跡を読み解き、転
　　換期に真に必要なメソッドを考察する。

伝記ガイダンス 明治を生きた人々　　**487**

野村徳七

I 政治・経済

文庫オリジナル版。

◇証券王―野村証券を起ち上げた男　下　梅
林貴久生著　学習研究社　（学研M文庫）
2002.6　349p　15cm　ⓘ4-05-900161-9
＊暴落、損失、逃亡。絶望の底からも機会
をねらう野村徳七の時が来た！　第一次
世界大戦の黄金相場に、乾坤一擲、満を
持しての勝負に出る。相場師から世界
の証券業者へ、そして財閥へと、猛烈に
走りつづけた快男児の軌跡とその裏に
渦巻く、友情、苦悩、覇権の争奪戦、浮
沈興亡の証券業界を描く。

◇証券王―野村証券を起ち上げた男　下　梅
林貴久生著　学習研究社　（学研M文庫）
2002.6　349p　15cm　ⓘ4-05-900161-9
＊暴落、損失、逃亡。絶望の底からも機会
をねらう野村徳七の時が来た！　第一次
世界大戦の黄金相場に、乾坤一擲、満を
持しての勝負に出る。相場師から世界
の証券業者へ、そして財閥へと、猛烈に
走りつづけた快男児の軌跡とその裏に
渦巻く、友情、苦悩、覇権の争奪戦、浮
沈興亡の証券業界を描く。

◇新・財界人列伝―光と影　厚田昌範著
読売新聞社　1992.1　254p　19cm
ⓘ4-643-91127-1
＊財界の指導者たちの、いまだ書かれな
かった実像に迫る。

◇新・財界人列伝―光と影　厚田昌範著
読売新聞社　1992.1　254p　19cm
ⓘ4-643-91127-1
＊財界の指導者たちの、いまだ書かれな
かった実像に迫る。

◇創業者の商才―マネー王国・野村証券
広瀬仁紀著　大陸書房　（大陸文庫）
1991.7　278p　15cm　ⓘ4-8033-3421-8
＊"稀代の相場師"徳七。その先見力の源
泉に迫る。マネーウォーズを優れた経
営力と合理性で突破、無敵の"相場師"
激動の生涯。

◇創業者の商才―マネー王国・野村証券
広瀬仁紀著　大陸書房　（大陸文庫）
1991.7　278p　15cm　ⓘ4-8033-3421-8
＊"稀代の相場師"徳七。その先見力の源
泉に迫る。マネーウォーズを優れた経
営力と合理性で突破、無敵の"相場師"

激動の生涯。

◇ドキュメンタリーノベル 巨人伝―野村証
券を創った男　改訂新版　梅林貴久生著
青樹社　1991.6　433p　19cm
ⓘ4-7913-0653-8
＊強烈な個性、天与の商才、そして卓越し
た情報収集力と時代の先を読む確かな
目。明治・大正・昭和と激動の時代を
生きぬいて経済界を表裏から揺さぶり、
証券王と呼ばれた男―野村徳七。その
波瀾の生涯をいきいきと描き上げた力
作長編。

◇ドキュメンタリーノベル 巨人伝―野村証
券を創った男　改訂新版　梅林貴久生著
青樹社　1991.6　433p　19cm
ⓘ4-7913-0653-8
＊強烈な個性、天与の商才、そして卓越し
た情報収集力と時代の先を読む確かな
目。明治・大正・昭和と激動の時代を
生きぬいて経済界を表裏から揺さぶり、
証券王と呼ばれた男―野村徳七。その
波瀾の生涯をいきいきと描き上げた力
作長編。

◇相場は狂せり―野村証券創始者・野村徳
七の生涯　木村勝美著　徳間書店
1990.5　292p　19cm　ⓘ4-19-554248-0
＊「無為平凡を排す」。「七割の確実性に
賭ける」。信念を貫き、燃えるような人
生を送った徳七翁の生涯を活写。野村
コンツェルンの礎はこうして築かれた。

◇相場は狂せり―野村証券創始者・野村徳
七の生涯　木村勝美著　徳間書店
1990.5　292p　19cm　ⓘ4-19-554248-0
＊「無為平凡を排す」。「七割の確実性に
賭ける」。信念を貫き、燃えるような人
生を送った徳七翁の生涯を活写。野村
コンツェルンの礎はこうして築かれた。

◇野村証券 創業の精神―稀代の相場師野村
徳七　広瀬仁紀著　三笠書房　（知的生き
かた文庫）　1987.11　270p　15cm
ⓘ4-8379-0202-2
＊"科学的調査と研究"をキャッチフレー
ズに、"猛進"を実践、一代にして野村証
券を含む旧野村財閥をつくり上げた野
村徳七。その鮮烈な企業家魂に我々は
何を学ぶか。膨大な資料の中から「語

録」を選んでその生きざまを描く。

◇創魂燃ゆ―野村証券の始祖＜才商＞徳七　広瀬仁紀著　講談社　1985.10　269p　20cm　〈巻末：参考文献〉　①4-06-202216-8

◇獅子奮迅―野村証券創立者・野村徳七の生涯　邦光史郎著　サンケイ出版　1984.2　307p　17cm　①4-383-02294-4

◇巨人伝―証券王・野村徳七　大長編ドキュメント　梅林貴久生著　青樹社　1983.12　430p　19cm　①4-7913-0234-6

◇日本財界人物列伝　第2巻　青潮出版株式会社編　青潮出版　1964　1175p　図版13枚　27cm

◇人使い金使い名人伝　〔正〕続　中村竹二著　実業之日本社　1953　2冊　19cm

◇野村得庵　第1　本伝　野村得庵翁伝記編纂会編　1952　22cm

◇野村得庵　第2　本伝　野村得庵翁伝記編纂会編　1952　22cm

◇野村得庵　第3　趣味篇　野村得庵翁伝記編纂会編　1952　22cm

▌**野村　竜太郎**　のむら・りゅうたろう
1859～1943　鉄道工学者。満州鉄道社長。鉄道局建設部長、運輸部長を経て、鉄道院副総裁。

◇植民地帝国人物叢書　40（満洲編 1）　野村龍太郎伝　野村龍太郎　加藤聖文編　蕢洲会編　ゆまに書房　2011.6　446p　22cm　〈日本交通学会1938年刊の複製年譜あり〉　①978-4-8433-3656-4

▌**野本　恭八郎**
のもと・きょうはちろう
1852～1936　実業家、社会事業家。長岡電灯会社取締役。長岡の豪商。全財産を投じて日本互尊社を設立し社会教育事業に寄与した。

◇互尊翁野本恭八郎　稲川明雄著　新潟日報事業社　2006.8　417p　21cm　①4-86132-180-8

【は】

▌**芳賀　種義**　はが・たねよし
1861～1939　政治家。旧八幡村村長。

◇海峡の風―北九州を彩った先人たち　轟良子著，轟次雄写真　北九州市芸術文化振興財団　2009.9　345p　21cm　①978-4-9903249-3-3
＊志、高く意思強き人びとの歩み。今を生きる私たちへのメッセージ。月刊誌「ひろば北九州」連載コーナーを単行本化。

▌**萩原　正清**　はぎわら・まさきよ
1853～1927　農業，農民運動家。鷹栖農民同盟会会長，富山県米穀生産者同盟会会長。

◇慣行小作権と萩原正清　砺波郷土資料館，砺波市文化協会編　桂書房　1993.7　126p　26cm

▌**萩原　鐐太郎**
はぎわら・りょうたろう
1843～1916　実業家。碓氷社社長，衆議院議員。群馬県政財界の実力者。蚕糸業界の発展に貢献。

◇絹先人考　上毛新聞社編　上毛新聞社（シルクカントリー双書）　2009.2　313p　19cm　①978-4-86352-005-9
＊群馬のシルク産業にかかわった多くの人たちは、時代の先導者でもあった。絹の国の先人たちは何を考え、どう生きたのか。現代に引き継がれている先人たちの業績や特質、その背景や先進性などに迫った。

◇近代群馬の思想群像　高崎経済大学附属産業研究所編　貝出版企画，ブレーン出版〔発売〕　1988.3　342p　21cm　①4-89242-122-7

◇日本近代化の精神世界―明治期豪農層の軌跡　宮沢邦一郎著　雄山閣出版　1988.1　250,6p　21cm　①4-639-00699-3

パークス   Ⅰ　政治・経済

◇村に生きる人びと―東上磯部村と萩原鐐
　太郎　佐々木潤之介等著　萩原鐐太郎記
　念出版刊行会　1974　343p　図　22cm
　〈監修：佐々木潤之介〉

パークス, H.S.
Parkes, Sir Harry Smith
1828～1885　駐日イギリス全権公使。
1865年来日。
◇パークス伝―日本駐在の日々　F.V.ディ
　キンズ著, 高梨健吉訳　平凡社　（東洋文
　庫）　1984.1　371p　18cm　〈ハリー・
　パークスの肖像あり　パークス略年譜：
　p361～365　主要参考文献：p370～371〉

間　猛馬　はざま・たけま
1858～1927　実業家，「間組」の創始者。
◇建設業を興した人びと―いま創業の時代
　に学ぶ　新装版　菊岡倶也著　彰国社
　2012.6　453p　19cm
　①978-4-395-02982-2
◇建設業を興した人びと―いま創業の時代
　に学ぶ　菊岡倶也著　彰国社　1993.1
　452p　21cm　①4-395-00353-2
　＊本書は、創業者とその周辺の人びとを
　　通じてわが国建設業の近代の発展を描
　　いたものである。

橋本　綱常　はしもと・つなつね
1845～1909　陸軍軍医。日本赤十字社病
院初代院長，子爵。日本赤十字社設立に
尽力。東京大学教授、貴族院議員を歴任。
◇松平春嶽の幕末維新　高橋榮輔著　ブイ
　ツーソリューション　2014.1　221p
　21cm　〈年譜あり　文献あり〉
　①978-4-86476-175-8
◇橋本左内と弟綱常―平成20年夏季特別陳
　列　福井市立郷土歴史博物館編　福井市
　立郷土歴史博物館　2008.7　34p　30cm
　〈会期・会場：平成20年7月9日―9月7日
　福井市立郷土歴史博物館　年表あり〉
◇橋本綱常先生―伝記・橋本綱常　日本赤
　十字社病院編　大空社　（伝記叢書）
　1994.11　486,2，6p　22cm　〈日本赤十

字社病院昭和11年刊の複製　年譜：p471
～482〉　①4-87236-459-7
◇橋本綱常博士の生涯―博愛社から日赤へ―
　建設期の赤十字人　松平永芳著　福井市
　立郷土歴史博物館　1988.3　34p　26cm

橋本　増治郎　はしもと・ますじろう
1875～1944　実業家。崎戸鉱業所長に
就任。自動車会社快進社を創立。ダット
号を完成。
◇ダットサンの忘れえぬ七人―設立と発展
　に関わった男たち　下風憲治著，片山豊
　監修　片山豊記念館　2017.10　247p
　19cm　①978-4-89522-679-0
　＊日本に自動車産業を確立し育成するた
　　めに一生涯をかたむけた男たちがいた。
◇企業家活動でたどる日本の自動車産業史
　―日本自動車産業の先駆者に学ぶ　宇田
　川勝監修・編著, 四宮正親編著　白桃書房
　（法政大学イノベーション・マネジメント
　研究センター叢書）　2012.3　216p
　21cm　①978-4-561-76195-2
　＊本書は、法政大学における公開講座にも
　　とづき、学生や社会人の方々に自動車産
　　業の歴史とそこで活躍した企業家たち
　　に親しんでもらうことを目指したケー
　　ス集。自動車産業の開拓と発展に貢献
　　した熱き企業家たちの姿が学べる1冊。
◇ダットサンの忘れえぬ七人―設立と発展
　に関わった男たち　下風憲治著，片山豊
　監修　アイサイト　2010.3　247p　19cm
　①978-4-89522-545-8
◇日本自動車史―日本の自動車発展に貢献し
　た先駆者達の軌跡　佐々木烈著　三樹書房
　2004.3　287p　21cm　①4-89522-372-8
　＊これまでの自動車史の定説を覆し、知ら
　　れざる真実を考証。明治・大正から昭和
　　初期にかけて日本における自動車産業
　　の先駆者について見事に公開した一冊。

長谷川　彦八　はせがわ・ひこはち
1852～1901　自由民権運動家。
◇相模の美酒と福沢諭吉―「近代化」のビ
　ジョンを求めて　金原左門著　日本経済
　評論社　2010.5　277p　20cm

490　伝記ガイダンス　明治を生きた人々

I　政治・経済

①978-4-8188-2115-6
＊福沢諭吉はなぜ西相模にこだわったのか。交詢社を媒介として地域の開発とリーダーの育成を提唱・指導しつつ相模の美酒に舌づつみをうつ知られざる諭吉像を描く。

▌波多野 鶴吉　はたの・つるきち
1858〜1918　実業家。郡是製糸社長。郡是製糸を設立、取締役に就任。

◇宥座の器―グンゼ創業者波多野鶴吉の生涯　増補版　四方洋著　あやべ市民新聞社　2016.10　318p　19cm
①978-4-87950-624-5

◇企業家に学ぶ日本経営史―テーマとケースでとらえよう　宇田川勝，生島淳編　有斐閣　（有斐閣ブックス）　2011.12　348p　21cm　①978-4-641-18400-8
＊主要なテーマを解説したうえで、代表的な企業家を取り上げ、具体的なケースと豊富な資料にもとづいて解説。経営史の醍醐味を実感しながら学べる新しいテキスト。

◇報徳思想と近代京都　並松信久著　昭和堂　2010.10　276,10p　21cm
①978-4-8122-1041-3
＊幕末、二宮尊徳が唱えた報徳思想。明治以降その思想の影響を受け近代京都の発展に貢献した人々の軌跡を追う。

◇在来産業の革新―波多野鶴吉（グンゼ）長谷川直哉述　法政大学イノベーション・マネジメント研究センター　（Working paper series　日本の企業家史戦前編―企業家活動の「古典」に学ぶ）　2010.1　34p　30cm　〈会期：2007年12月15日〉

◇波多野鶴吉翁伝―伝記・波多野鶴吉　村島渚著　大空社　（伝記叢書）　2000.9　288,4p　22cm　〈年譜あり　郡是製糸昭和15年刊の複製　肖像あり〉
①4-7568-0918-9

◇宥座の器―グンゼ創業者波多野鶴吉の生涯　四方洋著　あやべ市民新聞社　1997.12　243p　19cm　〈京都 白川書院〉
①4-7867-0024-X

◇波多野鶴吉翁小伝　小雲嘉一郎著　波多

野鶴吉翁顕彰会　1958

▌初岡 敬治　はつおか・けいじ
1829〜1871　出羽秋田藩士。

◇金子家日記　初岡敬治日記 2　秋田市史編さん委員会近世部会編　初岡敬治著，秋田市史編さん委員会近世部会編　秋田市（秋田市史叢書）　2004.3　171p　26cm

◇初岡敬治日記　初岡敬治著，秋田市史編さん委員会近世部会編　秋田市　（秋田市史叢書）　2001.11　187p　26cm

▌服部 金太郎　はっとり・きんたろう
1860〜1934　実業家。服部時計店社長。服部時計店創業、のち精工舎を興し、セイコーを世界に広めた。

◇関東大震災で飛躍した企業―今こそ学べ！ 成功の発想力　たみやじゅん著　上毛新聞社　2013.1　195p　18cm
①978-4-86352-076-9
＊大正12（1923）年9月1日。マグニチュード7.9の大地震が関東を襲った。がれきの中から、事業家たちはいかにして「商売の種」を見いだしたのか。野間清治、山崎種二、梁瀬長太郎―。震災をビジネスチャンスに変え、企業を発展させた24人を紹介する。

◇日本の企業家群像 3　佐々木聡編　丸善出版　2011.5　296p　19cm
①978-4-621-08349-9

◇世界を驚かせた技術と経営　平本厚著　芙蓉書房出版　（シリーズ情熱の日本経営史）　2010.11　226p　22cm　〈シリーズの監修者：佐々木聡　文献あり〉
①978-4-8295-0496-3
＊かつて日本の企業者はいかにその資質を磨き、いかにリーダーシップを発揮し、そしていかなる信条や理念を尊重してきたのか。服部金太郎――小商店主が抱いた時計国産化の夢、松下幸之助―丁稚から世界の松下（パナソニック）へ二人の創業者の軌跡を追う。

◇落ちこぼれ万歳―自分を生きたアントレプレナー列伝　水野博之著　明拓出版　2007.11　226p　19cm

伝記ガイダンス 明治を生きた人々　**491**

①978-4-434-11238-6
＊科学史に残る人物たちを取り上げながら、MOTの第一人者が贈るビジネスマンのための「仕事と人生を面白くするハッピーレシピ」。

◇日本経営者列伝—成功への歴史法則　加来耕三著　学陽書房　（人物文庫）2005.8　452p　15cm　①4-313-75202-1
＊世界のソニーを創った井深大、トヨタを築いた豊田喜一郎、電通を育てた"広告の鬼"吉田秀雄、東芝を再建した石坂泰三、"時勢"を読んだ時計王・服部金太郎、東急王国を築いた五島慶太、夢のカメラを実現した御手洗毅、三井を救った中上川彦次郎…。歴史家の眼で、経営者たちの戦いの軌跡を読み解き、転換期に真に必要なメソッドを考察する。文庫オリジナル版。

◇時計王—セイコー王国を築いた男　若山三郎著　学習研究社　（学研M文庫）2002.5　294p　15cm　①4-05-900141-4
＊幕末、江戸の古物商の子として生まれた服部金太郎。幼い頃から利発だった彼は、文明開化が進む世の流れをいち早く読み、十三歳で唐物屋へ丁稚奉公に出る。骨惜しまず働くうち、やがて金太郎は時計屋に将来性を見出し、修理工を第一歩に時計王への道を歩み始める。「常に一歩先を」をモットーに、日本の時計業界をリードした服部金太郎の創意と決断の原点を知る。

◇セイコー王国を築いた男—小説・服部金太郎　若山三郎著　青樹社　1992.9　260p　19cm　①4-7913-0722-4
＊時計王と呼ばれた、セイコーの祖の創意と決断に満ちた振子人生を活写。商傑の大いなる足跡。

◇時計王服部金太郎　平野光雄著　時事通信社　（一業一人伝）　1972　218p　図肖像　18cm

◇事業はこうして生れた　創業者を語る　実業之日本社編　1954　264p　19cm

┃ 鳩山 和夫　はとやま・かずお
1856〜1911　政治家，弁護士。外務大臣。衆議院議長、大隈内閣外務次官などを

歴任。

◇鳩山由紀夫と鳩山家四代　森省歩著　中央公論新社　（中公新書ラクレ）　2009.9　186p　18cm　①978-4-12-150330-5
＊政治家・鳩山由紀夫と、由紀夫・邦夫の兄弟へと至る、近現代史のなかの鳩山家四代を描出。人物像や人脈、閨閥などを明らかにし、秘話や証言も交えて活写した書き下ろし作品。

◇鳩山の一生・伝記・鳩山和夫　鳩山春子編　大空社　（伝記叢書）　1997.9　1冊　21cm　①4-7568-0476-4

◇鳩山一族—誰も書かなかったその内幕　伊藤博敏著　ぴいぷる社　1996.12　283p　19cm　①4-89374-111-X
＊日本のケネディ家はこうして築かれた！ 音羽御殿四代の人間模様がいま明らかになる！ 影で支える女たち・友愛・秘密結社フリーメーソン裏でうごめく黒幕・金銭スキャンダルなど…。

┃ 花井 卓蔵　はない・たくぞう
1868〜1931　弁護士，政治家。衆議院議員，東京弁護士会会長。刑法改正案、借地法案などの作成に関与。

◇花井卓蔵全伝—伝記・花井卓蔵　上巻　大木源二著　大空社　（伝記叢書）1997.11　674,5p　22cm　〈花井卓蔵全伝編纂所昭和10年刊の複製 ☆柳原書店〉①4-7568-0486-1

◇花井卓蔵全伝—伝記・花井卓蔵　下巻　大木源二著　大空社　（伝記叢書）1997.11　472,10,5p　22cm　〈花井卓蔵全伝編纂所昭和10年刊の複製 ☆柳原書店〉①4-7568-0487-X

┃ 花房 義質　はなぶさ・よしもと
1842〜1917　外交官。子爵，日本赤十字社長。外務権小丞、駐露特命全権公使などを歴任。

◇日本外交人物叢書　第1巻　吉村道男監修　ゆまに書房　2002.1　6,334p　図版36枚　22cm　〈複製〉　①4-8433-0489-1

I 政治・経済　　　　　　　　　　　　　　　　　　　　　馬場辰猪

▌埴原 正直　はにはら・まさなお

1876〜1934　外交官。駐米大使。通産局長外務次官などを歴任。排日移民法案成立の責任を問われ退官。

◇「排日移民法」と闘った外交官—1920年代日本外交と駐米全権大使・埴原正直　チャオ埴原三鈴，中馬清福著　藤原書店　2011.12　418p　20cm　〈年表・索引あり〉　①978-4-89434-834-9

◇駐米大使 埴原正直—山梨に生まれ明治・大正期の日米外交に尽くした栄光と波乱を解き明かす：埴原正直生誕135年没後77年を記念して：little Hani small Hanny　雨宮正英編　雨宮正英　2011.9　126p　30cm

▌馬場 辰猪　ばば・たつい

1850〜1888　政治家，民権論者。自由民権思想の啓蒙に努めた。「天賦人権論」を著す。

◇馬場辰猪 日記と遺稿　馬場辰猪著，杉山伸也，川崎勝編　慶應義塾大学出版会　2015.10　93,177p　22cm　〈年譜あり 索引あり〉　①978-4-7664-2258-0

◇福沢諭吉と日本人　佐高信著　角川学芸出版　（角川文庫）　2012.8　317p　15cm　〈角川グループパブリッシング（発売）　「福沢諭吉伝説」（2008年刊）の改題〉　①978-4-04-400308-1

　＊新たな日本を創るため、骨太な民の思想を貫いた福沢諭吉。熱き心で醒めた理知を説いた「平熱の思想家」が遺したものとは何か。そして悪名高き脱亜論の真実とは。福沢暗殺を企てた増田宋太郎、医学者・北里柴三郎、憲政の神様・犬養毅、急進的思想家・中江兆民、電力の鬼・松永安左衛門。福沢の薫陶を受け、近代日本を牽引した傑物たちを検証。福沢の自主独立の精神を見つめ直し、混迷の現代を照らす指針を探る。

◇馬場辰猪　萩原延寿著　朝日新聞社　（萩原延寿集）　2007.11　391p　20cm　〈肖像・著作目録・文献・年譜あり〉　①978-4-02-250349-7

　＊馬場辰猪とは何者か。福沢諭吉とイギリス留学、この二つの巨大な経験をへ

て、自由民権運動の最前線に進み出た馬場が、「近代日本の夜明け」明治にみたものは？ 知識人の孤独、転向と亡命を描ききった著者会心の第一作。

◇福沢諭吉と自由民権運動—自由民権運動と脱亜論　飯田鼎著　御茶の水書房　（飯田鼎著作集）　2003.10　315,12p　22cm　〈付属資料：11p：月報 6　シリーズ責任表示：飯田鼎／著　文献あり〉　①4-275-00297-0

　＊本巻は、福沢諭吉の著作のうち、明治十年代から二十年代にかけてかかわった自由民権運動を中心に、彼が新しい時代を迎えた日本において、自由と民権そしてそれを支える文明との関係をどのように把握していたか、この問題に焦点をあて論じた論稿から成り立っている。

◇自由の精神　萩原延寿著　みすず書房　2003.9　387p　19cm　①4-622-07058-8

　＊「革新とは何か」「福沢・中江・馬場」からオーウェル、丸山真男、“リトリートの思想”まで。自由の精神を生きた一人の知識人＝萩原延寿の軌跡をとどめる35篇。

◇英国と日本—架橋の人びと　ヒュー・コータッツィ、ゴードン・ダニエルズ編著，横山俊夫解説，大山瑞代訳　思文閣出版　1998.11　503,68p　21cm　①4-7842-0977-8

　＊1859年オールコックが開国まもない日本に着任、日英交渉のスタートはきられ、1891年ロンドンで開かれた国際東洋学者会議日本分科会の席上日本協会は誕生した。百年以上にわたる両国の関係は、二つの文化のはざまで生きた人々によって築かれてきた。本書は日本協会百年の歴史と23人のエピソードを通して、日英文化交流史の足跡を辿る。巻末に日本協会創立当初の会員名簿と戦前の紀要に掲載された論文の一覧を付した。

◇法思想の世界　矢崎光圀著　塙書房　（塙新書）　1996.9　193p　18cm　①4-8273-4073-0

　＊「世紀末」が独得の意味合いで使われだし、明治維新を迎えたわが国にとっても重要な19世紀末—そんな危機的状況の時期に生きた先人たち、現実を直視

伝記ガイダンス 明治を生きた人々　　**493**

し、コミュニケートし、打開を志し、あるいは途半ばでたおれた先人たちの生きざまに、法思想の側から光をあてる。

◇馬場辰猪　萩原延寿著　中央公論社　（中公文庫）　1995.6　404p　16cm
　①4-12-202338-6
　＊明治二十一年、遺作となった自著の表紙に、馬場辰猪はローマ字で「頼むところは天下の与論目指す仇は暴虐政府」と刷りこんだ。藩閥政府の告発と自由民権運動の擁護につらぬかれ、アメリカで客死するに至る、その精神的苦闘の軌跡を克明に辿り、明治前期における急進的知識人の肖像を浮彫りにする画期的労作。吉野作造賞受賞作。

◇いま、帝の国の人権　上田誠吉著　花伝社，共栄書房〔発売〕　1989.11　270p　19cm　①4-7634-0218-8
　＊闇をはらんだ昭和は終わった。しかし、人権の曙光は見えているか？　大日本帝国の無責任の体系は、現代日本の権力の恣意に引き継がれている。人権は闘いとらねばならない。なぜなら、それはコウノトリが運んできた子供ではないから。

◇馬場辰猪全集　第4巻　馬場辰猪著　岩波書店　1988.9　577,7p　19cm
　①4-00-091264-X
　＊本全集は全4巻をもって成り、本巻は資料篇として関係資料を収めた。また、第1〜3巻刊行後発見された論文、発言などを、第一―三巻との形式に従って「補遺」として掲載した。

◇明治・青春の夢―革新的行動者たちの日記　嶋岡晨著　朝日新聞社　（朝日選書）　1988.7　224p　19cm　①4-02-259458-6

◇馬場辰猪全集　第3巻　西田長寿ほか編　岩波書店　1988.3　159,345p　20cm
　〈著者の肖像あり〉　①4-00-091263-1

◇馬場辰猪　〔復刻版〕　安永梧郎著　みすず書房　（みすずリプリント）　1987.8　256p　19cm　①4-622-02680-5

◇遠い波濤―土佐自由民権家馬場辰猪アメリカに死す　永国淳哉著　青英舎　1984.10　248p　22cm　〈校閲：秀島徹ほか　馬場辰猪の肖像あり〉

◇日本人の自伝　2　植木枝盛，馬場辰猪，田中正造，玉水常治，松山守善　平凡社　1982.7　549p　20cm　〈植木枝盛ほかの肖像あり〉

◇馬場辰猪　萩原延寿著　中央公論社　1967　315p　図版　20cm

◇日本人物史大系　第5巻　近代　第1　小西四郎編　朝倉書店　1960　340p　22cm

◇私の欽仰する近代人　山田孝雄著　宝文館　1954　173p　19cm

◇明治の人物―自由思想に貢献せる人々　柳田泉著　東京講演会　1946　62p　18cm

| 馬場 恒吾　ばば・つねご
1875〜1956　新聞実業家，政治評論家。読売新聞社社長，日本新聞協会会長。戦前、国民新聞社理事等を歴任。戦後、読売争議を解決へ。著書に「現代人物評論」。

◇馬場恒吾の面目―危機の時代のリベラリスト　御厨貴著　中央公論新社　（中公文庫）　2013.9　266p　16cm　〈文献・年譜あり　中央公論社　1997年刊の再刊〉　①978-4-12-205843-9
　＊戦前、二大政党政治が崩壊し軍部台頭、そして日米開戦まで、政治評論家として"雄弁"に時代を語り、戦時中は総合雑誌への執筆禁止という形で"沈黙"を余儀なくされ、戦後は新聞経営者として「書く場」を守りきったリベラリストの本格評伝。一九九七年度吉野作造賞受賞作。

◇自伝点描　改版　馬場恒吾著　中央公論新社　（中公文庫）　2005.10　261p　16cm　①4-12-204607-6

◇馬場恒吾の面目―危機の時代のリベラリスト　御厨貴著　中央公論社　1997.6　233p　20cm　〈馬場恒吾略年譜・主要参考文献：p224〜230〉　①4-12-002699-X
　＊一大ジャーナリストから読売新聞社長へ。戦前、政治評論に携わることで時代を雄弁に語り、戦後、書く場を守ることで時代を身をもって生きた気概の言論人。

◇自伝点描　馬場恒吾著　中央公論社　（中公文庫）　1989.9　253p　15cm

I　政治・経済

①4-12-201647-9
＊自伝を通して視るリベラル新聞人の大
　正・昭和。青年時代の読書、パリ講和会
　議、関東大震災、アメリカ記者生活、終
　戦と読売新聞社社長時代…。新聞人40
　余年の思い出と随想を収録する。

◇言論は日本を動かす　第8巻　コラムで批
　判する　内田健三ほか編　内田健三解説
　講談社　1985.12　305p　20cm
　①4-06-188948-6

◇三代言論人集　第8巻　幸徳秋水〔ほか〕
　荒畑寒村　時事通信社　1963　363p　図版
　18cm

◇自伝点描　馬場恒吾著　東西文明社
　1952

▌ハーバー，L.　Haber, Ludwig
1843～1874　ドイツの外交官。1874年来
日。函館ドイツ領事。

◇異星、北天に煌めく　北海道ノンフィク
　ション集団編　北海道出版企画センター
　2011.1　270p　19cm　〈執筆：合田一道
　ほか　年表あり〉　①978-4-8328-1101-0

▌パーマー，H.S.
Palmer, Henry Spencer
1838～1893　イギリスの技術者。1882年
来日。

◇祖父パーマー──横浜・近代水道の創設者
　樋口次郎著　有隣堂　（有隣新書）
　1998.10　225p　18cm　〈文献あり　年譜
　あり〉　①4-89660-153-X
＊明治二十年（一八八七）十月十七日、共
　用栓からほとばしる水を見て、横浜の
　住人は歓声を上げた。英国人ヘンリー・
　S・パーマーの設計・監督による、わが
　国初の近代水道が完成したのである。
　パーマーは横浜築港、横浜船渠なども
　手がけ、その業績は数多く、科学者とし
　ても活躍したが、条約改正問題に絡ん
　で、『ザ・タイムズ』の東京通信員とし
　ても重要な役割を担っている。本書は、
　パーマーの孫にあたる著者が、二十年
　にわたる調査研究の成果をもとに祖父
　パーマーの事績を跡づけ、その多面的
　な人間像を描き出したものである。

◇条約改正と英国人ジャーナリスト──H.S.
　パーマーの東京発通信　樋口次郎，大山
　瑞代編著　思文閣出版　1987.9　264,8p
　20cm　〈パーマーの肖像あり　参考文献：
　p261　巻末：条約改正関係年表・Henry
　Spencer Palmer年譜〉　①4-7842-0488-1

◇水と港の恩人H.S.パーマー──展示図録
　横浜開港資料館編　横浜開港資料館
　1987.8　95p　26cm　〈横浜水道100年記
　念　英語書名：Henry Spencer Palmer　英
　文併記　H.S.パーマーの肖像あり　会期：昭
　和62年8月1日～10月28日　H.S.パーマー
　略年譜：p88～89〉

▌浜口　梧陵　はまぐち・ごりょう
1820～1885　官吏。和歌山県議会議長。
開国論者。訓練所耐久社を設け、郷里青
年を教育、農民兵を組織。〔記念施設〕
稲むらの火の館（和歌山県広川町），顕彰
碑（千葉県銚子市，和歌山県広川町広村）

◇時代を超えた経営者たち　井奥成彦編著
　日本経済評論社　2017.3　336p　21cm
　①978-4-8188-2462-1
＊進取に富み革新的な経営を行った人物
　や、これまであまり紹介されることが
　なかった古くからの家業を継承、発展
　させていった経営者を取り上げ、それ
　ぞれの特徴を平易に描く。

◇11・5津波救国──〈稲むらの火〉浜口梧陵伝
　大下英治著　講談社　2016.4　445p
　15cm　〈「津波救国」（2013年刊）の改題、
　加筆・再編集・版型変更　文献あり〉
　①978-4-06-220072-1

◇津波からふるさとを守った浜口梧陵──歴
　史マンガ「稲むらの火」　クニトシロウ
　作・画　文溪堂　2015.2　143p　22cm
　〈「津波から人びとを救った稲むらの火」
　（2005年刊）の改題、加筆・修正　文献あ
　り　年譜あり〉　①978-4-7999-0099-4

◇稲むらの火　浜口梧陵のはなし──エスペラ
　ント語・英語・日本語版　第2版　松下千
　恵文，江川治邦エスペラント語訳，中道民
　広，相川節子，ジョエル・エイミスエスペ
　ラント語監修，山田恭久英語訳，ジュリア
　ン・リチャーズ英語監修　グループ・イ
　ンテルポポーラ　2013.5　44p　26cm

伝記ガイダンス　明治を生きた人々　**495**

◇津波救国—〈稲むらの火〉浜口梧陵伝　大下英治著　講談社　2013.3　317p　19cm　〈文献あり〉　①978-4-06-217184-7
　＊復興の覚悟。改革の情熱。幕末、明治維新の動乱を駆けぬけた傑物・浜口梧陵。その生涯こそ、いま求められるリーダー像である。

◇復興の日本史—いかにして度重なる災害や危機を乗り越えてきたか　河合敦著　祥伝社　（祥伝社黄金文庫）　2012.6　278p　15cm　①978-4-396-31577-1
　＊後藤新平、上杉鷹山、鬼平、濱口梧陵、角倉了以、立花宗茂…未曾有の国難に立ち向かい、逼迫する藩政を立て直し、私財を投げ打ち庶民を救った先人たちの偉業に学べ！

◇志を貫いた先人たち　モラロジー研究所出版部編　モラロジー研究所　（「歴史に学ぼう、先人に学ぼう」）　2009.5　255p　19cm　①978-4-89639-170-1
　＊先人たちの並々ならぬ努力に日本人の底力を見た。歴史に学ぶ道徳教材。

◇浜口梧陵と医学　川村純一著　崙書房出版　2008.11　118p　19cm　〈年譜あり〉　①978-4-8455-1146-4
　＊八日市場市匝瑳郡医師会創立百周年記念行事での記念講演、「浜口梧陵」を基に記述。

◇津波とたたかった人—浜口梧陵伝　戸石四郎著　新日本出版社　2005.8　188p　19cm　〈年譜・文献あり〉　①4-406-03210-X
　＊「稲むらの火」の真実とは？「防災百年の計」の原点はここにある。大津波で壊滅した故郷の村を救え！醬油屋当主・浜口梧陵は私財を投じて大防波堤の建設に立ち上がった—。NHK「その時歴史が動いた」でも紹介。

◇和魂和才—世界を超えた江戸の偉人たち　童門冬二著　PHP研究所　2003.2　238p　20cm　①4-569-62664-5
　＊三浦梅園、麻田剛立、浜口梧陵、大原幽学、広瀬久兵衛、多久一族…日本文化の粋である江戸が生んだ〝誇るべき日本人〟の力とは。

◇志の人たち　童門冬二著　読売新聞社　1991.10　282p　19cm　①4-643-91105-0
　＊「失敗者こそ復興者になる」「この世で一番大切なもの」「筆ひとすじ、自然体で」「海舟に海の夢を託した海の商人」など、河西大介から榎本武揚までの19人のライフ・ストーリー。

◇日本財界人物列伝　第2巻　青潮出版株式会社編　青潮出版　1964　1175p　図版13枚　27cm

▌浜田　国太郎　はまだ・くにたろう
1873～1958　労働運動家，船員。日本海員組合組合長。横浜で海上争議を指導。

◇しまなみ人物伝　村上貢著　海文堂出版　2015.8　258p　20cm　〈年表あり〉　①978-4-303-63426-1

◇海父・浜田国太郎—海員組合を創った男　村上貢著　海文堂出版　2009.1　155p　20cm　〈文献・年譜あり〉　①978-4-303-63425-4

▌浜田　彦蔵　はまだ・ひこぞう
1837～1897　漂流者，通訳，貿易商。日系アメリカ人一号。帰国後通訳を務め、貿易を営み新聞発行などを手がけた。

◇ひょうご幕末維新列伝　一坂太郎著　神戸新聞総合出版センター　2008.7　408p　19cm　①978-4-343-00476-5
　＊明治維新—日本中で変革の息吹が芽生え、近代化への情熱が沸き立っていた。兵庫県でも、あらゆる人や組織が動いた。伊藤博文、勝海舟、桂小五郎、大久保利通、坂本竜馬、吉田松陰…激動の時代を歩んだ先人たちの生きざまがここによみがえる。

◇ヒコの幕末—漂流民ジョセフ・ヒコの生涯　山下昌也著　水曜社　2007.12　334p　19cm　①978-4-88065-201-6
　＊彦太郎は十三歳の時に船で遭難、アメリカ商船に拾われる。アメリカで教育を受け、洗礼・帰化した彼は「ジョセフ・ヒコ」となって日米修好通商条約によって開国した日本に帰ってくる。坂本竜馬、木戸孝允、伊藤博文、グラバー、ヘボンなどおなじみの登場人物をまじえ、幕末・明治の日本が鮮やかに

Ⅰ　政治・経済　　　　　　　　　　　　　　　　　　　　　　　　　　　浜田彦蔵

描き出される。

◇アメリカ彦蔵　吉村昭著　新潮社　（新潮
　文庫）　2001.8　562p　16cm　〈文献あ
　り〉　①4-10-111741-1

◇アメリカ彦蔵　吉村昭著　読売新聞社
　1999.10　445p　20cm　①4-643-99043-0

◇鎖国をはみ出た漂流者―その足跡を追う
　松島駿二郎著　筑摩書房　（ちくまプリ
　マーブックス）　1999.2　199p　19cm
　①4-480-04227-X
　＊日本の外に出ることを禁じられた鎖国時
　　代に、正史にあらわれないたくさんの
　　日本人が海外にいた。そのほとんどが
　　沿岸で操業中、嵐にまき込まれたり、方
　　向を見失って漂流せざるを得なくなっ
　　た人びとである。顔かたち、体格など
　　まったく違ううえ、ことばも通じない見
　　知らぬ地で、彼らはどうやって日本に
　　帰ろうとしたのか。世界各地に足跡を
　　残した漂流者を追った、著者の長い旅。

◇開国逸史アメリカ彦蔵自叙伝　アメリカ
　彦蔵著、土方久徴、藤島長敏共訳、高市慶
　雄校訂並びに解題、明治文化研究会編
　ミュージアム図書　1998.12　404,13p
　20cm　〈ぐろりあそさえて昭和7年刊の復
　刊　肖像あり　年譜あり〉
　①4-944113-30-7
　＊本書は、ぐろりあ・そさえて社より昭和
　　7年に出版された『開国逸史・アメリカ
　　彦蔵自叙伝』（明治文化研究会編、高市
　　慶夫校訂並びに解題、土方久徴、藤島長
　　敏共訳）を底本に復刊したもの。

◇最初にアメリカを見た日本人　プラマー,
　キャサリン著、酒井正子訳　日本放送出
　版協会　1989.10　292p　19cm
　①4-14-008672-6
　＊将軍の政府が鎖国を持ちこたえようと
　　懸命な頃、過酷な運命のなかでアメリ
　　カやハワイに漂着した彼らは、異国に
　　不思議の国日本の情報を伝え、一方で
　　祖国に外国の実情を伝えて識者を啓蒙
　　する役割を果たした。本書は足で集め
　　た日米交渉初期の海事史料により、歴
　　史のなかでは「ものいわぬ」漂流民の生
　　きた姿を比較文学的手法で生き生きと
　　蘇らせる。

◇ジョセフ彦漂流譚　近盛晴嘉著　日本古
　書通信社　（こつう豆本）　1987.10　76p
　10cm

◇ジョセフ＝ヒコ　〔新装版〕　近盛晴嘉著
　吉川弘文館　（人物叢書）　1986.5　291p
　19cm　①4-642-05038-8
　＊ヒコは漂流して渡米、日本人として禁
　　教後最初にキリスト教の洗礼を受け、
　　また帰化第1号の米国市民権を得る。ハ
　　リスに伴われて開国日本に帰り、わが
　　国最初の新聞『海外新聞』を発行し、幕
　　末明治の文化の恩人となった。著者は
　　ヒコ研究に30年、この“新聞の父”の生
　　涯と功績とを克明に記し、また『ヒコ自
　　伝』を正確にした。

◇日系米人第一号―アメリカ彦蔵と呼ばれ
　た男　中川努著　社会思想社　（現代教養
　文庫）　1985.9　247p　15cm
　①4-390-11143-4

◇クリスチャン・ジョセフ彦　近盛晴嘉著
　アムリタ書房　1985.1　262p　20cm
　〈発売：星雲社　ジョセフ彦の肖像あり
　参考文献・ジョセフ彦略年譜：p228～
　254〉　①4-7952-6407-4

◇漂流―ジョセフ・ヒコと仲間たち　春名
　徹著　角川書店　（角川選書）　1982.1
　253p　19cm　〈「漂流」―栄力丸関係略年
　表・主な参考文献：p240～253〉

◇ジョセフ彦―ドキュメント・リンカーン
　に会った日本人　数奇な運命に彩られた漂
　流者の生涯　近盛晴嘉著　日本ブリタニ
　カ　1980.3　254p　19cm　〈ジョセフ彦
　の肖像あり　参考文献・ジョセフ彦略年
　譜：p228～254〉

◇アメリカ彦蔵自伝　第1　ジョセフ・ヒコ
　著、中川努、山口修訳　平凡社　（東洋文
　庫）　1964　311p　18cm

◇アメリカ彦蔵自伝　第2　ジョセフ・ヒコ
　著、中川努、山口修訳　平凡社　（東洋文
　庫）　1964　202p　18cm

◇ジョセフ＝ヒコ　近盛晴嘉著　吉川弘文館
　（人物叢書）　1963　290p　図版　18cm

◇世界ノンフィクション全集　第14　アメ
　リカ彦蔵回想記〔ほか〕　中野好夫、吉川

伝記ガイダンス　明治を生きた人々　　**497**

幸次郎，桑原武夫編　ジョゼフ・ヒコ著，中川努訳　筑摩書房　1961　512p　図版　19cm

◇新聞の創始者　ジョゼフ・彦蔵の生涯　二反長半著　刀江書院　1959　219p　図版　19cm

◇新聞の父アメリカ彦蔵物語　ジョセフ・ヒコ顕彰会編　神戸新聞社　1949

◇ジョン万次郎とジョセフ彦　岡繁樹著　さわもと書房　1948

▌浜野 弥四郎　はまの・やしろう
1869～1932　技師。

◇日本人、台湾を拓く。―許文龍氏と胸像の物語　まどか出版編　まどか出版　2013.1　322p　19cm　①978-4-944235-63-6

◇命がけの夢に生きた日本人―世界の国々に刻まれた歴史の真実　黄文雄著　青春出版社　2006.4　366p　19cm　①4-413-03579-8
　＊お金のためでなく、大いなる理想を持って海を渡った人たちがこの国にいた！　生涯を台湾医学教育に捧げた堀内次雄、未発達な上下水道整備をした浜野弥四郎、19世紀の食糧不足を救った磯永吉と末永仁、朝鮮の個々の農家を啓発していった宇垣一成、蒙古女子教育に尽力した河原操子、漢和辞典編纂の先駆となった井上翠、ビルマ独立を支援した鈴木敬司、マレーシア解放に命をかけた山下奉文、インドネシア義勇軍編成の父である柳川宗成…今、われわれがより良く生きるための指針を取り戻す必須の書。

◇都市の医師―浜野弥四郎の軌跡　稲場紀久雄著　水道産業新聞社　1993.2　430p　22cm　①4-915276-12-0

▌早川 千吉郎
はやかわ・せんきちろう
1863～1922　銀行家。満州鉄道社長。三井に入り、同族会理事、三井銀行専務理事、同行常務を歴任。

◇植民地帝国人物叢書　41（満洲編 2）　殉職の偉人早川千吉郎　早川千吉郎　加藤

聖文編　浅野虎三郎著　ゆまに書房　2011.6　230p　22cm　〈満洲加越能協会1922年刊の複製〉　①978-4-8433-3657-1

◇日本財界人物列伝　第2巻　青潮出版株式会社編　青潮出版　1964　1175p　図版13枚　27cm

▌早川 智寛　はやかわ・ともひろ
1844～1918　起業家，官吏。仙台市長。

◇建設業を興した人びと―いま創業の時代に学ぶ　新装版　菊岡倶也著　彰国社　2012.6　453p　19cm　①978-4-395-02982-2

◇建設業を興した人びと―いま創業の時代に学ぶ　菊岡倶也著　彰国社　1993.1　452p　21cm　①4-395-00353-2
　＊本書は、創業者とその周辺の人びとを通じてわが国建設業の近代の発展を描いたものである。

▌林 市蔵　はやし・いちぞう
1867～1952　内務官僚。三重県・大阪府知事。方面委員制度を創設、育成に尽力。

◇民生委員の父林市蔵―亡国の危機を救った「方面精神」の系譜　平瀬努著　潮書房光人社　2014.8　397p　20cm　〈文献あり　年譜あり〉　①978-4-7698-1574-7

◇林市蔵の研究―方面委員制度との関わりを中心として　小笠原慶彰著　関西学院大学出版会　2013.2　370p　22cm　〈文献・年譜・索引あり〉　①978-4-86283-128-6

▌林 遠里　はやし・えんり
1831～1906　筑前福岡藩士，農業改良家。

◇林遠里と福岡農法―漫画　本山一城著　本山プロ　2016.8　126p　21cm

◇農哲・林遠里の生涯　本山一城文　本山プロダクション　2016.4　128p　21cm

◇日本における近代農学の成立と伝統農法―老農船津伝次平の研究　内田和義著　農山漁村文化協会　2012.8　204p　22cm　①978-4-540-12126-5

◇「老農時代」の技術と思想―近代日本農事

I 政治・経済

改良史研究　西村卓著　ミネルヴァ書房
（Minerva日本史ライブラリー）　1997.3
329,9p　22cm　⑪4-623-02695-7

◇日本農業発達史 2　林遠里と勧農社　江上
利雄著　中央公論社　1954

▌ 林 権助　はやし・ごんすけ
1860〜1939　外交官。男爵。駐韓国公使
として対韓政策を実施。のち駐清国公使、
駐伊大使、駐英大使などを歴任。
◇幕末・明治名将言行録　詳注版　近世名
将言行録刊行会編　原書房　2015.3
437p　20cm　〈初版のタイトル等：近世
名将言行録 第1巻（吉川弘文館 昭和9年
刊）〉　⑪978-4-562-05135-9

◇日本外交人物叢書　第13巻　吉村道男監
修　ゆまに書房　2002.12　433p　22cm
〈複製　肖像あり〉　⑪4-8433-0679-7

▌ 林 左門　はやし・さもん
1825〜1888　尾張藩士。長州征伐に参加、
藩論の統一に寄与。王政復古ののち参与
職となる。
◇尾張藩幕末風雲録　追録　周旋に命を賭
けた謎の武士・林左門　渡辺博史著　ブッ
クショップマイタウン　2010.12　200p
21cm　〈年表あり〉　⑪978-4-938341-78-7

▌ 林 董　はやし・ただす
1850〜1913　外交官，政治家。外務大臣，
伯爵。香川・兵庫県知事を経て、駐英公
使。日英同盟締結に尽力。
◇人物で読む近代日本外交史—大久保利通
から広田弘毅まで　佐道明広，小宮一夫，
服部竜二編　吉川弘文館　2009.1　316p
19cm　⑪978-4-642-07997-6
　＊明治維新から昭和戦前期まで、日本外
　交を担った伊藤博文、陸奥宗光、幣原喜
　重郎ら十九名の外交官・政治家たち。
　彼らの個性に光を当て、条約改正、朝鮮
　問題、協調外交、日中戦争など、近代日
　本外交の栄光と苦悩を描く。

◇後は昔の記—他 林董回顧録　林董著、由
井正臣校注　平凡社　（東洋文庫）　1970
419p　18cm

▌ 林 忠崇　はやし・ただたか
1848〜1941　大名，華族。箱根で官軍と
戦うが降伏。のち東宮職員などを務める。
◇サムライたちの幕末・明治　歴史REAL
編集部編　洋泉社　（歴史新書）　2016.8
189p　18cm　〈文献あり〉
⑪978-4-8003-1018-7

◇殿様は「明治」をどう生きたのか　河合敦
著　洋泉社　（歴史新書）　2014.4　222p
18cm　〈文献あり〉　⑪978-4-8003-0379-0

◇請西藩と戊辰戦争—幕末維新 埋もれてい
る足跡　井上次男著　井上しづ江
2009.3　312p　22cm　〈年表あり〉

◇脱藩大名の戊辰戦争—上総請西藩主・林
忠崇の生涯　中村彰彦著　中央公論新社
（中公新書）　2000.9　212p　18cm　〈文
献あり〉　⑪4-12-101554-1
　＊戊辰の戦火は間近に迫っていた。徳川三
　百年の恩顧に報いるに、今をおいて時
　なし—佐幕一途の志に燃えて上総請西
　藩主の座を捨てた若き林忠崇は、旧幕
　臣の集う遊撃隊に参加し、人見勝太郎、
　伊庭八郎らの同志を得る。箱根、小田
　原で東上する官軍と激突。その後も奥
　州各地を転戦して抵抗を続けた。戦乱
　に死すべき命を長らえた忠崇は、官史、
　商家の番頭、神主など職を転々とし、昭
　和十六年、九十四年の生涯を閉じた。

◇逃げない男たち—志に生きる歴史群像　下
林左馬衛、中薗英助、今川徳三、古川薫、
杉浦明平、栗原隆一、邦光史郎著　旺文社
1987.3　325p 19cm　⑪4-01-071283-X
　＊これは歴史の足跡をたどる本ではない。
　逆境の時を生き抜いた男たちの人間性
　に、一歩、踏み込んだ人物像である。危
　機管理の時代に贈る一冊。

◇維新の小田原戦争の首将—請西藩主林昌之
助翁　佐藤善次郎著　佐藤善次郎　1951

▌ 林 勇蔵　はやし・ゆうぞう
1813〜1899　豪農。山口県の地租改正事
業にかかわる。
◇東西豪農の明治維新—神奈川の佐七郎と
山口の勇蔵　渡辺尚志著　塙書房　（塙選
書）　2009.3　201p　19cm　〈文献あり〉

①978-4-8273-3107-3
＊洋学に関心をもって、「横文字早まなび」「西洋事情」などの書籍を読み、養蚕業を積極的に導入、自由民権運動にも目を向けた神奈川の山口左七郎。奇兵隊への資金援助などの功績を、河川改修の援助をうけるために、井上馨や山県有朋らに強調、毛利家の歴史編纂にも従事した山口の林勇蔵。地域社会のなかで、明治政府と一般民衆とを結びつけた、二人の中間層（豪農・地方名望家・地域指導者）に着目し、転換期の社会を、上から下まで、国家から一般民衆までを、総体的に把握する。

◇大庄屋林勇蔵—維新史料　藤井竹蔵著　小郡郷土研究会　1971　208p　図　21cm

▌早矢仕 有的　はやし・ゆうてき
1837〜1901　実業家。丸屋書店社長。丸屋書店（現丸善）を創業。のち書店丸屋善七を開店、外国書籍輸入の端を開く。

◇日本を再興した起業家物語—知られざる創業者精神の源流　加来耕三著　日本経済新聞出版社　2012.3　325p　19cm
①978-4-532-31785-0
＊こんなリーダーが日本にもいた。親しみやすい語り口で大人気の歴史家が、社会起業家から経営の神様まで、その生き様と夢を描く。あらすじと「名言」で読む51人の破天荒な一代記。

◇日本を創った男たち—はじめにまず "志" ありき　北康利著　致知出版社　2012.3　267p　19cm　①978-4-88474-956-9
＊ "論語と算盤"—渋沢栄一、"九転び十起き"—浅野総一郎、"好況よし、不況なおよし"—松下幸之助。志高き創業者の生きざまに学ぶ。

◇横浜開港時代の人々　紀田順一郎著　神奈川新聞社　2009.4　270p　21cm
①978-4-87645-438-9
＊開港期の横浜で明るい炎をあげながら生き抜いた人々を、横浜に生まれ育った著者が、豊かな知識と資料の掘り起こしによって、親しみをこめた筆致で描く傑物伝。

○特集 福沢諭吉・早矢仕有的 没後百年記念

「学鐙」（丸善）98（1）2001.1

◇人物に学ぶ明治の企業事始め　森友幸照著　つくばね舎　1995.8　210p　21cm
①4-924836-17-6

◇横浜商人とその時代　横浜開港資料館編　有隣堂　（有隣新書）1994.7　228p　18cm　①4-89660-122-X
＊幕末から明治半ばまでの横浜は、まさに貿易商人の活躍する舞台であり、なかでも、激しい盛衰を生き抜いた少数の生糸売込商は、短期間に莫大な富を築いた。また、彼らは生糸、茶、海産物などの営業品目ごとにグループを構成し、不平等条約のもとで居留外国商人と取引した。本書は、生糸売込商の原善三郎や茂木惣兵衛をはじめ、製茶売込商の大谷嘉兵衛ら七人の商人を取り上げ、明治・大正期の横浜の政治や文化に大きな役割を果たした彼らの生涯を、さまざまな角度から描き出し、"横浜商人" とその基盤となった港都横浜の具体像をも追求した意欲的な評伝集である。

◇物語 明治文壇外史　巌谷大四著　新人物往来社　1990.10　257p　19cm
＊エピソードを中心に綴る明治の文豪たちの素顔。

◇事業はこうして生れた 創業者を語る　実業之日本社編　1954　264p　19cm

▌速水 堅曹　はやみ・けんぞう
1839〜1913　製糸指導者。我が国初の洋式機械製糸場の操業を開始。各地の機械製糸工場を指導。

◇速水堅曹と前橋製糸所—その「卓犖不羈」の生き方　速水美智子著　上毛新聞社事業局出版部　（前橋学ブックレット）2016.8　82p　21cm　〈年譜あり〉
①978-4-86352-159-9

◇速水堅曹資料集—富岡製糸所長とその前後記　速水美智子編　文生書院　2014.9　73,398p　23cm　〈速水堅曹歿後百年記念出版　解題：内海孝　複製を含む　年譜あり〉①978-4-89253-519-2

◇生糸改良にかけた生涯—官営富岡製糸所長速水堅曹 自伝と日記の現代語訳　速水

I　政治・経済　　　　　　　　　　　　　　　　　　　　　　　　　　　　原三渓

堅曹原著，富岡製糸場世界遺産伝道師協会歴史ワーキンググループ現代語訳　飯田橋パピルス　2014.8　377p　21cm
〈年譜あり〉　①978-4-9902531-5-8

◇絹の国を創った人々―日本近代化の原点・富岡製糸場　志村和次郎著　上毛新聞社　2014.7　198p　19cm
①978-4-86352-107-0
＊明治期、国を挙げての養蚕、製糸、絹織物の振興策が取られる。富岡製糸場の器械製糸をキーワードに、生糸、蚕種の輸出や養蚕技術の向上策など、日本版産業革命の推進力になった「絹の道への先駆け」ロマンとは！

◇絹先人考　上毛新聞社編　上毛新聞社（シルクカントリー双書）　2009.2　313p　19cm　①978-4-86352-005-9
＊群馬のシルク産業にかかわった多くの人たちは、時代の先導者でもあった。絹の国の先人たちは何を考え、どう生きたのか。現代に引き継がれている先人たちの業績や特質、その背景や先進性などに迫った。

▌早速　整爾　　はやみ・せいじ
1868〜1926　政治家。農林水産大臣，大蔵大臣。広島商業会議所会頭などから衆議院議員。のち副議長。
◇早速整爾伝　湊邦三編纂　〔板倉昭子〕　2006.2　375,173,6p　図版24枚　23cm
〈昭和7年刊の複製　肖像・年譜あり〉

▌原　三渓　　はら・さんけい
1868〜1939　実業家，美術収集家，茶人。本名は富太郎。富岡製糸場を経営。高い質の美術品と古建築を収集。また日本美術院の作家を援助した。〔記念施設〕三渓記念館（神奈川県横浜市中区）
◇横浜の歴史を彩った男―原三渓別伝　石毛大地著　〔石毛大地〕　2017.1　177p　21cm　〈年譜あり〉
◇横浜を創った人々　冨川洋著　講談社エディトリアル　2016.9　278p　19cm　①978-4-907514-59-4
◇幻の五大美術館と明治の実業家たち　中

野明著　祥伝社（祥伝社新書）　2015.3　301,6p　18cm　①978-4-396-11407-7
＊大倉集古館、大原美術館、根津美術館など、実業家の蒐集品を展示する人気美術館は多い。その一方で、設立の夢を果たせなかった美術館があったことをご存知だろうか。本書はそれを、「幻の美術館」と呼ぶ。紹介する五館は、質量ともに十分なコレクションを所蔵。蒐集した実業家たちも公開をめざしていた。頓挫した背景にはいかなる事情があったのか？　夢が叶っていたら、どんな美術館になっていたのか？　わずかに残されていた貴重な資料をたどり、その全貌を明らかにする。美術・歴史愛好家、垂涎の一冊！

◇原三渓―偉大な茶人の知られざる真相　齋藤清著　淡交社　2014.8　391p　22cm　〈文献あり　年譜あり〉
①978-4-473-03955-2

◇絹の国を創った人々―日本近代化の原点・富岡製糸場　志村和次郎著　上毛新聞社　2014.7　198p　19cm
①978-4-86352-107-0
＊明治期、国を挙げての養蚕、製糸、絹織物の振興策が取られる。富岡製糸場の器械製糸をキーワードに、生糸、蚕種の輸出や養蚕技術の向上策など、日本版産業革命の推進力になった「絹の道への先駆け」ロマンとは！

◇三溪園の建築と原三渓　西和夫著　有隣堂（有隣新書）　2012.11　197p　18cm　①978-4-89660-214-2
＊横浜市中区本牧にある三溪園は、生糸貿易で財を成した原三渓（富太郎）が、自邸を開放した庭園である。園内には、各地から移築された多種多様な建築物が散りばめられ、「建築の博物館」とも評されている。原三渓は、古美術の収集や近代日本画家の育成に重要な役割を果たしたことはよく知られているが、建築に対しても高い見識をもっていた。本書は、明治三十九年（一九〇六）の開園以来一〇〇年を過ぎた今、忘れかけられた三溪園の建築物の、歴史と価値や移築の経緯などを紹介し、園内を散策しながら、それぞれの建築の鑑賞へと誘う。

伝記ガイダンス　明治を生きた人々　　**501**

◇原三溪翁伝　藤本実也著，三溪園保勝会，横浜市芸術文化振興財団編　思文閣出版　2009.11　895,24p　22cm　〈年譜・索引あり〉　Ⓘ978-4-7842-1476-1

◇横浜開港時代の人々　紀田順一郎著　神奈川新聞社　2009.4　270p　21cm　Ⓘ978-4-87645-438-9
＊開港期の横浜で明るい炎をあげながら生き抜いた人々を、横浜に生まれ育った著者が、豊かな知識と資料の掘り起こしによって、親しみをこめた筆致で描く傑物伝。

◇建築の遺伝子　鈴木博之著　王国社　2007.7　219p　19cm　Ⓘ978-4-86073-036-9
＊歴史の蓄積として人類の記憶として。近世が生んだ建築を後世に伝える。

◇原三溪今村甚吉宛書簡集　原三溪著，斎藤清編　斎藤和子，中央公論事業出版（製作）　2006.9　262p　26cm　〈肖像あり〉

◇原三溪　渡辺浩行構成・作画　岐阜県（マンガで見る日本まん真ん中おもしろ人物史シリーズ）　2004.3　154p　22cm　〈シリーズ責任表示：篠田英男/監修　年表あり〉

◇原三溪物語　新井恵美子著　神奈川新聞社　2003.4　302p　19cm　〈肖像あり　年表あり　文献あり〉　Ⓘ4-87645-329-2

◇＜生糸商＞原善三郎と富太郎（三溪）―その生涯と事績　勝浦吉雄著　文化書房博文社　1996.2　223p　19cm　〈参考文献一覧：p217〜218〉　Ⓘ4-8301-0749-9

◇三溪　原富太郎　白崎秀雄著　新潮社　1988.3　319p　19cm　Ⓘ4-10-339906-6
＊戦前の貿易ニッポンを代表する生糸商人。"東の桂離宮"横浜本牧三溪園を自ら構想造営した芸術の人。横山大観、下村観山、小林古径、前田青邨など近代日本画壇に輝く巨匠たちを支えた大パトロン。その絢爛多彩な顔は、いかにして形づくられたか。恐慌、震災など幾たびか襲いかかる危機を乗りこえ、ひたすら国益と地域のために生きた澄明清冽な生涯。

◇近代日本画を育てた豪商原三溪　竹田道太郎著　有隣堂　（有隣新書）　1981.9　189p　18cm　〈原三溪の肖像あり〉　Ⓘ4-89660-020-7

◇原富太郎　森本宋著　時事通信社　（一業一人伝）　1964　248p　図版　18cm

▎原 善三郎　はら・ぜんざぶろう
1827〜1899　実業家，政治家。横浜商業会議所会頭，衆議院議員。売込問屋亀屋開業。のち第二国立銀行頭取、横浜商法会議所会頭などを歴任。

◇横浜を創った人々　冨川洋著　講談社エディトリアル　2016.9　278p　19cm　Ⓘ978-4-907514-59-4

◇絹の国を創った人々―日本近代化の原点・富岡製糸場　志村和次郎著　上毛新聞社　2014.7　198p　19cm　Ⓘ978-4-86352-107-0
＊明治期、国を挙げての養蚕、製糸、絹織物の振興策が取られる。富岡製糸場の器械製糸をキーワードに、生糸、蚕種の輸出や養蚕技術の向上策など、日本版産業革命の推進力になった「絹の道への先駆け」ロマンとは！

◇横浜開港時代の人々　紀田順一郎著　神奈川新聞社　2009.4　270p　21cm　Ⓘ978-4-87645-438-9
＊開港期の横浜で明るい炎をあげながら生き抜いた人々を、横浜に生まれ育った著者が、豊かな知識と資料の掘り起こしによって、親しみをこめた筆致で描く傑物伝。

◇「創造と変化」に挑んだ6人の創業者　志村和次郎著　日刊工業新聞社　2005.2　179p　21cm　Ⓘ4-526-05417-8
＊近代産業の礎を築いた6人に、今、企業経営に必要なイノベーション手法を学ぶ。

◇＜生糸商＞原善三郎と富太郎（三溪）―その生涯と事績　勝浦吉雄著　文化書房博文社　1996.2　223p　19cm　〈参考文献一覧：p217〜218〉　Ⓘ4-8301-0749-9

◇横浜商人とその時代　横浜開港資料館編　有隣堂　（有隣新書）　1994.7　228p　18cm　Ⓘ4-89660-122-X

I　政治・経済　　　　　　　　　　　　　　　　　　　　　　　　　　　　　　　　　　　　　　　原敬

＊幕末から明治半ばまでの横浜は、まさに貿易商人の活躍する舞台であり、なかでも、激しい盛衰を生き抜いた少数の生糸売込商は、短期間に莫大な富を築いた。また、彼らは生糸、茶、海産物などの営業品目ごとにグループを構成し、不平等条約のもとで居留外国商人と取引した。本書は、生糸売込商の原善三郎や茂木惣兵衛をはじめ、製茶売込商の大谷嘉兵衛ら七人の商人を取り上げ、明治・大正期の横浜の政治や文化に大きな役割を果たした彼らの生涯を、さまざまな角度から描き出し、"横浜商人"とその基盤となった港都横浜の具体像をも追求した意欲的な評伝集である。

原 敬　はら・たかし

1856〜1921　政治家。平民宰相として我が国最初の本格的政党内閣を実現。東京駅頭で刺殺。〔記念施設〕岩手県立図書館原敬文庫（岩手県盛岡市），原敬記念館（岩手県盛岡市），原敬生家（岩手県盛岡市），盛岡市中央公民館 白芳庵（岩手県盛岡市）

◇原敬 政党政治のあけぼの　新訂版　山本四郎著　清水書院　（新・人と歴史拡大版）　2017.8　235p　19cm　〈1984年刊加筆・訂正、新訂版として刊行　文献あり　年譜あり　索引あり〉　①978-4-389-44118-0

◇原敬の俳句とその周辺　松岡ひでたか著〔松岡ひでたか〕　2016.11　257p　26cm〈私家版〉

◇原敬と新渡戸稲造—戊辰戦争敗北をバネにした男たち　佐藤竜一著　現代書館　2016.11　218p　20cm　〈文献あり 年譜あり〉　①978-4-7684-5796-2

◇原敬—外交と政治の理想　上　伊藤之雄著　講談社　（講談社選書メチエ）　2014.12　458p　19cm　①978-4-06-258592-7

◇原敬—外交と政治の理想　下　伊藤之雄著　講談社　（講談社選書メチエ）　2014.12　494p　19cm　〈文献あり 索引あり〉　①978-4-06-258593-4

◇原敬の180日間世界一周　松田十刻著　盛岡出版コミュニティー　（もりおか文庫）

2014.8　297p　15cm　①978-4-904870-27-3

◇大宰相・原敬　福田和也著　PHP研究所　2013.12　795p　20cm　①978-4-569-81647-0　＊昭和まで原が生きていたら、日本の歴史は違っていただろう。伊藤博文ら元勲の後継者として、「力の政治」を体現したリーダー。外交官出身で英・仏語が堪能。国際感覚豊かな現実主義者。「平民宰相」の歴史に埋もれた実像を明らかにした、渾身の1500枚！

◇原敬の大正　松本健一著　毎日新聞社　2013.9　516p　20cm　①978-4-620-32217-9　＊平成の現在も成しえない二大政党制を大正時代に現出させた賊軍出身の「超現実主義的」政治家・原敬の生涯と近代政治家群像を描く評伝大作。

◇真実の近現代史—田原総一朗の仰天歴史塾　田原総一朗著，テレビ東京報道局編　幻冬舎　2013.1　259p　18cm　①978-4-344-02326-0　＊領土問題の真実、政治経済の弱体化など、すべての根源は戦前戦後の歴史観の欠乏にあった！　なぜ日本人は本当のことを知らないのか。

◇ふだん着の原敬　原奎一郎著　中央公論新社　（中公文庫）　2011.11　257p　16cm　①978-4-12-205557-5　＊幼い頃に大叔父、原敬の養子となった奎一郎による、原敬の人物回顧。実子のいなかった原敬により、手許で育てられた著者が、正確な記憶と豊富なエピソードをもとに、家庭における父母の日常を通して、等身大の「平民宰相」を描き出す。

◇東北は負けない—歴史に見る「弱者の逆襲」　星亮一著　講談社　（講談社プラスアルファ新書）　2011.8　187p　18cm　①978-4-06-272727-3　＊天災、政治の敗北。度重なる逆境を乗り越えた歴史。

◇武士道は蘇るか—高次元的伝統回帰への道　向田順一著　高木書房　2011.4　175p　19cm　①978-4-88471-424-6

伝記ガイダンス 明治を生きた人々　**503**

原敬　　　　　　　　　　　　　　　　　　　　　　Ⅰ　政治・経済

＊政治も経済も全く出口の見えない袋小路の様相を呈する今日、いったい日本はどこへ向かい、日本人のアイデンティティはどこに帰結するのか。この先行き「不透明な」時代を迎える中でいま、かつて日本人の魂でもあった精神としての「武士道」を紐解くと共に、近代から現代に生きた武士道精神を継承した十四人の生きざまを浮き彫りにしてみた。

◇明治を支えた「賊軍」の男たち　星亮一著　講談社　（講談社プラスアルファ新書）　2010.12　186p　18cm　①978-4-06-272692-4
＊逆賊として差別される旧幕府陣営。幕末から明治へ、不屈の魂がつくりあげた近代日本。

◇原敬―日本政党政治の原点　季武嘉也著　山川出版社　（日本史リブレット）　2010.5　87p　21cm　〈文献・年表あり〉　①978-4-634-54894-7
＊本書は、“時代”に翻弄され浮沈をくり返しながらも、自分の手で“時代”を創っていった原敬の生涯を、わかりやすく解説した。

◇文字の大陸　汚穢の都―明治人清国見聞録　草森紳一著　大修館書店　2010.4　439p　19cm　①978-4-469-23260-8
＊近代日本人の中国原体験。尾崎行雄、原敬、岡千仞、榎本武揚、伊藤博文。明治17年前後、中国の地を踏んだ5人の日本人は、何を見て、何を感じたのか。

◇平民宰相　原敬伝説　佐高信著　角川学芸出版　2010.3　266p　20cm　〈発売：角川グループパブリッシング〉　①978-4-04-621470-6
＊理想を求め、現実を生き抜いた原敬の覚悟とは―。いまだ明治維新の血なまぐささを濃密に残した時代を生き、政党政治の伸長に一命を賭した平民宰相、その覚悟の在処を追った、渾身の原敬伝―。

◇日本統計史群像　島村史郎著　日本統計協会　2009.12　214p　26cm　①978-4-8223-3609-7
＊統計を愛しその発展に献身した、近現代の政治指導者と学者、行政官達の人物像を明らかにする。

◇パリの日本人　鹿島茂著　新潮社　（新潮選書）　2009.10　286p　19cm　①978-4-10-603650-7
＊明治の元勲・西園寺公望、江戸最後の粋人・成島柳北、平民宰相・原敬、誤解された画商・林忠正、宮様総理・東久邇宮稔彦、京都出身の実業家・稲畑勝太郎、山の手作家・獅子文六、妖婦・宮田（中平・武林）文子…。パリが最も輝いていた時代、訪れた日本人はなにを求め、どんな交流をしていたのか。幕末以降の留学生がフランスから「持ち帰ったもの」を探る。

◇人物で読む近代日本外交史―大久保利通から広田弘毅まで　佐道明広，小宮一夫，服部竜二編　吉川弘文館　2009.1　316p　19cm　①978-4-642-07997-6
＊明治維新から昭和戦前期まで、日本外交を担った伊藤博文、陸奥宗光、幣原喜重郎ら十九名の外交官・政治家たち。彼らの個性に光を当て、条約改正、朝鮮問題、協調外交、日中戦争など、近代日本外交の栄光と苦悩を描く。

◇本懐・宰相原敬―原敬日記をひもとく　木村幸治著，岩谷千寿子監修　熊谷印刷出版部　2008.9　644p　22cm　〈肖像・年譜・文献あり〉　①978-4-87720-313-9

◇勝者と敗者の近現代史　河上民雄著　かまくら春秋社　2007.10　189p　19cm　①978-4-7740-0374-0
＊勝海舟、石橋湛山…をかえりみる。日本はどんな選択肢をとってきたか。日本の近現代史を歴史上の勝者の歩んだ道をたどるだけでなく、その勝者によって打倒されたり無視された敗者の実現しなかった構想と比較し、勝者と敗者の絡みぐあいを確かめる。

◇宰相たちのデッサン―幻の伝記で読む日本のリーダー　御厨貴編　ゆまに書房　2007.6　280p　21cm　①978-4-8433-2381-6
＊幻の伝記を読み直すなかから生まれたまったく新しい戦前期の総理大臣評伝集。

◇教科書が教えない歴史有名人の晩年と死　新人物往来社編　新人物往来社　2007.2

504　伝記ガイダンス　明治を生きた人々

Ⅰ　政治・経済　　　　　　　　　　　　　　　　　　　　　　　　　　原敬

293p　19cm　①978-4-404-03444-1
＊あの人は、老境をいかに生き、死を迎え
　たか？　江戸・明治・大正・昭和を生き
　た有名人たちの「老い支度」…。

◇還暦以後　松浦玲著　筑摩書房　（ちくま
　文庫）　2006.6　339p　15cm
　①4-480-42236-6
　＊古稀を過ぎて法難の旅に出た法然、明
　治政府に意見を言い続けた勝海舟、七
　十一歳で名作『鍵』を書いた谷崎潤一
　郎…彼らは「老年」の人生をいかに生き
　抜いたのか。自ら古稀を迎えた歴史家
　が見つめた二十七人の還暦後。時に
　「性」を語り、時に「記憶」を分析する。
　興趣つきぬ歴史エッセイ。

◇原敬　上　御厨貴監修　ゆまに書房　（歴
　代総理大臣伝記叢書）　2006.2　1冊
　21cm　①4-8433-1788-8

◇原敬　下　御厨貴監修　ゆまに書房　（歴
　代総理大臣伝記叢書）　2006.2　1冊
　21cm　①4-8433-1789-6

◇歴代総理大臣伝記叢書　第10巻　原敬
　上　御厨貴監修　ゆまに書房　2006.2
　276p　図版103枚　22cm　〈複製　折り込4
　枚　肖像あり〉　①4-8433-1788-8

◇歴代総理大臣伝記叢書　第11巻　原敬
　下　御厨貴監修　ゆまに書房　2006.2
　411p　図版21枚　22cm　〈複製　折り込1
　枚　肖像あり〉　①4-8433-1789-6

○特集・勲章無用の志、礼法儀礼、贔屓の
　味…　平民宰相　原敬の紳士道　「サライ」
　（小学館）　17（17）　2005.8.18

◇日本宰相列伝　上　三好徹著　学陽書房
　（人物文庫）　2005.1　487p　15cm
　①4-313-75193-9
　＊草莽の志士の中でとびぬけた幸運をつ
　かんだ伊藤博文。薩摩派のボスのよう
　に見えながら孤立していた黒田清隆。
　佐賀出身の大隈重信が“葉隠れ精神”嫌
　いだった理由。藩閥政治退治を志した
　“平民宰相”原敬の意外な経歴。首相よ
　り蔵相として活躍した高橋是清の波乱
　万丈の人生…。明治・大正の宰相を通
　して、近代日本を検証する意欲作。

◇政治家原敬　原奎一郎著，大慈会，大慈会

原敬遺徳顕彰会編　大慈会　2002　53p
21cm　〈『原敬』（昭和51年刊）のダイジェ
スト版　共同刊行：大慈会原敬遺徳顕彰
会　肖像あり〉

◇原敬日記　第1巻　官界・言論人　原敬
　著，原奎一郎編　福村出版　2000.6
　384p　23cm　①4-571-31531-7

◇原敬日記　第2巻　政界進出　原敬著，原
　奎一郎編　福村出版　2000.6　404p
　23cm　①4-571-31532-5

◇原敬日記　第3巻　内務大臣　原敬著，原
　奎一郎編　福村出版　2000.6　429p
　23cm　①4-571-31533-3

◇原敬日記　第4巻　総裁就任　原敬著，原
　奎一郎編　福村出版　2000.6　441p
　23cm　①4-571-31534-1

◇原敬日記　第5巻　首相時代　原敬著，原
　奎一郎編　福村出版　2000.6　464p
　23cm　①4-571-31535-X

◇原敬日記　第6巻　総索引・関係資料　原
　敬著，林茂，原奎一郎編　福村出版
　2000.6　374p　23cm　①4-571-31536-8

◇影印原敬日記　第9巻　原敬著，岩壁義
　光，広瀬順晧編　北泉社　1998.10　518p
　23cm　①4-938424-92-4

◇影印原敬日記　第10巻　原敬著，岩壁義
　光，広瀬順晧編　北泉社　1998.10　488p
　23cm　①4-938424-93-2

◇影印原敬日記　第11巻　原敬著，岩壁義
　光，広瀬順晧編　北泉社　1998.10　518p
　23cm　①4-938424-94-0

◇影印原敬日記　第12巻　原敬著，岩壁義
　光，広瀬順晧編　北泉社　1998.10　518p
　23cm　①4-938424-95-9

◇影印原敬日記　第13巻　原敬著，岩壁義
　光，広瀬順晧編　北泉社　1998.10　518p
　23cm　①4-938424-96-7

◇影印原敬日記　第14巻　原敬著，岩壁義
　光，広瀬順晧編　北泉社　1998.10　518p
　23cm　①4-938424-97-5

◇影印原敬日記　第15巻　原敬著，岩壁義
　光，広瀬順晧編　北泉社　1998.10　520p
　23cm　①4-938424-98-3

伝記ガイダンス　明治を生きた人々　**505**

原敬　　I　政治・経済

◇影印原敬日記　第16巻　原敬著，岩壁義光，広瀬順晧編　北泉社　1998.10　516p　23cm　Ⓘ4-938424-99-1

◇影印原敬日記　第17巻　原敬著，岩壁義光，広瀬順晧編　北泉社　1998.10　216p　23cm　Ⓘ4-89483-000-0

◇影印原敬日記　第1巻　原敬著，岩壁義光，広瀬順晧編　北泉社　1998.3　506p　23cm　Ⓘ4-938424-83-5

◇影印原敬日記　第2巻　原敬著，岩壁義光，広瀬順晧編　北泉社　1998.3　522p　23cm　Ⓘ4-938424-84-3

◇影印原敬日記　第3巻　原敬著，岩壁義光，広瀬順晧編　北泉社　1998.3　502p　23cm　Ⓘ4-938424-85-1

◇影印原敬日記　第4巻　原敬著，岩壁義光，広瀬順晧編　北泉社　1998.3　516p　23cm　Ⓘ4-938424-86-X

◇影印原敬日記　第5巻　原敬著，岩壁義光，広瀬順晧編　北泉社　1998.3　514p　23cm　Ⓘ4-938424-87-8

◇影印原敬日記　第6巻　原敬著，岩壁義光，広瀬順晧編　北泉社　1998.3　518p　23cm　Ⓘ4-938424-88-6

◇影印原敬日記　第7巻　原敬著，岩壁義光，広瀬順晧編　北泉社　1998.3　516p　23cm　Ⓘ4-938424-89-4

◇影印原敬日記　第8巻　原敬著，岩壁義光，広瀬順晧編　北泉社　1998.3　516p　23cm　Ⓘ4-938424-90-8

◇(評伝)原敬　上　山本四郎著　東京創元社　1997.11　312p　20cm　Ⓘ4-488-00606-X
＊近代日本に最初の本格的政党内閣を実現させた政界の巨人。そこに到達するまで政治を舞台にどんな重要な役割を演じたか、またいかなる顔をもつ人物か、新観点から解明する。

◇(評伝)原敬　下　山本四郎著　東京創元社　1997.11　392p　20cm　Ⓘ4-488-00607-8
＊『原敬全集』『原敬日記』『原敬関係文書』などの厖大な第一級資料を再吟味・駆使し、原敬研究の第一人者が最新の研究をもとに、原敬を軸にして近代政治史を明らかにする。

◇鬼謀の宰相　原敬　中村晃著　勉誠社　1996.11　254p　19cm　Ⓘ4-585-05025-6
＊いかにして日本を救うか！　いかにしてこの難局を切り抜けるか！　原敬の心中には、この一点しかなかった。歴史小説家中村晃の描く渾身の政治小説。

◇日本策士伝―資本主義をつくった男たち　小島直記著　中央公論社　(中公文庫)　1994.5　449p　15cm　Ⓘ4-12-202094-8
＊原敬、松永安左エ門、三宅雪嶺、岩下清周ら、近代日本の黎明期を生きた男たちの志と覇気。大きなはかりごとを巧みにし、縦横に活躍した策士ぶりが興味深いエピソードとともに語られる。人物評伝の達人が自在の筆致で織りなす日本資本主義発展秘史。

◇最強宰相　原敬―自民党政治の先駆者　上田泰輔著　徳間書店　1992.11　223p　19cm　Ⓘ4-19-145025-5

◇颯爽と清廉に・原敬　上　高橋文彦著　原書房　1992.11　319p　19cm　Ⓘ4-562-02393-7
＊波瀾の青年時代から、新聞記者、外交官をへて、陸奥宗光の懐刀となるまで颯爽と駆けぬけた前半生を描く。

◇颯爽と清廉に・原敬　下　高橋文彦著　原書房　1992.11　302p　19cm　Ⓘ4-562-02394-5
＊すぐれた国際感覚、知性と実行力をそなえ、きわめて清廉に生きぬいた日本最大の政治家の激動の後半生。

◇大正デモクラシー―民衆の登場　伊藤之雄著　岩波書店　(岩波ブックレット)　1992.4　62p　21cm　Ⓘ4-00-003422-7

◇幸運な志士―若き日の元勲たち　三好徹著　徳間書店　1992.4　283p　19cm　Ⓘ4-19-124847-2
＊幕末動乱のなか、苛烈な運命を共に生きた先駆者たち。黎明期の覇者の友情、苦悩そして離反の劇的な青春群像を描く。

◇一山一政党人・原敬　菊池武利著，岩手日報社出版部編　岩手日報社　1992.4　318p　19cm　〈原敬年譜・主な参照文献、

Ⅰ　政治・経済　　　　　　　　　　　　　　　　　　　　　　　　　　　　　　　　　原敬

資料：p285〜315〉　Ⓘ4-87201-137-6

◇近代日本の政治家　岡義武著　岩波書店
（同時代ライブラリー）　1990.3　318p
16cm　Ⓘ4-00-260015-7
＊伊藤博文、大隈重信、原敬、西園寺公
望、犬養毅―わが国近代史上に重要な
役割を担った5人の政治家たちの性格に
焦点を置きつつ、それぞれの生涯に当
面した政治状況における行動、役割、運
命を跡づけた本書は、政治における
リーダーシップの研究の草分けとなり、
日本の政治の本質を考えるための必読
の名著である。

◇原敬関係文書　別巻　原敬文書研究会編
日本放送出版協会　1989.8　603,307p
21cm　Ⓘ4-14-009101-0
＊藩閥・軍閥の専横と闘い「平民宰相」と
して近代政党政治の端緒を拓いた原敬
が自ら保存した書翰・書類の大集成。
これは明治大正にわたるわが国政治史
の空白を埋める貴重な史料群である。
本巻（別巻）には雑纂、補遺の書類のほ
か、原敬関係参考文献、原敬著作目録お
よび人名索引を収める。

◇原敬関係文書　第10巻　書類篇　7　原敬
文書研究会編　日本放送出版協会
1988.11　823p　23cm　Ⓘ4-14-009100-2

◇近代日本内閣史論　藤井貞文著　吉川弘
文館　1988.7　364p　21cm
Ⓘ4-642-03616-4

◇原敬　泉秀樹原作、下田信夫作画　岩手
日報社　（まんが岩手人物シリーズ）
1988.6　119p　21cm　〈監修：田屋清　原
敬の肖像あり〉　Ⓘ4-87201-112-0

◇書類篇　6　原敬文書研究会編　日本放送
出版協会　（原敬関係文書）　1988.4
751p　21cm　Ⓘ4-14-009099-5
＊藩閥・軍閥の専横と闘い「平民宰相」と
して近代政党政治の端緒を拓いた原敬
が自ら保存した書翰・書類の大集成。
これは、明治大正にわたるわが国政治
史の空白を埋める貴重な史料群である。
本巻には、第一次内務大臣時代（後半）、
在野（第二次桂内閣）時代、第二次内務
大臣時代（前半）の書類を収める。

◇日本政党政治の形成―原敬の政治指導の
展開　三谷太一郎著　東京大学出版会
1987.11　305,12p　22cm
Ⓘ4-13-030010-5

◇書類篇　5　原敬文書研究会編　日本放送
出版協会　（原敬関係文書（もんじょ））
1987.10　718p　21cm　Ⓘ4-14-009098-7
＊藩閥・軍閥の専横と闘い、「平民宰相」
として、近代政党政治の端緒を拓いた
原敬が、自ら保存した書翰・書類の大集
成。これは、明治大正にわたる、わが国
政治史の空白を埋める、貴重な史料群
である。

◇原敬　大正8年　田屋清著　日本評論社
1987.5　244p　19cm　Ⓘ4-535-57661-0
＊政党内閣の組織者、平民宰相原敬。原
は歴史のまがり角でなにを考え、なに
を行なったか。原の言動を通して歴史
の流れを読み、歴史を通して原の横顔
をながめる。著者畢生の力作。

◇昭和の宰相たち　1　江藤淳著　文芸春秋
1987.4　261p　19cm　Ⓘ4-16-363550-5

◇原敬関係文書　第7巻　書類篇　4　原敬
文書研究会編　日本放送出版協会
1987.3　745p　23cm　Ⓘ4-14-009097-9

◇平民宰相原敬と黄檗　永田泰嶺著　万福寺
1986.9　182p　21cm　〈原敬の肖像あり〉

◇原敬関係文書　第6巻　書類篇　3　原敬
文書研究会編　日本放送出版協会
1986.8　663p　23cm　〈原敬の肖像あり〉
Ⓘ4-14-009096-0

◇書類篇　原敬文書研究会編　日本放送出
版協会　（原敬関係文書）　1986.2　681p
21cm　Ⓘ4-14-009095-2
＊藩閥・軍閥の専横と闘い、「平民宰相」
として近代政党政治の端緒を拓いた原敬
が、自ら保存した書翰・書類の大集成。
これは明治大正にわたる、わが国政治史
の空白を埋める、貴重な史料群である。

◇日本宰相列伝　7　原敬　前田蓮山著　時
事通信社　1985.12　218p　19cm　〈監
修：細川隆元　三代宰相列伝（昭和33年刊）
の改題新装版　原敬の肖像あり〉
Ⓘ4-7887-8557-9

伝記ガイダンス　明治を生きた人々　**507**

原敬

I 政治・経済

◇原敬関係文書　第4巻　書類篇 1　原敬文書研究会編　日本放送出版協会　1985.8　645p　23cm　〈原敬の肖像あり〉　①4-14-009094-4

◇原敬・政党政治のあけぼの　山本四郎著　清水書院　（清水新書）　1984.10　217p　18cm　〈『原敬』（昭和46年刊）の改題 原敬の肖像あり〉　①4-389-44005-5

◇明治・大正の宰相　第7巻　原敬の暗殺と大衆運動勃興　豊田穣著　講談社　1984.2　320p　20cm　〈原敬の肖像あり〉　①4-06-180697-1

◇原敬をめぐる人びと　続　原奎一郎，山本四郎編　日本放送出版協会　（NHKブックス）　1982.8　257p　19cm　①4-14-001419-9

◇原敬をめぐる人びと　原奎一郎，山本四郎編　日本放送出版協会　（NHKブックス）　1981.10　242p　19cm　〈原敬の肖像あり〉　①4-14-001401-6

◇原敬日記　福村出版　1981.9　6冊　23cm　〈昭和40〜42年刊の複製〉

◇原首相暗殺　長文連著　図書出版社　1980.3　270p　20cm

◇王者と道化師　勝部真長著　経済往来社　1978.7　268p　19cm

◇原敬―政治技術の巨匠　テツオ・ナジタ著，安田志郎訳　読売新聞社　（読売選書）　1974　376,6p　20cm　〈監修：佐藤誠三郎〉

◇原首相暗殺の真相　長文連著　三一書房　1973　270p　肖像　20cm

◇ふだん着の原敬　原奎一郎著　毎日新聞社　1971　253p　19cm

◇原敬・政党政治のあけぼの　山本四郎著　清水書院　（センチュリーブックス）　1971　217p　図 肖像　19cm

◇原敬―歿後五十年その生涯　原敬遺徳顕彰会 東京 毎日新聞社（発売）　1970　156p　27cm

◇原敬日記　第6　総索引　原敬著，原奎一郎，林茂編　福村出版　1967　228,147p　図版　23cm

◇人物・日本の歴史 13　読売新聞社　1966

◇人物再発見　読売新聞社編　人物往来社　1965　235p　19cm

◇権力の思想　原敬　三谷太一郎著　筑摩書房　1965

◇原敬日記　第1巻　官界言論人　原敬著，原奎一郎編　福村出版　1965　384p　23cm

◇原敬日記　第2　政界進出　原敬著，原奎一郎編　福村出版　1965　404p　23cm

◇原敬日記　第3　内務大臣　原敬著，原奎一郎編　福村出版　1965　429p　23cm

◇原敬日記　第4　総裁就任　原敬著，原奎一郎編　福村出版　1965　441p　23cm

◇原敬日記　第5　首相時代　原敬著，原奎一郎編　福村出版　1965　464p　23cm

◇秋の蝶　尾形六郎兵衛編　原敬句碑保存会　1964

◇原大人最後の手簡　斎藤虎五郎著　斎藤虎五郎　1964

◇20世紀を動かした人々　第10　近代日本の政治家　遠山茂樹編　講談社　1964　395p 図版　19cm

◇梢風名勝負物語―原敬血闘史・黄金街の覇者　村松梢風著　読売新聞社　1961

◇近代日本の政治家―その運命と性格　岡義武著　文芸春秋新社　1960　256p 図版　20cm

◇日本人物史大系　第7巻　近代 第3　井上清編　朝倉書店　1960　357p　22cm

◇原敬　前田蓮山著　時事通信社　（三代宰相列伝）　1958　218p 図版　18cm

◇原敬百歳　服部之総著　朝日新聞社　1955

◇日本歴史講座 6　原敬　松本三之介著　河出書房　1954

◇夜のリボン 2巻2冊　舟橋聖一著　講談社　1954

◇近代政治家評伝　阿部真之助著　文芸春秋新社　1953　353p　19cm

◇人間原敬　沢藤幸治著　沢藤幸治　1951

◇原敬先生30年祭記念誌　原敬先生30年記念行事委員会編　原敬先生30年記念行事委員会　1951

◇明治の政治家たち―原敬につらなる人々　上，下巻　服部之総著　岩波書店　（岩波新書）　1950-54　2冊　18cm

◇原敬日記　第1巻　青年時代篇　原敬著，原奎一郎編　乾元社　1950　19cm

◇原敬日記　第2巻　官吏・新聞人・代議士時代篇，続篇　原敬著，原奎一郎編　乾元社　1950　19cm

◇原敬日記　第3巻　内相時代篇　原敬著，原奎一郎編　乾元社　1950　19cm

◇原敬日記　第4巻　内相時代篇　原敬著，原奎一郎編　乾元社　1950　19cm

◇原敬日記　第5巻　内相時代篇　原敬著，原奎一郎編　乾元社　1950　19cm

◇原敬日記　第6巻　野党総裁時代篇　原敬著，原奎一郎編　乾元社　1950　19cm

◇原敬日記　第7巻　是々非々時代　原敬著，原奎一郎編　乾元社　1950　19cm

◇原敬日記　第8巻　首相時代篇　原敬著，原奎一郎編　乾元社　1950　19cm

◇原敬日記　第9巻　首相時代篇　原敬著，原奎一郎編　乾元社　1950　19cm

◇原敬伝　3版　前田蓮山著　高山書院　1948　2冊　19cm　〈初版昭和18〉

原　胤昭　はら・たねあき

1853〜1942　キリスト教社会事業家。キリスト教書店十字屋創業。のち出獄人保護所を建設、厚生保護に当たった。

◇新島襄と明治のキリスト者たち―横浜・築地・熊本・札幌バンドとの交流　本井康博著　教文館　2016.3　389,7p　22cm　〈索引あり〉　①978-4-7642-9969-6

◇原胤昭の研究―生涯と事業　片岡優子著　関西学院大学出版会　2011.1　397p　22cm　〈文献・索引あり〉　①978-4-86283-073-9

◇人物でよむ近代日本社会福祉のあゆみ　室田保夫編著　ミネルヴァ書房　2006.5　260p　21cm　①4-623-04519-6

＊慈善家、社会事業家、ソーシャルワーカー…先駆者たちの生き様に接近し、社会福祉の「現在」と「これから」を考える。明治から戦後まで30人の軌跡。

◇開国の時代を生きた女からのメッセージ　中西拓子著　碧天舎　2002.10　131p　19cm　①4-88346-128-9

＊今からおよそ110年前、日本から遠くシアトルまで大望を抱いて海を渡った女性がいた―彼女の名は、佐久間安子。江戸南町奉行所最後の与力頭・佐久間長敬を父に、原女学校創始者・原胤昭を伯父に持ち、創生期の女子教育を受けて花開いた彼女の人生とは…。著者の手元に残った一冊のサイン帳をもとに、開化の時代・明治をつらつらと生きた女性の足跡をたどった一冊。

◇真理への途上―苦渋に満ちた生涯　田中正造・原胤昭・新渡戸稲造　雨貝行麿著　近代文芸社　1999.3　358p　20cm　①4-7733-6433-5

＊真理を心に刻む、それによって生きようとする、その生涯は苦渋に満ちる。その途上で同行するならば後継者になる道が拓けよう。

◇『原胤昭』の標茶日記とその足跡―釧路集治監教誨師　三栖達夫著　釧路集治監を語る会　（釧路集治監の記録シリーズ）　1998.3　574p　21cm

◇更生保護の父原胤昭―伝記・原胤昭　若木雅夫著　大空社　（伝記叢書）　1996.10　179,5,5p　22cm　〈渡辺書房昭和26年刊の複製　取扱い：柳原書店　巻末：原胤昭年譜〉　①4-87236-530-5

◇開化の築地・民権の銀座―築地バンドの人びと　太田愛人著　築地書館　1989.7　255p　19cm　①4-8067-5657-1

＊原胤昭、鈴木舎定、田村直臣、戸田欽堂。権力と離れて激しく、真摯に生きた彼らの足跡を丹念に辿り、激動の明治初期を生き生きと甦らせる。明治初期、もっとも知的で誠実な人びとはキリスト教と自由民権に向かった。外人居留地をもち、海外文化の窓口として

栄えた築地と、そのとなり街、自由民権運動の拠点、銀座が生んだ四人。

◇更生保護の父原胤昭　若木雅夫著　渡辺書房　1951.9　179,5p　図　19cm　〈監修：原泰一〉

原　鵬雲　はら・ほううん

1835～1879　徳島藩士，官吏。幕府使節に随行。廃藩置県後は文部省に出仕。

◇近代画説—明治美術学会誌　22　明治美術学会編　三好企画　2013.12　223,7p　26cm　①978-4-938740-88-7

原　嘉道　はら・よしみち

1867～1944　弁護士，政治家。法務大臣、中央大学総長。田中内閣法相に就任、治安維持法改正を推進。枢密院副議長、議長を歴任。

◇郷土の華—堀直虎・原嘉道　岡沢主計著　信毎書籍出版センター　1998.8　568p　22cm

◇弁護士生活の回顧—伝記・原嘉道　黒沢松次郎編　大空社　（伝記叢書）　1997.5　1冊　21cm　①4-7568-0477-2

原　林之助　はら・りんのすけ

1857～1912　実業家。清水店支配人。近代的請負業の基礎を築く。建設業の同業組合設立に尽力、地位向上に貢献。

◇建設業を興した人びと—いま創業の時代に学ぶ　菊岡倶也著　彰国社　1993.1　452p　21cm　①4-395-00353-2
＊本書は、創業者とその周辺の人びとを通じてわが国建設業の近代の発展を描いたものである。

原田　一道　はらだ・いちどう

1830～1910　兵学者。少将、東京砲兵工廠長、男爵。渡欧し兵書を集め、講武所教授。維新後兵学校頭、陸軍少尉。

◇山田方谷ゆかりの群像　野島透、片山純一著　明徳出版社　2010.4　214p　19cm　〈索引あり〉　①978-4-89619-724-2
＊方谷山脈に連なる人々。幕末から近代、

藩政・教育等、様々な分野で活躍した方谷の知友・弟子達の人物と事績を活写した列伝十章。三島中洲・山田済斎・阪谷朗廬・坂田警軒・関藤藤陰・団藤善平・原田一道・川田甕江・留岡幸助・河井継之助。

原田　左之助　はらだ・さのすけ

1840～1868　新撰組隊士。

◇土方歳三と新選組10人の組長　菊地明，伊東成郎，結喜しはや著　新人物往来社（新人物文庫）　2012.8　319p　15cm　①978-4-404-04227-9
＊最新研究から明らかになる歳三の生涯と10人の組長列伝。

◇新選組十番組長原田左之助　菊地明著　新人物往来社　2009.3　238p　22cm　〈文献あり〉　①978-4-404-03597-4
＊豪胆と奇行の槍使いとして最も愛された「不死の快男児」初の本格評伝。

◇新選組原田左之助—残映　早乙女貢著　学陽書房　（人物文庫）　2001.8　430p　15cm　〈『残映』（読売新聞社1976年刊）の改題〉　①4-313-75147-5

◇新選組裏話　万代修著　新人物往来社　1999.4　279p　19cm　①4-404-02801-6
＊新発見史料でみる近藤勇・土方歳三・原田左之助・永倉新八らの知られざる足跡。

◇新選組剣客伝　山村竜也著　PHP研究所　1998.7　212p　19cm　①4-569-60176-6
＊本書は、新選組の8人の剣客たちの群像を列伝形式で綴ったものである。

◇新選組三部作 新選組遺聞　改版　子母沢寛著　中央公論社　（中公文庫）　1997.1　330p　15cm　①4-12-202782-9
＊『新選組始末記』につづく三部作の第二作。永倉新八・八木為三郎・近藤勇五郎など、新選組ゆかりの古老たちの生々しい見聞や日記手記等で綴った、興趣尽きない、新選組逸聞集。

原田　二郎　はらだ・じろう

1849～1930　実業家。鴻池銀行理事となり同家の改革に当たる。原田積善会を設

I 政治・経済　　　　　　　　　　　　　　　　　　　　　　　　ハリス

立、社会事業に貢献。

◇原田二郎物語—絵本　阪上順文，大正浪
漫一座編　大正浪漫一座　2014.3　40p
26cm　〈絵：近藤マサ子　年譜あり〉

◇財界人物我観　福沢桃介著　図書出版社
（経済人叢書）　1990.3　177p 19cm
＊自由奔放に生きた鬼才・福沢桃介が明
治財界の巨頭たちを俎上に載せ毒舌を
ふるう。

ハリス，T.　Harris, Townsend
1804〜1878　アメリカの外交官。1855年
来日。幕末の駐日公使。

◇特別展ペリー＆ハリス—泰平の眠りを覚ま
した男たち　東京都江戸東京博物館編
東京都江戸東京博物館　2008.4　188p
30cm　〈会期・会場：2008年4月26日—6
月22日 江戸東京博物館1階企画展示室ほ
か　共同刊行：名古屋ボストン美術館ほ
か　年表・文献あり〉　①4-924965-61-8

◇開国の使者—ハリスとヒュースケン　宮
永孝著　雄松堂出版　（東西交流叢書）
2007.6　226,6p 図版10枚 22cm　〈1986
年刊を原本としたオンデマンド版　年譜・
文献あり〉　①978-4-8419-3128-0

◇タウンゼント・ハリスと堀田正睦—日米
友好関係史の一局面　河村望著　人間の
科学新社　2005.10　295p 20cm　〈年表
あり〉　①4-8226-0262-1
＊佐倉宗吾郎の物語は、攘夷派の抵抗を
押し切ってペリーやハリスと共に我が
国の開国を成し遂げた佐倉藩主・堀田
正睦の名をとどめるためのもの。

◇病いとかかわる思想—看護学・生活学か
ら「もうひとつの臨床教育学」へ　森本芳
生著　明石書店　2003.9　325p 19cm
①4-7503-1790-X

◇人物で読む近現代史　上　歴史教育者協
議会編　青木書店　2001.1　299p 19cm
①4-250-20047-7
＊近世から近代へ激動する日本に生き新
たな歴史を刻んだ人間たち。

◇タウンゼント・ハリス—教育と外交にか
けた生涯　中西道子著　有隣堂　（有隣新
書）　1993.1　273p 18cm

①4-89660-105-X
＊タウンゼント・ハリスは、初の駐日総領
事として来日する以前に、一陶器商で
ありながらニューヨーク市教育委員会
委員長となり、貧困層の子弟のための
無月謝高等学校の設立に心血を注いだ。
広く門戸を開いたこの学校は、発展し
てニューヨーク市立大学となり、多く
の人材を輩出してきた。本書は、アメ
リカの資料をもとに、教育にかけたハ
リスの活動の軌跡を初めて詳細に跡づ
け、併せて日米修好通商条約の締結と
いう第二の門戸開放に全力を傾けたハ
リスの孤独な闘いの経緯をたどり、一
ニューヨーク市民としてのハリスの人
間像を描き出そうとしたものである。

◇ハリス　〔新装版〕　坂田精一著　吉川弘
文館　（人物叢書）　1987.6　295p 19cm
①4-642-05084-1
＊安政条約の調印と、唐人お吉にまつわ
る伝説で有名なハリスは、日本総領事
として、当時最大の国際的難事業とい
われた日本の通商開国を成し遂げたが、
その間、孤独と病苦に闘いながら、攘夷
の白刃にも屈せず、よくその初志を貫
徹した。本書は透徹した俗説批判と厳
正な彼我史料の校合により、彼の全生
涯を初めて明らかにした。

◇絹のカーテンの陰に—タウンゼント・ハ
リス物語　I.E.レヴィーン著，佐藤清治訳
伊豆新聞本社　1986.5　223p 21cm

◇開国の使者—ハリスとヒュースケン　宮
永孝著　雄松堂出版　（東西交流叢書）
1986.2　19,226p 22cm　〈巻末：ハリ
ス・ヒュースケン関係略年表　主要参考
文献書誌　図版〉　①4-8419-0021-7

◇下田物語—総領事ハリスの江戸への旅行
下　オリヴァー・スタットラー著，金井円
ほか共訳　社会思想社　（現代教養文庫）
1983.4　364p 15cm　〈原書名：
Shimoda story　c1969 下.総領事ハリス
の江戸への旅行　巻末：この物語と関係の
ある出来事の略年表　文献〉

◇下田物語　中　玉泉寺領事館と奉行所の
確執　スタットラー著，金井円ほか共訳
社会思想社　（現代教養文庫）　1983.2

伝記ガイダンス 明治を生きた人々　**511**

397p 15cm 〈原書名：Simoda story c1969 中.玉泉寺領事館と奉行所の確執〉

◇下田物語　上　アメリカ総領事ハリスの着任　オリヴァー・スタットラー著，金井円ほか共訳　社会思想社　（現代教養文庫）　1983.1　343p　15cm　〈原書名：Shimoda story　c1969 上.アメリカ総領事ハリスの着任〉

◇タウンセンド・ハリスの故郷　松村正義著　新日本教育図書　1975.12　32p 19cm　〈下田市玉泉寺のために『ハドソン川は静かに流れる』（1975年刊）の抜粋タウンセンド・ハリスの肖像あり〉

◇孤独の人―日本の黎明に生きたハリスの滞在記録　レイモンド・服部著　ルック社（ルック ブックス）　1968　235p　18cm

◇ハリス伝 日本の扉を開いた男　カール・クロウ著，田坂長次郎訳　平凡社　（東洋文庫）　1966　272p　18cm

◇ハリス　坂田精一著　吉川弘文館　（人物叢書）　1961　295p　図版　18cm

‖ 伴 百悦　ばん・ひゃくえつ
1827～1870　会津藩士。東松事件の首謀者。阿弥陀寺に戊辰戦士を葬った。
〔記念施設〕顕彰碑（新潟県新潟市）

◇武士道残照―鳥居三十郎と伴百悦の死　中島欣也著　恒文社　1990.8　242p 19cm ①4-7704-0722-X
＊戊辰戦争で "賊軍" となった東軍各藩は、戦後、明治新政府よりきびしくその戦争責任を追及されながら、自藩の存立を求めて呻吟した。村上藩家老・鳥居三十郎と、会津藩士・伴百悦の死…。今、それぞれの苦悩と悲憤を通して、勝者の論理を鋭く衝く。

◇物語 悲劇の会津人　新人物往来社編　新人物往来社　1990.5　236p 19cm ①4-404-01711-1
＊義を貫き、時の流れに逆らって生きた悲運の会津人たちを描く。

‖ 半谷 清寿　はんがい・せいじゅ
1858～1932　代議士，農政家。

◇高橋富雄東北学論集―第1部 東北論・東北学　第4集　地方からの日本学　高橋富雄著　歴史春秋社　2004.9　493p　21cm ①4-89757-512-5
＊本書は、東北開発ということに焦点をあわせた東北史叙述の試みであり、開発史としての歴史の構想を試論的に提示するものである。

◇東北の先覚者―半谷清寿小伝　半谷六郎著　半谷六郎　1963

‖ ハンター，E.H.
Hunter, Edward Huzlitt
1843～1917　イギリスの造船技師。1867年来日。大阪鉄工所（後の日立造船所）を創立。

◇陸に上がった日立造船―復活にマジックはない あるのは技術力だ　ダイヤモンド・ビジネス企画編，岡田晴彦著　ダイヤモンド・ビジネス企画　2013.7　275p 19cm　①978-4-478-08340-6
＊祖業を離れて、陸に血路を拓いた人々の挑戦と葛藤がここにある。日立造船、名門復活への三〇〇〇日。

【 ひ 】

‖ 東久世 通禧　ひがしくぜ・みちとみ
1833～1912　公家，政治家。伯爵。所謂七卿の一人。軍事参謀、開拓使長官などを歴任。

◇東久世通禧日記　別巻　霞会館華族資料調査委員会編纂　霞会館　1995.3　141, 175p　22cm

◇東久世通禧日記　下巻　霞会館華族資料調査委員会編纂　霞会館　1993.3　495p 22cm　〈著者の肖像あり〉

◇北の先覚　高倉新一郎著　北日本社　1947　276p　19cm

I　政治・経済　　　　　　　　　　　　　　　　　　　　　　　　　　土方歳三

東伏見宮 依仁親王
ひがしふしみのみや・よりひとしんのう

1867〜1922　海軍軍人。大将。伏見宮邦家親王第17王子。横須賀鎮守府長官、第2艦隊長官などを歴任。

◇皇族軍人伝記集成　第8巻　東伏見宮依仁親王　佐藤元英監修・解説　ゆまに書房　2010.12　1冊　22cm　〈東伏見宮蔵版昭和2年刊と東伏見宮家昭和4年刊の複製合本　年譜あり〉　①978-4-8433-3560-4

樋口 真吉　ひぐち・しんきち

1815〜1870　志士。土佐藩士。戊辰戦争に従軍し、維新後は留守居組となる。

◇樋口真吉日記　下　渋谷雅之著　渋谷雅之　（近世土佐の群像）　2013.2　342p　22cm　〈文献あり〉

◇樋口真吉日記　上　渋谷雅之著　渋谷雅之　（近世土佐の群像）　2012.3　318p　22cm　〈文献あり〉

◇樋口真吉伝―龍馬を見抜いた男：届かなかった手紙　南寿吉著　テラ　2011.3　263p　19cm　〈リーブル出版（発売）　年譜あり〉　①978-4-86338-035-6

◇樋口真吉伝・樋口先生　樋口真吉著，横田達雄編・註　県立青山文庫後援会　（青山文庫所蔵資料集）　2006.10　36,34p　21cm

ピゴット, F.S.G.
Piggott, Francis Stewart Gilderoy

1883〜1966　イギリスの外交官。1888年来日。東京駐在イギリス大使館付武官。

◇英国と日本―架橋の人びと　ヒュー・コータッツィ，ゴードン・ダニエルズ編著，横山俊夫解説，大山瑞代訳　思文閣出版　1998.11　503,68p　21cm　①4-7842-0977-8
＊1859年オールコックが開国まもない日本に着任、日英交渉のスタートはきられ、1891年ロンドンで開かれた国際東洋学者会議日本分科会の席上日本協会は誕生した。百年以上にわたる両国の関係

は、二つの文化のはざまで生きた人々によって築かれてきた。本書は日本協会百年の歴史と23人のエピソードを通して、日英文化交流史の足跡を辿る。巻末に日本協会創立当初の会員名簿と戦前の紀要に掲載された論文の一覧を付した。

久板 卯之助　ひさいた・うのすけ

1878〜1922　社会運動家。売文社に参加。「労働青年」「労働新聞」発刊。

◇トスキナア　第18号　トスキナアの会編　トスキナアの会　2013.11　116p　21cm　①978-4-7744-0485-1

土方 歳三　ひじかた・としぞう

1835〜1869　新撰組副長・幹部。

◇新選組奮戦記　永倉新八著，菊地明注　PHPエディターズ・グループ　2013.11　221p　19cm　①978-4-569-81562-6
＊近藤勇・土方歳三らとの親交、池田屋事件、鉄の掟など、永倉新八の実体験に裏打ちされた臨場感あふれる新選組ストーリーがここにある。小樽新聞連載「永倉新八」が新編集でよみがえる！まるで歴史小説を読むような面白さと興奮の連続！

◇新選組始末記　子母澤寛著　中経出版　（新人物文庫）　2013.7　621p　15cm　①978-4-8061-4809-8
＊『新選組始末記』は、大正から昭和にかけて、元隊士をはじめ壬生周辺の古老や子孫に取材を重ねた子母澤寛が、収集した史料や聞き書きをもとにし、全身全霊をこめて最初に書き上げた歴史ノン・フィクションである。新選組が結成されて百五十年。新選組と隊士たちを研究するうえで必携の基本文献として読みつがれてきた古典が、初版本の総ルビを再現し、小説のように読み易くなってよみがえる。各タイトルごとに最新研究をもとに史実に関する解説を付し、巻末付録に西村兼文の『新撰組始末記』を収録した決定版！

◇土方歳三―新選組を組織した男　相川司著　中央公論新社　（中公文庫）　2013.2　306p　16cm　〈文献あり　扶桑社 2008年

伝記ガイダンス 明治を生きた人々　**513**

刊の加筆・修正〉 ⓘ978-4-12-205760-9
＊新選組「鬼の副長」土方歳三。多摩に生
まれ箱館に散った三十五年の生涯を、
彼が組織した新選組の変遷と対応させ
ながら詳細に語る。新選組の平時と戦
時の体制の違いなどに踏み込み、通説
となっている幼少期の奉公説を覆し、
世に知られる山南敬助の切腹、伊東甲
子太郎暗殺事件の真実を暴き出す。新
視点の史伝「土方歳三」決定版。

◇土方歳三と新選組10人の組長　菊地明，
伊東成郎，結喜しはや著　新人物往来社
（新人物文庫）　2012.8　319p　15cm
ⓘ978-4-404-04227-9
＊最新研究から明らかになる歳三の生涯
と10人の組長列伝。

◇土方歳三日記　下　新選組副長、鳥羽伏
見戦、箱館戦争、そして散華　菊地明編著
筑摩書房　（ちくま学芸文庫）　2011.11
556p　15cm　〈文献あり〉
ⓘ978-4-480-09409-4
＊新選組副長、土方歳三。怜悧な思考、抜
きんでたリーダーシップで組織を率い、
敗軍の将として戊辰の役を転戦、函館
で最期を遂げる。類稀な魅力から、小
説・映画・ドラマでもその生涯が描かれ
てきたが、さまざまな異説に彩られ、真
実は解明されてこなかった。本書では、
本人の手紙、関係の旧家に伝えられた
文書、隊士をはじめとする同時代人の
諸記録まで、夥しい史料を渉猟、綿密な
考証に基づいて時系列に再構成し、全
生涯を初めて明らかにする。下巻の新
選組最盛期の慶応元年から。やがて鳥
羽伏見の戦いに敗れて東走し、近藤勇
亡き後、土方は会津、北海道へ戦場を求
め、函館で壮烈な最期を迎える。

◇土方歳三日記　上　生い立ち、上京、新選
組結成、そして池田屋事件　菊地明編著
筑摩書房　（ちくま学芸文庫）　2011.10
371p　15cm　ⓘ978-4-480-09383-7
＊新選組副長、土方歳三。怜悧な思考、抜
きんでたリーダーシップで組織を率い、
敗軍の将として戊辰の役を転戦、函館
で最期を遂げる。類稀な魅力から、小
説・映画・ドラマでもその生涯が描かれ
てきたが、さまざまな異説に彩られ、真

実は解明されてこなかった。本書では、
本人の手紙、関係の旧家に伝えられた
文書、隊士をはじめとする同時代人の
諸記録まで、夥しい史料を渉猟、綿密な
考証に基づいて時系列に再構成し、全
生涯を初めて明らかにする。上巻は生
い立ちから上京、新選組結成、局長・芹
沢鴨の斬殺、そして池田屋事件で一躍
名の上がった元治元年までを収録。時
代はますます風雲急を告げてゆく。

◇いっきにわかる新選組　山村竜也著
PHPエディターズ・グループ　2011.5
219p　19cm　〈『早わかり新選組』再編
集・加筆修正・改題書〉
ⓘ978-4-569-79657-4
＊2時間で新選組通になれる！ NHK BS
時代劇「新選組血風録」の時代考証者が
新選組の真実を語る。

◇土方歳三―われ天空にありて　七浜凪著
明窓出版　2010.7　126p　19cm
ⓘ978-4-89634-265-9
＊完全に澄んだもの―強く輝く穢れなき
白銀の光―を作り上げるために我、生
まれいずる。美貌の剣士、土方歳三を、
流麗、耽美な言霊で描く。これまでに
なかった土方観に魅了される。

◇NHK歴史秘話ヒストリア―江戸 - 幕末
ヒーロー伝　NHK制作班編　ワニブック
ス　2010.4　204p　19cm
ⓘ978-4-8470-1901-2
＊龍馬がビジネスの先に夢見た世界と
は!?NHKの人気番組で解き明かされた
時代の寵児たちの知られざる物語。

◇慶応四年新撰組隊士伝―下総流山に転機
を迎えた男たち　あさくらゆう著　崙書
房　（ふるさと文庫）　2009.11　186p
18cm　ⓘ978-4-8455-0194-6

◇幕末“志士”列伝　別冊宝島編集部編　宝
島社　（宝島SUGOI文庫）　2008.11
223p　15cm　ⓘ978-4-7966-6682-4
＊260年の長きにわたって鎖国と称して
「引きこもつて」いた日本。しかし、世
界情勢はそれを許さず、日本国内から
も「このままではいけない」と立ち上が
る者たちが現れた。桂小五郎、高杉晋
作、坂本竜馬、中岡慎太郎、西郷隆

I　政治・経済　　　　　　　　　　　　　　　　　　　　　　　　　　　　　　土方歳三

盛…。それに近藤勇、土方歳三、沖田総司。新しい時代を築こうとする者、旧きものを守ろうとする者。国の行く末を案じ、燃える様に散った志士たちの生き様をこの一冊に。

◇土方歳三—新選組を組織した男　相川司著　扶桑社　2008.9　287p　20cm
①978-4-594-05766-4
＊最新史料を踏まえ、新視点で解き明かす「新選組の成立と瓦解」。「不屈の戦士・土方歳三」の真実の姿が浮かび上がる瞠目の一冊。

◇幕末剣豪秘伝　津本陽監修　ベストセラーズ　（ワニ文庫）　2008.8　255p　15cm　①978-4-584-39256-0
＊日本中が混乱した動乱の時代、幕末。ひたすらに剣技を磨き、一刀をもって時代を変えようとした男たち。江戸の三大道場とうたわれた玄武館の千葉周作、練兵館の斎藤弥九郎、士学館の桃井春蔵をはじめ、剣聖男谷精一郎、無刀流の山岡鉄舟、兜割りの榊原鍵吉、最後の剣客伊庭八郎、壬生狼近藤勇、天下の素浪人坂本竜馬、そして長竹刀の大石進など…。今なお語り継がれる伝説のサムライたちを一挙に紹介。剣に生きた人々の様々なエピソードや、剣豪として生き抜く術、諸流派の華麗な技の数々を豊富なイラストで解説する。

◇土方歳三—洋装の"武士"として散った漢の一徹　学習研究社　（新・歴史群像シリーズ）　2008.4　163p　26cm　〈肖像あり〉　①978-4-05-605101-8

◇再現・新選組—見直される青春譜　新装版　鈴木亭著　三修社　2008.1　251p　19cm　①978-4-384-04143-9
＊この本では、幕末維新史のなかで一瞬ともいえる光芒を放って消滅した新選組の盛衰を丹念に辿ってみた。

◇箱館戦争銘々伝　下　好川之範, 近江幸雄編　新人物往来社　2007.8　351p　19cm　①978-4-404-03472-4
＊戊辰戦争を最後まで戦い銃弾に斃れた戦士たち。土方歳三、三好畔、永井蠑螺伸斎ほか21人。

◇新選組　二千二百四十五日　伊東成郎著

新潮社　（新潮文庫）　2007.6　396p　15cm　〈『新選組決定録』改題書〉
①978-4-10-131871-4
＊近藤勇、土方歳三、沖田総司。おのれの志を貫き通した最後の侍たち。新選組は争闘の巷と化した京都の治安を守るために結成され、分裂を越え、最強の武装集団となる。だが、時代の波は彼らを北へと追いつめてゆく—。気鋭の研究家が、埋もれていた史料から、有名無名の人々の肉声を聞きとり、その実像を活き活きと甦らせる。文庫版には特別対談も収録。

◇新選組残日録　伊東成郎著　新人物往来社　2007.6　269p　19cm
①978-4-404-03465-6
＊昭和2年4月30日、板橋の新選組近藤勇の墓参りをしたのち縊死した老人（85歳）がいた。

◇師弟—ここに志あり　童門冬二著　潮出版社　2006.6　269p　19cm
①4-267-01741-7
＊一期一会の出会い。17組の運命的出会いが歴史を作った。

◇ラストサムライの群像—幕末維新に生きた誇り高き男たち　星亮一, 遠藤由紀子著　光人社　2006.2　283p　19cm
①4-7698-1287-6
＊勝てば官軍—人心が揺れ動き、「大勢」に流されようとするときに敢えて踏み止まり、意地を貫いた男たち。日本の近代化の過程で生じた殺伐たる時代に、最後の光芒を放った魅力あふれる「サムライ」たちの生き様を描く。

◇子孫が語る土方歳三　土方愛著　新人物往来社　2005.5　232p　20cm　〈年譜あり〉　①4-404-03246-3
＊子孫がはじめて明かす土方歳三の秘話の数々—。土方家の古いアルバムに残された未公開写真満載。

◇多摩・新選組紀聞　平野勝著　東京新聞出版局　2005.2　220p　19cm
①4-8083-0821-5
＊近藤勇、土方歳三、沖田総司の陰に隠れ、顧みられることの少ない井上源三郎こそ、新選組を支えた、最強の剣士

伝記ガイダンス　明治を生きた人々　　**515**

土方歳三   Ⅰ 政治・経済

だった。多摩の古老たちによって語り
継がれた「新選組伝説」。

◇異聞土方歳三の最期　中村忠司著　文芸
社　2004.10　181p　19cm　〈文献あり〉
①4-8355-8051-6

◇土方歳三―闇を斬り裂く非情の剣　学習
研究社　（歴史群像シリーズ　歴史群像
フィギュアシリーズ）　2004.3　63p
22cm　〈付属資料：フィギュア1体　肖像
あり　年譜あり〉　①4-05-603325-0

◇土方歳三―知れば知るほど面白い・人物
歴史丸ごとガイド　藤堂利寿著　学習研
究社　2004.2　279p　19cm　〈文献あり
年譜あり〉　①4-05-402084-4

◇俳遊の人・土方歳三―句と詩歌が語る新
選組　菅宗次著　PHP研究所　（PHP新
書）　2004.1　235p　18cm　〈文献あり〉
①4-569-63346-3

◇図解雑学土方歳三　山村竜也著　ナツメ社
2004.1　223p　19cm　〈奥付のタイトル：
土方歳三　肖像あり〉　①4-8163-3629-X

◇ふるさとが語る土方歳三　児玉幸多監修,
谷春雄, 大空智明著　日野郷土史研究会
2003.12　300p　20cm　〈年譜あり〉

◇「新選組」土方歳三を歩く　蔵田敏明著
山と渓谷社　（歩く旅シリーズ　歴史・文
学）　2003.12　159p　21cm
①4-635-60063-7

◇土方歳三―物語と史蹟をたずねて　改訂
童門冬二著　成美堂出版　（成美文庫）
2003.11　317p　16cm　〈肖像あり〉
①4-415-07046-9

◇土方歳三・孤立無援の戦士　新装版　新
人物往来社編　新人物往来社　2003.5
274p　20cm　①4-404-03127-0

◇土方歳三の生涯　新装版　菊地明著　新
人物往来社　2003.4　302p　20cm
①4-404-03118-1

◇土方歳三遺聞　菊地明著　新人物往来社
2002.11　243p　20cm　①4-404-02996-9

◇土方歳三―幕末新選組の旅　河合敦著
光人社　2002.10　221p　19cm
①4-7698-1072-5

＊たとひ身は蝦夷の島根に朽ちるとも魂
は東の君やまもらん―青雲の志をいだ
いて幕末動乱期を剣に生きた男、新選
組副長・土方歳三を主人公に、近藤勇、
沖田総司らを、信念一途に逆境の中の青
春を駆けぬけた男たちの気骨、美学、気
概！　映画化、TVドラマ化あいつぎ、若
者たちの心を捉えてやまぬ新選組の魅
力再発見の旅。

◇土方歳三―新選組の組織者総特集　河出書
房新社　（Kawade夢ムック　文芸別冊）
2002.2　263p　21cm　①4-309-97625-5

◇史伝土方歳三　木村幸比古著　学習研究
社　（学研M文庫）　2001.12　350p
15cm　①4-05-901103-7
＊新選組を鉄の組織たらしめた副長・土
方歳三。武州多摩の少年期、江戸市ヶ
谷界隈「試衛館」での青年期、新選組
「鬼副長」として京洛にその名を轟かせ
た京都での壮年期、さらには幕府瓦解
後、薩長へ徹底抗戦を続けた若き晩年
期。その全生涯を、詳細な史料を提示
しつつ、新史料をも加味して、著者なら
ではの筆致で新たな土方歳三像を描く。
「誠」の旗の下、士道に生き、士道に殉
じた「戦鬼」土方歳三の全軌跡。

◇土方歳三散華　萩尾農著　アース出版局
2001.8　358p　19cm　〈文献あり　『散
華土方歳三』（新人物往来社1989年刊）の
加筆、修正、改題〉　①4-87270-136-4

◇歳三奔る―新選組最後の戦い長編時代小
説　江宮隆之著　祥伝社　（祥伝社文庫）
2001.6　299p　16cm　①4-396-32866-4

◇土方歳三散華　広瀬仁紀著　小学館　（小
学館文庫　「時代・歴史」傑作シリーズ）
2001.4　260p　15cm　①4-09-404112-5
＊「死ぬなら戦場で死にたい」と、函館五
稜郭で討幕軍に討たれた土方歳三。幕府
の崩壊と共に消えた新選組の鬼副長と
して活躍した彼は、局長・近藤勇が官軍
に投降した後も、新選組の指揮をとり、
最後の最後まで戦い続けた―。頼みと
する会津も敗れ、仙台で榎本武揚軍に
加わる。そして、函館での凄絶な闘死。
冷徹無比と言われた男の美しい生きざ
まとその魅力を浮き彫りにする力篇。

516　伝記ガイダンス　明治を生きた人々

I 政治・経済　　　　　　　　　　　　　　　　　　　　　　　　　　　　土方歳三

◇土方歳三　3　新撰組　峰隆一郎著　徳間
書店　（徳間文庫）　2000.10　301p
16cm　Ⓘ4-19-891396-X

◇土方歳三　2　壬生狼　峰隆一郎著　徳間
書店　（徳間文庫）　2000.9　285p　16cm
Ⓘ4-19-891380-3

◇土方歳三　1　試斬　峰隆一郎著　徳間書
店　（徳間文庫）　2000.8　317p　16cm
Ⓘ4-19-891363-3

◇土方歳三の日記　伊東成郎著　新人物往
来社　2000.7　271p　20cm
Ⓘ4-404-02861-X
＊土方歳三、幻の日記を発見。

◇土方歳三見参　長谷川つとむ著　東洋書院
2000.5　310p　20cm　Ⓘ4-88594-290-X
＊新選組ナンバー2、役者のような美男子
明日を信じて、血刃の巷を疾駆した、そ
の剛直な生きざまをダイナミックに描
き出した著者会心の幕末大河小説。

◇武州にねむれ―幻影箱館戦争　刀能京子
著　新風舎　1999.9　199p　19cm
Ⓘ4-7974-1027-2
＊明治二年、箱館戦争勃発！　新たなる土
方歳三のドラマが始まった。

◇土方歳三―熱情の士道、冷徹の剣　学習
研究社　（歴史群像シリーズ）　1999.4
185p　26cm　〈文献あり〉
Ⓘ4-05-602040-X

◇新選組裏話　万代修著　新人物往来社
1999.4　279p　19cm　Ⓘ4-404-02801-6
＊新発見史料でみる近藤勇・土方歳三・原
田左之助・永倉新八らの知られざる
足跡。

◇軍師と家老―ナンバー2の研究　鈴木亨著
中央公論新社　（中公文庫）　1999.2
307p　15cm　Ⓘ4-12-203354-3
＊トップの陰には常にそれを支えるナン
バー2、つまり補佐役がいた。藤原鎌
足・北条政子・足利直義・竹中重治・直
江兼続・松平信綱・大石良雄・井伊直
弼・土方歳三・西郷隆盛…。側近、軍
師、家老など、古代から江戸まで、歴史
を動かしたナンバー2たちの生き様と時
代的役割を明らかにする。

◇土方歳三の歩いた道―多摩に生まれ多摩

に帰る　のんぶる舎編集部編　のんぶる
舎　1998.10　155p　21cm　〈取扱い：地
方・小出版流通センター　文献あり　年表
あり〉　Ⓘ4-931247-56-3

◇新選組斬人剣―小説・土方歳三　早乙女
貢著　講談社　（講談社文庫）　1998.9
841p　15cm　〈年譜あり〉
Ⓘ4-06-263880-0
＊武州多摩郡の郷士の家に生まれた若者
は、放浪の中で自由と放縦の楽しさも
知った。実戦で力を発揮する天然理心流
の剣を学び、心許した友、近藤勇と共に
動乱の京都に赴くが…。幕末の乱刃の下
をくぐり抜けながら、凛々しく冴えた男
ぶりを失わなかった、新選組副長土方歳
三の士魂の気概を描く、傑作長編小説。

◇新選組剣豪伝　山村竜也著　PHP研究所
1998.7　212p　19cm　Ⓘ4-569-60176-6
＊本書は、新選組の8人の剣客たちの群像
を列伝形式で綴ったものである。

◇土方歳三・孤立無援の戦士　新人物往来
社編　新人物往来社　1998.2　274p
20cm　Ⓘ4-404-02569-6
＊本書は女性ばかりの集である。新選組
や土方歳三の研究に、若々しい情熱を
燃やしてきた一騎当千のツワモノ（？）
である。きつい仕事の合い間を縫っ
て、煩雑な家事や育児のわずかな暇をみつけ
て、現地を訪ね、図書館に通い、資料を
集めて勉強する。長年かけて研究して
きた成果を書いた、歳三に捧げる恋文。

◇土方歳三―戦士の賦　上巻　三好徹著
学陽書房　（人物文庫）　1998.2　478p
15cm　Ⓘ4-313-75045-2
＊閉塞状況の中にあって、試衛館道場で
うつうつとした日々を送っていた歳三
は、幕府の浪士新徴に応じ京へ向かう。
新選組の結成から、峻烈な局長法度の
規律による組織づくり、池田屋襲撃、禁
門の変、戊辰戦争へとつづくわずか六
年の間の転変と、命ある限り戦いぬい
た男の激烈な生と死を描く。

◇土方歳三―戦士の賦　下巻　三好徹著
学陽書房　（人物文庫）　1998.2　475p
15cm　Ⓘ4-313-75046-0
＊将軍慶喜の大政奉還から、鳥羽伏見の

伝記ガイダンス　明治を生きた人々　**517**

土方歳三　　　　　　　　　　　　　　　　Ⅰ　政治・経済

戦い、会津鶴ヶ城の落城、そして箱館五
稜郭での最後の戦いへ…。時代が大き
く変わろうとしているさなか、僚友沖
田総司、局長近藤勇の死を乗り越え、圧
倒的な薩長軍の火力を前にしながらも、
己れの信念を貫いて戦いつづけた土方
歳三と戦士たちの賦。

◇失敗は失敗にして失敗にあらず─近現代史
の虚と実 歴史の教科書に書かれなかった
サムライたち　中薗英助著　青春出版社
1997.8　239p　19cm　⑪4-413-03078-8
＊歴史の廻り舞台に陰の主役あり！ 国に
屈せず義を貫いた杉原千畝、悲運を超
え不屈の志で新生の大地を生き抜いた
土方歳三、五年の幽閉にも負けず大願
を成し得た岩倉具視…光をあてた執念
の歴史ノンフィクション。

◇土方新選組　菊地明著，山村竜也著
PHP研究所　1997.6　219p　20cm
〈付：主な参考文献〉　⑪4-569-55660-4
＊司馬遼太郎が見出した副長・土方歳三
の存在。新選組を一大集団にのし上げ
た彼の力量と人間的魅力を豊富なエピ
ソードとともに説く。

◇土方歳三─炎の生涯　広瀬るみ著　近代
文芸社　1997.6　273p　20cm　〈参考文
献：p271〉　⑪4-7733-4899-2

◇日本人の志─最後の幕臣たちの生と死
片岡紀明著　光人社　1996.12　257p
19cm　⑪4-7698-0797-X
＊最後の徳川家臣団総数33400余人、苦難
の時代に遭遇した幕臣たちは、幕府が
潰え去ったあと、何を思い、どう生きよ
うとしたのか。ある者は徳川に殉じ、
ある者は新政府の役人になり、ある者
は商人になり、またある者は農業にた
ずさわり、ある者は新聞をおこした。
成功した者もいれば失意の淵に沈んだ
者もいた。しかし、彼らは、「士の心」
を失うことはなかった。「日本人の心」
を持ちつづけた男たちのロマン。

◇土方歳三　3　新撰組　峰隆一郎著　富士
見書房　（時代小説文庫）　1996.10
294p　15cm　⑪4-8291-1277-8
＊土方は刃の下をくぐった。抜き胴が決
まった。志士は前に走っていく。足を

止めて振り向いた。体をよじったので
腹がゆがみ傷口が開いた。そこから白
い腸が出て来る─。幕末最強の人斬り
集団・新撰組を率いる男の凄まじいま
での斬殺剣が疾風怒濤の時代を斬り裂
き、洛中を朱に染める！ 書下ろし長編
時代小説土方歳三シリーズ第三弾。

◇土方歳三　2　壬生狼　峰隆一郎著　富士
見書房　（時代小説文庫）　1996.5　277p
15cm　⑪4-8291-1276-X
＊斬り下げた剣尖を車にして薙いだ。千
鳥ヶ淵で浪人を薙いだのと同じ胸に
入った。刃が肋骨の間に入っていく。
その感触が手首に響く。思わず声をあ
げるところだった。快感が伝わって来
たのだ─。新撰組副長として激動の時
代を熱く生きた男・土方歳三は、その暗
殺剣をもって勤王の志士たちを一刀の
もとに両断していく。書下ろし土方歳
三シリーズ第二弾。

◇土方歳三、沖田総司全書簡集　土方歳三
著，沖田総司著，菊地明編　新人物往来社
1995.12　183p　22cm　⑪4-404-02306-5
＊幕末の青春を駆けぬけた二人。みずみ
ずしい感性で書かれた全書簡集。新発
見史料収載。

◇土方歳三写真集　菊地明編，伊東成郎編
新人物往来社　1995.11　195p　20cm
⑪4-404-02303-0

◇土方歳三　1　試斬　峰隆一郎著　富士見
書房　（時代小説文庫）　1995.6　302p
15cm　⑪4-8291-1269-7

◇暗闇から─土方歳三異聞　北原亜以子著
実業之日本社　1995.2　319p　20cm
⑪4-408-53241-X

◇土方歳三の生涯　菊地明著　新人物往来社
1995.1　304p　20cm　⑪4-404-02168-2
＊義に生き、義に殉じた土方歳三。新選
組副長、悲運の生涯。

◇誠を生きた男達─歳三と総司　河原総著
新人物往来社　1994.12　286p　19cm
＊幼いころからいつも一緒であった土方
と沖田。共に幕末を駆け抜けた、そん
な二人の生きざまを描く。

◇風を追う─土方歳三への旅　村松友視著

518　伝記ガイダンス 明治を生きた人々

Ⅰ　政治・経済　　　　　　　　　　　　　　　　　　　　　　　　　　　土方歳三

朝日新聞社　（朝日文芸文庫）　1994.10
234p 15cm　Ⓘ4-02-264050-2
＊壮烈な最期を遂げる直前に撮った一枚
の写真。その相貌から、鬼の新選組副
長というイメージとはほど遠い、一見
やさしげな風情が漂う。土方歳三とは
何か。多摩→江戸→木曾→京都・伏見
→再び江戸→会津・仙台そして函館と
動乱の時代を駆けぬけた土方の謎の生
涯をさぐるユニークな歴史紀行。

◇土方歳三―物語と史蹟をたずねて　童門
冬二著　成美堂出版　（成美文庫）
1994.8　317p　16cm　〈1985年刊の増訂
土方歳三の肖像あり〉　Ⓘ4-415-06408-6

◇爆笑新選組　シブサワコウ編　光栄　（歴
史人物笑史）　1993.7　169p 19cm
Ⓘ4-87719-019-8

◇土方歳三―「剣」に生き、「誠」に殉じた
生涯　松永義弘著　PHP研究所　（PHP
文庫）　1993.6　445p 15cm
Ⓘ4-569-56558-1
＊幕末、京の都に名を馳せた「新選組」副
長・土方歳三、多摩に生まれ、薬行商を
しながら剣を磨き、天然理心流の奥義を
極めた剣の達人。さらに近藤勇と幕府
の浪士組に参加、池田屋襲撃で一躍そ
の名をとどろかせる。士道の美学に殉
ずるべく、一人我が道をゆく若き剣士
は、北辺の地に炎のごとき最期の咆哮
をあげた…。断髪に洋装、進取の気風
あふれる土方歳三の、波瀾万丈の生涯。

◇新選組斬人剣―小説・土方歳三　早乙女
貢著　講談社　1993.4　465p 19cm
Ⓘ4-06-206219-4
＊新選組副長・土方歳三、箱館五稜郭で戦
死、35歳。幕末の動乱のなかを、血の
雨を浴びながら駆けぬけた男の華麗な
青春。

◇戦士の賦―土方歳三の生と死　上　三好
徹著　集英社　（集英社文庫）　1993.2
422p 15cm　Ⓘ4-08-748001-1
＊幕末激動の時代に己れの意地と誠を貫い
た新選組副長・土方歳三の壮烈な生涯。

◇戦士の賦―土方歳三の生と死　下　三好
徹著　集英社　（集英社文庫）　1993.2
416p 15cm　Ⓘ4-08-748002-X

＊幕府瓦解後も、鳥羽伏見から箱館・五稜
郭へと転戦する歳三。義に殉じた志
士を描く大長編。

◇幕末志士伝　早乙女貢著　新人物往来社
1991.7　275p 19cm　Ⓘ4-404-01833-9
＊坂本龍馬、佐々木只三郎、高杉晋作、川
上彦斎、中山忠光、沖田総司、平田金十
郎、中野竹子、土方歳三、西郷隆盛らを
廻る血の維新史。早乙女史観が志士の
本質を鋭くえぐる傑作歴史小説集。

◇英雄の時代　1　新選組　萩尾農、山村竜
也編　教育書籍　1991.6　192p 22×
17cm　Ⓘ4-317-60057-9

◇土方歳三読本　新人物往来社編　新人物
往来社　1991.5　251p 19cm
Ⓘ4-404-01823-1
＊明治2年5月11日。その日を歴史は忘れ
はしない。歳三はただひとり、最後の
武士として、西軍のなかへ、馬を走らせ
た。行け、帰ることなく。われらが青
春の土方歳三。義のために死んだ歳三
の血は三年後、碧となって、歴史に刻み
こまれた。義のために死んだ男の物語。

◇新選組余話　小島政孝著　小島資料館
1990.12　172p 21cm　Ⓘ4-906062-04-0

◇土方歳三―青春を新選組に賭けた鉄の男
津本陽一、藤本義一、粕谷一希ほか著　プ
レジデント社　（歴史と人間学シリーズ）
1990.2　266p 19cm　Ⓘ4-8334-1364-7
＊侍以上に侍らしく、徳川のために働く
という初一念を最後まで貫き通した武
州多摩郡の "喧嘩師" の魅力。

◇新選組土方歳三の游霊―ドキュメンタ
リー1869年5月11日　小林孝史著　梁山泊
舎　1989　64p 30cm

◇蔵三からの伝言　北原亜以子著　新人物
往来社　1988.12　231p 20cm
Ⓘ4-404-01572-0

◇土方歳三を歩く　野田雅子、久松奈都子
著　新人物往来社　1988.11　260p 19cm
Ⓘ4-404-01554-2
＊われらが青春の土方歳三。2人の乙女が
その足跡を追って京都から雪の箱館ま
で歩きに歩いたノンフィクション。

伝記ガイダンス　明治を生きた人々　　519

◇完全複製 沖田総司・土方歳三・坂本竜馬の手紙 新人物往来社編 新人物往来社 1988.5 47p 21cm ①4-404-01506-2
＊どこまでも強かった男の手紙。限りなくやさしかった男の手紙。青春を生きた3人の手紙（実物大）を和紙で完全複製。

◇戦士の賦―土方歳三の生と死 上 三好徹著 秋田書店 1988.4 254p 20cm ①4-253-00295-1

◇戦士の賦―土方歳三の生と死 下 三好徹著 秋田書店 1988.4 249p 20cm ①4-253-00296-X

◇土方歳三への旅 村松友視著 PHP研究所 （PHP文庫） 1988.3 258p 15cm 〈『風を追う』改題書〉 ①4-569-26142-6
＊新選組 "鬼" の副長・土方歳三。激動する幕末に "士道" を貫かんと、近藤勇、沖田総司らと共に幕府擁護のため、時代の風に立ち向かって闘い抜いた男。生地日野から壮烈な最期を遂げる函館まで、虚実皮膜のライブ紀行を展開しながら、「誠」に殉じた男の35年にわたる生きざまと謎につつまれた真の姿に著者の筆が冴え渡る。

◇夕焼け土方歳三はゆく 松本匡代著 新人物往来社 1987.8 206pp 20cm ①4-404-01434-1

◇土方歳三―物語と史蹟をたずねて 童門冬二著 成美堂出版 1985.11 240p 19cm 〈土方歳三の肖像あり〉 ①4-415-06557-0

◇風を追う―土方歳三への旅 村松友視著 PHP研究所 1985.3 232p 19cm 〈巻末：土方歳三略年表〉 ①4-569-21497-5

◇土方歳三 福武書店 （歴史ライブ） 1984.1 189p 26cm 〈土方歳三略年表・p20〜23 監修：尾崎秀樹〔ほか〕 執筆：童門冬二〔ほか5名〕〉 ①4-8288-0306-8

◇土方歳三散華 広瀬仁紀著 富士見書房 （時代小説文庫） 1982.10 252p 15cm 〈解説：武蔵野次郎〉

◇総司と歳三 新人物往来社編 新人物往来社 1978.8 241p 20cm

◇土方歳三の世界 新人物往来社編 新人物往来社 1978.1 239p 20cm

◇沖田総司・土方歳三の手紙―完全複製 新人物往来社編 新人物往来社 1977.3 5枚 19cm 〈付（別冊48p）：沖田総司・土方歳三の手紙 解説とエッセー 箱入〉

◇土方歳三戊辰戦記 田中真理子，松本直子著 新人物往来社 1976 214p 20cm

◇土方歳三のすべて 新人物往来社編 新人物往来社 1973 262p 20cm

▌ 菱田 海鷗 ひしだ・かいおう
1836〜1895 美濃大垣藩士。維新後は明治政府に出仕。

◇小原鉄心と大垣維新史 徳田武著 勉誠出版 2013.5 362,11p 22cm 〈索引あり〉 ①978-4-585-22053-4
＊幕末維新史の流れの中で、美濃大垣藩は佐幕から勤王に転ずる。その決断の背景には、城代・小原鉄心の政治力が大きく働いていた。藩主・戸田氏正とともに、西洋文明の導入や大砲の鋳造など大垣藩の藩政改革に努め、梁川星巌、佐久間象山らとも交流のあった小原鉄心と、詩人菱田海鷗、野村藤陰らの生涯と詩文から、維新史の知られざる側面に光を当てる。

▌ 樋田 魯一 ひだ・ろいち
1839〜1915 官吏。

◇近代農政を作った人達―樋田魯一と南一郎平のこと 加來英司著 東京図書出版 2017.4 196p 19cm ①978-4-86641-044-9

◇樋田魯一と耕地整理 須々田黎吉編著 日本経済評論社 2010.11 395p 21cm 〈付・耕地整理大成同盟会々報（全）（オンデマンド版）〉 ①978-4-8188-2136-1

▌ 人見 勝太郎 ひとみ・かつたろう
1843〜1922 幕臣。

◇幕末「遊撃隊」隊長人見勝太郎―徳川脱藩・剣客隊士の死闘と華麗なる転身 中村彰彦著 洋泉社 2017.6 271p 19cm 〈文献あり 年表あり〉

Ⅰ　政治・経済　　　　　　　　　　　　　　　　　　　　　　　　日比翁助

①978-4-8003-1253-2

◇サムライたちの幕末・明治　歴史REAL
編集部編　洋泉社　（歴史新書）　2016.8
189p　18cm　〈文献あり〉
①978-4-8003-1018-7

◇人見寧履歴書―遊撃隊・人見勝太郎の生
涯　桐山千佳著　〔桐山千佳〕　2014.11
282p　21cm　〈年譜あり〉

◇箱館戦争銘々伝　上　好川之範，近江幸
雄編　新人物往来社　2007.8　328p
19cm　①978-4-404-03471-7
＊戊辰最後の死闘、雪の箱館に散って
いった戦士たちの肖像。榎本武揚、甲
賀源吾、中島三郎助ほか21人。

◇人見家の人々―幕府遊撃隊人見勝太郎を
中心として　桐山千佳著　〔桐山千佳〕
2006.12　62p　21cm　〈肖像・年譜あり〉

▌日野　熊蔵　ひの・くまぞう
1878～1946　陸軍軍人。中佐，十条火薬
製造所長。日本における飛行機の先駆者。
日本初の公開飛行を行った。

◇日野熊蔵伝―日本初のパイロット　改訂
版　渋谷敦著　渋谷敦　2006.11　339p
19cm　〈肖像・年譜あり〉
①4-903547-01-9

◇空の先駆者 徳川好敏　奥田鉱一郎著　芙
蓉書房　1986.9　267p 19cm
＊明治43年12月19日。日本人の期待を担
い初飛行に成功した徳川好敏、支那事
変では航空兵団長として陣頭に立ち、
日本の軍官民航空人からは、生みの親、
育ての親として慕われたその生涯を関
係者多数の証言・資料により描く。

◇日野熊蔵伝―日本航空初期の真相　渋谷
敦著　青潮社　1977.1　301p 図・肖像14
枚　22cm

▌日野　強　ひの・つとむ
1865～1920　陸軍大佐。中国へ派遣、新
疆伊犁からインドに達する。のち中国を
再訪し革命派を支援。

◇中央アジアに入った日本人　金子民雄著
中央公論社　（中公文庫）　1992.5　479p

15cm　④4-12-201905-2
＊帝政ロシアと大英帝国が領土拡張に鎬
を削る〈グレイト・ゲーム〉を繰り広げ
ていた、19世紀中葉から今世紀初めに
かけての中央アジア。2大強国の動静探
索と探検を目的として単身潜入した西
徳二郎、福島安正、日野強の足どりを未
公開資料を駆使して追い、日清・日露戦
争前後の日本の大陸進出の断面を、臨
場感豊かに描き出す。

▌日比　翁助　ひび・おうすけ
1860～1931　実業家。三越呉服店会長。
三井銀行から三井呉服店支配人となり、
三越呉服店と改称後は専務に就任。

◇〈三越〉をつくったサムライ日比翁助　林
洋海著　現代書館　2013.6　270p 20cm
〈文献あり〉　①978-4-7684-5707-8
＊日本初のデパートを創業した久留米武
士。士魂商才でハロッズに負けないデ
パート創りを誓った男たちの壮烈な
物語。

◇ケースブック日本の企業家―近代産業発
展の立役者たち　宇田川勝編　有斐閣
2013.3　265p　21cm
①978-4-641-16405-5
＊戦前期日本の革新的な企業家活動につ
いて、時代背景とともに多様な実像に
迫って明快に描き出すケース集。現代
社会において比重が増している非製造
業分野にも光を当て、いかにして新産
業を創出し、経営革新を断行して、産業
発展の礎を築いたのかを解明する。

◇日本の流通・サービス産業―歴史と現状
廣田誠著　大阪大学出版会　2013.3
243p　21cm　①978-4-87259-450-8
＊民営鉄道、百貨店、スーパー、コンビ
ニ、自動車・家電販売から、プロ野球、
吉本興業、アニメまで、経済と生活のな
かでますます比重を増す、日本の流通・
サービス産業の歴史と現状を語る。

◇百貨店創成期の改革者―日比翁助と2代小
菅丹治　生島淳著　法政大学イノベー
ション・マネジメント研究センター
（Working paper series　日本の企業家活
動シリーズ）　2012.10　21p　30cm　〈年

伝記ガイダンス 明治を生きた人々　　**521**

譜あり〉

◇日本百貨店業成立史—企業家の革新と経営組織の確立　末田智樹著　ミネルヴァ書房（MINERVA現代経営学叢書）　2010.4　534,9p　21cm　①978-4-623-05632-3
＊明治後期から昭和戦前期の百貨店業の成立過程を明らかにする。日本における百貨店の源流—勃興していった日本百貨店業の全体像を把握。徹底した百貨店業研究の網羅的文献一覧付き。

◇日本財界人物列伝　第1巻　青潮出版株式会社編　青潮出版　1963　1171p　図版26cm

◇先人の面影　久留米人物伝記　久留米市編　1961　526,30p　図版　22cm

◇日比翁助—三越創始者　星野小次郎著　宮越信一郎　田中賢造（発売）　1952　324p　肖像　19cm

◇三越創始者—日比翁助　星野小次郎著　日比翁助伝記刊行会　1951

平井 加尾　ひらい・かお

1838〜1909　女性志士。平井収二郎隈山の妹。坂本龍馬の幼なじみで初恋の人といわれる。のち西山志澄と結婚。

◇龍馬を愛した女たち　坂本優二著　グラフ社　2010.5　223p　19cm　〈文献あり〉　①978-4-7662-1338-6
＊妻・お龍、姉・乙女、平井加尾、千葉佐那、そしてあまり知られていない「お元」の存在…。龍馬を愛し、影響を与えた女たちの側から見た龍馬の真実とは？ TVドラマでは知り得ない女性たちの実像に迫る、龍馬と共に生きた女たちの一生。

◇龍馬が惚れた女たち—加尾、佐那、お龍、そして第四の女お慶とは？　原口泉著　幻冬舎　2010.4　251p　18cm　〈文献あり〉　①978-4-344-01817-4
＊新史料発見。龍馬の夢を先取りした「まぶしい女」とは？—。

◇竜馬と八人の女性　阿井景子著　筑摩書房　（ちくま文庫）　2009.9　212p　15cm　〈文献あり〉　①978-4-480-42638-3
＊坂本竜馬の伝記を紐とけば、彼がその

生涯で関わりを持った幾人かの女性に出会うことができる。しかしそれは、誤った想像や通説に寄りかかったものであることも少なくない。彼女たちはどのような人生を送ったのだろうか。本書は、彼女たちの足跡を丹念にたどり、史料の渉猟や関係者へのインタビューを重ねることによって、従来の誤った説を正し、新史実を掘り起こしたノンフィクション。幕末維新を生きた女性たちへの深い共感がここにある。

◇竜馬と八人の女性　阿井景子著　戎光祥出版　2005.4　220p　20cm　〈文献あり〉　①4-900901-56-3
＊幼馴染み、高知城下評判の美少女、勤王党士檜垣清治の姉、桶町千葉道場の娘、寺田屋の女将、長崎芸妓、強く優しい実姉、そして "妻" おりょう—土佐の巨人・坂本竜馬をめぐる女たちの愛憎。

◇物語 龍馬を愛した七人の女　新人物往来社編　新人物往来社　1991.6　236p　19cm　①4-404-01824-X
＊女に惚れられる男だけが大きな仕事が出来る。龍馬式恋愛指南書。

平生 釟三郎　ひらお・はちさぶろう

1866〜1945　実業家，政治家。日本製鉄会長，川崎造船所社長，文部大臣。東京海上保険専務に就任。のち甲南学園理事長、大日本産業報国会会長などを歴任。
〔記念施設〕胸像（兵庫県神戸市、甲南大学）

◇平生釟三郎日記　第16巻　平生釟三郎著,甲南学園平生釟三郎日記編集委員会編　甲南学園　2017.12　5,830p　27cm　〈付属資料：18p：月報　年譜あり〉　①978-4-9909953-5-5

◇平生釟三郎日記　第15巻　平生釟三郎著,甲南学園平生釟三郎日記編集委員会編　甲南学園　2017.6　5,797p　27cm　〈付属資料：12p：月報　年譜あり〉

◇平生釟三郎日記　第14巻　平生釟三郎著,甲南学園平生釟三郎日記編集委員会編　甲南学園　2016.12　5,773p　27cm　〈付属資料：10p：月報　年譜あり〉

Ⅰ　政治・経済　　　　　　　　　　　　　　　　　　　　　　　　　　　平生釟三郎

◇平生釟三郎日記　第13巻　平生釟三郎著，甲南学園平生釟三郎日記編集委員会編　甲南学園　2016.6　720p　27cm　〈付属資料：18p：月報　年譜あり〉

◇平生釟三郎日記　第12巻　平生釟三郎著，甲南学園平生釟三郎日記編集委員会編　甲南学園　2015.12　756p　27cm　〈付属資料：12p：月報　年譜あり〉

◇平生釟三郎日記　第11巻　平生釟三郎著，甲南学園平生釟三郎日記編集委員会編　甲南学園　2015.6　741p　27cm　〈付属資料：12p：月報　年譜あり〉

◇現代日本と平生釟三郎　安西敏三編著　晃洋書房　2015.3　270,8p　21cm　〈文献あり　年譜あり〉　①978-4-7710-2623-0

◇平生釟三郎日記　第10巻　平生釟三郎著，甲南学園平生釟三郎日記編集委員会編　甲南学園　2014.12　690p　27cm　〈付属資料：10p：月報　年譜あり〉　①978-4-9905110-9-8

◇平生釟三郎日記　第9巻　平生釟三郎著，甲南学園平生釟三郎日記編集委員会編　甲南学園　2014.5　738p　27cm　〈付属資料：13p：月報　年譜あり〉　①978-4-9905110-8-1

◇平生釟三郎日記　第8巻　平生釟三郎著，甲南学園平生釟三郎日記編集委員会編　甲南学園　2013.12　714p　27cm　〈年譜あり　付属資料：11p：月報〉　①978-4-9905110-7-4

◇平生釟三郎日記　第7巻　平生釟三郎著，甲南学園平生釟三郎日記編集委員会編　甲南学園　2013.5　725p　27cm　〈年譜あり　付属資料：15p：月報〉　①978-4-9905110-6-7

◇平生釟三郎におけるイギリス的伝統　甲南大学総合研究所　（甲南大学総合研究所叢書）　2013.3　67p　21cm

◇平生釟三郎日記　第6巻　平生釟三郎著，甲南学園平生釟三郎日記編集委員会編　甲南学園　2012.11　562p　27cm　〈年譜あり　付属資料：10p：月報〉　①978-4-9905110-5-0

◇実業家とブラジル移住　渋沢栄一記念財団研究部編　不二出版　2012.8　277p　21cm　①978-4-8350-7087-2

◇平生釟三郎日記　第5巻　平生釟三郎著，甲南学園平生釟三郎日記編集委員会編　甲南学園　2012.4　541p　27cm　〈年譜あり　付属資料：10p：月報〉　①978-4-9905110-4-3

◇平生釟三郎日記　第4巻　平生釟三郎著，甲南学園平生釟三郎日記編集委員会編　甲南学園　2011.11　579p　27cm　〈年譜あり　付属資料：8p：月報〉　①978-4-9905110-3-6

◇平生釟三郎日記　第3巻　平生釟三郎著，甲南学園平生釟三郎日記編集委員会編　甲南学園　2011.6　625p　27cm　〈年譜あり〉　①978-4-9905110-2-9

◇平生釟三郎日記　第2巻　平生釟三郎著，甲南学園平生釟三郎日記編集委員会編　甲南学園　2010.12　641p　27cm　〈年譜あり〉　①978-4-9905110-1-2

◇平生釟三郎日記　第1巻　平生釟三郎著，甲南学園平生釟三郎日記編集委員会編　甲南学園　2010.3　541p　27cm　①978-4-9905110-0-5

◇昭和前史に見る武士道─続平生釟三郎・伝　小川守正著　燃焼社　2005.6　164p　19cm　〈文献あり〉　①4-88978-056-4

◇大地に夢求めて─ブラジル移民と平生釟三郎の軌跡　小川守正，上村多恵子著　神戸新聞総合出版センター　2001.6　205p　19cm　①4-343-00133-4

◇平生釟三郎・伝─世界に通用する紳士たれ　小川守正，上村多恵子著　燃焼社　1999.12　258p　19cm　〈文献あり　年譜あり〉　①4-88978-999-5
　＊今、なぜ平生釟三郎か─21世紀に通用する偉大なる明治人。実業家として─東京海上・川崎造船所・日本製鉄のトップ、社会奉仕家として─甲南学園・甲南病院の創設者、政治家として─陸軍幼年学校廃止を提案した文部大臣。

◇暗雲に蒼空を見る平生釟三郎　小川守正，上村多恵子著　PHP研究所　1999.4　228p　20cm　①4-569-60592-3
　＊世界に通用する紳士たれ！　閉塞状況の

伝記ガイダンス　明治を生きた人々　　523

今こそ、正しい倫理観と幅広い教養を見につけよ―生涯、リベラルな生き方を貫いた偉大なる明治人から現代人へのメッセージ。

◇平生釟三郎自伝　安西敏三校訂　名古屋大学出版会　1996.3　482,11p　20cm〈著者の肖像あり　年譜：p475〜482〉①4-8158-0277-7

◇平生釟三郎の人と思想　甲南大学総合研究所　（甲南大学総合研究所叢書）1993.3　133,15p　21cm

◇平生釟三郎とその時代　甲南大学総合研究所　（甲南大学総合研究所叢書）1991.3　45,136p　21cm

◇平生釟三郎日記抄―大正期損害保険経営者の足跡　上巻　上巻　平生釟三郎著，三島康雄編　思文閣出版　1990.5　497p　21cm　①4-7842-0586-1

◇東京海上ロンドン支店　小島直記著　中央公論社　（小島直記伝記文学全集）1987.5　638p　19cm　①4-12-402588-2＊東京海上の危機を救い今日の基礎を固めた各務鎌吉と平生釟三郎。2人の苦闘と友情、そして離反していく姿を追いつつ《企業は人なり》を考える。

◇夢を抱き歩んだ男たち―川崎重工業の変貌と挑戦　福島武夫著　丸ノ内出版　1987.3　282p　18cm　①4-89514-089-X

◇平生釟三郎の日記に関する基礎的研究　甲南大学総合研究所　（甲南大学総合研究所叢書）　1986.9　83,59p　21cm　〈執筆：杉原四郎ほか〉

◇平生釟三郎のことば　甲南学園編　甲南学園　1986.4　50p　19cm　〈第2刷（第1刷：昭和50年）平生釟三郎の肖像あり〉

◇平生釟三郎翁のことども　山本為三郎著　甲南大学学友会　1959.4　36p　19cm〈平生釟三郎の肖像あり〉

◇平生釟三郎　河合哲雄著　羽田書店　1952　899p　図版6枚　22cm

◇平生釟三郎追憶記　津島純平著　拾芳会　1950　213p　図版　22cm

▌平田 東助　ひらた・とうすけ
1849〜1925　政治家。内務大臣，伯爵。法制局参事官、法制局長官などを歴任。のち桂内閣農商務相、内大臣など。

◇平田東助像と産業組合章碑　協同組合経営研究所編　全国農業協同組合中央会　1997.4　102p　26cm

◇協同組合運動に燃焼した群像　日本農業新聞編　富民協会　1989.11　175p　19cm①4-8294-0087-0

◇資料の検索と利用の方法―「君臣平田東助論」を執筆して　佐賀郁朗述　全国農業協同組合中央会協同組合図書資料センター　1989.5　40p　21cm

◇君臣 平田東助論―産業組合を統帥した超然主義官僚政治家　佐賀郁朗著　日本経済評論社　1987.8　205p　19cm①4-8188-0155-0

▌平野 富二　ひらの・とみじ
1846〜1892　実業家，技術者。神田に活版製造所創立。のち平野造船所を創立、民間の鉄製軍艦第1号鳥海を製造。

◇平野富二伝―考察と補遺：明治産業近代化のパイオニア　古谷昌二編著　朗文堂　2013.11　850p　30cm　〈年譜・年表あり〉　①978-4-947613-88-2

◇石川島造船所創業者平野富二の生涯　第1部（上巻）　高松昇著　IHI　2009.8　303p　22cm

◇石川島造船所創業者平野富二の生涯　第2部（下巻）　高松昇著　IHI　2009.8　321p　22cm　〈年譜・文献あり〉

◇日本語活字ものがたり―草創期の人と書体　小宮山博史著　誠文堂新光社　（文字と組版ライブラリ）　2009.1　268p　21cm　①978-4-416-60902-6

◇富二 奔る―近代日本を創ったひと・平野富二　片塩二朗著　朗文堂　（ヴィネット）2002.12　169p　26cm　①4-947613-66-1＊技術畑出身の平野富二には、ほとんど自己顕示や自己肥大のかたむきがなく、日常の些事にはほとんど無関心でした。もしかすると、企業名はおろか、自分の

I　政治・経済　　　　　　　　　　　　　　　　　　　　　　　　　広井勇

名前ですらどうしるされてもよいと考えたのではないかとおもえることがあります。本人自身の記録でも、いつまでたっても幼名の富次郎と富二の混用が目立ちます。ただ、築地に移転してしばらくして制定された、平野のイニシャルをもちいた「二重丸にH」のマークだけは定着して、やがて本木昌造の家紋とHをあわせた独自のシンボルマークが、わが国の黎明期の金属活字製造と活字版印刷を象徴する存在となりました。

◇活字をつくる―本木昌造の活字づくりと欧州の例にまなぶ　片塩二朗, 河野三男著　朗文堂　（ヴィネット）　2002.6　230p　26cm　Ⓘ4-947613-62-9

◇本木昌造・平野富二詳伝―伝記・本木昌造／平野富二　三谷幸吉編著　大空社　（近代日本企業家伝叢書）　1998.11　17,261p　図版16枚　22cm　〈詳伝頒布刊行会昭和8年刊の複製 折り込2枚〉　Ⓘ4-7568-0930-8

▌平野 友輔　ひらの・ともすけ
1857～1928　自由民権運動家, 医師。
◇色川大吉著作集　第5巻　人と思想　色川大吉著　筑摩書房　1996.4　506p　21cm　Ⓘ4-480-75055-X
　＊明治人の波瀾の生涯と鮮烈な思想。人間研究・人物史の叙述を通して、「明治」の振幅とスケールの大きさ、頂点と底辺の思想の深層を叙述し、明治の精神とは何かを問う。
◇明治人―その青春群像　色川大吉著　筑摩書房　1978.6　230p　20cm
◇明治人平野友輔の生涯　色川大吉著　人物往来社　1965

▌平野 弥十郎　ひらの・やじゅうろう
1823～1889　土木請負業者。
◇まちづくり人国記―パイオニアたちは未来にどう挑んだのか　「地域開発ニュース」編集部編　水曜社　（文化とまちづくり叢書）　2005.4　253p　21cm　Ⓘ4-88065-138-9
　＊歴史に見る、地域活性化のヒント―現代日本の礎を築いた人々の軌跡。豊臣秀

次、玉川兄弟、河村瑞賢、長谷川 (鬼平) 平蔵、伊能忠敬、堀田正睦、江川坦庵、岩崎弥之助、大原孫三郎、後藤新平―自らを活かし、人を活かして地域創成に成功した34組の先達を歴史の中から掘り起こし、今の世にこそ求められる地域の“人間力”について問う。歴史ファンからまちづくり関係者まで必読の一冊。

◇平野弥十郎幕末・維新日記　平野弥十郎原著, 桑原真人, 田中彰編著　北海道大学図書刊行会　2000.4　441,27p　22cm　〈年譜あり〉　Ⓘ4-8329-6091-1
　＊詳細な工事記録から庶民の日々の生活まで、激動期を生き抜いた一民間人＝商人・土木工事請負業者の60年にわたる日記―。

▌平野 勇造　ひらの・ゆうぞう
1864～1951　建築家。
◇三井物産技師平野勇造小伝―明治の実業家たちの肖像とともに　山口勝治著　西田書店　2011.6　190p　20cm　〈付 (8p)：栞文献・年譜あり〉　Ⓘ978-4-88866-542-1
　＊明治の精神を背にした建築技師の篤実な生涯。埋もれかかった資料を追い求め、読み解き、主人公平野勇造と彼に関わる多彩な人物像を鮮やかに描く。

▌平元 謹斎　ひらもと・きんさい
1810～1876　漢学者。藩校明徳館教授。戊辰戦争では非戦論を主張。著書は「周易考」「儀礼考」など六十巻にのぼる。
◇筐底拾遺―平元謹斎と後藤毅・秋田県士族四代の記録　後藤ふゆ編著　無明舎出版　1998.4　565p　27cm　〈取扱い：地方・小出版流通センター　平元謹斎・弘父子略年譜：p266～269 後藤祐助・毅父子略年譜：p540～545〉

▌広井 勇　ひろい・いさむ
1862～1928　土木工学者。東京帝国大学教授, 土木学会会長。欧米に渡り、構造技師の称号を得る。函館、小樽の港湾計画を完成。
◇シビルエンジニア廣井勇の人と業績　関口

伝記ガイダンス 明治を生きた人々　　525

信一郎著　HINAS（北海学園北東アジア研究交流センター）　2015.11　283p　22cm　〈年譜あり〉　①978-4-905418-06-1

◇北の墓―歴史と人物を訪ねて　下　合田一道，一道塾著　柏艪舎　2014.6　321p　19cm　①978-4-434-19336-1
＊昭和戦前から戦後、平成まで、北海道を発展させてきた100人の墓と彼らの人生、北海道に熱き命が燃える。

◇ボーイズ・ビー・アンビシャス　第4集　札幌農学校教授・技師広井勇と技師青山士　紳士の工学の系譜　二宮尊徳の会　2014.2　208p　21cm　〈年譜あり〉　①978-4-9906069-5-4

◇ボーイズ・ビー・アンビシャス―《クラーク精神》＆札幌農学校の三人組（宮部金吾・内村鑑三・新渡戸稲造）と広井勇　二宮尊徳の会　2013.3印刷　160p　21cm　①978-4-9906069-2-3

◇近世から近代における土木技術者の系譜　高崎哲郎著　土木研究所　2006.3　45p　30cm

◇山に向かいて目を挙ぐ―工学博士・広井勇の生涯　評伝　高崎哲郎著　鹿島出版会　2003.9　281p　20cm　〈年譜あり〉　①4-306-09371-9
＊苦難の道を自ら切り開いた寡黙な実行の天才。明治・大正期の清きエンジニア。その生涯を支えたものは「サムライ・クリスチャン」の清廉で真理を追究する「反骨精神」であった。

▌広岡　浅子　ひろおか・あさこ

1849～1919　女性実業家。日本女子大学校創立発起人となり開校に尽力。財界、教育界、婦人界の舞台で活躍。

◇広岡浅子―九転十起生―激動の明治・大正を駆けぬけた気高き女性実業家　原口泉監修，大谷じろうまんが　小学館　（小学館版学習まんが人物館）　2017.5　159p　23cm　〈文献あり　年譜あり〉　①978-4-09-270122-9

◇人生を切りひらいた女性たち―なりたい自分になろう！　2　経済・教育・社会編　樋口恵子監修　教育画劇　2016.4　47p　28cm　〈文献あり　年表あり〉　①978-4-7746-2047-3

◇広岡浅子関連資料目録―日本女子大学成瀬記念館所蔵　日本女子大学成瀬記念館編　日本女子大学成瀬記念館　2016.1　102p　26cm　〈年譜あり〉

◇商都大阪をつくった男　五代友厚　宮本又郎著　NHK出版　2015.12　221p　19cm　〈文献あり　年譜あり〉　①978-4-14-081690-5

◇浅子と旅する。―波乱の明治を生きた不屈の女性実業家　フォレストブックス編集部編　いのちのことば社フォレストブックス　（Forest Books）　2015.11　95p　17cm　〈文献あり　年譜あり〉　①978-4-264-03311-0

◇広岡浅子徹底ガイド―おてんば娘の「九転び十起き」の生涯　主婦と生活社編　主婦と生活社　2015.10　110p　21cm　〈文献あり　年譜あり〉　①978-4-391-14714-8

◇広岡浅子気高き生涯―明治日本を動かした女性実業家　長尾剛著　PHP研究所　（PHP文庫）　2015.10　345p　15cm　〈文献あり〉　①978-4-569-76424-5

◇広岡浅子という生き方　永井紗耶子著　洋泉社　2015.10　231p　19cm　〈文献あり〉　①978-4-8003-0752-1

◇広岡浅子―新時代を拓いた夢と情熱　『歴史読本』編集部編　KADOKAWA（新人物文庫）　2015.9　191p　15cm　〈年譜あり〉　①978-4-04-601416-0

◇広岡浅子―明治日本を切り開いた女性実業家　小前亮著　星海社　（星海社新書）　2015.9　249p　18cm　〈文献あり〉　①978-4-06-138576-4

◇「九転十起」広岡浅子の生涯―"あさ"が100倍楽しくなる　古川智映子監修　潮出版社　2015.9　120p　21cm　〈年譜あり〉　①978-4-267-02032-2

◇維新経済のヒロイン広岡浅子の「九転十起」―大阪財界を築き上げた男五代友厚との数奇な運命　原口泉著　海竜社　2015.9　223p　19cm　〈文献あり　年表あり〉　①978-4-7593-1452-6

I　政治・経済 広沢安任

◇広岡浅子逆境に負けない言葉　坂本優二
著　イースト・プレス　2015.9　205p
20cm　〈文献あり　年表あり〉
①978-4-7816-1337-6

◇広岡浅子語録─女性の地位向上に尽くし
た「九転十起」の女傑　菊地秀一著　宝
島社　2015.9　127p　21cm　〈文献あり
年譜あり〉　①978-4-8002-4261-7

◇〈超訳〉広岡浅子自伝　広岡浅子著
KADOKAWA　2015.8　158p　18cm
①978-4-04-601387-3

◇土佐堀川─女性実業家・広岡浅子の生涯
小説　古川智映子著　潮出版社　1988.10
262p　20cm　①4-267-01194-X

▌広沢 真臣　ひろさわ・さねおみ
1833～1871　長州藩士。軍政改革に参画、
尊攘派として活躍。征長戦では軍艦奉行
勝海舟と停戦協定を締結。

◇廣澤眞臣日記　オンデマンド版　廣澤眞
臣著　東京大学出版会　（日本史籍協会叢
書）　2015.1　551p　22cm　〈印刷・製
本：デジタルパブリッシングサービス
覆刻　1973年刊　年譜あり〉
①978-4-13-009477-1

◇広沢真臣日記　復刻版　広沢真臣著　マツ
ノ書店　2001.11　559,33p　22cm　〈原
本：日本史籍協会昭和6年刊　肖像あり〉

◇落花の人─日本史の人物たち　多岐川恭
著　光風社出版　1991.11　354p　19cm
①4-87519-751-9
＊歴史の激流に抗し懸命に生きながらも
その渦に飲み込まれていった人物を、
冷徹な眼と愛惜の情を以って描く。

◇広沢真臣日記　日本史籍協会編　東京大
学出版会　（日本史籍協会叢書）　1973
551p　22cm　〈日本史籍協会昭和6年刊の
複製　解題：藤井貞文〉

▌広沢 安任　ひろさわ・やすとう
1830～1891　牧畜家。英式大農法による
広沢牧場を開設、洋式牧場経営の先鞭を
つける。

◇廣澤安任個人史史資料探訪　廣澤春任著

廣澤春任　2015.12　187p　22cm　〈私家
本〉

◇会津藩 斗南へ─誇り高き魂の軌跡　新装
版　星亮一著　三修社　2009.9　309p
19cm　①978-4-384-04267-2
＊大勢の人が激しい気迫ではい上がり、地
域の発展に貢献した。青森県下北、上
北、三八地方に「会津衆」という言葉が
残っている。そこには尊敬の念が込め
られていた。「我々はむざむざ敗れ去っ
たわけではない」青森の会津人は、そう
いって胸を張った。斗南藩は見事に歴
史的使命を果たしたのである。さいは
ての地に復活した"会津魂"。秘められ
た藩士たちの苦闘の歴史を描き切る。

◇会津藩 斗南へ─誇り高き魂の軌跡　星亮
一著　三修社　2006.4　309p　19cm
①4-384-03800-3
＊大勢の人が激しい気迫ではい上がり、地
域の発展に貢献した。青森県下北、上
北、三八地方に「会津衆」という言葉が
残っている。そこには尊敬の念が込め
られていた。「我々はむざむざ敗れ去っ
たわけではない」青森の会津人は、そう
いって胸を張った。斗南藩は見事に歴
史的使命を果たしたのである。さいは
ての地に復活した"会津魂"。秘められ
た藩士たちの苦闘の歴史を描き切る。

◇犢を逐いて青山に入る─会津藩士・広沢
安任　松本健一著　ベネッセコーポレー
ション　1997.2　290p　20cm
①4-8288-2528-2
＊幕末、会津藩士として江戸に残り、戦わ
ずして会津藩公の「朝敵」という冤罪を
そそごうとした男。福沢諭吉に「文学
の士人」と評された男。そして明治初
め、新宿西口に牧場を拓き、新時代をも
たらした男・広沢安任を描く。

◇物語 悲劇の会津人　新人物往来社編　新
人物往来社　1990.5　236p　19cm
①4-404-01711-1
＊義を貫き、時の流れに逆らって生きた
悲運の会津人たちを描く。

◇会津藩燃ゆ─歴史ドキュメント　第3部
下北の大地　会津藩士広沢安任の生涯
星亮一著　教育書籍　1989.12　262p

伝記ガイダンス 明治を生きた人々　**527**

20cm ①4-317-60038-2

◇ある会津藩士の生涯―斗南藩悲話　葛西富夫著　FCTサービス出版部　（ふくしま文庫）　1975　242p　17cm

▮ 広瀬 宰平　ひろせ・さいへい

1828～1914　実業家。大阪製銅社長，大阪商船社長。別子銅山の近代化を遂行し住友財閥の基礎を確立。大阪株式取引所等の創立に尽力。〔記念施設〕新居浜市広瀬歴史記念館（愛媛県新居浜市）

◇財閥を築いた男たち　加来耕三著　ポプラ社　（ポプラ新書）　2015.5　266p　18cm　①978-4-591-14522-7
＊近代を支えてきた資本主義そのものが終焉を迎えたと言われる現在、どこにビジネスの活路を見出せばいいのか。約150年前、明治維新という未曾有の危機に直面しながらも、新しい事業を起こし老舗を再建し、現代の大企業につながる「財閥」を築いていった男たちがいた。彼らの足跡にこそ、成功の鍵がある！

◇広瀬宰平と近代日本―特別企画展記念講演録　末岡照啓著，新居浜市広瀬歴史記念館編　新居浜市広瀬歴史記念館　2014.11　101p　30cm

◇名創業者に学ぶ人間学 十大財閥篇　加来耕三著　ポプラ社　2010.9　315p　19cm　①978-4-591-12001-9
＊岩崎弥太郎、野村徳七、安田善次郎…財閥を築き、世界と戦える大企業の基礎を創り上げた英傑16人の波乱に満ちた生涯を紐解きながら、ビジネスを成功させる法則を探る歴史人間学の決定版。

◇商売繁盛・老舗のしきたり　泉秀樹著　PHP研究所　（PHP新書）　2008.5　194p　18cm　①978-4-569-70013-7
＊二、三十年で消えてしまう企業が当たり前なのに、三百年も続く"奇跡"の会社が日本にはある。そんな老舗の創業者や中興の祖と称えられる人たちは、社員に何を伝え、何を守ってきたのか。「義を先にし、利を後にする者は栄える」「家業を大きく伸ばすこと、傘のごとくに心得るがよい」「走る者はつまずきやすく、つま立つ者は倒れやすい」

「人に愛敬ありて心高ぶらず」―。後継者の育成、顧客満足度の向上、チャンスを生み出す力、自分を磨く術。問題の答えはすべてここにある。いますぐ役立てたい21の大切な教え。

◇宰平遺績―伝記・広瀬宰平　広瀬満正著　大空社　（伝記叢書）　2000.9　1冊　22cm　〈広瀬満正大正15年刊の複製　肖像あり　折り込1枚〉　①4-7568-0894-8

◇広瀬宰平・伊庭貞剛を偲びて―我が郷土出生の大人物　八夫郷土の歴史を考える会著　八夫郷土の歴史を考える会　1993.1　51p　26cm　〈題箋の書名：八夫出生の先覚者 広瀬宰平および伊庭貞剛の肖像あり 限定版〉

◇幕末「住友」参謀―広瀬宰平の経営戦略　佐藤雅美著　講談社　（講談社文庫）　1990.8　314p　15cm　①4-06-184731-7
＊巨額の借金と経営乗っとりの大ピンチを救った、野性あふれる参謀の戦略とは何か。その男・広瀬宰平は、住友の礎である別子銅山を守りぬくため、幕府を相手に一歩も引けをとらぬかけひきを展開する。内にむかっては膨大な金利支払いを解決するため、大胆な経営大制を敷く。危急存亡に対処した手腕を描く。

◇半世物語　広瀬宰平著，住友修史室編纂　住友修史室　1982.5　231p　22cm　〈明治28年刊の合本複製 著者の肖像あり〉

◇根性の実業家―住友を築いた実力者たち　神山誠著　南北社　1965

◇日本財界人物列伝　第1巻　青潮出版株式会社編　青潮出版　1963　1171p　図版　26cm

◇大阪人物誌―大阪を築いた人　宮本又次著　弘文堂　（アテネ新書）　1960　230p　19cm

▮ 広瀬 武夫　ひろせ・たけお

1868～1904　海軍軍人。日露戦争時の福井丸の船長。被弾後沈没まで部下を捜し続け戦死。軍神と称揚された。

○特集・秋山兄弟、広瀬武夫、東郷平八郎…近代日本を背負った明治の雄　『坂の上の雲』に倣う無私の心　「サライ」　（小学

I　政治・経済　　　　　　　　　　　　　　　　　　　　　　　　　　　　　　　　　　　広瀬武夫

館）　23（12）　2011.12

◇評伝 広瀬武夫　安本寿久著　産経新聞出
　版　2010.12　217p　20cm　〈文献・年表
　あり〉　①978-4-594-06326-9
　＊武士道精神と海軍精神を併せ持ち日露
　　戦争で三十六年の生涯を終えた軍神の
　　足跡を辿る。"坂の上の雲"を目指した明
　　治時代の英雄物語。

◇国際人・広瀬武夫─海軍中佐・ロシア駐在
　武官補佐官 その生き方・考え方の原点に
　あるものは何か？　童門冬二，桜田啓，
　辻野功，古庄幸一，谷川清澄，阿川弘之，
　平松守彦，S.A.フルツカヤ，石川一洋，K.
　O.サルキソフ，川村秀，藤本隆宏，首藤勝
　次著　PHP研究所　2010.11　247p
　19cm　〈年表あり〉　①978-4-569-79229-3
　＊敵国ロシア人をも感動させた生き方・
　　考え方の原点にあるものは何か？ 36年
　　の生涯は私たちに何を語りかけてくれ
　　るのか。

◇廣瀬武夫暦─竹田の風土、数々の出会いに
　よって育まれた　廣瀬武夫暦編集委員会
　編　廣瀬武夫暦編集委員会　2010.10
　64p　21cm　〈年表・年譜あり〉

◇漫画 廣瀬武夫─日露で愛された海のサム
　ライ　佐々木彰治漫画，櫻田啓，川村秀，
　春山和典監修　PHP研究所　2010.10
　143p　19cm　①978-4-569-79220-0
　＊「軍人」「男の中の男」「国際人」。日本
　　人が誇りにしたい漢‐おとこ‐の物
　　語！ 日露戦争に散った海軍中佐・廣瀬
　　武夫36年の生涯。

◇ドラマチック日露戦争─近代化の立役者13
　人の物語　河合敦著　ソフトバンククリエ
　イティブ　（ソフトバンク新書）　2010.10
　239p　18cm　①978-4-7973-5813-1
　＊日露戦争はそれまで世界史が経験した
　　ことのない未曾有の大戦であり、日本
　　という新興の小国が、老大国ロシアに
　　挑んだ極めて無茶な戦いでもあった。
　　にもかかわらず運命の日本海海戦で、
　　ロシアが誇るバルチック艦隊を全滅さ
　　せるという空前絶後の大勝利を収めた
　　日本。その撃滅作戦を編み出した秋山
　　真之を筆頭に、秋山好古、正岡子規、東
　　郷平八郎、与謝野晶子、高橋是清など、

日本の近代化に大きな貢献をした立役
者たち13人の波乱万丈な物語を追う。

◇軍神広瀬武夫の生涯　高橋安美著　新人
　物往来社　（新人物文庫）　2009.9　303p
　15cm　〈文献あり〉　①978-4-404-03741-1
　＊海兵生徒、遠洋航海、ペテルブルグの
　　恋、シベリア単独横断、決死の旅順閉塞
　　戦…明治の青春を爽快に生きた36年の
　　生涯。

◇私の好きな日本人　石原慎太郎著　幻冬
　舎　（幻冬舎新書ゴールド）　2009.6
　294p　18×11cm　①978-4-344-98129-4
　＊「『歴史』の原理を踏まえ、それぞれの
　　感性に応じて眺めれば、過去の歴史を
　　形作ってきた先人たちの中に数多くの
　　自分自身の分身を見つけることが出来
　　る」（「人生の原典」より）。混迷の時代
　　を生き抜く知恵は、わが民族の歴史や
　　日本人らしさを再認識することにこそ
　　隠されている。初めて明かされるエピ
　　ソード、心沸き立つストーリー展開、独
　　創的な歴史解釈を駆使して自身が影響
　　を受けた人物を大胆に説き明かす全十
　　章。画期的人物論。

◇私の好きな日本人　石原慎太郎著　幻冬
　舎　2008.11　320p　19cm
　①978-4-344-01583-8
　＊今の日本人、今の私たちを形作った原
　　理とは一体何なのか？「希望」と「自
　　信」が沸き立つ人生の教科書、鮮烈の全
　　十章。

◇軍神─近代日本が生んだ「英雄」たちの軌
　跡　山室建徳著　中央公論新社　（中公新
　書）　2007.7　356p　18cm
　①978-4-12-101904-2
　＊かつて「軍神」と呼ばれる存在があっ
　　た。彼らは軍国主義的思潮の権化とし
　　て意図的に生み出されたわけではない。
　　日露戦争における広瀬武夫少佐の例を
　　みればわかる通り、戦争によって強
　　まった日本人の一体感の中から、期せ
　　ずして生み出されたのである。だが、
　　昭和に入ると、日本人が共感できる軍
　　神像は変化し、それは特攻作戦を精神
　　的に支えるものとなる。本書は、軍神
　　を鏡として戦前の日本社会の意識を照
　　射する試みである。

伝記ガイダンス 明治を生きた人々　　**529**

富貴楼お倉　　　　　　　　　　　　　　　　　　Ⅰ　政治・経済

◇新・代表的日本人　勢古浩爾著　洋泉社
（新書y）　2006.12　269p　18cm
Ⓘ4-86248-096-9
＊有名・無名を問わず世界に誇るべき日
本人は必ずいる。いやいなければなら
ぬ。ただ、私たちがその人間を知らな
いだけだ。それなら読者に代わって、
その人物を掲げてみよう。選定基準は
日本人のあるべき理念型である。至誠、
無私、研鑽、一途、寛容、繊細、情熱、
愛情―過去には偏在していたが、現在
ではある人にはまだ多くあり、ある人
には多少あり、ある人にはまったく失
われたこれらの美質を備えた日本人と
は誰か？　目利きが選んだ八名を知るこ
とで日本人であることの誇りと自信が
おのずと湧いてくる。

◇嗚呼海軍兵学校 日本を愛した勇士たち―
江田島教育参考館の展示から　「日本を
愛した勇士たち」製作委員会編　明成社
2006.8　63p　21cm　Ⓘ4-944219-43-1

◇礎―広瀬武夫　広瀬神社　2005.5　79p
30cm　〈肖像あり　共同刊行：広瀬武夫
百年忌祭並びに戦没者合同慰霊祭奉賛会〉

◇ロシヤにおける広瀬武夫　上巻　オンデ
マンド版　島田謹二著　朝日新聞社　（朝
日選書）　2003.6　236p　19cm　〈〔東京〕
デジタルパブリッシングサービス（発売）
原本：1976年刊〉　Ⓘ4-925219-63-4

◇ロシヤにおける広瀬武夫　下巻　オンデ
マンド版　島田謹二著　朝日新聞社　（朝
日選書）　2003.6　270p　19cm　〈〔東京〕
デジタルパブリッシングサービス（発売）
原本：1976年刊〉　Ⓘ4-925219-64-2

◇「第六潜水艇浮上せず…」―漱石・佐久間
艇長・広瀬中佐　飯島英一著　創造社
1994.7　231p　19cm　Ⓘ4-88156-076-X
＊訓練中、広島湾に突然消息を絶った一
隻の潜水艇（現在の潜水艦）、その内部
から発見された艇長の遺書、そして、佐
久間艇長の性格分析によって迫る沈没
原因の真相―。昨今、政・官界に大流行
のトカゲの尻尾切りの元祖は、実に旧
海軍上層部であった。

◇必殺者―軍事・広瀬中佐の秘密　伴野朗
著　集英社　（集英社文庫）　1986.7

445p　16cm　〈巻末：参考文献 解説：中
薗英助〉　Ⓘ4-08-749124-2

◇広瀬武夫全集　上巻　広瀬武夫著　講談
社　1983.12　503p　22cm　〈編集：島田
謹二〔ほか〕　肖像・筆跡：著者　図版（肖
像　筆跡を含む）〉　Ⓘ4-06-180001-9

◇ロシヤにおける広瀬武夫　上巻　島田謹
二著　朝日新聞社　（朝日選書）　1976
236p　19cm

◇ロシヤにおける広瀬武夫　下巻　島田謹
二著　朝日新聞社　（朝日選書）　1976
270p　19cm

◇軍神広瀬武夫　高橋安美著　新人物往来
社　1974　219p　20cm

◇ロシヤにおける広瀬武夫―武骨天使伝
島田謹二著　朝日新聞社　1970　490p　図
版　20cm

◇ドキュメント日本人　第4　支配者とその
影　学芸書林　1969　317p　20cm

◇ロシヤにおける広瀬武夫―武骨天使伝
島田謹二著　弘文堂　1961　2版381p　図
版　22cm

◇軍神広瀬中佐　明田米作著　学習社　（学
習社文庫）　1945　230p　A5

【 ふ 】

▌富貴楼 お倉　ふうきろう・おくら
1836～1910　料亭女将。伊藤博文や井上
馨らの贔屓をうける。政界の消息に通
じる。

◇横浜富貴楼お倉―明治の政治を動かした
女　鳥居民著　草思社　（草思社文庫）
2016.8　346p　16cm　〈文献あり 年譜あ
り〉　Ⓘ978-4-7942-2219-0

◇横浜富貴楼お倉―明治の政治を動かした
女　鳥居民著　草思社　1997.1　270p
20cm　〈参考・引用文献・関連年表：
p266～270〉　Ⓘ4-7942-0744-1

◇試された女たち　沢地久枝著　講談社

1992.4 217p 19cm ⓘ4-06-205624-0
＊時の流れのなかで、愛を試されながら、
それぞれの勁く生きた女たちの軌跡を
愛惜をこめて振りかえる。

深井 英五 ふかい・えいご
1871～1945 銀行家。日本銀行総裁、貴
族院議員。枢密顧問官。ロンドン国際経
済会議に全権として出席。著書に「通貨
調節論」など。

◇日露戦争、資金調達の戦い—高橋是清と欧
米バンカーたち 板谷敏彦著 新潮社
（新潮選書） 2012.2 460p 19cm
ⓘ978-4-10-603699-6
＊「戦費調達」の絶対使命を帯び欧米に向
かった高橋是清と深井英五。彼らを待
ち受けていたのは、金本位制を元に為
替レースを安定させ急速に進化した20
世紀初頭の国際金融市場であった。未
だ二流の日本国債発行を二人はいかに
可能にしたのか？ 当時の証券価格の動
きをたどることで外債募集譚を詳細に
再現し、全く新たな日露戦争像を示す
—金融版「坂の上の雲」。

◇哲学を始める年齢 小島直記著 実業之
日本社 1995.12 215p 21cm
ⓘ4-408-41086-1
＊自分自身について、自分をとりまく世
界について、深く思いを致すとき、哲学
の世界が開ける。高橋是清、石橋湛山
ら13人の人生の達人たちの「哲学開眼」
を活写した渾身の力作。

◇昭和前期通貨史断章 田中生夫著 有斐閣
1989.1 276,6p 19cm ⓘ4-641-06471-7
＊本書は、昭和前期における3人の銀行家
の事績と思想の研究を通じて通貨史の
深層を研究する試みであって、同一の
趣旨によって明治末期から大正期を取
り上げた旧拙著『戦前戦後日本銀行金
融政策史』（有斐閣、昭和55年）の第1編
の続編にあたるものである。

◇財界人思想全集 第8 財界人の人生観・
成功観 小島直記編・解説 ダイヤモン
ド社 1969 454p 22cm

◇現代日本思想大系 11 筑摩書房 1964

◇日本財界人物列伝 第1巻 青潮出版株式
会社編 青潮出版 1963 1171p 図版
26cm

◇回顧七十年 深井英五著 岩波書店
1948 4版372p 19cm

深沢 利重 ふかさわ・とししげ
1856～1934 蚕糸業家。

◇近代群馬のキリスト教教育 宮崎俊弥著
上毛新聞社事業局出版部 （共愛学園前橋
国際大学ブックレット） 2012.5 92p
21cm ⓘ978-4-86352-064-6

深沢 雄象 ふかさわ・ゆうぞう
1833～1907 実業家。蚕糸業。多くの製
糸会社を設立し、生糸の改良、振興に尽力。

◇絹先人考 上毛新聞社編 上毛新聞社
（シルクカントリー双書） 2009.2 313p
19cm ⓘ978-4-86352-005-9
＊群馬のシルク産業にかかわった多くの
人たちは、時代の先導者でもあった。
絹の国の先人たちは何を考え、どう生
きたのか。現代に引き継がれている先
人たちの業績や特質、その背景や先進
性などに迫った。

府川 謙斎 ふかわ・けんさい
1850～1892 自由民権運動家。

◇自由民権運動と府川謙斎—ある盲人民権
家の生涯 木下密運編 法蔵館 （真言毘
盧舎那宗立宗教文化研究所学術叢書）
2006.12 186p 20cm 〔年譜あり〕
ⓘ4-8318-8168-6

福岡 孝弟 ふくおか・たかちか
1835～1919 高知藩士、政治家。子爵。
幕府の大政奉還に尽力、公儀政体論を主
張。「五箇条の御誓文」起草の功労者。

◇幕末土佐の12人 武光誠著 PHP研究所
（PHP文庫） 2009.12 265p 15cm
ⓘ978-4-569-67359-2
＊土佐を抜きにして、維新回天を語るこ
とはできない！ 大政奉還を建白した山
内容堂と後藤象二郎をはじめとする重
臣たち。討幕運動の中核となる薩長同

盟を仲介した坂本竜馬。さらには、土佐の尊王攘夷運動で先駆けとなった武市半平太や、開明的な思想で藩政を指揮した吉田東洋など、動乱の時代に身を置き、自らの志に向かって疾駆した12人を取り上げ、土佐の視点で幕末を描いた一冊。文庫書き下ろし。

▌福沢 桃介　ふくざわ・ももすけ

1868〜1938　実業家。大同電力社長。福沢諭吉の養子。矢作水力、大阪送電、大同電力など設立。〔記念施設〕福沢桃介記念館（長野県南木曽町），文化のみち二葉館 名古屋市旧川上貞奴邸（愛知県名古屋市東区）

◇天馬行空大同に立つ―福澤桃介論策集解題 大同特殊鋼創業100周年記念出版　藤本尚之著　世界書院　2017.3　483p　22cm　〈文献あり 年譜あり〉　①978-4-7927-9571-9

◇二人の天馬―電力王桃介と女優貞奴　安保邦彦著　花伝社　2017.1　231p　19cm　①978-4-7634-0801-3　＊新派創興の川上音二郎、世界を魅了した日本初の女優貞奴と電力王福澤桃介。音二郎亡き後、桃介と貞奴の再会で電源開発にかける執念と舞台一筋の情熱が恋の火花を散らす。

◇中部における福澤桃介らの事業とその時代　愛知東邦大学地域創造研究所編　唯学書房　（地域創造研究叢書）　2012.9　138p　21cm　①978-4-902225-75-4

◇名士の系譜―日本養子伝　新井えり著　集英社　（集英社新書）　2009.9　238p　18cm　①978-4-08-720508-4　＊気づけば政治家から芸能人まで「二世」「世襲」が普通の世の中に。だが、森鷗外、幸田露伴、吉田茂、湯川秀樹などなど、日本の近代史を省みれば偉人の多くは養子縁組の流れから生み出されてきたという事実がある。かつて日本では才能のある他人を養子に迎え、家、店の維持発展をはかることは通例だったのだ。本書は幕末から昭和まで、養子縁組の中から輩出された傑物たちがいかに近代日本の礎を築いたかを紹介し、

ひいては日本の伝統に秘められた「人を育てる」智恵を再考する。バカな実子より、賢い他人！ そして、これは"悪しき世襲"が跋扈する、現代に向けた警世の書でもある。

◇一流の決断―彼らはこうして成功者になった。『ザ・リバティ』編集部編　幸福の科学出版　2006.9　183p　19cm　①4-87688-559-1　＊経営の神様、発明王、電力の鬼―一流の男たちは、この決断で道を開いた。

◇鬼才福沢桃介の生涯　浅利佳一郎著　日本放送出版協会　2000.6　283p　20cm　〈文献あり〉　①4-14-080528-5　＊桃介、今、在りせば…。巨人福沢諭吉を義父に持ちながら、諭吉に反発し、独歩の起業家精神を貫き通した電力王・桃介。傲慢と謙虚、スキャンダルとロマン、相反する言動と評価のなか、日本を襲う幾多の経済危機を見事に乗りきってみせた鬼才といわれた男。ミステリアスな生涯を解きあかす。

◇湖畔に刻まれた歴史　竹林征三著　山海堂　（湖水の文化史シリーズ）　1996.12　206p　21cm　①4-381-00976-2　＊湖水誕生が物語る多彩な文化、湖水が語りかけるメッセージ、湖畔に刻まれた先人の思い、地図に残るしごと湖水づくり、湖水により文化が生まれる、湖水により地域が発展する。人工湖水のもつ文化的価値について具体的事例を挙げ、あらゆる角度から評価。土木技術者のみならず、地域おこしや観光開発に取り組む全国市町村の担当者は必読。郷土の歴史家や文化研究者、教育関係者にもおすすめの書。

◇木曽谷の桃介橋　鈴木静夫著　NTT出版　1994.3　266p　20cm　①4-87188-284-5

◇実録・春の波濤　童門冬二ほか著　ぱる出版　1985.1　223p　19cm

◇電力王福沢桃介　堀和久著　ぱる出版　1984.12　270p　20cm

◇福沢桃介の人間学　福沢桃介著　五月書房　1984.12　314p　19cm　〈巻末：福沢桃介年譜 カバー副書名：自分と他人のマ

I 政治・経済　　　　　　　　　　　　　　　　　　　　福島泰蔵

ネージメント法 欧文書名：
Anthropology〉　①4-7727-0018-8

◇経営の鬼才福沢桃介　宮寺敏雄著　五月
書房　1984.11　230p　19cm
①4-7727-0017-X

◇激流の人―電力王福沢桃介の生涯　矢田
弥八著　光風社書店　1968　281p 図版
19cm

◇日本財界人物列伝　第1巻　青潮出版株式
会社編　青潮出版　1963　1171p 図版
26cm

◇四人の財界人　河野重吉著　ダイヤモン
ド社　1956　182p　18cm

◇続 財界回顧―故人今人　池田成彬著，柳
沢健編　三笠書房　（三笠文庫）　1953
217p　16cm

◇財界の鬼才 福沢桃介の生涯　宮寺敏雄著
四季社　1953　390p 図版　19cm

▌福島 泰蔵　ふくしま・たいぞう
1866～1905　軍人。

◇福島泰蔵大尉の実行力を訪ねて―資料集
川道亮介著　〔川道亮介〕　〔201-〕
225p　21×30cm　〈複製〉

◇拓く―福島泰蔵大尉正伝　川道亮介著
文芸社　2017.10　203p　19cm　〈文献あ
り〉　①978-4-286-18731-0

◇福島泰蔵大尉の実行力を訪ねて　1　川道
亮介著　My Books. jp　2015.4　376p
19cm

◇福島泰蔵大尉の実行力を訪ねて　2　川道
亮介著　My Books. jp　2015.4　319p
19cm

◇福島泰蔵大尉の実行力を訪ねて　3　川道
亮介著　My Books. jp　2015.4　253p
19cm

◇指揮官の決断―八甲田山死の雪中行軍に
学ぶリーダーシップ　山下康博著　中経
出版　（中経の文庫）　2008.1　284p
15cm　①978-4-8061-2927-1
＊明治35年1月、青森歩兵第5連隊と弘前
歩兵第31連隊の二つの部隊は、それぞ
れ別のコースをとって八甲田山雪中行

軍に挑んだ。青森隊210名はほぼ全滅、
一方の弘前隊38名は見事に踏破を果た
した。二つの部隊の運命を分けたのは
何だったのか？ 弘前隊を成功に導いた
指揮官・福島大尉を軸に、その謎の核心
にせまる。

◇永遠の武人福島大尉　塚越真一著　〔塚
越真一〕　2007.10　51p　26cm

◇指揮官の決断―八甲田山死の雪中行軍に
学ぶ極限のリーダーシップ　山下康博著
楽書館　2005.12　271p　19cm
①4-8061-2336-6
＊明治三十五年一月、青森隊と弘前隊の
二つの部隊はそれぞれ逆コースをとっ
て八甲田山雪中行軍に挑んだ。青森隊
二百十名はほぼ全滅という未曽有の遭
難に見舞われ、一方の弘前隊三十八名
はみごとに八甲田山踏破をやり遂げた。
二つの行軍隊を企業に見立てれば、青森
隊は安定を誇る伝統の大企業、弘前隊は
新進の中小企業である。二つの企業は
ともに空前の「大寒気団」という危機に
見舞われながら、なぜこうも大きく運
命の明暗を分けてしまったのだろうか。

◇八甲田山から還ってきた男―雪中行軍隊
長・福島大尉の生涯　高木勉著　文芸春
秋　（文春文庫）　1990.2　275p 15cm
①4-16-748202-9
＊明治35（1902）年1月、青森歩兵第五連
隊第二大隊が八甲田山縦断雪中行軍中、
猛吹雪により210名中199名が凍死する
大惨事が起きた。一方、福島泰蔵大尉
が率いる弘前歩兵第三十一連隊の総勢
37名は全員生還。どこに違いがあった
のか―。より苛酷な行軍を成し遂げた
福島大尉の企画力、指導力、人間像を膨
大な資料をもとに描く。

◇八甲田山から還ってきた男―雪中行軍隊
長・福島大尉の生涯　高木勉著　文芸春秋
1986.5　262p 19cm　①4-16-340560-7
＊プロジェクトの成否を分けたものは何
か？ 企画力・計画性・リーダーシッ
プ・危機管理能力をここから学ぶノン
フィクション

◇実録八甲田山指揮官福島大尉の人間像
高木勉編著　講談社出版サービスセン

ター 1983.6 422p 19cm 〈福島大尉の肖像あり〉 ①4-87601-037-4

◇われ，八甲田より生還す—弘前隊・福島大尉の記録 高木勉著 サンケイ出版 1978.3 214p 19cm

福島 安正 ふくしま・やすまさ

1852〜1919 陸軍軍人。大将，男爵。駐独公使館付き武官となり，帰国時，単騎でシベリアを横断した。

◇まんがでよくわかる日本人の歴史日本人だけが知らない世界から絶賛される日本人 献身のこころ・篇 黄文雄原作，大和正樹，はらだかずや，徳光康之，野澤裕二，高樹はいど，玉置一平漫画 徳間書店 2017.11 159p 19cm 〈文献あり〉 ①978-4-19-864511-3

◇名将の条件 日露戦争七人の陸将 柘植久慶著 学研パブリッシング 2010.12 258p 19cm ①978-4-05-404771-6
＊勝算なき戦いを明晰な判断と洞察で勝利へ導いた七人の傑物。

◇『坂の上の雲』まるわかり人物烈伝 工作員篇 明治「時代と人物」研究会編著 徳間書店 （徳間文庫） 2010.10 333p 15cm ①978-4-19-893245-9
＊児玉源太郎が陰で操っていた、数々のスパイたち。国家のため、私財を投げ打って情報収集に命をかけた、市井のスパイたち。日露戦争勝利の裏側で、決死の工作員たちが愛国の涙を流していた。明石元二郎、杉山茂丸、中村天風、大谷光瑞—。これまであまり語られてこなかった諜報活動の数々を、貴重な資料から掘り起こす！『坂の上の雲』をもっと楽しみたい人に最適の、裏ガイドブック。

◇歴代陸軍大将全覧 大正篇 半藤一利，横山恵一，秦郁彦，原剛著 中央公論新社 （中公新書ラクレ） 2009.2 357,31p 18cm ①978-4-12-150307-7
＊世界大戦と日独戦争、シベリア出兵、そして吹き荒れる軍縮の嵐。激動する大正期の日本陸軍の姿を、大将41人の事績とともに詳細に記す。写真、資料も充実。明治篇に続く陸軍史一大巨編。

◇陸軍大将福島安正と情報戦略 篠原昌人著 芙蓉書房出版 2002.12 240p 19cm ①4-8295-0324-6
＊「情報将軍」といわれた一人の軍人の全生涯を通して“情報とは何か”“情報を活かす戦略とは何か”を問う。

◇福島将軍遺績—伝記・福島安正 太田阿山編 大空社 （伝記叢書） 1997.2 370,5p 22cm 〈東亜協会昭和16年刊の複製 ☆柳原書店 福島将軍年譜：p367〜369〉 ①4-7568-0457-8

◇中央亜細亜より亜拉比亜へ—伝記・福島安正福島将軍遺績続 太田阿山編 大空社 （伝記叢書） 1997.2 378,5p 22cm 〈東亜協会昭和18年刊の複製 ☆柳原書店〉 ①4-7568-0458-6

◇福島安正 情報将校の先駆—ユーラシア大陸単騎横断 豊田穣著 講談社 1993.6 306p 19cm ①4-06-206266-6
＊ベルリンから、ウラル山脈、アルタイ山脈を越え、沿海州ウラジオストクまで一万四千キロ。日清・日露戦争に先立つ明治二十五年。着工まもないシベリア鉄道の進捗状況を窺い、南下政策をとる帝政ロシアの動向を探るため、猖獗きわまるコレラの中を、極寒不毛の地シベリアを駆け抜けた一人の男がいた。緻密にして大胆、天性の情報将校。福島安正の全足跡。

◇中央アジアに入った日本人 金子民雄著 中央公論社 （中公文庫） 1992.5 479p 15cm ①4-12-201905-2
＊帝政ロシアと大英帝国が領土拡張に鎬を削る〈グレイト・ゲーム〉を繰り広げていた、19世紀中葉から今世紀初めにかけての中央アジア。2大強国の動静探索と探検を目的として単身潜入した西徳二郎、福島安正、日野強の足どりを未公開資料を駆使して追い、日清・日露戦争前後の日本の大陸進出の断面を、臨場感豊かに描き出す。

◇シベリア横断 福島安正大将伝 坂井藤雄著 葦書房 1992.4 308p 19cm
＊1892年、単騎ベルリンを発しウラル、シベリアを横断、ウラジオストックを経て帰国した陸軍大将・福島安正。そ

I　政治・経済　　　　　　　　　　　　　　　　　　　　　　　　　　　　　　　福田英子

の1万4000キロにわたる苦闘の足跡と時代の背景を辿る。

◇福島安正と単騎シベリヤ横断　島貫重節著　原書房　1979.11　2冊　20cm

◇世界ノンフィクション全集 3　伯林より東京へ単騎遠征　福島安正著　筑摩書房　1960

▌福住 正兄　ふくずみ・まさえ
1824～1892　農政家，旅館経営者。報徳仕法実践のため，家業の旅館を再興。のち史跡の保存など箱根観光に貢献。

◇福沢諭吉と福住正兄―世界と地域の視座　オンデマンド版　金原左門著　吉川弘文館　（歴史文化ライブラリー）　2017.10　219p　19cm　〈文献あり　原本：1997年刊〉　①978-4-642-75426-2

◇破天荒力―箱根に命を吹き込んだ「奇妙人」たち　松沢成文著　講談社　2007.6　270p　19cm　①978-4-06-214047-8
＊お金も地位も必要ない，革命の手法が近代日本にあった。「現地現場主義」を貫く改革派知事の画期的成功論。箱根を変えた偉人に学ぶ，痛快な生き方。

◇福沢諭吉と福住正兄―世界と地域の視座　金原左門著　吉川弘文館　（歴史文化ライブラリー）　1997.10　219p　19cm　①4-642-05426-X
＊世界に眼をむけた合理主義者・福沢諭吉、二宮尊徳の高弟で報徳思想の実践者・福住正兄。西欧思想を取り入れながら、伝統の思考でそれを読み替え、世界と地域の視座から近代化を推進しようとした人々の理想と行動を追う。

◇日本人物史大系　第5巻　近代 第1　小西四郎編　朝倉書店　1960　340p　22cm

▌福田 重固　ふくだ・しげかた
1833～1910　静岡藩士，官僚。
◇幕臣福田重固・高島茂徳兄弟　樋口雄彦編著　福田達　2006.9　107p　21cm　〈肖像・文献あり〉

▌福田 英子　ふくだ・ひでこ
1865～1927　社会運動家。婦人の政治・社会参加を主張。「世界婦人」を創刊。

◇近代日本を創った7人の女性　長尾剛著　PHP研究所　（PHP文庫）　2016.11　314p　15cm　〈文献あり〉　①978-4-569-76639-3

◇人生を切りひらいた女性たち―なりたい自分になろう！　2　経済・教育・社会編　樋口恵子監修　教育画劇　2016.4　47p　28cm　〈文献あり　年表あり〉　①978-4-7746-2047-3

◇文人悪妻　嵐山光三郎著　新潮社　（新潮文庫）　2012.4　286p　15cm　〈『人妻魂』改題書〉　①978-4-10-141910-7
＊夫に殉死した女優妻・松井須磨子、谷崎から譲渡された佐藤春夫の妻、精神錯乱の教師妻・杉田久女、夫に絶縁状を書いた華族出身妻・柳原白蓮、四回の人妻を経験した宇野千代。漱石、鷗外、鏡花、芥川の妻、そして与謝野晶子、林芙美子から幸田文、武田百合子まで、明治・大正・昭和の文壇を彩る53人。逞しく、したたかでパワフルな人妻たちの正体を描く、画期的な評伝集。

◇人妻魂　嵐山光三郎著　マガジンハウス　2007.8　228p　19cm　①978-4-8387-1741-5
＊人妻→官能→嫉妬→不倫→離婚→再婚→流浪→淫乱→堕落→覚醒→心中→自立→遊蕩→熟成→昼寝。人妻はやっぱりステキです。漱石、鷗外、鏡花、芥川、安吾の妻、そして白秋の三人の妻、さらには与謝野晶子、平塚らいてう、林芙美子から幸田文、武田百合子まで、明治大正昭和を彩る人妻53人が勢揃い。

◇雀百まで悪女に候―女性解放運動の先駆者・福田英子の生涯　内田聖子著　健友館　2003.9　210p　19cm　〈文献あり〉　①4-7737-0810-7
＊自由民権運動のクーデター失敗から、21才で投獄された福田英子の波瀾万丈の生涯。第10回健友館ノンフィクション大賞受賞。

◇福田英子集　福田英子著，村田静子，大木

伝記ガイダンス 明治を生きた人々　　535

基子編　不二出版　1998.2　678p　22cm
①4-938303-22-1

◇短歌に出会った女たち　内野光子著　三一書房　1996.10　208p　19cm
①4-380-96279-2
＊時代に挑んだ女性たち。その短歌に託したメッセージを読み解く。

◇暁の鐘　前田愛子著　新日本出版社　1996.8　283p　20cm　〈参考文献：p283〉　①4-406-02454-9
＊女性解放の先駆者福田英子の熱きたたかいの日々。教育者として、妻として、母として、傷つき挫折しながらも、旧道徳に抗い、女性参政権、女性の自立を求め続けた生涯を描く。

◇福田英子―婦人解放運動の先駆者　村田静子著　岩波書店　（岩波新書）　1996.7　236p　18cm　〈第8刷（第1刷：1959年）福田英子の肖像あり　略年表・史料と参考文献：p213〜232〉　①4-00-413139-1

◇わらはの思出　福田英子著　大空社　（叢書女性論）　1995.6　220p　22cm　〈明治38年刊の複製〉　①4-7568-0013-0

◇日本史・激情に燃えた炎の女たち―奔放に生き抜いた女たちの色と欲　村松駿吉著　日本文芸社　（にちぶん文庫）　1993.9　235p　15cm　〈『日本史を揺がした女』改題書〉　①4-537-06233-9
＊卑弥呼、藤原薬子、巴御前、北条政子、日野富子、淀君、春日局…などなど、自らの愛欲と野心を貫くため、時に日本史を揺るがし、燃えさかる炎のように生き抜いた女たちの赤裸々な姿を描く。

◇歴史をひらく愛と結婚　福岡女性学研究会編　ドメス出版　1991.12　236p　19cm　①4-8107-0330-7
＊明治・大正・昭和を通じて、女性の覚醒や人間的平等を主張し、かつ実践した人びと十数人を選び、調査研究し、共同討議による検討・修正を重ねた末、出来上がったのが本書である。

◇近代日本の自伝　佐伯彰一著　中央公論社　（中公文庫）　1990.9　358p　15cm　①4-12-201740-8
＊伊藤博文・尾崎三良・前島密・片山

潜…。みずから記した数々の「私語り」のうちに、西欧に直面した近代日本人の自我意識がおのずと浮かび上がる。文学の魅力ある一ジャンルとして自伝の醍醐味を存分に味わいつつみちびかれる、画期的日本人論。

◇反逆の女のロマン―人物近代女性史　瀬戸内晴美編　講談社　（講談社文庫）　1989.8　255p　15cm　①4-06-184481-4

◇女性解放の思想家たち　山田㳒著　青木書店　1987.9　216p　19cm　①4-250-87034-0
＊時代に先駆した女性たちの生涯と思想の核心に迫る。近代日本思想史・女性史研究の最新の成果！

◇女性解放の先駆者・中島俊子と福田英子　糸屋寿雄著　清水書院　（清水新書）　1984.10　220p　18cm　〈『女性解放の先駆者たち』（昭和50年刊）の改題　中島俊子および福田英子の肖像あり〉　①4-389-44043-8

◇妾（わらわ）の半生涯　改版　福田英子著　岩波書店　（岩波文庫）　1983.10　181p　15cm　〈解説：糸屋寿雄　初版：1958（昭和33）〉

◇日本人の自伝　6　福田英子.金子ふみ子.相馬黒光　平凡社　1980.12　495p　20cm　〈福田英子ほかの肖像あり〉

◇福田英子―婦人解放運動の先駆者　村田静子著　岩波書店　（岩波新書）　1978.3　236p　18cm　〈第6刷（第1刷：昭和34年）福田英子の肖像あり〉

◇燎火の流れ―わが草わけの社会主義者たち　木原実著　オリジン出版センター　1977.6　283p　19cm　〈木原実エッセイ集〉

◇女性解放の先駆者たち―中島俊子と福田英子　糸屋寿雄著　清水書院　（Century books）　1975　220p　図　肖像　19cm

◇社会主義者の書翰―石川三四郎・福田英子宛書翰集と解説　早稲田大学社会科学研究所編　早稲田大学出版部　1974　332p　図　19cm

◇私の半生涯　福田英子著，和田芳恵訳　角川書店　（角川文庫）　1966　134p　図

版　15cm

◇世界の人間像　第26　大革命の女性たち〔ほか〕　角川書店編集部編　ミシュレー著，三宅徳嘉，山上正太郎訳　角川書店　1966　397p　図版　19cm

◇福田英子研究　35周年を記念して　女性史研究会（名古屋）編　1962　129p　22cm

◇歴史の中の青年群像　景山英子　奈良本辰也著　創元社　1960

◇福田英子―婦人解放運動の先駆者　村田静子著　岩波書店　（岩波新書）　1959　236p　図版　18cm

◇日本の思想家　山本健吉編　光書房　1959　224p　20cm

◇福田英子書簡集　福田英子著，唐沢柳三編　ソオル社　1958　131p　図版　19cm

◇妾の半生涯　福田英子著　岩波書店　（岩波文庫）　1958　118p　図版　15cm

◇強く生きた日本の女性　大鹿卓著　三笠書房　（三笠新書）　1955　205p　18cm

◇妾の半生涯　福田英子著　実業之日本社　（近代日本文化鱗書）　1949　195p　図版　19cm

◇自由民権女性先駆者―楠瀬喜多子・岩田俊子・景山英子　住谷悦治著　文星堂　1948

◇明治大正昭和/自由人の展望　上　松本仁著　大阪新聞社　1946　274p　19cm

▌ 福原 有信　ふくはら・ありのぶ
1848〜1924　実業家。日本薬剤師連合会委員長。資生堂を銀座に創業。以後、日本製薬などを設立し製薬業、保険業発展に尽力。

◇開花の人―福原有信の資生堂物語　山崎光夫著　東洋経済新報社　2013.2　306p　19cm　①978-4-492-06188-6
＊「資生堂」の源流をつくった男―その個性的、野心的、創造的な生涯を描く。

◇暮らしを変えた美容と衛生　佐々木聡著　芙蓉書房出版　（シリーズ情熱の日本経営史）　2009.4　217p　22cm　〈シリーズの監修者：佐々木聡　文献あり〉

①978-4-8295-0443-7
＊健康と衛生、そして美に資する商品の国産化に取り組み、欧米に負けないほど健康で清潔な生活水準をもたらした資生堂・ライオン・花王の創業者たちの足跡、企業家精神、経営革新の詳細を追う。

◇彼の人に学ぶ　月刊「ABC」編集部編　冨山房インターナショナル　2005.10　279p　19cm　①4-902385-20-1

◇福原有信伝　復刻版　永井保，高居昌一郎編著　資生堂　2000.12　335p　22cm　〈原本：昭和41年刊　肖像あり〉

◇福原有信伝　永井保，高居昌一郎編著　資生堂　1966　335p　図版　22cm

◇日本財界人物列伝　第1巻　青潮出版株式会社編　青潮出版　1963　1171p　図版　26cm

▌ 福原 芳山　ふくはら・ほうざん
1847〜1882　裁判官。大阪裁判所判事。イギリスに留学する。

◇若き老中英国留学　藤田郁子著　藤田郁子　（福原芳山公の足跡を訪ねて）　2015.9　125p　19cm

◇維新の英傑―福原芳山の生涯：Yoshiyama Goronoske　堀雅昭著　宇部日報社　2012.12　151p　21cm　〈年譜・文献あり〉

▌ 藤 四郎　ふじ・しろう
1828〜1874　武士。

◇日本の名匠　改版　海音寺潮五郎著　中央公論新社　（中公文庫）　2005.7　332p　15cm　①4-12-204558-4
＊歴史小説の巨匠が独特の史観を通して、虎徹、山浦清麿、古田織部正、長次郎、本阿弥光悦、乾山、仁清など日本の代表的名匠の謎に包まれた生涯を解き明かす。また、平将門、平清盛、上杉謙信、西郷隆盛など歴史上の英雄や武将の知られざる側面を現代の眼で生き生きと描いた「武将の運命」を併録。

◇幕末動乱に生きる二つの人生―野村望東

藤井較一

尼と藤四郎　安川浄生著　みどりや仏壇
店書籍部　1980.10　248p　19cm

藤井 較一　ふじい・こういち
1858～1926　海軍軍人。大将，軍事参議
官。海軍軍令部次長、佐世保、横須賀各鎮
守府司令長官などを歴任。
◇日本海軍の興亡—戦いに生きた男たちのド
ラマ　半藤一利著　PHP研究所　2008.12
199p　19cm　〈『日本海軍の興亡』再編
集・改題書〉　⒤978-4-569-70328-2
＊名将・名参謀は、その時。
◇藤井大将を偲ぶ—没後60周年記念誌　海
軍大将藤井較一没後60周年記念誌刊行会
編　海軍大将藤井較一没後60周年記念誌
刊行会　1986.11　120p　30cm　〈藤井較
一の肖像あり〉

藤井 三郎　ふじい・さぶろう
1851～1898　外務省官吏。外務省商局長，
弁理公使。サンフランシスコ領事として
アメリカに赴く。
◇時代に挑んだ科学者たち—19世紀加賀藩
の技術文化　19世紀加賀藩「技術文化」
研究会編著　北国新聞社　2009.6　189p
21cm　⒤978-4-8330-1697-1
＊彗星の観測、砲台の建造、蘭学の最新医
術…激動の幕末を駆け抜けた知のネッ
トワークに迫る。

藤井 富伝　ふじい・とみでん
1828～1904　開拓者。
◇宮本常一とあるいた昭和の日本　3　九州
2　森本孝編　農山漁村文化協会　（ある
くみるきく双書）　2011.10　222p　23cm
〈シリーズの監修者：田村善次郎　宮本千
晴〉　⒤978-4-540-10203-5
＊昭和の暮らしと心が、今、甦る！ 名著
「忘れられた日本人」著者宮本常一と薫
陶をうけた若者たちが活写。

藤井 能三　ふじい・のうぞう
1846～1913　港湾改良家。私費で伏木小
学校、女学校を作る。ウラジオストク航

路を開き大型船の入港を可能とした。
◇ほくりく20世紀列伝　上巻　北国新聞社
論説委員会・編集局編　時鐘舎　（時鐘舎
新書）　2007.12　281p　18cm
⒤978-4-8330-1597-4
＊近代日本動かした北陸人のど根性。激動
の時代を駆け抜けた偉人たちのドラマ。

藤江 永孝　ふじえ・えいこう
1865～1915　窯業技術者。京都市陶磁器
試験場場長。石炭ガスの連続焼成窯を完
成。遊陶園の結成に参加。
◇叢書・近代日本のデザイン　34　藤江永
孝伝　森仁史監修　故藤江永孝君功績表
彰会編纂　ゆまに書房　2011.11　418p
22cm　〈故藤江永孝君功績表彰会昭和7年
刊の複製　解説：佐藤一信　年譜あり〉
⒤978-4-8433-3683-0

藤岡 市助　ふじおか・いちすけ
1857～1918　電気工学者，実業家。工部
大学校教授。電球・電気機械を研究。の
ち東京電灯技師長。白熱舎を創立。
◇近代日本の礎を築いた七人の男たち—岩国
セブン・ファーザーズ物語　佐古利南著
致知出版社　2016.7　170p　19cm　〈文
献あり　年譜あり〉　⒤978-4-8009-1119-3
◇工学博士藤岡市助伝　瀬川秀雄編　ゆまに
書房　（人物で読む日本経済史）　1998.12
1冊　22cm　〈工学博士藤岡市助君伝記編
纂会昭和8年刊の複製〉　⒤4-89714-602-X
◇人物で読む日本経済史　第9巻　工学博士
藤岡市助伝　瀬川秀雄編纂　ゆまに書房
1998.12　1冊　22cm　〈監修：由井常彦
工学博士藤岡市助君伝記編纂会昭和8年刊
の複製　年表あり〉　⒤4-89714-602-X
◇日本のエジソン—藤岡市助に学ぶもの
佐山和郎著　エポ（印刷）　1996.10
379p　21cm　〈肖像あり　年譜あり〉

藤川 三渓　ふじかわ・さんけい
1818～1889　高松藩士，実業家。竜虎隊
を組織、奥羽戦線に従事。大日本水産学

I　政治・経済　　　　　　　　　　　　　　　　　　　　　　　　　　藤田伝三郎

校を設立し、水産業の発展に尽力。

◇天下太平の礎―藤川三渓と日柳燕石　井
　下香泉著　讃岐先賢顕彰会　2007.11
　217p　19cm

◇藤川三渓・人と業績―勤王志士・水産開発
　の先駆者　天川維文著　天川維文
　1982.6　102p　22cm　〈制作：讃文社　藤
　川三渓の肖像あり〉

▌藤沢　幾之輔　　ふじさわ・いくのすけ
　1859～1940　政治家，弁護士。衆議院議
　長。仙台市議、宮城県議を経て、衆議院議
　員。のち若槻内閣商工相。

◇藤沢幾之輔―伝記・藤沢幾之輔　阿子島
　俊治編　大空社　（伝記叢書）　1997.11
　480,5p　22cm　〈斗南書院昭和11年刊の
　複製　☆柳原書店〉　①4-7568-0489-6

▌藤沢　次謙　　ふじさわ・つぐかね
　1835～1881　幕臣、陸軍軍人。陸軍副総
　裁。軍艦奉行、陸軍奉行並などを歴任。
　沼津兵学校を創立。

◇幕末・維新の相模原―村の殿様旗本藤沢
　次謙と村人たち　相模原市立博物館編
　相模原市立博物館　2000.10　115p
　30cm　〈文献あり　秋季特別展：平成12
　年10月28日～12月3日〉

◇勝海舟の参謀―藤沢志摩守　安西愈著
　新人物往来社　1974　210p　19cm

▌藤田　謙一　　ふじた・けんいち
　1873～1946　実業家。貴族院議員。初期
　の西武系諸事業の発展に寄与。

◇東北開発人物史―15人の先覚者たち　岩
　本由輝著　刀水書房　1998.3　334p
　19cm　①4-88708-224-X

◇藤田謙一―初代日本商工会議所会頭　弘
　前商工会議所編　弘前商工会議所
　1988.3　243p　図版10枚　22cm　〈藤田謙
　一の肖像あり〉

▌藤田　伝三郎　　ふじた・でんざぶろう
　1841～1912　実業家。男爵。国事に奔走
　するが、維新後、官庁用達業、軍靴製造

業。藤田組を組織、事業を拡大。

◇建設業を興した人びと―いま創業の時代
　に学ぶ　新装版　菊岡倶也著　彰国社
　2012.6　453p　19cm
　①978-4-395-02982-2

◇藤田翁言行録―〈伝記〉藤田伝三郎　岩下
　清周著　大空社　（伝記叢書）　2010.11
　143,6,　30p　22cm　〈岩下清周大正2年刊
　の複製〉　①978-4-283-00831-1

◇昭和史の怪物たち　畠山武著　文芸春秋
　（文春新書）　2003.8　185p　18cm　〈文
　献あり〉　①4-16-660333-7
　＊昭和戦前期は複雑怪奇な時代であった。
　　野心で膨れあがった政治家や軍人たちが
　　権謀術数をめぐらし、クーデタ騒ぎも絶
　　えなかった。その動乱の渦のなかで派
　　手に動きまわりながら、いまは何故か
　　忘れられている三人の「怪物」がいる。
　　森恪、久原房之助、宇垣一成である。こ
　　の三人がいなかったとしたら、大日本
　　帝国終末期二十年の様相はまったく変
　　わっていただろうと言っても過言では
　　ない。歴史を作るのは人間だというこ
　　とを再確認させるノンフィクション。

◇藤田伝三郎の雄渾なる生涯　砂川幸雄著
　草思社　1999.5　270p　20cm
　①4-7942-0885-5
　＊南海電鉄、関西電力、毎日新聞の創立、
　　小坂鉱山の経営、児島湾の干拓など、一
　　代で身をおこし、関西の渋沢栄一とい
　　われた実業家・藤田伝三郎の真実の姿。

◇建設業を興した人びと―いま創業の時代
　に学ぶ　菊岡倶也著　彰国社　1993.1
　452p　21cm　①4-395-00353-2
　＊本書は、創業者とその周辺の人びとを
　　通じてわが国建設業の近代の発展を描
　　いたものである。

◇日本財界人物列伝　第1巻　青潮出版株式
　会社編　青潮出版　1963　1171p　図版
　26cm

◇大阪人物誌―大阪を築いた人　宮本又次
　著　弘文堂　（アテネ新書）　1960　230p
　19cm

伝記ガイダンス　明治を生きた人々　**539**

藤田 茂吉　ふじた・もきち
1852〜1892　新聞記者，政治家。衆議院議員。「郵便報知新聞」主幹。立憲改進党より衆議院に当選。著書に「文明東漸史」など。

◇駆け抜ける茂吉―「先覚記者」藤田鳴鶴評伝　野田秋生著　沖積舎　2001.4　308p　20cm　①4-8060-4661-2

◇司書半生　相馬文子著　三月書房　1988.7　188p 19cm　①4-7826-0117-4
＊先年、わが父と母の記『相馬御風とその妻』を刊行した著者が、長年にわたる史料編纂所、日本女子大学図書館での書物と共にあった日日を「司書半生」に、わが祖父の記を「藤田鳴鶴こぼれ話」にまとめた。日本近代文学館の図書資料の会の仲間として、お手本にしたい姿勢のうかがわれる相馬文子勉強録の一冊である。

◇相馬御風とその妻　相馬文子著　青蛙房　1986.6　230p　20cm

伏見宮 貞愛
ふしみのみや・さだなるしんのう
1858〜1923　皇族，陸軍軍人。元帥。孝明天皇の養子になるが伏見家に復帰。西南戦争、日清、日露戦争に従軍。

◇皇族軍人伝記集成　第4巻　伏見宮貞愛親王　佐藤元英監修・解説　ゆまに書房　2010.12　542,76,3p　22cm　〈伏見宮蔵版昭和6年刊の複製合本　年譜あり〉①978-4-8433-3556-7

伏見宮 博恭
ふしみのみや・ひろやす
1875〜1946　皇族，海軍軍人。元帥，理化学研究所総裁，日本産業協会総裁。朝日艦長、軍事参議官などを歴任。大将、のち軍令部長。

◇皇族軍人伝記集成　第15巻　伏見宮博恭王　佐藤元英監修・解説　ゆまに書房　2012.2　533,18,6p　22cm　〈御伝記編纂会昭和23年刊の複製　年譜あり〉①978-4-8433-3567-3

◇天皇と宮家―消えた十一宮家と孤立する天皇家　小田部雄次著　新人物往来社　2010.12　302p　19cm　①978-4-404-03952-1
＊天皇家を支える血族・階級として、近代を生きてきた「十一宮家」は、終戦後、なぜ皇籍を離脱しなければならなかったのか。朝香宮家、賀陽宮家、閑院宮家、北白川宮家、久邇宮家、竹田宮家、梨本宮家、東久邇宮家、東伏見宮家、伏見宮家、山階宮家の歴史と人々。

◇日本海軍将官総覧　太平洋戦争研究会編著　PHP研究所　2010.5　378p　19cm　①978-4-569-77551-7
＊栄光の明治から昭和の敗戦まで、海の戦いを指揮した男たちのプロフィール！　コンパクトで便利な使える一冊。

◇昭和天皇に背いた伏見宮元帥　生出寿著　徳間書店　（徳間文庫）　1991.8　381p　15cm　〈『軍令部総長の失敗』改題書〉①4-19-599360-1
＊国際的な見識をもっていたはずの海軍が、不見識も甚だしい太平洋戦争に突入し、しかも、戦前には予想もしなかったほどの大敗を喫したその原因はなにか。対英米不戦を主張する条約派と戦争も辞さない艦隊派、この二派の確執を軸に、従来、海軍出身者らがタブーとして口を閉ざしてきた東郷平八郎、伏見宮博恭両元帥の犯した過誤を究明して、日本海軍終焉のダイナミクスを描破した戦記ノンフィクション意欲作。

藤本 庄太郎
ふじもと・しょうたろう
1849〜1902　実業家。

◇近代日本における企業家の諸系譜　竹内常善，阿部武司，沢井実編，谷本雅之，松村敏，柳沢遊執筆　大阪大学出版会　1996.7　284p　21cm　①4-87259-012-0
＊独自の方法で日本経済の展開に接近する。近代日本の工業化に決定的な役割を果たした、明治-昭和期の中小企業経営者の活動および、その歴史的展開過程を総合的に分析した研究書。中小企業史研究会の永年の成果が、日本の経営史・経済史・企業論に新しい光を当てる。

Ⅰ 政治・経済　　　藤原銀次郎

❚ **藤山 雷太**　ふじやま・らいた
1863〜1938　実業家。大日本製糖社長，
貴族院議員。日本火災、帝劇などの設立
に参画。台湾経済の発展に尽力、藤山コ
ンツェルンを築く。

◇藤山雷太伝―〈伝記〉藤山雷太　星野小次
郎著　大空社　（伝記叢書）　2011.6
330p　22cm　〈万里閣昭和14年刊の複製
文献あり〉　①978-4-283-00836-6

◇福沢山脈　小島直記著　中央公論社　（小
島直記伝記文学全集）　1987.1　577p
19cm　①4-12-402584-X
　＊先覚者・福沢諭吉を敬慕し、慶応義塾に
　　集まった近代日本の俊才英傑たち。そ
　　の巨大な人間山脈に挑み、一峰一峰の
　　連なりの機微を活写する長編力作。

◇日本財界人物列伝　第1巻　青潮出版株式
会社編　青潮出版　1963　1171p　図版
26cm

❚ **藤原 銀次郎**　ふじわら・ぎんじろう
1869〜1960　実業家，政治家。王子製紙
社長，貴族院議員。戦時下商工大臣、軍需
大臣など歴任。戦後、藤原科学財団を設
立し教育や社会事業に貢献。

◇財閥経営と企業家活動　宇田川勝著　森
山書店　2013.4　281p　21cm
①978-4-8394-2127-4

◇関東大震災で飛躍した企業―今こそ学
べ！ 成功の発想力　たみやじゅん著　上
毛新聞社　2013.1　195p　18cm
①978-4-86352-076-9
　＊大正12（1923）年9月1日。マグニチュー
　　ド7.9の大地震が関東を襲った。がれき
　　の中から、事業家たちはいかにして「商
　　売の種」を見いだしたのか。野間清治、
　　山崎種二、梁瀬長太郎―。震災をビジ
　　ネスチャンスに変え、企業を発展させ
　　た24人を紹介する。

◇藤原銀次郎の軌跡―生誕百二十周年記念
紙の博物館，藤原科学財団編　紙の博物
館　1989.6　71p　26cm

◇福沢山脈　小島直記著　中央公論社　（小
島直記伝記文学全集）　1987.1　577p
19cm　①4-12-402584-X

　＊先覚者・福沢諭吉を敬慕し、慶応義塾に
　　集まった近代日本の俊才英傑たち。そ
　　の巨大な人間山脈に挑み、一峰一峰の
　　連なりの機微を活写する長編力作。

◇藤原銀次郎―巨人伝説から　宮坂勝彦編
（長野）銀河書房　（銀河グラフティ）
1986.3　110p　21cm
　＊日本の製紙王と呼ばれた男、藤原銀次
　　郎。明治近代・動揺期の実業界とその
　　修羅場を思いきり良く駆け抜ける大胆
　　不敵な青春と闘いのドラマの中、男た
　　ちは明日へと翔こうとする

◇藤原銀次郎翁語録―明治・大正・昭和実業
人の典型　市川義夫著　藤原科学財団
1979.3　253p　19cm　〈編集：薬袋経済
研究所 制作：日貿出版社 藤原銀次郎の肖
像あり〉

◇藤原さんと私　市川義夫著　〔市川義夫〕
1973　155p　肖像　19cm　〈編集：薬袋経
済研究所 製作：日貿出版社（東京）〉

◇日本財界人物列伝　第1巻　青潮出版株式
会社編　青潮出版　1963　1171p　図版
26cm

◇藤原銀次郎伝　窪田明治著　新公論社
1962　530p　19cm

◇藤原銀次郎　桑原忠夫著　時事通信社
（一業一伝）　1961　243p　図版　18cm

◇藤原銀次郎氏の足跡　石山賢吉著　ダイ
ヤモンド社　1960　343p　図版　19cm

◇世渡り九十年　藤原銀次郎著　実業之日
本社　1960　302p　図版　19cm

◇財界巨人伝　河野重吉著　ダイヤモンド
社　1954　156p　19cm

◇藤原銀次郎伝　水谷啓二著　東洋書館
（日本財界人物伝全集）　1954　345p　図
版　19cm

◇産業史の人々　楫西光速著　東大出版会
1954

◇日本財界人物伝全集 4　藤原銀次郎伝　水
谷啓二著　東洋書館　1954

◇続 財界回顧―故人今人　池田成彬著，柳
沢健編　三笠書房　（三笠文庫）　1953
217p　16cm

　　　　　　　　　　　　　伝記ガイダンス 明治を生きた人々　**541**

◇回顧八十年　下田将美著，藤原銀次郎述
　河出書房　（市民文庫）　1952　254p
　15cm

◇苦楽断片　藤原銀次郎著　高風館　1952

◇私の経験と考え方　藤原銀次郎著　高風
　館　1951

◇思い出の人々　藤原銀次郎著，石山賢吉
　記　ダイヤモンド社　1950　329p　図版
　19cm

◇藤原銀次郎回顧八十年　5版　下田将美
　著，藤原銀次郎述　講談社　1950　481p
　図版　19cm

▌船尾 栄太郎　ふなお・えいたろう

1872〜1929　実業家。三井信託副社長、
三井慈善病院理事を歴任。

◇山路越えて―父船尾栄太郎の思い出　小
　堀八重子　1990.6　75p　18cm　〈船尾栄
　太郎の肖像あり　付（1枚）〉

▌船津 辰一郎　ふなつ・たついちろう

1873〜1947　外交官。一貫して中国関係
を専門とする。対中和平工作に動き、終
戦時は居留民の安全と帰国に尽力。

◇日本外交史人物叢書　第20巻　吉村道男
　監修　ゆまに書房　2002.12　297p
　22cm　〈複製　肖像あり　年譜あり〉

◇上海人物誌　日本上海史研究会編　東方
　書店　1997.5　205,5p　21cm
　①4-497-97514-2
　＊近代中国をリードした大立て者（徐潤・
　　虞洽卿等）、経済・外交に隠然たる力を
　　振るった異国人（サッスーン一族・船津
　　辰一郎等）、裏世界に暗躍する秘密結
　　社・スパイ団（杜月笙・李士群等）、そ
　　して上海モダンを彩る文化人（劉海粟・
　　茅盾等）…近代上海の激動の歴史を飾っ
　　た人々を描く。

◇船津辰一郎　在華日本紡績同業会編　東
　邦研究会　1964　297p　図版　19cm

◇船津辰一郎　在華日本紡績同業会編　東
　邦研究会　1958

▌船津 伝次平　ふなつ・でんじべい

1832〜1898　農業指導者。駒場農学校農
場監督などを歴任。

◇日本における近代農学の成立と伝統農法
　―老農船津伝次平の研究　内田和義著
　農山漁村文化協会　2012.8　204p　22cm
　①978-4-540-12126-5

◇老農船津伝次平―その生涯と業績をつづ
　る45話　改訂版　柳井久雄著　上毛新聞
　社　2007.8　270p　19cm　〈著作目録・
　年譜あり〉　①978-4-88058-977-0

◇船津伝次平翁伝―伝記・船津伝次平　石
　井泰吉著　大空社　（伝記叢書）　2000.12
　182,7p　22cm　〈年譜あり　著作目録あ
　り　船津伝次平翁功徳顕彰会　群馬県農
　業会議昭和40年刊の複製　肖像あり〉
　①4-7568-0921-9

◇老農船津伝次平―その生涯と業績をつづる
　45話　柳井久雄著　上毛新聞社　1989.12
　270p　19cm　〈船津伝次平の肖像〉

◇人物篇　永原慶二，山口啓二，加藤幸三
　郎，深谷克己編　日本評論社　（講座・日
　本技術の社会史）　1986.12　270p　21cm
　①4-535-04810-X
　＊明治の近代技術は、伝統技術と外来技
　　術とが互いに対抗・反撥・折衷し合って確
　　立した。本書はその技術の担い手に光
　　を当て技術進歩の契機を探った。

◇郷土の人船津伝次平　大友農夫寿著　富
　士見村郷土研究会　（富士見村郷土研究双
　書）　1963

◇日本農業発達史 4　船津伝次平の事蹟　石
　井泰吉著　中央公論社　1954

◇船津伝次平の事蹟　石井泰吉著　農業発
　達史調査会　（農業発達史調査会資料）
　1951.5　86p　25cm　〈謄写版〉

▌ブラント，M.A.S.

Brandt, Max August Scipio von
1835〜1920　ドイツの外交官。1859年来
日。駐日プロシア公使。日普修好通商条
約の締結に尽力。

◇日本を愛したドイツ人―ケンペルからタ
　ウトへ　島谷謙著　広島大学出版会

I　政治・経済　　　　　　　　　　　　　　　　　　　　　　　　　古市公威

2012.9　429,13p　22cm　〈文献・年表あり〉　①978-4-903068-25-1

◇ドイツ公使の見た明治維新　ブラント，M.V.著，原潔，永岡敦訳　新人物往来社　1987.1　274p　19cm　①4-404-01409-0

┃┃ブラントン，R.H.
Brunton, Richard Henry
1841～1901　イギリスの技術者。1868年来日。観音崎灯台その他を設計、建築した。

◇日本と世界を結んだ偉人—ビジュアル伝記　明治編　河合敦監修　PHP研究所　2012.10　79p　26cm　〈文献・年表・索引あり〉　①978-4-569-78267-6
＊歴史上、日本と世界を結びつけ、かけ橋となった人物を写真やイラストを用いて紹介しています。

◇人物で知る日本の国土史　緒方英樹著　オーム社　2008.8　207p　21cm　①978-4-274-20581-1

◇日本の近代化とスコットランド　オリーヴ・チェックランド著，加藤詔士，宮田学編訳　玉川大学出版部　2004.4　222p　21cm　①4-472-40306-4
＊明治期日本の上水道設備を考案した技師はだれか。エディンバラと日本初の灯台とのかかわりは。鹿鳴館を設計した建築家がどうして絵師・河鍋暁斎の弟子になったのか。夏目漱石がグラスゴー大学の日本語試験委員になったわけは。日英文化交流のさまざまな史実を解き明かす。

◇R.H.ブラントン日本の灯台と横浜のまちづくりの父　横浜開港資料館編　横浜開港資料普及協会　1991.10　103p　25cm　〈英語書名：R.H.Brunton—the father of Japan lights and Yokohama urban planning 英文併記 R.H.ブラントンの肖像あり 付（図1枚）〉

◇お雇い外人の見た近代日本　リチャード・ヘンリー・ブラントン著，徳力真太郎訳　講談社　（講談社学術文庫）　1986.8　274p　15cm　①4-06-158751-X
＊徳川幕府は慶応2年英・米・仏・蘭と改

税約書を締結、日本は列国に対して灯台建設を義務づけられた。ブラントンが新政府お雇い灯台技師として日本に着任したのは戊辰戦争（明治元年）終結直後であった。爾来十数年、わが国は漸く封建制から脱皮し、欧米先進国を範とし、試行錯誤を繰り返しながらもひたすら近代国家を目指した。本書は政府役人と近代技術移植の先駆者との人間関係を通じて開化期日本の姿を描いた貴重な見聞録である。

┃┃ブリュネ，J.　Brunet, Jules
1838～1911　フランスの軍人。1866年来日。幕府が西洋式陸軍の編制を企図してフランスから招いた陸軍教官。維新時に榎本武揚の艦隊に投じ、函館に籠城して政府軍と戦った。

◇異星、北天に煌めく　北海道ノンフィクション集団編　北海道出版企画センター　2011.1　270p　19cm　〈執筆：合田一道ほか　年表あり〉　①978-4-8328-1101-0

◇箱館戦争銘々伝　下　好川之範，近江幸雄編　新人物往来社　2007.8　351p　19cm　①978-4-404-03472-4
＊戊辰戦争を最後まで戦い銃弾に斃れた戦士たち。土方歳三、三好畔、永井蠖蠖伸斎ほか21人。

◇大君の刀—ブリュネが持ち帰った日本刀の謎　合田一道著　北海道新聞社　（道新選書）　2007.2　207p　19cm　〈年譜・文献あり〉　①978-4-89453-404-9

◇函館の幕末・維新—フランス士官ブリュネのスケッチ100枚　岡田新一，紺野哲也，田中彰，綱淵謙錠，クリスチャン・ポラック執筆　中央公論社　1988.6　110p　30cm　①4-12-001699-4
＊今から120年前、榎本武揚、土方歳三らと共に「箱館戦争」を戦ったフランス軍事顧問団の指導者ブリュネのスケッチを軸に、函館の幕末・維新を再現する。

┃┃古市　公威　ふるいち・こうい
1854～1934　土木工学者。東京帝国大学工科大学初代学長，土木学会初代会長。土木行政、土木工学の基礎を築く。工手学

伝記ガイダンス 明治を生きた人々　　**543**

校を創立、技術者を養成。京釜鉄道総裁。

◇古市公威とその時代　土木学会土木図書館委員会，土木学会土木史研究委員会編　土木学会　2004.11　525p　23cm　〈東京丸善（発売）　年表あり〉
ⓘ4-8106-0466-7

◇シンポジウム：近代土木技術の黎明期を探る　その1　古市公威〔に関する〕予稿集　土木学会日本土木史研究委員会編　土木学会日本土木史研究委員会　1976　35p　26cm

▌古河 市兵衛　ふるかわ・いちべえ
1832〜1903　実業家。古河鉱業（足尾銅山）社長。足尾銅山を取得、古河財閥の基礎を築く。電気分銅など積極的に新技術を導入。

◇近代化遺産と「すごい」日本人　「ニッポン再発見」倶楽部著　三笠書房　（知的生きかた文庫）　2015.8　221p　15cm　ⓘ978-4-8379-8357-6
＊この国の「骨格」は、こうして創られた！「日本の産業革命」を担った、先覚者たちの「情熱の遺産」！

◇財閥を築いた男たち　加来耕三著　ポプラ社　（ポプラ新書）　2015.5　266p　18cm　ⓘ978-4-591-14522-7
＊近代を支えてきた資本主義そのものが終焉を迎えたと言われる現在、どこにビジネスの活路を見出せばいいのか。約150年前、明治維新という未曾有の危機に直面しながらも、新しい事業を起こし老舗を再建し、現代の大企業につながる「財閥」を築いていった男たちがいた。彼らの足跡にこそ、成功の鍵がある！

◇豪商列伝―なぜ彼らは一代で成り上がれたのか　河合敦著　PHPエディターズ・グループ　2014.11　287p　19cm　ⓘ978-4-569-82109-2
＊いかにして商売を大きくしたのか。どのようにヒット商品を編み出したのか。どうすれば安定経営ができるのか。大商人の苦闘の生涯からビジネスの秘訣、生き方を考える一冊。

◇シリーズ日本の近代　企業家たちの挑戦　宮本又郎著　中央公論新社　（中公文庫）

2013.1　503p　15cm　ⓘ978-4-12-205753-1
＊三井、三菱、住友など財閥が勃興し、古河市兵衛や大倉喜八郎ら政商が活躍した明治を経て、大正昭和の大衆化の時代に消費者本位のビジネスを展開した小林一三、松下幸之助、本田宗一郎まで、大変動の時代をビジネス・チャンスと捉え時代を先どりした経営者たち。彼らの手腕と発想はどう培われたのか。

◇名創業者に学ぶ人間学　十大財閥篇　加来耕三著　ポプラ社　2010.9　315p　19cm　ⓘ978-4-591-12001-9
＊岩崎弥太郎、野村徳七、安田善次郎…財閥を築き、世界と戦える大企業の基礎を創り上げた英傑16人の波乱に満ちた生涯を紐解きながら、ビジネスを成功させる法則を探る歴史人間学の決定版。

◇天才相場師の戦場　鍋島高明著　五台山書房　2008.6　334p　19cm　ⓘ978-4-309-90778-9
＊市場とは、銭を巡る男たちの戦場である。米、株、糸、船、土地、通貨…多彩な相場に挑む天才相場師たち。一攫千金、財閥の礎を築く勝者と一擲万金、身代潰す敗者の記録。

◇足尾銅山物語　小野崎敏著　新樹社　2007.7　263p　19cm　ⓘ978-4-7875-8565-3
＊芥川龍之介が見た、漱石が書いた。日本の「鉱都」をめぐる29の物語。

◇運鈍根の男―古河市兵衛の生涯　砂川幸雄著　晶文社　2001.3　269p　20cm　〈文献あり〉　ⓘ4-7949-6475-7

◇古河市兵衛翁伝―伝記・古河市兵衛　五日会編　大空社　（近代日本企業家伝叢書）　1998.11　1冊　22cm　〈大正15年刊の複製〉　ⓘ4-7568-0932-4

◇古河市兵衛翁伝　五日会著　ゆまに書房　（人物で読む日本経済史）　1998.9　1冊　22cm　〈五日会大正15年刊の複製〉　ⓘ4-89714-589-9

◇人物で読む日本経済史　第5巻　古河市兵衛翁伝　五日会著　ゆまに書房　1998.9　1冊　22cm　〈監修：由井常彦　古河合名会社内五日会大正15年刊の複製　年譜あ

I　政治・経済　　　　　　　　　　　　　　　　　　　　　ベックマン

り　索引あり〉　①4-89714-589-9

◇政商伝　三好徹著　講談社　（講談社文庫）　1996.3　287p　15cm　①4-06-263201-2
＊政治家と結託して利権をあさった六人の政商たち。覆面の政商・三野村利左衛門、薩摩の鉅商・五代友厚、王国の鍵・岩崎弥太郎、冒険商人・大倉喜八郎、ちょんまげ政商・古河市兵衛、走狗の怒り・中野梧一。激動の幕末・明治を生き抜いて財を成した政商たちの生涯を、著者独自の視点から徹底研究した評伝集。

◇政商伝　三好徹著　講談社　1993.1　251p　19cm　①4-06-206220-8
＊政治家と結託して利権をあさった6人の男たち。激動の幕末・明治を生き抜いたそれぞれの人生。

◇下野人物風土記　第3集　栃木県連合教育会編　栃木県連合教育会　1970　182p　19cm

◇政商から財閥へ　楫西光速著　筑摩書房　（グリーンベルト・シリーズ）　1964　234p　18cm

◇日本財界人物列伝　第1巻　青潮出版株式会社編　青潮出版　1963　1171p　図版　26cm

┃古橋　暉兒　ふるはし・てるのり
1813～1892　篤農家。村の復興、共有林の共同植林を指導。維新後は、殖産振興に尽力。

◇明治維新と豪農―古橋暉兒の生涯　高木俊輔著　吉川弘文館　（歴史文化ライブラリー）　2011.8　192p　19cm　〈文献・年表あり〉　①978-4-642-05726-4
＊地主として村役人を兼ねた上層農民「豪農」。彼らは幕末明治期に「草莽の志士」として倒幕運動に奔走する者もいれば、地域問題に取組み、村の復興・殖産に努めた者もいた。明治維新における豪農の役割とその意味を考える。

◇豪農古橋暉兒の生涯―維新の精神　芳賀登著　雄山閣出版　1993.2　446p　21cm　①4-639-01142-3
＊三河山間部稲橋の豪農の家に生まれた

古橋暉兒は、村共同体づくりの志に生きて維新を下から支えた。天明飢饉と家政改革をつねに反趨しつつ近代日本の地方自治と殖産興農に尽力し、貧しきもののない世の実現を希求した維新の人・古橋暉兒の思想的営為を追求する著者畢生の力編。

◇郷土を興した　先人の面影―その思想と業績　小出孝三著　日本自治建設運動本部　1958　259p　図版　19cm

┃降旗　元太郎　ふるはた・もとたろう
1864～1931　政治家，実業家。衆議院議員，帝国蚕糸取締役。都合11期にわたり衆議院議員を務める。普通選挙の実現に尽力。

◇井戸塀二代―降旗徳弥回想録　降旗徳弥著　「井戸塀二代」刊行会　1991.12　451p　22cm　〈著者の肖像あり〉

┃プレグラン, H.A.
Pelegrin, Henri Auguste
1841～1882　フランスの技師。1869？年来日。横浜ガス主任技師として横浜に初めてガス灯を点火。

◇プレグラン通り　中根君郎著　中根君郎　1973　344p　図　肖像　21cm

◇瓦斯灯建築師プレグラン　中根君郎著　恒陽社印刷所　1968　303p　図版　21cm

【へ】

┃ベックマン, W.
Böckmann, Wilhelm
1832～1902　ドイツの建築家。1886年来日。国会議事堂を設計。

◇江戸・東京の中のドイツ　ヨーゼフ・クライナー著，安藤勉訳　講談社　（講談社学術文庫）　2003.12　236p　15cm　①4-06-159629-2
＊江戸期から近代にかけて、江戸・東京を

伝記ガイダンス　明治を生きた人々　　545

舞台に活躍したドイツ人は数多い。「八重洲」にその名を残すヤン・ヨーステン、帝都改造計画に参画したエンデとベックマン、帝国ホテル繁栄の礎を築いた支配人フライク兄弟…。日・独交流に献身し、わが国の発展にきわめて大きな役割をはたした彼らが、江戸・東京に残した軌跡を探索し、その事績を検証する。

◇明治のお雇い建築家 エンデ&ベックマン 堀内正昭著 井上書院 1989.4 325p 19cm ①4-7530-2270-6
＊本書は、ドイツに資料を求め、エンデとベックマンの生い立ち、経歴を明らかにし、建築作品を分析していくことを目的としており、そのうえで、彼らの日本業績を総合的に評価することを意図して書かれたものである。

ベルニー, F.L.
Verny, François Léone
1837～1908 フランスの海軍技師。1865年来日。幕府の依頼で、横須賀造船所を建設。

◇明治お雇い外国人とその弟子たち―日本の近代化を支えた25人のプロフェッショナル 片野勧著 新人物往来社 2011.11 348p 19cm ①978-4-404-04102-9
＊西欧の先進技術を伝えたお雇い外国人と魂を失わなかった明治人たち―。師弟の交流から浮かび上がる和魂洋才の系譜。

◇新しい日本のかたち―明治開明の諸相 秋山勇造著 御茶の水書房 2005.10 281p 19cm ①4-275-00388-8
＊近代国家の担い手たちが目指したものは何か。幕末・明治の開明に関わる事件や人物の事跡を近代史・開明史の視点で考察。

◇開化異国助っ人奮戦記 荒俣宏著, 安井仁撮影 小学館 1991.2 349p 19cm ①4-09-389311-X
＊「日本」はいったい何者か。近代日本は「外国」をどう受容し、どう排斥してきたのか。その「モザイク状の西洋化」にこそ、「異質の国」といわれる深層構造がある。博物学の第一人者が、文明開化期に〈辺境の島〉に渡ってきた28人のお雇い外国人を通して描く異色日本論。

◇近代日本史の研究 5 手塚豊編著 北樹出版 1986.12 257p 21cm

ヘーン, H.F.W.
Hoehn, Heinrich Friedrich Wilhelm
1839～1892 ドイツの陸軍士官。1885年来日。警視庁顧問として地方の警察制度改良に尽力。

◇江戸・東京の中のドイツ ヨーゼフ・クライナー著, 安藤勉訳 講談社 （講談社学術文庫） 2003.12 236p 15cm ①4-06-159629-2
＊江戸期から近代にかけて、江戸・東京を舞台に活躍したドイツ人は数多い。「八重洲」にその名を残すヤン・ヨーステン、帝都改造計画に参画したエンデとベックマン、帝国ホテル繁栄の礎を築いた支配人フライク兄弟…。日・独交流に献身し、わが国の発展にきわめて大きな役割をはたした彼らが、江戸・東京に残した軌跡を探索し、その事績を検証する。

逸見 直造 へんみ・なおぞう
1877～1923 社会運動家。労働者無料法律相談所を開設。産児制限運動にも協力。

◇大正アウトロー奇譚―わが夢はリバータリアン 玉川信明著 社会評論社 （玉川信明セレクション 日本アウトロー列伝） 2006.2 315p 19cm ①4-7845-0565-2
＊大正時代（1912 - 25）は、第1次世界大戦、ロシア革命、米騒動そして関東大震災と、国内外で次々に歴史的体験をする。抵抗から生まれた演歌、浅草オペラ・映画人、混血の戯作者、労働者作家、ポルノ出版、南蛮学、浪華の社会運動家―。大正アウトローたちが時代を駆ける。

◇住民運動の原像―借家人同盟と逸見直造伝 玉川しんめい, 白井新平著 JCA出版 1978.10 218p 20cm 〈逸見直造の肖像あり〉

I　政治・経済　　　　　　　　　　　　　　　　　　　　　　　　　　　　　　星亨

【ほ】

ボアソナード, G.E.
Boissonade de Fontarabie, Gustave Emile
1825〜1910　フランスの法学者。1873年来日。日本政府に招聘され、立法事業や法学教育に大きな足跡を残した。
◇法学事始―ボアソナードと門弟物語　尾辻紀子著　新人物往来社　2009.4　171p　19cm　①978-4-404-03596-7
　＊明治新政府の法律顧問として来日したパリ大学教授ボアソナードと教え子の薩埵（さった）正邦、富井政章、金丸鉄、伊藤修らの青春交遊譜。
◇フランスのアストラント―第二次世界大戦後の展開　大浜しのぶ著　信山社出版　2004.8　553p　21cm　①4-7972-2290-5
　＊ボアソナードを介して日本の間接強制のモデルとされたフランスのアストラントについて、戦後、フランスにおいて、損害賠償とは別個独立の制度として確立されていく過程を明らかにし、近時改正作業が行われた日本の間接強制に示唆を与えようと試みたものである。日本の間接強制についても損害賠償とは本来別の制度とすべきことを提言し、その際に検討すべき課題を明らかにする。力作である。
◇ボワソナアド―日本近代法の父　大久保泰甫著　岩波書店　（岩波新書）　1977.12　210p　18cm　〈参考資料・文献：p201〜205〉

ホイーラー, W.　Wheeler, William
1851〜1937　アメリカの土木技師。1876年来日。開拓使に招かれ、札幌農学校の教師となる。
◇近世から近代における土木技術者の系譜　高崎哲郎著　土木研究所　2006.3　45p　30cm

▎坊城 俊章　ほうじょう・としあや
1847〜1906　公家，陸軍軍人。参与，山形県知事。弁事などを経て三等陸軍将、東北等巡察などを歴任。
◇坊城俊章日記・記録集成　坊城俊章著，尚友倶楽部，西岡香織編　尚友倶楽部　（尚友叢書）　1998.6　620p　22cm

▎星 恂太郎　ほし・じゅんたろう
1840〜1876　仙台藩士。戊辰戦争では外国領事との交渉の通訳を務め、蝦夷地を転戦。のち開拓使権大主典。
◇「朝敵」たちの幕末維新―義をつらぬいたわが郷土の英雄たち　新人物往来社編　新人物往来社　2012.9　319p　19cm　①978-4-404-04248-4
　＊幕末維新史は、勝者である薩長サイドの史観で語られてきた。「朝敵」の汚名を着せられた地域は長らく不遇な立場に置かれ、「官軍」と戦った佐幕派の物語も陽の目を見ることはなかった。本書はそうした佐幕派の生き様を伝えるエピソードを集め、ゆかりの地域ごとに紹介していく。それぞれの郷土の先人たちが、果たして「逆賊」であったのか、それとも義をつらぬいた信念の人だったのか、「敗者」の歴史を掘り起こすことで明らかにしていきたい。
◇五稜郭秘史 紅蓮のごとく―仙台藩額兵隊・星恂太郎の生涯　合田一道著　教育書籍　1988.12　221p　19cm　①4-317-60027-7
　＊仙台藩降伏の報に、恂太郎は新たなる戦いの場を求めて、榎本武揚らと共に、箱館に渡る。恂太郎の率いる額兵隊は、真紅の軍服に身を包み、常に最前線で戦った。しかし、敬愛する土方歳三は戦死し、五稜郭は落ちた。熱血漢星恂太郎の目がとらえた箱館戦争を描いた長編。

▎星 亨　ほし・とおる
1850〜1901　政治家，自由民権運動家。逓信大臣。衆議院議長などを経て立憲政友会を創立。のち東京市議会議長となるが刺殺される。
◇為政者の器―現代の日本に求められる政

伝記ガイダンス 明治を生きた人々　　547

治家像　丹羽文生著　春日出版　2009.8
127p　19cm　①978-4-86321-193-3
　＊時代の牽引役として、激動の歴史を生
　き抜いた魅力溢れる二〇人のリーダー
　から、現代の政治家そして国民が学ぶ
　べきこと。

◇時代思想の権化―星亨と社会　正岡芸陽
　著　大空社　（伝記叢書）　1997.11　151,
　155,5p　22cm　〈新声社明治34年刊およ
　び日東館明治34年刊の合本複製　☆柳原書
　店〉　①4-7568-0484-5

◇星亨―藩閥政治を揺がした男　鈴木武史
　著　中央公論社　（中公新書）　1988.2
　208p　18cm　①4-12-100869-3
　＊日本最初の国際弁護士であり、不平等
　条約下の時代に列強公使と対等に渡り
　合う気骨の官吏であり、また私費を投
　じて新聞を発行し、地方遊説に身を投
　じた民権運動家、かつまた庶民政治家
　として初めて明治藩閥政府の中枢に喰
　い込み、新興実業家の庇護者になるな
　ど、星亨は多面体の人である。本書は、
　〈押しとおる〉と称される強引な手腕を
　駆使したが故に、金権腐敗の元凶とし
　て倒された、明治の新しい政治家の曲
　折多い軌跡をたどる。

◇星亨　〔新装版〕　中村菊男著　吉川弘文
　館　（人物叢書）　1988.1　230p　19cm
　①4-642-05105-8
　＊清貧にして苦学力行、弁護士となり、自
　由民権運動のため投獄2回、やがて衆議
　院議長となる。その剛腹のゆえに政敵
　を作り、海外に渡ったが、ついで政友会
　の創立に参画し遥相となり、領袖とし
　て活躍中惜しくも凶刃に斃れた、怒涛、
　波瀾のその生涯。本書は、この「英傑」
　の伝の誤りを正し、多くの挿話を交え
　つつ平易に叙述した。

◇星亨とその時代　2　野沢鶏一編著,　川崎
　勝,　広瀬順晧校注　平凡社　（東洋文庫）
　1984.10　405p　18cm　〈星亨の肖像あ
　り〉

◇星亨とその時代　1　野沢鶏一編著,　川崎
　勝,　広瀬順晧校注　平凡社　（東洋文庫）
　1984.9　287p　18cm　〈星亨の肖像あり〉

◇星亨　有泉貞夫著　朝日新聞社　（朝日評

伝選）　1983.3　343p　20cm

◇人物・日本の歴史 12　読売新聞社　1966

◇星亨　中村菊男著　吉川弘文館　（人物叢
　書）　1963　230p　図版　18cm

◇日本人物史大系　第6巻　近代 第2　大久
　保利謙編　朝倉書店　1960　388p　22cm

◇慶応義塾創立百年記念論文集 法学部第2部
　―政治学関係　駐米公使時代の星亨　中
　村菊男著　慶応義塾大学法学部　1958

◇明治的人間像 星亨と近代日本政治　中村
　菊男著　慶応通信　1957　276p　図版
　19cm

◇近代政治家評伝　阿部真之助著　文芸春
　秋新社　1953　353p　19cm

◇明治の政治家たち―原敬につらなる人々
　上,　下巻　服部之総著　岩波書店　（岩波
　新書）　1950-54　2冊　18cm

◇星亨伝　前田蓮山著　高山書院　1948
　371p　19cm

星 一　ほし・はじめ

1873～1951　政治家,　実業家。参議院・
衆議院議員。星製薬を設立。第1回参議院選
全国区に1位当選。日本の製薬王といわ
れた。

◇明治・父・アメリカ　改版　星新一著
　新潮社　（新潮文庫）　2007.11　283p
　15cm　①978-4-10-109817-3
　＊星新一の父、星一は、福島の田舎から東
　京に出て苦学し、20歳で単身アメリカに
　渡る。いつも貧しかったが決して挫け
　ず、他人に頼らず住み込みで働きながら
　小学校で英語を学び、行商や翻訳をして
　大学の学資を稼いだ。周到な計画と持
　ち前の克己心で困難を乗り越え、貪欲
　に異国の新しい文明を吸収していく…
　夢を抱き、野心に燃えて、星製薬を創業
　した父の若き日の記録。感動の評伝。

○特集・今こそ見倣いたい篤志の人、政治
　家・教育家・実業家 星一の「親切第一」
　「サライ」　14（3）　2002.2.7

◇米国初期の日本語新聞　田村紀雄,　白水
　繁彦編　勁草書房　1986.9　453,10p

I 政治・経済　　　　　　　　　　　　　　　　　　　　　　　　細谷十太夫

21cm　①4-326-60046-2
＊アメリカで発行されている日本語新聞一
　世紀の発達を追い、ここを舞台に活躍し
　た日本の知識人の足跡と近代史を検証。
　日米双方取材による共同研究の成果！

◇人民は弱し官吏は強し　星新一著　角川
　書店　（角川文庫）　1982.11　284p
　15cm　①4-04-130301-X

◇人民は弱し官吏は強し　星新一著　新潮
　社　（新潮文庫）　1978.7　266p　15cm

◇日本財界人物列伝　第2巻　青潮出版株式
　会社編　青潮出版　1964　1175p　図版13
　枚　27cm

◇努力と信念の世界人　星一評伝　大山恵佐
　著　共和書房　1949　273p　19cm

▌星野　長太郎　ほしの・ちょうたろう
　1845〜1908　実業家。直輸出の上毛繭糸
　改良会社を組織、群馬蚕糸業発展の礎石
　となる。

◇絹の国を創った人々─日本近代化の原点・
　富岡製糸場　志村和次郎著　上毛新聞社
　2014.7　198p　19cm
　①978-4-86352-107-0
　＊明治期、国を挙げての養蚕、製糸、絹織
　　物の振興策が取られる。富岡製糸場の
　　器械製糸をキーワードに、生糸、蚕種の
　　輸出や養蚕技術の向上策など、日本版
　　産業革命の推進力になった「絹の道へ
　　の先駆け」ロマンとは！

◇北関東地方史研究─生糸と人々のくらし
　富沢一弘著　日本経済評論社　2010.1
　523p　22cm　①978-4-8188-2071-5

◇史料編　加藤隆，阪田安雄，秋谷紀男編
　近藤出版社　（日米生糸貿易史料）
　1987.7　589,13p　21cm

▌穂積　歌子　ほづみ・うたこ
　1863〜1932　渋沢栄一の長女。著作に
　「ははその落葉」など。

◇穂積歌子─伝記・穂積歌子　蘆谷重常著
　大空社　（伝記叢書）　1995.3　346,4，6p
　22cm　〈禾恵会昭和9年刊の複製　穂積歌
　子の肖像あり〉　①4-87236-467-8

◇穂積歌子日記 1890 - 1906─明治一法学者
　の周辺　穂積歌子著，穂積重行編　みす
　ず書房　1989.12　972,16p 21cm
　①4-622-04681-4
　＊明治国家の最盛期の法学者穂積陳重の
　　妻、または実業家渋沢栄一の娘だった
　　一人の女性の日記。政治の生きた脉搏
　　とともに世相生活の綿密な描写は近代
　　日本の貴重なドキュメント。孫による
　　懇切な補注を付す。

▌細野　燕台　ほits の・えんたい
　1872〜1961　商人，茶人。

◇雅遊人─細野燕台魯山人を世に出した文
　人の生涯　新装改訂　北室南苑著　里文
　出版　1997.3　233p　20cm　〈参考資
　料：p229〜230〉　①4-89806-055-2
　＊稚気にあふれ、酒仙の名をもつ細野燕
　　台。魯山人の美的感性を引き出し、泉
　　鏡花、犬養木堂、松永安左エ門など多く
　　の人との交遊エピソードは、燕台の豊
　　かな人間性と行動する文人の姿を彷彿
　　とさせる。

◇雅遊人─細野燕台の生涯　北室正枝著
　里文出版　1989.2　233p 19cm
　＊魯山人を世に出した最後の文人。稚気に
　　あふれ、酒仙の名をもつ細野燕台。魯山
　　人の美的感性を引き出し、泉鏡花、犬養
　　木堂、松永安左エ門など多くの人との
　　交遊エピソードは、燕台の豊かな人間
　　性と行動する文人の姿とさせる。

▌細谷　十太夫　ほそや・じゅうだゆう
　1845〜1907　仙台藩士。戊辰戦争で衝撃
　隊を組織、白河城奪取作戦に活躍。のち
　北海道開拓に関わる。

◇明治叛臣伝　徳永真一郎著　光文社　（光
　文社時代小説文庫）　1991.7　452p 15cm
　①4-334-71366-1
　＊明治維新前後の混乱期。官軍となった
　　薩摩・長州藩士の中には、心驕って汚職
　　や不正を働く輩も。このため、一般民
　　衆の生活はあまり向上せず、かえって
　　負担が重くなり、苦しくなった。新政
　　府の不正を暴き、理想の世を築くため
　　に、欲も野心もなく、純粋な情熱を傾け

て戦った男たち。反逆者の汚名をうけ、空しく命を失った彼らの波乱に満ちた生涯を描く傑作歴史小説。

◇明治叛臣伝　徳永真一郎著　毎日新聞社　1981.1　238p　20cm

ポーター, A.P.
Porter, Alexandre Pope
1823～1891　イギリスの貿易商。1843？年来日。開拓使雇附属船航海長、函館港長。

◇函館港長に何があったか―お雇い英国人の悲運　西島照男著　北海道新聞社　1992.10　227p　19cm　①4-89363-661-8
＊日本近代の夜明けに生きた英人ポーター船長。若き日の新島襄、鳥類研究家ブラキストンとの交友や、異境の地での数奇な半生をミステリスに描く。「アッツ島玉砕」の著者の力作。

堀 直虎　ほり・なおとら
1836～1868　大名。信濃須坂藩主，若年寄兼外国総奉行。鳥羽・伏見の敗戦後、江戸城中で切腹。

◇郷土の華―堀直虎・原嘉道　岡沢主計著　信毎書籍出版センター　1998.8　568p　22cm

◇志の人たち　童門冬二著　読売新聞社　1991.10　282p　19cm　①4-643-91105-0
＊「失敗者こそ復興者になる」「この世で一番大切なもの」「筆ひとすじ、自然体で」「海舟に海の夢を託した海の商人」など、河西大介から榎本武揚までの19人のライフ・ストーリー。

○特集 堀直虎諫死の真相　「須高」　31　1990.10

◇維新の信州人　信濃毎日新聞社編　信濃毎日新聞社　1974　315p　18cm

堀井 新治郎　ほりい・しんじろう
1856～1932　実業家，発明家。ホリイ創業者，謄写版の発明者。養子・仁紀(2代目新治郎)とともにガリ版の開発に成功、謄写版と命名。東京・神田鍛冶町に謄写

堂を設立。

◇奇っ怪紳士録　荒俣宏著　平凡社　（平凡社ライブラリー）　1993.11　327p　16cm　①4-582-76027-9
＊尋常ならざる思想と行動力を武器に世界の均衡を揺るがす人々、それが奇人だ。「北海道になった男」、ウルトラの父、そして空飛ぶ円盤を発明した男まで、危険な魅力溢れる人物コレクション。

堀江 佐吉　ほりえ・さきち
1845～1907　建築家。大工棟梁。青森で活躍。代表作に第五十九銀行本店、弘前市立図書館など。

◇棟梁堀江佐吉伝　船水清著　白神書院　2004.4　153p　19cm　〈2刷　肖像あり　年譜あり〉

◇棟梁堀江佐吉伝　船水清著　堀江志郎　1997.4　147p　19cm　〈肖像あり〉

◇ここに人ありき　第6巻　船水清著　陸奥新報社　1974　228p　図　19cm　〈『陸奥新報』に連載されたもの〉

堀口 九万一　ほりぐち・くまいち
1865～1945　外交官，随筆家。ブラジル公使。

◇敗れし国の秋のはて―評伝堀口九万一　柏倉康夫著　左右社　2008.10　282p　20cm　〈年譜・文献あり〉　①978-4-903500-08-9

◇黄昏の詩人―堀口大学とその父のこと　工藤美代子著　マガジンハウス　2001.3　270p　20cm　①4-8387-1291-X

堀越 角次郎〔1代〕
ほりこし・かくじろう
1806～1885　実業家。商才を発揮し、巨富を蓄え土地にも投資した。横浜正金銀行設立発起人。

◇明治の東京商人群像―若き創業者の知恵と挑戦　白石孝著　文真堂　2001.12　202.6p　19cm　①4-8309-4405-6
＊旧さと新しさとが併存した明治という激動の時代に老舗の家業を発展させ、

I 政治・経済　　　　　　　　　　　　　　　　　　　　　前島密

あるいは新時代の事業を起こした若き
商人たちの姿を、貴重な資料を織込み
ながら、見事に描いた渾身の力作。

本多 貞子　ほんだ・ていこ
1862～1931　婦人運動家。函館遺愛女学
校教員。基督教婦人矯風会で副会頭とし
て尽力。「婦人新報」編集人・発行印刷人。
◇力を与えませ—本多庸一夫人貞子の生涯
井上ゆり子著　青山学院　2004.11　196p
19cm　〈文献あり　年譜あり〉
①4-902629-06-2

【ま】

前島 密　まえじま・ひそか
1835～1919　官吏，実業家。東京専門学
校校長，男爵。近代郵便制度の確立に尽
力。駅逓局長、通信次官などを歴任。の
ち貴族院議員。〔記念施設〕日本郵政株
式会社郵政資料館分館前島記念館（新潟県
上越市）
◇鴻爪痕—前島密伝　復刻版　前島密著,
通信文化協会博物館部監修　鳴美
2017.8　8,710,18p　22cm　〈年譜あり
原本：前島会　昭和30年刊　改訂再版〉
①978-4-86355-066-7
◇前島密—創業の精神と業績　井上卓朗著,
通信文化協会監修　鳴美　2017.8　224p
22cm　〈『鴻爪痕』前島密伝副読本　文献
あり〉　①978-4-86355-066-7
◇日本を創った男たち—はじめにまず"志"
ありき　北康利著　致知出版社　2012.3
267p　19cm　①978-4-88474-956-9
＊"論語と算盤"—渋沢栄一、"九転び十起
き"—浅野総一郎、"好況よし、不況なお
よし"—松下幸之助。志高き創業者の生
きざまに学ぶ。
◇横浜開港時代の人々　紀田順一郎著　神
奈川新聞社　2009.4　270p　21cm
①978-4-87645-438-9
＊開港期の横浜で明るい炎をあげながら

生き抜いた人々を、横浜に生まれ育っ
た著者が、豊かな知識と資料の掘り起
こしによって、親しみをこめた筆致で
描く傑物伝。
◇知られざる前島密—日本文明の一大恩人
小林正義著　郵研社　2009.4　295p
19cm　〈文献・年表あり〉
①978-4-946429-20-0
＊郵便事業の創業だけではない偉大なる
遺産の数々。
◇＜郵政の父＞前島密と坂本竜馬　加来耕三
著　二見書房　2004.12　326p　20cm
①4-576-04220-3
＊まったく同じ年に、よく似た人物が二
人、日本の北と南にわかれて生まれ、青
春を駆け抜けた、という点緻の物語が本
書である。実は、密と竜馬—この二人、
多少の曲折はあったものの、ほぼ同じ
志を抱いて、同様の学問＝蘭学→兵学
→陸上砲術→海上砲術→海軍・海運と
進み、ともに同時代にとっては稀有な、
異才を発揮した。変わり者と評価され
た点でも、二人は似ていた。が、何より
この二人の同窓生は、明治維新という
未曽有の変革に遭遇し、まったくと
いっていいほど先行きの不透明な、読
みきれない未来に対して、日本の進む
べき方向を具体的に示した点が際立っ
ていた。—「構想力」といってよい。の
ちに"日本郵政の父"と呼ばれるように
なる前島密の生涯を客観的に見れば、
なぜ、彼が竜馬と比べられたのか、どこ
が酷似していたのか、「構想力」とは何
か、が明らかになるにちがいない。
◇明治に名参謀ありて—近代国家「日本」を
建国した6人　三好徹著　小学館　（小学
館文庫　「時代・歴史」傑作シリーズ）
1999.1　350p　15cm　①4-09-403511-7
＊平成不況と言われるなか、再び注目を
浴びているのが二・二六事件で暗殺さ
れた蔵相高橋是清。財界の守護神と呼
ばれ、昭和恐慌ではモラトリアムを実
施し日本の危機を救った。しかしその
高橋だが、米国留学時代には奴隷とし
て売られたり、芸妓のヒモとなってい
たりと決してエリートとは呼べない人
生を歩んできたのだった。このほか、

伝記ガイダンス　明治を生きた人々　**551**

三井財閥の創始者、益田孝や日露戦争の作戦立案者、児玉源太郎など明治に活躍した六人の男たちのエピソードを作家の三好徹が力強く描く。明治人はいかに困難を乗り切ったのだろうか。

◇前島密―前島密自叙伝　前島密著　日本図書センター　（人間の記録）　1997.6　268p　20cm　〈年譜：p253～262〉　①4-8205-4262-1

◇とっておきのもの とっておきの話　第1巻　YANASE LIFE編集室編　芸神出版社　（芸神集団Amuse）　1997.5　213p　21cm　①4-906613-16-0
＊時代を築いた人たちの魂を受け継ぐ品々を通し、ゆかりの人々が、先人の知られざる素顔を書き下ろす。「ヤナセライフ」誌15年間の連載集大成、第1弾。

◇近代日本の自伝　佐伯彰一著　中央公論社　（中公文庫）　1990.9　358p　15cm　①4-12-201740-8
＊伊藤博文・尾崎三良・前島密・片山潜…。みずから記した数々の「私語り」のうちに、西欧に直面した近代日本人の自我意識がおのずと浮かび上がる。文学の魅力ある一ジャンルとして自伝の醍醐味を存分に味わいつつみちびかれる、画期的日本人論。

◇前島密　〔新装版〕　山口修著　吉川弘文館　（人物叢書）　1990.5　254p　19cm　①4-642-05191-0
＊前島は「郵便の父」として、ひろく知られているように、郵政事業の基礎を確立し、その発展に尽瘁した。しかし前島の業績は郵政にとどまらない。海運・鉄道・新聞などの近代事業、また教育や国字改良などに果した役割は、きわめて大きい。いかにして、このような人物が生まれたのか。本書は雪深い越後から江戸に出て、刻苦勉励、新政府に出仕して活躍した、その生涯をたどる。

◇行き路のしるし　日本郵趣出版　1986.1　191p　図版24p　22cm　〈前島密生誕150年記念出版 監修：橋本輝夫 発売：郵趣サービス社 前島密の肖像あり〉

◇日本人の自伝　1　福沢諭吉.渋沢栄一.前島密　平凡社　1981.4　430p　20cm

〈福沢諭吉ほかの肖像あり〉

◇前島密　小田岳夫著　前島密顕彰会　1958　276p　図版12枚　19cm

◇郵便の父前島密　小田岳夫著　日本児童文庫刊行会　1958

◇自叙伝　前島密著　前島密伝記刊行会　1956　366p　図版　22cm

◇鴻爪痕　改訂版　前島密著，市島謙吉編　前島会　1955　2版710,18p　図版16　22cm

◇日本郵便の父/前島密　萩原達也著　通信教育振興会　1947　131p　19cm

前田 則邦　まえだ・のりくに
1847～1915　地方功労者。第十二国立銀行、第百二十三国立銀行頭取を歴任。日清戦争では忠君愛国に尽力。

◇若土前田家の人々―お殿様の孫前田則邦が生きた幕末・明治 富山市郷土博物館・富山市佐藤記念美術館 特別展　富山市郷土博物館，富山市佐藤記念美術館編　富山市郷土博物館　2008.7　76p　30cm　〈会期・会場：平成20年7月19日―9月28日 富山市郷土博物館ほか　共同刊行：富山市佐藤記念美術館　年譜あり〉

前田 正名　まえだ・まさな
1850～1921　官吏，農政家。山梨県知事，男爵。「興業意見」を編集。農商務次官などに就任。のち地方産業団体の育成に尽力。

◇日本統計史群像　島村史郎著　日本統計協会　2009.12　214p　26cm　①978-4-8223-3609-7
＊統計を愛しその発展に献身した、近現代の政治指導者と学者、行政官達の人物像を明らかにする。

◇孤高の叫び―柳田国男・南方熊楠・前田正名　松本三喜夫著　近代文芸社　1991.10　328p　19cm　①4-7733-1180-0
＊日本民俗学の父、柳田国男。日本人の可能性、南方熊楠。行動型ナショナリスト、前田正名。この書は、これら3人の大きな山に挑む、著者の真摯な研究

I　政治・経済　　　　　　　　　　　　　　　　　　　　　　　　　　　前原一誠

の集成で、ステロタイプ化した人物像
の転換を図る意欲的な作品である。

◇前田正名　〔新装版〕　祖田修著　吉川弘
文館　（人物叢書）　1987.4　328p 19cm
Ⓘ4-642-05074-4
＊明治政府の殖産興業政策の推進者とし
て知られる前田正名は、官を辞してか
らも「布衣の宰相」と称され、全国を隈
なく行脚遊説し、輸出産業を主とする
地方在来産業の育成・振興にその生涯
を捧げ、近代日本経済史上に特異の光
彩を放っている。本書は厖大な資料を
駆使してその生涯と事蹟を克明に描い
た力篇である。

◇人物篇　永原慶二，山口啓二，加藤幸三
郎，深谷克己編　日本評論社　（講座・日
本技術の社会史）　1986.12　270p 21cm
Ⓘ4-535-04810-X
＊明治の近代技術は、伝統技術と外来技
術とが互に対抗・反撥・折衷し合って確
立した。本書はその技術の担い手に光
を当て技術進歩の契機を探った。

◇地方産業の思想と運動—前田正名を中心
にして　祖田修著　ミネルヴァ書房
1980.12　282,7p　22cm

◇前田正名　祖田修著　吉川弘文館　（人物
叢書 日本歴史学会編）　1973　328p 図
肖像　18cm

◇産業経済界の先覚者　前田正名胸像建立期
成会編　前田正名胸像建立期成会　1961

◇日本人物史大系　第5巻　近代 第1　小西
四郎編　朝倉書店　1960　340p 22cm

▍前田　慶寧　まえだ・よしやす
1830〜1874　大名，華族。戊辰戦争では
北越に出兵。のち金沢藩知事。

◇前田慶寧と幕末維新—最後の加賀藩主の
「正義」　徳田寿秋著　北国新聞社
2007.12　381p　21cm　〈年表あり〉
Ⓘ978-4-8330-1604-9
＊反佐幕の長州藩が幕府軍に大敗した禁
門の変で「敵前逃亡」の汚名を負った慶
寧は、謹慎解除とともに家督を継ぐ。
藩政刷新を試み、「三州（加賀・能登・
越中）自立割拠」の夢を実現するため、

果敢に富国強兵策を推進したが、維新
の波は猛スピードで迫っていた。

▍前原　一誠　まえばら・いっせい
1834〜1876　長州藩士，政治家。主戦派
として藩権力を握る。戊辰戦争では参謀
を務め、維新後、越後府判事。

◇前原一誠と松江の修道館そして大社町宇
龍—維新十傑の一人　宍道正年編著　島
根県農協印刷　2015.4　176p　26cm
〈複製を含む〉　Ⓘ978-4-9907226-3-0

◇前原一誠と松江の修道館そして大社町宇
龍—維新十傑の一人　宍道正年編著　ク
リアプラス　2015.4　176p　26cm　〈複
製を含む〉　Ⓘ978-4-9908900-4-9

◇前原一誠年譜　田村貞雄校注　マツノ書店
2003.4　508,24p　22cm　〈複製を含む
折り込2枚　著作目録あり　文献あり〉

◇明治叛臣伝　徳永真一郎著　光文社　（光
文社時代小説文庫）　1991.7　452p 15cm
Ⓘ4-334-71366-1
＊明治維新前後の混乱期。官軍となった
薩摩・長州藩士の中には、心驕って汚職
や不正を働く輩も。このため、一般民
衆の生活はあまり向上せず、かえって
負担が重くなり、苦しくなった。新政
府の不正を暴き、理想の世を築くため
に、欲も野心もなく、純粋な情熱を傾け
て戦った男たち。反逆者の汚名をうけ、
空しく命を失った彼らの波乱に満ちた
生涯を描く傑作歴史小説。

◇評伝 前原一誠—あゝ東方に道なきか　奈
良本辰也著　徳間書店　（徳間文庫）
1989.10　605p 15cm　〈『あゝ東方に道な
きか』改題書〉　Ⓘ4-19-598904-3
＊吉田松陰門下となった前原一誠は、や
がて長崎留学の後、急進的尊皇攘夷派
として久坂玄瑞らと共に長州藩倒幕派
の旗頭となり、高杉晋作の蜂起で藩権
力中枢を占めた。だが戊辰戦争の功績
による新政府の参議という地位も、実
は一誠を東京に幽閉するものであり、
彼の説く農民救済策・年貢半減が、新政
府と相いれないゆえであった。頑なに
己が道を進み、萩の乱に散った一誠の
愚直なまでの生涯を描く力作評伝。

伝記ガイダンス 明治を生きた人々　　**553**

◇萩の乱―前原一誠とその一党　松本二郎著　マツノ書店　1985.10　230p　21cm〈巻末：萩の乱年表　萩の乱戦闘図　復刻版　原版：鷹書房　1972（昭和47）肖像：前原一誠〔ほか〕筆跡：前原一誠　奥平謙輔　図版（肖像　筆跡）〉

◇前原一誠伝　妻木忠太著　マツノ書店　1985.6　1冊　22cm〈積文館昭和9年刊の複製　前原一誠の肖像あり　限定版〉

◇あゝ東方に道なきか―評伝前原一誠　奈良本辰也著　中央公論社　1984.8　374p　20cm　①4-12-001316-2

◇明治叛臣伝　徳永真一郎著　毎日新聞社　1981.1　238p　20cm

◇萩の乱と前原一誠　富成博著　三一書房（三一新書）1969　279p　18cm

前山 清一郎
まえやま・せいいちろう

1823～1896　佐賀藩士。佐賀の役で中立党を組織、政府軍に協力、のち千葉県で農業を行い開拓事業に尽力。

◇明治維新と名参謀前山清一郎　中山吉弘編著　東京図書出版会　2002.1　220p　19cm〈東京　星雲社（発売）肖像あり　年譜あり〉①4-434-01349-1
＊官軍総督九条道孝の危機！　この難局を救った名参謀前山清一郎とは。幕末の窓際族が維新に大活躍！　勇気と感動を与える名参謀の生き様が、現代に蘇る。心振るわす感動の物語。

牧野 伸顕　まきの・のぶあき

1861～1949　政治家、外交官。伯爵。文相、外相などの閣僚を歴任。宮廷派勢力の中心的存在。

◇牧野伸顕　茶谷誠一著　吉川弘文館　（人物叢書　新装版）2013.11　237p　19cm〈文献・年譜あり〉①978-4-642-05269-6
＊昭和天皇の側近を務めた政治家。大久保利通の次男に生まれ、岩倉遣欧使節団に随行し米国留学。第一次大戦後のパリ講和会議では、次席全権大使として活躍する。協調外交や穏健な政治を支持する立場から、内大臣として昭和天皇の信任を得るが、軍部や右翼の批判を受け隠退する。激動の時代を生きた生涯を通して、近代日本の繁栄と挫折の歴史を描く。

◇昭和天皇　側近たちの戦争　茶谷誠一著　吉川弘文館　（歴史文化ライブラリー）2010.5　218p　19cm　①978-4-642-05696-0
＊戦前日本、天皇を支えた宮内大臣・内大臣・侍従長ら側近たち。彼らは戦争への道を突き進む激動の昭和にいかなる政治的影響力を持っていたのか。牧野伸顕・木戸幸一ら昭和天皇の側近たちの視点から近代日本の軌跡を描く。

◇人物で読む近代日本外交史―大久保利通から広田弘毅まで　佐道明広，小宮一夫，服部竜二編　吉川弘文館　2009.1　316p　19cm　①978-4-642-07997-6
＊明治維新から昭和戦前期まで、日本外交を担った伊藤博文、陸奥宗光、幣原喜重郎ら十九名の外交官・政治家たち。彼らの個性に光を当て、条約改正、朝鮮問題、協調外交、日中戦争など、近代日本外交の栄光と苦悩を描く。

◇還暦以後　松浦玲著　筑摩書房　（ちくま文庫）2006.6　339p　15cm　①4-480-42236-6
＊古稀を過ぎて法難の旅に出た法然、明治政府に意見を言い続けた勝海舟、七十一歳で名作『鍵』を書いた谷崎潤一郎…彼らは「老年」の人生をいかに生き抜いたのか。自ら古稀を迎えた歴史家が見つめた二十七人の還暦後。時に「性」を語り、時に「記憶」を分析する。興趣つきぬ歴史エッセイ。

◇昭和天皇と戦争―皇室の伝統と戦時下の政治・軍事戦略　ピーター・ウエッツラー，森山尚美訳　原書房　2002.11　407p　19cm　①4-562-03573-0
＊日本的意思決定のプロセスの中で昭和天皇と政治家・軍人たちの果たした役割を解明。

◇木戸日記私註―昭和のはじまり再探検　岡田昭三著　思想の科学社　2002.11　430p　19cm　①4-7836-0096-1
＊昭和天皇の側近、木戸幸一の日記と同時

I 政治・経済 マクドナルド

代の資料を大胆に読み重ね、戦争を学生時代に体験し、戦後をビジネスの世界に生きた著者が、コントロール不能のまま戦争へと、よろめきこんで行った時代の推移を天皇・政治家・国民の刻々と変化する表情を通して微細に映し出す。

◇中谷宇吉郎集 第6巻 アメリカ通信 中谷宇吉郎著 岩波書店 2001.3 361p 19cm ①4-00-092406-0
＊本巻は昭和24（1949）年から昭和29（1954）にかけて発表された作品を収める。1はこの時期の著者の研究生活から生れた作品、おもに昭和24年7月から10月にかけてのアメリカ視察に素材を得た作品を収めた。2、3にはそれ以外の諸篇を収めたが、科学的にかかわる作品をとくに3としてまとめている。

◇牧野伸顕日記 牧野伸顕著、伊藤隆、広瀬順晧編 中央公論社 1990.11 775p 19cm ①4-12-001977-2
＊若き昭和天皇の側近として、摂政就任、御成婚から、軍部の台頭、国際聯盟脱退のころまで、時世の転変の中心にあって、政界・軍部そして天皇周辺の動きを刻々に書き遺した貴重な記録。

◇回顧録 下巻 牧野伸顕著 中央公論社（中公文庫） 1978.1 258p 15cm

◇回顧録 上巻 牧野伸顕著 中央公論社（中公文庫） 1977.12 340p 15cm

◇回顧録 第1-3 牧野伸顕著 文芸春秋社 1948-49 3冊 図版 19cm

▌**牧野 元次郎** まきの・もとじろう
1874～1943 銀行家。不動貯金銀行を設立、頭取をつとめる。「ニコニコ貯金」の名で全国的に支店を開設。

◇奇っ怪紳士録 荒俣宏著 平凡社 （平凡社ライブラリー） 1993.11 327p 16cm ①4-582-76027-9
＊尋常ならざる思想と行動力を武器に世界の均衡を揺るがす人々、それが奇人だ。「北海道になった男」、ウルトラの父、そして空飛ぶ円盤を発明した男まで、危険な魅力溢れる人物コレクション。

◇牧野元次郎翁伝記でない伝記 天沼雄吉

著 全国不動会 1973 327p 肖像 19cm 〈編集・製作：地球書館 奥付の書名：伝記でない伝記〉

◇日本財界人物列伝 第2巻 青潮出版株式会社編 青潮出版 1964 1175p 図版13枚 27cm

◇人使い金使い名人伝 〔正〕続 中村竹二著 実業之日本社 1953 2冊 19cm

▌**槇村 正直** まきむら・まさなお
1834～1896 官僚、長州藩士。京都府知事、貴族院議員。京都府に学校、勧業場、授産所などを創設し、文化・産業の振興に尽力。

◇槇村正直―その長州藩時代 布引敏雄著 文理閣 2011.6 224p 20cm 〈文献あり〉 ①978-4-89259-654-4
＊槇村正直。長州藩出身。通称、半九郎。近代京都の生みの親とも評される第二代京都府知事だが、その長州藩時代を知る者は意外と少ない。彼は幕末の動乱期に御密用聞次役（いわば現在の公安警察）として辣腕をふるった。本書は、本人の手になる「履歴書」にもとづいた"幕末半九郎伝"である。

◇維新京都を救った豪腕知事―槇村正直と町衆たち 明田鉄男著 小学館 2004.1 255p 20cm 〈年譜あり 文献あり〉 ①4-09-626075-4

▌**マクドナルド, C.M.**
Macdonald, Sir Claude Maxwell
1852～1915 イギリスの軍人、外交官。1900？ 年来日。ザンジバル総領事（1887～88）、オイル・リヴァー保護領総領事（91）を歴任。駐日使節（1900～12）として日英同盟拡張条約を締結（05）。初代駐日大使（06）。

◇歴代の駐日英国大使1859-1972 ヒュー・コータッツィ編著、日英文化交流研究会訳 文真堂 2007.7 480p 21cm ①978-4-8309-4587-8
＊本書は幕末以来百十余年、激動の時代に生きた初代から第18代に至るまでの歴代の駐日英国大使の人物像に焦点を

伝記ガイダンス 明治を生きた人々 **555**

当て、外交文書をはじめ各種の一級資料を駆使し、それぞれの個性と行動を見事に描いた力作。

馬越 恭平　まごし・きょうへい
1844～1933　実業家。日本工業倶楽部会長。帝国商業銀行会長、大日本麦酒社長などを歴任。

◇馬越恭平翁伝―伝記・馬越恭平　大塚栄三著　大空社　（伝記叢書）　2000.9　512,14,5p 図版14枚　22cm　〈馬越恭平翁伝記編纂会昭和10年刊の複製　肖像あり〉　①4-7568-0895-6

◇風雲を呼ぶ男　杉森久英著　時事通信社　1977.2　346p　19cm

◇馬越恭平　橋本竜太郎著　山陽図書出版　1976　264p 肖像　22cm

◇日本財界人物列伝　第1巻　青潮出版株式会社編　青潮出版　1963　1171p 図版　26cm

政尾 藤吉　まさお・とうきち
1870～1921　法律家，外交官。シャム特命全権公使。シャム司法顧問。

◇政尾藤吉伝―法整備支援国際協力の先駆者　香川孝三著　信山社出版　2002.6　326,7p　20cm　〈肖像あり　著作目録あり　年譜あり〉　①4-7972-2221-2

正木 義太　まさき・よしもと
1871～1934　海軍軍人。中将。砲術技術で大きく貢献、舞鶴及び横須賀海軍工廠長などを歴任した。

◇正木義太伝および補遺――海軍士官の記憶　正木生虎著　文藝春秋　2009.11　313p　20cm　〈年譜あり〉　①978-4-16-371670-1
＊日露戦争では旅順閉塞戦で戦った父の生涯をつづった「正木義太伝」および、司馬遼太郎がその出版を強くすすめた「補遺」。そして母を追慕する「尽きぬ母への思慕の記」を収める。

真下 晩菘　ましも・ばんすう
1799～1875　幕臣。御留守居支配。審書調所調役、陸軍奉行などに累進。維新後は私塾を開く。

◇わが晩菘逍遥―晩菘真下専之丞をめぐる人々　石川国作著　町田ジャーナル社　1993.11　228p　22cm　〈真下専之丞の肖像あり　著者略歴・参考文献・晩菘関係年表：p217～228〉

◇評伝晩菘真下専之丞　荻原留則著　〔荻原留則〕　1991.6　146p　19cm　〈真下専之丞の肖像あり　真下専之丞年譜：p139～143〉

益田 克徳　ますだ・かつのり
1852～1903　実業家。東京米穀取引所理事長。前島密の下僚として海上保険条例を編成、東京海上保険支配人を務める。

◇益田克徳翁伝　大塚栄三著，益田恭尚，益田晃尚編　東方出版　2004.11　366p　22cm　〈肖像あり　年譜あり〉　①4-88591-902-9

増田 義一　ますだ・ぎいち
1869～1949　出版人，実業家，政治家。衆議院副議長，雑誌協会初代会長。実業之日本社を創立。地下鉄、大日本印刷等の創立に関与。

◇出版その世界―志と決断に生きた人たち　塩沢実信著　恒文社　1991.12　325p　19cm　①4-7704-0750-5
＊明治・大正・昭和の三代にわたって、高い志と理想を掲げ、その実現に向かって走りつづけた出版人、さらに現在もその志を受け継いで、意欲的に出版界をリードする出版人たちの人物像に焦点をあて、栄枯盛衰、興亡に満ちた一世紀を鮮やかに活写する出版ドキュメンタリー。

◇増田義一追懐録　実業之日本社編　1950　827p 図版18枚　22cm

◇処世新道　増田義一著　実業之日本社　1950

増田 宋太郎　ますだ・そうたろう
1849～1877　武士，士族。

◇福沢諭吉と日本人　佐高信著　角川学芸

I　政治・経済　　　　　　　　　　　　　　　　　　　　　　　　　　　益田孝

出版　（角川文庫）　2012.8　317p　15cm
〈角川グループパブリッシング（発売）
「福沢諭吉伝説」（2008年刊）の改題〉
①978-4-04-400308-1
＊新たな日本を創るため、骨太な民の思想
　を貫いた福沢諭吉。熱き心で醒めた理
　知を説いた「平熱の思想家」が遺したも
　のとは何か。そして悪名高き脱亜論の
　真実とは。福沢暗殺を企てた増田宋太
　郎、医学者・北里柴三郎、憲政の神様・
　犬養毅、急進的思想家・中江兆民、電力
　の鬼・松永安左衛門。福沢の薫陶を受
　け、近代日本を牽引した傑物たちを検
　証。福沢の自主独立の精神を見つめ直
　し、混迷の現代を照らす指針を探る。

▌益田　孝　ますだ・たかし
1848～1938　実業家。三井物産社長，三
井合名理事長。三井財閥創業者の大番頭
で商業教育にも尽力。美術品収集家とし
ても著名。

◇イノベーターたちの日本史―近代日本の
　創造的対応　米倉誠一郎著　東洋経済新
　報社　2017.5　313p　19cm
　①978-4-492-37120-6
　＊高島秋帆、大隈重信、笠井順八、三野村
　　利左衛門、益田孝、岩崎弥太郎、高峰譲
　　吉、大河内正敏…アヘン戦争から新興
　　財閥の成立まで。彼らはどのように未
　　来を切り拓いていったのか？　従来の史
　　実では描かれてこなかった躍動感あふ
　　れるストーリー。構想40年、歴史家・
　　米倉誠一郎の集大成。

◇名企業家に学ぶ「死んでたまるか」の成功
　術―困難に打ち勝つ精神力の養い方　河
　野守宏著　ロングセラーズ　2016.10
　203p　18cm　①978-4-8454-0992-1
　＊ここを乗り切れ、道は拓ける！　危機に
　　際会して「死んでたまるか！」と発奮
　　し、死力をふるった企業家を取りあげ
　　た。古くは江戸から明治・大正・昭和
　　へと大車輪の活躍をした異色の人物た
　　ちである。

◇財閥を築いた男たち　加来耕三著　ポプ
　ラ社　（ポプラ新書）　2015.5　266p
　18cm　①978-4-591-14522-7
　＊近代を支えてきた資本主義そのものが終

焉を迎えたと言われる現在、どこにビジ
ネスの活路を見出せばいいのか。約150
年前、明治維新という未曾有の危機に直
面しながら、新しい事業を起こし老
舗を再建し、現代の大企業につながる
「財閥」を築いていった男たちがいた。
彼らの足跡にこそ、成功の鍵がある！

◇幻の五大美術館と明治の実業家たち　中
　野明著　祥伝社　（祥伝社新書）　2015.3
　301,6p　18cm　①978-4-396-11407-7
　＊大倉集古館、大原美術館、根津美術館な
　　ど、実業家の蒐集品を展示する人気美
　　術館は多い。その一方で、設立の夢を
　　果たせなかった美術館があったことを
　　ご存知だろうか。本書はそれを、「幻の
　　美術館」と呼ぶ。紹介する五館は、質量
　　ともに十分なコレクションを所蔵。蒐
　　集した実業家たちも公開をめざしてい
　　た。頓挫した背景にはいかなる事情が
　　あったのか？　夢が叶っていたら、どん
　　な美術館になっていたのか？　わずかに
　　残されていた貴重な資料をたどり、そ
　　の全貌を明らかにする。美術・歴史愛
　　好家、垂涎の一冊！

◇企業家活動でたどる日本の金融事業史―
　わが国金融ビジネスの先駆者に学ぶ　法
　政大学イノベーション・マネジメント研
　究センター監修，宇田川勝監修・編著，長
　谷川直哉編著　白桃書房　（法政大学イノ
　ベーション・マネジメント研究センター
　叢書）　2013.3　204p　21cm
　①978-4-561-76199-0
　＊「企業家活動でたどる日本の産業（事
　　業）史」シリーズ第2弾。今回は金融ビ
　　ジネスを取り上げる。起業精神に富み、
　　革新的なビジネス・モデルを駆使して
　　産業開拓活動に果敢に挑戦し、その国
　　産化を次つぎに達成していった企業家
　　たちの活動を考察。

◇三野村利左衛門と益田孝―三井財閥の礎
　を築いた人びと　森田貴子著　山川出版
　社　（日本史リブレット）　2011.11　88p
　21cm　〈文献・年表あり〉
　①978-4-634-54886-2
　＊創業以来二〇〇年の歴史をもっていた三
　　井にとって、幕末から明治期の日本は、
　　国内的にも対外的にも激動の時代で

伝記ガイダンス　明治を生きた人々　　**557**

あった。三井は政治・経済・社会の動向をみすえて、組織や業務を改革する必要があった。三井中興の時代に、三野村利左衛門と益田孝は三井のなかにあって、どのようにして三井発展の基礎を築いていったのか。三野村利左衛門と益田孝の活動を通して、三井と日本の社会が歩んだ歴史について考える。

◇名創業者に学ぶ人間学 十大財閥篇 加来耕三著 ポプラ社 2010.9 315p 19cm ①978-4-591-12001-9
＊岩崎弥太郎、野村徳七、安田善次郎…財閥を築き、世界と戦える大企業の基礎を創り上げた英傑16人の波乱に満ちた生涯を紐解きながら、ビジネスを成功させる法則を探る歴史人間学の決定版。

◇日本の経営者 日本経済新聞社編 日本経済新聞出版社 （日経文庫） 2009.8 214p 18cm ①978-4-532-11208-0
＊明治・大正・昭和の日本を創った経営者14人の行動力、アイデア、経営倫理と成功の秘訣。豊かな発想のもと、新たな事業戦略を練り上げ、ライバルと切磋琢磨してきた彼らの姿から、現代や未来の企業家への示唆、教訓を浮き彫りにした。単なる事業意欲やお金への執着心だけではなく、高い倫理観や公共精神こそ企業家の原動力になっていたことを明らかにしている。

◇益田鈍翁の記憶—特別展生誕一六〇年 小田原揚雲台の光陰 小田原市郷土文化館編 小田原市郷土文化館 2008.10 40p 30cm 〈会期：平成20年10月30日—11月24日〉

◇益田鈍翁の想影—生誕160年 牧野紘一編 鈍翁in西海子 2008.2 182p 29cm 〈発売：里文出版 おもに図 年譜あり〉 ①978-4-89806-289-0

◇豪快茶人伝 火坂雅志著 角川学芸出版 （角川文庫） 2008.1 313p 15cm 〈『茶の湯事件簿』加筆・修正・改題書〉 ①978-4-04-407801-0
＊信長、秀吉、利休、宗二、織部、遠州、不昧、直弼、鈍翁—。戦国時代以降、茶の湯は多くの権力者や文化人たちを虜にしてきた。限られた空間と茶道具が生み

出す宇宙の中で、おのおのにこだわりを持ち、その美学の違いが、ある時は政治的対立の要因にさえなった。いつの世も最先端の文化として存在し、権力者と強く切り結んでいた茶の湯を通して、歴史の本流からは覗けない、個性豊かな茶人たちのなまの姿と心情に迫る。

◇経営に大義あり—日本を創った企業家たち 日本経済新聞社編 日本経済新聞社 2006.5 247p 19cm ④4-532-35209-6
＊類い希なる事業力と人間的魅力をもつ「経営の巨人」たちの素顔に、当代きっての作家・歴史家・研究者たちが迫る、こだわりの人物伝。

◇日本経営者列伝—成功への歴史法則 加来耕三著 学陽書房 （人物文庫） 2005.8 452p 15cm ④4-313-75202-1
＊世界のソニーを創った井深大、トヨタを築いた豊田喜一郎、電通を育てた"広告の鬼"吉田秀雄、東芝を再建した石坂泰三、"時勢"を読んだ時計王・服部金太郎、東急王国を築いた五島慶太、夢のカメラを実現した御手洗毅、三井を救った中上川彦次郎…。歴史家の眼で、経営者たちの戦いの軌跡を読み解き、転換期に真に必要なメソッドを考察する。文庫オリジナル版。

◇益田孝天人録—横浜で実学を修め三井物産の誕生す 松永秀夫著 新人物往来社 2005.7 256,10p 21cm 〈年譜・文献あり〉 ①4-404-03255-2

◇山口昌男山脈 No.1 山口昌男ほか著 めいけい出版 2002.7 191p 21cm ①4-943950-44-2

◇平心庵日記—失われた日本人の心と矜恃 近藤道生著 角川書店 2001.11 270p 19cm ①4-04-883705-2
＊三井物産を創設した大茶人・益田孝（鈍翁）と、主治医・近藤外巻（平心庵）の心の交流。

◇三井家の女たち—殊法と鈍翁 永畑道子著 藤原書店 1999.2 217p 20cm ①4-89434-124-7
＊三井家が「商」の道に踏みだした草創期に、夫・高俊を支え、三井家の商家としての思想の根本を形づくった殊法、彼

女の思想を忠実に受け継ぎ、江戸・明治から現代にいたる激動の時代に三井を支えてきた女たち、男たちの姿を描く。

◇明治に名参謀ありて—近代国家「日本」を建国した6人　三好徹著　小学館　（小学館文庫　「時代・歴史」傑作シリーズ）　1999.1　350p　15cm　①4-09-403511-7
＊平成不況と言われるなか、再び注目を浴びているのが二・二六事件で暗殺された蔵相高橋是清。財界の守護神と呼ばれ、昭和恐慌ではモラトリアムを実施し日本の危機を救った。しかしその高橋だが、米国留学時代には奴隷として売られたり、芸姑のヒモとなっていたりと決してエリートとは呼べない人生を歩んできたのだった。このほか、三井財閥の創始者、益田孝や日露戦争の作戦立案者、児玉源太郎など明治に活躍した六人の男たちのエピソードを作家の三好徹が力強く描く。明治人はいかに困難を乗り切ったのだろうか。

◇鈍翁・益田孝　下　白崎秀雄著　中央公論社　（中公文庫）　1998.10　424p　16cm　①4-12-203260-1
＊第一次大戦後の好景気に酔う産業界を襲った関東大震災、昭和大恐慌。そして団琢磨の暗殺と高まる財閥批判。三井合名理事長の座を退いた後も、三井グループの総帥としてあった鈍翁は、この危機から組織をどう守ろうとしたのか。英知あふれる経済人であり超一級の古美術蒐集家であった文化人、鈍翁の生涯。

◇鈍翁・益田孝　上　白崎秀雄著　中央公論社　（中公文庫）　1998.9　402p　16cm　①4-12-203242-3
＊文久三年、十六歳の益田少年は、幕府遣欧使節団の一員として、パリを訪れた…。維新後、世界で初めての綜合商社・三井物産を設立し、更に中外物価新報を創刊、後の日本経済新聞の生みの親ともなった。幕臣から商人に転じ、草創期の日本経済を動かし、「千利休以来の大茶人」と称された、巨人鈍翁の生涯を描く。

◇明治期三井と慶応義塾卒業生—中上川彦次郎と益田孝を中心に　武内成著　文真堂　1995.1　299p　21cm　①4-8309-4180-4

◇財界人物我観　福沢桃介著　図書出版社　（経済人叢書）　1990.3　177p　19cm
＊自由奔放に生きた鬼才・福沢桃介が明治財界の巨頭たちを俎上に載せ毒舌をふるう。

◇自叙　益田孝翁伝　益田孝著，長井実編　中央公論社　（中公文庫）　1989.1　429p　15cm　①4-12-201584-7
＊三井財閥を築き上げ、美術品の蒐集家としても著名な財界の巨頭が、幕末、明治、大正にかけて、時代の出来ごとや経済人について多くの逸話を混えながら縦横に語る。近代日本経済を知るうえの興味津々の自叙伝。

◇三井物産初代社長　小島直記著　中央公論社　（中公文庫）　1985.1　311p　15cm　〈解説：島谷泰彦〉　①4-12-201188-4

◇鈍翁・益田孝　白崎秀雄著　新潮社　1981.8　2冊　20cm

◇日本財界人物列伝　第1巻　青潮出版株式会社編　青潮出版　1963　1171p　図版　26cm

益田 太郎　ますだ・たろう

1875～1953　実業家，劇作家。益田農事社長。実業界で活躍の傍ら、筆名で脚本を執筆。「コロッケの歌」の作詞作曲で著名。

◇喜劇の殿様—益田太郎冠者伝　高野正雄著　角川書店　（角川叢書）　2002.6　225p　20cm　①4-04-702122-9
＊明治財界の大立者を父に持つ大富豪の御曹司であり、自らも実業家でありながら日本の喜劇作家の草分けとなった益田太郎冠者（一八七五‐一九五三）とは何者か—。音楽喜劇やコント喜劇という新しい演劇ジャンルを開拓、浅草オペラや宝塚レビューの誕生にも多大な影響を与えたにもかかわらず、日本の近代演劇史から無視されてきた太郎冠者の生涯と足跡を丹念に追い、演劇界と明治、大正、昭和の時代を写す、迫真の伝記読み物。

◇ぜいたく列伝　戸板康二著　文芸春秋　1992.9　293p　19cm　①4-16-346790-4
＊一流の人物、一級の人生、康二一等の人

物論名品23。

増田 万吉 ますだ・まんきち
1836〜1902 潜水業・居留地消防組創設者。

◇評伝増田萬吉—潜水の祖 日本のダイビング界の歴史を創った男 改訂版 鷲尾絖一郎著 オーシャンアンドビヨンド 2016.6 115p 21cm 〈文献あり〉 ①978-4-9906528-1-4

◇評伝 増田萬吉—潜水の祖：日本のダイビング界の歴史を創った男 鷲尾絖一郎著 オーシャンアンドビヨンド 2012.7 115p 21cm 〈文献あり〉 ①978-4-9906528-0-7

町田 忠治 まちだ・ちゅうじ
1863〜1946 政治家。山口銀行総理事，報知新聞社長。農相，商工相，蔵相，国務相などを歴任。戦後は日本進歩党を結成，総裁となった。

◇町田忠治 町田忠治伝記研究会編著 桜田会 1996.2 2冊 22cm 〈「伝記編」「史料編」に分冊刊行〉

◇町田忠治翁伝 松村謙三著 町田忠治翁伝記刊行会 1950 516p 図版15枚 22cm

町田 久成 まちだ・ひさなり
1838〜1897 鹿児島藩士，官僚，僧侶。初代帝国博物館館長。外国事務局判事，外務大丞などを歴任後，内務省に博物局を創設。

◇源流から辿る近代図書館—日本図書館史話 石山洋著 日外アソシエーツ 2015.1 264p 21cm ①978-4-8169-2521-4
＊幕末から戦後まで図書館に貢献した先覚者たちの活躍を描く、近代日本の公共図書館・大学図書館発展史。日本近代図書館の源流として「博物館からの流れ」「米国公共図書館の無料制からの流れ」「都市型公共施設からの流れ」「新聞縦覧所や地方の読書施設の発展からの流れ」の4つの流れがあることに目をつけ、図書館を巡って織りなす人間模様を克明に描くことで近代日本の図書

館を描きだした画期的な書。

◇博物館学人物史 上 青木豊，矢島國雄編 雄山閣 2010.7 314p 21cm ①978-4-639-02119-3
＊日本の博物館学史を彩った先人たちの生涯・博物館との関わり・研究の軌跡などから、明治・大正・昭和の博物館学思想をたどる。

◇博物館の誕生—町田久成と東京帝室博物館 関秀夫著 岩波書店 （岩波新書） 2005.6 241p 18cm ①4-00-430953-0
＊東京帝室博物館（東京国立博物館の前身）は上野の山につくられた日本最初の近代総合博物館である。国の中央博物館としての創設から皇室の博物館になるまでの激動のドラマを、明治維新の頃、外交官として活躍し、博物館づくりに情熱をそそいだ創設者、町田久成（一八三八‐九七）の生涯と重ね合わせて描きだす歴史物語。図版多数。

町野 武馬 まちの・たけま
1875〜1968 陸軍軍人。大佐。奉天監軍顧問，張作霖顧問などを歴任。

◇町野武馬—伝記および著作全集 負けるなうそつくなやんがえしやまほど 第2版 町野武馬他著，宮上泉二郎編 町野武馬研究所 2014.7 631p 21cm 〈年譜あり〉

◇植民地帝国人物叢書 57（満洲編 18） 会津士魂風雲録 町野武馬翁とその周辺：町野武馬 加藤聖文編 会津士魂風雲録刊行会著 ゆまに書房 2012.10 267p 22cm 〈会津士魂風雲録刊行会昭和36年刊 の複製〉 ①978-4-8433-3673-1
＊日本の植民地経営の実態を人物から展望する新シリーズ。「台湾」「朝鮮」「満洲」の各地域毎に貴重な伝記を網羅。シリーズ完結。

◇会津士魂風雲録—町野武馬翁とその周辺 会津士魂風雲録刊行会編 1961 267p 図版 22cm

町野 久吉 まちの・ひさきち
1852〜1868 白虎隊士。

◇会津白虎隊のすべて 小檜山六郎編 新

I　政治・経済　　　　　　　　　　　　　　　　　　　　　　　　　松尾多勢子

人物往来社　2002.2　288p　19cm
①4-404-02946-2

町野 主水　まちの・もんど
1839〜1923　会津藩士，政治家。大沼郡
長をつとめ会津の振興に尽力。

◇会津武士道　中村彰彦著　PHP研究所
（PHP文庫）　2012.11　272p　15cm
①978-4-569-67909-9
　＊幕末の会津藩は、兵力・装備にまさる新
　　政府軍を相手に徹底抗戦し、過酷な篭
　　城戦の末、降伏開城を余儀なくされた。
　　徳川恩顧の諸藩が次々と寝返るなか、最
　　後まで戦った会津藩を支えた"真の武士
　　道"とは？ 幕府草創期に将軍を輔佐し、
　　政権の礎を築いた藩組・保科正之から連
　　綿と続く気高き精神の系譜…。日本史に
　　燦然とその精華を刻んだ「会津武士道」
　　の成立と展開をわかりやすく解説する。

◇会津武士道―侍たちは何のために生きた
　のか　中村彰彦著　PHP研究所　2007.1
　246p　19cm　①4-569-65709-5
　＊藩祖・保科正之、中興の家老・田中玄
　　宰、幕末の白虎隊、そして…真の「武士
　　道」の誇り高き生き方に学べ。

◇物語 悲劇の会津人　新人物往来社編　新
　人物往来社　1990.5　236p　19cm
　①4-404-01711-1
　＊義を貫き、時の流れに逆らって生きた
　　悲運の会津人たちを描く。

松井 茂　まつい・しげる
1866〜1945　官僚。貴族院議員。韓国内
部警務局長、静岡県知事などを歴任。

◇植民地帝国人物叢書　29（朝鮮編 10）　松
　井茂自伝　松井茂　永島広紀編　松井茂著
　ゆまに書房　2010.5　548p　22cm　〈松
　井茂先生自伝刊行会1952年刊の複製　著
　作目録・年譜あり〉　①978-4-8433-3393-8

◇松井茂自伝　松井茂著　松井茂先生自伝
　刊行会　1952　548p 図版　22cm

松尾 多勢子　まつお・たせこ
1811〜1894　勤王家。岩倉具視の信頼を
受け国事に奔走。維新後は郷里で農業を

営んだ。

◇松尾多勢子　市村咸人著　豊丘村教育委
　員会　（信濃郷土叢書）　2011.11　129p
　21cm　〈信濃郷土文化普及會昭和5年刊の
　複製〉

◇松尾多勢子小伝―明治維新の礎　清水勉
　著　南信州新聞社出版局　2010.4　106p
　19cm　①978-4-943981-99-2

◇師弟―ここに志あり　童門冬二著　潮出
　版社　2006.6　269p　19cm
　①4-267-01741-7
　＊一期一会の出会い。17組の運命的出会
　　いが歴史を作った。

◇たをやめ（手弱女）と明治維新―松尾多勢
　子の反伝記的生涯　アン・ウォルソール
　著，菅原和子，田崎公司，高橋彩訳　ぺり
　かん社　2005.6　429p　22cm
　①4-8315-1109-9
　＊幕末明治の激動期を生き抜いた一人の
　　農民女性の生涯を残された史料に即し
　　て丹念に追い、歌人・妻・母・養蚕家・
　　平田門人・勤王家といったさまざまな
　　アイデンティティをもったその姿を首
　　尾一貫した「人生の展開」に押し込める
　　ことなく、葛藤と矛盾を孕んだ「人生の
　　迫力」として描き出す。歴史の"常識"
　　的見方に挑戦し、既存の"明治維新史"
　　の解体と再構築を迫る待望の翻訳書。

◇赤き心を―おんな勤王志士・松尾多勢子
　古川智映子著　潮出版社　1990.2　253p
　19cm　①4-267-01230-X
　＊52歳で志を立て、信州飯田から京への
　　ぼった歌人・多勢子は、岩倉具視の命を
　　助け、孝明天皇暗殺の幕府方の密謀を
　　探り出すなど命がけで国事に奔走する
　　―知られざる実在の人物に光をあてた
　　書き下ろし歴史小説。

◇松尾多勢子―伝記・松尾多勢子　市村咸
　人著　大空社　（伝記叢書）　1989.1　1冊
　22cm　〈山村書院昭和15年刊の複製　松尾
　多勢子の肖像あり〉

◇日本史 人物列伝　奈良本辰也著　徳間書
　店　（徳間文庫）　1988.9　285p　15cm
　〈『人物を語る』改題書〉　①4-19-598598-6

◇女たちの明治維新　小松浅乃著　文園社

伝記ガイダンス 明治を生きた人々　**561**

1986.11　239p 19cm　①4-89336-029-9
＊幕末の男たちを支えた愛。吉田松陰の
母・杉滝子、西郷隆盛と津崎矩子、薩摩
隼人の母・有村蓮子、高杉晋作が慕った
野村望東尼、勤皇の烈女・松尾多勢子な
ど、維新の激動に身を投じた女たちの
活躍を綴る。

◇市村咸人全集　第5巻　市村咸人全集刊行
会編　下伊那教育会　1980.8　634p
22cm　〈著者の肖像あり〉

◇人物日本の女性史　第10巻　江戸期女性
の生きかた　集英社　1977.12　248p 図
20cm　〈監修：円地文子〉

◇維新の信州人　信濃毎日新聞社編　信濃
毎日新聞社　1974　315p　18cm

松岡 静雄　まつおか・しずお
1878〜1936　海軍軍人，言語学者。大佐。
日露戦争では軍艦千代田の航海長として
従軍、軍令部参謀などを歴任。
〔記念施設〕福崎町立柳田國男・松岡家記
念館（兵庫県福崎町）

◇砂のいろ　野口喜久子編　柳田国男松岡
家顕彰会　2005.8　111p　21cm　〈第26
回山桃忌記念　肖像・年譜あり〉

◇松岡静雄滞欧日記　中村義彦編　山川出
版社　（近代日本史料選書）　1982.10
498p　20cm　〈松岡静雄関係解題 - p1〜
39 巻末：松岡静雄関係系図　参考文献
図版（肖像　筆跡）〉

松岡 康毅　まつおか・やすたけ
1846〜1923　法曹家，政治家。農商務大
臣，貴族院議員。検事総長、内務次官など
を歴任。日本法律学校を再興。男爵。

◇松岡康毅日記　松岡康毅著，高瀬暢彦編
日本大学精神文化研究所　（日本大学精神
文化研究所研究叢書）　1998.3　429,16p
22cm

松方 幸次郎　まつかた・こうじろう
1865〜1950　実業家，美術蒐集家。衆議
院議員，川崎造船所社長。神戸新聞社な
どの社長を歴任。蒐集した美術品は松方

コレクションとして著名。

◇東京青山霊園物語―「維新の元勲」から
「女工哀史」まで人と時代が紡ぐ三十組の
物語　立元幸治著　明石書店　2015.10
318p　20cm　〈文献あり〉
①978-4-7503-4258-0

◇幻の五大美術館と明治の実業家たち　中
野明著　祥伝社　（祥伝社新書）　2015.3
301,6p　18cm　①978-4-396-11407-7
＊大倉集古館、大原美術館、根津美術館な
ど、実業家の蒐集品を展示する人気美
術館は多い。その一方で、設立の夢を
果たせなかった美術館があったことを
ご存知だろうか。本書はそれを、「幻の
美術館」と呼ぶ。紹介する五館は、質量
ともに十分なコレクションを所蔵。蒐
集した実業家たちも公開をめざしてい
た。頓挫した背景にはいかなる事情が
あったのか？ 夢が叶っていたら、どん
な美術館になっていたのか？ わずかに
残されていた貴重な資料をたどり、そ
の全貌を明らかにする。美術・歴史愛
好家、垂涎の一冊！

◇財閥経営と企業家活動　宇田川勝著　森
山書店　2013.4　281p　21cm
①978-4-8394-2127-4

◇火輪の海―松方幸次郎とその時代　復刻
版 新装　神戸新聞社編　神戸新聞総合出
版センター　2012.4　287,321p 19cm
〈文献・年譜あり〉　①978-4-343-00677-6
＊明治・大正・昭和。神戸を拠点に、世界
的な実業家として、名画コレクターと
して名を馳せた男がいた。その志の高
さ、度量の大きさ、夢への情熱は、世紀
を超えた今こそ、我々を魅了する。激
動の時代を駆け抜けた男の軌跡。

◇火輪の海―松方幸次郎とその時代　復刻
版　神戸新聞社編　神戸新聞総合出版セ
ンター　2007.12　287,321p　20cm　〈肖
像・文献あり〉　①978-4-343-00443-7

◇神戸を翔ける―川崎正蔵と松方幸次郎
辻本嘉明著　神戸新聞総合出版センター
2001.1　198p　20cm　〈文献あり〉
①4-343-00115-6
＊川崎造船所と三菱造船所が覇を争い、
鈴木商店が世界を相手にビジネスを繰

I　政治・経済　　　　　　　　　　　　　　　　　　　　　　　　　　　　松方正義

り広げる、活気とエキゾティシズムに
満ちていた明治〜大正時代の神戸。こ
のまちで、正蔵、幸次郎の"川崎二代"
が、川崎造船所はじめ神戸の発展の基
となった企業群を創り、大きく育て、そ
して昭和恐怖に直面するまでの、激動
の70年を鮮やかに描く。

◇幻の美術館―甦る松方コレクション　石
田修大著　丸善　（丸善ライブラリー）
1995.12　170p　18cm　Ⓘ4-621-05179-2

◇火輪の海―松方幸次郎とその時代　下
神戸新聞社編　神戸新聞総合出版センター
1990.7　321p　20cm　〈松方幸次郎の肖
像あり　主な参考文献・資料など・松方幸
次郎年譜：p304〜318〉　Ⓘ4-87521-688-2

◇火輪の海　上　神戸新聞社編　（神戸）神
戸新聞総合出版センター　1989.10　287p
19cm　Ⓘ4-87521-681-5
＊明治から昭和初期、実業界の巨人とし
て日本の近代化に不滅の足跡を残した
男。押し寄せる国際化の波に先頭を
切ってこぎ出したパイオニアの一人、
松方幸次郎。一方で、世界屈指の規模
を誇る名画コレクションを残した彼が、
終生追い求めたものは何か…たぎる時
代、神戸を舞台に、熱い想いを"海"に
託した男たちの物語！

◇夢を抱き歩んだ男たち―川崎重工業の変
貌と挑戦　福島武夫著　丸ノ内出版
1987.3　282p 18cm　Ⓘ4-89514-089-X

◇日本財界人物列伝　第1巻　青潮出版株式
会社編　青潮出版　1963　1171p 図版
26cm

◇松方・金子物語　藤本光城著　兵庫新聞
社　1960　344p 図版　22cm

┃ 松方 正義　まつかた・まさよし
1835〜1924 鹿児島藩士，政治家，財政
家。民部大丞，首相。渡欧し財政を学び，
西南戦争後にデフレ・増税政策の松方財
政を推進。

◇東京青山霊園物語―「維新の元勲」から
「女工哀史」まで人と時代が紡ぐ三十組の
物語　立花幸治著　明石書店　2015.10
318p　20cm　〈文献あり〉

Ⓘ978-4-7503-4258-0

◇宰相たちのデッサン―幻の伝記で読む日
本のリーダー　御厨貴編　ゆまに書房
2007.6　280p　21cm
Ⓘ978-4-8433-2381-6
＊幻の伝記を読み直すなかから生まれた
まったく新しい戦前期の総理大臣評
伝集。

◇歴代総理大臣伝記叢書　第4巻　松方正義
御厨貴監修　ゆまに書房　2005.7　22cm
〈複製〉　Ⓘ4-8433-1782-9

◇松方正義―我に奇策あるに非ず、唯正直あ
るのみ　室山義正著　ミネルヴァ書房
（ミネルヴァ日本評伝選）　2005.6　453,
11p　20cm　〈肖像・文献・年譜あり〉
Ⓘ4-623-04404-1
＊松方正義九〇年の人生は、欧米諸国の
アジア進出に対抗して、日本が鋭意近
代化に取組んだ苦難の歴史と重なって
いる。松方が、日本をどのような国と
認識し、近代化という時代の大波の中
で日本をどのような国に育て上げ、激
動する国際環境に対してどのような国
家政策を実行すべきであると考え、行
動したのだろうか。松方とともに、疾
風怒涛の近代の海へ船出し、その軌跡
を追ってみることにしたい。

◇日本宰相列伝　上　三好徹著　学陽書房
（人物文庫）　2005.1　487p　15cm
Ⓘ4-313-75193-9
＊草莽の志士の中でとびぬけた幸運をつ
かんだ伊藤博文。薩摩派のボスのよう
に見えながら孤立していた黒田清隆。
佐賀出身の大隈重信が"葉隠れ精神"嫌
いだった理由。藩閥政治退治を志した
"平民宰相"原敬の意外な経歴。首相よ
り蔵相として活躍した高橋是清の波乱
万丈の人生…。明治・大正の宰相を通
して、近代日本を検証する意欲作。

◇松方財政研究―不退転の政策行動と経済危
機克服の実相　室山義正著　ミネルヴァ
書房　（Minerva人文・社会科学叢書）
2004.7　312p　22cm　Ⓘ4-623-04100-X

◇松方正義関係文書　補巻　松方伯財政論
策集　大久保達正監修，松方峰雄，兵頭徹
編　大東文化大学東洋研究所　2001.10

伝記ガイダンス 明治を生きた人々　**563**

727p 22cm 〈東京 巌南堂書店（発売）〉

◇運命の児—日本宰相伝 2 三好徹著 徳間書店 （徳間文庫） 1997.8 334p 15cm ①4-19-890742-0
＊明治、大正、昭和前期三時代の潮流から逃れられぬ運命を背負った七人の宰相たちがたどった“頂点”までの紆余曲折の道のりを追い、その人間像を余すところなく描き出す。戦乱と動乱の渦中に屹立した彼らの栄光と蹉跌、そして死と隣り合わせの権勢とは。

◇松方正義関係文書 第18巻 大蔵省文庫『松方家文書』 2 松方峰雄ほか編 大東文化大学東洋研究所 1996.12 10,32,548p 22cm 〈監修：大久保達正 発売：巌南堂書店〉

◇松方正義関係文書 第17巻 大蔵省文庫『松方家文書』 1 松方峰雄ほか編 大東文化大学東洋研究所 1995.12 9,43,495p 22cm 〈監修：大久保達正 発売：巌南堂書店〉

◇松方正義関係文書 第16巻 松方家万歳閣資料 3 松方峰雄ほか編 大東文化大学東洋研究所 1995.2 13,589p 22cm 〈監修：大久保達正 発売：巌南堂書店〉

◇松方正義関係文書 第15巻 松方家万歳閣資料 2 松方峰雄ほか編 大東文化大学東洋研究所 1994.2 11,511p 22cm 〈監修：大久保達正 発売：巌南堂書店〉

◇松方正義関係文書 第14巻 松方家万歳閣資料 1 松方峰雄ほか編 大東文化大学東洋研究所 1993.3 12,590p 22cm 〈監修：大久保達正 発売：巌南堂書店〉

◇松方正義関係文書 第12巻 伝記資料篇 3 松方峰雄ほか編 大東文化大学東洋研究所 1991.2 515p 22cm 〈監修：大久保達正 発売：巌南堂書店〉

◇松方正義関係文書 第11巻 伝記資料篇 2 松方峰雄ほか編 大東文化大学東洋研究所 1990.3 470p 22cm 〈監修：大久保達正 発売：巌南堂書店〉

◇松方正義関係文書 第10巻 伝記資料篇 1 松方峰雄ほか編 大東文化大学東洋研究所 1989.3 461p 22cm 〈監修：大

久保達正 発売：巌南堂書店〉

◇絹と武士 ライシャワー，ハル・松方著，広中和歌子訳 文芸春秋 1987.11 418p 19cm ①4-16-341850-4
＊明治の元老松方正義と生糸をアメリカに輸出した新井領一郎。日米にまたがって活躍した二人の祖父をライシャワー夫人が描く大河伝記。

◇松方正義関係文書 第5巻 侯爵松方正義卿実記 5 松方峰雄ほか編集 中村徳五郎編修 大東文化大学東洋研究所 1983.12 697p 22cm 〈監修：藤村通 発売：巌南堂書店〉

◇明治・大正の宰相 第3巻 松方正義と日清戦争の砲火 戸川猪佐武著 講談社 1983.10 302p 20cm 〈松方正義の肖像あり〉 ①4-06-180693-9

◇松方正義関係文書 第4巻 侯爵松方正義卿実記 4 松方峰雄ほか編集 中村徳五郎編修 大東文化大学東洋研究所 1982.12 574p 22cm 〈監修：藤村通 発売：巌南堂書店〉

◇松方正義関係文書 第3巻 侯爵松方正義卿実記 3 松方峰雄ほか編 中村徳五郎編 大東文化大学東洋研究所 1981.12 663p 22cm 〈監修：藤村通 発売：巌南堂書店〉

◇松方正義関係文書 第2巻 侯爵松方正義卿実記 2 松方峰雄ほか編 中村徳五郎編 大東文化大学東洋研究所 1981.3 459〔正しくは495〕p 22cm 〈監修：藤村通 発売：巌南堂書店〉

◇松方正義関係文書 第1巻 侯爵松方正義卿実記 1 松方峰雄ほか編 中村徳五郎編 大東文化大学東洋研究所 1979.11 486p 22cm 〈監修：藤村通 松方正義の肖像あり〉

◇公爵松方正義伝 徳富猪一郎編述 明治文献 1976 2冊 22cm 〈公爵松方正義伝記発行所昭和10年刊本の複製〉

◇松方正義 日本財政のパイオニア 藤村通著 日本経済新聞社 （日経新書） 1966 190p 18cm

Ⅰ 政治・経済　　　　　　　　　　　　　　　　　　　　松平容保

松川 敏胤　まつかわ・としたね
1859〜1928　陸軍人。大将，満州軍総参謀長。日露戦争で主要作戦に知略を尽くす。東京衛戍総督、朝鮮駐屯軍司令官などを歴任。

◇奇才参謀の日露戦争—不世出の戦略家松川敏胤の生涯　小谷野修著　潮書房光人社　（光人社NF文庫）　2016.7　222p　16cm　〈「男子の処世」(光人社 1995年刊)の改題　文献あり〉　①978-4-7698-2957-7

◇男子の処世—奇才戦略家松川敏胤参謀と日露戦争　小谷野修著　光人社　1995.4　222p　20cm　〈松川敏胤の肖像あり〉　①4-7698-0712-0
　＊“陸軍の秋山真之”と謳われ、日本に勝利をもたらした作戦参謀のみごとな生き方—。異能の経済人が流麗な筆さばきで描く感動の人間物語。

松木 幹一郎　まつき・かんいちろう
1872〜1939　官僚，実業家。東京市電気局長，台湾電力社長。山下総本店総理事、帝都復興院副総裁などを歴任。

◇日本人、台湾を拓く。—許文龍氏と胸像の物語　まどか出版編　まどか出版　2013.1　322p　19cm　①978-4-944235-63-6

松平 容保　まつだいら・かたもり
1835〜1893　会津藩主。日光東照宮宮司。尊攘派一掃の策で新撰組を配下に幕末の京都を警護。維新後は鳥取藩、のち和歌山藩に預けられた。

◇サムライたちの幕末・明治　歴史REAL編集部編　洋泉社　（歴史新書）　2016.8　189p　18cm　〈文献あり〉　①978-4-8003-1018-7

◇敗者烈伝　伊東潤著　実業之日本社　2016.5　324p　19cm　①978-4-408-53684-2

◇NHK歴史秘話ヒストリア—歴史にかくされた知られざる物語 第3章　4　幕末・維新編　NHK「歴史秘話ヒストリア」制作班編　金の星社　2016.2　39p　30cm　①978-4-323-06824-4

◇殿様は「明治」をどう生きたのか　河合敦著　洋泉社　（歴史新書）　2014.4　222p　18cm　〈文献あり〉　①978-4-8003-0379-0

◇幕末維新志士たちの名言　齋藤孝著　日本経済新聞出版社　（日経文芸文庫）　2014.2　293p　15cm　①978-4-532-28027-7
　＊「自分のすることは自分にしかわからない」と歌った坂本龍馬、「五稜郭を思えば、外務大臣の職などどれほどでもない」と覚悟を示した榎本武揚、「私は辞表を出すわけにはいかない」と語った明治天皇—。数々の名言を紹介しながら、現代人に失われた「苦境突破の鍵」を探る。

◇英傑の日本史　敗者たちの幕末維新編　井沢元彦著　KADOKAWA　2014.2　230p　20cm　〈年表あり〉　①978-4-04-653294-7

◇山本覚馬と幕末会津を生きた男たち　『歴史読本』編集部編　中経出版　（新人物文庫）　2013.6　287p　15cm　①978-4-8061-4766-4
　＊会津戦争を戦い抜いた不屈の男たちを描く。

◇幕末の悲劇の会津藩主 松平容保　綱淵謙錠ほか著　中経出版　（新人物文庫）　2013.4　271p　15cm　〈年譜あり　「松平容保のすべて」(新人物往来社 1984年刊)の改題、新編集〉　①978-4-8061-4695-7
　＊幕末動乱の表舞台に登場し、「至誠」をもって士道を貫いた男のすべて。

◇「朝敵」たちの幕末維新—義をつらぬいたわが郷土の英雄たち　新人物往来社編　新人物往来社　2012.9　319p　19cm　①978-4-404-04248-4
　＊幕末維新史は、勝者である薩長サイドの史観で語られてきた。「朝敵」の汚名を着せられた地域は長らく不遇な立場に置かれ、「官軍」と戦った佐幕派の物語も陽の目を見ることはなかった。本書はそうした佐幕派の生き様を伝えるエピソードを集め、ゆかりの地域ごとに紹介していく。それぞれの郷土の先人たちが、果たして「逆賊」であったの

伝記ガイダンス 明治を生きた人々　　**565**

松平容保　　　　　　　　　　　　　　　　　　　　　Ⅰ　政治・経済

か、それとも義をつらぬいた信念の人
だったのか、「敗者」の歴史を掘り起こ
すことで明らかにしていきたい。

◇敗者たちの幕末維新―徳川を支えた13人
の戦い　武光誠著　PHP研究所　（PHP
文庫）　2007.9　235p　15cm
　①978-4-569-66916-8
　＊幕末維新には、数多くの優れた人物が歴
　　史の表舞台に登場した。なかでも幕府と
　　徳川家のために奮闘し、敗者となった
　　人々を見逃すことはできない！　本書は
　　老中・阿部正弘、会津藩主・松平容保、
　　桑名藩主・松平定敬、大奥の天璋院（篤
　　姫）と和宮（静寛院宮）、幕臣の小栗忠
　　順、大久保一翁など、ペリー来航から江
　　戸開城までに活躍した13人の思いと、筋
　　を通した生き方を感動的に描いた一冊。

◇幕末会津藩主・松平容保　帯金充利著
　叢文社　2006.11　235p　19cm　〈文献・
　年譜あり〉　①4-7947-0563-8
　＊激動の時代の中枢を生き抜いた男、新
　　撰組に活躍の場を与えた男の実像に
　　迫る―。

◇ラストサムライの群像―幕末維新に生き
た誇り高き男たち　星亮一，遠藤由紀子
著　光人社　2006.2　283p　19cm
　①4-7698-1287-6
　＊勝てば官軍―人心が揺れ動き、「大勢」
　　に流されようとするときに敢えて踏み
　　止まり、意地を貫いた男たち。日本の
　　近代化の過程で生じた殺伐たる時代に、
　　最後の光芒を放った魅力あふれる「サ
　　ムライ」たちの生き様を描く。

◇藩主なるほど人物事典―江戸260年をした
たかに生き抜いた全国各地の名君たち
武田鏡村著　PHP研究所　2005.6　95p
26cm　①4-569-64244-6
　＊改易、お家騒動、世継ぎ問題、一揆、財
　　政危機、そして維新の激動…。数々の
　　時代の荒波を乗り切り、今なお地元で
　　愛され続ける名藩主たちを紹介。

◇松平容保―悲運の会津藩主　星亮一著
学陽書房　（人物文庫）　2004.6　303p
15cm　①4-313-75181-5
　＊京都守護職を拝命した会津藩主・松平
　　容保。倒幕派佐幕派が入り乱れる幕末

の京都にあって、孝明天皇の信頼を得
て「公武一和」を目指しながらも、悲劇
的な戊辰戦争へと巻き込まれてゆく…。
至誠を貫いた悲運の名君の知られざる
実像を、従来の維新史観を超えた視点
で捉え直す快著。

◇土方歳三の遺言状　鵜飼清著　新人物往
来社　2003.11　317p　20cm　〈文献あ
り〉　①4-404-03151-3

◇会津藩はなぜ「朝敵」か―幕末維新史最大
の謎　星亮一著　ベストセラーズ　（ベス
ト新書）　2002.9　205p　18cm
　①4-584-12046-3
　＊歴史教科書で、いまだに「朝敵」の烙印
　　を押されているのが、あの白虎隊で有
　　名な会津若松である。「この汚名を着せ
　　た薩摩と長州は許せない」と、現在もか
　　たくなに和解を拒んでいる。なぜ、宮
　　廷を警備していた「天皇の軍隊」会津藩
　　が、突如、朝敵にされてしまったのか。
　　幕末維新史最大のカラクリの真相を抉
　　り、日本近代史の矛盾をただす。

◇松平容保は朝敵にあらず　中村彰彦著
中央公論新社　（中公文庫）　2000.2
250p　15cm　①4-12-203604-6
　＊「明治」という名の日本近代が成立する
　　に当たっては、学者も作家もほとんど
　　注目しない一群の男たちが存在した―。
　　会津藩、新選組、遊撃隊で活躍したの
　　ち、時代の潮流と命運をともにした男
　　たちに光を当て、その「志」を縦横に描
　　いた本書は、知られざる維新史を抉っ
　　た力作である。

◇会津士魂　12　白虎隊の悲歌　早乙女貢
著　集英社　（集英社文庫）　1999.6
289p　15cm　①4-08-748827-6
　＊会津領母成峠を急襲し、勝利した西軍
　　はその勢いを駆って、会津盆地へ殺到
　　してきた。最後の防衛線十六橋が破ら
　　れれば、城下への侵攻は時間の問題で
　　ある。直ちに藩主松平容保らが対策会
　　議を開いた結果、急遽、猛将佐川官兵衛
　　が十六橋防衛の総督に任命され、鮎川
　　兵馬もそこへ配属された。そして、若
　　き白虎隊三十七士も、勇躍その防衛線
　　の守りにつく。

566　伝記ガイダンス　明治を生きた人々

I 政治・経済 　　　　　　　　　　　　　　　　　　　　　　　　松平定敬

◇会津士魂　5　江戸開城　早乙女貢著　集英社　（集英社文庫）　1998.11　335p　15cm　①4-08-748820-9
　＊逆賊の汚名を被せられた会津藩主松平容保は徳川慶喜から帰国を命じられ、江戸を発った。その後、会津藩士たちが藩邸引き払いの作業を急ぐ江戸の街は、東征軍への不安から治安が悪化していった。そんな中、浅草本願寺で旧幕臣たちが彰義隊を結成し、会津藩士鮎川兵馬らもそれに加わった。士道に殉じ“義を彰す”彰義隊は、上野の山に拠って官軍に対することになる。吉川英治文学賞受賞作品。

◇会津士魂　1　会津藩　京へ　早乙女貢著　集英社　（集英社文庫）　1998.8　343p　15cm　①4-08-748816-0
　＊幕末、京都を中心に尊皇攘夷の嵐が吹きあれる中、会津藩主松平容保は、京都守護職を拝命し、京都の秩序回復と禁裏の守護に当たるべく藩士を率いて上洛した。天皇に忠を、幕府に孝を尽くした会津藩主従が、なぜ朝敵の汚名を被らねばならなかったか。幕末悲劇の真相を追求する著者畢生の大河歴史小説。吉川英治文学賞受賞作品。

◇松平容保　星亮一著　成美堂出版　（成美文庫）　1997.11　281p　16cm　《『至誠の人松平容保』(新人物往来社1993年刊)の加筆訂正》　①4-415-06481-7

◇松平容保—武士の義に生きた幕末の名君　葉治英哉著　PHP研究所　（PHP文庫）　1997.1　471p　15cm　①4-569-56976-5

◇至誠の人　松平容保　星亮一著　新人物往来社　1993.7　257p　19cm　①4-404-02031-7
　＊会津に正義あり。悲運の藩主・松平容保は孤独だった。義と誠を貫いた人生。

◇隠された幕末日本史—動乱の時代のヒーロー群像　早乙女貢著　広済堂出版　（広済堂文庫）　1992.2　247p　15cm　①4-331-65126-6
　＊幕末から維新へと向かう動乱と革命の時代、「義」のために戦った志士たちの熱情が激しい火花を散らす。幕末哀史・会津藩の悲劇、誠の心と純粋さの青春・

新選組、薩長連合の立役者・坂本竜馬、江戸城無血開城の大立者・勝海舟、挫折した五稜郭戦・榎本武揚など、大政奉還の舞台回しに隠された謎の数々に鋭く迫る傑作歴史推理。

◇怒濤の人—幕末・維新の英傑たち　南条範夫著　PHP研究所　（PHP文庫）　1990.2　269p　15cm　①4-569-56246-9
　＊時代の激動期には、驚くべき異能・異才が輩出する。例えば、明治憲法や新教勅語の草案を作った井上毅。己の天分が理論の構成と官僚的策謀とにあることを熟知していた彼は、天性の政治家伊藤博文を操って、明治国家の骨格を思いのままに作り上げた。一井上をはじめ、幕末から明治にかけて、独特の個性がわが国の政治・文化に大きな影響を与えた6人の男たちを描く、異色の人物評伝。

◇続 徳川家臣団—組織を支えたブレーンたち　綱淵謙錠著　講談社　（講談社文庫）　1987.3　262p　15cm　①4-06-183947-0
　＊徳川300年を支えた幕臣18人の列伝続編。前編につづき酒井忠清、柳沢吉保、新井白石、大岡忠相、田沼意次、水野忠邦、鳥居燿蔵、井伊直弼、松平容保、勝海舟ら多士済済。これほど多彩な人物が登場する時代は他にあるまい。18人それぞれの歩んだ道は、そのまま江戸時代の通史を成し、現代に及んでいる。

◇松平容保のすべて　綱淵謙錠編　新人物往来社　1984.12　254p　20cm　①4-404-01245-4

○特集会津戦争と松平容保　「歴史と人物」14(11)　1984.10

◇松平容保とその時代—京都守護職と会津藩　星亮一著　歴史春秋社　1984.7　306p　20cm

▌松平 定敬　まつだいら・さだあき
1846～1908　大名，華族。松平容保の弟。明治29年日光東照宮宮司となる。

◇サムライたちの幕末・明治　歴史REAL編集部編　洋泉社　（歴史新書）　2016.8　189p　18cm　〈文献あり〉　①978-4-8003-1018-7

伝記ガイダンス 明治を生きた人々　**567**

◇殿様は「明治」をどう生きたのか　河合敦著　洋泉社　（歴史新書）　2014.4　222p　18cm　〈文献あり〉　①978-4-8003-0379-0

◇京都所司代松平定敬—幕末の桑名藩　没後百年記念桑名市博物館特別企画展　桑名市博物館編　桑名市博物館　2008.10　154p　30cm　〈会期・会場：平成20年10月25日—11月24日　桑名市博物館〉

◇敗者たちの幕末維新—徳川を支えた13人の戦い　武光誠著　PHP研究所　（PHP文庫）　2007.9　235p　15cm　①978-4-569-66916-8
　＊幕末維新には、数多くの優れた人物が歴史の表舞台に登場した。なかでも幕府と徳川家のために奮闘し、敗者となった人々を見逃すことはできない！　本書は老中・阿部正弘、会津藩主・松平容保、桑名藩主・松平定敬、大奥の天璋院（篤姫）と和宮（静寛院宮）、幕臣の小栗忠順、大久保一翁など、ペリー来航から江戸開城までに活躍した13人の思いと、筋を通した生き方を感動的に描いた一冊。

◇松平定敬のすべて　新人物往来社編　新人物往来社　1998.12　246p　20cm　〈文献あり　年譜あり〉　①4-404-02669-2
　＊幕末の京都所司代、桑名藩主松平定敬は運命に抗し、流れに逆らい、戦い続けた。

▍**松平　武聰**　まつだいら・たけあきら
1842〜1882　浜田藩主，鶴田県知事。
◇浜田城炎ゆ—長州戦争と松平武聰　小寺雅夫著　渓水社　2008.8　196p　20cm　〈文献あり〉　①978-4-86327-027-5
　＊水戸烈公徳川斉昭の十男にして15代将軍徳川慶喜の弟。対長州戦争に敗れて自焼退城。浜田藩最後の城主・悲運の将松平武聰の治世と生涯。

▍**松平　忠厚**　まつだいら・ただあつ
1851〜1888　アメリカの鉄道会社員。アメリカに留学し土木工学を専攻。現地で就職。
◇野口英世とメリー・ダージス—明治・大正偉人たちの国際結婚　飯沼信子著　水曜社　2007.11　261p　19cm　①978-4-88065-200-9
　＊日本女性の伝統的な忍耐と内助の功は物語となりつつある昨今、百年前の異国の女性が日本男子と共に生きたすがすがしい姿を多くの人に知ってもらいたい—。野口英世、高峰譲吉、松平忠厚、長井長義、鈴木大拙。黎明日本を背負った男たちと異国の妻の物語。

◇コロラド日本人物語　日系アメリカ人と戦争—六〇年後の真実　今田英一著　パレード　2005.9　339p　19cm　①4-434-06625-0
　＊日米開戦当時の日系アメリカ人はふたつの祖国をもっていかに生きたのか？　アメリカ邦字新聞「ロッキー時報」発行人今田英一が戦後60年を経て綴る歴史の暗部をも鮮やかに照射したノンフィクション！　海外日系新聞放送協会賞「企画連載部門賞」受賞。

◇黄金のくさび—海を渡ったラストプリンス松平忠厚《上田藩主の弟》　飯沼信子著　郷土出版社　1996.9　200p　20cm　〈取扱い：地方・小出版流通センター　松平忠厚略年譜：p192〜195〉　①4-87663-345-2

▍**松平　康荘**　まつだいら・やすたか
1867〜1930　華族，農学者。
◇写真で見る松平康荘の英国農学修行関係史料　熊澤恵里子編集・執筆　東京農業大学教職・学術情報課程教育学研究室　2011.10　30p　30cm　〈附・駒場農学校化学教師・王立農学校化学教授エドワード・キンチ　年譜あり〉

◇写真で見る松平康荘の英国農学修行関係史料—附：駒場農学校化学教師・王立農学校化学教授エドワード・キンチ　熊澤恵里子著　東京農業大学出版会　2011.10　30p　30cm　①978-4-88694-401-6

▍**松平　慶永**　まつだいら・よしなが
1828〜1890　福井藩主。幕末に倒幕派と幕閣・佐幕派の間に介入し政局の収拾に尽力。〔記念施設〕福井市立郷土歴史博物

館 福井市春嶽公記念文庫（福井県福井市）

◇松平春嶽　後藤ひろみ原作，加来耕三企画・構成・監修，中島健志作画　ポプラ社（コミック版日本の歴史　幕末・維新人物伝）　2017.10　126p　22cm　〈文献あり　年譜あり〉　①978-4-591-15594-3

◇續再夢紀事　1　オンデマンド版　東京大学出版会　（日本史籍協会叢書）　2015.1　438p　22cm　〈印刷・製本：デジタルパブリッシングサービス〉　①978-4-13-009406-1

◇續再夢紀事　2　オンデマンド版　東京大学出版会　（日本史籍協会叢書）　2015.1　448p　22cm　〈印刷・製本：デジタルパブリッシングサービス〉　①978-4-13-009407-8

◇續再夢紀事　3　オンデマンド版　東京大学出版会　（日本史籍協会叢書）　2015.1　406p　22cm　〈印刷・製本：デジタルパブリッシングサービス〉　①978-4-13-009408-5

◇續再夢紀事　4　オンデマンド版　東京大学出版会　（日本史籍協会叢書）　2015.1　450p　22cm　〈印刷・製本：デジタルパブリッシングサービス〉　①978-4-13-009409-2

◇續再夢紀事　5　オンデマンド版　東京大学出版会　（日本史籍協会叢書）　2015.1　396p　22cm　〈印刷・製本：デジタルパブリッシングサービス〉　①978-4-13-009410-8

◇續再夢紀事　6　オンデマンド版　東京大学出版会　（日本史籍協会叢書）　2015.1　475p　22cm　〈印刷・製本：デジタルパブリッシングサービス〉　①978-4-13-009411-5

◇松平春嶽の幕末維新　高橋榮輔著　ブイツーソリューション　2014.1　221p　21cm　〈年譜あり　文献あり〉　①978-4-86476-175-8

◇幕末政治家　福地桜痴著，佐々木潤之介校注　岩波書店　（岩波文庫）　2011.6　357,23p　15cm　①4-00-331861-7
＊幕末期の内政、外交の重要な局面に当った阿部正弘、井伊直弼、岩瀬忠震、徳川

斉昭、松平春嶽らを論じる。幕府の進歩政略が自ら衰亡を早めた、つまり幕府の衰亡も歴史の進歩であるという視点から、歴史を読み解くには、そこで重任を果たした人物の才能と仕事とを明らかにすべきだとの意図で執筆された。

◇松平春嶽をめぐる人々―平成二〇年秋季特別陳列　福井市立郷土歴史博物館編　福井市立郷土歴史博物館　2008.9　44p　30cm　〈会期・会場：平成20年9月11日―11月9日　福井市立郷土歴史博物館　年譜あり〉

◇教科書が教えない歴史有名人の晩年　新人物往来社編　新人物往来社　2005.5　286p　19cm　①4-404-03250-1
＊あの人は、どのように〔老い〕を迎えたか？　意外に知らない日本史有名人の晩年と死に方とは…。

◇横井小楠と松平春嶽　高木不二著　吉川弘文館　（幕末維新の個性）　2005.2　217p　20cm　〈文献あり〉　①4-642-06282-3
＊行動する政治学者として新たな国家構想を提唱した横井小楠。越前藩主にして「賢侯」とうたわれ、小楠を政治顧問に幕末政治の舞台で活躍した松平春嶽。倒幕派でも佐幕派でもない第三の立場から明治維新を描き直す。

◇幕末維新と松平春岳　三上一夫著　吉川弘文館　2004.5　238p　20cm　〈年譜あり　文献あり〉　①4-642-07927-0

◇松平春岳のすべて　三上一夫，舟沢茂樹編　新人物往来社　1999.12　274p　20cm　〈文献あり　年譜あり〉　①4-404-02827-X
＊坂本龍馬・横井小楠を世に出した福井藩主・松平春嶽の波瀾の生涯。

◇慶永公名臣献言録　1　福井市立郷土歴史博物館　（福井市立郷土歴史博物館史料叢書）　1993.3　29p　図版8枚　21cm　〈略年譜：p22〜24〉

◇松平春岳未公刊書簡集　伴五十嗣郎編　思文閣出版　1991.11　304,14p　21cm　①4-7842-0671-X
＊本書は、幕末の福井十六代藩主松平春岳の百年祭を記念して、福井市立郷土歴史博物館に所蔵する総ての自筆書状

（意見書・覚書類を含む）267通を2部に分類し、それぞれ年月日順に整理配列して出版したものである。

◇松平春岳―松平春岳公百年祭記念講演録　福井市立郷土歴史博物館　1991.3　63p　21cm　〈松平春岳の肖像あり〉

◇松平春岳未公刊書簡集　伴五十嗣郎編　福井市立郷土歴史博物館　1991.3　304,14p　22cm　〈松平春岳公百年祭記念　著者の肖像あり〉

◇松平春岳　〔新装版〕　川端太平著　吉川弘文館　（人物叢書）　1990.3　453p　19cm　Ⓘ4-642-05189-9
＊幕末維新の動乱期に、親藩の福井藩主ながら開国論を推進しつつ朝幕関係を調停、紛糾を防止した松平春岳（慶永）の裏面工作は絶大であった。その日記・著作・往復書翰・詩歌など未刊史料をも精査して、維新史上重要な位置をなす春岳の波瀾多き生涯を、回天勤地のめまぐるしい政情とともに見事に描く。

◇幕末政治家　福地源一郎著　平凡社　（東洋文庫）　1989.5　297p　18cm　Ⓘ4-582-80501-9
＊福地桜痴の傑作人物伝。〈徳川幕府末路といえども、その執政・有司中あえて国く人材なきには非ざりき〉阿部正弘・徳川斉昭・堀田正睦・井伊直弼・松平春岳・岩瀬忠震・小栗忠順ら当時重要の局面に当った個人を描いて、幕末の真情を明らかにする名著。

◇昨夢紀事　1　中根雪江著，日本史籍協会編　東京大学出版会　（日本史籍協会叢書）　1989.2　470p　22cm　〈日本史籍協会大正9年刊の複製再刊　著者の肖像あり〉　Ⓘ4-13-097717-2

◇続再夢紀事　6　村田氏寿，佐々木千尋著，日本史籍協会編　東京大学出版会　（日本史籍協会叢書）　1988.8　475p　22cm　〈日本史籍協会大正11年刊の複製再刊〉　Ⓘ4-13-097711-3

◇続再夢紀事　5　村田氏寿，佐々木千尋著，日本史籍協会編　東京大学出版会　（日本史籍協会叢書）　1988.7　396p　22cm　〈日本史籍協会大正10年刊の複製

再刊〉　Ⓘ4-13-097710-5

◇続再夢紀事　4　村田氏寿，佐々木千尋著，日本史籍協会編　東京大学出版会　（日本史籍協会叢書）　1988.6　450p　22cm　〈日本史籍協会大正10年刊の複製再刊〉　Ⓘ4-13-097709-1

◇続再夢紀事　3　村田氏寿，佐々木千尋著，日本史籍協会編　東京大学出版会　（日本史籍協会叢書）　1988.5　406p　22cm　〈日本史籍協会大正10年刊の複製再刊〉　Ⓘ4-13-097708-3

◇続再夢紀事　2　村田氏寿，佐々木千尋著，日本史籍協会編　東京大学出版会　（日本史籍協会叢書）　1988.4　448p　22cm　〈日本史籍協会大正10年刊の複製再刊〉　Ⓘ4-13-097707-5

◇続再夢紀事　1　村田氏寿，佐々木千尋著，日本史籍協会編　東京大学出版会　（日本史籍協会叢書）　1988.3　438p　22cm　〈日本史籍協会大正10年刊の複製再刊〉　Ⓘ4-13-097706-7

◇松平春岳公とその周辺　光山香至編著　フォトミツヤマ　（写真と人生シリーズ）　1987.1　331p　図版15枚　19cm　〈限定版〉

◇松平春岳公未公刊書簡集　3　福井市立郷土歴史博物館編　福井市立郷土歴史博物館　（福井市立郷土歴史博物館史料叢書）　1986.3　73p　図版18枚　21cm

◇松平春岳公未公刊書簡集　2　福井市立郷土歴史博物館編　福井市立郷土歴史博物館　（福井市立郷土歴史博物館史料叢書）　1985.3　77p　21cm

◇松平春岳公未公刊書簡集　1　福井市立郷土歴史博物館編　福井市立郷土歴史博物館　（福井市立郷土歴史博物館史料叢書）　1983.3　98p　21cm

◇奉答紀事―春岳松平慶永実記　中根雪江著　東京大学出版会　（新編日本史籍協会叢書）　1980.10　306,2,66p　22cm　〈著者の肖像あり〉

◇続再夢紀事　1　文久2年8月-文久3年3月　中根雪江著，日本史籍協会編　東京大学出版会　（日本史籍協会叢書）　1974　438p

22cm 〈日本史籍協会大正10年刊の複製〉

◇続再夢紀事 2 文久3年4月-元治元年2月 中根雪江著，日本史籍協会編 東京大学出版会 （日本史籍協会叢書） 1974 448p 22cm 〈日本史籍協会大正10年刊の複製〉

◇続再夢紀事 3 元治元年3月-12月 中根雪江著，日本史籍協会編 東京大学出版会 （日本史籍協会叢書） 1974 406p 22cm 〈日本史籍協会大正10年刊の複製〉

◇続再夢紀事 4 慶応元年1月-12月 中根雪江著，日本史籍協会編 東京大学出版会 （日本史籍協会叢書） 1974 450p 22cm 〈日本史籍協会大正10-11年刊の複製〉

◇続再夢紀事 5 慶応2年1月-8月 中根雪江著，日本史籍協会編 東京大学出版会 （日本史籍協会叢書） 1974 396p 22cm 〈日本史籍協会大正11年刊の複製〉

◇松平春岳全集 第1巻 松平春岳全集編纂委員会編 原書房 （明治百年史叢書） 1973 586p 図 肖像 22cm 〈昭和14年刊の複製〉

◇松平春岳全集 第2巻 松平春岳全集編纂委員会編 原書房 （明治百年史叢書） 1973 571p 図 肖像 22cm 〈昭和16年刊の複製〉

◇松平春岳全集 第3巻 松平春岳全集編纂委員会編 原書房 （明治百年史叢書） 1973 778p 図 肖像 22cm 〈昭和17年刊の複製〉

◇松平春岳全集 第4巻 松平春岳全集編纂委員会編 原書房 （明治百年史叢書） 1973 705,30p 肖像 22cm 〈昭和19年刊の複製〉

◇政治総裁職松平春岳 幕末覚書 小池藤五郎著 人物往来社 1968 350p 20cm

◇松平春岳 川端太平著 吉川弘文館 （人物叢書） 1967 453p 図版 18cm

◇春岳公余影 景岳会編 景岳会 1960

▋ **松本 健次郎** まつもと・けんじろう
1870～1963 実業家。公職追放解除後、経団連の結成に尽力、のち日経連、経団連

各顧問を務め、32年引退。

◇ケースブック日本の企業家―近代産業発展の立役者たち 宇田川勝編 有斐閣 2013.3 265p 21cm ①978-4-641-16405-5
＊戦前期日本の革新的な企業家活動について、時代背景とともに多様な実像に迫って明快に描き出すケース集。現代社会において比重が増している非製造業分野にも光を当て、いかにして新産業を創出し、経営革新を断行して、産業発展の礎を築いたのかを解明する。

◇海峡の風―北九州を彩った先人たち 轟良子著，轟次雄写真 北九州市芸術文化振興財団 2009.9 345p 21cm ①978-4-9903249-3-3
＊志、高く意思強き人びとの歩み。今を生きる私たちへのメッセージ。月刊誌「ひろば北九州」連載コーナーを単行本化。

◇二十世紀から何を学ぶか 下 一九〇〇年への旅アメリカの世紀、アジアの自尊 寺島実郎著 新潮社 （新潮選書） 2007.5 284,6p 19cm 〈『歴史を深く吸い込み、未来を想う――一九〇〇年への旅 アメリカの世紀、アジアの自尊』加筆・修正・改題書〉 ①978-4-10-603582-1
＊二十世紀初頭、イギリスを凌ぐ超大国となり、世界の覇権を握ったアメリカ。解放と独立を目指したアジアの人々。その狭間で揺れる日本。「アメリカの世紀」はどのように創られ、そのただ中を人々はどう生きたのか？ 尊大にも自虐にも流れない歴史認識を構築するために、歴史の源流を遡り未来を展望する。注目の歴史エッセイ第二弾、選書版で再登場。

◇松本健次郎伝 劉寒吉著 松本健次郎伝刊行会 1968 473p 図版 22cm

◇松本健次郎懐旧談 清宮一郎編 鱒書房 1952 270p 図 肖像 19cm

▋ **松本 剛吉** まつもと・ごうきち
1862～1929 政治家，官僚。貴族院議員。政治情報の提供書「大正デモクラシー期の政治―松本剛吉政治日誌」を著述。

◇松本剛吉自伝『夢の跡』 松本剛吉著，尚

友倶楽部史料調査室，季武嘉也編　芙蓉
書房出版　（尚友ブックレット）　2012.9
114p　21cm　〈年譜あり　「夢の跡」（大
正14年刊）の複製〉　①978-4-8295-0563-2

◇大正デモクラシー期の政治―松本剛吉政
治日誌　松本剛吉著，岡義武，林茂校訂
岩波書店　1993.2　651,19p 21cm　〈第4
刷（第1刷：59.12.19）〉　①4-00-001258-4
＊元老山県や西園寺の情報係として活躍
した松本剛吉による大正元年から昭和
三年にわたる克明な日誌の全文。政治
史研究の根本史料。

◇大正デモクラシー期の政治―松本剛吉政治
日誌　岡義武，林茂著　岩波書店　1959

松本　重太郎
まつもと・じゅうたろう
1844〜1913　実業家。明治銀行頭取。銀
行業経営や鉄道事業の創設、経営に尽力。
紡績業の発達にも貢献。

◇熱き男たちの鉄道物語―関西の鉄道草創
期にみる栄光と挫折　大阪府立大学観光
産業戦略研究所，関西大学大阪都市遺産
研究センター，大阪府，新なにわ塾叢書企
画委員会編著　ブレーンセンター　（新な
にわ塾叢書）　2012.4　460p　18cm
①978-4-8339-0704-0
＊かつて鉄道の草創期にあまた登場した
パワフルで独創的な熱き男たち。逆境
をものともせず夢叶えた者。また努力
むなしく夢破れた者。時代を輝かせた
そんな“つわものどもが夢の跡”を本書
はひとつひとつ追いかけてゆきます。
苦難の時代を生き抜く私たちに彼らは
大切ななにかを語りかけています。

◇日本の経営者　日本経済新聞社編　日本
経済新聞出版社　（日経文庫）　2009.8
214p　18cm　①978-4-532-11208-0
＊明治・大正・昭和の日本を創った経営者
14人の行動力、アイデア、経営倫理と
成功の秘訣。豊かな発想のもと、新た
な事業戦略を練り上げ、ライバルと切
磋琢磨してきた彼らの姿から、現代や
未来の企業家への示唆、教訓を浮き彫
りにした。単なる事業意欲やお金への
執着心だけではなく、高い倫理観や公

共精神こそ企業家の原動力になってい
たことを明らかにしている。

◇企業勃興を牽引した冒険的銀行家―松本
重太郎と岩下清周　黒羽雅子著　法政大
学イノベーション・マネジメント研究セン
ター　（Working paper series　日本の
企業家活動シリーズ）　2007.6　22p
30cm　〈年譜あり〉

◇経営に大義あり―日本を創った企業家た
ち　日本経済新聞社編　日本経済新聞社
2006.5　247p　19cm　①4-532-35209-6
＊類い希なる事業力と人間的魅力をもつ
「経営の巨人」たちの素顔に、当代きっ
ての作家・歴史家・研究者たちが迫る、
こだわりの人物伝。

◇気張る男　城山三郎著　文芸春秋
2000.5　248p　20cm　①4-16-319190-9
＊銀行、鉄道、紡績、ビール会社など次々
と創業した“関西実業界の帝王”松本重
太郎の波瀾の人生。

松本　十郎　まつもと・じゅうろう
1839〜1916　北海道開拓使大判官。初期
の開拓行政に手腕を発揮。

◇さらば‥えぞ地―松本十郎伝　北国諒星
著　北海道出版企画センター　2010.6
289p　19cm　〈文献・年表あり〉
①978-4-8328-1008-2

◇異形の人―厚司判官松本十郎伝　井黒弥太
郎著　（札幌）北海道新聞社　（道新選書）
1988.5　268p 19cm　①4-89363-927-7
＊明治初期、厚司姿で親しまれた開拓使判
官がいた。彼、松本十郎は樺太アイヌの
強制移住をめぐり黒田長官と対立、職
を捨てた。人類愛に生きた男の物語―。

◇根室も志保草―松本十郎大判官書簡　松
本十郎稿，松浦義信編集　みやま書房
1984.3　217p　19cm　〈増補版（初版：昭
和49年刊）著者の肖像あり〉

松本　順　まつもと・じゅん
1832〜1907　医師。初代陸軍軍医総監。
陸軍軍医部を編制。海水浴を奨励した。

Ⅰ　政治・経済　　　　　　　　　　　　　　　　　　　　　　　　　　　御木本幸吉

著書に「養生法」など。

◇幕末・維新、いのちを支えた先駆者の軌跡
　―松本順と「愛生舘」事業　片桐一男述
　秋山記念生命科学振興財団　（秋山財団
　ブックレット）　2011.5　73p　21cm
　〈年譜あり〉

◇海水浴と日本人　畔柳昭雄著　中央公論
　新社　2010.7　208p　20×14cm
　①978-4-12-004135-8
　＊多くの人にとって、家族、友人、恋人と
　　の思い出なつかしい夏の浜辺。しかし、
　　この夏の風物詩の歴史は意外に浅い。
　　西洋文明の移入に伴って奨励されて以
　　来、戦前期までの海水浴の紆余曲折を
　　たどる。

◇江戸の未来人列伝―47都道府県　郷土の偉
　人たち　泉秀樹著　祥伝社　（祥伝社黄金
　文庫）　2008.9　452p　15cm
　①978-4-396-31466-8
　＊望遠鏡、鉄砲、印刷、医療、潅漑…生涯
　　を賭けて「不可能」に挑んだ男たちの
　　記録。

◇蘭学全盛時代と蘭疇の生涯―伝記・松本
　順　鈴木要吾著　大空社　（伝記叢書）
　1994.2　288,7p　22cm　〈東京医事新誌
　局昭和8年刊の複製　松本順の肖像あり
　略歴年表：p278～281〉　①4-87236-436-8

◇秘録近藤勇と初代軍医総監松本良順　浅
　沼政直著　明るい社会をつくる板橋区民
　の会　1988.9　53p　26cm　〈近藤勇百二
　十一周年記念出版　限定版〉

◇松本順自伝・長与専斎自伝　小川鼎三，酒
　井シヅ校注　平凡社　（東洋文庫）
　1980.9　222,4p　18cm

▎万里小路　正秀
　までのこうじ・なおひで
　1858～1914　宮内省官吏。男爵。ロシア
　留学のため岩倉使節一行に同行。

◇ロシアの空の下　中村喜和著　風行社
　2014.3　298,6p　19cm
　①978-4-86258-080-1
　＊日ロ文化交流史の碩学にして手練れの
　　エッセイストである著者が、人間愛溢
　　れる視点で綴る、日ロの狭間の様々な

人生。

【み】

▎御木本　幸吉　みきもと・こうきち
　1858～1954　実業家，真珠養殖者。真珠
　の養殖を完成・特許取得。ミキモト・パー
　ルを確立、世界の真珠王と称賛された。
　〔記念施設〕ミキモト真珠島　御木本幸吉記
　念館（三重県鳥羽市）

◇感動する！日本史―日本人は逆境をどう
　生きたか　白駒妃登美著　KADOKAWA
　（中経の文庫）　2015.7　268p　15cm
　〈中経出版 2013年刊の加筆、再編集　文
　献あり〉　①978-4-04-601304-0

◇男の晩節　小島英記著　日本経済新聞出
　版社　（日経ビジネス人文庫）　2009.9
　365p　15cm　①978-4-532-19510-6
　＊強く生き、爽やかに去る―明治維新以
　　降の日本で、珠玉の人生を全うした男
　　たち。松永安左エ門、土光敏夫、新渡戸
　　稲造など、エネルギッシュに生き、日本
　　を変えた英傑たちのドラマを凛々しい
　　筆致で描く。

◇世界に飛躍したブランド戦略　藤井信幸
　著　芙蓉書房出版　（シリーズ情熱の日本
　経営史）　2009.2　219p　22cm　〈シリー
　ズの監修者：佐々木聡　文献あり〉
　①978-4-8295-0442-0
　＊世界有数の洋食器ブランド「ノリタケ」、
　　衛生陶器のTOTO、電力用碍子の日本
　　ガイシを設立した森村市左衛門。世界
　　で初めて養殖真珠の商品化に成功した
　　ミキモトの創業者御木本幸吉―ブラン
　　ドを市場に浸透させるために努力した
　　二人の起業家の足跡を追う。

◇男の晩節　小島英記著　日本経済新聞社
　2006.7　332p　19cm　①4-532-16560-1
　＊潔く会社を離れ、福祉に総てを捧げた
　　「宅急便生みの親」。「葬儀も勲章も要ら
　　ぬ」と言い遺した「電力の鬼」…。珠玉
　　の人生を全うした、男20人のドラマが
　　ここにある。強く生き、爽やかに去る。

伝記ガイダンス　明治を生きた人々　　**573**

◇真珠王ものがたり─世界の女性の首を真珠で締めた男。御木本幸吉　伊勢志摩編集室　（しおさい文庫）　1993.10　128p　22cm　〈御木本幸吉の肖像あり　真珠王年表：p124〜127〉

◇MIKIMOTO─ミキモト　真珠王とその宝石店100年　KILA編集部著　エディコム（KILA LIBRARY）　1993.10　198p　29×22cm　①4-19-405276-5
＊本書は、豊富な写真と図版を通して栄光の軌跡を展望したものである。それはまた、「世界中の女の首を真珠でしめてごらんにいれます」と豪語した真珠王御木本幸吉の夢の軌跡でもある。エポック・メーキングなジュエリーの数々によって綴られたミキモトの100年の歩みは、日本の宝飾史そのものであるばかりか、世界のジュエリーの現代史と言っても決して過言ではない。

◇ぜいたく列伝　戸板康二著　文芸春秋　1992.9　293p　19cm　①4-16-346790-4
＊一流の人物、一級の人生、康二等の人物論名品23。

◇御木本幸吉　〔新装版〕　大林日出雄著　吉川弘文館　（人物叢書）　1988.4　280p　19cm　①4-642-05114-7
＊　"真珠王"御木本幸吉は、これまでいわれてきたような真円真珠の発明家ではなく、養殖真珠の逞ましい企業家であり、技術と漁場の独占に辣腕をふるい、巧みな演出と商魂によって全世界に"ミキモト・パール"の名を売り込んだ偉大な商人であった。本書は幾多の新資料を駆使して、伝説化された既往の"真珠王伝"を大きく書き改めた力篇。

◇幸吉八方ころがし─真珠王・御木本幸吉の生涯　永井竜男著　文芸春秋　（文春文庫）　1986.9　344p　16cm　〈解説：城山三郎〉　①4-16-728902-4

◇御木本幸吉語録　御木本真珠島　1984.7　47p　19cm

◇真珠誕生─御木本幸吉伝　源氏鶏太著　講談社　1980.6　295p　20cm　〈御木本幸吉の肖像あり〉

◇御木本幸吉の思い出　御木本美隆著　御木本真珠島資料編纂室　1979.10　201p　21cm　〈著者の肖像あり〉

◇御木本幸吉　大林日出雄著　吉川弘文館　（人物叢書　日本歴史学会編集）　1971　280p　図　18cm

◇日本財界人物列伝　第1巻　青潮出版株式会社編　青潮出版　1963　1171p　図版　26cm

◇御木本幸吉　御木本隆三著　時事通信社　（一業一人伝）　1961　195p　図版　18cm

◇御木本幸吉　乙竹岩造著　社会教育協会　（青年シリーズ）　1953　125p　図版　18cm

◇近代神仙譚　佐藤春夫著　乾元社　1952　186p　図版6枚　22cm

◇伝記御木本幸吉　乙竹岩造著　講談社　1950　505p　図版　19cm

◇御木本幸吉　乙竹岩造著　培風館　1948　232p　図版　18cm

三沢 毅　みさわ・たけし
1844〜1891　新琴似屯田兵の初代中隊長。

◇人間登場─北の歴史を彩る　NHKほっからんど212　第1巻　合田一道，日本放送協会番組取材班著　北海道出版企画センター　2003.3　253p　19cm　〈文献あり〉①4-8328-0303-4

三島 億二郎　みしま・おくじろう
1825〜1892　実業家。

◇三島億二郎日記　4　北海道拓殖の記　三島億二郎著，長岡市立中央図書館文書整理室編　長岡市　（長岡市史双書）2001.3　232p　26cm

◇三島億二郎日記　3　東遊・北遊の記　長岡市立中央図書館文書整理室編，三島億二郎著　長岡市　（長岡市史双書）2000.3　193p　26cm

◇三島億二郎日記　2　廃藩置県前後　長岡市史編さん室編　長岡市　（長岡市史双書）　1997.3　144p　26cm

◇三島億二郎日記　長岡市史編集委員会・

近代史部会編　長岡市　（長岡市史双書）
1991.3　191p　26cm

◇三島億二郎伝　今泉省三著　覚張書店
1957　544p　図版　22cm

▌三島 通庸　みしま・みちつね

1835～1888　鹿児島藩士，官僚。警視総
監，子爵。各地県令を歴任。山県有朋内
相の下、民権家弾圧を強行。

◇近代を写実せよ。―三島通庸と高橋由一
の挑戦　開館10周年記念　高橋由一画，那
須塩原市那須野が原博物館編　那須塩原
市那須野が原博物館　2014.10　187p
30cm　〈会期：平成26年10月4日―12月7
日　年譜あり　文献あり〉

◇山形県初代県令三島通庸とその周辺―来
形一四〇年　小形利彦著　大風印刷
2013.4　292p　19cm　〈文献・年譜あり〉
①978-4-900866-45-4

◇評伝 三島通庸―明治新政府で辣腕をふ
るった内務官僚　幕内満雄著　暁印書館
2010.3　227p　22cm　〈文献・年譜あり〉
①978-4-87015-168-0

◇鬼県令・三島通庸と妻　阿井景子著　新
人物往来社　2008.10　242p　19cm
①978-4-404-03565-3
　＊悪名高い初代 "山形県令" の実像に迫る。

◇三代の系譜　阪谷芳直著　洋泉社　（洋泉
社MC新書）　2007.3　434p　18cm
①978-4-86248-121-4
　＊父方の曽祖父として阪谷朗廬（儒者）、
　渋沢栄一（実業家）、母方としては三島
　通庸（県令、警視総監）、四条隆謌（公
　家、鎮台司令官）を持つ著者は、自家の
　系譜を辿ることが、即、近代日本の夜明
　けを検証できるという稀有なる位置に
　いる。その筆致は、きわめて客観的、事
　実提示的であり、近親者のみが語りう
　る微妙な心理過程の推察をふくむ。こ
　こに描かれる官界・実業界・学界に綺羅
　星のごとき人材を輩出してきた "華麗な
　る一族" は実にノーブレス・オブリー
　ジュそのものを体現するといっても過
　言ではない。いま学ぶべきは、なにより
　も公正を重んずる強い信念ではない

のか。本書を通して、もはや失われた
かに見える日本人の美質、ここにあり
と実感できる貴重な一冊である。

◇明治の記憶―三島県令道路改修記念画帖
山形大学附属博物館　2004.3　176p　21
×30cm　〈山形大学附属博物館50周年記
念　年譜あり　文献あり〉

◇県令三島通庸と山形　山形県生涯学習文
化財団編　山形県生涯学習文化財団　（報
告「山形学」シンポジウム）　2002.2
81p　21cm

◇東北開発人物史―15人の先覚者たち　岩
本由輝著　刀水書房　1998.3　334p
19cm　①4-88708-224-X

◇山を貫く　もりたなるお著　文芸春秋
1992.11　290p　19cm　①4-16-313610-X
　＊西洋画の先駆者としての、高橋由一の
　一念が克つか、鬼県令・三島通庸の権勢
　に屈するか。―明治黎明期の二人の巨
　人の対決を描く雄渾の書下し長編。

◇高橋由一と三島通庸―西那須野開拓百年
記念事業　西那須野町、尾埼尚文編　西
那須野町　1981.3　267p　26×27cm

▌三島 弥太郎　みしま・やたろう

1867～1919　実業家。子爵，日本銀行第8
代総裁。信用秩序の維持に尽力。貴族院
議員、横浜正金銀行頭取を歴任。

◇歴代日本銀行総裁論―日本金融政策史の
研究　吉野俊彦著，鈴木淑夫補論　講談
社　（講談社学術文庫）　2014.12　509p
15cm　①978-4-06-292272-2
　＊明治十五年（一八八二）、近代的幣制を
　確立すべく創設された日本銀行。その
　歴史は波瀾に満ちている。昭和の恐慌
　と戦争、復興から高度成長、ニクソン・
　ショックと石油危機、バブル、平成のデ
　フレ…。「通貨価値の安定」のため、歴
　代総裁はいかに困難に立ち向かったの
　か。三十一代二十九人の栄光と挫折を
　通して描く日本経済の鏡像。

◇三代の系譜　阪谷芳直著　洋泉社　（洋泉
社MC新書）　2007.3　434p　18cm
①978-4-86248-121-4
　＊父方の曽祖父として阪谷朗廬（儒者）、

伝記ガイダンス 明治を生きた人々　**575**

渋沢栄一（実業家）、母方としては三島通庸（県令、警視総監）、四条隆謌（公家、鎮台司令官）を持つ著者は、自家の系譜を辿ることが、即、近代日本の夜明けを検証できるという稀有なる位置にいる。その筆致は、きわめて客観的、事実提示的であり、近親者のみが語りうる微妙な心理過程の推察をふくむ。ここに描かれる官界・実業界・学界に綺羅星のごとき人材を輩出してきた"華麗なる一族"は実にノーブレス・オブリージュそのものを体現するといっても過言ではない。いま学ぶべきは、なによりも公正を重んずる強い信念ではないのか。本書を通して、もはや失われたかに見える日本人の美質、ここにありと実感できる貴重な一冊である。

◇三島弥太郎関係文書　尚友倶楽部、季武嘉也編　芙蓉書房出版　2002.2　555p　22cm　〈肖像あり　年譜あり〉①4-8295-0313-0
＊明治末から大正期に活躍した三島弥太郎の人物像を明らかにする貴重な史料（書簡・日記・関係書類）を翻刻。

◇三島弥太郎の手紙—アメリカへ渡った明治初期の留学生　三島義温編　学生社　1994.11　305p　21cm　①4-311-60219-7
＊明治17年から21年まで、留学生としてひとり過したアメリカから日本の家族への手紙。明治時代に活躍した子爵三島通庸を父に、徳富蘆花の名作『不如帰』のモデルとして話題になった三島弥太郎の若き日の手紙。黄色人種蔑視の風潮の中で、白人も一目おいた優秀な成績で卒業した留学生活は弥太郎に何をもたらしたか。多感な青年期に異国アメリカから、学んだものは何か。長男としての自覚から想う父母への心使い遠く離れた異国で知る妹の死をいたむ愛惜の情。本当の子供のように待遇された寄宿先の家族に寄せる感謝の気持。故国からの手紙で知る身内の動静に対する一喜一憂。不平等条約にあえぐ日本の将来の国家経済に対する憂国の情。アメリカへ行って始めて知るキリスト教への憧れ。など、親元を離れて過した4年間の多感な青年期の真情

を綴った手紙の数々。

水上 助三郎
みずかみ・すけさぶろう
1864～1922　水産事業家。
◇東北開発人物史—15人の先覚者たち　岩本由輝著　刀水書房　1998.3　334p　19cm　①4-88708-224-X

水口 市松　みずぐち・いちまつ
1824～1868　新撰組隊士。
◇新選組追究録　万代修著　新人物往来社　1998.10　268p　19cm　①4-404-02656-0
＊近藤勇、武田観柳斎、松原忠司、河合耆三郎、山崎烝、谷昌武の驚くべき新事実!!新発見史料。

水野 遵　みずの・じゅん
1850～1900　官吏。貴族院議員，台湾民政局長。法制局書記官，衆議院書記官長などを歴任。台湾では新領土開発に尽力。
◇戴國煇著作選　2　台湾史の探索　戴國煇著，春山明哲，松永正義，胎中千鶴，丸川哲史編　みやび出版　2011.4　503p　21cm　①978-4-903507-11-8
＊台湾・客家出身。1955年来日、以来41年にわたり台湾近現代史、華僑史、近代日中関係に多彩な研究・言論活動を続けた後、李登輝政権下、民主化渦中の台湾に帰国。日本とアジア諸民族の対等な関係を築くため尽力した知日派・戴國煇。その足跡を辿る第2集。
◇植民地帝国人物叢書　4 台湾編4　大路水野遵先生　水野遵　谷ヶ城秀吉編　大路会編　ゆまに書房　2008.6　326,3p　22cm　〈大路会事務所1930年刊の複製　肖像・年譜あり〉①978-4-8433-2944-3

水野 忠精　みずの・ただきよ
1832～1884　大名，華族。
◇水野忠精幕末老中日記　第1巻　水野忠精著，大口勇次郎監修　ゆまに書房　1999.2　532p　27cm　〈東京都立大学付属図書館蔵の複製　付属資料：17p（22cm）：解説〉①4-89714-638-0

I　政治・経済　　　　　　　　　　　　　　　　　　　　　　　　　　　　　　水野広徳

◇水野忠精幕末老中日記　第2巻　水野忠精
　著，大口勇次郎監修　ゆまに書房　1999.2
　735p　27cm　〈東京都立大学付属図書館
　蔵の複製〉　①4-89714-638-0

◇水野忠精幕末老中日記　第3巻　水野忠精
　著，大口勇次郎監修　ゆまに書房　1999.2
　677p　27cm　〈東京都立大学付属図書館
　蔵の複製〉　①4-89714-638-0

◇水野忠精幕末老中日記　第4巻　水野忠精
　著，大口勇次郎監修　ゆまに書房　1999.2
　908p　27cm　〈東京都立大学付属図書館
　蔵の複製〉　①4-89714-638-0

◇水野忠精幕末老中日記　第5巻　水野忠精
　著，大口勇次郎監修　ゆまに書房　1999.2
　930p　27cm　〈東京都立大学付属図書館
　蔵の複製〉　①4-89714-638-0

◇水野忠精幕末老中日記　第6巻　水野忠精
　著，大口勇次郎監修　ゆまに書房　1999.2
　910p　27cm　〈東京都立大学付属図書館
　蔵の複製〉　①4-89714-638-0

◇水野忠精幕末老中日記　第7巻　水野忠精
　著，大口勇次郎監修　ゆまに書房　1999.2
　828p　27cm　〈東京都立大学付属図書館
　蔵の複製〉　①4-89714-638-0

◇水野忠精幕末老中日記　第8巻　水野忠精
　著，大口勇次郎監修　ゆまに書房　1999.2
　790p　27cm　〈東京都立大学付属図書館
　蔵の複製〉　①4-89714-638-0

◇水野忠精幕末老中日記　第9巻　水野忠精
　著，大口勇次郎監修　ゆまに書房　1999.2
　283p　27cm　〈東京都立大学付属図書館
　蔵の複製〉　①4-89714-638-0

水野　広徳　みずの・ひろのり
1875〜1945　海軍軍人，軍事評論家。日
露戦争史を編纂。日本海海戦記録「此一
戦」が著名。

◇水野広徳—反戦論者・平和思想家・自由主
　義者　田中ను三著　羽衣出版　2016.3
　99p　21cm　〈年譜あり〉
　①978-4-907118-24-2

◇二十世紀の平和論者　海軍大佐水野広徳
　曽我部泰三郎著　元就出版社　2004.11
　286p　19cm　①4-86106-018-4

＊太平洋戦争は水野広徳海軍大佐の予測
　通りだった！ ベストセラー日ロ戦記
　「此一戦」を生み出した気骨の軍人作家
　の波瀾の生涯を描く感動の歴史人物伝。

◇帝国主義日本にnoと言った軍人水野広徳
　大内信也著　雄山閣出版　1997.5　255p
　20cm　〈参考文献・水野広徳年譜：p245
　〜255〉　①4-639-01446-5

◇第一次世界大戦と水野広徳—ヴェルダン
　の罌粟の花　河田宏著　三一書房
　1996.3　237p　20cm　〈主要参考文献：
　p236〜237〉　①4-380-96218-0
　＊1919年夏、西部戦線異常あり。日本海
　　海戦の勇士は、何故反戦平和主義者に豹
　　変したか。海軍大佐水野広徳が第一次世
　　界大戦の戦跡で見たのは、来たるべき
　　日米戦で焦土と化した東京の姿であっ
　　た。絶対戦争をしてはならぬと叫び続
　　けた水野の航跡を上海、シンガポール、
　　パリ、ヴェルダン、ベルリンと辿る。

◇水野広徳著作集　第8巻　自伝・年譜　粟
　屋憲太郎ほか編　雄山閣出版　1995.7
　432p　22cm　〈南海放送40周年記念出版
　著者の肖像あり〉　①4-639-01291-8

◇水野広徳—海軍大佐の反戦　前坂俊之編
　雄山閣出版　1993.12　254p　19cm
　①4-639-01204-7
　＊平和主義者、日米非戦論を中心とする
　　剣を解かれてからの水野先生の評伝。

◇帝国軍人の反戦—水野広徳と桜井忠温
　木村久邇典著　朝日新聞社　（朝日文庫）
　1993.9　266p　15cm　〈『錨と星の賦—水
　野広徳と桜井忠温』増補・改題書〉
　①4-02-260782-3
　＊第一次世界大戦後、ヨーロッパの惨状
　　を視察した水野広徳は、強硬な反戦論
　　者となって軍職を去る。陸軍省新聞班
　　長として脚光を浴びる桜井忠温もまた、
　　太平洋戦争の激動に翻弄されていく。
　　日露戦争従軍記で名高い〝軍人文士〟の
　　数奇な生涯から、〝戦争と平和〟の問題を
　　考察する。

◇錨と星の賦—桜井忠温と水野広徳　木村久
　邇典著　新評社　1980.11　215p　20cm

◇反骨の軍人・水野広徳　水野広徳著　経済

伝記ガイダンス 明治を生きた人々　　**577**

往来社　1978.9　478p　20cm　〈編纂：水野広徳著作刊行会　著者の肖像あり〉

◇水野広徳　松下芳男著　四州社　1950　300p　図版　19cm

▌三田 義正　みた・よしまさ

1861〜1935　実業家。

◇三田義正―人材育成と果断の事業家　藤井茂著　石桜振興会　1992.12　229p　22cm　〈三田義正の肖像あり　略年譜：p222〜227〉

◇明治百年林業先覚者群像　昭和43年　大日本山林会編　大日本山林会　1970　118p　肖像　22cm

▌道永 エイ　みちなが・えい

1853〜1927　ホテル経営者。

◇ニコライの首飾り―長崎の女傑おエイ物語　白浜祥子著　彩流社　2002.3　262p　19cm　〈年表あり　文献あり〉　①4-88202-741-0
＊ロシア皇太子の寵愛、日露戦争の宣誓捕虜の将軍の接待役…長崎の地でロシア艦隊と深くかかわり、ホテル経営者として明治、大正を生き抜いた女性の波瀾の生涯。

▌三井 高棟　みつい・たかみね

1857〜1948　実業家。三井総領家10代。15代八郎右衛門を襲名。三井家同族会を設立し三井財閥を統括した。

◇江戸・上方の大店と町家女性　林玲子著　吉川弘文館　2001.11　352p　21cm　①4-642-03371-8
＊近世の江戸と上方は、あらゆる面で緊密な関係にあった。大店の白木家や三井両替店の活動を通して、両地域の経済特質を解明。また上層町家の経営を担った女性や中層商家の主婦の暮らしを女性史の観点から掘り起こす。

◇三井八郎右衛門高棟伝　三井八郎右衛門高棟伝編纂委員会編　三井文庫　1988.3　1043p　図版12枚　24cm　〈発売：東京大学出版会　折り込み図3枚　三井八郎右衛門高

棟の肖像あり〉　①4-13-041022-9

▌光田 健輔　みつだ・けんすけ

1876〜1964　癩学者、救癩事業家。癩療養所全生病院院長、長島愛生園院長。隔離による伝染病予防策を推進。文化勲章受章。

◇瀬戸内はさざなみ―光田健輔とその周辺　村野民子著　鉱脈社　2012.10　233p　20cm　〈文献あり〉　①978-4-86061-458-4

◇ハンセン病者の軌跡　小林慧子著　同成社　2011.5　274p　19cm　①978-4-88621-566-6
＊明治40年に始まる「隔離政策」ゆえに偏見・差別とともに社会から切り離され、全国各地の収容施設で終生を過ごしたハンセン病者たちの、悲痛な叫びともいえる聴き書きを中心に、彼らの歩んだ過酷な人生を赤裸々に描き出す。

◇あらん川―ハンセン病百年のドラマ　三谷村とよじ著　北日本新聞開発センター　2002.12　356p　19cm　①4-89010-412-7
＊人々の無知と偏見により虐げられてきたハンセン病患者たち。病気を克服しようとする救ハンセン者たち。平成8年、らい予防法廃止の決定にいたるまでの国の無策。一般社会の無関心の怖さを訴える主人公の豊。今こそ理解してほしい、万人の必読書。

◇天の声―小説・貞明皇后と光田健輔　出雲井晶著　展転社　1992.6　309p　19cm　①4-88656-079-2
＊ライ病がまだ不治の病とされていたころ、ライ撲滅に一生を捧げた医師・光田健輔と、大正天皇の皇后として救ライ事業に尽くされた貞明さまを、みずみずしい筆致の一人称でつづる珠玉の物語。

◇救癩の父光田健輔の思い出　桜井方策編　ルガール社　1974　381p　19cm

◇光田健輔　内田守著　吉川弘文館　（人物叢書　日本歴史学会編集）　1971　289p　肖像　18cm

◇愛生園日記―ライとたたかった六十年の記録　光田健輔著　毎日新聞社　1958　260p　図版　19cm

Ⅰ　政治・経済　　　　　　　　　　　　　　　　　　　　　　　　光村利藻

◇光田健輔と日本のらい予防事業　藤楓協
　会編　藤楓協会　1958

ミットフォード，A.B.F.-M.

Mitford, Algernon Bertram Freeman-
M., 1st Baron Redesdale
1837〜1916　イギリスの外交官，著作家。
1866年来日。1866〜70年まで日本に在勤。
帰国後下院議員（92〜95）。

◇日本とヴィクトリア朝英国―交流のかた
　ち　松村昌家編　大阪教育図書　2012.11
　260p　21cm　①978-4-271-21018-4
　＊1862年の幕末遣欧使節団に始まる日英
　　間の歴史的・文化的交わりの諸相を検
　　証した五編の力作エッセイ集。

◇ダイジェストでわかる外国人が見た幕末
　ニッポン　川合章子著　講談社　2011.10
　310p　19cm　①978-4-06-217271-4
　＊ユーモア大好き。語学堪能。災害に不
　　屈。ペリー、ハリス、サトウetc.―幕末
　　動乱期に来日した外国人23人の記録。

◇阪神文化論　川本皓嗣，松村昌家編　思
　文閣出版　（大手前大学比較文化研究叢
　書）　2008.4　276p　21cm
　①978-4-7842-1398-6

◇新しい日本のかたち―明治開明の諸相
　秋山勇造著　御茶の水書房　2005.10
　281p　19cm　①4-275-00388-8
　＊近代国家の担い手たちが目指したもの
　　は何か。幕末・明治の開明に関わる事
　　件や人物の事跡を近代史・開明史の視
　　点で考察。

◇A・B・ミットフォード　大西俊男著　近
　代文芸社　1993.11　162p　19cm
　①4-7733-2057-5
　＊政治家として、著述家としての足跡か
　　ら、あるいは日本研究の古典ともなっ
　　たその著作の周辺から、彼の生涯と業
　　績をたどる研究書。幕末の外交官ミッ
　　トフォード評伝。

◇英国外交官の見た幕末維新　ミットフォー
　ド，A.B.著，長岡祥三訳　新人物往来社
　1986.12　210p　19cm　①4-404-01282-9
　＊幕末から維新にかけて英国外交官とし
　　て在日した著者の貴重な回想記を完訳。

◇ある英国外交官の明治維新―ミット
　フォードの回想　ヒュー・コータッツィ
　編，中須賀哲朗訳　中央公論社　1986.6
　253p　19cm　①4-12-001491-6
　＊本書は、元駐日英国大使サー・ヒュー・
　　コータッツィが、ミットフォードの『回
　　想録』から日本に関する項目を抜粋し、
　　これにミットフォードが個人的に父親
　　に宛てた書簡と英国国立公文書館に保
　　管されている報告文を補足し編纂した
　　もので、明治維新の貴重な資料である
　　ばかりでなく、ロマンチシズムの精神
　　に富んだ学究的な紳士で、日本文化の
　　本質に共感し、日本の樹木（とくに紅葉
　　と竹）を愛でたミットフォードの人間性
　　を活き活きと描いている。

三橋 四郎　みつはし・しろう

1867〜1915　建築家。耐火建築の研究を
進めた。設計に日比谷図書館など。

◇大日本帝国の領事館建築―中国・満洲24
　の領事館と建築家　田中重光著　相模書
　房　2007.10　191p　21cm
　①978-4-7824-0706-6
　＊本書は、明治初期から大正中期にかけ
　　て、大日本帝国が東アジアにおける満
　　洲から中国各地に開設した24件にわた
　　る在外領事館建築の形成過程と建築家
　　の活躍、ならびに様式技術を初めて明
　　らかにしたものである。

光村 利藻　みつむら・としも

1877〜1955　実業家。光村原色印刷所創
立者。セントルイス万博に、国宝「孔雀明
王像」を木版多色刷りで復元出品。

◇日本国怪物列伝　福田和也著　角川春樹
　事務所　2009.5　292p　19cm
　①978-4-7584-1117-2
　＊かつて日本に存在したあまりに凄すぎ
　　る怪物・27人。渾身の最新エッセイ集。

◇ぜいたく列伝　戸板康二著　文芸春秋
　（文春文庫）　1996.3　315p　15cm
　①4-16-729211-4
　＊軽妙清雅な傑作人物伝、絶品23篇。み
　　ごとな生涯をおくった一流の人物の一
　　級の人生を、芸術を見るような喜びを

伝記ガイダンス　明治を生きた人々　**579**

味わいつつ軽妙清雅な筆致で綴る、第一等の人物論。

◇ぜいたく列伝　戸板康二著　文芸春秋　1992.9　293p 19cm　①4-16-346790-4
＊一流の人物、一級の人生、康二一等の人物論名品23。

◇光村利藻伝　増尾信之編　光村利之　1964　590p　22cm

光村 弥兵衛　みつむら・やへえ
1827〜1891　百姓，貿易商，海運業。造幣局汽船運賃丸を購入し、海運業に成功。

◇天才相場師の戦場　鍋島高明著　五台山書房　2008.6　334p　19cm　①978-4-309-90778-9
＊市場とは、銭を巡る男たちの戦場である。米、株、糸、船、土地、通貨…多彩な相場に挑む天才相場師たち。一攫千金、財閥の礎を築く勝者と一擲万金、身代潰す敗者の記録。

◇光村弥兵衛伝　中西牛郎編　築地活版製造所　1952

碧川 かた　みどりかわ・かた
1869〜1962　婦人運動家。基督教婦人矯風会の一員として廃娼運動に奔走。「女権」を発行。童謡の「赤とんぼ」のモデル。

◇鐘は既に鳴れり―碧川かたとその時代　下巻　角秋勝治著　角秋勝治　2013.1　21cm　〈中央印刷（印刷）　年表あり〉　①978-4-924695-02-3

◇鐘は既に鳴れり―碧川かたとその時代　上巻　角秋勝治著　角秋勝治　2012.12　383p　21cm　〈中央印刷（印刷）〉　①978-4-924695-01-6

三野村 利左衛門
みのむら・りざえもん
1821〜1877　実業家。三井銀行を発足、総代理副長。

◇イノベーターたちの日本史―近代日本の創造的対応　米倉誠一郎著　東洋経済新報社　2017.5　313p　19cm　①978-4-492-37120-6

＊高島秋帆、大隈重信、笠井順八、三野村利左衛門、益田孝、岩崎弥太郎、高峰譲吉、大河内正敏…アヘン戦争から新興財閥の成立まで。彼らはどのように未来を切り拓いていったのか？ 従来の史実では描かれてこなかった躍動感あふれるストーリー。構想40年、歴史家・米倉誠一郎の集大成。

◇財閥を築いた男たち　加来耕三著　ポプラ社　（ポプラ新書）　2015.5　266p　18cm　①978-4-591-14522-7
＊近代を支えてきた資本主義そのものが終焉を迎えたと言われる現在、どこにビジネスの活路を見出せばいいのか。約150年前、明治維新という未曾有の危機に直面しながらも、新しい事業を起こし老舗を再建し、現代の大企業につながる「財閥」を築いていった男たちがいた。彼らの足跡にこそ、成功の鍵がある！

◇企業家に学ぶ日本経営史―テーマとケースでとらえよう　宇田川勝，生島淳編　有斐閣　（有斐閣ブックス）　2011.12　348p　21cm　①978-4-641-18400-8
＊主要なテーマを解説したうえで、代表的な企業家を取り上げ、具体的なケースと豊富な資料にもとづいて解説。経営史の醍醐味を実感しながら学べる新しいテキスト。

◇三野村利左衛門と益田孝―三井財閥の礎を築いた人びと　森田貴子著　山川出版社　（日本史リブレット）　2011.11　88p　21cm　〈文献・年表あり〉　①978-4-634-54886-2
＊創業以来二〇〇年の歴史をもっていた三井にとって、幕末から明治期の日本は、国内的にも対外的にも激動の時代であった。三井は政治・経済・社会の動向をみすて、組織や業務を改革する必要があった。三井中興の時代に、三野村利左衛門と益田孝は三井のなかにあって、どのようにして三井発展の基礎を築いていったのか。三野村利左衛門と益田孝の活動を通して、三井と日本の社会が歩んだ歴史について考える。

◇名創業者に学ぶ人間学 十大財閥篇　加来耕三著　ポプラ社　2010.9　315p　19cm　①978-4-591-12001-9

I　政治・経済　　　　　　　　　　　　　　　　　　　　　　　　　　　　ミハエリス

＊岩崎弥太郎、野村徳七、安田善次郎…財閥を築き、世界と戦える大企業の基礎を創り上げた英傑16人の波乱に満ちた生涯を紐解きながら、ビジネスを成功させる法則を探る歴史人間学の決定版。

◇江戸期大商家の新時代への対応—三野村利左衛門（三井）　生島淳述　法政大学イノベーション・マネジメント研究センター　（Working paper series　日本の企業家史戦前編—企業家活動の「古典」に学ぶ）　2008.11　38p　30cm　〈会期・会場：2007年10月13日　法政大学市ヶ谷キャンパスボアソナードタワー25階イノベーション・マネジメント研究センターセミナー室〉

◇歴史に消された「18人のミステリー」　中津文彦著　PHP研究所　（PHP文庫）　2003.6　215p　15cm　〈「歴史に残る18人のミステリー」（東京書籍1999年刊）の増補）　①4-569-57968-X
＊時の権力者によって歪められた史実。記録そのものの消失により闇に葬られた真実。歴史には、現代を生きる我々には解読しがたい謎が数多く存在する。本書は、歴史ミステリーに健筆を振るう著者が、藤原清衡、源義経、伊達政宗、徳川斉昭など、乱世を生きた18人のミステリーに焦点を当て、残された"史実"に見え隠れする男たちの実像を読みといた好著である。

◇日本大変—三野村利左衛門伝　高橋義夫著　ダイヤモンド社　1997.5　414p　20cm　〈参考文献：p414〉　①4-478-93029-5

◇政商伝　三好徹著　講談社　（講談社文庫）　1996.3　287p　15cm　①4-06-263201-2
＊政治家と結託して利権をあさった六人の政商たち。覆面の政商・三野村利左衛門、薩摩の鉅商・五代友厚、王国の鍵・岩崎弥太郎、冒険商人・大倉喜八郎、ちょんまげ政商・古河市兵衛、走狗の怒り・中野梧一。激動の幕末・明治を生き抜いて財を成した政商たちの生涯を、著者独自の視点から徹底研究した評伝集。

◇政商伝　三好徹著　講談社　1993.1　251p　19cm　①4-06-206220-8

＊政治家と結託して利権をあさった6人の男たち。激動の幕末・明治を生き抜いたそれぞれの人生。

◇乱世の知恵者—三井財閥創設者・三野村利左衛門　広瀬仁紀著　富士見書房　（時代小説文庫）　1988.5　290p　15cm　①4-8291-1142-9

◇三野村利左衛門伝　4版　三野村清一郎著　三野村合名会社　1987.11　253p　19cm　〈三野村利左衛門の肖像あり〉

◇山本七平の「企業家の思想」—〔録音資料〕　12　三野村利左衛門　経営のための情報収集と組織づくり柔軟発想3　山本七平著　PHP研究所　（PHPビジネスカセット）　1987.10　録音カセット1巻　15cm　〈モノラル〉　①4-569-31115-6

◇逃げない男たち—志に生きる歴史群像　下林左馬衛、中薗英助、今川徳三、古川薫、杉浦明平、栗原隆一、邦光史郎著　旺文社　1987.3　325p　19cm　①4-01-071283-X
＊これは歴史の足跡をたどる本ではない。逆境の時を生き抜いた男たちの人間性に、一歩、踏み込んだ人物像である。危機管理の時代に贈る一冊。

◇乱世の知恵者—三井財閥創設者・三野村利左衛門　広瀬仁紀著　講談社　1981.7　226p　20cm　〈付：参考文献・著書一覧〉

◇三野村利左衛門—三井近代化の演出者　伊藤喬著　一光社　1973　261p　図　肖像　19cm　〈監修：三野村清一郎　三野村清一郎昭和44年刊の『三野村利左衛門伝』に「追補」を加え再刊したもの〉

◇三野村利左衛門伝　三野村清一郎著　三野村合名会社　1969　251p　図版　19cm

◇日本財界人物列伝　第1巻　青潮出版株式会社編　青潮出版　1963　1171p　図版　26cm

▌ミハエリス, G.　Michaelis, Georg
1857〜1936　ドイツの政治家。1885年来日。東京帝国大学で法律学を講じる（1885〜89）。帰国後、国務長官（1909）、食糧庁長官（17）第一次世界大戦中、帝国首相

伝記ガイダンス　明治を生きた人々　　**581**

となるが三ヶ月半で辞職。

◇ドイツ人とスイス人の戦争と平和―ミ
ヒャエーリスとニッポルト　中井晶夫著
南窓社　1995.1　266p　21cm
①4-8165-0150-9
＊本書は、第一次世界大戦の末期に、わず
か三カ月の間、ドイツ帝国宰相の任に
あったゲオルク・ミヒャエーリスと、ド
イツに生まれ外務省に勤務したことも
あったが、1905年スイスに帰化して、
当時のドイツ国粋主義を批判し、「国際
理解」を推進することによって平和の
推持に努め、大戦後は国際連盟の管理
下にあったザールラントの最高裁判官
となったオトフリート・ニッポルトの
二人の行動を紹介しつつ、第一次世界
大戦前後の「戦争と平和」の問題に焦点
をあてて記したものである。

三村　君平　みむら・くんぺい

1855～1920　実業家。富士瓦斯紡績取締
役。第百十九国立銀行創立。のち三菱合資
会社銀行部部長。公共事業への貢献も大。

◇三村君平―三菱を支えた白杵藩士　吉田
稔著　〔吉田稔〕　1992.3　154p　21cm
〈三村君平の肖像あり　参考文献：p152〉

宮尾　舜治　みやお・しゅんじ

1868～1937　大蔵・内務官僚。関東大震
災後の復興に尽力。勅撰貴族院議員。

◇植民地帝国人物叢書　12（台湾編12）　宮
尾舜治伝　宮尾舜治　谷ケ城秀吉編　黒
谷了太郎編著　ゆまに書房　2009.1　550,
92,18p　22cm　〈吉岡荒造1939年刊の複
製　年譜あり〉　①978-4-8433-3081-4

宮城　浩蔵　みやぎ・こうぞう

1852～1893　裁判官。司法省検事，大審
院判事。フランスに留学し法律学を学ぶ。
法典編纂に寄与。明治大学の創立者。

◇私学の誕生―明治大学の三人の創立者
明治大学史資料センター編　創英社／三省
堂書店　2015.3　237p　19cm　〈文献あ
り　年表あり　索引あり〉
①978-4-88142-952-5

◇近代を拓いた明大創立者　宮城浩蔵　明治
大学校友会山形県支部　2010.9　154p
21cm　〈第四十六回明治大学全国校友山
形大会開催記念出版　年譜・文献あり〉

◇明治大学を創った三人の男　加来耕三著
時事通信出版局　2010.9　273p　20cm
〈発売：時事通信社　文献あり〉
①978-4-7887-1072-6
＊岸本辰雄（鳥取藩）、宮城浩蔵（天童
藩）、矢代操（鯖江藩）の手によって創
設された明治法律学校。幕末維新の動
乱と変革の中で、三人の男たちが追い
求めた理想とは何だったのか？「権利
自由」「独立自治」を基本理念とする明
治大学の原点を追う。

宮崎　民蔵　みやざき・たみぞう

1865～1928　社会運動家。土地均分論を
主張し大逆事件で弾圧を受ける。

◇宮崎兄弟伝　完結篇　上村希美雄著
『宮崎兄弟伝完結篇』刊行会　2004.12
447,48p　20cm　〈東京　創流出版（発
売）〉　①4-915796-45-0

◇宮崎兄弟伝　アジア篇　下　上村希美雄著
葦書房　1999.3　599p　図版10枚　20cm
①4-7512-0735-0
＊近代日本の混沌期に己れの全身を賭して
新たな世界を模索した宮崎八郎、民蔵、
弥蔵、寅蔵（滔天）四兄弟の評伝。自由
民権運動の先駆となった天成の革命児八
郎、土地所有制度と闘うことを生涯の使
命とした民蔵、中国を根拠地として全
アジアの解放を模索した弥蔵、孫文と
ともに中国革命に無私の献身的努力を
捧げた寅蔵―彼らの生の軌跡を膨大な
資料の博捜と精緻な考証とによってた
どり直す。明治以来の近代化コースが、
うちにどんな屈折と矛盾をひめていた
かを発掘し、宮崎四兄弟の埋もれた魂
と現代への血脈を結ぶ画期的な著作。

◇宮崎兄弟伝　アジア篇　中　上村希美雄著
葦書房　1996.3　545p　図版11枚　20cm
①4-7512-0634-6

◇夢翔ける―宮崎兄弟の世界へ　荒尾市宮
崎兄弟資料館　1995.3　99p　26cm　〈監
修：上村希美雄　宮崎兄弟関係著書・主要

I 政治・経済　　　　　　　　　　　　　　　　　　　　　　　　　　　　　　　　宮崎滔天

研究文献・資料一覧：p95〜99〉

◇宮崎兄弟伝　アジア篇　上　上村希美雄著
　葦書房　1987.6　472p　19cm
　＊アジア庶民との連帯を模索した永久革命
　　者の魂の光芒を、雄渾かつ精緻に刻む。

◇宮崎兄弟伝　日本篇　下　上村希美雄著
　葦書房　1984.6　392p　20cm

◇宮崎兄弟伝　日本篇　上　上村希美雄著
　葦書房　1984.2　448p　20cm

▌宮崎　滔天　みやざき・とうてん
1870〜1922　革命家。中国革命の父・孫
文の親友で、中国革命に貢献。

◇謀叛の児―宮崎滔天の「世界革命」　加藤
　直樹著　河出書房新社　2017.4　359p
　20cm　〈文献あり〉　①978-4-309-24799-1

◇孫文を助けた山田良政兄弟を巡る旅　岡
　井禮子著　彩流社　2016.8　131p　21cm
　〈文献あり　年表あり〉
　①978-4-7791-2248-4

◇講座　東アジアの知識人―日清戦争・韓国
　併合・辛亥革命　2　近代国家の形成　趙
　景達, 原田敬一, 村田雄二郎, 安田常雄編
　有志舎　2013.11　364p　21cm
　①978-4-903426-77-8
　＊19世紀末から20世紀初頭、東アジアは
　　大きな転換期を迎えた。東アジア東隅
　　の一国でしかなかった日本が、日清・日
　　露戦争により植民地を獲得して、欧米
　　にならった帝国となり、その日本の膨
　　張に抵抗し続けた朝鮮はついに「併合」
　　されてしまう。一方、アヘン戦争以来、
　　半植民地の状態に置かれていた清国は
　　辛亥革命により新しい国を創り出して
　　いった。アジアが、近代国家を形成す
　　る地域と植民地になっていく地域とに
　　引き裂かれていく時代のなかで、互い
　　に連鎖していく知識人たちの様々な思
　　想を明らかにする。

◇宮崎滔天―万国共和の極楽をこの世に
　榎本泰子著　ミネルヴァ書房　（ミネル
　ヴァ日本評伝選）　2013.6　270,4p
　20cm　〈文献・年譜・索引あり〉
　①978-4-623-06661-2
　＊宮崎滔天（本名・寅蔵、一八七〇〜一九

二二）中国革命の支援者、浪曲師。清朝
を打倒し新しい共和国を建設して、欧
米列強の圧迫に対抗せよ―中国の革命
家孫文の思想にアジアの未来を見出し
た滔天。孫文に対する献身的な援助、
日中両国の志士たちとの多彩な交遊、
浪曲師・著述家としての知られざる活
動を丹念にたどり、そのドラマチック
な生涯に迫る。

◇孫文・辛亥革命と日本人　久保田文次著
　汲古書院　（汲古叢書）　2011.12　735,
　23p　22cm　〈索引あり〉
　①978-4-7629-2596-2

◇義の絆―大義之結　孫文と宮崎滔天　松本
　州弘著　大石浩司　2011.7　317p　20cm
　〈中国語併記　奉祝辛亥革命一〇〇周年記
　念　年譜あり　制作：朝日新聞出版〉

◇孫文の辛亥革命を助けた日本人　保阪正
　康著　筑摩書房　（ちくま文庫）　2009.8
　389,8p　15cm　〈『仁あり義あり、心は天
　下にあり』（朝日ソノラマ1992年刊）の改
　題、加筆・訂正　年譜あり〉
　①978-4-480-42634-5
　＊清朝末期の混乱の極みにあった1911年、
　　中国初の近代革命となる辛亥革命が起こ
　　る。その義挙成功の陰には、アジア解放
　　の夢のもとに、革命の指導者・孫文を助
　　けようと一身を賭した多くの日本人がい
　　た。義によって時代を駆け抜けた孫文
　　と宮崎滔天、山田良政・純三郎兄弟の活
　　躍を軸に、日中にまたがる人間交流を
　　緻密に描いたノンフィクションの傑作。

◇評伝宮崎滔天　新版　渡辺京二著　書肆
　心水　2006.3　382p　20cm　〈初版の出
　版者：大和書房　肖像・年譜あり〉
　①4-902854-14-7

◇宮崎滔天　宮崎滔天著　新学社　（新学社
　近代浪漫派文庫）　2005.5　327p　16cm
　①4-7868-0067-8

◇日本の右翼　猪野健治著　筑摩書房　（ち
　くま文庫）　2005.4　377p　15cm
　①4-480-42050-9
　＊右翼とは何か？　危険なイメージのみが
　　先行し、その実態や主張は報道される
　　ことが少ない。明治期から現在にいた
　　る右翼運動の変遷をわかりやすく解説

伝記ガイダンス　明治を生きた人々　　**583**

宮崎滔天

するとともに、頭山満、宮崎滔天、内田良平、北一輝から、赤尾敏、児玉誉士夫、野村秋介まで16人の思想家・運動家について紹介する。グローバリズムとナショナリズム、テロ、自衛隊、憲法…。激動のいまこそ読むべき一冊。

◇宮崎兄弟伝　完結篇　上村希美雄著『宮崎兄弟伝完結篇』刊行会　2004.12　447,48p　20cm　〈東京 創流出版（発売）〉　Ⓝ4-915796-45-0

◇浪人と革命家―宮崎滔天、孫文たちの日々　真筆に見る日中の絆　田所竹彦著　里文出版　2002.7　145p　27cm　Ⓝ4-89806-174-5

◇竜のごとく―宮崎滔天伝　上村希美雄著　葦書房　2001.7　313p　19cm　〈年譜あり　文献あり　肖像あり〉　Ⓝ4-7512-0808-X
＊大夢想家にして大反逆者。"日中革命"という途方もない夢に憑かれた男の生涯を孫文や日中の若き志士たちとの交情を軸に描く。

◇宮崎兄弟伝　アジア篇 下　上村希美雄著　葦書房　1999.3　599p　図版10枚　20cm　Ⓝ4-7512-0735-0
＊近代日本の混沌期に己れの全身を賭して新たな世界を模索した宮崎八郎、民蔵、弥蔵、寅蔵（滔天）四兄弟の評伝。自由民権運動の先駆となった天成の革命児八郎、土地所有制度と闘うことを生涯の使命とした民蔵、中国を根拠地として全アジアの解放を模索した弥蔵、孫文とともに中国革命に無私の献身的努力を捧げた寅蔵―彼らの生の軌跡を膨大な資料の博捜と精緻な考証とによってたどり直す。明治以来の近代化コースが、うちにどんな屈折と矛盾をひめていたかを発掘し、宮崎四兄弟の埋もれた魂と現代への血脈を結ぶ画期的な著作。

◇宮崎滔天―三十三年の夢　宮崎滔天著　日本図書センター　（人間の記録）　1998.8　300p　20cm　〈肖像あり〉　Ⓝ4-8205-4307-5

◇宮崎兄弟伝　アジア篇 中　上村希美雄著　葦書房　1996.3　545p　図版11枚　20cm　Ⓝ4-7512-0634-6

◇夢翔ける―宮崎兄弟の世界へ　荒尾市宮崎兄弟資料館　1995.3　99p　26cm　〈監修：上村希美雄 宮崎兄弟関係著書・主要研究文献・資料一覧：p95〜99〉

◇三十三年の夢　宮崎滔天著，島田虔次，近藤秀樹校注　岩波書店　（岩波文庫）　1993.5　500p　15cm　Ⓝ4-00-331221-X
＊次兄弥蔵の中国革命論に共鳴した宮崎滔天は来日した孫文に初めて出会って以来熱烈にその支持者となり、私利私欲を度外視して中国革命支援のため東奔西走、東アジア各地を駆けめぐった。天真爛漫な明治のロマンティスト、革命家滔天の波瀾万丈の半生・33歳までを描いた自叙伝。資料を博捜、詳細で興趣溢れる注を付す。

◇伝 宮崎滔天―日中の懸橋　高野澄著　徳間書店　（徳間文庫）　1990.10　311p　15cm　Ⓝ4-19-599194-3
＊自由民権運動のなかで育ち、転じてキリスト教徒となった宮崎滔天だが、やがて大陸雄飛の志を抱いて中国に渡り、清朝打倒のために働く革命家孫文の名を知った。折しも孫文は広州での蜂起に失敗して日本に亡命していた。帰国した滔天は、孫文と深く交わり、中国革命の援助に死力を尽くした。本書は、ロマンと義俠の志士・宮崎滔天の、無私無欲の人間像と中国革命の実情をあきらかにする躍動に満ちた史伝だ。

◇宮崎滔天　佐藤常雄著　葦書房　1990.2　241p　19cm　〈宮崎滔天の肖像あり〉

◇宮崎兄弟伝　アジア篇 上　上村希美雄著　葦書房　1987.6　472p　19cm
＊アジア庶民との連帯を模索した永久革命者の魂の光芒を、雄渾かつ精緻に刻む。

◇大陸浪人　渡辺竜策著　徳間書店　（徳間文庫）　1986.8　349p　15cm　Ⓝ4-19-598124-7
＊明治以降、高揚した日本のナショナリズムは多種多様な"壮士"を海外に"雄飛"させた。孫文に終生援助を惜しまなかった宮崎滔天，大アジア主義を唱えた内田良平、蒙古独立を図った川島浪速、馬賊・天鬼将軍こと薄益三から、果ては金に釣られた一旗組に中国侵略の

Ⅰ 政治・経済 　　　　　　　　　　　　　　　　　　　　　宮下太吉

手先となった大陸ゴロまで、"満蒙"の大地に野望を馳せた群像に照明を当て、彼らを歴史の落し子として認知せんとする日中裏面史の野心作。

◇アジアを夢みる　山崎正和編　講談社（言論は日本を動かす）　1986.4　293p　19cm　①4-06-188943-5
＊東洋の美と心を探り、アジア諸国との交流と連帯を説きつづけた、芸術家・思想家10名を収録する。

◇評伝宮崎滔天　渡辺京二著　大和書房（大和選書）　1985.7　341p　20cm　〈新装版〉　①4-479-80021-2

◇宮崎兄弟伝　日本篇 下　上村希美雄著　葦書房　1984.6　392p　20cm

◇宮崎兄弟伝　日本篇 上　上村希美雄著　葦書房　1984.2　448p　20cm

◇革命浪人―滔天と孫文　三好徹著　中央公論社　（中公文庫）　1983.10　480p　16cm　〈解説：武蔵野次郎〉　①4-12-201066-7

◇日本人の自伝　11　宮崎滔天.内田良平.西田税.大川周明　平凡社　1982.1　522p　20cm　〈宮崎滔天ほかの肖像あり〉

◇評伝宮崎滔天　渡辺京二著　大和書房　1976　341p　肖像　20cm

◇宮崎滔天全集　第5巻　平凡社　1976　724,37p　図 肖像　22cm　〈編者：宮崎竜介　小野川秀美〉

◇三十三年の夢　宮崎滔天著，宮崎竜介，衛藤瀋吉校注　平凡社　（東洋文庫）　1967　334,24p　18cm

◇茫々の記―宮崎滔天と孫文　立野信之著　東都書房　1966

▎宮崎 八郎　みやざき・はちろう
1851〜1877　自由民権運動家。植木学校（熊本）を主宰、自由民権を唱道。

◇近代を駆け抜けた男―宮崎八郎とその時代　山本博昭著　書肆侃侃房　2014.9　270p　19cm　〈年表あり　文献あり〉　①978-4-86385-153-5

◇夢翔ける―宮崎兄弟の世界へ　荒尾市宮

崎兄弟資料館　1995.3　99p　26cm　〈監修：上村希美雄　宮崎兄弟関係著書・主要研究文献・資料一覧：p95〜99〉

◇宮崎兄弟伝　日本篇 下　上村希美雄著　葦書房　1984.6　392p　20cm

◇宮崎兄弟伝　日本篇 上　上村希美雄著　葦書房　1984.2　448p　20cm

◇宮崎八郎の生涯―短命ながら素晴しく生きた男　瀬口吉之助著　産業動向研究所・産業と文化　1978.6　183p　19cm　〈宮崎八郎の肖像あり〉

◇宮崎八郎　荒木精之著　日本談義社　1954　158p 図版　19cm

▎宮下 太吉　みやした・たきち
1875〜1911　無政府主義者，機械工。大逆事件の実質首謀者となり、のち刑死。

◇革命伝説大逆事件　3　この暗黒裁判　神崎清著，「大逆事件の真実をあきらかにする会」監修　子どもの未来社　2010.10　382p　19cm　①978-4-86412-005-0
＊石川啄木、徳冨蘆花、永井荷風、森鷗外、正宗白鳥、佐藤春夫…。―あの有名な文学者たちも大逆事件とかかわっていた！ いよいよ「第一審にして終審」とされる大審院での密室裁判が始まった。

◇革命伝説大逆事件　2　密造された爆裂弾　神崎清著，「大逆事件の真実をあきらかにする会」監修　子どもの未来社　2010.7　283p　19cm　①978-4-86412-004-3
＊幸徳秋水と管野スガの性愛、革命僧・内山愚童の秘密出版、宮下太吉の爆裂弾実験。―でっち上げ事件のクライマックスが近づく。

◇革命伝説大逆事件　1　黒い謀略の渦　新版　神崎清著，「大逆事件の真実をあきらかにする会」監修　子どもの未来社　2010.6　288p　19cm　①978-4-86412-003-6
＊大逆事件の謎を解いた名著。明治の一大事件史を新版で復刊。

◇菊とクロハタ―幸徳事件の人々　渡辺順三編，江口渙解説　新興出版社　1960　212p 図版　18cm

◇十二人の死刑囚―大逆事件の人々　渡辺順三著　新興出版社　1956　169p　18cm

宮島　誠一郎
みやじま・せいいちろう

1838～1911　出羽米沢藩士，政治家，漢詩人。貴族院議員。大陸問題に着目，興亜学校を創立。詩集に「養浩堂詩集」。

◇未完の国家構想―宮島誠一郎と近代日本　友田昌宏著　岩田書院　（近代史研究叢書）　2011.10　535,13p　22cm　〈索引あり〉　①978-4-87294-706-9

◇戊辰雪冤―米沢藩士・宮島誠一郎の「明治」　友田昌宏著　講談社　（講談社現代新書）　2009.8　286p　18cm　〈文献あり〉　①978-4-06-288012-1
＊明治国家成立の逆説。戊辰敗戦の屈辱に引き裂かれた若き武士の、爾来三十余年にわたる名誉回復の軌跡。

◇幕末維新期の情報活動と政治構想―宮島誠一郎研究　由井正臣編著　梓出版社　2004.3　342,55p　22cm　〈年譜あり〉　①4-87262-107-7

宮原　二郎　みやはら・じろう
1858～1918　海軍軍人，軍事技術者。中将，東京帝国大学教授，貴族院議員。宮原式汽缶の発明者。

◇明治の特許維新―外国特許第1号への挑戦！　櫻井孝著　発明協会　2011.4　239p　21cm　①978-4-8271-0994-8
＊時は明治。前例なき外国特許の取得に挑んだ名もなき男たちの軌跡…。まさに、特許維新ともいうべきドラマが現代によみがえる。2010年の産業財産権制度125周年に合わせて月刊「発明」に連載された「明治期の特許事情」が、さらにボリュームを増し、一冊の書籍になって帰ってきた。

宮部　金吾　みやべ・きんご
1860～1951　植物学者。北海道帝国大学教授。植物病理学・分類学・地理学の分野で活躍。文化勲章受章。〔記念施設〕北海道大学植物園　宮部金吾記念館（北海道

札幌市）

◇欧米留学の原風景―福沢諭吉から鶴見俊輔へ　安酸敏眞著　知泉書館　2016.5　481,29p　19cm　①978-4-86285-233-5
＊1860年の咸臨丸による福沢諭吉のアメリカ渡航から、1942年の「日米交換船」による武田清子、鶴見俊輔の帰国に至る82年間28名の欧米留学を集合体験として見るときそこに現れてくる風景はどのようなものか。近代日本の学問形成や発展に果たした海外留学の役割と歴史的意義を解明する。本書はドッペル・ポートレートという二人一組の人物描写で叙述しており、これら留学生群像は著者がその生き方や思想に深く共感したか、異質感をもちながらも敬意を表する人物を厳選した。

◇ボーイズ・ビー・アンビシャス―《クラーク精神》&札幌農学校の三人組（宮部金吾・内村鑑三・新渡戸稲造）と広井勇　二宮尊徳の会　2013.3印刷　160p　21cm　①978-4-9906069-2-3

◇書簡集からみた宮部金吾―ある植物学者の生涯　秋月俊幸編　北海道大学出版会　2010.9　310p　26cm　〈年譜あり〉　①978-4-8329-6719-9
＊明治初年～昭和20年代の植物学者宮部金吾博士宛の約3000通の書簡を発信者ごとに配列し、それらの内容を摘要した目録。内村鑑三・新渡戸稲造など札幌農学校の旧友たちから牧野富太郎を始めとする草創期日本の植物学者や海外の著名な植物学者たちまで、約800人を収めたこの書簡集は、宮部博士の人柄や生涯における仕事を間接的に物語る貴重な資料である。

◇マキシモヴィッチ・長之助・宮部―北海道大学総合博物館企画展示「花の日露交流史―幕末の箱館山を見た男」図録　高橋英樹編　北海道大学総合博物館　2010.3　61p　30cm　〈会期・会場：2010年3月14日―5月9日　北海道大学総合博物館3階企画展示室　年表あり〉　①978-4-903610-03-0

◇宮部金吾―伝記・宮部金吾　宮部金吾博士記念出版刊行会編　大空社　（伝記叢書）　1996.10　365,6p　22cm　〈宮部金

Ⅰ 政治・経済 武川信臣

吾博士記念出版刊行会昭和28年刊の複製
取扱い：柳原書店〉 ①4-87236-531-3
◇宮部金吾 宮部金吾博士記念出版刊行会
編 宮部金吾博士記念出版刊行会 1953

▌ 三好 伊平次 みよし・いへいじ
1873〜1969 部落改善・融和運動家。融
和政策を唱道、岡山県・内務省の融和事業
を推進。
◇三好伊平次の思想史的研究 岩間一雄編
三好伊平次研究会 2004.9 397p 22cm
〈岡山 吉備人出版（発売） 折り込1枚
年譜あり〉 ①4-86069-073-7
＊明治期において全国に先駆け岡山で部
落民自身による自主的運動団体である
「備作平民会」の創立者として、また大
正期以降は内務省の融和政策立案者と
して、さらに昭和期には『同和問題の歴
史的研究』を著した部落史研究家とし
て知られる三好伊平次の生涯を紹介し、
同時代の運動家や理論家と対比させつ
つ、彼の解放論や歴史論の思想史的分
析を行った力作。

▌ 三吉 周亮 みよし・しゅうすけ
？ 〜1903 藩士。
◇三吉周亮履歴幷日記中摘要─長府藩家老
三吉家文書 三吉周亮著，下関市立長府
博物館編 下関市立長府博物館 （史料叢
書） 2013.3 48p 21cm

▌ 三好 退蔵 みよし・たいぞう
1845〜1908 官僚，弁護士。貴族院議員。
司法大書記官、大審院長などを歴任。明
治の大岡と称される。
◇志は高く─高鍋の魂の系譜 和田雅実著
鉱脈社 1998.1 243p 19cm

▌ 三好 徳三郎 みよし・とくさぶろう
1873？ 〜1939 台湾総督府評議会員。
◇茶苦來山人の逸話─三好徳三郎の臺灣記
憶 三好徳三郎著，謝國興，鍾淑敏，籠谷
直人，王麗蕉主編 中央研究院臺灣史研
究所 （臺灣史料叢刊） 2015.3 537p

27cm 〈訳：陳進盛ほか 中国語併記〉
①978-986-04-4281-6
◇植民地帝国人物叢書 16（台湾編 16） 三
好徳三郎 谷ケ城秀吉編 田中一二編纂
ゆまに書房 2009.1 23,132p 22cm
〈三好徳三郎編纂所1940年刊の複製 年譜
あり〉 ①978-4-8433-3085-2
◇民間総督三好徳三郎と辻利茶舗 波形昭
一編著 日本図書センター 2002.8
394p 22cm ①4-8205-6186-3
＊三好徳三郎とは、日本統治期の台湾台
北市で「辻利茶舗」というお茶屋（宇治
の老舗茶商・辻利兵衛商店の台北支店）
を営む一介の商店主でありながら、他
面では、だれいうとなく「民間総督」と
呼ばれ、台湾の総督府政治に隠然たる
影響力を有した人物であった。本書の
第1部は三好徳三郎遺稿『三好茶苦来山
人の逸話』（三好正徳氏蔵）を波形昭一
（編著者）が編集・注記し、第2部一はこ
れに解題を施したものである。また第2
部二は、宇治市歴史資料館蔵『辻利一家
文書』（辻利雄氏旧蔵）にもとづいて辻利
兵衛商店台北支店（通称「辻利茶舗」）の
経営状況を分析したものである。

▌ 三好 胖 みよし・ゆたか
1852〜1868 新撰組隊士。
◇箱館戦争銘々伝 下 好川之範，近江幸
雄編 新人物往来社 2007.8 351p
19cm ①978-4-404-03472-4
＊戊辰戦争を最後まで戦い銃弾に斃れた
戦士たち。土方歳三、三好胖、永井蠖螺
伸斎ほか21人。

【 む 】

▌ 武川 信臣 むかわ・のぶおみ
1845〜1868 陸奥会津藩士。
◇物語 悲劇の会津人 新人物往来社編 新
人物往来社 1990.5 236p 19cm
①4-404-01711-1
＊義を貫き、時の流れに逆らって生きた

伝記ガイダンス 明治を生きた人々 **587**

悲運の会津人たちを描く。

椋木 潜　むくのき・ひそむ

1828～1912　儒学者，津和野藩士。和宮降嫁の阻止，坂下門外の変などに関与。

◇勤王の志士椋木潜伝─没後八十年　山崎克彦著　山崎克彦　1992　25p　26cm　〈椋木潜の肖像あり　椋木潜年譜：p22～23〉

向山 黄村　むこうやま・こうそん

1826～1897　幕臣，漢詩人。駐仏全権公使としてパリ万国博に参加。

◇稿本向山黄村伝　坂口筑母著　〔坂口筑母〕　1998　493p　21cm

陸奥 広吉　むつ・ひろきち

1869～1942　外交官。日本初の自動車を献上。

◇純愛─エセルと陸奥広吉　下重暁子著　講談社　1994.12　315p　20cm　〈参考文献：p312～315〉　④4-06-207356-0

陸奥 宗光　むつ・むねみつ

1844～1897　外交官。衆議院議員，伯爵。清国との開戦外交を推進、日清戦争を導いた。

◇陸奥宗光　新装版　安岡昭男著　清水書院　（Century Books　人と思想）　2016.3　226p　19cm　〈文献あり　年譜あり　索引あり〉　①978-4-389-42193-9

◇原敬─外交と政治の理想　上　伊藤之雄著　講談社　（講談社選書メチエ）　2014.12　458p　19cm　①978-4-06-258592-7

◇真実の近現代史─田原総一朗の仰天歴史塾　田原総一朗著，テレビ東京報道局編　幻冬舎　2013.1　259p　18cm　①978-4-344-02326-0

　＊領土問題の真実、政治経済の弱体化など、すべての根源は戦前戦後の歴史観の欠乏にあった！　なぜ日本人は本当のことを知らないのか。

◇陸奥宗光　安岡昭男著　清水書院　（Century Books　人と思想）　2012.8　226p　19cm　〈文献・年譜・索引あり〉

①978-4-389-41193-0

　＊陸奥宗光の政治家としての評価はもちろん、その交友や家庭人としての姿も含め、回想や逸話などを交えて、多角的に人物像を描き出しながら、その行動の基となった思想を明らかにする。

◇百年の遺産　新装改訂版　岡崎久彦著　海竜社　2011.11　414p　19cm　①978-4-7593-1213-3

　＊ペリー来航から敗戦、占領の終わりまで、わずか百年で現代日本の礎は築かれた！　偉大な功績を遺した先人たちの日本近代歴史秘話。

◇明治の外交力─陸奥宗光の『蹇蹇録』に学ぶ　岡崎久彦著　海竜社　2011.2　329p　20cm　〈年表あり〉　①978-4-7593-1170-9

　＊現代と様相が重なり合う明治期に、日本の生存を全うした陸奥宗光の外交文書。平成の危機をどう乗り越えるか。

◇君、國を捨つるなかれ─『坂の上の雲』の時代に学ぶ　渡辺利夫著　海竜社　2010.10　270p　19cm　①978-4-7593-1154-9

　＊維新を経て、近代国家へと踏み出した明治期日本。私的にではなく公的に、利己的にではなく利他的に生きることの中にこそ人間の幸福がある。

◇陸奥宗光とその時代　新装版　岡崎久彦著　PHP研究所　2009.12　569p　18cm　〈文献・年表あり〉　①978-4-569-77588-3

　＊かつて日本の生存と尊厳を守り抜いた外交官がいた！　坂本竜馬から一目置かれた男。日清戦争後の三国干渉を乗り切ったカミソリ大臣。その波乱の生涯を描いた不朽の名作。

◇「アラサー」が変えた幕末─時代を動かした若き志士たち　渡辺大門著　毎日コミュニケーションズ　（マイコミ新書）　2009.11　199p　18cm　①978-4-8399-3287-9

　＊時は幕末。日本を変えようと立ち上がった志士たちがいた。坂本竜馬、勝海舟、大久保利通…。歴史的偉業を成し遂げた彼らではあるが、二〇代、三〇代の頃は試行錯誤の連続だった。しかし、その経験こそが時代の閉塞感を突

I　政治・経済　　　　　　　　　　　　　　　　　　　　　　　　　　　　　陸奥宗光

き破る力を育んだのである。先行きの明るさが見えない混沌とした現代において、チャンスをつかむにはどんな力が必要なのか。本書では、幕末の若き志士たちの生き方から読み解いていく。

◇人物で読む近代日本外交史―大久保利通から広田弘毅まで　佐道明広，小宮一夫，服部竜二編　吉川弘文館　2009.1　316p　19cm　①978-4-642-07997-6
　＊明治維新から昭和戦前期まで、日本外交を担った伊藤博文、陸奥宗光、幣原喜重郎ら十九名の外交官・政治家たち。彼らの個性に光を当て、条約改正、朝鮮問題、協調外交、日中戦争など、近代日本外交の栄光と苦悩を描く。

◇陸奥宗光　下巻　萩原延寿著　朝日新聞社　（萩原延寿集）　2008.1　533p　20cm　〈文献・年譜あり〉　①978-4-02-250379-4
　＊西南戦争下、政府顛覆の陰謀に加担した陸奥の「立憲政体樹立の夢」は破れた。「虜囚」経験とヨーロッパ留学。陸奥の「精神の運動」を通して、近代日本が生んだ最も透徹したリアリスト、政治家陸奥の誕生を追う。

◇陸奥宗光　上巻　萩原延寿著　朝日新聞社　（萩原延寿集）　2007.12　485p　20cm　〈肖像あり〉　①978-4-02-250378-7
　＊政治ハ術ナリ、学ニアラズ。自由民権への夢を封印し、藩閥政府の外相として辣腕をふるい、日清戦争を勝利に導いた陸奥宗光。その生涯と精神の劇。上巻は、坂本竜馬との出会い、海援隊、維新の動乱をへて西南戦争前夜まで。付録として、藤田省三、江藤淳、松岡英夫との対談3篇を収録。

◇『蹇蹇録』の世界　新装版　中塚明著　みすず書房　2006.5　292,6p　20cm　①4-622-07225-4
　＊陸奥宗光は、日清戦争の外交指導に、時の外務大臣として敏腕を振るった。機略縦横のいわゆる「陸奥外交」である。彼は現職の外務大臣としては異例なことに、事件の直後に、ことの顛末を記した一書を著わした。それが『蹇蹇録（けんけんろく）』である。著者は、この本に、二つのアプローチを試みる。一つは、なぜ書かれたのか、その執筆動機を

探ること、もう一つは、この本から「陸奥外交」の実態を明らかにし、その歴史的意味を考えること、である。一般には、これは日清戦後「三国干渉」を招いたことに対する弁明の書と見られている。果たしてそうか。刊行事情を調べるうちに、そこには弁明という以上の自負が見出される。また、『蹇蹇録』の刊本と遺された草稿とを対校していく過程で、活字にされなかった部分に、日清戦争時の外交の実態が鮮明に浮彫りにされてくる。たとえば、開戦に向かっての最初の軍事的行動となった朝鮮王宮占領もけっして偶発的事件でなく、外交政略とどのような関係にあったかが、草稿には明瞭に示されている。それはおよそ日清・日露戦争までは日本のリーダーの眼は冴えていて、国際的にも選択を誤らなかったといった通説に疑問を抱かせるものである。とすれば、陸奥は、真珠湾までそして現在にまでいたる近代日本の外交史にいかなる位置を占めるのか。一つの文献解読から、日本という近代国家の歴史的性格が見えてくるスリリングな本である。

◇明治の教訓　日本の気骨―明治維新人物学　渡部昇一，岡崎久彦著　致知出版社　（CHICHI SELECT）　2005.8　216p　18cm　〈『国のつくり方』改題書〉　①4-88474-721-6

◇教養のすすめ―明治の知の巨人に学ぶ　岡崎久彦著　青春出版社　2005.7　223p　19cm　①4-413-03535-6
　＊百年前、歴史を変えた本物の教養があった！　どんな危機にも動じない、器の大きい人物の魅力とは。

◇新訂　蹇蹇録―日清戦争外交秘録　陸奥宗光著，中塚明校注　岩波書店　（ワイド版岩波文庫）　2005.5　440p　19cm　①4-00-007255-2
　＊日清戦争（一八九四 - 九五）の時の日本外交の全容を述べた、当時の外務大臣＝陸奥宗光（一八四四 - 九七）の回想録。新たに草稿をはじめ推敲の過程で刊行された諸刊本との異同を綿密に校訂、校注と解説で本書の成立経緯を初めて明らかにした。表題は、「蹇蹇匪躬」（心

伝記ガイダンス　明治を生きた人々　**589**

◇教科書が教えない歴史有名人の晩年　新人物往来社編　新人物往来社　2005.5　286p　19cm　⓵4-404-03250-1
　＊あの人は、どのように〔老い〕を迎えたか？　意外に知らない日本史有名人の晩年と死に方とは…。

◇陸奥宗光とその時代　岡崎久彦著　PHP研究所　（PHP文庫）　2003.3　601,16p　15cm　〈肖像あり　文献あり　年譜あり〉　⓵4-569-57920-5
　＊不平等条約の改正、日清戦争と下関条約、そして三国干渉…。激動の時代にあって日本の命運を担い、日本近代外交の礎を築いた陸奥宗光。本書は、一家流浪、坂本竜馬との出会い等を経て、第二次伊藤内閣の外相となり、英国との条約改正を成功させ、三国干渉を素早く収拾するなど、見事な外交手腕を発揮し、明治日本の生存と尊厳を守り抜いた外交官の波乱の生涯を公正・客観的に綴った力作評伝である。

◇日本外交史人物叢書　第12巻　吉村道男監修　ゆまに書房　2002.12　775p　22cm　〈複製　肖像あり〉　⓵4-8433-0678-9

◇陸奥宗光とその時代　岡崎久彦著　PHP研究所　1999.10　483p　20cm　〈並列タイトル：The life and times of Munemitsu Mutsu　文献あり　年表あり　索引あり〉　⓵4-569-60816-7
　＊維新日本は、弱肉強食の帝国主義時代にあって、誰の助けも受けずに独力で近代化を目指した。気概と戦略。明治日本の生存と尊厳を守り抜いた外交官の波乱の生涯。

◇陸奥宗光　萩原延寿著　朝日新聞社　1997.8　2冊　20cm　⓵4-02-257174-8
　＊自由民権への夢を胸中ふかく封印し、藩閥政府の外相として辣腕をふるい、日清戦争を勝利に導いた陸奥宗光。その切り開いた政党政治の道を、星亨、西園寺公望、原敬がつづく。近代日本の政治史が生んだもっとも透徹したレアリストの生涯と精神の劇。

◇「蹇蹇録」の世界　中塚明著　みすず書房　1992.3　291,6p　19cm　⓵4-622-03354-2
　＊日清戦争の外交に敏腕を振った陸奥宗光の書『蹇蹇録』。その草稿から刊本の間で消えた文字は何か。一つの文献解読から近代日本という国家の性格が見えてくる。

◇陸奥宗光伯―小伝・年譜・付録文集　第2版　陸奥宗光伯七十周年記念会編　霞関会　1992.3　180p　20cm　〈陸奥宗光の肖像あり〉　⓵4-89668-574-1

◇陸奥宗光　上巻　上巻　岡崎久彦著　PHP研究所　（PHP文庫）　1990.11　439p　15cm　⓵4-569-56280-9
　＊不平等条約の改正、日清戦争と下関条約、そして三国干渉―激動の時代にあって、日本の命運を担い、近代日本外交の礎を築いた陸奥宗光。だが、その前半生は、一家流浪、坂本龍馬や伊藤博文との出会い、明治新政府への参画と4年間の投獄など、波瀾に富むものであった。本書は、「蹇々録」をはじめとする膨大な資料と、父祖からの伝承をもとに描かれた“実像・陸奥宗光”として、近代日本史に一石を投じた力作である。

◇陸奥宗光　下巻　下巻　岡崎久彦著　PHP研究所　（PHP文庫）　1990.11　525p　15cm　⓵4-569-56281-7
　＊欧米の議会政治の本質を学び帰国した宗光は、第二次伊藤内閣の外務大臣となり、懸案であった英国との条約改正を成功させる。その9日後、日本は日清戦争に突入。宗光は、英・米の干渉を排した開戦外交を展開、さらに、三国干渉をすばやく収拾し、見事な外交手腕を発揮する。国内における国際主義と国権主義の相克の中で、常に世界に視点を置き、日本の行く末を見据え続けた政治家・陸奥宗光。本書はその後半生を描きあげた大作評伝の完結編である。

◇父親は息子に何を伝えられるか。―偉人たちの手紙　鈴木博雄著　PHP研究所　1990.5　235p　19cm　⓵4-569-52750-7
　＊福沢諭吉とはどんな父親であったのか？　陸奥宗光、小泉信三ら近代日本を代表する偉人たちの父親像を息子に宛てた手紙の中に探りながら描いた力作。

Ⅰ　政治・経済　　　　　　　　　　　　　　　　　　　　　　　　　　　　　　武藤山治

◇陸奥宗光　下　岡崎久彦著　PHP研究所
　1988.1　432p　19cm　Ⓘ4-569-22161-0
　＊大日本帝国のシナリオを描いた冷徹な
　　リアリストの戦略とは！　国内における
　　国際主義と国権主義の相克の中で、常
　　に世界に視点を置き、5年後、10年後の
　　日本の行末を見すえた陸奥宗光。―疾
　　風怒濤の時代にあって確かな舵取りを
　　行ない、伊藤博文の後を継ぎ、自ら首相
　　の座を目指しながら病に倒れた男の生
　　涯を描きあげた1500枚の大作評伝、こ
　　こに完結！

◇陸奥宗光　上　岡崎久彦著　PHP研究所
　1987.12　369p　19cm　Ⓘ4-569-22160-2
　＊陸奥宗光の父、伊達宗広（千広、自得
　　翁）は類い稀なる歴史書『大勢三転考』
　　を著した和歌山藩士であったが、藩内
　　の政争に巻き込まれ失脚し、一家流浪
　　の生活を余儀なくされた。宗光（小二
　　郎）のこの強烈な原体験は、その後、坂
　　本竜馬、伊藤博文の知遇を得て、明治新
　　政府の諸改革に携わりながらも、新政
　　府への反発となり、政府顛覆を企てた
　　として4年の獄中生活を強いられる。し
　　かし、刻苦勉励の日を過ごし、彼の政治
　　思想が固まる。そして、自由党と訣別
　　し、憲法の研究のため外遊の旅に出る。
　　日本外交の礎を築いた男の生涯を克明
　　に描く著者渾身の力作。

◇仙台獄中の陸奥宗光―陸奥宗光と水野重
　教　宇野量介著　宝文堂出版販売
　1982.1　276p　19cm　〈陸奥宗光および
　水野重教の肖像あり　限定版〉

◇頭山満と陸奥・小村　杉森久英著　毎日
　新聞社　1967　354p　20cm

◇陸奥宗光伯―小伝・年譜・付録文集　陸奥
　宗光伯七十周年記念会編　陸奥宗光伯七
　十周年記念会　1966　179p　図版　20cm

◇人物・日本の歴史　11　読売新聞社　1966

◇現代日本思想大系　10　筑摩書房　1965

◇日本人物史大系　第6巻　近代　第2　大久
　保利謙編　朝倉書店　1960　388p　22cm

◇明治の政治家たち―原敬につらなる人々
　上，下巻　服部之總著　岩波書店　（岩波
　新書）　1950-54　2冊　18cm

▌ムテージウス, H.
Muthesius, Hermann
1861～1927　ドイツの建築技師。1887年
来日。国会議事堂等に携わる。

◇真相の近代建築―数奇な運命の建築家た
　ち　佐々木宏著　鹿島出版会　2012.5
　181p　19cm　Ⓘ978-4-306-04573-6
　＊無視された事実、忘れられた建築家。
　　50の秘話で明かされる近代建築史の真
　　実。欧米・日本の巨匠たちの、知られざ
　　る素顔、見逃せない功績、語り継ぐべき
　　史料。博覧強記の著者がつづるノン
　　フィクション近代建築史。

▌武藤　山治　　むとう・さんじ
1867～1934　実業家，政治家。衆議院議
員，鐘淵紡績社長。帝人事件を摘発した
が暗殺された。著書に「紡績大合同論」
など。

◇武藤山治の先見性と彼をめぐる群像―恩
　師福澤諭吉の偉業を継いで　武藤治太著
　文芸社　2017.3　151p　15cm　〈年譜あ
　り〉　Ⓘ978-4-286-17987-2

◇武藤山治と國民會館　武藤治太著　國民
　會館　（國民會館叢書）　2016.3　143p
　22cm　〈年譜あり〉

◇福澤諭吉に学んだ武藤山治の先見性　武
　藤治太著　國民會館　（國民會館叢書）
　2014.6　80p　21cm　〈年譜あり〉

◇武藤山治―日本的経営の祖　山本長次著
　日本経済評論社　（評伝日本の経済思想）
　2013.8　256p　20cm　〈文献・著作目録・
　年譜・索引あり〉　Ⓘ978-4-8188-2282-5
　＊鐘紡を率い、「日本的経営の祖」といわ
　　れた武藤山治。福沢諭吉の精神を継承
　　しつつ、財界のみならず、政界、言論界
　　でも体現した「独立自尊の経営者像」を
　　描く。

◇父、その日、その夢―武藤山治評伝　武藤
　金太著　國民會館　2013.6　184p　20cm
　〈年譜・著作目録あり〉

◇財閥経営と企業家活動　宇田川勝著　森
　山書店　2013.4　281p　21cm
　Ⓘ978-4-8394-2127-4

伝記ガイダンス　明治を生きた人々　　**591**

◇実業家とブラジル移住　渋沢栄一記念財団研究部編　不二出版　2012.8　277p　21cm　①978-4-8350-7087-2

◇武藤山治をめぐる群像　武藤治太著　國民會館　（國民會館叢書）　2012.6　61p　21cm　〈年譜あり〉

◇企業家に学ぶ日本経営史—テーマとケースでとらえよう　宇田川勝，生島淳編　有斐閣　（有斐閣ブックス）　2011.12　348p　21cm　①978-4-641-18400-8
＊主要なテーマを解説したうえで、代表的な企業家を取り上げ、具体的なケースと豊富な資料にもとづいて解説。経営史の醍醐味を実感しながら学べる新しいテキスト。

◇大企業時代の到来—武藤山治（鐘紡）　宇田川勝述　法政大学イノベーション・マネジメント研究センター　（Working paper series　日本の企業家史戦前編—企業家活動の「古典」に学ぶ）　2010.1　21p　30cm　〈会期：2007年12月15日〉

◇政治を改革する男—鐘紡の武藤山治　松田尚士著　国民会館　（国民会館叢書）　2009.3　339p　21cm　〈文献あり〉

◇武藤山治の先見性　武藤治太著　国民会館　（国民会館叢書）　2008.11　64p　21cm　〈会期・会場：3月15日　国民会館〉

◇武藤山治の足跡　武藤治太著　国民会館　（国民会館叢書）　2007.6　21p　21cm　〈会期・会場：3月10日　国民会館〉

◇至誠に生きた日本人　モラロジー研究所出版部編　モラロジー研究所　（「歴史に学ぼう、先人に学ぼう」）　2007.5　223p　19cm　①978-4-89639-137-4

◇武藤山治と芸術　武藤治太著　国民会館　（国民会館叢書）　2006.7　25p　21cm　〈会期・会場：平成18年3月18日　国民会館〉

◇三田の政官界人列伝　野村英一著　慶応義塾大学出版会　2006.4　327,18p　19cm　①4-7664-1249-4
＊慶応義塾創立百五十周年（二〇〇八年）を記念し、福沢をはじめ国を動かした人々を通して、近代の黎明期から昭和の動乱期までをたどり、「抵抗の精神」と「独立自尊の気概」をもった政治家・官僚とはなにかを語る。

◇武藤山治と時事新報　松田尚士著　国民会館　2004.12　203p　21cm　①4-594-04865-X
＊政官財の癒着を厳しく批判した武藤山治は時事新報紙上で番町会を攻撃して悪を暴いた。本書は山治の時事新報時代の活躍に焦点を当てて描いた唯一の書。

◇武藤山治と時事新報　松田尚士著　国民会館　（国民会館叢書）　2004.3　216p　21cm

◇政に頼らず官に依らず—恐慌を生き抜いた男・武藤山治の生涯　沢野広史著　新潮社　（新潮OH！文庫）　2002.9　390p　16cm　〈「恐慌を生き抜いた男」（1998年刊）の増訂〉　①4-10-290173-6
＊自ら企業人であり政界にも身を置きながら、政・官・財の癒着を厳しく糾弾し、テロの凶弾に倒れた武藤山治の波瀾の生涯。現代の日本を鮮やかに照射する力作。

◇恐慌を生き抜いた男—評伝・武藤山治　沢野広史著　新潮社　1998.12　303p　21cm　①4-10-427501-8
＊福沢諭吉、中上川彦次郎の薫陶を受け、実業界に入った武藤山治は創業社長として「鐘紡」を一流企業に育て上げ、温情主義など先駆的な経営を実践した。一方、大正末期からは政治家・言論人として立ち、政・官・財の癒着を厳しく追及、時事新報紙上で「帝人疑獄」を告発した。日本資本主義の黎明期を駆け抜けたリスト、テロリストの凶弾に倒れた六十七年の波瀾の人生を描き、現代を鮮やかに照射する力作。

◇私の身の上話—武藤山治　武藤山治著　ゆまに書房　（人物で読む日本経済史）　1998.9　347p　22cm　〈武藤金太昭和9年刊の複製〉　①4-89714-588-0

◇武藤山治の経営革新—現場主義的経営の形成　桑原哲也著　国民会館　（国民会館叢書）　1994.5　46p　22cm

◇武藤山治の思想と実践　植松忠博述　国

民会館　（国民会館叢書）　1994.5　57p　22cm　〈参考文献：p55〜57〉

◇武藤山治・全人像　筑道行寛著　行研　1989.2　267p 19cm　①4-905786-71-1

◇私の身の上話　武藤山治著　国民会館　1988.9　434p 図版40p 22cm　〈限定自家版　はり込図5枚　折り込図1枚　著者の肖像あり〉

◇武藤山治　〔新装版〕　入交好脩著　吉川弘文館　（人物叢書）　1987.2　275p　19cm　①4-642-05068-X
＊鐘紡を舞台として日本産業資本の指導者となり実業同志会を結成して政治に新風を注ぎ、更に時事新報に迎えられて言論界に活躍した武藤山治は、可惜不慮の兇弾に仆れた。しかしその高潔な人格と卓越した識見とは、福沢精神の実践者として不滅の光を放っている。本書はその生涯を叙して余すところなく真骨頂を浮彫りにした。

◇武藤山治　入交好脩著　吉川弘文館　（人物叢書）　1964　275p 図版　18cm

◇現代日本思想大系 11　筑摩書房　1963

◇日本財界人物列伝　第1巻　青潮出版株式会社編　青潮出版　1963　1171p 図版　26cm

◇武藤山治　有竹修二著　時事通信社　（一業一人伝）　1962　216p 図版　18cm

◇日本人物史大系　第7巻　近代 第3　井上清編　朝倉書店　1960　357p 22cm

◇武藤山治伝　武藤糸治編　筒井芳太郎著　東洋書館株式会社　（日本財界人物伝全集）　1957　277p 図版　19cm

◇産業史の人々　楫西光速著　東大出版会　1954

◇続 財界回顧—故人今人　池田成彬著，柳沢健編　三笠書房　（三笠文庫）　1953　217p　16cm

▌宗方 小太郎　むなかた・こたろう
1864〜1923　大陸浪人。中国大陸を探査し「漢口」などの新聞主宰。東方通信社を

設立。

◇評伝 宗方小太郎—大陸浪人の歴史的役割　馮正宝著　熊本出版文化会館　1997.7　430,32p　21cm　①4-7505-9715-5

◇宗方小太郎文書—近代中国秘録　神谷正男編　原書房　（明治百年史叢書　A99-ZC8）　1975　727p 図 肖像　22cm

▌村井 京助　むらい・きょうすけ
1821〜1873　豪商。

◇鍵屋村井京助関係資料集　岩手古文書学会編　国書刊行会　2000.9　284p 22cm　〈年表あり〉　①4-336-04279-9
＊明治の三大疑獄の一つといわれる尾去沢銅山収奪事件は、時の明治高官（井上馨）を弾正台に呼び出した事件であった。本書は、裁判記録をまとめた『村井研意録』を補完する史料集で、「盛岡市先人記念館」に寄贈された村井家史科の中から主に書簡313点を中心に解読を行なっている。

▌村上 作夫　むらかみ・さくお
1847〜1885　実業家。

◇「二百年後ノ世界ヲ待ツ」村上作夫伝　森博編著　〔森博〕　2010.6　284p, 図版8p 22cm　〈年譜あり　制作：京都新聞出版センター〉

▌村田 新八　むらた・しんぱち
1836〜1877　鹿児島藩士，軍人。宮内大丞。西南戦争で二番大隊長、城山で戦死。

◇村田新八—西郷と大久保二人に愛された男　桐野作人，則村一，卯月かいな著　洋泉社　（歴史新書）　2018.2　239p　18cm　①978-4-8003-1417-8
＊西郷や大久保と幼少期から一緒にいたのか？ 幕末期にどんな活動をしていたのか？ なぜ西郷に従って鹿児島へ帰ったのか？ なぜ司馬遼太郎は、村田新八に惹かれたのか？ ほんとうにアコーディオンを弾いていたのか？ 西郷の死の瞬間まで寄り添った最側近の知られざる足跡と人物像に迫る！ 日付までわかる詳細年譜付き。

◇英明と人望—勝海舟と西郷隆盛　山本盛敬著　ブイツーソリューション　2015.11　279p　15cm　①978-4-434-21242-0
　＊『西郷隆盛—四民平等な世の中を作ろうとした男』に続く、西郷隆盛研究に生涯を捧げる著者が、新たな西郷像を世に問う第二弾。今回は勝海舟と西郷の二人がどう影響、協力し合い、世を明治へと導いたのかを追究した。そして、西郷召還と島津斉彬の死の関係、西郷と島津久光の関係の真実、西郷が西南戦争に込めた秘策とは何か。

◇遥かなる旅路—村田新八の生涯　西岡良博著　文芸書房　2006.2　243p　19cm　①4-89477-219-1

◇朝焼けの賦・小説・村田新八　赤瀬川隼著　講談社　（講談社文庫）　1996.9　403p　15cm　①4-06-263341-8
　＊明治政府に、村田新八という男がいた。外国視察から帰ると、政府の重鎮の西郷隆盛と大久保利通が意見の対立から袂を分けていた。西郷を師と仰ぐ新八だが、大久保も知らぬ仲ではない。二人の間で驚き、戸惑い、心は揺れる。国に戻った西郷のもとを新八は尋ねるが…。動乱の時代を生きた傑物を描く長編歴史小説。

◇朝焼けの賦・小説・村田新八　赤瀬川隼著　講談社　1992.6　324p　19cm　①4-06-205890-1
　＊西郷隆盛に殉じた男、『村田新八』波乱の生涯。

▌ 村野 常右衛門　むらの・つねえもん
1859〜1927　政治家。衆議院議員。民権運動家で大阪事件に連座。

◇村野常右衛門とその時代　町田市立自由民権資料館編　町田市教育委員会　（民権ブックス）　2012.3　128p　21cm　〈会期・会場：2011年7月16日—9月4日 自由民権資料館企画展示室ほか　年譜あり〉

◇流転の民権家—村野常右衛門伝　色川大吉著　大和書房　1980.10　378p　20cm

◇村野常右衛門伝　政友会時代　村野廉一, 色川大吉共著　村野廉一　東京 中央公論事業出版（製作）　1971　487p　図 肖像

◇村野常右衛門伝　民権家時代　村野廉一, 色川大吉共著　村野康一　東京 中央公論事業出版（製作）　1969　279p　図版　22cm

▌ 村橋 久成　むらはし・ひさなり
1840〜1892　官吏。北海道開拓に農業技術を導入。

◇箱館戦争銘々伝　下　好川之範, 近江幸雄編　新人物往来社　2007.8　351p　19cm　①978-4-404-03472-4
　＊戊辰戦争を最後まで戦い銃弾に斃れた戦士たち。土方歳三、三好晔、永井蠖蠖伸斎ほか21人。

◇人間登場—北の歴史を彩る NHKほっからんど212　第1巻　合田一道, 日本放送協会番組取材班著　北海道出版企画センター　2003.3　253p　19cm　〈文献あり〉　①4-8328-0303-4

◇残響　田中和夫著　サッポロビール（サッポロ叢書）　1998.7　319p　19cm　〈発売：文化ジャーナル鹿児島社　取扱い：地方・小出版流通センター〉　①4-938922-03-7
　＊薩摩藩英国留学生、箱館戦争、開拓使官吏、そして北の地、札幌へのビール醸造所建設。幕末、維新、近代国家建設と北海道開拓にかけた夢…。未曾有の破壊と創造の時代に生き、やがてすべてを捨てて旅の果てに朽ちた薩摩人、村橋久成の謎にみちた生涯。第16回北海道新聞文学賞受賞。

◇夢のサムライ—北海道にビールの始まりをつくった薩摩人＝村橋久成　西村英樹著　文化ジャーナル鹿児島社　1998.6　319p　19cm　〈取扱い：地方・小出版流通センター　村橋久成年譜・主要参考資料：p304〜314〉　①4-938922-02-9
　＊薩摩藩英国留学生として西欧近代を体験した後、開拓使官吏となり、日本初の本格的なビール醸造を成功させた村橋久成。廃止に向け野心と利権が渦巻き始めた開拓使に失望し、職を辞した村橋が、放浪の果て命つきるまで見続けたものは何だったのか—。

I 政治・経済

明治天皇

村松 愛蔵 むらまつ・あいぞう

1857～1939 政治家。衆議院議員。私擬憲法草案を新聞に公表。飯田事件の首謀者。

◇明治の政治家と信仰―クリスチャン民権家の肖像 小川原正道著 吉川弘文館 （歴史文化ライブラリー） 2013.3 194p 19cm ①978-4-642-05763-9
＊政治家にとって信仰とは何か。片岡健吉・島田三郎ら五人のクリスチャン政治家は、内政・外交の現実に対してどう行動したのか。葛藤し、迷い、生きる道を模索した姿から、キリスト教と政治思想との関わりを考える。

◇自由民権運動の研究―急進的自由民権運動家の軌跡 寺崎修著 慶応義塾大学法学研究会 （慶応義塾大学法学研究会叢書） 2008.3 264,13p 21cm ①978-4-7664-1474-5
＊いかなる思いを胸に秘め、彼らは過激化していったのか。加波山事件、飯田事件など各地で勃発した自由民権運動史上における激化事件を丹念に追い、急進派の実像と政治思想を明らかにする。

◇明治日本とロシアの影 渡辺雅司著 東洋書店 （ユーラシア・ブックレット） 2003.6 63p 21cm 〈シリーズ責任表示：ユーラシア研究所・ブックレット編集委員会/企画・編集〉 ①4-88595-445-2
＊国際革命家メーチニコフと彼を取り巻く日本人たちの人生を通じ、軽視されていたロシアの影響に光を当てる。

◇産経叢書 5 信州自由民権の先駆者たち 長野県産業経済調査所編 長野県産業経済調査所 1954

◇信洲自由民権の先駆者たち 第1 議会政治の提唱者赤松小三郎，自由民権思想啓蒙の坂崎斌，国会開設運動の松沢求策，飯田事件の村松愛蔵 長野県産業経済調査所編 （産経叢書） 1954 70p 21cm

村山 たか むらやま・たか

1810～1876 芸妓。子の多田帯刀を殺され、尼として余生を送った。

◇女人絵巻―歴史を彩った女の肖像 沢田

ふじ子著 徳間書店 1993.10 337p 19cm ①4-19-860004-X
＊つよく、はかなく、いさぎよく、激しく、哀しく、狂おしく…。時代に消される女。磨かれる女、25人の群像。

【め】

明治天皇 めいじてんのう

1852～1912 第122代天皇。大日本帝国憲法、教育勅語の発布など近代の天皇制国家を完成させた。歌人としても秀れる。

◇明治大帝 飛鳥井雅道著 文藝春秋 （文春学藝ライブラリー 歴史） 2017.12 348p 16cm 〈講談社学術文庫 2002年刊の再刊 年譜あり〉 ①978-4-16-813072-4

◇「福沢諭吉」とは誰か―先祖考から社説真偽判定まで 平山洋著 ミネルヴァ書房 （MINERVA歴史・文化ライブラリー） 2017.11 236,22p 20cm 〈文献あり 索引あり〉 ①978-4-623-08069-4

◇真説西郷隆盛の生涯―2度の絶望から這い上がった「信念」と「実行力」 「幕末・維新」歴史研究会著 宝島社 2017.11 111p 30cm 〈文献あり 年譜あり〉 ①978-4-8002-7602-5

◇誰も書かなかった西郷隆盛の謎 徳永和喜監修 KADOKAWA （中経の文庫） 2017.9 222p 15cm 〈文献あり 年譜あり〉 ①978-4-04-602088-8

◇明治天皇 その生涯と功績のすべて 小田部雄次監修 宝島社 2017.7 127p 26cm 〈年譜あり〉 ①978-4-8002-7311-6

◇ドナルド・キーン著作集 第14巻 明治天皇 下 ドナルド・キーン著 角地幸男訳 新潮社 2016.9 402p 22cm 〈文献あり 索引あり〉 ①978-4-10-647114-8

◇たのしく読める日本のすごい歴史人物伝 伊藤純郎監修 高橋書店 2016.4 221p 21cm 〈文献あり〉 ①978-4-471-10380-4

◇ドナルド・キーン著作集 第13巻 明治

伝記ガイダンス 明治を生きた人々 **595**

明治天皇　　　　　　　　　　　　　Ⅰ　政治・経済

天皇　中　ドナルド・キーン著　角地幸
男訳　新潮社　2015.11　421p　22cm
①978-4-10-647113-1

◇ドナルド・キーン著作集　第12巻　明治
天皇　上　ドナルド・キーン著　角地幸
男訳　新潮社　2015.7　413p　22cm
①978-4-10-647112-4

◇明治天皇という人　松本健一著　新潮社
（新潮文庫）　2014.9　692p　16cm　〈毎
日新聞社 2010年刊の再刊　索引あり〉
①978-4-10-128733-1

◇幕末維新志士たちの名言　齋藤孝著　日
本経済新聞出版社　（日経文芸文庫）
2014.2　293p　15cm
＊「自分のすることは自分にしかわから
ない」と歌った坂本龍馬、「五稜郭を思
えば、外務大臣の職などどれほどでも
ない」と覚悟を示した榎本武揚、「私は
辞表を出すわけにはいかない」と語っ
た明治天皇─。数々の名言を紹介しな
がら、現代人に失われた「苦境突破の
鍵」を探る。

◇明治天皇─近代日本の基を定められて
勝岡寛次著　明成社　（まほろばシリー
ズ）　2014.1　47p　21cm
①978-4-905410-27-0
＊本書は、近代国家日本の基礎をかため
られた明治天皇の御事績を、子供たち
にも分かりやすく、やさしい文章で
綴っています。

◇明治天皇　新版　里見岸雄著　錦正社
2013.4　337p　20cm
①978-4-7646-5107-4
＊時代を超えて指標とすべき明治天皇の
思想・人格・統治の全貌。国体学の最
高権威による名著、今ここに堂々復刊。

◇絵画と聖蹟でたどる明治天皇のご生涯
打越孝明著，明治神宮監修　新人物往来
社　2012.7　207p　27cm　〈文献・年譜
あり〉　①978-4-404-04209-5
＊明治神宮・聖徳記念絵画館所蔵の名画
群、ついに書籍化！　小堀鞆音、前田青
邨、鏑木清方、二世五姓田芳柳、藤島武
二、和田三造…。日本を代表する画家
たちが腕を競った、明治天皇のご生誕

から崩御までを描いた名画の数々をこ
の一冊に収録。

◇明治天皇とその時代─『明治天皇紀附図』
を読む：明治天皇百年祭記念　五姓田芳
柳画，明治神宮監修，米田雄介編　吉川弘
文館　2012.7　190p　21×30cm　〈年譜
あり〉　①978-4-642-08079-8
＊明治天皇とその激動の時代を記録した
歴史資料『明治天皇紀』。その本文記述
の理解を深めるために描かれた『明治
天皇紀附図』（宮内庁蔵）を、明治天皇百
年祭にあたり公刊。各図の解説をもと
に「明治」が鮮やかに甦る。臨時帝室編
修局の命を受けて二世五姓田芳柳が手
がけた全81葉の水彩画は、近代洋画黎
明期の作例を理解するための美術資料
としても貴重。

◇明治の御代─御製とお言葉から見えてく
るもの　勝岡寛次著　明成社　2012.7
318p　20cm　〈年譜あり〉
①978-4-905410-10-2

◇裕仁皇太子ヨーロッパ外遊記　波多野勝
著　草思社　（草思社文庫）　2012.6
345p　16cm　〈文献・年表あり〉
①978-4-7942-1906-0
＊大正10年、裕仁皇太子は6か月に及ぶ
ヨーロッパ外遊に出発した。皇室の世界
から外に飛び出した皇太子が見識を広め
て成長を遂げいく姿と、その全行程を当
時の侍従武官長奈良武次の日記や回顧
録、海軍の資料からたどる。のちに昭
和天皇となる若きプリンスはイギリス
王室と交流を深め、第一次大戦の戦跡
を視察しながらいかなる思いを胸にし
たのか。それは昭和天皇の行動にどの
ような影響を与えたのか。近現代にお
ける天皇の役割を考察する重要な記録。

◇儀礼と権力 天皇の明治維新　ジョン・ブ
リーン著　平凡社　（平凡社選書）
2011.8　295p　19cm
①978-4-582-84231-9
＊幕末・明治維新期、天皇は諸勢力に担が
れる「玉」として、あるいは拝礼される
御真影の図像として、スタティックに
あっただけではない。たとえば五ヶ条
の誓文の式典において、新しい権力編
成を上演し世界に刻み込むアクターと

596　伝記ガイダンス 明治を生きた人々

Ⅰ　政治・経済　　　　　　　　　　　　　　　　　　　　　　明治天皇

して、たとえば主権の確立に向け諸国の公使を謁見する勲章で飾られた万国公法的身体として、また万世一系神話を組み込み再編成される近代神道の中心として、日々自らの役割に具体的に邁進していた。“儀礼と権力”の観点から、日本の近代国家と天皇のありようをとらえなおす、画期的な論考。

◇天皇の歴史　07巻　明治天皇の大日本（だいにっぽん）帝国　西川誠著　講談社　2011.7　390p　20cm　〈各巻タイトル：明治天皇の大日本帝国　文献・年表・索引あり〉　①978-4-06-280737-1
＊幕末の混乱の中で皇位に就いた一六歳の少年は、いかにして「建国の父祖」の一員へと成長したか。京都を離れて江戸城跡に新宮殿を構え、近代憲法にその存在を規定された天皇の政治への意思とは。神道の主宰者にして「欧化」の象徴であり、巡幸と御真影でその姿を見せ続け、国民国家の形成とともに「万国対峙」を追求した「我らの大帝」の時代を描く。

◇天皇陛下の一世紀―明治・大正・昭和のご足跡　皇室資料保存会編　ピーエヌサービス　2011.1　217p　31cm

◇明治天皇という人　松本健一著　毎日新聞社　2010.10　438,8p　20cm　〈索引あり〉　①978-4-620-32014-4
＊わずかに残された明治天皇の肉声を渉猟し、その個性・人格を探り、近代日本を捉えなおす著者畢生の評伝大作。

◇ドラマチック日露戦争―近代化の立役者13人の物語　河合敦著　ソフトバンククリエイティブ　（ソフトバンク新書）　2010.10　239p　18cm　①978-4-7973-5813-1
＊日露戦争はそれまで世界史が経験したことのない未曾有の大戦であり、日本という新興の小国が、老大国ロシアに挑んだ極めて無茶な戦いでもあった。にもかかわらず運命の日本海海戦で、ロシアが誇るバルチック艦隊を全滅させるという空前絶後の大勝利を収めた日本。その撃滅作戦を編み出した秋山真之を筆頭に、秋山好古、正岡子規、東郷平八郎、与謝野晶子、高橋是清など、日本の近代化に大きな貢献をした立役

者たち13人の波乱万丈な物語を追う。

◇文藝春秋にみる坂本龍馬と幕末維新　文藝春秋編　文藝春秋　2010.2　372p　19cm　①978-4-16-372220-7
＊龍馬、新選組、西郷、大久保、勝―文藝春秋に掲載された手記、エッセイで読むこの国の運命を決めた男たちの真実。

◇歴代天皇本紀・抄伝―付　全一二五代＋北朝五代天皇総覧　歴史群像編集部編　学習研究社　（学研M文庫）　2009.2　319p　15cm　①978-4-05-901232-0
＊天皇（てんのう）。その性格は時代により異なるものの、古代より現代に至るまで連綿と続く「万世一系」の系譜を紡ぐ。往古、伝説的な「東征」の偉業を成し遂げた神武天皇から、激動の近現代を生きられた昭和天皇まで、日本という国の歴史とともに歩んだ歴代天皇のうち、緊張と困難の時代を生きた天皇の事績を描く。巻末に歴代天皇総覧を付す。

◇明治天皇と維新の群像―明治維新百四十年記念秋季特別展　木村үn比古監修、明治神宮宝物殿編　明治神宮　2008.10　71p　30cm　〈会期・会場：平成20年10月4日～11月24日　明治神宮文化館宝物展示室　肖像・年表あり〉

◇Emperor Meiji and empress Shoken―in Japanese and English　明治神宮編、小嵜とも子英訳　明治神宮　2007.11　277p　19cm　〈日本語・英語併記　肖像あり〉

◇明治天皇　4　ドナルド・キーン著、角地幸男訳　新潮社　（新潮文庫）　2007.5　501p　16cm　〈文献あり〉　①978-4-10-131354-2
＊日露戦争で、明治天皇が旅順陥落の勝利に示した反応は、敗北したステッセル将軍の名誉を保てるよう指示することだった。「大帝」と呼ばれた開明的君主の心にあったのは「平和への願い」だったのである。日本が韓国を併合、極東支配を強化しつつある1912（明治45）年7月30日、明治天皇は崩御する。卓越した指導者の生涯を克明に追い、明治という激動の時代を描き切った伝記文学の金字塔。毎日出版文化賞受賞作。

○特集　明治天皇とその時代　「歴史研究」

伝記ガイダンス　明治を生きた人々　**597**

（歴研）　49（4）　2007.4

◇明治天皇　3　ドナルド・キーン著，角地幸男訳　新潮社　（新潮文庫）　2007.4　504p　16cm　〈肖像あり〉　①978-4-10-131353-5
＊1889（明治22）年、大日本帝国憲法が発布、翌年には第一回帝国議会が開かれた。いっぽう朝鮮をめぐる清国との対立は、東学党の乱を機に激化。日清戦争が勃発すると、天皇は大本営の置かれた広島に移り、継ぎを当てた軍服を着て兵たちと労苦を共にする。アジアの老大国を相手取った日本の勝利に国際社会は驚き、「ザ・ニューヨーク・サン」紙は明治天皇を「不世出の英主」と絶賛した。

◇明治天皇　1　ドナルド・キーン著，角地幸男訳　新潮社　（新潮文庫）　2007.3　471p　16cm　〈肖像あり〉　①978-4-10-131351-1
＊1852（嘉永5）年9月22日、京都御所を取り巻く御苑の北の端、板塀で仕切られた屋敷内の質素な家で産声が上がった。皇子祐宮、のちの明治天皇の誕生である。厳しい攘夷主義者の父・孝明天皇の崩御により、皇子は14歳で第122代天皇に即位。開国・維新の動乱に立ち向かうことになる。極東の小国を勃興へと導き、欧米列強に比肩する近代国家に押し上げた果断な指導者の実像に迫る記念碑的大作。

◇明治天皇　2　ドナルド・キーン著，角地幸男訳　新潮社　（新潮文庫）　2007.3　490p　16cm　〈肖像あり〉　①978-4-10-131352-8
＊新政府は東京遷都、廃藩置県など緊要な施策に次々と着手。明治天皇は西郷隆盛ら重臣たちが唱えた朝鮮出兵を自らの裁決で阻止するなど、若年ながら国家の舵取りについて重大な決断を下していく。また繰り返し行なわれた全国巡幸は、臣民の間に統一近代国家としての日本の意識を植え付けた。西南戦争を経て、国際社会の一員として成長した日本は、やがて自由民権運動の興隆を迎える。

◇明治天皇と昭憲皇太后　外山勝志監修，山本和子文，村上正師画　善本社　（歴史絵本）　2007.2　1冊（ページ付なし）　17×17cm　①978-4-7939-0441-7

◇明治天皇―むら雲を吹く秋風にはれそめて　伊藤之雄著　ミネルヴァ書房　（ミネルヴァ日本評伝選）　2006.9　453,7p　20cm　〈肖像・文献・年譜あり〉　①4-623-04719-9
＊明治天皇（一八五二～一九一二、在位一八六七～一九一二）激動の幕末に一四歳で即位した時には、無力なシンボル的君主であったが、明治憲法ができる頃に政治権力を確立。憲法にふさわしい調停的な政治関与、絶妙のバランス感覚、頑固な性格、表と違う奥の生活など、これまで明らかにされてこなかった人物像を、新資料から描き出す。

◇明治天皇―苦悩する「理想的君主」　笠原英彦著　中央公論新社　（中公新書）　2006.6　309p　18cm　〈年表・文献あり〉　①4-12-101849-4

◇明治・大正・昭和天皇の生涯　愛蔵版　新人物往来社　2005.12　263p　26cm　①4-404-03285-4
＊激動の世紀を歩んだ天皇三代の足跡。生誕から崩御まで古写真と年譜で綴る。

◇幕末の天皇・明治の天皇　佐々木克著　講談社　（講談社学術文庫）　2005.11　289p　15cm　〈文献あり〉　①4-06-159734-5

◇明治の教訓　日本の気骨―明治維新人物学　渡部昇一，岡崎久彦著　致知出版社　（CHICHI SELECT）　2005.8　216p　18cm　〈『国のつくり方』改題書〉　①4-88474-721-6

◇明治天皇関係文献集　第1巻　明治天皇の聖徳　総論　堀口修監修・編集，渡辺幾治郎著　クレス出版　2003.8　438p　22cm　〈千倉書房昭和17年刊の複製　年譜あり〉　①4-87733-194-8

◇明治天皇を語る　ドナルド・キーン著　新潮社　（新潮新書）　2003.4　189p　18cm　〈年譜あり〉　①4-10-610001-0
＊前線兵士の苦労を想い、率先して質素な生活に甘んじる。ストイックなまでに贅沢を戒めるその一方で、実は大のダイヤモンド好き。はたまた大酒飲みで風

I 政治・経済　　　　　　　　　　　　　　　　　　　　　　　　　　　　　　　　　明治天皇

呂嫌い―。かつて極東の小国に過ぎなかった日本を、欧米列強に並び立つ近代国家へと導いた偉大なる指導者の実像とは？　日本文化研究の第一人者が、大帝の素顔を縦横無尽に語り尽くす。

◇明治天皇御巡幸記　北海道神宮　2002.11　123p　27cm　〈肖像あり〉

◇明治大帝　飛鳥井雅道著　講談社　（講談社学術文庫）　2002.11　316p　15cm　〈年譜あり〉　①4-06-159570-9
＊数え十六歳で践祚し、新生日本の進路をめぐる理念や思惑が交錯するなか、明治という多難な時代と一体となって生きた明治天皇。天子としての権威と天皇としての権力とを一身に体現する彼のもと、日本は内乱期を乗り越え、近代的国家体制を確立し、日清・日露の両戦争に勝利…。史上唯一「大帝」と呼ばれた天皇睦仁の生涯を照射し、その実像に迫る。

◇明治天皇の生涯　上　童門冬二著　徳間書店　（徳間文庫）　2002.9　286p　16cm　①4-19-891767-1
＊嘉永五年（一八五二）九月二十二日、第百二十一代の孝明天皇と権大納言・中山忠能の娘・慶子との間に生まれた明治天皇（祐宮）は、幕末から維新回天という激動の時代にあって、早くから尊皇派の求心力として期待されながら成長する。父帝の謎の崩御、即位を経て、日本の、最も困難であり、夜明けでもある時代を“人間”として大らかに、時に強く生き、大帝への道を歩み始めていく若き天皇の半生を描く―。

◇明治天皇の生涯　下　童門冬二著　徳間書店　（徳間文庫）　2002.9　299p　16cm　①4-19-891768-X
＊“人間天皇”の親政下、「富国強兵」を合言葉に、世界列強の仲間入りを目指す日本。西洋に規範を見出そうとする政府首脳。しかし朝鮮を巡る清国、ロシアとの確執から、一挙に戦争へと突っ走る情勢下、広島大本営において苦悩する明治天皇が下した英断。維新の英雄から賊徒となった西郷隆盛への思いや、米国グラント将軍との親交などを織り交ぜながら、六十一歳の波瀾の生涯を生き抜いた明治天皇の実像―。

◇明治天皇―幕末明治激動の群像　新人物往来社　（別冊歴史読本）　2002.5　219p　26cm　①4-404-03010-X

◇天皇の肖像　多木浩二著　岩波書店　（岩波現代文庫　学術）　2002.1　232p　15cm　〈文献あり〉　①4-00-600076-6

○特集・Meiji the Great　明治天皇というふ人。「歴史と旅」　28（12）　2001.12

◇明治天皇　上巻　ドナルド・キーン著，角地幸男訳　新潮社　2001.10　566p　23cm　①4-10-331704-3
＊日本史上、もっとも有名で謎の多い天皇―極東の小国を勃興へと導き、欧米列強に比肩する近代国家に押し上げた果断な指導者の実像を、日本研究の第一人者が詳細に描く記念碑的大作。

◇明治天皇　下巻　ドナルド・キーン著，角地幸男訳　新潮社　2001.10　582p　23cm　〈文献あり　索引あり〉　①4-10-331705-1
＊われわれ日本人を今日へ導いたのは、この指導者だった―祭り上げられるだけの存在から、いつしか一国を指揮する自信に満ちた統治者へ―。明治という激動の時代を描ききったキーン史学の金字塔。

◇太政官期地方巡幸研究便覧　岩壁義光，広瀬順晧編著　柏書房　2001.9　298，137p　27cm　〈文献あり　付属資料（CD-ROM1枚　12cm）〉　①4-7601-1823-3

◇明治・大正・昭和天皇の生涯　新人物往来社　（別冊歴史読本）　2001.6　263p　26cm　①4-404-02775-3

◇奥羽御巡幸と真壁太陽　真壁道鑑編　中外日報社出版部　2000.5　474p　22cm　〈年譜あり　複製　肖像あり〉

◇春の皇后―小説・明治天皇と昭憲さま　出雲井晶著　中央公論新社　（中公文庫）　1999.2　552p　15cm　①4-12-203348-9
＊ピエル・ロチから「春の皇后」と称し奉られた昭憲さまは、新しい時代の皇后にふさわしく、女子教育や人道事業等に心をそそぐ一方、文藻にも恵まれ多くの御製を遺された。激動の幕末に生を享け、文明開化の新時代を明治天皇と共に担い、ひたむきに生きた、一人の女性・昭

伝記ガイダンス　明治を生きた人々　　**599**

明治天皇　　　　　　　　　　　　　Ｉ　政治・経済

憲皇后の濃やかな愛と苦脳を描く。

◇歌くらべ明治天皇と昭和天皇　田所泉著
　創樹社　1999.1　302p　20cm
　①4-7943-0540-0

◇明治天皇―「大帝」伝説　岩井忠熊著　三
　省堂　（歴史と個性）　1997.11　176p
　20cm　〈参考文献・明治天皇〈関係略年
　譜〉：p168～175〉　①4-385-35787-0
　＊最新の研究成果を書きおろし。天皇の
　　生涯と元勲たち。近代化へ前進する明
　　治時代を解明。

◇明治天皇　上巻　杉森久英著　学陽書房
　（人物文庫）　1997.5　349p　15cm
　①4-313-75029-0

◇明治天皇　下巻　杉森久英著　学陽書房
　（人物文庫）　1997.5　373p　15cm
　①4-313-75030-4

◇心に生きる日本人―歴史を彩る人物列伝
　杉田幸三著　展転社　1996.2　294p
　19cm　①4-88656-122-5
　＊聖徳太子・源実朝・豊臣秀吉・明治天
　　皇・西郷隆盛・森鷗外など日本史を彩っ
　　た英傑78人の群像。真の日本人とは何
　　か、その解答がここにある。

◇明治天皇さま　改訂新版　木村徳太郎著
　日本出版放送企画　1995.7　299p　19cm
　〈発売：星雲社　明治天皇の肖像あり〉
　①4-7952-5340-4

◇ミカド―日本の内なる力　W.E.グリフィ
　ス著，亀井俊介訳　岩波書店　（岩波文
　庫）　1995.6　350p　15cm　〈明治天皇の
　肖像あり〉　①4-00-334681-5

◇明治大帝　飛鳥井雅道著　筑摩書房　（ち
　くま学芸文庫）　1994.1　331p　15cm
　①4-480-08111-9
　＊いとけなき京の「天子様」は、明治維新
　　のなかで日本の「天皇」へとドラス
　　ティックに変貌をとげる。幼冲の天子
　　は、いかにして大帝となったのか？　誕
　　生から崩御まで、幕末・明治史のなかに
　　その生涯を跡づけ、近代天皇制の成立
　　と構造を探る、力作評伝。

◇明治天皇―敬神崇祖の御宸念を畏みまつ
　りて　橋本甚一著　橋本甚一　1992.11
　77p　22cm　〈参考書・年譜：p63～77〉

◇ミカドの肖像　下　猪瀬直樹著　新潮社
　（新潮文庫）　1992.2　410p　15cm
　①4-10-138907-1
　＊なぜ明治天皇の御真影はバタ臭い西洋人
　　の面立ちをしているのか？　そこに我々
　　はどんな意味を読み取ることができる
　　だろうか？　日本人の心性を、映像との
　　関わりを軸にスリリングに解き明かし
　　ていく。近代天皇制を世界史のレヴェル
　　で、大胆な仮説とともに実証的に考
　　察した壮大なドキュメントである。全3
　　部構成のうち、下巻には、第2部後半と
　　第3部『心象風景のなかの天皇』を収録。
　　大宅壮一ノンフィクション賞受賞作。

◇明治天皇聖蹟―山口県内　改版　不二歌
　道会山口県支部　1991.11　65p　26cm

◇明治天皇の生涯　上　上　童門冬二著
　三笠書房　1991.11　247p　19cm
　①4-8379-1463-2
　＊幕末から維新回天へ、日本の最も困難
　　な時代に生誕。早くから尊皇派の求心
　　力として期待を一身に集めつつ成長、
　　やがて父帝の謎の崩御、即位、そして
　　「大帝」への道―。日本の夜明けを“人
　　間”として大らかに生きる若き天皇の半
　　生を描く。

◇明治天皇の生涯　下　下　童門冬二著
　三笠書房　1991.11　254p　19cm
　①4-8379-1464-0
　＊「富国強兵」を合言葉に、世界列強の仲
　　間入りを果たそうとする日本。その前
　　に立ち塞がる清国、ロシアとの宿命の
　　対決。広島大本営における天皇の苦悩
　　と英断、賊徒となった西郷への思いや
　　り、グラント将軍との親交…。明治天
　　皇六十一歳の大生涯を描く。

○特集・明治天皇―こうして現代日本への
　道は開かれた　「プレジデント」　（プレ
　ジデント社）　29（3）　1991.3

◇明治大帝　飛鳥井雅道著　筑摩書房　（ち
　くまライブラリー）　1989.1　206p　19cm
　①4-480-05120-1
　＊幼冲の天子は、いかにして大帝となっ
　　たのか？　誕生から崩御まで幕末・明治
　　史のなかにその生涯を跡づけ、近代天
　　皇制の成立と構造を探る、力作書きお

Ⅰ　政治・経済　　　　　　　　　　　　　　　　　　　　　　　　　　明治天皇

ろし評伝。

◇天皇の肖像　多木浩二著　岩波書店　（岩
波新書）　1988.8　244p　18cm
Ⓘ4-00-430030-4

◇異史 明治天皇伝　飯沢匡著　新潮社
1988.6　283p　19cm　Ⓘ4-10-369301-0
＊著者の家に秘蔵されてきた一冊の本―そ
の中には明治十年代の「花の御殿」での
生活が活写されていた。大正天皇の御教
育掛をつとめた伯父・湯本武比古が残し
た記録や「国家教育」を推進するもう一
人の伯父・伊沢修二の業績を通して仄
みえてくる「人間天皇」とその時代。―
宮内庁発行の正史『明治天皇紀』十三巻
を繙きながら物語る“私の明治天皇伝”。

◇明治天皇　5　山岡荘八著　講談社　（山
岡荘八歴史文庫）　1987.6　302pp　15cm
Ⓘ4-06-195090-8

◇明治天皇　6　山岡荘八著　講談社　（山
岡荘八歴史文庫）　1987.6　286pp　15cm
Ⓘ4-06-195091-6

◇明治天皇　3　山岡荘八著　講談社　（山
岡荘八歴史文庫）　1987.5　294p　15cm
〈巻頭：関連地図・系図　巻末：明治天皇関
係年譜（一八五四年〜一八五八年）〉
Ⓘ4-06-195088-6

◇明治天皇　4　山岡荘八著　講談社　（山
岡荘八歴史文庫）　1987.5　278p　15cm
〈巻頭：関連地図・系図　巻末：明治天皇関
係年譜（一八五四〜一八六五年）〉
Ⓘ4-06-195089-4

◇明治天皇　1　山岡荘八著　講談社　（山
岡荘八歴史文庫）　1987.4　278p　15cm
〈巻頭：関連地図・系図　巻末：明治天皇関
係年譜〉　Ⓘ4-06-195086-X

◇明治天皇　2　山岡荘八著　講談社　（山
岡荘八歴史文庫）　1987.4　278p　15cm
〈巻頭：関連地図・系図　巻末：明治天皇関
係年譜〉　Ⓘ4-06-195087-8

◇天皇と軍隊　明治篇　「大帝」への道・日
清日露戦争　須山幸雄著　芙蓉書房
1985.5　310p　20cm

◇天皇と明治維新　阪本健一著　暁書房
1983.1　268p　20cm　Ⓘ4-900032-16-6

◇明治天皇紀―索引　宮内庁編　吉川弘文
館　1977.3　580p　23cm

◇明治天皇の御日常―臨時帝室編修局ニ於
ケル談話速記　日野西資博謹述　新学社
教友館　1976　267p　肖像　20cm

◇明治天皇紀　第12　明治四十一年一月-明
治四十五年七月　宮内庁編　吉川弘文館
1975.12　847,5p　23cm

◇明治天皇紀　第11　明治三十八年一月-明
治四十年十二月　宮内庁編　吉川弘文館
1975　858p　23cm

◇明治天皇　木村毅著　新人物往来社
1974　180p　22cm

◇天皇日本史―対談　山崎正和著　文芸春
秋　1974　245p　20cm

◇明治天皇紀　第10　明治三十四年一月-明
治三十七年十二月　宮内庁編　吉川弘文
館　1974　958p　23cm

◇世界に於ける明治天皇　上巻　望月小太
郎編訳　原書房　（明治百年史叢書）
1973　758p　肖像　22cm　〈英文通信社大
正15年刊の複製〉

◇世界に於ける明治天皇　下巻　望月小太
郎編訳　原書房　（明治百年史叢書）
1973　1冊　22cm　〈英文通信社大正15年
刊の複製　附：原文〉

◇明治天皇紀　第8　明治二十五年一月-明
治二十八年十二月　宮内庁編　吉川弘文
館　1973　957p　23cm

◇明治天皇紀　第9　明治二十九年一月-明
治三十三年十二月　宮内庁編　吉川弘文
館　1973　947p　24cm

◇ミカド―日本の内なる力　W.E.グリフィ
ス著，亀井俊介訳　研究社出版　1972
276p　肖像　21cm

◇明治天皇紀　第7　明治二十一年一月-明
治二十四年十二月　宮内庁編　吉川弘文
館　1972　972p　23cm

◇明治天皇紀　第5　明治十三年一月-明治
十五年十二月　宮内庁編　吉川弘文館
1971　852p　23cm

◇明治天皇紀　第6　明治十六年一月-明

伝記ガイダンス 明治を生きた人々　　**601**

二十年十二月　宮内庁編　吉川弘文館
1971　868p　23cm

◇明治天皇紀　第4　明治十年一月-明治十二年十二月　宮内庁編　吉川弘文館
1970　836p　23cm

◇明治天皇紀　第2　明治二年正月-明治五年十二月　宮内庁編　吉川弘文館　1969
802p　23cm

◇明治天皇紀　第3　明治六年一月-明治九年十二月　宮内庁編　吉川弘文館　1969
744p　23cm

◇ドキュメント日本人　第4　支配者とその影　学芸書林　1969　317p　20cm

◇明治天皇　里見岸雄著　錦正社　1968
418p　図版　19cm

◇明治天皇展―明治維新百年記念　毎日新聞社, 明治神宮　1968　1冊　26cm　〈主催：毎日新聞社　明治神宮　昭和43年10月29日-11月3日　於・東京〉

◇明治天皇紀　第1　嘉永五年九月-明治元年十二月　宮内庁編　吉川弘文館　1968
945p　23cm

◇明治天皇　未来への道標　石井寿夫著　あしかび社　1967　233p　19cm

◇明治天皇　小島政二郎著　人物往来社（近代人物叢書）　1967　293p　19cm

◇明治天皇　筑波常治著　角川書店　（角川新書）　1967　221p　18cm

◇明治天皇　藤井貞文著　神社本庁明治維新百年記念事業委員会　（明治維新百年記念叢書）　1967　43p　19cm

◇明治天皇　渡辺茂雄著　時事通信社
1966　325p　図版　22cm

◇明治天皇御伝記史料 明治軍事史　陸軍省編　原書房　（明治百年史叢書）　1966
2冊　22cm

◇人物・日本の歴史 12　読売新聞社　1966

◇広島大本営の明治天皇　木村毅著　雪華社　1966

◇明治天皇と田中河内介　川端巌著　新紀元社　1966

◇明治天皇御年譜　藤井貞文著　明治神宮社務所　1963　103p　22cm

◇明治天皇と神奈川県　石野瑛著　〔武相学園〕　1961.7　334p　22cm　〈明治天皇の肖像あり〉

◇明治天皇　渡辺幾治郎著　明治天皇頌徳会　1958　2冊　22cm

◇明治天皇　木村毅著　至文堂　（日本歴史新書）　1956　262p　19cm

◇明治天皇　蜷川新著　三一書房　（三一新書）　1956

◇人間明治天皇　栗原広太著　駿河台書房
1953　229p　図版13枚　19cm

◇明治天皇の御製と自然の理法　神林徳治郎著　長崎孔版社　1951　48p　21cm

目賀田 種太郎　めがた・たねたろう

1853～1926　官僚。貴族院議員, 大蔵省主税局長。日清・日露戦争期の国家財政調整役。

◇日本外交史人物叢書　第4巻　吉村道男監修　ゆまに書房　2002.1　823p　22cm
〈複製　肖像あり〉　①4-8433-0492-1

◇日本外交史人物叢書　第5巻　吉村道男監修　ゆまに書房　2002.1　229p　22cm
〈複製〉　①4-8433-0493-X

メッケル, K.W.J.

Meckel, Klemens Wilhelm Jakob

1842～1906　ドイツの軍人。1885年来日。陸軍大学校教官を務めた。日本陸軍の近代化を実現させ、その後の日清、日露戦争のための基礎を築いた。

◇司馬遼太郎 歴史のなかの邂逅　7　正岡子規～秋山好古・真之　司馬遼太郎著　中央公論新社　（中公文庫）　2011.3　263p
15cm　①978-4-12-205455-4

＊日本の前途を信じた若者たちの、底ぬけの明るさと痛々しさと―。第七巻は、司馬文学を代表する長篇『坂の上の雲』に描かれた正岡子規、秋山兄弟を中心に、徳冨蘆花、夏目漱石、石川啄木、清沢満之ら、昂揚の時代を生きた人々の

足跡をたどる二十五篇を収録。

◇メッケル少佐―日本陸軍史研究　宿利重一著　マツノ書店　2010.5　1冊　22cm〈「日本陸軍史研究メッケル少佐」（日本軍用図書昭和19年刊）の復刻版〉

◇児玉源太郎―明治陸軍の巨星　三戸岡道夫著　学習研究社　（学研M文庫）2002.8　363p　15cm　①4-05-900178-3
＊児玉源太郎―長州藩の支藩・徳山藩の貧しい藩士の家に生まれながら、後年、明治陸軍の巨星としてその名を轟かせた人物である。明治初頭の戊辰戦争、佐賀の乱、神風連の乱、西南戦争を経て、その軍人としての才能を認められ、陸軍近代化にも貢献した。日露戦争の満州軍総参謀長として手腕を発揮、日本を勝利に導いた陸軍きっての名戦略家の激動に満ちた生涯を描く。

◇政治と軍事―明治・大正・昭和初期の日本　角田順著　光風社出版　1987.12　435p　21cm　①4-87519-009-3
＊本書は、日露戦争前後から以降40年間の、日本の歩みに対する透徹した再検討と反省とを示唆すると共に、20世紀前半の極東国際政治から、第2次大戦前後の英・独・ソ・米関係に及ぶ、著者の学風の結晶30数篇を納めたものである。

◇参謀教育―メッケルと日本陸軍　林三郎著　芙蓉書房　1984.1　234p　20cm〈巻末：メッケル教師動静略表　自明治20年至日露戦争ドイツ留学将校（官費）　お雇いフランス軍人一覧表　肖像：メッケル〔ほか〕　図版（肖像を含む）〉

【も】

▌**毛利 敬親**　もうり・たかちか
1819～1871　長州藩主。下関で外国船を砲撃し攘夷を実行、禁門の変で官位剝奪。

◇名君毛利敬親　小山良昌著　萩ものがたり　（萩ものがたり）　2017.4　69p　21cm　①978-4-908242-03-8

◇そうせい公―ぶらり見て歩き 毛利敬親公　石川和朋著　〔石川和朋〕　2013.10　259p，図版〔10〕枚　21cm　〈年譜・年表あり〉

◇忠正公勤王事績　訂正・補修〔版〕　中原邦平著　防長史料出版社　1974　791,33p図 肖像　22cm　〈防長史談会明治44年刊の複製 限定版〉

▌**望月 軍四郎**　もちづき・ぐんしろう
1879～1940　実業家。日清生命社長。サシ丸株式店を開業。京浜・湘南両電鉄取締役として活躍。

◇評伝望月軍四郎　北村美遵著　北嶺会　2006.6　390p　22cm　〈肖像あり〉

◇日本財界人物列伝　第1巻　青潮出版株式会社編　青潮出版　1963　1171p 図版　26cm

▌**望月 竜太郎**　もちづき・りゅうたろう
1865～1934　志士。日韓合併を策謀。日露戦争前後に朝鮮で活動。

◇植民地帝国人物叢書 33（朝鮮編 14）　朴春琴代議士小伝―朴春琴 我等の国家新日本（しんにっぽん）―朝鮮同胞の不安と窮窮を述べて朝野緒賢に愬ふ 建白―杉山茂丸 樗堂言行録―望月龍太郎　永島広紀編　西田鶴子著，朴春琴著，杉山茂丸著須永元編　ゆまに書房　2010.9　525p　22cm〈各巻タイトル：我等の国家新日本　大日統社1933年刊ほかの複製合本〉　①978-4-8433-3397-6

▌**本岡 三千治**　もとおか・みちじ
1853～1920　政治家。

◇本岡三千治伝―耕地整理法の創案者　本岡三郎著　石川史書刊行会　1996.8　95p　22cm　〈肖像あり 年譜あり〉

▌**本木 昌造**　もとき・しょうぞう
1824～1875　蘭学者，技術者。活版印刷の先駆者。著書に「蘭和通弁」。
〔記念施設〕記念碑（長崎県長崎市、諏訪神

本木昌造 　　　　　　　　　　　　　　　Ⅰ　政治・経済

社境内）

◇明治なりわいの魁―日本に産業革命をお
こした男たち　植松三十里著　ウェッジ
2017.2　192p　21cm　〈文献あり　年表あ
り〉　①978-4-86310-176-0

◇幕末明治　新聞ことはじめ―ジャーナリズ
ムをつくった人びと　奥武則著　朝日新
聞出版　（朝日選書）　2016.12　278p
19cm　①978-4-02-263052-0
＊幕末の激動の中から明治日本が生まれ
る過程で、長崎、横浜、東京などで次々
に新聞が生まれた。読者はかぞえるほ
ど、活字も販路も取材網もなく、手書き
のものもあった。草創期の新聞の苦闘
とそこに見られたジャーナリズム精神
の萌芽を、9人の新聞人の生涯を通じて
描く。出自、個性、文章、めざしたもの
もさまざまだったが、各人の挑戦、苦
労、挫折の全体が、近代国家に不可欠
な、報道と言論の舞台としての新聞と
いうニューメディアを育てていった。
ジャーナリズムを育てた新聞という媒
体には、誕生時から、政府の干渉、党派
的報道、販売競争など今日に通じる問
題も見られる。今、新聞・テレビの時代
を経てネット時代を迎え、ジャーナリ
ズムが変貌をとげようとしている。そ
の針路を考えるうえで先人たちの歴史
は示唆に富んでいる。

◇日本語活字ものがたり―草創期の人と書
体　小宮山博史著　誠文堂新光社　（文字
と組版ライブラリ）　2009.1　268p
21cm　①978-4-416-60902-6

◇旅する長崎学―長崎は『知の都』だった
7　近代化ものがたり1　長崎県企画，長
崎文献社制作　長崎文献社　2007.12
64p　21cm　①978-4-88851-117-9

◇本木昌造と日本の近代活字　高橋律夫編
大阪府印刷工業組合　2006.9　158p
27cm　〈「大阪府印刷工業組合五十年史」
別冊　本木昌造の活版事業（板倉雅宣著），
本木昌造・活字復元プロジェクト―1諏訪
神社収蔵「木彫種字」の検証：諏訪神社収
蔵「木彫活字」の意味するもの（高橋律夫
著），三箱の全容と木彫種字の調査（若原
薫著），本木昌造・活字復元プロジェク

トー2：蠟型電胎法による母型製作と活字
の復元（小塚昌彦著），「初期本木活字」を
用いた印刷史料（府川充男著），漢字鋳造
活字の開発と日本への伝播（鈴木広光著）〉

◇「活字文明開化―本木昌造が築いた近代」
図録―印刷博物館開館三周年記念企画展
凸版印刷印刷博物館　2003.10　239p
26cm　〈会期：2003年10月7日―2004年2
月13日　英文要旨あり　タイトルは奥付
による　年表あり〉

◇活版印刷紀行―キリシタン印刷街道・明治
の印刷地図　青山敦夫著　印刷学会出版部
1999.7　219p　19cm　①4-87085-160-1
＊日本で活版印刷の誕生は二度あった。
最初は天正遣欧少年使節によって島原
の加津佐でスタート。二度目はそれか
ら250年後の長崎が出発点。いまや失速
寸前の活版印刷誕生の地を訪ねて著者
が見たものは聞いたものは。

◇本木昌造・平野富二詳伝―伝記・本木昌造
/平野富二　三谷幸吉編著　大空社　（近
代日本企業家伝叢書）　1998.11　17,261p
図版16枚　22cm　〈詳伝頒布刊行会昭和8
年刊の複製　折り込2枚〉　①4-7568-0930-8

◇グーテンベルクの鬚―活字とユートピア
大輪盛登著　筑摩書房　1988.9　224p
19cm　①4-480-85458-4
＊肖像のグーテンベルクには鬚がある。
しかし彼には鬚はなかった。活字作者
15人の知られざる素顔を描き、電子時
代における活字の立ち姿を示す。

◇本木昌造先生銅像復元記念誌　本木昌造
先生銅像復元委員会編　大阪府印刷工業
組合　1985.10　103p　22cm　〈本木昌造
の肖像あり〉

◇活字よ―本木昌造の生涯　桐生悠三著
印刷学会出版部　1984.10　229p　20cm
〈本木昌造の肖像あり〉　①4-87085-115-6

◇図書館と本の周辺　第2号　ライブラリア
ン・クラブ（印刷図書館内）　1975　90p
22cm　〈本木昌造100年記念特集〉

◇印刷文化の黎明　本木昌造の生涯　柴田四
郎著　日本印刷新聞社　1954　303p
19cm

◇本木昌造先生小伝　日本印刷工業会編

I　政治・経済　　　　　　　　　　　　　　　　　　　　　　　　本山彦一

日本印刷工業会　1954

◇本木昌造先生小伝　本木昌造先生記念碑
修復委員会編　本木昌造先生記念碑修復
委員会　1952

‖ 元田 永孚　もとだ・ながざね
1818〜1891　熊本藩士，儒学者。「教学大
旨」「幼学綱要」を編纂、教育勅語の起草。

◇日本の科学思想―その自立への模索　辻
哲夫著，廣政直彦編・解説　こぶし書房
（こぶし文庫　戦後日本思想の原点）
2013.5　262p　19cm
①978-4-87559-275-4
＊明治時代まで日本には「科学」という言
葉がなかった―異国文化であった科学
技術の受容にあたって、日本の伝統的
なものの考え方・習慣と激しく衝突し
た。"文化の翻訳"に苦闘した人びとの姿
を描く。

◇教育勅語への道―教育の政治史　増補版
森川輝紀著　三元社　2011.7　345p
19cm　①978-4-88303-295-2
＊教育政策に大きな足跡を残した、田中
不二麿、元田永孚、森有礼、井上毅。明
治国家形成期、ゆれ動く時代のなかで、
近代教育制度の確立に向けて、彼らは、
国家と教育の関係をどのようにとらえ、
教育に何を求めたのか。そして、なぜ
教育勅語へと至ったのか。

◇元田永孚と明治国家―明治保守主義と儒
教的理想主義　沼田哲著　吉川弘文館
2005.6　421,3p　22cm　①4-642-03772-1
＊儒学者として明治天皇の人格形成に影
響を与えた元田永孚。その思想形成・
国憲論・国教論・対外観を横井小楠の儒
学思想との関係とともに解明。儒教的
理想主義が近代化に果たした役割を探
り、近代保守主義の展開を考える。

◇叢書・日本の思想家　47　元田東野　巨勢
進著　明徳出版社　1979.6　256p　20cm

◇元田永孚文書　第3巻　書経講義，論語講
義　元田永孚著，元田竹彦，海後宗臣編
元田文書研究会　1970　434p　図　肖像
22cm

◇元田永孚文書　第1巻　自伝・日記　元田

永孚著，元田竹彦，海後宗臣編　元田文書
研究会　1969　360p　図版　22cm

◇元田永孚文書　第2巻　進講録　元田永孚
著，元田竹彦，海後宗臣編　元田文書研究
会　1969　369p　図版　22cm

◇近代日本の教育を育てた人びと　上　教
育者としての福沢諭吉〔ほか〕　東洋館出
版社編集部編　源了円　東洋館出版社
（教育の時代叢書）　1965　19cm

‖ 本山 彦一　もとやま・ひこいち
1853〜1932　新聞経営者。毎日新聞社社
長。「新聞は商品なり」を持論に毎日新聞
の基礎を作った。

◇ケースブック日本の企業家―近代産業発
展の立役者たち　宇田川勝編　有斐閣
2013.3　265p　21cm
①978-4-641-16405-5
＊戦前期日本の革新的な企業家活動につ
いて、時代背景とともに多様な実像に
迫って明快に描き出すケース集。現代
社会において比重が増している非製造
業分野にも光を当て、いかにして新産
業を創出し、経営革新を断行して、産業
発展の礎を築いたのかを解明する。

◇日本の新聞産業を牽引した企業家活動―
村山龍平と本山彦一　濱田信夫著　法政
大学イノベーション・マネジメント研究
センター　（Working paper series　日本
の企業家活動シリーズ）　2012.7　21p
30cm　〈年譜あり〉

◇「中立」新聞の形成　有山輝雄著　世界思
想社　2008.5　246p　19cm
①978-4-7907-1334-0
＊幕末から維新期にかけて急激に生じた
社会的コミュニケーションの活性化と
混沌状況の中から、秩序はいかにして
形成されたのか。それ自身が発展途上
にあった政治権力と、今日まで続く「中
立」のジャーナリズムの成立過程との
関わりを歴史的に分析した労作。

◇日本財界人物列伝　第1巻　青潮出版株式
会社編　青潮出版　1963　1171p　図版
26cm

伝記ガイダンス 明治を生きた人々　**605**

百瀬 渡　ももせ・わたる

1874～1945　政治家。衆議院議員。

◇蒙古王百瀬渡の生涯―気骨ある文人政治家　百瀬渡顕彰会編集委員会編　百瀬渡顕彰会　2012.11　213p, 図版〔12〕枚　31cm　〈年譜あり〉

モラエス, V.J.de S.

Morais, Venceslau José de Sousa de

1854～1929　ポルトガルの海軍士官, 外交官。1893年来日。小泉八雲と並ぶ日本文化の紹介者として知られる。
〔記念施設〕京都外国語大学附属図書館ヴェンセスラウ・デ・モラエス（京都府京都市右京区）, モラエス館（徳島県徳島市）

◇モラエスつれづれ―松村益二随筆選　松村益二著　モラエス会　2013.7　113p　21cm　Ⓘ978-4-903805-09-2

◇日本の誇り103人―元気のでる歴史人物講座　岡田幹彦著　光明思想社　2012.10　207p　19cm　Ⓘ978-4-904414-17-0

◇モラエスさん　森松晶子作・画　モラエス会　2012.7　26p　26cm

◇二列目の人生―隠れた異才たち　池内紀著　集英社　（集英社文庫）　2008.9　232p　15cm　Ⓘ978-4-08-746352-1
 ＊ひとつのことに打ち込んだ人は、それぞれ自分自身のルールで生きている。たとえ世間とぶつかっても、妥協しない。あるいは妥協できない。貧窮の中で優れた研究を続けた植物学者・大上宇市、日本を愛し、徳島で生涯を終えたポルトガル人・モラエス、大分・湯布院の名旅館・亀の井別荘を作った中谷巳次郎、近代感覚を尺八演奏に持ち込んだ福田蘭童など、歴史に埋もれた天才たち15人が鮮やかに蘇る。

◇モラエス―サウダーデの旅人　岡村多希子著　モラエス会　2008.7　273p　18cm　〈年譜・著作目録・文献あり〉　Ⓘ978-4-903805-03-0

◇モラエスとコウト友情物語―明治を愛したポルトガル人　デコウト光由姫著　新人物往来社　2001.7　277p　20cm　

Ⓘ4-404-02933-0

◇モラエスの旅―ポルトガル文人外交官の生涯　岡村多希子著　彩流社　2000.2　380p　20cm　〈文献あり　著作目録あり〉　Ⓘ4-88202-558-2
 ＊徳島で没して70年。日本を世界に紹介したポルトガル人作家の波瀾の人生！リスボン―モザンビーク―マカオ―神戸―徳島の足跡。

◇「美しい日本」に殉じたポルトガル人―評伝モラエス　林啓介著　角川書店　（角川選書）　1997.2　297p　19cm　Ⓘ4-04-703281-6
 ＊日清戦争から昭和初期に至る三十余年間、近代化の進む日本の片隅で、消滅しつつある古い日本の良さを見出し、日本女性を愛し、日本の自然、歴史、習俗、「魂」までも愛し抜いたモラエス。遍歴の軌跡がもつ深い陰影の中に何がひそむのか。海軍中佐、神戸領事という高い地位を捨てて愛の追慕に生きながら手に入れようとしたものは何か。波瀾の生涯をめぐって従来肥大してきた虚構を排し、近年明らかにされた新事実を加えて、等身大のモラエス像に迫る。

◇日本人モラエス―伝記・W・D・モラエス　花野富蔵著　大空社　（伝記叢書）　1995.10　306,5p　22cm　〈青年書房昭和15年刊の複製　取扱い：柳原書店〉　Ⓘ4-87236-484-8

◇モラエスの絵葉書書簡―日本発、ポルトガルの妹へ　ヴェンセスラウ・デ・モラエス著, 岡村多希子訳　彩流社　1994.3　376p　21cm　Ⓘ4-88202-290-7
 ＊31年間、母国へ帰ることなく徳島の地で果てた作家が、1910年から1929年までの20年間、妹へ綴った絵葉書。孤高の文豪モラエスが肌で触れた明治大正昭和のニッポン。

◇モラエス翁関係年代記　徳島県立図書館　1993.9　40p　26cm　〈文献：p35～40〉

◇失われた楽園―ロチ、モラエス、ハーンと日本　佐藤剛著　葦書房　1988.2　236p　20cm

◇わがモラエス伝　佃実夫著　河出書房新社　1983.2　344p　19cm　〈モラエスの

Ⅰ　政治・経済　　　　　　　　　　　　　　　　　　　　　　　　　森有礼

肖像あり〉

◇異邦人モラエス　四国放送編　毎日新聞社
　1976　191p　図　肖像　20cm　〈参考文献・
　モラエス関係資料の所在：p.176-191〉

◇モラエスのとくしま散歩―モラエス文学
　の背景　新開宏樹解説　出版カラムス
　1975.7　117p　19cm　〈モラエスの肖像
　あり　モラエス略伝：p3〉

◇徳島のモラエス　編集：徳島のモラエス
　編集委員会　徳島市中央公民館　（徳島市
　民双書）　1972　369p　図　肖像　19cm

◇わがモラエス伝　佃実夫著　河出書房新
　社　1966　344p　20cm

◇モラエス案内　徳島県立図書館編　1955
　150p　22cm

┃森 有礼　もり・ありのり
　1847～1889　政治家，教育家。駐英公使。
　初代文相着任中、学制を全般的改正・学校
　令を公布。

◇欧米留学の原風景―福沢諭吉から鶴見俊
　輔へ　安酸敏眞著　知泉書館　2016.5
　481,29p　19cm　①978-4-86285-233-5
　＊1860年の咸臨丸による福沢諭吉のアメ
　　リカ渡航から、1942年の「日米交換船」
　　による武田清子、鶴見俊輔の帰国に至
　　る82年間28名の欧米留学を集合体験と
　　して見るときそこに現れてくる風景は
　　どのようなものか。近代日本の学問形
　　成や発展に果たした海外留学の役割と
　　歴史的意義を解明する。本書はドッペ
　　ル・ポートレートという二人一組の人
　　物描写で叙述しており、これら留学生
　　群像は著者がその生き方や思想に深く
　　共感したか、異質感をもちながらも敬
　　意を表する人物を厳選した。

◇東京青山霊園物語―「維新の元勲」から
　「女工哀史」まで人と時代が紡ぐ三十組の
　物語　立元幸治著　明石書店　2015.10
　318p　20cm　〈文献あり〉
　①978-4-7503-4258-0

◇極東三国〈シナ・朝鮮・日本〉の歴史認識
　國嶋一則著・訳　公論社　2013.6　213p
　20cm　〈年表あり〉　①978-4-7714-1301-6

◇教育勅語への道―教育の政治史　増補版
　森川輝紀著　三元社　2011.7　345p
　19cm　①978-4-88303-295-2
　＊教育政策に大きな足跡を残した、田中
　　不二麿、元田永孚、森有礼、井上毅。明
　　治国家形成期、ゆれ動く時代のなかで、
　　近代教育制度の確立に向けて、彼らは、
　　国家と教育の関係をどのようにとらえ、
　　教育に何を求めたのか。そして、なぜ
　　教育勅語へと至ったのか。

◇明治の若き群像―森有礼旧蔵アルバム
　犬塚孝明，石黒敬章著　平凡社　2006.5
　286p　22cm　〈肖像・文献あり〉
　①4-582-83330-6

◇国家と教育―森有礼と新島襄の比較研究
　井上勝也著　晃洋書房　2000.3　195p
　20cm　①4-7710-1146-X

◇歴史をひらく愛と結婚　福岡女性学研究
　会編　ドメス出版　1991.12　236p 19cm
　①4-8107-0330-7
　＊明治・大正・昭和を通じて、女性の覚醒
　　や人間的平等を主張し、かつ実践した
　　人びと十数人を選び、調査研究し、共同
　　討議による検討・修正を重ねた末、出来
　　上がったのが本書である。

◇森先生伝―伝記・森有礼　木村匡著　大
　空社　（伝記叢書）　1987.9　300,5，5p
　22cm　〈金港堂書籍明治32年刊の複製　森
　有礼の肖像あり　折り込図1枚〉

◇異文化遍歴者森有礼　木村力雄著　福村
　出版　（異文化接触と日本の教育）
　1986.12　243,11p　20cm

◇森有礼　犬塚孝明著　吉川弘文館　（人物
　叢書 新装版）　1986.7　334p　19cm
　〈森有礼の肖像あり　叢書の編者：日本歴
　史学会〉　①4-642-05078-7

◇森有礼 悲劇への序章　林竹二著　筑摩書
　房　（林竹二著作集）　1986.3　253p
　19cm　①4-480-38902-4
　＊誤解につつまれた非命の人・森有礼。
　　近代国家草創の秋、彼はいかにして教
　　育を通じて国家の運命を形成するに
　　至ったか。その実像に迫りつつ、森の
　　思想の根幹を究明する、著者のライフ・
　　ワーク。著者自身の校閲編集によって

初めて集大成される全業績。

◇若き森有礼―東と西の狭間で　犬塚孝明
　著　KTS鹿児島テレビ　1983.10　421p
　19cm　〈KTS鹿児島テレビ開局15周年記
　念出版　発売：星雲社（東京）森有礼の肖
　像あり〉　①4-7952-2901-5

◇森有礼の思想　坂元盛秋著　時事通信社
　1969　268p 図版　19cm

◇森有礼　原田実著　牧書店　（世界思想家
　全書）　1966　210p 図版　18cm

◇近代日本の教育を育てた人びと　上　教
　育者としての福沢諭吉〔ほか〕　東洋館出
　版社編集部編　源了円　東洋館出版社
　（教育の時代叢書）　1965　19cm

◇日本の思想家　第1　朝日新聞社朝日
　ジャーナル編集部編　朝日新聞社　1962
　333p　19cm

◇日本人物史大系　第5巻　近代 第1　小西
　四郎編　朝倉書店　1960　340p　22cm

◇人間観の相剋―近代日本の思想とキリス
　ト教　森有礼における教育人間像　武田
　清子著　弘文堂　1959

◇石川謙博士還暦記念論文集教育の史的展
　開　森有礼の教育政策　土屋忠雄著　講
　談社　1952

◇自由を護った人々　大川三郎著　新文社
　1947　314p　18cm

▌森 小弁　もり・こべん

1869～1945　海外移住者。漫画「冒険ダ
ン吉」のモデル。

◇「冒険ダン吉」になった男 森小弁　将口
　泰浩著　産経新聞出版　2011.8　409p
　19cm　①978-4-8191-1138-6
　＊漫画の「ダン吉」にはモデルがいた！
　南洋で大酋長になった森小弁。明治人
　の海外雄飛を描いた波瀾万丈の物語。

◇夢は赤道に―南洋に雄飛した土佐の男の物
　語　高知新聞社編集　高知新聞社　1998.3
　267p　20cm　〈発売：高知新聞企業　取
　扱い：地方・小出版流通センター　森小弁
　関係年表：p260～263〉　①4-87503-250-1

▌森 藤右衛門　もり・とうえもん

1842～1885　自由民権運動家。山形県議
会議員。田川郡全域で展開したワッパ騒
動を指導。政治結社酒田の尽性社を創設。

◇自由民権の魁 森藤右衛門―森藤右衛門顕
　彰活動記録　森藤右衛門顕彰活動記録編
　集委員会編　森藤右衛門を顕彰する会
　2013.9　111p　26cm　〈年表あり〉

▌森 盲天外　もり・もうてんがい

1864～1934　政治家。

◇一粒米　森盲天外著　大空社　（盲人たち
　の自叙伝）　1997.10　338p　22cm　〈青
　葉図書平成2年刊の複製〉
　①4-7568-0438-1

◇愛媛の先覚者　第4　愛媛県教育委員会
　1966　240p 図版　21cm

▌森永 太一郎　もりなが・たいちろう

1865～1937　実業家。森永製菓創業者、
社長。西洋菓子の普及に尽力。

◇日本を再興した起業家物語―知られざる
　創業者精神の源流　加来耕三著　日本経
　済新聞出版社　2012.3　325p　19cm
　①978-4-532-31785-0
　＊こんなリーダーが日本にもいた。親し
　みやすい語り口で大人気の歴史家が、
　社会起業家から経営の神様まで、その
　生き様と夢を描く。あらすじと「名言」
　で読む51人の破天荒な一代記。

◇にっぽん企業家烈伝　村橋勝子著　日本
　経済新聞出版社　（日経ビジネス人文庫）
　2007.10　283p　15cm
　①978-4-532-19417-8
　＊不屈の闘志で西洋菓子を日本に広めた
　森永太一郎（森永製菓）、「金鳥」蚊取線
　香を生んだ上山英一郎（大日本除虫菊）、
　倒産寸前から「世界のトヨタ」を築いた
　石田退三―。明治から昭和に至る有名
　企業の創業者・中興の祖ら18人を社史
　研究の第一人者が丹念に描いた企業家
　列伝。創業以来のものづくり、サービ
　スを提供し続ける企業の原点となった
　人物の生涯とは。

◇菓商―小説森永太一郎　若山三郎著　徳

間書店　（徳間文庫）　1997.2　286p
16cm　①4-19-890646-7

◇太一郎物語 森永太一郎という男　北川晃
二著　オリオン社　1963　295p 図版
19cm

◇日本財界人物列伝　第1巻　青潮出版株式
会社編　青潮出版　1963　1171p 図版
26cm

◇四人の財界人　河野重吉著　ダイヤモン
ド社　1956　182p　18cm

◇事業はこうして生れた 創業者を語る　実
業之日本社編　1954　264p　19cm

森村　市左衛門
もりむら・いちざえもん
1839～1919　貿易商，実業家。

◇世界に飛躍したブランド戦略　藤井信幸
著　芙蓉書房出版　（シリーズ情熱の日本
経営史）　2009.2　219p　22cm　〈シリー
ズの監修者：佐々木聡　文献あり〉
①978-4-8295-0442-0
＊世界有数の洋食器ブランド「ノリタケ」、
衛生陶器のTOTO、電力用碍子の日本
ガイシを設立した森村市左衛門。世界
で初めて養殖真珠の商品化に成功した
ミキモトの創業者御木本幸吉—ブランド
を市場に浸透させるために努力した
二人の起業家の足跡を追う。

◇森村市左衛門—通商立国日本の担い手
大森一宏著　日本経済評論社　（評伝・日
本の経済思想）　2008.12　206p　20cm
〈文献・年譜・索引あり〉
①978-4-8188-2025-8
＊日本の自動車産業をも支えている国際
的な窯業企業の源流・森村組の創始者
の生涯をたどる。優れた日本のモノヅ
クリの伝統を創出し日本製品の輸出の
増大に大きく貢献した。

◇儲けんと思わば天に貸せ—森村市左衛門
の経営哲学　森村市左衛門著，森村豊明
会編集・解説　社会思想社　1999.6
254p　20cm　①4-390-60430-9
＊TOTO、INAX、日本ガイシ、日本特殊
陶業、ノリタケの原点に立ち、福沢諭吉
の思想の実践者として日米貿易を先駆

的に開拓。福祉・教育への助成財団設
立の草分けをなした、不世出の経営者
の哲学と理念。

◇森村市左衛門の無欲の生涯　砂川幸雄著
草思社　1998.4　278p　20cm　〈肖像あ
り　文献あり〉　①4-7942-0811-1
＊衛生陶器のTOTO、タイルのINAX、碍
子の日本ガイシ、プラグの日本特殊陶
業、洋食器のノリタケ—これらの陶磁器
五大企業の歴史の原点に立つ不世出の経
営者、森村市左衛門の初の本格的評伝。

◇哲学を始める年齢　小島直記著　実業之
日本社　1995.12　215p　21cm
①4-408-41086-1
＊自分自身について、自分をとりまく世
界について、深く思いを致すとき、哲学
の世界が開ける。高橋是清、石橋湛山
ら13人の人生の達人たちの「哲学開眼」
を活写した渾身の力作。

◇人物に学ぶ明治の企業事始め　森友幸照
著　つくばね舎　1995.8　210p　21cm
①4-924836-17-6

◇財界人思想全集　第8　財界人の人生観・
成功観　小島直記編・解説　ダイヤモン
ド社　1969　454p　22cm

森村　豊　もりむら・ゆたか
1854～1899　実業家。アメリカに渡り商
業学を学ぶ。貿易商森村組の創立者。

◇明治日米貿易事始—直輸の志士・新井領
一郎とその時代　阪田安雄著　東京堂出
版　（豊明選書）　1996.9　418p　19cm
①4-490-20294-6
＊明治9（一八七六）年3月、日米民間貿易
の振興のために、六人の若者が汽船オー
シャニック号で横浜を旅立った。佐藤
百太郎と彼が引率する五人の商法実習
生をオーシャニック・グループと呼ぶ。
ニューヨークを拠点として彼らはそれ
ぞれに直輸出の販路開拓に尽力するが、
その成果は悲喜こもごもで生糸貿易の新
井領一郎と雑貨（のちに陶器）の森村豊
の二人のみが成功を勝ちとる。本書は、
特に新井領一郎の足跡を主軸に、親友森
村豊との協力関係、先駆者佐藤百太郎の
足跡にも言及して、知られざる明治日

米交流史の一側面を明らかにしていく。

森山 芳平　もりやま・よしへい

1854〜1915　機業家。新織機の導入・実用化、染色の改良をし、桐生機業の発展に貢献。

◇桐生織物と森山芳平　亀田光三著　みやま文庫　（みやま文庫）　2001.10　187p　19cm

モレル, E.　Morel, Edmund

1841〜1871　イギリスの鉄道技師。1870年来日。東京・横浜間、神戸・大阪間の鉄道敷設事業を主宰。

◇日本と世界を結んだ偉人—ビジュアル伝記　明治編　河合敦監修　PHP研究所　2012.10　79p　26cm　〈文献・年表・索引あり〉　①978-4-569-78267-6

＊歴史上、日本と世界を結びつけ、かけ橋となった人物を写真やイラストを用いて紹介しています。

◇日本の鉄道をつくった人たち　小池滋,青木栄一, 和久田康雄編　悠書館　2010.6　289p　19cm　①978-4-903487-37-3

＊「日本の鉄道の父」井上勝、「投機界の魔王」雨宮敬次郎、「地下鉄の父」早川徳次など12人の巨人たちの生涯を再現し、彼らがなぜ鉄道に心血を注ぎ、どのような哲学のもとに活動したかを描き出す。

◇横浜開港時代の人々　紀田順一郎著　神奈川新聞社　2009.4　270p　21cm　①978-4-87645-438-9

＊開港期の横浜で明るい炎をあげながら生き抜いた人々を、横浜に生まれ育った著者が、豊かな知識と資料の掘り起こしによって、親しみをこめた筆致で描く傑物伝。

諸井 六郎　もろい・ろくろう

1872〜1940　外交官・郷土史家。

◇日本外交人物叢書　第15巻　吉村道男監修　ゆまに書房　2002.12　60,136,259p　22cm　〈複製　折り込1枚〉　①4-8433-0681-9

【 や 】

屋井 先蔵　やい・せんぞう

1863〜1927　実業家。乾電池を発明し、屋井乾電池を創業。

◇技術者という生き方　上山明博著　ぺりかん社　（発見！しごと偉人伝）　2012.3　162p　19cm　〈文献あり〉　①978-4-8315-1313-7

＊天才、努力の人etc.技術・発明に情熱を燃やした6人の偉人たち。彼らは10代のころ、何を夢見たのか？青春時代のエピソードを中心に、志望のきっかけ、夢見たこと、乗りこえた壁などを取り上げ、職業人の資質やライフコースをさぐる。中高生から大人まで、憧れから自分の未来をさがす偉人伝。

◇世界を驚かせた日本人の発明力　竹内一正著　アスキー・メディアワークス　（アスキー新書）　2010.7　209p　18cm　①978-4-04-868675-4

＊ゲームボーイに胃カメラ、スバル360、世界を驚かせた日本のモノづくりとその軌跡。時に偶然が、時に執念が生んだ数々の製品は、いずれもそれに携わる人々の飽くなき挑戦から生まれていた。単なる温故知新ではない、混迷する今こそ必要な「発明する心」を育てるコツ、そして現代ビジネスのあるべき姿を説く。

◇探究のあしあと—霧の中の先駆者たち　日本人科学者　東京書籍　（教育と文化シリーズ）　2005.4　94p　26cm　①4-487-46703-9

柳生 一義　やぎゅう・かずよし

1864〜1920　実業家。台湾銀行創立に当たり副頭取。台湾の金融、産業の発達に功績大。

◇植民地帝国人物叢書　15（台湾編 15）　柳生一義　柳生一義　谷ケ城秀吉編　清水孫秉, 大野恭平編纂　ゆまに書房　2009.1

I　政治・経済　　　　　　　　　　　　　　　　　　　　　　　安田善次郎

528p　22cm　〈山崎源二郎1922年刊の複製　年譜あり〉　①978-4-8433-3084-5

八代 六郎　やしろ・ろくろう

1860〜1930　海軍軍人。大将、枢密顧問官。ロシアの国情を研究し、日露戦争開戦論を提唱。

◇海軍良識派の研究—日本海軍のリーダーたち　工藤美知尋著　光人社　（光人社NF文庫）　2011.11　340p　15cm　①978-4-7698-2710-8
＊「良識派」軍人の系譜を辿り、日本海軍の歴史と誤謬を明らかにする！「条約派」と「艦隊派」対立の根源を探り、平易・詳細に解説した人物伝。

◇ど根性に生きた将軍八代六郎男　長谷川敏行著　ステーツマン社（製作発売）　1980.6　239p　19cm　〈八代六郎の肖像あり〉

◇大川周明全集 4　八代六郎大将の生涯　大川周明著　大川周明全集刊行会　1962

保岡 勝也　やすおか・かつや

1877〜1942　建築家。

◇建築家保岡勝也の軌跡と川越—第37回企画展　保岡勝也作、川越市立博物館編　川越市立博物館　2012.3　79p　30cm　〈会期：平成24年3月24日—5月13日　市制施行90周年記念　年譜あり〉

安川 敬一郎　やすかわ・けいいちろう

1849〜1934　実業家。安川財閥の創業者。

◇ケースブック日本の企業家—近代産業発展の立役者たち　宇田川勝編　有斐閣　2013.3　265p　21cm　①978-4-641-16405-5
＊戦前期日本の革新的な企業家活動について、時代背景とともに多様な実像に迫って明快に描き出すケース集。現代社会において比重が増している非製造業分野にも光を当て、いかにして新産業を創出し、経営革新を断行して、産業発展の礎を築いたのかを解明する。

◇海峡の風—北九州を彩った先人たち　轟

良子著、轟次雄写真　北九州市芸術文化振興財団　2009.9　345p　21cm　①978-4-9903249-3-3
＊志、高く意思強き人びとの歩み。今を生きる私たちへのメッセージ。月刊誌「ひろば北九州」連載コーナーを単行本化。

◇近代日本の企業家と政治—安川敬一郎とその時代　有馬学編　吉川弘文館　2009.2　303p　22cm　①978-4-642-03790-7
＊「地方財閥」の雄である安川敬一郎の一地方企業家から財閥へのプロセスと政治活動を、膨大な「安川家文書」から分析。また、北九州の都市を対象に、近代日本の都市化・工業化における地方都市の位置と機能を解明する。

◇日本財界人物列伝　第1巻　青潮出版株式会社編　青潮出版　1963　1171p　図版26cm

安川 雄之助　やすかわ・ゆうのすけ

1870〜1944　実業家。東洋拓殖会社総裁。三井物産取締役、三井合名理事などを歴任。

◇三井物産筆頭常務—安川雄之助の生涯　安川雄之助著　東洋経済新報社　1996.12　304p　20cm　〈解説：塩田潮　安川雄之助の生涯：p253〜255〉　①4-492-06092-8

◇日本財界人物列伝　第2巻　青潮出版株式会社編　青潮出版　1964　1175p　図版13枚　27cm

安田 善次郎　やすだ・ぜんじろう

1838〜1921　実業家。安田財閥創立者。金融業中心の安田財閥を築く。東大安田講堂・日比谷公会堂などを寄付、公共事業にも貢献。

◇名銀行家列伝—社会を支えた"公器"の系譜　新装版　北康利著　金融財政事情研究会　2017.5　207p　19cm　〈『名銀行家列伝—日本経済を支えた"公器"の系譜』新装・改題書〉　①978-4-322-13081-2
＊かつてわが国にはスケールの大きな金融界の巨人がいた。評伝の名手が鮮やかに描き出す、誇り高き彼らの人生。

◇財閥を築いた男たち　加来耕三著　ポプ

伝記ガイダンス 明治を生きた人々　**611**

ラ社 （ポプラ新書） 2015.5 266p
18cm ①978-4-591-14522-7
＊近代を支えてきた資本主義そのものが終
焉を迎えたと言われる現在、どこにビジ
ネスの活路を見出せばいいのか。約150
年前、明治維新という未曾有の危機に直
面しながらも、新しい事業を起こし老
舗を再建し、現代の大企業につながる
「財閥」を築いていった男たちがいた。
彼らの足跡にこそ、成功の鍵がある！

◇銀行王安田善次郎―陰徳を積む 北康利
著 新潮社 （新潮文庫） 2013.6 364p
16cm 〈文献・年譜あり 「陰徳を積む」
（2010年刊）の改題〉
①978-4-10-127491-1
＊日本を代表するメガバンク・みずほフィ
ナンシャルグループ。この巨大企業の
礎を築いた安田善次郎は、渋沢栄一ら
と共に国立銀行の設立に尽力し「元祖
銀行王」と称されている。富山の貧し
い下級武士の生まれながら、たった一
代で巨万の富を掌中にした安田が如何
なる時も肝に銘じた「陰徳」とは―。混
迷の時代に生きるビジネスマン必読。

◇財閥経営と企業家活動 宇田川勝著 森
山書店 2013.4 281p 21cm
①978-4-8394-2127-4

◇企業家活動でたどる日本の金融事業史―
わが国金融ビジネスの先駆者に学ぶ 法
政大学イノベーション・マネジメント研
究センター監修, 宇田川勝監修・編著, 長
谷川直哉編著 白桃書房 （法政大学イノ
ベーション・マネジメント研究センター
叢書） 2013.3 204p 21cm
①978-4-561-76199-0
＊「企業家活動でたどる日本の産業（事
業）史」シリーズ第2弾。今回は金融ビ
ジネスを取り上げる。起業精神に富み、
革新的なビジネス・モデルを駆使して
産業開拓活動に果敢に挑戦し、その国
産化を次つぎに達成していった企業家
たちの活動を考察。

◇名銀行家列伝―日本経済を支えた "公器"
の系譜 北康利著 中央公論新社 （中公
新書ラクレ） 2012.12 221p 18cm
①978-4-12-150438-8
＊マネーという血流が滞れば、企業は死

に、国家も死ぬ。間違いなく銀行は "公
器" である。かつて、そうした社会的役
割に矜持を持ち、日本経済を支えてい
た銀行家たちがいた。縁の下の力持ち
であることをもってよしとした彼らの
生きざまに触れ、金融のあるべき姿を
再検証してみたい。

◇日本を再興した起業家物語―知られざる
創業者精神の源流 加来耕三著 日本経
済新聞出版社 2012.3 325p 19cm
①978-4-532-31785-0
＊こんなリーダーが日本にもいた。親し
みやすい語り口で大人気の歴史家が、
社会起業家から経営の神様まで、その
生き様と夢を描く。あらすじと「名言」
で読む51人の破天荒な一代記。

◇日本を創った男たち―はじめにまず "志"
ありき 北康利著 致知出版社 2012.3
267p 19cm ①978-4-88474-956-9
＊ "論語と算盤"―渋沢栄一、"九転び十起
き"―浅野総一郎、"好況よし、不況なお
よし"―松下幸之助。志高き創業者の生
きざまに学ぶ。

◇名創業者に学ぶ人間学 十大財閥篇 加来
耕三著 ポプラ社 2010.9 315p 19cm
①978-4-591-12001-9
＊岩崎弥太郎、野村徳七、安田善次郎…財
閥を築き、世界と戦える大企業の基礎
を創り上げた英傑16人の波乱に満ちた
生涯を紐解きながら、ビジネスを成功
させる法則を探る歴史人間学の決定版。

◇安田善次郎―果報は練って待て 由井常彦
著 ミネルヴァ書房 （ミネルヴァ日本評
伝選） 2010.9 368,10p 20cm 〈文献・
年譜・索引あり〉 ①978-4-623-05853-2
＊安田善次郎（一八三八～一九二一）実業
家・銀行家。日本橋の両替店「安田屋」
から金融業を成長させ、一代で安田財
閥を築いた安田善次郎。金融・経済界
の発展だけでなく、東京大学安田講堂
の寄贈など社会事業にも貢献した銀行
王の知られざる生涯を、厖大な日記・手
控を駆使し克明に描き出す。

◇陰徳を積む―銀行王・安田善次郎伝 北
康利著 新潮社 2010.8 316p 20cm
〈文献・年譜あり〉 ①978-4-10-326011-0

◇偉人伝—徳育教育副読本　西垣義明著
全国経営者団体連合会　2009.12　133p
21cm　①978-4-89713-141-2
＊高い志を持つ。人生計画を立てる。今
日一日を真剣に充実した毎日を過ごす。
目的意識を持って集中する。偉人達が
残してくれた生き方、教えに学ぼう。

◇偉人伝—徳育教育副読本　西垣義明著
全国経営者団体連合会　2009.12　133p
21cm　①978-4-89713-141-2
＊高い志を持つ。人生計画を立てる。今
日一日を真剣に充実した毎日を過ごす。
目的意識を持って集中する。偉人達が
残してくれた生き方、教えに学ぼう。

◇日本の経営者　日本経済新聞社編　日本
経済新聞出版社　（日経文庫）　2009.8
214p　18cm　①978-4-532-11208-0
＊明治・大正・昭和の日本を創った経営者
14人の行動力、アイデア、経営倫理と
成功の秘訣。豊かな発想のもと、新た
な事業戦略を練り上げ、ライバルと切
磋琢磨してきた彼らの姿から、現代や
未来の企業家への示唆、教訓を浮き彫
りにした。単なる事業意欲やお金への
執着心だけではなく、高い倫理観や公
共精神こそ企業家の原動力になってい
たことを明らかにしている。

◇日本の経営者　日本経済新聞社編　日本
経済新聞出版社　（日経文庫）　2009.8
214p　18cm　①978-4-532-11208-0
＊明治・大正・昭和の日本を創った経営者
14人の行動力、アイデア、経営倫理と
成功の秘訣。豊かな発想のもと、新た
な事業戦略を練り上げ、ライバルと切
磋琢磨してきた彼らの姿から、現代や
未来の企業家への示唆、教訓を浮き彫
りにした。単なる事業意欲やお金への
執着心だけではなく、高い倫理観や公
共精神こそ企業家の原動力になってい
たことを明らかにしている。

◇商売繁盛・老舗のしきたり　泉秀樹著
PHP研究所　（PHP新書）　2008.5　194p
18cm　①978-4-569-70013-7
＊二、三十年で消えてしまう企業が当た
り前なのに、三百年も続く“奇跡”の会
社が日本にはある。そんな老舗の創業
者や中興の祖と称えられる人たちは、

社員に何を伝え、何を守ってきたのか。
「義を先にし、利を後にする者は栄え
る」「家業を大きく伸ばすこと、傘のご
とくに心得るがよい」「走る者はつまず
きやすく、つま立つ者は倒れやすい」
「人に愛敬ありて心高ぶらず」―。後継
者の育成、顧客満足度の向上、チャンス
を生み出す力、自分を磨く術。問題の
答えはすべてここにある。いますぐ役
立てたい21の大切な教え。

◇商売繁盛・老舗のしきたり　泉秀樹著
PHP研究所　（PHP新書）　2008.5　194p
18cm　①978-4-569-70013-7
＊二、三十年で消えてしまう企業が当た
り前なのに、三百年も続く“奇跡”の会
社が日本にはある。そんな老舗の創業
者や中興の祖と称えられる人たちは、
社員に何を伝え、何を守ってきたのか。
「義を先にし、利を後にする者は栄え
る」「家業を大きく伸ばすこと、傘のご
とくに心得るがよい」「走る者はつまず
きやすく、つま立つ者は倒れやすい」
「人に愛敬ありて心高ぶらず」―。後継
者の育成、顧客満足度の向上、チャンス
を生み出す力、自分を磨く術。問題の
答えはすべてここにある。いますぐ役
立てたい21の大切な教え。

◇金儲けが日本一上手かった男安田善次郎
の生き方　砂川幸雄著　ブックマン社
2008.4　302p　19cm
①978-4-89308-685-3
＊下級武士の貧しい家に生まれ七歳の頃
より「金持ち」を夢見て貯蓄を開始。二
十歳で上京、三〇半ばで銀行を創立。
史上空前の巨富を若くして築き、政治
まで動かした善次郎の軌跡は、あまり
にも真っ当で人間的だった！　四大財閥
の中で最強の金融力を誇った安田財閥。
銀行王とまで呼ばれた男の成功学を今
こそ学ぶ。

◇金儲けが日本一上手かった男安田善次郎
の生き方　砂川幸雄著　ブックマン社
2008.4　302p　19cm
①978-4-89308-685-3
＊下級武士の貧しい家に生まれ七歳の頃
より「金持ち」を夢見て貯蓄を開始。二
十歳で上京、三〇半ばで銀行を創立。

安田善次郎

史上空前の巨富を若くして築き、政治まで動かした善次郎の軌跡は、あまりにも真っ当で人間的だった！ 四大財閥の中で最強の金融力を誇った安田財閥。銀行王とまで呼ばれた男の成功学を今こそ学ぶ。

◇ほくりく20世紀列伝　上巻　北国新聞社論説委員会・編集局編　時鐘舎　（時鐘舎新書）　2007.12　281p　18cm　①978-4-8330-1597-4
＊近代日本動かした北陸人のど根性。激動の時代を駆け抜けた偉人たちのドラマ。

◇ほくりく20世紀列伝　上巻　北国新聞社論説委員会・編集局編　時鐘舎　（時鐘舎新書）　2007.12　281p　18cm　①978-4-8330-1597-4
＊近代日本動かした北陸人のど根性。激動の時代を駆け抜けた偉人たちのドラマ。

◇経営に大義あり—日本を創った企業家たち　日本経済新聞社編　日本経済新聞社　2006.5　247p　19cm　①4-532-35209-6
＊類い希なる事業力と人間的魅力をもつ「経営の巨人」たちの素顔に、当代きっての作家・歴史家・研究者たちが迫る、こだわりの人物伝。

◇経営に大義あり—日本を創った企業家たち　日本経済新聞社編　日本経済新聞社　2006.5　247p　19cm　①4-532-35209-6
＊類い希なる事業力と人間的魅力をもつ「経営の巨人」たちの素顔に、当代きっての作家・歴史家・研究者たちが迫る、こだわりの人物伝。

◇相場ヒーロー伝説—ケインズから怪人伊東ハンニまで　鍋島高明著　五台山書房　2005.12　340p　19cm　①4-309-90654-0

◇相場ヒーロー伝説—ケインズから怪人伊東ハンニまで　鍋島高明著　五台山書房　2005.12　340p　19cm　①4-309-90654-0

◇人間の運命　小島直記著　致知出版社　1999.6　271p　19cm　①4-88474-567-1
＊人は運命の力の前に何をなしうるか。幸田露伴、高橋是清、安田善次郎…。当代随一の伝記作家が語る、人それぞれの運命との相克。

◇人間の運命　小島直記著　致知出版社

◇人間の運命　小島直記著　致知出版社　1999.6　271p　19cm　①4-88474-567-1
＊人は運命の力の前に何をなしうるか。幸田露伴、高橋是清、安田善次郎…。当代随一の伝記作家が語る、人それぞれの運命との相克。

◇安田善次郎伝　矢野文雄著　ゆまに書房　（人物で読む日本経済史）　1998.12　574,28p　22cm　〈安田保善社大正14年刊の複製 折り込み5枚〉　①4-89714-603-8

◇安田善次郎伝　矢野文雄著　ゆまに書房　（人物で読む日本経済史）　1998.12　574,28p　22cm　〈安田保善社大正14年刊の複製 折り込み5枚〉　①4-89714-603-8

◇人物に学ぶ明治の企業事始め　森友幸照著　つくばね舎　1995.8　210p　21cm　①4-924836-17-6

◇人物に学ぶ明治の企業事始め　森友幸照著　つくばね舎　1995.8　210p　21cm　①4-924836-17-6

◇富の活動　安田善次郎著　大和出版　（創業者を読む）　1992.5　232p　19cm　①4-8047-5022-3
＊"勤倹努力"を生涯にわたって貫き、日本金融界の基礎を築いた「銀行王」の、人生観・経営観の縦横の発言から、今、事業・仕事への心構えを再考する指針。

◇富の活動　安田善次郎著　大和出版　（創業者を読む）　1992.5　232p　19cm　①4-8047-5022-3
＊"勤倹努力"を生涯にわたって貫き、日本金融界の基礎を築いた「銀行王」の、人生観・経営観の縦横の発言から、今、事業・仕事への心構えを再考する指針。

◇新・財界人列伝—光と影　厚田昌範著　読売新聞社　1992.1　254p　19cm　①4-643-91127-1
＊財界の指導者たちの、いまだ書かれなかった実像に迫る。

◇新・財界人列伝—光と影　厚田昌範著　読売新聞社　1992.1　254p　19cm　①4-643-91127-1
＊財界の指導者たちの、いまだ書かれなかった実像に迫る。

◇財界人物我観　福沢桃介著　図書出版社　（経済人叢書）　1990.3　177p　19cm

I 政治・経済　　　　　　　　　　　　　　　　　　　　　　　安場保和

＊自由奔放に生きた鬼才・福沢桃介が明
治財界の巨頭たちを俎上に載せ毒舌を
ふるう。

◇財界人物我観　福沢桃介著　図書出版社
（経済人叢書）　1990.3　177p 19cm
＊自由奔放に生きた鬼才・福沢桃介が明
治財界の巨頭たちを俎上に載せ毒舌を
ふるう。

◇安田財閥　由井常彦編　日本経済新聞社
（日本財閥経営史）　1986.8　481,15p
21cm　①4-532-07374-X
＊一介の両替商、安田善次郎が創設した安
田銀行が、日本屈指の大銀行に成長して
いく裏には、いかなる戦略があったのか
—異色の金融財閥「安田」の全貌を、新
発掘の史料を駆使して克明に描き出す。

◇智略の行程—炎の男たち・安田　旺文社
編　旺文社　1985.4　246p 22cm
①4-01-071304-6

◇金（かね）のすべてを知りつくした男—安
田善次郎の成功哲学　青野豊作著　PHP
研究所　（PHPビジネスライブラリー）
1983.9　238p 18cm　①4-569-21075-9

◇安田善次郎物語—富山が生んだ偉人　安
田生命保険相互会社編　安田生命保険相
互会社　1982.11　129p 18cm　〈安田善
次郎の肖像あり〉

◇安田善次郎伝　矢野竜渓著　中央公論社
（中公文庫）　1979.7　333p 15cm　〈安
田善次郎の肖像あり〉

◇克己実話　安田善次郎著　ダイヤモンド
社　（明治経営名著集完全復刻版）
1978.1　239p 23cm　〈企画・編集：日
本経営史研究所　二松堂書店明治45年刊の
複製　限定版　雄松堂書店との共同刊行　折
り込図1枚　著者の肖像あり〉

◇財界人思想全集　第8　財界人の人生観・
成功観　小島直記編・解説　ダイヤモン
ド社　1969　454p 22cm

◇明治百年 文化功労者記念講演集　第1輯
福沢諭吉を語る〔ほか〕　高橋誠一郎　尾
崎行雄記念財団　1968　324p 19cm

◇松翁安田善次郎　安田学園松翁研究会編
安田学園　1967　212p 図版　18cm

◇政商から財閥へ　楫西光速著　筑摩書房
（グリーンベルト・シリーズ）　1964
234p 18cm

◇日本財界人物列伝　第1巻　青潮出版株式
会社編　青潮出版　1963　1171p 図版
26cm

◇松翁安田善次郎伝　安田学園松翁研究会
編　安田学園　1958　435p 図版　19cm

◇四人の財界人　河野重吉著　ダイヤモン
ド社　1956　182p 18cm

◇人間安田善次郎　織田誠夫著　経済展望
社　1954　2版 318p 図版　19cm

▌**安場 保和**　やすば・やすかず
1835〜1899　官僚，政治家。男爵，貴族
院議員。諸産業の振興に努め、地方官会
議幹事として活躍。北海道長官を歴任。

◇一に人二に人三に人—近代日本と「後藤新
平山脈」100人　後藤新平研究会編　藤原
書店　2015.7　285p 21cm　〈文献あり
年譜あり　索引あり〉
①978-4-86578-036-9

◇横井小楠の弟子たち—熊本実学派の人々
花立三郎著　藤原書店　2013.6　505p
22cm　〈索引あり〉　①978-4-89434-921-6
＊幕末・維新期に「公共」思想を基軸とし
て、来たるべき世界像を唱導した実学
思想家・横井小楠（1809 - 69）。その理
想と世界観に多大な影響を受け、近代
日本に雄飛した、牛嶋五一郎、荘村助右
衛門、徳富一敬、内藤泰吉、河瀬典次、
山田武甫、嘉悦氏房、安場保和ら門弟8
名の人物像と業績を初めて掘り起こし、
「横井小楠山脈」の全貌に迫った、著者
の永年の業績を集大成。

◇安場保和伝—1835-99 豪傑・無私の政治家
安場保吉編　藤原書店　2006.4　458p
20cm　〈肖像・年譜あり〉
①4-89434-510-2
＊総理にも動じなかった日本一の豪傑知
事。「横井小楠の唯一の弟子」（勝海舟）
として、鉄道・治水・産業育成など、近
代国家としての国内基盤の整備に尽力、
後藤新平の才能を見出した安場保和。気
鋭の近代史研究者たちが各地の資料か

伝記ガイダンス 明治を生きた人々　　**615**

ら、明治国家を足元から支えた知られ
ざる傑物の全体像に初めて迫る画期作。

安原 金次　やすはら・きんじ
1853～1926　軍人。

◇海軍諜報員になった旧幕臣—海軍少将安
原金次自伝　安原金次著，樋口雄彦編・解
説　芙蓉書房出版　2011.1　457p　22cm
①978-4-8295-0501-4
＊海軍軍令部の初代諜報課長を務め、日清
戦争前後に中国での情報収集活動を担
当した軍人が書き残した自伝などの史
料を翻刻。明治維新の荒波を乗り越え、
明治海軍の軍人となったひとりの人物の
立志伝であり、中国大陸で展開された
日本海軍の諜報活動を示す初公開史料。

矢田 績　やだ・せき
1860～1940　実業家。三井銀行名古屋支
店長。東神倉庫常務、東邦電力監査役な
どを歴任。

◇中部における福澤桃介らの事業とその時
代　愛知東邦大学地域創造研究所編　唯
学書房　（地域創造叢書）　2012.9
138p　21cm　①978-4-902225-75-4

柳川 熊吉　やながわ・くまきち
1825～1913　侠客。

◇箱館戦争銘々伝　上　好川之範，近江幸
雄編　新人物往来社　2007.8　328p
19cm　①978-4-404-03471-7
＊戊辰最後の死闘、雪の箱館に散って
いった戦士たちの肖像。榎本武揚、甲
賀源吾、中島三郎助ほか21人。

柳田 藤吉　やなぎだ・とうきち
1837～1909　殖産家。

◇えぞ侠商伝—幕末維新と風雲児柳田藤吉
奥田静夫著　北海道出版企画センター
2008.2　246p　19cm　〈肖像・年表・文
献あり〉　①978-4-8328-0801-0

柳田 茂十郎　やなぎだ・もじゅうろう
1833～1899　商人。

◇近代佐久を開いた人たち　中村勝実著　櫟
1994.2　350p　19cm　①4-900408-52-2
＊明治からすでに約百三十年、同じ佐久
の風土で育った人の中から、なんらか
の形で社会的に貢献のあった、特色の
ある生き方をした人などをできるだけ
事実を正確に、そして読みやすくその
生涯を追った。

柳原 愛子　やなぎわら・なるこ
1855～1943　女官。大正天皇の生母。

◇天皇家の姫君たち—明治から平成・女性
皇族の素顔　渡辺みどり著　文藝春秋
（文春文庫）　2005.11　285p　15cm
①4-16-717106-6
＊初めて民間から皇室に嫁ぎ、苦悩の連
続だった美智子さま。「宮中某重大事
件」を乗り越えて、婚約から結婚まで6
年もかかった良子さま。昭憲皇太后か
ら雅子さま、愛子さままで、最も注目を
集める女性皇族7人の軌跡をたどる。文
庫化に際し、紀宮さまについての秘話
満載の書き下ろしを新たに37ページ追
加。カラー写真多数収録。

◇天皇家が恋した嫁たち　渡辺みどり著
マガジンハウス　2002.11　253p　19cm
①4-8387-1406-8
＊天皇家に嫁ぎ、それぞれの時代で嫁姑
を抱えながら賢く、『女性の生き方』を
確立したトップレディー。

◇近世女流文人伝　会田範治，原田春乃共
編　明治書院　1960　280,90p　22cm

梁瀬 長太郎　やなせ・ちょうたろう
1879～1956　実業家。梁瀬自動車会長。
ヤナセの創業者。自動車輸入協会初代
会長。

◇時代を超えた経営者たち　井奥成彦編著
日本経済評論社　2017.3　336p　21cm
①978-4-8188-2462-1
＊進取に富み革新的な経営を行った人物
や、これまであまり紹介されることが

なかった古くからの家業を継承、発展させていった経営者を取り上げ、それぞれの特徴を平易に描く。

◇関東大震災で飛躍した企業―今こそ学べ! 成功の発想力　たみやじゅん著　上毛新聞社　2013.1　195p　18cm
①978-4-86352-076-9
＊大正12（1923）年9月1日。マグニチュード7.9の大地震が関東を襲った。がれきの中から、事業家たちはいかにして「商売の種」を見いだしたのか。野間清治、山崎種二、梁瀬長太郎―。震災をビジネスチャンスに変え、企業を発展させた24人を紹介する。

◇企業家活動でたどる日本の自動車産業史―日本自動車産業の先駆者に学ぶ　宇田川勝監修・編著, 四宮正親編著　白桃書房（法政大学イノベーション・マネジメント研究センター叢書）　2012.3　216p　21cm　①978-4-561-76195-2
＊本書は、法政大学における公開講座にもとづき、学生や社会人の方々に自動車産業の歴史とそこで活躍した企業家たちに親しんでもらうことを目指したケース集。自動車産業の開拓と発展に貢献した熱き企業家たちの姿が学べる1冊。

◇日本自動車史と梁瀬長太郎　梁瀬長太郎述, 山崎晁延編　「日本自動車史と梁瀬長太郎」刊行会　1950.5　293,164,5p　19cm　〈梁瀬長太郎等の肖像あり 限定版〉

▌矢野　恒太　やの・つねた
1865～1951　実業家。保険業法の制定につくし第一生命保険を創立。また「日本国勢図会」を発刊した。著書に「生命保険」など。

◇企業家活動でたどる日本の金融事業史―わが国金融ビジネスの先駆者に学ぶ　法政大学イノベーション・マネジメント研究センター監修, 宇田川勝監修・編著, 長谷川直哉編著　白桃書房（法政大学イノベーション・マネジメント研究センター叢書）　2013.3　204p　21cm　①978-4-561-76199-0
＊「企業家活動でたどる日本の産業（事業）史」シリーズ第2弾。今回は金融ビ

ジネスを取り上げる。起業精神に富み、革新的なビジネス・モデルを駆使して産業開拓活動に果敢に挑戦し、その国産化を次ぎに達成していった企業家たちの活動を考察。

◇日本統計史群像　島村史郎著　日本統計協会　2009.12　214p　26cm
①978-4-8223-3609-7
＊統計を愛しその発展に献身した、近現代の政治指導者と学者、行政官達の人物像を明らかにする。

◇瀬戸内の経済人―人と企業の歴史に学ぶ24話　赤井克己著　吉備人出版　2007.9　244p　21cm　①978-4-86069-178-3
＊本書は企業とともに歩み、その運命と懸命に格闘した瀬戸内の経済人の歴史であり、物語である。明治の黎明期から平成の現代まで20人余のドラマティックな人生にスポットを当てた。

◇わが国保険事業の確立者―各務鎌吉と矢野恒太　長谷川直哉著　法政大学イノベーション・マネジメント研究センター（Working paper series　日本の企業家活動シリーズ）　2007.1　22p　30cm　〈年譜あり〉

◇矢野恒太伝　第3版　矢野恒太記念会編　矢野恒太記念会　1981.9　461p 図版14枚　19cm　〈矢野恒太の肖像あり〉

◇日本財界人物列伝　第1巻　青潮出版株式会社編　青潮出版　1963　1171p 図版　26cm

◇矢野恒太　稲冨又吉著　時事通信社　（一業一人伝）　1962　299p 図版　18cm

◇矢野恒太伝　矢野恒太記念会編　1957　427,19p 図版　19cm

◇人使い金使い名人伝　〔正〕続　中村竹二著　実業之日本社　1953　2冊　19cm

▌山尾　庸三　やまお・ようぞう
1837～1917　長州藩士, 政治家。子爵。法制局長官, 臨時建築局総裁などを歴任。

◇近代工学立国の父山尾家と山尾庸三　増補改訂版　日本外交協会萩支部編　日本外交協会萩支部　2017.10　93p　21cm

伝記ガイダンス 明治を生きた人々　**617**

〈年譜あり〉

◇日本の工学の父山尾庸三—没後百年記念
企画展2017　萩博物館編　萩博物館
2017.9　87p　30cm　〈会期：平成29年9
月16日～12月3日　年譜あり〉

◇近代工学立国の父山尾家と山尾庸三　日
本外交協会萩支部編　日本外交協会萩支
部　2015.4　67p　21cm　〈年譜あり〉

◇山尾庸三—日本の障害者教育の魁　松岡
秀隆著　松岡秀隆　2014.5　125p　19cm
①978-4-87787-617-3

◇「鉄都」釜石の物語　小野崎敏著　新樹社
2007.11　287p　19cm
①978-4-7875-8575-2
＊安政4年12月1日、「日本の近代化」の扉
が開かれた！ 南部人・大島高任と東北
のテクノポリスをめぐる人々の物語。

◇山尾庸三伝—明治の工業立国の父　兼清
正徳著　山尾庸三顕彰会　2003.1　273p
22cm　〈肖像あり　年譜あり〉

山岡 鉄舟　やまおか・てっしゅう
1836～1888　剣術家，政治家，書家。江
戸城無血開城の貢献者。幕末三舟の一人。

◇ポケット山岡鉄舟修養訓　平井正修著
致知出版社　（活学新書）　2017.2　171p
18cm　〈奥付のタイトル：山岡鉄舟修養
訓〉　①978-4-8009-1138-4

◇首丘の人 大西郷　新装版　平泉澄著　錦
正社　2016.11　368,9p　20cm　〈初版：
原書房 1986年刊　索引あり〉
①978-4-7646-0129-1

◇NHK歴史秘話ヒストリア—歴史にかくさ
れた知られざる物語 第3章　4　幕末・維
新編　NHK「歴史秘話ヒストリア」制作
班編　金の星社　2016.2　39p　30cm
①978-4-323-06824-4

◇山岡鉄舟と飛驒　北村豊洋著　山岡鉄舟研
究会　2016.1　43p　26cm　〈年譜あり〉

◇感動する！ 日本史—日本人は逆境をどう
生きたか　白駒妃登美著　KADOKAWA
（中経の文庫）　2015.7　268p　15cm
〈中経出版 2013年刊の加筆、再編集　文
献あり〉　①978-4-04-601304-0

◇日本の危機を救った山岡鐵舟空白の二日
間「望嶽亭・藤屋」と清水次郎長　若杉昌
敬編著　若杉昌敬　2014.11　228p
26cm　〈付・注釈　年譜あり〉

◇おれの師匠—山岡鐵舟先生正伝　オンデ
マンド版　小倉鉄樹著　島津書房
2014.7　487p　21cm　〈印刷・製本：デ
ジタルパブリッシングサービス〉
①978-4-88218-160-6

◇大江戸剣豪列伝—切先越しにみるサムラ
イの260年　田澤拓也著　小学館　（小学
館新書）　2014.2　222p　18cm
①978-4-09-825199-5
＊江戸時代初期、諸国遍歴と武者修行に
励んだ宮本武蔵らの背景には、関ヶ原
の戦い後の浪人たちの就職事情があっ
た。江戸中期、武士が戦いを忘れて
いった時代だからこそ、庶民は赤穂浪
士の討ち入りに拍手喝采した。そして
幕末、その庶民が千葉周作の玄武館な
ど町道場に通い、近藤勇ら草莽の志士
たちが動乱の時代を駆け抜けた背景に
は、武士による政治と経済の破たんが
もたらした身分制の崩壊があった。江
戸時代260年間を彩る剣豪たちの太刀筋
から、武士像の変遷を解き明かす。

◇鉄舟随感録—新訳：「剣禅一如」の精髄を
極める　安部正人編著，渡辺誠編訳
PHP研究所　2012.11　222p　18cm
〈文献あり〉　①978-4-569-80747-8
＊西郷隆盛、勝海舟が賞賛した男・山岡鉄
舟「魂」の記録。剣と禅との奥義を究
め、幕末に身命を賭して江戸百万の難
を救った男の真髄とは。

◇為政者の器—現代の日本に求められる政
治家像　丹羽文生著　春日出版　2009.8
127p　19cm　①978-4-86321-193-3
＊時代の牽引役として、激動の歴史を生
き抜いた魅力溢れる二〇人のリーダー
から、現代の政治家そして国民が学ぶ
べきこと。

◇新版 明治の禅匠　禅文化研究所編集部編
禅文化研究所　2009.7　359p　19cm
①978-4-88182-244-9
＊幕末から明治維新、そして廃仏毀釈の
激動の時代に、命がけで禅の法灯を繫

Ⅰ　政治・経済　　　　　　　　　　　　　　　　　　　　　　　　　　　　　　　　　山岡鉄舟

いでこられた宗匠方の記録。待望の復刻新版。

◇幕末期武士/士族の思想と行為—武人性と儒学の相生的素養とその転回　竹村英二著　御茶の水書房　2008.12　352,7p　23cm　〈文献・索引あり〉　①978-4-275-00594-6
＊川路聖謨、山岡鉄舟、荘田平五郎を取り上げ、彼らの享受した儒学教育、武人性の醸成を目指した徳育と、その行為の実相を明らかにする。

◇幕末剣豪秘伝　津本陽監修　ベストセラーズ　（ワニ文庫）　2008.8　255p　15cm　①978-4-584-39256-0
＊日本中が混乱した動乱の時代、幕末。ひたすらに剣技を磨き、一刀をもって時代を変えようとした男たち。江戸の三大道場とうたわれた玄武館の千葉周作、練兵館の斎藤弥九郎、士学館の桃井春蔵をはじめ、剣聖男谷精一郎、無刀流の山岡鉄舟、兜割りの榊原鍵吉、最後の剣客伊庭八郎、壬生狼近藤勇、天下の素浪人坂本竜馬、そして長竹刀の大石進など…。今なお語り継がれる伝説のサムライたちを一挙に紹介。剣に生きた人々の様々なエピソードや、剣豪として生き抜く術、諸流派の華麗な技の数々を豊富なイラストで解説する。

◇剣と禅　新版　大森曹玄著　春秋社　2008.7　263p　19cm　①978-4-393-14416-9
＊勝敗にかかわらず、生死を越えて真の人間を完成する剣の道。その剣禅一如の世界を説いた名著。

◇山岡鉄舟　新版　大森曹玄著　春秋社　2008.7　279p　19cm　①978-4-393-14710-8
＊江戸城無血開城の実現に奔走した幕末の偉人「山岡鉄舟」。明治維新後も多くの人々に影響を与えたその思想と生涯を余すところなく描く。

◇幕末三舟伝　頭山満述　国書刊行会　2007.11　340p　19cm　①978-4-336-04984-1
＊江戸無血開城の立役者・海舟の智、泥舟の意、鉄舟の情。武道と禅の修養が江戸百万の市民を救う。明治元年春、百万の江戸市民を戦火の危機から救い出した三人の幕臣、勝海舟・高橋泥舟・山岡鉄舟（三舟）の、維新前夜の死を賭した活躍を生き生きと活写。

◇敗者たちの幕末維新—徳川を支えた13人の戦い　武光誠著　PHP研究所　（PHP文庫）　2007.9　235p　15cm　①978-4-569-66916-8
＊幕末維新には、数多くの優れた人物が歴史の表舞台に登場した。なかでも幕府と徳川家のために奮闘し、敗者となった人々を見逃すことはできない！　本書は老中・阿部正弘、会津藩主・松平容保、桑名藩主・松平定敬、大奥の天璋院（篤姫）と和宮（静寛院宮）、幕臣の小栗忠順、大久保一翁など、ペリー来航から江戸開城までに活躍した13人の思いと、筋を通した生き方を感動的に描いた一冊。

◇最後のサムライ山岡鉄舟　円山牧田, 平井正修編　教育評論社　2007.9　231p　19cm　①978-4-905706-21-2
＊幕末から明治を駆け抜けた剣、禅、書の達人、山岡鉄舟の正伝。

◇人生に〈定年〉はない—山岡鉄舟・清水次郎長に学ぶ　高田明和著　春秋社　2007.3　250p　19cm　〈年譜あり〉　①978-4-393-13727-7
＊新しい生き方を探るとき、どこに人生の目的を求めるか？　おなじみ高田先生の名調子で学ぶ人生の極意。

◇師弟—ここに志あり　童門冬二著　潮出版社　2006.6　269p　19cm　①4-267-01741-7
＊一期一会の出会い。17組の運命的出会いが歴史を作った。

◇サムライたちの幕末維新　近江七実著　スキージャーナル　（剣道日本コレクション）　2005.5　207p　19cm　①4-7899-0058-4
＊剣術が隆盛をみた幕末、その剣の技量をもって頭角を現わした男たち。維新をくぐり抜けた後、ある者は生涯を剣人として生き、ある者は剣を封印して国を動かす立場へと身を置く。幕末から維新への激動の時代に彼らは何を考え、どう生きたか。剣の技と精神をど

う活かしたのか。そして廃刀令によって剣術が無用のものとなった新しい時代にどう処していったのか。日本の近代の出発点である幕末維新を生きたサムライたちの精神が、さまざまな難しい問題に直面する現代の日本人に、生きるためのヒントを与えてくれる。

◇山岡鉄舟　新装版　大森曹玄著　春秋社　2003.9　285p　20cm　〈肖像あり〉　①4-393-14709-X
＊江戸を戦火から救うために功績のあった鉄舟。西郷隆盛をして「いのちも金も名誉もいらぬ男は始末に困る」と言わしめた幕末・明治の傑物の全体像を余すところなく描く。

◇山岡鉄舟　小島英熙著　日本経済新聞社　2002.11　335p　19cm　①4-532-16434-6
＊真に時代を動かした「一級の男」。西郷を感嘆させ、幕末日本を危機から救ったひとりの士。無私無欲を貫き通した、その心洗われる生涯。

◇山岡鉄舟幕末・維新の仕事人　佐藤寛著　光文社　（光文社新書）　2002.7　254p　18cm　①4-334-03150-1
＊山岡鉄舟と聞いて、どのようなイメージを持つだろうか。一般的には禅と書と剣の達人だろう。新撰組ファンならば、その前身である浪士隊のエピソードで記憶に残っているかもしれない。他に、明治天皇の家庭教師、清水次郎長との交友が知られているところだろう。少し歴史に詳しい読者なら、江戸城無血開城における勝海舟・西郷隆盛会談に先立ち、彼が幕府特使として官軍に派遣されたことを思い出すだろうか。本書は、新たな資料と取材、そこに若干の想像力を加えて執筆したものである。彼は、優れた交渉人、行政マン、経営者であり、危機管理の達人でもあった。そんな新たな鉄舟像を軸に、激動の時代を読み解いていく。

◇鉄舟随感録　安部正人編，山岡鉄舟筆記，勝海舟評論，高橋泥舟校閲　国書刊行会　2001.4　292p　20cm　①4-336-04335-3

◇おれの師匠―山岡鉄舟先生正伝　小倉鉄樹著，石津寛，牛山栄治編　島津書房　2001.3　487p　22cm　〈年譜あり　昭和12年刊の複製　肖像あり〉　①4-88218-084-7
＊鉄舟門下小倉鉄樹が師の事を語った炉話を鉄舟門下石津寛がこれを纏め、牛山栄治が決定本として世に出した鉄舟本の完全復刻版。鉄舟ファンにとって垂涎の書とされる。

◇春風を斬る―小説・山岡鉄舟　神渡良平著　PHP研究所　2000.9　475p　20cm　①4-569-61276-8

◇日本一周駆け足の旅　東海道篇　金沢良夫著　日本図書刊行会　1999.11　302　19cm　①4-8231-0388-2
＊日本を走ろう!!東京日本橋から京都三条大橋まで苦難と喜びの道。各所旧跡の風景、人々との出会い等々走って綴る日本一周の旅、その東海道篇。

◇幕末三舟伝　改訂新版　頭山満著　島津書房　1999.11　368p　20cm　①4-88218-079-0
＊江戸を救った男たち。勝海舟、高橋泥舟、山岡鉄舟の幕末三舟を立雲頭山満翁がその独特な舌端をもって剖検した近代の快著。

◇山岡鉄舟の武士道　勝部真長編　角川書店　（角川ソフィア文庫）　1999.9　282p　15cm　〈『武士道―文武両道の思想』改題書〉　①4-04-348501-8
＊慶応4年、駿府の官軍本営に乗り込んで、徳川慶喜の恭順の意を伝え、江戸城無血開城への道を開いた志誠の人山岡鉄舟、その命がけの忠義の姿に西郷隆盛は「稀有の勇士」と讃えたという。幕末から明治という激動の時代を駆け抜けた鉄舟の武士道とは何か。禅によって剣の道を極め、剣によって禅を深める―晩年の鉄舟が、剣禅一致の境地に至って吐露した独特の武士道論に、盟友勝海舟の軽妙洒脱な評論を加えた本書は、歴史的名著であると同時に、日本人の生き方の原点を示唆している。

◇日本剣豪列伝　新版　直木三十五著　大東出版社　1999.9　286p　19cm　①4-500-00655-9
＊宮本武蔵、柳生宗矩等、日本剣法の諸豪

Ⅰ　政治・経済　　　　　　　　　　　　　　　　　　　　　　　　　山岡鉄舟

の名勝負と生涯を物語風に描く。古武道の真の精神をあますところなく語る異色の剣豪列伝。直木賞に名を冠された直木三十五の傑作名著を復刻。

◇武士道―文武両道の思想　新版　勝部真長編　大東出版社　1997.9　269p　19cm　Ⓝ4-500-00636-2
　＊至誠の剣豪が語る「日本人の生き方」。慶応四年、慶喜恭順の意を伝えるため、不惜身命、官軍本営に単身乗り込みついに江戸城無血開城への道を開いた幕末屈指の英傑―山岡鉄舟。禅によって剣の道を極め、剣の道を通じて人間の完成に至ったその独特の境地から語られる武士道とは何か？　心友・勝海舟の評論を加えた歴史的名著。

◇高士山岡鉄舟―伝記・山岡鉄舟　葛生能久編　大空社　（伝記叢書）　1997.2　456，140,5p　22cm　〈黒竜会出版部昭和4年刊の複製　☆柳原書店〉　Ⓝ4-7568-0453-5

◇山岡鉄舟に学ぶ人間の器―敵も味方も惚れ込む人望力　鈴村進著　大和出版　1996.12　245p　20cm　〈参考文献：p244～245〉　Ⓝ4-8047-1425-1
　＊江戸無血開城の功績は西郷と勝海舟の会見で成就したと言われているが、実際は山岡鉄舟なくして実現しなかった。至誠を貫いた男の美学と人間的大きさの探究―。

◇幕末の三舟―海舟・鉄舟・泥舟の生きかた　松本健一著　講談社　（講談社選書メチエ）　1996.10　222p　19cm　Ⓝ4-06-258089-6
　＊幕末から明治近代へ―新時代の「機」を読み切り、独創的な才覚を発揮した海舟。公への「誠」を通し、変わらず忠勤に励んだ鉄舟。主家への「忠」を貫き、隠棲の淵に身を投じた泥舟。時流の荒波にそれぞれの航跡を描いた、三舟の「生きかた」を考える。

◇男の真剣勝負　津本陽著　角川書店　（角川文庫）　1996.4　363p　15cm　Ⓝ4-04-171312-9
　＊織田信長、徳川吉宗、渋沢栄一、金子直吉、山岡鉄舟、宮本武蔵ら歴史に名を残した男たちは、剣が峰に立たされた際、

乾坤一擲の大勝負に出て、逆境を切り抜け、己の意地を貫いた英雄たちである。時代が混迷化する今こそ、彼らに学ぶ点は多い。「今最も求められるリーダー」「官僚が学ぶべき人」など、歴史小説の第一人者が、現代に甦える十六人の英雄（サムライ）の実像とその魅力を描き切る。

◇のるかそるか　津本陽著　文芸春秋　（文春文庫）　1994.4　294p　15cm　Ⓝ4-16-731430-4
　＊信長、秀吉、家康ら、時流に乗った十八人の男たちの“ここ一番”を読む。いずれも時の流れに乗り、運を開いた男ばかり。現代にも通じる処世とその決断。

◇幕末鬼骨伝　広瀬仁紀著　富士見書房　（時代小説文庫）　1993.6　279p　15cm　Ⓝ4-8291-1243-3
　＊幕末から明治にかけ歴史を裏舞台で動かした伊東甲子太郎、松本良順、山岡鉄舟、頭山満ら鬼才を現代に甦らすオリジナル傑作人物伝。

◇真男子―山岡鉄太郎の青春　本編　動乱の太陽　山中秀夫作　日本出版放送企画　1993.4　305p　19cm　Ⓝ4-7952-5329-3
　＊動乱の渦中にあって、剣豪、山岡鉄太郎（鉄舟）は、一度たりとも人を斬っていない。鉄太郎が求めつづけた剣は、人を斬る剣ではなく、人を活かす剣であった。

◇真男子―鉄太郎の青春　序編　大自然のいとしご　山中秀夫作　日本出版放送企画　1992.11　177p　19cm　〈東京　星雲社　付：参考資料〉　Ⓝ4-7952-5327-7

◇大聖山岡鉄舟　鍋倉健悦著　日本出版放送企画　1991.10　460p　22cm　〈発売：星雲社　付（絵はがき13枚　袋入）：昭和の剣聖　付（2枚　袋入）：山岡鉄舟直筆書写　限定版〉　Ⓝ4-7952-5315-3

◇山岡鉄舟―維新の大聖　地の巻　地の巻　あきやま耕輝画，山中秀夫脚本　日本出版放送企画　1991.7　143p　21cm　Ⓝ4-7952-5313-7

◇剣には花を　上　五味康祐著　徳間書店　（徳間文庫）　1991.5　379p　16cm

伝記ガイダンス　明治を生きた人々　　**621**

山岡鉄舟 Ｉ 政治・経済

①4-19-599310-5

◇剣には花を　下　五味康祐著　徳間書店
（徳間文庫）　1991.5　376p　16cm
①4-19-599311-3

◇幕末三舟伝　頭山満著　島津書房　1990.8
368p 21×16cm　①4-88218-028-6
＊勝海舟、高橋泥舟、山岡鉄舟の幕末三舟
を立雲頭山満翁がその独特な舌端を
もって剖検した近代の快著。

◇英傑 巨人を語る　勝海舟評論，高橋泥舟
校閲，安部正人編　日本出版放送企画
（武士道叢書）　1990.6　262p 19cm
①4-7601-0588-3
＊「英傑」勝海舟が語る、「巨人」山岡鉄
舟の真実。

◇春風無刀流　津本陽著　中央公論社　（中
公文庫）　1990.5　253p 15cm
①4-12-201713-0
＊幕末から明治にかけて一刀正伝無刀流
を開き、明治維新では勝海舟、西郷隆盛
らと活躍した山岡鉄舟。剣豪小説に定
評ある著者が、剣の奥義をきわめた鉄
舟の悠然たる生涯を鮮やかに描く。

◇史伝 西郷隆盛と山岡鉄舟―日本人の武士
道　原園光憲著　日本出版放送企画　（武
士道叢書）　1990.2　317p 19cm
①4-7601-0553-0
＊西郷肖像問題。謎か？ 決着か！ 新写真
発見。本書に初公開。幕末明治の日本
と日本人を考える。武士道からみた西
郷隆盛と山岡鉄舟の真実。

◇山岡鉄舟―薫風の人　岩崎栄著　日本出
版放送企画　1989.10　5冊　20cm　〈発
売：柏書房 山岡鉄舟の肖像あり〉
①4-7601-0521-2

◇日本剣豪列伝　下　伊藤桂一ほか著　旺
文社　（旺文社文庫）　1987.6　577p
15cm　〈『日本の剣豪』改題書〉
①4-01-061682-2
＊剣聖とうたわれた男たち、剣鬼と恐れ
られた男たち―。さまざまなドラマが
秘められた剣客の生涯。本巻収録は、
柳生連也斎 辻無外 堀部安兵衛 松山主
水 平山行蔵 千葉周作 斎藤弥九郎 桃井
春蔵 白井亨 男谷精一郎 島田虎之助 山
岡鉄舟 榊原鍵吉 伊庭八郎 佐々木唯三

郎 大石進 近藤勇の17編。

◇山岡鉄舟―幕末の花道　神谷次郎著　読
売新聞社　1986.6　244，〔1〕p　20cm
〈付：参考文献〉　①4-643-74440-5

◇交渉　佐々克明ほか著　旺文社　（ブレー
ン：歴史にみる群像）　1986.3　293p
19cm　①4-01-071413-1
＊一歩、後の男たち。男は影で光ってい
た。歴史の主役を側面から支えた補佐
役たちの生き方、考えを現代視点から
探ります。小西行長、安国寺恵瓊、支倉
常長、堀直英、高杉晋作、山岡鉄舟。

◇山岡鉄舟　大森曹玄著　春秋社　1983.11
285p　20cm　〈新装版 肖像：山岡鉄舟 筆
跡：山岡鉄舟〔ほか〕　図版（肖像 筆跡
を含む）〉

◇NHK歴史と人間　3　日本放送協会編
日本放送出版協会　1978.6　171p　19cm
〈聞き手：三国一朗〉

◇鉄舟と書道―書美の本質とその深化　寺
山葛常著　巌南堂書店　1977.10　337p
27cm

◇山岡鉄舟　増補　大森曹玄著　春秋社
1977.2　285p 図　20cm

◇定本山岡鉄舟　牛山栄治　新人物往来
社　1976　285p　20cm

◇山岡鉄舟―春風館道場の人々　牛山栄治
著　新人物往来社　1974　258p　20cm

◇鉄舟居士の真面目　5版　山岡鉄舟著，円
山牧田編　全生庵　1974　140,17p 図 肖
像　21cm

◇史談無刀流―山岡鉄舟と弟子元治郎　浅
野サタ子著　宝文館出版　1970　174p
20cm

◇山岡鉄舟　増補　大森曹玄著　春秋社
1970　269p 図 肖像　20cm

◇歴史残花　第3　時事通信社　1969　367p
図版　19cm　〈監修者：平泉澄〉

◇山岡鉄舟の一生　牛山栄治編著　春風館
1968　510p 図版　20cm

◇山岡鉄舟　大森曹玄著　春秋社　1968
253p 図版　20cm

Ⅰ 政治・経済　　　　　　　　　　　　　　　　　　　　　山県有朋

山県 有朋　やまがた・ありとも

1838～1922　陸軍軍人，政治家。元帥，首相，公爵。軍制，地方制度を確立し、西南戦争を鎮圧。首相となり教育勅語を発布。日清・日露戦争に軍政両面で関与した。〔記念施設〕山県有朋記念館（栃木県矢板市），椿山荘（東京都文京区），小田原古稀庵（神奈川県小田原市），小田原市立図書館 山県公文庫（神奈川県小田原市），無鄰菴庭園（京都府京都市左京区）

◇公爵山縣有朋伝　上巻1　復刻版　德富蘇峰編述　マツノ書店　2016.3　567p 21cm　〈原本：山縣有朋公記念事業會 昭和8年刊〉

◇公爵山縣有朋伝　上巻2　復刻版　德富蘇峰編述　マツノ書店　2016.3　26p,p568-1226　21cm　〈原本：山縣有朋公記念事業會 昭和8年刊〉

◇公爵山縣有朋伝　中巻1　復刻版　德富蘇峰編述　マツノ書店　2016.3　572p 21cm　〈原本：山縣有朋公記念事業會 昭和8年刊〉

◇公爵山縣有朋伝　中巻2　復刻版　德富蘇峰編述　マツノ書店　2016.3　21cm 〈原本：山縣有朋公記念事業會 昭和8年刊〉

◇公爵山縣有朋伝　下巻1　復刻版　德富蘇峰編述　マツノ書店　2016.3　720p 21cm　〈原本：山縣有朋公記念事業會 昭和8年刊〉

◇公爵山縣有朋伝　下巻2　復刻版　德富蘇峰編述　マツノ書店　2016.3　21cm 〈年譜あり　原本：山縣有朋公記念事業會 昭和8年刊〉

◇原敬―外交と政治の理想　上　伊藤之雄著　講談社　（講談社選書メチエ）　2014.12 458p　19cm　①978-4-06-258592-7

◇原敬―外交と政治の理想　下　伊藤之雄著　講談社　（講談社選書メチエ）2014.12　494p　19cm　〈文献あり 索引あり〉　①978-4-06-258593-4

◇明治国家をつくった人びと　瀧井一博著　講談社　（講談社現代新書）　2013.6 347p　18cm　①978-4-06-288212-5 ＊伊藤博文、山県有朋、井上毅から幕臣知識人まで“この国のかたち”を築いた骨太な指導者たちの思想と行動。

◇山県有朋の「奇兵隊戦記」　一坂太郎著　洋泉社　（歴史新書y）　2013.1　238p 18cm　①978-4-8003-0073-7 ＊山県狂介は、如何にして明治元勲に上り詰めたのか⁉下級武士の山県は、「奇兵隊」の指導者として数々の実戦を戦い抜いた。若き日の山県の素顔を「回顧録」を基に活写する。

◇山縣公遺稿・こしのやまかぜ　山縣有朋著　マツノ書店　（続日本史籍協會叢書）2012.3　699,6p　22cm　〈折り込4枚　東京大學出版會昭和54年刊　の複製〉

◇山縣有朋の挫折―誰がための地方自治改革　松元崇著　日本経済新聞出版社 2011.11　410p　20cm　〈文献・年表あり〉　①978-4-532-35494-7 ＊なぜ理想は歪められたのか攻防の軌跡に再生の鍵を探る。

◇司馬遼太郎 歴史のなかの邂逅　7　正岡子規～秋山好古・真之　司馬遼太郎著　中央公論新社　（中公文庫）　2011.3　263p 15cm　①978-4-12-205455-4 ＊日本の前途を信じた若者たちの、底ぬけの明るさと痛々しさと―。第七巻は、司馬文学を代表する長篇『坂の上の雲』に描かれた正岡子規、秋山兄弟を中心に、徳冨蘆花、夏目漱石、石川啄木、清沢満之ら、昂揚の時代を生きた人々の足跡をたどる二十五篇を収録。

◇山県有朋と明治国家　井上寿一著　日本放送出版協会　（NHKブックス）2010.12　252p　19cm　〈並列シリーズ名：NHK BOOKS　文献あり〉 ①978-4-14-091170-9 ＊高杉晋作のもと奇兵隊の軍監として幕府軍と、そして英米仏蘭の四国連合艦隊と戦い、明治新政府で首相として二度組閣した男、山県有朋。閥族・官僚の総本山、軍国主義の権化、侵略主義の張本人と批判されてきたその実像を、俊英が描き直す。一九世紀型の欧州秩序が崩壊する中、形成期の大衆社会の危うさを憂慮し、あえて「強兵」路線を担った山県から、近代日本とは何か、権

伝記ガイダンス 明治を生きた人々　**623**

力とは何かを考える。

◇伊藤公と山県公　復刻版　小松緑著　マ
ツノ書店　2010.5　472,10p　22cm　〈原
本：千倉書房昭和11年刊〉

◇日本陸軍将官総覧　太平洋戦争研究会編
著　PHP研究所　2010.5　426p　19cm
①978-4-569-77552-4
＊大日本帝国の興亡を演出した陸軍の将
帥たち。栄光と挫折のプロフィール！
コンパクトで便利な使える一冊。

◇山県有朋　半藤一利著　筑摩書房　（ちく
ま文庫）　2009.12　291p　15cm　〈文献
あり〉　①978-4-480-42666-6
＊長州の奇兵隊を出発点に伊藤博文とと
もに、「偉大なる明治」の基盤を確立し
た山県有朋。彼は、統帥権の独立、帷幄
上奏の慣例、軍部大臣現役武官制など
で軍の政治的地位を高め、その武力を
背景に短期間で大日本帝国を築き上げ
た。しかし、その仕組みゆえに、軍の独
走を許し、大日本帝国は滅んだ…。「幕
末史」と「昭和史」をつなぐ怪物の人生
を、見事に描き切る。

◇山県公のおもかげ　入江貫一著　マツノ
書店　2009.4　460,6p　図版〔19〕枚
21cm　〈附・追憶百話　偕行社編纂部昭
和5年刊の複製〉

◇山県有朋―愚直な権力者の生涯　伊藤之
雄著　文藝春秋　（文春新書）　2009.2
485p　18cm　〈文献あり〉
①978-4-16-660684-9
＊陸軍と官僚を支配下において山県閥を
つくり、デモクラシーに反対し、みんな
に憎まれて世を去った元老・山県有朋
は、日本の近代史にとって本当に害悪
だったのか？　不人気なのに権力を保ち
続けた、その秘訣とは？　首相、元帥、
元老にして「一介の武弁」。

◇歴代陸軍大将全覧　明治篇　半藤一利，横
山恵一，秦郁彦，原剛著　中央公論新社
（中公新書ラクレ）　2009.1　273,25p　18
×11cm　①978-4-12-150303-9
＊陸軍大将全員の人物像と事績を4人の歴
史家が洩らさず紹介した、リーダブル
な陸軍史の決定版。本書は西郷・山県・
児玉・乃木など、明治期の大将31人を

扱い、その実像を伝える。

◇人物で読む近代日本外交史―大久保利通
から広田弘毅まで　佐道明広，小宮一夫，
服部竜二編　吉川弘文館　2009.1　316p
19cm　①978-4-642-07997-6
＊明治維新から昭和戦前期まで、日本外
交を担った伊藤博文、陸奥宗光、幣原喜
重郎ら十九名の外交官・政治家たち。
彼らの個性に光を当て、条約改正、朝鮮
問題、協調外交、日中戦争など、近代日
本外交の栄光と苦悩を描く。

◇山県有朋と近代日本　伊藤隆編　吉川弘
文館　2008.3　335p　22cm
①978-4-642-03784-6
＊明治・大正期の政界に君臨し、近代日本
の暗黒の象徴とされてきた山県有朋。
軍国主義・侵略主義の体現者ではなく、
国力の限界を認識し、国際情勢を見極
めながら日本の近代化に身命を賭した
山県有朋の実像に迫る。

◇勝者と敗者の近現代史　河上民雄著　か
まくら春秋社　2007.10　189p　19cm
①978-4-7740-0374-0
＊勝海舟、石橋湛山…をかえりみる。日
本はどんな選択肢をとってきたか。日
本の近現代史を歴史上の勝者の歩んだ
道をたどるだけでなく、その勝者に
よって打倒されたり無視された敗者の
実現しなかった構想と比較し、勝者と
敗者の絡みぐあいを確かめる。

◇宰相たちのデッサン―幻の伝記で読む日
本のリーダー　御厨貴編　ゆまに書房
2007.6　280p　21cm
①978-4-8433-2281-6
＊幻の伝記を読み直すなかから生まれた
まったく新しい戦前期の総理大臣評
伝集。

◇吉田松陰の予言―なぜ、山口県ばかりから
総理大臣が生まれるのか？　浜崎惟，本
誌編集部著　Book & Books　2007.5
275p　19cm　①978-4-434-10451-0
＊国家を憂えた激情のカリスマ教育者と、
夢をつかんだ8人の総理に学ぶ大出世の
ヒント。

◇還暦以後　松浦玲著　筑摩書房　（ちくま
文庫）　2006.6　339p　15cm

Ⅰ　政治・経済　　　　　　　　　　　　　　　　　　　　　　山県有朋

①4-480-42236-6
＊古稀を過ぎて法難の旅に出た法然、明
治政府に意見を言い続けた勝海舟、七
十一歳で名作『鍵』を書いた谷崎潤一
郎…彼らは「老年」の人生をいかに生き
抜いたのか。自ら古稀を迎えた歴史家
が見つめた二十七人の還暦後。時に
「性」を語り、時に「記憶」を分析する。
興趣つきぬ歴史エッセイ。

◇歴代総理大臣伝記叢書　第3巻　山県有朋
御厨貴監修　ゆまに書房　2005.7　510p
22cm　〈複製　肖像あり〉
①4-8433-1781-0

◇36人の日本人　韓国・朝鮮へのまなざし
舘野晢編著　明石書店　2005.2　231p
19cm　①4-7503-2053-6

◇日本宰相列伝　上　三好徹著　学陽書房
（人物文庫）　2005.1　487p　15cm
①4-313-75193-9
＊草莽の志士の中でとびぬけた幸運をつ
かんだ伊藤博文。薩摩派のボスのよう
に見えながら孤立していた黒田清隆。
佐賀出身の大隈重信が“葉隠れ精神”嫌
いだった理由。藩閥政治退治を志した
“平民宰相”原敬の意外な経歴。首相よ
り蔵相として活躍した高橋は清の波乱
万丈の人生…。明治・大正の宰相を通
して、近代日本を検証する意欲作。

◇明治の怪山県有朋　原田務著　叢文社
2000.4　249p　20cm　①4-7947-0337-6
＊高い理念と識見に燃える高杉・西郷・大
村・木戸・大久保が死んで国政の中枢に
座した「歴史の流れの見えない官僚型」
の山県は「国民を奴隷にして国権を拡大
する帝国主義国家の確立」に向かって
ひたすらに猛進する。軍隊を天皇の直
接統帥権下に置き実質的に参謀本部長
の独裁にして政治の容喙を絶った。軍
人勅諭によって兵士の人権を抹殺した。
教育勅語にミリタリズムを注入して国際
性のない編狭な子弟を育成した。後世の
日本を不幸の地獄に転落させる「タネ」
を、大真面目に心魂を傾けて次々と植え
つけて行く。誤れる思想を信念とする
リーダーの恐怖を描いて、現代に問う。

◇山県有朋　半藤一利著　PHP研究所

（PHP文庫）　1996.8　253p　15cm
①4-569-56921-8
＊伊藤博文とともに、「偉大なる明治」の
基盤を確立した山県有朋―彼は、統帥
権の独立、帷幄上奏の慣例、軍部大臣現
役武官制などで軍の政治的地位を高め、
その武力を背景に短期間で大日本帝国
を築き上げた。しかし、その仕組みゆ
えに、軍の独走を許し、大日本帝国は滅
んだ…。“国家の悲劇”を生んだ、政略に
たけた野望の人生を、見事に描き切る。

◇岡義武著作集　第5巻　山県有朋・近衛文
麿　岡義武著　岩波書店　1993.2　355p
21cm　①4-00-091755-2

◇幸運な志士―若き日の元勲たち　三好徹
著　徳間書店　1992.4　283p 19cm
①4-19-124847-2
＊幕末動乱のなか、苛烈な運命を共に生き
た先駆者たち。黎明期の覇者の友情、苦
悩そして離反の劇的な青春群像を描く。

◇山県有朋　半藤一利著　PHP研究所
（歴史人物シリーズ）　1990.3　227p
20cm　〈山県有朋年表：p222〜227〉
①4-569-52736-1

◇幕末維新の志士読本　奈良本辰也著　天
山出版, 大陸書房〔発売〕　（天山文庫）
1989.9　278p 15cm　①4-8033-1804-2
＊長州の快男児・高杉晋作、海の男、くも
らぬ男・坂本竜馬、無私の英傑・西郷隆
盛、また、高杉や久坂玄瑞、伊藤博文ら
を松下村塾から生み出した吉田松陰。
彼ら無私の志士たちの青春と感動的な
生きざまを通じて幕末維新の時代変革
のすべてを学べる歴史オリジナル文庫。

◇近代日本内閣史論　藤井貞文著　吉川弘
文館　1988.7　364p 21cm
①4-642-03616-4

◇山県有朋　〔新装版〕　藤村道生著　吉川
弘文館　（人物叢書）　1986.11　287p
19cm　①4-642-05059-0
＊典型的絶対主義政治家であり、オール
ド＝日本を一身に具現した山県の生涯
は、そのまま近代日本の政治史であり、
軍事史でもある。国軍建設以来、軍部
の大御所として絶大な権力を握り、巨
大な勢力をバックとして政界にも権勢

伝記ガイダンス 明治を生きた人々　**625**

を張ったが、本書は人間山県の弱点と功罪をえぐってあまさず、味わい深い歴史の秘密を追求する。

◇日本宰相列伝 2 山県有朋 御手洗辰雄著 時事通信社 1985.10 229p 19cm 〈監修：細川隆元 三代宰相列伝（昭和33年刊）の改題新装版 山県有朋の肖像あり〉 ①4-7887-8552-8

◇大正初期山県有朋談話筆記政変思出草 山県有朋著，伊藤隆編 山川出版社 （近代日本史料選書） 1981.1 200p 20cm 〈解題 - p3〜23 図版（筆跡）〉

◇山県公遺稿・こしのやまかぜ 山県有朋著 東京大学出版会 （続日本史籍協会叢書） 1979.8 699p 22cm 〈複製 著者の肖像あり 叢書の編者：日本史籍協会〉

◇公爵山県有朋伝 徳富蘇峰編述 原書房 （明治百年史叢書） 1969 3冊 22cm 〈山県有朋公記念事業会昭和8年刊本の複製〉

◇ドキュメント日本人 第4 支配者とその影 学芸書林 1969 317p 20cm

◇明治百年史叢書 16 山県有朋意見書 大山梓著 原書房 1966

◇山県有朋 藤村道生著 吉川弘文館 （人物叢書） 1961 287p 図版 18cm

◇日本人物史大系 第6巻 近代 第2 大久保利謙編 朝倉書店 1960 388p 22cm

◇山県有朋—明治日本の象徴 岡義武著 岩波書店 （岩波新書） 1958 202p 図版 18cm

◇山県有朋 御手洗辰雄著 時事通信社 （三代宰相列伝） 1958 229p 図版 18cm

◇近代政治家評伝 阿部真之助著 文芸春秋新社 1953 353p 19cm

◇明治の政治家たち—原敬につらなる人々 上，下巻 服部之総著 岩波書店 （岩波新書） 1950-54 2冊 18cm

山県 勇三郎
やまがた・ゆうざぶろう

1860〜1924 実業家。海産物商で力をつけ、鰊の相場で一挙に財を築く。ブラジルでも活躍。

◇火焔樹の蔭—風雲児山県勇三郎伝 前田康著 近代文芸社 1995.11 364p 20cm 〈参考文献：p359〜360〉 ①4-7733-5009-1
＊時代は、一人の男を抜擢した。幕末、九州に生を享け、北海道を振り出しに激動の日本を駆け抜け、南米に逝った男の雄大な生涯。

山川 浩 やまかわ・ひろし

1845〜1898 会津藩士、陸軍軍人。少将、貴族院議員。幕府樺太境界議定の派遣員として露独仏三国を巡航。

◇山川浩 復刻版 櫻井懋編 歴史春秋出版 2016.6 482p 22cm 〈昭和42年刊の複製 続山川浩伝刊行会 昭和49年刊の複製〉 ①978-4-89757-881-1

◇英傑の日本史 敗者たちの幕末維新編 井沢元彦著 KADOKAWA 2014.2 230p 20cm 〈年表あり〉 ①978-4-04-653294-7

◇「朝敵」たちの幕末維新—義をつらぬいたわが郷土の英雄たち 新人物往来社編 新人物往来社 2012.9 319p 19cm ①978-4-404-04248-4
＊幕末維新史は、勝者である薩長サイドの史観で語られてきた。「朝敵」の汚名を着せられた地域は長らく不遇な立場に置かれ、「官軍」と戦った佐幕派の物語も陽の目を見ることはなかった。本書はそうした佐幕派の生き様を伝えるエピソードを集め、ゆかりの地域ごとに紹介していく。それぞれの郷土の先人たちが、果たして「逆賊」であったのか、それとも義をつらぬいた信念の人だったのか、「敗者」の歴史を掘り起こすことで明らかにしていきたい。

◇跡を濁さず—家老列伝 中村彰彦著 文藝春秋 2011.8 277p 19cm ①978-4-16-380730-0

Ⅰ　政治・経済

＊所領没収の際に城の明けわたし方の見
事さを賞された福島丹波など、六人の
家老たちの主君への仕え方を描く傑作
歴史評伝。

◇会津藩 斗南へ―誇り高き魂の軌跡　新装
版　星亮一著　三修社　2009.9　309p
19cm　⑪978-4-384-04267-2
＊大勢の人が激しい気迫ではい上がり、地
域の発展に貢献した。青森県下北、上
北、三八地方に「会津衆」という言葉が
残っている。そこには尊敬の念が込めら
れていた。「我々はむざむざ敗れ去っ
たわけではない」青森の会津人は、そう
いって胸を張った。斗南藩は見事に歴
史的使命を果たしたのである。さいは
ての地に復活した"会津魂"。秘められ
た藩士たちの苦闘の歴史を描き切る。

◇会津藩 斗南へ―誇り高き魂の軌跡　星亮
一著　三修社　2006.4　309p　19cm
⑪4-384-03800-3
＊大勢の人が激しい気迫ではい上がり、地
域の発展に貢献した。青森県下北、上
北、三八地方に「会津衆」という言葉が
残っている。そこには尊敬の念が込めら
れていた。「我々はむざむざ敗れ去っ
たわけではない」青森の会津人は、そう
いって胸を張った。斗南藩は見事に歴
史的使命を果たしたのである。さいは
ての地に復活した"会津魂"。秘められ
た藩士たちの苦闘の歴史を描き切る。

◇山川家の兄弟―浩と健次郎　中村彰彦著
学陽書房　（人物文庫）　2005.11　402p
15cm　〈「逆風に生きる」（角川書店2000年
刊）の改題〉　⑪4-313-75207-2

◇逆風に生きる―山川家の兄弟　中村彰彦
著　角川書店　2000.1　318p　20cm
⑪4-04-873206-4
＊南、鶴ヶ城を望めば砲煙あがる―その
城内にあって会津藩を指導し「知恵山
川」といわれた浩。白虎隊生き残りの
健次郎。逆風の明治を歩みながら兄は
将軍、弟は東大総長へ。節を曲げるこ
となく毅然として生き抜いた山川家の
兄弟を描く長編歴史評伝。

◇会津将軍 山川浩　星亮一著　新人物往来
社　1994.5　242p 19cm

⑪4-404-02102-X
＊会津戊辰戦争の最高軍事指令官・山川
浩の悲痛な生涯を描く。

◇歴史残花　第4　時事通信社　1971　371p
図　19cm　〈監修：平泉澄〉

▌**山口　圭蔵**　やまぐち・けいぞう
1861〜1932　陸軍軍人。少将。陸軍軍事
研修のためドイツに留学。

◇戦場の人間学―旅団長に見る失敗と成功
の研究　篠原昌人著　光人社　2006.10
258p　19cm　⑪4-7698-1313-9
＊全陸軍の期待を一身に浴びて戦場に赴
いた陸大首席の東条英教、二番の山口
圭蔵は、なぜ一敗地にまみれたのか。
評価の低かった梅沢道治、無名の岡崎
生三は、なぜ赫々たる戦果をあげられ
たのか。参謀を持たず、自ら作戦の意
味を理解し、判断して動かなければな
らない三人の旅団長の采配に学ぶ。

▌**山口　源兵衛**　やまぐち・げんべえ
1848〜1909　実業家。

◇はたらき方の革命―こんな、ライフスタイ
ルがあった！　浜野安宏著　PHP研究所
2009.10　254p　19cm
⑪978-4-569-77311-7

▌**山口　左七郎**　やまぐち・さしちろう
1849〜1912　役人。初代大住淘綾両郡長。
地租改正取調総代人を経て、神奈川県
出仕。

◇東西豪農の明治維新―神奈川の佐七郎と
山口の勇蔵　渡辺尚志著　塙書房　（塙選
書）　2009.3　201p　19cm　〈文献あり〉
⑪978-4-8273-3107-3
＊洋学に関心をもって、「横文字早まなび」
「西洋事情」などの書籍を読み、養蚕業
を積極的に導入、自由民権運動にも目
を向けた神奈川の山口左七郎。奇兵隊
への資金援助などの功績を、河川改修
の援助をうけるために、井上馨や山県
有朋らに強調、毛利家の歴史編纂にも
従事した山口の林勇蔵。地域社会のな
かで、明治政府と一般民衆とを結びつ
けた、二人の中間層（豪農・地方名望

家・地域指導者）に着目し、転換期の社会を、上から下まで、国家から一般民衆までを、総体的に把握する。

◇地方名望家・山口左七郎の明治維新　渡辺尚志編著　大学教育出版　2003.9　159p　21cm　④4-88730-537-0

◇山口左七郎と湘南社─相州自由民権運動資料集　大畑哲ほか著　まほろば書房（雨岳文庫）　1998.5　267p　22cm　〈山口左七郎年譜：p260〜266〉　④4-943974-09-0
＊明治14年8月民権気運の盛り上るなか、神奈川県伊勢原に起った民権結社・湘南社の実像と、これに関った山口左七郎らの活躍を資料を基に探る。

▌山口 仙之助　やまぐち・せんのすけ
1851〜1915　実業家。ホテル業のパイオニア、富士屋ホテル創業者。

◇破天荒力─箱根に命を吹き込んだ「奇妙人」たち　松沢成文著　講談社　2007.6　270p　19cm　①978-4-06-214047-8
＊お金も地位も必要ない、革命の手法が近代日本にあった。「現地現場主義」を貫く改革派知事の画期的成功論。箱根を変えた偉人に学ぶ、痛快な生き方。

◇箱根富士屋ホテル物語　新装版　山口由美著　トラベルジャーナル　2002.4　229p　19cm　①4-89559-527-7
＊クラシックホテルの“夢の軌跡”を描く感動ノンフィクション。

▌山口 半六　やまぐち・はんろく
1858〜1900　建築家，都市計画家。旧制高等学校校舎など学校建築、長崎などの都市計画を行った。

◇明治東京畸人伝　森まゆみ著　新潮社（新潮文庫）　1999.7　320p　15cm　①4-10-139021-5
＊谷中・根津から千駄木─。かつてこの地を目茶目茶面白いヤツが歩いていた！お雇い外国人教師ベルツ、最後まで丁髷だった老舗薬局の主人、チベット潜入の河口慧海、本妻と愛人とを行き来した詩人サトウハチロー、混血の小唄の名手春日とよ、そして昭和恐慌に発展した

倒産銀行頭取ヂエモンなど、精力的な聞き書きから甦る25のユニークな人生行路。こんな生き方もあるんだよな…。

▌山口 素臣　やまぐち・もとおみ
1846〜1904　陸軍軍人。大将，子爵。歩兵第3旅団長、第5師団長などを歴任。

◇歴代陸軍大将全覧 明治篇　半藤一利，横山恵一，秦郁彦，原剛著　中央公論新社（中公新書ラクレ）　2009.1　273,25p　18×11cm　①978-4-12-150303-9
＊陸軍大将全員の人物像と事績を4人の歴史家が洩らさず紹介した、リーダブルな陸軍史の決定版。本書は西郷・山県・児玉・乃木など、明治期の大将31人を扱い、その実像を伝える。

▌山崎 烝　やまざき・すすむ
1833？ 〜1868　鍼医師，新撰組隊士。

◇新選組追究録　万代修著　新人物往来社　1998.10　268p　19cm　①4-404-02656-0
＊近藤勇、武田観柳斎、松原忠司、河合耆三郎、山崎烝、谷昌武の驚くべき新事実!!新発見史料。

◇新選組密偵・山崎烝　島津隆子著　新人物往来社　1997.3　276p　20cm　①4-404-02469-X

▌山下 亀三郎
やました・かめさぶろう
1867〜1944　実業家。山下新日本汽船の創業者。

◇トランパー─伊予吉田の海運偉人伝 山下亀三郎と山下学校門下生　宮本しげる著　愛媛新聞サービスセンター　2016.1　407p　20cm　〈文献あり〉　①978-4-86087-124-6

◇ケースブック日本の企業家─近代産業発展の立役者たち　宇田川勝編　有斐閣　2013.3　265p　21cm　①978-4-641-16405-5
＊戦前期日本の革新的な企業家活動について、時代背景とともに多様な実像に迫って明快に描き出すケース集。現代社会において比重が増している非製造

Ⅰ　政治・経済　　　　　　　　　　　　　　　　　　　　　　　　　　山田顕義

業分野にも光を当て、いかにして新産業を創出し、経営革新を断行して、産業発展の礎を築いたのかを解明する。

◇第一次大戦期における船成金の出現―内田信也と山下亀三郎　上岡一史著　法政大学イノベーション・マネジメント研究センター　（Working paper series　日本の企業家活動シリーズ）　2012.9　21p　30cm　〈年譜あり〉

◇創業者列伝――一流企業に受け継がれる珠玉の経営手腕!!　歴史群像編集部編　学研パブリッシング　2011.6　319p　19cm　①978-4-05-404966-6
＊人生で何事かを成し遂げた者には人を惹きつけてやまない魅力がある。明治・大正期の財閥から戦後の急成長企業まで、大企業の礎を築き上げた男達が、どんな苦難に陥り、どのようにそれを乗り越えたかを描く。

◇海運王 山下亀三郎―山下汽船創業者の不屈の生涯　青山淳平著　光人社　2011.6　300p　19cm　①978-4-7698-1497-9
＊「坂の上の雲」の時代、人脈も学問も金もなかった男が「どん亀」の汚名をはらすべく、沈みつ浮きつしながらも、国運を左右する事業家へと転身した波瀾万丈の物語。一大海運会社を築き上げた男の型破りな人生。

◇成金炎上―昭和恐慌は警告する　山岡淳一郎著　日経BP社　2009.3　343p　19cm　①978-4-8222-4724-9
＊ベンチャー興隆から金融バブル崩壊、大恐慌、そしてテロへ。終わりなき不安と底が抜けた無秩序の時代。あまりにも酷似する「いま」と「80年前」―。私たちは、かつて来た道を再び行くのか。

◇山下亀三郎―「沈みつ浮きつ」の生涯　鎌倉啓三著　近代文芸社　1996.3　122p　20cm　〈山下亀三郎の肖像あり〉　①4-7733-5094-6
＊「要するに根本は人間である」。七つの海に活躍した、山下汽船創業者・山下亀三郎。稀代の経営者の波瀾万丈、"沈みつ浮きつ"の生涯を辿る。

◇財界人物我観　福沢桃介著　図書出版社　（経済人叢書）　1990.3　177p　19cm

＊自由奔放に生きた鬼才・福沢桃介が明治財界の巨頭たちを俎上に載せ毒舌をふるう。

◇愛媛の先覚者　第5　愛媛県教育委員会　1966　221p　図版　21cm

◇日本財界人物列伝　第1巻　青潮出版株式会社編　青潮出版　1963　1171p　図版　26cm

◇続 財界回顧―故人今人　池田成彬著，柳沢健編　三笠書房　（三笠文庫）　1953　217p　16cm

◇人使い金使い名人伝　〔正〕続　中村竹二著　実業之日本社　1953　2冊　19cm

◇沈みつ浮きつ　山下亀三郎著　四季社　1951　336p　図版　19cm

▌山城屋 和助　やましろや・わすけ
1837～1872　商人。陸軍汚職事始の張本人。
◇相場ヒーロー伝説―ケインズから怪人伊東ハンニまで　鍋島高明著　五台山書房　2005.12　340p　19cm　④4-309-90654-0

▌山添 喜三郎　やまぞえ・きさぶろう
1843～1923　官吏，建築技術者。大工としてウィーン万国博日本館の建設に従事。主として紡績関係の建築を手がけた。
◇山添喜三郎の生涯と業績―澳国博覧会参加、各地の洋式工場を設計・監督・管理、妥協を廃し75歳まで宮城県技師として活躍　温井眞一著　よみがえれ！ 新町紡績所の会　2014.1　71p　30cm　〈年表・年譜・文献あり〉

▌山田 顕義　やまだ・あきよし
1844～1892　長州藩士，陸軍軍人，政治家。中将，伯爵。刑法草案審査委員、法相、枢密顧問官などを歴任。
◇山田顕義と近代日本―生誕170年記念特別展　萩博物館編　萩博物館　2014.4　103p　30cm　〈会期：平成26年4月19日―6月22日　年譜あり　文献あり〉

◇シリーズ学祖・山田顕義研究　第7集（追

伝記ガイダンス 明治を生きた人々　　**629**

山田英太郎 　　　　　　　　　　　　　　Ⅰ　政治・経済

補）　日本大学広報部編　日本大学
2001.3　308p　21cm　〈肖像あり〉

◇剣と法典―小ナポレオン山田顕義　古川
薫著　文藝春秋　（文春文庫）　1997.12
381p　16cm　Ⓘ4-16-735714-3

◇エイジレスの法理　沼正也著　Sanwa
（沼正也著作集）　1996.7　418p　22cm
〈ドゥム・パムペリシェク収蔵書目：p355
〜418〉　Ⓘ4-916037-04-9

◇シリーズ学祖・山田顕義研究　第6集　日
本大学広報部編　日本大学　1995.3
256p　21cm　〈山田顕義の肖像あり〉

◇剣と法典―小ナポレオン山田顕義　古川
薫著　文芸春秋　1994.11　317p 19cm
＊生粋の軍人でありながら司法大臣とし
て司法に心血を注いだ軍人政治家、日
本大学の創立者山田顕義の激動の生涯
を描く書下ろし長篇歴史小説。

◇シリーズ学祖・山田顕義研究　第5集　日
本大学広報部編　日本大学　1992.9
212p　21cm

◇山田顕義―人と思想　日本大学総合科学研
究所編　日本大学総合科学研究所　1992.3
1247p　22cm　〈日本大学総長指定の総合
研究山田顕義と建学の精神研究報告書〉

◇山田伯爵家文書―宮内庁書陵部蔵筆写本
日本大学大学史編纂室編　日本大学
1991.6〜1992　8冊　22cm　〈日本大学創
立百周年記念出版 別冊（177p）：総目録〉

◇シリーズ学祖・山田顕義研究　第4集　日
本大学広報部編　日本大学　1990.9
250p　21cm　〈山田顕義の肖像あり〉

◇劇画 日本大学　貴志真典著　ロングセ
ラーズ　1989.10　211p 21cm
Ⓘ4-8454-1053-2
＊戊辰戦争、西南戦争で軍人として天才的
な才能を発揮し、後に法律家に転じた創
立者・山田顕義と、今日の大発展を築い
た功労者・古田重二良の二人に焦点をあ
てて、日本大学100年の歴史をふり返る。

◇シリーズ学祖・山田顕義研究　第3集　日
本大学広報部編　日本大学　1988.5
257p　21cm　〈山田顕義の肖像あり〉

◇抵抗の器―小説・山田顕義　もりたなる
お著　文芸春秋　1987.9　252p　20cm
Ⓘ4-16-309940-9

◇山田顕義関係資料　第3集　日本大学精神
文化研究所編　日本大学精神文化研究所
1987.1　15,9, 103p　22cm

◇シリーズ学祖・山田顕義研究　第2集　日
本大学広報部編　日本大学　1986.3
281p　21cm　〈山田顕義の肖像あり〉

◇山田顕義関係資料　第2集　日本大学精神
文化研究所，日本大学教育制度研究所編
日本大学精神文化研究所　1986.2　219p
22cm　〈共同刊行：日本大学教育制度研
究所 折り込図5枚〉

◇山田顕義関係資料　第1集　日本大学精神
文化研究所，日本大学教育制度研究所編
日本大学精神文化研究所　1985.2　208p
22cm　〈共同刊行：日本大学教育制度研
究所〉

◇大津事件と司法大臣山田顕義―日本大学
学祖山田顕義研論文　柏村哲博著　日
本大学大学史編纂室　1983.8　57p
21cm　〈山田顕義の肖像あり〉

◇山田顕義と日本大学―日本法律学校の誕
生　荒木治著　大原新生社　1972　301p
図 肖像　19cm

◇山田顕義伝　日本大学　1963　1009p 図
肖像　22cm

▎山田 英太郎　やまだ・えいたろう
1863〜1946　実業家。日本鉄道の改革・
国有化に関わった。

◇日本近代における企業経営家の軌跡―山
田英太郎伝　山田英太郎伝編纂委員会編
著　明昭学園岩倉高等学校　1995.6　422,
7p　22cm　〈山田英太郎の肖像あり 年
譜・参考文献：p405〜419〉

▎山田 才吉　やまだ・さいきち
1852〜1937　実業家。

◇不屈の男―名古屋財界の怪物山田才吉
藤澤茂弘著　ブックショップマイタウン
2013.4　319, 19p　21cm　〈文献あり〉
Ⓘ978-4-938341-87-9

I　政治・経済　　　　　　　　　　　　　　　　　　　　　　　　　　　　　　山田平左衛門

◇歴史ウォッチング　Part2　名古屋テレビ編　（舞阪町）ひくまの出版　1987.11　252p 19cm　①4-89317-103-8
　＊東海の史跡に謎とロマンを求めて！ ヤマトタケルの昔から、戦国動乱をくぐりぬけ、徳川、そして近代・現代まで、東海はつねに日本の政治、経済、文化の一大拠点として栄えてきた。その史跡にかくされた謎とロマンを追って、あなたも旅に出ませんか。

山田 純三郎
やまだ・じゅんざぶろう
1876〜1960　中国革命援助者。辛亥革命時、中国同盟会の武装蜂起で孫文らを援助。「民国日報」社長も務めた。

◇孫文を助けた山田良政兄弟を巡る旅　岡井禮子著　彩流社　2016.8　131p 21cm　〈文献あり 年表あり〉　①978-4-7791-2248-4

◇孫文を支えた日本人―山田良政・純三郎兄弟　増補改訂版　武井義和著　あるむ　（愛知大学東亜同文書院ブックレット）　2014.3　90p 21cm　①978-4-86333-081-8

◇孫文を支えた日本人―山田良政・純三郎兄弟　武井義和著，愛知大学東亜同文書院大学記念センター編　あるむ　（愛知大学東亜同文書院ブックレット）　2011.3　68p 21cm　①978-4-86333-037-5

◇孫文の辛亥革命を助けた日本人　保阪正康著　筑摩書房　（ちくま文庫）　2009.8　389,8p 15cm　〈『仁あり義あり、心は天下にあり』（朝日ソノラマ1992年刊）の改題、加筆・訂正　年譜あり〉　①978-4-480-42634-5
　＊清朝末期の混乱の極みにあった1911年、中国初の近代革命となる辛亥革命が起こる。その義挙成功の陰には、アジア解放の夢のもとに、革命の指導者・孫文を助けようと一身を賭した多くの日本人がいた。義によって時代を駆け抜けた孫文と宮崎滔天、山田良政・純三郎兄弟の活躍を軸に、日中にまたがる人間交流を緻密に描いたノンフィクションの傑作。

◇醇なる日本人―孫文革命と山田良政・純

三郎　結束博治著　プレジデント社　1992.9　331p 19cm　①4-8334-1457-0
　＊辛亥革命に斃れた最初の日本人同志山田良政。終生その兄の遺志を継ぎ孫文の死に水を取った唯一人の日本人純三郎。孫文革命に殉じた山田兄弟を中心に、新たに発掘された資料を加えて描く革命家群像と日中近代史ドキュメント。

山田 武甫　やまだ・たけとし
1831〜1893　熊本藩士，政治家。衆議院議員。英学校・医学校創立し北里柴三郎らを育成。

◇横井小楠の弟子たち―熊本実学派の人々　花立三郎著　藤原書店　2013.6　505p 22cm　〈索引あり〉　①978-4-89434-921-6
　＊幕末・維新期に「公共」思想を基軸として、来たるべき世界像を唱導した実学思想家・横井小楠（1809 - 69）。その理想と世界観に多大な影響を受け、近代日本に雄飛した、牛嶋五一郎、荘村助右衛門、徳富一敬、内藤泰吉、河瀬典次、山田武甫、嘉悦氏房、安場保和ら門弟8名の人物像と業績を初めて掘り起こし、「横井小楠山脈」の全貌に迫った、著者の永年の業績を集大成。

山田 寅吉　やまだ・とらきち
1854〜1927　土木技師。製糖事業のパイオニアと知られるほか、灌漑工事や鉄道工事などでも活躍。

◇魁星　山田寅吉博士事績調査会　2000.7　247p 22cm　〈年譜あり　発行所：東北建設協会（仙台）〉

山田 平左衛門
やまだ・へいざえもん
1845〜1906　武士。討幕運動に参加、鳥羽・伏見の戦いに参戦。のち自由民権運動で活躍。

◇剣豪―剣一筋に生きたアウトローたち　草野巧著　新紀元社　（Truth In Fantasy）　1999.3　216p 21cm　①4-88317-325-9
　＊剣士・剣豪・剣客を1冊で紹介するガイドブック。登場する剣豪は、宮本武蔵、佐々木小次郎、塚原卜伝、千葉周作、伊

伝記ガイダンス 明治を生きた人々　**631**

藤一刀斎、柳生十兵衛三厳、近藤勇、山岡鉄舟など。

山田 又七　やまだ・またしち

1855〜1917　実業家，政治家。

◇山田又七小伝　内山弘著　新潟日報事業社（発売）　2007.9　132p　19cm　〈肖像・文献・年譜あり〉　Ⓘ978-4-86132-235-8
　＊「空論を避けて実行に努めよ」をモットーに宝田石油を創業し、戊辰戦争で疲弊した長岡をよみがえらせた実業家の生涯。

山田 陽次郎　やまだ・ようじろう

1841〜1873　陸奥会津藩士。

◇『帰る雁が袮』私注─会津藩老・西郷頼母の晩年の日誌　堀田節夫著　東京書籍　2007.3　277p　20cm　〈文献・年譜あり〉　Ⓘ978-4-487-80139-8
　＊西郷頼母研究の第一人者が、幕末、明治の激動を伝える日記『帰る雁が袮』に詳細な注を施し、歴史の中に埋もれてきた稀有な精神に清浄な光を照射する画期的書。

◇物語 悲劇の会津人　新人物往来社編　新人物往来社　1990.5　236p　19cm　Ⓘ4-404-01711-1
　＊義を貫き、時の流れに逆らって生きた悲運の会津人たちを描く。

山田 良政　やまだ・よしまさ

1868〜1900　教師。南京同文書院教授兼幹事。中国革命援助者。

◇孫文を助けた山田良政兄弟を巡る旅　岡井禮子著　彩流社　2016.8　131p　21cm　〈文献あり 年表あり〉　Ⓘ978-4-7791-2248-4

◇孫文を支えた日本人─山田良政・純三郎兄弟 増補改訂版　武井義和著　あるむ（愛知大学東亜同文書院ブックレット）　2014.3　90p　21cm　Ⓘ978-4-86333-081-8

◇孫文を支えた日本人─山田良政・純三郎兄弟　武井義和著，愛知大学東亜同文書院大学記念センター編　あるむ　（愛知大

学東亜同文書院ブックレット）　2011.3　68p　21cm　Ⓘ978-4-86333-037-5

◇孫文の辛亥革命を助けた日本人　保阪正康著　筑摩書房　（ちくま文庫）　2009.8　389,8p　15cm　〈『仁あり義あり、心は天下にあり』（朝日ソノラマ1992年刊）の改題、加筆・訂正　年譜あり〉　Ⓘ978-4-480-42634-5
　＊清朝末期の混乱の極みにあった1911年、中国初の近代革命となる辛亥革命が起こる。その義挙成功の陰には、アジア解放の夢のもとに、革命の指導者・孫文を助けようと一身を賭した多くの日本人がいた。義によって時代を駆け抜けた孫文と宮崎滔天、山田良政・純三郎兄弟の活躍を軸に、日中にまたがる人間交流を緻密に描いたノンフィクションの傑作。

◇醇なる日本人─孫文革命と山田良政・純三郎　結束博治著　プレジデント社　1992.9　331p　19cm　Ⓘ4-8334-1457-0
　＊辛亥革命に斃れた最初の日本人同志山田良政。終生その兄の遺志を継ぎ孫文の死に水を取った唯一人の日本人純三郎。孫文革命に殉じた山田兄弟を中心に、新たに発掘された資料を加えて描く革命家群像と日中近代史ドキュメント。

◇仁あり義あり、心は天下にあり─孫文の辛亥革命を助けた日本人　保阪正康著　朝日ソノラマ　1992.2　345,8p　19cm　Ⓘ4-257-03320-7

山田 わか　やまだ・わか

1879〜1957　婦人運動家。母性保護法制定促進婦人連盟委員長、母を護る会会長などを歴任。

◇近代日本を創った7人の女性　長尾剛著　PHP研究所　（PHP文庫）　2016.11　314p　15cm　〈文献あり〉　Ⓘ978-4-569-76639-3

◇嘉吉とわかの手紙一九二二年　山田弥平治編　山田弥平治　2011.12　194p　21cm

◇自立した女の栄光─人物近代女性史　瀬戸内晴美編　講談社　（講談社文庫）　1989.8　242p　15cm　Ⓘ4-06-184480-6

◇あめゆきさんの歌─山田わかの数奇なる

Ⅰ　政治・経済　　　　　　　　　　　　　　　　　　　　　　　　　　　山内容堂

生涯　山崎朋子著　文芸春秋　（文春文庫）　1981.10　297p　16cm　〈山田わかの肖像あり〉

◇あめゆきさんの歌―山田わかの数奇なる生涯　山崎朋子著　文芸春秋　1978.4　278p　20cm　〈山田わかの肖像あり〉

▌山奈　宗真　やまな・そうしん
1847〜1909　殖産家。

◇津波災害と近代日本　北原糸子著　吉川弘文館　2014.6　293p　21cm　①978-4-642-03832-4
＊幕末の安政東海・南海地震津波や、近代の明治・昭和三陸津波に、人々はいかに立ち向かい、後世へ何を残し伝えたのか。被災から復興までの現実をさまざまな資料をもとに復元し、困難を克服するための道筋を探り出す。

◇津波をみた男――一〇〇年後へのメッセージ　大船渡市立博物館編　大船渡市立博物館　1997.3　126p　30cm　〈会期：平成8年9月1日―12月1日〉

◇山奈宗真―遠野の生んだ先覚者　田面木貞夫編・著　遠野市教育文化振興財団　1986.3　317p　21cm　〈山奈宗真の肖像あり〉

▌山中　献　やまなか・けん
1822〜1885　志士，政治家。京で尊皇攘夷運動に参加。新政府に出仕、宮家の家令、石巻県知事などを務めた。

◇山中信天翁物語―明治維新を築いた、もうひとりの立役者　碧南出身の人物伝　碧南市教育委員会　（碧南市史料）　2013.10　207p　30cm　〈年譜あり〉

▌山根　正次　やまね・まさつぐ
1858〜1925　医学者，政治家。警視庁検疫委員長、衆議院議員。日本の警察医務を基礎づけた。私立日本医学専門学校長を歴任。

◇明治二十一年六月三日―鷗外「ベルリン写真」の謎を解く　山崎光夫著　講談社　2012.7　323p　20cm　〈文献あり〉

①978-4-06-217719-1
＊ベルリンに集った留学生たちを撮影した一枚の記念写真。彼らのその後は、そのまま近代日本医学の歩みとも重なる。森鷗外と同時期に学んだ群像の波乱に富んだ軌跡を追う。

◇萩の生んだ近代日本の医政家山根正次　田中助一編　大愛会　1967　48p　図版　19cm

▌山内　提雲　やまのうち・ていうん
1838〜1923　幕臣，官僚。文久3年・慶応3年遣仏使節の随員。維新後は逓信省会計局長、鹿児島県知事、製鉄所長官などを務めた。

◇司馬遼太郎　歴史のなかの邂逅　4　勝海舟〜新選組　司馬遼太郎著　中央公論新社　（中公文庫）　2010.12　293p　15cm　①978-4-12-205412-7
＊情熱、この悲劇的で、しかも最も喜劇的なもの―。歴史上の人物の魅力を発掘したエッセイを、古代から明治まで、時代別に集大成。第四巻は新選組や河井継之助、勝海舟らを中心に、動乱の幕末に向けて加速する歴史のなかの群像を描いた二十六篇を収録。

▌山内　容堂　やまのうち・ようどう
1827〜1872　第15代土佐藩主。

◇殿様は「明治」をどう生きたのか　河合敦著　洋泉社　（歴史新書）　2014.4　222p　18cm　〈文献あり〉　①978-4-8003-0379-0

◇坂本龍馬と幕末維新　田中一成著　幻冬舎ルネッサンス　2013.12　352p　20cm　〈文献あり〉　①978-4-7790-0745-3
＊山内容堂が繰り広げた土佐藩での凄惨な粛清、浮かび上がる龍馬の類まれな人生と暗殺の理由。京都見廻組、新撰組、薩摩藩、諸説に終止符を打つ。

◇山内容堂―企画展図録　土佐山内家宝物資料館編　土佐山内家宝物資料館　2010.3　62p　30cm　〈会期：平成22年4月23日―6月27日　年譜あり〉

◇幕末土佐の12人　武光誠著　PHP研究所　（PHP文庫）　2009.12　265p　15cm

伝記ガイダンス　明治を生きた人々　**633**

①978-4-569-67359-2
＊土佐を抜きにして、維新回天を語ることはできない！　大政奉還を建白した山内容堂と後藤象二郎をはじめとする重臣たち。討幕運動の中核となる薩長同盟を仲介した坂本竜馬。さらには、土佐の尊王攘夷運動で先駆けとなった武市半平太や、開明的な思想で藩政を指揮した吉田東洋など、動乱の時代に身を置き、自らの志に向かって疾駆した12人を取り上げ、土佐の視点で幕末を描いた一冊。文庫書き下ろし。

◇鯨海酔侯山内（やまうち）容堂　吉村淑甫著　中央公論新社　（中公文庫）　2000.10　521p　16cm　①4-12-203729-8
＊自らを旧時代とともに葬りさらんと、土佐の豪気大名から一介の市人となり、風雅の人として生きた山内容堂。その晩年を彩った柳橋芸者お愛の家系は維新史家羽仁五郎へとつづく。幕末から明治にかけての江戸の花街を舞台に、二人の出会いと境涯を活写した、畢生の評伝大作。

◇幕末の土佐と容堂　海内院元著　共生出版　1996.3　155p　19cm　〈発売：地方・小出版流通センター〉

◇山内容堂のすべて　山本大編　新人物往来社　1994.8　241p　19cm　①4-404-02113-5
＊明治維新の権力争奪は山内容堂と大久保利通の死闘だった。鯨海酔侯の華麗なる生涯。

◇幕末無頼山内容堂　島本征彦著　叢文社　1993.7　336p　19cm　①4-7947-0207-8
＊比類なき強気と実行力をうたわれた土佐藩主山内容堂は松平春岳と結んで一橋慶喜の将軍擁立をはかって井伊直弼の奇策に敗れる。武内半平太の卓見に耳を貸さず「公武合体論」を掲げ、立ちふさがる岩倉・西郷・大久保と対決、大政奉還策によって幕府体制の温存をはかるが―。保身だけで右往左往の凡俗大名と小才子公家。

◇鯨海酔侯 山内容堂　吉村淑甫著　新潮社　1991.4　334p　19cm　①4-10-380501-3
＊山内家の最後はおれが仕舞をつけてや

る…といわんばかりに、柳橋にいりびたって豪遊を続ける土佐藩主山内容堂。―彼との出会い、夫唱婦随、その晩年を彩る芸者お愛―。確固たる近代人の自我と愛をつらぬいた2人の境涯を、幾多の容堂の漢詩文を読み解きながら、ときに成島柳北の名調子を懐しみ、ときに先輩作家・田中貢太郎の慧眼を借りて綴る畢生の評伝大作。

◇山内容堂　〔新装版〕　平尾道雄著　吉川弘文館　（人物叢書）　1987.3　258p　19cm　①4-642-05070-1
＊明治維新の先覚者として推称される土佐藩主山内容堂は、他面では詩酒奔放の行状で世の非難をも受けた。しかし混迷する維新前後の舞台に立って革新的役割を負った容堂は、優れた知性と情熱の持主であるとともに、封建大名という宿命的な地位から、時代に悩む赤裸々な一人間でもあった。見事な史料駆使による人物追求の正伝。

◇山内容堂　平尾道雄著　吉川弘文館　（人物叢書）　1961　258p　18cm

▌山辺 丈夫　やまのべ・たけお
1851～1920　実業家。東洋紡績社長。リング紡績機、ノースロップ自動織機を導入。

◇ケースブック日本の企業家―近代産業発展の立役者たち　宇田川勝編　有斐閣　2013.3　265p　21cm　①978-4-641-16405-5
＊戦前期日本の革新的な企業家活動について、時代背景とともに多様な実像に迫って明快に描き出すケース集。現代社会において比重が増している非製造業分野にも光を当て、いかにして新産業を創出し、経営革新を断行して、産業発展の礎を築いたのかを解明する。

◇紡績業の発展を支えた技術企業家―山辺丈夫と菊池恭三　山崎泰央著　法政大学イノベーション・マネジメント研究センター　（Working paper series　日本の企業家活動シリーズ）　2012.10　19p　30cm　〈年譜あり〉

◇明治　1　変革を導いた人間力　NHK「明

Ⅰ　政治・経済　　　　　　　　　　　　　　　　　　　　　　　　　山本覚馬

治」プロジェクト編著　日本放送出版協
会　（NHKスペシャル）　2005.5　229p
19cm　①4-14-081035-1
＊日本が近代国家として世界史に登場す
る時代、明治。史上最大の社会変革は、
誰の手で、どう推進されたか。渋沢栄
一、山辺丈夫に象徴される明治の先人
たちの知恵と意欲と工夫を、日米の識
者が現代に厳しく問う。

◇孤山の片影―山辺丈夫　石川安次郎著
ゆまに書房　（人物で読む日本経済史）
1998.12　1冊　22cm　〈石川安次郎大正
12年刊の複製〉　①4-89714-606-2

▍山葉 寅楠　やまは・とらくす
1851～1916　実業家。国産オルガンの先
駆者。日本楽器製造の創業者。

◇ヤマハトラクスかく語りき　佐竹玄吾著
ワイエスディーディー　2016.8　191p
21cm　①978-4-9908359-0-3

◇すぐわかる！4コマピアノ音楽史―ロマ
ン派～20世紀編　小倉貴久子監修, 工藤
啓子著, 駿高泰子4コマ漫画　ヤマハ
ミュージックメディア　2014.4　111p
21cm　①978-4-636-90092-7
＊ショパン、リストなどピアノの大作曲
家が活躍し、「ブルクミュラー」「バイエ
ル」「ハノン」などの教則本が登場した
ピアノの黄金時代を、一挙に解説!!

◇ヤマハの企業文化とCSR―感動と創造の
経営 山葉寅楠・川上嘉市のDNAは受け継
がれた　志村和次郎著　産経新聞出版
2006.3　194p　19cm　①4-902970-31-7
＊ヤマハの創業者・山葉寅楠、中興の祖・
川上嘉市、そしてヤマハ発動機を創立
した川上源一の三人による「感動と創
造」の経営。ヤマハ独特の企業文化と
CSRは今日、脈々と継承されている！
世界のブランドYAMAHAを築いた先人
のものがたり。

▍山村 豊次郎　やまむら・とよじろう
1869～1938　政治家。

◇宇和島鉄道と山村豊次郎　木下博民著
南予奨学会　（南予明倫館文庫）　2009.12

40p　21cm

◇山村豊次郎伝―宇和島市政史稿集兼南予
文化史　山村豊次郎伝記刊行会　1950

▍山本 覚馬　やまもと・かくま
1828～1892　会津藩士、政治家。初代京
都府議会議長に着任し、府政に尽力。
〔記念施設〕記念碑（会津若松市、米代2丁
目宮崎方）

◇「福沢諭吉」とは誰か―先祖考から社説真
偽判定まで　平山洋著　ミネルヴァ書房
（MINERVA歴史・文化ライブラリー）
2017.11　236,22p　20cm　〈文献あり 索
引あり〉　①978-4-623-08069-4

◇幕末志士の手紙　木村幸比古著　教育評
論社　2015.10　222p　19cm　〈文献あり
著作目録あり〉　①978-4-905706-96-0

◇闇に虹をかけた生涯 山本覚馬伝　吉村康
著　本の泉社　2013.11　221p　20cm
〈文献・年譜あり〉　①978-4-7807-1132-5
＊盲目・脊髄損傷の身を奮い、三権分立、
商業立国、女子教育の推進など近代日
本の進路を提唱し、新島襄とともに同
志社を創立した山本覚馬の先見。無私
のこころが現代を問う。

◇山本覚馬　松本健一著　中央公論新社
（中公文庫）　2013.7　286p　16cm
〈付・西周『百一新論』〉
①978-4-12-205813-2
＊会津藩士山本覚馬は、佐久間象山に学
んだ幕末・維新期の最重要人物である。
藩主松平容保について上京、新撰組を
配下に置き、禁門の変では砲術家とし
て活躍した。また、新島襄を支援し、日
本初のキリスト教学校同志社を設立に
導いた。覚馬の生涯と事績を多彩な人
間関係の中に描き出した先駆的評伝。
覚馬が刊行に尽力した西周著『百一新
論』を付す。

◇山本覚馬と幕末会津を生きた男たち
『歴史読本』編集部編　中経出版　（新人
物文庫）　2013.6　287p　15cm
①978-4-8061-4766-4
＊会津戦争を戦い抜いた不屈の男たちを
描く。

伝記ガイダンス 明治を生きた人々　635

山本覚馬　　　　　　　　　　　　　　　I　政治・経済

◇八重と覚馬—会津の兄妹の幕末明治　河
　合敦著　廣済堂出版　（廣済堂新書）
　2013.2　235p　18cm　〈文献あり〉
　①978-4-331-51691-1
　＊会津戦争をくぐり抜けた異端の兄妹は、
　　激動の時代をまっすぐ、鮮やかに駆け
　　抜けた。"ハンサム・ウーマン"新島八重
　　と八重が慕った兄・覚馬の幕末維新。

◇山本覚馬伝　青山霞村原著，住谷悦治校
　閲，田村敬男編集　宮帯出版社　2013.2
　194p　21cm　〈文献・年譜あり　「改訂
　増補 山本覚馬傳」（京都ライトハウス 昭和
　51年刊）の複製〉　①978-4-86366-873-7
　＊新島八重の兄覚馬。失明というハン
　　ディキャップを乗り越えて政治顧問と
　　して産業・文教・福祉政策に貢献した。
　　新島襄と共に近代教育の礎を築いた人
　　物の軌跡。

◇山本覚馬—知られざる幕末維新の先覚者
　安藤優一郎著　PHP研究所　（PHP文庫）
　2013.1　276p　15cm　〈文献・年譜あり〉
　①978-4-569-67933-4
　＊維新のリーダーという西郷・高杉・龍馬
　　など、勝者側ばかりが注目されてきた。
　　しかし、敗れた会津藩にも明治維新に
　　大きく貢献した人物がいた、山本覚馬
　　である。「日本の独立が危うい時に、国
　　内で相争っている場合ではない」と、薩
　　長との融和の道を探り、維新後は京都
　　の近代化と同志社大学の設立に奔走。
　　激動の時代を生き抜いた覚馬の生涯か
　　ら、もう一つの幕末維新史を描く。

◇八重・襄・覚馬—三人の出会い　吉田曠
　二，坂井誠著　芸艸堂　2012.12　22,
　204p　21cm　〈文献・年譜あり〉
　①978-4-7538-1297-4

◇京に咲く同志の桜—新島八重・新島襄・山
　本覚馬の物語　桜井裕子著　海竜社
　2012.12　233p　19cm　〈文献・年譜あ
　り〉　①978-4-7593-1287-4
　＊話題を先取り！ NHK大河ドラマ「八重
　　の桜」の登場人物がよくわかる。神の
　　手が巡り合わせた3人が織りなす奇跡の
　　歴史ドラマ。

◇「会津の悲劇」に異議あり—日本一のサム
　ライたちはなぜ自滅したのか　八幡和郎

著　晋遊舎　（晋遊舎新書）　2012.12
207p　18cm　①978-4-86391-693-7
＊「会津の悲劇」は、幕末史における決ま
　り文句として語られる。たしかに維新の
　戦いにおいて、会津藩は多くの戦死者
　を出し、しかも「賊軍」という汚名を受
　けた。素晴らしい「士風」を保ち、代々
　の殿様が善政を敷いて天皇と幕府への
　忠義に生きたにもかかわらず、理不尽
　な扱いを受けた。これを「悲劇」という
　が、実のところは…。本作は「会津びい
　きの立場に立たない会津もの」をという
　趣旨のもとに執筆した。意外に思う事
　柄も多いだろうが、すべて真実である

◇ラストサムライ山本覚馬　鈴木由紀子著
　NHK出版　2012.11　249p　20cm　〈文
　献・年譜あり　「闇はわれを阻まず」（小
　学館 1998年刊）の改題改訂〉
　①978-4-14-081580-9
　＊この兄なくして、新島八重はなかった。
　　武士道を超える高みをめざした心眼の
　　会津武士。第四回小学館ノンフィク
　　ション大賞優秀賞受賞作の新装改訂版。

◇ハンサム・ウーマン新島八重と明治の京
　都　鳥越一朗著　ユニプラン　2012.11
　128p　15cm　〈文献・年譜あり〉
　①978-4-89704-309-8
　＊京都の近代化と共に歩んだ八重の半生
　　とゆかりの地を辿る。

◇新島襄と八重—同志の絆　福本武久著
　原書房　2012.10　237p　19cm　〈年譜あ
　り〉　①978-4-562-04857-1
　＊自由と良心の教育に命を捧げた新島襄
　　と、男まさりの「ハンサムウーマン」八
　　重。逆境にめげず、新時代を切り開い
　　た二人の生き様をあざやかに描き出す。
　　詳細年譜付き。

◇「敗者」の精神史　上　山口昌男著　岩
　波書店　（岩波現代文庫）　2005.6　459p
　15cm　①4-00-600144-4
　＊明治維新以後の薩長中心の階層秩序か
　　ら離れ、「もう一つの日本」をつくりあ
　　げて来た人々がいる。上巻では日比翁
　　助の三越改革、淡島椿岳・寒月父子の知
　　的バサラ術、大槻如電・高橋太華・山本
　　覚馬ら東北諸藩出身者の生涯、大橋佐
　　平・新太郎父子の博文館経営などのエ

ピソードを通して、彼らの知的ダンディズムと開かれた精神を描く。

◇近代日独交渉史研究序説—最初のドイツ大学日本人学生馬島済治とカール・レーマン　荒木康彦著　雄松堂出版　2003.3　236p　21cm　①4-8419-0314-3

◇闇はわれを阻まず—山本覚馬伝　鈴木由紀子著　小学館　1998.1　249p　20cm〈肖像あり　年譜　文献あり〉①4-09-379215-1
＊失明をのりこえて"京都の恩人"といわれ、創設期の同志社を支えた会津武士の生涯。『週刊ポスト』『SAPIO』21世紀国際ノンフィクション大賞優秀作受賞作品。

◇山本覚馬—伝記・山本覚馬　青山霞村著　大空社　（伝記叢書）　1996.10　298,6p　22cm〈同志社昭和3年刊の複製　取扱い：柳原書店〉①4-87236-522-4

◇山本覚馬の妻と孫　丸本志郎著　まるもと　1992.10　145p　22cm

◇会津武士—山本覚馬　丹羽五郎　福本武久著、高橋哲夫著　歴史春秋社　1991.11　275p　22cm〈山本覚馬　丹羽五郎の肖像あり　主な参考文献：p172〉①4-89757-265-7

◇明治の兄妹　早乙女貢著　新人物往来社　1990.12　319p　19cm　①4-404-01793-6
＊新島襄とともに同志社の創立に尽くした元会津藩砲術教授・山本覚馬とその妹八重子の辛酸の軌跡を描く表題作をはじめ、幕末の動乱を生きた男たちの姿を活写する会心の歴史小説集。

◇会津のキリスト教—明治期の先覚者列伝　内海健寿著　キリスト新聞社　（地方の宣教叢書）　1989.5　257p　19cm　①4-87395-200-X
＊時代と戦うべき新しい信仰をいだくすぐれた青年たちは、会津落城の悲運を体験した佐幕派会津人の中から出現したのである。「精神的革命は多くは時代の陰影より出づ」本書にとりあげた同志社の山本覚馬、明治学院の井深梶之助、津田英学塾を援助した山川捨松、フェリス女学校の若松賤子、東北学院

の梶原長八郎、関東学院の坂田祐はそれである。兼子重光は、自由民権運動の闘士から牧師に転向したヒューマニストである。デフォレストは、会津伝道に忘れてはならない宣教師である。

◇心眼の人山本覚馬　吉村康著　恒文社　1986.12　413p　20cm〈巻末：参考文献　山本覚馬年譜　肖像：山本覚馬〔ほか〕図版（肖像を含む）〉①4-7704-0654-1

▎山本　権兵衛　やまもと・ごんべえ
1852〜1933　海軍軍人，政治家。大将，伯爵，内閣総理大臣。首相在任中、シーメンス事件・虎ノ門事件が発生し引責辞任。

◇海と日本人の歴史　高橋千劔破著　河出書房新社　2012.3　312p　19cm　①978-4-309-22567-8
＊地球上のあらゆる生命を育んできた海。その神秘の世界を描き、遣唐使から最後の海軍大将まで、海と日本人との歴史を綴る渾身の書。

◇海軍良識派の研究—日本海軍のリーダーたち　工藤美知尋著　光人社　（光人社NF文庫）　2011.11　340p　15cm　①978-4-7698-2710-8
＊「良識派」軍人の系譜を辿り、日本海軍の歴史と誤謬を明らかにする！「条約派」と「艦隊派」対立の根源を探り、平易・詳細に解説した人物伝。

◇帝国海軍の勝利と滅亡　別宮暖朗著　文藝春秋　（文春新書）　2011.3　286p　18cm　①978-4-16-660800-3
＊日本海海戦で歴史に残る完全勝利をおさめた山本権兵衛。対して権兵衛にならった山本五十六の真珠湾奇襲は日本を破滅へと導いた。二人のリーダーの光と影を軸にエリート集団の誕生から消滅までを描く。

◇司馬遼太郎 歴史のなかの邂逅　7　正岡子規〜秋山好古・真之　司馬遼太郎著　中央公論新社　（中公文庫）　2011.3　263p　15cm　①978-4-12-205455-4
＊日本の前途を信じた若者たちの、底ぬけの明るさと痛々しさと—。第七巻は、司馬文学を代表する長篇『坂の上の雲』に描かれた正岡子規、秋山兄弟を中心

に、徳冨蘆花、夏目漱石、石川啄木、清沢満之ら、昂揚の時代を生きた人々の足跡をたどる二十五篇を収録。

◇日本海軍将官総覧　太平洋戦争研究会編著　PHP研究所　2010.5　378p　19cm　①978-4-569-77551-7
＊栄光の明治から昭和の敗戦まで、海の戦いを指揮した男たちのプロフィール！　コンパクトで便利な使える一冊。

◇海軍経営者山本権兵衛　新装版　千早正隆著　プレジデント社　2009.11　269p　20cm　〈付・秋山真之が乃木希典に二〇三高地奪取を追った書簡〉　①978-4-8334-1922-2
＊人のもつ「運」までも見抜き、抜擢し、信じ抜く。近代日本で最強の組織をつくりあげた真のリーダー。特別付録に秋山真之が乃木希典に二〇三高地奪取を追った書簡を収載。

◇日本海軍の興亡―戦いに生きた男たちのドラマ　半藤一利著　PHP研究所　2008.12　199p　19cm　〈『日本海軍の興亡』再編集・改題書〉　①978-4-569-70328-2
＊名将・名参謀は、その時。

◇宰相たちのデッサン―幻の伝記で読む日本のリーダー　御厨貴編　ゆまに書房　2007.6　280p　21cm　①978-4-8433-2381-6
＊幻の伝記を読み直すなかから生まれたまったく新しい戦前期の総理大臣評伝集。

◇歴代総理大臣伝記叢書　第8巻　山本権兵衛　御厨貴監修　ゆまに書房　2005.7　302p　22cm　〈複製　肖像あり〉　①4-8433-1786-1

◇日本宰相列伝　上　三好徹著　学陽書房　（人物文庫）　2005.1　487p　15cm　①4-313-75193-9
＊草莽の志士の中でとびぬけた幸運をつかんだ伊藤博文。薩摩派のボスのように見えながら孤立していた黒田清隆。佐賀出身の大隈重信が“葉隠れ精神”嫌いだった理由。藩閥政治退治を志した“平民宰相”原敬の意外な経歴。首相より蔵相として活躍した高橋是清の波乱万丈の人生…。明治・大正の宰相を通

して、近代日本を検証する意欲作。

◇山本権兵衛―日本海軍を世界レベルに押し上げた男　高野澄著　PHP研究所（PHP文庫）　2001.12　445p　15cm　〈文献あり〉　①4-569-57668-0
＊幕末・維持の時代を駆け抜け、欧米列強の作った世界秩序の中に乗り出した明治日本。近代国家としてのシステムを整備するにあたって、海軍力の充実こそが欠くことのできない急務であった。その中心となって知恵をしぼり、実務にあたったのが、本書の主人公・山本権兵衛である。実質的に、「日本海軍の父」と呼ばれる男の波瀾多き生涯を、ドラマティックに描き上げた、長編歴史小説。

◇運命の児―日本宰相伝　2　三好徹著　徳間書店　（徳間文庫）　1997.8　334p　15cm　①4-19-890742-0
＊明治、大正、昭和前期三時代の潮流から逃れられぬ運命を背負った七人の宰相たちがたどった“頂点”までの紆余曲折の道のりを追い、その人間像を余すところなく描き出す。戦乱と動乱の渦中に屹立した彼らの栄光と蹉跌、そして死と隣り合わせの権勢とは。

◇海軍の父　山本権兵衛―日本を救った炯眼なる男の生涯　生出寿著　光人社　（光人社NF文庫）　1994.7　366p　15cm　①4-7698-2054-2
＊青春時代に幕末の日本を見つめ、海軍を志して、精強なる海軍を造るため、一意専心に生きた偉大なる男。藩閥主義打破、実力主義、適材適所を唱えて人員を整理し、有為の人材を登用する計画を推進して諸制度を改革し、毀誉褒貶を顧みず、わずか十数年で、ロシア海軍に勝つ近代海軍を育て上げた“海の男”のロマン。

◇海軍の父　山本権兵衛―日本を救った炯眼なる男の生涯　生出寿著　光人社　1989.8　333p　19cm　①4-7698-0450-4
＊精強なる海軍を造るため、諸制度を改革し、藩閥主義打破、実力主義、適材適所を唱えて不要人員を整理、有為の人材を登用する計画を立案推進して日本を勝利に導いた大胆無比にして細心緻密、俊厳秋霜にして温情春風の海の男のロマン。

I 政治・経済　　　　　　　　　　　　　　　　　　　　　　　　　　山本滝之助

◇海軍経営者 山本権兵衛　千早正隆著　プレジデント社　1986.12　269p 19cm
①4-8334-1278-0
＊最後の海軍大将井上成美は、山本権兵衛を「一等大将」と称賛した。その真骨頂は、揺籃時代の日本海軍を一流に育て上げた卓抜な企画・組織・実行力にある。日本海海戦を前に、秋山真之が乃木軍参謀に送った震撼の書翰を特別収載(初公開)。

◇日本宰相列伝　6　山本権兵衛　山本英輔著　時事通信社　1985.11　192p 19cm
〈監修:細川隆元『三代宰相列伝』(昭和33年刊)の改題新装版 山本権兵衛の肖像あり〉　①4-7887-8556-0

◇山本権兵衛　米沢藤良著　新人物往来社　1974　224p　20cm

◇伯爵山本権兵衛伝　巻上　故伯爵山本海軍大将伝記編纂会編　原書房　(明治百年史叢書)　1968　788p 図版　22cm

◇伯爵山本権兵衛伝　巻下　故伯爵山本海軍大将伝記編纂会編　原書房　(明治百年史叢書)　1968　789-1493p　22cm

◇明治百年史叢書　山本権兵衛と海軍　海軍省海軍大臣官房編　原書房　1966

◇山本権兵衛　山本英輔著　時事通信社　(三代宰相列伝)　1958　192p 図版　18cm

山本 条太郎
やまもと・じょうたろう
1867～1936　実業家, 政治家。三井物産常務, 貴族院議員。満鉄社長となり満蒙問題解決を図るが失敗。

◇語り継がれる名相場師たち―明治・大正・昭和を駆け抜けた「勝ち組」53人　鍋島高明著　日本経済新聞出版社　(日経ビジネス人文庫)　2010.8　356p　15cm
①978-4-532-19555-7
＊厳しい相場の世界を生き抜き、巨富を築いた相場師たちは、いったい何が優れていたのか。岩崎弥太郎、笹川良一、山本条太郎など、大成功を収めた巨人たちの辣腕ぶりを生き生きと描き、その投資手法と勝利の秘訣を明らかにする。

◇上海時間旅行―蘇る "オールド上海"の記憶　佐野眞一ほか著　山川出版社　2010.7　203p　21cm　①978-4-634-15007-2
＊魔都と呼ばれた街に生きた人間達の10のドラマ。"オールド上海"を知れば今の上海も見えてくる。

◇山本条太郎　山本条太郎著　図書出版社　(経済人叢書)　1990.7　437p 19cm
①4-8099-0151-3
＊三井物産幹部として国の内外で辣腕をふるうも、シーメンス事件に連座して下獄、大赦によって出獄した後は政治家に転身、その識見の高さをあまねく天下に示した、山本条太郎の挫折と再起の生涯を描く。

◇小説 三井物産　小島直記著　中央公論社　(小島直記伝記文学全集)　1987.2　556p　19cm　①4-12-402585-8
＊《一つの会社が興り、その中で一個の人材が育つとはどういうことか》―山本条太郎の波瀾万丈の人生を軸に疾風怒濤の三井物産草創期を描く。

◇山本条太郎　3　伝記　山本条太郎翁伝記編纂会編　原書房　(明治百年叢書)　1982.8　1冊　22cm　〈山本条太郎翁伝記編纂会昭和17年刊の複製 山本条太郎の肖像あり〉　①4-562-01260-9

◇山本条太郎　原安三郎著　時事通信社　1965　271p 図版　18cm

◇日本財界人物列伝　第1巻　青潮出版株式会社編　青潮出版　1963　1171p 図版　26cm

◇人使い金使い名人伝　〔正〕続　中村竹二著　実業之日本社　1953　2冊　19cm

山本 滝之助　　やまもと・たきのすけ
1873～1931　社会教育家。地域青年会の必要性を主張、青年団の結成を促進した。

◇山本瀧之助の生涯と社会教育実践　多仁照広著　不二出版　2011.11　258p　22cm　〈年譜・索引あり〉　①978-4-8350-7080-3

◇おりおりの感想―山本滝之助全国巡回青年講習会遺稿集　沼隈町教育委員会　1992.1　153p　21cm　〈山本滝之助の肖像あり〉

伝記ガイダンス 明治を生きた人々　**639**

◇講習の旅をつづけて—山本滝之助全国巡回青年講習会遺稿集　沼隈町教育委員会編　沼隈町教育委員会　1991.1　128p　21cm

◇退一歩而待人—山本滝之助の思い出集　沼隈町教育委員会編　沼隈町教育委員会　1988.7　206p　21cm　〈山本滝之助の肖像あり〉

◇山本滝之助日記—青年団活動史　第4巻　山本滝之助著，多仁照広編著　日本青年館　1988.3　380p　23cm

◇山本滝之助の生涯—青年団運動の父　山本滝之助研究会同人編集構成　沼隈町教育委員会　1987.3　182p　21cm　〈山本滝之助の肖像あり　折り込図1枚〉

◇山本滝之助日記—青年団活動史　第3巻　山本滝之助著，多仁照広編著　日本青年館　1987.3　368p　23cm

◇山本滝之助日記—青年団活動史　第2巻　多仁照広編著　日本青年館　1986.3　359p　23cm

◇山本滝之助日記—青年団活動史　第1巻　多仁照広編著　日本青年館　1985.3　391p　23cm　〈著者の肖像あり〉

山本 唯三郎　やまもと・たださぶろう

1873〜1927　実業家。吉浦造船、高尾鉄工所、富士製鋼、福岡鉱業等の諸会社の重役を兼任した。

◇奇っ怪紳士録　荒俣宏著　平凡社　（平凡社ライブラリー）　1993.11　327p　16cm　①4-582-76027-9

＊尋常ならざる思想と行動力を武器に世界の均衡を揺るがす人々、それが奇人だ。「北海道になった男」、ウルトラの父、そして空飛ぶ円盤を発明した男まで、危険な魅力溢れる人物コレクション。

山屋 他人　やまや・たにん

1866〜1940　海軍軍人。大将、連合艦隊司令長官。戦術家として評価は高く、「T字戦法」は、山屋の考案した「円戦術」の発展改良であった。

◇山屋他人who's who—小和田雅子さんの母方の曽祖父像　第3版　盛岡タイムス社編　盛岡タイムス社　（岩手の偉人シリーズ）　1993.4　97p　26cm　〈山屋他人および小和田雅子の肖像あり〉　①4-944053-04-5

◇山屋他人who's who—小和田雅子さんの母方の曾祖父像　盛岡タイムス社編集　盛岡タイムス社　（岩手の偉人シリーズ）　1993.3　86p　26cm　〈山屋他人略年譜：p84〜86〉　①4-944053-04-5

山吉 盛典　やまよし・もりのり

1835〜1902　官吏。福島県権参事、福島県令を務めた。

◇明治天皇行幸と地方政治　鈴木しづ子著　日本経済評論社　2002.5　284p　21cm　①4-8188-1418-0

＊明治九年を殖産興業政策との関係に重点を置いて考察し、とくに桑野村を中心に据えることで国営安積開墾の構想が実現へ向かう過程を行幸の中に見出す。次いで、福島県内、とくに安積開墾関連地への行幸、猪苗代湖疏水（安積疏水）への有栖川宮熾仁親王の代巡の実態を明らかにし、その意味を問う。そして、福島県の明治一四年における県政の展開過程を安積開墾事業に生起した矛盾と県会開設の視点から追求。最後に、福島県政転換期に指導的立場にありながら、これまでその評価が不安定であったり、存在が不確かであった県令山吉盛典と大書記官小野修一郎について取上げた。

山脇 延吉　やまわき・えんきち

1875〜1941　農政家，実業家。

◇農民の父—山脇延吉の生き方　水嶋元著　知道出版　2007.2　158p　19cm　〈年譜あり〉　①978-4-88664-168-7

I　政治・経済　　　　　　　　　　　　　　　　　　　　　　由良守応

【 ゆ 】

湯浅 倉平　ゆあさ・くらへい

1874〜1940　官僚，政治家。貴族院議員，
内務大臣。警視総監、会計検査院長など
を歴任。

◇昭和天皇 側近たちの戦争　茶谷誠一著
吉川弘文館　（歴史文化ライブラリー）
2010.5　218p　19cm
①978-4-642-05696-0
＊戦前日本、天皇を支えた宮内大臣・内大
臣・侍従長ら側近たち。彼らは戦争へ
の道を突き進む激動の昭和にいかなる
政治的影響力を持っていたのか。牧野
伸顕・木戸幸一ら昭和天皇の側近たち
の視点から近代日本の軌跡を描く。

◇湯浅倉平　林茂著　湯浅倉平伝記刊行会
1969　507p　図　22cm

結城 無二三　ゆうき・むにぞう

1845〜1912　新撰組隊士。七条油小路に
おける伊東甲子太郎襲撃の一員。

◇明治人物閑話　森銑三著　中央公論新社
（中公文庫）　2007.11　343p　15cm
①978-4-12-204944-4
＊懐かしさと愛情をもって明治の人と時
代を掘りおこした、碩学の評伝集。文
学では森鷗外、夏目漱石、二葉亭四迷、
石光真清。芸能では五代目尾上菊五郎、
九代目市川団十郎、三遊亭円朝ら綺羅
星のごとく輝いた明治人の面影を、多
くのエピソードをまじえて伝える。

◇歴史人物・意外な「その後」―あの有名人
の「第二の人生」「晩年」はこうだった
泉秀樹著　PHP研究所　（PHP文庫）
2006.3　279p　15cm　①4-569-66606-X
＊晩年はアウトドアを満喫した伊達政宗、
体調不良と闘いながら大御所政治を行
なった徳川吉宗、晩年に三回若い妻を
迎えた小林一茶、新選組隊士から伝道
師になった結城無二三…。人生の桧舞
台を終えた後、ユニークな「後半生」を

過ごした人物を取り上げ、その終焉ま
でを追いかけた歴史読み物。歴史の意
外な知識に出会いたい人にも、人生後
半について考えたい人にもおすすめ。

◇旧幕新撰組の結城無二三　改版　結城礼
一郎著　中央公論新社　（中公文庫）
2005.4　204p　16cm　〈肖像あり〉
①4-12-204523-1

◇差出の磯―実録 新撰組生き残り結城無二
三伝　結城雄次郎著　甲陽書房　1968
265p　19cm

湯地 丈雄　ゆじ・たけお

1847〜1913　警察官。篤行家。亀山上皇
の銅像を博多に建立し、大日本護国幼年
会を設立した。

◇湯地丈雄―元寇紀念碑亀山上皇像を建てた
男　復刊　仲村久慈著，三浦尚司監修　梓
書院　2015.3　298p　19cm　〈初版：牧
書房 昭和18年刊〉　①978-4-87035-548-4

◇元寇役の回顧―紀念碑建設史料　太田弘
毅編著　錦正社　2009.11　343p　22cm
〈文献・索引あり〉　①978-4-7646-0330-1
＊元寇紀念碑建設運動とは、湯地丈雄を
主唱者として明治時代に元寇役（蒙古襲
来）を回顧し“歴史の教訓”を得て、護国
思想の高揚を図るため、亀山上皇銅像の
建設に伴いなされた一大国民運動であ
る。元寇紀念碑建設運動を推進し、後
半生を捧げた湯地丈雄。その運動を助
けた矢田一嘯画伯や佐野前励師。彼ら
や元寇紀念碑建設に関連する各種文献・
絵画・伝記・音楽等の史料を一同に纏め
収録。元寇紀念碑建設運動と護国運動
に史料面から光を当てた貴重な一冊。

由良 守応　ゆら・もりまさ

1827〜1894　実業家。官界を去った後、
乗合馬車経営に成功。発動機会社は時流
に先んじすぎ失敗。

◇走れ乗合馬車（オムンボス）―由良守応の
生涯　神坂次郎著　朝日新聞社　（朝日文
芸文庫）　1995.9　312p　15cm
①4-02-264080-4
＊偉丈夫にして剣術、馬術に長じた紀州藩

伝記ガイダンス 明治を生きた人々　**641**

士・由良守応—尊攘運動に加わり、岩倉外交団に従い米英に渡って西洋文明の洗礼を受け、なかでも馬車に心を奪われた。明治七年、野に下った由良は長年の夢の乗合馬車を初めて東京に走らせた。構想十余年、著者渾身の力作長編。

◇走れ乗合馬車—由良守応の生涯　神坂次郎著　朝日新聞社　1989.3　301p　20cm　①4-02-255975-6

▌由利 公正　ゆり・きみまさ

1829〜1909　福井藩士，政治家。子爵，貴族院議員。維新政権下、財政を一手に担い活躍。

◇子爵由利公正伝　復刻版　由利正通編　マツノ書店　2016.11　520,295,6p 図版〔12〕枚　22cm　〈年譜あり　原本：岩波書店 昭和15年刊〉

◇由利公正　加来耕三企画・構成・監修，井手窪剛原作，中島健志作画　ポプラ社（コミック版日本の歴史　幕末・維新人物伝）　2015.11　127p　22cm　〈文献あり　年譜あり〉　①978-4-591-14722-1

◇教科書が教えない歴史有名人の晩年と死　新人物往来社編　新人物往来社　2007.2　293p　19cm　①978-4-404-03444-1
＊あの人は、老境をいかに生き、死を迎えたか？　江戸・明治・大正・昭和を生きた有名人たちの「老い支度」…。

◇由利公正のすべて　三上一夫，舟沢茂樹編　新人物往来社　2001.5　244p　20cm　〈年譜あり　文献あり〉　①4-404-02903-9
＊横井小楠、坂本竜馬にその才を見出され、明治新政府発足と同時に最初の大蔵大臣として紙幣の発行にふみきり、維新財政の基礎を築いた。財政改革の礎となった男の波瀾の生涯。

◇横井小楠と由利公正の新民富論—明治国家のグランドデザインを描いた二人の英傑　童門冬二著　経済界　2000.9　285p　20cm　①4-7667-8208-9
＊開国か鎖国かで激しく揺れ動く幕末期に、来るべき日本国家の青写真を描いた二人の巨人。日本は有道の国をめざすべし。

◇経綸のとき—近代日本の財政を築いた逸材　尾崎護著　文芸春秋　（文春文庫）　1998.8　478p　16cm　①4-16-760801-4
＊幕末の動乱期、越前藩主・松平慶永により抜擢された三岡八郎（のちの由利公正）は、破綻した藩財政を立て直し、維新における藩の発信力を確立した。その後、横井小楠の"教え"と坂本龍馬の"想い"を胸に、新政府の財政を担い、五箇条の御誓文の起草にも関わった男の生涯を元大蔵事務次官が丹念に描いた大作。

◇経綸のとき—小説三岡八郎　尾崎護著　東洋経済新報社　1995.12　499p　20cm　〈主要参考資料：p497〜499〉　①4-492-06079-0

◇財政官僚の足跡　森田右一著　近代文芸社　1995.4　313p　19cm　①4-7733-3804-0
＊官僚批判と期待の中で時代を切り開いた、流れに棹さした、変革期で闘った…財政官僚の先人に学ぶ。

【 よ 】

▌横川 省三　よこかわ・しょうぞう

1865〜1904　志士。日露戦役当時の軍事探偵。

◇獅子の夢—明治人横川省三・その生と死　幕内満雄著　叢文社　2001.9　247p　20cm　〈年譜あり　文献あり　肖像あり〉　①4-7947-0387-2
＊南部藩に生まれた自由民権の鬼は、日露開戦直後、ロシア軍の補給路を絶つために鉄橋とトンネルを破壊すべく、豪雪の大陸の奥地に潜行する。ロシア軍刑場での堂々たる死。愛児の幸せを祈る涙。感動の人間記録。

◇横川省三とハルピンの写真館　池野藤兵衛述　〔池野藤兵衛〕　1997　10p　26cm

◇真人横川省三伝—伝記・横川省三　利岡中和著　大空社　（伝記叢書）　1996.10　438,8p　22cm　〈「真人横川省三伝」刊行会昭和10年刊の複製　取扱い：柳原書店〉

Ⅰ　政治・経済　　　　　　　　　　　　　　　　　　　　　　　　　　　　　　吉田清成

Ⓘ4-87236-523-2

◇横川省三と其の時代　池野藤兵衛記
〔池野藤兵衛〕　1990　44p　26cm

◇明治の青春横川省三―日露戦争と志士群
像　池野藤兵衛編著　牧野出版　1980.11
208p　22cm　〈横川省三の肖像あり〉

▌**横河 民輔**　よこがわ・たみすけ
1864〜1945　建築家，実業家。三井銀行本
店を設計、日本の鉄骨構造建築の開拓者。

◇日本建築家山脈　復刻版　村松貞次郎著
鹿島出版会　2005.9　315p　21cm
Ⓘ4-306-04455-6
＊現代へと導いた明治・大正・昭和の建築
家500人余の列伝。師と弟子、先輩と後
輩…近現代建築の系譜が人間模様に
よって鮮やかに浮かび上がる。巨匠・
名作の源流をたどり、日本建築界の
DNAを描いた名著、待望の復刻。

◇建設業を興した人びと―いま創業の時代
に学ぶ　菊岡倶也著　彰国社　1993.1
452p　21cm　Ⓘ4-395-00353-2
＊本書は、創業者とその周辺の人びとを
通じてわが国建設業の近代の発展を描
いたものである。

◇横河民輔追想録　横河民輔追想録刊行会
編　横河民輔追想録刊行会　1955

▌**吉田 磯吉**　よしだ・いそきち
1867〜1936　政治家。

◇侠客の条件―吉田磯吉伝　猪野健治著
筑摩書房　（ちくま文庫）　2006.10
346p　15cm　Ⓘ4-480-42276-5
＊史上最大の親分、吉田磯吉。川筋者と
いわれる命知らずの船頭達のなかから
身を起こし、北九州・筑豊炭鉱を基盤に
勢力を広げ、国会議員の座にまで昇り
つめた男。政治暴力、労働争議への介
入、流血を恐れぬ子分、社会の裏側に強
靱なネットワークを持つ侠客の力を必
要とした日本の近代とは何だったの
か？現在にも通じる政財界とやくざの
コネクション、その原点へと迫る異色
ノンフィクション。

◇日本アウトロー烈伝　親分　猪野健治，鈴

木智彦ほか著　洋泉社　2005.9　222p
21cm　Ⓘ4-89691-951-3
＊その強烈な生き様や個性でヤクザ史に
名を刻んだ親分たちは、彼らが生きた
時代と無縁ではない。異彩を放った男
たちのクロニクル―器量とは何か。い
ま改めて問う。

◇侠客の条件―吉田磯吉伝　猪野健治著
現代書館　（アウトロー論集）　1994.3
318p　19cm　Ⓘ4-7684-6641-9
＊日本資本主義の原点・筑豊の石炭を運ぶ
川舟の一船頭から身を起こし、日本一
の大親分の座に昇りつめ、中央政界に
まで進出した吉田の生涯を克明に検証。

◇刀と聖書―筑豊の風雪二代記　玉井政雄
著　歴史図書社　1978.6　268p　20cm
〈吉田磯吉　吉田敬太郎の肖像あり〉

◇侠客の条件―実録・吉田磯吉伝　猪野健
治著　双葉社　（双葉新書）　1977.6
333p　18cm

▌**吉田 清成**　よしだ・きよなり
1845〜1891　外交官。子爵，農商務次官。
駐米公使に就任、日米新条約を締結。

◇吉田清成関係文書　6　書類篇2　京都大
学文学部日本史研究室編　思文閣出版
（京都大学史料叢書）　2016.1　648p
22cm　Ⓘ978-4-7842-1818-9

◇吉田清成関係文書　4　書翰篇4　京都
大学文学部日本史研究室編　思文閣出版
（京都大学史料叢書）　2008.8　458p
22cm　〈英語併載　肖像あり〉
Ⓘ978-4-7842-1428-0

◇吉田清成関係文書　3（書翰篇3）　吉田清
成関係文書研究会編　思文閣出版　（京都
大学史料叢書）　2000.8　381p　22cm
Ⓘ4-7842-1048-2
＊『吉田清成関係文書』は、日本文書翰と
欧文書翰とに分けた上で、さらに両者
を吉田清成宛書翰・吉田清成書翰・第三
者間書翰に分類した。

◇吉田清成関係文書　2　書翰篇2　京都
大学文学部日本史研究室編　思文閣出版
（京都大学史料叢書）　1997.2　367p
22cm　Ⓘ4-7842-0925-5

伝記ガイダンス　明治を生きた人々　**643**

吉田幸兵衛 I 政治・経済

◇吉田清成関係文書　1（書翰篇1）　京都大学文学部国史研究室編　思文閣出版　（京都大学史料叢書）　1993.12　360p　22cm　〈吉田清成の肖像あり〉　①4-7842-0804-6

▌吉田　幸兵衛　よしだ・こうべえ
1835～1907　横浜生糸商。
◇横浜商人とその時代　横浜開港資料館編　有隣堂　（有隣新書）　1994.7　228p　18cm　①4-89660-122-X
＊幕末から明治半ばまでの横浜は、まさに貿易商人の活躍する舞台であり、なかでも、激しい盛衰を生き抜いた少数の生糸売込商は、短期間に莫大な富を築いた。また、彼らは生糸、茶、海産物などの営業品目ごとにグループを構成し、不平等条約のもとで居留外国商人と取引した。本書は、生糸売込商の原善三郎や茂木惣兵衛をはじめ、製茶売込商の大谷嘉兵衛ら七人の商人を取り上げ、明治・大正期の横浜の政治や文化に大きな役割を果たした彼らの生涯を、さまざまな角度から描き出し、"横浜商人"とその基盤となった港都横浜の具体像をも追求した意欲的な評伝集である。

▌吉野　泰三　よしの・たいぞう
1841～1896　医師，政治家。
◇多摩の民権と吉野泰三―三鷹吉野泰平家文書考察集　三鷹市教育委員会編　三鷹市教育委員会　1999.3　192p　22cm

▌依田　勉三　よだ・べんぞう
1853～1925　北海道開拓者。多くの事業を試み、失敗したが十勝原野開拓の礎となった功績は大きい。
◇依田勉三と晩成社―十勝開拓の先駆者　井上壽著，加藤公夫編　北海道出版企画センター　2012.3　306p　20cm　〈著作目録あり〉　①978-4-8328-1201-7
◇帯広開拓秘話　ひとつ鍋　波村雪穂著　彩図社　（ぶんりき文庫）　2004.3　376p　15cm　①4-88392-412-2
＊豪濃の三男として生まれた依田勉三は、福沢諭吉らの影響を受けて、開拓事業

に関心を抱く。彼は明治十四年に初めて北海道を調査し、その翌年には晩成社を組織して、十勝国下帯広村（オベリベリ）という所に移っていく。そこで早速開拓を開始するも、冷害やら洪水等で事業はかなり困難を極め、その殆んどは失敗に終わった。しかし十勝原野の礎になった彼の功績は、極めて大きいものがあった。不屈の開拓精神―。それこそは正に、拓聖の名にもふさわしい生き方である。

◇依田勉三の生涯　再版　松山善三著　「依田勉三の生涯」を復刻する会　2002.11　458p　21cm　①4-87693-915-2
＊明治16年未開の地北海道十勝野にその身を投じた依田勉三と晩成社の人々。農業王国十勝の歴史は数えきれない困難との戦いの歴史だ。
◇呼ぶ声―依田勉三の生涯　松山善三著　潮出版社　（潮文庫）　1984.10　2冊　15cm
◇晩成社牧場―畜産十勝の夜明け　渡部哲雄著　晩成社研究会　1981.11　119p　26cm　〈依田勉三の肖像あり　限定版〉
◇依田勉三の生涯　上巻　松山善三著　潮出版社　1979.11　247p　20cm
◇拓聖依田勉三伝　田所武編著　「拓聖依田勉三伝」刊行会　1969　657p　図版　22cm　〈監修：萩原実〉
◇十勝開拓史話　萩原実著　道南歴史研究協議会　1964

▌米倉　一平　よねくら・いっぺい
1831～1904　実業家。米穀取引所理事長。第五国立銀行取締役、中外商業社長、米商会社社長を歴任。
◇賭けた儲けた生きた―紅花大尽からアラビア太郎まで　鍋島高明著　五台山書房　2005.4　340p　19cm　①4-309-90626-5

▌米山　梅吉　よねやま・うめきち
1868～1946　銀行家。三井信託社長。三井合名理事、三井報恩会理事長などを歴任。また私費で現在の青山学院初等部を

644　伝記ガイダンス　明治を生きた人々

I　政治・経済　　　　　　　　　　　　　　　　　　　　　林世功

設立した。

◇米山梅吉の一生　三戸岡道夫著　栄光出
版社　2009.4　257p　20cm　〈文献あり〉
①978-4-7541-0115-2
＊"信じて託す"という信託の原点に立っ
て日本で最初の信託銀行を設立。また、
日本ロータリークラブを創立し、三井
報恩会の理事長として、広く社会奉仕
を行い、その生涯を公益事業に捧げ、明
治・大正・昭和を生きた経済人の物語。

◇点描米山梅吉─日本のロータリークラブ
と信託業の創始者　谷内宏文著　新風舎
（新風舎文庫）　2005.8　369p　15cm
〈肖像・年譜あり〉　①4-7974-9821-8
＊会員数約十数万人にまで達している日
本のロータリークラブの創始者。「信託
法」および「信託業法」に基づく最初の
株式会社を創業。さらに現在の青山学
院初等部および幼稚園を私財をもって
創設。偉大な企業人、財界人としてだ
けでなく、"奉仕の人"としてもさまざま
な功績を残した「米山梅吉」。NGOや
NPOの概念を戦前の大正・昭和の時代
から体現していた人物でもある。「日本
にもこんなに偉大な人がいた」と誰もが
誇りに思える感動のノンフィクション。

◇超我の人米山梅吉の跫音─財団法人米山
梅吉記念館創立35周年記念誌　米山梅吉
記念館　2005.4　266p　27cm　〈肖像・
著作目録・文献・年譜・年表あり〉

◇社会貢献の先駆者米山梅吉　戸崎肇著
芙蓉書房出版　2000.3　182p　20cm
〈文献あり〉　①4-8295-0246-0
＊戦前の三井銀行・三井信託銀行を代表
する銀行家米山梅吉（1868 - 1946）は、
日本のロータリークラブの創設、青山
学院初等部の設立、医療救済活動など
のボランティア活動でも先駆的貢献を
した人物。確かな功績を残した男のダ
イナミックな生き方を描いた評伝。

◇米山梅吉翁─慶応・明治、大正、昭和を生
き抜いた日本の偉人 日本の実業家・歌
人・漢詩人・俳人・教育者・政治家であり
国際的人格者 人物写真集　米山聡執筆・
編集, 大川孝昭編集・写真撮影　米山聡
1997.4　229枚　27×37cm　〈肖像あり

年譜　文献あり〉

◇無我の人米山梅吉　内田稔著　秀建築設
計事務所　1985.8　261p　19cm　〈米山
梅吉の肖像あり〉

◇日本財界人物列伝　第1巻　青潮出版株式
会社編　青潮出版　1963　1171p 図版
26cm

◇米山梅吉伝　米山梅吉先生伝記刊行会編
青山学院初等部　1960　617p 図版　22cm

【ら】

ラッセル・スジロフスキー, N.K.

Russel'Sudzilovskii, Nikolai
Konstantinovich

1850～1930　ロシアのナロードニキ革命
家。1904？ 来來日。日露戦争中にロシア
人捕虜への革命工作を行った。

◇ニコライ・ラッセル─国境を越えるナ
ロードニキ　上　和田春樹著　中央公論
社　1973　357p 図 肖像　20cm

◇ニコライ・ラッセル─国境を越えるナ
ロードニキ　下　和田春樹著　中央公論
社　1973　424p 図 肖像　20cm　〈参考
文献：p.373-398〉

【り】

林　世功　りん・せいこう

1841～1880　政治家。沖縄県設置に抗議
して北京で自決。

◇琉球の英傑たち　大城立裕著　プレジデ
ント社　1992.10　299p 19cm
①4-8334-1464-3

【る】

ルサン, A.V.
Roussin, Alfred Victor
1839〜1919　フランスの軍人。1863年来日。海軍司令長官、軍管区司令長官を歴任。著作に『下関海戦記』。

◇フランス士官の下関海戦記　アルフレッド・ルサン著，樋口裕一訳　新人物往来社　1987.12　201p 19cm　①4-404-01461-9
＊馬関戦争、薩英戦争の貴重な証言。大仏次郎「天皇の世紀」にも引用された幕末海戦の目撃者によるルポルタージュ。

【れ】

レースラー, K.F.H.
Roesler, Karl Friedrich Hermann
1834〜1894　ドイツの法律学者，経済学者。1878年来日。日本政府法律顧問となる。明治憲法の制定、旧商法の起草に貢献。

◇井上毅とヘルマン・ロェスラー――近代日本の国家建設への貢献　長井利浩著　文芸社　2012.10　166p　19cm　〈年表あり〉　①978-4-286-12685-2
＊本書は、明治維新後の新生日本の近代化に立ち向かった日本およびドイツの先人の勇猛果敢なエネルギーを、一会社経営者が解き明かした渾身の希望の書である。明治の官僚、井上毅と外務省の法律顧問、ドイツ人のヘルマン・ロェスラーが「緊密な連携と共同作業」により、近代日本の礎ともいうべき明治憲法並びに教育勅語の起草という一大事業を成し遂げた、その経緯を明らかにする。

◇日本国家の近代化とロェスラー　J.ジーメス著，本間英世訳　未来社　1970　233p　図版　22cm

レルヒ, T.E.
Lerch, Theodor Edler von
1869〜1945　オーストリアの軍人。1910年来日。陸軍参謀少佐に就任。第13師団の軍人に日本最初のスキー技術を伝えた。

◇北海道はじめて物語――北の大地の発祥と起源なんだわ!!　千石涼太郎著　廣済堂出版　2012.11　191p　18cm　①978-4-331-51674-4
＊北の大地の通になろう！　さすが雪国！　スキー発祥の地があっちこっちに!?木彫りのクマはスイス生まれ!?ワインもビールもチーズも開拓史？　北海道遺産の道産子ソウルフード、成吉思汗！「はじめて」を生んだ人、レルヒ、ケプロン、ザレンスキーって誰。

◇レルヒ知られざる生涯――日本にスキーを伝えた将校　新井博著　道和書院　2011.1　174p　21cm　〈文献あり〉　①978-4-8105-2116-0

◇開化異国助っ人奮戦記　荒俣宏著，安井仁撮影　小学館　1991.2　349p 19cm　①4-09-389311-X
＊「日本」はいったい何者か。近代日本は「外国」をどう受容し、どう排斥してきたのか。その「モザイク状の西洋化」にこそ、「異質の国」といわれる深層構造がある。博物学の第一人者が、文明開化期に〈辺境の島〉に渡ってきた28人のお雇い外国人を通して描く異色日本論。

◇スキー発祥思い出アルバム　レルヒの会，上越市立総合博物館編　ベースボール・マガジン社　1988.7　96p 28×22cm　①4-583-02692-7

◇レルヒ中佐のエゾ富士登山　武井静夫著　倶知安郷土研究会　(倶知安双書)　1985.10　64p　15cm

◇人間レルヒ少佐――我が国スキーの父　レルヒの会　1981.5　147p　21cm　〈テオドール・エドラー・フォン・レルヒの肖像あり　レルヒの略歴と滞日動向抄：p26〜36〉

◇スキーの誕生――日本スキーの父レルヒを中心に　中野理著　金剛出版　1964　351p 図版　19cm

I　政治・経済　　　　　　　　　　　　　　　　　　　　ワーグナー

◇スキーの黎明—日本スキーの父レルヒ伝
中野理著　四季社　1957　290p 図版
20cm

【ろ】

‖ ロッシュ, M.J.M.L.
Roches, Michel Jules Marie Léon
1809～1901　フランスの駐日公使。1864
年来日。駐日全権公使を務めた。
◇ダイジェストでわかる外国人が見た幕末
ニッポン　川合章子著　講談社　2011.10
310p 19cm　①978-4-06-217271-4
＊ユーモア大好き。語学堪能。災害に不
屈。ペリー、ハリス、サトウetc.—幕末
動乱期に来日した外国人23人の記録。
◇江戸幕末滞在記—若き海軍士官の見た日
本　エドゥアルド・スエンソン著，長島要
一訳　講談社　（講談社学術文庫）
2003.11　277p 15cm　①4-06-159625-X
＊王政復古直前に来日したデンマーク人
が、フランス公使ロッシュの近辺で見聞
した貴重な体験を綴る。将軍慶喜との
謁見の模様やその舞台裏、横浜の大火、
テロに対する緊迫した町の様子、また、
日本人のきれい好きから悪習や弱点ま
でも指摘。旺盛な好奇心、清新な感性、
鋭い観察眼と洞察力。若き海軍士官が
幕末日本の姿を鋭く鮮やかに描く。

【わ】

‖ 若尾 逸平　わかお・いっぺい
1820～1913　実業家。貴族院議員。甲州
財閥のパイオニア。
◇横浜を創った人々　冨川洋著　講談社エ
ディトリアル　2016.9　278p 19cm
①978-4-907514-59-4
◇賭けた儲けた生きた—紅花大尽からアラ

ビア太郎まで　鍋島高明著　五台山書房
2005.4　340p 19cm　④4-309-90626-5
◇若尾逸平—伝記・若尾逸平　内藤文治良
著　大空社　（伝記叢書）　2000.9　480,
136,5p 22cm　〈内藤文治良大正3年刊の
複製　肖像あり〉　①4-7568-0893-X
◇若尾逸平伝　改訂版　内藤文治良著　若
尾商事　1972　244p 肖像 19cm　〈初
版：大正3年〉
◇日本財界人物列伝　第1巻　青潮出版株式
会社編　青潮出版　1963　1171p 図版
26cm

‖ 脇 光三　わき・みつぞう
1880～1904　新聞記者。日露戦役殉国の
志士。
◇紅陵に命燃ゆ　皿木喜久著　産経新聞出
版　2011.4　201p 19cm
①978-4-86306-083-8
＊拓殖大学は、明治の賢哲、桂太郎によっ
て設立された台湾協会学校が始まりで
ある。本書は、拓殖大学の創立110周年
に当たり、戦前戦後にわたり紅陵を巣
立って海外に雄飛した若者や、彼らを
教育した大学関係者らの壮大な人間ド
ラマを追求した。
◇落つる夕陽よしばらくとまれ—烈士脇光
三伝　田中正明著　拓殖大学　1983.3
582p 20cm　〈脇光三の肖像あり〉

‖ ワーグナー, G.　Wagner, Gottfried
1831～1892　ドイツの化学者，工芸家。
1868年来日。日本窯業の製造技術指導に
尽力。大学南校で物理を教授。
◇知っていますか？　西洋科学者ゆかりの地
IN JAPAN　PART2　近代日本の建設に
貢献した西洋科学技術者　西條敏美著
恒星社厚生閣　2014.1　219p 19cm
①978-4-7699-1469-3
◇博物館学人物史　下　青木豊，矢島國雄
編　雄山閣　2012.5　314p 21cm
①978-4-639-02195-7
＊日本の博物館形成に深く関わった先人
たちの生涯や研究の軌跡をもとに、明
治・大正・昭和・平成にわたって発展し

伝記ガイダンス 明治を生きた人々　**647**

た博物館学思想をたどる。

◇叢書・近代日本のデザイン　2　森仁史監修　ゆまに書房　2007.11　364p　22cm　〈複製　肖像・年譜あり〉
①978-4-8433-2671-8

◇近代窯業の父ゴットフリート・ワグネルと万国博覧会　愛知県陶磁資料館学芸課編　愛知県陶磁資料館　2004.3　149p　30cm　〈会期：2004年4月3日―6月27日　年表あり　文献あり〉

◇開化異国助っ人奮戦記　荒俣宏著，安井仁撮影　小学館　1991.2　349p　19cm
①4-09-389311-X
＊「日本」はいったい何者か。近代日本は「外国」をどう受容し、どう排斥してきたのか。その「モザイク状の西洋化」にこそ、「異質の国」といわれる深層構造がある。博物学の第一人者が、文明開化期に〈辺境の島〉に渡ってきた28人のお雇い外国人を通して描く異色日本論。

◇人物篇　永原慶二，山口啓二，加藤幸三郎，深谷克己編　日本評論社　（講座・日本技術の社会史）　1986.12　270p　21cm
①4-535-04810-X
＊明治の近代技術は、伝統技術と外来技術とが互に対抗・反撥・折衷し合って確立した。本書はその技術の担い手に光を当て技術進歩の契機を探った。

和島 貞二　わじま・ていじ
1875～1925　実業家。北千島水産会初代会長。沿岸州沖で民間初の工船式蟹漁業を行う。蟹缶詰事業を営む。

◇能州能登町物語　5　数馬公著　北國新聞社出版局　2012.12　355p　21cm
①978-4-8330-1912-5
＊奥能登は情話の宝庫。祭りや方言、偉人、童歌…ふるさと愛込めたシリーズ第5弾。

鷲山 恭平　わしやま・きょうへい
1872～1957　地域開発の功労者。

◇小笠報徳三人衆　堀内良著　〔堀内良〕　2008.9　300p　19cm

和田 英　わだ・えい
1857～1929　製糸工女。官営富岡製糸場の伝習工女。工女にたいする技術指導で活躍。著書に『富岡日記』。

◇女のきっぷ―逆境をしなやかに　森まゆみ著　岩波書店　2014.5　197p　19cm
①978-4-00-025978-1
＊厳しい環境の中でも微笑みを忘れない。困っている人がいればほうっておけない。見栄を張らず自分をさらけ出す。男に媚びず、もたれかからない。金にきれいでいざとなれば啖呵も切れる。そんないさぎよくたくましい「きっぷ」（気風）のいい生き方とは。「きっぷ」を評価基準にして、女の生き方をながめてみたらどうなるだろう―。明治から平成まで、信念をもって時代を生き抜いた「きっぷ」のいい女たち。一七人のひたむきな人生や心のあり方から、いまを生きるうえで大切なものは何かを探る評伝エッセイ。

◇烈女伝―勇気をくれる明治の8人　榊原千鶴著　三弥井書店　2014.5　222p　19cm
①978-4-8382-3263-5
＊激動の明治、変革の波は女性たちをも飲み込んだ自らの意思と志で時代に向き合い駆けた8人の生き方。

◇「戦争と平和」市民の記録　9　警報の鳴る町　私の戦中日記　和田英子著　日本図書センター　1992.5　240p　21cm
①4-8205-7105-2

◇明治を彩った妻たち　阿井景子著　新人物往来社　1990.8　194p　19cm
①4-404-01742-1
＊西南戦争で熊本城を死守した谷干城の妻・玖満。他に、西郷いと、税所敦子、坂本乙女、岡上菊栄等の波瀾の人生を描く。

◇明治女性の知的情熱―人物近代女性史　瀬戸内晴美編　講談社　（講談社文庫）　1989.8　298p　15cm　①4-06-184500-4
＊女は強く生きねばならぬ―世評をはね返し、理想と野心に生きた、ユニークな女たち。

◇近代群馬の思想群像　高崎経済大学附属

Ⅰ　政治・経済　　　　　　　　　　　　　　　　　　　　　　　　　　渡辺洪基

産業研究所編　貝出版企画，ブレーン出版〔発売〕　1988.3　342p　21cm
①4-89242-122-7

◇警報の鳴るまち―わたしの戦中日記　和田英子著　冬鵑房　1985.8　158p　19cm

◇富岡日記―富岡入場略記・六工社創立記　和田英著　東京法令出版　1965　261p　図版　19cm

▍**和田　豊治**　わだ・とよじ
1861～1924　実業家。富士瓦斯紡績社長。東洋製鉄等の重役、貴族院議員等を歴任。

◇和田豊治伝　喜田貞吉編　ゆまに書房（人物で読む日本経済史）　1998.9　7，851p　22cm　〈和田豊治伝編纂所大正15年刊の複製〉　①4-89714-590-2

◇実業の系譜 和田豊治日記―大正期の財界世話役　小風秀雅，阿部武司，大豆生田稔，松村敏編　日本経済評論社　1993.8　316p　21cm　①4-8188-0683-8
　＊渋沢栄一に続く「財界世話役」といわれた和田豊治は、日本工業倶楽部の設立をはじめ、日本郵船の取締役就任、東洋製鉄や日華紡織の創立など数多くの企業の経営や設立に参画し、大正期財界をリードした。大正期財界の動向を生き生きと伝える。

◇日本財界人物列伝　第1巻　青潮出版株式会社編　青潮出版　1963　1171p　図版　26cm

◇続 財界回顧―故人今人　池田成彬著，柳沢健編　三笠書房　（三笠文庫）　1953　217p　16cm

▍**渡辺　カネ**　わたなべ・かね
1859～1945　北海道開拓者。開墾のかたわら塾を開き人々に読み書きを教える。

◇北の墓―歴史と人物を訪ねて　下　合田一道，一道塾著　柏艪舎　2014.6　321p　19cm　①978-4-434-19336-1
　＊昭和戦前から戦後、平成まで、北海道を発展させてきた100人の墓と彼らの人生、北海道に熱き命が燃える。

◇凛として生きる―渡辺カネ・高田姉妹の

生涯　加藤重著　加藤重　1996.10　215p　20cm

◇渡辺勝・カネ日記 明治二十年五月-同二十九年十一月　渡辺勝著，小林正雄編註　帯広市教育委員会　（帯広市社会教育叢書）　1962　105p　図版　26cm

◇渡辺勝・カネ日記 明治十六年一月～同二十一年二月　渡辺勝著，小林正雄編註　帯広市教育委員会　（帯広市社会教育叢書）　1961　74p　図版　26cm

▍**渡辺　洪基**　わたなべ・こうき
1848～1901　官僚。帝国大学総長、貴族院議員。外務省大書記官、元老議官などを歴任。

◇渡邉洪基―衆智を集むるを第一とす　瀧井一博著　ミネルヴァ書房　（ミネルヴァ日本評伝選）　2016.8　338,11p　20cm　〈文献あり 年譜あり 索引あり〉　①978-4-623-07714-4

◇日本統計史群像　島村史郎著　日本統計協会　2009.12　214p　26cm　①978-4-8223-3609-7
　＊統計を愛しその発展に献身した、近現代の政治指導者と学者、行政官達の人物像を明らかにする。

◇工手学校―旧幕臣たちの技術者教育　茅原健著　中央公論新社　（中公新書ラクレ）　2007.6　345p　18cm　①978-4-12-150246-9
　＊旧幕臣たちが近代の夜明けに託した「技術教育立国」の夢。それはわが国最初の私立工科系学校の設立へと向かう。本書はそこに関わった歴史群像と学校の生成発展の姿を生き生きと描き出す。

◇渡辺洪基伝―明治国家のプランナー　文殊谷康之著　ルネッサンスブックス　2006.10　254p　21cm　①4-7790-0081-5
　＊福沢諭吉に学び、岩倉具視が一番恐れた明治新国家樹立に身を捧げた男。外交官、東京府知事、そして帝国大学初代総長等を歴任した渡辺洪基の波乱に満ちた人生を描く。

◇夢渡辺洪基伝　渡辺進　1973　139p　図　26cm

伝記ガイダンス 明治を生きた人々　649

渡辺 治右衛門　わたなべ・じえもん

1872〜1930　実業家。経営する数々の会社が関東大震災で経営悪化、金融恐慌に発展。

◇相場ヒーロー伝説―ケインズから怪人伊東ハンニまで　鍋島高明著　五台山書房　2005.12　340p　19cm　①4-309-90654-0

◇明治の東京商人群像―若き創業者の知恵と挑戦　白石孝著　文真堂　2001.12　202,6p　19cm　①4-8309-4405-6
＊旧さと新しさとが併存した明治という激動の時代に老舗の家業を発展させ、あるいは新時代の事業を起こした若き商人たちの姿を、貴重な資料を織込みながら、見事に描いた渾身の力作。

◇奇っ怪紳士録　荒俣宏著　平凡社　（平凡社ライブラリー）　1993.11　327p　16cm　①4-582-76027-9
＊尋常ならざる思想と行動力を武器に世界の均衡を揺るがす人々、それが奇人だ。「北海道になった男」、ウルトラの父、そして空飛ぶ円盤を発明した男まで、危険な魅力溢れる人物コレクション。

○特集・根津藍染町から谷中真島町に抜ける道―渡辺治右衛門て誰だ　「谷中根津千駄木」　18　1988.12

渡辺 甚吉　わたなべ・じんきち

1856〜1925　政治家，銀行家。十六銀行頭取。

◇百折不撓―ぎふ財界人列伝 十六銀行　岐阜新聞社編著　岐阜新聞社　2013.8　63p　26cm　①978-4-87797-194-6

渡辺 千秋　わたなべ・ちあき

1843〜1921　信濃高島藩士，官僚。伯爵，貴族院議員。内務次官、京都府知事などを歴任。

◇渡辺千秋関係文書　尚友倶楽部編，長井純市編　山川出版社　1994.12　361p　22cm　〈渡辺千秋年譜：p355〜360〉①4-634-51110-X

渡辺 昇　わたなべ・のぼる

1838〜1913　肥前大村藩士，官僚。会計検査院長。坂本龍馬と薩長二藩の提携に尽力。

◇サムライたちの幕末維新　近江七実著　スキージャーナル　（剣道日本コレクション）　2005.5　207p　19cm　①4-7899-0058-4
＊剣術が隆盛をみた幕末、その剣の技量をもって頭角を現わした男たち。維新をくぐり抜けた後、ある者は生涯を剣人として生き、ある者は剣を封印して国を動かす立場へと身を置く。幕末から維新への激動の時代に彼らは何を考え、どう生きたか。剣の技と精神をどう活かしたのか。そして廃刀令によって剣術が無用のものとなった新しい時代にどう処していったのか。日本の近代の出発点である幕末維新を生きたサムライたちの精神が、さまざまな難しい問題に直面する現代の日本人に、生きるためのヒントを与えてくれる。

◇近世剣客伝　本山荻舟著　鱒書房　（歴史新書）　1956　188p　18cm

渡辺 政太郎　わたなべ・まさたろう

1873〜1918　社会主義者，無政府主義者。大逆事件後、無政府主義の研究会を組織し、のち北風会と称する。

◇大正アナキストの夢―渡辺政太郎とその時代　多田茂治著　土筆社　1992.3　210p　20cm　〈渡辺政太郎の肖像あり　年譜・参考文献：p198〜210〉

◇赤と黒　立野信之著　新潮社　1959

渡辺 祐策　わたなべ・ゆうさく

1864〜1934　実業家。宇部鉄工所社長，宇部銀行取締役。宇部セメントを創業、社長となりセメント産業の発展に貢献。〔記念施設〕渡辺翁記念会館（山口県宇部市）

◇渡辺祐策翁―「共存同栄」のこころ：マンガ　金重裕子、秋月茜作画、堀雅昭原作　宇部商工会議所　2013.1　36p　26cm　〈技術指導：樹本ふみきよ〉

Ⅰ　政治・経済　　　　　　　　　　　　　　　　　　　　　　　　　　　渡辺廉吉

◇日本財界人物列伝　第2巻　青潮出版株式
会社編　青潮出版　1964　1175p 図版13
枚　27cm

渡辺　廉吉　　わたなべ・れんきち
1854〜1925　官僚。貴族院議員，行政裁
判所評定官。憲法・民事訴訟法の制定に
参画。
◇渡辺廉吉日記　渡辺廉吉著，小林宏，島善
高，原田一明編　行人社　2004.3　508,
17p　22cm　〈肖像あり〉
①4-905978-61-0
◇渡辺廉吉伝　覆刻　渡辺廉吉伝記刊行会
著　行人社　2004.3　250,10p　22cm
〈原本：渡辺廉吉伝記刊行会昭和9年刊
年譜あり〉　①4-905978-62-9

伝記ガイダンス　明治を生きた人々　**651**

伝記ガイダンス 明治を生きた人々
Ⅰ 政治・経済

2018 年 4 月 25 日　第 1 刷発行

発　行　者／大高利夫
編集・発行／日外アソシエーツ株式会社
　　　　　　〒140-0013 東京都品川区南大井 6-16-16 鈴中ビル大森アネックス
　　　　　　電話 (03)3763-5241 (代表)　FAX(03)3764-0845
　　　　　　URL　http://www.nichigai.co.jp/
発　売　元／株式会社紀伊國屋書店
　　　　　　〒163-8636 東京都新宿区新宿 3-17-7
　　　　　　電話 (03)3354-0131 (代表)
　　　　　　ホールセール部 (営業) 電話 (03)6910-0519

　　　　　　電算漢字処理／日外アソシエーツ株式会社
　　　　　　印刷・製本／光写真印刷株式会社

不許複製・禁無断転載　　　　　　　　《中性紙三菱クリームエレガ使用》
〈落丁・乱丁本はお取り替えいたします〉
ISBN978-4-8169-2713-3　　　**Printed in Japan, 2018**

本書はディジタルデータでご利用いただくことが
できます。詳細はお問い合わせください。

明治大正人物事典

明治・大正時代に活躍した日本人を網羅した人物事典。「Ⅰ 政治・軍事・産業篇」では政治家、官僚、法曹人、軍人、社会運動家、実業家、宗教家、社会事業家など5,300人を、「Ⅱ 文学・芸術・学術篇」では作家、ジャーナリスト、美術家、学者、医師、教育家、音楽家、演劇人など5,000人を幅広く収録。生没年、経歴、受賞歴などの詳細なプロフィールを掲載。「分野別索引」付き。

Ⅰ 政治・軍事・産業篇
A5・720頁　定価（本体17,000円＋税）　　2011.7刊

Ⅱ 文学・芸術・学術篇
A5・740頁　定価（本体17,000円＋税）　　2011.7刊

昭和人物事典 戦前期

B5・910頁　定価（本体18,500円＋税）　　2017.3刊

昭和戦前期に活躍した人物を1冊で調べることができる総合人物事典。政治、経済、軍事、学術、文芸、芸術、芸能、スポーツなど、昭和戦前期に活躍した人物8,000人を幅広く収録。職業・肩書、生没年月日、学歴、受賞歴、経歴など詳細なプロフィールを収載。地域ごとに人名を一覧できる「出身都道府県別索引」付き。

日本全国 歴史博物館事典

A5・630頁　定価（本体13,500円＋税）　　2018.1刊

日本全国の歴史博物館・資料館・記念館など275館を収録した事典。全館にアンケート調査を行い、沿革・概要、展示・収蔵、事業、出版物・グッズ、館のイチ押しなどの最新情報のほか、外観・館内写真、展示品写真を掲載。

郷土・地域文化の賞事典

A5・510頁　定価（本体15,000円＋税）　　2017.7刊

郷土・地域文化に関する162賞を収録した事典。地域の伝統文化や名産品、地域産業、ふるさとづくりに贈られる賞、自治体が文化発信のため設立した賞などの概要と歴代の受賞情報を掲載。アイヌ文化賞、温泉総選挙、サントリー地域文化賞、伝統文化ポーラ賞、ふるさと名品オブ・ザ・イヤー、にいがたマンガ大賞、近松門左衛門賞、紫式部文学賞などさまざまな賞を収録。団体、自治体、個人名から引ける「受賞者名索引」付き。

データベースカンパニー
日外アソシエーツ

〒140-0013　東京都品川区南大井6-16-16
TEL.(03)3763-5241　FAX.(03)3764-0845　http://www.nichigai.co.jp/